法院审理案件观点集成丛书

法院审理建设工程案件观点集成

第三版

Aggregation of Trail Views on Cases of Construction Projects

主　编：朱树英
副主编：曹　珊
编委会成员（以姓氏笔画为序）：
王　洋　孙玉军　孙海军　朱树英
朱　洁　曲笑飞　刘战胜　李俊华
李晓航　何学源　宋仲春　陈　沸
陈　然　张　琦　周志芳　林　隐
范项林　贺倩明　郭勇初　徐文斌
袁仲斌　高　攀　庹惠铭　曹　珊
谭敬慧　颜　妍　魏　来　戴勇坚

中国法制出版社
CHINA LEGAL PUBLISHING HOUSE

第三版序言

本书2015年6月第一次出版，2017年9月改版，改版至今业已数年，幸得广大读者喜爱，本书作者在此深表感谢。面世期间，本书陪伴各位读者从《最高人民法院关于审理建设工程施工合同纠纷案件适用法律问题的解释》（法释〔2004〕14号）到《最高人民法院关于审理建设工程施工合同纠纷案件适用法律问题的解释（二）》（法释〔2018〕20号）再到今天的《最高人民法院关于审理建设工程施工合同纠纷案件适用法律问题的解释（一）》（法释〔2020〕25号），法律更迭的脚步始终未停下，特别是近一年来，随着《中华人民共和国民法典》（以下简称《民法典》）的出台和实施，一系列法律法规及司法解释进行了重要更新，与此同时，法院在审理建设工程纠纷案件时的法律依据和思路也都有所调整。鉴于此，我们特对本书做了部分修订。与第二版相比，第三版的修订内容主要有以下两方面：

第一，在法律适用方面，以《民法典》为基础，结合近些年新颁布或修订的法律法规、司法解释进行调整，对综述、案例及律师点评中涉及的法律适用问题进行最新修订，并对《民法典》实施后的要点与新问题进行分析，对《民法典》实施后的可预见性裁判路径进行论述。

第二，在案例选取方面，原则上替换了2015年以前的案例（但因少量案例具有特殊性或不可替代性，即便裁判时间在2015年之前，仍将其保留），代之以近5年的新案例，并将律师点评部分一并做了修改。案例更换之目的一是对法院裁判观点已经产生变化的案件，我们希望能够呈现出法院最新的审判思路；二是即使法院裁判观点没有太大变动，最新的案例也更具说服力和指导意义。特别需要说明的是，因《民法典》施行时间尚短，因此，大多数案例中仍会出现以《合同法》以及其他现已失效的法律法规、司法解释作为裁判依据进行裁决的案件，但我们在选取案例时，均系以裁判原则与新法无变化或裁判原则符合新法之立法目的为前提，且在出现上述情况时，我们已通过脚注形式标注了对应的新法内容，对于一些旧法无对应新法内容的，我们亦通过脚注形式标注了该规定已被某新法予以废止。以期为读者献上最准确、最全面、最具前瞻性的建设工程合同纠纷案件的理论及实务要点。

本书的修订由以下几位律师及律师助理完成：曹珊、车丽、陈佳佳、陈宁宁、陈然、德慧、范项林、高攀、郭勇初、何学源、何郁宁、黄舒雨、李晓航、刘战胜、庹惠铭、王馨苡、王洋、颜妍、张琦、张仪雯，在此对他们的辛勤工作表示感谢。本书修订时间有限，书中难免存在不足之处，敬请广大读者批评指正。对本书的任何意见，可发送邮件至以下邮箱：sunnycao2000@ sina. com。

初版序言

深度研究典型案例　全面总结司法观点

——为健全完善建设工程法律体系做贡献

随着中国经济的高速发展，工程建设项目不断增多，有关建设工程的纠纷也与日俱增，我国关于建设工程的法律法规也在逐渐完善。1998年3月1日起施行的《建筑法》为建设工程领域的法律体系奠定了基础。之后又相继出台了《招标投标法》《安全生产法》《城乡规划法》等法律。除此之外，国务院还相继颁布了《建设工程质量管理条例》《建设工程勘察设计管理条例》《建设工程安全生产管理条例》《对外承包工程管理条例》等工程建设相关的行政法规。为了统一审理建设工程施工合同纠纷案件的标准，最高人民法院还于2004年公布了《关于审理建设工程施工合同纠纷案件适用法律问题的解释》。上述法律法规及司法解释连同各地、各政府部门发布的规章规定等为维护建筑市场正常秩序提供了重要的法律依据。

我国建筑市场的繁荣发展快速提高了国民经济水平增长的速度，但是也产生了很多问题。工程建设从招投标开始，到施工准备、施工建设，再到竣工验收，最后竣工结算的每一个阶段都有可能出现问题，并因此产生纠纷而诉诸法院。法院对在长期司法实践中反映出来的突出问题，形成了一套司法处理的原则及观点，这些原则和观点是对业主和承包商在工程建设过程中防控风险的提示，也是律师在办案过程中为客户争取利益及化解纠纷的依据，是各地法院在判案过程中统一标准的参考，也会是将来立法者制定法律法规时的借鉴。为此，作为建设工程领域的专业律师就有必要将过去的案例进行总结，使案例进入法律实践，形成指引，为规范建筑市场主体的操作、提高自身服务质量、统一司法裁判标准及健全完善建设工程的法律体系出一份力。

基于上述考虑，上海市建纬律师事务所的专业律师经过深入挖掘，收集了数百个案例，汇集了大量各级人民法院审理终结的典型建设工程纠纷案件。

本书共十一章，每一章为一个专题，每个专题开始均有一篇综述，对该专题所涉及类型纠纷案例的司法观点和司法处理原则等进行综合分析和论述。在综述之后为该专题所选取的案例，每个案例分为案例信息简介、案情简介、各方观点、法院观点、关联案例、律师点评等几个部分。全书从施工合同的主体、施工合同的效力、施工合同工程价款、施工合同工程质量、施工合同工程工期、建设工程专业分包、施工合同的变更和解除、实际施工人的权利保护、建设工程（造价、质量、工期）鉴定、施工合同其他类型纠纷及与建设工程有关的其他纠纷等角度，对法院审理建设工程案件过程中所涉及的各类建设工程纠纷案件的司法观点和处理原则进行了全面系统的研究和分析。

上海市建纬律师事务所始终以建设工程及房地产领域的法律服务作为专业特色，坚持对建设工程及房地产领域的法律问题进行深度研究，并于2012年10月受中国法制出版社之邀出版了《法院审理房地产案件观点集成》一书，受到了广大读者的赞誉，在业界也产生了强烈的反响，该书的第二版也将于今年推出。正是由于读者们及业内人士的鼓励及好评，使得建纬律师有信心再次接受中国法制出版社的邀约，撰写了本书，作为《法院审理房地产案件观点集成》的姊妹篇。本书是建纬律师在建设工程及房地产法律服务领域研究成果的又一个阶段性呈现和展示，希望能够对建设工程领域的理论研究者和实务工作者有所裨益和借鉴。

限于时间和水平，书中难免存在疏漏和不足之处，敬请广大读者批评指正。

中华全国律师协会建设工程与房地产专业委员会主任

上海市建纬律师事务所主任

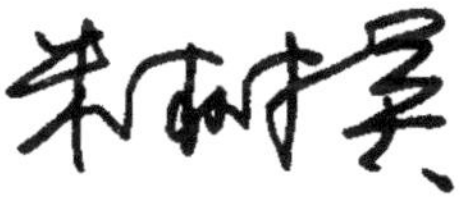

目　　录

第一章　施工合同的主体

第二章　施工合同的效力

第三章 施工合同工程价款

第四章　施工合同工程质量

第五章　施工合同工程工期

第六章　建设工程专业分包

第七章　施工合同的变更和解除

第八章 实际施工人的权利保护

第九章　建设工程（造价、质量、工期）鉴定

第十章　施工合同其他类型纠纷

第十一章　与建设工程有关的其他纠纷

第一章　施工合同的主体

综述：施工合同纠纷案件常见诉讼主体争议及司法处理原则

因建设工程施工合同发生纠纷而起诉到法院，首先要确定案件的诉讼当事人（原告和被告，有时还会涉及第三人）。通常情况下，在施工合同纠纷案件中，施工合同的双方当事人（发包人和承包人）即为此类案件的诉讼当事人（原告和被告），对此一般不会出现争议。但因种种原因，在某些施工合同纠纷案件中，诉讼当事人（原告和被告）的确定会成为各方当事人争执的问题，甚至会成为此类案件中最重要、最复杂的争议焦点，对诉讼主体争议的处理和认定甚至直接决定着此类案件的最终裁判结果。诉讼当事人的确定，特别是被告的确定，属于法院在确定案件是否应予受理及作出实体裁决时均需予以关注、审查并作出认定的问题。本章所选取的案例中，当事人均对案件中“被告”或“被告之一”的诉讼主体资格及其是否应当承担责任存在争议，相关争议成为案件的主要争议焦点或主要争议焦点之一。本书结合本章所选取的案例，对施工合同纠纷案件中的常见诉讼主体争议及司法处理原则进行分析和论述，以期为法律实务工作者办理施工合同纠纷案件时处理诉讼主体争议提供有益的借鉴和参考。

一、施工合同纠纷诉讼当事人主体资格的法律规定、实践做法和学说观点

《民事诉讼法》第122条规定：“起诉必须符合下列条件：（一）原告是与本案有直接利害关系的公民、法人和其他组织；（二）有明确的被告；（三）有具体的诉讼请求和事实、理由；（四）属于人民法院受理民事诉讼的范围和受诉人民法院管辖。”其中第1项规定了原告的主体资格问题，第2项规定了被告的主体资格问题。也就是在立案审查时即应当确定案件的原告和被告，这样才能进行后续程序。民事诉讼中的当事人，是指因民事权利义务发生争议，以自己的名义进行诉讼，要求法院行使民事裁判权的人。民事诉讼中的当事人包括形式上的当事人和实质上的当事人。所谓形式上的当事人

是纯粹诉讼上的概念，与实体法律关系没有联系；而实质上的当事人，也称为正当当事人、适格当事人，是从实体法的角度观察的结果，是指对于特定的诉讼能够以当事人的名义行使诉讼实施权的资格，通常作为诉讼标的的民事法律关系的主体就是正当当事人。

《民事诉讼法》在起诉条件上对原告与被告有不同的要求，原告必须与本案有直接的利害关系，而被告则只需明确即可。基于此，法院在立案审查时，如发现原告不适格，应当裁定不予受理；如在立案后才发现原告不适格，应裁定驳回起诉。由于《民事诉讼法》并没有对被告适格作出明确的规定，只是要求“有明确的被告”，因而在原告的起诉已明确确定被告的情况下，法院不能以被告不适格为由裁定不予受理或驳回起诉。如果法院经过审理，发现被告对原告不负有讼争的民事义务或民事责任的，应当判决驳回原告的诉讼请求。

通常情况下，因施工合同产生纠纷提起诉讼的，施工合同的双方当事人（发包人和承包人）即为案件的诉讼当事人（原告和被告），通常不会对案件的诉讼当事人的主体资格产生争议。但由于种种原因，如建设工程实践中普遍存在的联合体投标、合作开发房地产、委托代建、BT 工程[①]、债权转让、债务加入、表见代理、非法转包、违法分包和借用资质（挂靠）等情形，以及在建设工程发包和施工合同签订过程中存在不规范情形时，一旦发生争议提起诉讼，极易导致各方当事人对案件诉讼当事人的主体资格产生争议。我国现行《民事诉讼法》等法律法规中并未对上述情形下施工合同纠纷案件的诉讼当事人作出具体、明确的规定，最高人民法院制定的相关司法解释和司法文件中对此作出了一些规定，例如：

《最高人民法院关于审理建设工程施工合同纠纷案件适用法律问题的解释（一）》（法释〔2020〕25 号）（以下简称《最高院施工合同司法解释（一）》）

第 7 条　缺乏资质的单位或者个人借用有资质的建筑施工企业名义签订建设工程施工合同，发包人请求出借方与借用方对建设工程质量不合格等因出借资质造成的损失承担连带赔偿责任的，人民法院应予支持。

第 15 条　因建设工程质量发生争议的，发包人可以以总承包人、分包人

① BT（Build Transfer）工程，是指一个项目的运作通过项目管理公司总承包后，由承包方垫资进行建设，建设验收完毕再移交给项目业主的工程项目。

和实际施工人为共同被告提起诉讼。

第43条　实际施工人以转包人、违法分包人为被告起诉的，人民法院应当依法受理。

实际施工人以发包人为被告主张权利的，人民法院应当追加转包人或者违法分包人为本案第三人，在查明发包人欠付转包人或者违法分包人建设工程价款的数额后，判决发包人在欠付建设工程价款范围内对实际施工人承担责任。

第44条　实际施工人依据民法典第五百三十五条规定，以转包人或者违法分包人怠于向发包人行使到期债权或者与该债权有关的从权利，影响其到期债权实现，提起代位权诉讼的，人民法院应予支持。

除最高人民法院制定的上述司法解释对施工合同纠纷案件的当事人作出相应规定之外，各地法院（主要是各地高院）制定的有关司法文件中亦有关于施工合同纠纷案件当事人的规定，这些规定也是各地处理和解决施工合同纠纷案件诉讼主体争议的依据，但仍存在以下问题：

1. 除《最高院施工合同司法解释（一）》为司法解释之外，其他文件均为司法文件，法律效力位阶较低。法院在审理施工合同纠纷案件时，不能直接引用这些司法文件。

2. 这些文件中存在对相同问题作出的规定不尽一致的情形。

除最高人民法院制定的司法解释、司法文件及各地法院制定的司法文件中对施工合同纠纷案件的当事人作出规定之外，最高人民法院发布的指导性案例、最高人民法院审判业务庭及法官撰写的相关文章中也涉及施工合同纠纷案件当事人的确定，这些指导性案例和相关文章亦可作为处理和解决施工合同纠纷案件诉讼主体争议的参考依据。指导性案例包括《最高人民法院公报》中公布的案例，以及最高人民法院民事审判第一庭编著的《民事审判指导与参考》《最高人民法院建设工程施工合同司法解释的理解与适用》等书刊中所选编的案例。

综合梳理和分析上述司法解释、司法文件、指导性案例和相关文章，可以发现就同一类诉讼主体争议，存在不同的规定、做法和观点，这给司法实践中处理相关施工合同纠纷案件诉讼主体争议造成了一定难度。

二、司法实践中常见施工合同纠纷诉讼主体争议及司法处理原则

本章所选取的案例均涉及司法实践中常见的施工合同纠纷诉讼主体争议

及司法处理原则。对本章所选案例进行研究和分析时，可以结合上述关于施工合同纠纷诉讼当事人的司法解释和司法文件中的规定，以更好地理解和掌握司法实践中对常见诉讼主体争议的司法处理原则。

（一）因联合体承包而产生的诉讼主体争议及其司法处理原则

所谓联合体承包是指两个或两个以上承包单位或其他组织，组成一个联合体，通过联合体之间的合同结成联营组织，并通过合同明确内部分工或共同经营的方式向发包方承揽特定工程。我国《建筑法》第 27 条第 1 款规定："大型建筑工程或者结构复杂的建筑工程，可以由两个以上的承包单位联合共同承包。共同承包的各方对承包合同的履行承担连带责任。"该条中已明确规定"共同承包的各方对承包合同的履行承担连带责任"，因此，在规范的联合体承包模式下，如因承包合同产生纠纷，联合体各方应当共同作为原告或被告，通常不会在诉讼主体上产生争议。但在不规范的联合体承包模式下，如有联合体承包之名但无联合体承包之实，或有联合体承包之实但无联合体承包之名，则极易在诉讼主体上产生争议。

我国法律对于联合体责任承担，尤其是对发包人的责任承担已经有了比较明确的法律规定。《民法典》第 178 条规定，"二人以上依法承担连带责任的，权利人有权请求部分或者全部连带责任人承担责任。连带责任人的责任份额根据各自责任大小确定；难以确定责任大小的，平均承担责任。实际承担责任超过自己责任份额的连带责任人，有权向其他连带责任人追偿。连带责任，由法律规定或者当事人约定。"《建筑法》第 27 条第 1 款规定："大型建筑工程或者结构复杂的建筑工程，可以由两个以上的承包单位联合共同承包。共同承包的各方对承包合同的履行承担连带责任。"《招标投标法》第 31 条第 3 款规定："……联合体中标的，联合体各方应当共同与招标人签订合同，就中标项目向招标人承担连带责任。"《房屋建筑和市政基础设施项目工程总承包管理办法》规定"联合体各方应当共同与建设单位签订工程总承包合同，就工程总承包项目承担连带责任"。但是对于除发包人外的第三人索赔，司法实践中存在差异化判决。比如，在振某公司与安某公司、未某公司等建设工程施工合同纠纷案件中，湖北省孝感市中级人民法院即认为："按照合同的相对性原则，未某公司和某悟公司不是施工合同的当事人，不享有合同权利亦不承担合同义务。联合体协议书约定安某公司、未某公司、某悟公司在法律上承担连带责任是安某公司、未某公司、某悟公司对其权利义务的内部约定，振某公司并非联合体协议的签约当事人，不能将振某公司不是当事人的有关合同约定适用于振某公司。”①

但是由于具体实践纷繁复杂，在我国的司法审判实践中，同样存在要求联合体承包商共同向其他第三方承担责任的案例。本篇主案例即是如此，案件审理前后历经三级人民法院，直至最高人民法院，共历时四年时间。但是，无论哪一级人民法院，均是依据工程总承包联合体内部之间的协议约定，要求联合体共同对外，向仅与联合体一方签订分包协议的实际施工人承担连带的付款责任。

（二）因合作开发房地产而产生的诉讼主体争议及其司法处理原则

根据最高人民法院关于合作开发房地产合同的概念的定义，其明显的特征是“共同出资、共享利润、共担风险”，合作各方当事人共同出资合作的目的就是要对合作成果带来的经济利益共同分享，与此相对应的是对合作过程中的风险也要共同承担，这也是民事权利义务相一致原则的内在要求和具体体现。

《民法典》正式实施后，最高人民法院对于合作开发房地产合同的概念的定义，也符合《民法典》中“合伙合同”的特征，《民法典》第967条规定：“合伙合同是两个以上合伙人为了共同的事业目的，订立的共享利益、共担风险的协议。”《民法典》第973条规定：“合伙人对合伙债务承担连带责任。清偿合伙债务超过自己应当承担份额的合伙人，有权向其他合伙人追偿。”既然合作开发各方是合伙关系，那么在对外债务关系上，无论是否参与施工合同的签订，就均应对外承担无限连带责任。此处的连带责任是一种法定责任，合作开发各方不得通过合作协议的约定进行免除，即便约定免除，也不得以此对抗债权人。需要注意的是，合作开发协议是否能认定为合伙合同，需要结合实际情况对其合同的实质法律关系进行判断，合伙合同应当符合共同投资、共享利润、共担风险的合伙特征，但如果名为合作开发合同，实为工程委托代建，或者名为合作开发，实为民间借贷、土地使用权转让，不动产买卖、不动产租赁等不共担合作开发风险的其他法律关系，未签订施工合同的合作开发人是否应当对工程款的支付承担连带责任，则应当根据实际法律关

① 湖北省孝感市中级人民法院（2016）鄂09民终1114号，载中国裁判文书网，https：//wenshu.court.gov.cn/website/wenshu/181107ANFZ0BXSK4/index.html？docId = 61bb2044452245708962a77b00a09813，最后访问时间：2022年3月17日。

系进行判断。

如果案涉不动产已经竣工验收并取得不动产登记证书即取得物权，且该物权为合作开发各方共有。结合《民法典》第307条的规定，合作开发当事人对工程款承担连带责任也有法可依。《民法典》第307条规定："因共有的不动产或者动产产生的债权债务，在对外关系上，共有人享有连带债权、承担连带债务，但是法律另有规定或者第三人知道共有人不具有连带债权债务关系的除外……"合作开发房地产的各方无论是分享利益还是房产，均构成对共同开发房产的共有。

（三）因承包人要求非施工合同发包人的建设单位承担工程款支付责任而产生的诉讼主体争议及其司法处理原则

通常情况下，建设单位在施工合同中处于发包人的地位，此时各方当事人对工程款支付责任的承担主体并不会产生争议。但有时施工合同中的发包人并非建设单位，而是建设单位之外的其他单位，如在委托代建、合作开发房地产、BT工程、承租人签订装修施工合同等情形中，与施工单位签订施工合同的主体并非建设单位，而是通过与建设单位签订相关合同（如委托代建合同、合作开发房地产合同、BT合同、承租合同等）而获得工程发包资格的其他单位。此时，各方当事人往往会对工程款支付责任的承担主体产生争议，特别是在施工合同发包人出现下落不明、丧失工程款支付能力或偿债能力无法保障等影响承包人工程款受偿权的情形中，承包人为最大限度维护其权利，往往会要求非施工合同发包人的建设单位与施工合同发包人承担连带责任或者直接向其支付工程款（包括共同承担支付工程款责任），而建设单位则会依据合同相对性原则，以其不是施工合同当事人为由，主张其不应向承包人承担连带责任或支付工程款。在司法实践中，既有认定非施工合同发包人的建设单位向施工单位支付工程款的案例，也有认定非施工合同发包人的建设单位不需向施工单位支付工程款的案例。

（四）因施工合同债权转让而产生的诉讼主体争议及其司法处理原则

《民法典》第545条第1款中规定了三种不得转让合同权利的情形：（1）根据债权性质不得转让；（2）按照当事人约定不得转让；（3）依照法律规定不得转让。对施工合同项下债权（包括工程款债权）是否可以转让，现行法律法规和司法解释并未作出明确规定。但工程款债权是金钱债权，不属于根据合同性质不得转让的债权。只要施工合同中未明确约定工程款债权不得转让，工程款债权即可以转让，且我国法律法规并未强制性规定工程款债权不得转让。此外，即便施工合同无效，也不会影响工程款债权的转让合同的效力。《民法典》第545条直接将《合同法》第79条[①]中的“合同”修改为“债权”，表明除合同之债外的其他债权亦可以进行转让，扩大了债权转让的范围，为工程款债权转让提供了法律基础，表明除合同之债外的其他债权亦可以进行转让。同时，《民法典》第793条第1款规定：“建设工程施工合同无效，但是建设工程经验收合格的，可以参照合同关于工程价款的约定折价补偿承包人。”因此，施工合同无效的情况下，承包人有权获得折价补偿的债权，不论认为承包人的债权是不当得利之债还是无因管理之债，该债权均可转让，涉及的债权转让合同有效。

（五）因施工合同债务加入而产生的诉讼主体争议及其司法处理原则

《全国法院民商事审判工作会议纪要》（以下简称“九民纪要”）第23条首次明确债权加入准用担保效力规则，《最高人民法院关于适用〈中华人民共和国民法典〉有关担保制度的解释》（以下简称《民法典担保制度司法解释》）沿袭了这一思路，其中第7条规定：“公司的法定代表人违反公司法关于公司对外担保决议程序的规定，超越权限代表公司与相对人订立担保合同，人民法院应当依照民法典第六十一条和第五百零四条等规定处理：（一）相对人善意的，担保合同对公司发生效力；相对人请求公司承担担保责任的，人民法院应予支持。（二）相对人非善意的，担保合同对公司不发生效力；相对人请求公司承担赔偿责任的，参照适用本解释第十七条的有关规定。法定代表人超越权限提供担保造成公司损失，公司请求法定代表人承担赔偿责任的，人民法院应予支持。第一款所称善意，是指相对人在订立担保合同时不知道且不应当知道法定代表人超越权限。相对人有证据证明已对公司决议进行了合理审查，人民法院应当认定其构成善意，但是公司有证据证明相对人知道或者应当知道决议系伪造、变造的除外。”第12条规定：“法定代表人依照民法典第五百五十二条的规定以公司名义加入债务的，人民法院在认定该行为的效力时，可以参照本解释关于公司为他人提供担保的有关规则处理。”根据《民法典担保制度司法解释》的上述规定，法定代表人以公司名义加入债务是否合法有效，可以参照公司为他人提供担保的有关规则处理，即应区分相对

① 对应《民法典》第545条。

人是否善意，相对人善意的，对公司发生效力；反之，对公司不发生效力，即债权人在接受公司债务加入时，与接受担保相同，均需尽到相应的审查义务。

应注意到，《民法典担保制度司法解释》仅在第12条规定法定代表人以公司名义加入债务的，认定该行为的效力时可以参照该解释关于公司为他人提供担保的有关规则处理，但对于机关法人及以公益为目的的非营利性机构，以及公司的分支机构的债务加入行为，认定该行为的效力时，是否可以参照《民法典》及该解释关于担保的有关规则处理，并无直接的规定。对此，笔者认为，基于债务加入具有担保债权实现的功能，且债务加入人的责任通常重于担保人，根据举轻以明重的原则，应作可以参照《民法典》及该解释关于担保的有关规则处理的扩大解释。当然，对于此问题，有待于在以后出台的相关司法解释中进一步明确或在司法实务中统一裁判规则。

关于债务加入的效力问题，应同时注意《民法典》第539条关于债权人行使撤销权的规定，该条规定“债务人以明显不合理的低价转让财产、以明显不合理的高价受让他人财产或者为他人的债务提供担保，影响债权人的债权实现，债务人的相对人知道或者应当知道该情形的，债权人可以请求人民法院撤销债务人的行为”，因债务的加入具有担保债权实现的功能属性，如因第三人的债务加入行为，影响债权人的债权实现的，则第三人的债务加入行为存在被依法撤销的风险。

（六）因其他情形产生的诉讼主体争议及其司法处理原则

除上述诉讼主体争议之外，司法实践中还存在其他常见的诉讼主体争议，包括但不限于：

1. 因无权代理、表见代理而产生诉讼主体争议。

在司法实践中，还存在因无权代理、表见代理而产生的诉讼主体争议。《民法典》第171条规定：“行为人没有代理权、超越代理权或者代理权终止后，仍然实施代理行为，未经被代理人追认的，对被代理人不发生效力。相对人可以催告被代理人自收到通知之日起三十日内予以追认。被代理人未作表示的，视为拒绝追认。行为人实施的行为被追认前，善意相对人有撤销的权利。撤销应当以通知的方式作出。行为人实施的行为未被追认的，善意相对人有权请求行为人履行债务或者就其受到的损害请求行为人赔偿。但是，赔偿的范围不得超过被代理人追认时相对人所能获得的利益。相对人知道或者应当知道行为人无权代理的，相对人和行为人按照各自的过错承担责任。”《民法典》第172条规定：“行为人没有代理权、超越代理权或者代理权终止后，仍然实施代理行为，相对人有理由相信行为人有代理权的，代理行为有效。”表见代理制度是基于本人的过失或本人与无权代理人之间存在特殊关系，使相对人有理由相信无权代理人享有代理权而与之为民事法律行为，代理行为的后果由本人承受的一种特殊的无权代理。表见代理虽然也属于一种特殊的无权代理，但表见代理与无权代理的法律后果截然不同：表见代理情形下，代理行为的后果是由本人承受（本人承担责任后可以向无权代理人追偿）；在无权代理情形下，代理行为的后果是由无权代理人承受。在施工合同纠纷案件中，当事人从维护各自利益的角度出发，往往会对相关人员（特别是建设工程施工挂靠、转包、违法分包等情形中的项目经理、项目负责人）的行为是否构成表见代理产生争议。

2. 因借用资质（挂靠）而产生诉讼主体争议。

在工程管理实践和司法实践中，借用资质（挂靠）的现象较为常见。因挂靠内部关系而产生纠纷的，挂靠人和被挂靠人即为诉讼的双方当事人，通常不会产生诉讼主体争议。但因挂靠外部关系而产生纠纷的，则在挂靠人和被挂靠人的诉讼当事人地位如何确定及承担何种责任等问题上容易产生争议。各地法院制定的相关司法文件中对该问题作出的规定，可作为处理该类诉讼主体争议的参考依据。

3. 因实际施工人依据《最高院施工合同司法解释（一）》第44条提起诉讼而产生诉讼主体争议。

《最高院施工合同司法解释（一）》第44条规定：“实际施工人依据民法典第五百三十五条规定，以转包人或者违法分包人怠于向发包人行使到期债权或者与该债权有关的从权利，影响其到期债权实现，提起代位权诉讼的，人民法院应予支持。”该条是由原《最高人民法院关于审理建设工程施工合同纠纷案件适用法律问题的解释（二）》[①] 第25条修改而来，是根据《民法典》第535条的规定，将“与该债权有关的从权利”纳入行使代位权的范围。虽然学界对于建设工程价款优先受偿权的性质尚存在争议，但对于其属于工程款债权的从权利并无分歧。当然，也有少数意见认为优先权与承包人身份有

---

① 根据《最高人民法院关于废止部分司法解释及相关规范性文件的决定》，该司法解释现已失效。

关，专属于承包人。如深圳市中级人民法院曾在2010年发布的文件中规定建设工程价款优先受偿权专属于承包人，但在2014年制定的文件中则调整成为，“承包人将其对发包人的工程款债权转让给第三人的，建设工程价款优先受偿权随之转让”，改变了此前的观点①。从省级法院此前的意见来看，江苏、浙江和广东等省份均不认为建设工程价款优先受偿权专属承包人。最高人民法院在（2007）民一终字第10号和（2019）最高法民终519号民事判决书中，亦认可建设工程价款优先受偿权可随主债权一并转让，即建设工程价款优先受偿权并非承包人专属。因此，我们认为，《最高院施工合同司法解释（一）》第44条的规定，为实际施工人在提起代位权诉讼中主张代位行使建设工程价款优先受偿权提供了路径。但是，基于最高人民法院此前似乎持反对态度，对此问题仍有待于最高人民法院明确观点。

综上所述，对施工合同纠纷诉讼主体争议，最高人民法院和各地法院通过司法解释、司法文件、指导性案例和相关文章，确立了常见诉讼主体争议的司法处理原则，但由于前述法律规定、实践做法和学说观点之间存在不尽一致（甚至截然相反）之处，由此给司法实践中处理相关诉讼主体争议造成了混乱和困扰。对最高人民法院上述司法解释、司法文件、指导性案例和相关文章进行梳理和总结，不难发现最高人民法院在处理施工合同纠纷诉讼主体争议时对合同相对性原则的遵循和坚守。这种对合同相对性原则的遵循和坚守提醒和要求各方当事人在签订和履行施工合同过程中规范操作，特别是应当重点关注施工合同的对方签约主体，如建设单位应要求联合体承包各方共同签订承包合同，施工单位应要求合作开发各方当事人共同作为发包人签订施工合同或要求未签订施工合同的合作开发当事人对工程款支付义务提供相应担保，施工单位应与建设单位（建筑物所有权人）签订施工合同，如必须与非建设单位的发包人签订施工合同的，应要求建设单位对工程款支付义务提供相应担保。如此，一旦之后因施工合同产生纠纷，因所有相关当事人均是施工合同当事人及适格的诉讼当事人，则无需将非施工合同当事人作为诉讼当事人，也就无需解决将非施工合同当事人作为诉讼当事人时必须面对的合同相对性原则的限制和障碍。

---

① 《深圳市中级人民法院关于建设工程施工合同纠纷案件的裁判指引》，载深圳市中级人民法院网站，https：//www. szcourt. gov. cn/article/30002475，最后访问时间：2022年3月17日。

1.1 法院如何认定联合体承包中的责任承担①

——贵某公司、川某设计院等建设工程施工合同纠纷案②

关 键 词： 联合体　联营　连带责任

问题提出： 建设工程发包人出于种种原因而要求或接受两个以上法人单位组成联合体承包工程项目。尤其是伴随着国家推行工程总承包模式后，由于工程总承包项目涵盖设计、采购、施工等多个环节，且往往工程量较大，实践中，工程总承包项目由多家承包单位组成联合体的形式进行承揽的情形较为普遍。但是目前国内对于联合体的概念、性质、对内对外与对上对下的责任承担问题尚不十分明确。那么司法实践中是如何认定联合体承包中的责任分担问题，能否总结一些有关此类纠纷的评判原则？

裁判要旨： 本联合体协议载明，联合体将严格按照招标文件的各项要求，递交投标文件，履行合同，并对外承担连带责任。同时《联合体协议书》第四条中也明确约定作为“联合体”牵头人的华某公司“总体负责项目的合同签订、工程实施、工程管理及投产试生产等所有总承包工作”。结合该条对其他“联合体”成员内部职责分工的约定，川某设计院负责“现场技术服务”，贵某公司负责“项目的建筑、结构施工及机电设备安装调试”。可见，《联合体协议书》第四条是对“联合体”成员在工程具体实施过程中职责分工的约定，故华某公司有权在案涉工程施工过程中代表“联合体”对外签订合同。华某公司与德某公司签订合同的行为系代表联营体的行为，川某设计院、贵某公司应对华某公司负责工程施工、工程管理工作范围内的行为承担连带责任。因联合体协议并未约定对外承担连带责任的范围，故川某设计院、贵某公司“该约定仅限于协议各方当事人”的抗辩不能成立。

---

① 撰稿人：朱月英，上海市建纬律师事务所。

② 本书选取的案例均出自中国裁判文书网，以下不另作提示。一审：四川省凉山彝族自治州中级人民法院（2014）川凉中民初字第156号；二审：四川省高级人民法院（2015）川民终字第664号；再审：最高人民法院（2018）最高法民申2076号。

案情简介

再审申请人（一审被告、二审上诉人）：川某设计院

再审申请人（一审被告、二审上诉人）：贵某公司

再审被申请人（一审原告、二审被上诉人）：唐某

再审被申请人（一审原告、二审被上诉人）：王某池

再审被申请人（一审被告、二审被上诉人）：华某公司

再审被申请人（一审第三人、二审被上诉人）：德某公司

2008年3月3日，德某公司与川某设计院签订《建设工程设计合同（二）》，约定：发包人德某公司委托设计人川某设计院承担德某公司环保技改搬迁工程设计。合同签订后，川某设计院完成了部分设计任务，德某公司支付了部分设计费。

2010年12月9日，华某公司、贵某公司、川某设计院签订《联合体协议书》，约定：贵某公司与华某公司自愿组成德某公司负责环保技改搬迁项目一标段施工投标，华某公司为德某公司环保技改搬迁项目（一期标段）的牵头人，合法代表联合体各成员负责本招标项目投标文件编制和合同谈判活动，并代表联合体提交和接受相关的资料、信息及指导，处理与之有关的一切事务，负责合同实施阶段的主办、组织和协调工作。联合体将严格按照招标文件的各项要求，递交投标文件，履行合同，并对外承担连带责任。华某公司在协议书“牵头人”处加盖公章，贵某公司在“成员一名称”处加盖公章，川某设计院在“成员二名称”处加盖公章。

2011年1月23日，华某公司、川某设计院、贵某公司三方又签订《联合体协议书》，约定：华某公司、川某设计院、贵某公司自愿组成德某公司环保技改搬迁项目总承包联合体，共同参加德某公司环保技改搬迁一期工程标段施工投标。华某公司为德某公司环保技改搬迁项目（一期标段）投标联合体的牵头人，合法代表联合体各成员负责本招标项目投标文件编制和合同谈判活动，代表联合体提交和接受相关的资料、信息及指导，并处理与之有关的一切事务，负责合同实施阶段的主办、组织和协调工作。联合体将严格按照招标文件的各项要求，递交投标文件，履行合同，并对外承担连带责任。联合体各成员单位内部的职责分工如下：（1）华某公司总体负责项目的合同签订、工程施工、工程管理及投产试生产等所有总承包工作；（2）川某设计院

负责项目的施工图设计及现场设计服务工作；（3）贵某公司负责项目的建筑、结构施工及机电设备安装调试工作。华某公司在协议书“牵头人”处加盖公章，川某设计院在“成员一名称”处加盖公章，贵某公司在“成员二名称”处加盖公章。

2011年1月25日，德某公司与华某公司签订案涉《总承包合同》约定：本工程采用设计、采购、施工（EPC）/交钥匙工程总承包方式。设计、施工及施工管理方采用联合体的方式投标，联合体的权利、义务、分工和组织形式在联合体协议中约定，但无论怎样约定，联合体成员之一或全部必须按照国家法律对发包人承担连带责任。承包人不得将本工程向投标联合体以外的第三人分包或转包（含肢解后的转包），外委制造加工项目除外。合同总价为54348100元，由以下各项费用组成：（1）设计费1400000元；（2）新建2×9000kVA矿热炉及厂房22011000元；（3）搬迁2×12500kVA矿热炉及新建主厂房13491100元；（4）附属生产配套设施8549100元；（5）非生产附属配套设施4650100元；（6）动力电力工程施工4246800元。要求：新建2×9000kVA矿热炉于2011年7月10日前投产，搬迁2×12500kVA矿热炉于2011年9月10日前投产。合同附件1：《德某公司环保技改搬迁一期工程设计施工总承包范围》。附件2：《德某公司环保技改搬迁一期工程技术要求》。

2011年3月10日，华某公司（甲方）与唐某、王某池（乙方）签订《土建工程施工承包合同》，就德某公司项目技改、搬迁一期工程协议如下：工程承包范围包括办公室及食堂车间办公室，围墙、大门、道路、地面硬化、循环水池、所有钢结构厂房地面基础、厕所、浴室、电炉二层楼现浇板、设备基础、沉淀池、水泵房。案涉工程边设计边施工，估约工程造价1200000元，以实际结算为准，乙方上缴施工管理费8%。2011年7月12日，华某公司在合同上盖章。

案涉《土建工程施工承包合同》签订后，唐某、王某池进场施工，并于2011年11月完成工程施工。2012年8月29日，唐某、王某池与华某公司进行结算，形成了《竣工结算确认书》，结算金额为14200000元（已按合同下浮及扣减管理费8%）。双方确认该结算金额扣除税金511200元后，应付工程款为13688800元，已付工程款为10563863元，欠付工程款为3124937元，暂扣质保金426000元（3%），本次应付2698937元。唐某、王某池施工工程已于2012年12月交付投产使用。

一审审理中，川某设计院申请调取德某公司“环保技改搬迁项目一期标段”工程招投标资料及相应的中标通知，德某公司提交了该公司2011年1月24日出具的《中标通知书》。该通知书载明：“华某公司（牵头人）、川某设计院（成员单位）以及贵某公司（成员单位）组成的联合体：你方于2011年1月23日所递交的德某公司环保技改搬迁项目一期工程标段施工投标文件已被我方接受，被确定为中标人。中标价54358100元；开工时间2011年2月10日，其中新建2×9000kVA矿热炉于2011年7月10日前投产，搬迁2×12500kVA矿热炉于2011年9月10日前投产；工期212天（日历日）；工程质量达到国家施工验收规范优良标准。请你方在接到本通知书后的三日内，按《联合体协议书》之要求到我公司签订《德某公司环保技改搬迁一期工程总承包合同》，在此之前向我方提交履约担保。”

2014年，唐某、王某池向一审法院起诉立案，要求川某设计院、贵某公司与华某公司作为案涉工程总承包项目的联合体承包商，承担连带支付分包工程款的义务。本案此后历经四川省凉山彝族自治州中级人民法院一审，四川省高级人民法院二审，以及最高人民法院再审。

各方观点

唐某、王某池观点：在整个联合体中，贵某公司和川某设计院作为国有企业参与招投标，对华某公司和德某公司签订合同是知晓的，《德某集团环保技改搬迁工程竣工结算工作进程安排》可以证明其知晓案涉工程合同履行情况。《联合体协议书》是贵某公司、川某设计院、华某公司三方当事人真实意思表示，对合同当事人均具有法律约束。唐某、王某池与华某公司签订分包协议因违反法律强制性规定，该合同无效，但该合同涉及的工程已经进行了交付，根据最高人民法院的司法解释，按照合同约定支付唐某、王某池工程款是受法律保护的。

华某公司观点：《总承包合同》合法有效，德某公司是民营企业，参照招投标法进行招标，和政府采购及国有企业适用招标投标法是有区别的。案涉工程已实际履行完毕并交付德某公司使用。因此，案涉《总承包合同》是有效的。至于华某公司和唐某、王某池签订的《土建工程施工承包合同》，因该工程已经交付使用，根据最高人民法院的司法解释，唐某、王某池请求按照合同约定支付工程款是受法律保护的，应当由工程实际发包人华某公司及工程受益人德某公司承担工程款的支付责任。

德某公司观点：唐某、王某池未请求德某公司承担支付工程款的责任，德某公司是被追加为第三人进入诉讼的，基于民事诉讼“不告不理”原则，德某公司不应在本案中承担支付责任。本案《土建工程施工承包合同》《联合体协议书》《总承包合同》是不同主体之间、不同合同之间的不同法律关系，不属于主从关系，故《总承包合同》的效力与唐某、王某池主张本案工程款无关。案涉《联合体协议书》有效。本案联合体属于合伙性连营，且约定对外承担连带责任，该协议书“对外”的对象没有作明确指定和约定，其范围不仅包括发包人德某公司，也包括实际施工人唐某、王某池。实际施工人如要求发包人德某公司承担责任，也仅限于德某公司在欠付工程款范围内承担责任，而德某公司与联合体之间的工程合同纠纷已另案起诉尚未审结，是否欠付工程款仍存争议，因此德某公司在本案担责无法律依据。

贵某公司观点：案涉《联合体协议书》不具有真实性与合法性，案涉招投标活动属于违法招投标。2010 年 12 月 9 日，德某公司要求贵某公司和华某公司组成联合体投标案涉工程。华某公司不具备承揽建设工程的法定资质，也不具备加入联合体共同投标的主体资格条件。同时，德某公司要求川某设计院必须加入联合体，遂有了 2011 年 1 月 23 日的三方签订的《联合体协议书》。德某公司的行为显然违反了《招标投标法》第 26 条、第 31 条，以及《四川省工程建设项目招标投标管理若干规定》（川府发〔2001〕9 号，已失效）中关于投标人资质及招标人不得强制投标人组成联合体共同投标的规定。案涉招投标及中标无效。德某公司未按《招标投标法》第 19 条、第 31 条的规定，其要求华某公司加入联合体，允许其投标，且案涉工程无合法开标评标程序、无中标通知送达等招标法定程序，整个招标投标都是违法的。《总承包合同》为无效合同，本案“联合体”投标不具有合法性，依据“中标”所签订的《总承包合同》也不具有合法性。案涉工程是唐某和王某池、华某公司、德某公司三方之间工程发承包关系。《总承包合同》是华某公司独自与德某公司签订的，案涉工程施工的运作是唐某和王某池、华某公司、德某公司三方协商实施的，工程完工后唐某和王某池直接向德某公司交付已完成工程。贵某公司既未参加《总承包合同》的签订，也未参加其实施，该《总承包合同》既无贵某公司盖章，也未经贵某公司追认，对贵某公司不产生法律约束力。华某公司与唐某、王某池签订的《土建工程施工承包合同》与贵某公司无关。华某公司将案涉项目肢解分包给唐某、王某池是一种非法行为，更何况《总承包合同》明确约定“承包人不得将本工程向投标联合体以外的第三人分包或转包（含肢解的转包），外委制造加工项目除外”，华某公司擅自将“中标”工程肢解转包给唐某、王某池，根据建筑法的规定，该《土建工程施工承包合同》是无效合同，合同的相对人德某公司和华某公司应连带承担工程款支付责任。华某公司与唐某、王某池所制作的结算清单不符合工程合法性结算的要求，其真实性不能确认。

川某设计院观点：案涉《总承包合同》无效，且未实际履行。早在2008年3月3日德某公司就该项目与川某设计院签订了工程设计合同，并已部分履行。后德某公司拟将该项目变更为EPC（设计、采购、施工）总承包，故终止与川某设计院的合同。德某公司为避免承担违约责任，在招标时就明确该项目的设计任务无论谁中标均交由川某设计院实施。华某公司与贵某公司组成联合体的投标文件《扩容、技改、搬迁方案》中明确“选择川某设计院对钢结构厂房进行设计”，即在招标时德某公司已明确项目的设计人，因此，案涉工程实际上不是EPC总承包性质。该项目的投标和中标情况是：川某设计院与某工业设备安装公司组成联合体进行投标，华某公司与贵某公司组成联合体进行投标，华某公司与贵某公司组成的联合体中标。在华某公司、贵某公司联合投标中标后，为了响应发包人德某公司对设计人必须是川某设计院的要求，华某公司、贵某公司和川某设计院补签了《联合体协议书》。而且，补签的《联合体协议书》有两份，先是直接在2010年12月9日华某公司与贵某公司的《联合体协议书》上面加盖川某设计院的公章（法定代表人的签名也是由华某公司人员所签）。因该《联合体协议书》内容完全与川某设计院无关，才在《总承包合同》签订之前的2011年1月23日由华某公司、贵某公司和川某设计院重新又签了一份《联合体协议书》。这一切行为均是在德某公司授意的情况下，在项目中标后实施的。《招标投标法实施条例》（2011年）第37条第3款规定：“联合体各方在同一招标项目中以自己名义单独投标或者参加其他联合体投标的，相关投标均无效”，因此案涉项目的中标应属无效。案涉项目并未正式下达过《中标通知书》。德某公司提交的《中标通知书》是伪造的，也未送达给川某设计院。该《中标通知书》载明“联合体”于2011年1月23日向德某公司提交投标文件，第二天即2011年1月24日下达中标通知书，且没有任何中标人的签收，这些时间安排只是为了与

2011 年 1 月 25 日签订《总承包合同》的时间相吻合。该项目的投标截止时间是 2010 年 12 月 25 日 10 点之前，开标时间是 2010 年 12 月 25 日 10 点，而三方《联合体协议书》的签订时间 2011 年 1 月 23 日竟然晚于开标时间。因此，案涉项目的整个招投标程序严重违法。案涉项目所谓的中标联合体的“牵头人”华某公司并不具备实施该项目的相应资质。该项目对投标人资质要求是：设计单位具有冶金工程设计乙级及以上设计资质和相应的建筑设计资质；设备制造安装单位具有机电设备安装工程专业承包乙级及以上资质；建筑施工单位应具有建筑施工二级及以上资质。而“牵头人”华某公司并不具备承揽该项目的上述相应资质，明显违反了《招标投标法》[①]（1999 年）第 31 条的规定。案涉《总承包合同》系由德某公司与“牵头人”华某公司单方面签订，违反《招标投标法》（1999 年）第 31 条第 3 款“联合体中标的，联合体各方应当共同与招标人签订合同”的规定。《总承包合同》并未实际履行。川某设计院和贵某公司并不知晓《总承包合同》的签订，也未参与履行。川某设计院除按照之前与德某公司的约定，与华某公司重新签订该项目建设工程设计合同继续履行原设计任务外，并未参与该项目的其他承包人事宜。

《联合体协议书》无效，且对实际施工人不发生法律效力。《联合体协议书》是《总承包合同》的配套文件，属从合同，总承包合同无效，其配套从合同的《联合体协议书》亦无效。两份《联合体协议书》的形成均违反招投标的法定程序，是招标人和投标人在项目中标后串通形成的虚假文件。按照《招标投标法》（1999 年）第 31 条第 3 款的规定，联合体中标后，联合体各方应当共同与招标人签订合同，就中标项目向招标人承担连带责任。因此，《联合体协议书》对招标人以外的第三人（包括本案实际施工人）并无任何法律效力。

唐某、王某池与华某公司签订的《土建工程施工承包合同》无效，因该项目工程已移交业主方德某公司实际使用，德某公司应当承担相应责任。唐某、王某池与华某公司签订的《土建工程施工承包合同》是基于《总承包合同》项下的附属合同，《总承包合同》无效，则附属合同亦无效。该附属合同系工程分包合同，承包方并不具备签订合同的资格。本案所涉分包工程是将总承包工程进行肢解的违法分包工程合同，应属无效。川某设计院并不知道

---

① 该法已于 2017 年修正，下同。

该分包合同的签订及履行，该合同所涉工程的协商、签订、履行、移交等工作，川某设计院自始至终并不知晓也未参与。本案所涉工程早已完工并已移交德某公司使用，由于分包合同无效，因此工程分包人华某公司及工程受益人德某公司是《总承包合同》的相对人，应承担工程款的支付责任。最后，根据《招标投标法》第31条的规定，华某公司不具有承担案涉工程项目的相应资质和能力，无论其与谁组成联合投标体均是规避法律的行为。川某设计院更是其行为的受害者，至今仍然有部分设计费未能收到。华某公司与唐某、王某池签订的《土建工程施工承包合同》既违反法律禁止性规定，也违反《总承包合同》不得转包分包的约定，且与川某设计院无关。

法院观点

一审法院观点：唐某、王某池与华某公司签订的《土建工程施工承包合同》载明唐某、王某池施工的工程承包范围为“办公室及食堂车间办公室，围墙、大门、道路、地面硬化、循环水池、所有钢结构厂房地面基础、厕所、浴室、电炉二层楼现浇板、设备基础、沉淀池、水泵房”。合同签订后，唐某、王某池完成了该合同约定承建的上述工程。一审诉讼中，华某公司对唐某、王某池主张其保质保量完成了《土建工程施工承包合同》全部施工的诉称无异议，故唐某、王某池系上述工程的实际施工人。德某公司主张该合同系劳务分包合同的答辩，与本案事实不符。因唐某、王某池系自然人，无承包建筑工程的资质证书，依据《建筑法》（2011年）第26条第1款“承包建筑工程的单位应当持有依法取得的资质证书，并在其资质等级许可的业务范围内承揽工程”、《最高人民法院关于审理建设工程施工合同纠纷案件适用法律问题的解释》① 第1条关于承包人未取得建筑施工企业资质或者超越资质等级的合同无效的规定，唐某、王某池与华某公司签订的《土建工程施工承包合同》为无效合同。

对于贵某公司“唐某、王某池承建工程未经验收”的抗辩，因该工程已经交付德某公司使用，德某公司并未就该工程质量提出异议，故贵某公司的该抗辩理由不成立。因华某公司对与唐某、王某池于2012年8月29日结算及唐某、王某池主张的“按竣工结算确认金额支付欠付工程款3124937元”的

① 根据《最高人民法院关于废止部分司法解释及相关规范性文件的决定》，该司法解释现已失效。

诉请无异议，虽然其辩称唐某、王某池诉请3124937元款项中有980000元水泥款已由德某公司直接支付给第三方，但其未提供相应证据，德某公司也不予认可，故唐某、王某池要求支付尚欠工程款3124937元及拖欠工程款期间的资金利息的诉讼请求，予以支持，因双方于2012年8月29日才进行结算，故其利息应从2012年8月29日开始计算。

对于华某公司“德某公司尚欠其工程款，施工中与其开设共管账户，所有款项均要经德某公司认可才能支付，其并未截留工程款项，且施工中有些款项是德某公司直接支付给唐某、王某池的，故唐某、王某池诉请的剩余未付工程款应由德某公司支付给唐某、王某池”的抗辩，因一审诉讼中查明唐某、王某池未与德某公司签订合同，华某公司也未提供证据证明其与唐某、王某池签订的《土建工程施工承包合同》系经德某公司认可，其提交的付款清单载明的均为“代付”，故华某公司的该抗辩无事实依据，不予采信。

川某设计院对2010年12月9日的《联合体协议书》真实性有异议，但对2011年1月23日的《联合体协议书》真实性无异议。虽然其辩称上述协议因违反相关法律规定，为无效合同。但因该协议中载明华某公司、川某设计院、贵某公司自愿组成德某公司环保技改搬迁项目总承包联合体，共同参加德某公司环保技改搬迁一期工程标段施工投标。联合体将严格按照招标文件的各项要求，递交投标文件，履行合同，并对外承担连带责任。联合体各成员单位内部的职责分工如下：华某公司总体负责项目的合同签订、工程施工、工程管理及投产试生产等所有总承包工作的内容系各方当事人真实意思表示，表明华某公司、川某设计院、贵某公司自愿组成联合体，由华某公司总体负责项目的合同签订、工程施工、工程管理及投产试生产等所有总承包工作，并承诺对外承担连带责任。故华某公司与德某公司签订合同的行为系代表联营体的行为，川某设计院、贵某公司应对华某公司负责工程施工、工程管理工作范围内的行为承担连带责任。因该协议并未约定对外承担连带责任的范围，故川某设计院、贵某公司“该约定仅限于协议各方当事人”的抗辩不能成立。依据《民法通则》[①] 第53条“企业之间或者企业、事业单位之间联营，按照合同的约定各自独立经营的，它的权利和义务由合同约定，各自承担民事责任”的规定，唐某、王某池要求华某公司、川某设计院、贵某

① 《民法通则》现已失效。

公司依据约定连带承担支付尚欠工程款3124937元及利息给付责任的诉请，予以支持。

二审法院观点：基于案涉《联合体协议书》已经被生效裁判认定为有效合同，而该协议明确载明："1. 华某公司为德某公司环保技改搬迁项目总承包联合体的牵头人。2. 联合体牵头人合法代表联合体各成员负责本招标项目投标文件编制和合同谈判活动，并代表联合体提交和接收相关资料、信息及指示，处理与之有关的一切事务，负责合同实施阶段的主办、组织和协调工作。3. 联合体将严格按照招标文件的各项要求，递交投标文件，履行合同，并对外承担连带责任。4. 联合体各成员单位内部职责分工如下：（1）华某公司总体负责项目的合同签订、工程实施、工程管理及投产试生产等所有总承包工作。（2）川某设计院负责项目的施工图设计及现场技术服务工作。（3）贵某公司负责项目的建筑、结构施工及机电设备安装调试工作。（4）本协议自签署之日起生效，合同履行完毕后自动失效。"因此，虽然案涉工程投标、中标无效，但华某公司根据《联合体协议书》的授权与德某公司签订的《总承包合同》，其代表的是"联合体"的共同意思表示，贵某公司、川某设计院作为参与"联合体"的主体单位，在向德某公司提交投标文件及《联合体协议书》后，即表示接受对华某公司因案涉工程对外签订合同等履行投标内容的行为承担法律责任。因此，尽管本案投标、中标行为无效，由华某公司单方与招标人德某公司签订的《总承包合同》无效，但依据《联合体协议书》的约定，《总承包合同》的承包方应当是华某公司、川某设计院、贵某公司三方当事人。故《总承包合同》的法律后果应当由华某公司、川某设计院、贵某公司三方承担。

同样基于《联合体协议书》的约定，华某公司与唐某、王某池签订案涉工程施工合同，其代表的仍然是由华某公司、川某设计院、贵某公司所组成的"联合体"，其法律后果理应由"联合体"承担。贵某公司、川某设计院上诉主张，华某公司与唐某、王某池签订的合同违反《总承包合同》禁止分包的约定，不属于履行"联合体"成员的授权行为，贵某公司、川某设计院不应承担其相应法律后果。因《总承包合同》约束华某公司、川某设计院、贵某公司，因此华某公司是否违反《总承包合同》的约定对外签订案涉工程施工合同，并不能排斥其代表"联合体"的对外行为，贵某公司、川某设计院所主张的该内容仅为其法律后果内部承担的责任划分依据。故基于《联合体协议书》的授权，华某公司与唐某、王某池签订的案涉《土建工程施工承包合同》对贵某公司、川某设计院具有约束力。“联合体”作为案涉建工关系的承包人，一审判决“联合体成员”华某公司、川某设计院、贵某公司共同对唐某、王某池承担支付工程款的责任并无不当。因承包人“联合体”尚未与发包人德某公司进行结算，实际施工人唐某、王某池也未提出向发包人德某公司主张支付工程的请求，故德某公司是否欠付“联合体”工程款本案不予审理，双方若有争议，可另案解决。

再审法院观点：华某公司、川某设计院和贵某公司于2011年1月23日签订的《联合体协议书》已经由人民法院生效判决确认有效，根据该协议第2条的约定，华某公司作为“联合体”牵头人“代表联合体各成员负责本招标项目投标文件编制和合同谈判活动，代表联合体提交和接收相关资料、信息及指导，并处理与之有关的一切事务，负责合同实施阶段的主办、组织和协调工作”。在此约定的基础上，华某公司通过招投标程序与德某公司签订《总承包合同》，是代表“联合体”进行投标、缔约的行为。同时，结合德某公司于2011年1月24日向“华某公司（牵头人）、川某设计院（成员单位）、贵某公司（成员单位）组成的联合体”出具《中标通知书》的事实，表明作为合同相对方的德某公司对华某公司投标、缔约系代表“联合体”的事实也是知晓的。因此，原判认定《总承包合同》的承包方是华某公司、川某设计院和贵某公司，并无不当。

同时，《联合体协议书》第4条约定作为“联合体”牵头人的华某公司“总体负责项目的合同签订、工程实施、工程管理及投产试生产等所有总承包工作”。结合该条对其他“联合体”成员内部职责分工的约定，川某设计院负责“现场技术服务”，贵某公司负责“项目的建筑、结构施工及机电设备安装调试”。可见，《联合体协议书》第4条是对“联合体”成员在工程具体实施过程中职责分工的约定，故华某公司有权在案涉工程施工过程中代表“联合体”对外签订合同。原判认定华某公司与唐某、王某池签订的《土建工程施工承包合同》应约束川某设计院和贵某公司，并无不当。

川某设计院和贵某公司申请再审主张《联合体协议书》并未实际履行。首先，华某公司代表“联合体”投标与德某公司签订《联合体协议书》并实际实施工程，以及在工程建设过程中与唐某、王某池签订的《土建工程施工承包合同》等行为均系其履行协议的行为，也是根据协议约定代表“联合体”

实施的行为。其次，贵某公司在 2010 年 12 月 9 日签订《联合体协议书》后，于 2010 年 12 月 25 日与华某公司向德某公司提交《投标函》《投标保证金》函，结合德某公司于 2011 年 1 月 24 日向“华某公司（牵头人）、川某设计院（成员单位）、贵某公司（成员单位）组成的联合体”出具《中标通知书》等事实，可以认定贵某公司也实际参与了案涉工程的招投标程序，其对《联合体协议书》也有实际的履行行为。最后，根据《联合体协议书》的约定，川某设计院在“联合体”成员内部的分工是“负责项目的施工图设计及现场技术服务工作”，川某设计院亦认可其履行了设计义务。至于川某设计院履行设计义务的行为是基于《联合体协议书》中“联合体”成员单位的分工，还是基于其与华某公司于 2011 年 2 月 18 日签订的《建设工程设计合同（二）》的合同义务，属于“联合体”内部对成员权利义务具体实现方式的安排。因此，川某设计院和贵某公司主张《联合体协议书》并未实际履行的理由不成立；其申请再审主张原判认定的基本事实缺乏证据证明，理由不成立。

关联案例 1

案件名称：某禹公司、浙江省发展和改革委员会、浙江省人民政府行政处罚纠纷案

审理法院：一审：浙江省杭州市中级人民法院（2019）浙 01 行初 3 号

裁判观点：组成联合体投标意味着成员单位可以同一投标主体的身份参与招投标。该组合形式的动因在于，各成员之间可通过共享优势资源，弥补各自技术力量的相对不足，以达到增强投标竞争能力等目的。各成员既通过组成联合体之方式享有相关权益，就应履行成员的相应义务，互相督促依法依规参加招投标活动。联合体的牵头人更是负有审慎行为之义务。具体到本案，某禹公司通过与某美公司组成联合体的方式，弥补了自身在常规蝶阀及其附属设备制造领域的相对不足。而作为联合体牵头人，某禹公司将某美公司的虚假业绩证明材料予以了递交，并在材料上加盖了本公司印章。该业绩证明又是联合体投标人提交的证明具有公称直径≥2.4 米的蝶阀制造业绩的唯一材料。故对于案涉违法行为的发生，某禹公司至少在客观上发挥了助推作用。作为未尽审慎职责的联合体牵头人，其辩称自己不应承担行政责任的主张不能成立。

关联案例 2

案件名称：某京公司、某银公司买卖合同纠纷案

审理法院：一审：甘肃省高级人民法院（2017）甘民初 85 号；二审：最高人民法院（2018）最高法民终 377 号

裁判观点：某建公司与某京公司组成投标联合体，某京公司为联合体牵头方，某建公司授权某京公司作为联合体的投标人进行投标，中标后某建公司、某京公司与某银公司签订了合同，某建公司也是本案的合同主体。依据《招标投标法》第 31 条第 1 款“两个以上法人或者其他组织可以组成一个联合体，以一个投标人的身份共同投标”、第 3 款“联合体各方应当签订共同投标协议，明确约定各方拟承担的工作和责任，并将共同投标协议连同投标文件一并提交招标人。联合体中标的，联合体各方应当共同与招标人签订合同，就中标项目向招标人承担连带责任”的规定，某建公司应当承担偿还某银公司预付款 2226 万元并支付利息的连带清偿责任。

关联案例 3

案件名称：某工程公司、某成公司等建设工程施工合同纠纷再审案

审理法院：一审：贵州省黔南布依族苗族自治州平塘县人民法院（2018）黔 2727 民初 1230 号；二审：贵州省黔南布依族苗族自治州中级人民法院（2019）黔 27 民终 1154 号；再审：贵州省黔南布依族苗族自治州中级人民法院（2020）黔 27 民再 65 号

裁判观点：由于联合体协议明确某成公司和某源公司负责项目具体业务指导和实施管理，虽然某工程公司与某成公司签订了《工程协议》，但该《工程协议》仅仅是联合体协议中对某成公司职责的进一步明确，协议双方之间并非承包与发包之间的关系。同时根据联合体协议第 3 条“联合体将严格按照资格预审文件和招标文件的各项要求，递交资格预审申请文件和投标文件，履行合同，并对外承担连带责任。”故联合体成员应该按照联合体协议的约定对案涉的工程款承担连带给付责任。

律师点评

一、概述联合体承包的法律特征

建设工程项目联合体承包模式是国际建筑市场通行的总承包模式，我国建筑市场曾于 20 世纪 80 年代开始推行联合承包。为规范联合承包、联合投标行为，根据建筑市场的状况，我国颁布了《建筑法》《招标投标法》《工程

建设项目施工招标投标办法》及《工程建设项目货物招标投标办法》，对联合投标、联合承包的含义、特征作了相关或相同规定，为联合投标、联合承包提供了法律依据。

（一）联合承包主体的法律特征

所谓联合承包是指两个或两个以上承包单位或其他组织，组成一个联合体，通过联合体之间的合同结成联营组织，并通过合同明确内部分工或共同经营的方式向发包方承揽特定工程。通常情况下，联合体是为承包特定工程而设立的临时集合体，随着工程项目的建设竣工而结束。

《建筑法》第27条第1款规定："大型建筑工程或者结构复杂的建筑工程，可以由两个以上的承包单位联合共同承包……"根据法律规定及从联合体实际运行及司法实务中可以看出，联合体主要法律特征之一，必须是两个以上的"承包单位"，根据工程特点或建设发包方要求，可由设计、施工单位组成联合体，也可由设计、采购、施工单位组成联合体，还可组成以采购、加工承揽、施工单位为一体的联合体。在这些承包主体的组合体中，以设计与施工单位组成联合体为最佳组合。它可以将设计理念完整地通过施工予以体现。联合体法律特征之二，具有相应的资质，即相应的设计资质，相应的承包资质，相应的专业资质如安装、幕墙、桩基、装修等建筑专业资质。《建筑法》意义上的联合体，排除了自然人之间的联合，因为自然人不具备承包建筑工程的相关资质，不能组成联合体。《建筑法》同时还规定两个以上不同资质等级的单位实行联合共同承包的，应当按照资质等级低的单位的业务许可范围承揽工程。这是建筑工程联合体承包的特别规定，也是重要特征。联合体法律特征之三，《建筑法》规定"共同承包"是指共同投标、共同签订承包合同、共同承包施工、共同面对发包方。而不是由发包方与联合体中的某一方另签承发包合同，更不是由联合体与其中的某方另签分包合同或内部承包合同。根据上述法律规定，释义的三个特征可作为评判联合体主体成立与否的依据。

（二）联合体组织形式的法律特征

按联合体的组织结构或股份结构及其内部关系，联合体可以分为紧密型、半紧密型、松散型。紧密型联合体是一种法人型联合体，其非《建筑法》意义上的联合体，本书暂不研究。半紧密型联合体模式是指联营各方共同出资共同组成具有合伙性但不具备法人资格的联合承包组织，依据各方的经济实力、技术专长、资质条件，优势互补，强强联合，针对特定工程项目而组成的联合体，按联合体协议分工、承担民事责任，其相当民法中合伙型联营；松散型联合体，仅以联合合同为纽带，又称合同型联带，是指合营方按照合同约定相互协作，各自经营、各自承担责任。为实现各自的经济利益，在建设工程联合承包的实践中，半紧密型、松散型联合体是常见的联合体。联合体在承建大型建筑工程或结构复杂的建筑工程中展现速度、效率的优势。

（三）联合体承包法律要件

联合体承包法律要件是指由法律规定予以明确及合同约定予以体现的必须具备的条件。我国《招标投标法》第31条第3款规定："联合体各方应当签订共同投标协议，明确约定各方拟承担的工作和责任，并将共同投标协议连同投标文件一并提交招标人。联合体中标的，联合体各方应当共同与招标人签订合同，就中标项目向招标人承担连带责任。"该款规定了联合体承包三要件：(1) 共同投标，即在投标阶段，联合体各方应签订共同投标协议，还应将共同投标协议送交招标人审查，以取得招标人的认同；(2) 共同签订联合承包合同，即中标后，联合体各方应当共同与招标人签订承包合同，这里强调"共同"，而非一方签订合同，更非各方分别与招标人签订合同；(3) 法律责任，联合体承包各方就招标项目共同向招标人承担连带责任，即只要联合体一方在履行合同过程中发生任何缺陷或纠纷，各方须向发包人承担连带法律责任，发包人可追索联合体中的任何一方。上述法律规定可归纳为联合体承包的三要件，在法律实务中判断联合体投标承包是否成立，上述三要件须同时具备，缺一不可。

上述法律规定联合体的主体特征、组织形式、承包要件，以及实际履行的行为特征是判断联合承包关系成立与否及法律责任承担方式的依据。

二、联合体投标及联合承包实务中须注意的问题

联合承包模式，一般适用于大中型规模的工程项目，以及结构复杂，技术难度大，施工周期长的工程项目。由于联合体承包的施工项目，往往涉及面广，法律关系复杂，故联合体承包较单一主体承包更容易发生矛盾或纠纷。为减少或避免纠纷，在实施联合体模式承包建设工程时须注意的法律问题，重点关注以下几点。

（一）联合体的协议问题

联合体协议对联合体成员的重要性毋庸置疑，联合体成员的工作范围、

工作职责、权利与义务，都是由联合体协议约定的，特别是在工程总承包中，联合体分工复杂，涉及工作内容较多，约定不明往往容易引发纠纷。住建部《建设项目工程总承包合同（示范文本）》已经将联合体协议细化到了分工、费用收取、发票开具等事项。《建设项目工程总承包合同（示范文本）》通用条款4.6.2规定："承包人应在专用合同条件中明确联合体各成员的分工、费用收取、发票开具等事项。联合体各成员分工承担的工作内容必须与适用法律规定的该成员的资质资格相适应，并应具有相应的项目管理体系和项目管理能力，且不应根据其就承包工作的分工而减免对发包人的任何合同责任。"工程总承包联合体成员在签署联合体协议时，应尽量使用住建部的规范性示范文本，以减少和避免因履行工程总承包联合体协议发生纠纷。

（二）联合体的资质问题

此外，《招标投标法》第31条第2款规定："联合体各方均应当具备承担招标项目的相应能力；国家有关规定或者招标文件对投标人资格条件有规定的，联合体各方均应当具备规定的相应资格条件。由同一专业的单位组成的联合体，按照资质等级较低的单位确定资质等级。"建设工程承包人资质等级是衡量其承包工程的管理能力和经济实力，是确保建设工程安全文明施工的重要条件，更是确保工程质量的前提条件。建设工程承包人的资质等级，体现承包人的劳动组织管理能力和技术管理能力。《招标投标法》特别规定同一专业的单位组成的联合体，不同等级资质的单位组成联合体的，应按较低资质的单位确定该联合体的资质。这就避免了低资质承包人借用或挂靠高资质承包人，组成联合体承包工程，而降低承包人的管理能力以致影响工程质量，并影响合同的效力。

综上，联合体承包建设工程在投标阶段应按法律规定的资质条件组建好联合体，在中标后联合体各方应共同与发包人签订工程承包合同，在施工过程中联合体成员应共同面对发包方，在承包的范围内履行承包合同，对联合体成员违反合同约定导致发包人损失的，联合体各成员应向发包人承担连带责任。

（三）联合体成员的违法转包、挂靠问题

《上海市建设项目工程总承包管理办法》第14条、第16条明确了工程总承包项目的分包方式以及转包和违法分包的情形。根据规定要求，工程总承包单位应当完成自行承包工程范围内的主体工作，不得将工程总承包项目进行转包，不得将工程总承包项目工程主体结构的勘察、设计、施工业务分包给其他单位。以联合体形式承接的工程总承包单位，联合体各方应当按照合同约定分别自行完成主体工程的勘察、设计、施工业务。对于工程总承包单位其承包工程范围内的非主体工作分包给具有相应资质的分包单位的，还应当征得建设单位同意。

根据《建筑法》第29条第1款的规定："建筑工程总承包单位可以将承包工程中的部分工程发包给具有相应资质条件的分包单位；但是，除总承包合同中约定的分包外，必须经建设单位认可。施工总承包的，建筑工程主体结构的施工必须由总承包单位自行完成。"上述规定虽然仅明确了施工总承包模式下，主体结构的施工不得分包。但"举轻以明重"，对于包含施工范围的工程总承包项目，具备相应资质条件的承包方亦不应再将其承包范围的相应主体部分进行分包。

对于转包和违法分包的具体认定标准，发承包双方可参照《建筑工程施工发包与承包违法行为认定查处管理办法》（建市规〔2019〕1号）中的规定进行适用。另外，对于承包人将工程总承包范围内的工作进行转包或违法分包的，根据《民法典》第153条第1款"违反法律、行政法规的强制性规定的民事法律行为无效"以及第806条第1款"承包人将建设工程转包、违法分包的，发包人可以解除合同"的规定，相应分包合同存在违反法律强制性规定无效，相应总承包合同存在发包人解除合同的风险，这些都需要联合体成员予以关注和重视。

1.2 法院如何确认未签订施工合同的联合开发商承担支付工程款的连带债务[①]

——中某某方公司、某福实业公司装饰装修合同纠纷施工合同纠纷案[②]

关 键 词：未签订施工合同　联合开发　支付工程款　连带债务

问题提出：对于联合开发项目，施工企业仅与联合开发主体中的一方签订施工合同，其他未签订施工合同的联合开发主体是否对工程款及逾期付款违约金承担连带债务？法院对未签订施工合同的联合开发主体承担连带债务如何认定？

裁判要旨：首先，泰某集团公司作为案涉工程项目所有权的共有人，且授权某福实业公司代为与中某某方公司签订施工合同，《承包合同》对泰某集团公司具有法律约束力。其次，从合同的实际履行情况看，泰某集团公司也实际参与了《承包合同》的履行，因此，泰某集团公司应当对工程款及逾期付款违约金承担连带清偿责任。

案情简介

上诉人（原审原告、反诉被告）：中某某方公司

上诉人（原审被告、反诉原告）：某福实业公司

被上诉人（原审被告）：泰某集团公司

2009年6月5日，某福实业公司（甲方）与中某某方公司（乙方）签订《承包合同》，约定甲方将重庆某来登酒店客房层11－××层的精装修工程发包给中某某方公司施工。

2009年8月15日，泰某集团公司和某福实业公司作为发包人与中某某方公司签订了《建设工程施工合同》，承包范围及计价原则等与《承包合同》

① 撰稿人：何郁宁，上海市建纬律师事务所。

② 一审：重庆市高级人民法院（2013）渝高法民初字第00030号；二审：最高人民法院（2018）最高法民终282号。

一致，只是开工日期变更为2009年8月20日。同日，三方签订《协议书》，明确《建设工程施工合同》未实际履行，仅作为某福实业公司和泰某集团公司报建使用，某福实业公司和中某某方公司实际履行的系《承包合同》。

2009年8月20日，中某某方公司申请开工，某福实业公司、泰某集团公司和监理单位在开工报告上签章同意。2011年7月29日，中某某方公司申请竣工验收，监理单位签章同意。2012年7月18日，某来登酒店及某来登国际中心、裙房及车库地基与基础、主体、外墙幕墙装修、室内精装饰、机电设备安装、给排水工程、消防等项目通过竣工验收，建设工程竣工验收意见书载明工程的实际竣工日期为2011年7月29日。

2009年9月14日，泰某集团公司作为委托人向某福实业公司出具《授权委托书》，载明：鉴于委托人与受委托人为重庆市南岸区×××街道××路×号重庆某来登酒店工程土地使用权及工程项目所有权的共有人……委托权限：代为与中某某方公司签订及履行本工程装饰施工合同……委托人对本授权委托书签发之前受委托人以某福实业公司名义与中某某方公司所为之一切民事行为法律效力予以认可。在施工过程中的多份往来函件上均有泰某集团公司的盖章。

2012年6月，某福实业公司、中某某方公司共同委托案外人某平公司进行结算审核，审核报告出具后，某福实业公司未签章认可。中某某方公司遂根据审核报告向一审法院起诉请求：1. 某福实业公司支付到期工程款37984626.64元，于2016年8月13日前支付质保金141788.86元，并支付延期结算违约金3690.36元及延期付款违约金暂计26463186.63元（暂计至2013年9月30日，最终计至实际付款日），以上共计64593292.49元；2. 泰某集团公司对上述债务承担连带责任；3. 某福实业公司和泰某集团公司承担本案的全部诉讼费用。

某福实业公司向一审法院反诉请求：中某某方公司向某福实业公司支付因延误工期而应当承担的违约金7000万元，并承担本案的全部诉讼费用。但因在规定期限内未补缴增加反诉请求的案件受理费，一审法院视为其撤回了增加的反诉请求。

各方观点

笔者仅就中某某方公司要求泰某集团公司对工程款及违约金是否应承担连带责任，归纳各方观点如下：

中某某方公司观点：泰某集团公司应当对案涉债务承担连带责任。案涉工程项目属于某福实业公司和泰某集团公司联合开发，双方在人员及财务上均高度重合。同时，根据2009年9月14日泰某集团公司向某福实业公司出具的授权委托书，泰某集团公司授权某福实业公司对外签订施工合同，因此，泰某集团公司应受案涉《承包合同》约束，对相关债务承担连带责任。

某福实业公司观点：泰某集团公司虽系案涉工程的联建方，但与中某某方公司签订《承包合同》的相对方系某福实业公司，各项施工资料亦由某福实业公司作为发包人签署，根据合同相对性原则，中某某方公司仅能向某福实业公司主张工程价款。

泰某集团公司观点：泰某集团公司并非案涉《承包合同》的当事人，不享有合同权利，亦不承担合同义务。

法院观点

本案历经两审，就泰某集团公司是否承担连带责任，一审、二审法院观点截然不同。

一审法院观点：泰某集团公司不应当承担连带责任。

关于泰某集团公司是否应承担连带支付责任的问题。泰某集团公司虽然系本案工程的联建方，但与中某某方公司签订承包合同的是某福实业公司，施工中的各项签单也是某福实业公司作为发包人签章，根据合同相对性原则，应向中某某方公司支付工程款的是某福实业公司。中某某方公司请求泰某集团公司对某福实业公司应支付款项承担连带责任既无法律规定也无双方合同约定，故对中某某方公司的该项诉讼请求不予支持。

二审法院观点：泰某集团公司应当承担连带责任。

首先，关于泰某集团公司对欠付工程款是否应当承担连带支付责任的问题。根据已经查明的事实，泰某集团公司在《授权委托书》中明确，其与某福实业公司为案涉工程项目所有权的共有人，同时授权某福实业公司代为与中某某方公司签订施工合同。可见，泰某集团公司对其作为《承包合同》的相对方是明知并认可的。某福实业公司在《承包合同》上的盖章行为具有双重意义，不仅是对其自身作为案涉工程发包方地位的确认，同时亦代表泰某集团公司作出相应的意思表示。《承包合同》对泰某集团公司具有法律约束力。

其次，2009年8月15日，泰某集团公司和某福实业公司共同作为发包人与中某某方公司签订《建设工程施工合同》，虽然该合同仅作为某福实业公司和泰某集团公司报建使用，但能够进一步佐证泰某集团公司对其发包人身份的认可。

最后，从合同实际履行情况看，在案涉工程开工报告和竣工验收意见书上，泰某集团公司均作为建设单位盖章确认。在实际施工过程中，有多份往来函件上均盖有泰某集团公司印章。可见，泰某集团公司亦实际参与了《承包合同》的履行。

综上，一审判决仅以泰某集团公司未在《承包合同》上盖章为由，认定泰某集团公司对案涉工程欠款不承担连带支付责任，存在错误，法院予以纠正。中某某方公司该项上诉请求，有事实依据，法院予以支持。故判决泰某（集团）有限公司对工程款及逾期付款违约金承担连带清偿责任。

关联案例1

案件名称：某宸公司、某顺公司建设工程施工合同纠纷案

审理法院：一审：内蒙古自治区高级法院（2017）内民初38号；二审：最高人民法院（2018）最高法民终846号

裁判观点：一审法院：关于鑫某公司是否对上述工程款及利息的给付承担连带责任问题。某顺新城二、三期工程是由某顺公司与鑫某公司合作开发，合作开发房地产合同的法律特征在于“共同投资、共享利润、共担风险，”合作各方应对外共同承担因合作产生的债务。鑫某公司作为案涉工程的合作开发人，应对某顺公司所拖欠某宸公司的工程款承担连带清偿责任。

二审法院：关于鑫某公司应否对某顺公司欠付工程款的利息承担连带清偿责任问题。法院认为，工程款的利息属于法定孳息。一审判决鑫某公司对某顺公司欠付某宸公司的工程款承担连带清偿责任，未判决鑫某公司对某顺公司欠付某宸公司的工程款利息承担连带清偿责任应属不当，法院予以纠正。

关联案例2

案件名称：某龙公司、某远社区居民委员会建设工程施工合同纠纷案

审理法院：一审：陕西省西安市中级人民法院（2015）西中民四初字第9号；二审：陕西省高级人民法院（2017）陕民终753号；再审：最高人民法院（2018）最高法民再296号

裁判观点：一审法院：某龙公司要求某远社区对上述欠款及利息承担连带责任，根据合同相对性，某龙公司与某泽公司签订《建设工程施工合同》，某泽公司为发包方，某龙公司为承包方，某远社区只是土地提供者，本案所涉工程款问题是某龙公司与某泽公司在履行双方签订的《建设工程施工合同》中出现的纠纷，与某远社区无关，某远社区不应承担责任，某龙公司要求某远社区承担连带责任的诉讼请求于法无据，法院不予支持。

二审法院：关于某远社区是否应当承担连带赔偿责任的问题。本案的基础合同系某泽公司与某龙公司签订的《建设工程施工合同》，因某远社区并非合同当事人，与某龙公司请求的工程款诉讼无涉，某龙公司请求某远社区对工程款承担连带清偿责任，无事实和法律依据。

再审法院：原某关村村委会（某远社区）与某泽公司存在合作开发房地产合同关系。根据原某关村村委会向某泽公司出具的《委托书》所载明的内容，原某关村村委会委托某泽公司刻制东方××项目合同专用章和财务专用章，某龙公司提供的《建设工程施工合同》上同时加盖有某泽公司印章和“西安市莲湖区某关村东方××项目合同专用章”，据此，《建设工程施工合同》应当认定为原某关村村委会与某泽公司共同对外作出的意思表示，合同履行后产生的债务应由合作双方承担连带清偿责任。某远社区系原某关村村委会被撤销而设立，为原某关村村委会债权债务的承继人，某龙公司主张某远社区应与某泽公司连带承担支付工程款的责任，证据和理由充分，应予支持。根据原某关村村委会与某泽公司签订的《联合开发合同》和原某关村村委会向某泽公司出具的《委托书》，某泽公司全权代理实施项目命名、规划、设计、招标、销售、建设管理及负责落实资金，并受原某关村村委会委托刻制印章和对项目进行全程实施，某远社区抗辩主张其未委托某泽公司在《建设工程施工合同》上加盖“西安市莲湖区某关村东方××项目合同专用章”，该合同与其无关，其理由不成立，法院不予采纳。原审法院未判决某远社区与某泽公司连带承担向某龙公司支付工程款8856331.08元及利息的责任，认定事实、适用法律均有错误，法院予以纠正。

律师点评

本书案例反映的是签订施工合同时，承包人仅与联合开发的一方签订施工合同，发生拖欠工程款纠纷时，承包人是否有权要求未签订施工合同的联合开发方承担连带责任。案例中未签订施工合同的联合开发方是否承担连带责任的问题，一审、二审法院观点截然不同，本书依据相关法律规定，就未签订施工合同的联合开发主体是否应承担连带清偿责任加以分析、点评。

一、概述施工合同主体连带责任的法律特征

所谓连带责任是指依照法律的直接规定或者当事人约定，两个以上的责任主体向权利人连带承担全部赔偿责任。权利人有权要求连带责任人中的一人或数人承担全部赔偿责任，而一人或数人在承担全部赔偿责任后，将免除其他责任人的赔偿责任的民事责任形态。[①]

所谓连带债务是指数个债务人对同一内容的给付，各自独立负担全部给付义务，且其中一人给付时，其他债务人同样被免除债务的多数当事人的债务。[②]《民法典》第518条规定："……债务人为二人以上，债权人可以请求部分或者全部债务人履行全部债务的，为连带债务。连带债权或者连带债务，由法律规定或者当事人约定。"根据上述规定，连带债务分为法定的连带债务和意定的连带债务两种。

法定的连带债务，即法律明确规定各个债务人对某一债务承担连带责任的债务。具体包括以下情形：（1）侵权关系中的连带债务。共同实施的侵权行为情形（《民法典》第1168条）；共同危险行为中不能确定具体侵权人的情形（《民法典》第1170条）；网络用户利用网络服务实施侵权行为，网络服务提供者未及时采取必要措施的情形（《民法典》第1195条、第1197条）；挂靠机动车发生交通事故并负有侵权责任的情形（《民法典》第1211条）；遗失、抛弃高度危险物或非法占有高度危险物造成他人损害，有过错的所有人、管理人与非法占有人承担连带责任（《民法典》第1241条、第1242条）；等等。（2）代理关系中的连带债务。主要有代理人和相对人恶意串通损害被代理人合法权益的，代理人和相对人承担连带责任（《民法典》第164条第2款），违法代理的连带责任（《民法典》第167条）。（3）因共有不动产或者动产产生的债权债务（《民法典》第307条）。（4）共同承揽人对定作人承担连带责任，另有约定除外（《民法典》第786条）；建设工程中承包人（包括总承包人、勘察人、设计人、承包人）与分包人的连带责任（《民法典》第791条，《建筑法》第29条、第55条）；建筑工程中联合体的连带责任（《建筑法》第27条）；建设施工企业转让、出借资质证书或者以其他方式允许他人以本企业的名义承揽工程，对因工程不符合规定的质量标准造成的损失，

---

① 最高人民法院民法典贯彻实施工作领导小组：《中华人民共和国民法典总则编理解与适用》，人民法院出版社2020年版，第888页。

② ［日］我妻荣：《新订债权总论》，王燚译，中国法制出版社2008年版，第355页。

建筑施工企业与使用本企业名义的单位或者个人承担连带赔偿责任（《建筑法》第66条）；建设工程承包单位将工程转包或者违法分包，对工程不符合规定的质量标准造成的损失，承包单位与接受转包或者分包的单位承担连带赔偿责任（《建筑法》第67条）。

意定的连带债务，即依照当事人之间的约定产生的连带债务。因合同而产生连带债务的典型是连带责任保证，《民法典》第688条第1款规定，当事人在保证合同中约定保证人和债务人对债务承担连带责任的，为连带责任保证。

就本案例而言，一审法院认为泰某集团公司虽然是本案工程的联建方，但与中某某方公司签订承包合同的是某福实业公司，根据合同相对性原则，应向中某某方公司支付工程款的是某福实业公司。二审法院则认为，首先，泰某集团公司作为案涉工程项目所有权的共有人，且授权某福实业公司代为与中某某方公司签订施工合同，《承包合同》对泰某集团公司具有法律约束力。其次，从合同的实际履行情况看，泰某集团公司也实际参与了《承包合同》的履行，因此，泰某集团公司应当对工程款及逾期付款违约金承担连带清偿责任。

二、未与承包方签订施工合同的联合开发主体，是否应对工程款的给付承担连带责任的不同观点解析

实践中，合作开发房地产存在各种不同的模式，主要有两种类型：一是项目公司型，即合作各方成立项目公司合作开发；二是非项目公司型，即合作各方未成立项目公司合作开发。

项目公司型合作开发，应按《公司法》第3条第1款的规定，由项目公司以其全部财产承担责任。合作开发项目的主体作为项目公司的股东，对工程款在其出资范围内承担有限责任，此种类型在实践中产生的争议较小，也不是本书讨论的重点。

非项目公司型合作开发，即合作开发各方未组建房地产开发项目公司，而是按合作开发合同的约定进行开发，比较常见的有“联建”“参建”等模式，通常会约定以拥有土地使用权一方的名义办理有关手续，包括办理项目的各类许可证、对外签订合同，对内以合作协议确定合作各方的权利和义务。《民法通则》（已失效）第52条对企业之间或者企业与事业单位之间联营、共同经营，但又不具备法人条件的，规定了由联营各方按照出资比例或者协议的约定，以各自所有的或者经营管理的财产承担民事责任。依照法律的规定或者协议的约定负连带责任的，承担连带责任。此种情况下未对外签订施工合同的联合开发主体是否应对工程款的给付承担连带责任，实践中存在较大争议。

（一）未签订施工合同的联合开发主体不承担连带责任的观点及主要法律依据。

《民法通则》（已失效）第84条第1款规定：“债是按照合同的约定或者依照法律的规定，在当事人之间产生的特定的权利和义务关系。享有权利的人是债权人，负有义务的人是债务人。”说明债是特定当事人之间的法律关系，债务人只对特定的债权人负有给付义务。《民法典》第465条也规定：“……依法成立的合同，仅对当事人具有法律约束力，但是法律另有规定的除外。”即根据合同相对性，合同仅对当事人具有法律约束力，对合同以外的人不发生法律效力。

（二）未签订施工合同的联合开发主体应承担连带责任的观点及主要法律依据。

《物权法》（已失效）第102条规定：“因共有的不动产或者动产产生的债权债务，在对外关系上，共有人享有连带债权、承担连带债务，但法律另有规定或者第三人知道共有人不具有连带债权债务关系的除外；在共有人内部关系上，除共有人另有约定外，按份共有人按照份额享有债权、承担债务，共同共有人共同享有债权、承担债务。偿还债务超过自己应当承担份额的按份共有人，有权向其他共有人追偿。”

地方高级人民法院在地方性司法解释中的主流观点是：对联合开发商中未签订施工合同的其他合作建设方，承包人要求其对施工合同的履行承担连带责任的，予以支持，这些在北京、深圳、河北和江苏等高级人民法院发布的相关指导意见和解释中均可窥见。

三、笔者意见

（一）未签订合同的合作开发方是否承担连带责任，首先应探究合作开发的行为背后的法律关系确定

《最高人民法院关于审理涉及国有土地使用权合同纠纷案件适用法律问题的解释》第12条中，对比较典型的合作开发房地产合同的定义进行了归纳：是指当事人订立的以提供出让土地使用权、资金等作为共同出资、共享利润、共担风险合作开发房地产为基本内容的合同。如果合作开发的模式符合上述特征，则未签订施工合同的当事人应当对工程款的支付承担连带责任。理由如下：

首先，根据最高人民法院关于合作开发房地产合同的概念，其明显的特征是“共同出资、共享利润、共担风险”，合作各方当事人共同出资合作的目的就是要对合作成果带来的经济利益共同分享，与此相对应的是对合作过程中的风险也要共同承担，这也是民事权利义务相一致原则的内在要求和具体体现。

其次，《民法典》正式实施后，最高人民法院对于合作开发房地产合同的概念，也符合《民法典》中“合伙合同”的特征，《民法典》第967条规定：“合伙合同是两个以上合伙人为了共同的事业目的，订立的共享利益、共担风险的协议。”第973条规定：“合伙人对合伙债务承担连带责任。清偿合伙债务超过自己应当承担份额的合伙人，有权向其他合伙人追偿。”既然合作开发各方是合伙关系，在对外债务关系上，无论是否参与施工合同的签订，均应对外承担无限连带责任。此处的连带责任是一种法定责任，合作开发各方不得通过合作协议的约定进行免除，即便约定免除，也不得以此对抗债权人。需要注意的是，合作开发协议是否能认定为合伙合同，需要结合实际情况对其合同的实质法律关系进行判断，合伙合同应当符合共同出资、共享利润、共担风险的合伙特征，但如果名为合作开发合同，实际为工程委托代建，或者名为合作开发，实为民间借贷、土地使用权转让，不动产买卖、不动产租赁等不共担合作开发风险的其他法律关系，则未签订施工合同的合作开发人是否应当对工程款的支付承担连带责任，则应当根据实际法律关系进行判断。

再次，如果案涉不动产已经竣工验收并取得不动产登记证书即取得物权，且该物权为合作开发各方共有。结合《民法典》物权编第307条的规定，合作开发当事人对工程款承担连带责任也有法可依。《民法典》第307条规定：“因共有的不动产或者动产产生的债权债务，在对外关系上，共有人享有连带债权、承担连带债务，但是法律另有规定或者第三人知道共有人不具有连带债权债务关系的除外……”合作开发房地产的各方无论是分享利益还是房产，均构成对共同开发房产的共有。

最后，从公平正义及保护承包人利益的角度，如果由合作开发房地产的一方负责签订《施工合同》，另一方办理相关证照，且不动产亦登记在办理相关证照一方所有。则承包人的劳动成果均物化为由办理证照一方所有，假设签订施工合同方已无力支付工程款，而不动产所有人又不承担任何施工合同的责任，则不仅对签订施工合同方不公平，更不利于承包人利益的保护，也有违公平正义的基本法治原则。

（二）几种特殊情况下的合作开发

1.《最高人民法院关于审理涉及国有土地使用权合同纠纷案件适用法律问题的解释》第21条至第24条列出了“名为房地产合作开发，实为其他合同关系”应当按其他合同关系认定的几种情况：第21条：“合作开发房地产合同约定提供土地使用权的当事人不承担经营风险，只收取固定利益的，应当认定为土地使用权转让合同。”第22条：“合作开发房地产合同约定提供资金的当事人不承担经营风险，只分配固定数量房屋的，应当认定为房屋买卖合同。”第23条：“合作开发房地产合同约定提供资金的当事人不承担经营风险，只收取固定数额货币的，应当认定为借款合同。”第24条：“合作开发房地产合同约定提供资金的当事人不承担经营风险，只以租赁或者其他形式使用房屋的，应当认定为房屋租赁合同。”符合上述情形的，在各方没有明确约定的情况下，要求未签订合同的合作开发方对工程款的支付承担连带责任则缺乏依据。

2. 即便是符合“共同出资、共享利润、共担风险”特征的合作开发关系，如果合作开发期间与施工合同生效履行期间不一致，对于未签订施工合同的合作开发方连带责任的承担也不能一概而论。

第一种情况，如果合作开发的关系在工程竣工验收前或者施工合同提前终止或解除前已经解除的，未签订施工合同的合作开发方是否需要对施工合同项下全部债务承担连带责任？

笔者认为，《民法典》第973条所述合伙人对合伙债务承担连带责任中的“合伙债务”，应当理解为合伙关系存续期间的债务，即债务范围限于退伙前发生的合伙债务，这里包括退伙前尚未发生，但是基于退伙前的原因于退伙后发生的债务①。参考《合伙企业法》第53条的规定：“退伙人对基于其退伙前的原因发生的合伙企业债务，承担无限连带责任。”因此，如果合作开发的关系在工程竣工验收前或者施工合同提前终止或解除前已经解除的，未签订施工合同的合作开发方，应当对截至合作开发关系终止之日前承包人已经完成的工程对应的工程款及违约金承担连带清偿责任。

第二种情况，如果合作开发的关系在施工合同签订之后才成立，未签订施工合同的合作开发方是否需要对施工合同项下全部债务承担连带责任？

---

① 最高人民法院民法典贯彻实施工作领导小组：《中华人民共和国民法典合同编理解与适用（四）》，人民法院出版社2020年版，第2757页。

笔者认为，虽然合作开发的关系在施工合同签订之后才成立，但施工行为的物化成果已经作为合作开发的共同利益共享，且对于债权人而言，其无法知晓合伙成员变动情况，为了保障债权利益，未签订施工合同的合作开发方需要对其参与合作开发前施工合同项下全部债务承担连带责任。

综上所述，笔者认为未参与签订施工合同的合作开发房地产的一方是否要承担连带责任，不能一概而论，应根据合作开发行为背后具体的法律关系依法确定，如果符合“共同出资、共享利润、共担风险”的特征，则应当对施工合同项下的债务承担连带责任。

1.3 法院如何认定构成隐名发包人的建设单位应承担的责任①

——衣春某与某北公司建设工程施工纠纷案②

关 键 词： 建设单位　隐名发包人　名义发包人　共同清偿责任　连带责任　合同相对性

问题提出： 非施工合同缔约主体的建设单位构成隐名发包人的，是否要向施工合同承包人承担支付工程款的义务？

裁判要旨： 某科合作社与某北公司的法定代表人均是王某，案涉工程立项在穆棱市发改局登记为某北公司、××市×××镇人民政府文件下政呈〔2018〕7号《关于××市双孢菇标准化种植示范园区项目办理设施农业用地备案的请示》：体现建设单位为某北公司、××市双孢菇工厂化种植示范园区项目建设方案盖有某北公司公章、案涉土地流转合同说明也是某北公司，同时××市设施农用地备案表体现申请单位为某科合作社而又盖有某北公司公章，说明人格混同，与衣春某提交的整改通知书监理工程师、临时工程通知单为郝某军整改通知书盖有某北公司公章相一致，已证实某北公司是案涉工程的用地单位、土地使用权人、建设单位并享有收益权，且在施工合同履行中也直接向

① 撰稿人：曹珊，北京德恒律师事务所；林隐，上海市建纬（南京）律师事务所。

② 一审：黑龙江省穆棱市人民法院（2018）黑1085民初1023号；二审：黑龙江省牡丹江市中级人民法院（2019）黑10民终401号。

衣春某支付了1000000元工程款，虽然衣春某与某科合作社签订了建设工程施工合同，而某北公司应视为施工合同的隐名发包人而与某科合作社共同成为合同一方当事人享有权利并承担合同义务。

案情简介

上诉人（原审原告）：衣春某

被上诉人（原审被告）：某北公司、某科合作社

2017年9月26日，某科合作社（发包人）与衣春某（承包人）签订了建设工程施工合同，把某科合作社的双孢菇标准化种植示范区工程承包给衣春某。合同约定：工程地点在××市×××镇保安村；承包范围是施工图纸以内土建工程；施工日期为2017年至2018年；工程质量标准为合格；签约合同暂定价1000万元；本工程结算方式执行预结算制；付款方式为本工程按形象进度拨款，甲方按已完成工程进度拨付80%，乙方上报工程进度款资料，经甲方审核同意后，甲方需7天内拨付工程进度款，未拨款造成的损失由甲方负责，工程达到交工条件后，甲方一次性支付乙方剩余的全部工程款，乙方撤出施工现场，不在图纸范围内的设计变更现场签证及不可预见的地下水、地下障碍物等，由甲乙双方共同签证计入工程结算，如冬季施工其增加费用按实际发生计入工程结算。合同签订后，衣春某即进入现场进行施工，施工期间，某科合作社派出郝某军进行现场监督，郝某军为衣春某出具了19份临时工程通知单，其中1张临时工程通知单载明“乙方向甲方返钢材15.76吨，价格跟打条的人计算，姜总答应在结算时扣除（郝某军）”，某科合作社、某北公司不认可该钢材内容。衣春某提供2017年12月9日的工程结算单，载明：“1. 甲乙双方于2017年12月9日，在甲方办公室对乙方施工项目结算进行核对。经双方协商确定乙方施工完成的工程造价贰佰陆拾万元整（￥260万元整）。2. 乙方根据合同和施工图纸，现完成一期隧道工程基础、墙体、混凝土板。由于天气原因上返梁、女儿墙没有施工。二期隧道完成基础、墙体、混凝土板、汽沟工程。由于天气原因女儿墙、二层墙、板、梁等没有施工。以上没有完成工程根据签证2018年由乙方负责完成。”经办人甲方郝某军签字，乙方赵某武签字，其二人姓名上加盖了某北公司公章，甲方负责人

签字处空白，乙方负责人衣春某签字。后双方当事人发生争议，衣春某诉至法院，某科合作社、某北公司不认可该结算单。2018 年 6 月 11 日，某北公司拨付给××市新××宾馆 1000000 元，双方认可该款系支付的工程款。衣春某和某科合作社均认可某科合作社除上述 1000000 元工程款外还支付了工程款 430000 元。

衣春某向一审法院起诉请求：1. 解除衣春某与某科合作社于 2017 年 9 月 26 日签订的建设工程施工合同；2. 某科合作社、某北公司连带偿还衣春某工程款 1170000.00 元及利息（2017 年 12 月 17 日至今）暂定 30000.00 元；3. 某科合作社、某北公司连带返还衣春某垫用的钢材 15.76 吨（质量国标）；4. 由某科合作社、某北公司承担本案全部诉讼费用。庭审中，衣春某补充利息部分诉讼请求为自 2017 年 12 月 17 日起至 2018 年 12 月 17 日止，按同年银行贷款利率 4.35% 计算为 50895.00 元。

一审法院据查明事实判决：一、某科合作社给付衣春某工程款 134677.61 元及利息（2018 年 8 月 7 日至 2018 年 12 月 17 日，按银行贷款年利率 4.35% 计算）；二、衣春某于本判决生效后十日内退出××市×××镇保安村双孢菇标准化示范区工程施工现场；三、驳回衣春某的其他诉讼请求；四、驳回某科合作社的反诉请求。案件受理费 15600 元，鉴定费 70000 元，合计 85600 元由衣春某负担 82606 元，由某科合作社负担 2994 元。反诉案件受理费 7800 元，由某科合作社负担。

后衣春某不服，提出上诉。二审法院在审理过程中另外查明了，某北公司在××市发展和改革局登记了企业投资项目备案承诺书企业基本情况：单位名称：某北公司，法人代表人姓名王某，组织机构代码证（企业法人）91231085MA19××××××，项目基本情况：项目名称：双孢菇标准化种植示范园区项目，建设地点：××市，建设规模及内容：项目计划总投资 1 亿元，占地面积 18 万平方米，建筑面积 1.3 万平方米。项目一期工程简化投资 5800 万元，主要建设综合办公楼、双孢菇标准化种植车间及深加工车间，总投资：10000.0000 万元，企业承诺：以上填报的信息准确、真实，保证严格按照国家产业政策要求，投资建设上述项目。2018 年 3 月 20 日××市×××镇人民政府文件下政呈〔2018〕7 号《关于××市双孢菇标准化种植示范园区项目办理设施农业用地备案的请示》：建设单位为某北公司。2018 年 2 月 20 日××市设施农用地备案表申请单位：某科合作社并盖有某北公司公章。

××市双孢菇工厂化种植示范园区项目建设方案盖有某北公司公章。2018 年 8 月 2 日某北公司关于土地流转合同说明：该土地不是反租倒包，是集中土地流转，因合同签订是以反租倒包的形式，所流转的土地不存在租赁分红情况，只有土地流转的经营费用，所附属的房屋建筑用作于育苗、科技研究，该建筑无法使用 PC 板设计，需使用混合结构建筑。2017 年 12 月 19 日双孢菇工厂化种植项目土地复垦协议书内容为：某科合作社不得在临时用地范围内修建永久性建筑，不得擅自改变土地用途，并应将耕地耕作层的土壤剥离并堆放在指定地点，统一集中用于土地复垦和其他耕作的改良，某科合作社在用地期满之日起 1 年内，恢复土地原貌。

还查，某工程咨询有限责任公司关于××市双孢菇标准化种植示范区工程造价司法鉴定的说明，衣春某在已完工程总造价的比例为 9.77%（企业管理费、利润、规费和税金 255744.32 元 ÷ 各项工程总造价 2618037.57 元），260 万元各项取费（企业管理费、利润、规费和税金）×9.77% =25.40 万元。

各方观点

原告观点：郝某军是某北公司的项目负责人，所签的临时工程通知书对某北公司和衣春某具有法律效力。衣春某为某北公司施工，某北公司支付其工程款，两者形成事实上的建设工程施工合同法律关系。根据相关法律规定，某北公司项目负责人郝某军签字的整改通知书、工程结算单都加盖了某北公司公章，他的行为是执行某北公司职务行为，其后果应由某北公司承担，不得对抗善意相对人衣春某。

被告观点：某北公司成立于 2017 年 8 月 1 日，某科合作社成立于 2017 年 9 月 19 日。该组证据已经明确体现在项目备案登记时的主体是某北公司，设施农业备案表、复垦协议书的主体均是某科合作社。本案的客观事实是，由于成立合作社的前置审批程序烦琐，而运作该设施农业项目只能是某科合作社。在与主管部门和市镇两级政府沟通后，先注册了某北公司进行了立项等前期工作。该项目的实际建设主体是后来成立的某科合作社。法院调取的该组证据中的设施农业备案表、复垦协议书均是某科合作社作出的意思表示，该项目的上千万元的资金均是由某科合作社筹集投入的，与保安村签订的返租倒包合同书的主体也是某科合作社。即该项目的最主要责任的承担是投入资金向银行贷款、租赁土地的主体是某科合作社。并且立项的备案主体并非不可变更的，按照发改相关文件的规定，项目立项的备案主体可以依法变更。并且项目的建设主体与本案的工程建设合同主体是两个法律关系。

法院观点

一审法院观点：某科合作社与衣春某签订的建筑工程施工合同因衣春某没有相应的建筑施工资质，应当认定为无效。某科合作社与衣春某之间签订的建设工程施工合同无效，不存在合同解除问题。虽然该工程未竣工，但经鉴定已完成的工程量造价为1925617.45元，已完成工程存在质量问题，经修复后可以使用，需要修复费用360939.84元，上述款项折抵后，某科合作社尚需支付给衣春某工程款1564677.61元，因某科合作社已给付衣春某1430000元，某科合作社需要支付给衣春某工程款134677.61元。衣春某没有充分证据证明某科合作社、某北公司是同一法定代表人的关联公司，要求某北公司承担连带责任没有事实和法律依据。

二审法院观点：某科合作社将双孢菇标准化种植示范区工程承包给衣春某，而临时工程通知单显示郝某军为甲方负责人即某科合作社，衣春某在二审提交整改通知书显示监理工程师为郝某军、建设单位为某北公司，某工程咨询有限责任公司司法鉴定意见书中的鉴定检材中有临时工程通知单工程量的认定，给付上诉人衣春某工程款1000000元是某北公司，某科合作社与某北公司的法定代表人又均是王某，案涉工程立项在××市发改局登记为某北公司、××市×××镇人民政府文件下政呈〔2018〕7号《关于××市双孢菇标准化种植示范园区项目办理设施农业用地备案的请示》：体现建设单位为某北公司、××市双孢菇工厂化种植示范园区项目建设方案盖有某北公司公章、案涉土地流转合同说明也是某北公司，同时××市设施农用地备案表体现申请单位为某科合作社而又盖有某北公司公章，说明人格混同，与衣春某提交的整改通知书监理工程师、临时工程通知单为郝某军整改通知书盖有某北公司公章相一致，已证实某北公司是案涉工程的用地单位、土地使用权人、建设单位并享有收益权，且在施工合同履行中也直接向衣春某支付了1000000元工程款，虽然衣春某与某科合作社签订了建设工程施工合同，而某北公司应视为施工合同的隐名发包人而与某科合作社共同成为合同一方当事人享有权利并承担合同义务。

关联案例1

案件名称：某建公司与某元公司、某润公司建设工程施工合同纠纷案

审理法院：一审：宁夏回族自治区固原市（地区）中级人民法院（2017）宁04民初57号；二审：宁夏回族自治区高级人民法院（2018）宁民终229号

裁判观点：关于某润公司应否对某元公司欠付工程款及利息承担连带清偿责任的问题。某建公司认为虽然合同签订的主体是某元公司，但案涉工程真正的发包人与受益人是某润公司，且某润公司在工程结算终审单上盖章确认，因此，某润公司应承担连带支付工程款及利息的责任。经审查，工程结算终审单上工程结算中心处加盖的是“江苏某润食品产业集团有限公司工程结算中心”的印章，该工程结算中心作为参与工程结算的第三方，其并非承担责任主体，且某建公司提供的某元公司和某润公司的企业信用信息公示报告显示的股东信息，并不能证明某元公司和某润公司之间存在财产混同的情形，而且某建公司亦未向法庭提供某润公司直接参与管理案涉工程或以其名义向某建公司直接支付工程款的事实。本案现有证据无法证明某润公司系案涉工程隐名发包人的事实。同时，某建公司提供的《彭阳县人民政府关于某元肉牛加工厂资产转让事宜的函》中仅能反映出某润公司参与过某元肉牛加工厂资产转让的事宜，而某润公司实际是否收取彭阳某元肉牛加工厂资产转让款并无相关的证据证实。故某建公司以某润公司为发包人和受益人，要求该公司连带支付某元公司拖欠其工程款及逾期支付工程款利息的主张无事实和法律依据，对某建公司的该项请求不予支持。

关联案例2

案件名称：仙某鞋业、许某才建设工程施工合同纠纷案

审理法院：一审：湖北省孝感市中级人民法院（2017）鄂09民初第48号；二审：湖北省高级人民法院（2017）鄂民终3238号

裁判观点：仙某鞋业将案涉工程的土地转让给陈某成后，因土地性质为工业用地，故只能以仙某鞋业职工宿舍名义建房。后陈某成与许某才签订合伙协议，以仙某鞋业的名义开发案涉工程项目。陈某成、许某才借用仙某鞋业的资质、公章及证照进行开发，工程款均由陈某成、许某才个人实际支付，案涉工程交付陈某成、许某才后，陈某成、许某才以仙某鞋业的名义出售，故陈某成与许某才为案涉工程的实际发包人，仙某鞋业为名义上的发包人。同时，陈某成作为实际发包人认可陈某洪、张某新为实际施工人，且许某才亦对陈某洪、张某新有付款行为，故原审认定陈某洪、张某新为案涉工程的实际施工人，事实依据充分。仙某鞋业向陈某成、许某才提供相关公司证照、协助办理施工审批手续，故应当对陈某洪、许某才实施的民事法律行为承担责任。

关联案例3

案件名称：蒋某忠与某结公司、某顺公司等建设工程分包合同纠纷案

审理法院：一审：河南省焦作市山阳区人民法院（2012）山民初字第01787号；二审：河南省焦作市中级人民法院（2013）焦民二终字第00223号；再审：河南省焦作市中级人民法院（2014）焦民再二终字第00022号

裁判观点：被告某结公司与某顺公司签订投资合作协议，约定：某结公司新厂区建设由某结公司委托某顺公司代为投资，产权归某结公司所有，后某顺公司作为发包人与承包人荣某公司签订施工合同。一审法院认定：某结公司新厂区的建设是由被告某结公司委托被告某顺公司代为投资，被告某顺公司系名义上的发包人，被告某结公司享有该工程的所有权、使用权和收益权，应视为隐名发包人，根据民事法律的公平原则，被告某结公司与某顺公司应当共同承担相应的义务。二审法院认定：某顺公司作为发包方，应对该工程欠款承担连带责任。鉴于某结公司与某顺公司的投资合作关系，原审依据客观证据，确认某结公司承担连带责任并无不当。再审法院认定：某结公司虽与某顺公司签订《投资合作协议》，但是某结公司未举证证明其按照协议履行，即将某结公司老厂区土地使用权交与某顺公司。另外蒋某忠在工程施工中，某结公司的法定代表人周某良分两次向蒋某忠账户上汇款共6万余元。而某结公司对实际施工人付款行为与某结公司按《投资合作协议》只作为工程所有人、受益人的身份不符，在施工中某结公司实际承担了发包人的角色，故原判认为某结公司应承担连带责任并无不当。

律师点评

发包人，是指具有工程发包主体资格和支付工程价款能力的当事人以及取得该当事人资格的合法继承人，有时称发包单位、建设单位或业主、项目法人，即建设工程施工合同中的“甲方”。“隐名发包人”，有别于传统的发包人。他们往往不作为甲方出现在施工合同中，但一般都具备以下特征：直接或间接地参与到工程项目中，并最终实际享有该工程项目的所有权或收益权。从上述案例可以看出，经法院判决认定的“隐名发包人”主要有以下几个特征：系发包合同权利义务的继受者；实际占有并使用工程；实际支付工程款；系工程建设单位，并向主管部门办理立项批复及备案等手续；享有工程所有权、收益权。

1.4 法院如何认定建设工程施工合同项下债权转让的问题①

——建某公司与超某公司债权转让纠纷上诉案②

关 键 词： 建设工程施工合同 债权转让 工程价款优先受偿权

问题提出： 建设工程施工合同项下债权是否可以转让？建设工程施工合同项下债权转让需要具备哪些条件？

关联问题： 建设工程施工合同项下工程款债权转让的，工程价款优先受偿权是否随之转让？

裁判要旨： 根据《民法典》第545条的规定，债权人可以将合同的权利全部或者部分转让给第三人，但根据合同性质不得转让的、按照当事人约定不得转让的和依照法律规定不得转让的除外。法律、法规并不禁止建设工程施工合同项下的债权转让，只要建设工程施工合同的当事人没有约定合同项下的债权不得转让，债权人向第三人转让债权并通知债务人的，债权转让合法有效，债权人无须就债权转让事项征得债务人同意。

案情简介

上诉人（原审被告）：建某公司

上诉人（原审原告）：超某公司

原审第三人：师某公司

经审理查明，2007年6月，师某公司对于××大学（筹）教职工宿舍楼工程先后进行第三批和第四批工程的招投标活动，建某公司参与投标并中标上述宿舍楼工程第三批中第三标段的72某、78某和第四批中第一标段的73某、74某、76某、80某、84某共计七座宿舍楼的土建及水电暖安装工程。

---

① 撰稿人：曹珊，北京德恒律师事务所。

② 一审：山东省临沂市中级人民法院（2010）临商初字第60号；二审：山东省高级人民法院（2014）鲁商终字第15号。

同年8月20日，建某公司就上述中标的第三批和第四批宿舍楼工程与师某公司分别签订了《建设工程施工合同》，其中第三批中标的工程约定合同价款为12817012.03元，第四批中标的工程约定合同价款为30182123.64元，合同同时均另外约定：合同工期，开工日期2007年8月21日，竣工日期2008年6月21日，总日历天数为300天（以发包方认可的开工日期计算）；合同文件组成及解释，招投标文件、施工合同、补充协议；工期延误，因不可抗力和非承包人原因造成的工期延误，工期相应顺延；合同价款采用固定价（工程量清单报价）方式确定；工程量确认，承包人向工程师提交已完成工程量报告的时间，执行招标文件要求，每月30日前提交当月完成的工程量报告；工程款（进度款）支付的方式和时间，见补充协议和招标文件；承包人违约应承担的违约责任，工期每拖延一天，向发包方付合同价款每日万分之三的违约金。当天，双方针对上述两《建设工程施工合同》，又分别签订了相应的施工补充协议书，其中均约定：工程款支付（与发包方的招标文件约定相同）；材料综合单价不执行政策性调整；承包人在报价清单中，未按招标文件规定进行报价的漏报、错报项目、价格，均被视为包含在总价中，不予调整；若实际工程量与招标清单不符，决算时据实调整；工程施工过程中，对来自社会及地方的各种干扰，由承包人解决，费用由承包人承担，工期不顺延，因承包人工作协调不力，给发包人造成的一切损失与不良影响，责任由承包人承担，发包人将对承包人进行处罚；本协议与《建设工程施工合同》具有同等法律效力，与《建设工程施工合同》及招标文件内容不一致时，以本协议为准。

上述协议签订后，建某公司即组织人员进场施工，建某公司承建上述宿舍楼工程的施工项目部工地负责人为案外人刘某中，师某公司亦依约向建某公司支付了合同约定的工程价款10%的首付款，共计4299910元。

2008年3月1日，建某公司向师某公司发送书面函件一份，内容为“师某公司：我建某公司在××大学教职工宿舍楼工程的三期、四期中标后，由于其他公司原因导致农民工堵路50余天，材料变更30余天。此间钢材大幅上涨（中标时钢材价格为3500元/吨，现在市场价格为5050元/吨）导致我方无法施工，后经我方与贵方多次商讨直至今日未达成任何协议，为此我方决定解除2007年8月20日所签订的第三期工程合同与2007年8月20日所签订的第四期工程合同”。同年3月3日，建某公司施工项目部的工地负责人刘某中向其所属山东分公司出具书面“保证”，注明：“由于××大学教职工宿舍楼工程的材料上涨导致合同最后终止，在此我保证，××大学教职工宿舍楼工程的所有外欠资金与建某公司无任何关系，如因××大学教职工宿舍楼工程的资金而引发的一切后果均由本人承担。”

2008年3月15日，师某公司与超某公司签订《建设工程施工合同》，约定将上述七座宿舍楼工程发包给超某公司承建。同时，双方另外签订了住宅楼施工补充协议书，约定：由于该工程原中标单位建某公司放弃施工，经协商一致，建某公司该工程的施工项目部，由超某公司管理并继续施工；本协议工程价款与原施工价款一致，继续执行建某公司对该工程的清单报价；本协议签订前发包人按原合同拨付给建某公司的工程款，视为本协议已拨付部分，本工程开工后发包人向承包人支付200万元的启动资金，不计入形象进度工程款拨付比例，竣工结算时计入工程结算价；承包人及本工程负责人刘某中必须处理好与建某公司及项目部的债权债务，对工程质量负全责，工程结算时由承包人开具工程结算发票。在补充协议中承包人投入的管理人员一栏注明，建某公司承建工程期间的工地负责人刘某中，在承包人变更后继续被新承包人聘用为案涉工程的工地负责人。此后，超某公司针对聘用刘某中之事于同月10日在内部下发了聘用文件，并于同年4月28日与刘某中签订了案涉工程项目的内部承包协议，其中协议中约定有承包协议签订前由师某公司拨付给建某公司的430万元工程款，债权债务由承包人即刘某中负责的内容。

2010年2月2日，师某公司与超某公司签订债权转让协议，约定师某公司将基于与建某公司订立教工生活区72某、73某、74某、76某、78某、80某、84某住宅楼工程承包合同而获得的全部合同债权转让给超某公司，并由师某公司负责通知建某公司。建某公司认可于2010年3月1日收到了师某公司邮寄的上述债权转让通知。

2010年7月26日，超某公司对于上述受让的债权向原审法院提起诉讼要求处理，请求判令建某公司返还工程款260万元，并承担本案诉讼费用。诉讼中，超某公司提出追加诉讼请求数额30万元。

建某公司一审答辩称：建某公司实际完成工程量及其他费用为7164714元，所以建某公司不欠师某公司的工程款；师某公司从2008年3月解除了与建某公司的合同，两年内未向建某公司主张权利，本案已超过诉讼时效。

师某公司一审述称：建某公司完成的工程量远低于师某公司所支付的工程款。师某公司将债权转让情况于2010年2月26日通知了建某公司。超某公司起诉时并没有超出诉讼时效。

一审庭审中，超某公司提出建某公司于2007年11月27日停止施工，后于2008年3月1日自行撤出工地。建某公司对超某公司的上述陈述不认可，并提出当时一直施工至2008年3月底。对于建某公司撤出前已完成工程的工程量及工程价款双方有争议。根据超某公司的申请，原审法院委托临沂恒正会计师事务所对建某公司撤出前所施工工程的价款进行了鉴定，该所出具了临恒会基审字（2011）第024号工程造价鉴定报告书，认定该部分工程的总价为1608943.88元。建某公司在质证时对于上述鉴定报告提出异议，但其既无有效反驳的证据证实，也未申请重新鉴定。

一审法院判决：一、建某公司于判决生效后十日内返还超某公司工程款2690966.12元；二、驳回超某公司的其他诉讼请求。如果未按判决指定的期间履行给付金钱义务，应当依照《中华人民共和国民事诉讼法》第二百二十九条之规定，加倍支付迟延履行期间的债务利息。案件受理费30000元、财产保全费5000元，由超某公司负担2450元，建某公司负担32550元。

二审法院查明：在原审查明的案件基本事实的基础上，2008年3月8日，建某公司山东分公司与超某公司第三分公司共同向临沂市××区办事处角沂庄村委会、山东某禹王防水材料有限公司、临沂市××区某发建筑设备租赁站、某元建设集团有限公司租赁公司、临沂某泰建筑机械租赁有限公司致函。函示：师某公司开发的教职工住宅楼工程与上述各单位的经济往来，超某公司第三分公司均予认可。

二审认为：本案的主要争议焦点为1. 本案审理程序是否合法；2. 建某公司对超某公司是否存有债务；3. 建某公司是否应承担违约责任；4. 债权转让协议是否有效；5. 原审判决数额是否超过原审超某公司的诉请；6. 本案债权是否超过诉讼时效。

二审法院判决：驳回上诉，维持原判。

各方观点

超某公司观点：建某公司在履行合同期间以原材料、钢材等涨价为由与原审第三人协商追加工程款未果，即决定解除施工合同及补充协议的通知并撤走施工人员。建某公司的上述行为构成违约，而其提出的解除合同的要求对师某公司不具有法律效力。原审法院认为，师某公司将建某公司未竣工的工程发包给超某公司的事实，不影响师某公司要求建某公司承担民事责任。但是，原审法院又以证据不足为由，不支持超某公司因建某公司中途退出致使工程另行发包而增加的建设费用和迟延履行违约金主张，明显自相矛盾。请求依法撤销原判第二项，改判建某公司承担因其中途退出致使工程另行发包而增加的建设费用和迟延履行违约金中的部分数额计 209034 元。

建某公司观点：1. 本案一审程序违法：（1）审限严重超期。原审立案时间是 2010 年 7 月，建某公司接到诉状的时间为 2010 年 7 月 29 日，时至 2013 年 9 月 10 日，建某公司才收到一审判决书，本案已超法定审限，属于程序违法。（2）原审判决遗漏当事人刘某中，程序不合法。本案争议工程实际施工人为刘某中，在建某公司同师某公司解除合同关系后，刘某中被超某公司聘任继续进行案涉工程的施工，刘某中与本案有共同的权利或义务关系、与超某公司有一定的利害关系。一审法院应依职权将其追加为被告。2. 原审判决认定事实不清、证据不足：（1）建某公司对师某公司不负任何债务。基于××大学教职工宿舍楼建设建某公司投入总费用为 700 余万元，远超师某公司支付的 429 万元。但一审法院仅就工程直接费用的一部分进行了计算，并未计算图纸变更和各个项目工程施工辅助设施必需的其他费用。实际施工人刘某中一系列民事法律行为足以证明建某公司对师某公司不负任何债务。临恒会基审字（2011）第 024 号工程造价鉴定报告书不具备法律效力，不应作为本案定案证据使用。（2）原审判决在建某公司同师某公司合同是否解除问题上认定不清。建某公司要求解除合同符合法律规定，原审法院认为建某公司同师某公司之间的合同关系并未解除。但其后又认定此后师某公司有权利另行同超某公司签订施工合同，二者明显自相矛盾。（3）一审判决数额超过超某公司一审诉讼数额，违反民事诉讼“不告不理”原则。一审中超某公司诉讼请求为“依法判令被告向原告返还工程款并承担违约责任共计 260 万元”。在诉讼期间，超某公司主张因工程另行发包而增加建设费用和迟延履行违约金的费用 30 万元。但原审判决对超某公司所要求的因另行发包而增加的建设费用及全部关于违约金的诉讼请求均不予支持，故超某公司仅要求返还工程款及违约责任共计 260 万元。但原审法院判决建某公司仅返还工程款就达到 269 万余元，超过超某公司的诉讼请求，违反了民事诉讼“不告不理”的原则。(4)债权转让不具备法律效力，超某公司无权向建某公司主张工程款返还。债权转让的前提必须是真实、无异议、合法的债权。本案所谓债权并未经建某公司同师某公司确认，转让协议不成立。(5)本案债权已超过诉讼时效。假使建某公司同本案师某公司之间存在合法有效的到期债权，本案债权也已经超过了诉讼时效。假使债权转让的通知能产生诉讼时效中断的法律效力，师某公司在转让债权时已经超过了两年的诉讼时效。(6)两个施工建设合同系合同主体变更而来，属于同一施工合同，合同变更后，建某公司和师某公司之间已无任何法律关系。2008 年 3 月 15 日，超某公司和师某公司签订的《建设工程施工合同》与建某公司和师某公司 2007 年 8 月 20 日签订的《建设工程施工合同》施工内容、价款等完全一致，系建某公司、超某公司、师某公司协商一致对 2007 年 8 月 20 日签订合同进行变更，合同承包人由建某公司变更为超某公司。2008 年 3 月 15 日，超某公司与师某公司签订《住宅楼施工补充协议书》，明确约定：经协商一致，建某公司该工程的施工项目部由超某公司管理并继续施工；本协议签订前发包人按原合同拨付给建某公司的工程款，视为本协议已拨付部分；承包人及本工程负责人刘某中必须处理好与建某公司及项目部的债权债务，对工程质量负全责。上述补充协议与一系列的“变更函”，足以证明 2008 年 3 月 15 日《建设工程施工合同》与 2007 年 8 月 20 日《建设工程施工合同》系同一合同，只是承包人由建某公司变更为超某公司。合同变更后，建某公司基于建设施工合同所承担的义务与责任由变更后的主体超某公司承担，建某公司与师某公司不存在任何法律关系，更不存在任何债权，故债权转让不具备法律效力。请求二审法院依法撤销一审判决，并改判上诉人不承担任何责任。

法院观点

一审法院观点：超某公司请求建某公司返还超付的工程款的诉求合法有据，应予支持；而超某公司就损失及违约金所提出的主张依据不足，理由不成立，不予支持，建某公司对此所作的辩解理由正当，应予采信。

二审法院观点：原审法院认定事实清楚，适用法律正确。超某公司和建某公司的上诉理由，没有事实和法律依据，法院不予支持。

1. 关于本案审理程序是否合法问题。经法院审查，本案一审立案时间是 2010 年 7 月，时至 2013 年 9 月 10 日，原审法院才将民事判决书送达给建某公司，即使考虑本案的复杂性和扣除委托鉴定期间的期限，本案也超过了审理期限，违反了《民事诉讼法》关于审理期限的规定。但因超过审理期限属于一般违反法定程序，建某公司没有证据证明因超审限而影响了案件正确判决。为减少诉累，法院不宜因此将本案发回重审。本案建设施工合同及补充协议是建某公司与师某公司签订，刘某中并不是上述合同的当事人，刘某中不属于本案必要的诉讼参加人。在原审过程中，建某公司未向原审法院申请追加刘某中为本案被告，而法院依职权主动追加也没有法律依据，对建某公司的这一上诉主张，法院不予支持。

2. 关于建某公司对超某公司是否存在债务及债务数额问题。2008 年 3 月 1 日，建某公司向师某公司发出解除合同通知，随后撤出了施工工地。师某公司于 2008 年 3 月 5 日收到上述通知后，并没有提出异议，也没有在收到解除合同通知之日起三个月内向人民法院起诉，并且与超某公司签订施工合同，约定由超某公司完成建某公司放弃的后续工程。《最高人民法院关于适用〈中华人民共和国合同法〉若干问题的解释（二）》① 第 24 条规定，“当事人对合同法第九十六条、第九十九条规定的合同解除或者债务抵销虽有异议，但在约定的异议期限届满后才提出异议并向人民法院起诉的，人民法院不予支持；当事人没有约定异议期间，在解除合同或者债务抵销通知到达之日起三个月以后才向人民法院起诉的，人民法院不予支持”。依照上述规定并结合超某公司后续施工的事实，法院认定师某公司与建某公司间的建设施工合同已经解除。师某公司另行与超某公司签订的建设工程施工合同，建某公司与师某公司签订的建设工程施工合同，从法律上系两个独立合同，建某公司主张二者是同一合同，后合同系前合同直接变更而来，师某公司无权向建某公司主张任何权利，没有事实依据，法院不予采信。

3. 建某公司虽抗辩其在工程中实际投入 700 余万元，但经原审法院委托鉴定机构对其实际完成的工程量进行鉴定，建某公司实际完成工程量总造价 1608943.88 元，而师某公司拨付给建某公司的工程款为 4299910 元，已经超出建某公司完成的工程量。建某公司虽上诉称临恒会基审字（2011）第 024 号工程造价鉴定报告书不具有法律效力，但没有指出鉴定报告具体存在哪些

---

① 根据《最高人民法院关于废止部分司法解释及相关规范性文件的决定》，该司法解释现已失效。

问题，其提交的刘某中的承诺等证据不足以否定鉴定报告的客观真实性。鉴定报告作出后，建某公司也没有申请重新鉴定，故原审法院确认建某公司对师某公司负有2690966.12元债务是正确的，应予维持。

4. 关于建某公司是否应承担违约责任问题。从超某公司及师某公司诉讼中提供相关证据看，对于工程价款的计算均为单方制作，工程尚未进行最终结算，最终结算价款是否超出合同约定价款及超出的数额问题均不明确，工期拖延问题也不清楚，因此超某公司上诉主张的建某公司撤走引起的工程价款费用增加及迟延履行违约金，证据不足，法院不予支持。

5. 关于债权转让协议是否有效问题。虽然在债权转让时，双方未通过结算的方式明确债权数额，但这并不妨碍债权转让合同的效力，建某公司享有的抗辩权可以向受让人超某公司来行使，事实上在诉讼中其也提出了抗辩。故该债权转让协议是双方当事人真实意思表示，内容和形式不违反法律强制性规定，也不损害他人利益，该转让协议有效，建某公司关于债权转让无效的主张，没有事实和法律依据，法院不予支持。

6. 关于本案原审判决数额是否超过超某公司的诉讼请求问题。超某公司在原审中起诉的工程款及违约金数额为260万元，在2011年9月19日的庭审中又追加30万元，因此超某公司主张的工程款及违约金数额为290万元。尽管原审法院对违约金未予支持，但原审根据鉴定报告鉴定的数额，支持超某公司诉讼请求269万元，没有超过原审290万元的诉讼请求。因此，建某公司此上诉理由没有事实依据，法院不予支持。

7. 关于本案债权是否超过诉讼时效问题。依照《民法通则》第137条[①]规定，“诉讼时效期间从知道或者应当知道权利被侵害时起计算”。建某公司于2008年3月1日向师某公司发出解除合同的通知，师某公司于2008年3月5日收到上述通知时应当知道其权利被侵害，故诉讼时效期间应从2008年3月5日起算。2010年2月26日，师某公司与超某公司签订《债权转让协议》，并通知了建某公司。建某公司自认于2010年3月1日收到债权转让通知。《最高人民法院关于审理民事案件适用诉讼时效制定若干问题的规定》第19条第1款规定，债权转让的，应当认定诉讼时效从债权转让通知到达债务人

① 对应《民法典》第180条。

之日起中断。[1] 依据上述规定，债权转让通知具有诉讼时效中断的法律效力，故法院认定诉讼时效于2010年3月1日中断，超某公司于2010年7月19日向原审法院起诉时，没有超过两年的诉讼时效。

关联案例1

案件名称：某兴合作社、宜昌某江公司、湖北某江公司、某通六建公司、某隆公司建设工程施工合同纠纷案

审理法院：一审：湖北省宜昌市中级人民法院（2019）鄂05民初86号；二审：湖北省高级人民法院（2020）鄂民终526号

裁判观点：生效判决驳回了某隆公司的诉讼请求，未确定某江公司作为业主方欠付施工方的工程款，即未确定某隆公司仍享有案涉工程款债权。因此，某兴公司、李某龙与某隆公司之间的债权转让协议因缺乏债权转让的基本前提而不成立。

关联案例2

案件名称：某洲公司与嘉某地产债权转让合同、民间借贷纠纷上诉案

审理法院：一审：安徽省淮北市中级人民法院（2019）皖06民初167号；二审：安徽省高级人民法院（2019）皖民终962号；再审：最高人民法院（2020）最高法民申4276号

裁判观点：某洲公司向嘉某地产发出的《债权转让通知》，载明某洲公司将其对嘉某地产的工程款请求权转让给徐某进，并未体现徐某进替代某洲公司承担合同义务的内容，因此本案债权转让法律关系并非债权债务的概括转移。嘉某地产已签收《债权转让通知》，二审判决认定本案债权转让合同已发生效力，并无不当。

律师点评

本案为一起建设工程施工合同项下工程款债权是否可以转让的典型案例。我国《民法典》第545~550条规定了债权转让的相关制度，但具体到施工合同项下的工程款债权是否可以转让，转让需要具备哪些条件，以及未通过结算的方式明确债权数额的债权是否可以转让等一系列法律问题未有明确规定，在实务中也因此而出现了一些分歧和争议。本案同时涉及上述法律问题，下

---

① 对应《民法典》第17条第1款。

文对本案中所涉及的上述法律问题进行分析和点评：

一、施工合同项下的工程款债权是否可以转让

我国《民法典》第545条规定："债权人可以将债权的全部或者部分转让给第三人，但是有下列情形之一的除外：（一）根据债权性质不得转让；（二）按照当事人约定不得转让；（三）依照法律规定不得转让。当事人约定非金钱债权不得转让的，不得对抗善意第三人。当事人约定金钱债权不得转让的，不得对抗第三人。"从《民法典》第545条的规定方式来看，立法者整体上承认债权的可让渡性，同时基于债权的相对性，以但书的形式对债权转让的范围进行了阻却。同时，《民法典》第545条相较《合同法》第79条规定，从保护交易安全的角度，新增了第2款——两当事人约定不得对抗第三人的情形。《民法典》第546条规定："债权人转让债权，未通知债务人的，该转让对债务人不发生效力。债权转让的通知不得撤销，但是经受让人同意的除外。"《民法典》第546条相较《合同法》第80条，条文中删掉了"应当通知债务人"，刻意弱化了债权人在行使债权转让时的通知动作。

根据上述规定，债权转让即合同权利的让与，指一方将合同的权利全部或部分的转让给合同以外的第三人，其性质上仍然是一种合同，需要具备合同成立及生效的构成要件。合法有效的债权转让应满足以下条件：

1. 必须存在有效的债权，且债权转让不改变债权的内容。债权的有效存在，是债权转让的前提和基础。所谓有效的债权，是指该债权真实存在且并未消灭。以无效的债权转让他人，或者以已经消灭的债权转让他人，是转让标的的不能。在本案审理过程中，建某公司主张"债权转让的前提必须是真实、无异议、合法的债权，本案所谓债权并未经建某公司同师某公司确认，转让协议不成立"。建某公司认为双方之间具体工程款金额尚未确定便主张债权债务关系无法确定，显然混淆了债权债务关系的有效存在与债权债务具体数额之间的区别。虽然在债权转让时，双方未通过结算的方式明确债权数额，但这并不妨碍债权转让合同的效力，建某公司享有的抗辩权可以向受让人超某公司来行使，事实上在诉讼中其也提出了抗辩。故该债权转让协议是双方当事人真实意思表示，内容和形式不违反法律强制性规定，也不损害他人利益，该转让协议有效，建某公司关于债权转让无效的主张，没有事实和法律依据。在本案审理过程中，具体的工程款债权数额经造价机构鉴定并经各方质证后已由法院依法确定。

2. 被转让的债权须具有可转让性。依据《民法典》第545条的规定，以下三类债权不得转让：

（1）根据债权性质不得转让的债权。包括：基于个人信任关系而发生的债权，如雇佣、委托、租赁等合同所生债权；专为特定债权人利益而存在的债权，如专向特定人讲授外语的合同债权；不作为债权，如竞业禁止约定；属于从权利的债权，如保证债权不得单独转让，但从权利可与主权利分离而单独存在的，可以转让，如已经产生的利息债权可以与本金债权相分离而单独转让。本案中的工程款债权属于金钱给付之债，显然不属于根据合同性质不得转让的债权。

（2）按照当事人约定不得转让的债权。根据私法自治和合同自由原则，当事人可以在合同中特别约定禁止相对方转让合同债权，该约定同其他合同条款一样，作为合同的内容，对当事人当然具有法律效力，此种债权即不具有可转让性。本案中，师某公司和建某公司并未约定师某公司不得转让施工合同项下的工程款债权。

同时，《民法典》第545条，从保护交易安全的角度，新增了第2款“当事人约定非金钱债权不得转让的，不得对抗善意第三人。当事人约定金钱债权不得转让的，不得对抗第三人”。根据该条第2款的规定，民法典对当事人约定债权转让的情形进行了进一步的限制。

（3）依照法律规定不得转让的债权。《民法典》第421条规定：“最高额抵押担保的债权确定前，部分债权转让的，最高额抵押权不得转让，但是当事人另有约定的除外。”《民法典》及其以外的法律没有进一步明确规定何种债权禁止转让。现行法律中并未规定施工合同项下的工程款债权不得转让。

综上，本案中师某公司所享有的工程款债权不属于《民法典》第545条中规定的不得转让的债权，具有可转让性，师某公司可以将其所享有的工程款债权转让给超某公司。

3. 让与人与受让人须就债权的转让达成协议，并且不得违反法律的有关规定。这是因为债权转让在性质上仍然是一种合同，需要具备合同成立及生效的构成要件。

4. 债权转让须通知债务人。《民法典》第546条规定：“债权人转让债权，未通知债务人的，该转让对债务人不发生效力。债权转让的通知不得撤销，但是经受让人同意的除外。”该条规定可从以下两个层面进行理解：

(1) 债权转让通知系对债务人生效的要件，并非让与当事人之间发生债权转移效果的要件。债权转让未经通知债务人，对债务人不发生效力。这是因为债权转让不具有公示性，债务人未经通知，通常无从得知债权转让的事实，而可能仍向原债权人履行债务，因此，该条将债权人通知债务人规定为债权转让对债务人产生效力的时间点，并据此确定债务人的履行对象：在债权人将债权转让通知债务人之前（即债权转让对债务人产生效力之前），债务人应向原债权人履行债务；在债权人将债权转让通知债务人之后（即债权转让对债务人产生效力之后），债务人应向新债权人履行债务，而不得再向原债权人履行债务。(2) 债权人将债权转让通知债务人后，该债权转让即对债务人产生效力，而无需债务人同意。同时，《民法典》第546条相较《合同法》第80条去掉“应当通知债务人”，刻意弱化了债权人在行使债权转让时的通知动作。由此引出实务中的两个问题：(1) 债权转让由谁通知？(2) 债务人能否在诉讼中以未接到通知为由，对受让人的债权主张做出抗辩？本案中，师某公司在将工程款债权转让给超某公司后，超某公司向债务人建某公司发出了债权转让的通知，建某公司对此进行了确认，该债权转让行为已对建某公司生效，而无需取得债务人建某公司的同意，建某公司应当向受让人超某公司履行债务。建某公司以“本案所谓债权并未经建某公司同师某公司确认”为由主张转让协议不成立，与《民法典》第546条规定不符，明显缺乏法律依据。

综上，师某公司将其对建某公司所享有的工程款债权转让给超某公司，满足上述所有条件，师某公司向超某公司转让工程款债权是合法有效的，建某公司应当向超某公司支付法院判定的工程款。

二、施工合同项下工程款债权转让的，工程价款优先受偿权是否随之转让

与工程款债权转让相关的另一个有争议的法律问题为施工合同项下工程款债权转让的，工程价款优先受偿权是否随之转让。该问题取决于工程价款优先受偿权的性质，对此理论和实务界存有一定争议。《民法典》第807条规定：“发包人未按照约定支付价款的，承包人可以催告发包人在合理期限内支付价款。发包人逾期不支付的，除根据建设工程的性质不宜折价、拍卖外，承包人可以与发包人协议将该工程折价，也可以请求人民法院将该工程依法拍卖。建设工程的价款就该工程折价或者拍卖的价款优先受偿”；《最高院施工合同司法解释（一）》第35条规定：“与发包人订立建设工程施工合同的承包人，依据民法典第八百零七条的规定请求其承建工程的价款就工程折价或者拍卖的价款优先受偿的，人民法院应予支持”；《最高院施工合同司法解释（一）》第36条规定：“承包人根据民法典第八百零七条规定享有的建设工程价款优先受偿权优于抵押权和其他债权。”上述条款规定了工程承包人对工程价款的优先受偿权，其中，《最高院施工合同司法解释（一）》第36条对工程价款优先受偿权的优先效力作出明确规定。另外，对于现商品房消费者能否对抗价款优先受偿权的问题，目前《最高人民法院关于建设工程价款优先受偿权问题的批复》已失效，其核心内容已经被《最高院施工合同司法解释（一）》所继承，其第36条规定：“承包人根据民法典第八百零七条规定享有的建设工程价款优先受偿权优于抵押权和其他债权。”该司法解释虽然没有规定商品房消费者物权期待权与优先受偿权的关系，但参照《最高人民法院关于人民法院办理执行异议和复议案件若干问题的规定》第29条下述规定，“金钱债权执行中，买受人对登记在被执行的房地产开发企业名下的商品房提出异议，符合下列情形且其权利能够排除执行的，人民法院应予支持：（一）在人民法院查封之前已签订合法有效的书面买卖合同；（二）所购商品房系用于居住且买受人名下无其他用于居住的房屋；（三）已支付的价款超过合同约定总价款的百分之五十”，倾向认为商品房消费者的物权请求权在相当条件满足时依然能够对抗工程价款优先受偿权。

由于现行法律、司法解释中并未明确规定工程价款优先受偿权是否随工程款债权一并转让，且理论上对工程价款优先受偿权的性质也存有分歧，导致司法理论和实务界对该问题产生了一定的争议和分歧，如部分地方法院制定的司法文件中对该问题就作出了截然不同的规定①。理论界对工程价款优先受偿权性质的学说有先取特权说、不动产留置权说、法定抵押权说、法定优先权说，其中以后两种学说为主流。但无论如何界定工程价款优先受偿权

---

① 如《江苏省高级人民法院关于审理建设工程施工合同纠纷案件若干问题的意见》第20条规定：“承包人将建设工程价款债权转让的，建设工程价款的优先受偿权随之转让。”《江苏省高级人民法院建设工程施工合同案件审理指南》第7条第2款规定：“……建设工程优先受偿权属于法定抵押权，担保的是工程款债权，主债权转让的，担保物权应一并转让。根据法律条文的表述并不能确定工程款优先受偿权具有人身专属性，故工程款债权转让给他人的，优先受偿权应随之转让。”《深圳市中级人民法院关于建设工程合同若干问题的指导意见》第31条规定：“承包人将其对发包人的工程款债权转让给第三人的，建设工程价款优先受偿权不能随之转让。”

的性质，《民法典》第807条设定工程价款优先受偿权的目的是担保工程款债权的实现，即工程价款优先受偿权属于工程款债权的从权利。关于优先受偿权是否属于从权利性质，最高人民法院民法典贯彻实施工作领导小组主编的《中华人民共和国民法典合同编理解与适用》中则认为："从权利是附属于主债权的权利，如担保物权中抵押权、质权、保证以及附属于主债权的利息、建设工程价款优先受偿权等"①，"本法第807条规定的建设工程价款优先受偿权，也是为保护承包人的建设工程债权的实现所设立的一项法定权利，核心是保障承包人能够直接从建筑物的折价或变现中优先受偿工程价款，故相对于工程债权而言，工程价款优先受偿权属于从权利"。② 显然，依据最高人民法院的观点，建设工程价款优先受偿权属于民法典第535条规定的从权利的概念范畴。

《民法典》第547条规定："债权人转让债权的，受让人取得与债权有关的从权利，但是该从权利专属于债权人自身的除外。受让人取得从权利不因该从权利未办理转移登记手续或者未转移占有而受到影响。"首先，现行法律法规和司法解释中并未规定工程价款优先受偿权为专属于施工合同承包人的权利；其次，从其自身性质的角度进行分析，工程价款优先受偿权也不是专属于施工合同承包人的权利，在工程款债权转让之后，工程价款优先受偿权作为工程款债权的从权利应当随之转移。

该案提醒施工合同发包人，施工合同项下的工程款债权本身并不属于《民法典》第545条中所规定的不得转让的债权，如果发包人不希望承包人将施工合同项下的工程款债权转让给第三方，应当在施工合同中明确约定承包人不得转让施工合同项下的工程款债权，否则，承包人可以将施工合同项下的工程款债权转让给第三方。

---

① 最高人民法院民法典贯彻实施工作领导小组：《中华人民共和国民法典合同编理解与适用[一]》，人民法院出版社2020年版，第502页。

② 最高人民法院民法典贯彻实施工作领导小组：《中华人民共和国民法典合同编理解与适用[三]》，人民法院出版社2020年版，第614页。

1.5 法院如何认定建设工程施工合同中的债务加入①

——车某明、建某公司建设工程施工合同纠纷案②

关 键 词： 建设工程施工合同　债务加入　连带清偿责任

问题提出： 法院如何认定非施工合同缔约主体在施工合同履行过程中的行为构成债务加入？责任承担方式如何？

裁判要旨： 车某明与红某公司不存在建设工程施工合同关系，红某公司不是合同相对方。车某明主张红某公司应在欠付建某公司工程款的范围内承担付款责任。红某公司与建某公司就案涉工程尚未结算，红某公司亦不存在怠于结算的行为，原审法院判决红某公司不承担支付责任，并无不当。一审中，施某有表示愿意对尚欠车某明工程款及资金占用费与建某公司共同承担支付责任，属于债务的加入，并不违反法律规定，一审法院判决施某有承担责任后，施某有未提出上诉，故法院不作调整。

案情简介

再审申请人（一审被告、二审被上诉人）：建某公司

再审申请人（一审被告、二审被上诉人）：施某有

被申请人（一审原告、二审上诉人）：车某明

位于××市项目工程的建设方为红某公司，建某公司向红某公司承包该工程后，成立了红运××项目部。红运××项目部于2014年7月29日与案外人冯某签订了《建设工程施工合同》，将红运××项目工程的劳务等发包给了冯某，承包范围为人工、部分材料、施工管理，承包单价为每平方米466元。2015年5月26日，红某公司与建某公司签订了《建设工程施工合同》，约定由红某公司将其红运××小区工程发包给建某公司施工；工程内容为施工图

---

① 撰稿人：曹珊，北京德恒律师事务所。

② 一审：云南省红河哈尼族彝族自治州中级人民法院（2017）云25民初299号；二审：云南省高级人民法院（2020）云民终85号；再审：最高人民法院（2020）最高法民申4991号。

所含土建、水电、消防、通风、室外、绿化等；开工时间：2015 年 5 月，竣工时间：2017 年 5 月；合同价款按实结算；建某公司按工程进度于每月 25 日报送给红某公司审核，红某公司按进度的 80% 支付工程款。合同签订后，在建某公司的安排下，冯某组织施工队开始施工。冯某在完成部分工程的施工后，建某公司将剩余工程又发包给了车某明。2015 年 8 月 15 日，车某明与建某公司工程处签订《建设工程施工协议》，约定建某公司将××市红运××小区工程发包给车某明；工程范围为 3 幢桩基挖土、筏板基础、负一二层地下室、正负零以上主体部分、电器照明、给排水，1、2、4、5 幢正负零以上主体部分、电器照明、给排水工程；工期为 730 天，开工日期：2015 年 5 月 17 日，竣工日期：2017 年 5 月 30 日；工程进度完成至 11 层底板后，建某公司开始按已完工程量的 80% 支付工程；工程竣工验收 15 日前，建某公司应付清工程款，否则车某明可不交付竣工资料及不同意工程验收，并由建某公司承担违约金 100 万元；材料采购由双方共同认定厂家、品牌，由车某明自行采购，材料进场后由监理单位和建某公司验收；若车某明未能或建某公司有证据认为车某明不能履行合同中规定的义务，建某公司有权终止合同；车某明承诺全面履行合同约定义务；工程由车某明自主经营、自负盈亏；车某明需建立全体民工花名册和工资支付表，确保将工资直接发放给农民工，其他人员的工资建某公司可委托车某明代发；车某明需编制工程参建各班组、供货商及施工有关管理人员的名单及通讯录，并提供给建某公司；车某明需根据工程的实际情况配备施工人员和相关特殊工种工人；除工程意外伤害险由车某明自行缴纳外，施工中办理手续所需费用由建某公司承担，施某有以建某公司经办人的身份在《建设工程施工协议》落款处签字。

车某明接收工程后，未重新组织新的施工队施工，工程施工的劳务（含机械、辅材）仍由与建某公司有合同关系的冯某组织的施工队提供。整个施工过程中，车某明未与冯某签订劳务合同，也未向冯某支付过任何劳务款。冯某的劳务款仍由建某公司按与冯某签订的合同向冯某支付。但车某明为案涉工程的施工进行了投入，具体：1. 派遣了车某静、蔡某、车某俊、车某来、胡某辉参与案涉工程施工管理，并向他们支付工资合计 213200 元；2. 购买并支付钢材款 4410052 元、水泥款 46600 元，以及砖、免烧砖、砂、蒸压加气砼砌块、套筒、泡沫板等建筑材料 94363.8 元（含部分材料的运费）；3. 安排他人进行土方开挖，并支付土方开挖费 128361.96 元，安排他人进行土方回填，并支付土方回填费9万元；4. 支付保险费11万元、水费32341.4元、电费38257.27元、吊车费22280元；5. 支付其他费用5659元。以上车某明支出款项的金额合计为5191115.43元。车某明参与施工期间，工程所需混凝土主要系由红某公司直接购买供应。在车某明参与施工时，建某公司将施工现场的325.225吨钢材清点后移交车某明。一审诉讼中，车某明与建某公司共同确认前述钢材的价值为988400元。建某公司直接向车某明支付的工程款为311万元。

2015年12月16日，施某有向车某明出具了《承诺书》，表示在2016年1月18日前一次性付清案涉项目的工程款33127948元，项目的工程款、材料款只付给车某明。

2016年1月7日，施某有及其妻子段某花作为经办人以红某公司名义向建某公司红运××项目部出具了一份《支付承诺书》，表示在2016年1月25日前一次性付清建某公司红运××项目部工程款331279848元；若到期不能支付，按月利率2.5%支付资金占用费。但该《支付承诺书》没有红某公司的签章。车某明作为建某公司红运××项目部的经办人在该《支付承诺书》落款处签字。

2016年11月29日，车某明、施某有、建某公司的法定代表人李某等人召开会议，并形成会议纪要，载明项目工程建设由施某有代表建某公司续建，终止2015年8月15日建某公司建筑工程处与车某明签订的《建设工程施工协议》；在认定工程量后，由车某明将所有银行手续、印章、工程的相关资料交建某公司工程处；自即日起施某有、车某明确定车某明负责施工期间的工程量后，聘请有资质的造价咨询公司计算核定，由双方结清车某明所得工程款；车某明负责施工期间所欠某山钢材物流有限公司钢材款211万元转由施某有承担，此款由施某有与车某明双方结算中扣减。后车某明人员从工地退出，建某公司继续安排冯某的施工队进行施工，直至工程完工。施某有已向某山钢材物流有限公司付清了车某明欠付的钢材款。

2016年12月2日，车某明、施某有、建某公司的法定代表人李某等人签署《××市红运××项目车某明施工范围工程量认定》，确定车某明进场时间为2015年7月16日，退场时间为2016年7月20日，并对车某明参与施工的工程范围进行了确认。同日，车某明将工程相关印章、财务资料移交李某。一审诉讼中，车某明申请对工程造价进行鉴定，鉴定意见：前述施工范围的工程造价为44652593.98元。

各方观点

车某明观点：2015 年 8 月 15 日车某明与建某公司（施某有）签订《建设工程施工协议》约定工程的内容、工程承包范围，工程造价确定为 1406 元/平方米，包干价结算。建某公司将项目部的印章及部分材料移交车某明后建某公司退场，项目部的印章由车某明持有。车某明与冯某协商同意沿用建某公司项目部与冯某签订的协议，由冯某继续施工，双方不再另行签订施工合同。施工至 2015 年 12 月 2 日经红某公司、监理方审核认可，车某明完成的工程量产值为 41409936.24 元，按协议约定支付 80% 的工程款为 33127948 元，施某有出具了承诺书，一审中建某公司认可车某明是实际施工人，后期否认并认为冯某是实际施工人，建某公司支付冯某劳务费是在车某明退场之后。原审中基于车某明是实际施工人，同意车某明申请对工程造价进行鉴定。红某公司设立“红运 × ×”项目部，并聘请施某有为项目部负责人。施某有代表红某公司向车某明出具承诺书是履行职务的行为，红某公司应承担连带支付责任。

建某公司观点：车某明是案涉工程的施工参与人，并非实际施工人，其与车某明签订《建设工程施工协议》后，车某明未实际履行协议，未重新组织施工队伍入场施工，也未履行合同约定的采购材料、支付农民工工资等义务，工程的劳务仍由案外人冯某劳务班组进行施工，车某明未向冯某支付过劳务费。材料款均由其及红某公司支付，车某明仅少量垫付材料、管理人的工资，一审判决正确应予维持。

施某有观点：车某明是案涉工程的施工参与人，并非实际施工人，建某公司与车某明签订《建设工程施工协议》后，车某明未实际履行协议，未重新组织施工队伍入场施工，也未履行合同约定的采购材料、支付农民工工资等义务，案涉工程实际施工人是冯某，车某明未向冯某支付过劳务费。材料款均由其及红某公司支付，车某明仅垫付 519 万余元的材料、管理人的工资，一审判决正确应予维持。

红某公司观点：红某公司与建某公司签订了合同，具体的施工人是谁与红某公司无关，红某公司已支付超过合同约定的工程价款。施某有不是红某公司聘请的工作人员，施某有的承诺与红某公司无关。红某公司不应承担支付工程款的连带责任。

法院观点

一审法院观点：车某明提交的2016年1月7日《支付承诺书》系施某有及其妻子段某花以红某公司名义向建某公司红运××项目部出具，但红某公司未在该《支付承诺书》中签章，且红某公司现也不认可该《支付承诺书》。该《支付承诺书》不能反映系施某有代表红某公司向车某明个人出具。红某公司与建某公司就案涉工程尚未结算，车某明无证据证明红某公司尚欠建某公司工程款。对车某明关于由红某公司对案涉债务承担连带清偿责任的主张，不予支持。

二审法院观点：《最高人民法院关于审理建设工程施工合同纠纷案件适用法律问题的解释（二）》第二十六条①（已失效）："实际施工人以发包人为被告主张权利的，人民法院应当追加转包人或者违法分包人为本案第三人，在查明发包人欠付转包人或者违法分包人建设工程价款的数额后，判决发包人在欠付建设工程价款范围内对实际施工人承担责任。"本案，红某公司与建某公司签订《建设工程施工合同》，约定红某公司将红运××小区工程发包给建某公司施工，建某公司承包工程后将部分工程又分包给车某明，并与车某明签订《建设工程施工协议》，车某明实际进行了施工。车某明主张红某公司设立红运××项目部，聘请施某有为项目部负责人，施某有出具《支付承诺书》的行为系履行职务的行为，红某公司应否承担连带责任。法院认为，首先，车某明与红某公司不存在建设工程施工合同关系，红某公司不是合同相对方。车某明提交的2015年8月6日《聘书》系复印件，亦无其他证据相互印证，红某公司不予认可，不能证明红某公司聘请施某有为案涉工程的项目负责人。车某明提交施某有出具的《支付承诺书》内容为"在2016年1月25日前一次性付清建某公司红运××项目部工程款331279848元，若到期不支付，按月利率2.5%支付资金占用费"。该承诺书上无红某公司签章，红某公司不予认可，对红某公司无法律约束力。二审中，车某明提交《授权委托书》《××红运××项目合作协议》《收据》1份均系复印件，且与本案缺乏关联性，不能证明车某明主张红运××项目系红某公司与施某有共同开发，施某有是开

---

① 笔者注：应为"《最高人民法院关于审理建设工程施工合同纠纷案件适用法律问题的解释（二）》第二十四条"，特此说明。

发商之一的情况。其次，车某明主张红某公司应在欠付建某公司工程款的范围内承担付款责任。红某公司与建某公司就案涉工程尚未结算，红某公司亦不存在怠于结算的行为，原审法院判决红某公司不承担支付责任，并无不当，车某明该项上诉请求不能成立，法院不予支持。

关于施某有的责任。建某公司与车某明签订的《建设工程施工协议》中施某有作为建某公司的经办人在协议上签字。2016 年 11 月 29 日施某有、车某明、建某公司的法定代表人李某签署《会议纪要》内容为："终止建某公司与车某明签订的《建设工程施工协议》后，由施某有代表建某公司对工程续建，双方结清车某明应得工程款。"同时，施某有向车某明出具《承诺书》承诺向车某明支付尚欠的工程款。一审中，施某有表示愿意对尚欠车某明工程款及资金占用费与建某公司共同承担支付责任，属于债务的加入，并不违反法律规定，一审法院判决施某有承担责任后，施某有未提出上诉，故法院不作调整。

再审法院观点：再审申请人未对施某有与建某公司共同承担支付责任提出再审申请，故再审法院未作调整。

关联案例 1

案件名称：源某公司、冶某三公司承揽合同纠纷再审审查案

审理法院：二审：贵州省高级人民法院（2019）黔民终 130 号；再审审查：中华人民共和国最高人民法院（2019）最高法民申 5832 号

裁判观点：《合作协议》系由浩某矿业公司与源某公司签订。虽然 2012 年 1 月 20 日源某公司、浩某矿业公司及冶某三公司签订三方协议，约定因各种原因浩某矿业公司无力履行与源某公司签订的协议，故转由冶某三公司继续履行，且冶某三公司自愿承继浩某矿业公司因履行协议所产生的一切债权债务，但三方协议并未约定浩某矿业公司因此完全退出《合作协议》，冶某三公司的履行行为应当视为债的加入。故原审判决确认浩某矿业公司具有原告主体资格，有权提起本案诉讼适用法律并无不当。

关联案例 2

案件名称：王某、德某园公司建设工程施工合同纠纷再审审查案

审理法院：一审：四川省金堂县人民法院（2020）川 0121 民初 1573 号；二审：四川省成都市中级人民法院（2020）川 01 民终 10384 号；再审审查：四川省高级人民法院（2020）川民申 5142 号

裁判观点：龙某坡合作社并非德某园公司案涉的合同相对方，龙某坡合作社在案涉《欠条》中明确欠付德某园公司案涉债务，并在《欠条》欠款人处加盖公章予以确认，即其与德某园公司之间达成了债务清偿的合意，自愿对案涉债务承担支付责任，构成龙某坡合作社对于某坡上公司所负债务的加入；关于王某的责任问题。王某述称其在案涉《欠条》中签字仅是对欠款金额予以确认，并未作出担保的意思表示。

对此，案涉《欠条》载明王某的签字紧随某坡上公司、张某之后，同处于欠款人之下，且其在签字后也披露了个人身份信息，王某的签字形成于某坡上公司、张某签章之后，应当是以欠款人身份对《欠条》内容予以确认。即王某、张某与龙某坡合作社一并构成债的加入。虽然王某辩称其签字仅是对账而用，但该《欠条》所载内容无法证实该陈述，而王某也未提交其他证据予以佐证。

关联案例3

案件名称：王某、周某等与某元公司建设工程施工合同纠纷案

审理法院：一审：新疆维吾尔自治区巴音郭楞蒙古自治州中级人民法院（2016）新28民初1号；二审：新疆维吾尔自治区高级人民法院（2017）新民终235号；再审审查：最高人民法院（2018）最高法民申2056号

裁判观点：某元公司于2015年9月29日出具承诺书，承诺由其向王某、周某等退还600万元保证金，证实某元公司自愿加入原债务人某远公司新疆分公司对王某、周某所负债务。该份承诺书仅为某元公司单方承诺，并无王某、周某同意免除债务人某远公司新疆分公司向其返还600万元保证金的意思表示。而某远公司新疆分公司亦未提交任何证据能够证明王某、周某同意免除其返还600万元保证金债务。某元公司自愿与原债务人某远公司新疆分公司共同承担返还王某、周某保证金的义务，属于并存的债务承担。王某、周某虽持有某元公司出具的承诺书，但并不能以此推定其同意免除某远公司新疆分公司的债务承担。某远公司新疆分公司在未脱离与王某、周某之间债务关系的情况下，债权人王某、周某有权选择向原债务人某远公司新疆分公司主张债权。

律师点评

《民法典》第552规定："第三人与债务人约定加入债务并通知债权人，或者第三人向债权人表示愿意加入债务，债权人未在合理期限内明确拒绝的，债权人可以请求第三人在其愿意承担的债务范围内和债务人承担连带债务。"此条规定即属于《民法典》确立的第三人债务加入新规则。债务加入作为市

场经济交易中的一类“增信措施”,《民法典》实施以前在实践中已被广泛采用,但由于缺乏明确的法律规范,实践中引发的争议不少。建工领域,在联建、代建、内部承包及违法发承包等多层法律关系下,合同主体之外的第三人基于某种身份及利益关系考虑,而参与到合同的履行事务中的现象非常普遍。各方在合同履行产生纠纷后,关于第三人相关行为的法律性质及应当承担的责任类型,就往往成为案件的主要争议焦点之一。

债务加入属于债务承担的一种,广义上的债务承担包括第三人替代债务人承受债务人的地位和第三人加入债的关系与原债务人共同负担同一内容的债务这两种情形。前者称为免责的债务承担,后者称为并存的债务承担。免责的债务承担,即债务转移,是指第三人取代原债务人而承担全部债务,从而使原债务人脱离债务关系。所谓并存的债务承担,即债务加入,是指第三人与债权人、债务人达成三方协议或第三人与债权人达成双方协议或第三人向债权人单方承诺由第三人履行债务人的债务,但同时不免除债务人履行义务的债务承担方式。此时,债务人与第三人之间形成连带关系,他们共为连带责任人。债务加入具有以下法律特征:(1)它以原债务的有效存在为前提;(2)第三人与原债务人承担同一内容的债务;(3)第三人与原债务人承担连带责任;(4)第三人享有原债务人所享有的对债权人的抗辩权,但第三人不得以其与债务人之间的关系为理由(债务承担的原因)对抗债权人。

债务加入有以下三种情形:(1)三方协议:由债权人、债务人和第三人达成债务加入的合意,这是债务加入的典型方式,这种方式比较规范,可以明确三方之间在债务加入上的权利义务关系,避免产生不必要的纠纷。(2)双方协议:一是第三人与债权人之间就债务加入达成合意。二是第三人与债务人之间就债务加入达成合意,需注意的是,《民法典》第522条规定:“当事人约定由债务人向第三人履行债务,债务人未向第三人履行债务或者履行债务不符合约定的,应当向债权人承担违约责任。法律规定或者当事人约定第三人可以直接请求债务人向其履行债务,第三人未在合理期限内明确拒绝,债务人未向第三人履行债务或者履行债务不符合约定的,第三人可以请求债务人承担违约责任;债务人对债权人的抗辩,可以向第三人主张。”由于债权人并非第三人与债务人之间的债务加入协议的当事人,根据《民法典》第522条规定及合同相对性原则,在第三人不履行债务加入义务时,原则上第三人是向债务人承担违约责任,而不是向债权人承担违约责任,债权人不能直接依据第三人与债务人之间的债务加入协议要求第三人向其履行债务或承担违约责任。但在法律有明确规定或当事人明确约定债权人可以直接请求第三人向其履行债务，且债权人未在合理期限内明确拒绝的情况下，第三人未向债权人履行债务或者履行债务不符合约定的，债权人可以请求第三人承担违约责任。三是债权人与债务人之间就债务加入达成合意，需注意的是，《民法典》第523条规定："当事人约定由第三人向债权人履行债务，第三人不履行债务或者履行债务不符合约定的，债务人应当向债权人承担违约责任。"由于债务加入实质是给第三人设定义务，没有经得第三人同意的债务加入协议属于效力待定的合同，获得第三人追认的，则有效，未获得第三人追认的，则无效。在第三人不履行债务加入义务时，应由债务人向债权人履行债务或承担违约责任，债权人不能直接依据债权人与债务人之间的债务加入协议要求第三人向其履行债务或承担违约责任，但第三人同意的，不受此限。(3) 第三人单方承诺：第三人向债权人作出债务加入的单方承诺。

实践中，第三人向债权人作出承担债务的意思表示（包括通过三方协议、双方协议、第三人单方承诺）后，第三人所作出的承担债务的意思表示的法律属性往往容易成为各方当事人争执的问题。其中比较容易混淆的是债务加入与债务转移、债务加入与保证之间的区别和认定。

债务加入与债务转移通常比较容易区别，《民法典》第551条第1款规定了债务转移："债务人将债务的全部或者部分转移给第三人的，应当经债权人同意。"债务转移与债务加入之间最主要的区别在于债务加入并不免除原债务人履行债务的义务，原债务人并不脱离原债务关系；债务转移则免除原债务人履行债务的义务，原债务人脱离了原债务关系。实践中，在第三人作出承担债务的意思表示时，如各方当事人并未明确约定原债务人是否退出原债务关系，则原债务人往往会从维护自身利益角度出发，而主张债务已转移给第三人，其已退出原债务关系，不再承担履行原债务的义务。对此，通过《民法典》第551条第1款的规定来进行认定，债务转移必须经债权人同意，如债权人并未明确同意原债务人退出原债务关系、不再承担履行债务义务，则应认定第三人所作出的承担债务的意思表示构成债务加入，而不构成债务转移。当然，如果各方当事人已对免除原债务人履行义务作出明确约定，或者债权人对免除债务人履行义务无异议的，则不受此限。

最高人民法院在《〈全国法院民商事审判工作会议纪要〉理解与适用》[①]一书总结认为，在认定当事人的意思表示是债务加入还是保证时，应当注意以下几点：

首先，坚持文义解释优先原则。即判断第三人承诺履行债务之意思表示系保证或是债务加入，首先应从第三人出具的承诺函或当事人签订的协议所使用的文字词句出发。如果承诺函或协议明确使用“债务加入”的措辞，原则上应依其表述进行相应的定性，除非存在足以支持偏离文义进行解释的特别情形。

其次，判断第三人愿意承担的债务内容与原债务是否具有同一性。学说一般认为，保证具有从属性，保证债务相对于主债务的这种从属性体现于成立、转移、内容、消灭等各个方面。而债务加入仅于产生上具有从属性，自加入债务之时起，债务加入人负担的债务即与原债务各自独立发展，因而债务加入具有相当程度的独立性。因此，第三人愿意承担的债务内容是具有从属性的债务还是与原债务具有同一性的债务，就成为区分保证和债务加入的重要标准。如果第三人愿意承担的债务内容是具有从属性的债务，则构成保证；如果当事人的意思表示并未区分债务之间的主从关系，则可能被认定债务关系。

最后，判断当事人关于义务履行顺位的真实意思。是否具有从属性是构成债务加入和保证的本质区别，二者在法律效果上的重大差异亦多源于此。在义务履行的顺位方面，一般保证具有补充性，即只有在主债务人不能履行债务之时，保证人方需履行债务或者承担责任，而债务人加入并不具有补充性，债权人可以直接要求原债务人或债务加入人履行债务。因此，履行顺位之约定可以将一般保证与债务加入区分开来。在实践中，如果相关增信文件将第三人履行债务的前提界定为债务人届期“不能”“无法”“无财产”履行债务，此时存在明显的履行顺位，符合一般保证的定义，应当认定为一般保证，而不得认定为债务加入。

已于《民法典》同日实施的《民法典担保制度司法解释》，第36条则对债务加入与保证责任的识别与区分直接作出了规定，该条规定“第三人向债

---

① 最高人民法院民事审判第二庭：《〈全国法院民商事审判工作会议纪要〉理解与适用》，人民法院出版社2019年版，第479—481页。

权人提供差额补足、流动性支持等类似承诺文件作为增信措施，具有提供担保的意思表示，债权人请求第三人承担保证责任的，人民法院应当依照保证的有关规定处理。第三人向债权人提供的承诺文件，具有加入债务或者与债务人共同承担债务等意思表示的，人民法院应当认定为民法典第五百五十二条规定的债务加入。前两款中第三人提供的承诺文件难以确定是保证还是债务加入的，人民法院应当将其认定为保证。第三人向债权人提供的承诺文件不符合前三款规定的情形，债权人请求第三人承担保证责任或者连带责任的，人民法院不予支持，但是不影响其依据承诺文件请求第三人履行约定的义务或者承担相应的民事责任”。从该规定可以得出，判断当事人是债务加入还是保证行为，仍应重点探究当事人的真实意思表示，因债务加入人的责任重于保证人，在当事人意思表示不清晰、不明确时，为避免加重第三人的责任，应适用“意思表示存疑时优先推定为保证”的规则；如果相关承诺文件既不符合保证也不构成债务加入，也不能推定为保证的情况下，仍不影响债权人请求第三人依据承诺文件履行约定的义务或承担相应的民事责任。

应当看到，第三人加入债务的外观表象在建工领域已仅非上述解释规定的提供承诺文件之行为所能涵摄。但毋庸置疑，《民法典》关于意思表示解释方法以及《民法典担保制度司法解释》的上述规定，为法院今后审理与债务加入有关的建工案件提供了清晰明确的依据及解释路径。

第二章　施工合同的效力

综述：建设工程施工合同的效力常见法律问题分析①

建设工程施工合同效力问题，关系到诉讼时效、工程价款结算原则、违约责任、质量保证等与承发包当事人利益密切相关的一系列重大问题，该问题一直是法院在审理建设工程施工合同纠纷中首先要审查的问题，多地高级人民法院的指导意见中均要求法院在审理建设工程施工合同时，无论当事人是否对建设工程施工合同的效力提出主张或抗辩，人民法院都应当主动审查其效力。在吸收了《最高人民法院关于审理建设工程施工合同纠纷案件适用法律问题的解释》（法释〔2004〕14号）（已失效）和《最高人民法院关于审理建设工程施工合同纠纷案件适用法律问题的解释（二）》（法释〔2018〕20号）（已失效）等规定的基础上，2020年颁布的《民法典》和《最高院施工合同司法解释（一）》（法释〔2020〕25号）为各级法院在裁判建设工程施工合同的效力问题上规定了一些基本的裁判原则，对建设工程施工合同无效的种类、效力补正、无效的后果等问题作出了规定。司法实践中，各地法院在效力问题上也根据现实具体情况，对有关问题作出了细化的规定，而在裁判具体案例时，也存有差异。本章选择部分与施工合同效力有关的案例进行了分析点评，试图提炼出法院在裁判与施工合同效力有关问题上的规律和原则，但由于选择案例有限，而现实中建设工程施工合同与效力有关的问题又多种多样，笔者将在本章综述中对相关问题做出归纳与解析。

一、建设工程施工合同无效的主要情形

判断建设工程施工合同效力的法律依据，主要是相关的法律、行政法规，包括《民法典》《建筑法》《招标投标法》《建设工程质量管理条例》《建设工程安全生产条例》等。司法机关在每个建设工程施工合同纠纷案件的审理过程中均需要结合具体案情对以上法律、行政法规的规定进行适用，目前各

---

① 撰稿人：魏来，上海市建纬律师事务所。

级各地法院均遵循最高人民法院各类司法解释的相关规定，地方高院的司法指导意见亦在一定的地域范围内作为把握案件适用法律问题的统一尺度。《民法典》出台之前，最高人民法院已颁布相关司法解释，包括《最高人民法院关于审理建设工程施工合同纠纷案件适用法律问题的解释》（法释〔2004〕14 号）（已失效）、《最高人民法院关于审理建设工程施工合同纠纷案件适用法律问题的解释（二）》（法释〔2018〕20 号）（已失效）及《最高人民法院关于适用〈中华人民共和国合同法〉若干问题的解释》（一、二）（已失效）等，《民法典》出台以后，最高人民法院随之颁布了《最高人民法院关于审理建设工程施工合同纠纷案件适用法律问题的解释（一）》（法释〔2020〕25 号）。而各地人民法院在审理建设工程施工合同案件过程中，也形成了众多指导意见，例如《北京市高级人民法院关于审理建设工程施工合同纠纷案件若干疑难问题的解答》《江苏省高级人民法院关于审理建设工程施工合同纠纷案件若干问题的意见》（2008 年 12 月 17 日审判委员会第 44 次会议讨论通过）《江苏省高级人民法院关于审理建设工程施工合同纠纷案件若干问题的解答》《安徽省高级人民法院关于审理建设工程施工合同纠纷案件适用法律问题的指导意见》《安徽省高级人民法院关于审理建设工程施工合同纠纷案件适用法律问题的指导意见（二）》等。

（一）认定建设工程施工合同效力的法律依据

无效合同，是指合同虽然已经成立，但因其在内容和形式上违反了法律、行政法规的强制性规定或社会公共利益，因此被确认为无效。《民法典》第 144 条、第 146 条第 1 款、第 153 条第 1 款、第 153 条第 2 款及第 154 条修改了《合同法》（已失效）第 52 条的内容，规定了合同无效的五种事由，分别是：无民事行为能力签订的合同无效；合同双方以通谋虚假意思表示签订的合同无效；违反法律、行政法规的强制性规定的合同无效；违背公序良俗的合同无效；恶意串通，损害他人合法权益的合同无效。其中关于违反法律、行政法规的强制性规定而导致合同无效的情形，在之前的《合同法》（已失效）第 52 条第 5 项和《最高人民法院关于适用〈中华人民共和国合同法〉若干问题的解释（二）》（已失效）第 14 条对此已有明确规定，2019 年最高人民法院发布的“九民纪要”第 30 条对该条文的理解适用作了着重说明：“……合同法司法解释（二）第 14 条将《合同法》第 52 条第 5 项规定的‘强制性规定’明确限于‘效力性强制性规定’……人民法院在审理合同纠纷案件时，要依据《民法总则》第153条第1款和合同法司法解释（二）第14条的规定慎重判断‘强制性规定’的性质，特别是要在考量强制性规定所保护的法益类型、违法行为的法律后果以及交易安全保护等因素的基础上认定其性质，并在裁判文书中充分说明理由。下列强制性规定，应当认定为‘效力性强制性规定’：强制性规定涉及金融安全、市场秩序、国家宏观政策等公序良俗的；交易标的禁止买卖的……违反特许经营规定的……交易方式严重违法的，如违反招投标等竞争性缔约方式订立的合同；交易场所违法的……关于经营范围、交易时间、交易数量等行政管理性质的强制性规定，一般应当认定为‘管理性强制性规定’。”可见，从现行法律规定的构架上和相关立法的发展史来看，法律及司法解释对“违反法律、行政法规的强制性规定”这一无效合同的解释一层一层递进。《民法典》第153条第1款规定“但是，该强制性规定不导致该民事法律行为无效的除外”，即强制性条款体系中除了效力性强制性规定外，还存在管理性强制性条款。当事人仅仅违反管理性强制性规定的，受行政法律调整，可能遭受行政处罚，但不必然认定合同无效。只有违反效力性强制性规定的，才会导致民事合同的无效。

（二）《最高人民法院关于审理建设工程施工合同纠纷案件适用法律问题的解释（一）》（法释〔2020〕25号）列举的建设工程施工合同无效情形

《最高人民法院关于审理建设工程施工合同纠纷案件适用法律问题的解释（一）》（法释〔2020〕25号）作为法院裁判建设工程施工合同效力的重要依据，按照《民法典》规定，将《建筑法》《招标投标法》等相关法律规定中的效力性强制性规范进行归纳总结，具体规定了以下几种建设工程施工合同无效的情形：

1.《最高人民法院关于审理建设工程施工合同纠纷案件适用法律问题的解释（一）》（法释〔2020〕25号）第1条规定的几种情形，①即承包人未取得建筑施工企业资质；②承包人超越资质等级的；③没有资质的实际施工人借用有资质的建筑施工企业名义的；④建设工程必须进行招标而未招标；⑤建设工程中标无效的；承包人因转包、违法分包建设工程与他人签订的建设工程施工合同。

第1条规定的前五种情形主要涉及发包人与承包人之间的法律关系。其法律依据是，其中前三种情形属于违反《建筑法》强制性规定的情形。《建筑法》第26条规定：“承包建筑工程的单位应当持有依法取得的资质证书，并在其资质等级许可的业务范围内承揽工程。禁止建筑施工企业超越本企业资质等级许可的业务范围或者以任何形式用其他建筑施工企业的名义承揽工程。禁止建筑施工企业以任何形式允许其他单位或者个人使用本企业的资质证书、营业执照，以本企业的名义承揽工程。”而后两种情形属于违反《招标投标法》强制性规定的情形。《招标投标法》又规定了建设工程中标无效的五种情形，即第 52 条第 1 款规定的依法必须进行招标的项目的招标人向他人透露已获取招标文件的潜在投标人的名称、数量或者可能影响公平竞争的有关招标投标的其他情况的情形；第 53 条规定的投标人相互串通投标或者与招标人串通投标的、投标人以向招标人或者评标委员会成员行贿的手段谋取中标的情形；第 54 条规定的投标人以他人名义投标或者以其他方式弄虚作假，骗取中标的情形；第 55 条规定的依法必须进行招标的项目，招标人违反本法规定，与投标人就投标价格、投标方案等实质性内容进行谈判后影响中标结果的情形；第 57 条规定的招标人在评标委员会依法推荐的中标候选人以外确定中标人的，依法必须进行招标的项目在所有投标被评标委员会否决后自行确定中标人的情形。这五种中标无效的情形将直接导致建设工程施工合同无效。

本条最后一款规定的情形不但涉及发包人与承包人之间的建设工程施工合同法律关系，还涉及承包人因非法转包、违法分包与实际承包人之间的建设工程承包合同关系以及发包人与实际承包人之间的关系。2019 年 1 月 3 日，中华人民共和国住房和城乡建设部发布了《建筑工程施工发包与承包违法行为认定查处管理办法》，该办法对转包和违法分包作出了定义，同时将“转包”和“违法分包”具体化，办法第 8 条规定“转包”的具体情形包括：（一）承包单位将其承包的全部工程转给其他单位（包括母公司承接建筑工程后将所承接工程交由具有独立法人资格的子公司施工的情形）或个人施工的；（二）承包单位将其承包的全部工程肢解以后，以分包的名义分别转给其他单位或个人施工的；（三）施工总承包单位或专业承包单位未派驻项目负责人、技术负责人、质量管理负责人、安全管理负责人等主要管理人员，或派驻的项目负责人、技术负责人、质量管理负责人、安全管理负责人中一人及以上与施工单位没有订立劳动合同且没有建立劳动工资和社会养老保险关系，或派驻的项目负责人未对该工程的施工活动进行组织管理，又不能进行合理解释并提供相应证明的；（四）合同约定由承包单位负责采购的主要建筑材料、构配件及工程设备或租赁的施工机械设备，由其他单位或个人采购、租赁，或施工单位不能提供有关采购、租赁合同及发票等证明，又不能进行合理解释并提供相应证明的；（五）专业作业承包人承包的范围是承包单位承包的全部工程，专业作业承包人计取的是除上缴给承包单位“管理费”之外的全部工程价款的；（六）承包单位通过采取合作、联营、个人承包等形式或名义，直接或变相将其承包的全部工程转给其他单位或个人施工的；（七）专业工程的发包单位不是该工程的施工总承包或专业承包单位的，但建设单位依约作为发包单位的除外；（八）专业作业的发包单位不是该工程承包单位的；（九）施工合同主体之间没有工程款收付关系，或者承包单位收到款项后又将款项转拨给其他单位和个人，又不能进行合理解释并提供材料证明的。两个以上的单位组成联合体承包工程，在联合体分工协议中约定或者在项目实际实施过程中，联合体一方不进行施工也未对施工活动进行组织管理的，并且向联合体其他方收取管理费或者其他类似费用的，视为联合体一方将承包的工程转包给联合体其他方。第12条规定“违法分包”的具体情形包括：（一）承包单位将其承包的工程分包给个人的；（二）施工总承包单位或专业承包单位将工程分包给不具备相应资质单位的；（三）施工总承包单位将施工总承包合同范围内工程主体结构的施工分包给其他单位的，钢结构工程除外；（四）专业分包单位将其承包的专业工程中非劳务作业部分再分包的；（五）专业作业承包人将其承包的劳务再分包的；（六）专业作业承包人除计取劳务作业费用外，还计取主要建筑材料款和大中型施工机械设备、主要周转材料费用的。

2.《最高人民法院关于审理建设工程施工合同纠纷案件适用法律问题的解释（一）》（法释〔2020〕25号）第3条第1款规定，当事人以发包人未取得建设工程规划许可证等规划审批手续为由，请求确认建设工程施工合同无效的，人民法院应予支持。本条延续了2018年发布的《最高人民法院关于审理建设工程施工合同纠纷案件适用法律问题的解释（二）》（法释〔2018〕20号）（已失效）第2条的规定，两个条款的规范内容并无差异。

《城乡规划法》第40条第1款规定：“在城市、镇规划区内进行建筑物、构筑物、道路、管线和其他工程建设的，建设单位或者个人应当向城市、县人民政府城乡规划主管部门或者省、自治区、直辖市人民政府确定的镇人民政府申请办理建设工程规划许可证”；第64条规定：“未取得建设工程规划许可证或者未按照建设工程规划许可证的规定进行建设的，由县级以上地方人民政府城乡规划主管部门责令停止建设……”建设工程规划许可是与公共利益具有重大关联的政府行政许可行为。根据上述两条规定，取得建设工程规划许可证是工程建设的前提条件，必须按照建设工程规划许可证的规定进行施工；未取得建设工程规划许可证即进行建设或者未按照建设工程规划许可证的规定进行建设是法律明确禁止的行为，将被相关行政主管部门要求停止建设。因此，取得建设工程规划许可证的法律规定是效力性规定，依据《民法典》第153条第1款“违反法律、行政法规的强制性规定的民事法律行为无效”的规定，在发包人未取得将建设工程规划许可证等规划手续的情形下，发包人与承包人签订的施工合同无效。

本条第1款后半部分为合同效力的补正提供了机会，即“发包人在起诉前取得建设工程规划许可证等规划审批手续的除外”。若发包人在起诉前取得了建设工程规划许可证等规划审批手续，则施工合同违反《城乡规划法》的禁止性规定情形消灭，在不存在其他合同生效阻碍事由的前提下，人民法院可以认定该施工合同有效。

未办理建设工程规划许可证审批手续的，并不当然导致建设工程合同无效。本条第2款规定：“发包人能够办理审批手续而未办理，并以未办理审批手续为由请求确认建设工程施工合同无效的，人民法院不予支持。”根据《城乡规划法》第40条第1款、第2款规定，在城市、镇规划区内进行建筑物、构筑物、道路、管线和其他工程建设的，建设单位或者个人应当向城市、县人民政府城乡规划主管部门或者省、自治区、直辖市人民政府确定的镇人民政府申请办理建设工程规划许可证。申请办理建设工程规划许可证，应当提交使用土地的有关证明文件、建设工程设计方案等材料。需要建设单位编制修建性详细规划的建设项目，还应当提交修建性详细规划。对符合控制性详细规划和规划条件的，由城市、县人民政府城乡规划主管部门或者省、自治区、直辖市人民政府确定的镇人民政府核发建设工程规划许可证。即申请办理建设工程规划许可证等规划审批手续是发包人作为建设单位的法定义务，发包人应按照诚实信用原则完全履行义务，而且申请办理必须符合一定的条件。如果具备了办理条件，发包人依旧未申请办理，由于工程实际上已经满足了建设工程规划许可证的申领要求，建设工程合同不会因未办理建设工程规划许可证而无效，而发包人亦不能因其未履行法定和约定的义务而从中得利。

（三）各地高级人民法院在审判实践中增加的认定建设工程施工合同无效的几种情形

1. 未取得建设审批手续的施工合同的效力。

《北京市高级人民法院关于审理建设工程施工合同纠纷案件若干疑难问题的解答》（京高法发〔2012〕245 号）第 1 条规定："发包人就尚未取得建设用地规划许可证、建设工程规划许可证等行政审批手续的工程，与承包人签订的建设工程施工合同无效。但在一审法庭辩论终结前发包人取得相应审批手续或者经主管部门批准建设的，应当认定合同有效。发包人未取得建筑工程施工许可证的，不影响施工合同的效力。"可见，北京高院的观点是，建设用地规划许可证、建设工程规划许可证的取得属于效力性强制性规定，而建筑工程施工许可证的取得属于管理性强制性规定。《城乡规划法》第 39 条规定："规划条件未纳入国有土地使用权出让合同的，该国有土地使用权出让合同无效；对未取得建设用地规划许可证的建设单位批准用地的，由县级以上人民政府撤销有关批准文件；占用土地的，应当及时退回；给当事人造成损失的，应当依法给予赔偿。"依合同效力原理，土地使用权出让合同有效是建设工程施工合同有效的基础，土地使用权出让合同无效也将导致建设工程施工合同无效。对于"建筑工程施工许可证"的取得，虽然《建筑法》第 7 条明确规定建设单位应当取得建筑工程施工许可证方能施工，但目前主流观点均认为其属于管理性强制性规范，未取得建筑工程施工许可证并不当然导致民事合同的无效。

目前，明确持这一观点的还有江苏省高级人民法院、浙江省高级人民法院、安徽省高级人民法院等。如《安徽省高级人民法院关于审理建设工程施工合同纠纷案件适用法律问题的指导意见》明确："发包人未取得建设工程规划许可证，与承包人签订建设工程施工合同的，应认定合同无效，但起诉前取得规划许可证的，应认定合同有效。"

2. 中标合同约定工程价款低于成本价的合同是否无效。

成本，根据《现代汉语词典》的解释，是指生产一种产品所需的全部费用。故其本质是"费用"。建设工程的成本可以理解为两种形式的成本，一为社会平均成本，一为企业个别成本。那是否可以以社会平均成本来判断"低于成本价"呢？有观点认为工程定额中已经把各种直接费、间接费、利润、税金进行了分割，总价减去利润就是成本，并可以通过工程造价鉴定进行判断。在建筑行业，很多承包人投标时都会采取在定额标准基础上下浮一定比例的百分点来竞争有关工程。如果按照上述观点，这些企业下浮了百分点后，如果根据定额计算的总价减去利润就是成本的观点，这些投标都可能低于成本价。笔者认为，根据定额计价测算的成本，是在施工图设计完成后，以施工图为依据，根据政府颁布的消耗量定额，工程量计算规则及当时人工、材料、机械台班的预算价格计算工程造价成本的一种方法，通过这种方式计算出的成本，反映的是高于市场大多数企业建造成本的所谓“政府指导成本”，而并非真正的社会平均成本。从理论上讲，真正的社会平均成本根本无法测量，因为没有一个权威部门可以计算统计建设工程领域中各个施工单位的建造成本。即便有办法、有标准测量这种社会平均成本，但企业因管理水平、技术力量、资金实力、社会资源、施工工艺的不同，会导致建设同一工程的个别成本千差万别。那么那些管理水平相对较高、技术力量相对较强、资金实力相对雄厚、社会资源相对丰富、施工工艺相对先进的企业的成本肯定也低于社会平均成本，那么他们以企业自身成本进行投标反而会成为低于所谓的“社会成本价”，显然，这种方式不可取。那么，是否可以以企业个别成本来衡量低于成本价呢？这种方法也有问题，首先，只有在工程完工的情况下，才可能计算出某工程到底花了多少钱，包括人工、机械、材料、税金，实际发生的水电支出等。可是，建设工程非普通商品，其建造有一定周期，程序复杂，而且其成本还可能受到政策、材料价格涨跌等多种因素的影响，在签订“中标合同”时，是难以知晓实际成本的。

在司法实践中，以“中标合同约定工程价款低于成本价”为由认定建设工程施工合同无效的案例较为鲜见。就笔者了解的北京、浙江、福建、四川、重庆、安徽等地的高级人民法院有关建设工程案件的审判指导意见中，也没有发现明确将“中标合同约定工程价款低于成本价”作为认定建设工程施工合同无效的规定。从本书作为“法院审理建设工程案件观点集成”角度来说，笔者认为，虽然江苏省高级人民法院对“中标合同约定工程价款低于成本价的合同无效”持肯定观点，但并非主流观点，以该理由主张建设工程施工合同无效应当慎之又慎。

二、与建设工程施工合同无效后处理有关的几个问题

（一）建设工程施工合同被认定无效后相关法律责任的判断依据

《民法典》第157条规定，民事法律行为无效、被撤销或者确定不发生效

力后，行为人因该行为取得的财产，应当予以返还；不能返还或者没有必要返还的，应当折价补偿。有过错的一方应当赔偿对方由此所受到的损失；各方都有过错的，应当各自承担相应的责任。法律另有规定的，依照其规定。因建设工程施工合同无法适用无效返还的原则，故只有适用折价补偿原则，这已是通说。但建设工程如何折价，在实践中却是一个很难处理的问题。“如果按照工程定额或者建设行政主管部门发布的市场价格信息作为计价标准计算工程的造价成本，都需要委托鉴定。势必增加当事人的诉讼成本，扩大当事人的损失，案件审理期限延长，不能及时审结案件，不利于对当事人合法权益的保护，案件审判的法律效果与社会效果不能得到有机统一。”[①]这即是上文中笔者提到的“政府指导成本”，而并非真正的社会平均成本。如果按这一“政府指导成本”来折价，从建筑市场僧多粥少的现实来看，承包人合同报价往往低于“政府指导成本”，造成的后果是“折价”大于“原价”，承包人反而获得比有效合同更高的利润，与《民法典》无效折价不鼓励当事人以无效合同取得利益的原则相悖。同样地，也可能存在约定价款高于“政府指导成本”的情况，“折价”小于“原价”，又使发包人获利。从平衡利益、相对公平、提高效率的角度考虑，《民法典》第 793 条第 1 款“建设工程施工合同无效，但是建设工程经验收合格的，可以参照合同关于工程价款的约定折价补偿承包人”。

（二）施工合同无效但建设工程经竣工验收合格，无效合同中的哪些条款可以作为工程结算的参照

在建设工程验收合格的前提下，从一般的司法实践看，法院会适用《民法典》第 793 条第 1 款“可以参照合同关于工程价款的约定折价补偿承包人”，而且这种参考是较为完整、全面的。这种“参照”既包括了合同价款的参照，也包括了结算方式的参照，甚至包括了双方约定适用默示条款的结算规则的参照。也就是说，无效合同中如果约定了按固定价方式结算的，或按工程量清单方式结算的或按定额结算的，都将有可能得到法院的支持。

《最高人民法院关于审理建设工程施工合同纠纷案件适用法律问题的解释（一）》（法释〔2020〕25 号）第 19 条规定：“当事人对建设工程的计价标准

---

① 最高人民法院民法典贯彻实施工作领导小组：《中华人民共和国民法典合同编理解与适用[三]》，人民法院出版社 2020 年版，第 1940—1941 页。

或者计价方法有约定的，按照约定结算工程价款。因设计变更导致建设工程的工程量或者质量标准发生变化，当事人对该部分工程价款不能协商一致的，可以参照签订建设工程施工合同时当地建设行政主管部门发布的计价方法或者计价标准结算工程价款。建设工程施工合同有效，但建设工程经竣工验收不合格的，依照民法典第五百七十七条规定处理。”第28条规定：“当事人约定按照固定价结算工程价款，一方当事人请求对建设工程造价进行鉴定的，人民法院不予支持。”笔者认为，即使建设工程施工合同无效，但遇到《最高人民法院关于审理建设工程施工合同纠纷案件适用法律问题的解释（一）》（法释〔2020〕25号）第19条、第28条规定的问题时，也一样适用。

（三）建设工程施工合同无效，建设工程完成部分工作量但尚未竣工验收时应如何处理

《民法典》将是否能参照合同补偿工程价款的条件定为建设工程是否验收合格。实践中的情况千变万化，也可能发生无效合同履行了部分，建设工程完成部分工作量，但尚未整体竣工验收的情形。在这种情况下又应如何处理呢?《民法典》第793条强调的是验收，而非竣工验收，所以本条不仅适用于无效合同项下工程竣工验收阶段的处理，而且适用于合同终止履行后未完工程的验收处理，甚至还可适用于对工程部分验收合格、部分验收不合格情况的处理。

这种情况下还有一个问题需要解决，就是对于如何“参照合同约定”的价款结算方式计算应付工程价款。笔者认为，可以按照合同解除时的有关约定或者实践中部分法院的通常做法来结算工程价款。合同有约定的，那么依法应当“参照”；如果合同没有约定的，那么可以根据部分法院对于合同解除时对工程价款结算方法的指导原则来结算。根据案件工程价款结算方式的不同情况，如果合同约定按实结算的（包括按定额结算或单价固定按清单结算实际工作量的），可以直接对已完工程量进行审核鉴定，参照合同约定，计算应付工程价款；如果总价固定的，可采取所完工程的工程量占全部工程量的比例，按所完工程量的比例乘以合同约定的固定价款得出工程价款。

（四）施工合同无效但建设工程竣工验收合格，结算工程款时利息是否可以主张

《北京市高级人民法院关于审理建设工程施工合同纠纷案件若干疑难问题的解答》第17条规定：“建设工程施工合同无效，但工程经竣工验收合格，

当事人任何一方依据《解释》第二条的规定要求参照合同约定支付工程折价补偿款的，应予支持。承包人要求发包人按中国人民银行同期贷款利率支付欠付工程款利息的，应予支持。发包人以合同无效为由要求扣除工程折价补偿款中所含利润的，不予支持。”即如果合同中约定了延期支付工程款的利息或损失计算方式，是会得到支持的。

（五）施工合同无效但建设工程经竣工验收合格，发包人请求参照合同约定支付工程价款，是否应予支持

《民法典》第793条只规定了承包人有权主张参照合同约定支付工程价款，那么发包人是否有权主张参照合同约定支付工程价款呢?

《江苏省高级人民法院关于审理建设工程施工合同纠纷案件若干问题的意见》第7条规定：“经过招标投标订立的建设工程施工合同，工程虽经验收合格，但因合同约定的工程价款低于成本价而导致合同无效，发包人要求参照合同约定的价款结算的，人民法院应予支持。”北京、浙江等高级人民法院对建设工程施工合同无效，但建设工程经竣工验收合格，发包人请求参照合同约定支付工程价款均持肯定态度。

（六）施工合同无效但建设工程经竣工验收合格，承包人主张结算工程价款是否有诉讼时效限制

通说认为，无效的合同自始无效，确认合同无效属于形成权，应无诉讼时效限制，但一般不应超过《民法典》第188条规定的最长20年的诉讼时效。这在实践中也没有争议，但是，合同被确认无效后衍生的返还财产请求权、损失赔偿请求权是否有诉讼时效的限制，目前在理论界却存在争议：一种观点认为，只要确认合同无效，就应通过返还财产、赔偿损失等方式使当事人的财产恢复到合同订立之前的状态，不应受诉讼时效的限制。另一种观点认为，返还财产请求权、损失赔偿请求权应适用诉讼时效。因为，一方面，请求赔偿损失，应当属于债的请求权的范畴，理所当然应当适用诉讼时效。另一方面，在合同宣告无效以后，享有返还原物、赔偿损失请求权的一方，也应当积极行使权利。所以，在法院宣告合同无效，但未确定恢复原状、赔偿损失的情况下，当事人必须在确定的时间内提出请求。

在最高人民法院官方网站上公布的《关于无效合同所涉诉讼时效问题的

规定》[①]（征求意见稿）（以下简称“征求意见稿”）第 2 条（返还财产、赔偿损失请求权诉讼时效期间的起算）表述为：“方案一、合同无效，当事人一方请求另一方返还财产、赔偿损失的，诉讼时效期间从合同被确认无效之日起计算，但自合同履行期限届满之日起超过二十年，当事人一方提出诉讼时效抗辩的，人民法院不予支持。方案二、合同无效，一方当事人请求另一方当事人返还财产、赔偿损失的，诉讼时效期间从合同履行期限届满之日起计算。方案三、合同履行期限届满，合同尚未履行或者未完全履行的，合同法律关系中的一方当事人请求另一方当事人返还财产、赔偿损失的，诉讼时效期间从履行期限届满之日起计算。前款之外其他情形，诉讼时效期间从合同被确认无效之日起计算，但自合同履行期限届满之日起超过二十年的，人民法院不予保护。”从征求意见稿的观点来看，虽然对无效后诉讼时效的计算时点有不同的方案，但对于应当有诉讼时效这一点来说是没有异议的，否则，只要以合同无效为由任何时间都可以主张相关请求权，对于漠视或怠于行使自己权利的当事人将没有任何约束。

就诉讼时效的计算时点来说，从建设工程施工合同无效后果的角度来考虑，笔者比较同意方案三。理由是，就《民法典》第 793 条第 1 款“建设工程施工合同无效，但是建设工程经验收合格的，可以参照合同关于工程价款的约定折价补偿承包人”的规定来看，并从有关判例对无效合同工程价款利息都予以支持的现状来看，第 793 条的规定也包含了参照有效合同支付时间的意思。既然支付时间是被参照的，那么其就应当有时效。从这个意义上讲，这个时效从合同履行期限届满之日计算比较合理。

---

① 《最高人民法院就〈关于无效合同所涉诉讼时效问题的规定〉（征求意见稿）向社会公开征求意见》，载最高人民法院官网，https：//www. court. gov. cn/shenpan - xiangqing - 1788. html，最后访问时间：2022 年 3 月 17 日。

2.1 法院如何认定当事人在中标前所签“补充协议”及中标合同的效力[①]

——某顿公司与某建公司建设工程施工合同纠纷二审民事判决书[②]

关 键 词：阴阳合同　补充协议　串通投标　合同无效

问题提出：当事人在确定中标人之前签订的《补充协议》在工期、质量、价格等实质内容方面与中标合同不同，司法机关如何适用法律并确认中标合同及《补充协议》的效力？

关联问题：如果适用司法解释关于阴阳合同的规定将标前《补充协议》视为“阴合同”，仅仅是确定了工程价款结算的依据，并不涉及《补充协议》及中标合同的效力；但如果根据《招标投标法》关于串通投标的禁止性规定将其定性为“串通投标”行为，则标前《补充协议》及中标合同均为无效。这两种情况下，当事人的权利义务及相应的法律责任有何不同？

裁判要旨：案涉工程经过了公开招投标程序，但在招投标之前本案当事人双方已经就工程的实质性内容进行了磋商，且签订了《工程总承包补充协议》，承包人实际进场做前期准备工作，属于法律禁止的“先定后招”或者“明招暗定”情形，损害了其他投标人公平竞争的合法权益，故案涉中标合同虽然均进行了备案登记，但因违反了法律、行政法规的效力性强制性规定，所以应被认定为无效合同。

案情简介

上诉人（一审被告、反诉原告）：某顿公司

上诉人（一审原告、反诉被告）：某建公司

原审法院经审理查明：某顿公司拟在××县北侧建设某顿商业广场项目。

---

① 撰稿人：魏来，上海市建纬律师事务所。

② 审理法院：一审法院：江苏省睢宁县人民法院（2020）苏0324民初2218号；二审法院：江苏省徐州市中级人民法院（2021）苏03民终334号。

2012年12月25日，某顿公司（甲方）与某建公司（乙方）签订了《工程总承包补充协议》，约定甲方将某顿商业广场工程发包给乙方施工。承包面积为87000平方米，承包方式为包工包料，承包内容为图纸所有内容（消防、人防设施、空调系统、桩基工程除外），开工日期为2012年11月，具体开工时间根据甲方通知。工程保证金5000000元，乙方在签订本协议时向甲方交纳1500000元，接到甲方进场通知后三日内交纳3500000元，并在合同尾部注明29号保证金不到合同无效。2012年12月29日，某建公司向某顿公司支付了工程保证金1500000元，某顿公司为某建公司出具了收据。

2013年5月9日，某顿公司对案涉工程进行了公开招标，某建公司进行投标。2013年5月30日，经评委会评议某建公司中标，某顿公司于2013年6月4日向某建公司发出中标通知书。中标通知书注明某顿公司将于本中标通知书发出之日起30日内与某顿公司签订合同。

2013年10月12日，某顿公司与某建公司签订《建筑工程施工合同》一份（为了延续之前的审理及判决思路且为了便于区分，该份合同以下仍然简称为“B合同”），约定某顿公司作为发包人将某顿商业广场工程发包给某建公司承建。工程内容为：地上主楼31层、裙房4层、地下2层，面积87000平方米。承包范围：工程量清单所含施工图全部内容（人防设施、消防、22－42轴及A楼水电、外墙保温除外）从破桩开始。开工日期为2013年9月1日，竣工日期为2015年11月13日，合同工期总日历天数为793天，合同价款采用可调价格，调整方法为按实调整，暂定为154369000元。工程款（进度款）的支付时间和方式为：承包人垫资施工至地上二层，发包人在14个工作日，按照承包人实际完成工程量的70%拨付工程款；地上裙楼每二层，发包人在14个工作日内，按照承包人实际完成工程量的70%拨付工程款；主楼部分每四层楼面完成后14个工作日内，发包人按照承包人每四层实际完成工程量70%拨付工程款；主体封顶后14个工作日内，发包人按照主体实际完成工程量70%拨付工程款；主体完工后，粉刷等装饰项目，发包人按月进度完成工程量70%向承包人拨付工程款；工程竣工验收28个工作日内，发包人按照双方确定的预算总造价的80%拨付工程款；审计结束一年内，分三次付至结算价的95%；留5%的工程保修金（保修金退还：保修期满一年，退还保修金金额60%；保修期满两年，退还保修金金额的20%；保修期满五年，退还全部保修金）。如因发包人原因不能及时支付进度款，所产生的停工、人工工资、机械设备设施等费用，均由发包人承担。另工程款逾期未付，发包人须按同期银行贷款利率的两倍，向承包人支付拖欠工程价款的利息。工程竣工审计，审减额超过工程总造价5%部分的审计费由乙方承担。结算审计完成时间为甲方收到乙方竣工资料后56个工作日，非乙方原因不能完成审计，按乙方上报决算按实结算。该合同于2013年10月24日，分别向××县住房和城乡建设局及××县工程建设招标投标办公室备案。

同日，双方又签订一份《××县某顿商业广场工程总承包补充协议》（为了延续之前的审理及判决思路且为了便于区分，该份合同以下仍然简称为“补充合同”）。约定工程承包面积为87000平方米，承包范围为：工程量清单所含施工图全部内容（桩基工程、人防设施、消防工程、A楼及裙楼22－42轴的水电工程、外墙保温除外）从破桩开始。合同价款暂定为154369000元，最终工程造价按乙方在施工过程中实际发生的工程量确定。开工日期为2013年8月1日，具体开工时间根据甲方书面通知为准，合同工期总日历天数为793天。付款方法和方式为：承包人施工至地上二层，地上二层楼面完成后，发包人在14个工作日，按照承包人实际完成工程量的70%拨付工程款；地上裙楼四层封顶后，发包人在14个工作日内，按照承包人实际完成工程量的70%拨付工程款；主楼部分每四层楼面完成后14个工作日内，发包人按照承包人每四层实际完成工程量70%拨付工程款；主体封顶后14个工作日内，发包人按照主体实际完成工程量70%拨付工程款；主体完工后，粉刷等装饰项目，发包人按月进度完成工程量70%向承包人拨付工程款；工程竣工验收28个工作日内，发包人按照双方确定的预算总造价的80%拨付工程款；审计结束一年内，分三次付至结算价的95%（每四个月付一次款，付款比例为40%、30%、30%）；留5%的工程保修金，保修金按质量保修书约定的单项工程保修期满返还，单项保修期满后14个工作日内支付。返还金额为单项工程扣除的保修金，五年内付清全部保修金，具体按房屋工程质量保修书执行。如因发包人原因不能及时支付进度款所产生的停工，人工工资、机械设备设施等费用，均由发包人承担。同时发包人须按同期银行贷款利率的两倍，支付拖欠工程价款的利息。工程竣工审计，审减额超过总工程造价5%审计费由乙方承担。结算审计完成时间为甲方收到乙方竣工资料后60个工作日内，非乙方原因不能完成审计，按乙方上报决算金额结算。工程保证金5000000元，乙方在签订本协议时向甲方交纳1500000元，接到甲方进场通知后三日内交纳3500000元。甲方如不能按时支付工程款，应视为违约，甲方应向乙方支付违约金，违约金按甲方拖欠乙方工程款的银行同期贷款利率的二倍计取。非甲方原因，乙方如不能按合同工期交工视为违约。超过合同工期交工，每拖延一日，乙方每日按工程总造价的银行同期贷款利率的二倍向甲方支付违约金。补充合同还约定，本协议与正式合同具有同等法律效力。本协议条款如与正式合同条款发生冲突的部分以本协议为准。未尽事宜双方协商解决。

因2013年10月12日签订的B合同未在中标通知书发出之日30日内签订，不符合招投标相关法律规定，双方又重新签订了一份《建筑工程施工合同》（为了延续之前的审理及判决思路且为了便于区分，该份合同以下仍然简称为“A合同”），为了符合招投标的相关规定，落款日期定为2013年7月1日。约定工程内容同样为：地上主楼31层、裙房4层、地下2层，但面积变更为85088.3平方米。工程范围变更为：工程量清单所含施工图全部内容（土建、水电安装），合同价款采用固定价格合同，为154369000元。工程款（进度款）的支付时间和方式为：合同签订施工人员、设备进场后付工程价款的5%，以后按工程形象进度支付工程款项，以中标单位月报、监理复核工程量、经甲方代表签证后支付上月完成工程量的70%工程款；竣工结算资料报送招标人经审计审定后，除留5%的工程款保修金外，余款在3个月内付清。其余条款与B合同内容基本一致。

双方签订合同后，某建公司即组织人员进入工地施工，施工过程中，某顿公司与某建公司之间对案涉工程的中标备案合同中的工程承包范围进行部分删减（即协议了甲方甩项部分内容），包括门窗、保温、部分水电、桩基等施工工程。2015年5月26日，某顿公司、某建公司签订补充协议一份，主要内容为“所欠付工程进度款的支付；对下一步工程款筹措和安排；银行贷款抵押的约定；双方的责任及违约责任等方面”，并特别约定了“本协议在乙方出具本项目地下一层和地上商业用房第四层抵押物优先受偿权证明后生效”。

双方因为工程款的结算及支付等问题产生纠纷，某建公司诉至一审法院。某建公司向一审法院起诉请求：1. 判令某顿公司支付工程款68421638元、进度款利息3130206元及逾期付款的利息（以拖欠工程款为基数，按照同期银行贷款利率的两倍，自2016年10月4日起，计算至实际付清之日止）；2. 某建公司在70760717元范围内，对己方为某顿公司承建的中景××（即某顿商业广场项目）折价或者拍卖后的价款享有建设工程优先受偿权；3. 本案案件受理费、保全费由某顿公司承担。某顿公司在诉讼过程中，抗辩工程存在延误工期及质量问题，要求某建公司承担赔偿责任，并提出反诉，一审法院依法合并审理。在审理的过程中，根据某建公司的申请，依法委托某瑞公司对某建公司实际施工部分的工程造价进行司法鉴定。

一审法院判决：1. ××县某顿公司于判决发生法律效力之日起十日内，向某建公司支付工程款43004263.34元及利息（进度款24839456.16元，应当自2016年10月21日起，按照中国人民银行同期贷款利率的两倍，计算至2019年8月19日；自2019年8月20日起，按照全国银行间同业拆借中心公布的贷款市场报价利率的两倍，计算至2019年11月29日。剩余工程款43004263.34元，应当自2019年11月30日起，按照全国银行间同业拆借中心公布的贷款市场报价利率的两倍，计算至××县某顿公司实际履行之日）；2. 某建公司在43004263.34元工程欠款范围内，对其承建部分某顿商业广场工程的折价或者拍卖价款享有建设工程优先受偿权；3. 某建公司于判决发生法律效力之日起十日内，支付××县某顿公司逾期完工违约金1394161.39元；4. 驳回某建公司的其他诉讼请求；5. 驳回××县某顿公司的其他反诉请求。

某顿公司不服一审法院民事判决，向徐州市中级人民法院提起上诉。

二审法院认为，原审判决认定事实清楚，判决驳回上诉，维持原判。

各方观点

某建公司观点：一审中，某建公司称，2012年12月25日，其与某顿公司签订某顿商业广场部分协议一份。某顿公司于2013年5月9日招标，于2013年6月4日向某建公司发出中标通知书。双方签订于2013年10月12日的《建设工程施工合同》（B合同），该合同于2013年10月24日进行了备案，后来由于双方并未在中标后30日内签订施工合同，被告公司称该合同不符合规范，双方重新签订了一份合同（A合同），并进行了备案，但双方实际履行的是B合同。某建公司在二审中认为鉴定报告系依据双方实际履行的“B合同”及其补充合同作出，可以作为认定工程价款的依据。并且某顿公司聘请某达公司对案涉工程造价核算的依据也是B合同及其补充合同。

某顿公司观点：一审中，某顿公司认为双方实际履行的合同更接近于2013年10月12日的合同。而2013年7月1日的合同是真实备案的，该合同明确约定应适用固定单价作为计价依据。而无论7月1日的合同还是10月12

日的合同，均约定了合同文件的组成和解释顺序，而解释顺序均是以中标通知书作为优先解释顺序，所以应以招投标规定的计价方式作为造价依据。而二审中，某顿公司认为某瑞公司就案涉工程作出的工程造价咨询报告错误，不能作为造价依据，一审法院认定案涉鉴定程序合法并以该鉴定报告作为定案依据是错误的。鉴定报告依据的合同已经一审法院认定无效。

法院观点

一审法院观点：关于案涉三份建设工程施工合同的效力以及双方实际履行合同的认定问题。一审法院认为，当事人订立、履行合同，应当遵守法律、行政法规，违反法律、行政法规强制性规定的合同，属于无效合同。《招标投标法》第32条规定，投标人不得相互串通投标报价，不得排挤其他投标人的公平竞争，损害招标人或者其他投标人的合法权益。投标人不得与招标人串通投标，损害国家利益、社会公共利益或者他人的合法权益。禁止投标人以向招标人或者评标委员会成员行贿的手段谋取中标。第43条规定，在确定中标人前，招标人不得与投标人就投标价格、投标方案等实质性内容进行谈判。案涉工程经过了公开招投标程序，但在招投标之前某顿公司、某建公司双方已经就工程的实质性内容进行了磋商，且签订了《某顿商业广场工程总承包补充协议》，某建公司交纳了履约保证金1500000元，并实际进场做前期准备工作，属于法律禁止的“先定后招”或者“明招暗定”情形，损害了其他投标人公平竞争的合法权益，故涉案A、B两份合同虽然均进行了备案登记，但因违反了法律、行政法规的效力性强制性规定，所以均应被认定为无效合同。

审理过程中，某顿公司、某建公司均认可实际履行的合同更接近B合同，而B合同因违反招投标相关规定被认定为无效合同，不能作为结算依据。2013年10月12日，双方还签订一份补充合同，该补充合同的承包范围及主要条款与B合同内容基本一致，应当系双方当事人的真实意思表示，内容不违反法律规定，合同依法成立并生效。且补充合同还约定本协议与正式合同具有同等法律效力，本协议条款如与正式合同条款发生冲突的部分以本协议为准，故一审法院认为本案应当以补充合同作为结算依据。至于A合同，仅系双方为了配合招投标程序而重新签订，并非双方真实意思表示，也非实际履行的合同，且被认定为无效，某顿公司抗辩应以A合同作为结算依据，不符合法律规定，一审法院不予采纳。某顿公司抗辩建设工程司法解释二规定当事人要求以招投标规定的计价方式作为造价依据的应予支持，一审法院认为这应建立在招投标程序合法且中标合同有效的前提下，而本案招投标程序违法，A、B 两份合同也因此被认定无效，其该项抗辩意见不符合法律规定，一审法院不予采纳。

二审法院观点：关于某瑞公司作出的工程造价咨询报告书能否作为工程款结算依据的问题。首先，根据《最高人民法院关于审理建设工程施工合同纠纷案件适用法律问题的解释》（法释〔2004〕14 号）（已失效）第 2 条规定，建设工程施工合同无效，但建设工程经竣工验收合格，承包人请求参照合同约定支付工程价款的，应予以支持[①]，故虽然某建公司与某顿公司签订的施工合同无效，但不影响双方依据实际履行的施工合同约定进行结算。其次，虽然招标文件规定按照固定单价来计算工程款，但某顿公司与某建公司实际履行的合同约定工程款是按实结算。再次，某瑞公司出具苏瑞鉴字（2018）007 号初步鉴定报告后，一审法院组织双方当事人进行了质证，某瑞公司根据双方当事人提出的异议及补充提供的鉴定资料，再次组织技术人员进行审查核对并作出相应调整，后作出苏瑞鉴字（2018）007 -1 号司法鉴定报告。某顿公司在上述质证过程中已充分发表意见，鉴定人员业已到庭接受质询。上诉人至二审中才主张未收到竣工图并对“双方无争议部分 121203520.8 元”提出异议，法院不予支持。最后，上诉人抗辩鉴定报告中的部分项目非被上诉人实际施工，但未提交能够证明项目由某建公司以外的承包人进行施工的证据，一审法院未对该部分工程量进行扣除并无不当。上诉人还认为鉴定报告中工程量、计价方式存在误差，并提交关于对某顿项目《工程造价咨询报告书》工程量、计价方式误差统计报告书作为依据。法院认为，一审法院在案件立案受理后已为双方当事人预留举证期限，但直至本案一审庭审结束，上诉人未向一审法院提交上述误差统计报告书，亦未向法院申请延长举证期限，根据《民事诉讼法》规定，一审法院可以不采纳其逾期提供的证据。并且，该报告书系由上诉人私自委托某达公司作出，系单方评估，被上诉人某建公司亦不予认可，不能作为定案依据。故，某瑞公司及其评估人员具备相应的鉴定资质，其依照合法的鉴定程序作出的苏瑞鉴字（2018）007 -1 号司法鉴定报告可以作为认定案件事实的依据。

---

① 对应《民法典》第 793 条第 1 款。

关联案例1

案件名称：某豫公司与王江某、王玉某、某渠公司建设工程施工合同纠纷上诉案

审理法院：一审：安阳市文峰区人民法院（2010）安民一初字第14号；二审：河南省高级人民法院（2012）豫法民一终字第8号

裁判观点：虽然中标后双方未签订建设工程施工合同，但交易成交通知书对中标造价、中标工期及工程质量均有明确说明，应认为是双方对施工合同主要条款已达成合意。建设主管部门对该通知书进行了备案，所以应以该通知书确定的中标价格作为结算工程价款的依据。

关联案例2

案件名称：某南公司与某城公司建设工程施工合同纠纷上诉案

审理法院：一审：湖北省高级人民法院（2018）鄂民初102号；二审：最高人民法院（2019）最高法民终1996号

裁判观点：《最高人民法院关于审理建设工程施工合同纠纷案件适用法律问题的解释（二）》（法释〔2018〕20号）第10条①规定："当事人签订的建设工程施工合同与招标文件、投标文件、中标通知书载明的工程范围、建设工期、工程质量、工程价款不一致，一方当事人请求将招标文件、投标文件、中标通知书作为结算工程价款的依据的，人民法院应予支持。"因此，在建设工程施工合同有效的情况下，对于建设工程施工合同的工程范围、建设工期、工程质量、工程价款等实质性内容，应当以招标文件、投标文件、中标通知书为准。对于工程范围、建设工期、工程质量、工程价款等以外的非实质性内容，以当事人的真实意思表示为准。招标人和中标人按照招标文件和中标人的投标文件订立的建设工程施工合同书未约定支付工程价款时间而招标文件约定了建设工程价款时间的，应当以招标文件的约定为依据。

---

① 对应《最高人民法院关于审理建设工程施工合同纠纷案件适用法律问题的解释（一）》（法释〔2020〕25号）第22条。

关联案例3

案件名称：某迪公司、某建公司建设工程施工合同纠纷再审审查与审判监督民事裁定书

审理法院：一审：太原市中级人民法院（2017）晋01民初759号；二审：山西省高级人民法院（2019）晋民终176号；再审：最高人民法院（2019）最高法民申5242号

裁判观点：《20140715合同》的签订表明，某迪公司作为招标人在招投标程序开始前与投标人某建公司就工程范围、建设工期、工程价款等实质性内容达成一致意见，属于招标人与投保人串通投标。案涉《20140715合同》《20150605合同》均无效，双方当事人在履行主要合同义务时，既未按《20140715合同》履行，也未按《20150605合同》履行，依据现有证据不能认定双方实际履行的是哪份合同，在双方对某建公司的施工工程部分有争议，而某建公司亦未完成全部承包工程项目的情况下，需要对项目某建公司已完工部分的工程造价进行鉴定。根据本案查明事实，《20150605合同》是双方当事人最后签订的合同。《鉴定报告》参照《20150605合同》，得出工程价款为109493823.80元的鉴定结论，比《20140715合同》约定的119053590元低了9558766.2元，符合实际，亦较好地平衡了双方当事人的利益。

律师点评

本案中，一审法院认定《某顿商业广场工程总承包补充协议》是“阴合同”，并且认为在招投标前双方签署《补充协议》时，属于法律禁止的“先定后招”或者“明招暗定”的串标情形，并确认某建公司与某顿公司签订的A、B两份合同应串标行为损害国家利益、社会公共利益或者他人的合法权益而均无效。二审法院对一审法院关于案涉合同效力的认定没有提出异议，同时认为，建设工程施工合同无效，但建设工程经竣工验收合格，承包人请求参照合同约定支付工程价款的，应予以支持，故虽然某建公司与某顿公司签订的施工合同无效，但不影响双方依据实际履行的施工合同约定进行结算。以下笔者就中标无效的认定及其有关问题作出如下分析和点评：

一、如何认定“补充协议”究竟是“阴合同”还是串标证据，可以以形成的时间进行判断和认定

在讨论本书提出的问题之前，应明确什么是“中标合同”。根据《招标投标法》第46条第1款：“招标人和中标人应当自中标通知书发出之日起三十

日内，按照招标文件和中标人的投标文件订立书面合同。”所以中标合同是指履行招投标程序后，招标人和中标人按照招标投标文件以及《中标通知书》的实质性内容，在规定期限内所订立的书面合同。另外需说明的是，2018 年 9 月 28 日公布的《住房城乡建设部关于修改〈房屋建筑和市政基础设施工程施工招标投标管理办法〉的决定》第 5 条规定：“删除第四十七条第一款中的‘订立书面合同后 7 日内，中标人应当将合同送工程所在地的县级以上地方人民政府建设行政主管部门备案’。”也就是说，建设工程施工合同强制备案制度已被取消，今后无论是依法必须进行招标投标的工程项目还是非强制招标投标的工程项目，当事人通过招标投标方式进行发包承包，并根据招标投标结果签订建设工程施工合同即可。

实践中，以“补充协议”“备忘录”等为表现形式出现的协议如果签订于中标合同之后，可以认定为“阴合同”。实践中存在的“阴合同”往往会在工程价款、酬金、计价方式、结算方式、履行期限和方式、工期、质量等实质内容方面与中标合同作出不一致的约定。这种情况违反了《招标投标法》第 46 条第 1 款“招标人和中标人应当自中标通知书发出之日起三十日内，按照招标文件和中标人的投标文件订立书面合同。招标人和中标人不得再行订立背离合同实质性内容的其他协议”的规定。此处的用语是“再”，即发生于中标合同签订以后。这种情况下，招标、投标、中标过程均已完成，承发包方在走完了合法的招投标程序后另行签订了背离中标合同实质性内容的其他协议，应认定为“阴合同”。

如果这种“补充协议”或“备忘录”签订于招标、投标过程前或过程中，并在中标前，那么性质即发生了变化。《招标投标法》第 32 条规定：“投标人不得相互串通投标报价，不得排挤其他投标人的公平竞争，损害招标人或者其他投标人的合法权益。投标人不得与招标人串通投标，损害国家利益、社会公共利益或者他人的合法权益。禁止投标人以向招标人或者评标委员会成员行贿的手段谋取中标。”第 43 条规定：“在确定中标人前，招标人不得与投标人就投标价格、投标方案等实质性内容进行谈判。”

本案中，某顿公司与某建公司于中标前另行签订有《某顿商业广场工程总承包补充协议》，显属串标行为。

二、“阴阳合同”与串标行为的效力认定

《最高人民法院关于审理建设工程施工合同纠纷案件适用法律问题的解释

(一)》(法释〔2020〕25号)第2条第1款:“招标人和中标人另行签订的建设工程施工合同约定的工程范围、建设工期、工程质量、工程价款等实质性内容,与中标合同不一致,一方当事人请求按照中标合同确定权利义务的,人民法院应予支持。”以及第22条规定:“当事人签订的建设工程施工合同与招标文件、投标文件、中标通知书载明的工程范围、建设工期、工程质量、工程价款不一致,一方当事人请求将招标文件、投标文件、中标通知书作为结算工程价款的依据的,人民法院应予支持。”可见,司法解释并未直接否定说“阴合同”无效,只是规定“一方当事人请求将招标文件、投标文件、中标通知书作为结算工程价款的依据的,人民法院应予支持”。但如果是串标行为,根据《招标投标法》第53条“投标人相互串通投标或者与招标人串通投标的,投标人以向招标人或者评标委员会成员行贿的手段谋取中标的,中标无效”之规定,将直接导致中标行为无效,同时也导致当事人签订的建设工程施工合同无效,无论该建设工程施工合同是不是中标合同。

三、“阴阳合同”之工程款结算与中标无效后之工程款结算

根据《最高人民法院关于审理建设工程施工合同纠纷案件适用法律问题的解释(一)》(法释〔2020〕25号)第2条第1款,当事人签订“阴阳合同”的,一方当事人请求按照中标合同确定工程范围、建设工期、工程质量、工程价款等实质性内容的权利义务的,人民法院应予支持。第22条则进一步规定,当事人签订的建设工程施工合同与招标文件、投标文件、中标通知书载明的工程范围、建设工期、工程质量、工程价款不一致,规定应当以招标文件、投标文件、中标通知书作为结算工程价款的依据。但是,由于上述规定并未直接认定“阴合同”无效,所以“阴合同”除工程范围、建设工期、工程质量、工程价款等实质性内容以外的其他条款,实践中如果这些条款又是被实际履行的,则这些条款很有可能被认定为对当事人具有约束力。

而中标无效后的工程款结算,《民法典》增加了合同无效及其处理的规定,根据《民法典》第793条规定:“建设工程施工合同无效,但是建设工程经验收合格的,可以参照合同关于工程价款的约定折价补偿承包人。建设工程施工合同无效,且建设工程经验收不合格的,按照以下情形处理:(一)修复后的建设工程经验收合格的,发包人可以请求承包人承担修复费用;(二)修复后的建设工程经验收不合格的,承包人无权请求参照合同关于工程价款的约定折价补偿。发包人对因建设工程不合格造成的损失有过错的,应当承担相应的

责任。”即以工程质量是否合格作为是否支付工程款的前提条件。同时，根据《最高人民法院关于审理建设工程施工合同纠纷案件适用法律问题的解释（一）》（法释〔2020〕25号）第24条规定了当事人之间就同一建设工程订立的数份建设工程施工合同均无效的结算依据：“当事人就同一建设工程订立的数份建设工程施工合同均无效，但建设工程质量合格，一方当事人请求参照实际履行的合同关于工程价款的约定折价补偿承包人的，人民法院应予支持。实际履行的合同难以确定，当事人请求参照最后签订的合同关于工程价款的约定折价补偿承包人的，人民法院应予支持。”如果工程质量合格的，可以根据当事人的请求参照实际履行的合同关于工程价款的约定折价补偿作为结算价款的原则。

四、因签订“阴阳合同”的法律责任与因串标导致合同无效的法律责任之异同

1. 两者的民事责任。就本案而言，二审认定中标合同无效，参照实际履行合同的约定支付工程价款。原《最高人民法院关于审理建设工程施工合同纠纷案件适用法律问题的解释》（法释〔2004〕14号）（已失效）第2条规定了，建设工程施工合同无效，但建设工程经竣工验收合格，承包人请求参照合同约定支付工程价款的，应予支持。但未规定在有多份无效合同时，参照哪个“合同”。但是，自2019年2月1日起施行的《最高人民法院关于审理建设工程施工合同纠纷案件适用法律问题的解释（二）》（法释〔2018〕20号）（已失效）第11条规定：“当事人就同一建设工程订立的数份建设工程施工合同均无效，但建设工程质量合格，一方当事人请求参照实际履行的合同结算建设工程价款的，人民法院应予支持。实际履行的合同难以确定，当事人请求参照最后签订的合同结算建设工程价款的，人民法院应予支持。”对于在当事人间有多份无效合同时，参照哪个“合同”，作出了明确的规定。自2021年1月1日起施行的《最高人民法院关于审理建设工程施工合同纠纷案件适用法律问题的解释（一）》（法释〔2020〕25号）第24条沿用了上述条款。故，在串标导致中标无效的情况下，可能会参照实际履行的合同结算建设工程价款，如果实际履行的合同难以确定，则法院可能根据当事人请求参照最后签订的合同结算建设工程价款。

2. 两者的行政责任和刑事责任。签订“阴阳合同”可能导致当事人承担行政责任，而串标导致中标无效后，不但要承担行政责任，还可能承担刑事责任。

签订“阴阳合同”的行政责任，如《招标投标法》第59条规定：“招标人与中标人不按照招标文件和中标人的投标文件订立合同的，或者招标人、中标人订立背离合同实质性内容的协议的，责令改正；可以处中标项目金额千分之五以上千分之十以下的罚款。”

串标导致中标无效的行政责任和刑事责任，如《招标投标法》第53条规定：“投标人相互串通投标或者与招标人串通投标的，投标人以向招标人或者评标委员会成员行贿的手段谋取中标的，中标无效，处中标项目金额千分之五以上千分之十以下的罚款，对单位直接负责的主管人员和其他直接责任人员处单位罚款数额百分之五以上百分之十以下的罚款；有违法所得的，并处没收违法所得；情节严重的，取消其一年至二年内参加依法必须进行招标的项目的投标资格并予以公告，直至由工商行政管理机关吊销营业执照；构成犯罪的，依法追究刑事责任。给他人造成损失的，依法承担赔偿责任。”

《招标投标法实施条例》第67条对串标的法律后果做了更为详细的规定：“投标人相互串通投标或者与招标人串通投标的，投标人向招标人或者评标委员会成员行贿谋取中标的，中标无效；构成犯罪的，依法追究刑事责任；尚不构成犯罪的，依照招标投标法第五十三条的规定处罚。投标人未中标的，对单位的罚款金额按照招标项目合同金额依照招标投标法规定的比例计算。投标人有下列行为之一的，属于招标投标法第五十三条规定的情节严重行为，由有关行政监督部门取消其1年至2年内参加依法必须进行招标的项目的投标资格：（一）以行贿谋取中标；（二）3年内2次以上串通投标；（三）串通投标行为损害招标人、其他投标人或者国家、集体、公民的合法利益，造成直接经济损失30万元以上；（四）其他串通投标情节严重的行为。投标人自本条第二款规定的处罚执行期限届满之日起3年内又有该款所列违法行为之一的，或者串通投标、以行贿谋取中标情节特别严重的，由工商行政管理机关吊销营业执照。法律、行政法规对串通投标报价行为的处罚另有规定的，从其规定。”

实践中，由于人民法院仅仅是司法机关，以处理当事人提出的民事诉讼为主，故即便法院认定所案涉件当事人有串标行为的，大多数仅以认定合同无效，处理民事关系为主，而无法代替《建筑法》《招标投标法》赋予行政执法权力的行政机关对有关违法行为作出处罚。

2.2 法院如何认定未取得劳务资质的承包人所签订的施工合同的效力①

——某特劳务公司与某力建设公司、××区人民医院建设工程分包合同纠纷案②

关 键 词：劳务分包　劳务资质　合同无效

问题提出：对于承包人未取得建筑施工企业资质而与发包人签订的劳务分包合同，司法机关如何认定其效力？法律依据何在？

关联问题：劳务分包合同被确认无效后，无效合同中的哪些约定可以被司法机关参照适用？无效合同中所约定的违约金如何处理？当事人因履行该无效合同而遭受的损失如何赔偿？

裁判要旨：消防设施工程属于专业承包工程，需要相应的资质才能施工。根据《最高人民法院关于审理建设工程施工合同纠纷案件适用法律问题的解释》第1条“建设工程施工合同具有下列情形之一的，应当根据合同法第五十二条第（五）项的规定，认定无效：（一）承包人未取得建筑施工企业资质或者超越资质等级的”③ 的规定，承包人无施工资质承接工程所签订的《施工合同》应当认定无效。

案情简介

上诉人（一审原告）：某特劳务公司

被上诉人（一审被告）：某力建设公司

被上诉人（一审被告）：××区人民医院

一审法院经审理查明，某特劳务公司的建筑业企业资质证书载明的资质为水暖电安装作业劳务分包不分等级。

2012年6月4日，××区人民医院（发包人）与某力建设公司（承包

---

① 撰稿人：魏来、郑冠红，上海市建纬律师事务所。

② 一审：重庆市第一中级人民法院（2014）渝一中法民初字第00926号；二审：重庆市高级人民法院（2016）渝民终529号。

③ 对应《最高人民法院关于审理建设工程施工合同纠纷案件适用法律问题的解释（一）》第1条。

人）签订《××区人民医院整体搬迁建设项目一标段医疗综合楼工程施工合同》。该合同约定某力建设公司承包：××区人民医院整体搬迁建设项目医疗综合楼工程的施工设计图所示范围的全部工程内容以及发包人提供的答疑资料、澄清资料、其他补遗资料、技术交底等相关内容〔注：幕墙工程、室内外门窗、外墙装饰、栏杆、扶手、弱电工程（除消防报警外）、暖通工程、新风工程（除消防系统通风外）、配电室以内供电设备、施工设计图纸中某面布置图和建筑设计总说明以及工程做法表涉及二次装饰部位的装饰面层、室外综合管网、燃气直燃空调机组均不纳入本次承包范围〕；完成发包人指定的其他各项相关施工内容。

2013年1月15日，某力建设公司（发包人）与某特劳务公司（承包人）签订《劳务承包合同》。该合同第三条第三款工程范围及内容约定："1）招标文件及招标施工图所涉及水电、防雷及消防安装工程工作内容（暖通、弱电及精装修部分除外）。2）详细施工内容：提供分包劳务承包内容：（1）室内给、排水工程、雨水排放工程、防雷接地工程、普通供电照明工程、应急照明及疏散指示系统工程、消火栓系统工程、自动喷水灭火系统工程、火灾自动报警系统工程、气体灭火系统的预留预埋；①……⑤车库普通照明、应急照明及疏散指示系统：……⑧火灾自动报警系统工程：消防控制中心内报警联动主机出线端至各报警点线管、电线电缆敷设，金属桥架、控制箱、设备安装及调试等。……"第三条第五款工程数量及单价中5.3.2约定："室内给、排水工程、雨水排放工程、防雷接地工程、应急照明工程、消火栓系统工程、自动喷水灭火系统工程、火灾自动报警系统工程，管线器具设备安装、调试，相关支架制作加工、油漆防腐等工作；工程中与特殊工种（水、电、焊割、铁件制作、维修等）相关的现场零星工作；按包干价52元/平方米结算。室外污水管网、雨水管网、弱电管网、室外消火栓喷淋管网、设备安装以及甲方现场指定合同外的其他工程、变更及增加部分工程，按实际完成工程量套用重庆市2008年计价定额、费用定额及相关文件规定下浮20%计价（未计价材料费、设备费、按实计算费用、安全文明施工费及规费不下浮）。注：1. 由于非乙方原因一周之内停工超过36小时，甲方补助乙方工人每人每日50元生活费。2. 若乙方分包施工中不能达到本合同所约定的相关标准，甲方有权扣除包干单价中所含质量、工期（必须在约定工期完成合同规定全部内容）、安全、环保文明施工、材料节约的相应部分价款，按08定额相关定额套取后基价人工费的10%不再支付。”第三条第五款工程数量及单价中5.3.3约定：“本合同金额暂估：720万元（大写：柒佰贰拾万元整）。”该合同第九条第3.1.1约定：“甲方依据施工图纸负责本工程所需除电工胶带、锯工锯皮、封口胶、PVC胶水、广线、墨斗、粉笔、铁铆钉、砂轮片、钢丝、生料带、麻丝麻绳、焊条、焊锡等除辅材外及操作脚手架、操作平台（不含材料）、移动脚手架、人字梯外的限额用量提供，其中：超限额领用部分材料按市场价加收5%管理费用有偿提供。”该合同第十七条约定了工程无预付款，以及支付各进度款的节点、程序。该合同第十八条第二款约定：“任何一方无正当理由不得单方终止合同，除承担由此给对方造成的经济损失外，还应向对方支付合同总价3%的违约金。”由于该合同第三条第三款第二项第⑤目中只约定了车库的普通照明、应急照明及疏散指示系统，在第三条第3.2项中没有塔楼的普通照明、应急照明及疏散指示系统，某特劳务公司和某力建设公司双方对该部分是否合同约定的工程范围发生了争议；双方均认可塔楼的普通照明、应急照明及疏散指示系统是某特劳务公司做的。

2014年7月25日某力建设公司发出的《关于解除〈劳务承包合同〉的函》，2014年7月29日某特劳务公司收到。该函称，截至2014年7月23日，某力建设公司已向某特劳务公司支付工程款314万元，付款比例达到合同总金额44%，而某特劳务公司施工节点进度仅达35%左右，某力建设公司并无拖欠工程款的行为；依据双方合同约定，某特劳务公司在收到某力建设公司拨付的工程款后，应及时、足额发放工人工资，且不得将工程款挪作他用，一经发现，某力建设公司有权处以5万至10万元罚款，情节严重的，立即终止合同。2014年7月21日，某特劳务公司在无任何正当理由的情况下，悍然停止施工，并鼓动工人封锁施工现场，阻断公路限制交通，造成项目瘫痪和经济损失，××劳动局等相关行政主管部门已介入调查，某力建设公司决定立即解除双方于2013年1月15日签订的《劳务承包合同》，勒令某特劳务公司在2014年7月28日全部撤出施工现场，并与某力建设公司办理交接手续，逾期不撤场的，由此造成的全部经济损失及法律后果将由某特劳务公司承担，因某特劳务公司擅自停工及煽动工人阻碍施工等行为已给某力建设公司造成重大经济损失，某力建设公司将保留追究某特劳务公司相关法律责任的权利。

2014年7月30日，某特劳务公司向某力建设公司发出《对“关于解除〈劳务承包合同〉的函”的回复》。该回复中称，某特劳务公司自2012年12

月进场施工以来，某力建设公司一直存在对增加的工程量拒绝签证，并拒付、欠付工程款等违约行为；从今年春节后，不再支付某特劳务公司工程款，导致某特劳务公司一再垫资，损失越来越大；欠付工程款已达约500万元，某特劳务公司追讨拖欠的工程款诉求应得到维护，由此引起的现场施工人员讨要报酬后果应由某力建设公司承担；某力建设公司企图将低于成本价中标的数千万元损失转嫁给某特劳务公司及农民兄弟；某力建设公司函告解除劳务承包合同的理由不成立，某特劳务公司不同意解除；如某力建设公司执意违法解除，其应依法妥善处理善后事宜，尽快完善相关签证手续，支付欠付的工程款；在某力建设公司未妥善处理违法解约善后事宜，未履行完毕欠付工程款支付义务之前，某特劳务公司绝不撤离施工现场。2014年9月5日，某力建设公司项目部向某特劳务公司作出《关于立即搬出施工场地的函》。

某特劳务公司向一审法院提起诉讼，请求：1. 确认某力建设公司2014年7月29日解除劳务承包合同行为无效；2. 某力建设公司支付某特劳务公司已完成工程量的劳务费4550521.68元；3. 某力建设公司赔偿某特劳务公司损失817000元人民币（其中包含可得利益损失、停窝工损失、资金占用损失、违约金等）；4. ××区人民医院在未付的工程款内对某力建设公司上述支付义务承担连带责任；5. 本案诉讼费用全部由某力建设公司、××区人民医院承担。一审审理中，某特劳务公司撤回了第一项诉讼请求。

一审法院作出如下判决：一、某力建设公司于本判决生效之日起五日内向某特劳务公司支付工程款2245644.41元；二、某力建设公司于本判决生效之日起五日内向某特劳务公司支付资金占用损失，以1095192.50元为基数，按中国人民银行同期同类贷款利率（以不超过年息6%，每月不超过5450元为限）从2014年9月15日计算至2015年2月28日；三、驳回某特劳务公司的其他诉讼请求。

判决后，某特劳务公司不服，提出上诉。

二审法院判决：驳回上诉，维持原判。

各方观点

某特劳务公司观点：一审法院认定某特劳务公司与某力建设公司签订的《劳务承包合同》无效错误。某特劳务公司与某力建设公司签订的《劳务承包合同》有效，应当追究某力建设公司违约责任和赔偿责任。

某力建设公司观点：一审判决认定事实清楚，适用法律正确，某特劳务公司的上诉理由不能成立，请求驳回上诉，维持原判。

法院观点

一审法院观点：某特劳务公司与某力建设公司于2013年1月15日签订的《劳务承包合同》，系双方的真实意思表示。对于某特劳务公司起诉要求确认某力建设公司2014年7月29日解除《劳务承包合同》行为无效的诉讼请求，因某特劳务公司在审理中撤回了该项诉讼请求，一审法院予以准许。该撤诉行为意味着该《劳务承包合同》已于2014年7月29日实际终止了履行。

对于本案《劳务承包合同》效力的问题。根据《劳务承包合同》约定的工程范围及相关规定，消防工程不属于劳务公司进行劳务分包的资质范围，而属于专业承包企业有资质进行施工的范围，某特劳务公司与某力建设公司于2013年1月15日签订的《劳务承包合同》为无效合同。

二审法院观点：关于某特劳务公司与某力建设公司签订的《劳务承包合同》是否有效的问题。某特劳务公司与某力建设公司签订的《劳务承包合同》应为无效。主要事实和理由：1. 建〔2001〕82号标准中规定了六十类专业承包企业资质等级标准，包括“11 消防设施工程专业承包企业资质等级标准”，因此，消防设施工程属于专业承包工程，需要相应的资质才能施工。而十三类劳务分包企业资质标准，包括“1 木工作业分包企业资质等级标准、2 砌筑作业分包企业资质等级标准、3 抹灰作业分包企业资质等级标准、4 石制作分包企业资质等级标准、5 油漆作业分包企业资质等级标准、6 钢筋作业分包企业资质等级标准、7 混凝土作业分包企业资质等级标准、8 脚手架作业分包企业资质等级标准、9 模板作业分包企业资质等级标准、10 焊接作业分包企业资质等级标准、11 水暖电安装作业分包企业资质等级标准、12 钣金作业分包企业资质等级标准、13 架线作业分包企业资质等级标准”。其中只有木工作业、砌筑作业、抹灰作业等劳务作业内容，并无消防设施安装作业的内容。2. GB50300－2013《建筑工程施工质量验收统一标准》附录B建筑工程的分部工程、分项工程划分中，“5 建筑给水排水及供暖”中的室内给水系统包括了室内消火栓系统安装、消防喷淋系统安装，“5 建筑给水排水及供暖”中的室外给水管网包括了室外消火栓系统安装，“6 通风与空调”中包括了防排烟系统；“7 建筑电气”中包括了电气照明、备用和不间断电源、防雷及接地，备用和不间断电源中包括了应急电源装置安装；“8 智能建筑”中包括了火灾自动报警系统、防雷与接地。但该规定只能说明消火栓系统安装、消防喷淋系统安装属于建筑工程验收分部分项工程中的建筑给水排水及供暖中的项目，不能说明劳务资质中的水暖电安装作业包括了消防设施安装作业，因此消防工程不属于劳务公司劳务分包的资质范围，而属于专业承包企业进行施工的范围。3.《最高人民法院关于审理建设工程施工合同纠纷案件适用法律问题的解释》（法释〔2004〕14 号）第 1 条规定：“建设工程施工合同具有下列情形之一的，应当根据合同法第五十二条第（五）项的规定，认定无效：（一）承包人未取得建筑施工企业资质或者超越资质等级的；……”① 因此，某特劳务公司没有相应承接消防设施安装工程的资质，某特劳务公司与某力建设公司于 2013 年 1 月 15 日签订的《劳务承包合同》为无效合同。某特劳务公司提出某力建设公司具有消防设施安装资质，某特劳务公司只是承接了消防设施安装工程中的劳务分包，其与某力建设公司签订的《劳务承包合同》应为有效，某力建设公司应当承担违约责任的上诉理由不能成立。

关联案例 1

案件名称：某海公司与某祥公司建设工程施工合同纠纷上诉案

审理法院：一审：云南省昆明市中级人民法院（2010）昆民一初字第 67 号；二审：云南省高级人民法院（2011）云高民一终字第 125 号

裁判观点：承包人承包工程应当具备相应的资质。承包人未取得建筑施工企业资质或者超越资质等级的建设工程施工合同无效。没有资质的实际施工人借用有资质的建筑施工企业名义的，所签署的建设工程施工合同无效。本案中，双方在明知施工单位没有相应资质的情况下仍然签订了施工协议，其行为违反了法律规定，应认定合同无效。

---

① 对应《最高人民法院关于审理建设工程施工合同纠纷案件适用法律问题的解释（一）》（法释〔2020〕25 号）第 1 条。

关联案例2

案件名称：璀某公司与长某有限公司建设工程施工合同纠纷案

审理法院：一审：徐州市中级人民法院（2014）徐民初字第00208号；二审：江苏省高级人民法院（2015）苏民终字第00322号

裁判观点：由于璀某公司为脚手架专业分包二级资质，属于超越资质等级施工案涉工程，故双方签订的钢管架子承包合同系无效合同。因案涉工程已经完工并交付使用，依据《最高人民法院关于审理建设工程施工合同纠纷案件适用法律问题的解释》（法释〔2004〕14号）（已失效）第2条①规定，双方仍可参照合同约定进行工程价款结算。

关联案例3

案件名称：代某、刘某建设工程分包合同纠纷上诉案

审理法院：一审：德阳市中级人民法院（2013）德民一初字第4号；二审：四川省高级人民法院（2017）川民终863号

裁判观点：2012年1月14日，代某等5人签订《合作协议》约定：案涉劳务工程，由代某等5人合伙挂靠某安公司施工。代某等5人之间是合伙关系。2012年2月13日，某阳分公司与某安公司签订的《劳务分包合同》约定：某阳分公司将其承建的案涉劳务工程分包给某安公司，工程范围为除建设所需主要材料外的劳务工程。根据《最高人民法院关于审理建设工程施工合同纠纷案件适用法律问题的解释》（法释〔2004〕14号）第1条“建设工程施工合同具有下列情形之一的，应当根据合同法第五十二条第（五）项的规定，认定无效：……（二）没有资质的实际施工人借用有资质的建筑施工企业名义的”的规定②，代某等5人借用某安公司的资质与某阳分公司签订的《劳务分包合同》应为无效。但案涉工程经竣工验收合格，某安公司作为案涉第三人，对代某等5人已实施案涉劳务工程无异议，故代某等5人为案涉劳务工程的实际施工人。根据上述司法解释第26条第1款“实际施工人以转包人、违法分包人为被告起诉的，人民法院应当依法受理”、第2款“实际施工人以发包人为被告主张权利的，人民法院可以追加转包人或者违法分包人为本案当事人。发包人只在欠付工程价款范围内对实际施工人承担责任”的规定③，代某等5人有权向某达公

---

① 对应《民法典》第793条。

② 对应《最高人民法院关于审理建设工程施工合同纠纷案件适用法律问题的解释（一）》（法释〔2020〕25号）第1条。

③ 对应《最高人民法院关于审理建设工程施工合同纠纷案件适用法律问题的解释（一）》（法释〔2020〕25号）第43条。

司主张相应权利。代某等5人请求参照合同约定支付工程款的理由成立，予以支持。某阳分公司主张代某等5人为合伙关系，无权向其主张权利，与上述建工司法解释的规定相悖，不予支持。

关联案例4

案件名称：姚某某诉周某某等建设工程施工合同纠纷案

审理法院：一审：上海市第一中级人民法院（2010）沪一中民二（民）初字第2号；二审：上海市高级人民法院（2012）沪高民一（民）终字第15号；再审：上海市高级人民法院（2013）沪高民一（民）申字第754号

裁判观点：法院认为，由某元公司总承包系争工程，因某元公司具有施工资质，故某飞公司与某元公司签订的建设工程施工合同、补充合同、补充协议等依法有效。某元公司并未实际施工，而是将其总承包的系争工程转包给姚某某施工，因姚某某无施工资质，故某元公司与姚某某签订的项目承包合同应属无效。姚某某之后将其承包的系争工程肢解分包，一部分自行施工，其余部分给周某某及案外人孟某施工。因姚某某、周某某等均系个人，并无施工资质，故姚某某与周某某签订的建设工程项目管理协议书、补充约定亦属无效。

律师点评

2020年住房和城乡建设部《关于印发建设工程企业资质管理制度改革方案的通知》（建市〔2020〕94号）“将施工劳务企业资质改为专业作业资质，由审批制改为备案制”，即“劳务资质”已更名为“专业作业资质”。但无论是在理论还是在实务中，“劳务资质”一词已被社会大众习惯使用。为方便读者理解，本章节依然沿用“劳务资质”。本案的主要争议焦点之一是《劳务承包合同》是否有效的问题。下面笔者将主要针对这一案件的焦点问题展开分析和点评：

一、劳务分包的概念及我国关于劳务分包资质的法律规范

由最高人民法院民一庭编著的《建设工程施工合同司法解释的理解和适用》[①]（以下简称《理解和适用》）对劳务分包概念的解释是：“劳务分包是指施工总承包企业或者专业承包企业即劳务作业发包人将其承包工程中的劳务

① 最高人民法院民事审判第一庭：《最高人民法院建设工程施工合同司法解释的理解与适用》，人民法院出版社2004年版，第73页。

作业发包给具有相应资质的劳务承包企业即劳务作业承包人完成的活动。”“劳务分包”最先出现在规范性文件层面的规定是建设部87号令《建筑业企业资质管理规定》（2001年颁布），目前该规定已废止，被住房和城乡建设部令第22号《建筑业企业资质管理规定》（2015年颁布，2018年修改，以下简称《资质规定》）代替。《资质规定》第5条规定：“建筑业企业资质分为施工总承包资质、专业承包资质、施工劳务资质三个序列。施工总承包资质、专业承包资质按照工程性质和技术特点分别划分为若干资质类别，各资质类别按照规定的条件划分为若干资质等级。施工劳务资质不分类别与等级。”《建设部关于建立和完善劳务分包制度发展建筑劳务企业的意见》（建市〔2005〕131号，已失效）再次明确“所有企业进行劳务分包，必须使用有相应资质的劳务企业”。可见，我国对劳务企业资质的规范，最早从2001年开始，并且明确劳务分包，必须具备相应资质。同时，随着政府“放管服”的推行，2020年住房和城乡建设部《关于印发建设工程企业资质管理制度改革方案的通知》（建市〔2020〕94号）“将施工劳务企业资质改为专业作业资质，由审批制改为备案制”，故目前“劳务资质”已经更名为“专业作业资质”，且资质也由审批变更为备案。本书为方便论述，仍沿用老的劳务资质称谓。

二、法院对合同效力问题的法律适用规定

笔者仅基于现行法律法规的规定，从劳务分包的概念着手，对不具备劳务资质签订劳务分包合同效力进行分析：

1. 根据《资质规定》，建筑业企业资质分为施工总承包资质、专业承包资质、施工劳务资质三个序列，取得施工劳务资质的企业可以承接具有施工总承包资质或专业承包资质的企业分包的劳务作业。

2. 根据《房屋建筑和市政基础设施工程施工分包管理办法》第5条规定，本办法所称劳务作业分包，是指施工总承包企业或者专业承包企业将其承包工程中的劳务作业发包给劳务分包企业完成的活动。

3.《关于建立和完善劳务分包制度发展建筑劳务企业的意见》（建市〔2005〕131号）明确规定所有建筑企业必须使用有相应资质的劳务分包企业完成劳务作业。

根据以上相关规定，可归纳出劳务分包就是总承包企业或专业承包企业按照法律规定，由具有相应施工劳务资质企业进行劳务作业的行为。严格来讲，不具备劳务资质的企业与施工总承包单位或专业承包单位签订的劳务分

包合同，即违反了《建筑法》第26条第1款“承包建筑工程的单位应当持有依法取得的资质证书，并在其资质等级许可的业务范围内承揽工程”以及《民法典》第791条第3款“禁止承包人将工程分包给不具备相应资质条件的单位”的强制性规定，按照《最高人民法院关于审理建设工程施工合同纠纷案件适用法律问题的解释（一）》（法释〔2020〕25号）第1条第1款第1项规定，此类劳务分包合同应属无效，这种观点目前属于司法实践中的主流观点。

但是，从上述对劳务分包概念的梳理可见，截至目前还没有法律或者行政法规层级的文件对劳务分包作出明确定义或者在具体条文中进行体现，劳务分包虽然在上述规范性文件中与专业分包并列表述为建筑工程分包，但劳务分包与专业分包的区别是显而易见的，从二者所涵盖的内容上来讲，纯粹的劳务作业分包行为是将简单劳动从复杂劳动中剥离出来单独进行承包的活动，劳务作业承包人仅仅是完成建设工程中的劳务部分，其原则上只包括人工，至多仅仅包括中小机械和辅材，除此之外的材料和施工机械均由劳务作业发包人提供，技术和管理也是劳务作业发包人负责。而专业分包，是指具备相应资质的专业工程承包人组织人员、材料、机械，运用自己的技术、经验及管理措施独立完成工程建设任务的活动。因此，目前存在一种观点认为劳务分包本质上不属于工程分包，与《建筑法》《民法典》《建设工程质量管理条例》中的“工程分包”不是同一概念，工程分包应当仅指专业工程分包，因此，劳务分包合同的效力不应被纳入到法律法规专门针对“工程分包”合同效力的条款中进行评判。实践中，也存在此类观点的案例支持，例如××区建筑总公司与某景公司劳务分包合同纠纷案①，法院判决认为“因《最高人民法院关于审理建设工程施工合同纠纷案件适用法律问题的解释》第1条‘建设工程施工合同具有下列情形之一的，应当根据合同法第五十二条第（五）项的规定，认定无效：（一）承包人未取得建筑施工企业资质或者超越资质等级的；……’② 规定的是建设工程施工需要具备的建筑施工企业资质对合同效力的影响，而相关法律、法规和司法解释并未就劳务分包企业资质对

---

① 一审：南充市顺庆区人民法院（2015）顺庆民初字第1001号；二审：四川省南充市中级人民法院（2015）南中法民终字第1441号；再审：四川省高级人民法院（2016）川民申735号。

② 对应《最高人民法院关于审理建设工程施工合同纠纷案件适用法律问题的解释（一）》（法释〔2020〕25号）第1条。

签订劳务分包合同效力的影响作出规定，故本案中某景公司未提供其劳务资质证书并不影响《建筑工程劳务承包合同》的效力”。特别是2020年住房和城乡建设部《关于印发建设工程企业资质管理制度改革方案的通知》（建市〔2020〕94号）“将施工劳务企业资质改为专业作业资质，由审批制改为备案制”。在将施工劳务企业资质改为专业作业资质的同时，市场主体资质办理流程也完全区分于总承包资质、专业承包资质了，由审批制改为备案制，给予了市场主体更大的自主权。

三、建设工程施工合同被认定无效的后果以及对各方当事人的影响

1.《民法典》第157条规定：“民事法律行为无效、被撤销或者确定不发生效力后，行为人因该行为取得的财产，应当予以返还；不能返还或者没有必要返还的，应当折价补偿。有过错的一方应当赔偿对方由此所受到的损失；各方都有过错的，应当各自承担相应的责任。法律另有规定的，依照其规定。”故，对于合同无效优先适用返还财产，只有在不能返还或者没有必要返还的，才折价补偿。建设工程施工合同的履行，承包人提供的服务，包括材料、人力、设备等已经物化在工程上，故只能使用折价补偿。

案件裁判当时所适用的司法解释规定“无效合同参照有效合同约定支付工程价款”，在实践中引发了一定的争议，该规定已经被废止。目前关于合同无效的后果应该适用《民法典》第793条的规定：“建设工程施工合同无效，但是建设工程经验收合格的，可以参照合同关于工程价款的约定折价补偿承包人。建设工程施工合同无效，且建设工程经验收不合格的，按照以下情形处理：（一）修复后的建设工程经验收合格的，发包人可以请求承包人承担修复费用；（二）修复后的建设工程经验收不合格的，承包人无权请求参照合同关于工程价款的约定折价补偿。发包人对因建设工程不合格造成的损失有过错的，应当承担相应的责任。”

参照合同关于工程价款的约定折价补偿承包人意味着不但要参照无效合同约定的价款，而且要参照无效合同约定的工程款计价方式、无效合同约定的工程款结算支付方式等进行结算工程款。在建设工程验收合格的前提下，司法实践中适用“无效合同参照有效合同约定支付工程价款”是比较彻底和全面的，这种“参照”既包括了合同价款的参照，也包括了结算方式的参照，甚至包括了双方约定适用默示条款的结算规则的参照。也就是说，无效合同中如果约定了按固定价方式结算的，或按工程量清单方式结算的，或按定额结算的，将都有可能得到法院的支持。

2. 合同无效，工程款利息作为工程欠款的法定孳息，一样可以主张。在合同有效提前下，应当按照《最高人民法院关于审理建设工程施工合同纠纷案件适用法律问题的解释（一）》（法释〔2020〕25号）第26条规定的原则处理，即当事人对欠付工程价款利息计付标准有约定的，按照约定处理。没有约定的，按照同期同类贷款利率或者同期贷款市场报价利率计息。

3. 合同无效，包括违约金在内的有关违约责任无法主张。本案中，某特劳务公司认为根据《劳务承包合同》第18条第2款“任何一方无正当理由不得单方终止合同，除承担由此给对方造成的经济损失外，还应向对方支付合同总价3%的违约金”。某特劳务公司根据合同约定的暂定价720万元计算的违约金。因一审法院认定《劳务承包合同》无效，某特劳务公司在合同无效的情形下，放弃了违约金的诉讼请求。因此，二审法院对违约金不予主张。从法理上讲，合同无效自然有关违约责任也将无从主张，这意味着，对发包人来说，有关工期违约、质量违约等的违约责任无法主张，对承包人来说，有关延期支付工程款等的违约责任也无法主张。但是在合同无效情形下，有过错的一方应当赔偿对方由此所受到的损失；各方都有过错的，应当各自承担相应的责任，此时对于损失的举证责任明显更重。

2.3 法院如何认定转包、违法分包行为及其相应的法律后果①

——某铁十二局、青某铁路公司建设工程施工合同纠纷案②

关 键 词： 违法分包　非法转包　合同无效　法律后果

问题提出： 对于工程实践中形形色色的转包、违法分包行为，司法机关及行政执法机关有何种具体、明确的认定标准？

关联问题： 转包、违法分包行为被认定后，会面临什么样的法律后果？当事人应承担何种法律责任？

① 撰稿人：俞斌，上海市建纬律师事务所。

② 一审：西藏自治区高级人民法院（2018）藏民初5号；二审：最高人民法院（2019）最高法民终274号。

裁判要旨： 虽然《建设工程施工合同》违反了法律、行政法规关于禁止违法转包、肢解分包的规定，当属无效，但根据《最高人民法院关于审理建设工程施工合同纠纷案件适用法律问题的解释》第2条关于“建设工程施工合同无效，但建设工程经竣工验收合格，承包人请求参照合同约定支付工程价款的，应予支持”之规定①，实际施工人有权请求支付工程款。

案情简介

上诉人（原审被告）：某铁十二局

上诉人（原审被告）：青某铁路公司

被上诉人（原审原告）：某龙公司

2013年10月30日，经西藏自治区建设工程交易中心招标，确定某铁十二局为青某铁路公司新建拉萨职工保障性住房工程的中标人，建设规模87253.56平方米，中标价为272272577.6元。后，青某铁路公司与某铁十二局于2014年（月份空白）签订《建设工程施工合同》，约定青某铁路公司将该公司拉萨地区保障性住房一期工程发包给某铁十二局，总建筑面积约87277.16平方米，合同价为272272577.6元，工期为2014年6月1日至2016年5月31日。

2014年6月5日，某铁十二局作为发包人与某龙公司签订《建设工程施工合同》，将上述中标工程的部分内容转包给某龙公司。该合同第一条：工程概况。工程名称：青某铁路公司新建拉萨地区职工保障性住房一期工程，工程地点：拉萨市××新区，工程内容：青某铁路公司新建拉萨地区职工保障性住房一期工程的地下室、2号楼、3号楼工程量清单测算范围及施工图图纸所包含的全部内容（含甲控部分）、施工图审查纪要确定的青某铁路公司拉萨地区一期保障性住房地下室、2号楼、3号楼工程内容（含主体工程、装饰装修工程、安装工程）及与地下室、2号楼、3号楼施工相关的工程项目等，总建筑面积约44842.805平方米。第二条：工程承包范围。青某铁路公司新建

① 对应《民法典》第793条。

拉萨地区职工保障性住房一期工程的地下室、2号楼、3号楼的施工图图纸所包含的全部内容（含甲控部分）、施工图审查纪要确定的青某铁路公司拉萨地区一期保障性住房地下室、2号楼、3号楼工程内容（含主体工程、装饰装修工程、安装工程及与本工程相关的措施项目、安全生产、税金、文明施工等）及与地下室、2号楼、3号楼施工相关项目等，总建筑面积约44842.805平方米。第三条：合同工期。开工日期2014年6月1日，竣工日期2016年5月31日，合同工期总日历天数730日。第四条：质量标准。一次性验收合格标准。第五条：合同价款，128636288.8元；合同价格形式，固定总价。该条还约定，合同总价包含人工、材料、机械及承包方管理费、利润、税金等与合同施工相关的所有费用。另外，发包方在对承包方进行首次工程进度款支付时扣除本合同总金额的2%作为本合同履行的奖罚基金。如果承包方完全按照图纸及合同内容施工，未出现任何质量事故，做到安全文明施工，遵守施工现场相关管理规定，这部分款项在最终结算时支付承包方。若承包方达不到以上约定发包方不予支付。

某龙公司向一审法院起诉请求：1. 依法确认某龙公司与某铁十二局签订的《建设工程施工合同》无效。2. 依法判决某铁十二局支付某龙公司工程尾款32827726.16元。3. 依法判决某铁十二局延期支付工程尾款应当承担延期支付占用资金的利息，自2016年2月1日至付清本息时为止；现已产生利息3417503.08元（2016年2月1日至2018年3月31日）。4. 依法判决青某铁路公司就案涉工程项目在欠付工程价款范围内对某龙公司承担支付工程尾款的补充连带责任。5. 依法判决某铁十二局承担本案诉讼费用。

某铁十二局于2018年4月5日提出反诉，请求：1. 某龙公司依法返还某铁十二局多支付的工程款430万元；2. 某龙公司承担本案发生的所有诉讼费用。后，某铁十二局于2018年7月30日向一审法院提出撤回反诉申请。一审法院准许某铁十二局撤回反诉。一审法院判决：一、某龙公司与某铁十二局于2014年6月5日签订的《建设工程施工合同》无效；二、某铁十二局应于一审判决生效之日起三十日内向某龙公司支付尚欠工程款24673602.28元及利息（以24673602.28元为基数，按中国人民银行拉萨中心支行发布的同期同类贷款利率自2016年2月1日起计算至付清该款项之日止）；三、青某铁路公司在欠付某铁十二局工程价款范围内对某龙公司承担责任；四、驳回某龙公司的其他诉讼请求。

某铁十二局和青某铁路公司均不服一审判决，提出上诉。

二审法院判决：一、维持西藏自治区高级人民法院（2018）藏民初5号民事判决第一项、第三项、第四项，即某龙公司与某铁十二局于2014年6月5日签订的《建设工程施工合同》无效、青某铁路公司在欠付某铁十二局工程价款范围内对某龙公司承担责任、驳回某龙公司的其他诉讼请求；二、变更西藏自治区高级人民法院（2018）藏民初5号民事判决第二项为某铁十二局应于本判决生效之日起三十日内向某龙公司支付尚欠工程款17536487.38元及利息（其中11104642.94元工程款的利息自2016年2月1日起计算至付清该款项之日止，6431844.44元质量保修金的利息自2018年1月1日起计算至付清该款项之日止，利率按照中国人民银行拉萨中心支行发布的同期同类贷款利率计算）。如未按本判决指定的期间履行给付金钱义务，应当依照《民事诉讼法》第253条之规定，加倍支付迟延履行期间的债务利息。

各方观点

某铁十二局观点：某龙公司非实际施工人，而是将其承包的全部工程转包给案外人完成，一审判决适用《最高人民法院关于审理建设工程施工合同纠纷案件适用法律问题的解释》（法释〔2004〕14号）第26条规定[①]有误。

某龙公司观点：某龙公司与某铁十二局之间存在事实上的建设工程施工合同关系，某龙公司以实际施工人身份主张权利有理有据，具有诉讼主体资格。

法院观点

一审法院观点：一、关于案涉《建设工程施工合同》的效力问题。本案三方当事人均主张合同无效。根据《建设工程质量管理条例》第78条规定，本条例所称转包，是指承包单位承包建设工程后，不履行合同约定的责任和义务，将其承包的全部建设工程转给他人或者将其承包的全部建设工程肢解以后以分包的名义分别转给其他单位承包的行为。故转包的表现形式主要有两种：一是将全部工程转包；二是将全部工程肢解以后以分包的名义转包。

---

① 对应《最高人民法院关于审理建设工程施工合同纠纷案件适用法律问题的解释（一）》（法释〔2020〕25号）第43条。

一审法院认为，通过在卷证据显示及庭审调查，均能证实：某铁十二局中标青某铁路公司工程后，将工程肢解后部分转包给某龙公司；某龙公司在承包到案涉工程后，将2号楼、部分地下室工程分包给案外人陈某光、谯某修施工，双方签订有《工程分包协议》；将案涉3号楼、会所以劳务分包形式转包给陈某林、伍某松施工，双方签订有《劳务合同》。《合同法》第272条第2款规定："承包人不得将其承包的全部建设工程转包给第三人或者将其承包的全部建设工程肢解以后以分包的名义分别转包给第三人。"① 《最高人民法院关于审理建设工程施工合同纠纷案件适用法律问题的解释》（法释〔2004〕14号）第4条规定："承包人非法转包、违法分包建设工程或者没有资质的实际施工人借用有资质的建筑施工企业名义与他人签订建设工程施工合同的行为无效。人民法院可以根据民法通则第一百三十四条规定，收缴当事人已经取得的非法所得。"② 一审法院认为，某铁十二局作为承包人，将承包到的工程非法转包给某龙公司，某龙公司亦存在非法转包或肢解分包行为，违反了前述法律、行政法规的强制性规定，亦违反了前述司法解释第4条之规定，故案涉某铁十二局与某龙公司于2014年6月5日签订的《建设工程施工合同》应为无效合同，一审法院对某龙公司主张合同无效的诉请予以支持，某铁十二局与青某铁路公司关于案涉合同无效的理由成立。

二、关于某龙公司作为原告是否适格问题。某铁十二局认为，某龙公司并非实际施工人，其从某铁十二局承包案涉工程后，并非自己组织人员、机械施工，而是将案涉工程肢解以后全部转包、分包给第三人施工，从中收取"管理费"而已，并未实际参与工程施工建设，因而其并不具备主张工程款的原告主体资格。对此，一审法院认为，《最高人民法院关于审理建设工程施工合同纠纷案件适用法律问题的解释》（法释〔2004〕14号）第26条规定："实际施工人以转包人、违法分包人为被告起诉的，人民法院应当依法受理。实际施工人以发包人为被告主张权利的，人民法院可以追加转包人或者违法分包人为本案当事人。发包人只在欠付工程价款范围内对实际施工人承担责

① 对应《民法典》第791条。

② 对应《最高人民法院关于审理建设工程施工合同纠纷案件适用法律问题的解释（一）》（法释〔2020〕25号）第1条。

任。”[①] 该规定是针对保护实际施工人利益的特殊规定。一审法院认为，某龙公司与某铁十二局签订案涉《建设工程施工合同》，某龙公司为承包人，其系该合同的相对人，且在案涉合同履行过程中，某铁十二局拨付工程款亦是转入某龙公司账户内。故从合同相对性角度，一审法院认定某龙公司具有原告主体资格，某铁十二局及青某铁路公司关于某龙公司不具原告起诉资格的理由不能成立。

二审法院观点：案涉青某铁路公司新建拉萨地区职工保障性住房一期工程的发包人为青某铁路公司。某铁十二局中标该工程后，将工程肢解并部分转包给某龙公司，双方于2014年6月5日签订了《建设工程施工合同》。该合同履行中，某龙公司将2号楼、部分地下室工程分包给案外人陈某光、谯某修施工，双方于2014年6月18日签订了《工程分包协议》；将3号楼、会所工程以劳务分包形式转包给案外人陈某林、伍某松施工，双方于2015年5月18日签订了《劳务合同》。案涉工程于2015年12月竣工验收，质量合格，并于2016年实际交付。法院认为，建设工程的实际施工人指的是转包和违法分包的承包人，不限于个人，还包括法人及非法人组织。某龙公司系2014年6月5日《建设工程施工合同》中的承包人，组织实施了案涉2号楼、3号楼、会所及部分地下室工程的施工，所涉工程款亦由某铁十二局转入某龙公司账户内，应认定某龙公司为本案实际施工人。尽管青某铁路公司、某铁十二局、某龙公司三方均主张2014年6月5日《建设工程施工合同》违反了法律、行政法规关于禁止违法转包、肢解分包的规定，当属无效，并获得了一审法院的支持，但根据《最高人民法院关于审理建设工程施工合同纠纷案件适用法律问题的解释》（法释〔2004〕14号）第2条关于“建设工程施工合同无效，但建设工程经竣工验收合格，承包人请求参照合同约定支付工程价款的，应予支持”之规定[②]，某龙公司有权请求支付工程款。某铁十二局、青某铁路公司关于某龙公司非案涉工程实际施工人，故不具备本案原告主体资格，亦无权依据《最高人民法院关于审理建设工程施工合同纠纷案件适用法律问题

---

① 对应《最高人民法院关于审理建设工程施工合同纠纷案件适用法律问题的解释（一）》（法释〔2020〕25号）第43条。

② 对应《民法典》第793条。

的解释》（法释〔2004〕14号）第26条规定[①]请求青某铁路公司在欠付工程价款范围内承担责任的上诉请求，没有事实和法律依据，法院不予支持。

关联案例1

案件名称：某源公司与某环公司等建设工程施工合同纠纷再审案

审理法院：一审：重庆市第一中级人民法院（2013）渝一中法民初字第00429号；二审：重庆市高级人民法院（2016）渝民终194号；再审：最高人民法院（2017）最高法民申4383号

裁判观点：《最高人民法院关于审理建设工程施工合同纠纷案件适用法律问题的解释》（法释〔2004〕14号）第4条规定："承包人非法转包、违法分包建设工程或者没有资质的实际施工人借用有资质的建筑施工企业名义与他人签订建设施工合同的行为无效。人民法院可以根据民法通则第一百三十四条规定，收缴当事人已经取得的非法所得。"[②] 建设工程施工合同被确认无效后，已履行的合同内容无法直接返还，应折价补偿。建设工程经竣工验收合格，实际施工人可参照合同约定主张工程款；发包人实际参与了管理，亦可参照合同约定主张管理费。

关联案例2

案件名称：某兴公司与某华公司建设工程施工合同纠纷上诉案

审理法院：一审：山东省高级人民法院（2015）鲁民一初字第45号；二审：最高人民法院（2018）最高法民终556号

裁判观点：建设工程施工合同因违法分包行为导致无效，发包人应承担折价补偿责任，其计算基础仍然是承包人付出的人力、材料和管理成本等，属于建设工程价款优先受偿权的保护范围。赋予承包人工程价款优先受偿权，符合《合同法》第286条"发包人未按照约定支付价款的，承包人可以催告发包人在合理期限内支付价款。发包人逾期不支付的，除按照建设工程的性质不宜折价、拍卖的以外，承包人可以与发包人协议将该工程折价，也可以申请人民法院将该工程依法拍卖。建设工程的价款就该工程折价或者拍卖的价款优先受偿"[③] 规定的立法目的。

---

① 对应《最高人民法院关于审理建设工程施工合同纠纷案件适用法律问题的解释（一）》（法释〔2020〕25号）第43条。

② 对应《最高人民法院关于审理建设工程施工合同纠纷案件适用法律问题的解释（一）》（法释〔2020〕25号）第1条。

③ 对应《民法典》第807条。

律师点评

本案例是一个比较典型的违法分包工程导致合同无效的案例。审理法院归纳的争议焦点比较准确，对同类型案件而言，有一定的借鉴意义。在本案中，青某铁路公司通过签订《建设工程施工合同》的方式，擅自将其承包的工程非法转包给某龙公司，审理法院依据我国法律的相关规定，认定该《建设工程施工合同》属于无效合同，并就合同无效后相关责任主体所应承担的责任进行裁判。实践中，违法分包、转包是工程施工过程中常见的违规行为，而两者存在相通之处，其实质都在于，承包人把本应该由自己干的活，违规交由其他人来完成；不同之处在于违法分包是把部分工程移交，而转包则是把全部工程一起移交。通过对本案例的梳理和分析，笔者将根据司法实践情况，从以下几个方面对本案的法律问题进行评析：

一、违法分包、转包的产生根源及相应的法律规定

符合法律规定的工程分包，有利于集中优势资源，提升施工效率，因此法律允许分包行为的存在，建筑工程总承包单位可以将承包工程中的部分工程发包给具有相应资质条件的分包单位。但是分包行为需要依法进行，若建筑工程承包人违反法律的规定或合同的约定，未经建设单位认可，擅自将部分工程违规进行分包给实际施工人则就属于“违法分包”。在建设工程实践中，违法分包的行为并非个案，在整个建设市场中，转包、违法分包的行为比较常见。笔者尝试分析其形成的原因，以便从源头上进行规范和整治。通过相关案件可以发现，造成违法分包、转包现象频发的主要原因可以归纳为以下几个方面：

1. 利益链的存在，让违法分包人、转包人与实际施工人之间达成“默契”。承包人可以通过违法分包、转包获取高回报的管理费及配合费，同时还可以确保营业规模、业绩的增长，以便在资质审核中获得通过。而实际施工人可以获得施工机会，并且通过降低成本等方式获得企业利润，所以违法分包、转包的次数越多，工程质量就越难以得到保证。

2. 在资质管理制度体系之下，拥有较高施工资质的企业获得工程的机会也比较大，但承揽工程数量与垫资能力、实际管理能力不一定能够达到同步增长。在建筑市场上往往会出现有能力接活的人，没精力干活；有精力干活的人，没能力接活的情况。因此，转包、违法分包的行为很容易被采纳以应对该市场特点。

3. 不合理的承包价让层层转包、分包行为有了生存的空间。目前，不少承包人在工程报价时存在报价虚高的现象，也有不少承包人通过低价中标、多签证的方式提高最终的结算价。因此承包价格存在较多未知因素，导致工程价格往往存在很大的涨幅空间。这给层层转包、分包带来较大的可操作性。

法律规定的违法分包主要的表现有：（1）总承包单位将建设工程分包给不具备相应资质条件的单位的；（2）建设工程总承包合同中未有约定，又未经建设单位认可，承包单位将其承包的部分建设工程交由其他单位完成的；（3）施工总承包单位将建设工程主体结构的施工分包给其他单位的；（4）分包单位将其承包的建设工程再分包的。而对于转包的定义，在《建设工程质量管理条例》第78条第3款也有明确规定，即所谓转包“是指承包单位承包建设工程后，不履行合同约定的责任和义务，将其承包的全部建设工程转给他人或者将其承包的全部建设工程肢解以后以分包的名义分别转给其他单位承包的行为”。即总承包人将其承包的建设工程倒手转让给第三方，由第三方负责完成其承包工程的行为。

二、违法分包、转包行为的认定标准

为了规范建筑工程施工承发包活动，保证工程质量和施工安全，有效遏制违法发包、转包、违法分包及挂靠等违法行为，维护建筑市场秩序和建设工程主要参与方的合法权益，中华人民共和国住房和城乡建设部于2019年1月3日颁布实施了《建筑工程施工发包与承包违法行为认定查处管理办法》，其中关于违法分包、转包的相关规定值得重视。

根据该办法第5条的规定，“本办法所称违法发包，是指建设单位将工程发包给个人或不具有相应资质的单位、肢解发包、违反法定程序发包及其他违反法律法规规定发包的行为”。第6条中列举构成违法分包的情形包括：（一）建设单位将工程发包给个人的；（二）建设单位将工程发包给不具有相应资质的单位的；（三）依法应当招标未招标或未按照法定招标程序发包的；（四）建设单位设置不合理的招标投标条件，限制、排斥潜在投标人或者投标人的；（五）建设单位将一个单位工程的施工分解成若干部分发包给不同的施工总承包或专业承包单位的。

根据该办法第7条、第8条的规定“本办法所称转包，是指承包单位承包工程后，不履行合同约定的责任和义务，将其承包的全部工程或者将其承包的全部工程肢解后以分包的名义分别转给其他单位或个人施工的行为”。“存在下列情形之一的，应当认定为转包，但有证据证明属于挂靠或者其他违法行为的除外：（一）承包单位将其承包的全部工程转给其他单位（包括母公司承接建筑工程后将所承接工程交由具有独立法人资格的子公司施工的情形）或个人施工的；（二）承包单位将其承包的全部工程肢解以后，以分包的名义分别转给其他单位或个人施工的；（三）施工总承包单位或专业承包单位未派驻项目负责人、技术负责人、质量管理负责人、安全管理负责人等主要管理人员，或派驻的项目负责人、技术负责人、质量管理负责人、安全管理负责人中一人及以上与施工单位没有订立劳动合同且没有建立劳动工资和社会养老保险关系，或派驻的项目负责人未对该工程的施工活动进行组织管理，又不能进行合理解释并提供相应证明的；（四）合同约定由承包单位负责采购的主要建筑材料、构配件及工程设备或租赁的施工机械设备，由其他单位或个人采购、租赁，或施工单位不能提供有关采购、租赁合同及发票等证明，又不能进行合理解释并提供相应证明的；（五）专业作业承包人承包的范围是承包单位承包的全部工程，专业作业承包人计取的是除上缴给承包单位‘管理费’之外的全部工程价款的；（六）承包单位通过采取合作、联营、个人承包等形式或名义，直接或变相将其承包的全部工程转给其他单位或个人施工的；（七）专业工程的发包单位不是该工程的施工总承包或专业承包单位的，但建设单位依约作为发包单位的除外；（八）专业作业的发包单位不是该工程承包单位的；（九）施工合同主体之间没有工程款收付关系，或者承包单位收到款项后又将款项转拨给其他单位和个人，又不能进行合理解释并提供材料证明的。两个以上的单位组成联合体承包工程，在联合体分工协议中约定或者在项目实际实施过程中，联合体一方不进行施工也未对施工活动进行组织管理的，并且向联合体其他方收取管理费或者其他类似费用的，视为联合体一方将承包的工程转包给联合体其他方。”

三、违法分包、转包行为的法律后果

违法分包、转包均属于违法行为，而在建设工程中不仅仅是施工单位禁止违法分包、转包，连勘察、设计同样是被明令禁止的。考虑到工程分包后，实际施工人和管理人之间存在分离，若层层分包转包，则势必不利于管理单位对于工程质量、工期的把控，容易造成市场的混乱。同时实际施工人要想在层层盘剥下获取利润，也不得不通过降低成本，简化工序来弥补，如此容

易导致工程质量存在巨大的安全隐患。另外，由于违法分包、转包行为的普遍性，在出现违法分包及转包的情况，如何根据法理合理处理各方当事人的责任，是立法者比较关注的问题。所以我国法律出于合法性、合理性、公平性等因素的考虑，分别对违法分包、转包从民事层面、行政处罚层面、刑事责任层面对其进行规范。

（一）民事责任

首先，行为无效。根据《最高人民法院关于审理建设工程施工合同纠纷案件适用法律问题的解释（一）》（法释〔2020〕25 号）第 1 条第 2 款之规定："承包人因转包、违法分包建设工程与他人签订的建设工程施工合同，应当依据民法典第一百五十三条第一款及第七百九十一条第二款、第三款的规定，认定无效。"据此，转包、违法分包属于无效民事行为。所谓民事行为无效，属于法定的当然无效的情况，即无需权利的主张，也无需裁定程序，其行为本身就是无效，并且也不存在效力补正的情况。而且该无效行为自始至终属于无效，不存在行为成立后判定效力的问题。但需要说明的是：本条款所指的无效的行为仅仅指转包、违法分包的行为，并不妨碍建设单位与承包人之间的建设工程施工合同之效力。所以，本案的一审、二审法院均认定某龙公司与青某铁路公司《建设工程施工合同》属于无效合同，但是并不因此当然认为青某铁路公司与某铁十二局协商签订《建设工程施工合同》也一并作无效处理。

其次，关于当事人因履行无效合同所遭受损失的责任分担。鉴于行为无效，则所签订的转包合同、违法分包合同也属于无效合同。对于无效合同的处理，法院之前会参照《最高人民法院关于审理建设工程施工合同纠纷案件适用法律问题的解释》（法释〔2004〕14 号）（已失效）第 2 条、第 3 条之规定。《民法典》实施后，司法部门应当依据《民法典》第 793 条规定进行裁判：即建设工程施工合同无效，但是建设工程经验收合格的，可以参照合同关于工程价款的约定折价补偿承包人。建设工程施工合同无效，且建设工程经验收不合格的，按照以下情形处理：（一）修复后的建设工程经验收合格的，发包人可以请求承包人承担修复费用；（二）修复后的建设工程经验收不合格的，承包人无权请求参照合同关于工程价款的约定折价补偿。发包人对因建设工程不合格造成的损失有过错的，应当承担相应的责任。《民法典》第 157 条规定："民事法律行为无效、被撤销或者确定不发生效力后，行为人因该行为取得的财产，应当予以返还；不能返还或者没有必要返还的，应当折价补偿。有过错的一方应当赔偿对方由此所受到的损失；各方都有过错的，应当各自承担相应的责任。法律另有规定的，依照其规定。”据此，在转包合同或违法分包合同的履行中，发生损失的应该由转包、违法分包人与实际施工人根据过错责任来承担。

最后，关于实际施工人（某龙公司）、承包人（青某铁路公司）、发包人（某铁十二局）之间的法律关系和相应权利义务。第一方面，转包或违法分包导致发包人和实际施工人之间并不一定存在书面合同。但事实上实际施工人履行了施工义务，并且发包人系获取建筑物的最终受益人，因此，发包人和实际施工人之间尽管不存在建设工程施工合同关系，但仍有实际上的利害关系。据此，《最高人民法院关于审理建设工程施工合同纠纷案件适用法律问题的解释（一）》（法释〔2020〕25号）第43条规定了，实际施工人以转包人、违法分包人为被告起诉的，人民法院应当依法受理。实际施工人以发包人为被告主张权利的，人民法院应当追加转包人或者违法分包人为本案第三人，在查明发包人欠付转包人或者违法分包人建设工程价款的数额后，判决发包人在欠付建设工程价款范围内对实际施工人承担责任。发包人只在欠付工程价款范围内对实际施工人承担责任。司法解释的以上规定既指明了实际施工人主张权利的途径，同时明确了建设单位只是在欠付工程款的范围内负责。第二方面，在转包、违法分包行为中，发包人具有法定解除其与承包人之间的施工合同的权利。依据的是《民法典》第806条之规定，承包人将建设工程转包、违法分包的，发包人可以解除合同。在建设工程施工合同解除后，已经完成的建设工程质量合格的，发包人应当参照约定支付相应的工程价款；已经完成的建设工程质量不合格的，应该适用民法典第793条规定来处理。修复后的建设工程经验收合格的，发包人可以请求承包人承担修复费用；修复后的建设工程经验收不合格的，承包人无权请求参照合同关于工程价款的约定折价补偿。所以，工程存在质量问题，且无法完全修复的，发包人可以减少或拒付工程款，这种情况下，发包人既可以向承包人提出抗辩，也可以向实际施工人抗辩。另外，承包人在转包、违法分包后，若工程存在质量问题，依照《建筑法》第67条的规定，造成损失的，则其需要与接收转包或者接收违法分包的单位承担连带赔偿责任。因此，工程的质量问题仍需要由承包人以及实际施工人共同来负责。所以，工程存在质量问题而造成损失的，发包人既可以向承包人主张，也可以向实际施工人主张。

（二）行政责任

鉴于转包、违法分包的行为，扰乱了建筑市场的秩序，影响市场的监督，使建设工程隐藏着极大的质量安全隐患。对此，加大政府的处罚力度，通过有形的手进行调整，对于规范分包市场具有比较直接的效果。在转包、违法分包中，承包人往往扮演十分重要的角色，对此立法者主要是从规范承包人的角度制定法律。在《建筑法》中明确规定："承包单位将承包的工程转包的，或者违反本法规定进行分包的，责令改正，没收违法所得，并处罚款，可以责令停业整顿，降低资质等级；情节严重的，吊销资质证书。"在《建设工程质量管理条例》第62条第1款中也规定："违反本条例规定，承包单位将承包的工程转包或者违法分包的，责令改正，没收违法所得，对勘察、设计单位处合同约定的勘察费、设计费25%以上50%以下的罚款；对施工单位处工程合同价款0.5%以上1%以下的罚款；可以责令停业整顿，降低资质等级；情节严重的，吊销资质证书。"

《建筑工程施工发包与承包违法行为认定查处管理办法》第15条规定："县级以上人民政府住房和城乡建设主管部门对本行政区域内发现的违法发包、转包、违法分包及挂靠等违法行为，应当依法进行调查，按照本办法进行认定，并依法予以行政处罚。（一）对建设单位存在本办法第五条规定的违法发包情形的处罚：1. 依据本办法第六条（一）、（二）项规定认定的，依据《中华人民共和国建筑法》第六十五条、《建设工程质量管理条例》第五十四条规定进行处罚；2. 依据本办法第六条（三）项规定认定的，依据《中华人民共和国招标投标法》第四十九条、《中华人民共和国招标投标法实施条例》第六十四条规定进行处罚；3. 依据本办法第六条（四）项规定认定的，依据《中华人民共和国招标投标法》第五十一条、《中华人民共和国招标投标法实施条例》第六十三条规定进行处罚。4. 依据本办法第六条（五）项规定认定的，依据《中华人民共和国建筑法》第六十五条、《建设工程质量管理条例》第五十五条规定进行处罚。5. 建设单位违法发包，拒不整改或者整改后仍达不到要求的，视为没有依法确定施工企业，将其违法行为记入诚信档案，实行联合惩戒。对全部或部分使用国有资金的项目，同时将建设单位违法发包的行为告知其上级主管部门及纪检监察部门，并建议对建设单位直接负责的主管人员和其他直接责任人员给予相应的行政处分。（二）对认定有转包、违法分包违法行为的施工单位，依据《中华人民共和国建筑法》第六十七条、《建设工程质量管理条例》第六十二条规定进行处罚。（三）对认定有挂靠行为的施工单位或个人，依据《中华人民共和国招标投标法》第五十四条、《中华人民共和国建筑法》第六十五条和《建设工程质量管理条例》第六十条规定进行处罚。（四）对认定有转让、出借资质证书或者以其他方式允许他人以本单位的名义承揽工程的施工单位，依据《中华人民共和国建筑法》第六十六条、《建设工程质量管理条例》第六十一条规定进行处罚。（五）对建设单位、施工单位给予单位罚款处罚的，依据《建设工程质量管理条例》第七十三条、《中华人民共和国招标投标法》第四十九条、《中华人民共和国招标投标法实施条例》第六十四条规定，对单位直接负责的主管人员和其他直接责任人员进行处罚。（六）对认定有转包、违法分包、挂靠、转让出借资质证书或者以其他方式允许他人以本单位的名义承揽工程等违法行为的施工单位，可依法限制其参加工程投标活动、承揽新的工程项目，并对其企业资质是否满足资质标准条件进行核查，对达不到资质标准要求的限期整改，整改后仍达不到要求的，资质审批机关撤回其资质证书。对2年内发生2次及以上转包、违法分包、挂靠、转让出借资质证书或者以其他方式允许他人以本单位的名义承揽工程的施工单位，应当依法按照情节严重情形给予处罚。（七）因违法发包、转包、违法分包、挂靠等违法行为导致发生质量安全事故的，应当依法按照情节严重情形给予处罚。”

（三）刑事责任

若建设单位、设计单位、施工单位、工程监理单位违反国家规定，降低工程质量标准，造成重大安全事故的，则根据《刑法》第137条之规定，可以对直接责任人员处五年以下有期徒刑或者拘役，并处罚金；后果特别严重的，处五年以上十年以下有期徒刑，并处罚金。

2.4 法院如何认定在未办理国有土地使用权证、建设用地规划许可证、建设工程规划许可证的情况下签订的施工合同的效力[①]

——中某××局某公司、乌某铁路公司建设工程合同纠纷[②]

关 键 词： 合同无效　效力性规范　管理性规范

问题提出： 未办理国有土地使用权证、建设用地规划许可证、建设工程规划许可证的情况下签订的施工合同是否有效？这种情况下签订施工合同的行为究竟属于违反效力性法律规范的行为，还是属于违反管理性法律规范的行为？

裁判要旨： 发包人与承包人签订未取得土地使用权证、未取得建筑工程规划许可证、未办理报建手续的建设工程施工合同，且庭审中，乌某铁路公司亦不能确认其具备申请相关许可证的条件，不存在能够办理手续而未办理的情形，即在审理期间又未补办手续的，属违反法律、行政法规的效力性强制性规定，所签订的施工合同属无效合同。

案情简介

上诉人（一审原告）：中某××局某公司

被上诉人（一审被告）：乌某铁路公司

被上诉人（一审被告）：华某工程公司

一审被告：某宁船舶公司

一审被告：乌某文化公司

2012年11月12日，招标人乌某铁路公司筹备组、代建人华某工程公司向中某××局某公司发出中标通知书，确定中某××局某公司为新建乌某铁路（乌兰浩特至音德尔段先期试验段工程）隧道、预制梁场工程中标单位，

---

① 撰稿人：俞斌、郑冠红，上海市建纬律师事务所。

② 一审：内蒙古自治区高级人民法院（2018）内民初73号；二审：最高人民法院（2019）最高法民终1799号。

投标总价约366311995元，工期850日历天，中标单位接到本通知后15日内到北京市西城区与乌某铁路公司签订施工总价承包合同，此前按招标文件第二章投标人须知第7.3.1款规定提交履约担保。2012年11月27日，甲方乌某铁路公司筹备组、代建管理单位华某工程公司与乙方中某××局某公司签订《施工合同书》，包含施工合同协议书、工程保修协议书、合同通用条款三部分，主要内容如下：将新建乌某铁路（乌兰浩特至音德尔段先期试验段工程）隧道、预制梁场工程承包给中某××局某公司进行施工。4. 合同单价确定：按实际施工设计图纸计算工程量，单价按铁道部现行最新概预算编制办法编制的概预算下浮8.6%确定，同时在工程量清单后单独增加3%项目建设管理费、千分之二第三方审图费，工程一切险及第三者责任险（含税金），由乙方扣税代为支付。5. 合同总价约366311995元，具体金额以最终结算价为准。7. 乙方承诺按合同约定承担工程的实施、完成及缺陷修复。乙方还应完成发包人指定的合同范围以外的工程项目，按以上第四条予以计算、计量、支付。8. 甲方承诺按合同约定的条件、时间和方式向承包人支付合同价款。工程结算款甲方有可能使用银行承兑汇票给乙方支付，汇票贴现费用由甲方承担（注：不超出50%，不承担，超出50%由发包人支付，承兑汇票期限不超过3个月）。13. 履约保证金的金额为工程量清单汇总表中的第二章（路基）、第三章（桥涵）、第四章（隧道及明洞）、第十章（大型临时设施和过渡工程）合计金额的10%，在合同签订（5日内）提交现金担保5%，银行保函5%，即合同生效。如投标单位未按业主合同要求履行，合同自动失效。现保在工程完成50%时，逐步返还乙方，工程完成到80%时返还全部剩余现保款额。乙方需要对材料进行备料时，甲方另行支付乙方相应预付款。14. 工程预付款：按一个季度工程量的10%支付。施工单位应按实上报季度形象进度，并应在当季度内完成。未完成当季度计划工程量，按未完成部分罚款20%，如下季度补完上季度工程量足额返还。15. 工程计量及工程款支付：（1）开工后第一月不计工程量，第二月合并计量，每月25日为计量结算日，次月10日前支付工程款；（2）季度预付款分两个季度，第三个季度以后没有预付款，到第三季度扣第一个季度预付款。（3）有大型专用设备，甲方可返还乙方现金保证金作为设备前期预付款。16. 材料调差：按乌兰浩特当地材料信息价格与概预算的材料价格计算，在次季度第一个月结算时据实调整上季度材料价差。17. 人工费调并按铁道部文件铁建设〔2010〕223号文及相关规定执行。如在施工期间铁道部有新文件，则按最新文件及相关规定执行（从暂定金拨付，不足部分由发包人另外补偿）。18. 工程暂定金为1500万元，经业主批准方可运用，可供工程量清单以外的计日工工资等项目使用（不足部分由发包人另外补偿）。20. 项目代建方管理为工程造价的3%，列入清单（含税金且税金留予乙方，本合同第十一条、第二十条、第二十一条同等），在拨款时按实际金额扣除。25. 质保金按工程实际造价10%支付工程进度款时扣除，在工程竣工返款5%，剩余5%在工程验收或运营任意一项满一年合格后返还。26. 在履行合同工程中，由于承包人的原因造成工期延误的，除按照铁道部现行铁路建设项目激励约束考核机制相关规定处理外，还应支付逾期竣工违约金，每逾期一天支付合同价款的千分之零点一，累计额不超过合同价格的10%，由于发包人原因造成工期延误的，除应给承包人延长相应的工期外还应对造成承包人的人工、设备及管理费的增加进行补偿。工程保修协议书约定质量保修期自工程正式竣工验收合格之日起计算。合同通用条款第22.2条在履行合同过程中发生的下列情形，属发包人、代建人违约：（1）发包人、代建人未能按合同约定支付预付款或合同价款，或拖延、拒绝批准付款申请和支付凭证，导致付款延误的；（2）发包人、代建人原因造成停工的；（3）监理人无正当理由没有在约定期限内发出复工指示，导致承包人无法复工的；（4）发包人、代建人无法继续履行或明确表示不履行或实际上已停止履行合同的；（5）发包人、代建人不履行合同约定其他义务的。

乌某铁路公司于2013年4月25日成立，股东为某宁船舶公司、华某工程公司、乌某文化公司。中某××局某公司称案涉工程除立项审批外，没有任何审批手续，乌某铁路公司称审批手续齐全，于庭审后七日内提交，但至一审判决作出前未向法庭提交。经法庭询问，乌某铁路公司没有提交已付工程款的证据。

中某××局某公司向一审法院起诉请求：1. 解除《施工合同书》。2. 四被告共同返还中某××局某公司投标保证金500万元，并支付逾期利息1831308.22元（自2012年11月27日至2018年6月30日，共2041天，按中国人民银行同期贷款基准年利率6.55%计算，具体计算至实际支付止）。3. 四被告共同返还中某××局某公司履约保证金1000万元。4. 四被告连带支付工程欠款66867015.26元、逾期利息4764274.83元（自2017年1月1日至2018年6月30日，按中国人民银行同期贷款基准年利率4.75%计算，具体计算至实际支付之日止）。5. 四被告连带赔偿中某××局某公司实际损失21474818元（暂计至2018年6月30日，具体计算至实际支付之日止）；以上合计109937416.31元。6. 四被告共同承担诉讼费用。一审判决：一、乌某铁路公司、华某工程公司于判决生效后十日内给付中某××局某公司投标保证金500万元及利息，利息以500万元为基数，自2012年12月2日起按中国人民银行同期存款利率计算至付清之日止；二、乌某铁路公司、华某工程公司于判决生效后十日内返还中某××局某公司履约保证金1000万元；三、乌某铁路公司、华某工程公司于判决生效后十日内给付中某××局某公司工程款26248672.26元及利息，利息以26248672.26元为基数，自2019年2月13日起按中国人民银行同期贷款利率计算至付清之日止；四、乌某铁路公司、华某工程公司于判决生效后十日内返还中某××局某公司质量保证金15256551元；五、乌某铁路公司、华某工程公司于判决生效后十日内赔偿中某××局某公司损失788960元；六、驳回中某××局某公司的其他诉讼请求。

二审判决：驳回上诉，维持原判。

各方观点

中某××局某公司观点：一审法院判定《施工合同书》无效，对上诉人解除《施工合同书》的请求不予支持，系适用法律错误。1. 一审中中某××局某公司未请求确认施工合同无效，乌某铁路公司称其施工审批手续齐全。2. 案涉项目已由兴某盟政府和内蒙古自治区发改委批准，而乌某铁路公司怠于办理建设用地手续、建设工程规划许可证，符合《最高人民法院关于审理建设工程施工合同纠纷案件适用法律问题的解释（二）》（法释〔2018〕20号）第2条第2款规定的“发包人能够办理手续而未办理”情形。[①] 3. 一审法院认定合同无效，不仅削弱了中某××局某公司保障合法权益的法律和事实依据，也对案涉项目造成风险和障碍，由此合同衍生出来的租地施工、地标复耕等法律关系及附随义务难以认定某宁船舶公司、乌某文化公司承担连带清偿责任，明显不当。某宁船舶公司、乌某文化公司作为乌某铁路公司股东，认缴的4000万元和1.4亿元尚未实缴。根据《最高人民法院关于适用

---

① 对应《最高人民法院关于审理建设工程施工合同纠纷案件适用法律问题的解释（一）》（法释〔2020〕25号）第3条。

〈中华人民共和国公司法〉若干问题的规定（二）》第22条第2款规定，两公司应在未缴出资范围内对乌某铁路公司债务承担连带清偿责任。

乌某铁路公司、华某工程公司观点：乌某铁路公司至一审起诉前未取得建设工程规划许可证、建设工程施工许可证等规划审批手续，亦不存在能够办理审批手续而未办理情形，一审认定合同无效适用法律正确。

乌某文化公司的意见与乌某铁路公司、华某工程公司的答辩意见一致。

法院观点

一审法院观点：2012年11月27日，乌某铁路公司筹备组与中某××局某公司签订《施工合同书》，该协议约定的工程项目未取得建设用地规划许可证、建设工程规划许可证，依据《合同法》第52条[①]及《最高人民法院关于审理建设工程施工合同纠纷案件适用法律问题的解释（二）》（法释〔2018〕20号）第2条[②]规定，《施工合同书》因违反法律强制性规定而无效。中某××局某公司请求解除《施工合同书》没有法律依据，依法不予支持。《合同法》第58条规定："合同无效或者被撤销后，因该合同取得的财产，应当予以返还；不能返还或者没有必要返还的，应当折价补偿。"[③] 华某工程公司于2012年11月9日收取中某××局某公司1000万元保证金，乌某铁路公司、华某工程公司未提出中某××局某公司存在违约或过错的抗辩，该1000万元保证金应予返还。乌某铁路公司扣留质量保证金15256551元，工程于2016年11月20日停工至今已超过两年，因《施工合同书》无效，双方无继续履行可能，乌某铁路公司、华某工程公司也未提出工程质量抗辩，故中某××局某公司请求乌某铁路公司、华某工程公司给付质量保证金15256551元，予以支持。发包人返还工程质量保证金后，不影响承包人根据法律规定履行工程保修义务。

二审法院观点：《合同法》（已失效）第52条第5项规定，违反法律、行政法规的强制性规定的，合同无效。[④]《城乡规划法》第40条第1款规定，在

---

① 对应《民法典》第153条。

② 对应《最高人民法院关于审理建设工程施工合同纠纷案件适用法律问题的解释（一）》（法释〔2020〕25号）第3条。

③ 对应《民法典》第157条。

④ 对应《民法典》第153条。

城市、镇规划区内进行建筑物、构筑物、道路、管线和其他工程建设的，建设单位或者个人应当向城市、县人民政府城乡规划主管部门或者省、自治区、直辖市人民政府确定的镇人民政府申请办理建设工程规划许可证。案涉项目虽已得到内蒙古自治区发展和改革委员会作出的内发改铁路字〔2015〕650号内蒙古自治区发展和改革委员会关于乌兰浩特至扎赉特旗音德尔铁路项目核准的批复，但截至一审起诉前，案涉项目尚未取得建设用地规划许可证、建设工程规划许可证，庭审中，乌某铁路公司亦不能确认其具备申请相关许可证的条件，不存在能够办理手续而未办理的情形，故一审判决依据《合同法》第52条[①]及《最高人民法院关于审理建设工程施工合同纠纷案件适用法律问题的解释（二）》（法释〔2018〕20号）第2条[②]规定，认定《施工合同书》因违反法律强制性规定而无效，并无不当。《合同法》第56条[③]规定，无效的合同或者被撤销的合同自始没有法律约束力，中某××局某公司请求解除《施工合同书》没有法律依据，一审法院对解除合同的请求不予支持并无不当。《最高人民法院关于审理建设工程施工合同纠纷案件适用法律问题的解释》（法释〔2004〕14号）第2条规定，“建设工程施工合同无效，但建设工程经竣工验收合格，承包人请求参照合同约定支付工程价款的，应予支持”[④]，合同无效不必然影响承包人参照相关合同条款请求支付并承担保修责任等，同时根据合同的相对性原则，另行成立的租地施工等合同的效力不受案涉《施工合同书》的影响，故中某××局某公司关于合同无效严重削弱其合法权益并影响该协议衍生出来的租地施工、地表复耕、工程保修等地表复耕附随义务存在的上诉理由，不能成立。

---

① 对应《民法典》第153条。

② 对应《最高人民法院关于审理建设工程施工合同纠纷案件适用法律问题的解释（一）》（法释〔2020〕25号）第3条。

③ 对应《民法典》第155条。

④ 对应《民法典》第793条。

关联案例

案件名称： 某信公司与某政公司建设工程施工合同纠纷案

审理法院： 一审：枣庄市山亭区人民法院（2019）鲁0406民初2054号

裁判观点： 法院认为，某政公司与某信公司签订的《合作协议书》及《补充协议书》从内容上看实质是对案涉工程权利义务的约定，实为建设工程施工合同。在合同签订及履行过程中，该项目未取得建设用地规划许可证和建设工程规划许可证，违反了《城乡规划法》第38条、第40条的规定，故，某政公司与某信公司签订的《合作协议书》及《补充协议书》无效。合同无效后，因该合同取得的财产，应当予以返还，不能返还或者没有必要返还的应当折价补偿。有过错的一方应当赔偿对方因此所受到的损失，双方都有过错的应当各自承担相应的责任。某政公司未取得项目具备施工条件的手续，应承担主要过错责任。某信公司没有建筑施工资质，在明知项目未取得建设用地规划许可证和建设工程规划许可证的情况下，将案涉工程承包给某海公司，应承担一定的过错责任。

律师点评

本案的焦点问题是在缺少建设用地审批手续未取得国有土地使用权、建设用地规划许可证或建设工程规划许可证的情况下，签订的建设工程施工合同是否无效？关于这一问题，由于我国现行法律直接性的规范很少，相关争议很大，存在较大法院自由裁判的空间，导致对于这个问题，各地法院判决结果也不尽相同，有些判决甚至截然相反。分析原因，主要是法院对法条的解读不一致。关于合同无效的规定，原《合同法》第52条①规定了五种合同无效的情形分别为：（一）一方以欺诈、胁迫的手段订立合同，损害国家利益；（二）恶意串通，损害国家、集体或者第三人利益；（三）以合法形式掩盖非法目的；（四）损害社会公共利益；（五）违反法律、行政法规的强制性规定。而上述两案件，各案的审理法院主要针对法条中第五项②，即是否“违反法律、行政法规的强制性规定”而做出了不同的理解，导致判决结果的截然不同。

---

① 对应《民法典》第144条、第146条第1款、第153条、第154条。

② 对应《民法典》第153条第1款规定，违反法律、行政法规的强制性规定的民事法律行为无效。但是，该强制性规定不导致该民事法律行为无效的除外。

本书所援引案例的生效判决对未办理国有土地使用权证、建设用地规划许可证及建设工程规划许可证前提下签订施工合同，擅自施工的行为，属于违反法律法规的禁止性规定的行为，双方均未提出异议，双方争议的是合同是否有效。对此，司法实践中认为所违反的法律大致可以整理归纳如下：

1. 根据《土地管理法》第83条之规定："依照本法规定，责令限期拆除在非法占用的土地上新建的建筑物和其他设施的，建设单位或者个人必须立即停止施工，自行拆除；对继续施工的，作出处罚决定的机关有权制止。建设单位或者个人对责令限期拆除的行政处罚决定不服的，可以在接到责令限期拆除决定之日起十五日内，向人民法院起诉；期满不起诉又不自行拆除的，由作出处罚决定的机关依法申请人民法院强制执行，费用由违法者承担。"

2. 违反了《城乡规划法》第37条之规定："在城市、镇规划区内以划拨方式提供国有土地使用权的建设项目，经有关部门批准、核准、备案后，建设单位应当向城市、县人民政府城乡规划主管部门提出建设用地规划许可申请，由城市、县人民政府城乡规划主管部门依据控制性详细规划核定建设用地的位置、面积、允许建设的范围，核发建设用地规划许可证。建设单位在取得建设用地规划许可证后，方可向县级以上地方人民政府土地主管部门申请用地，经县级以上人民政府审批后，由土地主管部门划拨土地。"

3. 违反了《城乡规划法》第39条之规定："规划条件未纳入国有土地使用权出让合同的，该国有土地使用权出让合同无效；对未取得建设用地规划许可证的建设单位批准用地的，由县级以上人民政府撤销有关批准文件；占用土地的，应当及时退回；给当事人造成损失的，应当依法给予赔偿。"

4. 违反了《城乡规划法》第40条第1款、第2款之规定："在城市、镇规划区内进行建筑物、构筑物、道路、管线和其他工程建设的，建设单位或者个人应当向城市、县人民政府城乡规划主管部门或者省、自治区、直辖市人民政府确定的镇人民政府申请办理建设工程规划许可证。申请办理建设工程规划许可证，应当提交使用土地的有关证明文件、建设工程设计方案等材料。需要建设单位编制修建性详细规划的建设项目，还应当提交修建性详细规划。对符合控制性详细规划和规划条件的，由城市、县人民政府城乡规划主管部门或者省、自治区、直辖市人民政府确定的镇人民政府核发建设工程规划许可证。"

由此可以看出，关于建设工程施工需要具备国有土地使用权证、完备的建设工程土地规划手续及建设工程规划许可证，对此我国法律作了明确规定。但是至于在未办理相关手续的情况下，签订的施工合同是否必然无效，则法律没有作出直接的规定。

违反法律法规的规定，是否必然导致合同无效，需要参照的是《民法典》第153条第1款规定，违反法律、行政法规的强制性规定的民事法律行为无效。但是，该强制性规定不导致该民事法律行为无效的除外。只有在违反法律、行政法规的强制性规定，或者可能存在损害他人合法权益或违背公序良俗的民事法律行为，法律才会对合同的效力予以否认。然而，目前对于“强制性规定”的定义，不仅法律法规没有明确，在理论认识上至今仍未达成共识，司法实践中亦存在分歧。也正因如此，本书所援引案例的不同审理法院会出现截然不同的观点。

通常认为，可以将强制性规定区分为效力性强制性规定和管理性强制性规定这两类。《民法典》第153条第1款有关“违反法律、行政法规的强制性规定的民事法律行为无效”的规定，系在原《合同法》第52条第5项的基础上，吸收了原《最高人民法院关于适用〈中华人民共和国合同法〉若干问题的解释（二）》第14条的规定，将导致合同无效的法律形式的范围限定在法律和行政法规中的强制性规定，但没有采纳效力性强制性规定的概念。法律法规的强制性规定中，哪些部分可能导致合同无效，仍然法无明确标准。

浙江省高级人民法院认为①：审判实务中应当将法律、行政法规的效力性强制性规定、行政管理性强制性规定区分开来，只有违反效力性规定的建设工程合同方为无效。在衡量是否适用《合同法》第52条第5项②因“违反法律、行政法规的强制性规定”导致合同无效的情形时，凡其本旨是涉及建筑工程质量的，应当理解为效力性强制性规定，当事人一旦违反，就会产生合同无效的后果。如原《合同法》《建筑法》及相关司法解释关于施工人资质的问题，就是主要关于确保建筑工程质量的规定，无资质承揽工程、挂靠、非法转分包的，都无效。法律法规对建筑市场的准入作了严格的限制，维护市场的规范和竞争秩序，也是保障建筑业健康发展和确保工程质量的基本前

---

① 《浙江高院召开新闻发布会公布审理建设工程施工合同纠纷案件若干疑难问题的解答》，载浙江法院网，http://www.zjsfgkw.cn/art/2012/4/6/art_24_1281.html，最后访问时间：2022年3月17日。

② 对应《民法典》第153条第1款规定，违反法律、行政法规的强制性规定的民事法律行为无效。但是，该强制性规定不导致该民事法律行为无效的除外。

提，违反建筑市场正常秩序的行为，也应当确认无效，如建筑市场的招投标秩序，是该市场自由公平竞争的典型秩序，如果违反，应招标而未招标，以低于最低价中标，或者存在“黑白合同”的问题，也应当确认合同无效。

河南省高级人民法院在六某机电安装公司与太某药业公司建设工程施工合同纠纷上诉案中进一步认为，在《城乡规划法》等法律并没有规定不办理相关手续将导致当事人的合同无效，不属于违反效力性强制性的规定，最多是行政处罚，与民事上合同的效力无关。但是，对于以上观点笔者不敢苟同，主要理由包括：

首先，是否属于效力性强制性的规定，不应该仅仅以是否以法律、行政法规对效力有无明文规定作为唯一判定依据。法律不可能实时反映社会当下的变化，这就造成了法律的滞后性。立法者可能受到认知能力的限制，在立法时会存在前瞻性不足的情况，不能将制定的每条法律均适用于当前或将来的所有情形。法律本身就是通过发现问题后，再以法律法规的制定来约束人们的行为。因此，若机械地认为，法律后果上没有明确规定违反无效就不属于效力性强制性规定，显然存在一定的不合理性。

其次，对于没有依法获取国有土地使用权证、建设用地规划许可证、建设工程规划许可证的情况下就签订施工合同的行为，属于干扰国家对建设工程的调控和监督，存在较大的法律风险及安全隐患，应该被归纳到违背公序良俗的民事法律行为的范畴内。第一，获取合法的土地使用权证是尊重国家或集体对土地的使用和处分的权力的体现。我国实行土地的社会主义公有制，即全民所有制和劳动群众集体所有制，国家实行土地用途管制制度，国家编制土地利用总体规划，规定土地用途。任何单位和个人不得侵占、买卖或者以其他形式非法占有土地。因此，在没有获取合法土地使用权的情况下签订的施工合同，直接损害的是国家对土地的规划和使用。第二，建设用地规划许可证是办理土地使用权属证明的前提，《城市国有土地使用权出让转让规划管理办法》第13条第2款规定：“凡未取得或擅自变更建设用地规划许可证而办理土地使用权属证明的，土地权属证明无效。”此处法律明确规定，在没有办理建设用地规划许可证的情况下，是无法获取土地权属证明的，即便取得也是无效行为。若土地使用权属证明无效，则参看第一点所述，由此签订的施工合同侵害了国家的利益，违背了公序良俗，属于无效合同。第三，建设工程规划许可证是由城市规划行政主管部门依法核发的确认建设工程符合城市规划要求的法律凭证，是建设活动中接受监督检查时的法定依据。没有此证的建设单位，其工程建筑是违章建筑，不能领取房地产权属证件，若建设工程的标的属于非法的，即便合同在形式上合法，但其最终建成的是非法建筑，因此也应该属于合同无效的范围内。此外，未取得建设工程规划许可证擅自进行开发建设，会影响城市规划布局，这就直接影响到国家利益和社会公共利益，违背公序良俗。

综上，笔者认为：国有土地使用权证、建设用地规划许可证、建设工程规划许可证均体现的是政府对建设工程的调控和监管。任何一个建设工程均关系到所在地的城市规划，其安全性又关系到不特定群众的生命财产安全。因此建设工程涉及的不仅仅是建设单位和施工单位等合同当事方的利益，同时牵动的是社会公共利益甚至是国家利益。

此前已经有多地的高级人民法院认定在未取得土地使用权证、建设用地规划许可证或建设工程规划许可证的情况下，签订的施工合同无效。如，《北京市高级人民法院关于审理建设工程施工合同纠纷案件若干疑难问题的解答》（京高法发〔2012〕245 号）第 1 条规定："发包人就尚未取得建设用地规划许可证、建设工程规划许可证等行政审批手续的工程，与承包人签订的建设工程施工合同无效。但在一审法庭辩论终结前发包人取得相应审批手续或者经主管部门批准建设的，应当认定合同有效。发包人未取得建筑工程施工许可证的，不影响施工合同的效力。"此外，江苏省高级人民法院、安徽省高级人民法院也持相似态度。由此可见，不少高级人民法院均认为：建设用地规划许可证、建设工程规划许可证的取得属于效力性强制性规定。而在 2018 年出台的《最高人民法院关于审理建设工程施工合同纠纷案件适用法律问题的解释（二）》（法释〔2018〕20 号）（已失效）第 2 条第 1 款正式明确"当事人以发包人未取得建设工程规划许可证等规划审批手续为由，请求确认建设工程施工合同无效的，人民法院应予支持，但发包人在起诉前取得建设工程规划许可证等规划审批手续的除外"。此规定被《最高人民法院关于审理建设工程施工合同纠纷案件适用法律问题的解释（一）》（法释〔2020〕25 号）所沿袭。规划审批手续的取得是否属于效力性强制性规定，是否会影响合同效力等一系列法律问题，似乎不再有争议。但需要说明的是，建筑工程施工许可证的取得应该属于管理性强制性规定，对于"建筑工程施工许可证"的取得，虽《建筑法》第 7 条明确规定建设单位应当取得施工许可证方能施工，但目前主流观点均认为其属于管理性强制性规范，未取得建筑工程施工许可证并不当然导致民事合同的无效。

2.5 法院如何认定与中标施工合同有实质性变更的补充协议的效力①

——某通二建、置业公司建设工程施工合同纠纷案②

关 键 词： 中标合同　实质性变更　情势变更

问题提出： 在招投标过程中，当事人同时签订了与中标合同有实质性变更的补充协议，法院如何认定该补充协议的效力？

关联问题： 在施工过程中，因材料、人工等价格出现了超越当事人合理预期范围的市场波动，若继续按照中标合同履行则必然导致显失公平的结果，当事人是否可以对中标合同的实质性条款进行变更？在这种情况下签订的补充协议是否有效？

裁判要旨： 案涉《总包补充协议》与中标的《建设工程施工合同》相比，工程款支付方式由预付款加进度付款改为承包人全垫资施工。而款项支付方式系工程价款的重要内容，因此，应认定《总包补充协议》构成对中标合同的实质性变更，根据《招标投标法》第46条的规定，该协议无效，对双方当事人不具有法律约束力。

案情简介

上诉人（一审原告）：某通二建

被上诉人（一审被告）：置业公司

被上诉人（一审被告）：某源公司

被上诉人（一审被告）：某拓公司

---

① 撰稿人：俞斌，上海市建纬律师事务所。

② 一审：天津市高级人民法院（2018）津民初126号；二审：最高人民法院（2019）最高法民终1093号。

置业公司是××中心大厦工程的建设单位。经招、投标程序，某通二建以135505850元的标价中标该工程。2015年4月15日，双方签订《建设工程施工合同》，约定：工期为2015年4月1日至2016年9月30日，总计549天；工程质量达到国家施工验收规范合格标准；合同价款采用固定价格合同方式，为135505850元，同时约定了合同价款中包括的风险范围及风险范围以外合同价款调整方法等。关于工程款支付方式，约定：合同签署后，开工前15日内预付中标价格的10%作为工程预付款；施工中，每月按已完工程量的70%进行付款，工程量全部完成且竣工验收合格后，支付至合同价的80%；工程竣工结算、竣工资料归档、审计工作完成后，按天津市有关文件规定，拨付工程结算总造价95%的工程款，扣留5%作为维修款；保修期满30日内支付5%的维修款。关于违约责任，约定：发包人如违约每延期一天支付预付款或者工程款，按照合同总价的万分之三向承包人支付违约金；由于承包人的原因造成工期延长，每延迟一天，承包人按照合同总价的万分之三支付违约金。

2016年1月18日，置业公司与某通二建签订《总包补充协议》，关于工程款支付，约定：承包人进行全垫资施工，工程按本合同约定的期限竣工并验收合格的前提下，施工至项目竣工验收合格且完成竣工备案后10个月内，发包人向承包人付清全部工程款。

2017年5月25日，勘察、设计、施工、监理、建设单位五方共同签署××中心大厦工程质量验收证明书，确认该工程竣工验收合格，并于2018年2月办理了竣工验收备案手续。2017年9月29日，置业公司签收了某通二建报送的工程结算书。

2018年8月17日，置业公司（甲方）与某通二建（乙方）签订《支付协议》，约定："鉴于：1. 双方分别于2015年4月15日和2016年1月18日，签订了"××中心大厦"的《建设工程施工合同》及《总包补充协议》，乙方已完成该项目的全部施工内容及竣工验收合格，且交付甲方使用；2. 甲方作为该项目的发包人，截至2018年8月9日欠付乙方工程款项小写：13200万元（大写：壹亿叁仟贰佰万元整），最终以双方确认的结算金额及已付款金额为准；经双方协商，甲方支付乙方工程款项及该项目的结算事宜，双方于2018年8月17日达成如下协议：1. 甲乙双方于2018年8月17日确定该项目的结算金额：壹亿叁仟贰佰万元整，小写：13200万元；2. 甲乙双方于2018

年2月7日签订的《借款协议》，同时甲方汇入乙方账户的1000万元（大写：壹仟万元整），双方确认现转成甲方已付工程款，双方原签署有关该1000万元的任何协议或合同，自本协议签订之日起失效，以本协议约定为准；3. 甲方于2018年8月20日前以现金形式向乙方电汇支付工程款4000万元（大写：肆仟万元整），甲方不得以银行承兑汇票等其他方式支付；4. 甲方自2018年9月开始每3个月支付1000万元（定于每3个月的第二个月的20日前支付1000万元），且于2018年12月30日前付清余款，则乙方不予计算甲方的延期付款利息；5. 若甲方未能在第4条款约定的时间内付清余款，则甲方承诺：于2020年8月20日前付清所欠工程款，以欠付乙方工程款项为基数，以年息12%为标准计算利息，同时分8个季度平均支付欠付的工程款，每季度的第三个月的20日前支付一次当季度所欠工程款，于第4个季度支付前4个季度的全部利息；支付时间和金额如下：1）2018年11月20日前支付工程款1000万元；2）2019年2月20日前支付工程款1000万元；3）2019年5月20日前支付工程款1000万元；4）2019年8月20日前支付工程款及利息1540万元；5）2019年11月20日前支付1000万元；6）2020年2月20日前支付1000万元；7）2020年5月20日前支付1000万元；8）2020年8月20日前支付工程款及利息1740万元；注：以上利息不纳入甲方已付工程款金额，且乙方不向甲方开具发票。……8. 乙方以每次工程款实际到账的金额为准，从应收工程款总金额中扣减到账金额，余款部分甲方应按上述支付方式继续履行支付义务；……"

2018年8月22日和9月30日，置业公司分别向某通二建支付工程款1000万元和200万元。此后，置业公司未再支付工程款。

某通二建向一审法院起诉请求：1. 判令置业公司给付所欠工程款1.1亿元，偿付2018年8月17日前的逾期支付工程款违约金16893993元，并自2018年8月20日起至实际给付之日止，按照年利率12%的标准支付迟延付款利息；2. 判令某源公司、某拓公司对置业公司在第一项诉讼请求项下的债务承担连带清偿责任。

一审法院判决：（一）置业公司于判决生效之日起十五日内向某通二建支付工程款1.1亿元及利息（自2018年12月31日起至实际给付之日止，按中国人民银行同期同档贷款基准利率计算）；（二）驳回某通二建的其他诉讼请求。

二审法院判决：（一）撤销天津市高级人民法院（2018）津民初126号民事判决第二项；（二）变更天津市高级人民法院（2018）津民初126号民事判

决第一项为：置业公司于本判决生效之日起十五日内向某通二建公司支付工程款 1.1 亿元及利息（自 2018 年 8 月 20 日起至实际给付之日止，按年利率 12% 计算）；（三）某源公司、某拓公司对本判决第二项债务承担连带清偿责任；（四）驳回某通二建公司的其他诉讼请求。

各方观点

某通二建观点：案涉《总包补充协议》构成对《建设工程施工合同》的实质性变更，应属无效。置业公司在工程预付款和进度款支付上构成违约，《建设工程施工合同》专用条款第 35 条、《支付协议》第 5 条和《总包补充协议》第 26 条第 2 项均约定了延期支付工程款的违约金。某通二建从未作出无条件免除置业公司在《支付协议》签署前的逾期付款违约责任的意思表示。《支付协议》第 4 条只是附条件免除置业公司逾期付款的违约责任。因置业公司未按《支付协议》第 4 条约定的期限支付工程款，现应适用该协议第 5 条约定，对 2020 年 8 月 20 日前欠付的工程款，置业公司均应按照年利率 12% 的标准给付逾期付款利息，并非指置业公司对 2020 年 8 月 20 日之前的欠款不需要支付利息。《支付协议》签订前置业公司应按《建设工程施工合同》约定支付工程预付款和进度款违约金，《支付协议》签订后按年利率 12% 支付欠付工程款利息。

置业公司观点：《支付协议》中关于年利率 12% 的约定针对的是分期付款情况。某通二建要求提前给付，不应当对全部款项支付利息。一审判决对利息的认定正确。《总包补充协议》明确了某通二建是垫资施工，其无权主张工程进度款。

法院观点

一审法院观点：置业公司与某通二建双方进行了工程价款结算并签订《支付协议》，对最终结算金额及支付方式作出明确约定。该《支付协议》是双方真实意思表示，内容不违反法律、行政法规的强制性规定，应认定有效，双方均应依约履行。置业公司主张《支付协议》确定的 1.32 亿元结算金额未经第三方咨询机构核算，不能仅以此数额确认工程结算价款，还应扣减资金占用费、违约金、工期延误赔偿金以及工程质量维修费。对此，一审法院认为，首先，《支付协议》具有决算性质，是置业公司与某通二建对诉争工程结算事宜的最终确认，其中并未约定还有其他债权债务尚待解决，置业公司亦未提供证据证明自竣工验收之日起至上述协议签订之日止长达一年多时间里曾经向某通二建主张过违约金、工期延误赔偿金以及工程质量维修费。置业公司在结算后、诉讼中又提出从双方已确认的结算价款中扣减减项工程款、工期延误损失等，理据不足。

关于工程款利息问题，年息12%是双方在《支付协议》中针对置业公司不能在2018年12月30日前付清全部工程款情况下约定的分期付款的利息标准。某通二建在主张债务加速到期的情况下仍要求置业公司按照该利息标准支付延期付款利息，依据不足。结合《支付协议》的约定，酌定置业公司以1.1亿元为基数、以中国人民银行同期同档贷款基准利率为标准支付某通二建自2018年12月31日起至实际给付之日止的利息。

二审法院观点：一审中，各方均未对案涉《总包补充协议》的效力提出异议，因此，一审未将此作为争议焦点问题。二审中，某通二建主张《总包补充协议》无效，置业公司应当按照中标的《建设工程施工合同》约定向其支付工程预付款和进度款的逾期付款违约金。对此，法院认为，《总包补充协议》与中标的《建设工程施工合同》相比，工程款支付方式由预付款加进度付款改为承包人全垫资施工。而款项支付方式系工程价款的重要内容，因此，应认定《总包补充协议》构成对中标合同的实质性变更，根据《招标投标法》第46条的规定，该协议无效，对双方当事人不具有法律约束力。

从合同实际履行情况看，施工中置业公司未支付预付款和进度款，可见，双方并未实际履行《建设工程施工合同》的约定。《支付协议》是《建设工程施工合同》履行完毕后对所有工程款数额的最终结算，并详细约定了工程款的具体支付时间。虽然中标的《建设工程施工合同》约定了预付款和进度款的支付事宜，但双方并未实际履行，而《支付协议》中又对工程款支付作出新的约定，应视为是对《建设工程施工合同》工程款支付方式的变更。双方的权利义务关系应以《支付协议》内容确定。《支付协议》并未约定预付款和进度款迟延付款违约金的事宜，某通二建关于支付2018年8月17日之前逾期付款违约金的主张，依据不足，一审判决对其该项诉讼请求未予支持，并无不当。

《支付协议》系双方当事人真实意思表示，合法有效，各方均应受此约束。根据该协议第三条和第四条约定，置业公司2018年8月20日前须支付

4000万元，自2018年9月开始每3个月支付1000万元，至2018年12月30日前付清余款。如果2018年12月30日之前付清所有款项，置业公司可以不支付延期付款利息。在某通二建2018年11月9日提起诉讼时，该期限尚未截至。但一审法院分别于2019年1月和3月开庭，彼时，已经超过该付款期限，置业公司未在第四条约定的时间内付清余款。在此情况下，应当适用《支付协议》第五条的约定。第五条，置业公司承诺“于2020年8月20日前付清所欠工程款，以欠付乙方工程款项为基数，以年息12%为标准计算利息，同时分8个季度平均支付欠付的工程款”。

一审判决简单地以债务加速到期为由不适用《支付协议》第五条约定，依据不足，法院予以纠正。某通二建按照年息12%支付利息的上诉主张，有合同依据，法院予以支持。

关于利息的起算点，根据《支付协议》第五条约定，对欠付款项和利息分8个季度平均支付，截止时间为2020年8月20日，可见，双方是将2018年8月20日作为应付款项的起始点。一审判决认定自2018年12月31日起算利息，无事实依据，法院予以纠正。

关联案例1

案件名称：某城公司与某翔公司建设工程施工合同纠纷二审案

审理法院：一审：阜阳市中级人民法院（2014）阜民一初字第0024号；二审：安徽省高级人民法院（2015）皖民四终字第00413号

裁判观点：2011年10月24日，某翔公司以某城公司在案涉工程中逾期支付工程进度款构成违约为由一提起诉讼，案经法院二审终结。法院在该案中已确认双方于2008年4月18日签订的《建设工程施工合同》合法有效；另行订立的补充协议因改变工期、价款、项目性质等实质性内容而无效。

关联案例2

案件名称：江苏某建公司与某隆公司建设工程施工合同纠纷案

审理法院：一审：河北省高级人民法院（2013）冀民一初字第17号；二审：最高人民法院（2017）最高法民终175号

裁判观点：最高人民法院《关于审理建设工程施工合同纠纷案件适用法律若干问题的解释》（法释〔2004〕14号）第21条规定，当事人就同一建设工程另行订立的建设工程施工合同与经过备案的中标合同实质性内容不一致的，应当以备案的中标合同作为结算工程价款的依据①，其适用前提应为备案的中标合同合法有效，无效的备案合同并非当然具有比其他无效合同更优先参照适用的效力。在当事人存在多份施工合同且均无效的情况下，一般应参照符合当事人真实意思表示并实际履行的合同作为工程价款结算依据；在无法确定实际履行合同时，可以根据两份争议合同之间的差价，结合工程质量、当事人过错、诚实信用原则等予以合理分配。

律师点评

在本案中，经过招标投标程序，当事人于2015年4月15日，双方签订《建设工程施工合同》。但是之后，双方又签订了《总包补充协议》和《支付协议》。分别为：2016年1月18日签订《总包补充协议》和2018年8月17日双方签订的《支付协议》。对于第一份中标合同的效力，应该没有什么争议，但是对于两份协议的合同效力问题，存在分歧。结合法院的审理思路和判决结果，笔者认为有以下几个问题值得我们分析研究：

一、哪些条款属于建设施工合同中的实质性条款

所谓合同实质性条款，目前我国在法律法规的层面上，尚未有明确界定。一般而言，认为实质性条款是指合同的内容中对合同双方的权利、义务、责任发生实际性的影响的条款。鉴于没有法条直接规定，因此在对建设工程合同进行变更是否可直接适用《招标投标法》第46条之规定时，在司法操作中确实存在一定的难度，各地法院的判断标准也不完全一致。

虽然法律尚未对合同实质性条款的内容有明确规定，但可以参照《民法典》第488条之规定，将要约的实质性内容作为合同实质性条款的依据。《民法典》第488条规定："承诺的内容应当与要约的内容一致。受要约人对要约的内容作出实质性变更的，为新要约。有关合同标的、数量、质量、价款或者报酬、履行期限、履行地点和方式、违约责任和解决争议方法等的变更，是对要约内容的实质性变更。"据此，笔者认为建设工程施工合同实质性条款可以为：（1）关于工程施工内容及范围的约定；（2）关于施工质量的约定；（3）关于合同价款的约定；（4）关于工程款支付及工程结算的约定；（5）关

① 对应《最高人民法院关于审理建设工程施工合同纠纷案件适用法律问题的解释（一）》（法释〔2020〕25号）第2条。

于工程索赔的约定；（6）关于履行期间的约定（包开工时间、完工时间、施工进度、竣工时间、交付竣工资料的时间、保修期等）；（7）关于违约责任和解决争议的约定。明确区分合同实质性约定与合同的非实质性约定，是在立法中应该尽快解决的问题。

二、在招投标过程中，合同当事人双方是否可以同时签订与中标合同有实质性变更的补充合同

笔者认为，我国在民事合同上特别尊重意思自治的原则，而意思自治原则需要体现在与合同相关的各个阶段，包括合同的订立过程、合同的履行过程、合同的解除过程、合同的变更过程、合同的转让过程等阶段。而《招标投标法》"招标人和中标人不得再行订立背离合同实质性内容的其他协议"的规定，实质上是对合同自由原则进行了规范和限定，即合同的实质性条款需符合招标投标时达成的合意，不能对相应内容进行实质性的变更。而对于签订与中标合同有实质性变更的建设工程施工合同，在行业内又被习惯的称为"黑合同"抑或"阴合同"；相对应的中标合同则被称为"白合同"抑或"阳合同"。《最高人民法院关于审理建设工程施工合同纠纷案件适用法律问题的解释（一）》（法释〔2020〕25 号）第2条及第23条规定："招标人和中标人另行签订的建设工程施工合同约定的工程范围、建设工期、工程质量、工程价款等实质性内容，与中标合同不一致，一方当事人请求按照中标合同确定权利义务的，人民法院应予支持。招标人和中标人在中标合同之外就明显高于市场价格购买承建房产、无偿建设住房配套设施、让利、向建设单位捐赠财物等另行签订合同，变相降低工程价款，一方当事人以该合同背离中标合同实质性内容为由请求确认无效的，人民法院应予支持。""发包人将依法不属于必须招标的建设工程进行招标后，与承包人另行订立的建设工程施工合同背离中标合同的实质性内容，当事人请求以中标合同作为结算建设工程价款依据的，人民法院应予支持，但发包人与承包人因客观情况发生了在招标投标时难以预见的变化而另行订立建设工程施工合同的除外。"然而，最高人民法院仅仅规定了结算应该以中标合同约定为准，却并未明确规定黑合同属于无效合同。

而在本案中，当事人双方在签订中标合同之后，2016 年 1 月 18 日签订《总包补充协议》。一审法院未将该协议的效力作为争议焦点问题。而二审法院认为，《总包补充协议》与中标的《建设工程施工合同》相比，工程款支付方式由预付款加进度付款改为承包人全垫资施工。而款项支付方式系工程价款的重要内容，因此，应认定《总包补充协议》构成对中标合同的实质性变更，根据《招标投标法》第46条的规定，该协议无效，对双方当事人不具有法律约束力。同时，一审、二审法院认为，《支付协议》具有决算性质，系双方当事人真实意思表示，合法有效。

可见，二审法院否定《总包补充协议》的效力，主要依据的是两个因素：补充协议在内容上是否对原中标合同进行了实质性的变更；当事人在签订补充协议时，客观上是否具备充分的变更理由。如果司法机关发现建筑工程合同的变更违背了《招标投标法》的立法精神，即建筑工程合同的变更仅仅为了达到虚假招标，规避招标的目的，损害其他竞标人的利益和社会公共利益；或者是招标人或投标人利用自身优势，诱骗或者迫使另一方相对人签订背离合同实质性内容的其他协议，损害对方当事人的权益；或者是如果建筑工程合同变更的出发点是违背《招标投标法》立法精神，试图逃避法律规制和政府监管的，且合同变更的内容涉及工程性质、工程价款、工程质量、工程期限、违约责任等核心要素的，那么就可以适用《招标投标法》第46条规定，应认定合同变更无效。

三、在施工过程中，因材料、人工等价格出现了超越当事人合理预期范围的市场波动，若继续按照中标合同履行则必然导致显失公平的结果，当事人是否可以对中标合同的实质性条款进行变更

在建筑工程活动中，由于合同履行期限较长，客观情况变化很大，全盘否定建筑工程合同的内容变更也是不符合实际的。如在合同履行过程中，经常出现设计图纸变更而改变工程线路和工期，建筑工程规划指标调整等原因导致工程款发生变动等，这些都涉及合同的实质性内容的变更。这些变更来自双方当事人的真实意思表达，属于建筑工程市场自律性合理调整，如重新进行招标投标，会造成程序上的烦琐和重复，浪费了有限的社会资源，变相地增加了建筑工程的成本，影响建筑工程的进度，显然这不符合市场经济的特征和要求。因此，在不违反法律、行政法规的强制性规定，不损害社会公众利益和第三人权益的情况下，也可以适当允许建筑工程合同当事人对“合同的实质性内容”进行变更。充分尊重当事人的意思表达自由，这也是契约自由精神的体现。目前，法院在审理建筑工程合同案件时，通常不会机械地对合同的“实质性内容”进行认定，而是综合考量在建筑工程合同变更过程中存在的相关因素，力求做到公平、公正。①

特别是，在合同履行的过程中如果因客观情况发生了当事人在订立建筑工程合同时无法预见的非商业风险的重大变化，继续履行合同会对一方当事人明显不公或者不能实现合同目的，在双方当事人协商一致的情况下可以对建筑工程合同的实质性条款进行调整，如建设工程开工后，发包方与承包方因设计变更、建设工程规划指标调整等原因，通过补充协议、会谈纪要、往来函件、签证等形式变更工期、工程价款、工程项目性质的，不应认定为变更中标合同的实质性内容。但这种变更不能违背《招标投标法》的立法精神，更不能损害第三人权益和社会公共利益。

四、情势变更是否可以作为对中标合同进行实质性变更的法定理由

所谓情势变更原则，是指合同成立后，由于出现不可归责于合同当事人的事由发生重大变化而使合同的基础动摇或者丧失，若继续维持合同会显失公平，因此允许一方当事人单方要求变更合同内容或解除合同的原则。该原则结合了合同法中的双方意思自治原则以及公平诚信的原则。对此，《民法典》第533条有相应的规定："合同成立后，合同的基础条件发生了当事人在订立合同时无法预见的、不属于商业风险的重大变化，继续履行合同对于当事人一方明显不公平的，受不利影响的当事人可以与对方重新协商；在合理期限内协商不成的，当事人可以请求人民法院或者仲裁机构变更或者解除合同。人民法院或者仲裁机构应当结合案件的实际情况，根据公平原则变更或者解除合同。"通常认为，情势变更原则就是赋予当事人单方变更或解除合同的权利，即通过司法途径由当事人提出单方变更合同的内容或者解除合同的主张，法院在综合考量各种因素后，作出一个更为公平、合理的解决方案以替代当事人间已经达成的合意，最终用于纠正因不可测的因素所导致当事人之间的严重利益失衡。

我们注意到，单纯的材料费、人工费及机械费价格的巨大波动可能并不属于《民法典》里面的"商业风险"，但政府相关部门根据市场波动幅度而确认、发布的调价文件或定额变更规定等，在一定程度上可以被视为构成情势变更的证据。通常，在合同签订后，材料费和人工费的增加超过了双方在

---

① 戚绍燕、杨磊：《何谓建筑工程合同"实质性内容"——浅谈对〈招标投标法〉第46条的理解》，载河南省高级人民法院网站，http：//www.hncourt.org/public/detail.php？id＝129736，最后访问时间：2021年4月4日。

签订合同时可以预见的程度，则应该允许当事人对合同内的相关条款进行变更。另外，在施工合同签订之后，待合同生效后由于社会环境发生重大变化，诸如法律的调整，行政行为的重大调整（如征地、土地政策的调整等），货币政策的重大调整，不可抗力的发生等原因，这些原因系当事人在签订合同时无法预见的，且继续履行会使一方当事人遭受重大的损害，造成双方当事人显失公平的，则可以作为情势变更的依据。

然而，在一些司法实践中，由于工程未能在约定工期内完成，逾期竣工导致施工方面临着材料费、人工费、机械费价格均大幅度上涨的市场行情，若继续按照原中标合同履行必然会出现显失公平的结果。这种情况下，双方当事人基于客观情势的变更已经签订了《补充协议》，该协议充分体现了双方为保证工程顺利实施、维持当事人间利益平衡的真实意思，当然不应视为无效。那么，既然补充协议已经签订，也就不存在一方当事人单方要求变更或解除合同的余地，从而不具备适用情势变更原则的前提条件。

综上所述，在中标合同签订后，当事人又签订存在实质性变更的合同，但“黑合同”的效力不能一概而论。法律禁止的是当事人弄虚作假，仅把中标合同作为招投标所用，脱离招标投标程序私下签订施工合同的行为。但法律保护合同当事方的公平性，在确已出现继续履行可能会影响到某方当事人基本利益的情形时，允许对合同的相关条款进行重新约定。

第三章　施工合同工程价款

综述：建设工程施工合同工程款结算纠纷常见法律问题及司法处理原则[①]

建设工程行业作为有较高准入标准的行业，常常引发建设工程领域的不规范经营问题，非法转包、违法分包、“挂靠”以及应招未招、中标无效等情况层出不穷，这些行为不仅使工程质量问题不断在利益最大化的镁光灯下曝光，也导致了大量无效合同的产生，使得发承包双方在结算工程款时经常产生争议；同时，由于施工合同签订时可能存在诸多约定不明的条款，导致工程在进入结算阶段后极易产生纠纷，就此施工合同双方当事人应当借鉴现有法院审理的规则，为工程的顺利推进保驾护航。

前言：建设工程价款结算的原则及依据

工程价款结算，是指对建设工程的发承包合同价款进行约定和依据合同约定进行工程预付款、进度款、竣工款结算的活动，包括前期的价款约定和后期的结算支付。其中价款约定（或称工程造价）是指在施工合同协议书中约定的，作为承包人完成承包范围内的全部工程并且承担质量保修义务的对价，发包人应当向承包人支付的款项，该约定应构成支付结算的基本依据。根据《建筑法》第18条规定：“建筑工程造价应当按照国家有关规定，由发包单位与承包单位在合同中约定。公开招标发包的，其造价的约定，须遵守招标投标法律的规定。发包单位应当按照合同的约定，及时拨付工程款项。”据此，价款约定须遵循如下规则：第一，工程价款应由当事人在合同中明确约定。第二，以招标方式发包工程的，价款约定须遵守招标投标法，中标价即为合同价，招标人和中标人不得再行订立背离合同实质性内容的其他协议，投标人不得以低于成本的报价竞标。第三，在市场经济条件下，当事人有权通过自由竞争、自愿协商约定工程价款，定额标准不再强制适用。第四，自愿定价不等于脱离标准和规范的任意定价。2004年10月20日施行的《建设

---

① 撰稿人：宋仲春，上海市建纬律师事务所。

工程价款结算暂行办法》、2014年2月1日施行的《建筑工程施工发包与承包计价管理办法》等规范性文件仍应执行。因此，工程价款结算的原则正如《建筑工程施工发包与承包计价管理办法》第3条第1款规定的，“建筑工程施工发包与承包价在政府宏观调控下，由市场竞争形成”。

工程量清单计价规则是目前工程价款计价的主要方式。《建筑工程施工发包与承包计价管理办法》第6条第1款规定：“全部使用国有资金投资或者以国有资金投资为主的建筑工程（以下简称国有资金投资的建筑工程），应当采用工程量清单计价；非国有资金投资的建筑工程，鼓励采用工程量清单计价。”第7条规定：“工程量清单应当依据国家制定的工程量清单计价规范、工程量计算规范等编制。工程量清单应当作为招标文件的组成部分。”因此国家通过区分国有资金投资的建筑工程强制采用和非国有资金投资的建筑工程鼓励使用来推进工程量清单计价方式。而在目前的建筑市场实践中工程量清单计价方式也是主流，定额计价方式正在逐渐退出历史舞台。

许多施工合同纠纷起因于或表现为工程价款结算的分歧，在工程质量、工期索赔等纠纷中，当事人往往也会提出工程价款增减请求。约定不明、工程变更、质量不符、价格涨落等原因均可引发价款纠纷，即便这些情形都不存在，一份施工合同能够顺利地履行到竣工结算阶段，当事人专业水准、思维模式、行为方式等方面的差异，以及难以避免的利益冲突，也会导致双方无法就竣工结算达成一致。工程价款结算需要综合运用技术、财务、法律等专业知识和技能，并非简单套用数学运算公式。即使提交专业造价咨询事务所审价，不同的审价机构也完全有可能就同一项目中某个具体的分部分项的计价得出大相径庭的结论。因此，工程价款纠纷一旦发生，往往形成复杂疑难案件。在司法实践中，较为普遍的情况是因为施工合同的效力而在一个案件中产生工程款结算的争议，以及在工程中因条款约定不明、工程变更等产生工程款结算的纠纷。工程款结算纠纷一般不会单独出现在建设工程施工合同纠纷中，往往会和工程质量、因工期延误等导致工程索赔等问题同时出现，但由于工程价款是关系到发包人、承包人实际利益的部分，因此在案件审理中格外重要。

一、无效施工合同的工程价款结算的原则

施工合同无效的情况在实践中较为多见，而在合同无效的情况下，如何判定已完成工程的价值，对于这样的工程如何处理，是否适用及如何适用折

价补偿的处理原则，一直是审判实践中的难点问题。

（一）无效施工合同的认定及处理原则

《最高人民法院关于审理建设工程施工合同纠纷案件适用法律问题的解释（一）》（以下简称《最高院施工合同司法解释》）从建设工程施工合同本身特点出发，总结、解释了其特殊的无效原因和种类，其第1条规定："建设工程施工合同具有下列情形之一的，应当依据民法典第一百五十三条第一款的规定，认定无效：（一）承包人未取得建筑业企业资质或者超越资质等级的；（二）没有资质的实际施工人借用有资质的建筑施工企业名义的；（三）建设工程必须进行招标而未招标或者中标无效的。承包人因转包、违法分包建设工程与他人签订的建设工程施工合同，应当依据民法典第一百五十三条第一款及第七百九十一条第二款、第三款的规定，认定无效。"第3条第1款规定："当事人以发包人未取得建设工程规划许可证等规划审批手续为由，请求确认建设工程施工合同无效的，人民法院应予支持，但发包人在起诉前取得建设工程规划许可证等规划审批手续的除外。"

根据《民法典》第157条的规定，民事法律行为无效、被撤销或者确定不发生效力后，行为人因该行为取得的财产，应当予以返还；不能返还或者没有必要返还的，应当折价补偿。有过错的一方应当赔偿对方由此所受到的损失；各方都有过错的，应当各自承担相应的责任。法律另有规定的，依照其规定。

而针对建设工程施工合同被认定无效后的处理原则，根据《最高院施工合同司法解释》第24条第1款规定，当事人就同一建设工程订立的数份建设工程施工合同均无效，但建设工程质量合格，一方当事人请求参照实际履行的合同关于工程价款的约定折价补偿承包人的，人民法院应予支持。

《最高院施工合同司法解释》第6条同时规定，建设工程施工合同无效，一方当事人请求对方赔偿损失的，应当就对方过错、损失大小、过错与损失之间的因果关系承担举证责任。损失大小无法确定，一方当事人请求参照合同约定的质量标准、建设工期、工程价款支付时间等内容确定损失大小的，人民法院可以结合双方过错程度、过错与损失之间的因果关系等因素作出裁判。

由此可见，对无效建设工程合同处理的总体原则是：合同约定的内容尚未履行的不再履行；正在履行的，应立即终止履行，并视具体情况按过错程度处理；合同已经实际履行完毕的，应当根据无效合同当事人的过错责任程度和工程造价构成情况进行处理。有过错的一方应当按照工程的实际造价返还无过错一方应得款项，并赔偿因此而发生的损失。承包、发包双方互有过错的，按过错程度确定赔偿数额。

（二）施工合同无效情况下工程款结算的原则

在《最高院施工合同司法解释》出台以前，审判实践中对合同无效且工程验收不合格的情况下工程价款支付与否看法不一。有的法院根据《合同法》第 279 条、《建筑法》第 61 条第 2 款以及《建设工程质量管理条例》第 16 条第 3 款中关于经竣工验收才能交付使用的规定[①]，驳回承包人主张工程价款的诉讼请求；也有法院按照《合同法》（已失效）规定的无效合同的处理原则，认为合同无效，不论工程是否质量合格，均归发包人所有，但由发包人对承包人予以折价补偿。[②] 但前者直接驳回诉讼请求的做法导致了此类施工合同纠纷得不到彻底解决，而后者工程归发包人所有也使得发包人最终得到的可能是不具备使用价值和交换价值的“烂尾”工程。

考虑到质量缺陷的可修复性和资源的有限性，《最高院施工合同司法解释》在充分研究各种意见的前提下，依据《合同法》第 262 条和《建设工程质量管理条例》第 32 条[③]的规定，确定了以建设工程质量合格作为承包人请求支付工程价款的前提条件，如果建设工程质量合格，承包人要求发包人支付工程价款的，应予支持。

结合当前的司法实践，区分工程验收合格与否的无效合同的处理原则，法院一般就因此引发的工程款结算纠纷持如下处理原则：

1. 建设工程质量合格但施工合同无效时，应当根据《最高院施工合同司

① 《合同法》（已失效）第 279 条：“建设工程竣工后，发包人应当根据施工图纸及说明书、国家颁发的施工验收规范和质量检验标准及时进行验收。验收合格的，发包人应当按照约定支付价款，并接收该建设工程。建设工程竣工经验收合格后，方可交付使用；未经验收或者验收不合格的，不得交付使用。”对应《民法典》第 799 条。《建筑法》第 61 条第 2 款：“建筑工程竣工经验收合格后，方可交付使用；未经验收或者验收不合格的，不得交付使用。”《建设工程质量管理条例》第 16 条第 3 款：“建设工程经验收合格的，方可交付使用。”

② 最高人民法院民事审判第一庭：《最高人民法院关于建设工程施工合同司法解释的理解与适用》，人民法院出版社 2004 年版，第 41 页。

③ 《合同法》（已失效）第 262 条：“承揽人交付的工作成果不符合质量要求的，定作人可以要求承揽人承担修理、重作、减少报酬、赔偿损失等违约责任。”对应《民法典》第 781 条：“承揽人交付的工作成果不符合质量要求的，定作人可以合理选择请求承揽人承担修理、重作、减少报酬、赔偿损失等违约责任。”《建设工程质量管理条例》第 32 条：“施工单位对施工中出现质量问题的建设工程或者竣工验收不合格的建设工程，应当负责返修。”

法解释》第 24 条规定参照实际履行的施工合同约定进行结算。

在《最高院施工合同司法解释》出台以前，司法审判中对于无效合同的处理原则是以当年适用的工程定额为标准，通过鉴定确定建设工程造价，但鉴于实践中承包人往往会将合同价格做低，而通过鉴定实际获得的工程款将高于合同约定的工程款，承包人就会因此获得期望以外的利益，这不仅违反了合同法意思自治的原则，也使得发包人的利益受损。

《最高院施工合同司法解释》对该问题进行了明确规定，《最高院施工合同司法解释》第 24 条规定："当事人就同一建设工程订立的数份建设工程施工合同均无效，但建设工程质量合格，一方当事人请求参照实际履行的合同关于工程价款的约定折价补偿承包人的，人民法院应予支持。实际履行的合同难以确定，当事人请求参照最后签订的合同关于工程价款的约定折价补偿承包人的，人民法院应予支持。"

《最高院施工合同司法解释》第 24 条对《最高人民法院关于审理建设工程施工合同纠纷案件适用法律问题的解释（二）》（以下简称旧《建设工程司法解释二》）（已失效）第 11 条的规定进行了修改，将多份合同无效时"参照实际履行的合同结算工程价款"修改为"参照实际履行的合同关于工程价款的约定折价补偿"。该修改与《民法典》第 157 条民事法律行为无效的处理规则及第 793 条建设工程施工合同无效的处理规则保持一致。合同无效或被撤销，因该合同取得的财产应当予以返还；不能返还或者没有必要返还的，应当折价补偿。而建设工程施工合同具有特殊性，承包人将劳务及建筑材料物化到建筑物中，发包人取得的财产是承包人建造的工程，一般无法适用恢复原状的返还原则，只能折价补偿。但合同无效后工程结算计价条款也归为无效，目前市场上工程价款的计算标准和方法又纷繁多样、五花八门，司法裁判长期苦于找不到一个判断承包人工程价款折价补偿的统一标准。为此，两部旧建设工程司法解释均给出了相应的裁判指引，即：参照合同约定结算（旧《最高人民法院关于审理建设工程施工合同纠纷案件适用法律问题的解释》（已失效）第 2 条、旧《建设工程司法解释二》（已失效）第 11 条）。但在上述司法解释的适用中，"参照无效合同约定结算工程价款"的裁判规则常被人诟病为是"无效合同按有效处理""违背了无效合同的处理原则""违背了无效合同不得履行的立法目的"等。实际上，旧司法解释两条内容的制定目的也并非"无效合同按有效处理"，仅仅是参照合同约定结算工程价款，以统一折价补偿的标准和尺度，保障公平与正义。

为了明确这一问题，《民法典》在修订时，便将旧《最高人民法院关于审理建设工程施工合同纠纷案件适用法律问题的解释》（已失效）第2条、第3条裁判规则进行修改后上升为法律规定，明确施工合同无效的处理中，可以“参照合同关于工程价款的约定折价补偿承包人”。现行《最高院施工合同司法解释》的修改也与《民法典》修订的逻辑保持一致，明确施工合同无效的处理是折价补偿。

2. 建设工程质量不合格且施工合同无效时，法院在审判实践中，严格采用修复后的建设工程经再次竣工验收是否合格作为分界点予以甄别。

最高人民法院法官在其《回顾与展望》[①] 一文中认为：承揽合同中有关定作物质量瑕疵，定作人可以减少价款的规定，适用于施工合同。法官可以委托工程造价评估单位对工程质量缺陷所造成的损失及应当减少的价款数额出具咨询意见，也可以根据当地市场行情或签约时适用的定额标准、合同约定、当事人过错等综合因素，决定减少工程价款的数额。

工程质量瑕疵首先应当由承包人承担无偿修理、返工、改建的责任和义务，这既是承包人的责任和义务，在某种程度上讲，也是承包人的权益。根据《民法典》第793条第2款规定，建设工程施工合同无效，且建设工程经验收不合格的，按照以下情形处理：（一）修复后的建设工程经验收合格的，发包人可以请求承包人承担修复费用；（二）修复后的建设工程经验收不合格的，承包人无权请求参照合同关于工程价款的约定折价补偿。因此，我们认为，初验不合格的工程是否进行了修复也成为承包人能否主张工程价款的必经步骤。若修复后始终验收不合格，则承包人主张工程款的请求将不会得到支持。同时，针对经修复后的工程应当符合什么标准的问题，一般认为承包人是否有权要求发包人支付工程价款，关键要看工程质量是否符合国家强制性标准，如果工程经修复后仍不符合国家强制性标准，则承包人无权请求发包人支付工程价款；如果工程验收或修复后符合国家强制性标准，但不符合合同约定的标准，那么承包人仍应有权要求发包人支付工程价款，只是发包人可以依据《最高院施工合同司法解释》第6条的规定，请求减少支付工程

---

① 冯小光：《回顾与展望——写在最高法〈建设工程施工合同解释〉颁布三周年之际》，载《民事审判指导与参考》总第33期。

价款。如果工程部分验收不合格，那么承包人是否得以就合格部分主张工程价款？通常来讲，双方可以按照已验收合格部分的工程量结算工程款，承包人可以此结算向发包人主张工程款；但是，如果尚未验收合格的工程为整体工程的主要部分，且该主要部分不合格必将导致工程整体功能无法发挥的，那么发包人的合同目的已然落空，部分工程合格也无任何意义，发包人有权对已验收合格部分工程款行使先履行抗辩权，[①] 要求承包人对不合格的工程先行修复并通过验收。

二、"黑白合同"工程价款结算的原则

（一）"黑白合同"的认定

"黑白合同"在当前建设工程施工合同的司法实践中普遍存在。从建筑市场特点来看，目前建筑市场竞争激烈，不少建设方利用自身的优势地位，对施工方提出种种苛刻的要求，而施工方为了先取得施工工程项目，往往也会同意在备案合同之外，再签订"黑合同"。实践中，也有承包人利用发包人工期紧等因素要求对招标投标文件、中标结果进行修改，另行签订有利于自己的"黑合同"。"黑白合同"是指，同一合同标的的同一个建设项目在订立合同（含招投标）的过程中出现的不同的合同，所谓"不同"在于：（1）实质性内容及履行方式存在明显差异；（2）有无完成备案手续。如果项目的设计已发生变化、合同标的已不尽相同，即便合同实质性内容不同也不属于"黑白合同"，而是合同的变更，其关键是在合同生效后履行的过程中出现了变更合同的法定事由。"白合同"应当符合：（1）与"黑合同"属于同一建设工程，工程范围依招标文件和施工图确定；（2）"白合同"与招标中标文件实质性内容一致，通常认为价款、质量、工期是实质性内容；（3）中标有效，不存在《招标投标法》第50条、第52条、第53条、第54条、第55条、第57条规定的中标无效情形。对于备案是不是区别"黑白合同"的法定依据，存在不同的观点。最高人民法院法官在其《回顾与展望》一文中认为："认定'黑合同'时特别要注意：一是不能理解为通过招投标签订的合同，在签约后不能补充、修订、细化，只能一份合同履行到底。通过招投标签订的施工合同与通过其他形式签订的施工合同一样，都需要通过经济洽商记录等形式不间断地对主合

---

① 金可为：《建设工程施工合同效力与工程质量对工程款结算的影响》，载《人民司法》2008年3月。

同补充、细化后，才能够全面实际履行，不能因此认定当事人签订了‘黑合同’。二是‘备案’不是认定‘黑白合同’的法定依据，而是参考因素之一。备案与中标合同的实质性内容相悖的，应当以中标合同记载的实质性内容为准。备案为招投标活动的管理措施之一，不具有物权公示的法律效力，是法官认定‘黑白合同’的参考因素之一。在签约后，因客观原因导致合同内容实质性变更的，承包人应当办理二次备案手续。”[①] 笔者比较倾向认同其意见，“备案”不是认定“黑白合同”的法定依据，而是参考因素之一。

（二）“黑白合同”的结算原则

《最高院施工合同司法解释》第2条规定：“招标人和中标人另行签订的建设工程施工合同约定的工程范围、建设工期、工程质量、工程价款等实质性内容，与中标合同不一致，一方当事人请求按照中标合同确定权利义务的，人民法院应予支持。招标人和中标人在中标合同之外就明显高于市场价格购买承建房产、无偿建设住房配套设施、让利、向建设单位捐赠财物等另行签订合同，变相降低工程价款，一方当事人以该合同背离中标合同实质性内容为由请求确认无效的，人民法院应予支持。”因此按照《最高院施工合同司法解释》的规定，没有明确“黑白合同”中“黑合同”的效力，而是规定同一建设项目中存在“黑白合同”，就建设工程价款结算应以“白合同”约定为依据。一般认为，招标公告为要约邀请，投标为要约，中标为承诺。《招标投标法》第46条第1款规定：“招标人和中标人应当自中标通知书发出之日起三十日内，按照招标文件和中标人的投标文件订立书面合同。招标人和中标人不得再行订立背离合同实质性内容的其他协议。”因此，一般认为“黑合同”因背离了“白合同”的实质性条款导致违反法律的强制性规定而无效。而“黑合同”中对“白合同”中非实质性条款的补充和变更在没有违反法律、法规强制性规定的情况下应为有效。《民法典》第543条规定：“当事人协商一致，可以变更合同。”因此，当事人在签订合同后可以合意变更合同条款。虽然鉴于建筑行业的特殊性，国家对建设工程招标投标活动进行监管，但施工合同备案只是一种行政管理措施，未经备案本身并不会对合同效力产生实质性影响，[②] 当事人双方仍有权按照真实的意思表示进行合同变更，变更

① 冯小光：《回顾与展望——写在最高法〈建设工程施工合同解释〉颁布三周年之际》，载《民事审判指导与参考》总第33期。

② 杨明：《建设工程黑白合同的识别标准及其判断依据》，载《中国律师》2012年第3期。

后的合同可以作为双方实际履行之依据。

应特别注意的问题是，如存在多份无效的“黑合同”，应当以哪一份“黑合同”作为工程结算的参考依据?《最高院施工合同司法解释》第24条规定：“当事人就同一建设工程订立的数份建设工程施工合同均无效，但建设工程质量合格，一方当事人请求参照实际履行的合同关于工程价款的约定折价补偿承包人的，人民法院应予支持。实际履行的合同难以确定，当事人请求参照最后签订的合同关于工程价款的约定折价补偿承包人的，人民法院应予支持。”

因此，当建设工程出现工程价款结算争议时，应当判别是否存在“黑白合同”的情形抑或只是普通意义上的合同变更。若存在《最高院施工合同司法解释》第2条规定的“黑白合同”的情形则应当按照上述法律规定，以备案的“白合同”作为工程价款结算的依据；若只是不涉及合同实质性内容的合同变更，则根据当事人意思自治原则，应当按照变更后之实际履行合同约定结算工程价款。

三、施工合同解除后工程价款结算的原则

（一）合同解除的法律效力

在实践中，施工合同的双方当事人因为种种原因而无法调和，导致施工合同解除的情况较为多见。《民法典》第566条第1款关于解除的效力规定：“合同解除后，尚未履行的，终止履行；已经履行的，根据履行情况和合同性质，当事人可以请求恢复原状或者采取其他补救措施，并有权请求赔偿损失。”合同解除分为法定解除和约定解除。一般认为，合同解除的效力，是向后的效力，即合同在解除后对双方不再发生约束力。合同解除的直接法律后果是合同关系消灭，合同不再履行，合同解除后，对于解除以前的债权债务关系应当如何处理便涉及合同是否具有溯及力的问题。如果合同解除具有溯及力，则合同解除前所为的履行部分，就要发生恢复原状的法律后果，如果合同解除不具有溯及力，则合同解除前所为的履行仍然有效存在，当事人无须恢复原状。在建筑工程施工合同解除时也面临这样的问题，由于建设工程的特殊情况决定了如果在工程已经部分完成的情况下，若因合同解除而要求承包人恢复原状，将会造成资源的极大浪费，对双方均无利处，因此合同解除原则上没有溯及力，即如果工程质量合格，不存在恢复原状的问题。但当发包人没有支付已履行部分工程价款时，不能认为支付工程价款是已经履行的部分，因此需要判令发包人支付工程价款。

同理，对双方此前已经履行的合同内容，合同条款不会因为合同解除而丧失约束力，在处理双方因解除合同而引起的后果时，仍应适用合同的约定。结算工程造价是对合同解除前已经实施工程价款的计算，是合同解除的后果，应当受到合同条款的约束。

（二）施工合同解除后工程价款结算的原则

关于施工合同解除后如何确定工程价款结算的方式。鉴于当前实践中关于合同价的方式一般有三种，即固定价、可调价、成本加酬金，[①] 其中，固定价又分为固定总价和固定单价。由于《最高院施工合同司法解释》第28条对于固定总价工程在已经施工完毕的情况下的结算方式进行了规定，但合同因当事人一方或者双方的原因，导致合同中途被解除，如何结算已完工程价款，没有相关具体的规定。而实践中因固定价合同发生的争议较为显著。总结来看，若是固定总价合同未履行完毕，法院一般采用如下方式确定结算价款：实际完成的工程量参照定额计算的价款乘以固定总价占全部工程量参照定额计算的价款的百分比。即：结算价款＝实际完成的工程量参照定额计算的价款×（固定总价/全部工程量参照定额计算的价款）。

针对前述结算方式，目前广东、北京等地区的法院也出台了《广东省高级人民法院关于审理建设工程施工合同纠纷案件若干问题的指导意见》《北京市高级人民法院关于审理建设工程施工合同纠纷案件若干疑难问题的解答》等规定，推广这种鉴定方法。如《北京市高级人民法院关于审理建设工程施工合同纠纷案件若干疑难问题的解答》规定："13. 固定总价合同履行中，承包人未完成工程施工的，工程价款如何确定？建设工程施工合同约定工程价款实行固定总价结算，承包人未完成工程施工，其要求发包人支付工程款，经审查承包人已施工的工程质量合格的，可以采用'按比例折算'的方式，即由鉴定机构在相应同一取费标准下分别计算出已完工程部分的价款和整个合同约定工程的总价款，两者对比计算出相应系数，再用合同约定的固定价乘以该系数确定发包人应付的工程款。当事人就已完工程的工程量存在争议的，应当根据双方在撤场交接时签订的会议纪要、交接记录以及监理材料、

---

① 《建筑工程施工发包与承包计价管理办法》第3条第1款规定："建筑工程施工发包与承包价在政府宏观调控下，由市场竞争形成。"该办法还规定，合同价可以采用以下方式：（一）固定价。合同总价或者单价在合同约定的风险范围内不可调整。（二）可调价。合同总价或者单价在合同实施期内，根据合同约定的办法调整。（三）成本加酬金。

后续施工资料等文件予以确定；不能确定的，应根据工程撤场时未能办理交接及工程未能完工的原因等因素合理分配举证责任。”

四、工程变更价款确定原则

（一）工程变更的认定

工程变更几乎存在于每一个工程中，是工程施工过程中几乎不可避免的情况，而因工程变更引起的工程款结算纠纷多种多样，并且可以算是建设工程施工合同在实际履行过程中，承发包双方产生争议的焦点所在。因在建设工程施工合同内欠缺有关工程变更结算条款，或者当事人双方的有关约定不明，往往极易在最终的工程款结算阶段引发承发包双方之间的诉讼纠纷。时至今日，何谓工程变更，国家法律法规没有明确的概念界定，根据 2017 版《建设工程施工合同（示范文本）》第 10 条的阐释，一般以下几种情形可纳入工程变更的范畴：“（1）增加或减少合同中任何工作，或追加额外的工作；（2）取消合同中任何工作，但转由他人实施的工作除外；（3）改变合同中任何工作的质量标准或其他特性；（4）改变工程的基线、标高、位置和尺寸；（5）改变工程的时间安排或实施顺序。”前四种情形往往由业主方（业主方委托的施工监理单位或设计单位）下发设计变更、业主指令或工程联系单的方式作出，所引起的工程造价变更一般也在实际施工过程中由承包人以签证单形式提出。最后一种情形涉及承包人原先承诺的施工组织设计的变更，由此导致的工期变更以及可能引起的有关损失也往往由承包人在施工过程中以签证索赔的方式提出。但在具体的项目履行过程中，由于工期紧、任务重等因素，经常会出现发包人不通过书面指令的方式提出工程变更的要求，而承包人在进行具体的工程变更时也不通过书面形式进行工程联系与签证索赔。这往往就为日后双方在工程结算时产生纠纷埋下伏笔。

因工程变更而引起的工程款结算纠纷在实务中存在多种诱发类型。第一种，因缺乏书面变更指令，而就是否进行变更以及具体变更的工程量如何计算产生纠纷。第二种，因不遵守合同约定的变更程序，而就最终工程款结算时是否考虑该部分变更而产生纠纷。第三种，变更过程中“灵活”操作，无变更确认权的相关人员签署变更资料，由此导致最终工程款结算纠纷。第四种，承发包双方就工程变更涉及的量、价结算方式存在争议而产生的工程款结算纠纷。

（二）工程变更价款确定原则

针对前述因工程变更而产生的工程款结算纠纷，法院在处理时通常遵循以下原则：

（1）对于发包方无书面变更指令的口头变更要求，承包人一般应通过施工过程中或事后尽快补签证的方式尽快弥补书面证据欠缺，若双方约定的最终结算方式可据实反映工程实际变更并就该部分变更纳入最终审价结算，则可按照约定进行变更部分的结算；若事先无相应约定，则法院一般会根据《最高人民法院关于适用〈中华人民共和国民事诉讼法〉的解释》第 90 条的规定[①]，分配给承包人相应的举证责任，在承包人无法举证的情况下往往都会做出不利于承包人的判决。即针对因随意下发口头指令进行变更而引起的结算纠纷，根据证据规则的规定，证明事实发生的一方应当提供合法依据进行证明，否则应当承担不利风险。

（2）工程变更应遵循严格的承发包双方施工合同约定的程序规则，一方未遵照该程序规则约定履行变更手续的，应承担相应的不利后果。法院一般都会充分遵照承发包双方最初的意思自治，结合具体的个案综合考虑到其中一方的实际损失。

（3）工程变更在具体的操作过程中，应当由具有法定或合同约定职权的相关人员予以办理。对此，全国多地省、市法院均通过地方性司法解释文件予以了明确规定。例如：在《北京市高级人民法院关于审理建设工程施工合同纠纷案件若干疑难问题的解答》中规定[②]，除法定代表人以及施工合同有明确约定以外，一般施工人员就工程变更作出的确认不具有法律效力，但可构成表见代理的除外。即针对因变更时任意操作，无授权人员签署文件但事后相对方不予认可且事实根本无法查清而引起的结算纠纷，主张事实存在的一方当事人应当提供适格的证据，证明签署人员具有相应资格或客观事实存在，

---

① 《最高人民法院关于适用〈中华人民共和国民事诉讼法〉的解释》第 90 条，“当事人对自己提出的诉讼请求所依据的事实或者反驳对方诉讼请求所依据的事实，应当提供证据加以证明，但法律另有规定的除外。在作出判决前，当事人未能提供证据或者证据不足以证明其事实主张的，由负有举证证明责任的当事人承担不利的后果”。

② 《北京市高级人民法院关于审理建设工程施工合同纠纷案件若干疑难问题的解答》：“9. 当事人工作人员签证确认的效力如何认定？当事人在施工合同中就有权对工程量和价款洽商变更等材料进行签证确认的具体人员有明确约定的，依照其约定，除法定代表人外，其他人员所作的签证确认对当事人不具有约束力，但相对方有理由相信该签证人员有代理权的除外……10. 工程监理人员在签证文件上签字确认的效力如何认定？工程监理人员在监理过程中签字确认的签证文件，涉及工程量、工期及工程质量等事实的，原则上对发包人具有约束力，涉及工程价款洽商变更等经济决策的，原则上对发包人不具有约束力，但施工合同对监理人员的授权另有约定的除外。”

否则应当承担举证不利的法律风险。

因工程变更而引起的工程造价结算纠纷，法院通常都会首先以承发包双方在施工合同内约定的工程变更计价方式为准，有约定的从约定。若当事人双方没有针对工程变更约定计价方式或者约定的计价方式不明之时，法院在司法实践中一般采用如下规则来判定：（1）工程部分变更不可以推倒合同约定的固定价，重新整体结算，而可在确认固定价的基础上，参照合同约定对增减部分进行结算，再根据结算结果相应增减总价款。[①]（2）针对工程变更部分的估价方式，《最高院施工合同司法解释》第19条第1款、第2款明确规定："当事人对建设工程的计价标准或者计价方法有约定的，按照约定结算工程价款。因设计变更导致建设工程的工程量或者质量标准发生变化，当事人对该部分工程价款不能协商一致的，可以参照签订建设工程施工合同时当地建设行政主管部门发布的计价方法或者计价标准结算工程价款。"司法实践中，法院一般通过委托第三方司法鉴定部门，就工程变更部分的造价进行司法审价，并依此原则确定最终结算金额。

五、工程计量约定不明工程价款确定原则

工程量的计量是明确工程造价的基础，除非双方在施工合同内明确约定了闭口总价的施工范围，否则在工程实践中因承发包双方就工程量计量约定不明而产生的纠纷时常发生。即便明确约定了闭口总价所针对的施工范围，也会因施工过程中设计变更或可能发生一方提前终止合同的情形，当承发包双方没有针对设计变更或提前终止合同的情形进行有关已完工程量计量的约定，则也会引起承发包双方就已完部分工程量如何计量从而如何明确工程造价产生纷争。针对此类因工程量计量争议产生的纠纷，目前法院在实践处理过程中尚无放之四海而皆准的法则。根据不同的争议类型，法院有不同的处理意见。司法实践中对于工程量计量纠纷的处理规则可归结为以下4个方面：

1. 针对因固定总价合同所对应工程范围不明确引起的工程量计量纠纷，首先应当遵照《最高院施工合同司法解释》第28条规定的立法精神，当事人约定按照固定总价结算工程价款的，原则上尊重双方当事人的意思自治，不

---

① 《广东省高级人民法院关于审理建设工程施工合同纠纷案件若干问题的意见》第1条即明确规定："当事人约定工程款实行固定价，而实际施工的工程量比约定的工程范围有所增减的，可在确认固定价的基础上，参照合同约定对增减部分进行结算，再根据结算结果相应增减总价款。不应撇开合同约定，对整个工程造价进行重新结算。"

再接受当事人的申请进行工程造价的鉴定。然后，在固定总价所针对工程量范围不明的情况下，根据《最高人民法院关于适用〈中华人民共和国民事诉讼法〉的解释》第 90 条的规定，主张工程款的一方应当承担相应的举证责任，否则应承担相应的举证不利的法律后果。

2. 对于处理工程量计量纠纷时应当以哪些材料作为计量依据，《最高院施工合同司法解释》第 20 条作出了原则性规定："当事人对工程量有争议的，按照施工过程中形成的签证等书面文件确认。承包人能够证明发包人同意其施工，但未能提供签证文件证明工程量发生的，可以按照当事人提供的其他证据确认实际发生的工程量。"同时，双方当事人在建设工程施工过程中形成的补充协议、会议纪要、工程联系单、工程变更单、工程对账签证以及其他往来函件、记录等书面证据，可以作为工程量计算和认定工程价款的依据。①

3. 针对承包人工程预算发生漏项或错误的情况，法院在处理时首先会看合同价格所指涉的对象是图纸还是清单，也就是通常所说的是图纸包干还是清单包干。这与上一项问题的讨论存在关联。如是针对施工图纸的包干报价，则承包人的工程预算出现漏项或错误时，应当由承包人自行承担。如是针对发包人工程量清单进行的包干报价，且双方约定承包人漏项或错误部分由承包人自行承担不得再行调整的，则与此相对应的部分应当由承包人负责。如未明确约定，且承包人在报价时根据施工规范无法确定的，则相应的责任仍然应当由发包人承担。

4. 已完工程量（尤其是合同提前解除终止）与隐蔽工程项目如何进行工程量计量，法院通常首先会依据双方当事人可主张举证的客观事实，进行已完工程或隐蔽工程的工程量认定。当双方都无证据之时，可依据举证责任规则，结合已有证据材料酌情认定。同时，可参考《北京市高级人民法院关于审理建设工程施工合同纠纷案件若干疑难问题的解答》第 13 条第 2 款的规定："当事人就已完工程的工程量存在争议的，应当根据双方在撤场交接时签订的会议纪要、交接记录以及监理材料、后续施工资料等文件予以确定；不能确定的，应根据工程撤场时未能办理交接及工程未能完工的原因等因素合理分配举证责任。"

---

① 详见：《浙江省高级人民法院民事审判第一庭关于审理建设工程施工合同纠纷案件若干疑难问题的解答》第 10 条。

六、“以送审价为准”的理解与适用

《最高院施工合同司法解释》第21条规定：“当事人约定，发包人收到竣工结算文件后，在约定期限内不予答复，视为认可竣工结算文件的，按照约定处理。承包人请求按照竣工结算文件结算工程价款的，人民法院应予支持。”该条规定在司法实践中被称为“以送审价为准”，设置这样的条款目的在于防止发包人以消极的态度不予确认、不予答复，故意拖延工程价款的结算。

在该司法解释出台后一段时间内，法院对当事人因为施工合同中约定的逾期不结算条款而产生的纠纷应当如何处理持不同的意见。但近年来，法院对此类纠纷的处理已经持统一态度，具体个案中的特殊情况则做特殊处理，但也不外乎依照如下原则处理：第一，《最高院施工合同司法解释》第21条的适用需遵守相应的严格条件；第二，此类纠纷仍是合同纠纷，属于当事人意思自治的范畴，若合同中对该条款的约定无法满足适用司法解释第21条的严格条件，但若发包人自行放弃救济权利，也可能被法院适用“以送审价为准”的方式处理。

“以送审价为准”的规则适用在司法实践中产生种种争议的原因为，在之前十几年的实践中建设单位与施工方均习惯于采用1999年版《建设工程施工合同（示范文本）》的内容，其通用条款第33条第3款约定：“发包人收到竣工结算报告及结算资料后28天内无正当理由不支付工程竣工结算价款，从第29天起按承包人同期向银行贷款利率支付拖欠工程价款的利息，并承担违约责任。”但由于该条款中没有对逾期是否以承包人报送的竣工结算文件作为工程款结算依据一事作出明确约定，法院一般认为，若施工合同仅采用该通用条款的内容，则不能简单推论出双方当事人具有发包人收到竣工结算文件一定期限内不予答复，视为认可承包人提交的竣工结算文件的一致意思表示。从法院的审判实践来看，《最高院施工合同司法解释》第21条若可以适用，施工合同双方当事人在合同中必须约定明确的审核期限，及必须明确约定逾期视为认可。

值得一提的是，2017年新修订的施工合同示范文本吸收了司法实践的做法，在新版示范文本的通用条款第14.4.2条第（1）款规定：“除专用合同条款另有约定外，发包人应在收到承包人提交的最终结清申请单后14天内完成审批并向承包人颁发最终结清证书。发包人逾期未完成审批，又未提出修改意见的，视为发包人同意承包人提交的最终结清申请单，且自发包人收到承

包人提交的最终结清申请单后15天起视为已颁发最终结清证书。"

目前，司法实践中的一般做法是，仅是通用条款有规定，还不能认定当事人之间有逾期答复视为认可的意思表示。当事人应当在专用条款抑或专门协议中作出明确约定，才可以认为是《最高院施工合同司法解释》第21条规定的"当事人约定"。

七、工程款利息的计算规则

以上均分析了在纠纷中应当采取何种规则来确定欠付工程款的本金，而针对确定了本金后如何在诉讼中确定本金利息的计算标准，《最高院施工合同司法解释》第26条作出了如下规定："当事人对欠付工程价款利息计付标准有约定的，按照约定处理。没有约定的，按照同期同类贷款或者同期贷款市场报价利率计息。"司法实践中针对工程款利息计算而易产生的审理疑难问题主要集中在，有些施工合同对工程款的应付款时间没有约定或者约定不明，及有些施工合同虽然对工程款的应付款日期作出了明确约定，但在合同履行过程中，由于工期顺延、设计变更、合同提前解除等多种原因导致难以按照原合同约定确定实际应付款时间。在此类情况下，工程款的应付款时间和工程款利息的起算时间该如何确定。

在《最高院施工合同司法解释》颁布以前，各地法院对工程款利息的起算时间认定不统一，有的从一审法庭辩论终结前起算，有的从一审举证期限届满前起算，还有的从终审判决确定工程价款给付之日起算[①]，由此导致不同法院对同一问题的判决结果大相径庭。为了统一工程款利息的起算时间，维护合同当事人的合法权益，《最高院施工合同司法解释》第27条对此作了明确规定："利息从应付工程价款之日开始计付。当事人对付款时间没有约定或者约定不明的，下列时间视为应付款时间：（一）建设工程已实际交付的，为交付之日；（二）建设工程没有交付的，为提交竣工结算文件之日；（三）建设工程未交付，工程价款也未结算的，为当事人起诉之日。"即工程款利息作为法定孳息，就应该跟着本金走，该什么时候支付本金，就应该什么时候支付利息，则通常认定本金可以遵循以下几种方法：1. 建设工程实际交付的，建设工程交付之日为应付工程款之日；2. 建设工程没有交付的，承包人提交

① 最高人民法院民事审判第一庭编著：《最高人民法院建设工程施工合同司法解释的理解与适用》，人民法院出版社2004年版，第162页。

竣工结算文件之日为应付工程款之日；3. 建设工程价款未结算，建设工程也未交付的，当事人起诉之日为应付工程款之日。具体确认应付工程款之日也需结合实际案情来分析，如若施工合同中途解除，且工程量有增减，因此不能依据合同条款判断工程款的支付节点。由于工程已实际交付，依照《最高院施工合同司法解释》第27条第1款第1项规定，应从建设工程实际交付的次日起计算工程款利息。

另外，由于现在的工程施工过程中，由施工人实际垫资进行的现象较为多见，就垫资利息的计算标准亦产生较多争议。垫资，是建设工程领域一项比较常见的模式。所谓垫资，是指承包方在合同签订后，不要求发包方先支付工程款或者支付部分工程款，而是利用自有资金先进场进行施工，待工程施工到一定阶段或者工程全部完工后，由发包方再支付垫资的工程款①。垫资是承包人先代发包人垫付的工程价款，其本质也是工程价款。《最高院施工合同司法解释》第25条对垫资款利息的计算规定如下："当事人对垫资和垫资利息有约定，承包人请求按照约定返还垫资及其利息的，人民法院应予支持，但是约定的利息计算标准高于垫资时的同类贷款利率或者同期贷款市场报价利率的部分除外。当事人对垫资没有约定的，按照工程欠款处理。当事人对垫资利息没有约定，承包人请求支付利息的，人民法院不予支持。"根据上述规定，只要当事人对垫资款利息有约定，且约定在同类贷款利率或者同期贷款市场报价利率的法定幅度范围内，就应当支持承包人要求计算垫资款利息的请求；若双方对垫资款利息没有约定的，则不应计算利息。

结语：建设工程价款结算过程中应注意的问题

由于涉及建设工程价款纠纷众多，本书难以穷尽。本书通过对42个案例进行分析与归纳，并重点针对其中12个典型案例进行了具体的分析与研究，总结几种常见的建设工程价款结算纠纷：无效施工合同价款结算纠纷、施工合同解除价款结算纠纷、"黑白合同"价款结算纠纷、工程变更价款确定纠纷、工程量计量约定不明价款结算纠纷、"以送审价为准"约定的理解与适用、工程利息的计算规则，并总结了我国法院目前在审理这些纠纷案件时的一般处理原则。通过案例分析笔者发现，在实践中关于工程款结算纠纷的案

---

① 最高人民法院民事审判第一庭编著：《最高人民法院建设工程施工合同司法解释的理解与适用》，人民法院出版社2004年版，第62页。

件审理，关于证据的提交、举证责任的分配、证据证明力的大小均对最终工程款的确定有着至关重要的影响，对此亦有相关规则可循，具体为：

1. 无论是在有效合同还是无效合同中，若拟根据竣工结算文件确定工程价款，则需注意竣工结算文件的提交时间、方式以及接收方式等。

（1）承包人在约定时间提交竣工结算文件的前提必须基于工程验收合格。

（2）结算文件提交的方式必须是书面的，且需要发包人接受提交的文件（形式上需要发包人签收，不适用留置递交的方式）。如果承包人不能举出证据证明自己已经向发包人提交了结算文件，则不能产生将承包人作出的结算文件作为结算依据的法律后果[①]。此条规则在适用《最高院施工合同司法解释》第20条关于"以送审价为准"规则时尤为重要，通常建议承包人在递交时需注意将发包人的签收证明文件予以妥善保存，如快递签收单上须写明递交的是竣工结算文件；或者若当面提交，需要提前制作签收文件，在提交给发包人后由其当面签署签收文件。

（3）承包人向发包人提交结算文件时，如果接受结算文件的主体是法人或者其他组织的，应当是该法人的法定代表人，其他组织的主要负责人，或者法人或者其他组织内部具有收发责任和义务的部门。

（4）承包人提交的结算文件资料不完整，在收到发包人的整改通知后，在约定的整改期限内又不予以修改、完善的，不能认定承包人已提交结算报告。

（5）承包人提交结算报告的时间晚于合同约定时间，那么发包人审核结算报告的时间应当顺延。

2. 施工合同一方当事人在提交证据时，应注意证据的证明力及法院的采信程度，具体为：

（1）承包人自行编制的工程结算书一般不宜作为工程价款结算的依据。按照工程建设的惯例，工程施工合同解除后或者竣工后，承包人都会编制工程结算书，作为其向发包人申请支付结算尾款的依据。承包人编制的工程结算书一般包括：承包人计算过程、其分包单位、劳务单位、供应单位及其员工证明工程价款情况、部分工程师及发包人确认的有关费用和价款调整。但从证据效力的角度来看，承包人编制的工程结算书的证明力很弱，因承包人

① 最高人民法院民事审判第一庭编著：《最高人民法院建设工程施工合同司法解释的理解与适用》，人民法院出版社2004年版，第175页。

的计算过程纯系自己证明自己，基本上没有证明力。至于承包人的分包单位、劳务单位、供应单位及其员工证明工程价款情况，属于与承包人有利害关系一方出具的意见，发包人也没有办法核实其真实性，即便可以作为证据使用，也属于“不能单独作为认定案件事实的依据”，故也不能单独证明承包人完成的工程总造价。但需要特别注意的是，在特殊情况下，结合其他因素（当事人之间的特别约定、发包人无正当理由逾期不认可结算报告）考虑，承包人自行编制的工程结算书就可能在争议解决过程中成为工程结算的依据。例如，合同特别约定发包人逾期不认可承包人的工程结算书视为认可的情况。又如，因为发包人存在逾期审核等过错，且已经没有其他证据可以证明最终工程价款的情况下，人民法院或仲裁庭可以依据其自由裁量权认定该结算书作为工程结算依据。

（2）工程师在支付进度款前的工程量审核报告一般也不能直接作为工程价款结算的依据。在支付进度款前工程师审核的工程量一般仅仅作为支付进度款的依据，而不作为支付结算款的依据。因工程师审核进度款的方法称为“计量”，计量的方法是“按照设计图纸核实已完工程量”，而并不严格依据合同、工程实际情况等。因此证明力较弱。但也不排除若合同约定在施工期间按照工程部分进行结算，作为支付该部分工程款支付的依据，则在此情况下，工程师的审核就不是进度款了，而是该部分工程结算款，则可在诉讼中以此作为证明力较强的证据来提交。

（3）法院一般会认可当事人诉前共同委托鉴定所得鉴定结论的效力，并以此作为结算依据，特殊情况下才可重新鉴定。《最高院施工合同司法解释》第30条规定：“当事人在诉讼前共同委托有关机构、人员对建设工程造价出具咨询意见，诉讼中一方当事人不认可该咨询意见申请鉴定的，人民法院应予准许，但双方当事人明确表示受该咨询意见约束的除外。”

（4）对于发包人诉前单方委托结算审价的审价报告，及法院委托司法鉴定机构所做的审价报告，如承包人无足以反驳的证据应作为工程结算依据。《最高人民法院关于民事诉讼证据的若干规定》第41条规定：“对于一方当事人就专门性问题自行委托有关机构或者人员出具的意见，另一方当事人有证据或者理由足以反驳并申请鉴定的，人民法院应予准许。”该规定明确了一方可以自行委托鉴定，另一方要推翻该鉴定结论应该提供“足以反驳”的证据。显然，在工程竣工以后或者工程合同解除以后，发包人单方面委托的审价是可以作为证据的，承包人无“足以反驳”的证据不能推翻。同理，法院在受理案件后，双方当事人或一方就工程款造价问题申请法院进行司法鉴定，对于法院委托的鉴定机构作出的鉴定的效力，当事人只能参考《最高人民法院关于民事诉讼证据的若干规定》第 40 条的规定来判断是否可以补充鉴定或重新鉴定[①]。

3.1 法院如何判定有效合同中价款约定不明确问题的工程款结算纠纷[②]

——某升公司与某豪公司建设工程施工合同纠纷案[③]

关 键 词： 合同有效　工程款约定不明　结算纠纷　司法审价

问题提出： 在合同解除后，双方就已完成部分工程款结算方式发生纠纷时，法院应按哪些因素来确定计价方式及工程款结算问题？

关联问题： 法院对工程结算纠纷进行司法审价的情形？双方在主张结算依据时须考虑哪些因素？

裁判要旨： 对于约定了固定价款的建设工程施工合同，双方未能如约履行，致使合同解除的，在确定争议合同的工程价款时，既不能简单地依据政府部门发布的定额计算工程价款，也不宜直接以合同约定的总价与全部工程预算总价的比值作为下浮比例，再以该比例乘以已完工程预算价格的方式计算工程价款，而应当综合考虑案件实际履行情况，并特别注重双方当事人的过错和司法判决的价值取向等因素来确定。

---

① 《最高人民法院关于民事诉讼证据的若干规定》第 40 条：“当事人申请重新鉴定，存在下列情形之一的，人民法院应当准许：（一）鉴定人不具备相应资格的；（二）鉴定程序严重违法的；（三）鉴定意见明显依据不足的；（四）鉴定意见不能作为证据使用的其他情形。存在前款第一项至第三项情形的，鉴定人已经收取的鉴定费用应当退还。拒不退还的，依照本规定第八十一条第二款的规定处理。对鉴定意见的瑕疵，可以通过补正、补充鉴定或者补充质证、重新质证等方法解决的，人民法院不予准许重新鉴定的申请。重新鉴定的，原鉴定意见不得作为认定案件事实的根据。”

② 撰稿人：吴清源、马贝艺，上海市建纬律师事务所。

③ 一审：青海省高级人民法院（2012）青民一初字第 5 号；二审：最高人民法院（2014）民一终字第 69 号。

案情简介

上诉人（一审原告、反诉被告）：某升公司

上诉人（一审被告、反诉原告）：某豪公司

2011 年 9 月 1 日，某豪公司与某升公司签订的《建设工程施工合同》约定：由某升公司为某豪公司的建设工程施工。工程名称为海南×××产业创意园商业广场；工程内容为：建筑结构为独立基础、框架结构；层数为 1 层、局部 2 层和 3 层；建筑高度分别为 5.70 米、10.20 米、14.10 米，建筑面积为 36745 平方米，最终以双方审定的图纸设计面积为准；开工日期为 2011 年 5 月 8 日，竣工日期为 2012 年 6 月 30 日，工期 419 天。工程单价 1860 元/平方米，单价一次性包死，合同总价款 68345700 元。

2011 年 5 月 15 日，某升公司开始施工；2012 年 6 月 13 日，某升公司、某豪公司与相关单位组织主体验收；2011 年 6 月，某安华诚公司完成设计图纸，同月 27 日双方当事人及有关单位进行图纸会审；2011 年 11 月 23 日，某升公司、某豪公司、监理单位、设计单位、勘察单位、质检单位在××州××县某豪公司售房部形成《基础验收会议纪要》，工程基础验收合格。

2012 年 1 月 9 日，某安华诚公司向某豪公司作出《设计变更通知单》，通知单内容为：对广场地砖、涂料、找平、找坡、结构板等进行变更；2012 年 3 月 31 日，设计单位向某豪公司发出了《××州××县×××镇×××产业创意园商业广场》的变更通知单，内容为面层、结构板等变更要求；2013 年 5 月 27 日，设计单位下发了《设计修改通知单》，对原结施节点详图中过梁作了补充和变更；2012 年 3 月、4 月、5 月，某升公司向监理单位分别报送《某豪置业有限公司工程进度申报（审核）表》，监理单位盖有印鉴。

2012 年 6 月 19 日，某升公司发出《通知》，要求某豪公司于 2013 年 6 月 23 日前支付 1225.14 万元工程款，否则将停止施工。2012 年 6 月 25 日，某豪公司发出《通知》，内容为：某升公司不按约履行合同，拖延工程进度，不按图施工，施工力量薄弱，严重违约，导致工程延误、给某豪公司造成了巨大经济损失，要求解除合同，同时要求某升公司接到通知的一日内撤场、拆除临舍。之后，双方解除合同，某升公司撤场。

2012 年 6 月 28 日，某豪公司与某盛实业公司签订《建设工程施工合同》，以包工包料的方式，将某升公司未完成的全部工程发包给某盛实业公司施工。

2012 年 7 月 22 日，某豪公司与某业建设公司签订《建设工程施工合同》，将某盛实业公司未完成施工内容发包给某业建设公司施工。

2011 年 8 月 10 日至 2012 年 4 月 18 日，某豪公司陆续支付给某升公司工程款 2850 万元；2012 年 7 月 10 日，某豪公司为某升公司垫付民工工资 2297562 元；某豪公司垫付施工用水费 130000 元；监理单位罚款 10000 元；防雷检测、沉降观测费 20000 元，合计 30957562 元，某升公司对上述款项予以认可。某升公司对 2011 年 12 月 14 日毛某峰从某豪公司处领取 100000 元，不予认可。

某升公司对于某豪公司提出的 3.36% 的税金税率无异议，某升公司同意由某豪公司将税金代扣代缴，某豪公司出具发票给某升公司。

根据某升公司的申请，一审法院委托规划研究院咨询部对某升公司承建的青海省海南×××产业创意园广场已完工程造价和某升公司应当施工但未施工部分工程项目合同价款进行了鉴定。工程造价鉴定结论有 7 项：1. 依据双方当事人签订的《建设工程施工合同》、设计施工图等相关资料，标的物合同价格 = 建筑面积 × 合同单价 = 36691.76 元平方米 ×1860 元/平方米 = 68246673.60 元。2. 依据设计施工图纸及《青海省建设工程消耗量定额（2004）》等相关资料，标的物施工图预算价格合计为 89098947.93 元。即：合同与预算相比下浮比例为 76.6%。3. 依据双方当事人签订的《建设工程施工合同》、设计施工图、《青海省建设工程消耗量定额（2004）》等相关资料，标的物已完部分工程预算价格合计为 40652058.17 元。4. 标的物已完工程项目鉴定价格 = 40652058.17 元 ×76.6% = 31139476.56 元。5. 双方当事人无争议的工程变更、签证项目（廊桥）鉴定价格为 83361.10 元。6. 增加的加气砼墙面抹灰费用 50000 元。7. 双方当事人有争议，需经人民法院审理确认的工程变更、签证项目鉴定价格为 1451136.16 元，其中：2012 年 3 月 25 日工程签证单（取消 11 – 16 – /R – S 轴商铺）内容价格合计为 146771.20 元；2012 年 3 月 25 日工程签证单（回填3∶7灰土）内容价格合计为 723520 元；2012 年 3 月 25 日工程签证单（室外大台阶返工）内容价格合计为 448582.4 元；2012 年 4 月 20 日工程签证单内容价格为 31744.96 元；2012 年 6 月 7 日工程联系签证单内容价格合计为 100517.60 元。以上已完工程项目鉴定价格合计 32723973.82 元。某升公司应当施工但未施工部分工程项目合同价款为 21446706.70 元。

根据某豪公司的申请，一审法院委托××土木工程科学研究院对××州

××县×××镇×××产业创意园中心广场的工程质量进行了鉴定，鉴定意见书表述内容为：维护墙体出现裂缝，一道踏步梁出现斜向裂缝，一层雨篷未按图纸施工造成坍塌，安装塔吊部分混凝土未浇筑塔、吊口断梁，一层部分梁体侧面出现竖向裂纹，一层柱子和二、三层踏步混凝土浇筑模板涨模，一层安装暖气管道高度未按图施工，已安装桥架盖子未盖，已安装排水管材料与设计不符，强弱电接地母线未检测，采光井井口不圆、梁过高，广场楼梯未开口，消防箱未按设计要求施工，一层需砸洞64个、封堵38个，二层需砸洞8个、封堵1个，三层需砸洞4个，4号、8号楼梯及楼梯上的梁未按图施工。同时，根据一审委托书和某豪公司的司法鉴定申请书，××土木工程科学研究院对出现的质量问题做出了维修方案，并对维修费用进行了计算。工程质量维修费用鉴定意见书表述内容为：1. 墙体裂缝（中心广场一周围围护墙体）维修费用90000元。2. 广场踏步梁断裂（33－34×F轴线位置）维修费用6000元。3. 一层雨篷未按图纸施工造成坍塌维修费用无法确定，双方同意对该部分从造价鉴定结果中予以剔除。4. 安装塔吊部分混凝土未浇筑，塔吊口断梁维修费用60000元。5. 一层部分梁体出现裂纹维修费用50000元。6. 一层柱子和二、三层踏步混凝土浇筑模板涨模，施工单位已维修，当事人对此无异议。7. 已安装桥架线缆施工完成后盖桥架盖子费用3000元，当事人双方对此维修费用无异议。排水管按原设计要求进行施工，对该项根据现场使用情况，从本次造价鉴定中予以剔除，当事人双方对此无异议，强弱电接地母线进行检测，检测费用为5000元，当事人双方对维修费用均无异议。8. 采光井井口不圆，梁过高维修费用30000元。9. 广场楼梯未开口维修费用1000元。10. 消防箱未按设计要求施工，一层需砸洞64个、封堵38个，二层需砸洞8个、封堵1个，三层需砸洞4个，维修费用3000元。综上，维修总费用为248000元，该费用中未包含按本次造价鉴定中需剔除部分。

一审判决：一、某升公司于本判决生效后30日内向某豪公司返还超付的工程款835491.69元；二、某升公司于本判决生效后30日内向某豪公司支付质量缺陷修复费用248000元；三、驳回某升公司的诉讼请求；四、驳回某豪公司的其他反诉请求。本诉案件受理费153996元，由某升公司负担。反诉案件受理费49733元，由某升公司负担5471元、某豪公司负担44262元。鉴定费295000元（工程造价鉴定费240000元，工程质量鉴定费55000元），由某升公司负担147500元、某豪公司负担147500元。

二审判决：一、撤销青海省高级人民法院（2012）青民一初字第5号民事判决；二、某豪公司于本判决生效后10日内向某升公司支付工程款9410477.43元；三、某豪公司于本判决生效后10日内向某升公司支付违约金60227元；四、某升公司于本判决生效后10日内向某豪公司交付已施工部分全部施工资料和全部工程图纸；五、驳回某升公司的其他诉讼请求；六、驳回某豪公司的其他反诉请求。本案一审本诉案件受理费153996元，由某升公司负担89414元、某豪公司负担64582元；反诉案件受理费49733元，由某升公司负担5471元、某豪公司负担44262元；鉴定费295000元，由某升公司负担147500元、某豪公司负担147500元。二审案件受理费266188元，由某升公司负担26619元、某豪公司负担239569元。

各方观点

某升公司观点：在完成基础、主体施工后，某豪公司单方解除合同，致使合同约定工程未能全部完工，合同约定的固定单价无法适用，某豪公司应当按照定额结算已完工程价款。如若认定根据合同约定的固定单价按比例折算已完工程的工程价款，既无法律根据也无合同的依据，显然适用法律错误。

某豪公司观点：某升公司要求按照定额结算已完工程的工程价款的主张和理由，不符合双方合同的明确约定和法律规定。某升公司的主张旨在突破合同约定打破双方当事人之间的利益平衡。工程造价鉴定意见充分考虑了双方当事人的不同意见，完全能够满足人民法院审理案件的需要，符合法律规定，并无不当。

法院观点

一审法院观点：关于某升公司完成的工程价款问题。一审法院认为，鉴定机构依据双方签订的《建设工程施工合同》、设计施工图及《青海省建设工程消耗量定额（2004）》等相关资料，计算出定额预算总价款89098947.93元，合同约定的总价款68246673.60元，合同价与预算价相比下浮比例为76.6%，某升公司已完工程定额预算价为40652058.17元，已完工程项目鉴定价格为32723973.82元（包括双方有争议的工程变更、签证项目1451136.16元）。双方有争议的工程变更、签证单包括：2012年3月25日工程签证单（取消11－16/R－S轴商铺）内容价格合计为146771.20元；2012年3月25日工程签证单（回填3:7灰土）内容价格合计为723520元；2012年3月25日工程签证单（室外大台阶返工）内容价格合计为448582.40元；2012年4月20日工程签证单内容价格为31744.96元；2012年6月7日工程联系签证单内容价格为100517.60元，以上合计1451136.16元。对于双方有争议的签证单由于无监理单位的签章，某豪公司不予认可，监理单位华某监理西宁分公司于2012年9月13日出具情况说明，上述签证单签名的监理人员冯永某无总监理工程师的授权，总监理工程师不知情，并且在监理资料中无上述签证单，认为上述工程签证单是冯永某超越权限的个人行为，不能作为结算工程款的依据。某升公司未提交其他证据证明上述签证单所涉工程量及价款的真实性。因此，双方有争议的工程变更、签证项目1451136.16元应从鉴定意见已完合同价款32723973.82元中扣减。某升公司已完成的工程总价款为31272837.66元。

二审法院观点：关于案涉合同工程价款应当如何确定的问题。

第一，就本案应当采取的计价方法而言。

首先，根据双方签订的《建设工程施工合同》，合同价款采用按约定建筑面积量价合一计取固定总价，即，以一次性包死的承包单价1860元/平方米乘以建筑面积作为固定合同价，合同约定总价款约68345700元。作为承包人的某升公司，其实现合同目的、获取利益的前提是完成全部工程。因此，本案的计价方式，贯彻了工程地下部分、结构施工和安装装修三个阶段，即三个形象进度的综合平衡的报价原则。

其次，我国当前建筑市场行业普遍存在地下部分和结构施工薄利或者亏本的现实，这是由于钢筋、水泥、混凝土等主要建筑材料价格相对较高且大多包死，施工风险和难度较高，承包人需配以技术、安全措施费用才能保质保量完成等所致；而安装、装修施工是在结构工程已完工之后进行，风险和成本相对较低，因此，安装、装修工程大多可以获取相对较高的利润。本案中，某升公司将包括地下部分、结构施工和安装装修在内的土建+安装工程全部承揽，其一次性包死的承包单价是针对整个工程作出的。如果某升公司单独承包土建工程，其报价一般要高于整体报价中所包含的土建报价。作为发包方的某豪公司单方违约解除了合同，如果仍以合同约定的1860元/平方米作为已完工程价款的计价单价，则对某升公司明显不公平。

再次，合同解除时，某升公司施工面积已经达到了双方审定的图纸设计的结构工程面积，但整个工程的安装、装修工程尚未施工，某升公司无法完成与施工面积相对应的全部工程量。此时，如果仍以合同约定的总价款约68345700元确定本案工程价款，则对某豪公司明显不公平，这也印证了双方当事人约定的工程价款计价方法已无法适用。

最后，根据本案的实际，确定案涉工程价款，只能通过工程造价鉴定部门进行鉴定的方式进行。通过鉴定方式确定工程价款，司法实践中大致有三种方法：一是以合同约定总价与全部工程预算总价的比值作为下浮比例，再以该比例乘以已完工程预算价格进行计价；二是已完施工工期与全部应完施工工期的比值作为计价系数，再以该系数乘以合同约定总价进行计价；三是依据政府部门发布的定额进行计价。

第二，就已完工工程价款如何确定而言。

首先，前述第一种方法的应用，是在当事人缔约时，依据定额预算价下浮了一定比例形成的合同约定价，只要计算出合同约定价与定额预算价的下浮比例，据此就能计算出已完工程的合同约定价。鉴定意见书即采用了该种方法，一审判决也采纳了该鉴定意见。遵循这一思路，本案已完工程的价款应为：68246673.60元（鉴定的合同总价款）÷89098947.93元（鉴定的全部工程预算价）×40652058.17元（鉴定的已完工工程预算价）=31139476.56元。然而，无论是鉴定意见书还是一审判决，采用这一方法计价存在明显不合理之处：一是现无证据证明鉴定的全部工程预算价89098947.93元是当事人缔约时依据的预算价，何况合同总价款68246673.60元也是通过鉴定得出的，并非当事人缔约时约定的合同总价款。二是用鉴定出的两个价款进行比对得出的下浮比例，与当事人的意思表示没有任何关联，如此计算出来的价款当然不可能是合同约定的价格。三是如采用这一种方法，某豪公司应支付的全部工程价款大致为：31139476.56元+13500000元（被某豪公司分包出去的屋面工程价款）+14600000元（剩余工程的工程价款）=59239476.56元。由此，某豪公司应支付的全部工程价款将明显低于合同约定的总价68345700元，两者相差910余万元。显然，如采用此种计算方法，将会导致某豪公司虽然违反约定解除合同，却能额外获取910余万元利益的现象。这种做法无疑会助长因违约获得不当利益的社会效应，因而该方法在本案中不应被适用。四是虽然一审判决试图以这一种计算方法还原合同约定价，但却忽略了当事人双方的利益平衡以及司法判决的价值取向。至某豪公司解除合同时，某升公司承包的土建工程已全部完工，某豪公司解除合同的行为破坏了双方的交易背景，此时如再还原合同约定的土建工程价款，既脱离实际情况，违背交易习惯，又会产生对守约一方明显不公平的后果。

其次，如果采用第二种方法计算本案工程的工程价款，本案已完工程价款应为：408 天（2011 年 5 月 15 日至 2012 年 6 月 25 日）÷506 天（2011 年 5 月 15 日至 2012 年 10 月 1 日）×68246673.60 元（鉴定的合同总价款）= 55028938.40 元。采用这一种方法，与建设工程中发包人与承包人多以单位时间内完成工程量考核进度的交易习惯相符。某豪公司应支付的全部工程价款为：55028938.40 元 + 13500000 元（被某豪公司分包出去的屋面工程价款）+ 14600000 元（剩余工程的工程价款）= 83128938.40 元。某豪公司应支付的全部工程价款明显高于合同约定的总价 68345700 元，两者相差 14783238.40 元，此时虽然符合某豪公司中途解除合同必然导致增加交易成本的实际情况，但该计算结果明显高于已完工工程相对应的定额预算价 40652058.17 元，对某豪公司明显不公，因而也不应采用。

最后，如采用第三种方法即依据政府部门发布的定额计算已完工工程价款，则已完工工程价款应是 40652058.17 元。某豪公司应支付的全部工程价款为：40652058.17 元 + 13500000 元（被某豪公司分包出去的屋面工程）+ 14600000 元（剩余工程的工程价款）= 68752058.17 元，比合同约定的总价 68345700 元仅高出 36 万余元。此种处理方法既不明显低于合同约定总价，也不过分高于合同约定总价，与当事人预期的价款较为接近，因而比上述两种计算结果更趋合理。另外，政府部门发布的定额属于政府指导价，依据政府部门发布的定额计算已完工程价款亦符合《合同法》第 62 条第 1 款第 2 项[①]"价款或者报酬不明确的，按照订立合同时履行地的市场价格履行；依法应当执行政府定价或者政府指导价的，按照规定履行"以及《民法通则》第 88 条第 2 款第 4 项[②]"价款约定不明确的，按照国家规定的价格履行；没有国家规定价格的，参照市场价格或者同类物品的价格或者同类劳务的报酬标准履行"等相关规定，审理此类案件，除应当综合考虑案件实际履行情况外，还特别应当注重双方当事人的过错和司法判决的价值取向等因素，以此确定已完工程的价款。一审判决没有分清哪一方违约，仅仅依据合同与预算相比下浮的

① 对应《民法典》第 511 条第 1 款第 2 项。

② 《民法通则》现已失效。

76.6%确定本案工程价款，然而，该比例既非定额规定的比例，也不是当事人约定的比例，一审判决以此种方法确定工程价款不当，应予纠正；某升公司提出的以政府部门发布的预算定额价结算本案已完工工程价款的上诉理由成立，应予支持。

关联案例

案件名称： 中某公司与李某甲、天某公司及刘某、李某2建设工程施工合同纠纷案

审理法院： 一审：吉林省长春市中级人民法院（2016）吉01民初918号；二审：吉林省高级人民法院（2017）吉民终584号

裁判观点： 关于未完工程扣款项问题。根据《最高人民法院关于适用〈中华人民共和国民事诉讼法〉的解释》第90条规定："当事人对自己提出的诉讼请求所依据的事实或者反驳对方诉讼请求所依据的事实，应当提供证据加以证明……"①《最高人民法院关于民事诉讼证据的若干规定》第2条规定："当事人对自己提出的诉讼请求所依据的事实或者反驳对方诉讼请求所依据的事实有责任提供证据加以证明。没有证据或者证据不足以证明当事人的事实主张的，由负有举证责任的当事人承担不利后果。"② 具体到本案，中某公司主张李某甲未施工办公室消防、办公室排风、办公室化粪池、厂房地下室隔墙、厂房地下室地面找平、厂房南坡道、厂房消防等工程，李某甲对此予以认可，此时中某公司应举证明确上述工程项目的具体数额。一审法院依法定程序书面通知中某公司和李某甲限期对该部分工程项目提报结算数额及依据，并明确告知双方当事人应承担的举证责任和法律后果。李某甲在法庭限定的期限内提报了其认可的未完工程扣款项及依据，金额为1450205.45元；中某公司无视法庭限期举证通知及分配的举证责任，拒绝向法庭提供相关结算证据。在这种情况下，一审法院认定中某公司应承担举证不能的不利法律后果，采信李某甲提报的工程款数额，认定此部分未完工程造价（扣款）为1450205.45元，于法有据，符合相关程序规定，并无不当。故中某公司的此点上诉请求，法院不予支持。

---

① 该司法解释已修正，对应现行《最高人民法院关于适用〈中华人民共和国民事诉讼法〉的解释》第90条。

② 该司法解释已修正，对应现行《最高人民法院关于适用〈中华人民共和国民事诉讼法〉的解释》第90条。

律师点评

一、关于建设工程款主要的结算方式

《最高院施工合同司法解释》第19条第1款、第2款规定：“当事人对建设工程的计价标准或者计价方法有约定的，按照约定结算工程价款。因设计变更导致建设工程的工程量或者质量标准发生变化，当事人对该部分工程价款不能协商一致的，可以参照签订建设工程施工合同时当地建设行政主管部门发布的计价方法或者计价标准结算工程价款。”

关于工程款结算的确认，法律尊重当事人之间的约定，无论是从款项确认还是计价方式，以有效的约定优先处理。

（一）工程款结算主要的约定方式

根据《建设工程价款结算暂行办法》第8条规定，建设单位和施工单位可以约定以下方式进行工程结算：

1. 固定总价

俗称“一次性包死”，常见于工程总承包合同，可以对整体工程结算采用固定总价合同方式。

2. 固定单价

双方在合同中约定综合单价包含的风险范围和风险费用的计算方法，在约定的风险范围内综合单价不再调整。风险范围以外的综合单价调整方法，应当在合同中约定。

3. 可调价格

可调价格包括可调综合单价和措施费等，双方应在合同中约定综合单价和措施费的调整方法，调整因素包括：(1) 法律、行政法规和国家有关政策变化影响合同价款；(2) 工程造价管理机构的价格调整；(3) 经批准的设计变更；(4) 发包人更改经审定批准的施工组织设计（修正错误除外）造成费用增加；(5) 双方约定的其他因素。

（二）工程款的结算依据

根据《建设工程价款结算暂行办法》第11条规定，工程价款结算应按合同约定办理，合同未作约定或约定不明的，发、承包双方应依照下列规定与文件协商处理：

1. 国家有关法律、法规和规章制度；

2. 国务院建设行政主管部门、省、自治区、直辖市或有关部门发布的工程造价计价标准、计价办法等有关规定；

3. 建设项目的合同、补充协议、变更签证和现场签证，以及经发、承包人认可的其他有效文件；

4. 其他可依据的材料。

值得注意的是，实务中存在“黑白合同”情况，即发包方与承包方签订的合同向行政机关备案后，再另行签订新的施工合同或补充协议，这种情况下根据《最高院施工合同司法解释》第2条规定，若当事人就同一建设工程另行订立的建设工程施工合同与经过备案的中标合同实质性内容不一致的，应当以备案的中标合同作为结算工程价款的根据。结算方式属于合同的实质性内容。

二、关于建设工程款结算的法院认定与法律适用

根据《最高院施工合同司法解释》的规定，工程结算按照双方约定的结算文件或施工合同确定。法律充分认可双方当事人在意思自治的基础上订立的合同，但当双方就工程结算后确认的工程款存在纠纷时，法院除了考虑合同约定外，实际发生的工程量也是重要的考虑因素。

双方约定了固定价结算条款，表明双方对建设施工的风险是有认识的，也已经考虑到合同履行过程中可能引起价格变动的种种因素。但若一方在没有证据和事实推翻合同约定时，一方当事人抛开合同约定的包干总价，提出对工程造价进行鉴定的申请，法院一般不予支持。即使当事人在履行合同过程中，实际增加了施工面积，但双方未对增建的施工面积如何取费进行约定，对新增加工程价款又达不成一致意见的，如果新增加工程与原工程性质基本相同（主要指建筑材料、设计相同），法院仍然可遵循当事人合同约定的真实意思表示，按照合同约定的结算标准计算增加的工程量价款。

一般而言，双方当事人应当按照合同约定结算工程价款，合同约定的结算方式是成本加酬金方式，或者可调价结算的，应当按照合同约定的计价方法和计价标准结算。一方就工程量或者工程价款变更达成的洽商记录，像签证、会谈纪要、工作联系单等意思表示明确的，应当认定其性质为合同变更的情形，不违反法律强制性规定的，应当认定洽商记录有效。

关于设计变更导致建设工程的工程量或者质量标准发生变化，当事人对该部分工程价款不能协商一致的，可以参照签订建设工程施工合同时当地建设行政主管部门发布的计价方法或者计价标准结算工程价款。“可以参照”是

一个倡导性条款，即一般按照当地建设行政主管部门发布的计价方法或者计价标准结算工程价款。按照这一标准结算工程价款，相对而言，符合当事人签约时的客观实际情况，符合随行就市的商业交易惯例，一般讲也有利于平衡双方当事人利益。总之，因设计变更导致建设工程的工程量或者质量标准发生变化时，无法按照原合同约定结算工程价款，原合同丧失了应当适用的基础，失去了结算工程价款的标准，这种情况下，法院应当鼓励当事人自行协商达成协议，重新确立结算标准；协商不成的，参照当地建设行政主管部门发布的计价方法或者计价标准（即建筑定额）结算工程价款。司法实践中，通常通过申请司法审价确认工程量作为裁判参考依据。

以本案为例，某豪公司与某升公司签订的《建设工程施工合同》约定，建筑面积为36745m平方米，工程单价“一次包死”为1860元/平方米，合同总价款6834.57万元。在工程主体已通过验收后，某升公司要求某豪公司支付拖欠进度款1225.14万元，而某豪公司却在之后发出通知解除合同，并要求某升公司接到通知的一日内撤场。因此就已完工部分的工程款计算问题就是本案的主要争议点。原审青海省高级人民法院委托省规划设计研究院工程造价咨询部对案涉工程造价进行鉴定，鉴定机构以合同约定总价与全部已完成工程预算价的比值76.6%作为计价比例，再以该比例乘以已完成工程预算价的方法进行计价，由此方式得出的价格是远低于市场价的。

对这一情况，二审代理律师提出承包人约定以平方米单价固定方式的综合平衡报价基于全部完工价为前提；一方根本性违约导致合同解除、承包人无法实现合同目的，应由违约方承担责任；合同中途被解除，无法直接采用合同原有计价方式计算已完成工程价款；以定额价结算工程价款更能保护守约方的利益。而二审法官亦采纳了这一观点，最终改判为按当地定额标准计价，判决撤销青海省高级人民法院上述判决。

因此，固定价格合同中途被解除，在合同没有相应约定或约定不明而难以确定工程造价的情况下，按原合同约定的计价模式采用已完成工程量与合同总量折算的方式不可取。按建设行政主管部门颁布的定额来确定已完成工程价款的结算方式，可以说是目前司法实务操作的最正确的方法。

三、关于工程司法审价的法律问题

司法审价，是指法院委托有资质的第三方机构对工程造价进行鉴定的活动。主要的法律依据是《民事诉讼法》第76条、《最高院施工合同司法解释》

第32条。

一般而言，在双方当事人意思表示真实的情况下订立的施工合同，一方当事人无正当理由申请法院对于工程量事实进行鉴定的，法院不应准许。若合同对工程价款没有约定或约定不明，此类合同如无违反法律、行政法规禁止性规定情形的，仍应确认合同有效。在此基础上，应依据《民法典》第510条、第511条之规定的精神，由双方当事人在诉讼中协商补充工程造价及决算的约定；协商不成又无法采取其他结算方式结算工程款时，可依当事人申请委托工程造价审计部门对工程款的数额予以鉴定。不过一方当事人对结算结果有争议且有相反证据证明的，也可向法院申请司法审价。若双方均不申请鉴定的，法院应当予以释明，经释明后对鉴定事项负有举证责任的一方仍不申请鉴定的，应承担举证不能的不利后果。

对作为定案证据的鉴定结论，必须查证属实才能够采信，鉴定部门作出鉴定结论后，法院应组织对鉴定结论进行质证，听取双方异议和理由。针对当事人提出的异议，应由鉴定机构作出解释并组织双方当事人及鉴定机构进行质证。鉴定机构应当接受当事人的质询并应提出对异议的处理意见。对于明显证据不足，违反客观规律或与当事人提供的证据明显不一致的、有缺陷的鉴定结论，不能作为定案依据。可根据案件的具体情况通过重新鉴定、补充鉴定、重新质证、补充质证等方法解决。如果经质证后，当事人没有提出足以反驳的相反证据和理由的，可以认定其证明力。

3.2 法院如何认定工程验收不合格的有效合同的工程款结算纠纷①

——某琨公司与天某公司建设工程施工合同纠纷二审民事判决书②

关 键 词： 合同有效　验收不合格　工程款　结算纠纷　工程质量

问题提出： 如何解决施工合同有效，但竣工验收不合格引起的双方责任和工程结算问题？

---

① 撰稿人：吴清源，上海市建纬律师事务所。

② 一审：青海省高级人民法院（2012）青民一初字第6号；二审：最高人民法院（2015）民一终字第129号。

关联问题：建设工程验收不合格后，法院如何认定由此发生的工程款结算和竣工问题？

裁判要旨：当事人对工程量有争议的，按照施工过程中形成的签证等书面文件确认。承包人能够证明发包人同意其施工，但未能提供签证文件证明工程量发生的，可以按照当事人提供的其他证据确认实际发生的工程量。施工合同有效，无论双方是否继续履行，承包人均应在约定的范围内承担质保义务。建设工程竣工验收不合格的，经承包人修复后仍然不合格，承包人索要工程款的，不予支持。

案情简介

上诉人（原审原告、反诉被告）：天某公司

上诉人（原审被告、反诉原告）：某琨公司

2011 年 12 月 25 日，某琨公司与天某公司签订《建设工程施工协议书》（以下简称协议书），约定由天某公司承包×××经济技术开发区建造 30 万吨变性燃料甲醇、8 万吨甲醇基清洁燃料调和助剂及 10 万吨甲醇汽（柴）油项目中的围墙、道路、办公楼、宿舍楼、专家楼及生活区公用工程，包工包料总承包；承保范围为上述工程施工图内全部内容；工期自 2012 年 2 月 10 日至 2012 年 9 月 30 日，共计 230 天；合同价为 2154 万元。《专用条款》约定工程款（进度款）支付为银行转账，所有工程款应由发包人转到合同约定的承包人指定账户。围墙、道路、办公、生活区公用工程等由承包方垫资到工程造价 800 万元后，由发包人一次性支付给承包人该工程款。剩余工程按承包人月进度由发包人支付给承包人每月所完工程量造价 70% 的工程进度款，工程竣工验收合格后发包人支付工程总造价 97% 的工程款给承包人，扣留 3% 作为保修金，保修期为一年，保修金在保修期满后 5 日内一次付清。

2011 年 11 月、2012 年 2 月 2 日，天某公司分别向某琨公司支付履约保证金 215 万元。

2012 年 4 月 10 日，天某公司西宁分公司与何某签订《×××某琨新能源技术开发工程劳务分包合同》。

2012 年 5 月 11 日，在建设单位某琨公司郑某、李某、高某，监理单位石某、王某，施工单位天某公司黄某、陈某、宋某等人的参加下，共同形成《某琨新某源公司工程协调会议纪要》，达成以下协议：办公楼、1#宿舍楼、2#宿舍楼同步开工，专家楼不纳入施工范围。

2012 年 8 月 22 日，某琨公司向天某公司支付 120 万元工程款。

2011 年 8 月 21 日，某琨公司向一审法院起诉，以天某公司违反协议书约定，将工程转包他人，拖延工期致使工程不能如期完工，同时因非法转包导致工程质量不合格，给某琨公司造成经济损失为由，请求：1. 解除某琨公司与天某公司签订的协议书；2. 判令天某公司支付违约金及损失 1000 万元；3. 本案诉讼费由天某公司承担。

天某公司答辩称，1. 双方所签的协议书是双方真实意思表示，不违反法律、法规强制性规定，合同合法有效，应当继续履行。协议履行中，天某公司从未将工程分包或转包，该工程由天某公司西宁分公司施工，在承包该工程后，将工程劳务部分分包他人，但不违背协议书约定；工期延误的责任完全是某琨公司不按约定支付工程款所致；对于工程质量，双方约定工程完工后一次性交验合格，现已完工的隐蔽工程已经验收合格，其余工程尚未验收，案涉工程不存在工程质量不合格的事实。2. 天某公司在履行协议中不存在违约的事实，某琨公司主张违约金及损失 1000 万元无事实、法律依据。某琨公司作为发包方，因建设资金匮乏，采取让天某公司缴纳履约保证金 215 万元、垫付资金 800 万元的方式，同天某公司签订协议书。天某公司依约交付了 215 万元的保证金，至 2012 年 7 月也完成了 800 万元的工程量。为此，天某公司去函要求某琨公司支付垫付的 800 万元工程款，但某琨公司分文未付。至同年 7 月底，已完工程量达 1257 万元。为此，天某公司给某琨公司再次报送《工程款支付申请表》要求支付工程款，某琨公司仍未答复。请求：驳回某琨公司的全部诉讼请求。

天某公司反诉称，天某公司与某琨公司签订协议书后，即按协议书专用条款 41.3（2）的约定分二次支付履约保证金 215 万元，并安排施工机械人员进场组织施工。天某公司施工至 2012 年 7 月上旬时已垫付工程款 800 万元，按照协议书专用条款第 26 条的约定，某琨公司应一次性支付天某公司垫付的 800 万元工程款，但其违约未能支付该工程款。为了双方的合作关系，在某琨公司多次作出尽快付款的承诺下，天某公司继续施工至 2012 年 7 月底时，已完工程款项为1257万元。某琨公司无视协议书支付工程款的约定，始终对其应支付的1257万元工程款分文不付，某琨公司根本违约。请求：判令某琨公司支付工程款1257万元及违约金236928.33元。

某琨公司答辩称，签订协议书时，天某公司一年未年检，丧失主体资格，故无法与某琨公司签订合同。因天某公司不具有主体资格导致工程不合格，不应支付工程款。故天某公司让某琨公司支付工程款的诉求不应得到支持。

2012年11月12日、2013年1月17日，某琨公司、天某公司分别向一审法院提出工程质量、在建工程量、价款的司法鉴定申请。2013年7月，××省建筑科学研究院作出《×××某琨新能源技术开发有限公司在建甲醇汽（柴）油项目工程质量检测鉴定报告》（以下简称《鉴定报告》），鉴定意见为：（一）办公楼、1号宿舍楼、2号宿舍楼地基基础工程质量均不满足设计要求；上部结构均存在不同程度的工程质量问题，诸多方面不满足设计及相关规范要求；（二）厂区道路工程质量不满足设计要求；（三）厂区围墙工程质量不满足设计要求。并出具《说明》，内容为：该院对某琨公司甲醇汽（柴）油项目在建工程已完部分工程质量检测鉴定已完成。应一审法院要求，该院对该工程存在质量问题的方面给予以下建议：1. 该工程办公楼、1号宿舍楼、2号宿舍楼地基基础工程质量均不满足设计要求，建议有资质的单位对该楼地基基础进行复核验算（如地基承载力验算、地基变形计算），提出相应的处理意见（可采用注浆加固等方法进行处理）；建议对该楼上部结构存在质量缺陷的构件进行补强维修处理（可采用外粘型钢或粘贴纤维复合材料等方法进行补强加固），或经有资质的单位进行复合验算（如结构、构件承载力和抗震能力）后，提出相应的处理意见。2. 厂区道路工程质量不满足设计要求，建议进行相应的处理。3. 厂区围墙工程质量不满足设计要求，建议进行相应的处理。

2013年9月5日，青海某信建设工程造价咨询有限公司作出青保工鉴字（2013）02号《关于对×××市经济开发区内的30万吨变性燃料甲醇项目办公楼、宿舍楼、厂区围墙、厂区道路已完工程工程量及工程造价的鉴定报告》（以下简称《工程量鉴定报告》），鉴定意见为：本次鉴定的天某公司施工的×××市经济开发区内的30万吨变性燃料甲醇项目实际完成的工程总造价为10335405.77元，按合同约定整体下浮1.5414%后加上施工用水水费后得出鉴定工程总造价为10181095.83元。

2013年10月30日，某琨公司向一审法院提出工程质量维护费用鉴定申请。

2013 年 11 月 15 日，××省建筑科学研究院作出《关于天某公司提出对〈鉴定报告〉异议的答复》，内容为：本次现场检测鉴定工作及范围，是严格按照相关方均同意的检测鉴定方案、相关国家规范、检测鉴定程序的要求，且全程在相关方的见证下进行，相关各方均无异议。

2014 年 3 月 18 日，××省化工设计研究院有限公司作出《关于在建甲醇汽（柴）油项目工程已完工程中存在质量问题的整改意见》，内容为：一、工程质量问题现场勘验情况，经过对××省建筑科学研究院提供的《鉴定报告》的详细审议，本公司于2014 年 3 月 14 日派设计人员到施工现场进行了现场勘验。比对本公司的设计施工图纸后发现施工方未按施工图设计要求进行施工。本公司认为该报告内容符合实际情况，客观公正。二、本工程尚处施工阶段，甲方尚未组织各参建单位进行验收。由于施工方未提供详细的同步内页资料（施工质量检测，原材料质量证明，自检报告等），设计单位无法验算和复核结构构件的具体技术指标是否能够经过整改就可以达到验收条件。本着认真、负责的态度，本公司认为：施工方应严格按照设计图纸要求结合国家现行施工验收规范予以整改施工，并出具初步整改意见如下：1. 后浇带问题：后浇带应在梁板浇筑施工前提前予以留设。此问题应按设计要求的部位采取砼无损切割（静力拆除）技术拆除砼，全面返工。2. 地基基础问题：地基垫层关乎整栋建筑物结构安全，应采取地基托换补强加固的技术予以返工整改。3. 地沟墙体砌筑问题，应按施工图设计要求拆除后重新施工。4. 部分梁板结构裂缝问题应具体分析成因和发展情况，凡结构有害裂缝处（框架梁上纵向通缝，板跨中部位纵向通缝，所有梁板横向通缝）全部拆除重建，后期发展的温度裂缝和表面施工裂缝采取裂缝补强加固技术予以全面整改，不留死角。5. 梁板主筋保护层不满足设计要求处，影响到工程使用年限，应采取合理方式全面返工整改。6. 其余外观施工质量问题应酌情予以返工整改。7. 施工单位应针对《鉴定报告》所反映的所有问题逐一落实整改施工方案，报业主与监理审核通过后，全面实施。8. 要求施工单位做好同步施工内业资料，并对其真实性负责。

2014 年 10 月 23 日，××省化工设计研究院有限公司出具《某琨公司在建甲醇汽（柴）油项目工程加固整改设计回函》，称一审法院委托的“×××某琨新能源技术开发有限责任公司在建甲醇汽（柴）油项目工程加固整改设计”项目，现回函如下：一、该公司可以配合检测部门经现场检测后，以检测数据为依据进行该工程加固设计。但地基托换内容超出该公司能力范围，另行委托有关单位配合设计。二、由于现场条件复杂，在加固设计内容中存在一定的拆除重建内容，工程施工风险较大。设计方案应经过专门论证后方可实施。三、设计费报价29.65万元（具体报价明细：根据×××地区建筑工程建设费用市场估算，估计本项目总建筑面积7640.12平方米（办公楼1栋2625.84平方米，宿舍楼2栋5014.28平方米）总投资约为1910.03万元。根据国家计委、建设部[①]关于发布《工程勘察设计收费管理规定》[②]的通知（计价格〔2002〕10号），基本设计收费=工程设计收费基价×专业调整系数×工程复杂程度调整系数×附加调整系数。本项目参数：工程设计收费基价85.95万元、专业调整系数0.3、工程复杂程度调整系数1.0、附加调整系数1.15，基本设计收费为89.95×0.3×1.0×1.15 = 29.65万元）。

2014年11月13日，××省建筑科学研究院出具《缺陷项目工程质量检测鉴定方案》，明确检测鉴定目的系为后续加固提供依据。内容为本次检测鉴定以《民用建筑可靠性鉴定标准（GB50292－1999）》的规定为基础，结合本工程的现场实际情况，确定鉴定内容，布置测点、测区相关数据，并最后做出判定。包括：（一）现场调查及收集有关资料：1. 场地踏勘，2. 工程有关资料收集；（二）办公楼、1#宿舍楼、2#宿舍楼已完部分缺陷项目工程质量现状监测：1. 地基承载力检测，2. 变形观测，3. 混凝土强度检测，4. 裂缝检测。工期为：现场检测工期8～10个工作日，室内试验、数据整理、分析及报告编制8～10个工作日，总工期约16～20个工作日。

各方观点

根据双方当事人的诉求和答辩意见，一审法院从以下几方面分析本案争议的焦点。

一、关于案涉协议书是否解除的问题

某琨公司认为，协议书第34条、第40.3条对解除合同有约定，事实证

---

① 2008年3月15日，第十一届全国人民代表大会第一次会议通过《第十一届全国人民代表大会第一次会议关于国务院机构改革方案的决定》，批准《国务院机构改革方案》。方案规定：组建中华人民共和国住房和城乡建设部。不再保留中华人民共和国建设部。以下不再提示。

② 根据《国家发展和改革委员会关于废止部分规章和规范性文件的决定》，该文件已于2016年1月1日起失效。

明合同达到解除条件，且符合最高人民法院《关于审理建设工程施工合同纠纷案件适用法律问题的解释》（以下简称《解释》）第8条第1款第4项关于将承包的工程非法转包、违法分包的应当解除的规定。[①]

天某公司认为，根据协议书专用条款第38.1条的规定，本工程发包人同意承包人分包的工程包括劳务与专项工程，且《建筑法》不禁止劳务分包，故天某公司的劳务分包并不违约，双方签订的协议书应当继续履行。

二、关于违约金及损失1000万元的认定问题

某琨公司认为，协议书第9条约定，工期从2012年2月10日起至2012年9月30日竣工验收，交付使用。由于天某公司延误工期及施工质量缺陷，案涉工程无法按期竣工、验收，某琨公司要求赔偿工期延误损失合理合法，理应得到支持。

天某公司认为，某琨公司在其出具的所有证据中，均无天某公司存在违约的事实和损失的证据，故其诉求应予驳回。

法院观点

一审法院观点：一、关于案涉协议书是否解除的问题

一审法院认为，2011年12月25日，某琨公司与天某公司签订的协议书系双方当事人真实意思表示，合法有效。该合同专用条款第38.1条虽约定了“本工程发包人同意承包人分包的工程：劳务与专项工程，如发生按违约追究承包人的责任”。但同时第40.3条还约定：发生本通用条款第38.2条禁止的情况，承包人将其承包的全部工程转包给他人或者肢解以后以分包的名义分别转包给他人，发包人有权解除合同。2012年4月10日，天某公司西宁分公司与何某签订《某琨公司新能源技术开发工程劳务分包合同》。劳务分包是指施工总承包企业或者专业承包企业即劳务作业发包人将其承包工程中的劳务作业发包给具有相应资质的劳务承包企业即劳务作业承包人完成的活动。建设部《资质规定》明确，承接劳务分包的企业，必须获得相应劳务分包资质。

---

① 该条款已失效，对应《最高人民法院关于审理建设工程施工合同纠纷案件适用法律问题的解释（一）》第1条：“建设工程施工合同具有下列情形之一的，应当依据民法典第一百五十三条第一款的规定，认定无效：（一）承包人未取得建筑业企业资质或者超越资质等级的；（二）没有资质的实际施工人借用有资质的建筑施工企业名义的；（三）建设工程必须进行招标而未招标或者中标无效的。承包人因转包、违法分包建设工程与他人签订的建设工程施工合同，应当依据民法典第一百五十三条第一款及第七百九十一条第二款、第三款的规定，认定无效。”

因此，对于工程劳务分包而言，其首要要求就是劳务分包人只能是具备承揽相应劳务作业资质的劳务分包企业，而不允许个人承揽劳务作业。本案中，劳务分包人何某为无资质的自然人，不能承揽劳务作业。其与天某公司签订的合同为无效合同。天某公司将劳务分包给无资质的自然人，违反法律规定和合同约定，且现实中双方也无实际履行的可能。故根据《合同法》第93条第2款的规定，某琨公司主张解除协议书，应予支持。[①]

二、关于违约金及损失1000万元的认定问题

一审法院认为，某琨公司向一审法院提出对案涉工程质量进行司法鉴定，经××省建筑科学研究院鉴定并出具《鉴定报告》，结合《鉴定报告》的鉴定意见、双方提交的证据，一审法院分析如下：

1. 关于对《鉴定报告》中工程质量的认定

一审法院认为，《鉴定报告》交由双方发表意见后，某琨公司无异议，天某公司于2013年10月20日提出书面异议。2013年10月30日，一审法院专门就《鉴定报告》《工程量鉴定报告》组织双方对该案进行第二次开庭，某琨公司对《鉴定报告》《工程量鉴定报告》均无异议。天某公司对《工程量鉴定报告》无异议，对《鉴定报告》不认可。针对2013年11月15日××省建筑科学研究院作出《关于天某公司提出对〈鉴定报告〉异议的答复》，天某公司仍存有异议，2013年12月2日，一审法院再次组织双方当事人及鉴定机构××省建筑科学研究院的相关鉴定人员，针对天某公司的异议进行逐项答复。之后天某公司再无提出异议。一审法院认为，对于在建工程是否存在质量问题，应以《鉴定报告》结论为准。

2. 关于违约金及损失1000万元认定的问题

2013年10月30日，一审法院组织二次开庭时，某琨公司当庭表示对维修费用提出鉴定，并于当日提交申请。2014年3月18日，案涉工程设计单位××省化工设计研究院有限公司作出《关于在建甲醇汽（柴）油项目工程已完工程中存在质量问题的整改意见》。

对此，2013年3月28日，一审法院司法技术室作出《关于确认×××某琨公司与重庆天某公司建设工程施工合同纠纷案整改费用鉴定有关问题的函》

---

① 该法已失效，对应《民法典》第562条："当事人协商一致，可以解除合同。当事人可以约定一方解除合同的事由。解除合同的事由发生时，解除权人可以解除合同。"

认为，为创造工程造价鉴定条件，在咨询有关建设工程专家的基础上，经协调质检单位××省建筑科学院，委托该工程原设计单位××省化工设计研究院有限公司提出整改设计方案，经该院进行现场踩踏，依据质检报告和原设计要求，提出了整改意见。但经造价单位青海某信建设工程造价咨询公司审查，该整改意见尚不足以满足造价鉴定要求。为此，组织工程质量检测单位、工程设计单位和工程造价鉴定单位及聘请的一审法院法庭科学专家库中的监督指导鉴定专家召开了论证会。论证意见是：1. 有必要对该工程存在的质量问题，特别是“地基基础”“后浇带”等结构性安全问题的整改，组织多专业工程技术人员在现场踩踏的基础上召开专家论证会，提出整改方案；2. 对“地基基础”可能需要通过“地基托换补强加固法”进行安全性整改，该方法是一项新技术，专业性较强，需要专业设计单位和施工单位进行，且造价高、难度大；3. 对一些可能存在动态变化以及施工技术资料不全等问题，还需要组织设备和专门的技术人员进行进一步的检测，以明确整改方式。另外，鉴于本工程存在的问题，为进一步查明原因、明晰所涉的有关历史性、基础性或隐蔽性问题，不仅需要施工单位参与，也需要建设单位、监理单位参与，并说明有关事项和提供相关资料。实施上述论证意见，必将产生巨大的经济成本和时间成本。

2014 年 4 月 8 日，一审法院就该函征询双方当事人意见，4 月 21 日，某琨公司提出对该项工程存在严重质量问题的办公楼、1#宿舍楼、2#宿舍楼做整体拆除。4 月 25 日天某公司回函，认为该整改意见缺乏科学性和专业性，已申请法院组成专家论证组进行论证，待专家论证组论证完毕，提出整改方案，将严格按照该方案进行整改。之后，某琨公司一直要求整体拆除，因《鉴定报告》结论不是整体拆除，故一审法院建议双方拿出可行的整改方案，交由相关机构进行论证。8 月 5 日，天某公司提出《高压旋桩地基处理施工组织设计方案》，某琨公司不予认可，并于 8 月 20 日回复仍然要求整体拆除。9 月 5 日，天某公司向一审法院提出《关于组织专家组对某琨公司工程质量缺陷进行评价和提出整改方案的申请报告》，认为《鉴定报告》未做出报废结论，施工过程中，出现一些质量缺陷本是常见现象，也是允许改正的，再次申请就本工程存在的质量问题组织专家给予评价和提出整改方案。11 月 13 日，××省建筑科学研究院出具《缺陷项目工程质量检测鉴定方案》。11 月 19 日，某琨公司回复，对检测鉴定方案无异议，同时说明，2012 年 4 月底、

5月初××省建筑科学研究院对该公司建设项目已做过质量鉴定，并且于2012年5月22日出具了《鉴定报告》，该公司已足额支付给××省建筑科学研究院鉴定费20万元。因此，此次进行的检测鉴定工作该公司全力配合，所有检测鉴定费用该公司概不承担。至于鉴定费20万元，是之前质量鉴定所发生的费用，与此次检测鉴定费用无关。因《某琨公司在建甲醇汽（柴）油项目工程加固整改设计回函》中确定整改设计费用29.65万元，而对于该费用某琨公司拒绝缴纳，故2014年11月20日，一审法院司法技术室作出《青海省高级人民法院司法技术室终结鉴定函》〔（2013）青法司技字第208号〕，说明因当事人拒不缴纳相应鉴定费用，致使鉴定机构鉴定工作无法进行，决定终结鉴定。

一审法院认为，《诉讼费用交纳办法》第12条第1款规定："诉讼过程中因鉴定、公告、勘验、翻译、评估、拍卖、变卖、仓储、保管、运输、船舶监管等发生的依法应当由当事人负担的费用，人民法院根据谁主张、谁负责原则，决定由当事人直接支付给有关机构或者单位，人民法院不得代收代付"，本案中，某琨公司为使其诉求实现，再次申请对维护费用进行鉴定，但对产生的相关费用又拒绝支付。故其主张违约金及损失1000万元，因缺乏事实依据，不予支持。待其主张条件成就后，可另行主张。

三、关于天某公司诉求工程款1257万元及违约金236928.33元能否成立的问题

一审法院认为，某信公司依据某琨公司合同报价为工程量清单计价法对应的实际完成的项目工程造价，鉴定出办公楼已完工程造价3409646.91元，其中合同价内包含项目2611455.91元、合同价内不包含项目780318.18元、电气配管17872.82元；1#宿舍楼已完工程造价2416739.53元，其中合同价内包含项目1902924.5元、合同价内不包含项目490368.74元、电气配管23446.29元；2#宿舍楼已完工程造价2388207.06元，其中合同价内包含项目1902141.61元、合同价内不包含项目462619.16元、电气配管23446.29元，合计8214593.5元。依据某琨公司合同报价为工程量清单计价法对应的实际完成的项目工程造价，鉴定出围墙已完工程造价1304393.04元，其中合同价内包含项目589746.53元、合同价内不包含项目714646.51元；厂区道路已完工程造价816419.23元，其中合同价内包含项目290999.57元、合同价内不包含项目525419.66元；施工用水水费5000元。鉴定意见为本次鉴定的天某公

司施工的×××市经济开发区内的30万吨变性燃料甲醇项目实际完成的工程总造价为10335405.77元，按合同约定整体下浮1.5414%后加上施工用水水费后得出鉴定工程总造价为10181095.83元。对于该结论，某琨公司认可鉴定机构以合同报价为工程量清单计价方法，表明对鉴定意见认可，天某公司无异议。因此，某琨公司应付天某公司工程款10181095.83元，已付120万元，欠付8981095.83元，应予支付。至于某琨公司认为天某公司无实际的主体资格，一年未年检，无法与其签订合同，因天某公司在审理中提交的企业法人营业执照、组织机构代码证均参加年检，具有主体资格，某琨公司主张不能成立，应予驳回。天某公司主张工程款的诉求有事实依据，理应支持。但因案涉工程为未完工程，且已完的部分工程又存在质量问题，天某公司尚未修复，故其主张缺乏法律依据，应予驳回。待其修复并经验收合格后，对其工程款及违约金可另行主张。

二审法院观点：法院认为，本案的争议焦点是：一、一审法院将某琨公司支付的120万元认定为已付工程款是否正确。二、某琨公司应否支付天某公司工程款10181095.83元。

关于某琨公司支付的120万元的性质问题，天某公司主张该120万元系其向昆仑开发区管委会的借款，且生效判决已经判令某琨公司向昆仑开发区管委会偿还。某琨公司则认为，另案生效判决所认定的110万元与本案所涉及120万元工程款并无关联，一审法院认定该120万元工程款的证据是2012年8月22日天某公司向某琨公司出具的《收条》。法院认为，根据一审法院在（2014）青民二终字第45号民事判决中所认定的事实，昆仑开发区管委会请求返还的借款数额系110万元，其证据是双方于2012年8月23日签订的《借款协议书》及《收据》。而一审法院在本案一审中认定某琨公司的已付工程款数额为120万元，其证据是天某公司于2012年8月22日向某琨公司出具的《收条》。两笔款项的数额不同、给付的日期不同、给付的主体不同、一审法院在两个案件中作出事实认定所依据的证据亦不同，且天某公司在本案二审中未提供其他证据证明两笔款项系同一笔债务，因此，天某公司认为该120万元已经偿还的主张不能成立，一审法院认定事实清楚，应予维持。

关于天某公司以一审鉴定机构做出的《工程量鉴定报告》为依据请求某琨公司支付10181095.83元工程款的问题。法院认为，根据××省建筑科学研究院作出的《鉴定报告》以及案涉工程设计单位××省化工设计研究院作出的《关于在建甲醇汽（柴）油项目工程已完工程中存在质量问题的整改意见》，天某公司已施工部分，存在办公楼、宿舍楼地基基础工程质量均不满足设计要求、厂区道路工程质量不满足设计要求、厂区围墙工程质量不满足设计要求等较为严重的质量问题。由于案涉工程尚未施工完毕，某琨公司即以质量不合格和天某公司违法分包解除了案涉合同，案涉工程尚未完成且存在较为严重的质量问题，因此，一审法院驳回天某公司主张给付工程款的请求，并无不当。

另外，由于案涉工程质量问题是不支持天某公司给付工程款请求的原因。在本案审理过程中，案涉工程是否可能因工程质量无法修复应被拆除、是否能够被修复以满足竣工验收合格的要求等问题都未有最终结论。双方当事人可待上述问题最终确定后，另循诉讼或者其他途径解决天某公司已施工部分的工程款应否给付以及数额多少的问题。就本案诉讼过程中已经确定的事实而言，一审判决适用法律正确，法院予以维持。

关于天某公司提出的一审法院存在未告知其可以垫付某琨公司应负担的鉴定费用而终结鉴定，系程序错误的问题。法院认为，某琨公司在一审中请求天某公司承担因质量不合格造成的损失1000万元，某琨公司对于该损失的存在及大小应承担证明责任。由于某琨公司未缴纳鉴定费用，一审法院据此以某琨公司未举证证明其主张的损失为理由驳回其诉讼请求，并无不当。天某公司的此项上诉请求无法律依据，应予驳回。

关联案例1

案件名称：某金石公司与二十三某公司、二十三某公司青海分公司建设工程施工合同纠纷申诉、申请民事裁定书

审理法院：一审：博尔塔拉蒙古自治州中级人民法院（2013）博中民二初字第31号；二审：新疆维吾尔自治区高级人民法院（2015）新民一终字第94号；再审：最高人民法院（2016）最高法民申960号

裁判观点：原一、二审认定的基本事实有证据证明。1. 某金石公司于2014年4月24日向本案一审法院提交的《申请报告》载明：其申请“对工程质量进行鉴定”，而并未申请对案涉工程的所有施工材料的质量分别进行鉴定。本案一审法院根据某金石公司的申请事项委托鉴定机构对工程质量是否符合合同约定进行鉴定，鉴定机构根据委托事项作出鉴定结论，并无不妥。某金石公司主张《鉴定意见书》遗漏其申请鉴定事项，无事实依据。2. 《鉴定意见书》系根据当事人申请，经人民法院委托合

法鉴定机构作出，各方当事人参与了鉴定取样过程，提交了鉴定材料，《鉴定意见书》及作为补充意见的《函》经过质证，程序合法。原一、二审判决采信鉴定结论并无不当。《建设工程质量管理条例》第三章“勘察、设计单位的质量责任和义务”第24条有关“设计单位应当参与建设工程质量事故分析，并对因设计造成的质量事故，提出相应的技术处理方案”的规定，系针对产生质量事故时，设计单位的义务，而非针对建设工程质量鉴定的规定，故本案不适用该条规定。3. 原一、二审判决已根据鉴定结论，认定案涉工程存在质量问题，并确定了所需修复费用，在此基础上确定了因施工方的违约行为给某金石公司造成的损失。某金石矿业有关原一、二审判决对案涉工程质量不合格等违约、违法情形没有进行实质性审查的主张，与事实不符。

原一、二判决适用法律并无不当。1. 《合同法》第281条规定：因施工人的原因致使建设工程质量不符合约定的，发包人有权要求施工人在合理期限内无偿修理或者返工、改建。经过修理或者返工、改建后，造成逾期交付的，施工人应当承担违约责任。① 某金石公司一审诉请解除合同，赔偿损失，而并未请求无偿修理或者返工、改建，原一、二审判决判令二十三某公司及二十三某公司青海分公司赔偿因工程质量不符合合同约定而给某金石公司造成的损失，并无不当。2. 《解释》第16条第3款规定：“建设工程施工合同有效，但建设工程经竣工验收不合格的，工程价款结算参照本解释第三条规定处理”；第3条第1款规定：“建设工程施工合同无效，且建设工程经竣工验收不合格的，按照以下情形分别处理：（一）修复后的建设工程经竣工验收合格，发包人请求承包人承担修复费用的，应予支持；（二）修复后的建设工程经竣工验收不合格，承包人请求支付工程价款的，不予支持”。② 上述规定适用于建设工程经竣工验收不合格的情形，因案涉建设工程施工作业并未竣工，鉴定结论系存在质量问题，已完工部分工程可修复，并非竣工验收不合格，故本案不适用上述规定。

关联案例2

案件名称： 新某公司与水电××局建设工程施工合同纠纷二审案

审理法院： 一审：成都高新技术产业开发区人民法院（2014）高新民初字第1396号；二审：成都市中级人民法院（2014）成民终字第6267号

---

① 对应《民法典》第801条规定：“因施工人的原因致使建设工程质量不符合约定的，发包人有权请求施工人在合理期限内无偿修理或者返工、改建。经过修理或者返工、改建后，造成逾期交付的，施工人应当承担违约责任。”

② 《最高人民法院关于审理建设工程施工合同纠纷案件适用法律问题的解释》已废止，《最高人民法院关于审理建设工程施工合同纠纷案件适用法律问题的解释（一）》第19条第3款规定：“建设工程施工合同有效，但建设工程经竣工验收不合格的，依照民法典第五百七十七条规定处理。”

裁判观点： 按照设计文件施工是施工单位应当履行的基本义务，水电××局未制止新某公司不按设计文件进行施工的行为，不能推定为水电××局默认新某公司的施工方案。至于该质量问题的产生是新某公司擅自改变设计施工方案还是使用不合格材料所造成不影响案件的实体处理结果。由于××水电站在已经蓄水后才出现存在渗水质量问题，且该质量问题不可能再采取涂刷防渗涂料的方式进行修复，水电××局基础处理工程公司采用灌浆处理的方式就是对大坝渗漏所采取的合理修复措施，所产生的费用应由引发质量问题的单位负担。本案中，由于灌浆处理费用已经超过了新某公司所主张的工程价款，原审法院据此不支持新某公司要求水电××局支付工程款及利息和违约金的诉讼请求正确，法院予以维持。

律师点评

一、什么是竣工验收不合格

根据《建筑法》及相关法律、法规和司法解释规定，工程必须经验收合格后方可交付使用。根据法律规定，竣工验收以建设、设计、施工、监理单位进行联合竣工验收为准，但竣工验收之后需为建筑物办理消防验收和行政备案手续：

（一）建设、设计、施工、监理单位进行联合竣工验收是竣工验收的标准

根据《建设工程质量管理条例》第16条规定，建设单位收到建设工程竣工报告后，应当组织设计、施工、工程监理等有关单位进行竣工验收。建设工程经验收合格的，方可交付使用。即以建设、设计、施工、监理四家参与建设工程的单位联合验收为标准。

同时，建设工程竣工验收应当具备下列条件：1. 完成建设工程设计和合同约定的各项内容；2. 有完整的技术档案和施工管理资料；3. 有工程使用的主要建筑材料、建筑构配件和设备的进场试验报告；4. 有勘察、设计、施工、工程监理等单位分别签署的质量合格文件；5. 有施工单位签署的工程保修书。

从法律意义来说，经建设、设计、施工、监理四家参与建设工程的单位联合验收的建设工程，才是竣工验收合格的标志，建筑物认定为合格有效，可交付业主并投入使用。

（二）消防验收是针对消防安全要求的消防设备竣工验收

根据《建筑法》《消防法》等法律法规规定，消防机关对新建、改建、扩建和建筑内部装修等建筑工程竣工后实施的消防验收。消防验收原则上与工程设计、施工等建筑质量问题无关，只是对建筑物就防火救火设备的检查，确认是否达到国家的消防要求。不过，根据《消防法》第13条第3款的规定："依法应当进行消防验收的建设工程，未经消防验收或者消防验收不合格的，禁止投入使用；其他建设工程经依法抽查不合格的，应当停止使用。"即，对于依法应当进行消防验收的建设工程，消防验收不合格的，也会影响到使用建筑物的权利。

（三）建设行政主管部门的备案是针对建筑物管理

根据《建设工程质量管理条例》第17条规定，建设单位应当严格按照国家有关档案管理的规定，及时收集、整理建设项目各环节的文件资料，建立、健全建设项目档案，并在建设工程竣工验收后，及时向建设行政主管部门或者其他有关部门移交建设项目档案。第59条规定，违反本条例规定，建设工程竣工验收后，建设单位未向建设行政主管部门或者其他有关部门移交建设项目档案的，责令改正，处1万元以上10万元以下的罚款。

二、验收不合格的法律后果

根据《最高院施工合同司法解释》第19条第3款规定："建设工程施工合同有效，但建设工程经竣工验收不合格的，依照民法典第五百七十七条规定处理。"《民法典》第577条规定："当事人一方不履行合同义务或者履行合同义务不符合约定的，应当承担继续履行、采取补救措施或者赔偿损失等违约责任。"

因此，关于合同有效但工程竣工验收不合格的违约问题，以法律拟制方式按合同无效情形处理。因承包方原因造成的工程竣工验收不合格问题，主要的不利法律后果如下：

1. 承担无偿的返修义务

根据《民法典》第801条规定，因施工人的原因致使建设工程质量不符合约定的，发包人有权要求施工人在合理期限内无偿修理或者返工、改建。经过修理或者返工、改建后，造成逾期交付的，施工人应当承担违约责任。因此，因承包方原因导致工程未能按期通过竣工验收的，由承包方无偿修理或者返工、改建工程，直至工程质量达到合同约定的质量要求。

2. 承担违约责任

因验收不合格导致的工期逾期问题属根本性违约情形，承包方应当承担合同约定的违约责任。具体责任应以合同约定为准，常见的责任包括违约金和利息，若因逾期竣工验收造成经济损失的，违约方也要承担。

三、关于确认工程结算和工期延误的问题

竣工验收和竣工结算，按照工程完工顺序解决两个重要的法律问题，前者是质量是否合格的问题，这将决定发包人是否有义务支付工程款；后者是工程款的确认问题，确认发包人应当支付的金额。但竣工验收不合格问题会影响发包方按期接受和使用建筑物，甚至产生经济损失的不利影响。

（一）确认工程款的结算问题

双方当事人应当按照合同约定结算工程价款，这是工程结算的首要标准。包括：合同约定是按照固定价格结算的，应当尊重合同约定，不能据实结算，也不能采用其他的计价方法和计价标准结算。合同约定的结算方式是成本加酬金方式或者可调价结算的，应当按照合同约定的计价方法和计价标准结算。

本案中，根据《鉴定报告》以及案涉工程设计单位作出的《整改意见》，天某公司已施工部分，存在办公楼、宿舍楼地基基础工程质量均不满足设计要求、厂区道路工程质量不满足设计要求、厂区围墙工程质量不满足设计要求等较为严重的质量问题。由于案涉工程质量问题是不支持天某公司给付工程款请求的原因。在本案审理过程中，案涉工程是否应该因工程质量无法修复被拆除、是否能够被修复以满足竣工验收合格的要求等问题都未有最终结论。双方当事人可待上述问题最终确定后，另循诉讼或者其他途径解决天某公司已施工部分的工程款应否给付以及数额多少的问题。

（二）工期延误的责任认定问题

本案中，天某公司与某琨公司已提前解除合同关系，故不存在工期延误问题。但是，一般的工程验收不合格问题中，工期竣工时间受到延误情况伴随发生，引起违约责任是普遍存在的。

根据我们的实务经验，常见的工期延误原因有以下五种情况：

1. 因发包人原因所导致的工期延误。发包方应当向承包方承担因窝工、停工、倒运、机械设备调迁、材料和构件积压等原因发生的损失和实际费用，若合同有违约金条款的，还应该承担违约金责任，合同有约定的，承包人有权解除合同。

2. 因承包人原因而导致的工期延误。可能会承担延期交付的违约责任，包括发包人解除承包合同，赔偿发包人损失，按照合同约定承担违约金等法律责任。

3. 因不可抗力、意外事件导致的工期延误。承包人和施工人可免除赔偿

责任。

4. 因施工工程鉴定、工程量增加、设计变更等原因所导致的工期延误。一般可相应顺延工期，双方互不负担赔偿责任。

5. 因第三方原因所导致的工期延误。一般应由承包方先向发包方承担违约责任，然后承包方向第三方追偿。

3.3 无效合同的工程款结算纠纷

3.3.1 法院如何认定合同无效但工程验收合格的工程款结算纠纷[①]

——××一建、金滩某公司建设工程施工合同纠纷案[②]

关 键 词： 合同无效　工程验收合格　工程款结算　参照　合同约定　折价补偿范围　损失赔偿

问题提出： 建设工程施工合同无效，但工程经验收合格的，法院参照什么标准处理工程价款结算纠纷？

关联问题： 如何理解《最高人民法院关于审理建设工程施工合同纠纷案件适用法律问题的解释（一）》中“折价补偿”标准？对不能参照合同约定结算的部分工程的结算标准？

裁判要旨： 最高人民法院认为，《合同法》第58条规定，合同无效或者被撤销后，因该合同取得的财产，应当予以返还；不能返还或者没有必要返还的，应当折价补偿。有过错的一方应当赔偿对方因此遭受的损失，双方都有过错的，应当各自承担相应责任。[③] 施工合同性质所决定，合同无效后因该合同取得的财产不能返还，应当折价补偿。建设工程施工合同无效，但建设工程经竣工验收合格，承包人请求参照合同约定支付工程价款的，应予支持。[④]

---

① 撰稿人：韩如波、蔡诗怡、马贝艺，上海市建纬律师事务所。

② 一审：吉林省高级人民法院（2013）吉民一初字第2号；二审：最高人民法院（2017）最高法民终225号。

③ 对应《民法典》第157条。

④ 对应《最高人民法院关于审理建设工程施工合同纠纷案件适用法律问题的解释（一）》第24条。

金滩某公司与××一建分别于2010年12月23日、2011年6月15日签订两份《建设工程施工合同》。比较而言，两份施工合同在施工范围、计价方法和计价标准等内容基本相同；工期、工程价款（含让利承诺内容）等内容不同。如前所述，两份合同均因违反招投标法的效力性强制性规定而无效。《合同法》第58条①规定的合同无效后不能返还的应当折价补偿，“折价补偿”是以据实结算为标准。因两份无效的施工合同约定的工期、工程价款（含让利承诺内容）等内容不同，折价补偿标准，应当综合导致合同无效的缔约过错、履行无效施工合同造成的损失情况、发包人支付工程价款和施工人施工质量、行业惯例等因素确定。

案情简介

上诉人（一审原告、反诉被告）：××一建

上诉人（一审被告、反诉原告）：金滩某公司

2010年12月23日，金滩某公司与××一建签订《建设工程施工合同》，专用条款约定：1. 合同工期：开工日期2011年3月15日（以施工许可证日期为准），竣工日期：2012年10月25日，合同工期595天（暂定）。2. 合同价款185000000元。3. 合同价款与支付：专用条款23.2（2）采用可调价格合同，合同价款调整方法：（A）工程量计算及工程竣工结算按《吉林省建筑工程、装饰装修工程、安装工程、市政工程计价定额》（2009年）以及《吉林省建筑安装工程费用定额》（2009年）、《吉林省建设工程材料预算价格》（2009年）、《吉林省施工机械台班费用定额》（2009年）执行。在施工期间，与施工进度同期的有关政府及建设主管部门、工程造价管理部门发布的最新相关调价文件一并执行。（B）工程取费标准按照国家统一标准取费，材料、机械设备价格按照与工程施工进度同期的吉林省××市造价信息中相应的价格，信息价中没有的材料与机械设备价格由甲乙双方根据市场价格另行确认执行。人工单价按照政府及建设行政主管部门公布的最新调价文件进行调差。同时计取相应的定额和国家规定的各项费用。（C）工程中专项施工措施费用

① 对应《民法典》第157条。

按照金滩某公司与监理方审批的由××一建编制的施工组织设计或各专项施工方案内容经双方协商确认进行结算（但费用定额中已包含内容不再计取，超出定额以外的内容另行计取）。（D）甲乙双方按照23.2（A）（B）（C）（E）进行结算，然后将定额中的直接工程费的6.5%下浮（甲乙双方共同确认的材料、设备市场价不作下浮），作为承包人向发包人的让利。（E）总包管理配合费：金滩某公司指定的分包单位，必须具备相关的施工资质条件。××一建对金滩某公司分包工程收取分包工程造价1%～1.5%总包管理配合费（如需我方开具工程发票，则总包配合费2%，不含税金）。合同价款的其他调整因素：（1）设计变更和隐蔽工程资料；（2）超过定额规定范围的工程材料和设备的二次搬运；（3）甲乙双方认可的凡影响工程造价的会议纪要、往来函件、报告、通知等；（4）工程施工图纸以外发生的其他工程内容和工程洽商、经济签证，累计在±5万元内的不予增减，累计在±5万元及以上的按实增减；（5）金滩某公司原因造成的现场停工和窝工损失。4. 工程款（进度款）支付：××一建进场施工后，金滩某公司按月进度支付××一建完成工程造价80%的工程进度款，支付时间在每月的30日前；在金滩某公司支付××一建工程进度款到5000万元后，××一建同意对该工程主体进行垫资施工到金滩某公司开盘销售期间（金滩某公司的开盘时间最迟不能超过2011年9月10日），金滩某公司销售的款项应及时作为工程款支付××一建；如因其他原因金滩某公司在2011年8月30日前未支付××一建工程进度款到80%时，金滩某公司需在2011年9月30日前再支付××一建2000万元，作为××一建解决农民工工资费用；（单栋）主体施工封顶后一周内经有关单位验收合格，金滩某公司支付××一建已完成部分总造价到85%工程进度款。5. 补充条款：本工程招标代理服务费由××一建承担；根据政府及有关部门的规定，由金滩某公司代××一建缴纳的各项费用，××一建同意从工程结算后的尾款中扣除，并配合金滩某公司办理相关手续；按政府有关部门规定，向政府有关部门缴纳的农民工工资支付保障金，由金滩某公司缴纳；本合同与建设施工合同（建设主管部门备案合同）不一致之处，以本合同表达的内容为准。一致之处，以本合同表达的内容为准；本合同未尽事宜，双方另行协商解决作补充协议，补充协议将作为合同的补充内容。但补充协议内容不得实质性有悖于本工程合同条款。补充协议与本合同具有同等法律效力。

2011年5月10日，金滩某公司发出招标文件，2011年6月20日，××

一建中标。中标通知书显示中标价格为203954700元，开工日期为2011年6月15日，竣工日期为2013年8月10日，工期787天。双方于2011年6月15日签订《建设工程施工合同》，约定：1. 工程内容为：建筑面积14.8万平方米，主楼地上25层，副楼6层，地下一层，框架结构。2. 工程承包范围：包括土建、水暖、电气安装及施工图纸。3. 合同工期：开工日期为2011年6月15日，竣工日期为2013年8月10日，合同工期787天。4. 合同价款为203954700元。5. 专用条款23.2（2）采用可调价格合同，合同价款调整方法：工程量按《吉林省建筑工程、装饰装修工程（2009）定额及××市有关文件规定和协议书A》、工程取费标准按照国家统一标准及协议书B；26. 工程款（进度款）支付方式和时间：金滩某公司按月进度支付××一建完成工程造价80%的工程款，支付时间为每月30日前；35.2 发包人违约责任：由于金滩某公司原因包括但不限于工期延误、设计变更、工程中止、推迟支付工程款给××一建造成损失，金滩某公司承担。承包人违约责任：因××一建施工原因造成工程质量没达到工程质量标准，返工费用××一建自理，并承担给金滩某公司造成的损失。发包人未能按约定日期支付工程进度款致使施工不能正常进行；设计变更和工程量增加时经工程师确认，工期相应顺延。6. 发包人不能按合同约定支付工程款（进度款），双方又未达成延期付款协议，导致施工无法进行，承包人可停止施工，由发包人承担违约责任。7. 因一方违约致使合同无法履行时，发包人、承包人可以解除合同。8. 一方依据第44.2款、第44.3款、第44.4款约定要求解除合同的，应以书面形式向对方发出解除合同的通知，并在发出通知前7天告知对方，通知到达对方时合同解除。

金滩某公司将2011年6月15日签订的《建设工程施工合同》在行政主管部门办理了备案手续。

2011年8月4日，金滩某公司与××一建签订《补充协议》，约定就2010年12月23日签订的××北欧风情广场工程项目合同中有关未尽事宜补充如下：原合同中第48页第23.2条中第2条款（B）小项：工程取费标准按照国家统一标准取费，材料机械设备价格按照与工程施工进度同期的吉林省××市造价信息中相应的价格，信息价中没有的材料与机械设备价格由甲乙双方根据市场价格另行确认执行。人工单价按照政府及建设行政主管部门公布的最新调价文件进行调差。同时计取相应的定额和国家规定的各项费用。

经双方确认将此条款调整如下：工程取费标准按照国家统一标准取费，除钢筋以外的材料、机械设备价格按照与工程施工进度同期的吉林省××市造价信息中相应的价格，信息价中没有的材料与机械设备价格由甲乙双方根据市场价格另行确认执行。钢筋材料的找差价格执行工程施工进度同期的吉林省××市造价信息价格加采购保管费用加运抵至吉林省松原地区的运费。人工单价按照政府及建设行政主管部门公布的最新调价文件进行调差。同时计取相应的定额和国家规定的各项费用。

2011年8月29日，金滩某公司与××一建达成《补充协议》，约定：一、因金滩某公司未按合同规定时间支付该项目工程进度款，就此金滩某公司必须向××一建作出书面付款计划，同时作出付款承诺，付款计划必须取得××一建同意认可。二、在金滩某公司作出书面付款计划和承诺后，之前及以后未按合同规定支付完工程款造成××一建在工地的一切损失（包括但不限于窝工、周转材料、机械、管理费用等），金滩某公司应必须承担，具体损失以金滩某公司核实的××一建清单为准。三、该项目施工中的商品混凝土为××一建使用，由金滩某公司直接付款并组织供应，如因商品混凝土供应不及时造成施工过程中停工，一切责任及损失由金滩某公司承担。四、在金滩某公司未按该项目施工合同和协议书中规定全额支付工程进度款之前，该项目使用的钢材在合同和协议价格基础上增加300元/吨作为该项目钢材最终结算价格，以补偿××一建垫资的损失。五、金滩某公司承诺该项目在2011年冬季停工前必须将该项目已完工程进度款的80%全部支付给××一建。六、金滩某公司承诺该项目A栋作为工程进度款支付抵押，如金滩某公司不能按合同及本协议书所规定的时间内全额支付工程款，则该项目A栋的所有权归××一建所有，××一建能全权支配A栋产权（包括但不限于变卖、出租等），金滩某公司必须无条件配合。A栋价格按工程实际成本价计算（价格组成为工程实际造价和土地实际价格及相关税费组成）。

2012年8月16日，金滩某公司与××一建达成《补充协议》，约定，经双方友好协商，就钢材供应事宜达成如下协议：因金滩某公司未按合同规定时间支付该项目工程进度款，缓解××一建压力，经甲乙双方协商，后期钢筋由金滩某公司提供、支付钢筋款。需方根据工程进度需要，分期分批向××一建购进所需钢材，××一建每次需货时，应提前四天通知金滩某公司所需钢材的规格、型号、数量，供方按需方要求的时间和数量及时供货，实际数量以需方收料员确认的供方出库单为准。供方负责送货至工地，卸车费由供方承担。在结算书总价中扣除此钢筋款（由××一建按入库单数量、金额为准）。

2011年4月17日，××一建进场施工。5月25日，金滩某公司、××一建、监理单位、设计单位对土建图纸进行会审，金滩某公司、设计单位对图纸问题进行答复并形成会审记录。6月，深圳市华某国际建筑设计有限公司出具工程施工图纸。2011年、2012年施工期间发生多次设计变更。2011年9月15日，建设单位、监理单位出具《单位工程开工报告》。

2013年2月5日，××一建作出《关于与金滩某公司终止合同通知书》（以下简称《终止合同通知书》），并于2月6日向金滩某公司送达。内容为：因金滩某公司于2011年开工至2013年期间多次不能按合同约定支付工程进度款，虽然签订了补充协议和付款计划，但金滩某公司均未如约履行。且金滩某公司为涉诉工程贷款时，为配合完成银行贷款，××一建出具放弃优先受偿权，但贷款下来后金滩某公司不能如约支付工程进度款。施工过程中发生的变更、往来函及月进度产值报表，金滩某公司不签字不确认。××一建决定依法终止合同，全面清算。

金滩某公司于2013年2月28日向××一建回复《律师函》，内容为：2010年12月23日，双方签订《建设工程施工合同》，2011年4月开始施工，因××一建施工能力不足，在履行合同过程中多次违约。2012年2月6日，在工程尚未完工的情况下，××一建向金滩某公司送达《终止合同通知书》。鉴于此，双方的《建设工程施工合同》已经终止，请××一建处理以下事宜：一、将已完工程的施工资料及结算资料交付给金滩某公司；二、双方及时对账，××一建返还金滩某公司多支付的款项；三、立即清理物品，向金滩某公司移交施工场地；四、按照金滩某公司已付工程款数额开具工程款发票。××一建在接到律师函之日起七日内对以上事项移交、办理完毕。

因金滩某公司申请，吉林省××市某信公证处于2013年3月29日对案涉工程施工工程节点进行保全，并作出《公证书》，金滩某公司代表韩某东、张某文，××一建代表刘某远、王某，工程监理张某参与公证过程，并签字确认。公证过程形成照片48张、光盘1张、《工程进度详细情况单》1份，对工程已完工情况予以确认。2013年4月15日，双方形成《未完工程补充记录》，列明未完工程事项并对已完工程量作出部分修改，金滩某公司韩某东、孟某利签字，××一建刘某远、王某签字。

2013年4月15日，金滩某公司与××一建签订《会议纪要》，内容为：1. 第171号《公证书》标注的未完工部分进一步确认并出具公证书。2. ××一建在具备检测条件3个工作日内委托检测中心对已完工程主体检测。3. 由××一建向法院提出已完工程造价鉴定申请，金滩某公司按照法院要求予以协助。4. ××一建未使用的钢材，由双方现场清点，按进价计算，留给金滩某公司。××一建施工现场（A场地）物料由金滩某公司进行地面装卸、运输至另一场地（B场地），费用由金滩某公司承担。××一建须在2013年4月15日退场，但××一建有权派人看护A、B场地物料，金滩某公司免费提供食宿。××一建对工程签证和设计变更未经确认的，在5日内提交给金滩某公司，接到资料之日起5日内完成核对工作。××一建在2013年5月15日前将竣工验收备案需要的资料交付给金滩某公司。金滩某公司孟某利签字，××一建刘某远、朱某松签字。签订《会议纪要》后，××一建在一周内撤出施工场地。

经一审法院对金滩某公司提供的本诉证据9《付款收据》和××一建提供的《收金滩某公司工程款明细表》账目一一核对，金滩某公司比××一建多出三笔账目，2011年6月10日招标费用（××一建工程款）11000元；2012年11月23日代付模板费用39000元，收款人周某；拆除××一建架子、模板费用140000元，收款人李某。××一建对于2012年3月30日3万元的收据不予认可，认为该笔款项是清草的劳务费，不是向××一建支付的工程款。金滩某公司的《付款收据》中除已支付工程款外还包含代付商混款收据两张，数额各500万元，代缴税金收据一张，数额为34万元，代付博某公司塔吊费收据一张，数额为108620元，付李某拆除模板、脚手架人工费收据一张，数额14万元。

各方观点

××一建认为：（一）原审判决认定事实错误。1. 原审认定《建设工程施工合同》无效，其中第23.2（D）款应当无效，原审根据该条认定承包人向发包人让利的事实与公平原则相悖。（1）原审按照“直接工程费为92105646元”作为下浮基数，认定下浮工程款数额为5986866.99元错误。双方约定材料费、设备费不下浮，只有人工费下浮。（2）直接费下浮条款因施工主合同无效而无效。金滩某公司对合同无效存在过错还能获得让利，违背公平原则。（3）因金滩某公司未按照合同约定支付工程款，导致××一建中途退场。在××一建未获得合同约定的预期利润的情形下，原审认定直接费下浮错误，应据实计取。2. 原审判决认定××一建垫资损失数额错误。3. 超过泵送37米的工程应当单独计取费用90万元，原审酌定为50万元错误。4. 南侧江堤工程造价未予裁判错误。南侧江堤工程为案涉工程施工安全稳固工程，虽属图纸外工程，但已被签证单确认，应当计入工程总造价。（二）鉴定机构出具的吉建咨鉴字〔2015〕14号《工程造价鉴定意见书》（以下简称《鉴定意见书》）存在错误。1. 基坑挖土、人工清淤泥项目在原审判决中没有体现。2.《鉴定意见书》中预应力钢绞线造价为452950元，而工程实际造价为1063084元，相差610134元。3.《鉴定意见书》对钢筋混凝土与模板工程量未等同计算错误。4.《鉴定意见书》中计取综合脚手架系数错误。5.《鉴定意见书》对基础工程部分桩承台混凝土量计算有误。

金滩某公司认为：（一）××一建上诉主张不应下浮直接工程费或应只下浮人工费，没有事实依据。××一建提交的本诉证据《2011年6月~10月形象进度产值汇总表》中直接工程费下浮6.5%，证明××一建按照直接费下浮6.5%要求给付工程款，如支持××一建的此项主张，其将因无效合同获得额外利益。虽约定"甲乙双方共同确认的材料、设备市场价不作下浮"，但市场价相对于定额价而言，而本案并不存在双方确认的市场价。（二）××一建上诉主张原审对其垫资损失数额计算错误，金滩某公司采购的钢材也应算作××一建购买的钢材，理由不能成立。1. ××一建对窝工损失的诉请没有证据证实，但原审却毫无根据地以2011年8月29日《补充协议》认定××一建存在窝工损失260余万元。原审认定金滩某公司供应钢材总量3142.172吨，根据吉林省定额规定，甲供钢材的工程造价计算方法，应按照材料定额预算价格计算，但原审却要求鉴定机构按照市场信息价计算，致使金滩某公司多承担工程款620496.15元。2. 2011年8月29日《补充协议》因主合同无效而无效。3. 原审认定"窝工损失"的合同条款，是附条件的违约条款，即使《补充协议》有效，所附条件未成就，该违约金约定也过高。按照规定，发生垫资的，高于中国人民银行同期同类贷款利率的部分不予保护，更何况该《补充协议》无效。4. ××一建对金滩某公司自行出资采购的甲供钢材主张垫资损失没有依据。（三）超过37米的泵机是甲供混凝土的泵机，该泵送费已经含在金滩某公司向混凝土供方星某公司支付的价款中，与××一建无关。（四）南侧江堤工程是吉林省××市水利局游船码头江堤加固工程，与本案工程项目无关。（五）土方工程依约属于甲委工程，由金滩某公司另行委托案外人施工，双方签证部分的土方工程款已经计算在鉴定造价中，签证之外的土方并非××一建施工，不存在其他人工清土费用。（六）预应力工程并没有全部完工，有双方签字盖章确认完成的工程量，鉴定机构依据事实计算预应力钢绞线正确。（七）××一建主张钢筋混凝土与模板工程量等同计算的说法错误，不符合建筑常识。只有在工程中全部使用木模板时，才能等额计算，而施工图纸明确要求现浇有梁式满堂基础和独立桩承台要用砖胎膜，不能用木模板，而鉴定意见已经将砖胎膜计入造价。（八）关于综合脚手架系数是否错误的问题。鉴定意见将脚手架定额单价和垂直运输定额单价、大型机械进出场定额单价按照60%工程量计算造价为2870392元，但××一建只完成了40%左右的工程。根据吉林省××市定额站出具的《关于定额执行的答复》，脚手架造价应为866365元，鉴定意见多计算2004027元。（九）桩承台属于基础的一部分，且桩承台和筏板基础一起浇筑，桩承台混凝土工程量已经包含在梁式满堂基础中，鉴定意见已经将桩承台混凝土量计算在工程造价中。（十）××一建认为其撤场原因是金滩某公司没有按照合同付款，不符合客观事实。××一建撤场时，金滩某公司已付工程款以及甲供材达到工程造价的91%，即便是按照原审判决认定的已付款和应付款数额，付款比例也达到83%，已经超过约定的付款比例和付款金额。

法院观点

一审法院观点：一、关于金滩某公司与××一建签订的多份合同的效力认定问题

2010年12月23日及2011年6月15日《建设工程施工合同》的效力认定问题。由已查明的事实可知，××一建进场施工的时间为2011年4月17日，金滩某公司、××一建、监理单位、设计单位进行图纸会审的时间为2011年5月25日，2010年12月23日合同载明的开工时间为2011年3月15日，签订备案合同的时间为2011年6月15日，××一建的中标时间为2011年6月20日。综上所述，双方存在先施工后签订备案合同，先签订备案合同后招投标的行为，依据《招标投标法》（以下简称招投标法）第3条“在中华人民共和国境内进行下列工程建设项目包括项目的勘察、设计、施工、监理以及与工程建设有关的重要设备、材料等的采购，必须进行招标：（一）大

型基础设施、公用事业等关系社会公共利益、公众安全的项目；（二）全部或者部分使用国有资金投资或者国家融资的项目；（三）使用国际组织或者外国政府贷款、援助资金的项目。前款所列项目的具体范围和规模标准，由国务院发展计划部门会同国务院有关部门制订，报国务院批准……”规定，参照《工程建设项目招标范围和规模标准规定》[①] 第3条关于“关系社会公共利益、公众安全的公用事业项目的范围包括：……（五）商品住宅，包括经济适用住房……”；第7条“本规定第二条至第六条规定范围内的各类工程建设项目，包括项目的勘察、设计、施工、监理以及与工程建设有关的重要设备、材料等的采购，达到下列标准之一的，必须进行招标：（一）施工单项合同估算价在200万元人民币以上的；（二）重要设备、材料等货物的采购，单项合同估算价在100万元人民币以上的；（三）勘察、设计、监理等服务的采购，单项合同估算价在50万元人民币以上的；（四）单项合同估算价低于第（一）、（二）、（三）项规定的标准，但项目总投资额在3000万元人民币以上的”的规定[②]，项目总投资额在3000万元以上的商品住宅建设项目必须进行招标，而诉争的××都汇项目合同价款为2亿元有余，属于必须进行招标的项目，应当受招投标法的规制。金滩某公司与××一建在发出招标文件之前先行磋商，并签订合同且实际入驻工地开始施工，上述行为违反了招投标法第43条“在确定中标人前，招标人不得与投标人就投标价格、投标方案等实质性内容进行谈判”的规定，该中标无效。依据建设工程施工合同解释第1条第1款第3项的规定，建设工程施工合同必须进行招标而未招标或者中标无效的，应当根据合同法第52条第5项的规定认定无效。故双方于2010年12月23日及2011年6月15日签订的《建设工程施工合同》，均因违反了法律的效力性强行性规定而无效。因上述两份《建设工程施工合同》违反法律规定而无效，双方当事人其后签订的三份《补充协议》中涉及工程内容的约定均为无效。

---

① 《工程建设项目招标范围和规模标准规定》已被《国务院关于〈必须招标的工程项目规定〉的批复》（2018年3月8日发布；2018年3月8日实施）所废止，根据现行有效的《必须招标的基础设施和公用事业项目范围规定》（发改法规规〔2018〕843号），“商品住宅，包括经济适用住房”已经不属于《必须招标的工程项目规定》第2条、第3条规定情形的大型基础设施、公用事业等关系社会公共利益、公众安全的项目。

② 对应《必须招标的工程项目规定》（国家发展和改革委员会令第16号）第5条。

二、对金滩某公司欠付××一建工程款数额的认定

（一）金滩某公司应付××一建工程款数额的认定

如前所述，双方在签订2011年6月15日《建设工程施工合同》之前，金滩某公司已经向××一建出具部分图纸，××一建已经实际入驻工地并按图纸开始施工，故双方当事人实际履行的合同为2010年12月23日签订的《建设工程施工合同》及三份《补充协议》，上述合同虽然无效，但是是双方当事人的真实意思表示，应当作为计取工程款的依据。建某公司受该院委托作出的鉴定意见载明按吉林省长春市价格计取钢材款作出的工程总造价为139054885元，按吉林省××市价格计取钢材款作出的工程总造价为140513205元。因双方在2011年8月4日的《补充协议》中约定“钢筋材料的找差价格执行工程施工进度同期的吉林省长春市造价信息价格加采购保管费用加运抵至吉林省松原地区的运费”，且金滩某公司出示的本诉证据18《××市××都汇钢材结算单》计算钢筋款的依据为吉林省长春市钢材市场价，结算单上记载的运费为60元/吨，由此可见，金滩某公司对于工程造价中钢材部分按吉林省长春市价格计入是认可的。××一建在鉴定过程中多次主张钢材款按吉林省长春市价格计入，鉴定意见出具之后又对数额予以否认，其虽主张应当按施工月市场价计算钢材款，但本案所涉工程跨年施工，钢材采购时间并不局限于用材当时，建某公司按全年的平均值计入并无不当。故应当以吉林省长春市钢材市场价为依据对工程总造价进行计算。

2015年2月10日的造价意见中混凝土部分按当事人采购合同价计入，对此××一建提出异议，认为依据吉林省定额站2009年14号文件，应当按当地信息价计入。经该院咨询，该文件尚在适用，且作为省内进行鉴定咨询的指导依据，在法律没有其他规定的情况下，鉴定单位应当参照适用。该院遂委托建某公司作出补充鉴定意见，建某公司于2016年11月2日作出吉建咨鉴字〔2016〕203号《工程造价鉴定意见书》，鉴定结论为按合同价计入，商品混凝土造价为37114570元，按信息价计入，商品混凝土造价为41602674元，二者差值为4488104元。××一建对2016年11月2日作出吉建咨鉴字〔2016〕203号鉴定意见书提出异议，认为其中超过泵送37米的工程应当单独计取费用90万元，建某公司的答复认为从作业面上来看，37米以内的泵车可以满足要求，故未单独计取费用。金滩某公司的意见为现场最多同时使用3台泵机作业，有两台超过37米。综合鉴定单位及双方当事人的意见，现场确

实存在超过37米的泵机作业，对该部分费用应当予以计取，因鉴定中未包含该部分费用，另行委托耗费时间太长，酌定超过37米泵送费用为50万元，该费用在鉴定意见书认定的数额之外单独计取。

对鉴定意见中未列入的签证费用的认定，评判如下：

因双方在2010年12月23日《建设工程施工合同》专用条款第23.3条约定，工程施工图纸以外发生的其他工程内容和工程洽商、经济签证，累计在±5万元内的不予增减，累计在±5万元及以上的按实增减。签证单1数额为8301元、签证单3数额为1778元、签证单5数额为1223元、签证单6数额为5068元、签证单10数额为14253元、签证单12数额为25200元，按照双方的约定，上述六份签证无论是否实际发生均不予调整，故不予计取。签证单2清理桩芯土工程的《联系函》，金滩某公司对工程量认可，对××一建提报的价款不认可，因该工程对应的土方工程为金滩某公司另委项目，需要金滩某公司提交土方工程的相关资料以委托鉴定，金滩某公司在该院指定的期限内未提交该部分工程资料，故对本部分费用按××一建主张的84768元予以认定，计入工程造价。签证单4对应的南侧江堤工程，金滩某公司认为该工程不属于本案诉争工程的一部分，××一建亦认可该工程为按照水利部门的要求受金滩某公司委托进行，属于图纸外工程，建某公司认为本工程不属于涉诉工程的组成部分，故未计入本案的造价鉴定中。因造价鉴定已经进行完毕，对该部分工程另行委托鉴定耗费时间较长，造成诉讼拖延，不利于本案主要问题的解决，且该部分工程不属于本案工程的必要组成部分，××一建对该部分工程价款可另循法律途径解决，对该部分工程价款，不予评判。签证单7、8、11对应的现浇筑砼防冻措施费和两个施工季的越冬维护费，依据2010年12月23日《建设工程施工合同》专用条款第9.1条约定，由××一建负责移交前已完工程成品保护及费用。故上述三份签证单对应的费用均应由××一建负担，不予计取。签证单9的《现场经济签证单》没有金滩某公司的签字盖章，对应的票据均为复印件，对该组证据的真实性无法认定，该部分价款不予计取。签证单13，××一建主张的依据为2010年12月23日《建设工程施工合同》第23.2条，××一建对金滩某公司分包工程收取分包工程造价1%~1.5%总包管理配合费。××一建提供的预算书为其单方制作，没有金滩某公司的签字盖章，且××一建未提供金滩某公司分包项目的工程造价，故应当依据金滩某公司自认的分包防水工程价款1824000元按1.5%计取总包管理配合费，该部分费用为27360元。虽然该部分数额在5万元以内，但该费用为××一建基于合同主张的配合费，并非基于施工过程中的工程量变更，故不应受合同关于图纸外发生工程签证在±5万元内的不予增减的约定约束，应当予以单独计取。签证单14，××一建主张的钢材保管费部分在庭审后明确放弃该部分主张。签证单15，因××一建未提供相应的计算方式及设计变更，建某公司仅作出部分费用，××一建对未作出费用的部分自行承担责任。故未计入鉴定意见的签证部分费用为112128元。

按照2011年8月4日《补充协议》的约定，钢筋材料的找差价格执行工程施工季度同期的吉林省长春市造价信息价格加采购保管费用加运抵至吉林省松原地区的运费，该条款是双方在履行《建设工程施工合同》过程中对权利义务达成的新的合意，条款内容并未涉及工程施工方面的问题，与《建设工程施工合同》为相互独立的意思表示，其效力不应受《建设工程施工合同》的影响，当事人应当受其约束，故××一建采购的钢材应当计入运费。经鉴定，本案诉争工程由××一建完成部分所用钢材总量为11834.798吨，金滩某公司供应钢材总量为3142.172吨，××一建自行采购钢材量为8692.626吨，结合双方的意见和市场价格，钢材从吉林省长春市运抵吉林省××市的运费认定为60元/吨，故运费为521557.56元（8692.626吨×60元/吨）。

按照2010年12月23日《建设工程施工合同》第23.2条中第2条款（D）小项约定，双方将定额中的直接工程费的6.5%下浮（甲乙双方共同确认的材料、设备市场价不作下浮），作为承包人向发包人的让利。鉴定意见中载明的直接工程费为92105646元，故双方结算额度下浮工程款数额为5986866.99元。虽然金滩某公司主张在鉴定中应当按直接工程费下浮后为基数计取其他部分费用，但双方在合同中只约定了直接工程费下浮，未约定其他部分下浮，且合同明确约定材料设备不下浮，故金滩某公司的主张无事实及法律依据，不予认定。

综上，金滩某公司应付××一建工程款数额为138689807.60元（139054885元+4488104元+500000元+112128元+521557.56元-5986866.99元）。

（二）对金滩某公司已付工程款数额的认定

针对双方对账过程中已付工程款部分有异议的四笔费用，评定如下：1.2011年6月10日招标费用11000元，因收据上载明“××一建工程款”，且××一建的工程负责人张某签字确认，故对该笔款项予以认定。2.2012年

11月23日代付模板费用39000元，虽然××一建主张收款人周某不是公司人员，但因施工方式为××一建包工包料，施工过程中产生的模板费用应当由××一建承担，且收据载明“收××都汇叁万九”，可认定模板已用于案涉工程中，对该笔费用予以确认。3. 拆除××一建架子、模板费用140000元，因双方在2013年4月15日签订的《会议纪要》中约定，××一建施工现场（A场地）物料由金滩某公司进行地面装卸、运输至另一场地（B场地），费用由金滩某公司承担。该份票据未载明时间，但排列在2013年6月7日的票据之后，且通常情况拆除脚手架发生在撤场或工程施工完毕时，故按照双方的约定，该笔费用不应由××一建承担，对该笔费用不予确认。4. 2012年3月30日3万元的收据，因款项性质载明工程款，××一建的技术员李某在收款人处签字，且该笔费用××一建已经纳入其提供的《收金滩某公司工程款明细表》中，载明日期为2012年4月16日，事项为冬季维护，故对该笔款项予以认定。

综上，金滩某公司通过现金方式已付工程款数额为7581万元。

三、工程款利息的计付标准及起算时间

虽然××一建在2013年2月5日向金滩某公司送达了《终止合同通知书》，但因双方签订的两份建设工程合同均无效，故不发生合同解除的法律后果。2013年4月15日的《会议纪要》双方就撤场事项已经予以明确，××一建在签订《会议纪要》后一周内撤出场地，酌定××一建撤出场地并移交给金滩某公司的时间为2013年4月20日。依据建设工程施工合同解释第18条第1款第1项之规定①，建设工程已实际交付的，利息应从交付之日开始计付，依据建设工程施工合同解释第17条之规定②，当事人对欠付工程价款利息计付标准没有约定的，按照中国人民银行发布的同期同类贷款利率计息。故金滩某公司应以欠付工程款为基数，从2013年4月20日起按中国人民银行同期同类贷款利率向××一建支付利息。

四、××一建是否享有工程价款优先受偿权的问题

金滩某公司主张××一建放弃优先受偿权的依据，为××一建向某台商

① 对应《最高人民法院关于审理建设工程施工合同纠纷案件适用法律问题的解释（一）》第27条，下同。

② 对应《最高人民法院关于审理建设工程施工合同纠纷案件适用法律问题的解释（一）》第26条，下同。

业银行出具的《放弃优先受让权承诺书》，××一建保证在借款人未结清银行贷款前，放弃对该工程的优先受让权。某台商业银行并非本案当事人，从上述表述的字面意思可认定××一建为特定范围内放弃权利，金滩某公司应当就未结清银行贷款的额度范围予以举证证明，金滩某公司未提供相应证据且明确表示《放弃优先受让权承诺书》所述的该笔贷款已经清偿，故金滩某公司的上述抗辩主张无事实依据，依据合同法第286条①的规定，××一建可就其承建工程的折价款、拍卖价款优先受偿。

五、关于××一建主张的窝工损失及税金的问题

××一建向该院申请对窝工损失进行鉴定，因其提供的证据材料不充分，建某公司因××一建提供的检材不足未作出鉴定意见。从双方签订的协议及往来情况看，××一建存在窝工的情况，且双方在2011年8月29日《补充协议》中约定，该项目使用的钢材在合同和协议价格基础上增加300元/吨作为最终结算价格，以补偿××一建的垫资损失。该条款是双方在履行《建设工程施工合同》过程中对权利义务达成的新的合意，条款内容并未涉及工程施工方面的问题，与《建设工程施工合同》为相互独立的意思表示，其效力不应受《建设工程施工合同》的影响，当事人应当受其约束。因此，对××一建采购的钢材，应当计入300元/吨的垫资损失，经鉴定，本案诉争工程由××一建完成部分所用钢材总量为11834.798吨，金滩某公司供应钢材总量为3142.172吨，××一建自行采购钢材量为8692.626吨，故认定××一建的损失为2607787.80元（8692.626吨×300元/吨）。

关于××一建主张的应当由金滩某公司支付税金518万元，因金滩某公司并未代扣代缴，故应当予以一并支付的问题。因该部分税金已经包含在该院认定的工程欠款中，金滩某公司并未扣除该部分税金，该院亦未在应付工程款中予以扣减，缴税为每个公民及法人的法定义务，××一建可按税务部门的要求自行缴纳尚欠税金，××一建的该部分诉讼请求无事实依据，不予支持。

六、关于金滩某公司反诉部分的诉讼请求

因金滩某公司申请质量鉴定、质量维修方案及修复造价鉴定，鉴定时间较长，为避免给当事人造成诉累及扩大损失，依据《民事诉讼法》第153条

---

① 对应《民法典》第807条。

“人民法院审理案件，其中一部分事实已经清楚，可以就该部分先行判决”的规定，对××一建的本诉部分先行判决，金滩某公司的反诉部分待事实查明后再行裁判。

二审法院观点：根据当事人的诉辩意见，本案争议焦点为：（一）金滩某公司欠付××一建的工程款数额；（二）金滩某公司应否支付欠付工程款的利息；（三）金滩某公司应否赔偿××一建损失；（四）××一建对案涉工程款是否享有优先受偿权。

本案承发包双方存在先施工后签订备案合同，先签订备案合同后招投标行为，属于明招暗定。在发出招投标文件之前，招标人与投标人先行磋商、签约并施工，即确定中标人前就实质性内容进行谈判。依据招投标法第3条、第43条规定，××一建中标无效。依据合同法第52条第5项[①]、招投标法第45条第2款、建设工程施工合同解释第1条第3项规定，中标无效的，应当认定因此签订的施工合同无效。原审认定本案施工主合同及补充协议无效，法律依据充分，应予维持。对于施工合同无效，讼争建设工程项目权利人、发包人、招标人金滩某公司应当承担主要过错责任，××一建作为建筑企业明知违法而参与、配合违规招投标行为，应当对合同无效承担次要责任。

一、关于工程款结算问题

合同法第58条[②]规定，合同无效或者被撤销后，因该合同取得的财产，应当予以返还；不能返还或者没有必要返还的，应当折价补偿。有过错的一方应当赔偿对方因此遭受的损失，双方都有过错的，应当各自承担相应责任。施工合同性质决定，合同无效后因该合同取得的财产不能返还，应当折价补偿。建设工程施工合同解释第2条规定[③]，建设工程施工合同无效，但建设工程经竣工验收合格，承包人请求参照合同约定支付工程价款的，应予支持。案涉工程为未完工程，应当对已完工部分工程质量检验合格后对现有工程量结算工程款。2013年4月15日，金滩某公司与××一建签订的《会议纪要》载明，“××一建在具备检测条件3个工作日内委托检测中心对已完工程主体检测”。××一建虽未委托检测中心进行质量检测，但续建施工人已经完工，

① 对应《民法典》第153条。

② 对应《民法典》第157条，下同。

③ 对应《最高人民法院关于审理建设工程施工合同纠纷案件适用法律问题的解释（一）》第24条。

且经竣工验收合格。据此，××一建请求判令金滩某公司支付拖欠的工程款具有事实和法律依据，金滩某公司关于本案不具备工程结算条件的抗辩理由不能成立，法院不予支持。

关于两份价款不同的施工合同均无效，应当参照哪一份合同结算工程款的问题。金滩某公司与××一建分别于2010年12月23日、2011年6月15日签订两份《建设工程施工合同》。比较而言，两份施工合同在施工范围、计价方法和计价标准等内容基本相同；工期、工程价款（含让利承诺内容）等内容不同。如前所述，两份合同均因违反招投标法的效力性强制性规定而无效。合同法第58条规定的合同无效后不能返还的应当折价补偿，“折价补偿”是以据实结算为标准。因两份无效的施工合同约定的工期、工程价款（含让利承诺内容）等内容不同，折价补偿标准，应当综合导致合同无效的缔约过错、履行无效施工合同造成的损失情况、发包人支付工程价款和施工人施工质量、行业惯例等因素确定。

关于××一建和金滩某公司诉请改判的工程造价部分，具体包括：

第一，关于直接费下浮问题。××一建上诉主张，原审认定“直接工程费为92105646元”并以此作为下浮基数错误。直接费包括人工费、材料费、设备费等，双方约定材料费、设备费不下浮，只有人工费下浮。法院认为，首先，2010年12月23日《建设工程施工合同》专用条款“合同价款及调整”部分约定，双方按照该合同第23.2条约定内容进行结算，“然后将定额中的直接工程费的6.5%下浮（甲乙双方共同确认的材料、设备市场价不作浮动），作为承包人向发包人的让利”。从文义内容看，合同约定的是“定额中”的直接工程费下浮6.5%，而“甲乙双方共同确认的材料、设备市场价不作下浮”，从文义内容解读，不能得出只有人工费下浮的结论。从签约当事人的真实意思看，不再下浮的材料、设备等采购价格为承发包双方共同确定的市场价格，有别于作为政府指导价的工程造价定额。从行情看，当期定额的计价标准一般略高于市场行情，以标准定额中直接费部分的取费标准作为基数按照约定比例下浮，符合建筑市场行情。因此，××一建上诉主张“双方约定材料费、设备费不下浮，只有人工费下浮”，缺乏合同依据，不能成立。

第二，关于超过37米泵送费用问题。××一建上诉认为，超过泵送37米的工程应当单独计取费用90万元，原审酌定超过37米泵送费用为50万元错误。金滩某公司上诉认为，超过37米的泵机是甲供混凝土的泵机，泵送费已经含在甲供混凝土价款中，人民法院并非专业鉴定机构，“酌定”没有事实和法律依据。法院认为，虽然原审法院委托的鉴定机构认为，从作业面看，37 米以内的泵车可以满足施工要求，故未单独取费，但是承发包双方对于施工现场存在超过 37 米的泵机作业的事实并无争议，因此原审未采纳鉴定机构意见，并无不当。从证据看，2016 年 7 月 26 日，原审法院就施工混凝土价格召集承发包双方及鉴定机构核对相关数额的《接待笔录》中记载，发包人金滩某公司表示，混凝土后期改为甲供，××一建对价格未提出异议。金滩某公司提供 2012 年 6 月 15 日、12 月 16 日与星某公司签订的《商品砼购销合同》《北欧小镇用料结算明细》等证据，《商品砼购销合同》约定，“供方免费提供成套砼输送泵、配件及操作司机，并负责指导需方工地人员安装输送管道，需方负责配合保管和看护”。从时间看，讼争建设项目于 2011 年 4 月 17 日开工，2013 年年初停工。2012 年 6～12 月间，施工人已经完成现有部分工程量之后，才改为甲供商砼，与金滩某公司工地现场代表“混凝土后期改为甲供”的表述一致。如“泵送费已经含在甲供混凝土价款中”，也应当是在 2012 年 6 月以后发生的事情，并不能证明之前发生的泵送费用。从定额看，根据《2009 吉林省建设工程费用定额》第 6 条第 1 款第 3 项规定，“甲供材料保管费：发包方供应的材料（包工包料工程），工程结算时应按定额基价参与取费，由承包方保管的材料应计取材料价值 1% 的保管费”，甲供商砼，总包也有权收取保管费用。从法律适用看，如前所述，对于本案施工合同无效，金滩某公司承担主要过错责任，因此对于××一建所遭受的超过 37 米泵送费用损失，应由金滩某公司承担主要责任。鉴于讼争工程为未完工工程，对不能参照合同约定结算的部分工程，人民法院依法行使裁量权作出判断，酌定超过 37 米泵送费用为 50 万元，并无不当，应予维持。××一建此项上诉主张不能成立。

第三，关于南侧江堤工程造价应否计入工程总造价的问题。××一建认为，南侧江堤工程造价未予裁判错误，主张南侧江堤工程为案涉工程施工安全的稳固工程，属图纸外工程，但已被签证单确认，应当计入工程总造价。法院认为，本案承发包双方均认可南侧江堤工程属于施工图纸外相对独立的工程，不属于讼争工程建设项目的配套工程，未列入原审委托鉴定范围内。南侧江堤加固工程相对独立，基本具备单独结算的基础。原审已经告知相关权利人有权另循法律途径解决，本案优先解决承发包双方主要争议焦点，符合诉讼经济原则，法院予以确认。××一建上诉主张南侧江堤工程应当在本案讼争建设工程项目中一并结算，所述事实依据和法律依据尚不充分，法院不予支持。

第四，关于合同外签证费用的认定问题。金滩某公司认为，原审认定的合同外签证费用为 112128 元，缺乏依据。签证单 2，清理桩芯土 84768 元，该土方工程为发包人另委工程，清理桩芯土工程非××一建所为，不应当计费。签证单 13，总承包管理配合费 27360 元，××一建已经自认属于签证范围，举证时列在签证单中，原审却认为不属于签证，认定事实错误。签证单 2，2011 年 6 月 4 日《联系单》所载施工内容为清理桩芯土 84768 元。原审质证时，金滩某公司认为，对于工程量予以确认，但对于××一建单方预算不予认可，人工单价应当执行《关于 2011 年度吉林省建设工程结算有关规定的通知》。原审认为，金滩某公司未在法院指定期限内提交该部分工程资料，故按照××一建主张的 84768 元予以认定，计入工程造价。据此，发包人金滩某公司上诉主张土方工程为发包人另委工程，清理桩芯土工程非××一建所为，与其原审中对工程量予以确认，但对××一建单方预算不予认可的质证意见，观点不一。金滩某公司未能提供否定原审认定的相关证据和法律依据，对其主张，法院不予支持。签证单 13，总承包管理配合费 27360 元。原审认为，应当依据金滩某公司自认的分包防水工程价款 1824000 元按照 1.5% 计取总包管理配合费，该部分费用为 27360 元。虽然数额在 5 万元以内，但该费用为××一建基于合同主张的配合费而非基于施工中的工程量变更，故不受合同关于图纸外发生工程签证在 ±5 万元以内不予增减的约定内容的约束，应当予以单独计取。据此，原审已经认定单独取费具有合同依据，不属于施工中的工程量变更，即不属于签证范围，排除适用 ±5 万元以内不予增减的约定内容。因施工合同无效，本案讼争工程为未完工程，人民法院有权依裁量权作出判断。原审就此作出的判断并无不当，法院予以确认。

第五，关于脚手架、模板拆除费用问题。金滩某公司上诉主张，拆除××一建脚手架和模板花费 14 万元，该笔费用不属于《会议纪要》约定的费用，原审依据《会议纪要》判令由金滩某公司承担该笔费用错误。另外，鉴定意见关于脚手架、模板工程款项目中，已经包含拆除费用，在金滩某公司完成脚手架拆除工程后，该笔费用应认定为金滩某公司已付工程款。法院认为，拆除脚手架、模板工程与《会议纪要》所约定的地面装卸、运输属于不同的施工项目，原审依据《会议纪要》判令金滩某公司承担该笔费用，依据并不充分。金滩某公司上诉主张鉴定意见关于脚手架、模板工程款项目中，已经包含拆除费用，但是，鉴定意见系对××一建已完工工程造价所进行的鉴定，而××一建中途撤场，并未对脚手架、模板进行拆除，鉴定意见中并不包含脚手架、模板拆除费用，故金滩某公司上诉主张脚手架拆除费用应认定为金滩某公司已付工程款，理由不能成立，法院不予支持。原审认定脚手架、模板拆除费用由金滩某公司承担的理由虽然不准确，但是判决结果并无不当，法院予以确认。

第六，关于××一建钢材运费问题。金滩某公司上诉主张，因施工主合同及《补充协议》无效，××一建采购钢材不应在鉴定意见书总造价之外再单独计入运费。原审认定《补充协议》效力不受施工合同效力影响，依据2011年8月4日《补充协议》约定，计入××一建采购钢材的运费521557.56元，适用法律错误。法院认为，虽然施工主合同及《补充协议》无效，但依据建设工程施工合同解释第2条规定，原审参照《补充协议》约定内容将施工总承包人采购钢材计入运费，并无不当，应予维持。

第七，关于××一建自认的扣款问题。金滩某公司上诉主张，根据其提交的罚款、监理通知书扣款数额为69000元，××一建自认其中31000元为工程款，原审未予扣除错误。法院认为，××一建原审所提交的证据中虽认可罚款31000元，但此后其又反言，而且罚款从性质上来看确实不属于工程款，根据《最高人民法院关于民事诉讼证据的若干规定》第74条关于“诉讼过程中，当事人在起诉状、答辩状、陈述及其委托代理人的代理词中承认的对己方不利的事实和认可的证据，人民法院应当予以确认，但当事人反悔并有相反证据足以推翻的除外”的规定①，金滩某公司主张应当扣除××一建自认的31000元，缺乏法律依据，法院不予支持。

关于××一建和金滩某公司针对原审鉴定意见提出的诉请问题。法院认为，经××一建申请，原审法院依法委托建某公司对××一建已完工程造价及××一建窝工损失进行鉴定。建某公司为甲级工程造价咨询企业，鉴定人员具备造价工程师资格，原审委托的鉴定机构、鉴定人员具备从事工程造价咨询的法定主体资格。鉴定机构对鉴定原则、鉴定范围、鉴定方法和步骤等

---

① 对应现行《最高人民法院关于民事诉讼证据的若干规定》第3条。

向承发包双方作出说明。鉴定中，对承发包双方针对施工具体项目造价提出的异议，逐一答疑，作出说明。原审法院召开专题听证会，针对鉴定意见中未计入造价鉴定范围的签证单，逐一核对；通过函件往来、面谈等形式，原审法院与鉴定机构多次沟通，明确审判权与司法鉴定间的权力界限、明确鉴定机构应当围绕争议焦点鉴定、要求鉴定机构规范鉴定文书格式等。原审法院委托鉴定活动相对规范，审判权行使适当，承发包双方比较充分行使诉权，故法院对委托鉴定结论应予采信。

针对鉴定结论，××一建主张基坑挖土、人工清淤项目；预应力脚手架造价；钢筋混凝土与模板工程量未等同计算；计取综合脚手架系数；基础工程部分桩承台混凝土量计算；人工费、材料费调整部分等方面存在错误，请求二审予以调整。金滩某公司认为，属于甲供混凝土、甲供钢材按照乙供材标准取费；脚手架定额单价和垂直运输定额单价、大型机械进出场定额单价按照60%工程量计价，而××一建实际只完成40%工程量。承发包双方对上述鉴定项目提出的诉请，在鉴定中均已向原审法院或者鉴定机构提出。原审法院对于无效合同折价补偿的标准，参考无效合同约定、履行合同实际情况、导致合同无效的缔约过错等综合因素，对约定相对模糊、施工资料不全、行业标准不统一等零星工程项目，酌定是否计入工程造价鉴定范围、适用当期或者前期工程造价定额、适用签约（或者停工）时施工地的市场价格信息等作出的认定基本符合本案实际，未超出建筑业一般行情，法院予以确认，对双方针对鉴定意见提出的申请，均不予支持。

二、关于××一建窝工损失（垫资损失）问题

××一建上诉主张，2011年8月29日《补充协议》约定，讼争建设项目使用的钢材在合同价格基础上增加300元/吨作为最终结算价格，是双方真实意思表示。案涉工程项目钢材总量为11834.798吨，应认定为××一建采购；金滩某公司供应钢材总量为3142.172吨，属于代购。原审已经认定金滩某公司代购事实，仅以××一建自行采购钢材数量计算损失缺乏依据。××一建垫资损失数额为11834.798吨×300元/吨＝3550439.40元。法院认为，2011年8月29日《补充协议》第四条约定，在甲方未按该项目施工合同和协议书约定全额支付工程进度款之前，该项目使用的钢材在合同和协议价格基础上增加300元/吨作为该项目最终结算价格，以补偿乙方垫资的损失。工程垫资是指发包人不支付工程预付款，至进度款，由承包人带资（垫资）施工的行

为。发包人供材，由发包人支付材料费用，不存在承包人垫付资金的问题。故原审判决以××一建自行采购的8692.626吨供材为基数认定垫资损失正确，应予维持。××一建上诉认为应以包括甲供材在内的全部供材为计算垫资损失的基数，缺乏事实和法律依据，法院不予支持。

金滩某公司上诉主张，2011年8月29日《补充协议》因施工主合同无效而无效，即使有效，原审认定"窝工损失"条款是附条件的违约条款，违约金约定过高，条件也未成就，原审认定金滩某公司承担××一建窝工损失没有事实和法律依据。法院认为，××一建在起诉状中明确要求赔偿窝工等损失379.14万元，足见其主张的损失包括但并不限于窝工损失，原审根据2011年8月29日《补充协议》中的垫资损失条款，认定××一建损失，并未超出当事人的诉讼请求范围。虽然××一建在原审中申请窝工损失鉴定时，因提供的证据材料不充分而未作出鉴定意见，但并不能据此认为××一建不存在窝工损失。2011年8月29日《补充协议》关于"在金滩某公司作出书面付款计划和承诺后，之前及以后未按合同规定支付完工程款造成××一建在工地的一切损失（包括但不限于窝工、周转材料、机械、管理费用等），金滩某公司应必须承担"的约定，证实××一建确实存在窝工损失，故原审认定××一建存在窝工损失，并非缺乏证据支持。2011年8月29日《补充协议》虽因主合同无效而无效，但该《补充协议》关于"在金滩某公司未按该项目施工合同和协议书中规定全额支付工程进度款之前，该项目使用的钢材在合同和协议价格基础上增加300元/吨作为该项目钢材最终结算价格，以补偿××一建垫资的损失"的约定，是对金滩某公司前期拖延支付工程款的过错行为所造成××一建损失的约定，鉴于金滩某公司对施工主合同无效负主要过错责任，金滩某公司应当赔偿××一建此部分损失。金滩某公司上诉主张垫资损失支付的条件未成就，认为其在合同终止时付款比例超过了80%。虽然根据原审认定的金滩某公司应付××一建的工程款数额及已付款数额，金滩某公司目前的付款比例已经超过80%，但该付款只能证实金滩某公司现在的付款情况，并不能据此证实其此前按时支付工程进度款。2012年8月16日，双方就钢材供应事宜达成《补充协议》，约定"因金滩某公司未按合同规定时间支付该项目工程进度款，……"，证实金滩某公司在2011年8月29日《补充协议》签订后，至2012年8月16日，依然拖欠工程进度款。此外，××一建于2013年2月5日向金滩某公司所发《终止合同通知书》关于"因金滩某公司于2011年开工至2013年期间多次不能按合同约定支付工程进度款，虽然签订了补充协议和付款计划，但金滩某公司均未如约履行”的内容，亦进一步佐证金滩某公司拖欠工程款的事实。因此，在金滩某公司未能提供反驳证据证实其及时支付工程进度款的情况下，原审认定的垫资损失并无不当，金滩某公司该上诉理由不能成立。金滩某公司还主张，根据建设工程施工合同解释第6条规定，垫资损失约定过高。建设工程施工合同解释第6条的规定，是关于当事人约定返还垫资和垫资利息而约定的利息计算标准高于中国人民银行发布的同期同类贷款利率的情形，本案并不存在垫资返还问题，故金滩某公司该上诉理由亦不能成立。

三、关于工程款利息的认定问题

金滩某公司上诉主张双方对工程款的支付有约定，原审适用建设工程施工合同解释第18条规定有误，在本案判决生效前，尚不具备给付工程款的条件，故其不应支付工程款利息。法院认为，虽然双方在施工主合同对工程款的支付作出了约定，但因××一建中途撤场，按照双方在施工主合同中的约定进行结算显然已不可能，何况施工主合同也无效。因施工主合同无效，故原审认定××一建于2013年2月5日向金滩某公司发出的《终止合同通知书》不产生合同解除的法律效果。2013年4月15日，双方达成《会议纪要》，约定××一建签订该纪要一周内撤场，原审据此酌定××一建撤场并移交时间为2013年4月20日，并无不当。根据建设工程施工合同解释第18条关于“利息从应付工程价款之日计付。当事人对付款时间没有约定或者约定不明的，下列时间视为应付款时间：（一）建设工程已实际交付的，为交付之日”的规定，原审按照其酌定的××一建移交建设工程的2013年4月20日为利息起算时间，适用法律并无不当，金滩某公司此项上诉理由也不能成立。

四、关于××一建是否享有工程价款优先受偿权的问题

合同法第286条规定：“发包人未按照约定支付价款的，承包人可以催告发包人在合理期限内支付价款。发包人逾期不支付的，除按照建设工程的性质不宜折价、拍卖的以外，承包人可以与发包人协议将该工程折价，也可以申请人民法院将该工程依法拍卖。建设工程的价款就该工程折价或者拍卖的价款优先受偿。”[①] ××一建虽未能完成整体工程施工，但案涉工程已经竣工

---

① 对应《民法典》第807条。

验收，已经具备工程款结算条件，故金滩某公司主张尚不具备给付工程款条件，不存在工程款优先受偿的前提条件，理由不能成立。××一建吉林分公司虽曾向某台商业银行出具《放弃优先受让权承诺书》，承诺在金滩某公司结清该行贷款8000万元前，放弃工程优先受让权，但金滩某公司在原审中自认上述贷款已经清偿，××一建放弃工程受让权或者放弃工程价款优先受偿权的前提条件已经不存在，本案没有证据证明原审判令××一建对其承建的工程享有优先受偿权可能损害某台商业银行的合法权益，金滩某公司主张××一建不享有优先受偿权，缺乏事实和法律依据。金滩某公司上诉还主张，由于××一建中途退场，案涉工程由其他施工队继续施工完成，原审判令××一建享有优先受偿权会损害其他施工人权益。根据本案查明的事实，××一建已经完成合同约定的大部分工程内容，原审判令××一建对其承建的工程享有工程价款优先受偿权，并无不当，金滩某公司的此项主张不能成立。

关联案例

案件名称：某铁公司、某通公司建设工程施工合同纠纷案

审理法院：一审：陕西省高级人民法院（2016）陕民初42号；二审：最高人民法院（2018）最高法民终96号

裁判观点：关于停工损失数额，垫资资金占用费和违约金的认定是否正确。某铁公司上诉主张按照合同约定，因某通公司的原因造成停工的，某通公司应赔偿其实际发生的停工损失。由于某通公司未按约定支付工程款导致工程停工，其应向某铁公司支付停工损失。但协议书是无效合同，其合同约定的该部分条款当然无效，对当事人没有约束力。某铁公司提交的关于停工损失的证据中，某通公司认可其中关于施工现场的电费损失91560元，该部分损失确实实际发生，故一审判决对该部分实际损失91560元予以认定正确。至于某铁公司主张的其他停工损失如现场租赁材料费、工资及伙食费、保安服务费、拖欠钢材款项利息等，其提交的证据均是其单方制作或提供，某通公司并未参与，亦未确认。这部分证据无法充分证明其主张的该部分停工损失已经实际发生以及发生的合理性，亦无法证明均与案涉项目有关或者是某通公司的原因造成的，一审判决对某铁公司提交的该部分证据不予采信并无不当。关于某铁公司主张的资金占用费，由于其提交的证据不能充分证明实际垫资时间及数额，故应承担举证不能的法律后果，一审判决对此未予认定也是正确的。

由于协议书属无效合同，合同中的违约条款亦自始无效，对双方当事人不发生

法律效力和约束力。且根据建设工程合同纠纷的解释第2条①“建设工程施工合同无效，但建设工程经竣工验收合格，承包人请求参照合同约定支付工程价款的，应予支持”的规定精神，建设工程施工合同无效时，承包人请求参照合同约定支付的范围仅限于工程价款，并不包括违约金。故一审判决未支持某铁公司主张的违约金并无不当。

律师点评

《民法典》第157条对民事法律行为无效的法律后果作了原则性的规定，即行为人因无效行为取得的财产，应当予以返还；不能返还或者没有必要返还的，应当折价补偿，因自己的过错给对方造成损失的，应当赔偿由此给对方所造成的损失。合同无效的一般规则也应当适用于建设工程施工合同，但建设工程施工合同具有特殊性。建设工程施工合同被确认无效后，已经履行的内容不宜采用返还财产的方式使当事人的利益恢复到合同签订前的状态，即属于“不能返还或者没有必要返还”的情况，而采取折价补偿方式更有利于解决问题以及最大限度保障当事人利益。

一、关于折价补偿的参照依据的认定

建设工程质量合格但施工合同无效时，发包人如何向承包人支付工程价款？根据《民法典》第793条第1款的规定，“建设工程施工合同无效，但是建设工程经验收合格的，可以参照合同关于工程价款的约定折价补偿承包人”。《民法典》的这一规定来源于2004年《最高人民法院关于审理建设工程施工合同纠纷案件适用法律问题的解释》第2条：“建设工程施工合同无效，但建设工程经竣工验收合格，承包人请求参照合同约定支付工程价款的，应予支持。”

究竟以何种方式折价补偿，在法院历来的审判过程中，也出现过不同的考量。

在2004年《最高人民法院关于审理建设工程施工合同纠纷案件适用法律问题的解释》出台以前，司法审判中对于无效合同的处理原则是以当年适用的工程定额为标准，通过鉴定确定建设工程造价②。但是由于我国建筑行业长

① 参考《民法典》第793条。

② 冯小光：《〈关于审理建设工程施工合同纠纷案件适用法律问题的解释〉的理解与适用》，载《建筑经济》2005年第1期。

久以来处于“发包人市场”，承包人为了获得项目，只能把价格做得很低，在这种情况下，如果合同无效按照上述标准进行折价补偿，那么承包人实际获得的工程款将高于合同约定的工程款，承包人就会因此获得期望以外的利益，这不仅违反了合同法意思自治的原则，也使得发包人的利益受损。

为综合考量并平衡发承包双方的利益，2004 年《最高人民法院关于审理建设工程施工合同纠纷案件适用法律问题的解释》第 2 条对采用何种折价补偿方式给出了进一步规定。该解释确立了合同无效但工程质量合格的，按合同约定处理工程价款纠纷的原则。

但在实务中，发承包双方从各自利益的角度出发，依然经常对是参照合同约定还是按实际发生的价格结算工程价款产生争议，其原因在于对“承包人请求参照合同约定”的表述有不同的理解。从承包的角度来说，其往往会认为《最高院施工合同司法解释》赋予了承包人请求参照合同约定主张工程价款的权利，这种请求权是一种选择权，即如果承包人不要求参照合同约定，而是要求鉴定实际发生的工程价款，并要求发包人按照此鉴定结果来支付工程款的，也不违反《最高院施工合同司法解释》的规定。也就是说，承包人有权选择请求参照合同约定或请求按实进行鉴定。相对应地，作为发包人一方，则会出现不同观点，认为如果仅赋予承包人主张以合同约定价格支付工程款的权利，对发包人而言是不公平的。如果承包人不主张按照合同约定支付工程款，那么发包人也应有权做出这个请求。在本书主案例中，承包人鉴于市场环境变化引起了施工成本增加，故而要求法院以鉴定结论作为工程价款结算的依据，而发包人则主张按合同约定支付。对此，从文义上理解，如果合同无效验收合格，只有承包人才可以请求参照合同约定支付工程价款，但是依据诚信、对等、公平原则，应该允许发包人主张以合同约定价格支付工程款，这也符合法理上关于合同无效原则上不能获得超过合同有效的利益，即信赖利益不能超过履行利益的规定。《北京市高级人民法院关于审理建设工程施工合同纠纷案件若干疑难问题的解答》第 17 条“建设工程施工合同无效，但工程经竣工验收合格，当事人任何一方依据《解释》第二条的规定要求参照合同约定支付工程折价补偿款的，应予支持”的观点，也与浙江省高级人民法院的判决相吻合，将该请求权主体扩展到了“当事人任何一方”。

事实上，无论是作为承包人想要参照合同约定或按实际发生进行鉴定，还是作为发包人想要获得参照合同约定支付工程款的请求权，其根本均出于承包人想要多获得工程款，而发包人想要少支付工程款的心理。本书主案例中承包人希望不按合同约定的下浮率结算的心理无可厚非，但与其在合同签订时所表现出的真实意思却是不符合的，且如果推翻合同约定据实结算，则承包人就可从无效合同中获得比签约时预期利益更多的收益，显然有失公平。无论是发包人还是承包人，与其在纠纷产生后来伸张自己的权益，不如在合同签订当时就做出更加周全的考虑。

二、关于折价补偿的范围的认定

就折价补偿的范围主要存在以下两种观点：第一种观点认为所谓的“价”，从工程施工管理的角度来讲，应当包括直接费、间接费、税金及利润等各种实际发生的价款，而非仅仅指原材料费、人工费等直接费。第二种观点认为导致合同无效的责任主要在承包人，利润作为承包人的非法所得，不应支付。

笔者认为，上述两种观点并不构成冲突，折价补偿的范围应根据各项费用的性质和双方的过错，对不同情况分别判断。

首先，《最高院施工合同司法解释》第24条实际上是对在合同无效的情况下所实际发生的合格建筑工程予以有条件的认可，从而对现实生活中普遍存在的此类现象予以合理规范与控制，对由此所产生的社会关系予以合理的解决与疏导。建设工程施工合同无效情况下的折价补偿范围应为建设工程的整体价值，即建设工程的完整造价。全部的工程价款，应包括直接费、间接费、税金和利润。其中，直接费和间接费是工程造价里面的成本，由于间接费是施工企业为工程所支出的实际费用，并不能因为合同无效而由施工人承担本应由发包人承担的成本。

其次，如果合同无效后承包人只能主张合同约定价款中的直接费和间接费，则承包人融入建筑工程产品当中的利润及税金就将被发包人获得。发包人依据无效合同取得了利润，违背了等价有偿的原则，对承包人不公平，同时这也与无效合同的处理原则不符，其利益向一方当事人倾斜，不能很好地平衡当事人之间的利益关系。另外，由于合同无效，有过错的当事人不应取得与合同有效同样的利益，所以在《最高院施工合同司法解释》第24条确立了参照合同约定结算借款的原则后，利润如何分配，应根据导致合同无效的不同情况和当事人的过错程度，结合工程造价的构成①，分别处理：

（1）对于建设工程应招未招或中标无效，其过错责任或主要过错责任在发包人的，发包人理应承担未履行法定义务导致合同无效的责任，不应因自己的违法行为而获取额外利益。承包人理应取得按合同约定的计价标准和方法结算的全部工程价款，包括直接费、间接费和利润、税金等。

（2）对于承包人不具备承揽工程相应资质，包括承包人未取得资质、超越资质等级、借用他人资质等，而发包人无其他违法情况的，由于承包人违反法律法规的强制性规定而导致合同无效，应负主要责任，其可得到工程价款中的直接费、按实际资质等级计取的管理费（若承包人无资质则不应取得管理费）、税金、除管理费外的间接费。

三、施工过程中的损失承担问题

无效合同当事人是否有权向对方要求支付拖欠工程款利息或逾期竣工损失，在本书关联案例中，承包人要求发包人承担违约金，并无法律依据。违约责任是有效合同中双方当事人在合同签订时对合同不能得到严格履行的情况下对损失的约定，是对损失的预期。无效合同自始无效，那么违约条款在无效合同中也自始无效。《江苏省高级人民法院关于审理建设工程施工合同纠纷案件若干问题的解答》② 第5条即认为："建设工程施工合同无效，建设工程经竣工验收合格的，合同约定的哪些条款可以参照适用？建设工程施工合同无效，建设工程经竣工验收合格的，当事人主张工程价款或确定合同无效的损失时请求将合同约定的工程价款、付款时间、工程款支付进度、下浮率、工程质量、工期等事项作为考量因素的，应予支持。"因此，在合同无效的情况下，当事人的损失数额仅能以实际已发生的损失为限。

实际已发生的损失如何分担？依据《民法典》第157条，无效合同有过错的一方应当赔偿对方因此所受到的损失，各方都有过错的，应当各自承担相应的责任。也就是说，双方应按照各自的过错，承担合同无效给对方造成的损失，而非各自承担自己的损失。例如发包人知道或应当知道承包人没有相应资质或挂靠其他建筑企业仍与其签订建设工程合同的，也应对无效合同

---

① 山东省高级人民法院民一庭：《建设工程合同纠纷案件审理中的若干问题》，载《山东审判》2007年第2期。

② 江苏省高级人民法院：《江苏省高级人民法院关于审理建设工程施工合同纠纷案件若干问题的解答》，载江苏法院网，http：//www.jsfy.gov.cn/，最后访问时间：2021年10月6日。

承担相应的过错责任；如果是承包人冒用他人资质与发包人签订合同，发包人不知情的，那么合同无效的责任主要在承包人，由承包人承担责任；发包人未经工程验收擅自使用的，发生质量或其他问题，应由发包人承担责任，但经鉴定工程质量属于主体结构质量问题的，则由承包人负责。

3.3.2 法院如何认定合同无效且工程验收不合格的工程款结算纠纷[①]

——苏某公司、银某公司建设工程施工合同纠纷案[②]

关 键 词： 合同无效　验收不合格　工程款　结算纠纷　工程质量

问题提出： 如何解决施工合同无效，且竣工验收不合格引起的双方责任和工程结算问题？

关联问题： 建设工程验收不合格后，法院如何认定由此发生的工程款结算和竣工问题？

裁判要旨： 在无效的施工合同中，若施工方修复合格，则承包人仅承担修复费用；若修复不合格，则承包人无权要求价款。在具体案件中，施工质量存在缺陷的情况下，可以采取补救措施或赔偿损失等方法处理，但对于背离了质量缺陷整改本质和初衷的方案，应不予认可，对质量缺陷责任按双方过错程度划分进行判决。对于发包人认可工程可以修复且经修复后有价值的，法院可以将修复费用从应付工程价款中予以扣除，径行判决发包人支付下欠工程款。

案情简介

上诉人（原审原告、反诉被告）：苏某公司

上诉人（原审被告、反诉原告）：银某公司

---

① 撰稿人：韩如波、蔡诗怡、马贝艺，上海市建纬律师事务所。

② 一审：宁夏回族自治区高级人民法院（2015）宁民初字第25号；二审：最高人民法院（2019）最高法民终1192号。

2011年7月18日，银某公司（发包方“甲方”）与苏某公司（承包方“乙方”）签订《银古花园补充协议》，约定了工程概况、施工范围、暂定工期、工程造价确定依据、工程款支付方式、竣工结算、工程质量等内容，还约定“本协议的全面执行尚有待于乙方成功中标且双方签署建设工程施工合同，本协议构成建设工程施工合同的组成部分”。2011年8月18日，苏某公司以合同总报价64808041元进行投标，通过专家评审程序后取得中标，中标价分别为：1. 银古花园1～4座中标价755.8683万元，包含劳保基金22.0156万元及四项措施费18.2919万元；2. 银古花园5～9座及商铺中标价1503.497万元，包含劳保基金43.7912万元及四项措施费36.3844万元；3. 银古花园公寓及商场中标价1943.8012万元，包含劳保基金56.6156万元及四项措施费47.0397万元；4. 银古花园地下车库中标价2277.6328万元，包含劳保基金66.3388万元及四项措施费55.1184万元；中标范围为施工图纸内的土、建、水、暖、电等内容，中标价不包含政策性调整、设计变更及现场签证。

2011年8月25日，银某公司与苏某公司签订《建设工程施工合同》，约定由苏某公司对“银古花园”小区1～9座住宅楼及商业楼、公寓楼及商场、地、地下车库及自行车库等工程进行施工包范围为：施工图纸范围内的土、建、水、暖、电等全部工程；施工图纸会审纪要中增加、变更的签证内容；甲方在施工期间增加、变更的签证内容。开工日期为2011年8月19日，竣工日期为2013年5月30日，总天数608天；合同价款暂定为64808041元，专用条款部分还对合同价款及调整、节点工程完成时间、工程款（进度款）支付、发包人分包工程与材料设备供应、竣工验收、竣工结算、违约条款等内容作出详细约定，明确本合同价款采用可调价格合同方式确定。2011年7月，苏某公司即进场施工，施工过程中双方对苏某公司施工的设计图纸、施工内容做了部分变更和增加。受银某公司委托，某成建设工程监理公司于2012年6月20日、8月10日、9月18日、11月1日、11月12日，累计审定苏某公司完成的工程量造价为63714705.04元；瑞某工程造价咨询事务所公司于2013年7月至11月、2014年3月至11月，累计审定苏某公司完成的工程量造价为15924875.28元，合计完成的工程量为79639580.32元（含劳保基金和四项措施费）。

2013年7月16日，双方为解决前期工期延误和工程进度款支付等问题，签订《建设工程施工合同补充协议》，约定：同意有关前期所造成的工期延误及工程进度款支付等问题，双方均不予追究；银某公司在苏某公司2013年7月17日复工当日，付工程款100万元，在复工的第七日内苏某公司施工人员陆续组织进场、材料到位，施工所需的人货电梯等机具进场后再支付200万元，剩余778万元在2013年9月30日前支付完毕；二次结构及装修期间的工程进度款，当月25日前依据主合同上报完成工作量，在次月15日前依据主合同按审核确认工作量的75%支付；如不付款，工期相应顺延；竣工日期约定为商铺和商场在2013年11月30日竣工验收，1~4座在2014年1月15日竣工验收，5~9座、地、地下车库及公寓在××年××月××日竣工验收。因苏某公司原因未能按该补充协议确认的工期竣工验收，自违约之日起向银某公司支付每日4万元的违约金。该补充协议签订后，苏某公司于2013年7月18日开始复工。

2013年8月21日，苏某公司组织监理单位、设计单位及银川市质量监督站兴庆分站对银古花园地下室基础、1~4座住宅楼、5~9座住宅楼及商铺、公寓楼及商场主体结构进行核验，监理单位通报验收结论为基础工程和主体结构达到设计要求，同意隐蔽。2014年4月11日，监理单位组织召开银某公司、苏某公司等参加的工地例会，通报因构造柱不合格导致本周全面停工，进度滞后，需总承包单位编制专项处理方案并处理完成后再复工的情况。2014年5月9日，银某公司与苏某公司就构造柱处理等问题形成《会议纪要》，内容为：构造柱整改分项工程款先扣除，将来因此发生质量问题引起的业主投诉，苏某公司全权负责处理至合格；目前工程滞后，苏某公司承诺在2个月内基本完成工程剩余工作；双方同意先支付部分工程款，剩余工程款结算确定后抵顶部分房屋。2014年6月20日、9月26日、11月10日，由监理单位组织苏某公司、银某公司及各分包单位共同对银古花园商铺，1~4座、5~9座住宅楼，地下，地下室楼及商场进行竣工预验收，对验收检查中存在的各施工单位未完成项目、未整改处理项目进行逐项通报。苏某公司自认于2014年11月底撤出施工现场，并于2014年11月21日、11月28日、12月3日，2015年2月3日、3月30日，以案涉工程土建施工项目已经完成并经过验收，但工程进度款未按约定支付为由，先后向银某公司发出五份催付工程进度款联系函；还于2015年6月7日向银某公司发出解除合同通知书。案涉工程双方未进行移交，苏某公司实际施工的工程未经结算，施工资料亦未向银某公司移交。

经对账确认，双方对已付工程款52407900元无争议，一审法院予以确认。双方有争议的付款为：1. 银某公司代付水电费、检测费合计180732.76元，每笔付款分别为2011年8月9日，预付电费120000元；2014年11月25日，付电费14620.45元；2015年4月24日，付电费36112.31元；2013年11月，付公寓梁裂缝检测费10000元。2. 银某公司支付建筑工程劳保基金总额1887612元，每笔付款分别为2011年9月14日，付劳保基金663388元；2012年4月9日，付劳保基金22156元；2012年4月9日，付劳保基金566156元；2012年4月9日，付劳保基金437912元。3. 银某公司2011年10月8日支付工程安全防护文明施工措施费784172元。4. 银某公司2011年10月8日支付农民工工资保证金648080元。5. 银某公司2014年11月至12月支付垃圾清运费共计163600元。

2017年3月26日，营某工程造价咨询公司（以下简称营某公司）对案涉已完工工程出具宁营某鉴字（2017）第002D号《工程造价司法鉴定意见书》，针对原、被告提出的异议分别于2018年12月26日、2019年1月11日作出《补充说明》和《补充意见书》，鉴定意见为：经鉴定，该工程根据施工蓝图及施工现场实际情况计算的确认部分工程造价为83740370.76元，争议部分工程造价为2400396.60元；根据苏某公司投标价加减变更计算，确认部分工程造价为52762518.66元，争议部分工程造价为1720136.19元；需要说明的问题：1. 关于计价方法，本合同为可调价合同，由于双方对可调价范围存在争议，苏某公司认为可调价范围包括工程量调整，银某公司认为工程量调整未在合同中约定，不应调整。由于无法对双方签订合同时的真实意图做出判定，故按两种方式计算工程造价：第一种方法是根据施工蓝图及施工现场实际情况进行计算，第二种方法是按苏某公司投标价加减变更进行计算。具体选择哪种方法计算工程造价，由法院裁决。2. 争议部分说明：2.1 土建工程争议分别为（1）构造柱：银某公司根据双方签字的《会议纪要》，提出构造柱质量不合格，该分项工程款需要先行扣除；苏某公司认为质量问题应由具有资质的第三方进行确认，不应扣除，鉴定机构无法确认，列入争议由法院裁决。（2）外墙面保温下方抹灰：银某公司认为外墙面保温下方抹灰由外墙保温公司施工，苏某公司认为由其完成，鉴定机构无法确认，列入争议由法院裁决。（3）垂直运输工程差价：垂直运输定额的系数根据《2008定额解释汇编》确定，外墙保温分包则乘以0.85的系数，根据2011年第6期

《宁夏工程造价》定额解释说明，0.85 的系数是指“对建筑工程出现分部工程分包并单独结算时的计算方法”，银某公司认为外墙保温是分包且单独结算的工程，合同已约定分包工程需支付施工配合费，故应乘以 0.85 的系数；苏某公司认为外墙保温公司使用了他们的脚手架及垂直运输设备，不应乘以 0.85 的系数。鉴定机构无法确认，列入争议由法院裁决。(4) 地下) 地下车库顶部覆土公司认为地下车库顶板以上至绿化种植土以下的土方由其分包的绿化公司完成，苏某公司认为由其完成。鉴定机构无法确认，列入争议由法院裁决。(5) 地下) 地下车库内墙腻子：银某公司认为地下车库内墙、天棚腻子不是施工方完成，苏某公司认为由其完成，鉴定机构无法确认，列入争议由法院裁决。(6) 地下) 地下车库入口处墙面砖公司认为地下车库入口处墙面砖由其施工完成，苏某公司认为由其施工完成，鉴定机构无法确认，列入争议由法院裁决。2.2 安装工程争议为 (1) 给排水部分，此部分争议主要是地漏安装问题，苏某公司认为案涉 1 ~4 座、5 ~9 座、地下、地下室及商场竣工预验收会议纪要中均未提出没有安装地漏的问题；银某公司认为公证机关对案涉公寓十八层、十七层、十三层、十二层、八层、四层抽查，提出地漏没有安装，鉴定机构无法确认是否施工，列入争议由法院裁决。(2) 采暖部分，此部分争议主要是暖气管安装问题，苏某公司认为案涉 1 ~4 座、5 ~9 座、地下、地下室及商场竣工预验收会议纪要中均未提出没有安装暖气管的问题；银某公司认为公证机关对公寓楼十八层、十七层、十三层、八层、四层、十二层抽查，提出暖气管道未引，鉴定机构无法确认是否施工，列入争议由法院裁决。(3) 电气部分，此部分争议主要是电线、公寓楼配电箱问题，苏某公司认为在预验收相关资料中未提出电线及公寓楼配电箱施工不合格问题；银某公司认为电线数量不符合规范要求，且公证机关对公寓楼十八层、十七层、十三层、八层、四层、十二层进行抽查，提出配电箱未安装，鉴定机构无法确认是否施工，列入争议由法院裁决。(4) 消火栓、喷淋部分，此部分争议主要是公寓消火栓支管、喷淋头及商场喷淋头问题，苏某公司认为公寓及商场预验收会议纪要中未提出消火栓、喷淋没安装的问题；银某公司认为喷淋由其他公司施工完成，与苏某公司无关，并且公证机关对公寓楼十八层、十七层、十三层、八层、四层、十二层抽查，提出消火栓及支管未安装，鉴定机构无法确认是否施工，列入争议由法院裁决。(5) 消防自动报警系统部分，此部分争议主要是消防报警系统的导线及设备问题，苏某公司认为在预验收相关资料中，未提出消防报警系统的导线及设备未完成；银某公司认为其委托第三方宁夏某翔工程咨询有限公司编制的未完工程中提出公寓、地下、地下室、商铺消防报警系统的导线及设备未安装的问题，鉴定机构无法确认是否施工，列入争议由法院裁决。2.3 采保费争议为砌块及砖甲供材采保费争议，砌块及砖由银某公司提供主材，苏某公司施工，因该主材未在合同中单独约定计取采保费，故将此项采保费列入争议由法院裁决。

2017 年 3 月 3 日，国鉴所就案涉工程质量问题出具《鉴定检验报告书》(BETC－SF－2016－28)，鉴定意见为银古花园小区存在主要的工程质量问题如下，1. 建筑与结构方面：屋面板与地下车库墙体和顶板普遍存在渗漏现象；各楼墙面存在较多空鼓现象；楼层净高、二次结构洞口两侧空心砌块的孔洞做法，砌块墙面外挂钢丝网的直径与做法，地下、地下车库构造板的厚度防水做法，墙面涂膜防水层的厚度和沿墙面翻起高度不满足设计或规范要求。2. 水、暖、电方面：采暖井内的固定支架安装不满足规范要求。排水立管周围缺失阻水圈、排水支管未安装、套管顶部预留高度不足，均不满足规范或设计要求；管道穿板面工程质量不满足规范和设计要求；桥架的接地连接、穿楼板、穿墙体以及与其他管道安装间距等做法均不满足规范要求；电气竖井间桥架支架固定卡的制作方式不满足规范要求；JDG 管连接套管紧定螺丝缺失不满足规范要求，等电位连接不满足规范或设计要求。

2017 年 12 月 25 日，信某鉴定所就案涉工程修复方案及修复费用出具陕信〔2017〕鉴字 62 号《司法鉴定意见书》，鉴定结论为：1. 建议修复意见；2. 修复费用估算为 11037099.30 元（其中包含砌块墙面钢丝网全部拆除重新施工，综合考虑了裂缝和空鼓质量问题的修复）；3. 针对（二）挂直径 0.4 毫米钢丝网墙面裂缝质量问题、（三）挂直径 0.4 毫米钢丝网墙面空鼓质量问题、（七）砌块墙面未挂钢丝网问题，单列的修复费用估算为 3747999 元，其中，（二）项修复费用估算为 74155.63 元；（三）项修复费用估算为 17037.92 元；（七）项修复费用估算为 3656806.14 元（该部分修复费用估算单列计算，供法庭庭审举证质证后决定是否采用）。

一审法院判决：一、银某公司于本判决生效后十五日内支付苏某公司工程款 32450262.14 元。二、苏某公司于本判决生效后十五日内支付银某公司修复工程造价费用 11037099.30 元。上述一、二项冲抵后，银某公司于本判决生效后十五日内支付苏某公司工程款 21413162.84 元。三、苏某公司于本判决生效后十五日内向银某公司交付“银古花园”已完工工程全套工程资料。四、苏某公司对银某公司尚欠的工程款21413162.84元，依法就案涉已完工工程折价或者拍卖的价款享有优先受偿权。五、驳回苏某公司其他诉讼请求。六、驳回银某公司其他反诉请求。

二审法院判决：一、维持宁夏回族自治区高级人民法院（2015）宁民初字第25号民事判决第二项、第三项；二、撤销宁夏回族自治区高级人民法院（2015）宁民初字第25号民事判决第五项、第六项；三、变更宁夏回族自治区高级人民法院（2015）宁民初字第25号民事判决第一项为：银某公司于本判决生效后十五日内支付苏某公司工程款1255562.59元及利息，利息以下欠的工程款数额1255562.59元为基数，自起诉之日即2015年8月21日起按照中国人民银行同期同类贷款利率计息至本判决生效之日止；四、变更宁夏回族自治区高级人民法院（2015）宁民初字第25号民事判决第四项为：苏某公司对银某公司尚欠的工程款1255562.59元，依法就案涉已完工工程折价或者拍卖的价款享有优先受偿权；五、驳回苏某公司的其他诉讼请求；六、驳回银某公司的其他诉讼请求。

各方观点

苏某公司观点：银某公司应向苏某公司支付未付工程款利息。案涉已完工程虽经鉴定存在质量问题，但一审判决苏某公司支付修复费用，由银某公司自行修复，应视为已完工程经修复后质量合格，故银某公司应支付欠付工程款，同时应支付工程款利息。应根据《最高人民法院关于审理建设工程施工合同纠纷案件适用法律问题的解释》第17条和第18条①第3项有关工程款利息计算和起算标准的规定，判决支付工程款利息。

银某公司观点：关于工程款利息问题。（一）工程款支付的前提条件是所建设工程经竣工验收合格。但截至目前，各方均确认案涉工程没有进行验收，也不属于《最高人民法院关于审理建设工程施工合同纠纷案件适用法律问题的解释》第14条规定的情形②。因此，不具备支付工程款的条件。（二）扣

① 对应《最高人民法院关于审理建设工程施工合同纠纷案件适用法律问题的解释（一）》第26条和第27条。

② 对应《最高人民法院关于审理建设工程施工合同纠纷案件适用法律问题的解释（一）》第9条。

减维修费用不能等同于验收合格，两者有着完全不同的法律含义，除非有上述第 14 条规定的三种情形之一，其他任何情形均不能代替工程竣工验收合格。（三）苏某公司所施工程不符合有关质量管理的法律规定，不得交付使用。因此，在工程款尚未达到支付条件的情况下，相应利息不应支付。

法院观点

一审法院观点：关于苏某公司主张银某公司支付工程进度款逾期付款利息和未付工程款利息的诉讼请求，以及银某公司主张逾期竣工违约金损失的反诉请求是否成立的问题。

经查，苏某公司主张银某公司支付工程进度款逾期付款利息，以及银某公司主张苏某公司支付逾期竣工违约金的依据，均系双方签订的施工合同及补充协议，由于案涉施工合同及补充协议均为无效合同，综合分析双方提交的《工作洽商联系单》《工地例会会议纪要》《监理工作总结》等证据，能够客观反映案涉工程未在约定的竣工日期完工，既有苏某公司在施工过程中投入劳动力不足、现场管理不到位、施工不规范出现多次返工修复等导致工期延误的事实，亦有银某公司未按时支付工程形象进度款，部分安装工程施工范围不明确、技术性问题解决不及时，地暖专用分包工程未按期完成，供材料进场不及时等导致工期延误的事实。因此，根据合同法的相关规定，双方对导致案涉施工合同及补充协议无效，以及工期延误均具有过错，应当各自承担相应的责任。故，对苏某公司主张银某公司支付逾期工程进度款利息的诉讼请求，对银某公司主张苏某公司支付逾期竣工违约金的反诉请求，一审法院均不予支持。案涉工程系未完工工程，已完工工程经过司法鉴定，存在诸项需要修复的质量问题并未通过竣工验收，根据《最高人民法院关于审理建设工程施工合同纠纷案件适用法律问题的解释》第 2 条[①]的规定，对苏某公司主张银某公司支付未付工程款利息的诉讼请求，一审法院不予支持。

二审法院观点：关于银某公司是否应支付工程价款。案涉工程系未完工工程，对于已经完成的工程经验收合格的，发包人应当支付相应的工程价款。经验收合格包括经过修复后验收合格的工程。

2014 年 5 月 9 日，银某公司与苏某公司就构造柱处理等问题形成的《会

① 对应《民法典》第 793 条。

议纪要》记载，构造柱整改分项工程款先扣除，将来因此发生质量问题引起的业主投诉，苏某公司全权负责处理至合格。双方已经对构造柱问题达成共识。

本案诉讼中，就案涉工程质量问题经一审法院委托国鉴所鉴定，国鉴所出具《鉴定检验报告书》之后经一审法院委托，信某鉴定所根据国鉴所出具的鉴定意见就案涉工程修复方案及修复费用出具《司法鉴定意见书》。

苏某公司已完成大部分工程，从国鉴所就案涉工程质量问题出具的鉴定意见来看，案涉工程存在主要的工程质量问题有：在建筑与结构方面存在渗漏、墙面空鼓现象，楼层净高、砌块墙面外挂钢丝网的直径与做法，屋面防水做法等不满足设计或规范要求，水、暖、电方面不满足规范或设计要求。从信某鉴定所出具的案涉工程修复方案及修复费用来看，案涉工程可以进行修复且经修复后有利用价值。依据《最高人民法院关于审理建设工程施工合同纠纷案件适用法律问题的解释》第3条①“建设工程施工合同无效，且建设工程经竣工验收不合格的，按照以下情形分别处理：（一）修复后的建设工程经竣工验收合格，发包人请求承包人承担修复费用的，应予支持；（二）修复后的建设工程经竣工验收不合格，承包人请求支付工程价款的，不予支持。因建设工程不合格造成的损失，发包人有过错的，也应承担相应的民事责任”的规定，银某公司已在本案中提起反诉，主张由苏某公司承担修复费用，并在一审时申请对工程修复方案及修复费用进行鉴定，可以此认定银某公司认可工程经修复有使用价值。二审中银某公司又以工程未进行实际修复认为支付工程款条件未成就拒绝支付工程款，自相矛盾。根据本案的实际情况，可以参照上述鉴定意见由苏某公司承担修复费用，视为工程验收合格。银某公司以工程未经验收合格，不应支付工程款的理由不能成立。

关于银某公司是否应向苏某公司支付欠付工程款利息，苏某公司是否承担逾期竣工违约责任。

案涉工程系未完工工程，苏某公司撤场后，双方对已完、未完工程项目未进行移交确认。对于欠付工程款利息问题，《最高人民法院关于审理建设工程施工合同纠纷案件适用法律问题的解释》第18条②规定“利息从应付工程

① 对应《民法典》第793条。

② 对应《最高人民法院关于审理建设工程施工合同纠纷案件适用法律问题的解释（一）》第27条。

价款之日计付。当事人对付款时间没有约定或者约定不明的，下列时间视为应付款时间：（一）建设工程已实际交付的，为交付之日；（二）建设工程没有交付的，为提交竣工结算文件之日；（三）建设工程未交付，工程价款也未结算的，为当事人起诉之日”，第17条①规定“当事人对欠付工程价款利息计付标准有约定的，按照约定处理；没有约定的，按照中国人民银行发布的同期同类贷款利率计息”。苏某公司上诉请求支付欠付工程款利息有法律依据，根据苏某公司的上诉请求，银某公司应以下欠工程款数额1255562.59元为基数，自起诉之日即2015年8月21日起按照中国人民银行同期同类贷款利率计息至判决生效之日止。一审判决未认定工程款利息错误，予以纠正。

关联案例1

案件名称：某程开发公司、汇某投资公司与苏某建设公司建设工程施工合同纠纷案

审理法院：一审：黑龙江省高级人民法院（2013）黑民重字第2号；二审：最高人民法院（2015）民四终字第30号

裁判观点：由于案涉《建设工程施工合同》无效，根据相关法律法规及司法解释规定，对某程开发公司是否应支付工程款，需以案涉苏某建设公司施工的桩基础工程质量是否合格为前提条件。由于某程开发公司与苏某建设公司已经终止了《建设工程施工合同》的履行，某程开发公司已将诉争工程承包给案外人施工，至诉讼时苏某建设公司施工的桩基础工程已经被后期的上部施工全面覆盖。因此，某程开发公司、汇某投资公司主张苏某建设公司施工的桩基础工程不合格，不具备使用价值，其依法应承担举证证明责任。如前所述，某程开发公司、汇某投资公司的证据虽然可以证明案涉桩基础工程存在一定质量问题，但尚不足以证明工程不合格且经修复也无法验收合格。根据法律规定，无论某程开发公司是否实际使用了案涉桩基础工程，某程开发公司依法负有参照合同约定支付工程款的义务，以对苏某建设公司已经返还给其的桩基础工程进行折价补偿。据此，原审对苏某建设公司反诉要求某程开发公司支付尚欠工程款的诉请予以支持，符合法律规定。

---

① 对应《最高人民法院关于审理建设工程施工合同纠纷案件适用法律问题的解释（一）》第26条。

关联案例2

案件名称：某通公司、世某公司建设工程施工合同纠纷案

审理法院：一审：贵州省高级人民法院（2016）黔民初280号；二审：最高人民法院（2018）最高法民终117号

裁判观点：本案《建设工程施工合同》无效，某通公司与世某公司双方均应返还因该合同取得的财产。某通公司应向世某公司转移占有案涉工程，世某公司应向某通公司偿付建设案涉工程的投入。鉴于《建设工程施工合同》无效系因违反招标投标相关法律规定，世某公司作为发包人更清楚拟建工程是否属于法律规定必须进行招标的工程，其过错显然大于某通公司，故世某公司应以支付工程款的形式偿付某通公司的投入。一审判令世某公司应向某通公司支付工程款，是返还因无效合同所取得的财产的一种形式，并不以工程竣工验收为条件，世某公司认为尚不满足工程款支付条件的上诉理由不能成立。

律师点评

一、什么是竣工验收不合格

根据《建筑法》及相关法律、法规和司法解释规定，工程必须经验收合格后方可交付使用。根据法律规定，竣工验收以建设、设计、施工、监理单位进行联合竣工验收为准，但竣工验收之后需为建筑物办理消防验收和行政备案手续：

（一）建设、设计、施工、监理单位进行联合竣工验收是竣工验收的标准

根据《建设工程质量管理条例》第16条规定，建设单位收到建设工程竣工报告后，应当组织设计、施工、工程监理等有关单位进行竣工验收。建设工程经验收合格的，方可交付使用。即以建设、设计、施工、监理四家参与建设工程的单位联合验收为标准。

同时，建设工程竣工验收应当具备下列条件：1. 完成建设工程设计和合同约定的各项内容；2. 有完整的技术档案和施工管理资料；3. 有工程使用的主要建筑材料、建筑构配件和设备的进场试验报告；4. 有勘察、设计、施工、工程监理等单位分别签署的质量合格文件；5. 有施工单位签署的工程保修书。

从法律意义来说，经建设、设计、施工、监理四家参与建设工程的单位联合验收的建设工程，才是竣工验收合格的标志，建筑物认定为合格有效，

可交付业主并投入使用。

（二）消防验收是针对消防安全要求的消防设备竣工验收

根据《建筑法》《消防法》等法律法规规定，消防机关对新建、改建、扩建和建筑内部装修等建筑工程竣工后实施的消防验收。消防验收原则上与工程设计、施工等建筑质量问题无关，只是对建筑物就防火救火设备的检查，确认是否达到国家的消防要求。不过，根据《消防法》第13条第3款的规定："依法应当进行消防验收的建设工程，未经消防验收或者消防验收不合格的，禁止投入使用；其他建设工程经依法抽查不合格的，应当停止使用。"即，对于依法应当进行消防验收的建设工程，消防验收不合格的，也会影响到使用建筑物的权利。

（三）建设行政主管部门的备案是针对建筑物管理

《建设工程质量管理条例》第17条规定，建设单位应当严格按照国家有关档案管理的规定，及时收集、整理建设项目各环节的文件资料，建立、健全建设项目档案，并在建设工程竣工验收后，及时向建设行政主管部门或者其他有关部门移交建设项目档案。第59条规定，违反本条例规定，建设工程竣工验收后，建设单位未向建设行政主管部门或者其他有关部门移交建设项目档案的，责令改正，处1万元以上10万元以下的罚款。

二、验收不合格的法律后果

最新实施的《民法典》将原《最高院施工合同司法解释》第3条以及第16条第3款关于竣工验收不合格的规定进行了吸收，《民法典》第793条规定："建设工程施工合同无效，但是建设工程经验收合格的，可以参照合同关于工程价款的约定折价补偿承包人。建设工程施工合同无效，且建设工程经验收不合格的，按照以下情形处理：（一）修复后的建设工程经验收合格的，发包人可以请求承包人承担修复费用；（二）修复后的建设工程经验收不合格的，承包人无权请求参照合同关于工程价款的约定折价补偿。发包人对因建设工程不合格造成的损失有过错的，应当承担相应的责任。"

因此，关于合同有效但工程竣工验收不合格的违约问题，以法律拟制方式按合同无效情形处理。因承包方原因造成的工程竣工验收不合格问题，主要的不利法律后果如下：

1. 承担无偿的返修义务

根据《民法典》第801条规定，因施工人的原因致使建设工程质量不符合约定的，发包人有权要求施工人在合理期限内无偿修理或者返工、改建。经过修理或者返工、改建后，造成逾期交付的，施工人应当承担违约责任。因此，因承包方原因导致工程未能按期通过竣工验收的，由承包方无偿修理或者返工、改建工程，直至工程质量达到合同约定的质量要求。

2. 承担违约责任

因验收不合格导致的工期逾期问题属根本性违约情形，承包方应当承担合同约定的违约责任。具体责任应以合同约定为准，常见的责任包括违约金和利息，若因逾期竣工验收造成经济损失的，违约方也要承担。

三、关于确认工程结算和工期延误的问题

竣工验收和竣工结算，是按照工程完工顺序需解决的两个重要的法律问题，前者是质量是否合格的问题，这将决定发包人是否有义务支付工程款；后者是工程款的确认问题，确认发包人应当支付的金额。但竣工验收不合格问题会影响发包方按期接受和使用建筑物，甚至产生经济损失的不利影响。

（一）确认工程款的结算问题

双方当事人应当按照合同约定结算工程价款，这是工程结算的首要标准。包括：合同约定是按照固定价格结算的，应当尊重合同约定，不能据实结算，也不能采用其他的计价方法和计价标准结算。合同约定的结算方式是成本加酬金方式或者可调价结算的，应当按照合同约定的计价方法和计价标准结算。

（二）工期延误的责任认定问题

一般的工程验收不合格问题中，工期竣工时间受到延误情况伴随发生，引起违约责任是普遍存在的。

根据我们的实务经验，常见的工期延误原因有以下五种情况：

1. 因发包人原因所导致的工期延误。发包方应当向承包方承担因窝工、停工、倒运、机械设备调迁、材料和构件积压等原因发生的损失和实际费用，若合同有违约金条款的，还应该承担违约金责任，合同有约定的，承包人有权解除合同。

2. 因承包人原因而导致的工期延误。可能会承担延期交付的违约责任，包括发包人解除承包合同，赔偿发包人损失，按照合同约定承担违约金等法律责任。

3. 因不可抗力、意外事件导致的工期延误，承包人和施工人可免除赔偿责任。

4. 因施工工程鉴定、工程量增加、设计变更等原因所导致的工期延误，一般可相应顺延工期，双方互不负担赔偿责任。

5. 因第三方原因所导致的工期延误，一般应由承包方先向发包方承担违约责任，然后承包方向第三方追偿。

3.4 法院如何认定施工合同解除/终止后的工程款结算纠纷[①]

——虎某公司与某城公司、赵某辉、吉某公司建设工程施工合同纠纷案[②]

关 键 词： 施工合同解除/终止　工程款结算　结算依据

问题提出： 对于施工合同双方当事人在施工过程中，因无法就某些施工事项达成一致致使施工合同解除或终止而引发的工程款结算纠纷，法院应当如何确定工程款结算价格？

裁判要旨： 合同的解除效力，是向后的效力，即合同在解除后对双方不再发生约束力。但合同解除后，对双方此前已经履行的合同内容，合同条款并不丧失约束力，在处理双方因解除合同而引起的后果时，仍应适用合同的约定。结算工程造价是对合同解除前已经实施工程价款的计算，是合同解除的后果，应当受到合同条款的约束。作为结算依据的有效的签证形式应始终保持一致；当事人对司法鉴定结论有异议的部分，若无相反证据予以证明则应采取司法鉴定机构的结论。

案情简介

上诉人（一审原告、反诉被告）：虎某公司

被上诉人（一审被告、反诉原告）：某城公司

被上诉人（一审被告）：赵某辉、吉某公司

粮油仓储设施项目建设工作推进协调小组办公室（以下简称“省建仓

---

① 撰稿人：刘畅、张春玲，上海市建纬律师事务所。

② 一审：鸡西市中级人民法院（2015）鸡民初字第8号；二审：黑龙江省高级人民法院（2016）黑民终78号。

办”）对虎某公司2.5万吨粮油仓储设施项目的施工进行公开招标。招标人省建仓办与建设单位虎某公司签订招标文件，计划工期为2010年10月1日至2011年7月30日。报价依据有《建设工程工程量清单计价规范》及黑建造价（2009）15号《关于发布二〇〇九年建筑安装等工程结算办法的通知》，材料价格应按照工程所在地市场实际价格，并考虑其各种风险。2010年9月29日，虎某公司与某城公司签订《2.5万吨粮油仓储工程施工合同》（以下简称《施工合同》），主要内容为：工程名称虎某公司2.5万吨粮油仓储设施项目，工程地点虎某市新虎某公司，承包范围粮仓工程、子项工程，开工时间为2010年10月1日，竣工时间为2011年7月30日，合同价款为13314396.29元，误期赔偿费每日历天应赔付额度13314.39元，误期赔偿费最高限额1331439.00元。合同专用条款约定合同价款的确定方式采用固定单价方式，执行《建设工程工程量清单计价规范》和黑龙江省关于工程量清单计价的有关规定。合同补充专用条款约定合同价为中标价，承包范围内价格包死不变，不进行二次结算。发包人应在合同约定的开工之日前7天内预付工程款，双方在专用条款中约定预付工程款的金额和支付办法。预付款金额为合同价款的30%，进度款按月支付。预付款分两次拨付，每次拨付合同价款的15%，进度款以月为单位按完成实物工程量拨款；预付款分三次在三个拨款月内抵扣。合同实施期间达成的协议、洽商记录，合同协议书，中标通知书，招标文件，合同专用条款，合同通用条款等，上述文件应认定是互为补充和解释的，但如有模棱两可或互相矛盾之处，以上面所列顺序在前的为准。合同尾页虎某公司、某城公司分别加盖公司公章、法定代表人名章。该合同在虎某市住房和城乡建设局备案。2010年10月8日，某城公司开始施工，同时变更段某东为项目经理，接替于10月1日被任命为项目经理的赵某辉。10月24日，某城公司完成工程量0.54%，折算工程量造价为71897.74元，11月8日完成工程量3.3%，折算工程量造价为439375.08元。11月12日，虎某公司拨款1000000.00元，11月19日拨款997159.44元。11月初工程停工，某城公司仅完成2对粮仓基础。2011年4月8日，某城公司继续施工，10月24日再次停工。虎某公司总计拨付工程款7797159.44元。案涉工程未按期完工，相关部门成立调查组介入调查。因某城公司拖欠材料款，虎某法院受理孙某富等债权人的诉讼，并于2011年12月自虎某公司账户扣划工程款1800000.00元。2011年11月25日，虎某市人力资源和社会保障局（以下简称“社保局”）从虎某公司账户扣划380000.00元支付民工工资。2012年9月10日，某城公司与监理人员开会研究工程尾工施工事宜，形成会议纪要如下：“经甲乙双方认真协商，达成如下共识：一、乙方项目经理段某东马上组织人员按图纸施工，2012年11月10日施工完毕。二、资金落实由甲方负责协调：1. 法院查封1300000.00元；2. 乙方履约保证金1330000.00元；3. 工程款2000000.00元；4. 押金200000.00元，合计4830000.00元，由甲方于2012年9月30日落实到位。三、该项工程营业税约45万至55万元，甲方代乙方向虎某市地税局缴纳，企业所得税由公司与所在地税务局协调，依据利润多少按税法规定缴纳。工程款根据工程进度分两次付清，工程款拨付至乙方专用账户，乙方再支付给段某东。四、以上工程款4830000.00元，由项目经理段某东包干使用，含营业税500000.00元，含2011年欠人工费460000.00元，其中段某东工资200000.00元，机械费、材料费、人工费及尾工施工期间费用均包括在内，质保金由甲方留至期满归段某东支付项目部工资。五、甲方免除乙方一切责任。如乙方2012年11月10日不能按期完工，甲方不能按期拨付工程款，双方各自承担违约责任。六、关于原合同人工费、材料费、机械费上涨需调增乙方希望和甲方协商解决。此纪要一式三份，双方签字后生效。”某城公司经理朴某峰、段某东及工程监理史某华签字，虎某公司未签字，并对该会议纪要的真实性提出异议。2012年9月12日，某城公司出具工程复工报告，列明已完工程及未完工程，申请给予复工指令（该复工报告加盖虎某公司、监理公司及某城公司公章）。9月20日，某城公司再次停工。9月26日，虎某公司函告某城公司解除合同，并指派第三方进场完成后续工程。庭审中，某城公司对解除合同无异议。施工过程中，虎某公司替某城公司垫付水电费114950.71元，某城公司同意返还。

2012年6月19日，虎某公司根据上级文件要求，委托某信公司对工程进行鉴定，结论为已完工程量65.41%。某城公司认为该鉴定系虎某公司单方委托，对鉴定结论不予认可并提出重新鉴定申请，且坚持要求对停工损失进行鉴定。一审法院依法委托某某尔司法鉴定所进行鉴定，结论为：1. 已完部分工程造价为10290161.56元；2. 人工费差价为1223199.86元；3. 材料费差价为1868823.58元。该报告特别说明，某城公司停工损失和设备租赁损失费用为1276335.80元，以待定形式单独列出，此部分需经法庭确认。庭审中，鉴定机构对虎某公司的异议理由进行答复，并陈述其是依据清单计价方式进行鉴定，工程造价包含人工费及材料费。

虎某公司诉称，2010年9月29日，虎某公司经招标与某城公司签订《施工合同》）约定："工程价款13314396.29元，合同价为中标价，承包范围内价格包死不变，不进行二次结算；2010年10月1日开工，2011年7月30日竣工；延误工期每日赔付13314.39元，误期赔偿费最高限额1331439.00元。承包人未能完成合同约定的全部义务，导致拖延工期和增加费用，其增加的费用由承包人承担，工期不予顺延，给发包人造成损失的，承包人应当赔偿；承包人违法转包，发包人可以解除合同，可自行或指派第三方完成工程任何部分并可使用承包人留下的施工机械、周转材料和临时工程，直至工程完工等。"2010年10月1日，某城公司收取赵某辉管理费133000.00元，将工程转包给赵某辉，并任命其为项目经理，吉某公司为赵某辉担保。工程于10月8日开工，当年仅完成2对粮仓基础，工程量造价370000.00元。2011年1月24日，赵某辉将工程转包给案外人王某志，收取管理费731500.00元，并将其施工部分折价1310000.00元，抵顶应拨付王某志的预付款。虎某公司共计支付工程款9970000.00元，赵某辉仅拨付给项目部5520000.00元，致使工程进度缓慢。2011年10月21日，赵某辉不但拒绝拨付工人工资和材料款，而且欲将工程款提走，遭虎某公司拒绝，工程于10月24日停工。因工程未按期完工，致使2011年收购粮食中有20000吨水稻露天作屯增加费用，虎某公司要求某城公司按国家规定的每吨70元补贴标准赔偿损失1400000.00元、斗士提升机设备未安装损失40688.72元，同时赔偿后续施工增加费用1107573.00元，虎某公司多支付的工程款1269075.44元及垫付的水电费114950.71元，某城公司应当返还。故诉请判令：1. 解除双方签订的《施工合同》；2. 确认某城公司与赵某辉签订的转包合同无效；3. 某城公司给付误期赔偿金1331439.00元；4. 某城公司赔偿虎某公司水稻不能入仓损失1400000.00元、斗士提升机设备未安装损失40688.72元及后期施工增加费用1107573.00元；5. 某城公司返还虎某公司水电费114950.71元及超付工程款1269075.44元；6. 赵某辉和吉某公司承担连带责任。

一审法院判决：一、解除虎某公司与某城公司于2010年9月29日签订的《施工合同》；二、某城公司于本判决生效之日起十日内给付虎某公司水电费114950.71元；三、虎某公司于本判决生效之日起十日内给付某城公司欠付的工程款313002.12元及利息（按中国人民银行同期同类贷款利率，自2012年

11月30日起计算至判决指定给付之日止)；四、虎某公司于本判决生效之日起十日内给付某城公司人工费价差、材料费价差合计3092023.44元；五、驳回虎某公司的其他诉讼请求；六、驳回某城公司的其他诉讼请求。本诉案件受理费38390.00元，虎某公司负担37552.00元，某城公司负担838.00元。反诉案件受理费35355.00元，某城公司负担17062.00元，虎某公司负担18293.00元；鉴定费100000.00元，某城公司负担27262.00元，虎某公司负担72738.00元。

二审法院判决：一、维持鸡西市中级人民法院（2015）鸡民初字第8号民事判决第一、二、五、六项；二、变更鸡西市中级人民法院（2015）鸡民初字第8号民事判决第三项为：虎某公司于本判决送达之日起十日内给付某城公司欠付的工程款8637.78元及利息（按中国人民银行同期同类贷款利率，自2012年11月30日起计算至本判决指定给付之日止)；三、撤销鸡西市中级人民法院（2015）鸡民初字第8号民事判决第四项；四、驳回虎某公司的其他上诉请求。如果未按本判决指定期间履行给付金钱义务，应当依照《中华人民共和国民事诉讼法》第二百五十三条之规定，加倍支付迟延履行期间的债务利息。一、二审案件受理费112135.00元，由虎某公司负担76830.00元，由某城公司负担35305.00元；鉴定费100000.00元，由某城公司负担。

各方观点

虎某公司观点：（一）一审判决对于是否应当启动鉴定程序、工程价款的结算标准及鉴定结论能否作为定案依据的认定错误。1. 本案不应当启动鉴定程序。（1）一审判决以虎某公司单方委托某信公司作出的鉴定，某城公司不予认可为由，启动鉴定程序，违反法律规定。《现场勘察记录》证明，某信公司在进行鉴定时，代表某城公司的实际施工人参与了现场勘察，证明另一方当事人同意鉴定，不是虎某公司自行委托。某城公司虽不予认可，但未提出足以反驳的证据。（2）某城公司在施工期间遇人工费、材料费价格上涨，某城公司的已完工程价款需依鉴定确定的理由不能成立。2. 一审判决对结算标准的认定错误，本案不应当调整人工费、材料费价差。（1）一审判决将清单计价方式结算工程价款和固定单价结算认定为两种不同的结算方式，存在错误。确定工程价款分为工程量清单计价和定额计价两种方式。在工程量清单计价方式确定工程价款时，又分为固定总价和固定单价两种方式。因此一审判决所提及的工程量清单计价方式和固定单价计价方式是包含的关系，而不是对立的关系。(2) 一审判决认定应当对人工费价差、材料费价差进行调整，违背当事人的约定和法律规定。双方当事人签订的《施工合同》专用条款第50条约定，合同价款的确定方式为通用条款的第50.2（1）条。根据该条的约定，双方应当按照固定单价方式确定工程价款。《施工合同》专用条款第51条约定，合同价款的调整因素仅包括工程量的偏差和工程变更，而不包括人工费和材料费。补充专用条款第2条约定："合同价为中标价，承包范围内包死不变，不进行二次结算。"因此，双方当事人约定的是采用固定价款结算工程款的方式，按照《最高人民法院关于审理建设工程施工合同纠纷案件适用法律问题的解释》第22条[①]的规定："当事人约定按照固定价结算工程价款，一方当事人请求对建设工程造价进行鉴定的，不予支持。"(3) 即使按照招标文件确定工程价款，也无法得出应当对人工费、材料费价差进行调整的结论。根据有关规定，在结算时是否对工程价款进行调整，应当首先确定合同中是否有约定。3. 某某尔司法鉴定所的鉴定结论不具有证明力。（二）一审判决关于工程迟延交付的原因认定错误，虎某公司未违约支付预付款、工程进度款。（三）案涉工程存在转包或挂靠行为，应当确认某城公司与赵某辉签订的合同无效。（四）某城公司应当返还虎某公司多支付的工程款，支付误期赔偿费并赔偿虎某公司的损失，并由赵某辉与某城公司承担连带责任。

某城公司观点：（一）一审法院委托鉴定部门对该工程进行造价鉴定符合法律规定。1. 按照虎某公司出示的政府调查报告、商榷意见、2012年6月25日虎某公司、监理公司三方确认的工程量情况说明均证明某城公司已完工程量为75%。虎某公司同时又出示了监理公司的旬报表及单方委托鉴定书，证明已完工程量分别为58.58%和60%。虎某公司自己出示的证据就相互矛盾，又与监理公司出示的证据相互矛盾。虎某公司与某城公司对已完工程量无法达成共识。由于该工程是未完工程，只有启动鉴定程序，才能查清事实、分清责任。一审法院委托鉴定合法有效。2. 根据黑建造价（2009）15号《关于发布二〇〇九年建筑安装等工程结算办法的通知》第13条规定（以下简称15号文件），《施工合同》虽约定为固定价款，但与招投标文件约定不一致，按

---

① 对应《最高人民法院关于审理建设工程施工合同纠纷案件适用法律问题的解释（一）》第28条。

照合同的约定，应以顺序在前的招投标文件为准。《施工合同》中关于工程价款的约定属约定不明或未约定，故应依据15号文件第4条规定予以调整。（二）某城公司不存在转包、挂靠行为。虎某公司出示的证据基本上是复印件，自己出具的说明或通知，这些证据某城公司不予认可，且没有证明力。（三）由于虎某公司未按合同约定支付工程预付款和工程款，导致工程延期和工程停工，由此产生的损失应由虎某公司承担。

法院观点

一审法院观点：本案争议的焦点是：1. 案涉建设工程施工合同的效力及是否应予解除；2. 本案是否应启动鉴定程序、案涉工程价款的结算标准及某某尔司法鉴定所的鉴定结论能否作为定案依据；3. 案涉工程迟延交付的原因，虎某公司与某城公司各自的违约事实及违约责任；4. 赵某辉、吉某公司是否应承担连带责任。

（一）关于案涉建设工程施工合同的效力及是否应予解除的问题

虎某公司与某城公司于2010年9月29日签订的建设工程施工合同，系双方当事人真实意思的表示，内容不违反法律、行政法规的效力性强制性规定，合法有效。双方均应按合同约定履行各自的权利义务。合同履行过程中，某城公司未在合同期限内完工，虎某公司已指派第三方完成后续工程，施工合同事实上已经解除，故双方要求解除建设工程施工合同的诉讼请求，予以支持。

（二）关于是否应启动鉴定程序、案涉工程价款的结算标准及某某尔司法鉴定所的鉴定结论能否作为定案依据的问题

虎某公司对某城公司完工部分的工程质量无异议，应当认定某城公司完工部分的工程质量合格，根据《最高人民法院关于审理建设工程施工合同纠纷案件适用法律问题的解释》第10条[①]“建设工程施工合同解除后，已经完成的建设工程质量合格的，发包人应当按照约定支付相应的工程价款……”的规定，虎某公司应向某城公司支付工程款。

虎某公司认为应当以某信公司作出的工程造价测算书确定已完工程造价，不应再启动鉴定程序，但某信公司的鉴定系虎某公司单方委托，某城公司对

① 对应《民法典》第806条。

此不予认可，不能作为定案依据，且某城公司在施工期间遇人工费、材料费价格上涨，某城公司的已完工程价款需依鉴定确定，故某城公司申请启动鉴定程序应予支持。

2010年9月省建仓办与虎某公司签订的招标文件中，报价依据为《建设工程工程量清单计价规范》及15号文件。2010年9月29日虎某公司与某城公司签订的《施工合同》专用条款中约定，合同价款的确定方式采用固定单价方式，执行《建设工程工程量清单计价规范》和黑龙江省关于工程量清单计价的有关规定。后双方在补充专用条款中再次约定，合同价为中标价，承包范围内价格包死不变，不进行二次结算。上述三份文件中关于合同价款确定方式的约定并不一致，依据双方补充专用条款关于合同文件解释顺序的约定，合同实施期间达成的协议、洽商记录，合同协议书，中标通知书，招标文件、补遗书及澄清文件，合同专用条款，合同通用条款，投标书及其附件等文件应认定是互为补充和解释的，但如有模棱两可或互相矛盾之处，以上面所列顺序在前的为准。故案涉合同价款的确定方式应以招标文件约定为准，即清单计价方式结算工程价款，故虎某公司关于本案为固定价款合同，某某尔司法鉴定所不应对人工费价差、材料费价差进行鉴定的主张不成立，应对某城公司施工期间的人工费、材料费上涨因素予以调整。

案涉工程在某城公司撤场后由第三方单位继续施工并已基本完工，鉴定机构组织听证时双方当事人均同意不需进行现场勘察，故鉴定机构将虎某公司、某城公司及监理公司均认可的复工报告及三方合同履行中制作的现场勘查记录作为形象记录正确。

虎某公司虽对鉴定结论有异议，但鉴定机构已出庭答疑，鉴定过程中双方当事人充分行使了权利，发表了意见，程序合法，故鉴定结论应作为证据予以认定，即某城公司已完工程价款10290161.56元（含人工费及材料费），人工费价差1223199.86元，材料费价差1868823.58元。

因某城公司拖欠材料款及人工费，在虎某公司账户内，虎某法院已扣划180万元，社保局扣划38万元，加上虎某公司已拨付的工程款，虎某公司因该工程已向某城公司支付工程款总计9977159.44元。故虎某公司尚欠某城公司工程款313002.12元（10290161.56元－9977159.44元）未给付，因虎某公司迟延履行给付义务，某城公司要求给付逾期利息的诉讼请求，予以支持。

（三）关于案涉工程迟延交付的原因，虎某公司与某城公司各自的违约事实及违约责任的问题

虎某公司与某城公司在合同中约定，虎某公司应在合同约定的开工之日前7天内预付工程款，预付款金额为合同价款的30%，分两次拨付，每次拨付合同价款的15%。进度款以月为单位按完成实物工程量拨款。合同约定的开工时间为2010年10月1日，竣工时间为2011年7月30日。但虎某公司第一次于2010年11月12日拨款1000000.00元，第二次于11月19日拨款997159.44元。11月初某城公司第一次停工时已完工程量为3.84%，折算工程量造价为511272.82元。2012年9月26日某城公司撤场，第三方进场施工时，案涉工程未如期交工。关于工期延误，某城公司认为虎某公司已免除其违约责任，并提供2012年9月10日的会议纪要证明其主张，但该会议纪要中明确注明签字后生效，而虎某公司并未签字，不能据此免除某城公司的违约责任。虎某公司没有按照合同约定拨付工程款，构成违约。但在第一次停工前，按照虎某公司实际拨付的工程款数额，某城公司也未按进度完成工程量。某城公司第二次停工时就已经逾期交工，属于违约。此时虎某公司给付的工程款虽与某城公司已完工程量相当，但施工期间遇人工费、材料费上涨，此款亦应在工程款中予以给付，虎某公司未给付，亦属违约，故双方关于工期延误均有过错，虎某公司要求某城公司给付误期赔偿金及后期施工费用的诉讼请求，不予支持。

虎某公司没有提交充分有效的证据证明水稻不能入仓损失及其已向吉某公司支付了赔偿款，故对该项诉讼请求不予支持。虎某公司替某城公司垫付的水电费，某城公司同意返还，应予以支持。

按期完工是某城公司的合同义务，关于工期延误双方均有过错，故某城公司要求虎某公司支付停工损失及设备租赁损失的理由不成立，不予支持。某城公司拖欠材料款产生的诉讼，尚无证据证明与虎某公司有直接关系，故某城公司关于虎某公司负担其被诉其他案件产生的诉讼费及保全费的请求，应不予支持。

虎某公司应付某城公司款项：欠付工程款313002.12元及利息+人工费价差1223199.86元+材料费价差1868823.58元。某城公司应付虎某公司款项：水电费114950.71元。

（四）关于赵某辉、吉某公司是否应承担连带责任的问题

虎某公司主张某城公司将工程转包赵某辉，吉某公司为赵某辉担保，赵某辉又将工程转包案外人王某志，但其提交的协议均为复印件，不能提供原件予以核对，某城公司及赵某辉对此不予认可，故该证据不能证明虎某公司主张的事实，对虎某公司要求确认协议书无效的诉讼请求不予支持。某城公司提交的变更工地项目管理人员申请书中加盖虎某公司公章，表明其承认段某东是职务行为，与虎某公司主张的转包事实相互矛盾，故虎某公司关于某城公司将工程转包的主张证据不足。

吉某公司提交公司公章及法人名章以证明转包合同复印件中的公章与该公司公章不符，虎某公司、某城公司及赵某辉对证据的真实性及证明目的均无异议，故虎某公司要求赵某辉、吉某公司承担连带责任的主张无事实依据，应不予支持。判决：一、解除虎某公司与某城公司于2010年9月29日签订的《施工合同》；二、某城公司于本判决生效之日起十日内给付虎某公司水电费114950.71元；三、虎某公司于本判决生效之日起十日内给付某城公司欠付的工程款313002.12元及利息（按中国人民银行同期同类贷款利率，自2012年11月30日起计算至判决指定给付之日止）；四、虎某公司于本判决生效之日起十日内给付某城公司人工费价差、材料费价差合计3092023.44元；五、驳回虎某公司的其他诉讼请求；六、驳回某城公司的其他诉讼请求。本诉案件受理费38390.00元，虎某公司负担37552.00元，某城公司负担838.00元。反诉案件受理费35355.00元，某城公司负担17062.00元，虎某公司负担18293.00元；鉴定费100000.00元，某城公司负担27262.00元，虎某公司负担72738.00元。

二审法院观点：虎某公司与某城公司签订的《施工合同》未违反法律的强制性效力性规定，依法应确认有效。虎某公司、某城公司均应依据合同行使权利、履行义务。双方因工程款的结算标准问题及迟延交付工程造成的损失及承担等问题发生争议，在诸多问题中争议的核心为工程款结算标准。

关于工程款的结算标准问题。首先，2010年9月29日，虎某公司与某城公司签订《施工合同》协议书约定工程价款为13314396.29元，同时该合同的专用条款约定，合同价款的确定方式采用固定单价方式，该合同的补充专用条款约定，合同价为中标价，承包范围内价格包死不变，不进行二次结算。双方在补充专用条款约定了合同的解释顺序招标文件在合同专用条款之前，

但适用条件为各文件存在模棱两可或互相矛盾之处。本案构成《施工合同》的协议书、通用条款、专用条款及补充专用条款三部分内容中，关于工程款的结算问题的约定并不矛盾，而是相互补充和解释。其次，依据补充专用条款中关于合同解释顺序的约定，合同协议书顺序在前，在补充专用条款中双方关于承包价款、预付款、进度款等各项约定，亦属于协议约定的内容，应当优先适用。最后，省建仓办与虎某公司签订的招标文件中，报价依据列举了各类国家及省、市的有关工程的计算文件。其中也包含《建设工程工程量清单计价规范》，黑建造（2009）15 号文件《关于发布二〇〇九年建筑安装等工程结算办法的通知》等文件，应为投标报价依据。在双方据此协商确定工程价款为固定价后，一审法院又以文件约定不一致为由，确定调整合同约定的固定价款，违反了双方合同的约定，法院予以纠正。如上所述，虎某公司与某城公司间的工程款为固定价款即 13314396. 29 元，依据合同约定，不应对人工费、材料费计取差价。故一审法院委托鉴定单位，对不应调整的工程款进行鉴定及计取已完工程造价人工费、材料费差价不当，其采信某某尔司法鉴定所的鉴定结论亦属不当。

关于某城公司施工工程价款的确定问题。双方约定的工程价款虽然为固定价，但某城公司并未对工程施工完毕，虎某公司主张应以某信鉴定报告意见确定某城公司完成工程量为 65%，因该鉴定系虎某公司自行委托，某城公司持有异议，故不应采信。某某尔司法鉴定所的鉴定报告仅作出了已完工程造价，因案涉工程系固定价未完工程，该鉴定报告未作出明确结论。根据虎某市政府相关部门的调查报告和《关于虎某公司 2. 5 万吨粮油仓储设施工程完成 75% 工程量的情况说明》能够确认已完工程量为 75%，且虎某公司、某城公司均予以认可，法院依据该说明确认已完工程量为 75%。据此虎某公司应付工程款为 9985797. 00 元。现虎某公司已付 9977159. 44 元，虎某公司尚欠某城公司工程款 8637. 78 元。

关于虎某公司是否存在违约的问题。因虎某公司与某城公司已在合同中约定了在开工之日前 7 天内预付工程款，但虎某公司第一次拨款的时间为 2010 年 11 月 12 日，违反了合同的约定，故虎某公司存在违约行为。因虎某公司迟延拨款，其对工期延误亦有过错，故一审判决未支持其要求某城公司给付误期赔偿金及后期施工费用以及水稻不能按期入仓损失，斗式提升机未如期安装损失的诉讼请求并无不当。

关于案涉工程是否存在转包或挂靠行为。因虎某公司在一审中提交的证明案涉工程存在转包或挂靠行为的证据均为复印件，且某城公司对此不予认可，二审中虎某公司亦未补充证据，故一审法院对案涉工程存在转包或挂靠行为未予认定并无不当。

关联案例1

案件名称：某宾公司建设工程施工合同纠纷案

审理法院：二审：河南省高级人民法院（2019）豫民终487号；再审：最高人民法院（2020）最高法民申2575号

裁判观点：双方解除建设工程施工合同后，已经完成的建设工程质量不合格且未能修复的，可相应核减不合格部分工程价款。本案中存在部分工程项目质量不合格问题，对此双方均无异议并有鉴定结论证明。某宾公司在未经竣工验收的情况下擅自使用案涉工程，丧失了以工程质量不合格为由，抗辩拒付相应工程款的权利。同时，原审法院基于某宾公司关于工程质量的反诉请求，根据某宾公司的申请对案涉工程质量进行了委托鉴定，并依据鉴定结论，判决施工方对不合格工程项目承担返工返修直至工程质量合格的义务，在工程质量方面已经充分考量和保护了某宾公司的权益。

关联案例2

案件名称：某升公司与某豪公司建设工程施工合同纠纷案

审理法院：一审：青海省高级人民法院（2012）青民一初字第5号；二审：最高人民法院（2014）民一终字第69号

裁判观点：案涉合同解除后，采用第三种方法即依据政府部门发布的定额计算已完工工程价款，已完工工程价款应是4065万元。甲公司应支付的全部工程价款为6875万元，比合同约定的总价6834万元仅高出36万余元。此种处理方法既不明显低于合同约定总价，也不过分高于合同约定总价，与当事人预期的价款较为接近，因而比上述两种计算结果更趋合理。另外，政府部门发布的定额属于政府指导价，依据政府部门发布的定额计算已完工程价款亦符合《合同法》第62条第2项“价款或者报酬不明确的，按照订立合同时履行地的市场价格履行；依法应当执行政府定价或者政府指导价的，按照规定履行”① 等相关规定。

---

① 对应《民法典》第511条。

律师点评

在实践中，施工合同的双方当事人的矛盾因为种种原因而无法调和，导致施工合同解除的情况较为多见。合同解除分为法定解除和约定解除，在法院审理的此类案件中，当事人的主要争议点集中在工程款的结算、违约责任及赔偿责任的分配，本书仅重点讨论施工合同解除后工程款结算的争议部分。

一、施工合同解除的法律后果

2021 年 1 月 1 日开始施行的《民法典》第 806 条第 3 款对施工合同解除后的处理原则进行了明确："合同解除后，已经完成的建设工程质量合格的，发包人应当按照约定支付相应的工程价款；已经完成的建设工程质量不合格的，参照本法第七百九十三条的规定处理。"

《民法典》第 566 条第 1 款关于解除的效力规定沿袭了原《合同法》的规定："合同解除后，尚未履行的，终止履行；已经履行的，根据履行情况和合同性质，当事人可以请求恢复原状或者采取其他补救措施，并有权请求赔偿损失。"

合同解除的直接法律后果是合同关系消灭，合同不再履行，合同解除后，对于解除以前的债权债务关系应当如何处理便涉及合同是否具有溯及力的问题。如果合同解除具有溯及力，则合同解除前所为的履行部分，就要发生恢复原状的法律后果；如果合同解除不具有溯及力，则合同解除前所为的履行仍然有效存在，当事人无须恢复原状。在建筑工程施工合同解除时也面临这样的问题，由于建设工程的特殊情况决定了如果在工程已经部分完成的情况下，若因合同解除而要求承包人恢复原状，将会造成资源的极大浪费，对双方均无利处，因此合同解除原则上向前没有溯及力，即如果工程质量合格，不存在恢复原状的问题。但当发包人没有支付已履行部分工程价款时，不能认为支付工程价款是已经履行的部分，因此需要判令发包人支付工程价款。

同理，对双方此前已经履行的合同内容，合同条款不会因为合同解除而丧失约束力，在处理双方因解除合同而引起的后果时，仍应适用合同的约定。结算工程造价是对合同解除前已经实施工程价款的计算，是合同解除的后果，应当受到合同条款的约束。

二、施工合同解除后工程款的结算

（一）注意事项概述

施工合同解除后，由于工程未完工，未满足一般施工合同符合竣工结算的要求，因此在结算时大体需注意以下问题：

1. 应当核对确认已经完成的工程量。

2. 应当确认已完成工程质量是否合格；工程质量不合格的，应当整改达到合格。

3. 对于工程质量合格，经双方协商不能就工程价款达成一致的，如果合同中约定的计价方式为可调价，应当按照约定的调价方法进行工程造价鉴定，据实结算。如果合同中约定的是固定单价或者是固定总价，则不能完全按照合同约定的固定价结算。结算方式参照下文所述。

4. 对于按照合同约定未到给付期限的工程款和工程保修款，应当一并进行结算。因为合同解除以后，承包方将不再继续履行施工义务，未到期的债权，因合同解除已经转化为到期债权。

5. 若系发包方违约造成合同解除，承包方可以依据《民法典》的规定，向发包方主张其他损失及合同未履行部分的预期利润。《民法典》第584条规定："当事人一方不履行合同义务或者履行合同义务不符合约定，造成对方损失的，损失赔偿额应当相当于因违约所造成的损失，包括合同履行后可以获得的利益；但是，不得超过违约一方订立合同时预见到或者应当预见到的因违约可能造成的损失。"

6.《建设工程质量管理条例》第41条规定："建设工程在保修范围和保修期限内发生质量问题的，施工单位应当履行保修义务，并对造成的损失承担赔偿责任。"因此建设工程施工合同解除，并不必然免除承包人对已经完工部分工程的保修责任。承包人就已经完成部分的工程，要按照合同约定承担保修义务。

（二）工程价款结算方法

《建筑工程施工发包与承包计价管理办法》第3条第1款规定："建筑工程施工发包与承包价在政府宏观调控下，由市场竞争形成。"第12条第2款规定："合同价款的有关事项由发承包双方约定，一般包括合同价款约定方式，预付工程款、工程进度款、工程竣工价款的支付和结算方式，以及合同价款的调整情形等。"第13条第2款、第3款、第4款规定："实行工程量清单计价的建筑工程，鼓励发承包双方采用单价方式确定合同价款。建设规模较小、技术难度较低、工期较短的建筑工程，发承包双方可以采用总价方式确定合同价款。紧急抢险、救灾以及施工技术特别复杂的建筑工程，发承包双方可以采用成本加酬金方式确定合同价款。”《最高人民法院关于审理建设工程施工合同纠纷案件适用法律问题的解释（一）》（以下简称《施工合同司法解释（一）》）第28条对于固定总价工程在已经施工完毕的情况下的结算方式进行了规定，但合同因当事人一方或者双方的原因，导致合同中途被解除，如何结算已完工程价款，没有相关具体的规定。

从实践上来看，因固定价合同发生的争议较为显著。总结来看，若是固定总价合同未履行完毕，对于已完成部分的工程价款的结算方式主要有三种：

1. 以固定总价为基数乘以已经完成的工程量占全部工程量的百分比。即：已完工程结算价款＝固定总价×（已经完成的工程量/全部工程量）。

此种方式操作简单，但不能反映工程量的真实价款。建筑工程量所涉及的人工、材料、机械台班的消耗量的价款是不同的。单位工程量相对应的工程价款是不一致的，可能20%工程量的工程造价占全部工程造价的30%，也可能20%工程量的工程造价占全部工程造价的10%，因此，此种结算方式不能反映工程量的真实价款。

2. 参照签订《建设工程施工合同》时当地建设行政主管部门发布的计价方法或者计价标准进行结算，即依据“定额”进行结算。

此种方式根据为《民法典》第511条第2项的规定：“价款或者报酬不明确的，按照订立合同时履行地的市场价格履行；依法应当执行政府定价或者政府指导价的，依照规定履行。”但该方式有悖于当事人自治原则，可能会出现合同部分履行但实际支付的价款却超过了合同固定总价款的情形。

3. 实际完成的工程量参照定额计算的价款乘以固定总价占全部工程量参照定额计算的价款的百分比。即：结算价款＝实际完成的工程量参照定额计算的价款×（固定总价/全部工程量参照定额计算的价款）。

相对而言，采用第三种方式对双方均比较公平。

三、施工合同解除后引起的案件审理分析

1. 承包人自行编制的工程结算书一般不宜作为工程价款结算的依据。

工程施工合同的价格，因为合同履行期长等原因，工程变更及合同价款调整难以避免，其解除后或者工程竣工后都需要详细结算，才能确定最终价款。即便是价格包干的合同，也因包干外的工程内容增减，设计或材料变更等原因，包干外的工程量仍需在竣工后进行结算。按照工程建设的惯例，工程施工合同解除后或者竣工后，承包人都会编制工程结算书，作为其向发包人申请支付结算尾款的依据。承包人编制的工程结算书一般包括：承包人计算过程、其分包单位、劳务单位、供应单位及其员工证明工程价款情况、部分工程师及发包人的有关确认的费用和价款调整。

承包人编制的工程结算书的证明力很弱。从证据角度上看，在承包人编制的工程结算书中，承包人的计算过程纯系自己证明自己，基本上没有证明力。至于承包人的分包单位、劳务单位、供应单位及其员工证明工程价款情况，属于与承包人有利害关系一方出具的意见，发包人也没有办法核实其真实性，即便可以作为证据使用，也属于“不能单独作为认定案件事实的依据”，故也不能单独证明承包人完成的工程总造价。从法律关系和合同标的上看，承包人的分包单位、供应单位完成的工作与工程施工合同中的工程根本就不是一回事，这些单位难以证明承包人完成工程的情况。承包人与发包人之间是工程施工合同关系，承包人与供应单位之间是买卖合同关系。施工合同的标的是固定于土地之上的工程，买卖合同的标的一般是可以移动的货物，二者存在较大的差别。

通常情况下，承包人自行编制的工程结算书不宜作为合同解除后或者工程竣工验收后价款结算的依据。当然，不能排除在某些特殊情况下，承包人自行编制的工程结算书也可以作为工程结算的依据。例如，合同特别约定发包人逾期不认可承包人的工程结算书视为认可的情况。又如，因为发包人存在逾期审核等过错，且已经没有其他证据可以证明最终工程价款的情况下，人民法院或仲裁庭可以依据其自由裁量权认定该结算书作为工程结算依据。

2. 工程师在支付进度款前的工程量审核报告一般也不能直接作为工程价款结算的依据。

工程师也就是监理工程师，是我国法律规定应该做到客观、公正的职业人士或其组成的监理公司。在工程建设过程中，工程师接受发包人的委托，代表发包人监督工程的质量、进度、安全和投资。因此就有了工程师在支付进度款前审核工程量的情况。当然，有时候发包人也会委托工程咨询单位作为工程师对进度款进行审核。进度款是指在工程施工期间，发包人根据工程师对于承包人申报的当期完成的工程量的审核结论支付的一种工程价款。工程价款除了进度款之外，还有预付款、结算款和保修金。

在支付进度款前工程师审核的工程量一般仅仅作为支付进度款的依据，

而不作为支付结算款的依据。首先，进度款往往是一种临时支付，在FIDIC土木工程施工合同条件中，进度款的英文是“INTERIM PAYMENT”，也就是临时支付的意思。根据GF1999－0201工程施工合同示范合同文本通用条件第25条的规定，工程师审核进度款的方法称为“计量”，计量的方法是“按照设计图纸核实已完工程量”，而并不严格依据合同、工程实际情况等。根据《全国监理工程师培训教材：工程建设投资控制》[①] 第一版第143～145页，计量的通用方法之一就是“估价法”，该种方法仅仅是一种估算，不能作为最终价款支付的依据。从理论上解释，进度款仅仅是一种暂定款，主要满足于承包人建设资金的需要。结算工程价款是一件耗时耗力的事情，而在工程施工过程中，承包人和发包人的主要精力在于实施工程和监督实施工程，要全力投入斤斤计较地精确计算并不现实。

因此，工程师在支付进度款前审核的工程量一般也不能直接作为工程价款结算的依据。当然这也是有例外的，例如，合同约定在施工期间按照工程部位进行结算，作为该部位工程款支付的依据，在此情况下，工程师的审核就不是进度款了，而是该部位工程结算款。

3. 当事人诉前委托鉴定的及法院委托司法鉴定机构所做的审价报告的效力问题及注意事项。

(1) 合同双方当事人诉前共同委托鉴定的效力。

施工合同因为某些原因解除后，承包人与发包人自行协商解决工程结算问题的情况亦很常见，而后因为分歧过大而起诉后，经常会发生对诉前共同委托某一审价单位得出的鉴定结论的效力产生争议的现象。对此，最高人民法院在《施工合同司法解释（一）》第30条进行了明确：“当事人在诉讼前共同委托有关机构、人员对建设工程造价出具咨询意见，诉讼中一方当事人不认可该咨询意见申请鉴定的，人民法院应予准许，但双方当事人明确表示受该咨询意见约束的除外。”即除了双方当事人明确表示受诉前共同委托鉴定所出具咨询意见的外，法院一般不会认可当事人诉前共同委托鉴定所得鉴定结论的效力。

(2) 法院委托司法鉴定机构所做的审价报告，应作为工程结算依据。

法院在受理案件后，双方当事人或一方就工程款造价问题申请法院进行

---

① 全国监理工程师培训教材编写委员会：《全国监理工程师培训教材——工程建设投资控制》，中国建筑工业出版社1997年版，第143—145页。

司法鉴定，对于法院委托的鉴定机构作出的鉴定的效力，当事人只能参考《最高人民法院关于民事诉讼证据的若干规定》（2019 年修订）第 40 条的规定来要求是否可以补充鉴定或重新鉴定。①

由于法院委托鉴定的结论效力很高，且在实践中，多发生双方当事人各自提交未经过质证的证据目录给鉴定机构、鉴定机构自行判断采取哪一方证据的情形，在这种情况下，当事人很难改变鉴定结论而因此可能承担不利后果。因此，双方当事人及律师应注意申请鉴定前的工作准备，在鉴定前，发承包双方应当与法院充分沟通，对于双方提交的基础证据资料特别是签证、工作联系单、会议纪要等工程变更资料，要求法院在送审前组织举证质证，以避免鉴定程序被不当拖延或造成鉴定结论错误又难以纠正的局面。

3.5 法院如何认定因工程变更（例如：设计变更、施工方案变更、新增附加工作、删除工作等）而引起的工程款结算纠纷②

——某想公司与某富公司建设工程施工合同纠纷案③

关 键 词： 工程变更　设计变更　口头变更　变更程序　工程款结算

问题提出： 面对几乎无法避免的工程变更，法院如何妥善处理各类变更过程中出现的纷繁问题，从而平衡合同双方当事人的合法权利？

关联问题： 由谁来签字确认工程变更方才具备相应的法律效力？如何认定业主方委托的监理工程师签字确认工程变更的法律效力？工程变更时是否仍旧参照合同约定价格（单价或总价）进行调整，抑或根据工程实际的客观事实来按实估价？

---

① 《最高人民法院关于民事诉讼证据的若干规定》（2019 年修订）第 40 条：“当事人申请重新鉴定，存在下列情形之一的，人民法院应当准许：（一）鉴定人不具备相应资格的；（二）鉴定程序严重违法的；（三）鉴定意见明显依据不足的；（四）鉴定意见不能作为证据使用的其他情形。存在前款第一项至第三项情形的，鉴定人已经收取的鉴定费用应当退还。拒不退还的，依照本规定第八十一条第二款的规定处理。对鉴定意见的瑕疵，可以通过补正、补充鉴定或者补充质证、重新质证等方法解决的，人民法院不予准许重新鉴定的申请。重新鉴定的，原鉴定意见不得作为认定案件事实的根据。”

② 撰稿人：徐寅哲、张春玲，上海市建纬律师事务所。

③ 一审：重庆市第五中级人民法院（2012）渝五中法民初字第 00226 号；二审：重庆市高级人民法院（2015）渝高法民终字第 00367 号。

裁判要旨： 因工程变更而引起的工程款结算纠纷多种多样，针对因随意下发口头指令进行变更而引起的结算纠纷，根据证据规则的规定，证明事实发生的一方应当提供合法依据进行证明，否则应当承担不利风险；针对因不遵守合同约定的变更程序，而事后得不到相对方认可或事后已无法确认而引起的结算纠纷，法院一般参照合同约定执行，但亦会酌情根据公平原则进行考虑；针对因变更时任意操作，无授权人员签署文件但事后相对方不予认可且事实根本无法查清而引起的结算纠纷，主张事实存在的一方当事人应当提供适格的证据，证明签署人员具有相应资格或客观事实存在，否则应当承担举证不利的法律风险；针对因未就变更部分工程价款结算约定计价原则而引起的结算纠纷，首先参照合同约定执行，合同无约定的，参照施工当地建设行政主管部门发布的计价方法或者计价标准结算工程价款。

案情简介

上诉人（原审被告、反诉原告）：某想公司

被上诉人（原审原告、反诉被告）：某富公司

2010年5月某富公司与某想公司签订《重庆市××中心裙楼××××商场精装修机电分包工程合同文件》（以下简称《分包合同》），约定工程包干总价为920万元，工程范围：一层至五层机电工程、负一层部分机电工程。中标工期110日历天，计划开工日期2010年5月15日，计划竣工日期2010年9月4日。付款方式：支付的月进度款为经审核的实际工程完成额50%，竣工验收后支付到经审核的实际完成工程额80%，全部工程（第一、二、三标段）获得竣工证明并结算完成后付至本分包合同工程的95%，工程缺陷保修期满2年后本分包工程的工程款支付完毕。工期及延期赔偿：分包人造成工程延期的，违约金每天5万元。《分包合同》第12.2条约定，分包方未按照业主指令撤离现场，或在撤离现场时未按合同约定移交与分包工程相关文件、图纸、资料、数据、程序的，分包人应承担和延期竣工同样的违约责任。《分包合同》还约定分包工程没有实现合同质量目标应支付合同总价2%的违

约金。《分包合同》第6.7条约定，所有因工程变更而引起的费用调整，必须得到工程指令加以确认，否则不对合同价格进行调整。除单项设计变更导致的费用超过合同额20%的情况外，其他所有变更，不进行工期调整。第7.3条约定，因发生设计变更导致费用超过合同额20%或因其他分包单位、其他业主原因造成分包人获得延长施工期的事项，业主应对本分包工程或相应各部分的竣工期限给予公平合理的延长。但单次由非分包人原因造成的工期延误不超过72小时的，工期不得延长。分包人必须在发现工期受到延误的7天内提供一切资料，否则延长竣工期的批准将不予考虑。第8.2条约定，所有分包工程内的缺陷或其他故障，分包人应在收到业主指令后的合理时间内负责修复完善，如分包人在有关业主指令之合理时间内仍未完成指令要求修理的缺陷或故障，业主方有权聘用其他承包人完成指示，当中涉及所有一切费用和支出，业主有权从工程进度款或保留金中扣除。第11条约定，分包人递交业主方签发的实际竣工证书后六个月届满，而业主与分包人仍未能结算或业主未对分包人提交的结算报告予以确认的，不能认为业主已经认可了分包人提交的结算报告，六个月仅作为双方确定工作时间的参考，因此，结算工作无法按期完成，则合同双方均不必因此承担责任。若最终经过法律程序认定业主存在迟延付款，双方同意，以分包人向业主提供了完整的竣工资料并经业主方签字认可之后六个月期限届满之日开始计算业主延迟支付款项的利息。第16.2（2）约定，发生任何索赔事件及工程变更后，分包人必须在索赔事件发生或工程变更指令发出之日起7日内提出索赔或变更价款意向，并在随后7日内提供有关证据，分包人未在上述期限提出的，视为未对分包人造成损失或变更不导致价款调整，或视为分包人放弃权利。

2010年9月22日，某想公司与某富公司又签订了《分包合同补充协议》。约定："1.'原合同'增加电气工程暂估总价为1690112元。2. 附件1中预算表所列单价计入'原合同'，为结算依据。3. 工程量按新施工图纸计量，由监理公司签认后报甲方审核。"付款方式、其他条款、协议份数等同"原合同"。附件1：报价文件；附件2：工程图纸（第一版）。

2010年6月9日，某想公司出具工作联系函给各施工单位责任人，明确：即日起管理公司卓某设计开发公司的所有事项由某富公司负责。该工作联系函还明确了某富公司的具体责任和权利，即享有选择工程总承包人和分包人的建议权；对工程建设有关事项有建议权；按照某想公司批准的设计图纸要求施工单位组织施工；有权发表开工令、停工令、复工令，但应事先向某想公司通报；有工程上使用的材料和施工质量的检验权；有工程施工进度的检查权、监督权，以及工程实际竣工日期提前或超过工程施工合同规定的竣工期限的签认权；有在工程施工合同约定的工程价格范围内，工程款支付的审核和签认权，以及工程结算的复核确认权。未经某富公司签字确认，某想公司不支付工程款。该函后附工程签认流程载明：涉及设计变更的需由监理公司、工程管理及业主三方会议确定同意或不同意变更。不涉及设计变更的由工程管理公司、监理公司签认，交业主审核后再回复施工单位。

2012年4月24日，某富公司出具情况说明："2010年6月9日某想公司授权我公司作为重庆××中心裙楼××××商场精装修机电分包工程现场项目管理公司。郑某礼代表我公司具体负责该项工作，郑某礼在施工方某富公司工程变更（增加）量签证单上的签字代表我公司的行为。"

一审诉讼过程中，某富公司举示了编制时间为2010年9月3日、12月2日的每周进度报表、编制时间为2010年10月15日的每月进度报表，载明了当时施工情况及以后施工计划。

某富公司还举示了某想公司于2011年1月15日出具的工程联系单载明内容为："经过各施工单位同心协力，××××商场已顺利开业，在此我司感谢各参建单位的大力支持。由于临近春节，各施工单位需继续整改工作，为了保证试营业的顺利进行（特别是春节期间），需各施工单位继续为商场保驾护航，避免对营业造成影响。请各施工单位在1月17日前上报一份维修人员的名单及联系电话，该部分人员春节期间必须留守现场，以应对突发事件的处理。"某想公司在《××晨报》上进行了××××商场开业宣传广告，称商场定于2011年6月18日正式开业。

某生物管公司2011年3月19日出具了《3.18事故报告》，载明：2011年3月18日晚上商场营业结束后，商场还有商户在场装修，……由于前期某富公司在做油烟管道竖井高空施工作业期间，未对1F至3F原管井门锁闭，致秩序维护员秦某某在监管过程中发生安全事故……等内容。

2011年4月18日某富公司向某想公司和某生物管公司出具了工作联系函，载明："关于××××商场施工事宜，我司已做好各项安全防护措施，……且××××商场的业主对工期要求已迫在眉睫，现诚请贵司与业主方（某想公司）确认我司可以进场再次施工，我司将保证安全文明施工……"

2011年6月3日某想公司向某富公司出具了工作联系函，载明：因油烟无法正常排出，要求某富公司于6月9日前书面回复解决方案及具体时间点，在整改未完成前此项不予结算。

2011年9月22日某富公司向某想公司出具了工作联系函，载明："贵司与我司于2011年9月20日开会就××××商场遗留问题进行了商讨，现将遗留问题进行了分类，具体见附表。未分类问题将于国庆节前整改完毕。附表内容：一、安全隐患方面的遗留问题。大部分为售后服务内容；一项为有争议，需查看合同。二、使用功能方面的问题。分别为售后服务内容、按现状移交、有争议，需查看合同。三、设计规范方面的问题。分别为售后服务内容、按现状移交。"

2011年9月29日某富公司向某想公司出具的工作联系函载明："贵司与我司于2011年9月20日开会就××××商场遗留问题进行了商讨，我司于9月22日函中所涉未分类问题已整改完毕。请贵司安排9月30日进行现场移交。"

2011年10月9日某想公司向某富公司发出工作联系函，要求对喷淋不符合消防规范（无集热盘）问题进行整改。而该项内容从双方之前议定的遗留问题中可以体现。对此，某想公司举示了与案外人的安装合同及付款依据，拟证实发生维修费用51700元。

2011年11月、2012年3月某想公司向某富公司发出工作联系函，要求对排油烟系统不密封的情况进行整改。而该项内容从双方之前议定的遗留问题中可以体现。对此，某想公司举示了与案外人的改造协议及付款依据，拟证实发生维修费用14890元。

某富公司举示城建档案案卷目录（上有署名为陶某的人员签收结算资料）、竣工图（电子版）、陶某的电子邮箱地址。拟证明其于2011年7月5日向某想公司提交结算资料，要求结算。某想公司否认签收结算资料、否认陶某是其工作人员，且抗辩某富公司未能证实该电子邮箱地址为某想公司的注册邮箱地址。同时某想公司举示重庆市建设工程造价预算书（汇总）复印件，上有某富公司员工傅某名字及某想公司1F～4F机电安装工程最终报价的说明。拟证明某富公司在2012年1月13日还在报送单方面的结算书。某富公司以前述证据系复印件为由否认其真实性。

由于双方未进行结算。某富公司起诉时即申请对案涉工程合同外的增加量进行造价鉴定。某想公司认为某富公司对《分包合同》约定的工程未全部完成，也申请了对调减造价予以鉴定。一审法院根据双方的申请委托了重庆市中某建设工程咨询有限公司（以下简称“中某咨询公司”）对相应的工程造价进行了司法鉴定。经庭审质询，中某咨询公司针对双方的意见进行了调整。在《对920万元包干范围外应增加的工程造价鉴定意见书》的鉴定意见中调减80699.08元，最后作出鉴定意见，即《分包合同》之外的工程造价为4637739.93元-80699.08元=4557040.85元。对该鉴定意见，某富公司表示同意。某想公司表示异议，其具体意见为：中某咨询公司采信的签证单不符双方关于工程变更的约定，不应作为鉴定依据；且项目原工程管理公司卓某设计开发公司负责人王某峰已经没有权利确认施工图及发施工指令；鉴定报告中涉及金额954014.35元的工程签证单存在造假。某富公司认为《分包合同补充协议》有卓某设计开发公司负责人王某峰确认的施工图纸；双方口头约定增加的施工内容即1F部分机电工程有王某峰签发的施工指令；签证单有现场施工管理公司某富公司指定人员及监理公司人员签字确认，应计入增加工程造价中。对此，中某咨询公司的意见为：1. 由于竣工图没有某想公司代表签字，鉴定单位根据竣工图与国贸机电原始竣工图及招标图对比，并结合现场情况及现场收方资料对工程量进行计算，严格按相关规定及双方约定参照投标书的单价和计算方法以及施工期间的市场行情进行鉴定。2. 工程签证单只有监理和项目管理公司签字，某想公司代表没有签字，鉴定时以监理和项目管理公司签字为准。中某咨询公司还表示：签证单涉及的工程部分只有签证资料，涉及金额954014.35元是否计入增加工程造价由法院裁判。

关于《对920万包干范围内应调减的工程造价司法鉴定意见书》载明：应调减造价454242.42元。经双方质询后，中某咨询公司调整为454242.42元+18781.58元=473024元。双方对该鉴定结果无异议。但某富公司认为对合同包干价不应扣减。

一审判决：某富公司与某想公司于2010年5月签订的《分包合同》，于2010年9月22日签订的《分包合同补充协议》以及双方以其他方式约定的工程施工事宜系双方真实意思表示，内容不违反法律法规的禁止性规定，合法有效。本诉部分：一、案涉工程款支付条件已经成就；二、某想公司应付工程款数额为5088045.45元；三、以某富公司起诉要求支付工程款之日即2012年4月13日作为双方工程款的结算时间更为公平合理，再按双方合同约定某想公司应于2012年10月13日起向某富公司支付尚欠工程款利息。反诉部分：一、由于双方对提交工程资料等没有约定明确的时间，某想公司关于某富公司应承担逾期提交资料的违约责任的主张没有事实和合同依据，法院不予支持。二、对某想公司关于工程维修费66590元应当由某富公司承担的主张，法院予以支持。三、某想公司对某富公司完成的施工成果已实际接收使用多年，应视为其对施工质量予以认可。某富公司应承担的只是质量瑕疵的修复责任，对某想公司的该项反诉请求，法院不予支持。

二审判决：一、撤销重庆市第五中级人民法院（2012）渝五中法民初字第00226号民事判决。二、某想公司于判决生效后十日内向某富公司支付工程款4230176.46元；上海某想公司对本项判决承担补充清偿责任。三、某想公司于判决生效后十日内向某富公司支付工程款利息从2012年10月13日起，以4230176.46元为基数，按中国人民银行同期贷款利率计算至付清之日止)；上海某想公司对本项判决承担补充清偿责任。四、某富公司于本判决生效后十日内向某想公司支付工程维修费66950元。五、驳回某富公司的其他诉讼请求。六、驳回某想公司的其他反诉请求。

一审本诉案件受理费85440元，由某富公司负担51264元，由某想公司负担34176元；反诉案件受理费42261元，由某想公司负担。工程造价鉴定费282752元，笔迹鉴定费6600元，合计289352元，由某富公司负担141376元，由某想公司负担141376元。二审案件受理费27280元，由某富公司负担8184元，由某想公司负担19096元。

各方观点

某想公司观点：1. 改判某想公司支付某富公司工程款4207216.1元（扣除按照15张工程量签证单计算的工程款880829.35元）及利息；2. 改判支持某想公司反诉请求的工期违约金150万元及工程量不合格的违约金18.4万元；3. 由某富公司承担本案一、二审诉讼费用。主要事实和理由：1. 按照工程量签证单计算的工程款880829.35元不应计入应付工程款。工程量签证单所涉工程在现场没有实物可供核实。该批签证单既没有某想公司的施工指令，也没有事后的追认，不符合合同关于工程变更签证的约定。监理单位签署的意见是“请业主核实”而非“请业主审核”，说明监理单位对签证单上载明的工作内容和工程量并不清楚。另外，根据查明的事实，项目管理公司某富公司人员郑某礼在工程签证单上的签字系事后补签，并且郑某礼从未出现在工程施工过程中。2. 某富公司因工伤事故导致停工 30 天应当承担违约责任。尽管如一审法院所述工期因“工程量的增加、业主的原因”等因素而发生变化，但毋庸置疑的是因施工方原因也导致了工期严重延误。2011 年 3 月 18 日因某富公司管理混乱，现场安全防范措施不到位，导致某生物管公司工作人员发生了严重安全事故，重庆市渝中区安全生产监督管理局及某生物管公司要求某富公司停工整顿，直到同年 4 月 18 日才恢复施工。这一事故直接导致工期延误一个月。根据《分包合同》第 11 条约定，如因分包人原因造成工期延误的，分包人应支付每日 5 万元的违约金。因此，某富公司应当支付工期延误违约金 150 万元。3. 一审法院认定××××商场的开业时间为 2011 年 1 月 15 日错误。此时间仅为商场试运行时间，并非商场开业时间。在商场试运行期间，某富公司施工的工程并未完工，某想公司不可能使用该工程。4. 一审法院以某想公司已实际接收施工成果为由，认定施工质量合格，并驳回质量违约金的反诉请求错误。从《关于××××商场遗留问题的分类》来看，某富公司自认的问题多达 60 余项。根据《分包合同》约定，判令某富公司既承担违约金又承担修复责任并不矛盾。

某富公司观点：1. 关于工程量签证单。监理单位签署“请业主核实”只是措辞问题，并不代表监理单位对相应工程不清楚，该句话也可以理解为要求业主再进行确认。工程施工过程中，某富公司就增量工程只需与项目管理公司沟通，不需要直接面对某想公司。尽管司法鉴定认为郑某礼的签名是同一时期形成，但也说明了两年以上的笔迹很难分辨具体差别，故不能得出项目签证单系造假的结论。中某咨询公司并未说签证单所涉项目没有做，只是说工程外露部分可以看到，内部看不到。某富公司实际施工此部分工程，某想公司也接收使用多年，再强调合同对变更价款的约定没有道理。2. 一审法院认定××××商场的开业时间为 2011 年 1 月 15 日正确。无论是试营业还是正式营业，××××商场都是要对公众开放的，案涉工程都是要投入使用的。3. 一审法院对工期延误的问题认定正确，由于案涉工程的工程量变更很大，已经不能适用《分包协议》约定的工期。所谓的工伤事故，从现有证据来看不能证明是某富公司的原因造成。并且该事故发生在某想公司接收使用工程以后，某富公司的施工行为系整改行为，不受工期约束。4. 关于工程质量问题，《关于××××商场遗留问题的分类》所指的是售后维修问题，某富公司也已经进行了整改。某想公司对案涉工程已经使用多年，现在才提出质量问题亦不符合法律规定，并且主张的损失也缺乏证据证明。

法院观点

一审法院观点：一、关于案涉工程款支付条件是否成就的问题。

某想公司租赁房屋开办重庆××××商场，本案所涉机电安装工程是为商场营业而实施。虽然合同文件载明，全部工程（第一、二、三标段）获竣工证明并结算完成后付分包工程款的95%，保修期满二年后工程款支付完毕。但某想公司于2011年1月15日发出工作联系函表明该商场已顺利开业，其举示的宣传资料也表明2011年6月18日商场已正式营业，足以证明案涉工程已符合使用条件。现重庆××××商场已经关闭并撤场，某想公司对案涉工程已放弃使用。某想公司享有某富公司施工成果多年，理应支付相应的工程价款。在未办理竣工结算的情形下，某富公司依照合同约定可以通过诉讼的方式对工程价款予以确定，现某富公司于2012年4月13日提起诉讼，通过诉讼的方式对工程价款予以了确认，工程价款的支付条件已经成就。

二、关于应支付工程款金额如何确定的问题。

因双方没有办理工程结算，在诉讼中，对案涉工程进行了工程造价鉴定。虽然某想公司对鉴定意见中确认的增加工程量不予认可，但从双方在《分包合同》之外又签订了增加工程量的补充协议和双方往来的工程联系函件涉及《分包合同》外的施工内容，以及中某咨询公司现场察看到的施工线索，可以确认某富公司还实施了《分包合同》范围外的增量工程。故对某富公司关于案涉工程由《分包合同》及分包合同外增加的工程组成的意见，一审法院予以采纳。

对于增量工程的工程造价确认，由于该部分工程涉及的施工资料（如竣工图等）签字不完善，讼争双方又各持己见。一审法院决定根据鉴定人员提出的建议，因竣工图没有某想公司代表签字，故由鉴定人员根据竣工图与机电原始竣工图及招标图对比，并结合现场情况及现场收方资料对工程量进行计算，严格按相关规定及双方约定参照投标书的单价和计算方法以及施工期间的市场行情进行鉴定并得出结论的部分予以采纳。

对于鉴定报告中《××××机电工程920万元包干价范围外增加部分造价鉴定汇总表》中第9项“工程签证单的金额954014.35元”。中某咨询公司认为该部分工程签证单涉及的工程部分只有签证资料，涉及金额 954014.35 元是否计入增加工程造价由法院裁判。

该部分工程签证单共 17 张，其中 15 张由监理人员签注“请业主核实”，项目管理公司某富公司郑某礼签署“工作内容属实，工程量请甲方核定”的意见。虽然监理人员没有对工程量进行明确，郑某礼的签字经鉴定为同期形成，有可能为事后补签，但根据某想公司 2010 年 6 月 9 日出具的工作联系函关于签证流程的附图，不涉及设计变更的部分“由工程管理公司、监理公司签认，交业主审核后再回复施工单位”的规定，监理公司人员签字并注明“请业主审核”，应能证明监理公司认可施工单位完成了签证单上载明的工程内容。故一审法院采纳某富公司关于已完成该 15 张签证单载明的施工内容，相应费用应计入工程造价的主张。

签证单（JD－06 号）中“卓某杜强某”签字时间为 2010 年 10 月 23 日，某想公司营运部“张某”签署意见“按招商约定，提前完成签约手续之店铺天花风管由我方安装制作”。签证单（JD－2010001 号）中“王某峰”就临时卫生间工程的工期和材料等事宜签署意见。由于某想公司 2010 年 6 月 9 日出具工作联系函已明确从即日起原管理公司卓某设计开发公司的所有事项由某富公司负责，故在卓某设计开发公司被终止管理职责后，其工作人员的签证行为对业主没有约束力，该 2 张签证单所涉及的工程造价不应计入增加工程造价中。

据此，根据工程签证单应计算的增加工程金额为 954014.35 元－64117 元－9068 元＝880829.35 元。

某富公司与某想公司对 920 万元包干工程减量 473024 元金额没有意见。

综上，分包合同内工程造价为 920 万元－473024 元＝8726976 元。分包合同外工程造价 4557040.85 元－64117 元－9068 元＝4483855.85 元。总计 13210831.85 元。双方认可已付工程款为 8122786.4 元。故某富公司应得工程款为 5088045.45 元。

二审法院观点：一、关于 15 张工程量签证单载明的施工内容是否应当计入工程造价的问题。

JD－14 号《工程变更（增加）量签证单》涉及的鉴定金额 22960.36 元应当计入工程造价，另外 13 张《工程变更（增加）量签证单》及 1 张《现场签证单》涉及的鉴定金额 857868.99 元不应当计入工程造价。主要事实和理由：1. 根据《分包合同》第6.7条约定，所有因工程变更而引起的费用调整，必须得到工程指令加以确认，否则不对合同价格进行调整。根据某想公司于2010年6月9日发出的《工作联系函》，对于涉及设计变更的，应由监理公司、管理公司及××××（业主公司）三方会议决定，由上海某某柯斯有限公司、××××（业主公司）、管理公司及监理公司依次签署意见后回复施工单位；对于不涉及设计变更的，由管理公司报监理公司、业主公司（××××）审核后回复施工单位。本案13张《工程变更（增加）量签证单》及1张《现场签证单》所涉工程既无业主方发出的工程指令，又无业主公司审核签署意见，不符合合同约定的工程变更程序，施工行为无论是否真实发生，均不能引起费用调整。2. 某想公司认可曾指令某富公司在第五层增加消防喷淋上喷头的事实，亦认可中某咨询公司基于JD－14号签证单鉴定的工程造价22960.36元，故该22960.36元应计入工程造价。

二、某富公司是否应当赔偿某想公司工期违约金150万元及工程质量不合格违约金18.4万元。

法院认为，某富公司不应当赔偿某想公司工期违约金150万元及工程质量不合格违约金18.4万元，主要事实和理由：1. 根据2010年5月的《分包合同》约定，某富公司承建的工程内容为负一层部分机电工程和一层至五层机电工程。工程包干总价为920万元。中标工期110日历天。计划开工日期2010年5月15日，计划竣工日期2010年9月4日。但某想公司并未举示开工令以证明前述工程的实际开工日期，故不能径行认定计划竣工日2010年9月4日即为前述工程应当竣工的日期。2. 根据某富公司发给项目管理公司及某想公司的函件反映，2010年7月B1F（负一层）图纸还在进行深化设计，设计单位重庆某昌科技有限公司于2010年10月20日才出具了《重庆市××中心裙楼××××商场室内精装修B1F机电安装工程施工图设计》，因此某想公司关于某富公司应于2010年9月4日前完成负一层机电工程的主张不能成立。3. 2010年10月某富公司在《工程变更（增加）量签证单》上陈述其已按机电施工图纸完成1F～5F空调系统的安装，根据建设方通知对图纸外增加工程进行施工的情形；2010年12月，某富公司向某想公司发出《工作联系函》称该司已经完成了××××商场1F～5F的电气安装工程。某想公司人员在前述签证单和函件上签署了意见，但均未对1F～5F空调系统和电气安装工程已施工完毕的事实提出异议。4. 因《补充协议》签订于2010年9月22日，故某想公司主张该部分工程应于2010年9月4日前完工亦与事实不符。5. 双方虽没有签订书面合同但实际增加的工程，经鉴定造价达4637739.93元，约为《分包合同》总价款的一半，可见其工程量较大，并且因双方并未对该部分工程何时开工、何时完工进行约定，故某想公司主张该部分工程应在2010年9月4日前完工缺乏合同依据。6. 商场无论是试营业还是正式营业都需要对公众开放营业场所，都需要启用照明、空调、排油烟等系统，故某想公司认为其在2010年1月15日前已经对××××商场的试营业行为不能视为占有使用已完工程的理由不能成立。7. 根据某富公司向某想公司或其项目管理公司发出的函件可见，在2010年12月以后，某想公司陆续将一些新增工程发包给某富公司施工，同时亦要求某富公司就已完工程进行调试整改，故2011年1月15日以后，某富公司仍在××××商场现场施工。但某富公司此时的施工行为并不受《分包合同补充协议》对工期的约束。某想公司关于某富公司因在2011年3月、4月期间出现安全事故导致停工整顿一个月，因此应当支付每日5万元的停工损失的主张缺乏合同依据。

关联案例

案件名称：某道公司与某公路局建设工程合同纠纷案

审理法院：一审：永州市中级人民法院（2014）永中法民一初字第7号；二审：湖南省高级人民法院（2017）湘民终343号；再审：最高人民法院（2018）最高法民申3179号

裁判观点：法院认为，首先，金路公司是某道公司委托的案涉工程监理公司，而肖某良是受金路公司指派负责案涉工程监理工作的人员，肖某良对工程量的签认系职务行为，由此产生的法律后果应由某道公司承担。其次，根据原审已查明的事实，在案涉工程施工期间，由于对该工程重新进行了修改设计，项目实施造价已突破原投资概算，故某道公司向湖南省交通运输厅提出了调整概算申请，并于2009年1月提交了全线工程调整概算资料，湖南省交通运输厅委托长沙天弘工程造价咨询有限公司进行了审查。而肖某良在案涉工程中的全部签认所对应的工程量均能在湖南省交通运输厅最终核定的《S323线道至永安关公路调整概算审查计费过程资料-1》和《S323线道至永安关公路调整概算审查计费过程资料-2》中体现，某道公司对调整概算文件的真实性亦无异议，表明某道公司对肖某良签认的认可。此情形下，某道公司、某公路局又主张肖某良的签认违反监理权限和程序，不应作为计量依据，有违客观事实，不能成立。

律师点评

工程变更是建设工程施工合同在实际履行过程中，承发包双方产生问题争议的焦点所在。因在建设工程施工合同内欠缺有关工程变更结算条款，或者当事人双方的有关约定不明，往往极易在最终的工程款结算阶段引发承发包双方之间的诉讼纠纷。时至今日，何谓工程变更，国家法律法规没有明确的概念界定，根据2017版施工合同示范文本通用条款第10条的阐释，一般以下几种情形可纳入工程变更的范畴：（1）增加或减少合同中任何工作，或追加额外的工作；（2）取消合同中任何工作，但转由他人实施的工作除外；（3）改变合同中任何工作的质量标准或其他特性；（4）改变工程的基线、标高、位置和尺寸；（5）改变工程的时间安排或实施顺序。前四种情形往往由业主方（业主方委托的施工监理单位或设计单位）下发设计变更、业主指令或工程联系单的方式作出，所引起的工程造价变更一般也在实际施工过程中由承包人以签证单形式提出。最后一种情形涉及承包人原先承诺的施工组织设计的变更，由此导致的工期变更以及可能引起的有关损失也往往由承包人在施工过程中以签证索赔的方式提出。但在具体的项目履行过程中，由于工期紧、任务重等因素，经常会出现发包人不通过书面指令的方式提出工程变更的要求，而承包人在进行具体的工程变更时也不通过书面形式进行工程联系与签证索赔的情形，这往往就为日后双方在工程结算时产生纠纷埋下伏笔。

一、工程变更引起的工程款结算纠纷在司法实务中所存在的类型分析

因工程变更而引起的工程款结算纠纷在实务中存在多种诱发类型，结合本章中所提到的前述真实案例。我们大致可进行总结分析如下：

第一种，因缺乏书面变更指令，而就是否进行变更以及具体变更的工程量如何计算产生纠纷。工程在施工过程中承发包主体之间的关系往往较为融洽，发包人期待承包人注重工程质量、加快工程工期，承包人则希望发包人按时支付工程款。因双方各有所需，所以承包人对于发包人提出的各项现场变更指令一般都予以直接接受，其中往往包括有大量的现场施工口头指令。而这些口头指令在双方产生矛盾纠纷之时，又通常会被双方抵赖纠缠而无任何书面凭证加以佐证。

第二种，因不遵守合同约定的变更程序，而就最终工程款结算时是否考虑该部分变更而产生纠纷。2017版施工合同示范文本通用条款第10.3条规定了一套完整的发包人提出变更、监理人提出变更建议、变更执行的具体程序。在具体实务中，有些发承包人会在施工合同中就最终工程款结算时如何计算变更部分价款进行具体的约定。例如，在本章主案例中，某富公司与某想公司签订《分包合同》第6.7条约定："所有因工程变更而引起的费用调整，必须得到工程指令加以确认，否则不对合同价格进行调整。除单项设计变更导致的费用超过合同额20%的情况外，其他所有变更，不进行工期调整。"类似的变更结算规定在当前的施工合同中比比皆是，往往要求承包人严格管理并按合同要求在规定时间内及时提出变更价款的主张，否则就视为自动放弃。但承包人因自身管理人员素质以及施工现场赶工等因素影响，而不完全遵照双方合同约定履行的状况又经常发生，这也为最后双方的诉讼争议埋下导火线。

第三种，变更过程中"灵活"操作，无变更确认权的相关人员签署变更资料，由此导致最终工程款结算纠纷。建设工程项目的现场人员繁杂，发包人现场有工程师，具体名称在实务中也可能为业主代表；发包人自身在现场还聘有监理工程师，代表发包人行使发包人与监理公司合同约定的职权；重大项目发包人除在现场配有一般工程技术监理以外，可能还配备有专门负责涉及工程造价的投资监理；此外发包方还可能要求其设计公司在现场设有专门的负责人以配合处理现场的各类设计问题；而承包人除项目经理外，一般还配备有施工员、安全员、资料员等专门负责各自专业的工作。如考虑到施工行业特有的挂靠与转包现象，施工现场可能存在的各类人员恐怕也只能用鱼龙混杂来形容了。结合工程变更而言，一方面企业管理对于用印制度有自身流程，另一方面施工进度往往较为紧张，因此施工各方往往均无法完全做到严格按照法律与合同规定来签署相关文件资料。在实际的工程建设过程中，各类人员代表各自方签署文件资料的情况层出不穷。在本章主案例中，工程签证单共17张，其中15张由监理人员签注"请业主核实"，项目管理公司某富公司郑某礼签署"工作内容属实，工程量请甲方核定"的意见。签证单（JD－06号）是由"卓某杜强某"签字的，签字时间为2010年10月23日，某想公司营运部"张某"签署意见"按招商约定，提前完成签约手续之店铺天花风管由我方安装制作"。签证单（JD－2010001号）中"王某峰"就临时卫生间工程的工期和材料等事宜签署意见。但是，从2010年6月9日起原管理公司卓某设计开发公司的所有事项由某富公司负责，故在卓某设计开发公司被终止管理职责后，其工作人员仍然在签证单上签字。

第四种，承发包双方就工程变更涉及的量、价结算方式存在争议而产生的工程款结算纠纷。如承发包双方在建设工程施工合同内未就工程变更后的量、价计算方式进行明确约定，则由此可能导致工程量、价在最终结算时都存在争议。前者产生的原因是，按照图纸计算的工程量与施工现场发生的工程量存在差异。例如，在本章主案例中，对于增量工程的工程造价确认，由于该部分工程涉及的施工资料（如竣工图等）签字不完善，讼争双方又各持己见，一审法院决定根据鉴定人员提出的建议，因竣工图没有某想公司代表签字，故由鉴定人员根据竣工图与国贸机电原始竣工图及招标图对比，并结合现场情况及现场收方资料对工程量进行计算，严格按相关规定及双方约定参照投标书的单价和计算方法以及施工期间的市场行情进行鉴定并得出结论的部分予以采纳。

二、法院处理不同类型工程变更引起的工程款结算纠纷的一般原则

1. 对于发包方无书面变更指令的口头变更要求，承包人一般应通过施工过程中或事后补签证的方式尽快弥补书面证据欠缺。除双方约定的最终结算方式可按实反映工程实际变更并就该部分变更纳入最终审价结算，例如：承发包双方约定工程最终按竣工图审价，而竣工图又如实反映了施工过程中的各项工程变更，其中包括发包方在施工现场提出的口头变更指令；或者，根据《施工合同司法解释（一）》第 20 条的规定①，承包人有其他可证明发包人同意其变更施工的证据。否则，类似于施工所用材料标号提高而引起的工程变更，一般法院均会根据“谁主张，谁举证”的原则，分配给承包人相应的举证责任，在承包人无法举证的情况下往往都会做出不利于承包人的判决。

2. 工程变更应遵循严格的承发包双方施工合同约定的程序规则，一方未遵照该程序规则约定履行变更手续的，应承担相应的不利后果。在合同有效的前提下，法院一般都会充分遵照承发包双方最初的意思自治，而认定承发包双方在合同内的约定有效。当然，在具体的实务操作过程中，法院也会结合具体的个案综合考虑到其中一方的实际损失。例如，在本章主案例中，双

① 《最高人民法院关于审理建设工程施工合同纠纷案件适用法律问题的解释（一）》第 20 条：“当事人对工程量有争议的，按照施工过程中形成的签证等书面文件确认。承包人能够证明发包人同意其施工，但未能提供签证文件证明工程量发生的，可以按照当事人提供的其他证据确认实际发生的工程量。”

方当事人在《分包合同》中约定了工程变更的程序规则，第6.7条约定，所有因工程变更而引起的费用调整，必须得到工程指令加以确认，否则不对合同价格进行调整。二审法院查明，根据某想公司于2010年6月9日发出的《工作联系函》，对于涉及设计变更的，应由监理公司、管理公司及××××（业主公司）三方会议决定，由上海某某柯斯有限公司、××××（业主公司）、管理公司及监理公司依次签署意见后回复施工单位；对于不涉及设计变更的，由管理公司报监理公司、业主公司（××××）审核后回复施工单位。因此，二审法院认为，本案13张《工程变更（增加）量签证单》及1张《现场签证单》所涉工程既无业主方发出的工程指令，又无业主公司审核签署意见，不符合合同约定的工程变更程序，施工行为无论是否真实发生，均不能引起费用调整。

3. 工程变更在具体的操作过程中，应当由具有法定或合同约定职权的相关人员予以办理。对此，全国多地省、市法院均通过地方性司法解释文件予以了明确规定。例如：在《北京市高级人民法院关于审理建设工程施工合同纠纷案件若干疑难问题的解答》中规定①，除法定代表人以及施工合同有明确约定以外，一般施工人员就工程变更作出的确认不具有法律效力，但可构成表见代理的除外；另外，施工现场发包人聘请的监理工程师仅对涉及工程量、工期及工程质量等事实问题的工程变更确认具有原则性的约束力，此外直接涉及工程造价的经济类决策，除施工合同内有明确约定，否则对发包人不具有约束力。浙江省高级人民法院在这方面有类似的规定，但进行了部分细化，明确了项目经理与现场负责人的权限。

4. 撇开工程变更引起的工程量计量纠纷不谈②，因工程变更而引起的工程造价结算纠纷，法院通常都会首先以承发包双方在施工合同内约定的工程变更计价方式为准，有约定的从约定。对此，《施工合同司法解释（一）》第

---

① 《北京市高级人民法院关于审理建设工程施工合同纠纷案件若干疑难问题的解答》："9. 当事人工作人员签证确认的效力如何认定？当事人在施工合同中就有权对工程量和价款洽商变更等材料进行签证确认的具体人员有明确约定的，依照其约定，除法定代表人外，其他人员所作的签证确认对当事人不具有约束力，但相对方有理由相信该签证人员有代理权的除外。……10. 工程监理人员在签证文件上签字确认的效力如何认定？工程监理人员在监理过程中签字确认的签证文件，涉及工程量、工期及工程质量等事实的，原则上对发包人具有约束力，涉及工程价款洽商发更等经济决策的，原则上对发包人不具有约束力，但施工合同对监理人员的授权另有约定的除外。"

② 此问题将在下节详细阐述。

19条第1款即规定:“当事人对建设工程的计价标准或者计价方法有约定的,按照约定结算工程价款。”而地方省市法院也多有类似解释性文件规定,充分尊重当事人双方的意思自治。例如:《北京市高级人民法院关于审理建设工程施工合同纠纷案件若干疑难问题的解答》中规定:“建设工程施工合同约定工程价款实行固定总价结算,在实际履行过程中,因工程发生设计变更等原因导致实际工程量增减,当事人要求对工程价款予以调整的,应当严格掌握,合同对工程价款调整有约定的,依照有关约定。……”因此,当承发包双方当事人在建设工程施工合同内就工程变更的计价方式有约定时,显然在通常的司法实践当中多数会按照此约定来进行处理而不会产生过多争议。问题往往发生在当事人双方没有针对工程变更约定计价方式或者约定的计价方式不明之时。

就此产生的疑问通常有二:(1)工程部分变更是否可以推倒合同约定的价格?司法裁判实务界通常认为,当事人约定工程款实行固定价,而实际施工的工程量比约定的工程范围有所增减的,可在确认固定价的基础上,参照合同约定对增减部分进行结算,再根据结算结果相应增减总价款。不应撇开合同约定,对整个工程造价进行重新结算。(2)工程变更部分的估价应当按照哪种方式进行?对此,《施工合同司法解释(一)》第19条第1款、第2款明确规定:“当事人对建设工程的计价标准或者计价方法有约定的,按照约定结算工程价款。因设计变更导致建设工程的工程量或者质量标准发生变化,当事人对该部分工程价款不能协商一致的,可以参照签订建设工程施工合同时当地建设行政主管部门发布的计价方法或者计价标准结算工程价款。”该款规定的实质是就工程变更部分双方无约定的按实审价结算,有些地方省市法院即将此观点直接规定入地方性司法解释文件中,例如,《江苏省高级人民法院关于审理建设工程施工合同纠纷案件若干问题的意见》第9条第2款规定:“建设工程施工合同约定工程价款实行固定价结算的,因设计变更导致工程量变化或质量标准变化,当事人要求对工程量增加或减少部分按实结算的,人民法院应予支持,当事人另有约定的除外。”司法实践中,法院一般通过委托第三方司法鉴定部门,就工程变更部分的造价进行司法审价,并依此原则确定最终结算金额。

最后有必要就工程变更的估价问题提及的是,2013版及2017版施工合同示范文本均参考吸收了财政部与建设部在2004年10月20日颁发的《建设工程价款结算暂行办法》(财建〔2004〕369号)第10条的规定，以及《FIDIC工程施工合同》(1999年版)、《建设工程工程量清单计价规范》(GB50500－2008)以及发改委、财政部、建设部等九部委在2008年5月1日施行的《标准施工招标文件(2007年版)》通用合同条款部分有关工程变更估价的先进经验，在其现行通用条款部分的第10.4.1款明确提出了工程变更估价的三原则："(1)已标价工程量清单或预算书有相同项目的，按照相同项目单价认定；(2)已标价工程量清单或预算书中无相同项目，但有类似项目的，参照类似项目的单价认定；(3)变更导致实际完成的变更工程量与已标价工程量清单或预算书中列明的该项目工程量的变化幅度超过15%的，或已标价工程量清单或预算书中无相同项目及类似项目单价的，按照合理的成本与利润构成的原则，由合同当事人按照第4.4款(商定或确定)确定变更工作的单价。"一方面其明确了工程变更的根本原则仍旧是参照合同，尊重当事人双方原先合同内的意思自治；另一方面从尽量维护公平的原则角度出发，考虑到工程实际中可能存在的低价中标、不平衡报价等问题，当工程量变化幅度较大或者无可参照项目价格结算标准时，依照当前法律与司法解释精神采取按实结算的方法来保护承发包双方的合法权益。

3.6 法院如何认定工程量计量纠纷①

——某县国土房管局与某建筑公司建设工程施工合同纠纷案②

关 键 词： 工程量计量　图纸包干　清单包干　签证　设计变更

问题提出： 工程量的计量是建设工程施工合同双方主体确认工程造价的根本前提，法院如何认定承发包双方在工程量的计量过程中所存在的争议？

① 撰稿人：徐寅哲、张春玲，上海市建纬律师事务所。

② 二审：重庆市第三中级人民法院(2013)渝三中法民终字第00557号；再审：重庆市高级人民法院(2014)渝高法民申字第00051号。

关联问题：合同约定工程量范围不明确，结算时如何计量工程量？哪些材料可以作为工程量计量的依据？当事人的哪些人员具有确认工程量的权利？无法进行司法鉴定明确工程量时如何处理？

裁判要旨：工程量的计量首先以双方当事人施工合同所约定的计量原则为根本依据，针对通常所谓的闭口包干，法院在进行审理时会查明闭口包干的基础是针对施工图纸还是发包人招标清单或承包人投标清单。如是以工程量清单报价，则在发生承包人投标漏项或工程量计算错误时，法院仍优先考虑双方当事人的合同约定。当合同无约定时，根据合同法公平原则，相应的工程部分可根据施工事实文件资料进行调整。当工程量计量产生争议时，法院将根据施工过程中形成的签证、会议纪要、工程联系单等书面文件进行确认，如无书面文件的，则由当事人提供其他证据确认实际发生的工程量。而就工程量的计量，在施工现场一般来讲企业的法定代表人、现场项目经理、有授权的监理工程师等具有签署确认工程量的法定或合同约定的权利。对于其他施工参与人员在未得到当事人明确书面授权前，法院对于其签署的工程量计量文件的法律效力不予认可。

案情简介

再审申请人（一审被告、二审上诉人）：某县国土房管局

被申请人（一审原告、二审被上诉人）：某建筑公司

经审查，2008 年 4 月 22 日，某县国土房管局对该县移土培肥二期工程及配套坡改梯工程一标段至十标段进行招标。同年 5 月 27 日，某县国土房管局发布了招标《补遗》。同年 6 月 20 日，某建筑公司中标。之后，某建筑公司与某县国土房管局签订了《重庆市某县土地开发整理移土培肥（二期）配套坡改梯项目建设工程施工合同》（以下简称《建设工程施工合同》），约定：合同总价为 6240600. 28 元。合同签订后，某建筑公司开始进场施工。工程竣工后，重庆市国土房管局等部门组成验收组，于 2009 年 9 月 10 日对该工程进行了验收。验收合格后，某建筑公司将工程交付给某县国土房管局。施工期

间，某县国土房管局共计支付了工程款4360190元，后双方为工程结算发生争议。2012年12月31日，某县国土房管局告知某建筑公司，要求某建筑公司通过司法程序解决纠纷，某建筑公司遂诉至某县人民法院，请求某县国土房管局支付拖欠的工程款1880410.28元。

某县国土房管局招标时，在向投标单位发送的《招标文件》中规定：（第26.4条）如投标人中标，该投标人的投标价即被认为是涵盖了规划图集所有工作量的合同价，工程量清单及综合单价作为工程款支付的依据，实行工程规划图集建设内容总价包干。除合同规定可以调整的事项外，在合同实施期间不得变动。某县国土房管局在给某建筑公司发送的《补遗》载明：5. 工程量以本次提供的工程量列表为准，且本工程量列表只作为投标报价的参考量，不作为进度款和结算款支付依据，中标后合同按包干原则执行（工程量列表见附表）。7.《招标》第35.2.2条“单价合理性分析”中其综合单价仅起评分多少的作用，不作为工程决算依据。第26.4.1条规定：“工程量清单及综合单价作为工程款支付的依据”，将中标“综合单价”确定如下：（1）凡中标单位投标报价单项工程子项的“综合单价”低于业主《实施方案》中的综合单价时，以中标单位投标报价时子项的“综合单价”为准。（2）凡中标单位投标报价单项工程子项的“综合单价”高于业主《实施方案》中的综合单价时，以《实施方案》中的综合单价乘以中标时的综合下浮比例进行计费。

某县国土房管局与某建筑公司签订的《建设工程施工合同》第三章（专用条款）约定：第六条、合同价款及调整。23.2. 本合同采用以下方式中的第（1）种方式确定。（1）采用固定价格合同，合同价款中包括的风险范围：除本合同另有约定外，本合同是以《重庆市某县三峡库区土地开发整理移土培肥工程项目（二期）实施方案》及规划图集涵盖的全部工程为基础的固定价格合同（在表土剥离及回填子项中，平均运距按10米计，单价按定额的50%计）。合同价格为中标通知中写明的金额。本合同所称固定价格，应以以下方式理解：①受本合同其他条款的约束，本合同签订以后，合同总价按照合同约定的工作范围包死。发包人不接受承包人基于发包人在投标阶段提供的工程量清单中工程子项目列项不全、漏项或偏差以及基于承包人自身在投标阶段对招标范围的理解存在偏差而主张的任何损失或索赔。②本合同签订后，合同总价对应的工程量清单中的所有单价包死，除经有关部门批准外不得调整。发包人不接受承包人基于任何清单项目单价在投标时的组价不当（包括但不限于项目名称对应的工作内容理解的偏差、工料耗量水平的确定、生产要素市场价格的判断、取费，以及材料涨价等）或任何其他过错而主张的任何损失或索赔。③本合同签订后，合同总价对应的工程量清单中各分部分项工程的工程量本身不具备合同约束力。尽管这些工程量最初可能是由发包人随招标文件提供的，但承包人已经根据工程规范和技术要求、图纸及其他合同文件的要求对工程量清单进行了检查和校核并在此基础上已经进行了充分的修正。任何情况下，发包人不接受承包人基于在投标阶段对工程量计算或符合存在任何差错或疏忽而主张的任何损失或索赔。④承包人已经在投标阶段充分理解了发包人在招标文件中为其设定的所有义务、责任和条件，并在其投标价格中已做考虑。除非发包人发布的变更导致相应的施工方案或施工组织设计发生实质性变化，否则任何变更对合同内容或工程量造成任何形式或程度的改变，都不构成承包人修改其措施项目和其他项目价格（费率）或提出任何索赔的理由。⑤本合同签订后，合同单价中的各项取费，包括但不限于其管理费、利润、税金的取费水平（无论是费率还是绝对金额）固定包死，任何情况下均不得调整。风险范围以外合同价款调整方法：除本合同另有约定或发生设计变更以外，合同价格一律不予调整。九、竣工结算与验收。33.8. 结算单价。按照国土房管函（2008）64号和某县移土培肥二期及配套坡改梯工程招标文件《补遗》确定综合单价：（1）凡中标单位投标报价单项工程子项的“综合单价”低于业主《实施方案》中的综合单价时，以中标单位投标报价时子项的“综合单价”为准；（2）凡中标单位投标报价单项工程子项的“综合单价”高于业主《实施方案》中的综合单价时，按《实施方案》中的综合单价乘以中标时的综合下浮比例进行计算。综合下浮比例 =1 - 中标价 ÷ 最高限价。本合同中的“综合单价”，是指《土地开发整理项目预算定额》中各子项的单价分析价，是包括直接费、间接费、利润、税金的合计价，而不是项目金额除规模（如长度、面积、容积等）的价格。33.9. 最终结算价款。最终结算价款以国家审计机关出具的工程结算审计报告为准。某县国土房管局在施工过程中，没有对工程进行计量。

再审申请人某县国土房管局因与被申请人某建筑公司建设工程施工合同纠纷一案，不服重庆市第三中级人民法院（2013）渝三中法民终字第00557号民事判决，申请再审。

再审法院裁定：驳回某县国土房管局的再审申请。

各方观点

某县国土房管局观点：（一）某县国土房管局与某建筑公司签订的《建设工程施工合同》不是固定总价合同，《补遗》是《建设工程施工合同》的组成部分，《建设工程施工合同》第33条第8项重复了《补遗》的约定，明确了工程款的结算依据是以工程量清单结合综合单价，某县国土房管局在工程管理中与某建筑公司、监理方对某建筑公司完成的方量据实进行了验方并形成了完整的经双方签字认可的验方材料，二审对此不予认定错误；（二）《建设工程施工合同》第33条第9项约定了工程款最终结算以国家审计机关出具的工程结算审计报告为准，一、二审判决按照《建设工程施工合同》约定的合同价款予以支付错误。

某建筑公司观点：某县国土局的再审申请于法无据，恳请法院依法驳回其再审申请。

法院观点

针对某县国土房管局的申请再审理由，本案的焦点是《建设工程施工合同》对工程价款的约定是固定总价款还是固定综合单价后按工程量据实结算的可调整价款。某县国土房管局在招标文件中载明采用固定总价合同，在二审庭审中陈述在招标时“不是以分项单价招标，是以合同总价招标”，《补遗》中也载明“工程量以本次提供的工程量列表为准，且本工程量列表只作为投标报价的参考量，不作为进度款和结算款支付依据，中标后合同按包干原则执行”。某建筑公司中标后，从双方签订的《建设工程施工合同》的约定内容看，虽在专用合同条款“结算单价”第33.8条约定了综合单价的确定方式，但在专用合同条款“合同价款及调整”第23条约定采用固定价格合同，明确约定“除本合同另有约定外，本合同是以《重庆市某县三峡库区土地开发整理移土培肥工程项目（二期）实施方案》及规划图集涵盖的全部工程为基础的固定价格合同”，“本合同签订以后，合同总价按照合同约定的工作范围包死”，“合同总价对应的工程量清单中各分部分项工程的工程量本身不具备合同约束力”，“风险范围以外合同价款调整方法：除本合同另有约定或发生设计变更以外，合同价格一律不予调整”。综合双方在一、二审举示的证据和陈述可以确认在施工过程中，双方没有即时对各个分部分项工程进行计量，某县国土房管局没有举证证明对《重庆市某县三峡库区土地开发整理移土培肥工程项目（二期）实施方案》及规划图集进行过设计变更，其在二审庭审中陈述“只是对现场作一些微调”，因此，某建筑公司完成了《建设工程施工合同》约定范围内的工程，一、二审判决认定《建设工程施工合同》是固定总价合同并无不当，某县国土房管局认为工程款的结算方式是以综合单价按工程量清单据实结算的申请再审理由不成立。

关于某县国土房管局提出应以国家审计机关的审计结论作为最终结算依据的申请再审理由，虽然双方签订的《建设工程施工合同》约定“最终结算价款以国家审计机关出具的工程结算审计报告为准”，但《建设工程施工合同》是固定总价合同，某县国土房管局没有提交证据证明在施工过程中对工程进行过设计变更，在工程竣工验收后也长期未提起审计，双方在工程款结算上发生争议后，某县国土房管局明确提出通过司法途径解决争议，一、二审判决某县国土房管局按照《建设工程施工合同》约定的合同价款支付拖欠的工程款符合本案实际情况，因此，某县国土房管局该申请再审理由不成立。

关联案例 1

案件名称：某某山公司、某宇公司建设工程施工合同纠纷案

审理法院：一审：湖南省高级人民法院（2018）湘民初 73 号；二审：最高人民法院（2020）最高法民终 534 号

裁判观点：关于施工单位主张的应支付签证部分的费用 3502797.26 元的问题。根据相关规定，当事人对工程量有争议的，按照施工过程中形成的签证等书面文件确认。承包人能够证明发包人同意其施工，但未能提供签证文件证明工程量发生的，可以按照当事人提供的其他证据确认实际发生的工程量。施工单位在本案进入鉴定程序后提供的签证单，并无建设单位的签章认可，监理机构也否认在该批签证资料上进行签章认可。同时，鉴定机构经修改调整后也未对该部分 3502797.26 元进行确认。施工单位也未能提供其他证据证实工程量实际发生，原审法院对该部分造价未予支持，并无不当。

关联案例 2

案件名称：某方设计公司、某中环公司建设工程合同纠纷案

审理法院：一审：大连市沙河口区人民法院（2019）辽 0204 民初 10000 号；二审：辽宁省大连市中级人民法院（2020）辽 02 民终 8653 号

裁判观点：法院认为，关于案涉增项工程款数额如何确认，某中环公司于2019年2月28日已将增项部分的结算书报送给某方设计公司，某方设计公司曾在2019年3月21日的回函中承诺案涉工程增项工程款结算审计于2019年4月28日前完成，如无法按期完成结算审计，视为认可其递交的结算金额。该回函对结算审计约定了相应条件和期限，作出了承诺，应视为双方对工程款付款条件和期限的重新约定。在此之后，虽然某方设计公司于2019年3月24日回函中提出问题若干，但某中环公司针对其所提问题已进行回复，某方设计公司虽于2019年4月28日将《大连冰山慧谷A9#空调车间改造工程（装饰工程）竣工结算审核稿》邮寄给某中环公司，但该审核稿中，增项工程审核价为296923.46元，与某中环公司所报送的结算金额相差较大。该审核数额并非委托第三方造价咨询公司进行审核，而是其内部审核，这有悖于案涉合同中委托第三方造价咨询单位进行结算审核的约定。因此，某方设计公司于2019年4月28日所作出的内部审核结果不能视为其对3月21日回函中所作出的案涉工程增项工程款结算审计在4月28日前完成的承诺的履行。况且，自2019年3月21日作出承诺至4月28日的截止时间，某方设计公司应有充足的时间委托第三方专业审计单位进行审核，其在对某中环公司报送的结算金额有异议的情况下，却未积极开展审计委托工作，而是于承诺期限的最后日期才向某中环公司发送内部审核结果，显然存在怠于履行义务的情形，应自行承担相应后果。

律师点评

工程量的计量是明确工程造价的基础，除非双方在施工合同内明确约定了闭口总价的施工范围，否则在工程实践中因承发包双方就工程量计量约定不明而产生的纠纷时常发生。即便明确约定了闭口总价所针对的施工范围，也会因施工过程中设计变更或可能发生一方提前终止合同的情形，当承发包双方没有针对设计变更或提前终止合同的情形进行有关已完工程量计量的约定，则也会引发承发包双方就已完部分工程量如何计量、如何明确工程造价的问题产生纷争。针对此类因工程量计量争议产生的纠纷，目前法院在实践处理过程中尚无放之四海而皆准的法则。根据不同的争议类型，法院有不同的处理意见。而与1999版《建设工程施工合同（示范文本）》相比，2013版、2017版《建设工程施工合同（示范文本）》在通用条款的第12.3.1条提出了工程量计量的一般原则，“工程量计量按照合同约定的工程量计算规则、图纸及变更指示等进行计量。工程量计算规则应以相关的国家标准、行业标准等为依据，由合同当事人在专用合同条款中约定”[①]。

与上一节探讨工程变更引起的工程款结算纠纷一样，我们在本节中同样根据工程量计量纠纷在司法实务中的一般表现，进行类型分析并结合具体案例就法院通常的处理方法进行归纳性探讨。考虑到有关谁有权进行工程量计量的确认等问题我们在上一节的讨论中已经有所涉及，因此在本节中我们结合主案例以及相关参考案例，大致将工程量计量纠纷的处理归结为以下五个方面。应当说，这五个方面的问题虽然没有反映工程量计量纠纷争议的全部，但在一定程度上具有典型性。

一、如何处理固定总价合同所对应工程范围不明确的工程量计量纠纷

固定总价合同一般适用于施工范围比较明确、风险不大的中小型工程项目。而在实践中，因承发包双方当事人的认知局限，较容易在合同签订初期双方关系较为融洽时为图一时便利而签订固定总价合同。[②] 承发包双方针对某些可能涉及工程造价的问题都采取模糊化的方式处理。针对此类案件，结合现行法律规定（含最高人民法院司法解释、地方司法解释性文件等）与法院实际已判决生效的案例，我们可总结法院的基本处理原则是：第一，根据最高人民法院《施工合同司法解释（一）》第28条规定的司法精神，当事人约定按照固定总价结算工程价款的，原则上尊重双方当事人的意思自治，不再接受当事人的申请进行工程造价的鉴定。[③] 第二，在固定总价所针对工程量范围不明的情况下，根据“谁主张，谁举证”的举证原则，主张工程款的一方应当承担相应的举证责任，否则应承担相应的举证不利的法律后果。[④] 在本节主案例中，法院判定双方在一、二审举示的证据和陈述可以确认在施工过程中，双方没有即时对各个分部分项工程进行计量，某县国土房管局没有举证证明对《重庆市某县三峡库区土地开发整理移土培肥工程项目（二期）实施方案》及规划图集进行过设计变更，其在二审庭审中陈述“只是对现场作一些微调”，因此，某建筑公司完成了《建设工程施工合同》约定范围内的工程，一、二审判

---

① 详见2017版《建设工程施工合同（示范文本）》。

② 发包人希望能固定合同总价，降低施工期间价格风险；承包人希望能尽快签署合同，争取预付款等。

③ 详见《最高人民法院关于审理建设工程施工合同纠纷案件适用法律问题的解释（一）》，地方高院意见可见《山东省高级人民法院关于审理建筑工程承包合同纠纷案件若干问题的意见》第36条规定，“对合同约定的一次包死的建筑工程，如合同有效，应严格按合同约定处理”。

④ 详见《最高人民法院关于民事诉讼证据的若干规定》。

决认定《建设工程施工合同》是固定总价合同并无不当。

二、处理工程量计量纠纷时应当以哪些材料作为计量依据

工程项目的施工现场，涉及的参与主体有多方，例如：设计方、投资方、监理方、施工方等，其相互间往来的文件资料多种多样。具体哪些资料可作为处理工程量计量纠纷时的评判依据，《施工合同司法解释（一）》第20条作出了原则性规定："当事人对工程量有争议的，按照施工过程中形成的签证等书面文件确认。承包人能够证明发包人同意其施工，但未能提供签证文件证明工程量发生的，可以按照当事人提供的其他证据确认实际发生的工程量。"根据此规定，不论书面文件具体是何种表现形式，只要是在施工过程中形成并经过发包人同意，则可作为计量工程量的依据；另外，根据客观公平的基本司法原则，即便不存在任何书面文件，当事人能够通过其他的证据来佐证实际发生的工程量的，法院也应当予以认可。浙江省高级人民法院民事审判第一庭针对最高人民法院的该款规定前半部分进行了解释性的细化，其印发的《关于审理建设工程施工合同纠纷案件若干疑难问题的解答》的通知第10条规定："双方当事人在建设工程施工过程中形成的补充协议、会议纪要、工程联系单、工程变更单、工程对账签证以及关他往来函件、记录等书面证据，可以作为工程量计算和认定工程价款的依据。"

三、合同价格所对应的工程量应当以什么文件作为计量基础

鉴于工程项目的复杂性，当前的施工合同往往以可调价格的方式，在明确一个基本的合同价格以外补充约定双方当事人在出现设计变更时工程量增减的计价方法。这本来是有利于承发包双方当事人的一种做法，但在实际履行过程中，却往往也会因为双方当事人就合同价格所对应的工程量没有进行明确约定，从而导致在最终工程款结算时就如何计量产生争议。

四、承包人工程预算漏项或错误应当如何处理

利用工程量清单形式进行投标报价和确认合同价格的模式在当前建筑市场上被日益接受。但是，与施工图纸相比，即便严格遵照标准与规范进行工程量的预算，最终仍会与实际完成工程量之间存在差距。另外，由于工程项目的庞杂，发包人在自行编制工程量清单或聘请第三方代理人进行工程量的预估时难免存在偏差，而承包人在向发包人递交工程预算时常会发生多算或漏项以及差错等问题。针对这些问题，法院在处理时首先会看合同价格所指涉的对象是图纸还是清单，也就是通常所说的是图纸包干还是清单包干。这与上一项问题的

讨论存在关联。如是针对施工图纸的包干报价，则承包人的工程预算出现漏项或错误时，应当由承包人自行承担。如是针对发包人工程量清单进行的包干报价，且双方约定承包人漏项或错误部分由承包人自行承担不得再行调整的，则与此相对应的部分应当由承包人负责。如未明确约定，且承包人在报价时根据施工规范无法确定的，则相应的责任仍然应当由发包人承担。

五、已完工程量（尤其是合同提前解除终止）与隐蔽工程项目如何进行工程量计量

图纸范围明确，并严格按照施工进度组织设计进行施工的工程项目，一般来讲承发包双方都不会存在工程量的争议。但是当某项工程存在中途提前解除终止，承包人清场后有后续施工队伍进场施工的情况，如各方之间没有进行一定的工作交接手续，则容易产生各自工作范围已完成工程量的计量争议。另外，隐蔽工程完工验收后，如承发包双方产生工程量的计量争议，因其不可恢复性也极容易产生类似的争议。对于此类争议纠纷，法院通常首先会依据双方当事人可主张举证的客观事实，进行已完工程或隐蔽工程的工程量认定。当双方都无证据之时，可依据举证责任规则，结合已有证据材料酌情认定。针对如何处理已完工程的工程量争议，《北京市高级人民法院关于审理建设工程施工合同纠纷案件若干疑难问题的解答》（京高法〔2012〕245号）第13条规定："当事人就已完工程的工程量存在争议的，应当根据双方在撤场交接时签订的会议纪要、交接记录以及监理材料、后续施工资料等文件予以确定；不能确定的，应根据工程撤场时未能办理交接及工程未能完工的原因等因素合理分配举证责任。"①

① 详见《北京市高级人民法院关于审理建设工程施工合同纠纷案件若干疑难问题的解答》。

3.7 工程款利息纠纷

3.7.1 法院如何认定工程款利息的计算标准①

——某青公司、某青公司陕西分公司与刘长某、马红某、胡学某等建设工程施工合同纠纷案②

关 键 词： 工程款利息　合同约定　计算标准　贷款基准利率　LPR

问题提出： 承包人按照合同约定完成工程建设，但发包人未按约支付工程款，对发包人拖欠的工程款，承包人是否有权向其主张利息？该如何认定工程款利息的计算标准？

关联问题： 工程款利息的起算时间如何确定？工程款利息的计算标准如何确定？

裁判要旨： 当事人对案涉工程未进行交接，对工程款亦未达成一致，应付款之日应认定为起诉之日，工程款利息的起算时间即从起诉之日起算；对于欠付工程款利息，由于双方约定过高，依法调整为按照中国人民银行发布的同期同类贷款基准利率计息，对于2019年8月20日之后的，依据全国银行间同业拆借中心公布的市场报价利率计算。

案情简介

原告（反诉被告）：某青公司

原告（反诉被告）：某青公司陕西分公司

被告：某宏公司

被告（反诉原告）：某宏公司××分公司

被告（反诉原告）：某某兴公司

被告：刘长某，马红某，胡学某。

根据双方举证质证以及法庭当庭调查询问，法院对本案经审理查明事实

---

① 撰稿人：郑漪波，上海市建纬律师事务所。

② 一审：陕西省高级人民法院（2018）陕民初110号。

分述如下：

（一）双方签订合同的有关事实。

2014年3月17日，某宏公司作为发包人与某青公司陕西分公司作为承包人签订《建设工程施工合同》一份，约定由某青公司陕西分公司承建某宏公司发包的××县迎宾大道×××项目。承包范围为施工图所涉及的全部工程内容（含土建、装修、安装、消防、撞击、门窗、高低压配电），开工时间2014年4月5日（以具体时间为准），竣工时间2016年11月10日。合同总价款为6亿元（以决算为准）。工程质量为：合格。第六条约定，组成合同的文件包括：1. 本合同协议书；2. 本合同专用条款；3. 投标书及其附件；4. 本合同通用条款；5. 标准、规范及有关技术文件；6. 图纸；7. 双方履行本合同的有关洽商、变更等书面协议、文件，视为本合同的组成部分等。

2014年3月17日，双方签订《补充协议》一份，约定“甲乙双方所签订的关于××县迎宾大道×××项目施工合同，由于现在图纸未出来，只是框架协议，等图纸正式出来后，经过双方预算确认承包价格后，再另行签订具体施工合同”。并手写“乙方只能作为融资合同，不作为正式合同使用。取费标准按延安市招投标办有关规定执行”。

2015年4月1日，某宏公司××分公司（甲方）与某青公司陕西分公司签订《×××××补充协议（主要条款）》约定：（一）合同价款 1. 土建工程执行2009年《陕西省建筑工程清单计价》，安装工程执行2009年《陕西省安装工程清单计价》；取费以及费率按延安市招标办或造价办标底编制时全部取费费率和取费项目进行取费。2. 材料价格按延安市施工当期的造价信息，有××材料价格的以××县材料价格，信息价未有的，装饰材料无法定档次的，于双方市场考察，以双方认可的价格加采保费、利润、损耗、税金作为结算价。3. 人工费：土建安装工程72.5元/定额工日，装饰工程86.1元/定额工日，如遇政策调整人工费，则按有关规定执行；高级装饰，精装工程费用以单项工程双方另行签订补充协议为准。4. 零星借工按乙方实际价加10%税金和管理费。计入工程总造价，不再取费。5. 定额未有子目的双方按市场价协商，已协商补充协议为准。6. 按以上方式图纸出来后双方在60天内核对完毕，确定工程暂定价；如未核对完，暂以乙方申报的预算价进行结算，最终以双方核对完成，双方认可的结算价为准。7. 工程招标后按招标价一次性包死，甲方负责认质；本工程所有事宜以招投标后双方签订的正式备案合同为准。（二）拨款方式1. 临时售楼部、临时办公室、前期售房宣传等前期方案经甲方确认后，由乙方垫资施工，费用在3个月内付清，完工之日起按月息2.5%计息；2. 永久售楼部土建装饰由乙方全额垫资施工，主体封顶后主体工程造价开始计息，精装完工后，精装工程开始计息，费用在3个月内付清，完工之日起按月息2.5%计息。3. 两栋24层安置楼43000平方米左右，垫资至封顶，封顶后付封顶以前工程总造价的90%；按单栋6层、11层、16层、20层、24层应拨款数额（按已完成工程量的90%）及时长计算利息，利率按2.5%计息；以后按月进度80%拨款；验收合格后付90%，审核完成后付至97%，余款保修期满（保修期一年）付至保修金的80%，第三年付至10%，第五年付清，如提前付清扣除利息，利率为月息2.5%。4. 乙方竣工结算资料提供给甲方后45天内审核完毕，超过5天未有正当理由乙方原因造成延期，则视为甲方认可乙方的决算；计算时间为决算报送期满45天开始。5. 根据销售形势进行每栋楼的开工，单栋楼第一次拨款为6层结顶付80%，以后月进度付至80%，验收合格后付至90%，审核完成后付至97%，余款保修期满同第4条。6. 发包人资金不到位，未有按节点拨款，乙方不得停工，垫支按2.5%计息。垫资数额按已完成工程量的90%计算。（三）保证金缴纳与退还1. 保证金缴纳：双方合同签订后一周内乙方支付600万保证金用以弥补甲方拖欠政府的手续费（人防、农民工保证金、招投标手续费等）。工程总保证金为1500万元整。2.5层商业售房部、两栋24层安置楼开始打桩时乙方补齐30万平方米的保证金1500万元。3. 保证金退还：安置楼单栋至正负零退300万元，6层封顶后退300万元，12层封顶后退300万元，16层封顶后退完。4. 超期按月息2.5%计息。（四）借款与归还1. 为确保工程顺利进行，如甲方资金紧张时，甲方可向乙方借款，用以推进在建工程建设、发展，但资金必须用于本工程，借款不得挪作他用。2. 如乙方资金紧张时，乙方可向甲方借款，用以推进在建工程建设，但资金必须用于本工程，借款不得挪作他用……（五）工期、质量、安全文明1. 工期按单栋楼开工到竣工，工期为2年，并以监理开工令为准。2. 质量标准达到合格，如达到县优良工程按1%进行奖励，如达到市优良工程按2%进行奖励。3. 达到县级安全文明工地按0.05%进行奖励，如达到市级文明工地按0.08%进行奖励，达到市级文明工地按1%进行奖励。（六）其他条款1. 本补充协议的法律效力优于其他协议，凡未有注明修改本协议条款的，均以本协议为准。凡本协议未有的条款，以大合同为准。2. 甲方收到乙方保证金600万元后本协议生效。3. 本协议一式八份，甲乙双方各执4份。某宏公司××分公司在协议甲方处盖章，张某林签字、某青公司陕西分公司在协议乙方处盖章，罗某某、宋某宝签字。该协议右下角并备注："除已借给罗某某现金外，提供安置楼图纸和11#楼图之后，支付××分公司400万元保证金，提供全部图之后支付200万元保证金，土地证办好后，支付完全部保证金。"

另查明，2014年3月12日，某宏公司作为甲方与某宏公司××分公司作为乙方签订《挂靠协议》一份，约定双方经友好协商，现将××县迎宾大道×××房地产开发项目挂靠某宏公司，具体条件如下："一、甲方同意在××县成立某宏公司××分公司，张某林为负责人；二、挂靠管理费为税后千分之二，按招标总价款计算，各种税费均由乙方承担；三、该项目实施中的一切伤亡事故均由乙方承担，与甲方无关；四、机房负责提供各种有效证件，并协助乙方办理相关报建手续；五、乙方要按章进行开发，遵守税征政策，按规范缴纳各种税费，如有违规行为，均由乙方承担，与甲方无关；六、分公司的债权债务与总公司无任何关系，独立该标自负盈亏，自己修建，自己销售，总公司的债权债务与分公司无关；七、本协议一式六份，甲乙方各执二份，公证处一份。"某宏公司法定代表人刘长某在甲方法人处签字，张某林在乙方法人处签字，该协议另有证明人任继某、魏亚某签字。

2014年3月13日某宏公司××分公司、某宏公司、杜某川三方就案涉工程签订的合作协议，协议中明确约定案涉项目挂靠某宏公司，给总公司上交管理费千分之二等，该协议手写备注有"某宏公司退出股份，案涉项目盈亏与某宏公司刘长某无关"等，备注日期为2014年7月7日。

（二）工程施工的有关事实。

2014年3月8日、2015年5月11日某青公司出具授权委托书和介绍信，委托罗某某办理案涉项目的投标及办理与之相关的一切事务。2015年5月4日，某青公司出具公司法人授权委托书，授权宋某宝"全权负责××县××村失地农民安置房迎宾大道×××工程相关事宜，被授权代理人前述出具的文件和处理一切与此有关的事务，我公司均予以认可，并承担全部责任"。2015年5月26日，某青公司聘龚某军为案涉××县迎宾大道项目负责人、丰某山为生产经理、王某平为现场技术负责人。同日，某青公司出具授权委托书，授权宋某宝为某青公司的委托代理人"代理人依据授权，以我方名义办理××迎宾大道×××项目相关事宜，其法律后果由我方承担”。此后，宋某宝以项目经理、施工企业负责人身份签署了施工企业管理人员名单等施工资料。后某青公司陕西分公司具体进行了案涉项目施工。

根据2018年案涉工程监理公司出具施工概况说明记载，案涉工程2015年7月6日施工，2016年11月24日停工。施工中，就某青公司施工的各项工程，监理单位分别在各施工阶段结束后出具了验收单等。庭审中，双方确认截至2016年11月15日，某青公司陕西分公司已完成了该项目7号、8号、2号、2A号、11A－1号五栋楼的主体工程，该五栋楼均已封顶。

2017年3月，某青公司陕西分公司编制了案涉工程决算报告，载明决算金额为186632130.3元。2018年6月16日，受某青公司陕西分公司委托，陕西某荣工程项目管理有限公司就案涉工程出具《工程结算审核报告》，审核案涉工程造价为159131755.4元。

审理中，某青公司陕西分公司提交了其与案涉工程劳务队分别签订的劳务、水电、消防分包合同等，以及劳务队损失谈判记录、劳务队停工损失计算结算清单等，证明案涉工程拖欠工程款导致某青公司陕西分公司产生损失31611000元。某宏公司××分公司对上述损失证据不予认可，认为工人工资其已经代付，不存在损失等。

因双方对案涉工程的土方开挖以及基坑、支护坡工程的施工主体发生异议，某青公司补充提交了其进行案涉工程各栋楼土方开挖的开工报告、施工方案、报验审批表以及验收记录等。证明其实际进行了土方开挖以及基坑、支护坡工程的施工。并提交了案涉工程市政道路施工令、工作联系函、施工图纸等，证明其实际进行了市政道路的施工。

某青公司还提交了案涉工程监理单位就地基与基础出具的自评报告，证明案涉工程基础以及地基质量合格等。

2017年3月9日，某宏公司××分公司书面发函要求某青公司办理案涉项目的质量安全备案手续以及项目预算手续。2017年5月18日，某宏公司××分公司书面发函要求监理公司、某青公司对2016年11月20日前已完成的工程量进行核实，逾期不办理则视为认可某宏公司××分公司以及监理单位预算的工程量等。

另查，某青公司陕西分公司称其于2018年11月撤出施工场地，直至提起本案诉讼，并称某某兴公司于2019年4月重新施工了项目的二次结构工程。本案审理中，某宏公司××分公司认可其已经将剩余工程交由第三方进行了继续施工，案涉工程现已完工，具备出售条件，并申请法院解除对案涉工程的查封。

2018年12月29日，案涉工程的监理单位某工程监理有限责任公司××县迎宾大道×××监理项目部就案涉工程施工情况出具说明，称案涉工程施工中某青公司委派的项目经理何某某、欧某某从未进驻工地现场，项目驻地经理没有正式授权委托书以及一级建造师资质、案涉工程施工中存在管理不规范等问题，并确认案涉工程2#、2A#、7#、8#、11#桩基工程从2015年7月6日陆续开工直到2016年11月24日冬季停工、所有现场开挖及支护工程均为建设方自己完成，从开工到停工承建方从没报审过工程形象进度款，以及2017年1月1日以后工程一直停工，监理没有进入等。

另案诉讼中，某青公司提交了2015年7月1日甲方代表人罗某某与乙方代表人宋某宝签订的关于陕西长宏××迎宾大道×××30万平方米的承包协议及借款担保协议部分内容显示"现甲方代表某宏公司和长宏陕西分公司××项目部将其××迎宾大道×××30万平方米全部承包给乙方，就相关事宜达成如下协议"，该协议多处显示宋某宝借款给罗某某，罗某某购买某宏公司法人及股权，并显示罗某某用某宏公司收取某宏公司××分公司的管理费对借款进行担保等。

（三）保证金的有关事实。

保证金的事实双方有争议，法院对其证据以及争议点进行列明。

1. 有争议的事实。2015年3月28日，某宏公司出具收条载明"收到宋某宝交来保证金450万元"该收条并备注"罗某某2016年6月25日补加的章"。2015年6月17日，某宏公司出具收条载明"收到宋某宝交来保证金342万元"亦备注"罗某某2016年6月25日补加的章"。2015年6月25日，某宏公司出具收条载明"收到宋某宝交来保证金285万元，其中208万元是保证金，77万元为借款，月息三分，从2015年6月25日计息。用于道路"。2015年8月25日，某宏公司出具收条载明"收到宋某宝、李某某交转来陕西长宏××迎宾×××现金660万元，其中保证金500万元，10万平方米转让费100万元，购买某宏公司60万元"。上述收条载明的保证金款项共1500万元，上述三份收条均备注"罗某某2016年6月25日补加的章"。并在该备注处加盖某宏公司印章。

2. 无争议的事实。2015年6月13日，某宏公司××分公司出具证明称其收到某青公司罗某某、宋某宝两人交来保证金共计900万元整，某宏公司××分公司、张某林在该证明上签字。2015年7月3日，某宏公司××分公司、张某林出具收条，载明收到宋某宝交来工程质保金100万元。

审理中，某青公司陕西分公司还提交龚某军2015年8月17日、8月25日向某宏公司××分公司汇款200万元、300万元，称上述款项也是支付案涉工程保证金。

某青公司依据上述收条主张其共支付保证金3000万元。

某宏公司××分公司对2015年6月13日某宏公司××分公司出具证明称其收到某青公司罗某某、宋某宝两人交来保证金共计900万元以及2015年7月3日某宏公司××分公司、张某林出具收条收到宋某宝交来工程质保金100万元的收条真实性无异议，但是认为其仅收到900万元，另外100万元虽然出具了收据但实际未收到款项。对于其余某宏公司出具的收条以及龚某军的转款凭证、证言均不予认可，认为系某宏公司罗某某与宋某宝串通企图转嫁债务。

后，某青公司陕西分公司就上述保证金补充提交了有关交易明细以及相关材料为：1. 2016年6月25日某宏公司（罗某某）与某青公司（宋某宝）签订的协议书一份，载明双方就3000万元保证金达成协议，其中某宏公司收款1500万元，某宏公司××分公司收款1500万元，并列明了上述款项的实际收款明细等。2. 河南省郑州市管城回族区人民法院（2018）豫0104民初8061民事判决书，证明宋某宝就其双方2015年7月3日300万元借款已经法院判决，该300万元与本案工程保证金无关。3. 2016年6月26日某宏公司向宋某宝出具收条，载明收到案涉工程保证金共计3000万元。4. 2016年1月9日、2016年6月23日、2017年1月30日、2017年4月30日某青公司就案涉工程欠款以及损失事宜向案涉工程项目部、某宏公司××分公司发函，某宏公司（罗某某）均予以回函。5. 2015年5月9日某宏公司向各分公司、各科室、××迎宾大道×××项目部出具文件，任命王某兰为公司财务部人员分管××迎宾大道×××项目财务工作，配合罗某某工作。6. 就某青公司案涉工程所购钢材一节，西安市中级人民法院（2018）陕01民终2516号民事判决由某青公司承担支付钢材款的责任，某宏公司承担一般保证责任。某宏公司××分公司对上述证据均不予认可，认为上述证据与其无关。某宏公司对上述证据也不予认可，认为上述证据与其无关，系罗某某以某宏公司名义出具，现股东不知情等。

某宏公司××分公司庭审后补充提交证据：第一组：1. 2015 年 8 月 27 日、2016 年 5 月 20 日张某林向宋某宝转账支付 200 万元；2. ××县××镇盖章确认某宏公司××分公司就案涉工程欠付农民工工资 1300 万元；3. 张某林向欧阳某出具的 500 万元借条；4. 某宏公司××分公司自 2016 年 4 月至 2017 年 1 月 23 日缴纳电费 666498.14 元的发票。证明上述付款应在工程款中予以扣除。第二组：1. 2020 年 11 月 4 日案涉工程监理单位、施工分包人出具的证明以及说明，证明案涉工程未作深基坑支护工程；2. 工程费现场照片，证明案涉工程未作护坡工程；3. 案涉 8 号楼桩基监理评估报告，证明 8 号楼不存在管桩，鉴定单位单列争议项缺乏事实依据；4. 2019 年 6 月 10 日律师函协调现场悬挑架事宜，证明案涉工程采用的是悬挑架（计费标准低）而非爬架（计费标准高），费用不应按照爬架计算等。第三组：2014 年某宏公司××分公司、某宏公司、杜某川三方就案涉工程签订的合作协议，协议中明确约定案涉项目挂靠某宏公司，给总公司上交管理费千分之二等，该协议后还手写备注某宏公司退出股份、案涉项目盈亏与某宏公司刘长某无关等。审理中，某宏公司××分公司并申请案涉工程的有关劳务分包人出庭作证，证明案涉工程 2016 年 11 月停工，以及施工中的具体情况等。

（四）工程款支付的有关事实。

庭审中，某青公司陕西分公司、某宏公司××公司双方认可就案涉工程某宏公司××分公司未直接支付过工程款。

2015 年 9 月 20 日，××县迎宾项目部与胡某某等人签订劳务大清包分包合同，将上述工程中的劳务分包给上述劳务队，2016 年 12 月因案涉工程拖欠农民工工资，致工人上访，在当地政府协调下，由某宏公司××分公司直接支付农民工工资。某青公司陕西公司认可案涉工程停工后，某宏公司××分公司通过劳动监察大队支付工人工资 250 万元，某宏公司××分公司称其支付了 850 万元，但未提交剩余 600 万元支付的有效证据。

（五）案涉项目登记以及变更的有关事实。

2014 年 11 月 28 日，某宏公司××分公司办理了案涉工程的建设用地规划许可证。2015 年 9 月 1 日，某宏公司××分公司办理了案涉工程的建设工程规划许可证。2016 年 11 月 5 日，某宏公司××分公司办理了案涉工程的施工许可证。2016 年 11 月 25 日，案涉工程的国有建设用地使用权依法登记在某宏公司××分公司名下。2016 年 12 月 7 日，某宏公司××分公司办理了案涉工程商品房预售许可证。

2017 年 5 月 22 日，某宏公司做出《关于暂停××分公司负责人张某林职务的决定》，载明“经某宏公司股东会决定，即日暂停本公司××分公司负责人张某林的职务，同时责令张某林同志在收到本决定之日起三日内将××分公司及××“迎宾×××”项目的所有证、照、印章及所有经营活动资料（包括但不限于工程、销售、财务等）移交总公司”。“否则，本公司将撤销张某林在××分公司的一切职务，且一切后果均由张某林本人承担”等。2017 年 6 月 6 日，某宏公司××分公司的负责人工商登记变更为刘某先。2017 年 11 月 3 日，××县工商行政管理局根据张某林的举报对某宏公司作出洛工商处字〔2017〕第 22 号行政处罚决定书，认定某宏公司构成了提交虚假资料，取得变更××分公司营业执照的事实，违反了《公司法》第 198 条之规定，决定对某宏公司处以罚款 10 万元，依法撤销某宏公司××分公司 2017 年 6 月 6 日的工商变更登记。

2017 年 11 月 21 日，××县人民政府召开政府专题会议纪要，认为迎宾×××项目系××县重点项目，工程前期进展顺利，后由于开发方与建设方出现纠纷，资金运行出现推诿，导致项目停滞不前。为了协调解决问题，县政府责成县工商局调查处理，发现某宏公司在某宏公司××分公司负责人张某林不知情并没有同意的情况下，向工商局提交虚假材料，将××分公司的负责人变更为刘某先，××县工商管理局已经做出处罚决定等，会议决定在工商部门恢复张某林某宏公司××分公司负责人身份后，由某宏公司××分公司负责人张某林根据相关规定，向国土、住建、房管、经发、不动产登记中心等部门提出申请，各相关部门按照有关规定，将项目涉及的相关手续依法依规变更至张某林新注册的某某兴公司，公司必须依据有关规定和合同法要求，依法依规合法经营管理等。2018 年 2 月 28 日，××县经济发展局作出洛经备（2018）10 号《××县经济发展局关于印发迎宾×××项目变更企业名称备案确认书的通知》，载明根据××县政府专项问题会议纪要 2017 年 11 月 21 日第 31 号文件精神，同意将迎宾×××项目建设企业名称由某宏公司××分公司变更为某某兴公司。此后，案涉工程的土地以及项目相关手续均变更办理至某某兴公司名下。

2020年9月23日，陕西省富县人民法院作出（2020）陕0628行初21号民事判决，驳回某宏公司要求撤销将本案不动产登记在某某兴公司名下的诉讼请求。该案目前正在二审审理中。

（六）案涉工程造价鉴定以及质量鉴定的有关事实。

1. 工程造价鉴定的有关事实。因双方对已经实际施工的工程造价不能达成一致，根据某青公司陕西分公司申请，2019年12月25日法院依法委托某恒公司对案涉工程造价进行了鉴定，案涉工程总造价为95933509.55元，其中土建部分为92351383.73元，安装预埋部分价款为3582125.82元。其中未列入鉴定结果，有待法院确认的价款为：1. 11A－1#屋面保温以及防水工程价款：229917.14元；2. 8#管桩工程价款：1303500元。3. ××县金苹果达到北侧迎宾×××项目中的道路管网工程价款经鉴定为744603.43元，因双方有争议，由法院判决。4. 已完工程养老保险统筹费3002527.79元未计入鉴定报告，由法院判决。5. 泵送费没有双方确认的实际使用形式，延安市信息价对于混凝土价格说明中不含泵送费，鉴定单位按照地泵计算为924028元，按照车泵计算为1386042元，按照车载泵计算为1155035元，具体由法院判决。鉴定单位并对各楼施工阶段的应付工程款进行了计算列明。法院组织双方对上述造价鉴定进行了质证，鉴定单位出庭接受质询，并对各方的异议进行了回复和说明。

2. 质量鉴定的有关事实。合同履行中，双方对案涉工程是否存在质量问题意见不一，某宏公司××分公司、某某兴公司申请对案涉工程质量进行鉴定。2019年12月25日，环某公司接受法院委托对案涉某青公司陕西分公司施工的2#、2A#、7#、8#、11#楼进行工程质量鉴定。2020年11月5日，环某公司做出《××县迎宾×××小区2#、2A#、7#、8#、11#楼工程质量鉴定意见书》，鉴定意见为"1. ××县迎宾×××小区项目2#、2A#、7#、8#、11#楼已完主体结构工程尚遗留有较多质量缺陷，不符合设计、规范要求以及合同约定的质量标准，需对遗留质量缺陷进行修复的同时对施工资料进行完善；2. ××县迎宾×××小区项目2#、2A#、7#、8#、11#楼已完主体结构工程所需修复费用总计9994234.35元"。该鉴定报告作出后，双方对该报告提出了异议，鉴定单位出庭接受质询，对双方的意见进行了回复。某青公司对该鉴定意见不予认可，认为鉴定意见并未区分工程瑕疵与工程质量，案涉工程存在的问题仅为施工瑕疵，属于可修复范围，依法不影响案涉工程质量，并认为鉴定单位的鉴定意见并未注明上述修复工程是否合格等。某宏公司××分公司对该质量鉴定表示认可。某某兴公司认为依据鉴定报告如果要修复还需额外支出修复该质量问题的辅助设施、设备、建设单位管理费、清理垃圾、返工等损失，要求将该损失也计入维修费用等。

另外，某宏公司××分公司、某某兴公司就未完工程项目委托某工程造价师事务所有限责任公司进行造价鉴定，对2016年和2020年工程造价费用进行比对，计算出2016年和2020年工程的差价为50713713.47元，某宏公司××分公司、某某兴公司主张由某青公司赔偿该差价损失。某青公司对该证据不予认可，认为工程停工系某宏公司××分公司原因所致。

最终判决：某宏公司××分公司、某某兴公司于本判决生效之日起30日内共同支付某青公司、某青公司陕西分公司欠付工程款90195909.68元以及利息。

法院观点

法院观点：关于工程款的利息计算问题。

（1）关于利息计算起点问题。按照双方《补充协议》《×××××补充协议（主要条款）》约定的付款节点“3. 两栋24层安置楼43000平方米左右，垫至封顶，封顶后付封顶以前工程总造价的90%；按单栋6层、11层、16层、20层、24层应拨款数额（按已完成工程量的90%）及时长计算利息，利率按2.5%计息；以后按月进度80%拨款，验收合格后付90%，审核完成后付至97%，余款保修期满（保修期一年）付至保修金的80%，第三年付至10%，第五年付清，如提前付清扣除利息，利率为月息2.5%。5. 根据销售形势进行每栋楼的开工，单栋楼第一次拨款为6层结顶付80%，以后月进度付至80%，验收合格后付至90%，审核完成后付至97%，余款保修期满同第4条。6. 发包人资金不到位，未有按节点拨款，乙方不得停工，垫资按2.5%计息。垫资数额按已完成工程量的90%计算”。据此，双方虽然约定了两栋安置楼工程封顶后阶段付款，其余楼栋按施工层数阶段付款，但实际履行中双方并未就阶段付款进行对账，且合同还约定“发包人资金不到位，未有按节点拨款，乙方不得停工，垫资按2.5%计息。垫资数额按已完工程量的90%计算”，视为双方对应付款时间约定不明，加之某青公司陕西分公司并未提交其在施工中主张阶段工程款的证据，且协议中多处约定“完工之日起按照月息2.5%计息”等，某青公司陕西分公司是在工程封顶后整体计算了案涉工程的价款并要求某宏公司××分公司结算支付。审理中，某青公司陕西分公司称其2018年10月提起本案诉讼，2018年11月撤出工地，依照《施工合同司法解释（一）》第27条规定“利息从应付工程价款之日开始计付。当事人对付款时间没有约定或约定不明的，下列时间为应付款时间：……（三）建设工程未交付，工程价款也未结算的，为当事人起诉之日”。本案中，某青公司陕西分公司起诉后，双方对案涉工程未进行交接，且工程款也未达成一致，故法院认定工程款的应付款日期为某青公司陕西分公司起诉之日，即从2018年10月11日起计算利息为宜。

（2）关于利息计算标准问题。双方协议约定的垫资工程款利息为月息2.5%，视为双方就逾期支付工程款利息标准达成一致，但是该约定明显过高，某宏公司××分公司已经抗辩该约定过高其不应承担利息等，结合案涉工程施工中某青公司陕西分公司未经某宏公司××分公司同意变更负责人意图控制案涉项目、导致双方合作终止，也存在过错等因素，法院综合考虑在合同履行中的双方的违约和过错以及某青公司陕西分公司损失举证等因素，依法对逾期支付工程款的利息调整为2019年8月19日前按照同期人民银行贷款利率计算为宜，对于2019年8月20日之后依据全国银行间同业拆借中心公布的市场报价利率计算为宜，计算至实际偿付之日止。

关联案例1

案件名称：中某公司、中某公司阳新分公司诉园某公司建设工程施工合同纠纷案

审理法院：一审：湖北省高级人民法院（2015）鄂民一初字第00010号；二审：最高人民法院（2020）最高法民终766号

裁判观点：园某公司已付工程款金额为206250820元。一审法院根据已查明事实认定案涉工程欠款数额为43160131.53元，即工程造价249410951.53元减去已付工程款206250820元，有事实和法律依据，法院予以维持。因园某公司并未超付工程款，故一审法院判决其支付工程款欠款利息并无不当。鉴于2019年8月20日起取消人民银行同期贷款基准利率，故自2019年8月20日起，相应利息标准应当以全国银行间同业拆借中心公布的贷款市场报价利率为准。

关联案例2

案件名称： 某建公司与某程公司、某宽公司等建设工程施工合同纠纷案

审理法院： 一审：上海市高级人民法院（2018）沪民初60号；二审：最高人民法院（2021）最高法民终717号

裁判观点： 当事人对欠付工程价款利息的利率有约定的，从其约定；没有约定的，按照中国人民银行发布的同期同类贷款基准利率计息，对于2019年8月20日之后的，依据全国银行间同业拆借中心公布的市场报价利率计算，上述利息包括进度款利息和工程款利息。

律师点评

法律规定支付工程价款是发包人的义务，发包人不按照合同约定的时间和数额支付工程价款的行为属违约行为，发包人应承担违约责任。对于欠付工程款利息的计算标准，《施工合同司法解释（一）》第26条作出了如下规定："当事人对欠付工程价款利息计付标准有约定的，按照约定处理。没有约定的，按照同期同类贷款利率或者同期贷款市场报价利率计息。"

一、欠付工程价款本金的确定

计算工程款利息的前提是确定欠付工程价款的本金的数额，无论是施工合同已经履行完毕还是合同在施工过程中提前解除，承包人和发包人双方均应通过自行协商达成协议或通过法院审理的形式明确欠付工程款的本金的数额。只有在本金确认的前提下，才能确定利息的金额。关于如何确定工程价款，本书其他章节已作了详细论述，此处不再赘述。

二、《建设工程施工合同（示范文本）》（GF—2017—0201）[①] 对工程款利息的约定

住房和城乡建设部和国家工商行政管理总局于2017年9月22日共同颁布了《建设工程施工合同（示范文本）》（GF—2017—0201），该示范文本对《建设工程施工合同（示范文本）》（GF－2013－0201）进行了修订，该合同对工程款支付的相关条款约定如下：

---

① 《建设工程施工合同（示范文本）》（GF—2017—0201），载中华人民共和国住房和城乡建设部网站，https：//www.mohurd.gov.cn/gongkai/fdzdgknr/tzgg/201710/20171030_233757.html，最后访问时间：2022年5月10日。

1. 安全文明施工费：除专用合同条款另有约定外，发包人应在开工后28天内预付安全文明施工费总额的50%，其余部分与进度款同期支付。发包人逾期支付安全文明施工费超过7天的，承包人有权向发包人发出要求预付的催告通知，发包人收到通知后7天内仍未支付的，承包人有权暂停施工，并按第16.1.1项〔发包人违约的情形〕执行。

2. 预付款：预付款的支付按照专用合同条款约定执行，但至迟应在开工通知载明的开工日期7天前支付。预付款应当用于材料、工程设备、施工设备的采购及修建临时工程、组织施工队伍进场等。

除专用合同条款另有约定外，预付款在进度付款中同比例扣回。在颁发工程接收证书前，提前解除合同的，尚未扣完的预付款应与合同价款一并结算。

发包人逾期支付预付款超过7天的，承包人有权向发包人发出要求预付的催告通知，发包人收到通知后7天内仍未支付的，承包人有权暂停施工，并按第16.1.1项〔发包人违约的情形〕执行。

3. 进度款：除专用合同条款另有约定外，发包人应在进度款支付证书或临时进度款支付证书签发后14天内完成支付，发包人逾期支付进度款的，应按照中国人民银行发布的同期同类贷款基准利率支付违约金。

4. 结算款：除专用合同条款另有约定外，发包人应在签发竣工付款证书后的14天内，完成对承包人的竣工付款。发包人逾期支付的，按照中国人民银行发布的同期同类贷款基准利率支付违约金；逾期支付超过56天的，按照中国人民银行发布的同期同类贷款基准利率的两倍支付违约金。

对于采用该示范文本签订建设工程施工合同的当事人，法院在认定工程款利息的计算标准时，应当按照双方的约定办理。但在实务操作中，存在当事人对利率约定过高的情形，对此，经当事人申请法院可以进行调整。

三、当事人对欠付工程价款利息的利率没有约定的，按照同期同类贷款利率或者同期贷款市场报价利率计息

法定利率也叫做基准利率，《中国人民银行法》第23条第1款规定：“中国人民银行为执行货币政策，可以运用下列货币政策工具：……（二）确定中央银行基准利率；……”《商业银行法》第38条规定：“商业银行应当按照中国人民银行规定的贷款利率的上下限，确定贷款利率。”2019年8月16日，

中国人民银行发布2019年第15号公告①，公告明确了“同期贷款市场报价利率”（LPR），根据公告规定，自2019年8月16日起，各银行应在新发放的贷款中主要参考贷款市场报价率定价，并在浮动利率贷款合同中采用贷款市场报价利率作为定价基准……按照上述法律规定，当事人对工程款利息没有约定时，应当按照同期同类贷款利率或者同期贷款市场报价利率计息。

四、垫资款利息的计算标准

垫资，是建设工程领域一项比较常见的模式。所谓垫资，是指承包方在合同签订后，不要求发包方先支付工程款或者支付部分工程款，而是利用自有资金先进场进行施工，待工程施工到一定阶段或者工程全部完工后，由发包方再支付垫资的工程款。垫资是承包人先代发包人垫付的工程价款，其本质也是工程价款。《施工合同司法解释（一）》第25条对垫资款利息的计算规定，当事人对垫资和垫资利息有约定，承包人请求按照约定返还垫资及其利息的，应予支持；但是约定的利息计算标准高于中国人民银行发布的同期同类贷款利率的部分除外。当事人对垫资没有约定的，按照工程欠款处理。当事人对垫资利息没有约定，承包人请求支付利息的，不予支持。根据上述规定，只要当事人对垫资款利息有约定，且约定在中央银行规定的基准利率的法定幅度范围内，就应当支持承包人要求计算垫资款利息的请求；若双方对垫资款利息没有约定的，则不应计算利息。

---

① 《中国人民银行公告〔2019〕第15号》，载中国人民银行网，http://www.pbc.gov.cn/goutongjiaoliu/113456/113469/3876490/index.html，最后访问时间：2022年4月11日。

3.7.2 法院如何认定在合同对工程款的付款时间没有约定或者约定不明的情况下工程款利息的起算时间[1]

——晖某公司、某展公司建设工程施工合同纠纷案[2]

关 键 词： 工程款利息 交付 结算 起诉

问题提出： 有些施工合同对工程款的应付款时间没有约定或者约定不明；有些施工合同虽然对工程款的应付款日期作出了明确约定，但在合同履行过程中，由于工期顺延、设计变更、合同提前解除等多种原因导致难以按照原合同约定确定实际付款时间。在此类情况下，工程款的应付款时间和工程款利息的起算时间该如何确定？

关联问题： 工程款利息的起算时间问题？

裁判要旨： 施工合同中途解除，且工程量有增减，因此不能依据合同条款判断工程款的支付节点。由于工程已实际交付，依照《最高人民法院关于审理建设工程施工合同纠纷案件适用法律问题的解释（一）》第27条第1款第1项的规定，应从建设工程实际交付的次日起计算工程款利息。

案情简介

上诉人（原审被告）：晖某公司

被上诉人（原审原告）：某展公司

被上诉人（原审被告）：开封市城乡一体化示范区教育体育局经审理查明，2011年12月，开封市金明区人民政府作为委托方（甲方），晖某公司作为受托方（乙方）签订《某小学委托建设协议书》，约定金明区政府将拟投

---

① 撰稿人：郑漪波，上海市建纬律师事务所。

② 一审：河南省开封市中级人民法院（2020）豫02民初297号；二审：河南省高级人民法院（2020）豫民终1251号。

资建设的某小学（含幼儿园）全部委托晖某公司出资、建设，其中乙方出资总额从双方签订的《某城中村履行联合开发协议书》中甲方应得房屋部分的房屋销售款中扣减（具体扣减办法另行商议）。双方约定小学及幼儿园的规划、设计及开工手续由甲方负责办理、提供；施工由乙方负责，2013 年学校全部建成等。

2014 年 10 月 30 日，开封新区管委会作为甲方，晖某公司作为乙方签订《某小学委托建设协议》，约定根据 2011 年 12 月签订的《某小学委托建设协议书》，双方就某城中村改造建设某小学相关事宜约定由乙方按照甲方提供的学校整体规划和建设总量、工程标准、建设风格等要求，组织施工部门承建该校，筹建设资金总额（含水电等配套设施费用及办理各种建设手续费用）估算为 3924.2 万元，由乙方先期自行垫付。工程竣工交付使用后，由双方委托投资评审机构按《河南省建设工程工程清单综合单价（2018）》标准出具评审结果，经某小学建设领导小组确认后由金明区某城中村改造指挥部据实结算。关于双方权利，协议约定：甲方负责校园规划、施工图纸设计，委托监理单位对施工进程进行监理（监理费用由甲方承担），并对施工情况进行监督、检查，同时协调施工周连环境，处理道路畅通，相邻建筑物，场地四邻关系。乙方负责组织建材供应、施工队遴选并按国家技术标准施工，建设过程中，接受国家工程质量监督的监管。协议还对手续办理、开竣工等其他事项进行了约定。

2015 年 3 月 10 日，晖某公司作为建设单位、某展公司作为施工单位，开封新区教育体育局（以下简称新区教体局）作为基建主管部门三方共同签署《开工报告》。

2015 年 8 月 28 日，新区教体局作为发包人向工程承包人某展公司出具《开封市建设工程直接发包通知书》，将某小学教学楼、行政综合楼、教学实验楼、食堂综合楼及院内附属工程发包给本案原告某展公司，通知书显示工程规模 18785 平方米，合同价格 39489515.66 元。工期 210 日历天。

2015 年 9 月 8 日，新区教体局作为发包人，某展公司作为承包人签订《建设工程施工合同》，合同约定工程承包范围包括：某小学院内图纸范围内建设工程，包括房屋、装饰装修、安装、消防、地上地、地上地下管网绿化、操场等法院院内的全部工程项目。工期总日历天数 210 天。签约合同价为 39489515.66 元。关于工程款支付，合同第七条约定：发包人承诺按照法律规定履行项目审批手续，筹集工程建设资金并按照合同约定的期限和方式支付合同价款。该建设工程施工合同还对建设过程中其他事项进行了详细约定。

2016 年 3 月 1 日，新区教体局、开封新区某小学建设工作领导小组、某展公司、晖某公司共同盖章确认了《某小学工程承诺书》，四方明确案涉工程因甲方要求工期较紧但院内施工图纸尚未设计完毕，采用边设计方式故预算价款不能确定。双方在 2015 年 9 月 8 日签订的《建设工程施工合同》合同价 39489515.66 元为暂定数额，此价仅作为办理手续所有，不作为双方结算的依据。

上述文件签署后，某展公司在晖某公司监管下，于 2015 年 3 月 10 日开始施工，2016 年 9 月 1 日竣工并进行五方验收，同时向某小学进行了工程移交。新区教体局、晖某公司作为建设单位，某展公司作为施工单位，郑州基业工程监理有限公司作为监理单位进行了五方验收，并共同签署了《竣工报告》、新区教体局作为建设单位、某展公司作为施工单位，某小学作为使用单位，三方共同签署了《工程竣工移交书》。

案涉工程经某天工程咨询有限公司评审，于 2019 年 12 月 11 日作出《结算评审报告》，记载某小学建设工程审定合同金额为 63163932.72 元。开封市某小学建设工程《结算审核定案表》由某展公司、晖某公司、某小学、新区教体局、开封新区某小学建设工作领导小组、某天工程咨询有限公司共同盖章确认。晖某公司自 2015 年 12 月至 2019 年 1 月陆续向某展公司支付工程款 35500000 元。某展公司主张尚欠工程款 27663932.72 元，分段按同期银行基准贷款利率、银行 LPR 贷款利率计算至 2020 年 6 月 1 日，产生利息 6156496.53 元。

在二审审理期间，开封新区教育体育局更名为开封市城乡一体化示范区教育体育局。

一审判决：被告晖某公司于本判决生效之日起十日内支付原告某展公司工程款 27663932.72 元及利息 6156496.53 元（利息已计算至 2020 年 6 月 1 日，之后的利息按同期全国银行间同业拆借中心公布的贷款市场报价利息计算至本判决确定的付款之日止）。

二审判决：驳回上诉，维持原判。

各方观点

晖某公司观点：利息应从应付工程价款之日计付。某展公司与城乡一体化示范区教育体育局签订的《建设工程施工合同》第14.2条约定："项目若委托审计，发包人审批时间另行约定。"某展公司主张工程款的依据为2019年12月11日的《结算评审报告》，由此可知某展公司认可项目结算依据评审结论，最终工程款支付时间也相应地变更为2019年12月11日起某展公司提交最终结算申请后。因此，最终工程款的结算时间为《建设工程施工合同》第14.4条约定的"发包人应收到承包人提交的最终结算申请单后14天内完成审批并向承包人颁发最终结清证书"，发包人应在颁发最终结清证书后7天内支付最终结算款项。虽然某天工程咨询有限公司就案涉工程于2019年12月11日出具了《结算评审报告》，但某展公司至今未向新区教体局提交任何申请，因此，工程款的支付时间起点应为某展公司提起诉讼时。即便考虑到《建设工程施工合同》第14.2条的约定，竣工付款的期限也应在2019年12月11日之后再经过21天。

某展公司观点：一审判决对欠付工程款的利息数额的认定正确。首先，一审中某展公司已向法院提交了《某小学项目欠款利息一览表》，详细列明了利息的起算时间和计算方法。其次，依据《最高人民法院关于审理建设工程施工合同纠纷案件适用法律问题的解释》① 第18条的规定，利息起算时间应从工程交付之日起计算。某展公司已于2016年9月1日将某小学项目工程进行移交，《开封市某小学建设工程结算评审报告》评审的是2016年9月1日某展公司交付工程时的工程款，该评审报告作出的时间并非应付款时间。案涉工程款利息起算时间应自2016年9月1日起开始计算。一审判决认定晖某公司欠付工程款利息6156496.53元（利息计算至2020年6月1日，之后的利息按同期全国银行间同业拆借中心公布的贷款市场报价利息计算至判决确定的付款之日止）是正确的。

法院观点

一审法院观点：关于利息，某展公司分段按银行基准贷款利率和同期全

① 该司法解释现已失效。

国银行同业拆借中心公布的贷款市场报价利率计算至 2020 年 6 月 1 日为 6156496.53 元符合法律规定，并无不当，应予以认定。

二审法院观点：《施工合同司法解释（一）》第 27 条规定："利息从应付工程价款之日开始计付。当事人对付款时间没有约定或者约定不明的，下列时间视为应付款时间：（一）建设工程已实际交付的，为交付之日；……" 本案晖某公司与某展公司没有对工程款的支付时间作出明确约定。根据双方当事人签章认可的《竣工报告》及《工程竣工移交书》记载，案涉工程于 2016 年 9 月 1 日进行了竣工验收并交付使用。依据上述法律规定，一审判决从 2016 年 9 月 1 日开始计算欠付工程款的利息符合法律规定。晖某公司上诉要求从某展公司起诉之日或《结算评审报告》出具之日后 21 天开始起算欠付工程款利息于法无据，法院依法不予支持。

关联案例

案件名称：鼎某公司、某电公司建设工程施工合同纠纷案

审理法院：一审：河南省郑州市中级人民法院（2019）豫 01 民初 1234 号；二审：河南省高级人民法院（2020）豫民终 485 号

裁判观点：适用《施工合同司法解释（一）》第 27 条应以合同中对应付款时间没有约定或约定不明为前提。而本案中，某电公司与鼎某公司在《年度道路排管工程施工分配责任书》第 11 条中明确约定："应与框架合同中建设方约定的付款方式一致，即单条道路工程验收合格，结算合同暂定价的 80%，工程决算后付至审计金额的 95%，余 5% 质保金。"同时，《电力工程施工框架协议》第 9 条也明确约定："提供完整施工资料且经郑州航空港区管理委员会投资评审中心评审付至评审后结算总价款的 95%。余 5% 质保金，待两年保修期满 30 日内无息退还。"在双方对付款时间作出明确约定的情况下，鼎某公司主张从工程移交之日开始起算欠付工程款的利息不符合法律规定，法院依法不予支持。

律师点评

工程款利息是由于发包人迟延支付工程款所产生的迟延利息，从法理上讲，利息属于法定孳息，发包人欠付承包人工程价款时就应当向承包人支付利息，这是民法债的一般原则。建设工程是一种特殊的商品，建设工程的交付也是一种交易行为，一方交付商品，对方就应当支付价款，该价款就产生利息。《施工合同司法解释（一）》第 26 条也规定："当事人对欠付工程价款

利息计付标准有约定的，按照约定处理。没有约定的，按照同期同类贷款利率或者同期贷款市场报价利率计息。”因此，无论施工合同是否对工程款利息有约定，当发包人欠付承包人工程款时，承包人起诉要求追索工程款利息的，法院会支持这一诉请。

在本规定施行之前，各地法院对工程款利息的起算时间认定不统一，有的从一审法庭辩论终结前起算，有的从一审举证期限届满前起算，还有的从终审判决确定工程价款给付之日起算，由此导致不同法院对同一问题的判决结果大相径庭。为了统一工程款利息的起算时间，维护合同当事人的合法权益，《施工合同司法解释（一）》第27条（沿用原司法解释的规定）对此作了明确规定：“利息从应付工程价款之日开始计付。当事人对付款时间没有约定或者约定不明的，下列时间视为应付款时间：（一）建设工程已实际交付的，为交付之日；（二）建设工程没有交付的，为提交竣工结算文件之日；（三）建设工程未交付，工程价款也未结算的，为当事人起诉之日。”

本书主要讨论几种比较常见的利息起算时间的认定方法。

一、施工合同对工程款利息的起算时间有明确约定的，应当遵从合同约定

有些施工合同会对工程款的应付款时间和利息的起算时间作出明确约定，比较常见有以下几种：

1. 施工合同明确约定预付款、进度款和工程结算款的支付时间，如果发包人逾期支付工程款的，从应付款的次日开始就欠付款向承包人支付利息。在这种情况下，只要能依据合同条款判断工程款的支付节点，也就能确定工程款利息的起算时间。

2. 施工合同约定，在工程实际交付后，发包人逾期支付工程款的，从工程实际交付之日起计算工程款利息。在这种情况下，只要能确定工程的实际交付时间，也就能确定工程款利息的起算时间。

3. 施工合同约定，发包人收到承包人提交的竣工结算文件后，在约定的审核结算期限内无正当理由不支付工程竣工结算价款的，则从审核结算期限届满的次日起支付拖欠工程价款的利息。对此，法院也予以支持，如北京市高级人民法院规定：“发包人在施工合同约定的审核结算期限内无正当理由拒绝结算或故意拖延结算，在审核期限届满后也未支付工程款，承包人要求发包人从合同约定的审核结算期限届满的次日起计算欠付工程款利息的，可予支持，但合同另有约定的除外①。”

二、施工合同对工程款的付款日期没有约定或约定不明的，工程款利息的起算时间如何认定

在实务中，经常会遇到一些并不是很完善的施工合同，如合同仅约定工程结算款在竣工结算后支付，却没有约定具体的支付时间；或者虽然施工合同对工程款的应付款日期作出了明确约定，但在合同履行过程中，由于工期顺延、设计变更、停工、合同提前解除等多种原因导致难以按照原合同约定确定实际付款时间，而双方此后又未对付款时间作出新的约定。在合同对工程款的付款时间没有约定或约定不明的情况下，利息从应付工程款之日起算。既然是法定孳息，就应该跟着本金走，该什么时候支付本金，就应该什么时候支付利息。按照《施工合同司法解释（一）》第27条的规定，可以分以下三种情况来认定工程款的应付之日即工程款利息的起算时间。

1. 建设工程实际交付的，建设工程交付之日为应付工程款之日。

承包人将工程交付给发包人，此时，发包人对工程已经实际控制，有条件对工程行使占有、使用、收益的权利。在这种情况下，发包人已经受益，再欠付承包人工程价款必然导致双方的权利义务不对等。按照对等原则，从工程交付之日开始，发包人欠付工程款就应当向承包人支付欠付的工程款利息。要注意的是，承包人在该种情形下主张工程款利息必须基于交付的工程经验收合格。如果因承包人的原因导致工程质量不符合约定，那么发包人可以行使先履行抗辩权，在承包人没有修理或者返工、改建的情况下，发包人有权不支付工程款，承包人自然也就无权要求发包人支付相应的工程款利息。

2. 建设工程没有交付的，承包人提交竣工结算文件之日为应付工程款之日。

实务中，许多发包人在收到承包人提交的竣工结算文件后，故意以结算文件不完整等理由拒绝结算或过意拖延结算以达到迟延支付工程价款的目的。《施工合同司法解释（一）》第27条规定，建设工程没有交付，但承包人已经在建设工程竣工验收合格后按照合同约定的时间提交了竣工结算文件，发包人在合同约定的期限内不予答复的，应当认定承包人提交竣工结算文件之日

---

① 《北京市高级人民法院关于审理建设工程施工合同纠纷案件若干疑难问题的解答》，京高法发〔2012〕245号。

为应付款时间，承包人在适用本条款时应当注意以下几点：

第一，承包人在约定时间提交竣工结算文件的前提必须基于工程验收合格。

第二，结算文件提交的方式必须是书面的，提交结算文件不适用留置递交的方式。如果承包人不能举出证据证明自己已经向发包人提交了结算文件，则产生不能将承包人作出的结算文件作为结算依据的法律后果。

第三，承包人向发包人提交结算文件时，如果接受结算文件的主体是法人或者其他组织的，应当是该法人的法定代表人，其他组织的主要负责人，或者法人或者其他组织内部具有收发责任和义务的部门。

第四，承包人提交的结算文件资料不完整，在收到发包人的整改通知后，在约定的整改期限内又不予以修改、完善的，不能认定承包人已提交结算报告。

第五，承包人提交结算报告的时间晚于合同约定时间，那么发包人审核结算报告的时间应当顺延。

3. 建设工程价款未结算，建设工程也未交付的，当事人起诉之日为应付工程款之日。

建设工程价款未结算，建设工程也未交付的，大多属于工程未竣工合同，即提前解除或者竣工后未经验收的情形。在这种情况下，即使合同对结算和付款有约定，合同约定的工程价款结算条件也尚未成就，因此无法确定应付工程价款之日。

在民间借贷案件中，也存在当事人对借款利息没有约定的情形，对此，《最高人民法院关于审理民间借贷案件适用法律若干问题的规定》第 25 条规定："出借人请求借款人按照合同约定利率支付利息的，人民法院应予支持，但是双方约定的利率超过合同成立时一年期贷款市场报价利率四倍的除外。前款所称'一年期贷款市场报价利率'，是指中国人民银行授权全国银行间同业拆借中心自 2019 年 8 月 20 日起每月发布的一年期贷款市场报价利率。"我们认为，工程款利息和借款利息同为法定孳息，与借款利息有类似之处，也可以参照该规定，从承包人主张权利之时即起诉之日开始计算欠付的工程款利息。《施工合同司法解释（一）》之所以规定以当事人起诉时间作为应付款的时间，是因为考虑到工程案件的复杂性和涉及问题的多样性导致法院审理工程案件的审判期间往往很长，而审判期间的长短又不是当事人所能左右的，如果诉讼期间不计息，实际上扩大了承包人的损失，降低了发包人的成本，这对承包人来讲是不公平的。所以，从当事人起诉之日开始计算利息，对双方来说，都比较公平。

3.8 法院如何认定因发包人逾期不结算产生的纠纷①

——方某公司与兰某公司建设工程合同纠纷案②

关 键 词：施工合同 工程款 逾期不结算 以送审价为准

问题提出：对于当事人在施工合同中约定的逾期不结算条款产生的纠纷，法院应当如何正确适用《最高人民法院关于审理建设工程施工合同纠纷案件适用法律问题的解释（一）》第21条之规定？

裁判要旨：关于《最高人民法院关于审理建设工程施工合同纠纷案件适用法律问题的解释（一）》第21条的规定，适用该条司法解释的前提条件是当事人之间约定了发包人收到竣工结算文件后，在约定期限内不予答复，则视为认可竣工结算文件。承包人提交的竣工结算文件可以作为工程款结算的依据。在本案《建设工程施工合同》中，并未有如此的明确约定，仅在合同的通用条款第33.3条约定：发包人收到竣工结算报告及结算资料后28天内无正当理由不支付工程竣工结算价款，从第29天起按承包人同期向银行贷款利率支付拖欠工程价款的利息，并承担违约责任。该通用条款系建设工程施工合同格式文本中的一款，从该款的规定不能简单推论出，双方当事人具有发包人收到竣工结算文件一定期限内不予答复，则视为认可承包人提交的竣工结算文件的一致意思表示。

案情简介

上诉人（原审原告、反诉被告）：方某公司

---

① 撰稿人：刘畅，上海市建纬律师事务所。

② 一审：陕西省西安市中级人民法院（2014）西中民四初字第00476号；二审：陕西省高级人民法院（2019）陕民终225号。

上诉人（原审被告、反诉原告）：兰某公司

经审理查明，2010年7月20日，方某公司与兰某公司签订建设工程附件，约定由方某公司承建××公馆，建筑面积约35000平方米，工程价款暂定5000万元。工程范围：施工图中所设计（除消防工程、弱电、强电配电室、天然气）、大型设备（包括电梯、空调、机械停车、高压配电、直流屏、变压器、柴油发电机、智能化泵站、战时水箱及其安装调试等专业工程的采购与安装外）的全部内容及消防预留、预埋。开竣工日期：以实际开工报告日期为准；总日历工期：600天。合同价款计算的依据及承包方式：1. 本工程承包方式为包工包料。2. 本工程合同价款的计算：依据施工图纸、设计变更、现场签证单（不含技术资料）计算工程量，执行2004年陕西省建筑装饰工程消耗量定额，2004年陕西省安装工程消耗量定额，2006年陕西省建筑、装饰、安装工程价目表及相关使用的费用定额并执行陕西省（2007）232号调价文件等，按清单计价模式按实结算。3. 本工程在不含税工程造价的基础上向甲方优惠7%《不含安装主材费、设备费、甲方认质、认价的材料费》，结算时工程量按实结算，综合单份包死，认价材料与暂定价差价部分只计取税金。……10. 项目保证金400万元，本合同签字盖章后3日内由乙方向甲方提交，保证金的退回待主体完成至主体二层封顶时返还200万元，四层封顶时返还200万元。工期奖罚：以合同工期为准，工期每延后一天，按合同价的万分之一罚款。工程价款的结算：已完工程竣工验收合格后，乙方应在30日内提出工程结算报告，甲方收到结算报告后30日内予以确认或提出审核意见。双方意见达成一致后，甲方将拨款通知单送经办银行，银行审核后向乙方支付工程款，甲方30日内无正当理由不予以确认视为甲方认可，其余事项执行现行的工程施工合同内通用条款的相关内容。保修金：工程竣工结算时，甲方从应付乙方工程款内，按工程合同价款的5%预留工程保修金，该保修金甲方应专户存入银行备用。乙方在工程交工验收后五天内，应向甲方提交工程保修书，保修期：土建、基础工程和主体结构工程为二年；电气管线、给排水管道、设备安装工程和装修工程为二年，供热与供冷系统，为二个采暖期、供冷期，屋面防水工釋、有防水要求的卫生间的防渗漏，为五年，保修期从甲方代表在最终验收记录上签字的报验之日起。甲方应在协商的保修期满后20天内，将该保修金退还乙方，保修责任仍由乙方继续承担（保修金质押期间不存在任何费用），保修期间的乙方接到甲方通知无故推脱责任不及时修理，造成后果乙方全额承担。2010年12月，兰某公司就××公馆工程进行了招标，并于2010年12月13日向方某公司发出了建设工程中标通知书。中标价：57156888.45元。2010年12月14日，方某公司与兰某公司签订建设工程施工合同。约定××公馆住宅楼工程由方某公司施工，建筑面积：37418平方米；承包范围：××公馆工程的地基与基础、主体结构、屋面与装修、给排水与采暖、电气的全部建筑安装工程内容；不包括的范围：不含消防工程、电梯工程、高压配电、智能化系统、锅炉房和热交换站内的设备、弱电（电视、电话、数据）。合同工期：总日历天数900天；开工日期：2010年12月15日；竣工日期：2013年5月24日。合同总价57156888元。合同专用条款合同价款部分约定：采用固定综合单价合同，综合单价中包括的风险范围：合同价款中包括风险范围人工费、机械费、材料费，社会价格浮动，且认质认价材料不在风险范围内。风险范围以外综合单价调整方法：风险幅度宜控制合同约定价格的5%以内不再考虑。超过5%按照陕建发（2009）3号文件规定执行。因甲方设计变更、图纸答疑、现场签证，材料认质认价单、工作联系单按实调整。同日，双方还订立工程质量保修书作为合同的附件，约定土建工程的质量保修期为二年，屋面防水工程为五年，电气管线、上下水管线安装工程为二年，供热与供冷系统为二个采暖期、供冷期。本工程双方约定承包人向发包人支付工程质量保修金金额为2857844元，质量保修金利率为同期银行利率。2010年12月15日，西安市城乡建设委员会对该合同进行了备案。2011年1月6日，西安市城乡建设委员会下发了施工许可证。2010年12月7日，方某公司提交开工报告，表示将于12月15日正式开工，监理单位批复同意开工。2013年3月30日，方某公司提交竣工报告，申请办理过程竣工验收手续，监理单位批复同意。2013年5月21日，相关各方办理了工程质量验收，结论为合格。2013年5月29日，方某公司向兰某公司交付工程并提交了建筑工程结算书，工程造价为58332428元。因兰某公司对结算书迟延答复，遂产生本案纠纷。审理中，该院接受兰某公司的申请，委托某工程造价咨询有限公司对方某公司已完成工程的造价进行了司法鉴定。某工程造价咨询有限公司出具司法鉴定报告书，意见为工程造价50330345.62元。并表示：关于措施费中的垂直运输费部分，经计算其费用为2335400.94元，暂未计入，原因如下：a该项目现场施工实际发生了垂直运输，故应当考虑其费用。b由于施工单位在招投标期间，商务投标报价中没有填报垂直运输费，按结算审核原则该项费用不予考虑。司法鉴定报告书作出后，双方均提出异议，某工程造价咨询有限公司进行了书面回复，表示：土建部分应当核减造价120726.2元；电气部分应扣减20517.05元；给排水部分应扣减275737.81元。随后，某工程造价咨询有限公司又到庭接受了双方的质询。方某公司和兰某公司均认可已付工程款为4548万元，双方履行的为2010年12月14日备案合同，同意在工程款中扣除兰某公司代付代缴的税款1888657.09元。

一审判决：本判决生效后十五日内被告（反诉原告）兰某公司支付原告（反诉被告）方某公司工程款4880108.41元及利息（以4880108.41元为基数按人民银行同期同类贷款利率自2013年7月1日起计算至实际履行之日）。

二审判决：维持陕西省西安市中级人民法院（2014）西中民四初字第00476号民事判决除案件诉讼费之外的判决内容。

各方观点

方某公司观点：按照2010年7月20日方某公司与兰某公司签订的建设工程附件，工程价款的结算方式为：已完工程竣工验收合格后，方某公司应在30日内提出工程结算报告，兰某公司收到结算报告后30日内予以确认或提出审核意见，兰某公司30日内无正当理由不予以确认视为兰某公司认可。兰某公司在收到结算报告后30日内无正当理由不予以确认，应当视为兰某公司认可方某公司提交的结算报告，争诉工程的造价应当以方某公司结算报告确认的58332428元为准。

兰某公司观点：依据《招标投标法》第46条和最高人民法院司法解释的规定。本案应以2010年12月14日备案合同为结算工程价款的根据，并申请以备案合同为依据，对方某公司已完成工程的造价进行司法鉴定。

法院观点

法院观点：本案确定工程造价的依据应当为2010年12月14日备案合同，在该合同的专用条款中，并无兰某公司在收到结算报告后30日内无正当理由不予以确认，应当视为兰某公司认可方某公司提交的结算报告的约定，仅在通用条款中有类似约定，加之单方提交的结算报告存在相对“虚高”的问题，法院对兰某公司的主张予以采信，委托造价咨询公司对方某公司已完成工程的造价进行了司法鉴定。鉴定意见为工程造价50330345.62元，措施费中的垂直运输费部分，经计算为2335400.94元，暂未计入。由于垂直运输费实际发生，依照公平原则应当计入工程造价，因此，方某公司已完成工程的造价应为52248765.5元，减去兰某公司已付工程款4548万元，兰某公司代付代缴的税款1888657.09元，兰某公司下欠方某公司工程款4880108.41元。方某公司请求兰某公司支付下欠工程款及自2013年7月1日起的利息，法院予以支持。

关联案例1

案件名称：某旺公司、某某九局成都分公司建设工程施工合同纠纷案

审理法院：一审：四川省成都市中级人民法院（2017）川01民初2034号；二审：四川省高级人民法院（2020）川民终1409号

裁判观点：某旺公司主张以其提交的《完工结算报告》作为结算依据的理由不能成立。某旺公司认为根据《收条》约定的默示条款，某某九局成都分公司未在承诺的期限内提出异议，即视为已经认可《完工结算报告》的工程量和总价款。一审法院认为，虽然该收条独立于施工合同，并不因为原合同的无效而无效，且对于某某九局成都分公司具有约束力，但根据查明的事实，某某九局成都分公司于2015年7月10日通过顺丰速运向某旺公司邮寄了《关于某旺公司〈完工结算报告〉的函》，虽然某旺公司未签收该函件，但足以证明某某九局成都分公司已经在该默示条款约定的期间内提出了异议。该《完工结算报告》由某旺公司单方制作，在未得到某某九局成都分公司确认的情况下，无法作为结算的依据。二审法院亦认为，《完工结算报告》系某旺公司单方制作后向某某九局成都分公司报送的，根据一审查明的事实，某某九局成都分公司于2015年7月10日通过顺丰速运向某旺公司邮寄了《关于某旺公司〈完工结算报告〉的函》，某旺公司未签收该函件。从一审当庭查实函件的内容能够证明某某九局成都分公司已经按照双方签订的《收条》中默示条款约定的期间内提出了异议，故一审认定该《完工结算报告》在未得到某某九局成都分公司确认的情况下，无法作为结算的依据并无不当。

关联案例2

案件名称：中某公司、华某公司建设工程施工合同纠纷案

审理法院：一审：河南省漯河市中级人民法院（2018）豫11民初60号；二审：河南省高级人民法院（2019）豫民终609号；再审：（2021）最高法民申2760号

裁判观点：原《最高人民法院关于审理建设工程施工合同纠纷案件适用法律问题的解释》①（法释〔2004〕14号）第20条规定："当事人约定，发包人收到竣工结算文件后，在约定期限内不予答复，视为认可竣工结算文件的，按照约定处理。承包人请求按照竣工结算文件结算工程价款的，应予支持。"《最高人民法院民事审判庭关于发包人收到承包人竣工结算文件后，在约定期限内不予答复，是否视为认可竣工结算文件的复函》载明："适用该司法解释第二十条的前提条件是当事人之间约定了发包人收到竣工结算文件后，在约定期限内不予答复，则视为认可竣工结算文件。承包人提交的竣工结算文件可以作为工程款结算的依据。建设部制定的建设工程施工合同格式文本中的通用条款第33条第3款的规定，不能简单地推论出，双方当事人具有发包人收到竣工结算文件一定期限内不予答复，则视为认可承包人提交的竣工结算文件的一致意思表示，承包人提交的竣工结算文件不能作为工程款结算的依据。"从上述解释和答复可知，在建设工程施工合同领域，为防止发包人怠于结算，损害承包人合法权益的情况发生，双方可约定如发包人逾期结算，则按承包人提交的竣工结算文件作为结算依据。若发包人没有按期结算，则承包人以竣工结算文件主张工程款应予支持。同时，因承包人提交的竣工结算文件一般系其单方制作，承包人可能存在利用发包人不具备专业知识等虚高工程款。若只要发包人在收到竣工结算文件后未予答复，一律按照承包人提交的竣工结算文件结算，势必造成不公平，损害发包人的合法权益。所以，发包人逾期结算，并不必然发生以承包人提交的竣工结算文件为结算依据的后果，仍然应以双方存在此种约定为前提。

律师点评

《施工合同司法解释（一）》第21条的规定在司法实践中被称为"以送审价为准"，其沿用了原《最高人民法院关于审理建设工程施工合同纠纷案件适用法律问题的解释》（法释〔2004〕14号）关于建设单位逾期不予答复结算意见的规定，设置这样的条款目的在于防止发包人以消极的不予确认、不予答复故意拖延工程价款的结算。

司法实践中，在原司法解释出台后一段时间内，法院对当事人因为施工合同中约定的逾期不结算条款而产生的纠纷应当如何处理持不同的意见。但随着该条款多年的施行，法院目前对此类纠纷的处理已经持统一态度，具体个案中的特殊情况则做特殊处理，但也不外乎依照如下原则处理：第一，《施工合同司法解释（一）》第21条的适用需遵守相应的严格条件；第二，此类

① 该司法解释现已失效。

纠纷仍是合同纠纷，属于当事人意思自治的范畴，若合同中对该条款的约定无法满足适用《施工合同司法解释（一）》第21条的严格条件，但若发包人自行放弃救济权利，也可能被法院适用“以送审价为准”的方式处理。

一、现行法律法规的相关规定

目前，对于工程项目逾期不结算条款产生的纠纷的涉及法律法规等主要为以下几个规定：

1.《施工合同司法解释（一）》第21条规定：“当事人约定，发包人收到竣工结算文件后，在约定期限内不予答复，视为认可竣工结算文件的，按照约定处理。承包人请求按照竣工结算文件结算工程价款的，人民法院应予支持。”

2. 财政部的《建设工程价款结算暂行办法》第14条第3项规定：“单项工程竣工后，承包人应在提交竣工验收报告的同时，向发包人递交竣工结算报告及完整的结算资料，发包人应按以下规定时限进行核对（审查）并提出审查意见。工程竣工结算报告金额与审查时间：（1）500万元以下，从接到竣工结算报告和完整的竣工结算资料之日起20天；（2）500万元～2000万元，从接到竣工结算报告和完整的竣工结算资料之日起30天；（3）2000万元～5000万元，从接到竣工结算报告和完整的竣工结算资料之日起45天；（4）5000万元以上，从接到竣工结算报告和完整的竣工结算资料之日起60天。建设项目竣工总结算在最后一个单项工程竣工结算审查确认后15天内汇总，送发包人后30天内审查完成。”第16条第1款规定：“发包人收到竣工结算报告及完整的结算资料后，在本办法规定或合同约定期限内，对结算报告及资料没有提出意见，则视同认可。”

3.《建筑工程施工发包与承包计价管理办法》第18条规定：“工程完工后，应当按照下列规定进行竣工结算：（一）承包方应当在工程完工后的约定期限内提交竣工结算文件。（二）国有资金投资建筑工程的发包方，应当委托具有相应资质的工程造价咨询企业对竣工结算文件进行审核，并在收到竣工结算文件后的约定期限内向承包方提出由工程造价咨询企业出具的竣工结算文件审核意见；逾期未答复的，按照合同约定处理，合同没有约定的，竣工结算文件视为已被认可。非国有资金投资的建筑工程发包方，应当在收到竣工结算文件后的约定期限内予以答复，逾期未答复的，按照合同约定处理，合同没有约定的，竣工结算文件视为已被认可；发包方对竣工结算文件有异议的，应当在答复期内向承包方提出，并可以在提出异议之日起的约定期限内与承包方协商；发包方在协商期内未与承包方协商或者经协商未能与承包方达成协议的，应当委托工程造价咨询企业进行竣工结算审核，并在协商期满后的约定期限内向承包方提出由工程造价咨询企业出具的竣工结算文件审核意见。（三）承包方对发包方提出的工程造价咨询企业竣工结算审核意见有异议的，在接到该审核意见后一个月内，可以向有关工程造价管理机构或者有关行业组织申请调解，调解不成的，可以依法申请仲裁或者向人民法院提起诉讼。发承包双方在合同中对本条第（一）项、第（二）项的期限没有明确约定的，应当按照国家有关规定执行；国家没有规定的，可认为其约定期限均为28日。”

二、2017版施工合同示范文本的完善规定

1999版的施工合同示范文本第33.3条对逾期不结算的规定为：“发包人收到竣工结算报告及结算资料后28天内无正当理由不支付工程竣工结算价款，从第29天起按承包人同期向银行贷款利率支付拖欠工程价款的利息，并承担违约责任。”

2013年修订的施工合同示范文本通用条款第14.2条规定：“……发包人在收到承包人提交竣工结算申请书后28天内未完成审批且未提出异议的，视为发包人认可承包人提交的竣工结算申请单，并自发包人收到承包人提交的竣工结算申请单后第29天起视为已签发竣工付款证书。”

2017年新修订的施工合同示范文本通用条款第14.2条亦延续了2013版示范文本的规定。满足了《施工合同司法解释（一）》中第21条对于“逾期视为认可”的条件规定。

三、司法解释第21条的适用前提

《施工合同司法解释（一）》第21条的内容为：“当事人约定，发包人收到竣工结算文件后，在约定期限内不予答复，视为认可竣工结算文件的，按照约定处理。承包人请求按照竣工结算文件结算工程价款的，人民法院应予支持。”

当事人需注意以下几个要件必须包含在约定条款中，否则一旦发生纠纷将无法适用司法解释第21条：

（一）必须约定明确的审核期限。如可以在合同中写明审核期限为：20天、30天、40天等，若双方没有明确约定审核期限将存在不能适用司法解释

第21条的风险。

（二）必须明确约定逾期视为认可。即应当约定发包人在收到竣工结算文件后，在约定期限内不予答复，视为认可竣工结算文件。同时还需要注意的是，做出前述约定的形式还应当符合《民事诉讼法》《最高人民法院关于民事诉讼证据的若干规定》关于证据的要求，即约定的表现形式应为：施工合同、补充协议、会议纪要等在施工过程中形成的书面文件中的条款，否则在证明效力上将出现瑕疵。

四、司法解释第21条的适用规则

在适用《施工合同司法解释（一）》第21条时，若发包人无故拖延超过合理期限的，承包人递交的结算文件即视为已经被发包人认可，发包人应当根据承包人单方提交的竣工结算文件办理竣工结算，并据以支付工程价款。超过约定期限，发包人又对承包人递交的竣工结算文件提出异议的，该异议不能得到法院或仲裁庭支持。而当发包人与承包人因逾期不结算条款而产生纠纷，纠纷进入诉讼阶段后，当事人及律师更应该注意的则是举证上的要求，以力争在约定明确的情况下得到法院的最终支持。此处应注意以下几点：

（一）承包人须证明发包人收到竣工结算文件

一则承包人在结算阶段需已提交了完整无缺的竣工结算文件，否则发包人可能拒收或以结算资料不全为由拖延审价；二则承包人在递交时需注意将发包人的签收证明文件予以妥善保存，如快递签收单上须写明递交的是竣工结算文件；或者若当面提交，需要提前制作签收文件，在提交给发包人后由其当面签署签收文件。

（二）发包人在约定的期限内不予答复

此处所称“不予答复”应理解为发包人在收到竣工结算文件后，在约定期限内既没有完成对承包人提交的竣工结算文件的审核也没有对承包人提供的竣工结算文件提出实质性的异议。发包人只要在约定期限或者合理期限内提出过明确异议，不管其当时是否举出充分和准确地对结算文件的反驳证据，都不能以承包人单方提交的送审价为准进行结算。“不予答复”的形式一般可以理解为书面答复，但若发包人在诉讼阶段可以证明其确实提出过口头答复，亦可根据该证据的证明力来判断。

（三）审价期限届满后，承包人应当向发包人发出“工程造价以送审价为准”的函件

承包人在向发包人递交工程竣工结算文件资料后，如发包人在约定的审核期限届满时，仍不予以明确答复的，承包人可以向发包人发函，明确表示将根据合同的约定以自己的送审价为工程的总造价，并根据合同约定的合同价款支付约定，催促发包人支付工程款。此时，承包人无需再以函件的方式催促发包人及时完成对送审资料的审核，或允许发包人在延展的期限内完成审核。切忌同发包人再进行有关工程审价的磋商或沟通，否则将会导致此种行为被认为是对原合同约定的“以送审价为准”内容的放弃或变更，给承包人主张权利带来不必要的麻烦。

五、律师建议

通过以上分析可以清楚地看出，一旦在施工合同中明确按照司法解释第21条的规定约定了“以送审价为准”的条款，则对于发包人来说，若出现疏漏将对其带来较为严重的后果，因为事实上由于工程造价编制的专业性和复杂性，加之承包人可能存在故意的高估冒算，送审价偏高是常态。因此律师建议，针对发包人来说，为了避免如此严重的后果，发包人的正确做法应为：一是，若承包人接受合同的修改，则在专用条款中增加删除通用条款中以送审价为准的不作为默示条款；二是，根据工程规模合理确定竣工结算的审核期限，并在专用条款中修改；三是，在合同中已约定以送审价为准结算的条款时，应加强文件收发登记管理，在收到承包人提交的竣工结算文件后，及时进行审查并提出自己的修改意见，确保按照约定期限完成审批或提出异议。

针对承包人来说，规定“以送审价为准”的条款是为了避免发包人出现故意拖延结算，己方工程最终造价长期无法确认的情形，因此应该注意的是在签署施工合同时可以选择2017版的示范文本，且在专用条款中避免出现不适用前述条款的情况，另外更需要注意的是日常证据的收集和保存，尤其是提交竣工结算文件的签收凭证，以避免一旦发包人出现约定的情况，而自己却无法证明已提交竣工结算文件或提交竣工结算文件确定日期的这种尴尬局面。

3.9 双方签订多份施工合同产生的纠纷

3.9.1 法院如何认定建设工程施工“黑白合同”的效力引起的工程款结算纠纷

——某房集团、苏某集团建设工程施工合同纠纷案①

关 键 词：工程招投标　中标合同　备案合同　实际履行合同　实质性内容　工程款结算

问题提出：对于建筑施工企业与建设单位签订施工“黑白合同”导致工程款结算纠纷，司法机关如何适用法律认定合同效力以调处纠纷？

关联问题：“黑白合同”的认定标准问题。对于必须招投标的工程项目，经招投标程序即签订了备案合同，后又签订补充合同，如何认定前后两份合同的效力及工程款结算？对于不是必须招投标的工程项目，当事人按照招投标的程序进行了招投标，签订了施工合同并进行了备案，此后双方又签订了实际履行合同，如何认定合同效力及工程款结算？

裁判要旨：《最高人民法院关于审理建设工程施工合同纠纷案件适用法律问题的解释（一）》第22条规定：“当事人签订的建设工程施工合同与招标文件、投标文件、中标通知书载明的工程范围、建设工期、工程质量、工程价款不一致，一方当事人请求将招标文件、投标文件、中标通知书作为结算工程价款的依据的，人民法院应予支持。”因此，当建设工程出现工程价款结算争议时，应当判别是否存在“黑白合同”的情形抑或只是普通意义上的合同变更。若存在“黑白合同”的情形则应当按照上述法律规定，以备案的“白合同”作为工程价款结算的依据；若只是不涉及合同实质性内容的合同变更，则根据当事人意思自治原则，应当按照变更后之实际履行合同约定结算工程价款。

---

① 一审：黑龙江省高级人民法院（2016）黑民初28号；二审：最高人民法院（2017）最高法民终437号。

案情简介

上诉人（原审被告）：某房集团

上诉人（原审原告）：苏某集团

2012年7月9日，某房集团对案涉第三标段工程进行开标，苏某集团投标，2013年10月31日，某招投标有限公司向苏某集团发出中标通知书，同日，哈尔滨市建设工程招投标办公室作出201320182号同意备案意见。2013年6月6日，某房集团对案涉第四标段工程进行开标，苏某集团投标，2013年11月1日，某招投标有限公司向苏某集团发出中标通知书，同日，哈尔滨市建设工程招投标办公室作出201320187号同意备案意见。

2013年11月1日，某房集团为甲方（发包人）与苏某集团为乙方（承包人），共同签订第三标段《施工合同》，并在哈尔滨市建设委员会备案，备案编码为2013622，该合同第一部分协议书中约定：一、工程名称为某蓝湾工程第三标段。二、承包范围为12号、13号、19号、20号楼及附属地下车库图纸范围内土建、水暖、电气、装饰工程。三、开工日期为2012年7月20日，竣工日期为2013年11月15日。四、质量标准为合格。五、合同价款暂定148874850.00元。合同第二部分通用条款约定，造价工程师在收到承包人按该合同第64.2款规定递交的报告和资料后，应按照第64.1款约定的时限进行核实，并向承包人提出核实意见作息时间（包括进一步补充资料和修改结算文件），同时抄报发包人。承包人在收到核算意见后的14天内按照造价工程师提出的合理要求补充资料，修改竣工结算报告，并再次递交竣工结算报告和结算资料。承包人在收到核实意见后的14天内不确认也未提出异议的，视为造价工程师提出的核实意见已经认可，竣工结算办理完毕，造价工程师在收到报告和资料后未按照第64.1款规定的时限进行核实的，视为承包人递交的竣工结算报告和结算资料已经认可，发包人应向承包人支付工程结算价款（见第64.3条）。该合同第三部分专用条款约定：一、工程款支付方式为支票支付（第13.2条）……预付款的金额为合同价款的25%，支付方法为开工前5日内以支票形式支付（60.1条）；预付款抵扣方法为主体结构封顶后分三次在进度款中等额扣回（60.2条）；进度款以形象进度为准，具体为每月25日乙方申报当月的形象进度，甲方于次月5日前完成形象进度审核及工程进度款拨付工作，拨付额度为形象进度的75%，达到竣工验收条件时，拨付至累计完成产值的85%，竣工结算完成后15日内支付质量保证金工程造价5%以外的所有款项（第62.1条）。该合同补充条款约定：工程结算方式为按工程竣工图，执行2010年颁布的《黑龙江省建筑工程计价依据》相关定额及补充定额、定额解释，采用定额结算（第77.1条）。该合同工程质量保修书约定：质量保修范围包括地基基础工程、主体结构工程，房屋防水工程、有防水要求的卫生间、房间和外墙面的防渗漏，供热与供冷系统，电气管线、给排水管道、设备安装，装修工程，市政道路、桥涵、隧道、给水、排水、燃气与集中供热、路灯、园林绿化，以及双方约定的其他项目；保修责任为属于保修范围、内容的项目，乙方应当在接到保修通知之日起7日内派人保修。乙方不在约定期限内派人保修的，甲方可以委托他人修理。同日，双方签订第四标段《施工合同》并在哈尔滨市建设委员会备案，备案编码为2013657。该合同第一部分协议书约定：一、工程名称为某蓝湾第四标段65号楼。二、承包范围为第四标段65号楼图纸范围内土建、水暖、电气、装饰工程。三、合同价款为1764600.28元，其他条款与第三标段《施工合同》内容一致。

2013年11月26日，某房集团为甲方与苏某集团为乙方共同签订《施工协议》，约定工程名称为某蓝湾工程，建筑面积约135700平方米，承包方式为包工包料，开工日期为2012年6月，竣工时间为2013年11月15日，结算方式按工程竣工图执行2010年颁发的《黑龙江省建筑工程计价依据》相关定额及补充定额、定额解释，采用定额结算方式结算，付款方式：主体结构十五层以下暂不付款，工程进度达到十五层，其进度结算经某房集团审核后扣除±0.00以下部分的工程款、按进度结算比例扣除某房集团代缴、垫付的费用及质量保证金外一次性支付苏某集团；工程进度款在主体平口后，按月进度结算额扣除部分费用支付75%，工程竣工付款达到工程造价的85%，结算经某房集团审定后扣除相关费用外一次性支付给苏某集团。该合同还约定了工程验收、质量保修、违约责任等，该合同未办理备案登记。

2015年11月30日，由苏某集团、某房集团、设计、监理、勘察等单位对案涉全部工程进行竣工验收，并形成竣工验收报告，结论为该工程质量符合国家工程建设强制性标准，符合设计文件及合同要求，工程实体质量达到合格等级，同时体现案涉工程于2012年7月20日开工，2015年11月30日竣工。

2015年12月8日，苏某集团向某房集团报送了《工程结算书》及完整的结算资料，由某房集团工作人员郭玉某在苏某集团制作的文件发放登记表收文单位处签字。

2015 年 12 月 25 日，苏某集团与某房集团就案涉第三标段、第四标段工程进度款、赔偿经济损失以及购房业主进户等工程相关事宜，共同签订《协议书》，约定：一、某房集团确认拖欠苏某集团工程进度款 64819331 元、赔偿苏某集团经济损失 25862387 元，某房集团已用房屋抵偿苏某集团经济损失 12728018 元，拟再用房屋抵偿苏某集团经济损失约 13134369 元（详见明细）；某房集团拟用房屋支付工程款约 30059303 元（详见明细）。现某房集团拖欠苏某集团工程进度款及损失赔偿款合计为 77953700 元。以上某房集团拖欠苏某集团 64819331 元工程进度款为暂定金额，待双方结算结束后，再以实际金额为准进行调整。二、因某房集团多次未支付工程进度款，造成工期延误及苏某集团人员窝工、机械设备闲置、融资以及其他等多方面的经济损失。虽然某房集团多次承诺偿还拖欠的进度款和损失赔偿款，并以某房集团资产和工程房屋作抵押担保，但均未履行。尤其某房集团竟将承诺作为抵押给苏某集团的担保财产，早已先于苏某集团抵押给其他单位或擅自将抵押资产及房产处理，使担保还款财产无法实现，违反诚信原则，使苏某集团对上述债权没有安全保障。三、某房集团承诺：1. 某房集团已于 2015 年 12 月 8 日收到苏某集团递交的案涉某蓝湾工程第三标段、第四标段《工程结算书》和完整的工程结算资料，并保证在 90 日内完成工程结算审核工作，苏某集团保证配合。如逾期，则某房集团认可以收到的苏某集团递交的《工程结算书》的造价 157054360.23 元为准，作为双方结算支付工程价款的依据。2. 某房集团因造成房屋买受人不能进户而引起上访，导致不良影响和社会不稳定因素。某房集团与苏某集团协商约 193 户购房业主进户事宜，苏某集团考虑与某房集团的合作关系及某房集团目前所处的困境，同意配合某房集团办理进户事宜。3. 苏某集团为保护自身的合法权益，对某房集团拖欠苏某集团的工程进度款及损失赔偿款 77953700 元，视某房集团还款和办理资产抵押担保的具体情况，可主张权利。4. 某房集团同意自签订本协议书之日起，暂根据上述未还款金额，按 12% 年利率向苏某集团支付延期付款利息，至付清时止。该协议签订后，约定的以房抵偿经济损失 12728018 元，共涉及 15 套房屋，某房集团没有交付，亦未办到苏某集团名下，未实际履行。

2015 年 12 月 24 日，哈尔滨市建设工程质量监督总站检查案涉工程时开具《工程实体质量监督抽查记录》四份，主要记载：案涉工程12号楼、13号楼、19号楼屋面、装饰，12号楼、13号楼、19号楼、20号楼暖卫、电气、吊棚、防雷等分部、分项等工程中，存在质量问题。

2015年12月26日，双方办理案涉某蓝湾住宅小区12号楼、13号楼、19号楼、20号楼工程的交接工作。同日，某房集团向苏某集团发出两份装修钥匙发放通知单，记载：13号楼1单元1层1号、2单元20层2号房屋业主已办理有关入住手续，请给予发放装修钥匙。

某物流（广州）有限公司哈尔滨分公司分别于2016年3月4日、3月13日、3月17日、3月18日、3月24日、3月27日、3月30日向某房集团发出共计九份工作联系单，要求对19号楼部分房屋漏水问题进行维修，某房集团未通知苏某集团维修。

案涉工程存在少部分甩项工程未完工，双方对工程量存有争议，一审法院通知双方对甩项工程量及造价进行核算，双方分别向该院递交结算书。苏某集团递交决算中，认可的少部分大白未刮的工程量核算，后又认可65号楼的部分地面和暖气未施工（以下简称三项甩项工程），其工程造价共计595542.2元；某房集团认为除苏某集团认可的部分外，还有多项未完工，其造价共计7590438.49元。对其中苏某集团主张的三项甩项工程造价款595542.20元，某房集团对此不予认可，其认为应为1076858.05元。嗣后，苏某集团认可某房集团主张的三项甩项工程造价为1076858.05元。双方对其他未完工程量及价款，均未申请司法鉴定。

某房集团已向苏某集团支付工程款65276452元，双方当事人对此均予以认可。

另查明，苏某集团申请对案涉工程的部分房屋进行财产保全，并提供某财产保险股份有限公司黑龙江分公司的担保，一审法院于2016年3月23日作出（2016）黑民初28号民事裁定书，对案涉工程150套房屋进行查封。后苏某集团增加某房集团给付26958577.23元的诉讼请求，再次申请财产保全。一审法院于2016年8月9日作出（2016）黑民初28号民事裁定书，对案涉工程43套房屋进行查封。苏某集团向一审法院两次申请诉讼保全，均提供了某保险黑龙江分公司的担保，某房集团于2016年1月29日、4月11日分别向该保险公司交纳302030.38元、80875.73元，共计382906.11元保险费。

各方观点

某房集团观点：一审判决认定双方当事人于2013年11月26日签订的《施工协议》无效系认定事实不清。案涉“某房集团某蓝湾”工程项目第三标段《建设工程施工合同》（以下简称三标段《施工合同》）和第四标段《建设工程施工合同》（以下简称四标段《施工合同》）作为备案合同，均约定双方可另行签订补充协议，双方据此签订《施工协议》对备案合同作出补充和变更，该协议未对备案合同的实质性内容予以变更，并未损害国家、集体及第三人的利益，且已由双方实际履行，应当认定为有效合同。

苏某集团观点：双方签订的三标段《施工合同》和四标段《施工合同》是合法有效的备案合同，《施工协议》背离了备案合同的实质性内容，违反了法律、行政法规的强制性规定，应属无效。

法院观点

一审法院观点：苏某集团与某房集团于2013年11月1日签订案涉工程两份《施工合同》，是经招投标程序而订立的中标合同并已备案，是双方当事人的真实意思表示，双方当事人对合同有效无异议，不违背法律、行政法规的禁止性规定，合法有效。苏某集团与某房集团于2013年11月26日签订的《施工协议》，没有经过备案，合同约定的开工日期为2012年6月，竣工时间为2013年11月15日不真实，即约定竣工时间是在签订合同之前，而且，结算付款方式没有开工前预付工程款等内容，与备案的两份《施工合同》实质性内容矛盾，属于黑合同性质，违背法律禁止性规定，该合同无效。苏某集团与某房集团于2015年12月25日签订的《协议书》，加盖苏某集团公章和法定代表人名章，某房集团的法定代表人签字并按手印加以确认；虽然某房集团主张该《协议书》是苏某集团趁某房集团迫于压力情况下签订的，约定的有关内容不公平，但其未提供充分证据加以证实，且是否被迫和显失公平并非合同无效的法定事由，属于可撤销、可变更合同性质，在签订合同之日起一年内，某房集团未行使撤销权，已超过法定期限。因此，该协议是双方当事人的真实意思表示，不违反法律、行政法规的强制性规定，合法有效。

二审法院观点：《招标投标法》第46条第1款规定：“招标人和中标人应

当自中标通知书发出之日起三十日内，按照招标文件和中标人的投标文件订立书面合同。招标人和中标人不得再行订立背离合同实质性内容的其他协议。”《最高人民法院关于审理建设工程施工合同纠纷案件适用法律若干问题的解释》第21条规定：“当事人就同一建设工程另行订立的建设工程施工合同与经过备案的中标合同实质性内容不一致的，应当以备案的中标合同作为结算工程价款的根据。”① 以上规定中所谓合同实质性内容不一致，是指合同在工程价款、工程质量和工程期限等方面与备案合同不一致，因为这三个方面涉及招标人和中标人的基本权利义务。本案中，备案的三标段、四标段《施工合同》签订于2013年11月1日，其中三标段《施工合同》约定工程竣工时间为2013年11月15日；工程价款为暂定价148874850.00元，采用可调价格方式确定合同价款，执行现行黑龙江省计价依据及有关计价规定，付款方式为某房集团在开工前5日内以支票形式支付合同价款25%的工程预付款37659862.57元，按形象进度拨付进度款，竣工结算完成后15日内支付完质量保证金以外的所有款项。四标段《施工合同》约定的工程竣工时间为2013年9月15日，工程价款为1764600.28元，付款方式与三标段《施工合同》一致。诉争2013年11月26日签订的《施工协议》系针对案涉同一工程项目另行签订的协议，没有经过备案，该协议约定的竣工时间早于协议签订时间，并不真实，且付款方式改为“主体结构十五层以下暂不付款”，亦即主体结构十五层以下由承包人垫资施工，改变了备案合同关于发包人支付预付款和进度款的约定，明显加重了承包人的义务，对苏某集团的利益影响较大。因此，一审判决认定该《施工协议》属于与备案合同实质性内容矛盾的“黑合同”，违反《招标投标法》第46条第1款的强制性规定而应认定为无效，并无不当。某房集团上诉主张《施工协议》有效，理据不足，不予支持。

① 已失效，可参照《最高人民法院关于审理建设工程施工合同纠纷案件适用法律问题的解释(一)》(法释〔2020〕25号) 第22条，“当事人签订的建设工程施工合同与招标文件、投标文件、中标通知书载明的工程范围、建设工期、工程质量、工程价款不一致，一方当事人请求将招标文件、投标文件、中标通知书作为结算工程价款的依据的，人民法院应予支持”。

关联案例1

案件名称：中某公司与玉某公司建设工程施工合同纠纷案

审理法院：一审：北京市密云区人民法院（2020）京0118民初1308号；二审：北京市第三中级人民法院（2021）京03民终14489号

裁判观点：法律、行政法规规定必须进行招标的建设工程，或者未规定必须进行招标的建设工程，但依法经过招标投标程序并进行了备案，当事人实际履行的施工合同与备案的中标合同实质性内容不一致的，应当以备案的中标合同作为结算工程价款的依据。法律、行政法规规定不是必须进行招标的建设工程，实际也未依法进行招投标，当事人将签订的建设工程施工合同在当地建设行政管理部门进行了备案，备案的合同与实际履行的合同实质性内容不一致的，应当以当事人实际履行的合同作为结算工程价款的依据。备案的中标合同与当事人实际履行的施工合同均因违反法律、行政法规的强制性规定被认定为无效的，可以参照当事人实际履行的合同结算工程价款。

关联案例2

案件名称：某建筑集团与昌某公司建设工程施工合同纠纷案

审理法院：一审：河北省高级人民法院（2013）冀民一初字第17号；二审：最高人民法院（2017）最高法民终175号

裁判观点：《最高人民法院关于审理建设工程施工合同纠纷案件适用法律若干问题的解释》第21条规定①，当事人就同一建设工程另行订立的建设工程施工合同与经过备案的中标合同实质性内容不一致的，应当以备案的中标合同作为结算工程价款的依据，其适用前提应为备案的中标合同合法有效，无效的备案合同并非当然具有比其他无效合同更优先参照适用的效力。

在当事人存在多份施工合同且均无效的情况下，一般应参照符合当事人真实意思表示并实际履行的合同作为工程价款结算依据；在无法确定实际履行合同时，可以根据两份争议合同之间的差价，结合工程质量、当事人过错、诚实信用原则等予以合理分配。

---

① 已失效，可参照《最高人民法院关于审理建设工程施工合同纠纷案件适用法律问题的解释（一）》（法释〔2020〕25号）第22条。

律师点评

《施工合同司法解释（一）》第22条规定："当事人签订的建设工程施工合同与招标文件、投标文件、中标通知书载明的工程范围、建设工期、工程质量、工程价款不一致，一方当事人请求将招标文件、投标文件、中标通知书作为结算工程价款的依据的，人民法院应予支持。"但是该条款仅仅是对工程价款结算进行规定，并未对"黑白合同"的法律效力进行界定，且难以涵盖实践中的诸多情形。因此，仍需要结合《建筑法》《招标投标法》等相关法律法规的规定及司法审判实践，对"黑白合同"进行深入详细的分析来具体判定其效力及其履行对工程价款结算的影响。

一、法院认定"黑白合同"的标准

"黑白合同"并不是一个法律上的概念，建筑工程领域"黑白合同"现象的存在，是由于我国招投标制度的相关规定。建筑工程事关民生，涉及国家及社会公共利益，因此对于一些特定的建设工程项目我国采取的是强制招投标制度，同时实践中，对于一些不属于必须招投标的工程项目，建设方也会采取招投标的制度来寻求更合适的施工企业。

在我国招标投标法第46条中明确规定，招标人和投标人应当按照招标文件和投标文件签订合同，不得另行签订背离实质性内容的其他协议。《施工合同司法解释（一）》对招投标过程中双方另行签订协议，背离中标合同实质性内容的情形作出了规定。根据上述法律和司法解释的规定，我们可以给"黑白合同"做出如下的定义：所谓"白"合同，就是建设工程项目经过招投标程序，发包人与承包人签订的中标合同；而"黑"合同，就是双方在中标合同之外另行签订的，与中标合同存在实质性差异的合同。实践中需要把握三个关键点：

第一，不区分建设工程项目是否属于必须招投标的范围，只要履行了招投标程序就应当接受相关法律法规的约束。

第二，不以中标合同备案作为前提条件，只要是发包人与承包人根据招投标文件，签订的施工合同就应当认定为"白"合同。

第三，双方私下签订的合同必须对中标合同的内容，构成实质性的变更或者背离，才会产生"黑白合同"的法律效果。

二、法院认定"黑白合同"效力的一般原则

《施工合同司法解释（一）》第22条规定："当事人签订的建设工程施工

合同与招标文件、投标文件、中标通知书载明的工程范围、建设工期、工程质量、工程价款不一致，一方当事人请求将招标文件、投标文件、中标通知书作为结算工程价款的依据的，人民法院应予支持。”笔者认为此条款规定了实践中“黑白合同”的两大典型情况：一是，必须经过招投标的工程，在合法中标签订向政府部门备案的“白合同”后签订实际履行之“黑合同”；二是，不是必须招投标的工程，经过正规的招投标程序签订合法中标的“白合同”并经政府部门备案后签订实际履行之“黑合同”。上述两种情形中“白合同”均先于“黑合同”签订且合法有效，是“黑白合同”在实践中的典型情形，本节对此进行具体分析，关于“黑白合同”的特殊情形留待本节后篇探讨。本节开篇的案例即属于上述范围，最高人民法院根据上述法律条款进行了判决。上述第二种典型情况中虽然标的工程并非必须招投标的项目，但因其实际通过正规的招投标程序，已经纳入《招标投标法》的调整范围。《招标投标法》第2条规定：“在中华人民共和国境内进行招标投标活动，适用本法。”《施工合同司法解释（一）》第22条规定了上述情形进行结算的基本原则，即应当按照备案的“白合同”作为结算依据，但并未完全否定“黑合同”的法律效力。根据《招标投标法》第46条第1款规定：“招标人和中标人应当自中标通知书发出之日起三十日内，按照招标文件和中标人的投标文件订立书面合同。招标人和中标人不得再行订立背离合同实质性内容的其他协议。”因此，上述情形中“黑合同”因背离了“白合同”的实质性条款导致违反法律的强制性规定而无效。

从上述分析可知，法院如何认定“黑合同”对“白合同”进行实质性变更是区分“黑白合同”与一般的合同变更的关键，对于工程价款的结算具有决定性的作用。本节案例中皆因法院对当事人双方签订的两个工程项目合同先后签订的两份合同的定性不同，一份认定为合同的正常变更，一份认定为规避法律的“黑白合同”导致了截然不同的判决结果。

在审判实践中当涉及标的工程的工程价款、计价方式、施工工期、质量标准等内容时即为对合同内容的实质性变更。但社会生活纷繁复杂，具体的实际案例不会按照理论完美地呈现，《施工合同司法解释（一）》第23条规定：“发包人将依法不属于必须招标的建设工程进行招标后，与承包人另行订立的建设工程施工合同背离中标合同的实质性内容，当事人请求以中标合同作为结算建设工程价款依据的，人民法院应予支持，但发包人与承包人因客观情况发生了在招标投标时难以预见的变化而另行订立建设工程施工合同的除外。”因此，在界定“实质性内容”时仍给予了法官一定的自由裁量空间，但这并不是退步，而恰恰是必要的，因为在某些情形下，对上述提及的工程价款、工程期限、工程质量的实质性变更并不会导致“黑合同”的出现。主要的情形有以下两种：一是，如北京市高级人民法院提及的当客观情况发生变化时，若再要求当事人双方严格按照原备案合同履行则有悖于合同法之自由意志及情势变更原则。因此，当发生上述情形时，当事人双方有权对原备案的“白合同”进行实质性变更，作为双方实际履行之合同，并不违背法律规定。二是，当事人对合同实质性条款进行合理变更并不必然构成对实质性内容的背离。如关于工程价款及其支付方式的条款，当事人在备案时可能只是进行简单概括的约定，在实际操作中却根据客观实际的变化进行具体的补充约定，并不构成对备案合同实质性内容的背离。笔者认为在此种情形下，应当根据合同目的及客观情况具体分析合同变更条款的性质并加以界定。

3.9.2 法院如何认定多份建设工程施工合同的效力而引起的工程款结算纠纷

——某海公司、某德哈密分公司建设工程施工合同纠纷案①

关 键 词：招标投标　施工合同　补充协议　实际履行合同　工程款结算

问题提出：对于建筑施工企业与建设单位签订多份施工合同（非典型“黑白合同”的情形下）导致工程款结算纠纷，司法机关如何适用法律认定合同效力以调处纠纷？

裁判要旨：根据《招标投标法》和《工程建设项目招标范围和规模标准规定》规定，关系社会公共利益、公众安全的公用事业项目，必须进行招标。当施工企业与建设单位签订合同进场施工在前，后通过正规招投标手续进行招投标活动并签订中标合同备案，则应当根据前合同和后合同是否违反国家相关法律规定，认定合同效力。此时，前合同因违反法律规定无效，后续中标备案

① 一审：新疆维吾尔自治区高级人民法院（2014）新民一初字第21号；二审：最高人民法院（2016）最高法民终736号。

合同效力根据具体情形判定：若当事人双方存在串标等违法情形，则备案的中标合同自然无效，此时存在多份无效合同，应当按照双方实际履行之合同结算工程价款。若证据证明备案的中标合同有效，则应当根据“黑白合同”的一般处理原则，按照备案中标合同结算工程价款。

案情简介

上诉人（原审原告、反诉被告）：某海公司

被上诉人（原审原告）：某德哈密分公司

2009 年 8 月 6 日，某德哈密分公司（甲方）与某海新疆分公司（乙方）签订《建安工程施工补充协议》，主要约定：工程名称为 × × 名苑住宅小区 A 区 9#、11#、12#、B 区 5#、8#住宅楼；有效工期 180 天；采取一次性包死价，砖混结构 710 元/平方米（含养老统筹），框架结构 735 元/平方米（含养老统筹），以上包死价不包含甲方分包工程造价；本工程甲方不支付预付款，三层主体工程施工完成后 7 日内甲方向乙方支付合同造价的 23%；主体工程完成后 7 日内甲方向乙方支付合同造价的 22%；装修安装部分完成后 7 日内甲方向乙方支付合同造价的 20%；竣工验收合格交付钥匙后 7 日内甲方支付合同造价的 10%；竣工备案资料和甲方提供的全部资料交付完成后甲方支付合同价款的 10%，剩余 5% 作为工程的质量保修金。

某德哈密分公司向某海新疆分公司发出中标通知书。2009 年 8 月 30 日，某德哈密分公司作为发包人、某海新疆分公司作为承包人签订《建设工程施工合同》，主要约定，工程名称为 × × 名苑住宅小区 A 区 9#、11#、12#、B 区 5#、8#住宅楼；开工日期 2009 年 8 月 17 日，竣工日期 2010 年 6 月 30 日，合同工期 318 天；合同价款 17529587.29 元，采用固定价格方式；所有支付款必须支付某海新疆分公司基本账户；三层主体完成支付总价的 23%；主体完成支付 22%；装修完成支付 20%；具备验收条件支付 20%；验收合格，结算完成支付 10%；留保修金 5%，保修期满付清；质量保修期从工程实际竣工之日算起，土建工程为二年，屋面防水工程为五年；电气管线、上下水管线安装工程为二年，供热及供冷为二年。

2009 年 10 月 6 日，某德哈密分公司（甲方）与某海新疆分公司（乙方）

签订《建安工程施工补充协议》，主要约定：工程名称为 A 区 5#、6#、7#、B 区 6#住宅楼；承包范围为施工图纸内全部施工内容（塑钢窗、地暖除外）；合同价款为 11456967 元，本工程采取一次性包死价，砖混结构 710 元/平方米（含养老统筹），框架结构 735 元/平方米（含养老统筹），以上包死价不包含塑钢窗和地暖的工程造价；开工日期 2009 年 9 月 30 日，竣工日期 2010 年 8 月 30 日；工程款支付方式为工程基础、地下室工程完成并经过质量监督部门认证合格后 10 日内支付工程款 10%；三层主体工程施工完成后 10 日内支付合同造价的 15%；主体工程完成后 10 日内支付合同造价的 20%；装修安装部分完成后支付合同造价的 15%；工程竣工具备验收条件，甲方向乙方支付总造价的 10%；竣工验收合格交付钥匙后 10 日内甲方支付合同造价的 15%；竣工备案资料和向甲方提供的全部资料交付完成后甲方支付合同价款的 10%。剩余 5% 作为本工程的质量保修金；延期交工 1～5 天，每天罚款总造价的 0.2‰；延期交工 6～10 天，每天罚款总造价的 0.3‰；延期交工 11～15 天，每天罚款总造价的 0.4‰；延期交工 15 天以上除罚款外余款暂不支付。

某德哈密分公司向某海新疆分公司发出中标通知书。2009 年 11 月 20 日，某德哈密分公司作为发包人、某海新疆分公司作为承包人签订《建设工程施工合同》，主要约定：工程名称为××名苑住宅小区 A 区 5#、6#、7#、B 区 6#商住楼；开工日期 2009 年 11 月 15 日，竣工日期 2010 年 8 月 30 日，合同工期 410 天。合同价款 12227762 元，采用固定价格方式确定，支付工程款必须支付某海新疆分公司基本账户。三层主体完成支付总价的 23%；主体完成支付 22%；装修完成支付 20%；具备验收条件支付 20%；验收合格，结算完成支付 10%；留保修金 5%，保修期满付清。

某海新疆分公司对案涉工程进行了施工，经验收合格后向某德哈密分公司交付使用。案涉工程竣工时间为：一期工程：A9#、A11#、A12#、B5#、B8#:2010 年 10 月 30 日；二期工程：A5#、A7#：2010 年 12 月 10 日，A6#：2010 年 12 月 30 日，B6#：2011 年 10 月 25 日。

某德哈密分公司委托哈密市置业房地产中介服务有限责任公司作出《房屋测绘技术报告书》认定：案涉工程最终建筑面积：一期工程：A9#：4100.24 平方米，A11#：5353.72 平方米，A12#：4285.5 平方米，B5#：5026.18 平方米，B8#：4415.04 平方米；二期工程：A5#：4138.05 平方米，A6#：2803 平方米，A7#：5349.36 平方米，B6#：3551.78 平方米。

各方观点

某海公司观点：一审判决对案涉合同效力虽认定无效，但以“合同双方存在串标的违法行为”作为认定依据属于认定错误。某德哈密分公司与某海新疆分公司均为分公司，不具备法人主体资格，某海新疆分公司不具备建筑施工企业资质，故双方作为《建设工程施工合同》的签约主体，违反了建筑法和招标投标法关于建设工程承包人相关资格的强制性规定，《建设工程施工合同》应为无效。一审判决以《建安工程施工补充协议》约定的单价作为确定工程价款的依据，并据此认定“案涉工程总造价为28305284.45元”错误。应以某海新疆分公司投标文件载明的中标对应楼号的单价、《中标通知书》以及《建设工程施工合同》为依据确定工程造价，案涉工程总造价应为31164756.95元。《建设工程施工合同》签订在后，且属于经过备案的中标合同。根据《最高人民法院关于审理建设工程施工合同纠纷案件适用法律问题的解释》第21条规定以及后合同优于先合同的原则，案涉工程应以时间在后的投标文件约定的单价、《中标通知书》以及《建设工程施工合同》作为结算工程总造价的依据。

某德哈密分公司观点：双方实际履行的合同为《建安工程施工补充协议》，在《建安工程施工补充协议》和《建设工程施工合同》均为无效的情形下，应按照实际履行的协议确定双方结算工程款的依据。

法院观点

一审法院观点：《招标投标法》第43条规定：“在确定中标人前，招标人不得与投标人就投标价格、投标方案等实质性内容进行谈判。”本案争议工程依照法律规定，应当进行招投标。某德哈密分公司与某海新疆分公司在案涉工程确定中标人之前，对工程实质性内容进行谈判，另行签订《建安工程施工补充协议》，在确定某海新疆分公司为中标人之后，双方订立《建设工程施工合同》，双方签订的《建安工程施工补充协议》及《建设工程施工合同》排挤其他投标人的公平竞争，损害其他投标人的合法权益，违反了法律的禁止性规定，当属无效。某德哈密分公司与某海新疆分公司虽均不是独立承担民事责任的诉讼主体，但却是具备从事相应民事行为的企业法人的分支机构，双方签订合同的行为并不必然导致合同无效。某海公司以合同订立主体均为分公司为由，要求确认双方订立的《建设工程施工合同》无效，其理由虽不能成立，但该诉讼请求因合同双方存在串标的违法行为而导致合同无效，予以支持。

双方当事人订立的《建设工程施工合同》及《建安工程施工补充协议》均约定案涉工程造价为固定价款，区别为《建安工程补充协议》中另行约定："工程包死价不包含塑钢窗和地暖的工程造价。"某德哈密分公司提交的其与第三方签订的塑钢窗和地暖施工合同及付款凭证，可以证实案涉工程塑钢窗和地暖工程确由第三方施工且款项支付完毕，而某海新疆分公司除竣工验收报告之外，并未提供其对塑钢窗和地暖工程实际施工，并经某德哈密分公司确认工程量的其他证据予以佐证，故一审法院认定案涉工程塑钢窗和地暖工程由第三方施工，双方实际履行的合同系《建安工程补充协议》，应当依据该《建安工程补充协议》确定工程造价。

二审法院观点：《招标投标法》第 43 条规定："在确定中标人前，招标人不得与投标人就投标价格、投标方案等实质性内容进行谈判"；第 55 条规定："依法必须进行招标的项目，招标人违反本法规定，与投标人就投标价格、投标方案等实质性内容进行谈判的，给予警告，对单位直接负责的主管人员和其他直接责任人员依法给予处分。前款所列行为影响中标结果的，中标无效。"案涉工程的性质为商品住宅，施工合同估算价超过 200 万元，依据《招标投标法》第 3 条、《工程建设项目招标范围和规模标准规定》第 3 条、第 7 条之规定，属于必须进行招标的项目。双方当事人对于必须进行招标的项目，在招标开始前就签订了《建安工程施工补充协议》，确定了某海公司为施工人，并对工程范围、工期、工程价款等做了具体明确的约定，属于就"实质性内容进行谈判"的情形，违反了《招标投标法》第43 条规定，故两份《建安工程施工补充协议》应为无效。同时，上述行为影响中标结果，依据《招标投标法》第 55 条规定，中标应认定无效。中标无效后，根据《最高人民法院关于审理建设工程施工合同纠纷案件适用法律若干问题的解释》[①] 第 1 条规定，中标后签订的《建设工程施工合同》亦应认定无效，一审判决对此认定并无不当。某海公司主张《建安工程施工补充协议》及《建设工程施工合同》因缔约主体均为分公司、不具备相应资质而应认定无效，但根据《公司法》第 14 条规定"分公司不具有法人资格，其民事责任由公司承担"，故虽

① 该司法解释现已失效。

然《建安工程施工补充协议》及《建设工程施工合同》的缔约主体为分公司，但行为后果和民事责任均由某海公司和某德公司承担，而根据某海公司提交的资料记载，某海公司具备对案涉工程进行施工的施工资质。故某海公司关于这一点的上诉理由不能成立。

案涉工程已经竣工验收合格，应参照合同约定支付工程价款，具体应以哪一份合同作为参照，应结合双方的实际履行情况、工程成本等因素确定。比较同一期工程所对应的《建安工程施工补充协议》及《建设工程施工合同》的具体内容，《建安工程施工补充协议》对工程价款约定了固定平方米均价，《建设工程施工合同》约定了工程总价；《建安工程施工补充协议》约定固定平方米均价不包含采暖、塑钢窗等甲方分包工程的造价，《建设工程施工合同》对此则没有约定。根据一审判决认定，案涉工程的塑钢窗和地暖工程是由第三方而非某海公司施工，某海公司对此未提起上诉，应视为认可。某海公司在二审期间主张《建设工程施工合同》约定的工程总价亦是扣除了塑钢窗和地暖费用之后的价格，但《建设工程施工合同》对此没有体现，其提交的一期工程商务标和二期工程投标书反而在（概）预算书中列明了塑钢窗和地暖费用，投标价与预算费用虽有差额，但该差额与塑钢窗和地暖费用的数额也不能完全对应，故某海公司关于这一点的主张不能成立。综上，从约定的工程价款是否扣除了甲方分包的塑钢窗和地暖费用这个角度来看，双方实际履行的应为《建安工程施工补充协议》，应参照此协议约定的计算标准和计算方法认定工程价款。

关联案例

案件名称：某坤建公司与某联置业公司建设工程施工合同纠纷案

审理法院：一审：安徽省高级人民法院（2013）皖民四初字第00006号；二审：最高人民法院（2018）最高法民终416号

裁判观点：根据《最高人民法院关于审理建设工程施工合同纠纷案件适用法律问题的解释》第2条①的规定，建设工程施工合同无效，但建设工程经竣工验收合格，承包人请求参照合同约定支付工程价款的，应予支持。由于本案所涉三份施工合同均无效，故应先行确定当事人实际履行的合同，再参照该合同确定工程价款。

---

① 已失效，可参照《最高人民法院关于审理建设工程施工合同纠纷案件适用法律问题的解释（一）》（法释〔2020〕25号）第24条，“当事人就同一建设工程订立的数份建设工程施工合同均无效，但建设工程质量合格，一方当事人请求参照实际履行的合同关于工程价款的约定折价补偿承包人的，人民法院应予支持”。

律师点评

建筑施工企业在承接工程和实际施工过程中，与建设单位往往签订不止一份施工合同。若属于必须招标的工程项目，除中标备案合同外往往存在私下签订的补充合同，若不属于必须招标的工程项目，经过招投标手续或者直接向政府相关部门备案后往往也会签署补充协议。而多份施工合同的存在又导致工程价款结算的复杂性增加，实践中的诸多情形，经常会导致与上一节提及的“黑白合同”典型情形的竞合，因此，应当结合案件的实际情况，具体分析多份施工合同的效力，判定以哪份合同为结算依据。

一、对于必须招投标的工程项目，法院认定多份施工合同效力的情形及处理原则

为了实现对建筑市场的有效监管，我国《招标投标法》《招标投标法实施条例》《工程建设项目招标范围和规模标准规定》对必须招标和非必须招标的工程项目范围进行了具体的界定。对于两类工程项目的法律体制设计不同将导致在建筑施工企业与建设单位签订多份施工合同的情形下工程款结算的不同法律后果。针对必须招标的工程项目，因签订多份施工合同可能导致以下三种情形：

一是，对于必须招投标的工程项目，未经招投标程序即签订了施工合同，后又补办招投标手续，签订施工合同并进行备案。此种情形下，因为工程项目属于法律强制规定必须进行招标的工程，未经招标程序签订的施工合同违反了法律强制性规定而无效。后续签订的中标备案合同的法律效力必须结合案件具体条件进行判定。《招标投标法》第43条规定：“在确定中标人前，招标人不得与投标人就投标价格、投标方案等实质性内容进行谈判。”第50条、第52条、第55条规定，以下所列行为影响中标结果的，中标无效。包括：(1) 依法必须进行招标的工程项目，在招标代理机构违反本法规定，泄露应当保密的与招标投标活动有关的情况和资料的，或者与招标人、投标人串通损害国家利益、社会公共利益或者他人合法权益的；(2) 依法必须进行招标的项目的招标人向他人透露已获取招标文件的潜在投标人的名称、数量或者可能影响公平竞争的有关招标投标的其他情况的，或者泄露标底的；(3) 依法必须进行招标的项目，招标人违反本法规定，与投标人就投标价格、投标方案等实质性内容进行谈判的。第53条、第54条、第57条规定，以下所列行为导致中标无效，包括：(1) 投标人相互串通投标或者与招标人串通投标的，投标人以向招标人或者评标委员会成员行贿的手段谋取中标的，中标无效。(2) 投标人以他人名义投标或者以其他方式弄虚作假，骗取中标的，中标无效。(3) 招标人在评标委员会依法推荐的中标候选人以外确定中标人的，依法必须进行招标的项目在所有投标被评标委员会否决后自行确定中标人的，中标无效。若结合案件证据认定构成上述中标无效的情形或者证据证明补办招投标程序及备案中标合同的目的是规避法律，则此时，先签订的施工合同与中标备案合同皆为无效合同，但先行签订的施工合同系双方当事人真实的意思表示且为双方实际履行之合同，可以按照其进行工程价款的结算。

二是，必须招投标的工程项目，因串标、围标等原因导致中标无效签订备案合同，后又签订补充协议。《施工合同司法解释（一）》第 1 条规定："建设工程施工合同具有下列情形之一的，应当根据民法典第一百五十三条第一款的规定，认定无效：……（三）建设工程必须进行招标而未招标或者中标无效的……"此种情形下，如上述所列举的中标无效的多种情形，该中标备案合同因违反法律强制性规定而无效。《招标投标法》第 46 条第 1 款规定："招标人和中标人应当自中标通知书发出之日起三十日内，按照招标文件和中标人的投标文件订立书面合同。招标人和中标人不得再行订立背离合同实质性内容的其他协议。"则后续签订的补充协议亦为无效合同。因此，《民法典》第 793 条第 1 款规定："建设工程施工合同无效，但是建设工程经验收合格的，可以参照合同关于工程价款的约定折价补偿承包人。"此时应以双方实际履行之合同作为结算依据。

三是，必须招投标的工程项目，招投标人没有按照法定招投标的程序进行招投标，而是自行招标或者是议标，当事人签订多份施工合同。此种情形下，如前所述，根据《施工合同司法解释（一）》，当事人签订的多份施工合同皆无效，按照实际履行合同进行结算。

二、对于非必须招投标的工程项目，法院认定多份施工合同效力的情形及处理原则

鉴于上一节针对"黑白合同"典型情形的论述中对不是必须招标的工程项目采取合法招标形式签订合法的中标备案合同和补充协议的合同效力认定及处理原则进行了分析，此处不再赘述。针对不是必须招标的工程项目，实践中经常出现下述情形的纠纷：

一是，不是必须招投标的工程项目，但是当事人按照招投标的程序进行了招投标，签订了施工合同并进行了备案，但存在中标无效的情形，后又签订实际履行合同的。此种情形下，当事人因自愿采取招投标程序而受相关法律规制，因此，处理原则类似于上述必须招标的工程项目因中标无效的处理原则。签订的中标备案合同和后续实际履行合同，因违反《招标投标法》《施工合同司法解释（一）》的强制性规定而无效，应按照当事人真实合意的实际履行合同结算工程价款。

二是，对于不是必须招投标的工程项目，当事人未按照招投标的程序进行招投标，却将施工合同进行了备案，此后双方又签订了实际履行合同。此种情况下，由于工程项目属于非强制备案的范畴，且工程未经招投标程序，备案并不会对合同效力产生影响。若实际履行合同有效，则应当根据当事人真实意思表示，以实际履行合同作为工程价款结算依据。

3.10 发包人违约解除固定价格合同，承包人如何结算已完工程价款①

——某升公司与某豪公司建设工程施工合同纠纷一案②

关 键 词：根本性违约　突破合同　定额

问题提出：建设单位根本性违约导致合同中途解除时，施工单位能否突破合同价约定，以定额价结算工程价款？

裁判要旨：审理此类案件，除应当综合考虑案件实际履行情况外，还特别应当注重双方当事人的过错和司法判决的价值取向等因素，以此确定已完工程的价款。一审判决没有分清哪一方违约，仅仅依据合同与预算相比下浮的76.6%确定本案工程价款，然而，该比例既非定额规定比例，也不是当事人约定的比例，一审判决以此种方法确定工程价款不当，应予纠正；某升公司提出的以政府部门发布的预算定额价结算本案已完工程价款的上诉理由成立。

---

① 撰稿人：朱树英，上海市建纬律师事务所。

② 一审法院：青海省高级人民法院（2012）青民一初字第5号；二审法院：最高人民法院（2014）民一终字第69号。

案情简介

上诉人（一审原告、反诉被告）：某升公司

上诉人（一审被告、反诉原告）：某豪公司

2011年9月1日，某豪公司与某升公司签订《建设工程施工合同》约定：由某升公司为某豪公司的建设工程施工。工程名称为海南×××产业创意园商业广场；工程内容为：建筑结构为独立基础、框架结构；层数为1层、局部2层和3层；建筑高度分别为5.7米、10.20米、14.10米，建筑面积为36745平方米，最终以双方审定的图纸设计面积为准；开工日期为2011年5月8日，竣工日期为2012年6月30日，工期419天。工程单价1860元/平方米，单价一次性包死，合同总价款68345700元。

2011年5月15日，某升公司开始施工；2011年6月，北京某安华诚建设设计有限公司（以下简称“某安华诚公司”）完成设计图纸，同月27日双方当事人及有关单位进行图纸会审；2011年11月23日，某升公司、某豪公司、监理单位、设计单位、勘察单位、质检单位在××州××县某豪公司售房部形成《基础验收会议纪要》，工程基础验收合格。2012年6月13日，某升公司和某豪公司与相关单位组织工程主体结构验收。

2012年6月19日，某升公司发出《通知》，要求某豪公司于2013年6月23日前支付拖欠的进度款1225.14万元工程款，否则将停止施工。2012年6月25日，某豪公司发出《通知》，内容为：某升公司不按约履行合同，拖延工程进度，不按图施工，施工力量薄弱，严重违约，导致工程延误，给某豪公司造成了巨大经济损失，要求解除合同，要求某升公司接到通知的一日内撤场、拆除邻舍。之后，双方解除合同，某升公司撤场。2012年6月28日，某豪公司将未完成的全部工程发包给案外人某盛实业公司。

2011年8月10日至2012年4月18日，某豪公司陆续支付给某升公司工程款2850万元；2012年7月10日，某豪公司为某升公司垫付民工工资297562元，某豪公司垫付施工用水费130000元，监理单位的罚款10000元，防雷检测、沉降观测费20000元，合计30957662元。

2012年7月9日，某升公司向青海省高级人民法院起诉，请求判令某豪公司向某升公司支付工程款22439200元，并支付违约金。某豪公司提出反诉，请求判令：1. 某升公司退还某豪公司多支付工程款1065808.18元；

2. 某升公司赔偿某豪公司损失4926190.40元，其中包括：工期延误造成的损失4678199.4元、已完工部分质量不合格造成的损失248000元；3. 某升公司承担违约金共计2558829.8元，包括：工期延误违约金425000元、质量达不到一次交验合格违约金183458.8元、严重违反合同条款违约金2050371元；4. 某升公司交付已施工部分工程的全部施工资料；5. 某升公司退还全部工程图纸。

在案件审理过程中，一审法院委托青海省规划设计研究院工程造价咨询部对案涉工程的造价进行了鉴定，鉴定机构以合同约定总价与全部已完工程预算总价的比值作为计划价比例，再以该比例乘以已完工程预算价格的方法进行计价，并得出鉴定结论。同时，一审法院也委托了鉴定机构对质量进行了鉴定，确认基础和主体合格，但有部分工程需要整修。

一审法院判决：一、某升公司于本判决生效后30日内向某豪公司返还超付的工程款835491.69元；二、某升公司于本判决生效后30日内向某豪公司支付质量缺陷修复费用248000元；三、驳回某升公司的诉讼请求；四、驳回某豪公司的其他反诉请求。

二审最高人民法院经审理后判决：一、撤销青海省高级人民法院（2012）青民一初字第5号民事判决；二、某豪公司于本判决生效后10日内向某升公司支付工程款9410477.43元；三、某豪公司于本判决生效后10日内向某升公司支付违约金60227元；四、某升公司于本判决生效后10日内向某豪公司交付已施工部分全部施工资料和全部工程图纸；五、驳回某升公司的其他诉讼请求；六、驳回某豪公司的其他反诉请求。

各方观点

某升公司观点：首先，原审根据双方签订的合同，本案工程价款的计算为建筑面积乘以固定单价，双方解除合同时，某升公司的施工面积已达到双方审定的图纸设计面积，那么依据双方合同约定的工程价款计算方法，本案工程价款为36691.76平方米×1860元=68246673.60元（见鉴定结论第一项）。其次，虽然某升公司的施工面积已达到图纸设计面积，但某升公司并没有完成与施工面积相对应的全部工程量，此时如依据合同约定的工程价款计算方法计算本案工程价款明显不合理。最后，本案合同约定的工程价款计算方法已无法适用，双方当事人对如何计算已完工程的工程价款又不能协商一致，那么如何计算本案已完工程的工程价款就成了本案的争议焦点。

某豪公司观点：某升公司要求按照定额结算已完工程价款的主张和理由，因不符合双方合同的明确约定和法律规定，故不成立。某升公司的主张旨在突破合同约定打破双方当事人之间的利益平衡。工程造价鉴定意见充分考虑了双方当事人的不同意见，完全能够满足人民法院审理案件的需要，符合法律规定，并无不当。

法院观点

一审法院观点：某升公司主张逾期付款违约金缺乏事实依据，不予支持。某豪公司主张某升公司延误工期，赔偿工期延误损失，不符合本案实际，不予支持。某升公司施工的基础和主体工程通过了验收，只是存在整改项目，未有证据证明某升公司完成的工程项目不合格，某豪公司该部分的主张依据不足，不予支持。

在合同履行过程中，双方当事人产生争议，某豪公司书面通知某升公司解除合同，某升公司未完成全部的施工内容。案涉合同是双方当事人真实意思表示，未违反法律法规的强制性规定，合法有效。因此，在双方当事人对工程价款的计价方式明确约定的情况下，对于某升公司已完工程价款的计取，应以合同中约定的工程价款的计价条款为依据。根据双方当事人的申请，一审法院委托青海省规划设计研究院工程造价咨询部就案涉工程某升公司已施工和未施工部分的工程价款进行了鉴定，鉴定机构分别就相应的鉴定内容出具了鉴定意见。

双方当事人对工程计价有明确约定，虽然案涉工程为未完工程，并且合同已经解除，但合同的解除，并不影响合同中约定的工程价款的结算条款。《最高人民法院关于审理建设工程施工合同纠纷案件适用法律问题的解释》第10条第1款[①]规定“建设工程施工合同解除后，已经完成的建设工程质量合格的，发包人应当按照约定支付相应的工程价款”；第22条规定[②]：“当事人约定按照固定价结算工程价款，一方当事人请求对建设工程造价进行鉴定的，不予支持。”某升公司关于合同约定的工程量因某豪公司解除合同的行为发生

---

① 对应《民法典》第806条第3款。

② 对于《最高人民法院关于审理建设工程施工合同纠纷案件适用法律问题的解释（一）》第28条。

了变更，本案的工程款计价方式不再适用合同中关于固定单价的约定，应当按照定额进行结算的主张旨在于突破合同对双方当事人的拘束，打破双方之间的利益平衡。在合同解除后，由于案涉工程为未完工程，无法直接以固定价计算工程价款，鉴定机构将合同价与预算价相比，计算出某升公司按合同约定已完成的工程价款，符合双方合同的约定，也符合上述司法解释的规定，有事实和法律依据。

鉴定机构依据双方签订的《建设工程施工合同》、设计施工图及《青海省建设工程消耗量定额（2004）》等相关资料，计算出定额预算总价款89098947.93元，合同约定的总价款68246673.60元，合同价与预算价相比下浮比例为76.6%，某升公司已完工程定额预算价为40652058.17元，已完工程项目鉴定价格为32723973.82元（包括双方有争议的工程变更、签证项目1451136.16元）。由于某升公司未提交其他证据证明签证单所涉工程量及价款的真实性。因此，双方有争议的工程变更、签证项目1451136.16元应从鉴定意见已完工程合同价款32723973.82元中扣减。某升公司已完成的工程总价款为31272837.66元。

二审法院观点：某升公司不存在工期延误现象，已完工程质量合格，某升公司履行合同过程中不存在违约。某豪公司单方解除合同并未按照约定时间支付相应工程款，属于对合同义务的严重违反，构成了根本违约。

首先，就本案应当采取的计价方法而言。法院认为，首先，根据双方签订的《建设工程施工合同》约定，合同价款采用按约定建筑面积量价合一计取固定总价，即：以一次性包死的承包单价1860元/平方米乘以建筑面积作为固定合同价，合同约定总价款约68345700元。作为承包人的某升公司，其实现合同目的、获取利益的前提是完成全部工程。因此，本案的计价方式，贯彻了工程地下部分、结构施工和安装装修三个阶段，即三个形象进度的综合平衡报价原则。

其次，我国当前建筑市场行业普遍存在地下部分和结构施工薄利或者亏本的现实，这是由于钢筋、水泥、混凝土等主要建筑材料价格相对较高且大多包死，施工风险和难度较高，承包人需配以技术、安全措施费用才能保质保量完成等所致；而安装、装修施工是在结构工程已完工之后进行，风险和成本相对较低，因此，安装、装修工程大多可以获取相对较高的利润。本案中，某升公司将包括地下部分、结构施工和安装装修在内的土建与安装工程全部承揽，其一次性包死的承包单价是针对整个工程作出的。如果某升公司单独承包土建工程，其报价一般要高于整体报价中所包含的土建报价。作为发包方的某豪公司单方违约解除了合同，如果仍以合同约定的1860元/平方米作为已完工程价款的计价单价，则对某升公司明显不公平。

再次，合同解除时，某升公司施工面积已经达到了双方审定的图纸设计的结构工程面积，但整个工程的安装、装修工程尚未施工，某升公司无法完成与施工面积相对应的全部工程量。此时，如果仍以合同约定的总价款约68345700元确定本案工程价款，则对某豪公司明显不公平，这也印证了双方当事人约定的工程价款计价方法已无法适用。

最后，根据本案的实际，确定案涉工程价款，只能通过工程造价鉴定部门进行鉴定的方式进行。通过鉴定方式确定工程价款，司法实践中大致有三种方法：一是以合同约定总价与全部工程预算总价的比值作为下浮比例，再以该比例乘以已完工程预算价格进行计价；二是已完施工工期与全部应完施工工期的比值作为计价系数，再以该系数乘以合同约定总价进行计价；三是依据政府部门发布的定额进行计价。

第一种方法的应用：是在当事人缔约时，依据定额预算价下浮了一定比例形成的合同约定价，只要计算出合同约定价与定额预算价的下浮比例，据此就能计算出已完工程的合同约定价。鉴定意见书即采用了该种方法，一审判决也是采纳了该鉴定意见。遵循这一思路，本案已完工程的价款应为：68246673.60元（鉴定的合同总价款）÷89098947.93元（鉴定的全部工程预算价）×40652058.17元（鉴定的已完工工程预算价）=31139476.56元。然而，无论是鉴定意见书还是一审判决，采用这一方法计价存在明显不合理之处：一是现无证据证明鉴定的全部工程预算价89098947.93元是当事人缔约时依据的预算价，何况合同总价款68246673.6元也是通过鉴定得出的，并非当事人缔约时约定的合同总价款。二是用鉴定出的两个价款进行比对得出的下浮比例，与当事人的意思表示没有任何关联，如此计算出来的价款当然不可能是合同约定的价格。三是如采用这一种方法，某豪公司应支付的全部工程价款大致为：31139476.56元+13500000元（被某豪公司分包出去的屋面工程价款）+14600000元（剩余工程价款）=59239476.56元。由此，某豪公司应支付的全部工程价款将明显低于合同约定的总价68345700元，两者相差910余万元。显然，如采用此种计算方法，将会导致某豪公司虽然违反约定解除合同，却能额外获取910余万元利益的现象。这种做法无疑会助长因违约获得利益的社会效应，因而该方法在本案中不应被适用。四是虽然一审判决试图以这一种计算方法还原合同约定价，但却忽略了当事人双方的利益平衡以及司法判决的价值取向。至某豪公司解除合同时，某升公司承包的土建工程已全部完工，某豪公司解除合同的行为破坏了双方的交易背景，此时如再还原合同约定的土建工程价款，既脱离实际情况，违背交易习惯，又会产生对守约一方明显不公平的后果。

第二种方法的应用：如果采用第二种方法计算本案工程的工程价款，本案已完工程价款应为：408天（2011年5月15日至2012年6月25日）÷506天（2011年5月15日至2012年10月1日）×68246673.6元（鉴定的合同总价款）=55028938.40元。采用这一种方法，与建设工程中发包人与承包人多以单位工程内完成工程量考核进度的交易习惯相符。某豪公司应支付的全部工程价款为：55028938.40元+13500000元（被某豪公司分包出去的屋面工程价款）+14600000元（剩余工程的工程价款）=83128938.4元。某豪公司应支付的全部工程价款明显高于合同约定的总价68345700元，两者相差14783238.40元，此时虽然符合某豪公司中途解除合同必然导致增加交易成本的实际情况，但该计算结果明显高于已完工工程相对应的定额预算价40652058.17元，对某豪公司明显不公，因而也不应采用。

第三种方法的应用：如采用第三种方法即依据政府部门发布的定额计算已完工工程价款，则已完工工程价款应是40652058.17元+13500000元（被某豪公司分包出去的屋面工程）+14600000元（剩余工程的工程价款）=68752058.17元，比合同约定的总价68345700元仅高出36万余元。此种处理方法既不明显低于合同约定总价，也不过分高于合同约定总价，与当事人逾期的价款较为接近，因而比上述两种计算结果更趋合理。另外，政府部门发布的定额属于政府指导价，依据政府部门发布的定额计算已完工程价款亦符合《合同法》第62条第2项[①]“价款或者报酬不明确的，按照订立合同时履行地的市场价格履行；依法应当执行政府定价或者政府指导价的，按照规定履行”以及《民法通则》第88条第2款第4项（已失效）“价款约定不明确的，按照国家规定的价格履行；没有国家规定价格的，参照市场价格或者同

① 对应《民法典》第511条第2项。

类物品的价格或者同类劳务的报酬标准履行”等相关规定，审理此类案件，除应当综合考虑案件实际履行情况外，还特别应当注重双方当事人的过错和司法判决的价值取向等因素，以此确定已完工程的价款。一审判决没有分清哪一方违约，仅仅依据合同与预算相比下浮的76.6%确定本案工程价款，然而，该比例既非定额规定的比例，也不是当事人约定的比例，一审判决以此种方法确定工程价款不当，应予纠正；某升公司提出的以政府部门发布的预算定额价结算本案已完工程价款的上诉理由成立，应予支持。

律师点评

本案实际上是建设单位根本性违约导致合同中途解除时，施工单位能否突破合同价的约定，以定额价结算工程价款的案例。本案中的施工单位某升公司承接了某豪公司的工程，合同约定建筑面积为36745平方米，工程单价为1860元/平方米，单价一次性包死，合同总价款68345700元。然而，由于某豪公司未能按时支付工程款并单方解除合同，某升公司仅完成部分工程后即撤场。之后双方在结算已完成部分工程价款时未能达成一致，故某升公司向法院起诉要求支付拖欠的工程款，而某豪公司则反诉要求某升公司退还其多支付的工程款，并赔偿损失及违约金。法院委托了鉴定机构对本案工程的造价进行了鉴定，鉴定机构采用的方法是先用定额计算出合同施工图预算总价，然后用该价格与按照合同约定算出的总价比较，得出合同约定总价是合同预算总价的76.6%这一比例。同时，鉴定机构又用定额算出了已完工程的预算价格，再用该价格乘以76.6%，计算出的价格就是已完工程的合同价格。对于此鉴定结果，某豪公司予以认可，而某升公司则提出应以定额算出的已完工程预算价格作为结算依据。因此，“已完工程能否突破合同价格约定，以定额作为计价方法”成为本案争议焦点。本案历经高级法院一审、最高人民法院二审，两级法院对于上述问题观点不同，且有充分论述。因此，本案非常典型。

一、如何认定根本性违约？其法律后果是什么

《1980年联合国国际货物销售合同公约》将违约分为根本违约和非根本违约，根本违约的定义为：一方当事人违反合同的结果，如使另一方当事人蒙受损害，以至于实际剥夺了他根据合同规定有权期待得到的东西，反之为非根本违反合同。

我国法律并未明确定义根本性违约，但《民法典》第563条第1款第2项、第3项、第4项“有下列情形之一的，当事人可以解除合同：（二）在履行期限届满前，当事人一方明确表示或者以自己的行为表明不履行主要债务；（三）当事人一方迟延履行主要债务，经催告后在合理期限内仍未履行；（四）当事人一方迟延履行债务或者有其他违约行为致使不能实现合同目的”的规定实质就是根本性违约。总结来说，所谓根本性违约，是指一方当事人不履行、延迟履行主要债务或其他违约行为而使另一当事人的主要合同目的不能实现，受损害方可以主张单方解除合同，并可要求损害赔偿。根本性违约是相对于非根本性违约而言的，所谓非根本性违约，是指一方当事人违约使另一方当事人的利益受到损害，但并不影响受损害人继续履约实现合同目的。对于非根本性违约，受损害方不能单方解除合同，但可以要求损害赔偿。本案中的某豪公司拒绝按期支付工程款，并在合同期限内无法给定理由单方解除合同，结合《民法典》第563条的规定，已然构成根本性违约。

此外，《民法典》第577条还规定：“当事人一方不履行合同义务或者履行合同义务不符合约定的，应当承担继续履行、采取补救措施或者赔偿损失等违约责任。”对根本性违约的救济除了赋予守约方的单方解除权，违约方还应承担继续履行、采取补救措施或者赔偿损失等违约责任。

二、施工合同中途解除，如何结算已完工程价款

根据《民法典》第567条“合同的权利义务终止，不影响合同中结算和清理条款的效力”，《民法典》第806条第3款“合同解除后，已经完成的建设工程质量合格的，发包人应当按照约定支付相应的工程价款；已经完成的建设工程质量不合格的，参照本法第七百九十三条的规定处理”，以及《施工合同司法解释（一）》第19条第1款“当事人对建设工程的计价标准或者计价方法有约定的，按照约定结算工程价款”等规定，毫无疑问，若施工合同中途解除，应当按照合同约定的计价方法支付相应的工程价款。

本案中的一审法院也持以上观点，即“案涉合同是双方当事人真实意思表示，未违反法律法规的强制性规定，合法有效。因此，在双方当事人对工程价款的计价方式明确约定的情况下，对于某升公司已完工程价款的计取，应以合同中约定的工程价款的计价条款为依据”，然而，本案的特殊之处正在于合同约定的是每平方米固定单价，如工程顺利竣工通过质量验收，当然可按照已完成工程的建筑面积的平方米数进行结算，该结算方式适用的前提是

合同约定的全部工程均完工。但是，本案合同约定的工程，某升公司完成基础、主体工程后，因某豪公司单方解除合同事实上未能全部完工，按照合同约定的固定单价根本无法直接算出已完工程的价款。在这种情况下，一审法院支持了鉴定单位提出的以合同约定总价与全部工程预算总价的比值作为下浮比例，再以该比例乘以已完工程预算价格进行计价。然而，这种所谓的计价方式真的是合同双方当事人的真实意思表示吗?

就整体建筑工程而言，可以分为基础部分、主体部分、装饰部分、安装部分等。各部分的工程体量不同，造价也完全不同。基础和主体部分的实际投入量比装饰工程明显大很多，需要根据地质结构进行大量的、高标号、高强度的钢筋、水泥等建筑材料及工程量投入，而在装饰部分工程量及造价相对较少。建筑工程的利润分布却是呈现出逐渐增多的情形，即在基础、主体部分实现的利润相对很少，在装饰部分稍多一些，整个工程的利润大多是在装饰、安装部分实现的。这在整个建筑行业是不争的事实。所以，整体工程大体量的投入均发生在基础及主体部分，此部分工程利润低，正常施工工程利润大多体现在装饰、安装工程。因此，在施工总承包的情形下，施工单位通常是通过装饰、安装工程获得利润的主要部分，从而弥补基础及主体部分的大量投入，以达到以盈补亏的平衡。如果基础、主体部分和装饰、安装工程，分别由不同的施工单位承包，那么各施工单位分别核算利润，最终整体工程的造价一定高于总承包施工的造价。这是建筑行业的规律和常识。因此，由于本合同的解除是由某豪公司单方根本性违约所导致，事实上是某豪公司对合同施工范围的实质性变更，如果签订合同时某升公司就知道其仅能就基础、主体部分获得工程价款，而不进行装饰、安装工程的施工，则双方约定的计价方式必然不会是该平方米固定单价。

由上可知，一审法院支持的所谓下浮的计价方法根本不是合同约定的计价方法，也不是双方当事人的真实意思表示，该计价方法所计算出的工程价款也不应得到采用。那么，应该采用何种计价方法才能让守约方某升公司获得其本应获得的工程价款呢?

三、何种情况下可以突破施工合同约定，以政府指导价即定额作为计价方法结算已完工程

根据《民法典》第511条第2项“当事人就有关合同内容约定不明确，依据前条规定仍不能确定的，适用下列规定：（二）价款或者报酬不明确的，按照订立合同时履行地的市场价格履行；依法应当执行政府定价或者政府指导价的，依照规定履行”的规定，当合同价格约定不明时，政府部门发布的定额价属于政府指导价，完全可以作为计价方法使用。

而且，某豪公司中途解除合同，未完部分工程不要某升公司继续施工，这属于某豪公司客观上变更了某升公司的施工范围，一定程度上也属于事实上的设计变更。根据《施工合同司法解释（一）》第19条第2款“因设计变更导致建设工程的工程量或者质量标准发生变化，当事人对该部分工程价款不能协商一致的，可以参照签订建设工程施工合同时当地建设行政主管部门发布的计价方法或者计价标准结算工程价款”之规定，本案已完工程价款的结算可以按照定额进行结算。

然而，真正决定本案采用定额计价方式进行结算的因素却是双方当事人的过错和司法判决的价值取向。本案中，某升公司并无任何过错，但某豪公司却拒不支付工程价款，并单方解除合同，构成了根本性违约。正如二审法院所分析的那样，如果采用鉴定单位比例下浮的方法计价，将会导致某豪公司违反约定解除合同却能额外获取910余万元利益的后果，这种做法无疑会引发极为不良的社会效应。若采用定额价结算工程价款，则与当事人签订合同时预期的价款更为接近，也更为合理。

如上所述，突破施工合同约定，以定额价结算工程价款需满足以下条件：(1) 因一方根本性违约，导致合同解除；(2) 因合同中途解除，无法直接采用合同原有计价方式计算已完工程价款；(3) 以定额价结算工程价款更能保护守约方的利益，符合当下司法判决的价值取向。

四、当下各级人民法院审理民商事案件的司法价值取向是什么

值得一提的是，在各级法院审理的民商事案件的判决中，会对一些疑难复杂的法律问题以满足司法判决的价值取向为由作出判决。实际上，所谓的司法价值取向就是我国相关民商事法律中的基本原则，如《民法典》中的平等、自由、等价有偿、公平、诚实信用、遵纪守法、依合同履行义务、禁止权力滥用的基本法律原则。

而最高人民法院在2009年发布的《关于当前形势下审理民商事合同纠纷案件若干问题的指导意见》（法发〔2009〕40号）中则重申了要求各级法院综合运用公平、诚实信用、保护守约方、维护合同效力和市场稳定等原则审理案件。本案中法院就是运用了公平及保护守约方的原则作为判决的价值取向。

综上所述，在建设单位根本性违约导致合同中途解除，而原合同计价方式无法适用的情形下，为保护守约方利益，施工单位可以尝试突破合同价约定，以定额价结算工程价款。

第四章　施工合同工程质量

综述：施工合同工程质量常见问题及司法处理原则①

建设工程施工合同，是承包人按照国家规定或者合同约定的质量标准，完成并提交建设成果，发包人支付价款的合同。施工合同工程质量与工程价款、工期被誉为施工合同的三座大山，三者相互联系又分别独立。《施工合同司法解释（一）》的一系列规定体现了工程质量至高无上、已完工程质量合格与相应的工程价款直接挂钩结算的原则。《民法典》《建筑法》《建设工程质量管理条例》等有关法律法规均有专门条款对施工合同工程质量进行规定，2017 版施工合同示范文本通用条款中设立单独条文对此问题进行了明确分类及约定，也体现了这一问题的重要性。在施工合同履行过程中，工程质量把控也是建设工程施工合同履约管理的重中之重。结合现行法律法规及司法解释，以及部分省、市高级人民法院关于工程质量案件的裁判观点，笔者分析了建筑工程质量问题的原因、特点，总结归纳了司法机关关于建设工程施工合同工程质量常见问题的司法审判的基本观点和认识，分别阐释建设工程施工合同工程质量常见问题及司法处理原则，以期为法律实务工作者办理该类案件提供一定的参考和借鉴作用。

一、施工合同工程质量问题多发的原因

每一项工程建设往往涉及勘察、设计、施工、建设、使用、监督、监理、管理等多个部分，而建设工程一般又是在露天环境中施工，并且，参与施工的人员、队伍、单位参差不齐。因此，建设工程质量事故的发生总与某种自然环境、施工条件、参与主体以及各级管理机构状况以及各种社会因素紧密相关。

如违反基本建设程序，不按有关规定进行工程招标投标，从而造成无证设计、超标承包、违章施工、违法分包、违法转包等，必然发生工程质量事

① 撰稿人：袁仲斌，上海建纬（昆明）律师事务所。

故。工程地质资料不足和勘测不准确，加上处理方案不当或质量不高等，造成地基承载能力不足或地基变形太大，很容易发生工程质量事故。市场上各类建筑材料良莠不齐，品种繁多，有的施工单位为了节省资金，怀着侥幸心理，选择的建筑材料不符合设计和有关标准的要求，或构件制品质量不合格，以次充好，也是造成工程质量事故的主要原因之一。在建设工程设计中，设计构造不当，计算简图不准确，结构计算出现错误，施工图不标准。在工程施工过程中，施工人员未严格按照图纸作业，未经设计单位允许，随意改动设计，随意增减项目，造成结构存在严重质量隐患。不能严格按照施工及验收规范施工，操作质量低劣。编制的施工组织设计质量较差，施工管理水平不高或混乱，施工顺序出现错误。施工单位及建设单位履约管理及现场施工管理混乱，制度不健全，没有建立完整的施工管理规范与现场监督管理机制。监理单位未能建立健全完善的监理制度，或者监理形同虚设，没有按规范全面履行监理职责，马虎大意，或者因为利益关系纵容、无视施工单位违法违规行为。建设单位、监理单位部分人员没有严格把关进场材料、没有严格管理工序、没有严格执行隐蔽工程或分项工程验收制度。在施工或使用过程中，荷载超过了设计规定值，或者地面堆载太大，温度、湿度及区域的变化影响，酸碱盐等物质的化学腐蚀，自然界的不可抗力，工人欠薪导致施工停滞、延误施工条件，甚至出现长时间停工、罢工，建设单位资金不到位停工等也有一定影响。前述因素归纳起来，部分属于建设单位的原因，部分属于施工单位的原因，部分属于勘察设计单位的原因，笔者简要梳理如下：

常见承包人应当承担工程质量责任的情况：1. 偷工减料，或者因材料不合格导致工程质量不合格；2. 未按图施工，未按施工技术标准施工导致工程质量不合格；3. 工人技能差、质量管理粗放导致工程质量不合格；4. 对于甲供材料，未经检验合格或者明知不合格而使用导致工程质量不合格；5. 对于设计方案和图纸，应当能够判断其缺陷，没有判断或者没有提出导致工程质量不合格；6. 承包人不具备施工资质，因资金、技术、设备、管理造成工程质量问题；等等。

常见发包人应当承担质量责任的情况，《施工合同司法解释（一）》第13条规定："发包人具有下列情形之一，造成建设工程质量缺陷，应当承担过错责任：（一）提供的设计有缺陷；（二）提供或者指定购买的建筑材料、建筑构配件、设备不符合强制性标准；（三）直接指定分包人分包专业工程。承包人有过错的，也应当承担相应的过错责任。”即发包人对建设工程质量承担过程责任的情形包括：1. 发包人提供的设计成果，包括发包人委托设计单位提供的设计成果，不符合法律规范、国家标准或建设工程施工合同的要求；2. 发包人提供的建筑材料、建筑构配件、设备，包括发包人指定购买的建筑材料、建筑构配件、设备不符合强制性标准；3. 发包人直接指定分包人分包专业工程造成建设工程质量瑕疵的。因发包人在前述情形承担的是过错责任，因此当承包人对建设工程质量瑕疵存在过错的，也应承担过错责任，对应的承包人承担过错责任的情形包括：1. 承包人知道或应当知道工程设计缺陷，没有提出，继续要求施工的；2. 承包人对发包人提供或指定购买的建筑材料、建筑构配件和设备，未进行检验或经检验不合格仍然使用的；3. 对发包人提出的违反法律、法规和建筑工程质量安全标准规定，降低工程质量的要求不予拒绝的。

二、建设工程质量问题的基本特点

建设工程质量问题的复杂性。为了满足各种特定的使用功能要求，适应自然环境的需要，建筑工程的产品种类繁多，且各地的气候、地区条件不同，施工条件不同。如建筑物的外墙或其他部位开裂，可能是设计构造不良，或出现计算错误，或地基沉降过大，或出现不均匀沉降，或因温度差异变形，或干缩过大，或材料质量低劣，或施工质量较差，或使用不当，或周围环境变化等，可能是其中的一个或几个。总之，工程质量问题一般比较复杂。

建设工程质量问题的严重性。发生工程质量问题往往会给建设单位及施工单位或其他参与主体带来诸多麻烦和困难。有的会影响工程施工的顺利进行，有的会给工程留下隐患，有的会缩短建筑物的使用年限，有的会使建筑物成为危房甚至不能使用，最为严重的是会使建筑物发生倒塌，造成人员伤亡和巨大经济损失。因此，必须高度重视，绝不能掉以轻心，务必及时分析，及时提出处理措施并及时处理，以确保建筑物的安全。

工程质量问题的可变化性。建设工程中的质量问题通常随时间、环境、施工条件等变化而发展变化的。例如，钢筋混凝土大梁上出现裂缝，其数量、长度和宽度会随着周围环境温度、湿度的变化而变化，或随着荷载大小和持荷时间的变化而变化，甚至有的细微裂缝也可能逐步发展成构件的断裂，以致工程倒塌。因此，必须针对建设工程质量的可变化性采取及时的应对与处理措施，避免质量状况恶化。

工程质量问题的多发性。建设工程质量问题几乎伴随着每一项发生争议的建设施工合同，一些问题像人们生病一样经常发生，被称为“工程质量的通病”。如：混凝土裂缝、砂浆强度不足、预制构件开裂、不均匀沉降、房屋卫生间和房顶的渗漏、外墙开裂，等等。此外，也经常出现同类型的工程质量问题重复发生。

三、确定工程质量的方法与途径

建筑工程质量问题表现形式与实质原因往往很难进行判断，必须由专业机构作出科学的分析、试验才能得出客观的评价。目前，该工作通常由专业的建设工程质量检测机构或具备工程质量鉴定资质的司法鉴定机构进行检测或司法鉴定。其中，建设工程质量检测机构由住房和城乡建设行政主管部门颁发的《建筑工程专项检测资质证书》开展建筑工程质量检测；司法鉴定机构则由司法行政主管部门依法颁发的《司法鉴定资质证书》开展工程质量司法鉴定。两者的服务目的、鉴定程序、鉴定依据以及鉴定内容存在一定的差异，但其作出的质量检测结果或司法鉴定结论均能够反映质量问题的表现形式及形成原因。在司法实践中，以上两种方法几乎成为确定质量问题的权威选择与必然选择，否则，很难通过双方认可的方式确定工程质量问题。有的工程质量问题表现十分明显，但是究其原因和责任主体，各方往往各执一词，很难统一。因此，第三方权威认定就成为必不可少的途径。

四、法律法规及司法解释对于常见质量问题的规定及司法处理原则

1. 承包人对自身原因造成的工程质量缺陷应当承担法律责任。《建筑法》第 58 条规定：“建筑施工企业对工程的施工质量负责。建筑施工企业必须按照工程设计图纸和施工技术标准施工，不得偷工减料。工程设计的修改由原设计单位负责，建筑施工企业不得擅自修改工程设计。”第 59 条规定：“建筑施工企业必须按照工程设计要求、施工技术标准和合同的约定，对建筑材料、建筑构配件和设备进行检验，不合格的不得使用。”《民法典》第 793 条规定：“建设工程施工合同无效，但是建设工程经验收合格的，可以参照合同关于工程价款的约定折价补偿承包人。建设工程施工合同无效，且建设工程经验收不合格的，按照以下情形处理：（一）修复后的建设工程经验收合格的，发包人可以请求承包人承担修复费用；（二）修复后的建设工程经验收不合格的，承包人无权请求参照合同关于工程价款的约定折价补偿。发包人对因建设工程不合格造成的损失有过错的，应当承担相应的责任。”第 801 条规定：“因施工人的原因致使建设工程质量不符合约定的，发包人有权请求施工人在合理期限内无偿修理或者返工、改建。经过修理或者返工、改建后，造成逾期交付的，施工人应当承担违约责任。”《施工合同司法解释（一）》第12条规定：“因承包人的原因造成建设工程质量不符合约定，承包人拒绝修理、返工或者改建，发包人请求减少支付工程价款的，人民法院应予支持。”《建设工程质量管理条例》第28条明确规定：“施工单位必须按照工程设计图纸和施工技术标准施工，不得擅自修改工程设计，不得偷工减料。施工单位在施工过程中发现设计文件和图纸有差错的，应当及时提出意见和建议。”另外《建设工程质量管理条例》第29条规定：“施工单位必须按照工程设计要求、施工技术标准和合同约定，对建筑材料、建筑构配件、设备和商品混凝土进行检验，检验应当有书面记录和专人签字；未经检验或者检验不合格的，不得使用。”

据此，承包人应当承担的质量缺陷责任：一是修理或者返工、改建，并承担相关费用；因此造成逾期交付的，承担违约金或者因此给发包人造成的损失。二是承包人拒绝修理或返工、改建的，发包人可以减少支付工程价款。减少工程款的数额，应相当于因整改需要支出的费用、因整改逾期竣工承包人应当支付的违约金或者因此给发包人造成的损失。三是整改以后仍不合格或者质量缺陷属于不可修复的，不支付工程价款；已经支付的，按照不当得利返还，同时，还应赔偿因此给发包人造成的损失。四是可以依据合同约定支付一定数额或比例的违约金。

2. 发包人应当承担工程质量责任的法律规定。《施工合同司法解释（一）》第13条规定：“发包人具有下列情形之一，造成建设工程质量缺陷，应当承担过错责任：（一）提供的设计有缺陷；（二）提供或者指定购买的建筑材料、建筑构配件、设备不符合强制性标准；（三）直接指定分包人分包专业工程。承包人有过错的，也应当承担相应的过错责任。”《建设工程质量管理条例》第3条规定：“建设单位、勘察单位、设计单位、施工单位、工程监理单位依法对建设工程质量负责。”因此，如发包人存在以上情形之一，应依法承担工程质量的法律责任。

3. 《民法典》《施工合同司法解释（一）》等一系列规定体现工程质量至高无上、已完工程质量合格与相应的工程价款直接挂钩结算原则。《民法典》第793条第1款规定：“建设工程施工合同无效，但是建设工程经验收合格的，可以参照合同关于工程价款的约定折价补偿承包人。”第 2 款规定：“建设工程施工合同无效，且建设工程经验收不合格的，按照以下情形处理：（一）修复后的建设工程经验收合格的，发包人可以请求承包人承担修复费用；（二）修复后的建设工程经验收不合格的，承包人无权请求参照合同关于工程价款的约定折价补偿。”《民法典》第 806 条第 3 款规定：“合同解除后，已经完成的建设工程质量合格的，发包人应当按照约定支付相应的工程价款；已经完成的建设工程质量不合格的，参照本法第七百九十三条的规定处理。”《施工合同司法解释（一）》第 19 条第 3 款规定：“建设工程施工合同有效，但建设工程经竣工验收不合格的，依照民法典第五百七十七条规定处理。”第 15 条规定：“因建设工程质量发生争议的，发包人可以以总承包人、分包人和实际施工人为共同被告提起诉讼。”

从上述一系列规定可以看出：工程质量是否合格放在建设工程纠纷案件处理的最高地位，不论合同是否有效，工程价款的结算必须以已完工程的质量合格作为前提。要确保工程质量合格，必须首先确保隐蔽工程的质量合格。隐蔽工程部位偷工减料或质量缺陷是导致工程发生重大安全、质量事故的根本原因。隐蔽工程是指地基、结构、电气管线、供水供热管线等需要覆盖、掩盖的分部分项工程。经覆盖的隐蔽部位如存在质量缺陷同时也被隐蔽，其隐蔽的特性使其成为承包人偷工减料的最有利的部位，故隐蔽部位质量验收应成为确保工程质量的关键。承发包双方都要加强隐蔽工程验收的签证管理，强化对隐蔽工程验收的参与和确认。2017 版施工合同示范文本第 5.2 款规定了如不参加隐蔽工程验收，承包人可自行通过验收，因此，尤其要强化如未参加验收的签证管理，预防因签证资料不全产生的法律风险。2017 版施工合同示范文本通用条款第 5 条用 5 个条款的内容规范了工程质量基本要求、工程质量保证措施、隐蔽工程检查、不合格工程的处理、质量争议检测等问题，实践中可以借鉴 2017 版施工合同示范文本对工程质量管理条文进行约定。

4.1 法院如何确认工程质量存在争议及认定工程质量争议的途径[①]

——中某公司、某安公司建设工程施工合同纠纷上诉案[②]

关 键 词： 建设工程质量　争议确认　认定途径

问题提出： 建设工程质量问题是每一项建设工程的核心问题之一，也是常见的工程合同纠纷，司法机关如何确认工程质量存在争议及认定工程质量存在问题的途径是什么？

关联问题： 如何开展工程质量鉴定？工程质量鉴定的效力及程序如何？如何运用工程质量鉴定解决质量争议问题？

裁判要旨： 建设工程质量问题经一方当事人提出申请，由司法机关委托有鉴定资质的鉴定机构作出鉴定，《建设工程质量管理条例》第26条第1款规定："施工单位对建设工程的施工质量负责。"鉴定结论认定建设工程存在质量问题，施工单位应当对工程的质量负责，即应承担加固、修复的责任，并保证施工完毕的建设工程经竣工验收合格。

案情简介

上诉人（原审原告、反诉被告）：中某公司

上诉人（原审被告、反诉原告）：某安公司

2012年9月12日，某安公司向中某公司发出了中标通知书。2012年12月，某安公司与中某公司签订了施工合同，工程概况：工程名称：某村"城中村"改造项目4#地块。建设规模：4#地块建筑面积约为214204平方米，地上建筑面积约为139836平方米，地下建筑面积约为74367平方米，工程内容：某村"城中村"改造项目施工图纸、施工图会审纪要、设计变更通知范围内

---

① 撰稿人：袁仲斌，上海建纬（昆明）律师事务所。

② 一审：云南省高级人民法院（2016）云民初90号；二审：最高人民法院（2020）最高法民终44号。

除发包人另行分包外的全部工程内容（详见施工范围）。工程价款与结算：(1) 本工程的发包方式为：合同承包范围内固定总价包干，包干总价为35000万元。本合同附件投标预算书内的工程量、项材料价格增减，一律不调整总包干价，投标人应全面考虑在将来施工过程中因国家政策性调整，市场价格波动带来的风险因素，不调整价差。(2) 工程竣工结算总价为：工程竣工结算总价=合同包干总价+结算价款调整金额超过合同包干总价的±3%的部分。工程进度款支付方式：(1) 乙方（中某公司）从桩间土人工清底做起，主体结构平均施工至7层开始支付进度款。(2) 全标段地下室主体结构完工及地上主体框架平均施工至7层结构完成后二十个工作日内支付完成工程进度价款的75%。(3) 标段内全部施工至主体框架结构封顶断水后二十个工作日内支付完成工程进度价款的75%。(4) 内外装修结束后十五个工作日内支付至合同包干总价款的75%。(5) 竣工验收且竣工资料交清后十五个工作日内支付至合同包干总价款的90%。(6) 竣工结算审定并且竣工资料经档案馆验收合格后十五个工作日内支付至工程竣工结算总价款的97%。(7) 工程竣工结算总价款的3%作为质保金，按国家现行规范执行。(8) 上述工程价款支付须以工程质量符合合同验收标准为前提条件。质量标准：(1) 乙方的工程施工质量必须达到现行有效的国家标准和行业标准。(2) 乙方工程质量应当达到本协议约定的质量标准，质量标准的评定以国家或行业的质量检验评定标准为依据。因承包人原因工程质量达不到约定的质量标准，承包人承担违约责任。(3) 施工工程应一次性通过验收。(4) 双方对工程质量有争议，由双方同意的工程质量检测机构鉴定，所需费用及因此造成的损失，由责任方承担。双方均有责任，由双方根据其责任分别承担。

2012年12月，双方签订了《补充协议》，原合同协议部分第七条工程进度款支付方式前两项修改为：(1) 乙方从土方工程做起，主体结构第一个楼施工至七层开始支付进度款。(2) 第一个楼主体结构施工至7层二十个工作日内支付已完地下部分和本栋楼工程进度价款的75%。第二个楼主体结构施工至7层二十个工作日内支付地下增加部分和本栋楼已完工程价款的75%，后面栋号依此类推。第七条：原协议部分第四条合同工期第四点修改为：合同工期总日历天数为510个日历天，计划开工日期：2013年2月1日，其中开工后180个日历天内结构完成至正负零，开工后330个日历天内上部主体结构工程封顶断水，若因发包人原因导致停工，工期顺延（此类情况承包人应及时办理工期签证)。第八条:甲方在2013年2月1日以前将全部现场移交乙方,并保证具备全面施工条件(实际开工日期以开工令为准)。

双方签订合同后,案涉工程计划开工日期为2013年2月1日,监理单位及建设单位签署开工报告的开工日期为2013年6月15日。虽然开工报告日期为2013年6月15日,但2013年5月15日中某公司的第一期验工计价表表明在此前已经开工。第一期验工计价表记载的"形象进度"描述土石方总工程量为345600立方米,已完成工程量120359.18立方米,截至本期累计完成工程量120359.18立方米,土石方工程形象进度完成35%,中某公司同时申请支付工程款。监理工程师在工程款支付凭证上签署意见:"根据施工合同第一部分协议部分第七条工程进度款支付方式,主体结构平均施工至7层开始支付进度款,所以本次工程款支付为零元。"2013年7月16日第三期验工计价的工程产值确认申请表上监理单位和某安公司对工程中存在的问题进行了批注。2013年8月21日,第四次验工计价指出施工存在的问题。2013年10月25日,第六期验工计价中工程产值确认申请表上指出:"(1)对现场巡检过程中指出的问题,整改力度差。(2)局部梁钢筋锚固长度不够。"在2013年11月20日第七期验工计价工程产值确认上监理单位签注"根据施工合同第一部分协议第七条工程进度款支付方式,主体结构平均施工至7层开始支付进度款,所以本次工程款支付为零元"。在2013年12月27日第八期验工计价工程产值确认表上监理单位签注:"根据补充协议约定,已达到支付条件。"同时监理单位也签署了混凝土浇筑产生冷缝混凝土存在蜂窝、麻面等缺陷及其他施工中存在的问题。建设单位于2014年2月18日审核意见:"施工单位于2013年12月12日开始处于停工状态。"2014年4月4日,监理单位在工程产值确认申请表上批注施工单位恢复施工以来对于钢筋的捆扎质量就停工前有所下滑,土石方开挖未严格按方案分层厚度执行,后续施工必须加强。施工中监理单位指出的问题在质量鉴定意见书中仍然存在。

案涉工程于2013年6月15日开工,2015年8月7日全面停工。工程量及工程造价鉴定意见书项目实施情况描述:"停工时,案涉项目的1~12栋建筑均已封顶断水,地下室顶、地下室顶板已浇筑完成,工程部分已砌筑、抹灰。"

中某公司诉讼请求:(1)某安公司立即偿付拖欠中某公司的工程进度款106542836.6元,停工造成的损失48455010元;(2)某安公司按照施工合同中约定的日万分之二的标准赔偿中某公司逾期付款利息（自2013年12月5日起计算至实际履行之日止，暂计至2016年9月20日为28203122.28元）；(3) 确认中某公司对其总承包建设的“某村‘城中村’改造项目4#地块”在建工程项目的工程折价、拍卖或变卖的价款享有优先受偿权；(4) 本案的诉讼费、律师费、保全费等费用由某安公司承担。

某安公司反诉请求：(1) 中某公司继续履行双方签订的施工合同；(2) 中某公司立即对不合格项目进行加固、修复，加固、修复完毕后委托专业检测机构进行检测，检测合格后立即全面复工；(3) 中某公司立即向某安公司支付违约金4900万元（其中：工程质量违约按合同总承包价的10%计算，为3500万元；工期违约按合同总承包价的3%计算，为1050万元；转包分包违约按合同总承包价的1%计算，为350万元）；(4) 中某公司立即向某安公司支付因延期交房给业主造成的直接损失500万元（暂按生效裁决计算至2019年8月22日，之后仍按仲裁裁决结果执行至实际交付之日止；新增业主申请仲裁的，按仲裁结果另行计算、执行）；(5) 中某公司立即向某安公司支付因逾期交房导致的回迁安置补偿费3866457.5元；(6) 在合同总承包款3.5亿元中，扣减已施工完毕但无法进行修复的工程项目对应的造价为2400万元（即便扣减，本项目的质量安全问题仍由中某公司按法律规定承担责任），该款暂按现有的司法鉴定报告计算，最终以全面司法检测报告为准；(7) 中某公司承担因修复加固期间产生的必要费用39395720元；(8) 中某公司承担某安公司已经实际支付的工程款96867997.07元，自合同约定交付房屋之日起至实际交付之日的按银行同期贷款利率计算的利息暂计20917164.23元（自2014年12月10日起至2019年9月4日止），中某公司承担某安公司已付工程款利息计算清单，已付工程款金额96867997.07元，最后付款日期为2015年9月25日，利息每年4.35%，计算周期截止到2019年8月25日（提交变更、补充反诉状日期），共计47个月利息金额为16503881.59元，计算公式为96867997.07×4.35%/12×47个月；(9) 中某公司承担本诉及反诉全部诉讼费用、鉴定费。以上合计142179341.7元。

一审判决：（一）双方继续履行于2012年12月签订的《建设工程施工合同》；（二）由某安公司于本判决生效后十五日内向中某公司支付工程进度款85385772.93元及利息（按照日万分之二计算，自2019年8月30日起至款项付清之日止最高不超过10500000元）；（三）中某公司于本判决生效后三个月内对不合格项目进行加固、修复，加固修复完毕后委托专业检测机构进行检测，检测合格后立即全面复工；（四）中某公司于本判决生效后十五日内向某安公司支付工程质量违约金2000000元；（五）驳回中某公司的其他诉讼请求；（六）驳回某安公司的其他诉讼请求。本诉案件受理费957804.84元，由中某公司负担517214.61元，某安公司负担440590.23元。反诉案件受理费376348.34元，由某安公司负担263443.84元，中某公司负担112904.5元。保全费5000元，由中某公司负担。工程造价鉴定费1500000元，由中某公司负担750000元，某安公司负担750000元。质量鉴定费296万元由中某公司负担。

二审判决：驳回上诉、维持原判。二审案件受理费1334153.19元，由上诉人中某公司负担630119.11元，上诉人某安公司负担704034.08元。

各方观点

中某公司观点：（一）某建科所不具备鉴定资格，原审法院以某建筑检验站发函承接某建科所的权利义务为由，采信其出具的《某建科建筑工程质量司法鉴定所司法鉴定意见书》（以下简称质量鉴定意见书），无法律依据。依据《最高人民法院关于民事诉讼证据的若干规定》（2001，已失效）［以下简称民事诉讼证据若干规定（2001）］第27条①规定，应准予重新鉴定。（二）某建科所作出的质量鉴定意见书鉴定程序、鉴定依据、鉴定方法均严重违法违规。（三）案涉工程已完工部分均由中某公司及某安公司委托的监理单位共同验收，均符合设计要求及国家质量标准，即工程质量合格，不存在无法修复的部分，质量鉴定意见书中关于无法修复部分的鉴定及金额，无事实依据，不应将其扣减。中某公司无违约行为，不应承担违约金及其他费用。

某安公司观点：请求：（1）撤销原审判决发回重审或者依法改判驳回中某公司原审全部诉请，支持某安公司的全部反诉请求；（2）本案一、二审全部诉讼费用、造价鉴定费用由中某公司承担。主要理由：（1）原审法院未组织当事人对某建科所出具的不能修复项目对应造价3039948.04元进行质证，又将其作为判决依据，严重违反法定程序。原审法院未批准某安公司提出的全数检测评估申请程序不当。鸿某造价公司按解除合同的条件进行鉴定并出

---

①　对应《最高人民法院关于民事诉讼证据的若干规定》（法释〔2019〕19号）第40条。

具鉴定报告，引用标准错误，造价鉴定方法错误，原审法院采信其鉴定结果错误。(2) 中某公司承建的案涉工程质量不合格，属根本违约。依据《最高人民法院关于审理建设工程施工合同纠纷案件适用法律问题的解释》（已失效）第3条[①]、第8条[②]、第10条[③]以及第11条[④]的规定，工程质量不合格，某安公司不应支付工程进度款及利息，直至工程修复合格，且应扣除不能修复部分的金额3039948.04元。案涉工程造价认定错误。(3) 原审法院判决中某公司向某安公司支付工程质量违约金200万元，不符合案涉《建设工程施工合同》的约定。工期违约金、违法转包分包违约金以及赔偿等诉状事项没有纳入判决中属于认定事实不清。原审法院未扣除加固修复期间产生的必要费用错误。

法院观点

一审法院观点：关于某安公司请求判令中某公司立即对不合格项目进行加固、修复，加固、修复完毕后委托专业检测机构进行检测，检测合格后立即全面复工的请求。在诉讼中，某安公司申请对案涉工程项目进行工程质量鉴定。原审法院委托某建科所进行鉴定，经鉴定除7栋外所涉及的1～12栋房屋均存在上部结构混凝土强度不满足设计要求的受力构件、地下室个别受力构件混凝土强度不满足设计要求，需经原设计单位单位复核结构，确定处理方法及加固部位；梁钢筋保护层厚度及钢筋间距不符合设计要求，楼板厚度合格率不满足设计及规范要求，需经原设计复核后确定处理方法，以及地下室底板及基础承台下基底构造层（水泥砂浆找平层、垫层等）不符合设计要求，目前已不具备返工、修复条件，鉴定机构建议对该部分工程量酌情扣减；对所涉及的1～12栋房屋及地下室等工程质量问题，进行加固修复评估的费用为58035466.95元。原审法院对某建科所作出的质量鉴定意见书予以采信。《建设工程质量管理条例》第26条第1款规定："施工单位对建设工程的施工质量负责。"中某公司作为该项目的总承包人应当对工程的质量负责

---

① 对应《民法典》第793条第2款、第3款。

② 该规定已被《最高人民法院关于废止部分司法解释及相关规范性文件的决定》废止。

③ 对应《民法典》第806条第3款。

④ 对应《最高人民法院关于审理建设工程施工合同纠纷案件适用法律问题的解释（一）》第12条。

任。因此，对于施工过程中出现的质量问题中某公司应承担加固、修复的责任，在加固、修复后经检测合格并全面复工，并保证施工完毕的建设工程经竣工验收合格。因此，对某安公司的该项诉讼请求予以支持。

二审法院观点：1. 案涉质量鉴定意见书的鉴定主体资格、鉴定程序、鉴定依据、鉴定方法不存在重新鉴定的情形。

中某公司提交的第二组证据：检验批（节选）、主材合格证明（节选）、国检中心报告；第三组证据：注销申请书、受理通知书、承诺书；第四组证据：加固图纸。拟证实案涉工程质量合格，质量鉴定意见书的鉴定主体资格、鉴定程序等违法违规，不应被采信。

某安公司质证认为，对第二组证据真实性、关联性、合法性均不予认可，该组证据不足以推翻质量鉴定意见书对工程质量不合格的认定。对第三组证据认可其真实性、关联性、合法性，但不认可证明目的，某建科所注销事由并非归因于某建科所，而是司法部主导的全国范围内行政主管机关强制行为的结果。对第四组证据的真实性、关联性、合法性予以认可，但不认可其证明目的，加固方案由原设计单位出具最合适最精准，符合法律规定。

经查，原审法院于2017年9月22日委托某建科所对案涉工程质量进行司法鉴定，某建科所在接受委托时具备工程质量鉴定资质。某建科所于2019年4月1日至7月15日对案涉工程进行了现场鉴定。2019年7月17日，某省司法厅作出了《某省司法厅对某建科建筑工程质量司法鉴定所予以注销登记的决定》，对某建科所及鉴定人予以注销登记。2019年8月20日，某建科所向原审法院出具了质量鉴定意见书。云南建筑院系某建科所与云南建筑检验站的母体单位。云南建筑检验站系云南建筑院全额出资的子公司，日常运行机制为一套班子、两块牌子。云南建筑检验站具有建设工程质量检测资质，亦在原审法院诉讼资产网注册备案，其向原审法院出具情况说明："依据某省司法厅2019年5月22日下发的《关于注销"四类外"司法鉴定机构和司法鉴定人登记的通知》及母体单位的要求依法概括承受某建科所的权利义务，我司依法享有某建科所的一切权益，承担某建科所的一切责任。"根据《民事诉讼法》第76条第1款规定，司法鉴定是就查明事实的专门性问题所使用的证据方法，鉴定人万某、宋某、杨某、吴某、商某、赵某某在鉴定时具有鉴定资质，针对某建科所的鉴定资格所作出的行政管理政策调整不足以影响质量鉴定意见书的证据效力。原审法院对于中某公司以某建科所不具备鉴定主体资格否定质量鉴定意见书的主张不予支持，并无不当。

某建科所根据原审法院的委托内容出具了《某村“城中村”改造项目 4# 地块 12 幢房屋及地下室工程质量检测及修复费用评估技术方案》，中某公司、某安公司予以认可，某建科所按照该方案进行了现场检测工作。经中某公司申请，原审法院准许中某公司的专家证人出庭。中某公司与某安公司在原审中对案涉质量鉴定意见书进行了质证。鉴定人对中某公司及其专家证人提出的问题进行了回复。中某公司关于某建科所的鉴定程序、鉴定依据、鉴定方法上诉理由不成立。

综上，中某公司申请重新鉴定的主张不具备民事诉讼证据若干规定（2001）第 27 条第 1 款规定重新鉴定的条件。原审法院不准予重新鉴定并无不当。

2. 关于案涉工程是否存在质量问题。

关于质量不合格的违约问题。案涉工程存在质量问题，中某公司应承担修复加固及交付合格工程的责任，但案涉工程尚未竣工验收，某安公司以此为由主张拒付工程款并主张违约金，尚不具备条件。

3. 关于扣减无法修复的工程项目造价问题。

关于在总承包价中扣减施工完毕但无法进行修复的工程项目造价问题。案涉工程为在建工程，由中某公司履行修复加固义务，如在竣工验收后，仍未能修复合格，可对未能修复部分的造价进行扣减。

关于由中某公司承担修复加固期间产生的必要费用 39395720 元的问题。某安公司主张其因案涉工程修复加固支出超过原监理单位、质检单位确定范围的费用，应由中某公司承担，但案涉工程修复加固尚未启动，相关费用亦不确定，原审法院未予处理，并无不当。

关联案例 1

案件名称：欧亚××公司、某某某建公司建设工程施工合同纠纷案

审理法院：一审：山西省太原市中级人民法院（2019）晋 01 民初 102 号；二审：山西省高级人民法院（2019）晋民终 730 号；再审：最高人民法院（2020）最高法民申 2931 号

裁判观点：建设工程存在质量问题，在施工单位未对案涉工程质量不合格部分进行维修并经竣工验收合格的情况下，判决发包人向施工单位支付工程款，不符合法律规定。

关联案例2

案件名称： 许某公司、高某新某源公司建设工程施工合同纠纷案

审理法院： 一审：甘肃省张掖市中级人民法院（2018）甘07民初175号；二审：甘肃省高级人民法院（2019）甘民终622号；再审：最高人民法院（2020）最高法民申2542号

裁判观点： 建设工程经司法鉴定确认不满足设计要求及相应工程质量验收规范的要求，使建设工程最终无法投入使用，此后国家出台了新的相关标准和政策，使建设工程修复后亦无使用价值，导致发包人的合同目的无法实现。根据《施工合同司法解释（一）》第6条规定，法院认定承包人应对工程质量不合格承担全部过错责任，可以参照发包人已付工程款数额酌定发包人损失，判决承包人赔偿发包人损失。

关联案例3

案件名称： 丰某公司与龙某公司建设工程施工合同纠纷案

审理法院： 一审：海南省第二中级人民法院（2015）海南二中民三初字第1号；二审：海南省高级人民法院（2020）琼民终275号

裁判观点：《最高人民法院关于审理建设工程施工合同纠纷案件适用法律问题的解释（二）》（已失效）第14条第1款①规定："当事人对工程造价、质量、修复费用等专门性问题有争议，人民法院认为需要鉴定的，应当向负有举证责任的当事人释明。当事人经释明未申请鉴定，虽申请鉴定但未支付鉴定费用或者拒不提供相关材料的，应当承担举证不能的法律后果。"本案中，丰某公司主张案涉工程质量不合格，向一审法院申请质量鉴定，第一次明确质量鉴定范围为案涉工程立柱大小、天花板厚度，第二次明确质量鉴定范围为已建全部工程。此后，仲某公司作出的鉴定意见未包括地基基础及抗浮底板部分。因需要对案涉工程质量进行重新鉴定，一审法院组织各方当事人就质量鉴定范围达成一致，明确质量鉴定范围为已建上部主体结构，不含地基基础及抗浮底板部分。在重庆质检中心鉴定意见作出后，丰某公司又提出对地基基础及抗浮底板部分进行质量鉴定的申请，有违民事诉讼诚实信用的基本原则，应当承担举证不能的后果。丰某公司在二审审理期间，再次申请对地基基础及抗浮底板部分进行质量鉴定，法院不予允许。

① 对应《最高人民法院关于审理建设工程施工合同纠纷案件适用法律问题的解释（一）》第32条第1款。

律师点评

建设工程质量出现质量争议后，一般很难通过协商解决问题，并且，发包方和承包方之间在一个工程合同里一般不会只出现质量争议一个问题，而是多个问题，如工期、价款、签证、索赔等几个复杂的问题混合出现，这给此类纠纷的解决带来了较大的困难，尤其在承发包人双方之间进行解决的困难较大。司法机关如何确认工程质量存在争议及认定工程质量存在问题的途径是什么？如何开展工程质量鉴定？工程质量鉴定的效力及程序如何？如何运用工程质量鉴定解决质量争议问题？这些都是解决质量争议需要明确的问题。

一、建设工程质量问题一般将第三方检测、鉴定机构的检测、鉴定结论作为认定工程质量的途径

通常情况下，建设工程存在质量问题可以经专业的建设工程质量检测机构或具备工程质量鉴定资质的司法鉴定机构进行检测或司法鉴定，建设工程质量检测机构由住房和城乡建设行政主管部门颁发的《建筑工程专项检测资质证书》开展建筑工程质量检测；司法鉴定机构则由司法行政主管部门依法颁发的《司法鉴定资质证书》开展工程质量司法鉴定。两者的服务目的、鉴定程序、鉴定依据和鉴定内容存在一定的差异，但质量检测或司法鉴定结论作为法定机构作出的结论，如程序及基础没有问题且又能反映建设工程质量存在问题，司法机关一般均对其结论予以采信。因此，质量检测或司法鉴定是确认建设工程质量争议及认定工程质量存在问题的主要途径。司法机关在解决质量争议案件中，一般情况下选择司法鉴定作为确认建设工程质量争议及认定工程质量存在问题的途径。

此外，根据《建设工程质量管理条例》的规定，国家实行建设工程质量监督管理制度，县级以上地方人民政府建设行政主管部门对本行政区域内的建设工程质量实施监督管理。县级以上地方人民政府建设行政主管部门和其他有关部门应当加强对有关建设工程质量的法律、法规和强制性标准执行情况的监督检查。县级以上人民政府建设行政主管部门和其他有关部门履行监督检查职责时，有权采取下列措施：（一）要求被检查的单位提供有关工程质量的文件和资料；（二）进入被检查单位的施工现场进行检查；（三）发现有影响工程质量的问题时，责令改正。因此，建设行政主管部门依法实施建设工程质量监督管理作出的监管文书或委托有关专门检测机构作出的检测意见并据此作出的质量监督检查文书，同样可以作为证据被司法机关采信。因此，建设行政主管部门的执法监督检查也可以作为确定建设工程质量存在问题的途径之一。

二、如何启动并开展质量鉴定程序

要严格把握工程质量鉴定程序的启动，否则，鉴定基础条件是否具备，结论是否客观、真实、可信成为关键问题并会影响鉴定结论的效力。一般情况下，基础建设工程未经竣工验收，发包人亦未擅自提前使用，发包人对工程质量提出异议并提供了初步证据的，可以启动鉴定程序。

双方在诉讼过程中，就质量问题提出异议并提供初步的证据，法院可以经申请依法委托开展司法鉴定。《最高人民法院关于民事诉讼证据的若干规定》[以下简称民事诉讼证据规定（2019）]第31条规定："当事人申请鉴定，应当在人民法院指定期间内提出，并预交鉴定费用。逾期不提出申请或者不预交鉴定费用的，视为放弃申请。对需要鉴定的待证事实负有举证责任的当事人，在人民法院指定期间内无正当理由不提出鉴定申请或者不预交鉴定费用，或者拒不提供相关材料，致使待证事实无法查明的，应当承担举证不能的法律后果。"第32条规定："人民法院准许鉴定申请的，应当组织双方当事人协商确定具备相应资格的鉴定人。当事人协商不成的，由人民法院指定。人民法院依职权委托鉴定的，可以在询问当事人的意见后，指定具备相应资格的鉴定人。人民法院在确定鉴定人后应当出具委托书，委托书中应当载明鉴定事项、鉴定范围、鉴定目的和鉴定期限。"第40条规定："当事人申请重新鉴定，存在下列情形之一的，人民法院应当准许：（一）鉴定人不具备相应资格的；（二）鉴定程序严重违法的；（三）鉴定意见明显依据不足的；（四）鉴定意见不能作为证据使用的其他情形。存在前款第一项至第三项情形的，鉴定人已经收取的鉴定费用应当退还。拒不退还的，依照本规定第八十一条第二款的规定处理。对鉴定意见的瑕疵，可以通过补正、补充鉴定或者补充质证、重新质证等方法解决的，人民法院不予准许重新鉴定的申请。重新鉴定的，原鉴定意见不得作为认定案件事实的根据。"根据前述规定，案件处理过程中，申请鉴定、重新鉴定必须遵循一定的原则和要求，否则不能任意启动鉴定程序。此外，第41条规定："对于一方当事人就专门性问题自行委托有关机构或者人员出具的意见，另一方当事人有证据或者理由足以反驳并申请鉴定的，人民法院应予准许。”因此，鉴定程序实际上也不排除单方面事前进行鉴定，但是，该类鉴定如另一方当事人有证据足以反驳并申请重新鉴定的，人民法院应予准许启动重新鉴定。

三、司法机关如何审查质量鉴定效力

如前所述，有关鉴定程序及基础没有问题且又能反映建设工程质量存在问题的，司法鉴定机关一般予以采信其结论。通常司法机关将从以下几个方面对鉴定结论进行审查：

一是鉴定资质，这是任何一项鉴定开展的基础，经法院委托开展的鉴定一般不会出现此类问题，因为决定开展鉴定事项时，对于可供选择的鉴定机构的资质均会作出相应的审查，但是，单方面委托开展的鉴定往往会不同程度出现瑕疵，这就会存在鉴定结论是否被采信及是否启动重新鉴定的问题。此方面的审查既包括对机构的审查，还包括对鉴定人员的资格审查，两者均需具备合法的资质、条件。

二是鉴定程序，鉴定程序主要指启动的程序及开展的程序，包括鉴定的时间周期等。尤其要注意在双方参与的情况下，鉴定过程中的每一个环节尤其是现场采样、现状确认、工程项目内容及其他程序，均不能出现差错，否则，会导致鉴定程序瑕疵而影响鉴定结论的效力。

三是对鉴定书的审查，根据民事诉讼证据规定（2019）第36条的规定，审判人员对鉴定人出具的鉴定书，应当审查是否具有下列内容：（一）委托法院的名称；（二）委托鉴定的内容、要求；（三）鉴定材料；（四）鉴定所依据的原理、方法；（五）对鉴定过程的说明；（六）鉴定意见；（七）承诺书。鉴定书应当由鉴定人签名或者盖章，并附鉴定人的相应资格证明。委托机构鉴定的，鉴定书应当由鉴定机构盖章，并由从事鉴定的人员签名。

四是鉴定活动有其他参与单位，但鉴定结论以鉴定单位名义出具，不影响鉴定结论的效力。根据有关法律规定，鉴定活动及鉴定结论实行鉴定人负责制，因部分专业问题需要，鉴定人员邀请或聘请其他专业技术人员为鉴定活动提供帮助或服务，该活动不改变及影响鉴定结论的效力。

此外，民事诉讼证据规定（2019）第38条规定：“当事人在收到鉴定人的书面答复后仍有异议的，人民法院应当根据《诉讼费用交纳办法》第十一条的规定，通知有异议的当事人预交鉴定人出庭费用，并通知鉴定人出庭。有异议的当事人不预交鉴定人出庭费用的，视为放弃异议。双方当事人对鉴定意见均有异议的，分摊预交鉴定人出庭费用。”第42条规定：“鉴定意见被采信后，鉴定人无正当理由撤销鉴定意见的，人民法院应当责令其退还鉴定费用，并可以根据情节，依照民事诉讼法第一百一十一条的规定对鉴定人进行处罚。当事人主张鉴定人负担由此增加的合理费用的，人民法院应予支持。人民法院采信鉴定意见后准许鉴定人撤销的，应当责令其退还鉴定费用。”

因此，对于工程质量问题的鉴定结论，其只要没有以上问题，司法机关均予采信并作为主要证据用于认定工程质量。

四、如何运用鉴定结论解决质量争议及赔偿事宜

司法机关一般会采信鉴定机构依法作出的结论，那么司法实践中如何运用鉴定结论解决质量争议及赔偿事宜呢？通常情况下，当事人主张质量争议时都会同时提出因存在质量问题而要求返工或承担修复、改造费用或承担其他类型的赔偿责任，并同时要求承担违约责任。具体采用何种诉讼主张，由具体的案件当事人的具体情况而定。但是，如果仅有质量鉴定报告，没有对于因质量存在问题需要返工、修复、改造的费用评估，往往仅凭质量问题鉴定结论尚不能满足证明目的，质量问题鉴定只能解决质量争议问题。要解决因质量问题发生的赔偿事宜必须继续举证证明解决该质量问题所需的方法及费用，因此，一般在进行质量鉴定时会同时申请如存在质量问题，解决该质量问题所需的费用亦要求一并进行评估、鉴定，或者对所需费用分步骤进行评估、鉴定，如此才能彻底解决质量争议及赔偿事宜。

同时，因有关质量问题往往不仅是施工方单方面的原因导致，如质量问题的引发有发包方的原因，或者还有其他参与方的责任，此种情况下，司法机关将根据质量问题鉴定结论明确责任情况，对各责任方应承担的赔偿费用进行分担、认定，并根据各自对于质量问题的轻重程度确定应承担的比例。有的质量鉴定意见也会根据情况对于各方应承担的质量问题责任比例进行说明，此情况下，司法机关一般会直接按鉴定结论明确的比例判决各方应承担的赔偿责任。

4.2 法院如何处理建设工程施工合同案件反诉（或抗辩）程序中的发包人质量索赔问题[①]

——某建工集团、某某美公司建设工程施工合同纠纷上诉案[②]

关 键 词： 建设工程施工合同案件反诉程序　工程竣工验收　发包人质量索赔　承包人返修义务　承包人保修义务

问题提出： 发包人参与建设工程施工合同案件纠纷，以反诉形式主张质量索赔，司法机关如何适用法律以调处纠纷？

关联问题： 被诉后，发包人工程质量索赔优先选择反诉形式，还是应诉抗辩？工程质量索赔纠纷中应注意哪些要点？如何依据质量缺陷的成因，依法确定责任主体？

裁判要旨：《最高人民法院关于审理建设工程施工合同纠纷案件适用法律问题的解释》第3条[③]规定："建设工程施工合同无效，且建设工程经竣工验收不合格的，按照以下情形分别处理：（一）修复后的建设工程经竣工验收合格，发包人请求承包人承担修复费用的，应予支持；（二）修复后的建设工程经竣工验收不合格，承包人请求支付工程价款的，不予支持。因建设工程不合格造成的损失，发包人有过错的，也应承担相应的民事责任。"《最高人民法院关于审理建设工程施工合同纠纷案件适用法律问题的解释（二）》第7条[④]规定："发包人在承包人提起的建设工程施工合同纠纷案件中，以建设工程质量不符合合同约定或者法律规定为由，就承包人支付违约金或者赔偿修理、返工、改建的合理费用等损失提出反诉的，人民法院可以合并审

---

① 撰稿人：吴迪，上海市建纬律师事务所。

② 一审：北京市第一中级人民法院（2017）京01民初3号；二审：北京市高级人民法院（2020）京民终80号。

③ 对应《民法典》第793条。

④ 对应《最高人民法院关于审理建设工程施工合同纠纷案件适用法律问题的解释（一）》第16条。

理。”对于建设单位提出的因质量不合格要求施工单位承担修复费用的反诉请求，法院按照鉴定机构制定的加固和修复方案，以及鉴定单位确定的修复费用，基于施工单位应承担的责任范围确定施工单位应承担的修复费用。对于建设单位认为工程质量不合格拒绝支付工程价款的抗辩，法院认为案涉工程经鉴定虽存在部分质量问题但均可修复，且建设单位和施工单位已丧失相互信任的基础，在客观上也不具备由施工单位承担加固和修复工作的可能性。因此法院委托鉴定机构制定加固和修复方案，确定了修复费用，法院认为在施工单位承担责任范围内的修复费用之后，应当视为其已完成修复工作，对建设单位以工程质量不合格为由不予支付工程款的抗辩不予支持。

案情简介

上诉人（一审原告、反诉被告）：某建工集团

上诉人（一审被告、反诉原告）：某某美公司

2014 年 12 月 21 日，某某美公司（发包人）与某建工集团（承包人）签订《建设工程施工合同》，合同约定：第一部分合同协议书：一、工程概况：工程名称：1#生产科研楼等 7 项（某某美时装科研生产基地项目）。施工工程地点：昌平区沙河镇松兰堡村。工程内容：1#生产科研楼等 7 项（某某美时装科研生产基地项目）施工，建筑面积 42209 平方米，包括施工图纸范围内的地基基础、结构、装修、电气、给排水、消防、通风空调、室外工程等全部工程。资金来源：自筹。二、工程承包范围：施工图纸范围内的地基基础、结构、装修、电气、给排水、消防、通风空调、室外工程等全部工程。三、合同工期计划开工日期：2014 年 12 月 20 日。计划竣工日期：2016 年 4 月 28 日。工期总日历天数 496 天，自监理人发出的开工通知中载明的开工日期起算……五、合同形式：本合同采用固定单价合同形式。六、签约合同价：161420612 元。……第二部分通用合同条款：1.8 转让：除合同另有约定外，未经对方当事人同意，一方当事人不得将合同权利全部或部分转让给第三人，也不得全部或部分转移合同义务。……4.3.1 承包人不得将其承包的全部工程转包给第三人，或将其承包的全部工程肢解后以分包的名义转包给第三人。

4. 3. 2 承包人不得将工程主体、关键性工作分包给第三人。除专用合同条款另有约定外，未经发包人同意，承包人不得将工程的其他部分或工作分包给第三人。……11. 5 由于承包人原因，未能按合同进度计划完成工作，或监理人认为承包人施工进度不能满足合同工期要求的，承包人应采取措施加快进度，并承担加快进度所增加的费用。由于承包人原因造成工期延误，承包人应支付逾期竣工违约金。逾期竣工违约金的计算方法在专用合同条款中约定。承包人支付逾期竣工违约金，不免除承包人完成工程及修补缺陷的义务。……22. 1. 1 承包人违约的情形。在合同履行过程中发生的下列情形，属承包人违约：（1）承包人违反第 1. 8 款或第 4. 3 款的约定，私自将合同的全部或部分权利转让给其他人，或私自将合同的全部或部分义务转移给其他人；（2）承包人违反第 5. 3 款或第 6. 4 款的约定，未经监理人批准，私自将已按合同约定进入施工场地的施工设备、临时设施或材料撤离施工场地；（3）承包人违反第 5. 4 款的约定使用了不合格材料或工程设备，工程质量达不到标准要求，又拒绝清除不合格工程；（4）承包人未能按合同进度计划及时完成合同约定的工作，已造成或预期造成工期延误；（5）承包人在缺陷责任期内，未能对工程接收证书所列的缺陷清单的内容或缺陷责任期内发生的缺陷进行修复，而又拒绝按监理人指示再进行修补的；（6）承包人无法继续履行或明确表示不履行或实质上已停止履行合同；（7）承包人不按合同约定履行义务的其他情况。22. 1. 2 对承包人违约的处理：（1）承包人发生 22. 1. 1. （6）目约定的违约情况时，发包人可通知承包人立即解除合同，并按有关法律处理。（2）承包人发生除 22. 1. 1. （6）目约定以外的其他违约情况时，监理人可向承包人发出整改通知，要求其在指定期限内改正。承包人应承担其违约所引起的费用增加和（或）工期延误。（3）经检查证明承包人已采取了有效措施纠正违约行为，具备复工条件的，可由监理人签发复工通知复工。22. 1. 3 承包人违约解除合同：监理人发出整改通知 28 天后，承包人仍不纠正违约行为的，发包人可向承包人发出解除合同通知。合同解除后，发包人可派员进驻施工场地，另行组织人员或委托其他承包人施工。发包人因急需完成该工程的需要，有权扣留使用承包人在现场的材料、设备和临时设施。但发包人的这一行动不免除承包人应承担的违约责任，也不影响发包人根据合同约定享有的索赔权利。……22. 2. 1 发包人违约的情形。在履行合同过程中发生的下列情形，属发包人违约：（1）发包人未能按合同约定支付预付款或合同价款，或拖延、拒绝批准付款申请和支付凭证，导致付款延误的；（2）因发包人造成停工的；（3）监理人无正当理由没有在约定期限内发出复工指示，导致承包人无法复工的；（4）发包人无法继续履行或明确表示不履行或实质上已停止履行合同的；（5）发包人不履行合同约定其他义务的。22.2.2 发包人发生除第 22.2.1（4）目以外的违约情况时，承包人可向发包人发出通知，要求发包人采取有效措施纠正违约行为。发包人收到承包人通知后 28 天内仍不履行合同义务，承包人有权暂停施工，并通知监理人，发包人应承担由此增加的费用和（或）工期延误，并支付承包人合理利润。22.2.3 发包人违约解除合同：（1）发生第 22.2.1（4）目的违约情况时，承包人可书面通知发包人解除合同。（2）承包人按第 22.2.2 项暂停施工 28 天后，发包人仍不纠正违约行为的，承包人可向发包人发出解除合同通知。但承包人的这一行动不免除发包人承担的违约责任，也不影响承包人根据合同约定享有的索赔权利。22.2.4 解除合同后的付款：因发包人违约解除合同的，发包人应在解除合同后 28 天内向承包人支付下列金额，承包人应在此期限内及时向发包人提交要求支付下列金额的有关资料和凭证：（1）合同解除日以前所完成工作的价款；（2）承包人为该工程施工订购并已付款的材料、工程设备和其他物品的金额，发包人付款后，该材料、工程设备和其他物品归发包人所有；（3）承包人为完成工程所发生的，而发包人未支付的金额；（4）承包人撤离施工场地以及遣散承包人人员的金额；（5）由于解除合同应赔偿的承包人损失；（6）按合同约定在合同解除日前应支付给承包人的其他金额。发包人应按本项约定支付上述金额并退还质量保证金和履约担保，但有权要求承包人支付应偿还给发包人的各项金额。……第三部分专用合同条款：4.3.2 发包人同意承包人分包的非主体、非关键性工作见投标函附录。除通用合同条款第 4.3 款的约定外，分包还应遵循以下约定：（1）除投标函附录中约定的分包内容外，经过发包人和监理人同意，承包人可以将其他非主体、非关键性工作分包给第三人，但分包人应当经过发包人和监理人审批。发包人和监理人有权拒绝承包人的分包请求和承包人选择的分包人。（2）发包人在工程量清单中给定暂估价的专业工程，包括从暂列金额开支的专业工程，达到依法应当招标的规模标准的，以及虽未达到规定的规模标准但合同中约定采用分包方式或者招标方式实施的，应当按专用合同条款第 15.8.1 项的约定，由发包人和承包人以招标方式确定专业分包人，除项目审批部门有特别核准外，暂估价的专业工程的招标应当采用与施工总承包同样的招标方式。(3)在相关分包合同签订并报送有关建设行政主管部门备案后7天内，承包人应当将一份副本提交给监理人，承包人应保障分包工作不得再次分包。(4)分包工程价款由承包人与分包人(包括专业分包人)结算。未经承包人同意，发包人不得以任何形式向分包人(包括专业分包人)支付相关分包合同项下的任何工程款项。因发包人未经承包人同意直接向分包人(包括专业分包人)支付相关分包合同项下的任何工程款项而影响承包人工作的，所造成的承包人费用增加和(或)延误的工期由发包人承担。(5)未经发包人和监理人审批同意的分包工程和分包人，发包人有权拒绝验收分包工程和支付相应款项，由此引起的承包人费用增加和(或)延误的工期由承包人承担。……11.5承包人的工期延误：由于承包人原因造成不能按期竣工的，在按合同约定确定的竣工日期(包括按合同延长的工期)后7天内，监理人应当按通用条款第23.4.1项的约定书面通知承包人，说明发包人有权得到按本款约定的下列标准和方法计算的逾期竣工违约金，但最终违约金的金额不应超过本款约定的逾期竣工违约金最高限额。监理人未在规定的期限内发出本款约定的书面通知的，发包人丧失主张逾期竣工违约金的权利。逾期竣工违约金的计算标准：按天计算。逾期竣工违约金的计算方法：每延误一天，承包人应向发包人赔偿人民币结算价的万分之二，不足一天按一天计算。逾期竣工违约金最高限额：签约结算价的3%。……

2014年12月22日，某某美公司(发包人，甲方)与某建工集团(承包人，乙方)又签订了《建筑工程施工补充协议书》，约定：一、工程概况：1.建设项目名称：1#生产科研楼等7项(某某美时装科研生产基地项目)；2.建设位置：北京市昌平区沙河镇松兰堡村；3.建设规模：42209平方米，构筑物长度105.19米；4.建筑工程投资总额：150789600元。二、补充协议内容：……2.甲乙双方本着互惠互利的原则，经协商，乙方愿在工程施工中标价的基础上，再优惠让利，调整后的实际工程施工费用为150789600元。在施工中，如遇设计图调整或工程量变化，将依规按洽商增减工程量及费用。注：中标价仅用于建筑工程施工合同备案。……4.专业分包工程。甲方有责任全程监督专业分包工程的进度、质量和使用的品牌以及材质情况，督导专业分包公司的施工行为，监督乙方在专业分包项目上的专款专用情况……

上述《建设工程施工合同》及《建筑工程施工补充协议书》签订后，案涉工程于2015年3月10日正式开工，其中主体工程已于2016年1月11日封项。后双方在合同履行过程中产生争议，某某美公司于2016年2月3日向某建工集团发送终止施工合同的通知，通知《建设工程施工合同》及《建筑工程施工补充协议书》于2016年2月19日解除，某建工集团认可收到上述通知。2016年5月17日，某建工集团以某某美公司单方解除合同构成根本违约为由向某某美公司发出解除合同通知，某某美公司否认收到该通知，某建工集团亦未提供证据证明其解除合同通知实际送达给某某美公司。此后案涉工程处于停工状态。

另查，某某美公司于2016年4月14日以某建工集团构成非法转包和违法分包为由，向法院起诉要求解除其与某建工集团签订的《建设工程施工合同》。后将诉讼请求变更为确认其与某建工集团签订的《建设工程施工合同》及《建筑工程施工补充协议书》无效。法院于2016年12月22日作出（2016）京01民初192号民事判决：驳回某某美公司的诉讼请求。该判决已经发生法律效力。

某建工集团向一审法院提出诉讼请求：1. 确认我公司与某某美公司2014年12月21日签订的《建设工程施工合同》于2016年5月18日解除；2. 确认我公司与某某美公司2014年12月22日签订的《建筑工程施工补充协议书》无效；3. 判令某某美公司立即支付我公司工程款45790661.93元及自起诉之日至实际支付之日的利息（按同期银行贷款利率计算）；4. 判令某某美公司立即支付我公司停工、窝工损失8519649元，临时设施费2478394.25元，撤场费用、遣散人员费用990338元；5. 判令某某美公司赔偿我公司预期利润损失4454096.49元；6. 确认我公司对案涉工程享有建设工程价款优先受偿权；7. 判令某某美公司承担本案全部诉讼费、保全费用、鉴定费用等各项诉讼费用。后在本案一审审理过程中，某建工集团于2019年12月11日申请撤回其第2项诉讼请求。2019年12月18日，某建工集团变更诉讼请求为：1. 确认我公司与某某美公司2014年12月21日签订的《建设工程施工合同》于2016年5月18日解除；2. 判令某某美公司立即支付我公司工程款42045782.04元及自起诉之日至实际支付之日的利息（按同期银行贷款利率计算）；3. 判令某某美公司赔偿我公司预期利润损失4716238.1元；4. 确认我公司对案涉工程享有建设工程价款优先受偿权；5. 判令某某美公司承担本案全部诉讼费、保全费用、鉴定费用等各项诉讼费用。

某某美公司向一审法院提出反诉请求：1. 确认我公司与某建工集团所签

《建设工程施工合同》及《建筑工程施工补充协议书》于2016年2月19日解除；2. 判令某建工集团承担案涉工程修复费用11437531.48元；3. 判令某建工集团给付我公司代其支付给某达公司的工程款100万元；4. 判令某建工集团支付违约金4842618.36元；5. 判令某建工集团赔偿因其违约致使合同解除给我公司造成的不能按期使用案涉工程而另租他处房屋租赁费用30814456元；6. 判令某建工集团赔偿因其违约致使工程不能按期交付使用所造成的房屋出租租金损失37240965元；7. 判令某建工集团承担本案反诉费、鉴定费等全部诉讼费用。

本案一审审理过程中，某建工集团于2017年2月23日书面申请对案涉工程全部已完工程和停窝工及其他损失进行造价鉴定，某某美公司于2017年2月23日书面申请对案涉工程已完成的主体结构施工质量进行鉴定，经一审法院向有关部门咨询，认为应当先进行工程质量鉴定。后向双方当事人释明，工程质量鉴定并非通过摇号方式确定鉴定单位，需要由双方当事人共同选择，后某建工集团与某某美公司于2017年3月7日共同选择检测二所对案涉工程已完成的主体结构施工质量进行鉴定。因某建工集团坚持要求同时进行造价鉴定，一审法院于2017年4月24日向其释明相应的诉讼风险，某建工集团表示愿意承担相应的风险后一审法院同意其鉴定申请。后通过摇号方式确定由某圆公司进行造价鉴定工作。检测二所《司法鉴定意见书》初稿出具后，某某美公司于2018年6月14日书面申请对案涉工程已完成的主体结构进行加固和修复专项设计方案鉴定，经向双方当事人释明，该鉴定仅有建研院公司可以进行，双方当事人均同意由建研院公司进行鉴定工作。建研院公司《加固和修复专项设计方案》初稿出具后，某某美公司申请对加固和修复专项设计方案进行造价鉴定，一审法院在征得双方当事人同意后，继续委托某圆公司进行鉴定工作。

2019年6月18日，建研院公司鉴定人员李文某、徐建某应一审法院要求出庭就《加固和修复专项设计方案》的内容进行了说明，并就相关问题接受了询问。针对某某美公司与某建工集团对《加固和修复专项设计方案》提出的异议，建研院公司鉴定人员李文某、徐建某一一进行了回应，并坚持原《加固和修复专项设计方案》的意见，故认定上述设计方案的法律效力。

2019年12月9日，某圆公司向一审法院出具某圆司鉴字（2019）第022号《工程造价鉴定意见书》：1. 确定项10340520.93元。2. 待定项1097010.45

元，其中钢结构 82753.37 元，措施费 434271.61 元，脚手架费 369539.47 元，地下室抽水费 86428 元，成井费 124018 元。该《工程造价鉴定意见书》经过质证，双方当事人的意见得到充分发表，故一审法院对其法律效力予以确认。

一审法院判决：1. 确认某某美公司与某建工集团 2014 年 12 月 21 日签订的《建设工程施工合同》于 2017 年 1 月 23 日解除；2. 某某美公司于一审判决生效后三十日内向某建工集团支付工程款 36876640.46 元；3. 某某美公司于一审判决生效后三十日内向某建工集团支付预期利润损失 1000000 元；4. 某建工集团于一审判决生效后三十日内向某某美公司支付工程修复费用 8400000 元；5. 驳回某建工集团的其他诉讼请求；6. 驳回某某美公司的其他反诉请求。

二审法院判决：驳回上诉，维持原判。

各方观点

某某美公司观点：一审判决主持对造价鉴定与工程质量鉴定同时进行，程序错误，导致造价鉴定结论按合格工程做出，而在工程质量鉴定证明案涉工程确实存在诸多问题的情况下，按质量合格做出的已完工程造价鉴定意见与实际不符。一审法院以合格工程的鉴定造价作为已完工程的基准价，冲减掉不合格工程的加固和维修费，给某某美公司判决不该承担的费用，变相保护了某建工集团。一审判决法律适用错误，不应当支持某建工集团主张工程款请求。根据《最高人民法院关于审理建设工程施工合同纠纷案件适用法律问题的解释》第 10 条①、第 3 条②之规定，质量不合格的建设工程，须修复后经竣工验收合格，承包人才有法律依据向发包人申请支付工程款。一审判决仅以承包人承担了修复工程款，就简单取代在实际施工过程中存在的一系列责任和风险，以及排除了工程竣工验收不合格的法律后果，显然违背了该司法解释的立法目的和初衷。某某美公司认为：第一，修复费用显然应当由某建工集团全部承担。第二，工程质量合格，才是发包人支付承包人工程价款的法定条件，否则就是违法裁判，更不能以某建工集团承担了修复费用为由赋予其享有工程款请求权，进而免除其应当承担工程质量不合格的法律责任。

---

① 对应《民法典》第 806 条第 3 款。

② 对应《民法典》第 793 条。

故此，给付工程款的法定条件在本案中并未满足，某某美公司亦未提出要求法院对工程款进行减免，一审判决超出当事人请求作出枉法裁判。

某建工集团观点：工程质量问题可以修复，一审法院也判决某建工集团承担了近八成的修复费用。承担了修复费用，就视为质量合格。因某某美公司违约行为，导致合同被迫解除并剥夺了某建工集团在竣工验收前自行检验自行修复以确保质量合格的机会，因此一审法院以质量问题为由驳回某建工集团给付利息的请求将某某美公司的违约损失强加给某建工集团承担。

法院观点

一审法院观点：建设工程施工合同无效，且建设工程经竣工验收不合格的，按照以下情形分别处理：（一）修复后的建设工程经竣工验收合格，发包人请求承包人承担修复费用的，应予支持；（二）修复后的建设工程经竣工验收不合格，承包人请求支付工程价款的，不予支持。建设工程施工合同解除后，已经完成的建设工程质量合格的，发包人应当按照约定支付相应的工程价款；已经完成的建设工程质量不合格的，参照《最高人民法院关于审理建设工程施工合同纠纷案件适用法律问题的解释》第3条[①]规定处理。某某美公司在本案中主张由于某建工集团的施工存在质量问题，在未经修复并验收合格之前，其有权拒付工程款。对此一审法院认为，案涉工程经过质量鉴定确实存在一定的质量问题，但由于在进行质量鉴定时，案涉工程因某某美公司单方解除合同已经闲置一年之久，故鉴定单位对于部分质量问题的成因无法确定是施工质量问题还是建设方养护不当造成，即某某美公司的养护不当亦是引发或加剧部分质量问题的成因之一，某某美公司亦负有一定的责任。质量鉴定意见中对于案涉工程存在的质量问题认为均可采取技术措施进行修复，故一审法院另行委托鉴定单位出具了加固和修复方案，也就是说，案涉工程目前存在的质量问题在遵从国家、行业质量要求的基础上，是可以进行修复的，某建工集团已施工部分并非无利用价值的工程。至于加固和修复工程的主体，因某某美公司单方违约解除合同导致停工，某建工集团早已撤离施工场地，且双方当事人自2016年起一直在进行诉讼，矛盾十分激烈，双方均已丧失相互信任的基础，在客观上也不具备由某建工集团承担加固和修复工

---

① 对应《民法典》第793条。

作的可能性。也正是基于此原因，为了双方之间的纠纷能够得到彻底的解决，充分保障双方当事人的权利，一审法院对加固和修复方案亦进行了造价鉴定，即某建工集团在承担其责任范围内的修复费用之后，应当视为其已完成修复工作。故对某某美公司主张其不应当支付工程款的抗辩意见不予支持。

二审法院观点：关于案涉工程修复费用的数额及承担一节。一审法院委托鉴定机构制定了加固和修复方案，并对方案造价进行鉴定，确定修复费用为10840520.93元。二审中某某美公司主张一审法院对鉴定加固和修复方案造价机构的选定未经摇号，违反法定程序，鉴定结果不能作为定案依据，并向法院申请重新鉴定。本案认为，一审中法院曾向当事人释明，加固和修复专项设计方案的鉴定仅有建研院公司可以进行，无法摇号选定，在经双方同意后，一审法院委托建研院公司进行鉴定，符合法定程序。某某美公司的上诉理由不成立，故对于其要求重新鉴定的申请，法院不予准许。

关于某某美公司的第3项（请求判令某建工集团承担案涉工程经鉴定质量不合格所需的修复、返工、改造费用）上诉请求。法院认为，在建设工程施工合同无效且建设工程经竣工验收不合格的，应按照以下情形分别处理：（一）修复后的建设工程经竣工验收合格，发包人请求承包人承担修复费用的，应予支持；（二）修复后的建设工程经竣工验收不合格，承包人请求支付工程价款的，不予支持。案涉工程经鉴定虽存在部分质量问题但均可修复，为此一审法院委托鉴定机构制定了加固和修复方案，确定了修复费用。一审法院综合考虑：1. 案涉工程闲置系因某某美公司原因。2. 闲置时间长，鉴定单位对于部分质量问题的成因无法确定是施工质量问题还是建设方养护不当造成，即某某美公司对工程质量问题负有一定的责任。3. 某建工集团撤场后，客观上丧失了由其承担加固和修复工作的机会。一审法院判定某建工集团承担的工程修复费用为8400000元，具有合理性，法院予以维持。在某建工集团承担责任范围内的修复费用之后，应当视为其已完成修复工作。

关于某建工集团上诉请求主张的工程款利息一节，因案涉工程存在质量问题，在某建工集团承担责任范围内的修复费用之后，才能视为其已完成修复工作，工程质量合格是支付工程款的前提，一审法院未支持某建工集团关于利息的主张，并无不当。

关联案例1

案件名称：浩某公司、段某等建设工程施工合同纠纷案

审理法院：一审：河南省信阳市浉河区人民法院（2020）豫1502民初6387号；二审：河南省信阳市中级人民法院（2021）豫15民终845号；再审：河南省信阳市中级人民法院（2021）豫15民再307号

裁判观点：关于案涉工程款是否具备给付条件的问题，段某在完工后向浩某公司提供了包含工作量、工程价款在内的竣工结算文件，浩某公司的代理人姚某亦在结算单上签字确认，应当视为双方关于案涉工程结算价款已经形成明确合意，原审判决上诉人按照结算单给付工程价款并无不当。浩某公司如有证据证明案涉工程质量存在问题，可以另行主张权利。

关联案例2

案件名称：兴某公司、泛某公司、兴某青海分公司建设工程施工合同纠纷案

审理法院：一审：青海省西宁市中级人民法院（2013）宁民一初字第129号；二审：青海省高级人民法院（2014）青民一终字第66号

裁判观点：因案涉工程存在大量质量问题，兴某公司、兴某青海分公司作为施工方对工程存在的质量问题有法定的整改、维修义务，竣工验收前质量整改维修费用依据双方约定已由泛某公司完成，其费用由兴某公司、兴某青海分公司承担；竣工验收后泛某公司多次通知兴某公司履行保修义务，但兴某公司始终未履行保修义务，泛某公司无奈另行委托他人进行维修，所发生的维修费用及其他相关合理费用应由兴某公司、兴某青海分公司负担，泛某公司此项反诉请求合理部分6195211.72元应予支持。

关联案例3

案件名称：某达公司与某邦公司建设工程施工合同纠纷案

审理法院：一审：江西省宜春市中级人民法院（2013）宜中民四初字第11号；二审：江西省高级人民法院（2015）赣民一终字第64号

裁判观点：关于本案工程中的墙体开裂等质量问题的原因及责任问题。从双方的工程联系单来看，确实存在墙体开裂、屋面起拱等问题，某邦公司也进行了相关的修复。产生墙体开裂现象的原因，经质量鉴定部门对仓库的墙体开裂问题进行检

测和鉴定，是设计问题，质量鉴定意见并没有认定是施工的原因造成墙体开裂。至于某达公司在司法鉴定中提出的员工宿舍楼墙体开裂、仓库门窗断裂、办公楼墙体和飘窗开裂，以及未按图纸施工、部分工程未完工等问题，因其未提供充分的证据证实，且某达公司的工作人员带领本案有关司法鉴定和工程检测人员到现场进行了勘验，其中仓库的墙体开裂情况也最为严重。特别是在已经对工程进行了全面验收合格，并且某达公司早已使用该工程的情况下，某达公司再提出质量问题依法应不予支持。至于司法鉴定机构和检测机构不一致的问题，因为司法鉴定机构并没有专业的检测资质，其委托有资质的检测机构进行专业检测，符合法律规定。因此，某达公司的该项反诉请求亦不能支持。

关联案例 4

案件名称：某多投资公司、某多食品公司、湘某建设公司建设工程施工合同纠纷案

审理法院：一审：甘肃省甘南藏族自治州中级人民法院（2019）甘30民初7号；二审：甘肃省高级人民法院（2020）甘民终364号；再审：最高人民法院（2021）最高法民申125号

裁判观点：关于工期延误违约责任和工程修复整改费用是否应当审理问题。建设单位在原审中主张工程存在瑕疵进行了修复整改，并主张鉴定修复整改费用，实质是以工程质量问题为由主张赔偿责任，属于独立的诉讼请求。建设单位以工期延误为由主张工期延误违约责任亦系独立的诉讼请求。建设单位对以上两项主张未提出反诉，原判决告知建设单位可另行主张，未予审理，适用法律并无不当。

律师点评

关于工程质量争议的处理，法院裁判的原则是：建筑工程施工质量局部存在质量缺陷的，应予整改，但并不必然导致工程质量整体不合格，只要不属于禁止验收的情形，即便存在质量缺陷，如经过法定机构检验评定，确认工程属于合格工程的，该工程应依法属于合格工程。

一、工程质量管理的主要法规规范

建设行政主管部门发布的工程质量管理法规主要有：《建设工程质量管理条例》《房屋建筑和市政基础设施工程竣工验收规定》《建设工程勘察质量管理办法》《房屋建筑工程质量保修办法》等。

工程质量验收的标准、规范主要包括：《建筑工程施工质量验收统一标

准》《建筑地基基础工程施工质量验收规范》《砌体工程施工质量验收规范》《混凝土结构工程施工质量验收规范》《钢结构工程施工质量验收规范》《木结构工程施工质量验收规范》《屋面工程施工质量验收规范》《地下防水工程施工质量验收规范》《建筑地面工程施工质量验收规范》《建筑装饰装修工程施工质量验收规范》《建筑给水排水及采暖工程施工质量验收规范》《通风与空调工程施工质量验收规范》《建筑电器工程施工质量验收规范》《电梯工程施工质量验收规范》和《智能建筑工程施工质量验收规范》等。

二、被诉后，发包人工程质量索赔：反诉？或抗辩

（一）工程索赔的法律性质

在工程纠纷中，承包人常主张工程价款索赔，发包人则多主张工程质量索赔、工期索赔。工程索赔的法律性质是“单方请求权”，故而形成如下诉讼分类：

1. 主张索赔—对方同意—形成新合同—给付之诉；
2. 主张索赔—对方不同意—法院确认之诉；
3. 主张索赔—对方不同意—法院支持—给付之诉。

（二）被诉后，发包人主张工程质量索赔，优先选择反诉程序

《民事诉讼法》第51条规定：“原告可以放弃或者变更诉讼请求。被告可以承认或者反驳诉讼请求，有权提起反诉。”第140条规定：“原告增加诉讼请求，被告提出反诉，第三人提出与本案有关的诉讼请求，可以合并审理。”《施工合同司法解释（一）》第16条规定：“发包人在承包人提起的建设工程施工合同纠纷案件中，以建设工程质量不符合合同约定或者法律规定为由，就承包人支付违约金或者赔偿修理、返工、改建的合理费用等损失提出反诉的，人民法院可以合并审理。”因此司法实践中，发包人成为被告后，如可预见工程质量不合格，一般情况下，代理律师综合考虑案件复杂情况、提出利于我方的诉讼请求、委托合法有公信力的鉴定机构、避免因被动抗辩而失去我方举证优势、争取案件主动权、加快案件审理进度、法院“一事不再理”审判原则等因素，均建议主张提出工程质量索赔的反诉，合并审理案件。

在发包人对工程质量异议不大，已采取合法手段引入第三方施工企业进场施工，从避免讼累，降低司法成本（案件受理费、评估费、鉴定费、律师费、差旅费等）等角度考虑，则可建议发包人以抗辩的方式参加建设工程施工合同纠纷审理，但律师需要向发包人以书面形式提出《诉讼法律风险提示

书》，述明不采取反诉程序需承担的不利后果。

三、工程质量索赔纠纷注意要点

（一）应先确定是工程的整体问题还是局部问题，着重考察工程的整体质量是否合格

在举证方面，可以提供建设行政主管部门签发的工程竣工验收合格备案文件，或由发包人、承包人、监理、设计人四方签认的工程竣工验收文件证明工程质量合格。

但即便是经过质量监督管理机构核定为合格或接受（准予）备案的工程，或四方签认合格的工程竣工验收证明文件，仍然存在该工程的质量不合格的可能性。如对工程质量存在争议，该问题属于专业技术性问题，建议依法委托鉴定机构进行确认，必要时可申请专家证人进行举证。

（二）查明质量缺陷的成因，依法确定责任主体

1. 导致发包人承担质量责任的主要情形是：发包人技术文件存在缺陷，且属于承包人不应发现的缺陷；“甲供料”存在缺陷，且承包人检验亦不可能发现；发包人肢解分包；发包人直接指定分包，且承包人已依照合同约定履行了总包职责；发包人擅自变更设计方案等。

2. 导致承包人承担质量责任的主要情形是：承包人未按技术文件进行施工；承包人未按技术规范施工；承包人未按法定或约定的要求检验建材；承包人未履行总包职责；承包人允许他人“挂靠”、转包或违法分包等。

3. 导致发包人与承包人共同承担质量责任的主要情形（混合过错）：发包人技术文件存在缺陷，且承包人应发现而未发现；“甲供料”存在缺陷，但承包人未检验；发包人直接指定分包，且承包人未履行总包职责；发包人要求降低质量标准，且承包人不拒绝等。

4. 承包人对实际施工人亦享有质量抗辩权。

（三）一般情况下，发包人未经请求承包人返修（保修），法院不会直接支持发包人行使赔偿请求权

根据《建筑工程施工质量验收统一标准》① 的规定，当建筑工程质量不符合要求时，应区别下列情况分别处理：

---

① 《建筑工程施工质量验收统一标准》，载中华人民共和国住房和城乡建设部网站，https：//www. mohurd. gov. cn/gongkai/fdzdgknr/tzgg/201311/20131102_ 224873. html，最后访问时间：2022 年 5 月 10 日。

1. 经返工或返修的检验批，应重新进行验收；

2. 经有资质的检测机构检测鉴定能够达到设计要求的检验批，应予以验收；

3. 经有资质的检测机构检测鉴定达不到设计要求、但经原设计单位核算认可能够满足安全和使用功能的检验批，可予以验收；

4. 经返修或加固处理的分项、分部工程，满足安全及使用功能要求时，可按技术处理方案和协商文件的要求予以验收。

经返修或加固处理仍不能满足安全或重要使用要求的分部工程及单位工程，严禁验收。

四、承包人返修义务与保修义务的区别

（一）返修义务

1. 承包人返修义务时段：从工程开工开始起算，到竣工验收合格之前。

2. 承包人承担返修义务的主要依据：施工图及说明书、招投标文件及合同、施工工程变更、施工验收规范、国家质量检验标准。

3. 承包人返修费用损失承担：费用和工期损失均由承包人承担；如承包人拒绝返修的，发包人可扣除相应工程款。

（二）保修义务

1. 承包人保修义务时段：从竣工验收合格开始起算，结束时间有约定的遵从约定，无约定的遵从法定。

《建设工程质量管理条例》第40条规定："在正常使用条件下，建设工程的最低保修期限为：（一）基础设施工程、房屋建筑的地基基础工程和主体结构工程，为设计文件规定的该工程的合理使用年限；（二）屋面防水工程、有防水要求的卫生间、房间和外墙面的防渗漏，为5年；（三）供热与供冷系统，为2个采暖期、供冷期；（四）电气管线、给排水管道、设备安装和装修工程，为2年。其他项目的保修期限由发包方与承包方约定。建设工程的保修期，自竣工验收合格之日起计算。"

2. 承包人承担保修义务的主要依据：保修依据、质量保修书。

3. 承包人保修费用损失承担：若是承包人保修的，费用由承包人承担；若是第三人保修，除扣除承包人质量保修金外，发包人还有权向承包人追偿。

4.3 法院如何处理工程未经验收合格，发包人擅自使用产生的质量纠纷①

——某城经开区管委会、红某某公司建设工程施工合同纠纷案②

关 键 词：发包人擅自使用 工程竣工验收备案制 工程质量验收程序 工程质量责任

问题提出：工程未经竣工验收发包人即擅自使用，如何认定“擅自使用”？如何认定工程整体（或局部）质量不合格？司法实务中法院如何适用法律判令发包人承担相应法律后果？

关联问题：工程竣工日期在建设工程施工合同纠纷中属于非常重要的待核证事实，与竣工日期密切关联的法律概念有哪些？如何确定竣工日期？建筑工程质量验收的主要程序是什么？建设工程合格证书（或准予备案有关文件）的法律效力如何？发包人的主要工程质量责任有哪些？

裁判要旨：《最高人民法院关于审理建设工程施工合同纠纷案件适用法律问题的解释（一）》第14条：“建设工程未经竣工验收，发包人擅自使用后，又以使用部分质量不符合约定为由主张权利的，人民法院不予支持；但是承包人应当在建设工程的合理使用寿命内对地基基础工程和主体结构质量承担民事责任。”

案情简介

上诉人（原审被告）：某城经开区管委会

被上诉人（原审原告）：红某某公司

2011年4月11日，某城经开区管委会（发包人）与红某某公司（承包人）签订一份协议书，该协议约定如下：1. 工程名称：某城县市民文体休闲

---

① 撰稿人：杨阳，上海建纬（昆明）律师事务所。

② 一审：安徽省亳州市中级人民法院（2019）皖16民初505号；二审：安徽省高级人民法院（2020）皖民终435号。

公园工程；工程地点：某城县城南郊区经济开发区。2. 工程内容：招标文件、工程量清单及施工图范围所有内容；开工日期：自本合同签订之日起，合同工期总日历天数270天。3. 合同价款金额：44161201.70元。4. 本合同价款采用固定价格合同，合同价款中包括的风险范围：合同约定的承包工程内容范围内的所有风险因素，投标人已经包含综合单价内（含政策性调整以及合同约定的风险范围）。5. 双方约定的工程进度款支付的方式和时间：2011年2月20日前完成土方工程，乔木树穴开挖，付至合同价款的10%；2011年3月30日前完成乔木栽植和其他工程量的40%付至合同价款的20%；2011年4月20日前完成灌木栽植，主环路灰基土和其他工程量的60%付至合同价款的40%；2011年6月完成工程量的80%付至合同价款的50%，完工后付至合同价款的60%；竣工验收合格后付至合同价款的70%。养护期一年付至合同价款的80%；养护期满后付完，保证金随付款节点按比例退还。同时该协议还约定了工程量确认、违约责任等内容。康明某通过红某某公司账户支付工程履行保证金330万元。案涉工程结束后，一审法院在执行程序中从某城经开区管委会银行账户扣划206万元给红某某公司的债权人陈某。红某某公司因案涉工程项目履行的执行款总额为12439404.04元。

2012年12月4日，某城经开区管委会于2012年12月4日向某创公司发出AHZJ2012【595】号中标通知书，确定该公司为某城县××湖公园、××公园物业管理服务项目的中标人。2013年3月12日，某城县城市管理行政执法局（甲方）与某创公司（乙方）就××湖公园、××公园物业管理项目签订《城南新区公园物业管理合同》，就合同期限、物业管理费及物业管理范围等做了约定。

一审判决：一、某城经开区管委会于判决生效之日起十五日内支付红某某公司工程款18951081.7元及利息（利息起止日期自2013年3月11日起至实际付清之日，2019年8月20日前的利率按照中国人民银行同期贷款利率计算，2019年8月20日之后的利率按照全国银行间同业拆借中心公布的贷款市场报价利率计算）；二、驳回红某某公司的其他诉讼请求。如果未按本判决指定的期间履行给付金钱义务，应当依照《民事诉讼法》第253条规定，加倍支付迟延履行期间的债务利息。一审案件受理费188878元，由某城经开区管理委员会负担158465元，红某某公司负担30413元。

二审判决：驳回上诉，维持原判。二审案件受理费135507元，由某城经济开区管委会负担。

各方观点

某城经开区管委会观点：由于本案红某某公司未按约向某城经开区管委会提交每月完成的工程量，因此无法确认案涉已完工程总量，工程款支付条件尚不具备。此外，由于红某某园林公司怠于组织竣工验收，导致案涉工程至今未经竣工验收，应由红某某公司承担责任。依照相关司法解释，建设工程施工合同无效，但建设工程经过竣工验收合格，承包人请求参照合同约定支付工程价款的，应予支持。由于案涉《建设工程施工合同》无效，案涉工程也未经竣工验收合格，判决支持红某某公司的诉讼请求，认定事实不清，适用法律错误。

红某某公司观点：某城经开区管委会早在 2013 年就开始使用案涉工程，在使用时未提出工程量未完工或存在工程质量问题，原判认为某城经开区管委会未提交证据证明未完工程量及相应部分工程价款，是对某城经开区管委会抗辩主张要求其提供证据予以证实，符合举证规则。原判已查明，2013 年 3 月 12 日，某城经开区管委会已与某创公司就 × ×湖公园、× ×公园物业管理项目签订《城南新区公园物业管理合同》，充分证明该工程竣工后，某城经开区管委会接收并开始使用了。《最高人民法院关于审理建设工程施工合同纠纷案件适用法律问题的解释》第 13 条①规定，建设工程未经竣工验收，发包人擅自使用后，又以使用部分质量不符约定为由主张权利的，不予支持。因此，原判支持红某某公司诉请，符合法律规定。关于案涉工程总价款、已付款及尚欠款，原判认定事实清楚，适用法律正确。

法院观点

法院观点：虽然法院生效的（2017）皖民终 311 号民事判决书认定红某某公司怠于组织案涉工程竣工验收，但那是特指红某某公司与陈某之间石材项目供料及施工合同纠纷，案涉工程整体竣工验收的组织者应是发包人某城经开区管委会。因此，首先，某城经开区管委会要求红某某公司承担案涉工程未能竣工验收的责任，并拒付工程欠款，于法无据，法院不予支持。其次，

① 对应《最高人民法院关于审理建设工程施工合同纠纷案件适用法律问题的解释（一）》第 14 条。

按照“谁主张谁举证”的原则，某城经开区管委会虽主张红某某公司未按约完成工程施工任务，但其未提供充分有效的证据予以佐证，因此，法院不予采信。红某某公司提供的证据足以证明案涉工程竣工后，某城经开区管委会早已接收并使用，且法院生效的法律文书早已予以确认。由于红某某公司主张案涉合同价款采用固定总价44161201.7元，而某城经开区管委会未提供充分有效的证据证明案涉工程存在未完工程量及未完工程价款，因此认定案涉工程总价款为44161201.7元，并无不当，法院予以确认。原判已查明，某城经开区管委会收取保证金630万元，已支付案涉工程项目部工程款25930120元、退还保证金352万元（100万元+252万元）、代红某某公司支付陈某工程款206万元，合计付款31510120元，某城经开区管委会尚欠款为18951081.7元（44161201.7元+630万元-31510120元）。因此，原判判决某城经开区管委会于判决生效之日起十五日内支付红某某公司工程款18951081.7元及相应利息，并无不当，法院予以维持。

关联案例1

案件名称：中某公司、美某龙公司建设工程施工合同纠纷案

审理法院：一审：广西壮族自治区高级人民法院（2017）桂民初4号；二审：最高人民法院（2020）最高法民终1156号

裁判观点：中某公司已完工程经过了承包方、建设方、监理单位、勘察单位验收，并签署《质量验收报告》，中某公司停工退场后，案涉工程由美某龙公司实际占有使用，并已取得预售许可证。根据《最高人民法院关于审理建设工程施工合同纠纷案件适用法律问题的解释》第13条①规定：“建设工程未经竣工验收，发包人擅自使用后，又以使用部分质量不符合约定为由主张权利的，不予支持；但是承包人应当在建设工程的合理使用寿命内对地基基础工程和主体结构质量承担民事责任。”美某龙公司在使用后又以使用部分工程质量不符合约定为由主张权利，法院不予支持。

---

① 对应《最高人民法院关于审理建设工程施工合同纠纷案件适用法律问题的解释（一）》第14条。

关联案例2

案件名称：某某焦耐公司、某某达公司建设工程施工合同纠纷案

审理法院：一审：黑龙江省高级人民法院（2019）黑民初17号；二审：最高人民法院（2020）最高法民终1040号

裁判观点：案涉合同约定工程竣工验收的标准不仅是工程实物交接，还包括试车投产达产达标，而案涉工程并没有完成竣工检验程序，案涉工程不同于一般实物交接的建设工程，且本案也无证据证明某某达公司在工程未经竣工验收情况下擅自使用，案涉工程尚不具有适用《最高人民法院关于审理建设工程施工合同纠纷案件适用法律问题的解释》第13条①关于“建设工程未经竣工验收，发包人擅自使用后，又以使用部分质量不符合约定为由主张权利的，不予支持”的规定条件，某某焦耐公司根据该条司法解释的规定主张案涉工程存在的问题仅仅是工程验收合格后的质量维修问题，缺乏事实和法律依据，法院不予支持。

关联案例3

案件名称：某某公司、华某公司建设工程施工合同纠纷案

审理法院：一审：甘肃省高级人民法院（2017）甘民初135号；二审：最高人民法院（2020）最高法民终355号

裁判观点：本案案涉工程已完成分部分项质量验收，未进行竣工验收，但是案涉房屋已交付使用，根据《最高人民法院关于审理建设工程施工合同纠纷案件适用法律问题的解释》第13条②“建设工程未经竣工验收，发包人擅自使用后，又以使用部分质量不符合约定为由主张权利的，不予支持；但是承包人应当在建设工程的合理使用寿命内对地基基础工程和主体结构质量承担民事责任”的规定，本案只针对地基基础工程和主体结构质量问题进行审查。根据某辉公司司法鉴定意见，D2#住宅楼的实际位置、C1#、C2#、C3#住宅楼单元入口处梯梁、梯板的净高不符合规范要求，7#、8#、9#、10#住宅楼连廊处供水管线的设置存在设计缺陷，以及C2#住宅楼单元入口处梯梁未按设计进行施工、存在人为损伤痕迹，安全性等级评定为DU级问题。对以上问题，处置意见为：建议将D2#住宅楼的实际位置恢复至原图纸设计位置，对C1#、C2#、C3#住宅楼单元入口处梯梁、梯板进行改造，必须及时对C2#住宅

① 对应《最高人民法院关于审理建设工程施工合同纠纷案件适用法律问题的解释（一）》第14条。

② 对应《最高人民法院关于审理建设工程施工合同纠纷案件适用法律问题的解释（一）》第14条。

楼单元入口处梯梁的钢筋混凝土构件采取加固措施，对7#、8#、9#、10#住宅楼连廊处供水管线重新设计。法院认为，该鉴定意见虽对存在的建设工程问题及处置作出意见和建议，但D2#住宅楼的实际位置不符合规范问题，主要涉及规划部门、设计方、建设方、施工方、监理方各自责任，但不属于建设工程的地基基础工程和主体结构质量问题。如果因位置问题产生损害赔偿，华某公司可与相关责任方协商解决或另行主张。对于C1#、C2#、C3#住宅楼单元入口处梯梁、梯板净高不符合规范是否属于主体结构质量问题没有专业性的认定，且华某公司未提出具体的改造措施或为改造的赔偿费用，故本案不予处理，华某公司可待具备条件时另行主张。关于C2#住宅楼单元入口处梯梁存在人为损伤不符合安全等级问题，由于案涉建设工程已经交付，华某公司没有举证该损害由某某公司造成的相关证据，故不予支持该部分诉请，其可于证据充分时另行主张。至于7#、8#、9#、10#住宅楼连廊处供水管线的设置存在设计缺陷，属于设计方面的问题，应另行主张解决。以上，华某公司诉请改建和修复不合格工程或赔偿损失的诉请不予支持。

律师点评

一、工程未经竣工验收，发包人擅自使用承担不利后果的主要法律规定

《施工合同司法解释（一）》第14条规定："建设工程未经竣工验收，发包人擅自使用后，又以使用部分质量不符合约定为由主张权利的，人民法院不予支持；但是承包人应当在建设工程的合理使用寿命内对地基基础工程和主体结构质量承担民事责任。"第9条规定："当事人对建设工程实际竣工日期有争议的，人民法院应当分别按照以下情形予以认定：（一）建设工程经竣工验收合格的，以竣工验收合格之日为竣工日期；（二）承包人已经提交竣工验收报告，发包人拖延验收的，以承包人提交验收报告之日为竣工日期；（三）建设工程未经竣工验收，发包人擅自使用的，以转移占有建设工程之日为竣工日期。"

《建设工程质量管理条例》第58条规定："违反本条例规定，建设单位有下列行为之一的，责令改正，处工程合同价款2%以上4%以下的罚款；造成损失的，依法承担赔偿责任：（一）未组织竣工验收，擅自交付使用的；（二）验收不合格，擅自交付使用的；（三）对不合格的建设工程按照合格工程验收的。"

二、建设工程质量竣工验收：（原核验制变更为）备案制

（一）建设工程竣工验收

2002年前，建设行政部门（供材质量监督管理站）验收：分项验收，综

合打分。其中，60～70分——合格；71～80分——优良；81～85分以上——国家优质工程奖（国家发改委、中国施工企业管理协会颁发）；或鲁班奖（中国建筑业协会颁发）（其下还分省优、部优工程）。

2003年左右，工程质量验收制度改革，主要由发包人组织验收，实务中主要由发包人、承包人、监理人、设计人四方签认。竣工日期主要是指工程档案管理部门备案的时间（或者四方签验的时间）。

工程竣工日期在建设工程施工合同纠纷中属于非常重要的待核证事实，竣工日期关联：1. 保修期起算；2. 工程竣工结算余款欠款利息起算；3. 承包人工程价款优先受偿权除斥期间起算；4. 判断承包人工期违约的标准；5. 工程项目风险转移节点。

确定竣工日期的主要方式为：1. 发承包双方确定（约定）；2. 发承包双方未确定或确定不明确（法定）：（1）建设工程经竣工验收合格的，以竣工验收合格之日为竣工日期；（2）承包人已经提交竣工验收报告，发包人拖延验收的，以承包人提交验收报告之日为竣工日期；（3）建设工程未经竣工验收，发包人擅自使用的，以转移占有建设工程之日为竣工日期。

（二）建筑工程质量验收的主要程序和组织

1. 检验批及分项工程应由监理工程师（或建设单位项目技术负责人）组织施工单位项目专业质量（技术）负责人等进行验收。

2. 分部工程应由总监理工程师（或建设单位项目负责人）组织施工单位项目负责人和技术、质量负责人等进行验收；地基与基础、主体结构分部工程的勘察、设计单位工程项目负责人和施工单位技术、质量部门负责人也应参加相关分部工程验收。

3. 单位工程完工后，施工单位应自行组织有关人员进行检查评定，并向建设单位提交工程验收报告。

4. 建设单位收到工程验收报告后，应由建设单位（项目）负责人组织施工（含分包单位）、设计、监理等单位（项目）负责人进行单位（子单位）工程验收。

5. 单位工程由分包单位施工的，分包单位对所承包的工程项目应按建筑工程施工质量验收统一标准规定的程序检查评定，总包单位应派人参加。分包工程完成后，应将工程有关资料交总包单位。

6. 当参加验收的各方对工程质量验收意见不一致时，可请当地建设行政主管部门或工程质量监督机构协调处理。

7. 单位工程质量验收合格后，建设单位应在规定时间内将工程竣工验收报告和有关文件报建设行政管理部门备案。

三、建设工程合格证书（或准予备案有关文件）的法律效力

建设行政主管部门或者其他有关部门接受或准予备案的，该工程为质量合格工程。建设工程合格证书或准予备案的有关备案文件在未被依法撤销之前，具有当然的法律效力，应作为人民法院审理建设工程质量纠纷案件认定工程质量是否合格的依据。

建设行政主管部门或者其他有关部门不接受或不准予备案的，应查明不接受或不准予备案的原因。如备案虽然不被接受或不被准予，但建设、勘察、设计、施工、监理等单位和其他有关单位均签署意见，确认该工程为质量合格的，该工程仍然是质量合格的工程。

实践中，即便是经过质量监督管理机构核定为合格或接受（准予）备案的工程，仍然存在该工程的质量不合格的可能性。建设行政主管部门或其他有关主管部门对建设工程核发合格证书或接受（准予）工程竣工验收备案的行为，系该机关的一项具体行政行为，建设单位如认为工程质量不合格、建设工程合格证书或接受（准予）备案的行为错误的，可通过行政复议或行政诉讼的途径进行救济。当事人申请行政复议或提起行政诉讼的，可同时申请法院中止民事案件的审理，等待行政复议或行政诉讼终结后再恢复民事案件的审理。如根据行政复议或行政诉讼的结果，建设工程合格证书或准予备案的有关备案文件被依法撤销的，就工程质量是否合格的问题，必要时还可进行司法鉴定。

四、发包人的工程质量责任

（一）依法发包。发包人应将工程发包给具有相应资质等级的单位，依法须进行招标的，应通过招标的方式予以发包，并且，不得将工程肢解发包。

（二）发包人应依约提供与工程建设有关的原始资料，包括工程测绘资料、地震勘测、勘察、设计、水土保持、施工图审查等原始资料。

（三）发包人应遵守工程造价、工期和质量的有关法律规定。

（四）发包人应依法委托工程监理单位，并办理工程质量监督手续。

（五）发包人应当提供合格、符合国家规范的设备、建设材料。不得明示或者暗示施工单位使用不合格的建筑材料、建筑构配件和设备。

（六）发包人不得违规使用工程，不得在工程未经竣工验收的情形下，擅自提前使用工程，否则由发包人承担不利法律后果。详见《建设工程安全生产管理条例》《生产安全事故报告和调查处理条例》等法律规范。

（七）发包人的安全生产法律责任，造成工程质量事故的，严重的还要承担刑事法律责任。如《刑法》第137条规定："建设单位、设计单位、施工单位、工程监理单位违反国家规定，降低工程质量标准，造成重大安全事故的，对直接责任人员，处五年以下有期徒刑或者拘役，并处罚金；后果特别严重的，处五年以上十年以下有期徒刑，并处罚金。"

4.4 法院如何认定承包人拒绝修复质量缺陷的行为及法律后果①

——盛某公司、八某公司建设工程施工合同纠纷案②

关 键 词：质量缺陷　承包人拒绝修复　法律后果

问题提出：建设工程发生质量问题后，承包人以各种理由拒绝修复将会导致发包方或有关第三方权利受到损害，承包人拒绝修复的行为如何定性？将承担怎样的法律责任？

关联问题：承包人履行质量缺陷处理的义务范围；拒绝承担修复责任的后果及其他法律责任。

裁判要旨：司法鉴定机构确认经鉴定确认建设工程存在质量问题的，法院应当判令施工单位履行修复义务，若施工单位一直未履行维修义务，建设单位可以另行委托第三方修复，所需费用由施工单位承担。

案情简介

上诉人（原审被告、反诉原告）：盛某公司

① 撰稿人：吴迪，上海市建纬律师事务所。

② 一审：青海省高级人民法院（2017）青民初2号；二审：最高人民法院（2020）最高法民终898号。

上诉人（原审被告、反诉被告）：八某公司

上诉人（原审被告、反诉被告）：八某西宁分公司

被上诉人（原审原告、反诉被告）：李乾某

2013年9月2日，盛某公司将其位于青海省西宁市××路×号建筑面积为50085.73平方米的2号、3号楼商住工程建设项目委托招标代理机构诚某公司招投标，同年12月19日，八某公司向盛某公司发出投标函及投标报价表，投标总价为100110332.16元。2013年12月27日，诚某公司向八某公司发出中标通知书，确定八某公司为中标人，中标总价为100118332.16元，工期670天，工程质量要求符合合格标准。

2014年1月6日，盛某公司作为发包人与承包人八某公司签订《建设工程施工合同》，约定了工程承包范围，此范围具体有22项约定。同时对不在承包范围内的工程也进行约定，即，1. 桩基工程；2. 电梯工程、锅炉工艺安装工程、供电总高低压配电室、太阳能设备采购安装及相对应的热水管道系统；3. 住宅套内房间门、住宅厨、卫地砖和墙面砖、住宅部分内墙涂料工程（仅施工内墙面批灰）、二次装修部分；4. 室外道路、绿化、景观、庭院亮化；5. 小区大门、门禁系统；6. 各类IC卡智能表（水、电、热计量表）由发包人采购、校验并提供技术资料，承包人负责安装；7. 高低压配电室高压开关柜到室外高压进户电缆。计划开工日期：2013年12月18日，计划竣工日期：2015年10月30日。总日历天数665天。工程质量符合合格标准。双方商定签约合同总价：95173147元（竣工结算总建筑面积50091.13平方米，再不进行增减调整）。合同价格形式：每平方米包干价1900元。2013年12月27日中标通知书总造价100118332.16元，承包人承诺中标总造价下浮后为95173147元，一次性包干单价为每平方米1900元，竣工结算建筑面积为50091.13平方米，不以中标价结算。11. 补充协议中约定：第六条合同价格为包干价1900元/平方米（商业、地下均价），竣工后建筑面积应以设计建筑面积50091.13平方米为依据结算，再不进行建筑面积增减调整。第七条凡设计变更6000元以下不计工程量及价格，6000元以上工程按定额计价，工程量计算规则按第12.3.1条执行，并且下浮10%；第八条本次商定的价格考虑了今后人工、材料、机械的市场涨价因素，不再调整。钢材为酒钢或八钢的产品。15.1工程保修的原则：在工程移交发包人后，因承包人的原因产生的质量缺陷，承包人应承担质量缺陷责任和保修义务。缺陷责任期届满，承包人

仍应按合同约定的工程各部位保修年限承担保修义务。以上为通用条款的约定，专用条款的约定有：3.4.1 禁止分包的工程包括主体工程。3.4.2 允许分包的专业工程包括：消防、通风、弱电。付款周期：2 号楼、3 号楼主体施工至十五层并且地下室和商铺达到使用条件后支付 2000 万元（每栋楼 1000 万元），主体封顶后工程量经发包人、监理单位审核后按工程量的 80% 在一个月内支付（包括上述 2000 万元的抵扣）。主体封顶以后工程量按月进度工程量的 80% 支付。工程竣工验收完成后，双方进行竣工结算。结算完成后 30 天内付到总造价的 95%，留 5% 的质保金。

2014 年 3 月 5 日，八某西宁分公司（甲方）与李乾某签订一份《协议》，甲方签名人为袁溢某，并加盖八某西宁分公司公章。第二条：李乾某与甲方签订协议后即向甲方指定账户打入 200 万元质量保证金（质量保证金分两次退还，第一次在第三层商铺平口后，第二次在主体封顶后）；管理费 120 万元按工程进度款的支付比例分批计提；150 万元项目费；首批款 75 万元在第一次质量保证金退还时扣除，第二批款 75 万元在第二次质量保证金退还时扣除。第三条：乙方对该项目的管理、施工严格执行甲方与盛某公司所签合同的全部内容，如因乙方原因造成甲方合同以外的损失，甲方有权视损失程度从工程款中扣除，合同以内的损失或奖励全部由乙方承担和受取……第五条：本工程项目资金，专款专用，甲方无权挪用……第十条：李乾某有偿使用甲方的施工资质……第十二条：本协议与甲方和盛某公司签订的建设工程合同具有同等法律效力。同日，八某西宁分公司收到李乾某缴纳的 200 万元工程保证金。

2014 年 3 月 15 日，李乾某即组织队伍进场施工。同时，李乾某还对盛某公司与八某公司签订《建设工程施工合同》以外的桩基、支护工程量及 1 号楼、2 号楼交接处进行施工，李乾某将上述新增工程量于 2014 年 8 月中旬前完成。

2014 年 4 月 15 日，八某西宁分公司向建设单位、监理单位提出案涉工程的 1 号签证单，即由于某华小区暖气总管在 2 号、3 号楼基坑里面，影响打桩及挖土，来回移位两次，3 号楼原建筑的污水排水管流入基坑，改道做化粪池排水管至共和路雨水管，及挖运旧建筑的建筑垃圾的原因申请签证，造价 10.5 万元，监理单位于 4 月 20 日签署同意建设单位的意见，建设单位于 2014 年 9 月 1 日批示同意，费用共计 10.5 万元。

2014年4月30日，案涉工程取得《建筑工程施工许可证》，载明合同开工日期2013年12月28日，合同竣工日期为2015年10月30日。

2015年9月7日，八某西宁分公司向盛某公司及监理公司提出，因建设单位未能及时支付工程款，经多次催促仍未支付，故于2015年9月15日正式停工。

2016年5月3日，案涉工程的设计单位、建设单位、施工单位及监理单位对3号商住楼进行竣工验收，综合验收结论为合格，并形成《单位（子单位）工程质量竣工验收记录》。同年6月7日，项目经理邹新某与马敏某、物业负责人赵龙某交接3号商住楼150户钥匙，并形成《交接单》，马敏某、邹新某及赵龙某签字确认。2016年9月10日，案涉工程的设计单位、建设单位、施工单位及监理单位对2号商住楼进行竣工验收，综合验收结论为合格，并形成《单位（子单位）工程质量竣工验收记录》。同年10月5日，八某西宁分公司将2号商住楼的62户钥匙交给盛某公司，由马敏某、物业负责人赵龙某签收，并形成《交接函》，马敏某、赵龙某签字确认，八某西宁分公司加盖八某西宁分公司西宁盛某小区2号、3号商住楼项目部资料专用章确认。

2017年7月20日，李乾某提交先予执行申请，请求对三被申请人盛某公司、八某公司及八某西宁分公司拖欠工程款中的335万元农民工工资先予执行。经一审法院审查于2017年11月20日作出青海省高级人民法院（2017）青民初2号民事裁定书，裁定：对八某公司、八某西宁分公司、盛某公司应给付李乾某的工程款335万元先予执行。

2017年11月16日，经双方当事人对账，就已付工程款形成如下《对账结果》，内容为：于2017年11月16日，仅有盛某公司、八某西宁分公司、李乾某对账，对账结果如下：1. 由盛某公司转付给八某西宁分公司4805万元整，大写肆仟捌佰零伍万元整。该款项由八某西宁分公司转付给李乾某4460万元，大写肆仟肆佰陆拾万元。2. 由盛某公司转付给丁冶某100万元，大写壹佰万元整。3. 由盛某公司直接支付给李乾某2060万元，大写两仟零陆拾万元整。4. 由盛某公司垫付6万元购买消防泵、喷淋泵，大写陆万元整。以上由盛某公司支付的四项工程款共计6971万元，大写陆仟玖佰柒拾壹万元。以上对账，经三方当事人核对无误。

2018年5月21日，李乾某自认因盛某公司要求延缓施工，盛某小区2号、3号楼室外散水项目未做，未做工程总造价：7883.99元，可在总工程款中扣除。

2018年11月27日，李乾某向盛某公司出具105万元的收条，次日，盛某公司给李乾某转账100万元，同日盛某公司给李乾某负责消防施工工作的班组长刘安某转账1万元，2018年12月7日，盛某公司又给刘安某转账2万元，2019年1月8日，盛某公司再次给刘安某转账2万元。

诉讼中，经李乾某申请，2017年5月17日，一审法院委托司法鉴定所对李乾某承建的盛某小区2号、3号商住楼的管道层面积、阳台面积进行鉴定，2017年7月18日司法鉴定所出具《鉴定意见书》，鉴定意见：（一）若依据《建筑工程建筑面积计算规范》（GB/T50353－2005）进行计算，盛某小区2#、3#商住楼的管道层不应计算建筑面积、阳台建筑面积合计为1679.66平方米。（二）若依据《建筑工程建筑面积计算规范》（GB/T50353－2013）进行计算，盛某小区2#、3#商住楼的管道层面积为882.84平方米（不含楼梯间、风井、电梯井、管道井、配电间面积）、阳台建筑面积合计为2528.20平方米。

经李乾某申请，2018年9月3日，一审法院委托某联工程公司对盛某小区2号、3号商住楼桩基工程、设计变更和签证造价进行鉴定，2019年1月15日，某联工程公司出具《鉴定意见书》，鉴定结果：6640252.33元，其中：1.盛某小区2号、3号商住楼完成的桩基工程造价为4279250.70元；2.基坑支护设计变更增减造价为290320.06元；3.按金额签订签证造价为1034221.15元；4.按工程内容签订签证造价为521348.52元；5.建设单位未盖章签证造价为515111.90元。

经盛某公司申请，2018年9月3日，一审法院委托某联工程公司对盛某小区2号、3号商住楼中是否存在未完工程量进行造价鉴定，2018年11月6日某联工程公司出具《关于盛某小区合同内未完工程不再鉴定情况说明》，内容为“关于盛某公司司法鉴定申请中对八某公司施工的西宁盛某小区2#、3#商住楼水电安装工程等施工的鉴定问题，经2018年11月6日现场实际查勘，对西宁盛某小区2#、3#商住楼安装工程中的有线电视系统、电话系统、网络系统、楼宇对讲系统、消防监控系统、属于各系统零星尾工未完善工程，不属于合同未完工程，经现场协调由施工方继续完善、甲方配合实施、签订相关协议，对（合同内）未完工程不再鉴定，故申请方向合议庭撤销”。

经盛某公司申请，2018年9月3日，一审法院委托青海省建筑工程质量检测站对李乾某未按《建设工程施工合同》所审定的图纸施工，存在擅自变更设计、工艺、材料以及由此产生的修复费用进行造价鉴定。2019 年 7 月 10 日青海省建筑工程质量检测站出具《关于盛某小区 2#、3#楼工程项目委托检测的回复》，该检测站就案涉工程存在的下列问题做了回复，并附有相关的检测报告，对不能检测的项目作了理由说明。1. 2#、3#楼消防报警管线预埋，经抽查 3 号楼 25 层、15 层、5 层及 2 号楼 4 层、14 层、24 层发现 KBG 管改为 PVC 管。2. 建筑节能设计要求，外墙保温要求 YT 无机保温砂浆 40 毫米，屋面保温要求 YT 无机保温砂浆 80 毫米，未按设计图纸施工。3. 干挂石石材及骨架钢材，经现场查看采用废旧钢材，部分石材不符合设计要求。4. 地下室水泵房水池、墙面、地面渗水，对地面渗水措施进行排水。5. 基坑周围回填土设计采用素土分层回填压实，外墙外侧回填压实系数不小于 0.95，实际回填建筑垃圾。6. 2#、3#楼住宅电井电缆未按设计图纸设计规格施工，减少了 2ZAL2、2ZAL3、3ZAL2、3ZAL3 配电箱，减少了电缆及改变了规格型号。7. 3#楼电梯电缆为 3 ×25 +2 ×16 现改为 3 ×16 +2 ×10。8. 管道封堵未施工。

同时，就青海省建筑工程质量检测站出具《关于盛某小区 2#、3#楼工程项目委托检测的回复》中存在的问题，2018 年 9 月 3 日，一审法院再次委托建筑技术公司（案涉工程的设计单位）对修复存在的问题产生的造价进行鉴定，2019 年 12 月 12 日建筑技术公司出具《关于青海盛某小区 2#、3#楼质量检测相关技术问题的答复》，内容为：依据青海省建筑工程质量检测站提供的《关于盛某小区 2#、3#楼工程项目委托检测的回复》，对检测发现的问题答复如下：1. 消防报警管线套管改为 PVC 管，不符合消防要求，建议按图施工。2. 外墙保温层厚度没达到设计要求，不能达到节能标准设计要求，建议按原施工图纸完善，如需要更换保温材料，可安排有资质的设计单位重新设计并要通过当地节能专项审查。3. 干挂石材的钢龙骨如果用的是锈蚀、破损或废旧钢材，则必须拆除重做。否则存在严重安全隐患，应严格按“西航公司”设计的青海盛某小区 2#、3#楼外装饰图施工。4. 地下室渗水问题，建议请专业的防水公司来处理。5. 基坑周围回填土用建筑垃圾回填容易造成对地下室外墙防水层的破坏，这也会导致地下室漏水，同时会造成地面和散水的不均匀沉降，甚至局部塌方。如建筑垃圾回填量较大，建议清除后按照设计要求及施工技术规范完成。但需注意的是建筑垃圾和回填土如何清运？同时如地下水位较高，还需采取降水等措施。6. 2#、3#楼住宅电井电缆按原施工图纸完善。7. 3#楼电梯电缆按原施工图纸完善。8. 管道封堵按原施工图纸完善。说明：对于以上问题的处理，建议仅供参考。

李乾某向一审法院起诉请求：1. 判令盛某公司支付工程款 46841668. 60 元；2. 判令盛某公司以盛某小区 2 号、3 号商住楼欠付的 26773317. 65 元为限，承担自 2016 年 10 月 11 日起至该款付清之日止每日万分之三的违约金；3. 判令盛某公司以欠付桩基等工程款 16068350. 95 元为限，承担自 2015 年 4 月 25 日起至该款付清为止每日千分之二的违约金；4. 判令盛某公司赔偿停工、窝工损失 300 万元；5. 判令八某公司及八某西宁分公司支付工程款 575 万元，并承担自 2015 年 7 月 4 日至该款付清之日止的同期银行贷款利息；6. 案件诉讼费用由盛某公司、八某公司、八某西宁分公司负担。2018 年 5 月 21 日，李乾某以其与八某西宁分公司签订的《协议》为无效合同为由，撤回上述诉讼请求中第 2 项、第 3 项、第 4 项。

盛某公司向一审法院反诉请求：1. 依法判令八某公司、八某西宁分公司及李乾某给付逾期竣工违约金 2540 万元（截止起诉时日期 2017 年 3 月 21 日）。2. 依法判令八某公司、八某西宁分公司及李乾某全面履行施工合同，包括：立即完成未完工程的施工内容（未完工程详见附表）；对已完工但质量不符合约定的部分返工返修；完成工程竣工验收并移交工程及竣工资料；立即向盛某公司开具已付工程款税务发票。3. 反诉费用由八某公司、八某西宁分公司及李乾某承担。2017 年 5 月 10 日，盛某公司对第 1 项反诉请求当庭放弃，表明待取得相应证据后另诉。

一审法院判决：一、八某公司、八某西宁分公司于判决生效后十日内共同给付李乾某工程款 23302064. 57 元；盛某公司在欠付工程款 23302064. 57 元的范围内承担责任。二、八某公司、八某西宁分公司于判决生效后十日内共同退还李乾某工程质量保证金 200 万元及利息，利息以 200 万元为本金，支付自 2015 年 7 月 4 日起至 2019 年 8 月 19 日按中国人民银行同期同类基准贷款利率计付利息，之后至实际付清时止，按同期全国银行间同业拆借中心公布的一年期贷款市场报价利率计付利息。三、八某公司、八某西宁分公司于判决生效后十日内支付李乾某工程款 375 万元及利息，利息以 375 万元为本金，支付自 2016 年 10 月 5 日起至 2019 年 8 月 19 日按中国人民银行同期同类基准贷款利率计付利息，之后至实际付清时止，按同期全国银行间同业拆借中心公布的一年期贷款市场报价利率计付利息。四、八某公司、八某西宁分公司于工程款给付后十五日内向盛某公司提供一套案涉工程完整的竣工图、竣工资料和竣工验收报告。五、八某公司、八某西宁分公司于工程款给付后十五日内向盛某公司移交税务机关开具的建安税务专用发票。六、驳回李乾某的其他诉讼请求。七、驳回盛某公司的其他反诉请求。本诉案件受理费由李乾某预交371350.1元，因李乾某减少诉求，核减后案件受理费为304758.34元，由李乾某负担115808元，八某公司负担37790元，盛某公司负担151160.34元；反诉案件受理费由盛某公司预交168800元，核减后案件受理费实际为100元，减半收取50元，由李乾某负担10元，盛某公司负担40元；工程造价鉴定费122200元，由盛某公司负担97760元，八某公司负担24440元。一审法院退还李乾某案件受理费66591.76元，退还盛某公司案件受理费168750元。

二审法院判决：

一、维持青海省高级人民法院（2017）青民初2号民事判决第四项、第五项；

二、撤销青海省高级人民法院（2017）青民初2号民事判决第一项、第二项、第三项、第六项、第七项；

三、盛某公司于本判决生效后十日内向李乾某支付工程款22671724.63元；

四、八某公司、八某西宁分公司、李乾某于本判决生效后九十日内就青海省建筑工程质量检测站《关于盛某小区2#、3#楼工程项目委托检测的回复》列明的问题履行修复义务，如八某公司、八某西宁分公司、李乾某在规定的期限内不履行修复义务，则由盛某公司委托有资质的第三方修复，所需费用由八某公司、八某西宁分公司、李乾某承担；

五、驳回李乾某其他诉讼请求；

六、驳回盛某公司其他反诉请求。

如未按本判决指定的期间履行给付金钱义务，应当按照《民事诉讼法》第253条之规定，加倍支付迟延履行期间的债务利息。

一审本诉案件受理费李乾某预交371350.1元，因李乾某减少诉求，核减后案件受理费为304758.34元，李乾某负担158474.34元，由盛某公司负担146284元，一审法院退还李乾某案件受理费66591.76元；一审反诉案件受理费盛某公司预交168800元，核减后案件受理费为100元，减半收取50元，由李乾某负担20元，八某公司、八某西宁分公司负担20元，盛某公司负担10元，一审法院退还盛某公司案件受理费168750元；工程造价鉴定费122200

元，由盛某公司负担58646元，李乾某负担63544元。二审案件受理费210360.32元，由李乾某负担52525元，盛某公司负担157835.32元，多预收的案件受理费126260.32元，退还盛某公司10000元，退还八某公司、八某西宁分公司116260.32元。

各方观点

盛某公司观点： 1. 一审判决盛某公司向李乾某支付工程款，适用法律错误。李乾某与八某西宁分公司签订的《协议》无效，案涉工程经鉴定质量不合格，在工程未修复并验收合格前，依据《最高人民法院关于审理建设工程施工合同纠纷案件适用法律问题的解释》第2条①、第3条第1款②的规定，李乾某无权要求盛某公司支付工程款。2. 案涉工程存在严重质量问题，且存在未完工程，一审判决驳回盛某公司要求八某公司、八某西宁分公司、李乾某完成未完工程，履行修复义务的反诉请求，适用法律错误。

八某公司、八某西宁分公司观点： 案涉工程已经完工且交付使用，不存在严重质量问题，盛某公司主张质量修复义务无依据。

李乾某观点： 1. 案涉工程经竣工验收合格，且交付使用多年，盛某公司所诉称的质量问题仅是工程质量瑕疵，其以此为由拒付工程款无依据。2. 案涉工程存在一些瑕疵，一审判决保留质保金，就是用于修复瑕疵问题。案涉未完工程为室外散水，经鉴定确认的该项工程价款已从总工程款中扣除。

法院观点

关于八某公司、八某西宁分公司应否承担立即完成未完工程的施工内容、对已完工但质量不符合约定的部分是否返工返修的问题。

一审法院观点： 诉讼期间盛某公司申请对案涉工程是否存在未完工程进行司法鉴定，得到一审法院的准许，鉴定机构认为案涉工程在安装工程中存在零星尾工需完善，但不存在未完工程。同时，案涉工程经竣工验收后，盛某公司已实际使用多年，亦未能举证证明案涉工程存在质量问题，故盛某公司的此项诉讼请求无事实依据，不能成立，一审法院不予支持。

---

① 对应《民法典》第793条第1款。

② 对应《民法典》第793条第2款。

二审法院观点：关于未完工程，二审庭审中盛某公司明确其主张的未完工程为路面散水工程，一审判决已将该工程价款从案涉工程总造价中扣除，不存在继续履行问题，盛某公司该上诉理由不能成立。关于修复问题，经一审法院委托鉴定，青海省建筑工程质量检测站出具《关于盛某小区 2#、3#楼工程项目委托检测的回复》，载明案涉工程存在部分施工内容与图纸设计、工艺、用料不符的问题，建筑技术公司出具《关于青海盛某小区 2#、3#楼质量检测相关技术问题的答复》，就工程相关问题的处理提出建议。根据《合同法》第 107 条①、第 281 条②，《最高人民法院关于审理建设工程施工合同纠纷案件适用法律问题的解释（二）》第 4 条③规定，盛某公司要求八某公司、八某西宁分公司、李乾某履行修复义务，于法有据，应予支持，一审判决未予支持不当，法院予以纠正。

关联案例

案件名称：某业建设公司与某某美公司建设工程施工合同纠纷上诉案

审理法院：一审：浙江省绍兴县人民法院（2009）绍民初字第 5376 号；二审：浙江省绍兴市中级人民法院（2012）浙绍民终字第 16 号

裁判观点：就案涉工程的质量问题，根据某某美公司提供、鉴定机构某邦公司出具的质量鉴定报告，可确认案涉工程确实存在房屋上部主体承重结构方面楼板负弯矩筋保护层厚度不合格以及上部主体围护结构方面质量不合格的质量缺陷，而且该质量缺陷能够通过修复解决。本案鉴定机构具有相应的鉴定资质，鉴定程序合法，其结论可以作为本案事实认定的依据，故应予采信。某业建设公司作为施工单位，应对建设工程的施工质量负责，出现质量问题，应当负责返修。事实表明，某某美公司在案涉工程未通过验收的情况下即擅自使用，故由此产生的工程质量问题应结合《最高人民法院关于审理建设工程施工合同纠纷案件适用法律问题的解释》第 13 条④"建设工程未经竣工验收，发包人擅自使用后，又以使用部分质量不符合约定为由主张权利的，不予支持；但是承包人应当在建设工程的合理使用寿命内对地基基础工程和主体结构质量承担民事责任"的规定来处理。据此，某某美公司擅自使用案涉工程，其法律后果是某某美公司不得以工程质量不合格为由拒付工程款，但同时

---

① 对应《民法典》第 577 条。

② 对应《民法典》第 801 条。

③ 对应《最高人民法院关于审理建设工程施工合同纠纷案件适用法律问题的解释（一）》第 7 条。

④ 对应《最高人民法院关于审理建设工程施工合同纠纷案件适用法律问题的解释（一）》第 14 条。

某业建设公司有关案涉工程地基基础工程和主体结构的施工质量缺陷的责任不豁免。换言之，无论案涉工程是否经过验收、某某美公司是否擅自使用，如果涉及工程地基基础工程和主体结构质量问题的，某业建设公司仍需对这两处有法律明文规定的重要质量部位承担返修或者赔偿责任。根据鉴定机构的意见，因主体承重结构方面和主体围护结构方面存在质量缺陷，故对于某某美公司要求某业建设公司对上述质量缺陷修复至合格的诉求依法予以支持。

律师点评

一、承包人拒绝修复的行为既属于违法行为，也属于违约行为，依法应承担相应的法律责任

首先，《建筑法》第 58 条规定："建筑施工企业对工程的施工质量负责。建筑施工企业必须按照工程设计图纸和施工技术标准施工，不得偷工减料。工程设计的修改由原设计单位负责，建筑施工企业不得擅自修改工程设计。"第 59 条规定："建筑施工企业必须按照工程设计要求、施工技术标准和合同的约定，对建筑材料、建筑构配件和设备进行检验，不合格的不得使用。"第 60 条规定："建筑物在合理使用寿命内，必须确保地基基础工程和主体结构的质量。建筑工程竣工时，屋顶、墙面不得留有渗漏、开裂等质量缺陷；对已发现的质量缺陷，建筑施工企业应当修复。"因此，施工单位必须应严格按照工程设计要求和施工技术标准施工，以保证施工质量，如存在质量缺陷，应当进行修复。

其次，《民法典》第 577 条规定："当事人一方不履行合同义务或者履行合同义务不符合约定的，应当承担继续履行、采取补救措施或者赔偿损失等违约责任。"第 583 条规定："当事人一方不履行合同义务或者履行合同义务不符合约定的，在履行义务或者采取补救措施后，对方还有其他损失的，应当赔偿损失。"此外，《民法典》第 801 条明确规定："因施工人的原因致使建设工程质量不符合约定的，发包人有权请求施工人在合理期限内无偿修理或者返工、改建。经过修理或者返工、改建后，造成逾期交付的，施工人应当承担违约责任。"

最后，一般情况下，施工合同均会以专门条款的形式约定质量责任。如 2017 年的《建设工程施工合同（示范文本）》（GF—2017—0201）通用条款第 5 条也专门对工程质量进行了示范性约定，其中 5.4.1 明确约定："因承包人原因造成工程不合格的，发包人有权随时要求承包人采取补救措施，直至达到合同要求的质量标准，由此增加的费用和（或）延误的工期由承包人承担。无法补救的，按照第13.2.4项〔拒绝接收全部或部分工程〕约定执行。”5.4.2明确约定：“因发包人原因造成工程不合格的，由此增加的费用和（或）延误的工期由发包人承担，并支付承包人合理的利润。”在专用条款中，通常还会约定比较全面、细致的质量条款以及违反质量条款应承担的违约责任，即使没有适用示范文本，一般合同中都会约定有关质量问题的违约责任及处理方法。因此，承包过程一旦出现质量问题，承包人如果拒绝修复，则应依法、依约定承担相应的法律责任。

二、承包人履行质量缺陷处理义务的具体内容

如前所述，建筑工程一旦出现质量问题，承包人如果拒绝修复，则应依法、依约定承担相应的法律责任。具体地讲，若所做工程存在的质量问题，尚可以通过修复或改建的方式解决的，一般采用修复、改建方法解决，若不能通过修复或改建方式完成的，则采用返工或重作的方式处理。返工、重作的费用一般较多，还会因此延长工期，但此情况下工期一般不予顺延，承包方的负担不会仅限于返工或重作的费用，还应赔偿发包人因此受到的其他损失。最后，一般情况下，施工合同均概括性或者具体地约定违约金条款，因此，除前述责任外，承包人还应支付约定比例或金额的违约金。这类问题，双方可以通过协商解决，如协商不成，可根据合同约定或法律规定，启动仲裁或诉讼的程序。一旦进入诉讼，司法机关一般会采信鉴定机构或检测机构作出的鉴定、检测结论、修复费用及损失评估。

*4.5 法院如何认定工程质量异议的效力及后果*①

*——某美基业公司、某建某局公司建设工程施工合同纠纷上诉案*②

关 键 词：竣工验收　擅自使用　保修期内　已过保修期　工程质量异议

① 撰稿人：杨红芳，上海建纬（昆明）律师事务所。

② 一审：河北省高级人民法院（2015）冀民一初字第26号；二审：最高人民法院（2019）最高法民终974号。

问题提出：在建筑领域，承发包方双方发生争议的焦点往往围绕着工程工期、质量和工程款进行。在实践中，发包人很少会因工程质量或工程工期问题而直接提起诉讼，多数情况下是因承包方主张工程款，发包人为了拖延时间或是为了抵销一部分工程款，才从策略上提起工期或质量索赔——发包人对工程质量提起的一般诉讼、抗辩、反诉均称为发包人提起的工程质量异议。如此，在施工合同纠纷中，承包人起诉要求支付工程款的，发包人紧接着就提出工程质量异议。不同的法院对工程质量异议会做出不同的裁判结果。那么，发包人能提出工程质量异议的条件是什么？法院应如何处理工程质量异议？在工程质量异议成立的条件下，承包人应承担何种责任？

关联问题：工程质量是否属于法定或约定的专业认定范围？法院在认定工程是否合格时，应借助什么机构的力量进行判断，对所借助的机构出具的报告应注意的事项是什么？

裁判要旨：主张工程存在质量问题的一方应对工程质量问题承担举证责任，虽然建设单位单方委托的鉴定机构出具的鉴定结论，因鉴定材料未经质证，鉴定程序没有施工单位和法院派人参加，所以不能采信。且建设单位单方委托的鉴定机构出具的鉴定意见已证明工程质量符合设计规范和规范要求，建设单位不能证明案涉工程存在质量问题，法院认为建设单位申请质量鉴定缺乏事实和法律依据，对其申请不予准许。

案情简介

上诉人（一审被告、反诉原告）：某美基业公司

被上诉人（一审原告、反诉被告）：某建某局公司

2010 年 9 月 30 日，某美基业公司作为发包人与某建某局公司签订《建设工程施工合同》，约定某建某局公司承建某美基业公司××坊金融街金融中心工程，合同价款为 2.03 亿元。专用条款第四款质量与验收第 15 条隐蔽工程和中间验收约定，隐蔽工程验收由监理单位组织；第六款合同价款与支付约

定合同价款采用固定价格，价款调整依据第八款工程变更相关约定。

2010 年 10 月 27 日，某建某局公司中标某美基业公司招标的××坊国际金融城 1#至 5#楼及地下工程。次日，双方签订《建设工程施工合同》，约定工程地点位于×××，合同价款 209230002 元，专用条款第 60 条合同价款调整约定采用固定总价方式，调整方法另行约定。

2010 年 12 月 6 日，某美基业公司与某建某局公司签订《建设工程施工合同补充协议 1》，约定工程名称××坊金融街金融中心，承包范围在原总包合同的基础上，增加本补充协议中约定的机电安装工程预留预埋施工内容，合同价款 260 万元。

2011 年 1 月 18 日，某美基业公司作为发包人与某建某局公司签订《建设工程施工合同》，约定某建某局公司承建某美基业公司××坊项目 1#地块及桩基工程，约定合同价款 216589514 元，专用条款第 60 条合同价款调整约定采用固定总价方式，调整方法另行约定。

另，某美基业公司与某建某局公司签订《××坊项目 1#地块工程框架协议书》，合同无签订日期，工程地点位于×××，承包范围为 1～4#楼、LOFT 公寓楼、会所、商业街、地下、地下车库及人防工程标准执行 2008 年河北省建筑工程预算定额和定额规定的取费类别，同时对甲供材料设备、甲方指定材料设备品牌、计价具体原则等做了详细约定。对于该框架协议签订时间，某建某局公司主张签订于备案合同之前，某美基业公司主张签订于备案合同之后。

2013 年 3 月 20 日，某美基业公司与某华公司签订《〈××坊项目 1#地块工程总包协议书〉补充协议》，约定在总包协议履行中，新增××坊金融街项目 LOFT 公寓楼洞口补板工程，合同价款 90 万元。

合同签订后某建某局公司依约进场施工。施工期间，案涉工程陆续进行了地基与基础、主体结构的分部工程质量验收，一期商业部分验收记录由施工单位、勘察单位、监理单位三方签章；二期住宅部分由施工单位、勘察单位、监理单位及设计单位四方签章。依据案涉双方提交证据，案涉工程未竣工验收；经造价鉴定现场勘验，二期工程部分住宅已入住。

2015 年 9 月 28 日，某建某局公司向某美基业公司发出《解除合同通知函》，通知解除双方分别于 2010 年 10 月 28 日、2011 年 1 月 18 日签订的《建设工程施工合同》，并对邮寄事实办理了公证书。

某建某局公司主张已收案涉工程款一期商业部分11680万元、二期住宅部分6632万元，共计18312万元。某美基业公司主张已付案涉工程款一期商业部分11680万元、二期住宅部分6940万元，并提交了相关银行转账凭证（即14778万元扣除某建某局公司提交的7838万元承兑汇票部分），共计18620万元。

本案审理期间，某建某局公司向一审法院提出案涉工程造价鉴定申请，申请鉴定事项：1. 案涉工程已完成的工程造价，包括合同内已完工程、合同外增量工程造价及对钢材、混凝土等主材调整价差；2. 对某美基业公司给某建某局公司造成的合同工期内的停工、窝工损失及延长工期内额外投入的人员、材料、机械等费用损失。某美基业公司向一审法院提出工程质量鉴定申请，申请鉴定事项：1. 对案涉工程施工质量进行全面鉴定，并出具整改方案；2. 对整改费用进行造价鉴定。

对于案涉工程造价鉴定，一审法院经法定程序选定并委托汉某造价公司作为本案的鉴定单位，对案涉双方提交的鉴定材料经组织质证后移交鉴定单位进行鉴定。

某建某局公司向一审法院起诉请求：1. 某美基业公司向某建某局公司支付工程款273143525.5元及从2011年1月起拖欠工程款利息29578187.76元（按照银行同期逾期贷款利率计算至实际清偿日止，暂计至2015年12月3日），以上金额合计302721713.26元；2. 确认某建某局公司对所施工全部工程享有工程款优先受偿权；3. 解除某建某局公司和某美基业公司于2010年10月28日、2011年1月18日签订的两份《建设工程施工合同》；4. 本案诉讼费由某美基业公司承担。

某美基业公司向一审法院提出反诉请求：1. 某建某局公司支付工程质量整改费用7000万元，具体数额以司法鉴定意见为准；2. 某建某局公司支付工期延误违约金1028万元；3. 本案全部诉讼费由某建某局公司承担。2018年8月8日，某美基业公司变更第2项反诉请求数额为2551万元。

一审判决：一、某美基业公司于判决生效后十五日内给付某建某局公司工程欠款181546513.39元及利息（利息以181546513.39元为基数，按照中国人民银行同期同类贷款利率，自2015年9月15日起计算至债务实际履行完毕之日止）；二、某建某局公司对其所施工案涉工程享有工程款优先受偿权；三、驳回某建某局公司的其他诉讼请求；四、驳回某美基业公司的反诉请求。

如果未按判决指定的期间履行给付金钱义务，应当依照《民事诉讼法》第253条之规定，加倍支付迟延履行期间的债务利息。本诉案件受理费1555409元、保全费5000元，由某建某局公司负担523274元，某美基业公司负担1037135元；反诉案件受理费221600元，由某美基业公司负担；鉴定费258万元，由双方各负担129万元。

二审判决：驳回上诉，维持原判。

各方观点

某美基业公司观点：一审法院认定案涉工程质量合格无事实和法律依据，未对案涉工程质量、整改方案、整改费用造价等进行司法鉴定，导致事实不清。1. 某建某局公司请求某美基业公司按照承包合同约定支付已完成部分的工程价款，而某建某局公司的诉讼请求能否获得支持，取决于其已经完成的建设工程是否达到相应的质量标准以及是否经竣工验收合格。案涉建设工程质量是否达标属于本案的主要事实，在双方当事人存在争议的情形下，人民法院应当准许某美基业公司的工程质量鉴定申请。在工程质量不符合承包合同约定标准或者国家最低标准的情形下，还需要对质量不合格的建设工程进行整改，故可以预备性地提出整改方案鉴定、整改费用鉴定，并与工程质量鉴定合并进行。2. 某建某局公司提交的分部工程质量验收记录不能作为某美基业公司认可工程质量的依据。首先，在建设工程施工过程中，分部工程质量验收记录只是批准承包人进入下一个施工环节的必要手续，而不能据此认定工程质量合格。这与《建筑法》第61条第2款的规定不符。其次，发包人没有参与分部验收，根据委托方提供的资料，监理单位没有获得对工程质量发表意见的特别代理权，故分部工程质量验收记录虽有监理单位的签章，也不能作为发包人认可工程质量的依据，结构安全质量问题应以检测报告意见为准。最后，双方当事人约定或认可的工程质量合格标准低于国家强制性标准的，该约定或认可无效。即使认为工程监理人员在监理过程中签字确认工程质量的签证文件对发包人具有约束力，也不因此绝对排斥建设工程质量鉴定。即使认定监理人员已经代理发包人确认工程质量合格，也不能排除对案涉建设工程质量是否达到国家最低限度质量标准进行司法鉴定。3. ××坊金融街项目工程主体结构质量明显不合格，应当委托鉴定机构对案涉工程质量进行鉴定。根据《××坊金融街项目3#楼鉴定报告》证明，案涉工程质量未达到国家强制性标准。《专家论证意见》显示：为查明案件基本事实，有必要对案涉工程质量、整改方案、整改费用造价等进行司法鉴定。案涉建设工程质量是否达标，属于本案应当查明的主要事实。双方当事人对案涉建设工程质量存在实质争议，且案涉工程质量问题属于建筑领域专业性问题，应当对案涉工程质量进行鉴定。4. 一审法院在启动工程质量鉴定程序之后，在未作出合理解释的情况下无故终止鉴定程序，属程序违法。一审法院在委托相关鉴定机构并确定鉴定范围后，并未组织双方当事人对争议的鉴定材料进行质证，无故终止鉴定程序，径行认定案涉工程质量合格。

某建某局公司观点：案涉工程地基基础和主体结构已验收合格，且全部项目早已交付某美基业公司使用，一审判决没有同意某美基业公司的工程质量鉴定申请，并同时暂扣5%质量保证金，已经综合兼顾双方利益，符合法律规定。国家建筑工程质量监督检验中心出具的鉴定报告不能证明案涉工程存在影响结构安全的质量问题，一审判决依据本项目地基基础工程和主体结构验收记录，并以此作为理由之一驳回某美基业公司的质量鉴定申请正确。该鉴定报告是某美基业公司单方委托，鉴定材料没有经过法庭质证，鉴定程序没有某建某局公司和法庭参加，不具备证据能力。从内容上看，该鉴定报告能够说明案涉工程“主体结构构件”等符合设计图纸要求。就该《鉴定报告》反映的三个问题，某建某局公司一审中已经向法庭说明并不属于结构问题。

法院观点

一审法院观点：关于案涉工程质量鉴定问题。案涉一期、二期工程已完成地基与基础工程、主体结构分部工程质量验收。对于一期商业部分验收记录由施工单位、勘察单位、监理单位三方签章，某美基业公司对无设计单位签章虽主张为某建某局公司施工不符合设计规范，但经法院释明后不能提交设计单位相关说明，且质量验收记录已经监理单位确认，监理单位系发包方某美基业公司委托，确认上述验收项目亦未超出监理权限，对某美基业公司应具有约束力，另某美基业公司所提交的案涉工程金融街3#楼质量鉴定报告系单方委托，同时从报告内容看，载明主体结构构件布置、混凝土强度等级、构件配筋、构件柱截面尺寸符合设计及规范要求；钢筋保护层厚度，构件梁、板截面尺寸和部分外观质量未达到设计及规范要求，所提及相关问题应界定在整改维修范畴，在案涉工程完成地基与基础工程、主体结构分部工程质量验收，某建某局公司对案涉工程已承诺履行整改保修义务情况下，某美基业公司对一期工程申请质量鉴定依据不足。对于二期住宅部分验收记录由施工单位、勘察单位、监理单位及设计单位四方签章且已部分入住，依据《最高人民法院关于审理建设工程施工合同纠纷案件适用法律问题的解释》第 13 条的规定，某美基业公司对二期工程申请质量鉴定，缺乏事实及法律依据。综上，某美基业公司申请对案涉工程施工质量进行全面鉴定，一审法院不予采纳。对某美基业公司反诉请求的工程质量整改费用 7000 万元不予支持。

二审法院观点：一审关于工程质量问题的认定是否正确。法院认为，第一，本案一期、二期工程已完成地基与基础工程、主体结构分部工程质量验收。正常情况下，无论是分部分项验收还是竣工验收，所涉工程均应当是不存在质量不合格等不符合规定情形的，参与验收的各单位才能作出通过或者同意质量验收的决定。而且，监理单位系受某美基业公司委托，代表和维护的是某美基业公司的利益，在无证据表明监理单位属于未获得授权或者存在故意损害某美基业公司利益等情况下，其基于委托关系对质量验收记录予以确认，可以视为某美基业公司对工程通过分部分项质量验收是同意的。第二，某美基业公司认为案涉工程存在严重质量问题，坚持要求就案涉全部工程进行质量鉴定。对某美基业公司为证明案涉工程质量有问题而提交的案涉工程金融街 3#楼质量鉴定报告，某建某局公司认为系某美基业公司单方委托，鉴定材料未经质证，鉴定程序没有某建某局公司和法院派人参加，不能采信。而且其认为从报告内容看，恰恰说明“主体结构构件布置、混凝土强度等级、构件配筋、构件柱截面尺寸符合设计及规范要求”，所提及相关问题不能证明工程质量存在问题。同时，某建某局公司承认工程存在应当整改维修的质量通病问题，并承诺履行整改保修义务。可见，双方对已完工程是否存在质量问题争议较大，相比较而言，某建某局公司的观点和做法更有说服力，一审法院认定某美基业公司申请质量鉴定缺乏事实和法律依据，对其申请不予准许，并无不当。某美基业公司提出工程质量整改费用 7000 万元的反诉请求的理由是工程存在严重质量问题，因其无法证明其主张，故该项反诉请求无法获得支持。

关联案例

案件名称：某红公司与华某集团公司等建设工程施工合同纠纷上诉案

审理法院：一审：云南省昆明市中级人民法院（2009）昆民一初字第92号；二审：云南省高级人民法院（2010）云高民一终字第137号

裁判观点：关于工程质量，法院认为，某阳公司出具的《碎石桩动力触探检测报告》虽载明有部分抽检的单桩不合格，但之后出具的《单桩复合静载实验检测报告》载明所抽检的全部单桩均合格，因案涉工程属于隐蔽工程和中途停工工程，在某红公司认可并进行了后续工程的施工，且检测机构的后续抽检已经全部合格的情况下，某红公司仅以《碎石桩动力触探检测报告》为据，不能充分证明华某集团公司完成的碎石桩工程为质量不合格工程，某红公司应承担举证不利的后果。因《单桩复合静载实验检测报告》为法院依职权调取的证据，某红公司对此未能提供相反证据，故某红公司针对该份报告的效力提出的上诉理由不能成立；某红公司提出的《单桩复合静载实验检测报告》为其进行复打后所作出的检测结果的上诉理由，因不能提交相应证据证明，亦不能成立；某红公司针对工程质量提出的有关事实方面的异议不能成立。

律师点评

在建筑领域，承发包方双方发生争议的点往往围绕着工程工期、质量和工程款进行。在实践中，发包人很少会因工程质量或工程工期问题而直接提起诉讼，多数情况下是因承包方主张工程款，发包人为了拖延时间或是为了抵销一部分工程款，才从策略上提起工期或质量索赔——发包人对工程质量提起的一般诉讼、抗辩、反诉均称为发包人提起的工程质量异议。结合上文中的各省法院的裁判观点，笔者从以下四点对工程质量异议的效力、后果及工程质量异议中应注意的其他问题进行概括分析。

一、工程质量异议的提出条件

根据《民法典》第793条第1款规定："建设工程施工合同无效，但是建设工程经验收合格的，可以参照合同关于工程价款的约定折价补偿承包人。"第2款规定："建设工程施工合同无效，且建设工程经验收不合格的，按照以下情形处理：（一）修复后的建设工程经验收合格的，发包人可以请求承包人承担修复费用；（二）修复后的建设工程经验收不合格的，承包人无权请求参照合同关于工程价款的约定折价补偿。"第806条第3款规定："合同解除后，已经完成的建设工程质量合格的，发包人应当按照约定支付相应的工程价款；已经完成的建设工程质量不合格的，参照本法第七百九十三条的规定处理。”可否得出工程款支付以工程验收合格为依据，而工程质量有问题一定以工程通过验收为依据？

《施工合同司法解释（一）》第14条规定：“建设工程未经竣工验收，发包人擅自使用后，又以使用部分质量不符合约定为由主张权利的，人民法院不予支持；但是承包人应当在建设工程的合理使用寿命内对地基基础工程和主体结构质量承担民事责任。”第14条的“合理使用寿命”，可按国务院颁布的《建设工程质量管理条例》第40条有关最低保修期限的规定进行认定：“在正常使用条件下，建设工程的最低保修期限为：（一）基础设施工程、房屋建筑的地基基础工程和主体结构工程，为设计文件规定的该工程的合理使用年限；（二）屋面防水工程、有防水要求的卫生间、房间和外墙面的防渗漏，为5年；（三）供热与供冷系统，为2个月采暖期、供冷期；（四）电气管线、给排水管道、设备安装和装修工程，为2年。其他项目的保修期由发包方与承包方约定。建设工程的保修期，自竣工验收合格之日起计算。”

因此，对验收不合格且修复后也不合格的工程，发包方当然可提出工程质量异议；发包人擅自使用未经竣工验收的工程的，只能在地基基础工程和主体结构质量的合理使用寿命内提出质量异议；对经过验收合格的工程，如果在前述规定或是承发包双方约定的保修期内确认发现存在工程质量问题的，发包方可提出工程质量异议。

二、法院对工程质量异议的认定或处理

对于发包方提起的工程质量异议，法院是否会受理？受理后以抗辩处理还是以反诉处理？种种问题，要根据不同情况进行不同的解释。笔者就上述问题，结合司法实践中的一般做法一一进行说明。

抗辩，是指一方当事人为维护自己的合法权益，提出各种有利于自己的事实和根据，以否定对方当事人提出的诉讼请求的一项诉讼权利[1]。反诉是指在已开始的诉讼程序中，本诉的被告通过法院向本诉的原告提出的旨在抵销、吞并或排斥其诉讼请求的独立的反请求[2]。抗辩是当事人诉讼权利平等原则和

① 唐力主编：《民事诉讼法精要与依据指引》，人民出版社2005年版，第87页。

② 江伟主编：《全国高等学术法学专业核心课程教材〈民事诉讼法〉》，高等教育出版社、北京大学出版社2000年版，第30页。

辩论原则的体现，当事人在诉讼中提出的抗辩，法院必须进行审查。而反诉作为一种独立的诉，可以与本诉合并审理，也可另案处理。在建设工程施工合同纠纷审理中，一方提出工程款支付请求，对方提出质量异议，往往有不同的审理结果。

据此，在审判实践中，法院在对当事人提出的工程质量异议进行审查后，会根据不同情况做出认定和处理：（1）对于验收不合格或未组织验收，且发包人也未提前使用的工程，或是虽经验收合格但在约定或法定期限内出现工程质量问题的，此时发包人提出质量异议，而承包人没有提出支付工程款请求的，发包人的质量异议应属于一般意义上的诉讼请求，法院应予以审理。根据《建筑法》第61条第2款明确规定的“建筑工程竣工经验收合格后，方可交付使用；未经验收或者验收不合格的，不得交付使用”及司法解释的相关规定，无论施工合同有效与否，交付使用、结算的前提是承包人施工的工程竣工验收合格。在承包人提出工程款请求时，发包人提出质量异议的，属于行使抗辩权，法院应予以审查。（2）工程未竣工验收，发包方擅自接收、使用后，又以工程存在各种质量问题提出质量异议或作为不予支付工程款的抗辩理由，根据《施工合同司法解释（一）》第14条的规定，在发包人未经组织验收，即擅自接收、先行使用未经竣工验收建筑工程的，可以认定发包人已放弃了质量抗辩，并以其使用行为表明工程质量符合合同约定，在此情况下，承包方只在合理使用寿命内对工程结构、基础工程的质量问题承担责任，除此之外，除非承发包双方有特殊约定的，否则一旦发包方擅自使用了工程，承包方不对其他工程质量承担责任。

三、工程质量异议成立时，发包人的权利范围

（一）诉讼主体

根据《施工合同司法解释（一）》第15条“因建设工程质量发生争议的，发包人可以以总承包人、分包人和实际施工人为共同被告提起诉讼”之规定，发包人对工程质量提出异议时，可以总承包人、分包人和实际施工人为共同被告提起诉讼。但笔者认为，按前述将总承包人、分包人和实际施工人作为共同被告提起诉讼的，一般而言，只适用就工程质量异议提起反诉和一般诉讼等情形，在诉讼中对工程质量异议提出抗辩时，只能针对索要工程款的一方提出工程质量异议抗辩。

（二）请求事项及责任承担

根据《民法典》第806条第3款规定："合同解除后，已经完成的建设工程质量合格的，发包人应当按照约定支付相应的工程价款；已经完成的建设工程质量不合格的，参照本法第七百九十三条的规定处理。"《施工合同司法解释（一）》第12条规定："因承包人的原因造成建设工程质量不符合约定，承包人拒绝修理、返工或者改建，发包人请求减少支付工程价款的，人民法院应予支持。"发包人对工程质量提出异议时，可视情况提出不支付工程款、对不合格工程进行修复、减少工程价款、解除建设工程施工合同等请求。

根据《施工合同司法解释（一）》第18条规定："因保修人未及时履行保修义务，导致建筑物毁损或者造成人身损害、财产损失的，保修人应当承担赔偿责任。保修人与建筑物所有人或者发包人对建筑物毁损均有过错的，各自承担相应的责任。"保修人对工程质量问题引发人身、财产损害的，应承担责任，发包人也有过错的，与保修人按责任比例承担责任。

《建设工程质量管理条例》第41条规定："建设工程在保修范围和保修期限内发生质量问题的，施工单位应当履行保修义务，并对造成的损失承担赔偿责任。"在保修范围和保修期限内，施工单位负有保修义务，如果施工单位未能及时保修，建设单位有权另行委托其他单位进行维修施工。此时，建设单位与其他施工单位建立了新的合同关系，根据合同相对性原则，首先应由建设单位向该施工单位承担维修费用，如果属于保修范围内的问题，且建设单位和施工单位在施工合同中就此问题约定建设单位有权直接在保修费用中扣除的，建设单位有权直接对施工单位的保修费用进行扣除并支付给维修的施工单位，如果施工合同中没有约定建设单位可以直接扣除或是保修费用不足以支付的，则建设单位先垫付给维修的施工单位后，有权向施工单位追偿。

四、工程质量异议中的其他问题

综上所述，工程质量合格是工程款给付的前提。由于工程质量是否符合法定或约定，属于专业认定范围，法院在审理涉及工程质量的案件时，应要求主张方就此申请鉴定，依照鉴定结论，进而解决工程款支付问题，确定工程款利息起算时间。如工程质量鉴定合格，而发包人拖延组织验收的，根据《施工合同司法解释（一）》第27条规定，工程款利息起算时间为承包人提交竣工结算文件之时。对于发包人拒绝质量鉴定，法院应进行释明，如发包人仍拒绝的，可认为发包人放弃质量异议抗辩或放弃质量异议请求。

质量鉴定结论是法院审理建设工程质量问题的重要依据，因此，在操作中，应注意以下几点：(1) 根据规定，申请鉴定属于当事人举证责任的范畴，适用举证责任的一般规则，由承担举证责任的当事人提出申请。一般在当事人申请的情况下法院才能启动鉴定程序，而不轻易依职权启动。对于双方当事人均不提出鉴定申请，但又必须经鉴定才能使案件得到处理的，法院可根据“谁主张，谁举证”的原则，通过向当事人释明或根据举证责任分配原则确定是否由一方或双方共同提出。如经释明或举证责任分配后，当事人仍坚持拒绝提起，可以证据不足不予支持。(2) 重新提起鉴定程序应慎之又慎。只有在鉴定机构不具备鉴定资格、鉴定程序违法、鉴定结论依据明显不足或者经质证不能作为证据使用的情况下，当事人方可申请重新鉴定。(3) 当事人对审计鉴定结论提出异议的，鉴定人员应出庭接受质询，对鉴定使用的方法和标准做出说明，并就当事人提出的异议和鉴定报告中涉及的专业性术语进行必要的解释。鉴定机构认为鉴定结论可能存在部分错误的，应当允许鉴定机构对此予以补正。(4) 鉴定结果不完整、不确定，或鉴定报告遗漏鉴定事项的，法院应当通知鉴定机构进行补充鉴定。(5) 对于在一审诉讼中已委托鉴定的，如果鉴定机构或者鉴定人员具有相应资格，鉴定程序合法，且经过一审庭审质证，当事人无正当理由在二审中请求重新鉴定的，原则上不予支持①。总之，在启动鉴定程序时，应当把握以下原则：如建设工程款的造价或数额不需通过审计、鉴定即可以确定的，一般不作审计；能不全部鉴定的，则不进行全部鉴定；必须通过鉴定才能确定工程价款的，也要尽量减少鉴定次数；以当事人的意愿为主启动鉴定；在当事人对鉴定结论有异议时，鉴定人员对鉴定结论出庭进行说明。

综上分析，笔者认为，工程款与工程质量涉及不同主体的利益，工程款的给付只涉及承发包双方的利益，而工程质量不仅事关当事人利益，更涉及不特定群体的公共利益。工程款支付，前提是工程组织验收合格或发包人擅自将工程投入使用，而工程经组织验收合格或发包人擅自将工程投入使用只是工程质量合格的一方面标准。根据《建筑法》第60条“建筑物在合理使用寿命内，必须确保地基基础工程和主体结构的质量。建筑工程竣工时，屋顶、

① 杜德娜：《建筑工程施工合同纠纷案件审理中应当注意的问题》，载成都法院网，https://cdfy.chinacourt.gov.cn/article/detail/2010/11/id/576258.shtml，最后访问时间：2022年3月15日。

墙面不得留有渗漏、开裂等质量缺陷；对已发现的质量缺陷，建筑施工企业应当修复”及《施工合同司法解释（一）》的相关规定，无论建筑工程是否经过验收，发包人是否擅自使用，如果建筑工程在合理使用寿命内地基基础工程和主体结构质量出现问题的，承包人仍需承担返修或损害赔偿的责任。另在保修期内、保修范围内出现质量问题的，发包人也可根据合同的约定向承包人主张权利。据此，对于工程质量异议的处理，笔者建议按以下方式执行：1. 已竣工验收或已竣工未验收但实际投入使用的工程，其质量争议按工程保修合同执行；2. 已竣工未验收且未实际投入使用的工程以及停工、停建工程的质量争议，有争议部分的竣工结算应暂缓办理，双方就有争议的工程委托有资质的检测机构检测，根据结果确定解决方案，或按工程质量监督机构的处理决定执行。其余部分工程竣工结算按约定办理。

4.6 法院如何认定工程质量保修责任[①]

——某海公司、城投公司建设工程施工合同纠纷上诉案[②]

关 键 词： 质量保修责任　保修范围　保修期限　擅自使用　质量缺陷

问题提出： 在建设工程领域，保修责任涉及的主体多，内容复杂，而在实践中，承发包双方对于保修责任的问题不够重视，导致质量保修责任约定的权利义务不能有效实行，进而产生诸多纠纷。特别是对于发包人对工程质量也有过错的情况，司法裁判结果不一。

关联问题： 工程质量保修责任的范围和期限；工程质量保修期的起算时间；工程质量保修人的免责情形；判断工程质量是否存在问题时，所应借助的鉴定机构。

---

① 撰稿人：杨红芳，上海建纬（昆明）律师事务所。

② 一审：天津市第三中级人民法院（2019）津03民初81号；二审：天津市高级人民法院（2021）津民终49号。

裁判要旨： 合同约定保修金返还期限届满，建设单位应当返还保修金，但因施工单位怠于履行保修义务，建设单位支付的保修费用，应当从返还的保修金中扣除。

案情简介

上诉人（一审原告）：某海公司

上诉人（一审被告）：城投公司

2010年12月16日城投公司与某海公司签订一份《天津市建设工程施工合同》，主要内容：由某海公司承包工程内容：天津市××区××街示范小城镇农民还迁住宅建设工程七标段，32层，框架结构，建设规模为141089平方米；承包范围：发包人所发施工图纸范围内的全部工程以及招标文件中由承包人完成的其他工作，包括：桩基工程、房屋建筑土建、装饰装修、给排水、暖通、电气、预留预埋工程、建筑物所有外墙穿墙管的防水封堵等（详见本条招标范围说明及发包人所发的招标文件、施工图纸和工程量清单）。开工日期：2010年12月20日，竣工日期：2012年4月30日；工程质量标准：达到国家质量验收规范合格标准；合同价款：404227806.61元。该合同还约定了组成合同的相关文件，如专用条款、通用条款工程量清单、附件一、附件二、附件三等，双方有关工程的洽谈、变更等书面协议或文件视为本合同的组成部分。第八条约定，承包人向发包人承诺按照合同约定进行施工、竣工并在质量保修期内承担工程质量保修责任。第九条约定，发包人向承包人承诺按照合同约定的期限和方式支付合同价款及其他应当支付的款项。合同还约定了生效等其他事宜。该施工合同于2010年12月21日在天津市××区××室进行了备案登记。

其中，附件三《房屋建筑工程质量保修书》约定了七标段工程保修范围和内容、保修期、保修责任、保修费用和其他条款等。其中质量保修期约定屋面防水工程，有防水要求的卫生间、房间和外墙面的防渗漏为5年，其他部位为2年。保修责任约定：1. 属于保修范围、内容的项目，承包人应当在接到保修通知之日起7天内派人保修。承包人不在约定期限内派人保修的，发包人可以委托他人修理。2. 发生紧急抢修事故的，承包人在接到事故通知后，应当立即到达事故现场抢修。3. 对于设计结构安全的质量问题，应当按照《房屋建筑工程质量保修办法》的规定，立即向当地建设行政主管部门报告，采取安全防范措施；由原设计单位或者具有相应资质等级的设计单位提出保修方案，承包人组织验收。4. 质量保修完成后，由发包人组织验收。保修费用由造成质量缺陷的责任方承担。

合同签订后，双方开始履行。被告进场施工，直至 2012 年 9 月完工。2012 年 9 月 20 日经五方验收，七标段全部工程竣工验收合格。对七标段的装饰装修完工后的验收日期为 2013 年 8 月 21 日和 28 日。2013 年 8 月竣工后，居民陆续还迁入住。

2017 年 1 月 2 日，双方在《招标工程结算单（二）》中对七标段工程最终结算价款为 420372745 元。同时注明：该结算单签署后，乙方（某海公司）仍应按照合同约定做好项目的质量维保修工作，如不能及时完成维保修工作，由此产生的相关费用，甲方（城投公司）有权从该结算价款中扣除，同时甲方保留追究乙方违约责任的权利。

双方于 2017 年（无具体日期）签署一份《天津市××区××街示范小城镇农民还迁住宅建设项目建设工程七标段补充协议》，就施工新增内容进行约定；工程造价为 6374688 元，发包人承担 3180000 元，其余部分由承包人承担；新增合同价款总价包干为 3180000 元；开工日期：2017 年 9 月 21 日，完工日期：2017 年 10 月 10 日，质量验收符合国家验收标准合格。工程款支付自本协议签订后 10 日内预付合同价款的 50%，新增工作竣工验收合格后一个月内发包人付清余款等。该协议没有约定迟延付款问题。

双方均认可截至起诉之日，连同某海公司主张的补充协议中的款项，应付款共计 423552745 元，城投公司实际付款 405783835.2 元，尚欠工程款 17768909.8 元，其中未付质量保证金为 16814909.8 元，未付补充协议工程尾款为 954000 元。

案涉工程竣工验收合格后，交付城投公司及××区××街道办事处实施安置还迁。涉讼工程交付后，出现一些质量问题，如外墙保温加固、外檐窗及墙面漏水等造成住户损失，集中在雨季爆发，在某海公司维修之外，因住户集中向所在的××街道办事处密集反映投诉，为解决实际困难，××街道办事处应急组织了三支抢修队伍开展应急维修，产生了大笔抢修费用，城投公司表示支付了六标段、七标段共计 4000 余万元。城投公司认为该笔维修费用应从某海公司的质保金中扣除，对此某海公司认为应由自己承担保修义务，而城投公司没有及时通知到某海公司，使得扩大了维修损失，不认可由第三方公司受托抢修，也不认可发生的维修损失金额。

一审判决：一、被告城投公司于本判决发生法律效力之日起十日内给付原告某海公司质保金14916319.8元及违约金（以14916319.8元为基数，自2019年6月5日起至8月19日止按照中国人民银行同期同类贷款利率的1.3倍计算，自2019年8月20日起至实际给付之日止按照同期全国银行间同业拆借中心公布的贷款市场报价利率的1.3倍计算）；二、被告城投公司于本判决生效后十日内给付原告某海公司工程款954000元及相应利息（以954000元为基数，自2019年6月5日起至8月19日止按照中国人民银行同期同类贷款利率计算，自2019年8月20日起至实际给付之日止按照同期全国银行间同业拆借中心公布的贷款市场报价利率计算）；三、驳回原告某海公司的其他诉讼请求。如果未按本判决指定的期间履行给付金钱义务，应当依照《民事诉讼法》第253条规定，加倍支付迟延履行期间的债务利息。案件受理费221511元，由原告某海公司负担112306元，被告城投公司负担108984元。鉴定费1080000元，由原告某海公司负担129600元，被告城投公司负担950400元。

二审判决：驳回上诉，维持原判。

各方观点

某海公司观点： 瑞某公司出具的鉴定报告中将城投公司无法提供维修单据及维修单据与实际情况不符的维修费用共计669525元作为争议项予以列明。一审判决将该669525元从质保金中扣除，缺乏依据。

城投公司观点： 鉴定意见中的争议项一、争议项二中列明的金额应当计入维修工程造价金额。一审判决认定涉讼工程存在质量问题且城投公司因此支出了大量维修费用。按照某海公司的投标文件及“施工合同”中对某海公司保修义务的约定，某海公司未依约履行维修义务，严重违约，因此无权向城投公司主张支付逾期支付质保金的违约金。某海公司未依约履行质保义务构成严重违约，无权要求城投公司支付七标段工程的质保金违约金。

法院观点

一审法院观点： 本案保修金按照附件三约定自竣工交付之日起已满五年，

应当支付工程保修金。但是，案涉工程自交付入住以来确实出现了外墙和窗户漏水渗水等质量瑕疵问题，造成一些住户的实际损失，发生了实际抢修事实，并有大量的报修单和维修单为证，城投公司为此支付了大量维修费用。只是双方对维修费用的发生数额和损失的实际情况产生争执，因此经过法院依申请委托鉴定，确认该鉴定结论的1898590元为非由某海公司维修产生的损失数额。城投公司不同意该鉴定结论，但鉴于该鉴定活动本身无法还原当年原始现场，也无法勘测当年损失发生时的实际现状，因此在其没有足够证据推翻鉴定结论的情况下，一审法院予以认定该鉴定结论的客观、真实、有效。该款项应从保修金16814909.8元中扣除，则质保金最终给付数额应为14916319.8元。

二审法院观点：关于城投公司是否应向某海公司返还质保金以及质保金的数额问题，"施工合同"约定合同价款5%作为质量保证金，如某海公司在质保期内依约履行了质量保修义务，则从工程竣工验收合格之日开始，每一年后支付结算价款的1%。某海公司在质保期内未依约履行质量保修义务，一审法院已认定由某海公司承担相应的维修费用，并依据司法鉴定结论将相应维修费用从某海公司应取得的质保金中予以扣除。某海公司已通过承担维修费用的方式承担了质量保修责任，城投公司应向某海公司支付剩余质保金。城投公司主张其不应向某海公司支付剩余质保金，缺乏依据，法院不予支持。一审审理中，瑞某公司做出的《工程造价鉴定意见书》认定：涉讼工程发生的维修费用无争议部分为1229065元，有争议部分为669525元（其中已入户勘察并实际测量鉴定争议金额为112978元；住户提出的未维修、记不清和差量部分鉴定争议金额为556547元）。某海公司虽主张有争议的669525元维修费用不应由其承担，但未能提交充分证据证明其主张。城投公司主张鉴定报告认定的维修费数额过少，远不能弥补其实际支出。瑞某公司出具的鉴定意见是依据城投公司提交的原始维修单据结合入户勘验核实作出的，城投公司以其掌握提交的鉴定资料不全及对部分住户不能入户勘验核实为由，主张鉴定结论不客观，缺乏依据。一审法院依据鉴定结论认定涉讼工程共发生维修费1898590元，并无不当。

关联案例 1

案件名称：某峰公司、某业建设公司建设工程施工合同纠纷案

审理法院：一审：青海省西宁市中级人民法院（2017）青 01 民初 122 号；二审：青海省高级人民法院（2018）青民终 130 号；再审：最高人民法院（2019）最高法民再 166 号

裁判观点：根据《建设工程质量管理条例》第 32 条规定“施工单位对施工中出现质量问题的建设工程或者竣工验收不合格的建设工程，应当负责返修”，第 40 条第 3 款规定“建设工程的保修期，自竣工验收合格之日起计算”，第 41 条规定“建设工程在保修范围和保修期限内发生质量问题的，施工单位应当履行保修义务，并对造成的损失承担赔偿责任”。施工方对建设工程应承担的质量责任，包括对工程施工中出现的质量问题及经验收不合格工程应承担的质量返修责任，以及对经验收合格的工程在使用过程中出现的质量问题应承担的保修责任。某峰公司未经竣工验收擅自使用，只是推定工程质量合格，并不能免除承包人对案涉工程质量保修义务。

关联案例 2

案件名称：某某公司建设工程合同纠纷案

审理法院：一审：辽宁省阜新市海州区人民法院（2021）辽 0902 民初 1729 号；二审：辽宁省阜新市中级人民法院（2022）辽 09 民终 58 号

裁判观点：《建设工程质量管理条例》第 40 条规定：“在正常使用条件下，建设工程的最低保修期限为：（一）基础设施工程、房屋建筑的地基基础工程和主体结构工程，为设计文件规定的该工程的合理使用年限；（二）屋面防水工程、有防水要求的卫生间、房间和外墙面的防渗漏，为 5 年；（三）供热与供冷系统，为 2 个采暖期、供冷期；（四）电气管线、给排水管道、设备安装和装修工程，为 2 年。其他项目的保修期限由发包方与承包方约定。建设工程的保修期，自竣工验收合格之日起计算。”第 41 条规定：“建设工程在保修范围和保修期限内发生质量问题的，施工单位应当履行保修义务，并对造成的损失承担赔偿责任。”原、被告签订的《××合同》虽然是无效合同，但不能免除被告在保修期内应承担的质量保修责任。

律师点评

在建设工程领域，保修责任涉及的主体多，内容复杂，而在实践中，承发包双方对于保修责任的问题不够重视，导致质量保修责任约定的权利义务

不能有效实行，进而产生诸多纠纷。笔者结合上文中的建设工程保修责任纠纷中的问题，从建设工程质量保修责任的法律法规角度进行分析，就如何合理确认工程质量保修责任进行阐述。

一、工程质量保修责任

根据《房屋建筑工程质量保修办法》第3条第2款“本办法所称质量缺陷，是指房屋建筑工程的质量不符合工程建设强制性标准以及合同的约定”、第1款“本办法所称房屋建筑工程质量保修，是指对房屋建筑工程竣工验收后在保修期限内出现的质量缺陷，予以修复”及《建设工程质量管理条例》第41条“建设工程在保修范围和保修期限内发生质量问题的，施工单位应当履行保修义务，并对造成的损失承担赔偿责任”之规定，建设工程质量保修责任是指建设工程竣工验收后，对于在保修期内出现的建筑工程质量不符合工程建设强制性标准或者合同约定的质量缺陷时，承包人予以修复的责任。

因此，无论工程是否已竣工验收或实际投入使用，对工程中出现的质量问题进行修复系施工方的义务。司法解释关于工程提前使用的法律后果的规定，并未免除施工方的保修责任，施工单位应当依法履行保修义务。由于其未按约履行义务，相关的修理费用应当由施工单位承担。

二、工程质量保修的责任人

根据《房屋建筑工程质量保修办法》第4条“房屋建筑工程在保修范围和保修期限内出现质量缺陷，施工单位应当履行保修义务”及《建设工程质量管理条例》第41条“建设工程在保修范围和保修期限内发生质量问题的，施工单位应当履行保修义务，并对造成的损失承担赔偿责任”之规定，工程质量保修责任的责任人为施工单位。那施工单位承担保修责任后，是否可向他方追偿?

根据《房屋建筑工程质量保修办法》第13条“保修费用由质量缺陷的责任方承担”之规定，施工单位在履行了保修义务后，就保修费用可向质量缺陷责任方追偿，缺陷责任方有可能是设计方、发包方等。

三、工程质量的保修范围与期限

根据《建筑法》第62条“建筑工程实行质量保修制度。建筑工程的保修范围应当包括地基基础工程、主体结构工程、屋面防水工程和其他土建工程，以及电气管线、上下水管线的安装工程，供热、供冷系统工程等项目；保修的期限应当按照保证建筑物合理寿命年限内正常使用，维护使用者合法权益的原则确定。具体的保修范围和最低保修期限由国务院规定”之规定，建筑工程的保修范围由国家法律进行规定。从前述条款中的“等项目”可知，与使用者合法权益相关的建设工程部位都属于保修的范围。

为使建筑法上的保修制度具有可操作性，国务院2000年制定了《建设工程质量管理条例》①，建设部2000年6月制定了《房屋建筑工程质量保修办法》。前述行政法规、部门规章与《建筑法》一起构成了完整的建设工程质量保修法律体系。根据《建设工程质量管理条例》第40条及《房屋建筑工程质量保修办法》第7条之规定，在正常使用条件下，建设工程的最低保修期限为：（一）基础设施工程、房屋建筑的地基基础工程和主体结构工程，为设计文件规定的该工程的合理使用年限；（二）屋面防水工程、有防水要求的卫生间、房间和外墙面的防渗漏，为5年；（三）供热与供冷系统，为2个采暖期、供冷期；（四）电气管线、给排水管道、设备安装和装修工程，为2年。其他项目的保修期限由发包方与承包方约定。据此，国家的法律法规明确了建设工程相关部位的保修期限，对于法律法规没有规定保修期限的部位，由承发包双方自主约定。当然，对于法定部位的保修期限，承发包双方亦可进行约定，但不得低于法定的期限。

四、工程质量保修责任的其他相关问题

（一）工程质量保修期起算时间

工程质量保修期如何起算？根据《建设工程质量管理条例》第40条及《房屋建筑工程质量保修办法》第8条之规定，工程质量保修期从工程竣工验收合格之日起计算。若工程未经竣工验收的，那工程质量保修期的起算时间又如何认定？

根据住建部、财政部联合下发的《建设工程质量保证金管理办法》第8条“缺陷责任期从工程通过竣工验收之日起计。由于承包人原因导致工程无法按规定期限进行竣工验收的，缺陷责任期从实际通过竣工验收之日起计。由于发包人原因导致工程无法按规定期限进行竣工验收的，在承包人提交竣工验收报告90天后，工程自动进入缺陷责任期”之规定，缺陷责任期从工程验收之日起算，工程没有验收的，因承发包双方的责任确定缺陷责任期。那工程质量保修期的起算时间是否参照缺陷责任期的起算时间呢？

---

① 该条例现已修改。

笔者认为，工程质量保修期和缺陷责任期属于不同的概念，工程质量保修期规定在《建设工程质量管理条例》《房屋建筑工程质量保修办法》中，缺陷责任期规定在《建设工程质量保证金管理办法》中。且期限也不一样，缺陷责任期一般为1年，最长不超过2年，由发、承包双方在合同中约定，而相关部位的工程质量保修期的期限由法律进行规定。因此，在工程未经验收的情况下，工程质量保修期的起算时间不可参照缺陷责任期的相关规定。笔者认为，在工程未经验收的情况下，工程质量保修期的起算时间可根据《施工合同司法解释（一）》第9条之规定进行确定：承包人已经提交竣工验收报告，发包人拖延验收的，以承包人提交验收报告之日为竣工日期；建设工程未经竣工验收，发包人擅自使用的，以转移占有建设工程之日为竣工日期，工程质量保修期开始起算。

（二）《施工合同司法解释（一）》第14条关于质量责任免除规定的理解与适用

根据该司法解释第14条“建设工程未经竣工验收，发包人擅自使用后，又以使用部分质量不符合约定为由主张权利的，人民法院不予支持；但是承包人应当在建设工程的合理使用寿命内对地基基础工程和主体结构质量承担民事责任”之规定，发包人擅自使用工程的，视为擅自使用部分的建设工程质量合格，发包人无权以质量存在问题进而拒绝支付工程款。笔者认为，该司法解释第14条不能进行扩大化使用，不能理解为一旦发包人擅自使用工程的，除地基基础工程和主体结构质量外，承包人对于发包人擅自使用的部分工程质量就不承担保修责任。该司法解释第14条解决的是承发包双方的视为验收问题，但验收完毕后，工程还有保修期限，在保修期内出现保修范围内的质量问题的，对于承包人，理应从发包人擅自使用之日起承担保修责任。

（三）质量保修责任免责情形

根据《房屋建筑工程质量保修办法》第17条“下列情况不属于本办法规定的保修范围：（一）因使用不当或者第三方造成的质量缺陷；（二）不可抗力造成的质量缺陷”之规定，在使用不当、第三方造成或不可抗力造成的质量问题时，施工方不承担保修责任。

五、工程质量保修期间发生质量问题，实践中常用的处理方法

（1）确定保修责任。合同当事人必须认真签署建设工程质量保修协议。保修协议包括保修范围、期限、程序、保修金返还方式、违约责任等。

(2) 及时通知。发包方或业主应在发现建筑工程质量缺陷的第一时间内，及时按照合同约定的地址或者承包人的实际经营地址，发出书面维修通知，金额巨大的，应当公证送达手续；数额较小的，应当通过中国邮政（EMS）送达，并在“邮件详情单”上简要写明催告主要事项以及到场维修期限。

(3) 确定原因，明确责任。通知保修义务人到场确认建筑物质量缺陷原因以及保修责任。属于承包人原因造成工程质量问题，维修费与鉴定费由承包人承担，承包人拒绝维修的，发包人可以另找第三方维修，维修费与鉴定费由承包人承担；反之，因使用不当或其他原因造成工程质量问题的，由发包人或者致害第三方承担维修费与鉴定费。

(4) 双方不能明确责任时，共同选定鉴定机构。在双方责任不明、存在争议的情况下，双方应当共同选定鉴定机构对造成工程质量问题的原因进行鉴定，明确责任后，按第 (3) 项原则承担维修费。

(5) 对于应当由承包人承担的维修费或者鉴定费，发包方可以直接从工程质量保修金中扣除。

第五章　施工合同工程工期

综述：施工合同工期纠纷案件的司法处理原则[①]

《民法典》第795条规定："施工合同的内容一般包括工程范围、建设工期、中间交工工程的开工和竣工时间、工程质量、工程造价、技术资料交付时间、材料和设备供应责任、拨款和结算、竣工验收、质量保修范围和质量保证期、相互协作等条款。"可见工期是建设工程施工合同的重要内容。在工程管理领域，工程工期管理与控制、工程造价管理与控制、工程质量管理与控制是工程管理与控制的主要内容，工程工期与工程造价、工程质量密不可分。工程工期过长、工程造价上升；工程工期过短，工程质量难以保证。因此，建设工程施工合同的当事人都十分重视工期的约定，在建设工程施工合同纠纷案件中，当承包人请求支付工程价款时，发包人常以承包人逾期竣工提出抗辩或反诉；而当发包人要求承包人承担逾期竣工责任时，承包人常以工期延误是由发包人原因导致作为抗辩，并要求顺延工期（工期索赔）、补偿费用（费用索赔）。

建设工程施工合同工期纠纷一般涉及以下几个方面的问题：（1）实际开工日期、实际竣工日期的确定，确定了实际开工日期、实际竣工日期，也就确定了实际工期。（2）是否存在工期应顺延的情况及工期顺延的天数，确定了工期应顺延的天数，也就确定了应由发包人承担的工期延误天数，承包人可根据工期顺延的天数提起工期索赔和（或）费用索赔；由于工期顺延的天数的确定涉及网络图、关键路线、时差等工程管理专业知识。特别是共同延误[②]责任的分摊存在较大争议，因此工期顺延天数的确定成为工期纠纷案件审理的难点问题，目前法院一般行使自由裁量权酌定工期顺延的天数。（3）确

---

① 撰稿人：戴勇坚、孙海军，上海建纬（长沙）律师事务所。

② 在实际施工过程中，工期拖期很少是只由一方造成的，往往是两三种原因同时发生（或相互作用）而形成的，故称为"共同延误"。全国造价工程师执业资格考试培训教材编审组：《工程造价计价与控制》，中国计划出版社2009年版，第302页。

定逾期竣工的天数及逾期竣工违约金，逾期竣工的天数 = 实际工期 - 约定工期 - 工期顺延天数，逾期竣工违约金可根据建设工程施工合同专用条款或补充协议中的相关约定计算，如果约定的违约金过高，法院一般会根据承包人的请求审查违约金是否过分高于发包人的实际损失。[①]

一、工期的定义

《标准施工招标文件》[②]（2007 版）对工期的定义为："1. 1. 4. 3 工期：指承包人在投标函中承诺的完成合同工程所需的期限，包括按第 11. 3 款、第 11. 4 款和第 11. 6 款约定所作的变更。"《建设工程施工合同（示范文本）》（GF - 2017 - 0201）对工期的定义为："1. 1. 4. 3 工期：是指在合同协议书约定的承包人完成工程所需的期限，包括按照合同约定所作的期限变更。"从以上两种定义可以看出，工期指的是约定工期与可顺延期限（即由发包人承担的工期延误）之和。工期的定义与工期逾期息息相关，工期逾期（承包人承担的工期延误）指的是实际工期与《标准施工招标文件》（2007 版）或《建设工程施工合同（示范文本）》（GF - 2017 - 0201）定义的工期之差。

二、实际开工日期的认定

实际开工日期是工期计算的起点，发承包双方将依约履行"自开工之日起"的义务，因此实际开工日期的确定具有重要的意义。《标准施工招标文件》（2007 版）对开工日期的定义为："1. 1. 4. 2 开工日期：指监理人按第 11. 1 款发出的开工通知中写明的开工日期。"显然，该开工日期的含义是实际开工日期。《建设工程施工合同（示范文本）》（GF - 2017 - 0201）对开工日期的定义为："1. 1. 4. 1 开工日期：包括计划开工日期和实际开工日期。计划开工日期是指合同协议书约定的开工日期；实际开工日期是指监理人按照第 7. 3. 2 项〔开工通知〕约定发出的符合法律规定的开工通知中载明的开工日期。"《建设工程施工合同（示范文本）》（GF - 2017 - 0201）将开工日期区分为计划开工日期及实际开工日期，并规定符合法律规定的开工通知中载明的开工日期方能认定为实际开工日期。显然，《建设工程施工合同（示范文本）》（GF - 2017 - 0201）定义的实际开工日期更科学、更合理。监理人发出

---

① 一审：台州市中级人民法院（2012）浙台民初字第 7 号；二审：浙江省高级人民法院（2015）浙民终字第 25 号。

② 《〈标准施工招标资格预审文件〉和〈标准施工招标文件〉试行规定》，载中国政府网，http：//www. gov. cn/zhengce/2007 - 12/21/content_ 2603061. htm，最后访问时间：2022 年 5 月 10 日。

开工通知前，施工现场应具备开工条件并已经取得施工许可证，否则，开工通知中载明的开工日期不应视为实际开工日期。[①]

（一）地方高院指导意见

工程实践中，实际开工日期与计划开工日期往往不一致，因此，司法实践中往往对实际开工日期的认定有较大争议。在最高人民法院尚未就实际开工日期的认定作出规定前，部分省市地方高院出台了认定实际开工日期的指导意见。《北京市高级人民法院关于审理建设工程施工合同纠纷案件若干疑难问题的解答》第25条第1款规定："建设工程施工合同实际开工日期的确定，一般以开工通知载明的开工时间为依据；因发包人原因导致开工通知发出时开工条件尚不具备的，以开工条件具备的时间确定开工日期；因承包方原因导致实际开工时间推迟的，以开工通知载明的时间为开工日期；承包人在开工通知发出前已经实际进场施工的，以实际开工时间为开工日期；既无开工通知也无其他相关证据能证明实际开工日期的，以施工合同约定的开工时间为开工日期。"

（二）施工许可证与实际开工日期的关系

施工许可证与开工日期的关系，在司法实务中长期存在针锋相对的意见。有的认为开工日期应根据施工许可证记载的开工时间予以确定，因为施工许可证是允许开工的前提条件，只有经过行政机关允许，承包人的施工行为才具有合法性，否则会使行政机关的管理落空。其理由是，《建筑法》第7条第1款规定："建筑工程开工前，建设单位应当按照国家有关规定向工程所在地县级以上人民政府建设行政主管部门申请领取施工许可证；但是，国务院建设行政主管部门确定的限额以下的小型工程除外。"第9条规定："建设单位应当自领取施工许可证之日起三个月内开工……"而目前司法实务中的主流观点认为，建设工程施工许可证是建设主管部门颁发给建设单位的一个准许其施工的凭证，只是表明建设工程符合了开工的条件，建设工程许可证本身并不是确定开工日期的凭证，是否取得施工许可证与是否实际开工之间并无直接联系。[②] 因此，如双方达成的一致意见或开工通知、经发包人签发的开工报告等与建设工程施工许可证上的开工日期不一致时，法院一般不会以建设

---

① 本书编委会：《建设工程施工合同（示范文本）（GF-2017-0201）使用指南》，中国建筑工业出版社2018年版。

② 朱树英：《工程合同实务问答》，法律出版社2007年版，第241页、第247页。

工程施工许可证为依据。很多法院关于建设工程施工合同纠纷的指导意见里不直接对施工许可证是否可以证明开工日期作明确规定，部分法院的指导意见里即便有相关规定，也规定当事人的约定更优于施工许可证。当然，如果采用《建设工程施工合同（示范文本）》（GF－2017－0201）签订建设工程施工合同，按照合同约定，监理单位发出开工通知前，应已取得施工许可证。

（三）最高人民法院明确意见

根据我们参与处理工期纠纷案件的经验，法院或仲裁机构一般根据以下顺序确定实际开工日期：（1）当事人协商一致确认的开工时间［如单位（子单位）工程竣工验收报告上记载的开工日期、双方确认的会议纪要或洽商记录记载的开工日期］①；（2）开工通知或开工令、开工报告确定的开工时间；（3）开工通知等发出时开工条件尚不具备的，以开工条件具备之时为开工日期②；（4）承包人实际进场施工的时间为开工日期；（5）合同约定的开工日期。后于2018年12月29日发布的《最高人民法院关于审理建设工程施工合同纠纷案件适用法律问题的解释（二）》（已失效）第5条对开工日期进行明确认定。后2020年12月29日发布的《最高人民法院关于审理建设工程施工合同纠纷案件适用法律问题的解释（一）》第8条沿袭了此规定："当事人对建设工程开工日期有争议的，按照以下情形分别处理：（一）开工日期为发包人或者监理人发出的开工通知载明的开工日期；开工通知发出后，尚不具备开工条件的，以开工条件具备的时间为开工日期；因承包人原因导致开工时间推迟的，以开工通知载明的时间为开工日期。（二）承包人经发包人同意已经实际进场施工的，以实际进场施工时间为开工日期。（三）发包人或者监理人未发出开工通知，亦无相关证据证明实际开工日期的，应当综合考虑开工报告、合同、施工许可证、竣工验收报告或者竣工验收备案表等载明的时间，并结合是否具备开工条件的事实，认定开工日期。"

三、实际竣工日期的认定

确定实际竣工日期，其法律意义涉及竣工结算及利息起算时间、计算违

---

① 一审：海南省第一中级人民法院（2011）海南一中民初字第6号；二审：海南省高级人民法院（2011）琼民一终字第47号。

② 一审：上海市第一中级人民法院（2009）沪一中民二（民）初字第8号；二审：上海市高级人民法院（2012）沪高民一（民）终字第16号。

约金的数额以及风险转移等问题。[①] 对发承包双方意义重大。《标准施工招标文件》[②]（2007 版）对实际竣工日期的规定为："1. 1. 4. 4 竣工日期：指第 1. 1. 4. 3 目约定工期届满时的日期。实际竣工日期以工程接收证书中写明的日期为准。"《建设工程施工合同（示范文本）》[③]（GF－2017－0201）对实际竣工日期的规定为："13. 2. 3 竣工日期 工程经竣工验收合格的，以承包人提交竣工验收申请报告之日为实际竣工日期，并在工程接收证书中载明；因发包人原因，未在监理人收到承包人提交的竣工验收申请报告 42 天内完成验收并签发工程接收证书的，以提交竣工验收申请报告的日期为实际竣工日期；工程未经竣工验收，发包人擅自使用的，以转移占有工程之日为实际竣工日期。"当时有效的《最高人民法院关于审理建设工程施工合同纠纷案件适用法律问题的解释》第 14 条规定："当事人对建设工程实际竣工日期有争议的，按照以下情形分别处理：（一）建设工程经竣工验收合格的，以竣工验收合格之日为竣工日期；（二）承包人已经提交竣工验收报告，发包人拖延验收的，以承包人提交验收报告之日为竣工日期；（三）建设工程未经竣工验收，发包人擅自使用的，以转移占有建设工程之日为竣工日期。"该司法解释虽已废止，但本条规定已为《最高人民法院关于审理建设工程施工合同纠纷案件适用法律问题的解释（一）》第 9 条所吸收。

从以上规定可以看出，《建设工程施工合同（示范文本）》（GF－2017－0201）综合考虑了《标准施工招标文件》（2007 版）及《最高人民法院关于审理建设工程施工合同纠纷案件适用法律问题的解释》的规定，对实际竣工日期作出了更为合理、明确的规定。但应注意的是，《建设工程施工合同（示范文本）》（GF－2017－0201）与《最高人民法院关于审理建设工程施工合同纠纷案件适用法律问题的解释（一）》对实际竣工日期的规定稍有差别：发包人正常竣工验收情况下，《建设工程施工合同（示范文本）》（GF－2017－0201）以承包人提交竣工验收申请报告之日为实际竣工日期，而《最高人民

---

① 吴佳洁、徐伟、黄喆：《工程开工与竣工日期争议及其确定》，载《建筑经济》2010 年第 10 期。

② 《〈标准施工招标资格预审文件〉和〈标准施工招标文件〉试行规定》，载中国政府网，http：//www. gov. cn/zhengce/2007－12/21/content_ 2603061. htm，最后访问时间：2022 年 5 月 10 日。

③ 《建设工程施工合同（示范文本）》（GF－2017－0201），载中华人民共和国住房和城乡建设部网站，https：//www. mohurd. gov. cn/gongkai/fdzdgknr/tzgg/201710/20171030_ 233757. html，最后访问时间：2022 年 4 月 18 日。

法院关于审理建设工程施工合同纠纷案件适用法律问题的解释（一）》则是以竣工验收合格之日为竣工日期，考虑了发包人合理的验收时间。

由于《最高人民法院关于审理建设工程施工合同纠纷案件适用法律问题的解释》已经对实际竣工日期的确定作出了规定，地方高院在指导意见或解答中主要是针对最高人民法院的解释。《北京市高级人民法院关于审理建设工程施工合同纠纷案件若干疑难问题的解答》（2012）第25条第2款规定："发包人、承包人、设计和监理单位四方在工程竣工验收单上签字确认的时间，可以视为《最高人民法院关于审理建设工程施工合同纠纷案件适用法律问题的解释》（已失效）第十四条第一项规定的竣工日期，但当事人有相反证据足以推翻的除外。"

司法实践中，根据我们参与处理工期纠纷案件的经验，法院或仲裁机构一般根据以下顺序确定实际竣工日期：（1）发包人按照合同约定组织竣工验收的，以发包人、承包人、设计和监理单位四方在工程竣工验收单上签字确认的时间作为实际竣工日期[①]；（2）发包人拖延验收的，以承包人提交验收申请报告之日为实际竣工日期；（3）建设工程未经竣工验收，发包人擅自使用的，以转移占有建设工程之日为实际竣工日期。[②]

四、工期顺延（由发包人承担的工期延误）

实际工期超出约定工期的，则属于工期延误。工期延误可分为可原谅的工期延误与不可原谅的工期延误。因承包人原因造成施工进度滞后，属于不可原谅的工期延误，只有承包人不应承担任何责任的延误，才是可原谅的工期延误。[③] 可原谅的工期延误是承包人工期索赔的事由，即工期顺延的事由。《民法典》第798条规定："隐蔽工程在隐蔽以前，承包人应当通知发包人检查。发包人没有及时检查的，承包人可以顺延工程日期，并有权请求赔偿停工、窝工等损失。"第803条规定："发包人未按照约定的时间和要求提供原材料、设备、场地、资金、技术资料的，承包人可以顺延工程日期，并有权请求赔偿停工、窝工等损失。"由此可见，按照合同约定提供原材料、设备、

---

① 一审：北京市密云区人民法院（2015）密民初字第07100号；二审：北京市第三中级人民法院（2016）京03民终8016号。

② 一审：天津市第二中级人民法院（2017）津02民初665号；二审：天津市高级人民法院（2018）津民终111号。

③ 全国造价工程师执业资格考试培训教材编审组：《工程造价计价与控制》，中国计划出版社2009年版，第301页。

场地、资金、技术资料及进行隐蔽工程验收是发包人的法定义务，因发包人未按照法律规定履行义务导致的工期延误或损失，应由发包人承担。承包人工期索赔（工期顺延）成功应具备四个条件：（1）存在工期延误的事实；（2）存在工期可以顺延的事由；（3）工期顺延事由与工期延误存在因果关系；（4）按照合同约定程序提出工期索赔。

（一）工期可以顺延的事由

除了《民法典》规定的工期顺延的法定事由外，发承包人双方还可在合同中约定工期顺延的事由。《建设工程施工合同（示范文本）》（GF－2017－0201）及《标准施工招标文件》（2007 版）对工期可以顺延的事由作出了更为详细明确的规定。《标准施工招标文件》（2007 版）第 11.3 款规定："在履行合同过程中，由于发包人的下列原因造成工期延误的，承包人有权要求发包人延长工期和（或）增加费用，并支付合理利润。需要修订合同进度计划的，按照第 10.2 款的约定办理。（1）增加合同工作内容；（2）改变合同中任何一项工作的质量要求或其他特性；（3）发包人迟延提供材料、工程设备或变更交货地点的；（4）因发包人原因导致的暂停施工；（5）提供图纸延误；（6）未按合同约定及时支付预付款、进度款；（7）发包人造成工期延误的其他原因。"第 11.4 款规定："由于出现专用合同条款规定的异常恶劣气候的条件导致工期延误的，承包人有权要求发包人延长工期。"《建设工程施工合同（示范文本）》（GF－2017－0201）规定的工期顺延的事由有：（1）发包人未能按合同约定提供图纸或所提供图纸不符合合同约定的；（2）发包人未能按合同约定提供施工现场、施工条件、基础资料、许可、批准等开工条件的；（3）发包人提供的测量基准点、基准线和水准点及其书面资料存在错误或疏漏的；（4）发包人未能在计划开工日期之日起 7 天内同意下达开工通知的；（5）发包人未能按合同约定日期支付工程预付款、进度款或竣工结算款的；（6）监理人未按合同约定发出指示、批准等文件的；（7）法律变化造成工期延误的；（8）监理人未按照合同约定验收隐蔽工程、参加试车；（9）监理人的检查和检验影响正常施工的；（10）不利物质条件、异常恶劣的气候条件导致工期延误的；（11）不可抗力导致工期延误的；（12）专用合同条款中约定的其他情形。

从《建设工程施工合同（示范文本）》（GF－2017－0201）对工期顺延事由的规定可以看出，发包人、监理人、法律变化、不利物质条件、异常恶劣的气候条件、不可抗力等导致的工期延误均是可顺延工期的情形，一言以蔽之，非承包人原因导致的工期延误都是顺延工期的情形。需要指出的是，发生可顺延工期的事由，并不必然导致工期顺延，只有位于关键路线上工作内容的滞后，才会影响到竣工日期。[①] 而且，出现工期顺延事由时，承包人需要按照合同约定及时提出索赔，否则，在诉讼中可能处于不利地位。例如法院一般认为工程量变更并非顺延工期的法定事由，工程量变更后并不必然改变工期。如果影响施工工期的，承包人应当提出相应的工期顺延申请，如果未提出申请的，视为对施工工期没有影响。[②]

（二）工期顺延的程序要求

发生合同约定的工期顺延情形时，承包人应当按照合同约定的程序提出索赔［工期索赔和（或）费用索赔］，否则可能因为未及时提出索赔而丧失索赔的权利。《标准施工招标文件》（2007 版）第 23. 1 款规定："根据合同约定，承包人认为有权得到追加付款和（或）延长工期的，应按以下程序向发包人提出索赔：（1）承包人应在知道或应当知道索赔事件发生后 28 天内，向监理人递交索赔意向通知书，并说明发生索赔事件的事由。承包人未在前述 28 天内发出索赔意向通知书的，丧失要求追加付款和（或）延长工期的权利；（2）承包人应在发出索赔意向通知书后 28 天内，向监理人正式递交索赔通知书。索赔通知书应详细说明索赔理由以及要求追加的付款金额和（或）延长的工期，并附必要的记录和证明材料；（3）索赔事件具有连续影响的，承包人应按合理时间间隔继续递交延续索赔通知，说明连续影响的实际情况和记录，列出累计的追加付款金额和（或）工期延长天数；（4）在索赔事件影响结束后的 28 天内，承包人应向监理人递交最终索赔通知书，说明最终要求索赔的追加付款金额和延长的工期，并附必要的记录和证明材料。"第 23. 3. 1 项规定："承包人按第 17. 5 款的约定接受了竣工付款证书后，应被认为已无权再提出在合同工程接收证书颁发前所发生的任何索赔。"《建设工程施工合同（示范文本）》（GF－2017－0201）规定的索赔程序与《标准施工招

① 全国造价工程师执业资格考试培训教材编审组：《工程造价计价与控制》，中国计划出版社 2009 年版，第 301 页。

② 一审：上海市第一中级人民法院（2007）沪一中民二（民）初字第 69 号；二审：上海市高级人民法院（2010）沪高民一（民）终字第 26 号。一审：陕西省汉中市中级人民法院（2016）陕 07 民初 71 号；二审：陕西省高级人民法院（2017）民终 1187 号。

标文件》(2007 版)一致。同时,第 19.2 款规定:“发包人逾期答复的,则视为认可承包人的索赔要求。”

在诉讼程序中,针对发包人要求承包人承担逾期竣工的违约责任时,承包人往往会辩称逾期竣工是由发包人原因导致(如未及时提供图纸、甲供材料、未及时支付进度款、设计变更、工程量增加等),如果承包人未在合同约定的期限内提出工期索赔且无其他证据证明应顺延工期的,法院一般不会支持承包人顺延工期的抗辩。[①] 特别地,当采用《标准施工招标文件》(2007 版)进行招投标或采用《建设工程施工合同(示范文本)》(GF-2017-0201)签订施工合同时,由于《标准施工招标文件》(2007 版)和《建设工程施工合同(示范文本)》(GF-2017-0201)均明确规定:“承包人未按照约定递交索赔意向通知书的,丧失要求延长工期的权利。”《最高人民法院关于审理建设工程施工合同纠纷案件适用法律问题的解释(一)》第 10 条第 2 款规定:“当事人约定承包人未在约定期限内提出工期顺延申请视为工期不顺延的,按照约定处理,但发包人在约定期限后同意工期顺延或者承包人提出合理抗辩的除外。”浙江省高级人民法院亦有类似规定。[②] 因此,承包人在施工过程中应加强索赔的管理,按照合同约定递交索赔报告并保留索赔资料、证据,这是索赔能够成功的前提。否则,一旦进入诉讼程序,由于索赔中举证责任和证明标准的要求,承包人将处于十分不利的局面。对于工期索赔,承包人在索赔报告中应结合施工进度计划及网络图说明工期顺延的天数;对于费用索赔,承包人在索赔报告中应详细列明索赔费用的组成及计算依据。发包人亦应加强索赔管理,发包人逾期不予确认也不提出修改意见,视为认可承包人的索赔要求。

(三)工期顺延的天数

当工期顺延的事由发生时,工期顺延的天数往往是承发包双方争议的焦点。施工过程中,工作既有顺序进行的,也有并行进行的,这就导致从工程开工到工程竣工有多条路线,而工期是关键路线的总时长。如果非承包人原

---

① 一审:海南省三亚市中级人民法院,案号为(2010)三亚民一初字第 7 号;二审:海南省高级人民法院,案号为(2012)琼民一终字第 8 号。

② 《浙江省高级人民法院民事审判第一庭关于审理建设工程施工合同纠纷案件若干疑难问题的解答》第 6 条规定:“发包人仅以承包人未在规定时间内提出工期顺延申请而主张工期不能顺延的,该主张不能成立。但合同明确约定不在规定时间内提出工期顺延申请视为工期不顺延的,应遵从合同的约定。”

因延误的工作是关键路线上的工作，很显然，延误的天数就是工期顺延的天数。司法实践中，发包人未按照合同约定支付工程预付款、进度款导致工期延误的，法院一般根据发包人逾期付款的天数顺延工期。[①] 发包人未能按合同约定提供施工现场、施工条件、基础资料、许可、批准等开工条件导致工期延误的，一般会导致施工无法进行，可以认定是关键路线上的工作延误，延误的天数就是工期顺延的天数。如果非承包人原因延误的工作是非关键路线上的工作，按照网络图分析法，工期顺延计算法为：如果延误的工作为非关键工作，当该工作由于延误超过时差限制而成为关键工作时，可以批准延误时间与时差的差值；若该工作延误后仍为非关键工作，则不存在工期索赔问题。[②] 网络图分析法实质上认为工作的总时差完全由发包人享有、受益，这对承包人是较为苛刻的。对于工程量增加的工期索赔，一般采用比例法计算应顺延的工期天数，工期索赔值 = 额外增加的工程的价格 ÷ 原合同总价 × 原合同总工期。[③] 在施工过程中，工期延误很少是只有一方原因造成，往往是两三种原因同时发生（或相互作用）而形成的，学理上称为“共同延误”或“同期延误”。共同延误这一概念最早来源于ICE合同文本中，而后也为FIDIC施工合同条件所应用，在漫长的合同变迁中，共同延误索赔一直是工程索赔的难点。目前，共同延误情况下的工期延误责任分摊原则主要有：（1）不利于承包商原则[④]；（2）初始责任人原则[⑤]；（3）原因比例分析法责任分摊原则[⑥]。而全国造价工程师执业资格考试培训教材编审组编写的《工程造价计价与控制》（2009版）采用的分摊原则是初始责任人原则。该原则首先判断造成工期延误的哪一种原因是最先发生的，即确定“初始延误”者，它应对工

① 一审：上海市第一中级人民法院（2007）沪一中民二（民）初字第69号；二审：上海市高级人民法院（2010）沪高民一（民）终字第26号。一审：青海省高级人民法院（2016）青民初3号；二审：最高人民法院（2018）最高法民终59号。

② 全国造价工程师执业资格考试培训教材编审组：《工程造价计价与控制》，中国计划出版社2009年版，第301—302页。

③ 全国造价工程师执业资格考试培训教材编审组：《工程造价计价与控制》，中国计划出版社2009年版，第302页。

④ Andrew D Ness; Thelen Reid. When The Going Get Though – Analyzing Concurrent Delay [J] Construction, 2000 (04): 91 – 96.

⑤ Andrew D Ness; Thelen Reid. When The Going Get Though – Analyzing Concurrent Delay [J] Construction, 2000 (04): 91 – 96.

⑥ 王仁超、褚春超、欧阳斌：《工程延误责任研究》，载《水利发电学报》2004年第4期。

期延误负责，在初始延误发生作用期间，其他并发的延误不承担工期延误责任。①

审判实践中，对于在施工过程中经发包人认可的工期顺延天数，如无相反证据足以推翻，法院一般予以认定；对于承包人按照合同约定递交工期索赔报告，而发包人未按照合同约定答复或提出异议的，法院一般按照合同约定认定工期索赔报告记载的工期延误天数为可顺延的工期；对于承包人按照合同约定递交工期索赔报告，发包人提出异议的，法院一般酌情认定顺延的工期天数②或委托造价咨询机构进行工期司法鉴定③；对于承包人未按照合同约定递交工期索赔报告，又无其他证据证明可以顺延工期的，法院一般不予支持承包人的工期顺延抗辩。

五、工期逾期违约责任

按照合同约定的工期完成工程是承包人的基本合同义务。发承包双方一般会在专用合同条款中约定逾期竣工违约金的计算方法和逾期竣工违约金的上限。如果存在工期逾期，承包人需要承担逾期竣工违约金。法院在审理发包人请求承包人承担逾期竣工违约金的案件时，首先查明工期逾期的天数，再审查违约金是否过高。④ 工期逾期天数的确定离不开实际开工日期、实际竣工日期、顺延工期天数的确定，工期逾期天数 = 实际竣工日期 - 实际开工日期 - 合同约定工期 - 顺延工期天数；确定违约金是否过高一般通过比较违约金与发包人的实际损失来判断。

关于工期延误违约之诉的诉讼时效起算点。《民法典》第 188 条规定："向人民法院请求保护民事权利的诉讼时效期间为三年。法律另有规定的，依照其规定。诉讼时效期间自权利人知道或者应当知道权利受到损害以及义务人之日起计算。法律另有规定的，依照其规定。但是，自权利受到损害之日起超过二十年的，人民法院不予保护，有特殊情况的，人民法院可以根据权

---

① 全国造价工程师执业资格考试培训教材编审组：《工程造价计价与控制》，中国计划出版社 2009 年版，第 302 页。

② 一审：安徽省池州市中级人民法院（2009）池民三初字第 5 号；二审：安徽省高级人民法院（2011）皖民四终字第 00087 号。

③ 一审：上海市第一中级人民法院（2007）沪一中民二（民）初字第 69 号；二审：上海市高级人民法院（2010）沪高民一（民）终字第 26 号。

④ 一审：台州市中级人民法院（2012）浙台民初字第 7 号；二审：浙江省高级人民法院（2015）浙民终字第 25 号。

利人的申请决定延长。”法律未对建设工程施工合同诉讼时效作出特殊规定，因此，建设工程施工合同诉讼时效应使用普通诉讼时效三年的规定。工期违约之诉的诉讼时效起算点一直存有争议，有观点认为：“业主提出工期延误违约之诉的诉讼时效应当从约定的竣工日期第二日开始计算。如果超过三年才起诉，视为超过诉讼时效期间，丧失胜诉权。”[①] 笔者对此持不同意见，前述观点未区分导致工期延误的原因，认为工期延误必然是由承包人引起的，必然损害发包人的权利。事实上，工期延误不必然侵害发包人的权利。工期延误分为可原谅的工期延误和不可原谅的工期延误，对于可原谅的工期延误，发包人无权要求承包人承担违约责任。也就是说，对于可原谅的工期延误，由于截止至合同约定的竣工日期并未发生应由承包人承担违约责任的事实，发包人的权利未被侵害，而《民法典》第188条规定诉讼时效期间从知道或者应当知道权利被侵害时起计算，由于截止至合同约定的竣工日期发包人的权利未被侵害，其不可能知道或应当知道其权利被侵害，因此，从合同约定的竣工日期第二日开始计算诉讼时效是不正确的。笔者认为，从实际竣工日期的第二天开始计算诉讼时效更为合理。

六、工期纠纷的其他问题

工期纠纷除了实际开工日期、实际竣工日期、工期顺延、工期逾期等工期纠纷案件中最常涉及的几个问题外，还有一些其他问题也会在工期纠纷案件中有所涉及，如施工合同无效，工期约定的效力问题，合理工期的确定问题，工期索赔和费用索赔的关系等。

（一）无效的施工合同的工期延误

合同无效后，合同关系不复存在，合同条款对缔约当事人不再具有约束力。当事人不得基于合同而主张权利和承担义务。同样，合同中关于工期的约定也因合同无效而丧失对当事人的约束力。对无效合同的处理，《民法典》第157条规定：“民事法律行为无效、被撤销或者确定不发生效力后，行为人因该行为取得的财产，应当予以返还；不能返还或者没有必要返还的，应当折价补偿。有过错的一方应当赔偿对方由此所受到的损失；各方都有过错的，应当各自承担相应的责任。法律另有规定的，依照其规定。”法律规定了合同

---

① 李雪森：《建设工程工期延误法律实务与判例评析》，中国建筑工业出版社2013年版，第29页。

无效的三种处理方式即返还财产、折价补偿和赔偿损失。工期延误显然不适用返还财产、折价补偿。工期延误是否适用“赔偿损失”呢？《民法典》第157条规定的赔偿责任产生的前提是当事人的过错，这种过错应专指导致合同无效的过错，而非违反合同约定的过错。通常认为，合同无效后赔偿责任属于缔约过失责任。由于缔约过失行为所造成的损失一般都是信赖利益的损失，工期索赔的前提是当事人违反合同的约定造成工期延误，即合同当事人存在违约责任，而合同无效后就不存在违约责任问题。因此，工期索赔不适用《民法典》第157条规定的“赔偿损失”。①

显然，《民法典》第157条的规定无法解决无效合同下的工期延误与工期索赔问题，但是如果因此认定合同未约定工期而使工期成为任意工期，对发包人显然是极不公平的。在现有法律制度下，笔者认为，法院或仲裁机构可以依据公平原则来处理无效施工合同中的工期延误问题。公平原则是我国民事活动的基本原则。《民法典》第6条规定：“民事主体从事民事活动，应当遵循公平原则，合理确定各方的权利和义务。”人民法院、仲裁机构在审理案件时可否直接依据民法基本原则判案呢？答案应该是肯定的。有学者认为，在司法实践中，民法基本原则成为法官填补现行法律规范漏洞和空白、衡平个案正义与公平的基准，成为连接法官自由裁量与成文法框架的桥梁，法官适用民法基本原则进行创造性司法是司法自身价值的体现，是法官司法活动的最高境界，也是现代司法的重要特征。如《民法典》第806条第3款规定：“合同解除后，已经完成的建设工程质量合格的，发包人应当按照约定支付相应的工程价款；已经完成的建设工程质量不合格的，参照本法第七百九十三条的规定处理。”《民法典》第793条规定：“建设工程施工合同无效，但是建设工程经验收合格的，可以参照合同关于工程价款的约定折价补偿承包人。建设工程施工合同无效，且建设工程经验收不合格的，按照以下情形处理：（一）修复后的建设工程经验收合格的，发包人可以请求承包人承担修复费用；（二）修复后的建设工程经验收不合格的，承包人无权请求参照合同关于工程价款的约定折价补偿。发包人对因建设工程不合格造成的损失有过错的，应当承担相应的责任。”该规定既很好地解决了无效建设工程施工合同工程价

---

① 李雪森：《建设工程工期延误法律实务与判例评析》，中国建筑工业出版社2013年版，第31—33页。

款的结算问题，又充分体现了当事人的意思自治及公平原则。无效建设工程施工合同的工期延误问题可参考无效建设工程施工合同工程价款结算的司法解释原则，对合同中约定的工期、工期顺延的事由及程序进行评判，既要考虑双方在合同中的约定，又要兼顾公平原则，综合确定工期是否延误及责任的承担。

（二）合理工期的确定及效力问题

工程实践中，常出现工期约定不合理的情况，因此导致工期延误成为必然，而且，由于压缩工期导致的安全事故、质量事故时有发生。正因如此，国家发展和改革委员会、工业和信息化部、住房和城乡建设部、交通运输部、铁道部、水利部、安全监管总局于2009年12月14日联合发布了《关于加强重大工程安全质量保障措施的通知》（发改投资〔2009〕3183号），通知将科学确定并严格执行合理的工程建设周期作为保障工程质量安全的首要措施。

《建设工程质量管理条例》第10条第1款规定："建设工程发包单位，不得迫使承包方以低于成本的价格竞标，不得任意压缩合理工期。"任意压缩合理工期，是违反行政法规强制性规定的行为，按照《民法典》第143条的规定，可以认定任意压缩合理工期条款为无效条款。而且，确定是否属于任意压缩合理工期具有可操作性。法院在审判实践中，可委托司法鉴定机构对建设工程项目的定额工期进行鉴定，从而确定工期约定是否任意压缩合理工期，这不仅能确定个案的合理工期，也促使发包人在合同中约定更为合理的工期，客观上有利于减少安全事故和质量事故发生。

（三）工期索赔与费用索赔的关系

按索赔目的可以将工程索赔分为工期索赔和费用索赔。由于非承包人责任的原因而导致施工进度延误，要求批准顺延合同工期的索赔，称为工期索赔。费用索赔的目的是要求经济补偿。当施工的客观条件改变导致承包人增加开支，要求对超出计划成本的附加开支给予补偿，以挽回不应由他承担的经济损失。可索赔的费用包括人工费、设备费、材料费、保函手续费、迟延付款利息、保险费、管理费、利润。根据《标准施工招标文件》（2007版）通用合同条款的规定，只有工期索赔而没有费用索赔的情形有第11.4款规定的异常恶劣的气候条件及第21.3.1项规定的不可抗力；只有费用索赔而没有工期索赔的情形有第5.2.4项规定的发包人要求承包人提前交付材料和工程设备、第11.6款规定的发包人要求承包人提前竣工、第16.2款规定的法律变化引起的价格调整、第18.6.2项规定的发包人的原因导致运行失败、第19.2款规定的发包人原因导致的工程缺陷和损失，其他如第1.10.1项规定的施工过程发现文物、古迹以及其他遗迹、化石、钱币或物品，第4.11.2项规定的承包人遇到不利物质条件，第5.2.6项规定的发包人提供的材料和工程设备不符合合同要求等10项均同时存在工期索赔和费用索赔，也就是说，工期索赔和费用索赔密切相关。特别地，当发生工期索赔时，除了异常恶劣的气候条件及不可抗力，工期索赔和费用索赔如影随形。

综上所述，工期，是施工合同的主要合同条款之一，工期管理也是工程管理的重要内容，工期纠纷的合理妥善解决，不仅依赖法院的公正审判，也依赖当事人在合同中更为明确的约定，建议当事人采用《建设工程施工合同（示范文本）》（GF－2017－0201）签订施工合同，以便较好地解决实际开工日期、实际竣工日期、工期索赔程序的纠纷。此外，可通过司法解释规定施工合同无效工期延误的处理原则以及合理工期的确定。共同延误的研究是确定工期顺延天数的关键和难点。

5.1 法院如何对工期延误违约责任进行认定并如何适用法律调处纠纷①

——某建公司与某阳公司建设工程施工合同纠纷案②

关 键 词： 工期开工日期　竣工日期　违约责任

问题提出： 对于建设工程合同中的工期延误责任如何认定？构成延误责任的，如何承担责任？

关联问题： 开工日期和竣工日期如何认定？工期顺延的抗辩事由有哪些？

裁判要旨： 因双方合同约定对于工期顺延的情况须经发包方和监理单位共同签署同意工期顺延的书面文件，承包方既未举证经发包方和监理单位共同签署同意工期顺延的书面文件，又未说明或提交其已按约定提出工期顺延申请的相关证据，故工期应不予顺延。

---

① 撰稿人：涂建新，上海市建纬律师事务所。

② 一审：青海省高级人民法院（2015）青民一初字第57号；二审：最高人民法院（2019）最高法民终1622号；再审：最高人民法院（2020）最高法院民申5390号。

案情简介

上诉人（一审原告、反诉被告）：某建公司

上诉人（一审被告、反诉原告）：某阳公司

2008年2月1日，某阳公司与某建公司签订《建设工程施工合同》，约定由某建公司承建某阳公司开发的青海某阳国际商贸中心工程。工程内容及范围：工程图纸所包含的土建工程、安装工程、水、电及弱电预埋管（不含土方、基坑支护、铝合金门窗、防火卷帘、室内隔断、电梯、锅炉及高低压配电室、消防、采暖通风及二次装修工程），消防、采暖通风工程另行商定。合同工期：一期裙房及地下室部分开工日期为2008年4月1日（以实际的开工报告为准），竣工日期为2008年12月15日，合同工期总日历天数255天；一期高层部分开工日期为2008年4月1日（以实际的开工报告为准），竣工日期为2010年5月30日（以实际的竣工报告为准）。合同价款：暂定400000000元整。除双方约定的可调价格外，其他以《青海省2004定额》为准的方式确定。工程量确认：每月25日承包方向监理方提交当月完成的工程量清单及工程形象进度报表，监理单位在5个工作日内正确审核并签署意见后提交给发包方，逾期将视为认可，发包人在3个工作日内审定完成，逾期视为认可，作为工程进度款的支付依据。工程款（进度款）支付的方式和时间：除垫资款工程量以外的工程款，每月在审核完成后7个工作日内按核定工程进度款的80%以转账方式支付。双方约定工期顺延的情况：经双方确认的，1. 因外界因素无法正常施工的工期应顺延；2. 因发包方原因导致承包方无法连续施工的工期应顺延；3. 因工程变更导致工程量增加时，工期的增加额度按照结算总造价与原造价的比值相应增加施工合同工期数；4. 建设单位提供的资料（如地下管网、地下构筑物等）与现场实际不符，而引起的工期增加；5. 以上情形须经发包方和监理单位共同签署并签章同意工期顺延的书面文件；6. 其他详见通用条款。本合同中关于发包人违约的具体责任如下：1. 发包人不按合同约定支付工程款（进度款），双方又未达成延期付款协议，导致施工无法进行，承包人可停止施工，由发包人承担违约责任，每天承担应支付工程款的万分之三，并支付承包方银行同期贷款利率两倍利息；2. 发包人收到竣工结算报告及结算资料后28天内无正当理由不支付工程竣工结算价款，从第29天起按同期银行贷款利率向承包人支付拖欠工程款的利息，并承担违约责任，每天承担应支付工程款的万分之三执行；3. 如签约后不能履约的，除退还履约保证金外，还应承担合同总价3%的违约金。合同中关于承包人违约的具体责任如下：1. 因承包人原因不能按照协议书约定的竣工日期或工程师同意顺延的工期竣工的，承包人承担违约责任，每延期一天按相应合同段造价的万分之三处罚；2. 如签约后不能履约，承担合同总价3%的违约金。合同补充条款就工程款支付等问题进行了约定，主要包括：1. 工程款的支付。工程垫资施工100000000元（不计息），垫资部分在垫资工程量完成后按通用条款第26.1条［即在确认计量结果后14天内，发包人应向承包人支付工程款（进度款），按约定时间发包人应扣回的预付款，与工程款（进度款）同期结算］向承包方支付已完工程量的50%，30日内向承包方支付已完工程量的20%，60日内向承包方支付已完工程量的10%；垫资完成后的进度款按80%支付，裙房结构封顶按通用条款第26.1条支付至该部分工程量的90%进度款，裙房部分及地下室部分工程竣工后3个月内完成工程结算及审定工作，并支付至该部分工程量的97%结算款；裙房以上高层住宅部分按完成工程量的80%支付进度款；工程竣工后3个月内完成工程结算及审定工作，并支付至结算量的97%结算款；保修金3%，竣工一年后7日内付保修金1.5%，保修金余额在保修期满后一星期内付清。2. 配合费的计取。铝合金门窗按8元/平方米计取，电梯、锅炉、高低压配电柜另行协商，其他发包方分包项目的配合费双方协商由发包方象征性地向承包方支付。3. 因发包方分包的项目造成工期延误承包方不承担工期延误罚款。4. 2008年4月1日发包方需完成土方、降水及基坑支护等工作内容，使承包方能按时施工基础垫层，若2008年4月1日承包方无法正常施工，延误5日内的，工期顺延，超过6日的，工期另行协商，发包方应承担相应的违约责任并支付承包方（延期至交付期间）银行同期贷款利息。5. 本合同工程造价为暂定价，结算时按实际结算。6. 一期工程五层裙房以下承包方按期竣工交付使用，发包人一次性奖励承包人2000000元，如不能按期竣工交付使用，取消该奖励金，除承担专用条款约定的违约金外，一次性另处罚金4000000元。7. 承包方在垫资工程施工期内，不得因无故拖欠工人工资而影响工程进度或其他不良后果，否则，发包方有权对承包方进行处罚，第一次扣罚1000000元，第二次清退出场并要求其承担违约责任和一切损失。

2008年2月2日，双方又签订《建设工程施工合同之补充协议》，将工程垫资款修订为80000000元（不计息）。双方认可案涉工程于2008年8月1日正式开工。

2008年9月16日，招标人某阳公司、招标代理机构向某建公司发出《中标通知书》。

2008年9月24日，设计单位青海设计研究院、建设单位某阳公司、监理单位安某监理公司、施工单位某建公司进行±0.00以下图纸会审。

2008年12月23日，某建公司给某阳公司《复函》中载明：根据冬季停工及春节临近实际情况，我项目部急需支付大宗的材料款及农民工工资，在此恳求贵司于2008年12月25日前先支付25000000元用于支付农民工工资及部分材料款。关于12月19日施工人员滋事一事，在此我们深表歉意并表示遗憾，现我公司正积极与农民工进行沟通，做好解释工作，力争不再发生有碍于社会稳定与和谐的事情。

2008年12月31日，某建公司给西宁市劳动和社会保障局书写《保证书》，内容为：非常感谢贵局给予我司在某阳商贸广场项目工地农民工工资问题上的大力支持，某阳公司垫付的6389352.88元农民工工资，我公司安排第一项目部2055073元发放农民工工资，第二项目部4334279.88元发放农民工工资，并保证该款项足额发放到每个农民工手中，使农民工不再上访闹事，保持社会稳定。

2009年3月13日，某阳公司、安某监理公司、某建公司召开会议，并签署《会议纪要》，明确：1. 基础结构验收资料要抓紧完善；2. 西侧施工道路要尽快开通，否则影响施工进度；3. 垫付80000000元界限定位，形象进度主体结构完成2#、3#、4#楼裙楼14.4米；4. 14.4米层混凝土完成后3个工作日内，建设单位按合同支付垫资款的50%工程款，施工单位须提前通知建设单位，以便筹措资金支付工程款，14.4米以上按月进度付款。

2009年5月7日，某阳公司与某建公司及安某监理公司召开协调会，会议确认：1. 2#、3#、4#楼主楼混凝土浇筑完毕，2#楼裙楼14.4米钢筋安装完毕，3#、4#楼裙楼14.4米混凝土浇筑完毕；2. 由于基坑西侧存在较大安全隐患和基坑内的水未排除干净及没有前期手续，导致监理不能批准复工报告；3. 建设单位尽快落实基坑西侧拆迁或临时回填工作，抓紧办理前期手续，以便施工合法进行；4. 2009年5月25日至30日进行主楼图纸会审；5. 土建结构发生变更，水电专业变更图没到位，施工单位按原图施工，结构变更后，水电专业线管、水上套管等视情况敷设，发生的增加工作量，建设单位认可。

2009 年 6 月 2 日，设计单位青海设计研究院、建设单位某阳公司、监理单位安某监理公司、施工单位某建公司对主楼部分进行图纸会审。

2009 年 6 月 20 日，裙楼封顶。

2010 年 4 月 16 日，2#、3#、4#楼主体验收合格。

2010 年 6 月 22 日，某阳公司取得案涉工程《建设用地规划许可证》；7 月 23 日，取得《建设工程规划许可证》；8 月 11 日，取得《建筑工程施工许可证》。

2011 年 6 月 24 日，某阳公司与西宁城北某顺石材经营部签订《电梯石材门套分包合同》。

2011 年 7 月 19 日，西宁市城乡规划局向某阳公司发出《通知》，载明：西宁火车站综合改造工程属西宁城市重大基础设施建设，其中 × ×路到 × ×路站前广场段道路拓宽须征用你单位西侧尚未实施建设的部分用地。因此我局对 2010 年 6 月 22 日核发的青海某阳国际商贸中心《建设用地规划许可证》和 7 月 23 日核发的 5#、6#及底 5 层裙楼《建设工程规划许可证》予以撤销。请将已发原件上交我局，同时请你单位调整用地西侧规划方案按程序报批。

2011 年 8 月 21 日，针对屋面渗水问题，某建公司发给某阳公司的《函》载明：青海某阳国际商贸中心 2#、3#、4#楼裙楼屋面在防水工程施工后，屋面出现渗漏现象。我公司对此质量问题十分重视。现场管理和施工人员在施工过程中，没有把质量放在第一位，成品保护意识不强。在钢性屋面施工过程中，防水卷材有破损现象，也没及时进行修补，导致屋面出现渗水现象，而又无法找到具体的渗水点，从而也影响到了屋面景观花园的正常施工，给景观施工队伍带来了经济损失。在这里我公司也明确表态，愿意承担景观施工队伍由此而产生的一部分经济损失，每栋楼补偿 100000 元。

双方认可案涉工程于 2012 年 9 月 15 日交付业主使用。

另查明，施工期间双方形成的《工地例会纪要》《建设单位工程通知单》反映出的问题（摘录）：1. 2009 年 7 月 24 日，请建设单位尽快完善前期手续；安装图纸请建设单位尽快督促设计单位落实。2. 2009 年 10 月 16 日，变更图下发后，至今未做设计交底及图审工作，应尽快进行；请建设单位尽快确定消防、通风施工队伍进场安装；裙房因后期工程变更较大，前期电气配管、预埋、预留基本无法使用，请尽早明确施工方案，便于施工方提早准备，及时与土建配合、各工序合理搭接；原设计在C区屋顶高位水箱现改到2#楼。3.2009年10月30日，对屋面的炮楼、构架的改动请建设方尽快出图；4#楼西侧基坑未回填完毕，请建设方对西侧基坑尽快回填，保证第一项目部施工道路的通畅。4.2010年6月4日，-4.8米至-9米图纸请甲方尽快落实；安窗单位人员不足的尽快配备，按楼层进行，以便土建抹灰工作的施工；通风、消防和水电班-4.8米及以下的图纸，请甲方尽快联系设计院出图，幕墙纸请甲方尽快落实，目前已影响对外墙施工和交工日期。5.2010年6月25日，消防箱由于资金问题还未进场；通风、消防和水电班-4.8米及以下的图纸，请甲方尽快联系设计院出图，空调基础及屋面风机基础尽快施工。6.2010年11月12日，天然气安装由于建设单位没有与施工单位签订合同，造成地暖、地坪无法施工；-4.8米层3#、4#楼区域地暖还未施工；-9米观光电梯洞口一直未开；裙楼钢制防火门由于建设单位签订合同太晚至今未安装，土建单位无法收口。7.工程存在设计变更的情形。

各方观点

关于工期延误的责任与损失如何确定及损失如何承担?

某建公司观点：施工过程中形成的《工地例会纪要》能够证明，因某阳公司图纸延迟提供、大量工程设计变更、甲供材料延迟提供、迟延支付工程进度款、直接分包项目影响施工进度造成工期延误，逾期交付工程并非某建公司造成，全部责任应由某阳公司承担。另外，某阳公司主张逾期交房违约金损失的证据不足，其逾期交房的原因是政府部门规划调整，而非某建公司逾期交付工程。

某阳公司观点：某阳公司主张的一期工程五层裙房未按期竣工交付的罚款4000000元及因工期延误某建公司承诺应承担的违约金100000元，均是双方针对特定事项约定的违约金。在施工过程中，某建公司未提出因分包项目工期需要顺延，在合同约定期限内未完成一期工程五层裙房建设，应当承担相应的罚款和违约金。

法院观点

一审法院观点：（一）关于某阳公司主张某建公司赔偿损失31893536元的诉求应否支持的问题

案涉工程于2008年8月1日正式开工，根据合同约定竣工日期应顺延至2010年9月30日。对于某建公司辩解因某阳公司前期工作没有做到位、没有施工手续、不按合同约定提供图纸、大量增加工程量、大量设计变更、某阳公司直接分包工程逾期、迟延付款等导致案涉工程逾期，工期应另行协商，应予顺延的问题。一审法院认为，因双方合同约定对于工期顺延的情况须经发包方和监理单位共同签署同意工期顺延的书面文件，某建公司既未举证经某阳公司和监理单位共同签署同意工期顺延的书面文件，又未说明或提交其已按约定提出工期顺延申请的相关证据，故工期应不予顺延，竣工日期应确定为2010年9月30日。案涉工程实际至2012年9月15日交付业主使用，某建公司逾期竣工应承担违约责任，赔偿因迟延交工给某阳公司造成的损失。

某阳公司被部分购房人诉至法院，通过诉讼赔偿部分购房人违约金或者利息2406386.01元，有和解协议、民事判决书、转账凭证等在卷佐证；某阳公司与部分购房人达成协议，赔偿违约金26102351.70元，有逾期交房违约金补偿协议书、转账凭证、办理产权登记代收费用协议书、收条等在卷佐证。上述费用共计28508737.71元，某阳公司已实际支出，对其损失应予确认。法律规定受害人对于损害的发生也有过错的，可以减轻侵害人的民事责任。根据查明的事实可知，案涉工程施工过程中确实存在施工道路不通、直接分包工程迟延、图纸迟延、工程设计变更、施工手续不全等情形，对某建公司的施工进度势必造成一定影响，从而不能如期完工，某阳公司对工程逾期竣工亦具有过错，对逾期竣工造成的损失应自行承担一定的责任，一审法院酌定某阳公司自行承担60%的责任，某建公司承担40%的赔偿责任，计11403495元。

（二）关于某阳公司主张某建公司支付违约金41986313元的诉求应否支持的问题

某建公司逾期竣工，应按合同约定承担相应的违约责任。双方所签《建设工程施工合同》约定："因承包人原因不能按照协议书约定的竣工日期或工程师同意顺延的工期竣工的，承包人承担违约责任，每延期一天按相应合同段造价的万分之三处罚。"根据查明的事实可知，案涉工程逾期竣工并非完全由某建公司原因所致，某阳公司亦负有责任，某阳公司以欠付工程款总额为基数按日万分之三乘以逾期天数计算违约金数额，并不符合合同约定。且违约金的性质系以补偿性为主兼具惩罚性，本案某阳公司已就某建公司逾期竣工给其造成的损失进行主张，在一审法院已对其损失进行认定并予以支持的情况下，某阳公司再行以欠付工程款总额为基数按日万分之三乘以逾期天数计算违约金数额，主张逾期竣工违约金过高，应予调整。根据《最高人民法院关于适用〈中华人民共和国合同法〉若干问题的解释（二）》[①] 第二十九条之规定，违约金应不超过实际损失的30%，某建公司应赔偿因逾期竣工给某阳公司造成的损失为11403495元，在此基础上上浮30%为某建公司应承担的违约金，计3421048.50元。

对于某阳公司主张的一期工程五层裙房未按期竣工交付应另处罚款4000000元及因工期延误某建公司承诺承担违约金100000元的问题。因双方合同约定由于发包方分包的项目造成工期延误承包方不承担工期延误罚款，案涉工程确实存在因某阳公司直接分包项目造成工期延误的情形，某建公司不应承担工期延误罚款，且某阳公司主张的罚款4000000元及工期延误某建公司承诺承担的违约金100000元均是逾期竣工违约金，一审法院已作出认定，不再重复支持。

二审法院观点：关于某建公司是否应当向某阳公司支付逾期交付工程的违约金并赔偿损失的问题。

（一）关于某建公司是否逾期交付工程的问题

首先，案涉《建设工程施工合同》约定工程开工日期为2008年4月1日，竣工日期为2010年5月30日，并约定2008年4月1日某阳公司需完成土方、降水及基坑支护等工作内容，使某建公司能按时施工基础垫层。若2008年4月1日无法正常施工，延误5日内的，工期顺延，超过6日的，工期另行协商。因某阳公司未在合同约定的2008年4月1日完成土方、降水及基坑支护等工作内容，致使开工日期推迟至2008年8月1日。根据约定，存在另行协商施工工期的问题，但双方并未另行协商重新确定工期，故一审法院按照原合同约定从实际开工日期2008年8月1日顺延4个月工期，认定竣工日期应为2010年9月30日，并无不当。

其次，从现有证据看，某阳公司在施工中确实存在施工道路不通、施工手续不全、图纸迟延提供、工程设计变更、工程量增加、直接分包工程逾期等情形，符合案涉《建设工程施工合同》约定的可以顺延工期的情形。但同

---

① 根据《最高人民法院关于废止部分司法解释及相关规范性文件的决定》，该司法解释已于2021年1月1日起失效，下同。

时，根据案涉《建设工程施工合同》通用条款第13.2条的约定，若某建公司认为存在应当顺延工期的情形，应当在工期延误情况发生后14天内向工程师提出工期顺延报告。但是，某建公司至今没有提交证据证明其按照合同约定提交了工期顺延报告，应视为其认可工期不顺延。故一审法院认定工期不予顺延并无不当。如前所述，案涉工程竣工日期应当为2010年9月30日，双方一致认可某建公司交付案涉工程的日期为2012年9月15日，即某建公司存在逾期交付工程的情形。

（二）关于某阳公司主张逾期交付工程的损失能否成立及数额的问题

某阳公司主张因某建公司逾期交工导致其逾期交付房屋从而向购房人支付违约金31026536元，应由某建公司承担赔偿责任。首先，从某阳公司一审提交的支付购房人违约金的证据来看，其中2406386.01元系通过诉讼方式确定违约金金额，其余违约金系通过协商方式确定金额。而从某阳公司提交的生效判决内容来看，某阳公司提出逾期交房的抗辩理由主要为政府部门规划调整，其通过自行和解方式向购房人支付违约金的书面凭证记载的逾期交房理由亦为政府部门规划调整。其次，从某阳公司提交的违约金统计表来看，其计算违约金的期间延续至2012年9月15日以后，而此时工程已交付。因此，某阳公司提交的证据不能证明其向购房人支付违约金的原因系某建公司逾期交付工程所致，其要求某建公司赔偿损失的请求因证据不足不能成立。一审判决对此认定有误，法院依法予以更正。

（三）关于某建公司是否应当承担逾期交付工程的违约金及数额的问题

某阳公司主张某建公司应当按照工程总价款每日万分之三支付逾期交付工程的违约金，并按照案涉《建设工程施工合同》专用条款第47条补充条款第14项的约定支付一期工程五层裙房未按期竣工交付使用的罚款4000000元，以及按照某建公司2012年9月13日出具的《承诺书》支付工期延误违约金100000元。

首先，案涉《建设工程施工合同》专用条款第47条补充条款第14项约定："一期工程五层裙房以下承包方按期竣工交付使用，发包人一次性奖励承包人2000000元，如不能按期竣工交付使用，取消该奖励金，除承担专用条款约定的违约金外，一次性另处罚金4000000元。"该条款系双方针对一期工程五层裙房以下工程逾期交付的违约责任作出的特别约定。虽然一期工程五层裙房以下工程存在逾期交付的情形，但从2009年10月16日的《工地例会纪要》等证据可知，裙房因后期工程变更较大，导致施工方无法按照预定计划施工。因此，从公平角度出发，参照案涉《建设工程施工合同》专用条款第47条补充条款第8项“因发包方分包项目造成的工期延误承包方不承担工期延误罚款”的约定，一审法院对于某阳公司请求某建公司支付逾期交付一期工程五层裙房以下工程的罚款4000000元的请求未予支持，并无不当。

其次，某阳公司主张某建公司支付100000元违约金的依据是某建公司2012年9月13日出具的《承诺书》，从该《承诺书》内容来看，系双方针对部分电缆敷设和水电安装工程工期及相应违约责任所作的特别约定。某建公司承诺完成相应工程的工期分别为2012年9月25日和10月25日，但双方均一致认可案涉工程于9月15日交付，某阳公司没有证据证明某建公司未在约定期限内完成该部分工程内容。故某阳公司依据该《承诺书》主张某建公司支付100000元违约金不能成立。

最后，根据案涉《建设工程施工合同》的约定，因承包人原因不能按照合同约定的竣工日期竣工的，每延期一天按相应合同段造价的万分之三计算违约金。一方面，某建公司存在逾期交付工程的事实，应当按照合同约定承担逾期交付工程的违约金。另一方面，合同违约金数额的确定以补偿性为主，惩罚性为辅。因某阳公司并未提交充分证据证明其因某建公司逾期交付工程产生的损失数额，且在施工过程中，其自身亦存在施工道路不通、施工手续不全、图纸迟延提供、工程设计变更、工程量增加、直接分包工程逾期等情形。因此，根据《最高人民法院关于适用〈中华人民共和国合同法〉若干问题的解释（二）》第29条第1款“当事人主张约定的违约金过高请求予以适当减少的，人民法院应当以实际损失为基础，兼顾合同的履行情况、当事人的过错程度以及预期利益等综合因素，根据公平原则和诚实信用原则予以衡量，并作出裁决”的规定，对某建公司应承担的逾期交付工程违约金予以调整，酌定由某建公司支付某阳公司逾期交付工程的违约金1000000元。

关联案例1

案件名称：黄某公司、某局公司建设工程施工合同纠纷案

审理法院：一审：四川省高级人民法院（2013）川民初字第24号；二审：最高人民法院（2017）最高法民终402号

裁判观点：自2009年1月5日案涉工程停工，至同年9月15日协商解除合同，属于双方就合同解除及结算事宜进行协商的期间，该期间不应纳入可归于某一方原因所致的工期延误期间。因此，原审法院未将该期间的停工确认为施工方某局公司所致，并无不当。黄某公司还上诉主张其不应分担地震带来的工期延误损失。法院认为，对于因地震造成的设备及周转材料工期延误损失，原审认定由双方各分担一半的责任，对于建设方和施工方来讲较为公平合理。黄某公司的上诉理由不能成立，应不予支持。

关联案例2

案件名称：某核公司、某林公司建设工程施工合同纠纷案

审理法院：一审：甘肃省高级人民法院（2015）甘民一初字第1号；二审：最高人民法院（2017）最高法民终899号

裁判观点：某林公司和某核公司均认可工程工期存在延误，关于工期延误的原因，某林公司存在提供的施工条件不符合合同要求、未按时支付进度款、工程设计变更未及时提供施工图纸、违约分包工程、协调不力等问题，而某核公司也有部分施工质量存在问题、复工不及时、中途停工拒绝复工等问题。因工期延误双方均有责任，一审据此判决双方各负其责并无不当，某核公司和某林公司的上诉请求，法院均不予支持。

关联案例3

案件名称：某宇公司、南某公司建设工程施工合同纠纷案

审理法院：一审：河北省高级人民法院（2012）冀民一初字第4号；二审：最高人民法院（2015）民一终字第9号

裁判观点：对于开工日期和竣工日期问题，双方在《建设工程施工合同》中没有约定，仅约定工期为730天。诉讼中，南某公司主张应以某宇公司2009年年底进场的时间为开工日期。但根据《建筑法》第7条第1款规定，建筑工程开工前，建设单位应当按照国家有关规定向工程所在地县级以上人民政府建设行政主管部门申请领取施工许可证。而根据查明的事实可知，某宇公司进场时南某公司尚未申领施工许可证，故某宇公司进场行为应为施工准备，不能认定为工程开工。根据施工许可证记载，案涉工程的合同开工日期为2010年6月1日，竣工日期为2012年6月1日，因此一审法院确认2010年6月1日为开工日期并无不当。

律师点评

在工程施工过程中，一些规模大、工期长、结构复杂的工程项目，在施工过程中容易受到外界各种因素的干扰，如水文气象、地质条件的变化、规划及设计的变更及其他的人为因素等，这些因素可能造成工程不能依合同工期按时完成，导致工期产生延误。在承包方诉请支付工程款时，发包方通常以承包方工期延误、工程质量不合格提出反诉，而要求承包方承担相应的赔偿责任，拒付或者减付工程款。工程款支付和工期延误两个问题经常交织在一起从而导致合同双方纠纷的产生，因而承包人是否应当构成工期延误责任就成为处理该类纠纷的关键所在。以下结合本案对承包人工期延误违约责任的认定和法律适用进行分析和点评。

一、建设工程工期的确定

建设工程工期通常由双方当事人在合同中约定，并根据开工日期和竣工日期来确定施工工期。而开工日期的确定，从司法实践来看，工程开工时间一般依照开工报告确认的时间为准，在没有开工报告确认的时间情形下，则根据合同约定的开工令签收时间、发包方移交场地时间、开工通知等予以综合认定。而竣工日期，《最高人民法院关于审理建设工程施工合同纠纷案件适用法律问题的解释（一）》第9条第1项规定，“建设工程经竣工验收合格的，以竣工验收合格之日为竣工日期”。因而，应以《竣工验收报告》标明的竣工日期为准来确认工期。

二、承包人工期延误违约责任的确定

关于工期延误的责任认定的问题，我国在《民法典》和《最高人民法院关于审理建设工程施工合同纠纷案件适用法律问题的解释（一）》中对其作出了相关规定，具体可包括以下三种情形：

1. 发包人承担责任的规定。《民法典》第798条：“隐蔽工程在隐蔽以前，承包人应当通知发包人检查。发包人没有及时检查的，承包人可以顺延工程日期，并有权请求赔偿停工、窝工等损失。”第803条：“发包人未按照约定的时间和要求提供原材料、设备、场地、资金、技术资料的，承包人可以顺延工程日期，并有权请求赔偿停工、窝工等损失。”第804条：“因发包人的原因致使工程中途停建、缓建的，发包人应当采取措施弥补或者减少损失，赔偿承包人因此造成的停工、窝工、倒运、机械设备调迁、材料和构件积压等损失和实际费用。”

2. 承包人承担责任的规定。《民法典》第801条规定：“因施工人的原因致使建设工程质量不符合约定的，发包人有权请求施工人在合理期限内无偿修理或者返工、改建。经过修理或者返工、改建后，造成逾期交付的，施工人应当承担违约责任。”

3. 工期顺延，互不承担责任的规定。《最高人民法院关于审理建设工程施工合同纠纷案件适用法律问题的解释（一）》第11条：“建设工程竣工前，当事人对工程质量发生争议，工程质量经鉴定合格的，鉴定期间为顺延工期期间。”第10条：“当事人约定顺延工期应当经发包人或者监理人签证等方式确认，承包人虽未取得工期顺延的确认，但能够证明在合同约定的期限内向发包人或者监理人申请过工期顺延且顺延事由符合合同约定，承包人以此为由主张工期顺延的，人民法院应予支持。当事人约定承包人未在约定期限内提出工期顺延申请视为工期不顺延的，按照约定处理，但发包人在约定期限后同意工期顺延或者承包人提出合理抗辩的除外。”结合工期延误的原因以及关于责任承担的法律规定我们可以得出，由发包人过错而引起的工期延误，由发包人承担赔偿责任；由承包人过错而引起的工期延误，则由承包人承担赔偿责任；由不可抗力、意外事件造成的工期延误，则发包人和承包人互不承担赔偿责任；由工程量增加、设计变更或者鉴定引起的工期延误，则一般直接在合同约定的基础上相应的顺延工期，发包人和承包人互不承担赔偿责任，顺延工期有约定从约定，如约定未在约定期限内提出申请视为公司不顺延，应按约处理，除非发包人事后又同意或者承包人提出合理抗辩理由。至于由第三人原因造成的工期延误，法律并未有相关规定，根据合同相对性原理，应当先由承包人对发包人承担赔偿责任，再由承包人向第三人追偿。

三、承包人工程延误违约责任的免除

对于工期延误，哪些是由于承包人的原因造成从而必须承担违约责任，哪些是由于发包人的原因造成从而承包人可主张工期顺延免除责任，现行相关法律、法规中少有涉及，调整发包人与承包人在这方面权利义务关系的主要依据为双方所签订的施工合同。从本案以及现实中承、发包方使用的合同文本即2017年制定的《建设工程施工合同（示范文本）》（GF－2017－0201）（以下简称《示范文本》）的相关规定就成为承包人是否能够免责的依据。在《示范文本》第7.5.1条中对因发包人原因导致工期延误的7种情形进行了约定，在合同履行过程中，因下列情况导致工期延误和（或）费用增加的，由发包人承担由此延误的工期和（或）增加的费用，且发包人应支付承包人合理的利润：(1) 发包人未能按合同约定提供图纸或所提供图纸不符合合同约定的；(2) 发包人未能按合同约定提供施工现场、施工条件、基础资料、许可、批准等开工条件的；(3) 发包人提供的测量基准点、基准线和水准点及其书面资料存在错误或疏漏的；(4) 发包人未能在计划开工日期之日起7天内同意下达开工通知的；(5) 发包人未能按合同约定日期支付工程预付款、进度款或竣工结算款的；(6) 监理人未按合同约定发出指示、批准等文件的；(7) 专用合同条款中约定的其他情形。在上述7种情形下导致工期延误的，承包人不承担责任。另外，本条还规定了因发包人原因未按计划开工日期开工的，发包人应按实际开工日期顺延竣工日期，确保实际工期不低于合同约定的工期总日历天数。因发包人原因导致工期延误需要修订施工进度计划的，按照第7.2.2项〔施工进度计划的修订〕执行。另外，《示范文本》第19.1条约定："根据合同约定，承包人认为有权得到追加付款和（或）延长工期的，应按以下程序向发包人提出索赔：(1) 承包人应在知道或应当知道索赔事件发生后28天内，向监理人递交索赔意向通知书，并说明发生索赔事件的事由；承包人未在前述28天内发出索赔意向通知书的，丧失要求追加付款和（或）延长工期的权利；(2) 承包人应在发出索赔意向通知书后28天内，向监理人正式递交索赔报告；索赔报告应详细说明索赔理由以及要求追加的付款金额和（或）延长的工期，并附必要的记录和证明材料；(3) 索赔事件具有持续影响的，承包人应按合理时间间隔继续递交延续索赔通知，说明持续影响的实际情况和记录，列出累计的追加付款金额和（或）工期延长天数；(4) 在索赔事件影响结束后28天内，承包人应向监理人递交最终索赔报告，说明最终要求索赔的追加付款金额和（或）延长的工期，并附必要的记录和证明材料。"第19.2条约定："对承包人索赔的处理如下：(1) 监理人应在收到索赔报告后14天内完成审查并报送发包人。监理人对索赔报告存在异议的，有权要求承包人提交全部原始记录副本；(2) 发包人应在监理人收到索赔报告或有关索赔的进一步证明材料后的28天内，由监理人向承包人出具经发包人签认的索赔处理结果。发包人逾期答复的，则视为认可承包人的索赔要求；(3) 承包人接受索赔处理结果的，索赔款项在当期进度款中进行支付；承包人不接受索赔处理结果的，按照第20条〔争议解决〕约定处理。"在本案中法院亦是将第19.1条作为工期顺延的必要条件。也就是说，如果承包人不能按合同约定提供所应提交的申请确认工期延误的报告及工程签证等证据，其主张工期应予顺延就不能成立。

对于第19.1条所约定的承包人在第7.5.1条情况申请顺延工期的期限，其性质如何，理论上有不同的看法：一种观点认为，该条中并未约定如果承包人未在约定期限内提出顺延工期的书面报告，即失去了此项权利，因而承包人未在约定的期限内提出工期顺延或者工期索赔的，并不必然丧失此权利，承包人除可以适用以上约定要求顺延工期外，向发包人提出工期索赔①。一种观点认为，《示范文本》中关于签证期限的约定属于诉讼时效，在该期限内承包人未提出工期顺延或者工期索赔的要求，则丧失了胜诉权②；还有观点认为，“对承包人的签证权不加时间限制，无疑将置发包人于不利状态，因为发包人在签证过程中，其掌握的专业知识本来就无法与承包人抗衡。而将该期限视为除斥期间的情况下，凡期限届满，即视为不行使相应权利的承包人放弃了签证权利或索赔权利，发包人可以以此作为证据的代用，避免举证的困难，这样有利于在短时期内保存证据，解决争端”③。然而从上述法院将第19.1条视作工期顺延的必要条件来看，其在效果上采取的显然是失权理论，即承包人未在约定期限内主张工期顺延的，其顺延工期的主张便不能成立。

四、律师建议

在实践中，由于工程施工期限一般较长，工程施工情况较为复杂，为免日后产生争议，首先，合同各方应结合工程特点，将可能发生的导致工期顺延的全部事由详尽列举；其次，在工程施工过程中，当可能导致工期顺延之情事出现之时，合约双方均要对之作出书面文件，以备后查，引之为证。如建设单位要求在原工程基础上进行增项或增量，施工单位应要求其签署变更洽商记录，工程进行中出现停水、停电等情况，施工单位亦应在事情发生之时取证，否则由于工期迟延发生争议后，没有相关的证据无法主张权益。

---

① 刘志强：《例说工期顺延与工期索赔中的法律问题》，载《建筑》2010年第21期。

② 刘志强：《例说工期顺延与工期索赔中的法律问题》，载《建筑》2010年第21期。

③ 刘志强：《例说工期顺延与工期索赔中的法律问题》，载《建筑》2010年第21期。

5.2 法院如何认定承包人可以顺延工期①

——八某公司与恒某公司建设工程施工合同纠纷案②

关 键 词：工期 法定事由 约定事由 违约责任

问题提出：对于建设工程合同中的工期延误责任如何认定？建设单位、总承包单位对甲方公司（专业分包）的罚款措施对乙方公司（劳务分包）是否产生约束力？

关联问题：工期顺延的抗辩事由有哪些？

裁判要旨：案涉工程施工过程中，存在因发包人原因未办理施工许可证等相关法定建设手续，被责令停工；发包人未按期支付工程款，导致承包人无法施工；工程存在设计变更；因安全生产问题，工程被要求停工整改等情形，根据合同约定，工期应予顺延。

案情简介

上诉人（原审原告、反诉被告）：八某公司

上诉人（原审被告、反诉原告）：恒某公司

2013年9月11日，恒某公司（甲方，下同）与八某公司（乙方，下同）签订《建设工程施工合同》，约定八某公司承建恒某公司开发的××县古城度假村酒店土建工程。工程承包范围为：××县古城度假村酒店工程中的土建及部分安装工程（包工包料），发包人提供的施工图所设计的内容及主体结构中需预埋及预留洞口的所有管道及电气配管、接地引线及连接工程。不含基础土方开挖工程、门窗安装工程、外墙保温工程、外墙装饰工程、消防工程、通风与空调工程、电梯工程、室外工程、照明灯具及弱电工程以及图纸注明或甲方指定的进行二次设计装饰装修工程、设施设备工程、智能系统工程。总建筑面积约为70890.82平方米。合同工期：开工日期2013年9月10日

---

① 撰稿人：涂建新，上海市建纬律师事务所。

② 一审：青海省高级人民法院（2016）青民初62号；二审：最高人民法院（2019）最高法民终202号。

（以开工报告日期为开工日期），竣工日期2014年7月10日（以开工日期顺延），合同工期总日历天数290天。合同价款暂定为9000万元，最终以实际工程结算造价三类取费为准。本工程实行市场认质认价的材料，甲、乙双方及监理工程师到市场进行材料询价确定当期材料价格，主要材料差价2013年按照《青海工程造价管理信息2013年第3期》西宁指导价进行调整，2014年按照开工时间的当期《青海工程造价管理信息》进行调整。工程款（进度款）支付的方式和时间：本工程所有工程款必须汇入签订本合同的承包人账户，否则视为甲方没有支付工程款。甲方以现金、承兑汇票、支票等方式支付给其他任何人和任何单位的工程款被视为没有支付工程款给乙方。先期工程款由乙方垫付至结构封顶，即混凝土浇筑完成但不包括砌体、二次结构及屋顶造型，甲方在15日内支付已完成工程价款的70%，工程封顶后乙方每月呈报的工程量进度报表支付证书由甲方确认后10个工作日内支付工程量进度款的70%，剩余工程款待验收后即支付26%，剩余4%于工程质量保修期满后一次性支付。如果甲方未按合同约定支付工程款，乙方可阻止其他施工队伍进入该现场进行后续项目的施工，由此造成的损失由甲方承担。如发包方不能按期支付工程款，甲方每日支付乙方万分之五的违约金，并承担相应工程款利率的三倍。乙方不能按照合同及甲方约定的工期（或局部工程）完成的，乙方应按照工程延误的工期每推迟一天向甲方支付合同工程价款3%的违约金。因工程质量造成的返工损失，由承包人承担一切费用。承包方在合同签订后五个工作日内向发包方支付200万元作为合同履约金及农民工工资保证金。乙方必须按时发放参与本工程施工的劳务班组的农民工工资，如因农民工工资发放或其他原因，给发包人或其他现场施工单位造成的一切损失由承包人承担。属于本工程施工的农民工每一次闹事或冲突，甲方从以上合同履约金及农民工工资保证金中扣罚20万元。乙方在完成主体封顶后返还农民工工资保证金。双方约定工期顺延的情况：1. 由于甲方原因造成的工期延误工期顺延；2. 由于甲方提供的资料与实际不符造成的工期延误工期顺延；3. 因工程变更而导致工程量变化，双方协商确定；4. 因不可抗力导致的工期延误，非施工单位本身原因，按合同约定的竣工日期顺延；5. 施工期间连续停水、停电、下雨三天以内的工期不做顺延。

案涉工程于2013年9月26日开工。2013年9月27日，八某公司支付恒某公司合同履约保证金及农民工工资保证金200万元。

2014年4月17日，因恒某公司未办理施工许可证等相关法定建设手续，××县住房和城乡建设局给恒某公司及八某公司下发《停工通知书》。

2014年5月6日，××县住房和城乡建设局、××县安全生产监督管理局给××县各施工企业、监理单位下发《通知》，内容：鉴于近期安全生产事故频发，根据县政府领导指示，结合近期安全生产大检查中查出的一些问题，经住建局与安监局研究，决定凡在××县县域内施工的建设工程项目、市政工程项目一律停止施工，并进行自查自纠，待自查整改完毕，经监理单位复查合格后，报住建局质监站和安监局进行复工审查，审查合格后方可继续施工，凡不按照通知要求，擅自施工的施工企业和监理单位一经发现，从严从重处理，绝不姑息。

2014年9月29日，案涉工程取得《建设工程规划许可证》；2014年10月11日，取得《建筑工程施工许可证》。

2014年11月15日，案涉工程主体平屋面全部封顶。

2015年8月5日，恒某公司与八某公司达成《工程补偿金支付协议》，载明“经双方友好协商，达成如下协议：恒某公司支付给八某公司陆拾万元整（600000元），作为××古城度假村酒店项目的工程补偿金，此陆拾万元不在八某公司完成工程量结算范围内。此款项在斜屋面完成后15日内支付”。

2015年8月27日，青海某宇劳务有限公司（以下简称某宇劳务公司）向恒某公司及八某公司申请签证，《工程量签证单》载明：“由我某宇劳务公司承建的××古城大酒店劳务项目，因2014年停工后至今一直未复工，现甲方要求复工，由于我方2014年施工的斜坡屋面未完成，现复工屋面模板需要重新进行拆除安装及外架进行的所有人工费用材料费为30万元，（大写叁拾万元整）请贵单位进行确认登记。恒某公司承担总费用的40%即12万元，八某公司承担总费用的30%即9万元，某宇劳务公司承担总费用的30%即9万元。21万元整由建设单位在2015年9月30日转入某宇劳务公司。”恒某公司及八某公司在该《工程量签证单》上盖章确认。

2015年11月29日，八某公司《完成工程量报审表》中上报“斜屋面及观光楼全部封顶”，监理工程师审核意见为斜屋面及观光楼已基本完成，12～26轴A～F轴斜屋面未做。

另查明，因案涉工程为未完工程，恒某公司申请对八某公司施工的已完工程量及造价进行鉴定，鉴定初稿作出后因恒某公司不予补缴鉴定费，故鉴定中止，后八某公司补缴剩余鉴定费用。2018 年 2 月 8 日，青海百某工程造价司法鉴定所与青海某联工程造价司法鉴定所对案涉工程造价联合作出《司法鉴定意见书》，2018 年 3 月 9 日作出《司法鉴定意见补正书》，（一）由八某公司施工的××古城度假村酒店实际施工已完工程造价部分：1. 2013 年按西宁地区材料指导价、2014 年按××地区材料指导价计算已完工程造价为 63486751.11 元；2. 2013 年按西宁地区材料指导价、2014 年按××地区材料指导价计算已完工程造价为 61438329.12 元。（二）由八某公司主张的××古城度假村酒店冬季施工费用部分：1. 双方无争议的 2013 年冬季施工费为 260037.74 元；2. 双方有争议的 2014 年冬季施工费为 104520.53 元。（三）由八某公司主张的签证费用部分：1. 按××地区材料指导价计算签证部分工程造价为 312009.82 元；2. 按××地区材料指导价计算签证部分工程造价为 313254.6 元。

恒某公司申请对八某公司施工的已完工程质量是否合格、对不合格部分修复方案及返工修复费用进行鉴定，2017 年 6 月 19 日，青海省建筑建材科学研究院司法鉴定所就案涉工程质量是否合格作出青建研〔2017〕司鉴字第 004 号《司法鉴定意见书》，检验结果为已完工程存在不合格项。2018 年 10 月 22 日，青海某联工程造价咨询有限公司对案涉工程返工修复费用作出五联鉴字〔2018〕4 号《鉴定意见书》，××古城大酒店返工修复费用工程预算造价为 21123369.7 元。

八某公司主张解除与恒某公司签订的《建设工程施工合同》，恒某公司同意解除，该院予以确认。双方无异议的已付工程款为 27778000 元。

再查明，某宇劳务公司以劳务合同纠纷一案，将八某公司、八某西宁分公司、恒某公司诉至青海省海东市中级人民法院，该院作出（2016）青 02 民初 32 号民事判决书，该判决尚未生效。该案认定事实部分（摘录）：八某公司承建案涉工程后与某宇劳务公司签订《建筑施工合同》，将该工程的劳务施工部分分包给某宇劳务公司，承包范围为设计图纸范围内劳务大清包。2014 年冬季停工后，某宇劳务公司一直没有复工，至 2015 年 8 月。

各方观点

关于恒某公司主张八某公司支付迟延交工违约金的诉求应否支持的问题。

恒某公司观点：根据合同约定八某公司应于 2014 年 7 月 26 日竣工，八某公司迟延交工按照合同应承担日 3% 的违约金，恒某公司现要求八某公司承担以工程总造价为基数，按年利率24%计算，自2014年7月26日至判决生效之日止的违约金。

八某公司观点：因恒某公司未办理施工许可手续导致停工，不支付工程进度款导致后续工程无法施工，且案涉工程存在设计变更，故工程迟延交工系恒某公司原因造成，其所主张的违约金，八某公司不予承担。

法院观点

一审法院观点：双方所签《建设工程施工合同》约定"工期顺延的情况：1. 由于甲方原因造成的工期延误工期顺延；2. 由于甲方提供的资料与实际不符造成的工期延误工期顺延；3. 因工程变更而导致工程量变化，双方协商确定；4. 因不可抗力导致的工期延误，非施工单位本身原因，按合同约定的竣工日期顺延；5. 施工期间连续停水、停电、下雨三天以内的工期不做顺延。"根据查明的事实可知，案涉工程施工过程中，存在因恒某公司未办理施工许可证等相关法定建设手续，被××县住房和城乡建设局责令停工；恒某公司未按期支付工程款，导致八某公司无法施工；工程存在设计变更；因安全生产问题，××县住房和城乡建设局、××县安全生产监督管理局要求××县各施工企业停工整改等情形，故根据合同约定，工期应予顺延，但对于顺延的期限双方并未协商，应竣工日期不确定，故恒某公司主张八某公司承担迟延交工违约金无事实依据，该院不予支持。

二审法院观点：八某公司与恒某公司签订的《建设工程施工合同》约定："工期顺延的情况：1. 由于甲方原因造成的工期延误工期顺延；2. 由于甲方提供的资料与实际不符造成的工期延误工期顺延；3. 因工程变更而导致工程量变化，双方协商确定；4. 因不可抗力导致的工期延误，非施工单位本身原因，按合同约定的竣工日期顺延；5. 施工期间连续停水、停电、下雨三天以内的工期不做顺延。"根据一审判决查明的事实，案涉工程施工过程中，存在因恒某公司未办理施工许可证等相关法定建设手续，被××县住房和城乡建设局责令停工；恒某公司未按期支付工程款，导致八某公司无法施工；工程存在设计变更；因安全生产问题，××县住房和城乡建设局、××县安全生产监督管理局要求停工整改等情形，故根据合同约定，工期应予顺延，但对于顺延的期限双方并未协商，故一审判决认定恒某公司在合同履行过程中存在违约行为并作出相应认定，并无不当。

关联案例1

案件名称：某业公司、胜某公司建设工程施工合同纠纷案

审理法院：一审：巴音郭楞蒙古自治州中级人民法院（2019）新28民初19号；二审：新疆维吾尔自治区高级人民法院（2020）新民终289号

裁判观点：工程承包合同约定，某业公司延迟支付工程进度款，工期顺延。胜某公司在某业公司迟延支付工程进度款的情形下，主张顺延工期符合上述法律规定和双方合同约定。

关联案例2

案件名称：某亚公司、建筑装饰公司建设工程施工合同纠纷案

审理法院：一审：云南省昆明市中级人民法院（2012）昆民一初字第209号；二审：云南省高级人民法院（2015）云高民一终字第11号

裁判观点：甲方代表不能及时给出必要指令、确认、批准，不按合同约定支付款项或履行自己的其他义务及发生其他使合同无法履行的行为，应承担违约责任（包括支付因违约导致乙方增加的费用和从支付之日计算的应支付款项的利息等），相应顺延工期，按协议条款约定支付违约金，赔偿因其违约给乙方造成的窝工等损失”的约定，对于建筑装饰公司因窝工而产生的损失，某亚公司应予赔偿。

律师点评

根据《建设工程施工合同（示范文本）》（GF－2017－0201）通用合同条款1.1.4.3的词语定义“工期：是指在合同协议书约定的承包人完成工程所需的期限，包括按照合同约定所作的期限变更”。如果承包人实际施工的工期超出合同约定的工期，则属于工期延误。工期延误可分为可原谅的工期延误与不可原谅的工期延误，可原谅的工期延误，指非承包人原因引起的工期延误，对于此类工期延误，承包人可以主张顺延工期；不可原谅的工期延误，指承包人自身原因造成的工期延误，如承包人组织管理不善或承包人一方违约而导致的工期延误，对于此类工期延误，承包人不仅不能顺延工期，还应当承担延期竣工的违约责任。建设工程施工合同中，承包人应当在约定的工期内完成工程施工，但在实际施工过程中，经常会发生影响承包人正常施工的情形，造成工期延误，承包人是否因此承担延期竣工的违约责任，取决于

工期延误是否符合顺延工期的事由。

一、承包人可以顺延工期的事由

承包人可以顺延工期的事由有法定事由与约定事由两种。

《民法典》第798条规定："隐蔽工程在隐蔽以前，承包人应当通知发包人检查。发包人没有及时检查的，承包人可以顺延工程日期，并有权请求赔偿停工、窝工等损失。"第803条规定："发包人未按照约定的时间和要求提供原材料、设备、场地、资金、技术资料的，承包人可以顺延工程日期，并有权请求赔偿停工、窝工等损失。"此外，第590条第1款规定："当事人一方因不可抗力不能履行合同的，根据不可抗力的影响，部分或者全部免除责任，但是法律另有规定的除外。因不可抗力不能履行合同的，应当及时通知对方，以减轻可能给对方造成的损失，并应当在合理期限内提供证明。"《最高人民法院关于审理建设工程施工合同纠纷案件适用法律问题的解释（一）》第11条规定："建设工程竣工前，当事人对工程质量发生争议，工程质量经鉴定合格的，鉴定期间为顺延工期期间。"因此，发包人没有及时检查隐蔽工程，未按照约定的时间和要求提供原材料、设备、场地、资金、技术资料，或在竣工前因质量发生争议而进行工程质量鉴定且结论为合格，以及发生不可抗力造成工期延误的，是承包人顺延工期的法定事由。

除此之外，发包人与承包人还可以约定工期顺延的事由，如《建设工程施工合同（示范文本）》（GF－2017－0201）通用合同条款第7.5.1条约定了顺延工期的事由："（1）发包人未能按合同约定提供图纸或所提供图纸不符合合同约定的；（2）发包人未能按合同约定提供施工现场、施工条件、基础资料、许可、批准等开工条件的；（3）发包人提供的测量基准点、基准线和水准点及其书面资料存在错误或疏漏的；（4）发包人未能在计划开工日期之日起7天内同意下达开工通知的；（5）发包人未能按合同约定日期支付工程预付款、进度款或竣工结算款的；（6）监理人未按合同约定发出指示、批准等文件的；（7）专用合同条款中约定的其他情形。"但该示范文本通用合同条款第10条约定因变更而引起工期变化的，合同当事人均可要求调整合同工期。变更包括设计变更和工程变更，同时也包括通用合同条款第7条约定的因不利物质条件和异常恶劣的气候条件两种情形下，发包人发出指示而构成的变更。而有关不利物质条件和异常恶劣的气候条件的认定，需要另行在专用条款中进行明确细化和约定。当然，《建设工程施工合同（示范文本）》对于工期顺延的约定事由只是指导作用，实际交易中是否采用，还取决于当事人的意思自治。

二、承包人可以顺延工期的认定

工期延误后，认定承包人可以顺延工期，应当满足以下三个条件：

1. 存在顺延工期的事由。

如前所述，顺延工期的事由有法定事由和约定事由两种。存在顺延工期的法定事由，即使发包人与承包人没有约定，承包人仍得以据此主张顺延工期，如发包人没有及时检查隐蔽工程、发包人未按照约定的时间和要求提供原材料、设备、场地、资金、技术资料以及发生不可抗力等事由造成工期延误。

2. 存在工期延误的事实。

顺延工期以工期延误为前提，如果没有产生工期延误的后果，则无顺延工期的必要，但如果承包人因赶工而在约定工期内完成施工，则有权主张赶工费用，但赶工费用不在本书讨论范围之内。

3. 顺延工期的事由与工期延误之间存在因果关系。

存在顺延工期的事由和工期延误的事实，并不必然认定承包人可以顺延工期。承包人是否可以顺延工期，关键在于顺延工期的事由与工期延误之间是否存在因果关系，这也是法院认定承包人可以顺延工期的核心所在。

一般来讲，如果存在顺延工期的法定事由，如发包人不及时检查隐蔽工程、发包人未按照约定的时间和要求提供原材料、设备、场地、资金、技术资料以及发生不可抗力，势必会影响到承包人的正常施工，但也不能因此简单将顺延工期的事由与承包人的全部工期延误画上等号，存在顺延工期的事由，不代表承包人可以无限制的顺延工期。如发包人不及时检查隐蔽工程，但在发包人检查后，承包人应当开始施工，而不能继续拖延；发包人提供部分原材料、设备、场地、资金、技术资料后，承包人可以开始部分施工的，则不能以未足额提供为由主张全部顺延工期；不可抗力仅对部分工程施工造成影响的，承包人不能据此主张全部顺延工期；特别是存在约定的顺延工程事由如工程量增加、停水停电停气等方面，需要结合具体情况来分析是否实际造成承包人工期延误。此外，即使存在顺延工期的法定事由或约定事由，但并不影响承包人关键工序施工的，承包人也不能据此主张顺延工期或顺延全部工期，至于关键工序的确定以及影响关键工序的具体天数，必要时应当交由专业机构进行鉴定。

三、承包人因自身原因工期延误后顺延工期的认定

承包人因自身组织管理不善或其他违约行为，造成工期延误后，如果发包人出现未按合同约定提供原材料、设计图纸或支付工程进度款的，应当结合具体情况来认定承包人是否可以顺延工期。一般来说，承包人工期延误后，虽然发包人未按合同约定提供原材料和设计图纸，但与承包人工期延误没有因果关系，承包人不能因此主张顺延工期。而发包人调整工程进度款的支付时间，属于行使合同履行抗辩权，不是违约行为，承包人也不能因此主张顺延工期。但发包人提供原材料、设计图纸以及支付工程进度款的时间，应当与承包人工期延误后的正常施工进度相适应，如果发包人提供原材料、设计图纸的时间对承包人工期延误后的正常施工造成影响，或没有按照工期延误后的实际工程量支付工程款，而造成承包人再次工期延误或加剧承包人的工期延误，则应当认定发包人的行为与承包人相应的工期延误之间存在因果关系，承包人可根据实际影响的情况顺延工期。

关于承包人工期延误后发生不可抗力是否可以顺延工期，《民法典》第590条第2款规定："当事人迟延履行后发生不可抗力的，不免除其违约责任。"根据建设工程施工合同持续履行的特点，承包人工期延误后发生不可抗力的，如果不可抗力发生在合同约定的工期之后，则承包人不能据此顺延工期，如果不可抗力发生于合同约定的工期之内，则承包人仍可相应顺延工期。《建设工程施工合同（示范文本）》（GF-2017-0201）通用条款第17.3.2条约定"……因合同一方迟延履行合同义务，在迟延履行期间遭遇不可抗力的，不免除其违约责任"，即是对相关法律规定的约定化。

5.3 发包人要求承包人承担单方停工责任的法院如何处理①

——某嘉公司与城投某局建设工程施工合同纠纷案②

关 键 词： 工期　工期索赔反索赔

问题提出： 承包人单方停工，并进而导致工期延误的，司法机关如何适用法律判定责任归属？若停工的责任归责于承包人（这种情况多为擅自停工），司法机关会支持发包人的哪些索赔诉请？若停工的责任归责于发包人，司法机关会支持承包人的哪些索赔诉请？

关联问题： 承包人停工权的行使条件及其限制条件是什么？承包人有权单方停工的情形有哪些？承包人“逾期”竣工，合同又被认定无效的，如何确定发包人损失的赔偿范围？

裁判要旨： 合同合法有效，双方均应严格恪守合同义务。承包人未按照合同约定，全面、适当履行合同，导致工期延误的，应承担相应的违约责任。

案情简介

上诉人（原审原告）：某嘉公司

上诉人（原审被告）：城投某局

2010年3月3日，××县国土资源局与某嘉公司、某果超市有限公司签订《国有建设用地使用权出让合同》，约定某嘉公司、某果超市有限公司在本合同项下宗地范围内建设项目，2010年11月1日之前开工，2012年11月1日之前竣工。2011年1月6日，某嘉公司与城投某局签订二份《建设工程施工合同》。其中，某嘉公司提交的经建设行政主管部门登记备案的合同约定：

① 撰稿人：涂建新，上海市建纬律师事务所。

② 一审：安徽省高级人民法院（2013）皖民四初字第00012号；二审：最高人民法院（2018）最高法民终74号。

城投某局承建某嘉公司的某润某果（××）购物中心建设工程项目，合同工期总日历天数480天，合同价款9207.26万元（此价为暂定价，按双方合同约定的结算方式据实结算）。城投某局提交的没有备案的合同约定：合同工期总日历天数500天，合同价款1.3亿元（暂定价）。两份合同均约定：开工日期暂定2010年9月9日（以本工程实际开工报告为准），资金来源：自筹。承包范围：1#、2#、3#及某果楼图纸设计内容（详见招标文件及附件）。合同第26条约定，3#、2#楼各垫至三层，三层以后开始付款，付已完三层工程量的80%，1#楼某果超市各垫至三层付已完工程量的80%，以后付每月已完工工程量的80%，工程竣工验收合格后付工程总造价的95%，决算审计后付至工程总造价的95%，余款5%质保金按国家规定分期付清。合同第14.1条、第14.2条约定，承包人必须按照协议书约定的竣工日期或工程师同意顺延的工期竣工；因承包人原因不能按约定的竣工日期或工程师同意顺延的工期竣工的，承包人承担违约责任。第15.1条约定，工程质量应当达到协议书约定的质量标准，质量标准的评定以国家或行业的质量检验评定标准为依据。因承包人原因工程质量达不到约定的质量标准，承包人承担违约责任。第44.1条约定：发包人承包人协商一致，可以解除合同。第44.5条约定：一方依据第44.2条、第44.3条、第44.4条约定要求解除合同的，应以书面形式向对方发出解除合同的通知，并在发出通知前7天告知对方，通知到达对方时合同解除。对解除合同有争议的，按本通用条款第37条关于争议的约定处理。工程决算：工程造价的确定以图纸设计、图纸变更以及签证为准。补充条款第3条约定，承包单位为总包单位，任何可以分包的需经发包方同意方可实施，分包配合服务按分包工程造价3%交纳给总包单位。第6条约定：在施工时如果甲方不能按时支付工程款，乙方有权单方停工，由此造成一切损失由乙方负责，竣工后如甲方不能按时付款，乙方有权对其所建房屋的优先受偿权。合同签订后，城投某局与王某发签订《承包合同书》约定，××某果财富广场1#、2#、3#、4#楼地下室外墙防水涂料二遍、聚乙烯丙纶二层由王某发施工，城投某局收取该项目管理费。××县城乡规划局于2011年11月14日向××县城市管理行政执法局发出临规字（2011）第24号函指出，某嘉公司未按规划许可证的规定建设，实际后退建设用地红线仅7.5米，不能满足北侧住户的四层楼房的第二层日照，请贵单位按照《城市规划法》的有关规定进行处理。

2012年6月，因某嘉公司拖欠5月工程款，城投某局停工，双方于2012年6月5日签订一份《关于处理农民工工资补充协议》约定，城投某局向某嘉公司借款400万元用于支付农民工工资，今后在某嘉公司足额拨付工程款的情况下，城投某局对发生拖欠农民工工资问题负责，此次借款由某嘉公司从6~8月完成工程量的工程款中逐月平均扣除，如以上月份扣不完继续往下月扣除。2012年6月22日，城投某局向某嘉公司提出申请称："按月进度计划，已完成1#楼主楼阁楼层封顶（土建和安装）及13层至17层二次结构(土建和安装)。依照安徽省某泉工程造价咨询有限公司的核算，上述工程结果，土建及安装为1500044.26元，按合同条款规定80%支付，经核算为120万元。"某嘉公司代表予以签收。

2012年8月29日，双方签订《××某果财富广场1#、2#、3#楼工程补充协议》约定：6. 因某嘉公司原因造成工程停工，导致城投某局施工机械、人工、外脚手架、管理人员工资、模板钢管支撑及模板费用增加和经济损失共计4381342元，应据实补偿，协议签订后10日内由某嘉公司打入城投某局指定账户。11. 上述协议条款中凡涉及的款项及停工补偿损失，某嘉公司须在10日内打入城投某局指定账户，城投某局在本协议签订之日起7日内复工。12. 某嘉公司逾期或为履行本协议，城投某局在有权依法审计清算的同时，某嘉公司应按上列款项总额的5%作为违约金支付给城投某局。因某嘉公司原因造成违约，城投某局有权再次停工，并由某嘉公司向城投某局赔偿所造成的一切经济损失。

2012年10月29日，某嘉公司向城投某局发出一份《郑重函告》称，某嘉公司依约履行义务，严格按合同约定向城投某局支付了工程款，城投某局在履行合同中存在诸多违约行为，如合同约定的项目经理未到位、所使用的材料经检验不合格、工程进度缓慢严重逾期等，自2012年6月1日未经某嘉公司许可擅自无故停工至今，城投某局在接函后三日内立即全面复工并赔偿因此造成某嘉公司的全部损失。否则某嘉公司将启动法律程序保护自己合法权益，追究城投某局法律责任。

2012年10月30日，城投某局《复函》称其不存在违约，某嘉公司按照复工补充协议约定支付相关费用后，城投某局才予以复工。

2012年11月7日，某嘉公司向城投某局发出《关于解除建设工程施工合同的函》，告知城投某局在合同履行过程中存在诸多违约行为，一直不予改正，并自2012年6月1日无故停工至今，因此，解除与城投某局签订的《建设工程施工合同》，并要求城投某局接函后三日内来人办理合同解除后的交接等相关手续，逾期公司将自行处理，由此产生的法律后果将全部由城投某局承担。

2012年11月9日，城投某局给某嘉公司的复函中称：你公司于2012年11月7日函中提出解除合同一事，请你方依照双方签订并已生效的《建设工程施工合同》及《补充协议》的条款及有关法律规定程序进行，你公司单方提出解除合同并限三日内交接，不符合有关法律规定，若你公司执意为之，其法律后果应由你方承担。

2013年1月4日，城投某局向阜阳中院提起诉讼。经城投某局申请，该院于2013年1月24日作出（2013）阜民一初字第000008－1号民事裁定。

2013年1月28日，监理单位南某公司致函城投某局称：地下室墙体裂缝、渗水，望贵公司接函后，组织技术人员在2月1日前携带有关施工技术文件到现场共同研究具体处理方案。城投某局于2013年2月1日复函监理单位称：鉴于某果财富广场工程建设单位违约，迫使我方无奈于2012年6月27日停工至今，监理单位所提及的内容我方无法处理，甲方野蛮施工，应当承担相应法律责任。

2013年2月16日，某嘉公司与某顺公司签订《建设工程施工合同》，工程承包范围为，城投某局未完成工程及需变更修复的全部工程，工期为2013年2月18日至7月18日，合同价款为3000万元（暂定价）。

2013年2月18日和2月22日，某嘉公司向城投某局致函称：尽快委派有关人员携带相关资料来工程现场共同分析地下室漏水的原因并制定修复重做的处理方案。2月26日城投某局复函称：关于地下室漏水问题，鉴于该工程我方已向法院提起诉讼，并已依法查封了你司的有关财产，对该问题的处理和有关质量问题应等候法院依法裁决后再行实施。

2013年3月11日，阜阳市建筑业管理处向××县住房和城乡建设局下发建管市（2013）101号《关于要求××县万嘉置业有限公司停止违法施工的通知》称：根据城投某局反映，双方产生纠纷，该工程于2012年9月停工，某嘉公司在未与城投某局解除合同的情况下擅自委托劳务企业××千秋建筑劳务有限公司进场施工，请你局核实，若属实立即要求某嘉公司停止违法施工，待与城投某局依法解除合同后，再通过招投标委托一家总承包企业进行施工。

2013年3月15日，××县住房和城乡建设局给阜阳市建筑业管理处报告称：在施工期间，城投某局要求退还500万元质量保证金，双方开始发生纠纷。

2012年6月5日，因城投某局拖欠农民工工资，经有关部门协调，由某嘉公司借给城投某局400万元用于发放农民工工资并约定从当年6月至8月的工程款中扣除该部分，但城投某局于2012年6月5日停止施工，拆迁户、购房户多次上访，要求尽快复工，后经县政府再次协调，某嘉公司同意先预付给城投某局1500万元，但城投某局坚持原要求的3000万元，双方未达成一致意见。该局已责令某嘉公司尽快规范工程施工行为并督促某嘉公司会同城投某局协商处理纠纷问题。

2013年3月20日，××县国土资源局向某嘉公司下发临国土资（2013）33号《关于履行合同限期竣工的通知》称：依据我局2010年3月3日与你公司签订的国有建设用地使用权出让合同，你公司所建项目应于2012年11月1日之前竣工。经核查截至目前，你公司的项目建设仍未竣工，已违反了本合同的约定，请你公司抓紧施工，尽快竣工。从2012年11月2日开始，由你公司双倍支付被拆迁户临时安置补助费，限你公司在本通知书送达之日起10日内携带项目建设有关资料到我局接受核查，说明情况。

2014年5月15日，某嘉公司与××县土地收购储备中心签订《安置还原房协议》约定：某嘉公司须按照土地出让合同的约定如期竣工，否则将全额承担以上安置户因延期交付安置房而产生的临时安置补助费。2015年4月9日，某嘉公司向××县财政国库支付中心账户转款743566元。2015年8月18日向该账户转款743566元，款项来源均为临时安置补助费。2016年5月6日，某嘉公司法定代表人王某向××县财政国库支付中心转款70万元，附言：某嘉公司垫付拆迁户的临时安置费。2017年1月13日，××县土地收购储备中心作出说明称：某嘉公司未按照《国有建设用地使用权出让合同》约定的时间于2012年11月1日竣工，交付安置房，因违约全额支付安置户因延期交付安置房而产生的临时安置补助费。应支付临时安置补助费：2012年11月至2016年12月，合计5948528元。

一审法院审理期间，某嘉公司申请对案涉工程质量、未完工程工期及租金进行鉴定和评估，安徽省建筑工程质量第二监督检测站于2014年1月28日出具编号13GGF059、13GGF060、13GGF061检测报告，指出案涉工程存在的质量问题，并建议请有资质的单位根据该站鉴定结论提出具体处理方案。安徽某信房地产土地资产价格评估有限公司于2014年4月22日出具的皖某信房估字〔2014〕00511号房地产估价报告，评估结果认为：自2013年1月1日至12月31日，估价对象的租金为12576668元。某华公司于2014年4月28日出具鉴定报告称，未完工程所需工期为142个日历天左右（按合同工期500个日历天推算）或210个日历天左右（按工期定额计算）。

2014年11月28日，某嘉公司与回归公司达成《加固处理方案设计费协议》，回归公司根据该协议出具加固、修复方案，某嘉公司支付设计费用40万元。城投某局根据该设计方案于2015年7月16日开始对地下室工程进行加固修复。2016年3月6日，地下室结构加固及防水修复工程质量经验收合格。2017年1月6日，××县住房和城乡建设局对案涉工程的竣工验收备案文件收讫、文件齐全，准予备案。

另查明：案涉工程所涉房屋，某嘉公司与购房户签订的《商品房买卖合同》约定，房屋于2013年6月6日前交付，逾期交付承担违约责任。因房屋未能按期交付，2013年6月6日之后，部分买房人陆续到政府上访，向法院起诉，要求某嘉公司支付逾期交房违约金，经协调、判决、调解，某嘉公司向购房户支付违约金28087656.2元。

各方观点

关于某嘉公司与城投某局是否存在违约行为？

某嘉公司观点：某嘉公司对于工期延误并不负有责任。城投某局施工的地下室存在漏水等严重质量问题，直至2016年6月才加固修复完成，其间变压器、消防、电气、电梯等其他工程根本无法施工，造成工程工期延误；另根据双方2012年8月29日签订的《××某果财富广场1#、2#、3#楼工程补充协议》，抛开该协议是某嘉公司迫于城投某局停工近三个月、众多回迁户因此上访的压力情况下签订的因素，也是城投某局违反了应于7日内复工的先履行义务，某嘉公司有先履行抗辩权，故城投某局对工期延误应承担全部责任。

城投某局观点：在城投某局施工期间，因为某嘉公司的原因（道路施工、擅自更改规划、变更设计图纸），导致多次停工，工期应当顺延。因某嘉公司没有按期支付2012年5月进度款，且至今未付，城投某局根据《建设工程施工合同》的约定，于2012年6月27日停工，是依法行使单方停工权。在《××县某果财富广场1#、2#、3#楼工程补充协议》签订后7日内即2012年9月3日，城投某局安排复工，但某嘉公司却未在10日内付款，故城投某局于2012年9月15日再次停工。且根据《××县某果财富广场1#、2#、3#楼工程补充协议》的约定和文字安排，某嘉公司的付款和城投某局的复工没有前因后果关系。工期延误还与某嘉公司直接分包的桩基工程、电梯安装工程、消防工程等专项工程逾期有关，这些工程可以与城投某局对地下室加固及防水修复施工平行进行，因此地下室加固及防水修复工程并不影响整体工程施工进度和工期。另自2012年12月12日起因某嘉公司强行进入施工场地，城投某局丧失了对工地的控制权，对此后的工期延误没有责任。

法院观点

一审法院观点：根据某华公司出具的鉴定报告认定，城投某局施工的未完工程至少需要142个日历天，某嘉公司虽拖欠了2012年5月工程进度款，但于6月支付。城投某局称工期延误系因某嘉公司在施工中变更了施工图纸和施工方案，缺乏工期顺延签证的相关证据。因此，可以认定城投某局施工的工程存在工期延误。双方虽在2012年8月29日签订的《××某果财富广场1#、2#、3#楼工程补充协议》中约定“凡涉及的款项及停工补偿损失，某嘉公司须在10日内打入城投某局指定账户，城投某局在本协议签订之日起7日内复工”，协议签订后城投某局未在7日内复工，某嘉公司亦未在10日内向城投某局付款，城投某局违约在先，某嘉公司违约在后，双方对工期延误均负有责任。同时，城投某局施工的案涉地下室工程经安徽省建筑工程质量第二监督检测站司法鉴定存在质量问题并需要加固、修复。城投某局称地下室防水工程系由某嘉公司指定第三方施工造成，未提供充分证据证明，一审法院不予采信。

二审法院观点：首先，根据××县城乡规划局2011年11月14日向××县城市管理行政执法局发出的临规字（2011）第24号函，某嘉公司未按规划许可证的规定建设，实际后退建设用地红线仅7.5米，不能满足北侧住户四层楼房的第二层日照，违反了《城市规划法》，并因此受到××县城市管理行政执法局的相关处理，及双方2012年8月29日签订的《××某果财富广场1

#、2#、3#楼工程补充协议》中某嘉公司认可因其原因造成工程停工，可以认定某嘉公司存在违约行为，对工期延误存在责任。其次，根据××县住房和城乡建设局给阜阳市建筑业管理处的报告、监理单位证明等有效证据，城投某局于2012年6月5日停止施工，对于城投某局此前2012年5月的付款申请，某嘉公司已经足额支付；其后城投某局又于2012年6月22日向某嘉公司提出按月进度计划支付工程进度款120万元的申请，但根据双方此前于2012年6月5日签订的《关于处理农民工工资补充协议》，城投某局向某嘉公司借款400万元用于支付农民工工资，此次借款由某嘉公司从6~8月完成工程量的工程款中逐月平均扣除，可知在城投某局停工时，某嘉公司已结清其2012年5月申请支付的工程款，对于之后的工程款，城投某局在停工时尚未提出付款申请，且其时城投某局向某嘉公司借款数额大于此后其申请支付的工程进度款，根据双方逐月冲抵的约定，某嘉公司也不拖欠城投某局2012年6月22日申请支付的工程进度款。根据双方2012年8月29日签订的《××某果财富广场1#、2#、3#楼工程补充协议》约定，城投某局的复工义务与某嘉公司支付补偿款的义务存在先后履行顺序，城投某局未在上述协议签订后7日内复工，已先行违约，某嘉公司可以此作为抗辩拒付该协议中约定的4381342元补偿款。原审判决关于某嘉公司未在10日内向城投某局付款属于违约在后的认定，实质上是要求某嘉公司在城投某局拒不履行《××某果财富广场1#、2#、3#楼工程补充协议》中先复工义务的情况下，仍应向城投某局支付该补充协议中约定的补偿款，缺乏事实和法律依据，法院予以纠正。最后，根据监理单位南某公司2013年1月28日向城投某局的致函，城投某局所施工的地下室墙体裂缝、渗水，直到2016年3月6日才由城投某局加固结构及修复防水完毕并经质量验收合格，城投某局上诉称上述地下室质量问题并不影响整个工程工期，有关桩基工程、电梯安装工程、消防工程等专项工程可以与城投某局对地下室加固及防水修复施工平行进行，仅有其单方陈述，没有提供有效证据予以证明，且地下室墙体裂缝、渗水问题经鉴定属于严重的质量缺陷问题，在上述问题消除之前，难以保障与地下室相关的其他工程安全顺利进行，对整体工程的施工进度产生影响。故城投某局的上述违约行为对工期延误存在重大责任。

关联案例1

案件名称：中某公司与瑞某公司、高速公司建设工程施工合同纠纷案

审理法院：一审：安徽省高级人民法院（2011）皖民四初字第8号；二审：最高人民法院（2014）民一终字第56号

裁判观点：关于瑞某公司应否赔偿中某公司停窝工损失，如应赔偿，则赔偿的数额是多少的问题。对于该争议问题，中某公司、瑞某公司的诉辩又包括以下两部分停窝工损失的争议：1. 关于2004年3月至2005年3月的停窝工损失问题。根据合同通用条款第53条约定，如果承包人根据合同条款中任何条款提出任何附加支付的索赔时，其应该在该索赔事件首次发生的21天之内将其索赔意向书提交监理工程师，并抄送业主；监理工程师在与业主和承包人协商后，确定承包人有权得到的全部或部分索赔款额。对于2004年至2005年第一次停窝工期间的确定部分造价为6778661.54元，经查明，是指既有现场监理人员签字确认的每日停窝工情况具体统计表，也有现场监理人员签字确认的每月停窝工情况统计表，说明对于这部分损失，中某公司已经按照索赔程序提出了索赔，且该索赔已经经过监理签字予以确认，故中某公司的该索赔符合上述合同通用条款第53条的约定，一审法院判决瑞某公司赔偿中某公司此部分确定款项的损失，并无不当，应予维持。至于瑞某公司上诉主张，在上述索赔材料上签字的王某非其监理人员，无权确定索赔事项的理由，经查明，王某系案涉阜周高速公路13标段2004年5月至2005年3月的现场监理人员；而合同通用条款第53.5条明确约定，监理具有确定索赔的权利，因此，在瑞某公司无证据证明上述索赔依据上的监理“王某”的签证系虚假的情况下，一审法院判决瑞某公司赔偿中某公司上述经过监理王某签证认可的可确定部分停窝工损失6778661.54元，并无不当。瑞某公司的上诉理由不能成立，法院不予采信。对于2004年至2005年第一次停工期间人员、机械设备停窝工费用不确定部分的造价6929833.87元，经查明，该部分诉请款项是指：2004年12月的统计表中，只有12月1日至6日的明细，而没有其他天数的明细；2004年1~6月和2005年1~3月，只有现场监理人员签字确认的每月停窝工情况统计表，没有现场监理人员签字确认的每日停窝工情况统计表。上述事实表明，该不确定部分停窝工损失款项虽然有每月的总统计表，但没有与此总统计表一一对应的每日索赔签证统计表，这同案涉工程针对确定部分停窝工损失的通常做法不符，一审法院未支持中某公司针对该不确定部分停窝工损失的诉请，并无不当。中某公司上诉请求瑞某公司赔偿该部分损失，理据不足，应予驳回。2. 关于2006年11月至2009年4月的停窝工损失问题。经查，对此部分损失，中某公司亦自认，其并未依据合同约定提出过索赔，因此，在中某公司未依据合同通用条款第53条约定履行索赔程序的情况下，根据该条的进一步约定，中某公司无权获得该部分诉请款项的赔偿，而其在本案中主张由法院酌定瑞某公司赔偿该停窝工损失400万元，无事实及法律依据，应予驳回。

关联案例 2

案件名称：某建公司与昌某公司建设工程施工合同纠纷案

审理法院：一审：河北省高级人民法院（2013）冀民民一初字第 17 号；二审：最高人民法院（2017）最高法民终 175 号

裁判观点：原判昌某公司支付某建公司停窝工损失是否正确。某建公司上诉主张应根据其实际发生的人工费、机械台班费损失支付窝工损失。法院认为，案涉工程 2011 年 7 月 20 日的工程联系单中，监理单位已经签章确认确实存在因昌某公司原因导致某建公司窝工 81 天的事实，但签证单中并未确定损失数额，也没有涉及停工损失的计算方法。某建公司提供的停窝工损失证据相当一部分是其自己记载、单方提供的工人数量、名单、工资数额、现场机械数量等，昌某公司对此不予认可，一审法院鉴于此前双方在施工过程中也曾发生过 8 天停窝工，双方协商的补偿数额为 7 万元，基本可以反映出停窝工给某建公司造成的损失程度，酌定 81 天停窝工损失为 70 万元并无明显不当。

律师点评

本案是一起典型的因承包人单方停工导致的索赔案，法院最终支持了发包人的大部分索赔事项，赔偿数额达数百万元。承包人的停工可由多种原因引起（下文将有详述），所以停工并不等于承包人的违约。工程实践中，停工可以说是工期延误的主要情形，但不能说承包人的停工必然会导致其工期延误，比如停工发生在非关键线路上，或者停工虽发生在关键线路上，但之后的赶工措施到位，工期并无延误。只要承包人没有出现工期延误，发包人就无权对承包人的停工进行追责。所以承包人的停工未必会招致其他主体对其苛责。只有当承包人的停工是因其自身原因引起，且没有按照法定的或者约定的条件或者程序停止施工的，且其停工导致了工期的延误，才应对发包人承担相应责任。本案判决给承包人敲响了警钟，在司法实践中，承包人如何合法行使停工权是本书中所研究的问题。

建设工程合同是一类特殊的合同，其规范的建设工程发包和承包活动往往具有以下特点：一是投资额度大，二是建设周期长，三是风险因素多。建设工程活动的上述特点决定了合同履行过程中各类争议与冲突的不可避免性。如果将解决建设工程争议的办法仅限于解除合同或追究违约责任，合同的履行可能付出更大的社会成本。因此，促使合同的履行便成为有效解决争议的首要考虑因素，停工权的行使便成为促使建设工程履行，克服各种合同及法律障碍，纠正各类违约及违法行为的有效手段。

工程建设过程中，为保护特定的法益，建设行政主管单位、发包人、承包人都可能责令停工或采取停工措施。建设工程的停工可分为有权停工与无权停工，有权停工指行为人按照法定或者约定的停工条件及程序实施的停止施工行为，具体有依法停工、依约停工等。无权停工指行为人未按照法定或者约定的条件或者程序单方停止施工的行为。按停工权的权利属性划分，建设工程停工权可分为行政停工权与民事停工权；按行使方式划分，可分为单方停工权与合意停工权；按行使主体划分，建设工程停工权的主体包括建设行政主管单位的停工权、建设单位的停工权、承包人的停工权以及建筑作业人员的停工权。在本案中，讨论的是承包人行使停工权的有关问题。

一、承包人停工权的基本概念

建设工程承包人的停工权是指承包人依据法律规定或合同约定的条件及程序将建设工程的一部分或全部建设工作暂时停止的权利。承包人停工权既可能是依法律规定或依合同约定单方停工的权利，也可能是依与发包人合意而享有的合意性权利。在我国工程实践及司法实践中，承包人行使停工权多发生于建设单位发生欠付工程款的情形，此时该权利具有民事抗辩权的性质。另外，承包人的停工权也可以发生于建设单位未履行建设行政法律法规规定的义务的情形，此时，承包人的停工权具有权利与义务双重性的特征。

承包人行使停工权的合同法依据主要存在于现行《民法典》第 526 条、第 527 条和第 803 条、第 804 条。《民法典》第 526 条规定的先履行抗辩权及第 527 条规定的不安抗辩权是承包人行使停工权的理论依据。第 803 条、第 804 条规定则是承包人行使停工权的具体规定，第 803 条规定："发包人未按照约定的时间和要求提供原材料、设备、场地、资金、技术资料的，承包人可以顺延工程日期，并有权请求赔偿停工、窝工等损失。"虽然本条并未直接出现承包人停工权的字眼，但从文义解释上看，在发包人违反合同约定，未按时和按要求提供原材料、设备、场地、资金、技术资料时，承包人有权停工，并进行工期索赔。第 804 条规定："因发包人的原因致使工程中途停建、缓建的，发包人应当采取措施弥补或者减少损失，赔偿承包人因此造成的停工、窝工、倒运、机械设备调迁、材料和构件积压等损失和实际费用。"本条规定了在承包人行使停工权的情况下，承包人进行费用和利润索赔的范围，包括倒运、机械设备调迁、材料和构件积压等损失和实际费用。

按照上述法律规定，承包人停工权按依据不同可分为依法停工与依约停工。

依法停工：根据有关建设行政法律法规，发包人需在项目过程中履行一定的行政法律义务，若其违法行为阻碍工程施工的顺利进行或可能影响社会更多主体的公共利益，则承包人有权停工。工程实践中，因发包人违法导致承包人停工的主要包括以下方面：1. 因开工许可不完备引起的停工；2. 因图纸重大变更引起的停工；3. 因其他施工过程中行政许可不完备引起的停工，如环境影响评价、文物保护、扰民、建筑垃圾处理等。

依约停工：1. 因发包人未履行主要合同义务引起的停工。《民法典》第788条第1款规定："建设工程合同是承包人进行工程建设，发包人支付价款的合同。"也即施工是承包人的主给付义务，支付价款是发包人的主给付义务。发包人未按合同约定的时间及数额支付工程款时，承包人有权依据《民法典》第526条先履行抗辩权而采取停工措施。此外，根据《民法典》第527条不安抗辩权的规定，如果承包人在施工过程中有证据证明发包人有转移财产、丧失信誉等可能不履行或不能履行支付义务的行为，承包人有权停工。2. 因发包人未履行协助等其他合同义务引起的停工。如因发包人未履行"三通一平"义务导致的停工，因发包人地质资料和有关现场资料文件不准确导致的停工，因发包人提供原材料、设备不合格导致的停工。3. 因不可抗力引起的停工。所谓不可抗力是指不能预见、不能克服、不能避免的情况。不可抗力事件发生后，知情方应当立刻通知另一方并采取减损措施，否则对于扩大的损害无权要求赔偿。合同一方在向另一方发出不可抗力通知后，在该不可抗力阻碍其履行义务期间，可免予履行该义务。也就是说，对于承包人而言，若不可抗力导致其无法进行施工活动，有权停工。

承包人停工权的行使可能出现两种后果，一是承包人正确行使停工权，若在一定时间内停工事由消失，承包人应当结束停工、恢复履行，但就停工期间的损失，承包人有权向发包人提起索赔；若在一定时间内停工事由仍然继续，承包人有权选择解除合同。二是承包人错误行使停工权，则承包人无权就停工期间的损失要求发包人赔偿，并有可能面对发包人提出高额工期延误反索赔，承担相应违约责任。

二、承包人行使停工权的现状

暂停施工在工程实践中是常见的现象，对于工程本身和合同双方当事人的影响非常大。承包人行使停工权可以积极推动工程款的支付和合同履行，在发包人未依法履行其义务时，可以更大程度保障社会公共利益。虽然理论上承包人停工权意义重大，但在实践中承包人行使停工权的情况却非常不规范。部分承包人因为怕得罪业主而不敢利用停工权维护自己的权益，反而贻误处理合同履行纠纷的正当时机，导致纠纷和损失的逐步扩大；有些承包人误以为行使停工权即构成违约，不敢利用停工权这一武器；而更多的承包人却滥用停工权，动辄以窝工、停工为武器要挟发包人满足其各种要求。这些情况产生的原因非常复杂，涉及管理问题、行业潜规则问题等，但法律上的缺陷却难辞其咎。归纳起来，影响承包人行使建设工程停工权的法律缺陷主要有两方面：一是法律法规缺乏对建设工程承包人停工权的直接界定，二是现在法律法规存在对承包人行使停工权的不利规定，如中止履行制度不完善、不安抗辩权举证责任较重、建设工程优先权制度作用甚微。

《民法典》第806条第2款规定："发包人提供的主要建筑材料、建筑构配件和设备不符合强制性标准或者不履行协助义务，致使承包人无法施工，经催告后在合理期限内仍未履行相应义务的，承包人可以解除合同。"本条款规定发包人未按合同约定履行义务时，在不履行行为导致承包人无法施工的情况下，承包人有权经催告后解除合同。对于发包人和承包人而言，解除合同、赔偿损失并非合同当事人的期望，保障合同顺利履行，并获得预期利益方为解决合同纠纷的根本出发点。因此，解决发包人违约的最佳办法并不是直接行使合同解除权，而是通过先中止合同履行，行使停工权这一对抗权，迫使发包人重新审视其违约行为，并令发包人自行寻找补救和改正方式，挽回合同履行的信用。

此外，我国现行建设行政法律法规赋予了发包人各项法律义务，如质量安全管理责任、申领施工许可证及提交开工报告的责任、对环境影响作出评价的责任等，却没有赋予承包人对抗发包人违反上述责任规定条款的权利，甚至在未赋予承包人防御武器的情况下要求承包人承担相应法律责任等。

正是因为我国目前对承包人停工权未能作出明确的规定，导致承包人行使停工权受到一系列限制，并出现了一系列问题，以至于在司法实践中存在大量因承包人行使停工权不慎或过甚产生的纠纷。如因承包人原因严重拖延工期时，发包人通常会通知承包人予以改正，如改正不力，则发包人往往选择解除合同，并向承包人提出高额的工期延误反索赔。

工程质量、工程造价和工程工期是建设工程施工合同纠纷的三大核心问题，相比较而言，因为一般项目均存在明确的施工合同，所以工程质量和工程造价问题相对容易解决，即使合同没有约定或约定不明，也可以通过鉴定和交易习惯的认定来得到解决。工期问题相对来说比较复杂，因为造成工期延误的原因有很多，其中包括发包人原因、承包人原因、发包人风险、工程变更、不可抗力等；特别是经常出现多种原因交织在一起共同造成工期延误的情形。目前在我国工程项目管理技术水平不高的情形下，如何正确判断工期延误的责任方及其责任大小成为一个难度很大的问题。

三、发包人工期延误反索赔的责任承担及损失计算

广义的发包人反索赔包括两方面：一是施工索赔的预防；二是发包人向承包人提出索赔。狭义的发包人反索赔，仅指发包人向承包人提出索赔。在本书中指狭义的发包人反索赔。

发包人反索赔，即发包人向承包人提出索赔，是指由于承包人不履行或不完全履行约定的义务，或是由于承包人的行为使发包人受到损失时，发包人为了维护自己的利益，向承包人提出索赔。

发包人工期延误反索赔，指工期延误属于承包人责任时，发包人对承包人进行索赔，即由承包人支付延期竣工违约金。

工期索赔与反索赔，都以合同有效为前提。若合同有效，则工期延长的责任方应按合同约定向另一方承担违约责任；若合同无效，由于工期延长的责任很难界定，当事人由此引起的费用损失很难向另一方索赔成功。

合同有效的情况下，解决双方之间纠纷的主要依据就是施工合同，发包人可依据合同约定请求承包人承担违约责任，无须证明损失的存在，即便发包人没有损失，承包人也应依照合同约定承担相应的工期违约责任。

发包人在确定违约金的费率时，除按合同约定要求承包人按延误日期承担违约金外，一般还要考虑以下因素：1. 发包人盈利损失或预期可得利益损失；2. 由于工期延长而引起的贷款利息增加；3. 工程拖期带来的附加监理费；4. 由于本工程拖期竣工不能使用，租用其他建筑时的租赁费；5. 由于本工程拖期竣工不能使用，导致发包人对购房者等第三方承担的违约责任。

所谓“预期可得利益索赔”，是指因为承包人不履行或不适当履行施工合

同致使发包人本可以实现和取得的财产增值的利益不能实现和取得，发包人向承包人提起的赔偿损失主张。《民法典》第584条规定："当事人一方不履行合同义务或者履行合同义务不符合约定，造成对方损失的，损失赔偿额应当相当于因违约所造成的损失，包括合同履行后可以获得的利益；但是，不得超过违约一方订立合同时预见到或者应当预见到的因违约可能造成的损失。"上述法律规定为发包人进行预期可得利益索赔奠定了法律基础，但须注意的是，预期可得利益索赔须符合"预见性规则"，"预见性规则"充分保证了承包人因违约而承担损害后果与其在订立合同时能够合理估计将要承担的风险相一致。

一般来讲，对于延期竣工所造成的损害赔偿计量通常取决于项目类型。对于商业性建筑，业主通常可以追索正常或合理的利润，但是业主必须证明该房屋拟打算用于某个利润性的合同或营业；对于一般公共工程或其他非营利性建筑，计算损害赔偿的方法是延误期间全部投资的利息以及业主需支付的其他费用。如合同未明确约定工期违约责任或约定的违约金过高，则应当以发包人的实际损失来确定违约金。在合同无效的情况下，原约定双方权利义务的条款均无效，有关"工期"的约定亦无合同约束力。

若承包人的工期出现延误，即不能在合同约定的竣工日期前竣工，而合同又被法院认定无效（如承包人不具有施工资质）的情况下，发包人自然无法依据无效施工合同追究承包人"违反工期"的"违约责任"。发包人向承包人索赔损失只能根据《民法典》第157条，即民事法律行为无效、被撤销……有过错的一方应当赔偿对方由此所受到的损失；各方都有过错的，应当各自承担相应的责任。关于如何理解该条"有过错"有不同的观点。对比《民法典》第500条的不同表达方式，我们单从解释角度来看，第157条规定的过错赔偿责任并非仅仅限于"订立合同过程中"，合同无效并不排除合同相关内容按诚实信用原则对当事人的约束力。特别是合同仅违反法律、行政法规有关程序性规定而当事人意思表示真实且不损害国家、集体、他人利益之情形。尽管合同已被认定无效，在合同无效责任规定并不明确的情况下，可以适用诚实信用原则确定当事人的过错程度及赔偿范围。最高人民法院民一庭编著的《民事审判指导与参考》第53辑，公布的指导性案例"美兰公司诉大华公司建设工程施工合同纠纷案"在最后的"四、最高人民法院民一庭倾向性意见"里明确指出："建设工程施工合同被确认无效后，发包方与第三人签订的《房屋买卖合同》因逾期交房发生的违约损失，如果承包方在签订合同时或履行合同中已经知道或应当知道该损失发生，且该损失与承包方的过错有因果关系，可以纳入无效合同过错责任赔偿范围。根据承包方订立合同、履行合同中的过错责任程度及违反诚实信用原则的程度，依据合同法[①]第五十八条规定判令其承担相应的责任。”

需要提醒的是，若发承包双方签订合同用的是《建设工程施工合同（示范文本)》（GF－2017－0201）的话，应当充分注意“索赔过期作废制度”，即承包人应在知道或应当知道索赔事件发生后28天内，向监理人递交索赔意向通知书，并说明发生索赔事件的事由；承包人未在前述28天内发出索赔意向通知书的，丧失要求追加付款和（或）延长工期的权利。发包人应在知道或应当知道索赔事件发生后28天内通过监理人向承包人提出索赔意向通知书，发包人未在前述28天内发出索赔意向通知书的，丧失要求赔付金额和（或）延长缺陷责任期的权利。

5.4 法院如何处理因发包人原因导致承包人停工窝工的损失承担问题[②]

——某城公司与某南公司建设工程施工合同纠纷案[③]

关 键 词：建设工程 承包人停工 发包人原因 停工天数 合同无效

问题提出：因发包人原因导致停工窝工时，由此造成的损失应如何承担?

关联问题：如何界定系因发包人的原因而导致承包人停工窝工？承包人的停工天数如何确定？因承包人原因导致施工合同无效的情况下，承包人的停工窝工损失应否获赔?

裁判要旨：因发包人的原因致使工程中途停建、缓建的，发包人应当采取措施弥补或者减少损失，赔偿承包人因此造成的停工、窝工、倒运、机械设备调迁、材料和构件积压等损失和实际费用。根据施工合同的有关约定，发包人应当对有关停工损失承担赔偿责任。

---

① 根据《民法典》，该法已于2021年1月1日起失效。

② 撰稿人：谭艳辉，上海建纬（长沙）律师事务所。

③ 一审：海南省第二中级人民法院（2016）琼97民初18号；二审：海南省高级人民法院（2017）琼民终159号。

案情简介

上诉人（原审被告）：某城公司

被上诉人（原审原告）：某南公司

2013年12月13日，××市住建局向某城公司颁发案涉工程《海南省建设工程规划临时许可证》。

2014年9月9日，经公开招投标，某南公司中标案涉工程。2014年9月10日，双方签订的施工合同主要约定：某城公司将案涉工程发包给某南公司施工，包括6号（22层）、7号（25层）、8号（25层）、9号住宅楼（22层）及底层商业、人防工事的土建工程、水电安装工程等。计划开工日期为2014年9月10日，竣工日期为2016年1月15日，签约合同价为96923718.49元。因发包人原因未能按合同约定支付合同价款以及发包人明确表示或以自己的行为表明不履行合同主要义务的，均属于发包人的违约行为，发包人须承担给承包人增加的费用和延误的工期并支付合理利润。因发包人违约解除合同后，发包人须支付解除合同前所完成的工程价款、应支付违约金、应退还的质量保证金及给承包人造成的损失。合同签订后，双方另签订补充协议，协议进一步明确合同造价及工程进度款支付等事宜。

2014年10月19日，某南公司申请支付工程进度款，某城公司同意支付进度款5300000元，但逾期支付。截至提起本诉时，某城公司累计共向某南公司支付工程进度款31740000元。

2014年11月10日，某城公司支付工程进度款400万元；2014年11月12日，某城公司支付工程进度款130万元。2015年2月6日，某南公司通过××市农村信用合作联社八所信用社向××市人社局交存农民工工资保证金75万元；2015年2月8日，某城公司通过中国建设银行向××市人社局交存农民工工资保证金75万元。2015年2月，××市政府就案涉工程为某城公司垫资4000万元，某城公司将案涉工程国有土地使用权证抵押给××市政府。截止到2015年2月16日，某城公司支付除保证金外的工程进度款共计31740000元。2015年4月1日，因案涉工程未取得施工许可证××市执法局下达《责令停止违法行为通知书》，责令某城公司停止违法施工。

2015年6月16日，因某城公司未取得案涉工程施工许可证而施工，××市执法局对该公司罚款333600元，该公司缴纳了该罚款。

2015 年 6 月 17 日，某城公司向某南公司送达《工程联系单》，主要内容：经双方协商，将某南公司临时生活区搬迁至某城公司指定地点，搬迁费用包干总价 100 万元，某南公司于 2015 年 7 月 17 日完成搬迁工作。

2015 年 7 月 17 日，××市住建局向××市政府提交《关于龙城·××湾项目一期 3 标段、二期会所、低密度酒店公寓恢复报建的意见》（以下简称住建局恢复报建意见），与案件有关的内容：某城公司并未取得案涉工程未报先建部分房屋结构可靠性检测报告；该公司年初曾发生因拖欠农民工工资引起农民工多次上访，建议批转××市人社局核实是否拖欠农民工工资；该公司已将案涉工程国有土地使用权证原件抵押给××市政府，建议批转市法制办对国有土地使用权证已做抵押的项目是否可给予报建（进行审核）。

2015 年 9 月 2 日，某城公司造价经理杨某在某南公司向某城公司提交的进度款明细表上签名并注明“应付和实付金额属实”。该明细表表明，某城公司应付 6 号、7 号、8 号和 9 号楼进度款及质保金共计 4568 万元，实付款包括返还保证金 140 万元在内共 3314 万元，欠款包括应返还保证金 10 万元在内共计 1404 万元。

2015 年 12 月 10 日，某城公司、某南公司和海口某某兴工程监理有限公司（以下简称监理单位）等三方签署《龙城·×犁一期三标项目完成工程量》表（以下简称已完工工程量表），三方均在该表上签章，该表记载某城公司已完工工程情况。

2016 年 5 月 30 日，某南公司以邮政特快专递方式向某城公司送达的《解除合同通知书》，称因某城公司违约，正式通知该公司解除施工合同及其补充协议。

2017 年 2 月 27 日，某南公司委托某奇造价公司对案涉工程进行造价鉴定，该公司出具造价鉴定意见，已完工工程造价总额为 85301886.58 元。

2016 年 11 月 14 日，某南公司委托某源项目管理公司对案涉工程停工损失进行鉴定，该公司出具损失鉴定意见，停工损失合计为 11664900 元。某城公司对双方签认的生活区搬迁费 100 万元未支付，另有 10 万元保证金仍未退还。目前，某城公司名下的银行存款及多处土地等财产已被法院冻结、查封，某城公司未提供适当担保证明其具有继续履行案涉施工合同的能力。经一审法院释明，对某南公司单方委托的造价鉴定意见和损失鉴定意见，某城公司坚持不申请重新鉴定。

一审判决：某城公司应于本判决生效之日起十五日内向某南公司支付停工损失 11664900 元。

二审判决：变更海南省第二中级人民法院于2016年12月26日作出的（2016）琼97民初18号民事判决第三项为龙城公司应于本判决生效之日起十五日内向某南公司支付停工损失8958510元。

各方观点

某城公司观点：某城公司开发的××市一期工程是由于某南公司未提供施工单位合法手续而停工，该公司无权解除合同，某城公司不应承担停工损失的赔偿责任。2014年9月9日，某南公司通过邀请招标中标案涉工程后，未及时向某城公司提供施工单位相关资料，直到2014年9月10日，双方签订《建设工程施工合同》（以下简称施工合同）时仍没有提供单项工程备案等相关资料，导致本工程当时未能及时办理建筑工程施工许可证……2015年1月，海南省住房和城乡建设厅违建督察组查处该项目，××市城镇综合行政执法局（以下简称××市执法局）于2015年4月至6月下发《责令停止违法行为通知书》和《行政处罚决定书》责令停止违法施工行为，并处以33.4万元的罚款。至2015年6月，某城公司缴纳了罚款，并向××市人民政府（以下简称××市政府）申请恢复施工报建，但却因某南公司未能按照××市政府的要求如期交纳农民工工资保证金而导致该项目至今未能取得施工许可，从而停工。可见，案涉工程的停工是因为某南公司未提供施工合法手续，未能复工也错在某南公司，某南公司作为合同的违约方无权解除合同，某城公司也不应对停工损失负责。同时，某城公司保留对某南公司造成停工的损失的索赔权利。

某南公司观点：某城公司上诉主张案涉工程停工原因是某南公司未办理施工许可证和未缴存农民工工资保证金，与事实不符。××市执法局于2015年4月至6月作出行政处罚对象是某城公司，而不是某南公司。早在2014年9月份，某南公司就已经交存了农民工工资保证金。某城公司本应于2014年11月6日支付工程进度款530万元，但没有按期支付。2015年4月2日，某城公司名下包括案涉工程所涉土地在内的全部土地均被上海市浦东区人民法院以（2015）浦民保字第354号民事裁定书查封，又于2015年4月9日被上海市第一中级人民法院以（2015）沪一中民六商初字第75－1号民事裁定书轮候查封。2015年5月20日，海南省第二中级人民法院作出（2015）海南二中民三初字第2－1号民事裁定书，冻结了某城公司3000万元银行存款及相应资产。至今，某城公司名下的全部资产均被司法查封，其无力履行合同。

法院观点

一审法院观点：某城公司违约造成某南公司停工，应承担某南公司的停工损失，确认为11664900元。

二审法院观点：案涉工程停工并非某南公司的原因。《建筑法》第7条第1款规定，建筑工程开工前，建设单位应当按照国家有关规定向工程所在地县级以上人民政府建设行政主管部门申请领取施工许可证……可见，在建筑工程开工前，办理施工许可证是建设单位的法定义务。2014年11月10日，某城公司向某南公司支付工程进度款400万元。显然，某城公司在未办理施工许可证的情况下，至少在2014年11月10日前就擅自许可某南公司进场施工。2015年4月1日和6月16日，因某城公司未取得案涉工程施工许可证，××市执法局分别对该公司作出责令停工和罚款的行政处罚。某南公司已于2015年2月6日通过××市农村信用合作联社八所信用社向××市人社局交存农民工工资保证金75万元。根据××市住建局于2015年7月17日出具的恢复报建意见记载内容，该局没有直接同意办理恢复报建手续有三项原因，一是某城公司并未取得案涉工程未报先建部分房屋结构可靠性检测报告；二是该公司当年年初曾发生因拖欠农民工工资引起农民工多次上访，建议批转××市人社局核实是否拖欠农民工工资；三是该公司已将案涉工程国有土地使用权证原件抵押给××市政府。显然，上述原因是某城公司自身所致，均与某南公司无关。某城公司另上诉主张某南公司没有完成已完工的部分工程质量验收及办理相应手续，违约在先。但是，工程质量验收应由某城公司组织实施，某城公司也没有提供证据证明对已完工程质量未验收的责任应由某南公司承担，且某城公司在2015年12月10日签章确认已完工工程量表时，亦未对已完工工程质量提出任何异议。因此，某城公司上诉主张案涉工程未办理施工许可证而被责令停工并处罚款的原因是某南公司未提供施工单位合法手续、未如期交纳农民工工资保证金和未办理已完工的部分工程质量验收及手续，没有事实依据。

未办理施工许可证和工程停工的真实原因。2015年年初，案涉工程因某城公司未按合同约定支付工程进度款而停工。2015年2月，某城公司将案涉工程国有土地使用权证抵押给××市政府，××市政府就案涉工程为某城公司垫资4000万元。2015年3月3日，某南公司发送《关于春节后复工的函》，要求向某城公司在复工前5天内必须支付完之前拖欠的工程进度款及剩余保证金。2015年4月1日和6月16日，××市执法局分别责令某城公司停工和处以罚款。2015年9月2日，某城公司在进度款明细表上认可还欠付包括工程进度款和应返还的保证金共1404万元。目前，某城公司名下的银行存款及多处土地等财产已被法院冻结、查封，某城公司也不能提供担保证明其具有继续履行合同的能力。

因此，导致案涉工程停工的真实原因是某城公司逾期不支付工程进度款，无力继续履行合同。某城公司有关因某南公司过错致案涉工程停工，某南公司无权解除合同的上诉主张，没有事实和法律依据，不予支持。依据合同法第98条①、第97条②、第284条③和施工合同司法解释第10条④的规定，根据施工合同的有关约定，某城公司应当对有关停工损失承担赔偿责任。根据双方针对损失鉴定意见的质证情况，结合双方认可的证据和事实，对损失鉴定意见进行审核，法院核减损失数额2706390元。因此，法院认定案涉工程自2015年2月13日至11月22日停工期间，实际造成某南公司的损失数额为8958510元。

关联案例1

案件名称：某城公司与万某山林场建设工程施工合同纠纷案

审理法院：一审：四川省邻水县人民法院（2017）川1623民初1351号；二审：广安市中级人民法院（2018）川16民终908号

裁判观点：根据双方签订的《建筑工程承包合同》第7条，发包方负有排除施工障碍物，确保施工现场具备施工条件的义务。万某山林场称村民闹事的原因不可归责于林场一方，为此举示了《土地登记审批表》，但是该审批表仅证明工程用地权属转移登记情况，不能证明施工过程中是否存在施工障碍。从某城公司在一审中举示的大量施工现场照片中可以看出，施工现场尚有部分民房。结合施工过程中，村民屡因补偿等问题在施工现场阻挠施工的实际情况，可以认定梁板林场在保障案涉工程的施工条件方面未尽到合同义务，给某城公司造成损失，梁板林场应承担赔偿责任。合同虽然约定因发包人的原因造成延误工期的工期顺延，但该约定属于对某城公司的免责约定，不能因此而免除万某山林场的赔偿责任。

---

① 对应《民法典》第567条。
② 对应《民法典》第566条第1款。
③ 对应《民法典》第804条。
④ 对应《民法典》第806条第3款。

关联案例2

案件名称： 某兆公司与某诚公司建设工程施工合同纠纷案

审理法院： 一审：新昌县人民法院（2017）浙0624民初5163号；二审：绍兴市中级人民法院（2019）浙06民终4759号

裁判观点： 本案包括双方多份函件在内的证据可以证实案涉工程在施工过程中的停工、窝工，系由某兆公司未按约及时支付工程进度款所致，某兆公司应对此承担相应责任。某兆公司对前期210天停工所致损失向铭诚公司赔偿了683余万元，对于后期222天窝工所致损失，一审法院参考双方前期停工损失支持了铭诚公司670余万元的赔偿主张，并无明显不当。

关联案例3

案件名称： 某亚公司与某海公司建设工程施工合同纠纷案

审理法院： 一审：云南省曲靖市中级人民法院（2010）曲中民初字第65号；二审：云南省高级人民法院（2011）云高民一终字第16号

裁判观点： 因发包人的建设用地未办理合法用地手续，未经有权机关批准，导致案涉工程不得不停工。实际施工人借用承包人的资质，违反了法律的强制性规定，承、发包人双方签订的合同被认定为无效。承包人主张的停工损失属违约损失范畴，因无效合同对双方均不具备约束力且无须履行合同，承包人向发包人主张违约损失没有事实依据和法律依据。

关联案例4

案件名称： 璐某公司与某局三公司建设工程施工合同纠纷案

审理法院： 一审：四川省成都市中级人民法院（2016）川01民初2722号；二审：四川省高级人民法院（2018）川民终425号；再审：最高人民法院（2019）最高法民申4089号

裁判观点： 根据本案查明的事实，2015年2月6日至11月25日，2016年2月3日至2017年1月8日，该两个时间段分别处于停工阶段，故案涉工程确实存在停工情况，停工损失客观存在。某信公司鉴定该部分停工损失的金额为283.45万元，虽然某局三公司认为系因璐某公司未及时提供施工图纸而导致停工，但是案涉工程的停工涉及多种因素，包括璐某公司与政府的协调、项目的手续审批等。由于双方当事人对案涉合同无效均有过错，故双方对无效合同所发生的损失均应承担相应的责任。

一审法院认定停工损失由某局三公司和璐某公司各自承担50%，并判决璐某公司向某局三公司赔偿停工损失1417250元，并无不当，法院予以维持。

律师点评

本案属于一起典型的因停工引起的损失赔偿纠纷，因某城公司逾期不支付工程进度款，无力继续履行合同导致案涉工程停工。而某城公司上诉主张案涉工程未办理施工许可证而被责令停工并处罚款的原因是某南公司未提供施工单位合法手续、未如期交纳农民工工资保证金。本案的主要争议焦点有二：首先是案涉工程停工的原因；其次是关于停工损失如何承担的问题。结合本案这两个主要争议焦点和部分参考案例牵涉到的其他法律问题，本书拟从以下三个方面进行分析和点评：

一、关于“因发包人的原因”的界定问题

《民法典》第804条规定：“因发包人的原因致使工程中途停建、缓建的，发包人应当采取措施弥补或者减少损失，赔偿承包人因此造成的停工、窝工、倒运、机械设备调迁、材料和构件积压等损失和实际费用。”据此，因发包人原因导致工程停工窝工的，承包人可以向其主张由此造成的停工窝工损失。

那么，何谓“因发包人的原因”呢？由全国人大常委会法制工作委员会编写的《中华人民共和国合同法释义》[①] 明确载明：“这里的‘因为发包人的原因’在实践中一般指下列情况：1. 发包人变更工程量；2. 发包人提供的设计文件等技术资料有错误或者发包人变更设计文件；3. 发包人未能按照约定及时提供建设材料、设备或者工程进度款；4. 发包人未能及时进行中间工程和隐蔽工程条件的验收并办理有关交工手续；5. 发包人不能按照合同的约定保障建设工作所需的工作条件致使工作无法正常进行的，等等。”本案中，发包人某城公司逾期不支付工程进度款即属于上述第3种情况，因此种情况造成的停工，作为承包人的某南公司可以要求发包人承担停工损失的责任。

不过值得注意的是，并非发包人的上述所有行为均可导致承包人停工而主张停工窝工损失，我们必须正确判断承包人的停工是否与发包人的行为存

---

① 《中华人民共和国合同法释义》，载中国人大网，http：//www. npc. gov. cn/npc/c2196/200011/16b2b602d5e6494fac3b63dfeb868220. shtml，最后访问时间：2022年3月16日。

在牵连性，即是否确实因为“发包人的原因”。笔者认为，这可以依照两个具体的标准来判断：第一个标准为发生上的牵连性，发包人的合同义务是承包人施工义务发生的前提条件，如果发包人不履行合同义务，承包人会因此发生履行不能，导致施工暂停，即发包人按照合同约定履行义务是承包人按照合同约定履行义务的前提或先决条件；第二个标准为功能上的牵连性，就比如，一个双务合同关系中，一方不能直接要求对方为给付，而只能在提供对待给付的同时要求对方为给付。就建设工程合同而言，承包人完成施工任务与发包人支付工程款即存在功能上的牵连性。比如，承包人必须依据发包人提供的地质报告才能施工，发包人提供错误的地质报告将致承包人停工，发包人的行为与承包人的停工存在发生上的牵连性。

二、关于停工天数的确定与承包人的减损义务问题

一般情况下，一旦发生停工事件，作为承包人必须及时做好签证和索赔工作，停工天数可以由双方协商确定或者按合同有关条款执行。但如果合同中未对停工天数进行约定，双方又达不成协议的，目前对此类停工天数如何计算还没有专门的规定，这就导致大多承包人认为只要停工了，而且责任在发包人，他就可以理所当然地索赔，不管发包人停工多少时间，他都将全程计算相关停工费用。其实不然，我国《民法典》第591条第1款规定：“当事人一方违约后，对方应当采取适当措施防止损失的扩大；没有采取适当措施致使损失扩大的，不得就扩大的损失请求赔偿。”也就是说，因发包人原因导致工程停工后，承包人不能盲目放任停工状态的持续，应及时采取补救措施减少停工时间，避免损失扩大，这是我国法律对守约方减损义务的规定。

那么，如何判断损失是否因守约方未采取适当措施而扩大的呢？目前我国法律、行政法规、部门规章以及司法解释对此均没有作出明确规定。一般来说，损失是否减少并非判断守约方是否履行了减损义务的必要标准，关键在于守约方采取减损行为时的情况以及行为人的主观方面。

司法实践中，还有依照FTDIC合同条件来确定停工时间的。在FTDIC合同条件中：暂时停止施工，暂停时间已持续84天以上，暂停影响到整个工程的，承包人可终止合同。因此，有观点认为，发包人长期拖延付款，造成承包人停工达56天或84天之久，双方又未能对延期付款达成协议的，承包人应当对工程的前景有合理的预见，对风险有较理性的把握，应积极采取措施，降低损失，因而有义务及时做好人员和机械的安置工作。

总的来说，对于计算停工损失所依据的停工时间的确定，不能简单地以停工状态的自然持续时间为准，而是应根据案件事实综合确定一定的合理期间作为停工时间。笔者认为，若法官为追求正义而行使自由裁量权，从而综合认定一个停工时间，该判定就是可以被认同的。

三、因承包人原因导致施工合同无效的情况下，因发包人原因导致工程停工的责任承担问题

在合同被确认无效以后，当事人所负的赔偿责任是基于缔约上的过失请求权而产生，即缔约过错责任。该过错所致的损失责任到底应有多大？因承包人原因导致施工合同无效的情况下，因发包人原因产生的停工损失应否获赔呢？对此问题，司法实践中有两种观点，一种观点认为：《民法典》第157条规定："民事法律行为无效、被撤销或者确定不发生效力后，行为人因该行为取得的财产，应当予以返还；不能返还或者没有必要返还的，应当折价补偿。有过错的一方应当赔偿对方由此所受到的损失；各方都有过错的，应当各自承担相应的责任。法律另有规定的，依照其规定。"由于承包人对合同无效存在明显过错，由此产生的所有损失应当自行承担。如在关联案例4中，由于璐某公司和某局三公司在签订《施工协议》时未取得建设审批手续，且在案件审理期间亦未取得建设用地规划许可证、建设工程规划许可证，违反相关法律法规强制性规定，产生合同无效的法律后果。故一审与二审法院均认定双方对无效合同所发生的损失均应承担相应的责任。另一种观点认为：虽然承包人对合同无效存在过错，但造成停工损失是由于发包人原因所致，发包人的过错与该损失的产生有直接因果关系，因此，应当由发包人承担，不过，因合同无效，当事人对于停工索赔也不是以合同为依据，而是以实际造成的损失计算停工费的，当事人需要提供实际造成损失的证据。

笔者认为，要解决这一分歧，关键是要正确界定损失与缔约过错之间是否存在因果关系，民法的因果关系理论本质上是客观、公正地确定责任归属的问题，以避免滥施惩戒和转移责任，这种关系是使人对某种损害结果或不法事态负民事责任的条件，除非法律另有规定，一个人对不是他造成的损害不承担法律上的责任。也就是说，无因果关系不应判定过错方承担赔偿责任。实践中，因无效经济合同的履行而发生的财产损失后果，其原因可能是多方面的，哪些财产损失应当按照缔约过错原则由过错方来承担，哪些又应当按照当事人各自在履行中的过错来直接确定民事责任承担，必须分析无效经济合同的订立和履行与财产损失后果之间是否存在因果关系。

由全国人大常委会法制工作委员会编写的《中华人民共和国合同法释义》也明确载明了："本条规定'有过错的一方应当赔偿对方因此所受到的损失，双方都有过错的，应当各自承担相应的责任'。在合同被确认无效或者被撤销后，一般都会产生损害赔偿的责任。在合同被确认无效或者被撤销后，凡是因合同的无效或者被撤销而给对方当事人造成的损失，主观上有故意或者过失的当事人都应当赔偿对方的财产损失。"① 由此可见，这里的过错特指造成合同无效的过错，这里的损失特指无效合同造成的损失。

鉴于此，对于施工损失费的承担，必须先分清哪些损失是无效合同造成的，哪些损失与合同效力无关。对于因无效合同造成的损失，应当由造成合同无效的过错方承担。对于不是由于无效合同造成的损失，基于诚实信用原则，应当由造成实际损失的过错方承担，不能适用《民法典》第 157 条第 1 款的规定。因此，即使是由于承包人的过错造成施工合同无效，但承包人停工是由于发包人的原因造成的，停工损失与合同效力无关，该责任就应当由造成实际损失的过错方发包人承担。

综上所述，承包人应当合法行使停工权，不能因怕得罪于发包人而不敢利用停工权维护自己的权益，也不能滥用停工权，只有出现法律规定或合同约定的情形时，承包人才可以行使停工权。因发包人原因导致停工窝工的，发包人应对承包人的损失承担责任，但承包人也不应该盲目放任停工状态的持续，而应及时采取补救措施减少停工时间，避免损失扩大，否则对于扩大的损失承包人须自行承担责任。

---

① 《中华人民共和国合同法释义》，载中国人大网，http：//www. npc. gov. cn/npc/c2196/200011/69ac54df531f48609e318513ba387e67. shtml，最后访问时间：2022 年 3 月 16 日。

第六章　建设工程专业分包

综述：建设工程分包合同纠纷案件常见争议及司法处理原则①

施工总承包或工程总承包企业承接总承包工程之后，可以将其中的专业工程或劳务作业分包给具有相应资质的专业承包企业或劳务分包企业；专业承包企业承接施工总承包或工程总承包企业分包的专业工程和建设单位依法发包的专业工程之后，可以将其中的劳务作业依法分包给具有相应资质的劳务分包企业，施工总承包或工程总承包企业与专业承包企业或劳务分包企业之间签订的合同、专业承包企业与劳务分包企业之间签订的合同即属于建设工程分包合同。建设工程分包合同属于建设工程施工合同。在最高人民法院制定的《民事案件案由规定》（法〔2020〕347 号）中，“建设工程合同纠纷”为三级案由，其下共有 9 个四级案由，包括“建设工程施工合同纠纷”和“建设工程分包合同纠纷”，即最高院系将“建设工程分包合同纠纷”作为与“建设工程施工合同纠纷”相并列的四级案由。由于实践中建设工程分包不够规范，违法分包、以分包为名行转包之实等现象严重，因此而产生了大量的纠纷。与建设工程施工合同纠纷相比，建设工程分包合同纠纷有其特殊性；同时，有关建设工程分包（尤其是劳务作业分包）的法律规定不够完善，给法院审理建设工程分包合同纠纷案件增加了难度。本书结合本章所选取的案例，对建设工程分包合同纠纷案件中的常见争议及其司法处理原则进行分析和论述，以期为法律实务工作者办理建设工程分包合同纠纷案件提供有益的借鉴和参考。

一、建设工程施工分包概述

我国现行法律法规规章中明确允许建设工程施工分包。《建筑法》第 29 条第 1 款、第 2 款规定：“建筑工程总承包单位可以将承包工程中的部分工程发包给具有相应资质条件的分包单位；但是，除总承包合同中约定的分包外，必须经建设单位认可。施工总承包的，建筑工程主体结构的施工必须由总承包单位

① 撰稿人：曹珊、林隐，上海市建纬律师事务所。

自行完成。建筑工程总承包单位按照总承包合同的约定对建设单位负责；分包单位按照分包合同的约定对总承包单位负责。总承包单位和分包单位就分包工程对建设单位承担连带责任。”《建设工程质量管理条例》第27条规定：“总承包单位依法将建设工程分包给其他单位的，分包单位应当按照分包合同的约定对其分包工程的质量向总承包单位负责，总承包单位与分包单位对分包工程的质量承担连带责任。”《房屋建筑和市政基础设施工程施工分包管理办法》第4条规定：“本办法所称施工分包，是指建筑业企业将其所承包的房屋建筑和市政基础设施工程中的专业工程或者劳务作业发包给其他建筑业企业完成的活动。”第5条第1～3款规定，房屋建筑和市政基础设施工程施工分包分为专业工程分包和劳务作业分包。本办法所称专业工程分包，是指施工总承包企业将其所承包工程中的专业工程发包给具有相应资质的其他建筑业企业完成的活动。本办法所称劳务作业分包，是指施工总承包企业或者专业承包企业将其承包工程中的劳务作业发包给劳务分包企业完成的活动。住房和城乡建设部《资质规定》第5条第1款规定：“建筑业企业资质分为施工总承包资质、专业承包资质、施工劳务资质三个序列。”此外，《房屋建筑和市政基础设施项目工程总承包管理办法》也允许工程总承包项目的分包，如第21条规定：“工程总承包单位可以采用直接发包的方式进行分包……”第22条第2款规定：“工程总承包单位应当对其承包的全部建设工程质量负责，分包单位对其分包工程的质量负责，分包不免除工程总承包单位对其承包的全部建设工程所负的质量责任。”等等。

根据上述规定，建设工程施工分包分为专业工程分包和劳务作业分包。专业工程分包是指施工总承包企业将其所承包工程中的专业工程发包给具有相应资质的专业承包企业完成的活动，专业工程分包需具备以下条件：1. 施工总承包或工程总承包企业分包专业工程的，除在施工总承包合同中有约定外，必须经建设单位认可；2. 专业工程分包人必须具有相应的专业承包资质。否则，将构成违法分包。劳务作业分包是指施工总承包、工程总承包企业或专业承包企业将其承包工程中的劳务作业分包给劳务分包企业完成的活动，劳务作业分包不需经建设单位或施工总承包、工程总承包企业认可，但劳务作业分包人需具有相应的劳务分包资质，否则，将构成违法分包。

我国现行法律法规规章在明确规定允许建设工程施工分包的同时，也明确规定禁止工程转包和违法分包。《建筑法》第28条规定：“禁止承包单位将其承包的全部建筑工程转包给他人，禁止承包单位将其承包的全部建筑工程肢解以后以分包的名义分别转包给他人。”第29条第3款规定：“禁止总承包单位将工程分包给不具备相应资质条件的单位。禁止分包单位将其承包的工程再分包。”《建设工程质量管理条例》第25条第3款规定：“施工单位不得转包或者违法分包工程。”第78条第2款、第3款规定：“本条例所称违法分包，是指下列行为：（一）总承包单位将建设工程分包给不具备相应资质条件的单位的；（二）建设工程总承包合同中未有约定，又未经建设单位认可，承包单位将其承包的部分建设工程交由其他单位完成的；（三）施工总承包单位将建设工程主体结构的施工分包给其他单位的；（四）分包单位将其承包的建设工程再分包的。本条例所称转包，是指承包单位承包建设工程后，不履行合同约定的责任和义务，将其承包的全部建设工程转给他人或者将其承包的全部建设工程肢解以后以分包的名义分别转给其他单位承包的行为。”《房屋建筑和市政基础设施工程施工分包管理办法》第8条规定：“分包工程承包人必须具有相应的资质，并在其资质等级许可的范围内承揽业务。严禁个人承揽分包工程业务。”第13条规定：“禁止将承包的工程进行转包。不履行合同约定，将其承包的全部工程发包给他人，或者将其承包的全部工程肢解后以分包的名义分别发包给他人的，属于转包行为。违反本办法第十二条①规定，分包工程发包人将工程分包后，未在施工现场设立项目管理机构和派驻相应人员，并未对该工程的施工活动进行组织管理的，视同转包行为。”第14条规定：“禁止将承包的工程进行违法分包。下列行为，属于违法分包：（一）分包工程发包人将专业工程或者劳务作业分包给不具备相应资质条件的分包工程承包人的；（二）施工总承包合同中未有约定，又未经建设单位认可，分包工程发包人将承包工程中的部分专业工程分包给他人的。”

《建筑工程施工发包与承包违法行为认定查处管理办法》（建市规〔2019〕1号）中对违法分包的定义及其具体情形作了更加具体、明确的规定，该办法第11条规定：“本办法所称违法分包，是指承包单位承包工程后违反法律法规规定，把单位工程或分部分项工程分包给其他单位或个人施工的行为。”第12条规定：“存在下列情形之一的，属于违法分包：（一）承包单位将其承包的工程分包给个人的；（二）施工总承包单位或专业承包单位将

① 笔者认为应为第11条第1款，该条规定：“分包工程发包人应当设立项目管理机构，组织管理所承包工程的施工活动。”

工程分包给不具备相应资质单位的；（三）施工总承包单位将施工总承包合同范围内工程主体结构的施工分包给其他单位的，钢结构工程除外；（四）专业分包单位将其承包的专业工程中非劳务作业部分再分包的；（五）专业作业承包人将其承包的劳务再分包的；（六）专业作业承包人除计取劳务作业费用外，还计取主要建筑材料款和大中型施工机械设备、主要周转材料费用的。”

实践中，由于我国法律法规明确禁止工程转包，施工单位为规避进行工程转包需要承担的法律责任，往往以施工分包（包括劳务作业分包）为名实施工程转包，包括施工单位将其承包的全部工程肢解以后以分包的名义分别转包给他人，或者施工单位将工程分包之后，未在施工现场设立项目管理机构和派驻相应人员，未对该工程的施工活动进行组织管理。上述两种情形应当认定为工程转包，而非施工分包。同时，由于专业工程分包需要经过建设单位的认可，而劳务作业分包则无需经过建设单位或施工总承包企业的认可，故实践中部分施工单位遂以劳务作业分包为名实施专业工程分包或工程转包，此种情形下的专业工程分包或工程转包较为隐蔽，往往不易识别。在审理建设工程分包合同纠纷案件时，需要正确区分和识别合法的施工分包与工程转包、违法分包，特别是以施工分包为名行工程转包之实、以劳务作业分包为名行专业工程分包或工程转包之实的情形。只有正确区分和识别合法的施工分包与工程转包、违法分包，才能正确认定案涉施工合同的性质和效力，才能在此基础上作出正确、适当的裁判。

二、建设工程分包合同纠纷案件中的常见争议及其司法处理原则

虽然最高人民法院《民事案件案由规定》中将“建设工程分包合同纠纷案件”作为与“建设工程施工合同纠纷案件”相并列的四级案由，但建设工程分包合同属于建设工程施工合同的一种。因此，建设工程施工合同纠纷案件中的常见争议亦是建设工程分包合同纠纷案件中的常见争议，包括合同主体纠纷、合同效力纠纷、工程款纠纷、工程质量纠纷、工期纠纷等，这几类案件中的常见争议及其司法处理原则之间具有非常多的共通之处。但建设工程分包合同纠纷案件中的常见争议及其司法处理原则亦有其特殊之处，尤其是劳务作业分包合同与以工程为发包对象的建设工程施工合同（包括专业工程分包合同）的差异明显；此外，建设工程分包合同纠纷案件中所涉及的部分争议为此类案件所独有。因此，需要对建设工程分包合同纠纷案件中的常见争议及其司法处理原则进行研究和分析。

本章所选取的案例均为建设工程分包合同纠纷案件，其中所涉及的相关争议既有所有建设工程施工合同纠纷案件均可能会涉及的争议，也有仅限建设工程分包合同纠纷案件才可能会涉及的争议。对本章所选取的案例进行研究和分析，可以结合上述关于建设工程施工分包的法律、法规、规章中的规定，更好地理解和掌握司法实践中对建设工程分包合同纠纷案件常见争议的司法处理原则。

（一）建设工程分包合同性质争议及其司法处理原则

法院审理合同类纠纷案件时，首先要确定案涉合同的性质和效力。如前所述，建筑实践中，相关主体为规避法律法规对工程转包、违法分包的限制性和禁止性规定，往往会以施工分包为名实施工程转包、以劳务作业分包为名实施专业工程分包或工程转包，一旦因此类分包合同发生纠纷，合同当事人往往会对此类分包合同的性质产生争议。法院在审理此类案件时，首先需要确定案涉分包合同的性质，并根据所确定的合同性质来相应认定案涉分包合同的效力。

在确定案涉分包合同的性质时，需要重点区分和识别施工分包和工程转包，在确定系施工分包之后，有时还需要相应区分是专业工程分包还是劳务作业分包。所谓工程转包，是指承包单位承包建设工程后，不履行合同约定的责任和义务，将其承包的全部建设工程转给他人或者将其承包的全部建设工程肢解以后以分包的名义分别转给他人承包的行为①；专业工程分包，是指施工总承包或工程总承包企业将其所承包工程中的专业工程发包给具有相应资质的其他建筑业企业完成的活动；劳务作业分包，是指施工总承包企业、工程总承包企业或者专业承包企业将其承包工程中的劳务作业发包给劳务分包企业完成的活动②。从法律、法规、规章中所规定的工程转包、专业工程分包和劳务作业分包的定义来看，三者之间的区别是比较明显的：工程转包和专业工程分包所指向的对象均是工程，但工程转包的对象为承包单位承包的全部工程，工程分包的对象为承包单位承包的全部工程中的部分专业工程；劳务作业分包所指向的对象为工程中的劳务作业部分，而非工程。一般而言包工包料和包工不包料是区别专业工程分包和劳务作业分包的关键，即通常

① 参见《建设工程质量管理条例》第78条第3款。

② 参见《房屋建筑和市政基础设施工程施工分包管理办法》第5条第2款、第3款。

情况下劳务作业分包人只“包工”而不“包料”，但需要注意的是，建筑材料根据是否属于工程主要材料来作区分，可分为主材和辅材，在劳务作业分包中，劳务作业分包人不得包主材，但可以包主材之外的辅材；劳务作业分包人还可以提供主要施工机具之外的小型机具。因此，劳务分包合同中约定劳务作业分包人除了包工之外，还包主材之外的辅材和/或主要施工机具之外的小型机具的，并不影响劳务分包合同的性质和效力。

法院在确定双方所签订的分包合同的性质时，不会仅仅依据所签订的合同的名称来认定，而会根据双方所签订的合同的内容来认定。在某合同纠纷中，湖北省武汉市洪山区人民法院指出：“被告与原告虽签订的名称是《工程联营施工内部承包合同》，但从其合同内容上看，双方是根据平等互利的原则签订，被告将承接的工程全部交由原告组织施工，原告承担工程的全部经济责任与风险，被告收取原告含税 7.05% 的服务费和管理费。根据相关法律规定，当合同名称与内容不一致时，应根据合同内容确定合同性质。本案原告与被告卓某公司所签订的合同是建设工程分包合同。”① 在当事人对合同性质产生争议时，法院不会仅根据该合同的名称来确定其性质，而是根据该合同约定的权利义务内容来确定其性质。

（二）建设工程分包合同效力争议及其司法处理原则

法院审理合同类纠纷案件，在确定案涉合同的性质之后，还需要相应确定案涉合同的效力。现行法律法规和司法解释中关于建设工程施工合同效力的规定，可以直接适用于建设工程分包合同。《民法典》第 146 条、第 153 条、第 154 条等规定了民事法律行为的无效事由，包括以虚假意思表示实施的民事法律行为，违反法律、行政法规的强制性规定的民事法律行为，违背公序良俗的民事法律行为、行为人与相对人恶意串通损害他人合法权益的民事法律行为等。《最高人民法院关于审理建设工程施工合同纠纷案件适用法律问题的解释（一）》第 1 条规定：“建设工程施工合同具有下列情形之一的，应当依据民法典第一百五十三条第一款的规定，认定无效：（一）承包人未取得建筑业企业资质或者超越资质等级的；（二）没有资质的实际施工人借用有资质的建筑施工企业名义的；（三）建设工程必须进行招标而未招标或者中标

---

① 湖北省武汉市洪山区人民法院（2017）鄂 0111 民初 8437 号民事判决书，载中国裁判文书网，https：//wenshu. court. gov. cn/website/wenshu/181107ANFZ0BXSK4/index. html？ docId＝2bf39af0c3a84dc28c9fa891008a3590，最后访问时间：2022 年 4 月 18 日。

无效的。承包人因转包、违法分包建设工程与他人签订的建设工程施工合同，应当依据民法典第一百五十三条第一款及第七百九十一条第二款、第三款的规定，认定无效。”如果案涉建设工程分包合同存在上述法律法规和司法解释中所规定的无效情形，应当认定为无效。

建设工程施工分包有合法分包和违法分包之分，违法分包合同应认定为无效。根据《建设工程质量管理条例》第78条第2款的规定，违法分包的情形包括：1. 总承包单位将建设工程分包给不具备相应资质条件的单位的；2. 建设工程总承包合同中未有约定，又未经建设单位认可，承包单位将其承包的部分建设工程交由其他单位完成的；3. 施工总承包单位将建设工程主体结构的施工分包给其他单位的；4. 分包单位将其承包的建设工程再分包的。

在确定劳务分包合同的效力时，需要注意的是，与专业工程分包需经建设单位认可不同，施工总承包企业或专业承包企业分包其承包工程中的劳务作业，并不需要经过建设单位或施工总承包企业的认可，故建设单位或施工总承包企业以劳务分包未经其认可为由，主张施工总承包企业或专业承包企业与劳务分包企业签订的劳务分包合同无效，不应予以支持。同时，劳务分包既不是工程转包，也不是工程分包，工程转包为法律所禁止，工程分包在不违反法律法规禁止性规定的情况下是允许的，而劳务分包则不为法律所禁止。《最高人民法院关于审理建设工程施工合同纠纷案件适用法律问题的解释（一）》第5条规定：“具有劳务作业法定资质的承包人与总承包人、分包人签订的劳务分包合同，当事人请求确认无效的，人民法院依法不予支持。”

（三）因分包人直接向发包人主张权利而引起的争议及其司法处理原则

根据分包方由谁来确定，建设工程施工分包可以分为承包人自行分包和发包人指定分包两种。发包人指定分包本身并不为我国现行法律法规所禁止，只是发包人指定分包的，发包人需要承担相应的责任，如《最高人民法院关于审理建设工程施工合同纠纷案件适用法律问题的解释（一）》第13条中规定发包人“直接指定分包人分包专业工程”造成建设工程质量缺陷，应当承担过错责任。在实践中，建设工程分包合同的签订方式主要有以下两种：1. 由承包人、分包人双方签订分包合同，在承包人自行分包和发包人指定分包场合，均可签订双方分包合同；2. 由发包人、承包人、分包人三方签订分包合同，三方分包合同通常是在发包人指定分包时签订。

如分包合同由承包人和分包人双方所签订，根据合同相对性原则，各方对分包合同权利义务（包括分包工程款支付义务）的承担主体通常不会产生争议。而在分包合同由发包人、承包人、分包人三方所签订，特别是在三方分包合同条款约定不够严谨、完善时，则各方往往会对分包合同权利义务（包括分包工程款支付义务）的承担主体产生争议。无论是签订双方分包合同，还是签订三方分包合同，法院均会根据合同相对性原则来确定分包合同权利义务（包括分包工程款支付义务）的承担主体。此时，谁应向分包人承担支付分包工程款的义务，将取决于分包合同中的条款约定。

（四）因劳务作业分包中的劳务作业人员原因而引起的争议及其司法处理原则

虽然劳务作业分包合同属于建设工程分包合同的一种，最高人民法院《民事案件案由规定》和司法实践中亦将劳务作业分包合同纠纷案件归入建设工程分包合同纠纷案件中，但劳务作业分包合同有其特殊性。劳务作业分包系以工程中的劳务作业部分作为分包对象，劳务作业分包人的承包范围和义务等与专业工程分包人存在明显区别。通常情况下，劳务作业发包人为规避和应对可能因劳务作业分包人的劳务作业人员而产生的风险，往往会在劳务作业分包合同中对劳务作业风险的分配、劳务分包人应承担的义务及违约责任等作出特别约定。由于我国现行法律法规规章和司法解释中对劳务作业分包的规定较为简单，法院在审理劳务作业分包合同纠纷案件时，往往缺乏明确的法律依据，如果劳务作业分包合同中未对劳务作业风险的分配等相关事宜作出明确约定，则更容易因劳务作业分包中的劳务作业人员的原因而产生纠纷。本章选取了因劳务作业分包中的劳务作业人员的原因而产生争议的案例，并对法院审理此类争议的司法处理原则进行分析和研究。

1. 因劳务发包人借用劳务承包人的劳务作业人员从事劳务分包合同外作业时受到事故伤害而引起的争议。

通常情况下，劳务发包人和劳务承包人会在劳务分包合同中对劳务作业人员从事劳务作业时受到事故伤害的责任和费用承担等问题作出明确约定。在双方对此作出明确约定的情况下，劳务作业人员从事劳务分包合同范围内的作业时受到事故伤害的，按照双方的合同约定来确定事故责任和费用的承担，通常不会因此产生争议。但在双方当事人并未对此作出明确约定，或者劳务发包人借用劳务承包人的劳务作业人员从事劳务分包合同外作业时受到事故伤害的，双方当事人往往会对事故责任和费用的承担产生争议。

2. 因劳务承包人的劳务作业人员讨薪而引起的争议。

劳务发包人为防范和应对劳务承包人的劳务作业人员不当讨薪引发秩序混乱的风险，往往会在劳务分包合同中设定相应条款。在出现劳务承包人的劳务作业人员不当讨薪之后，劳务发包人依据合同约定要求劳务承包人支付“罚款”，劳务承包人则会对该条款的效力提出异议。劳务发包人和劳务承包人在劳务分包合同中约定的“罚款”条款，并非《行政处罚法》意义上的行政处罚权，因此，如劳务承包人以双方系平等主体、劳务发包人无权对其罚款为由主张施工合同中的“罚款”条款无效的，不予支持，但如“罚款”条款存在其他无效情形的，应依法认定为无效。

6.1 法院如何认定符合地方政策但不符合法律强制性规定的分包合同的效力①

——某建某局厦门公司与宝某人防公司建设工程分包合同纠纷上诉案②

关 键 词： 地方政策　法律规定　施工资质　分包合同效力

问题提出： 当事人拥有当地政府主管部门规定的承接工程的条件，并多次承接此类工程且通过了当地政府主管部门的验收，但没有法律规定的施工资质，发生纠纷后，法院如何认定当事人签订的分包合同的效力？又该如何处理因此而造成的相关损失？

裁判要旨： 承包人未取得建筑施工企业资质或者超越资质等级的，应当根据法律规定认定施工合同无效。虽然承包人拥有当地政府主管部门规定的承接此类工程的条件，并多次承接此类工程且通过了当地政府主管部门的验收，但由于承包人不具有法律规定的施工资质，承包人签订的建设工程分包合同应当认定为无效。合同无效后，应当根据法律规定处理损失赔偿问题。

---

① 撰稿人：曹珊、林隐，上海市建纬律师事务所。

② 一审：厦门市思明区人民法院（2010）思民初字第5532号；二审：福建省厦门市中级人民法院（2011）厦民终字第1118号。

案情简介

上诉人（原审原告、反诉被告）：某建某局厦门公司

上诉人（原审被告、反诉原告）：宝某人防公司

2007年11月22日，某建某局厦门公司与宝某人防公司（前身为某智商贸有限公司）签订一份《人防工程施工协议》，约定：某建某局厦门公司将厦门市××华大酒店地下室人防门类工程分包给宝某人防公司施工，承包方式以合同范围供货及安装，合同价款为30000元，合同工期为根据工程施工进度配合施工，合同质量为厦门市人民防空办公室验收合格；工程付款方式为3期，第一期为货到后3天内支付15000元，第二期为人防门扇安装完毕一周内支付10500元，第三期为宝某人防公司所承包的范围经厦门市人民防空办公室竣工验收合格后一周内支付工程余款4500元。协议中约定，宝某人防公司负责提供人防验收材料，并确保所承包范围达到人防设计标准并能通过人防验收，某建某局厦门公司负责参与人防相关部门的协调事宜。合同签订后，宝某人防公司进场施工，某建某局厦门公司依约向宝某人防公司支付前二期的工程款25500元。

2008年8月29日，厦门市人民防空办公室发出一份通告称：9月1日前已与某智商贸公司（即宝某人防公司）签订人防防护设备销售合同尚未竣工验收的工程项目，建设单位须持合同原件及复印件报厦门市人防办备案；9月1日后签订人防防护设备销售合同的工程项目，将不予验收。讼争工程竣工后一直未予验收，某建某局厦门公司一直未支付宝某人防公司工程尾款4500元。2009年4月11日，厦门市民防办公室对宝某人防公司施工的工程出具《××华大酒店二期工程防空地下室验收整改意见》，宝某人防公司于2009年4月28日出具整改反馈报告。2009年7月25日，某建某局厦门公司另请厦门市某工苑民防设备工程有限公司将宝某人防公司施工的10樘门扇予以拆除，费用为1500元，并将该人防防护门扇设备安装工程再次分包给该公司施工，工程款为36000元，双方签订一份《民防设备销售合同书》。2009年8月20日，厦门市人民防空办公室对上述人防防护设备安装工程进行验收。另外，某建某局厦门公司另请南安市第某建设有限公司厦门分公司将厦门市某工苑民防设备工程有限公司对宝某人防公司施工的10樘门扇拆除后的混凝土进行打碎及搬离，其费用为6200元。

2009年9月10日，厦门市人民防空办公室作出《厦门市人民防空办公室关于对厦门某智商贸有限公司的处理意见》，内容载明：根据厦门市××区工商行政管理局核发的企业法人营业执照显示，经营范围为：1. 批发零售建筑材料、塑料及其制品、人防设备、消防产品、机械设备、保温材料、五金交电、金属材料、暖通空调、电气机械、工艺美术品、化工原料及产品（不含危险品和监控化学品）、农副产品（不含粮食和种子）、木材；2. 经济信息咨询服务；3. 房屋租赁（以上经营范围涉及许可经营项目的，应在取得有关部门的许可后方可经营）。因此，厦门某智商贸有限公司不具备人防防护设备安装资质，其系擅自违规组织承揽××华大酒店二期等人防施工工程；该办多次要求厦门某智商贸有限公司将已签订的人防设备销售及施工合同报该办备案，该公司至今未提供；该办经研究决定对厦门某智商贸有限公司已承接的人防工程业务尚未验收的项目一概不予验收，一切后果由厦门某智商贸有限公司自行承担。另查明，宝某人防公司在讼争工程施工期间均未取得人防防护设备安装施工资质。

某建某局厦门公司提起诉讼请求法院判令宝某人防公司向其赔偿经济损失54432元。宝某人防公司提起反诉，请求判令某建某局厦门公司立即向其支付工程余款4500元及利息（自2008年11月5日起按银行同期同类贷款利率计算至实际付款之日止）。原审审理期间，法院认定宝某人防公司不具备人防防护设备安装施工的主体资质，其与某建某局厦门公司签订的《人防工程施工协议》，因违反法律、法规的强制性规定而无效。对此，法院依法向双方当事人释明，并询问是否变更诉讼请求。某建某局厦门公司变更其诉讼请求为请求法院判令宝某人防公司因合同无效返还其已付工程款25500元、赔偿其另请他人安装施工造成的差额损失10500元、赔偿其拆除及搬离宝某人防公司安装的工程项目所发生的费用7700元、赔偿其因合同无效导致工程款无法按期结算的利息损失10732元。宝某人防公司不变更反诉请求。

一审法院判决：（一）宝某人防公司应于判决生效之日起七日内赔偿某建某局厦门公司损失10500元。（二）驳回某建某局厦门公司的其他诉讼请求。（三）驳回宝某人防公司的反诉请求。

二审法院判决：驳回某建某局厦门公司、宝某人防公司的上诉，维持原判。

各方观点

某建某局厦门公司观点：一审：由于宝某人防公司不具备相应的施工资质，导致人防工程完工后无法通过政府主管部门的验收，因此而发生的拆除费用、重新安装费用以及给某建某局厦门公司造成的损失应当由宝某人防公司承担。

二审：一、原审法院认定事实存在错误。（一）原审法院认定某建某局厦门公司与宝某人防公司签订的《人防工程施工协议》无效，且认为某建某局厦门公司在合同无效上也存在一定的过错，故判决某建某局厦门公司应对自己的损失承担一定的责任。某建某局厦门公司在合同无效上并无任何过错，因此无须承担任何责任，某建某局厦门公司因此产生的所有损失，应由宝某人防公司全部承担。主要理由：1. 在签订的《人防工程施工协议》上，某建某局厦门公司明确要求宝某人防公司负责提供人防验收资料，并确保其所承包的范围必须通过人防验收。也就是说，宝某人防公司签订合同时，向某建某局厦门公司承诺了其施工的工程能通过验收，因此某建某局厦门公司当然就确信宝某人防公司拥有相应的资质。因为不具有施工资质是无法通过验收的。2. 从宝某人防公司原审诉讼过程中提交的证据来看，宝某人防公司称其系绍兴金某人防设备有限公司在福建地区的代理商，且向法庭出示了其以绍兴金某人防设备有限公司名义施工的多个工程通过人防办验收的材料。而宝某人防公司在与某建某局厦门公司签订《人防工程施工协议》时，同样也向某建某局厦门公司出示了上述材料，并保证其所施工的工程能通过人防验收。而正因如此，某建某局厦门公司相信宝某人防公司具有相应的施工资质。基于以上两点，某建某局厦门公司认为对合同的无效并不存在任何过错，是宝某人防公司的欺诈行为导致了合同无效，宝某人防公司应承担全部的责任。（二）原审法院认为某建某局厦门公司未能提供证据证明已通知宝某人防公司对其安装的设备进行拆除，而直接另请他人进行拆除、搬离，因此对某建某局厦门公司主张的拆除和搬离费用不予支持，原审法院在事实上存在认定不清的情形。某建某局厦门公司不可能在未通知宝某人防公司的情况下径直将设备拆除。二、原审法院法律适用错误。1. 依照《人防工程施工协议》，某建某局厦门公司已向宝某人防公司支付了25500元的工程款，《人防工程施工协议》被确认为无效，依照原审法院引用的“因该合同取得的财产，应当予以返还”，即某建某局厦门公司支付给宝某人防公司的人民币25500元，宝某人防公司应予以返还，且这25500元是因合同无效所需返还的款项，无须根据过错责任进行承担。综上所述，宝某人防公司应返还25500元，并全部承担某建某局厦门公司的损失。

宝某人防公司观点：一审：宝某人防公司是绍兴金某人防设备有限公司在福建地区的代理商，该公司具备人防生产、安装资格，讼争工程也是由该公司提供产品并实际施工。讼争工程完成后，厦门市人防办已经在进行验收，不存在遭责令拆除的事实。相反，在验收过程中，某建某局厦门公司自行将讼争工程拆除，导致讼争工程无法验收。因此，讼争工程无法通过验收的责任在于某建某局厦门公司。宝某人防公司不存在任何违约行为，不需要承担赔偿损失的违约责任，请求法院驳回某建某局厦门公司的诉讼请求，并支持宝某人防公司要求某建某局厦门公司支付剩余工程款的反诉请求。

二审：一、原审因合同无效，判决双方各自需要承担的比例分配错误。对于合同无效，存在厦门市人防办政策指导问题等客观因素，宝某人防公司主观上不存在故意，原审认定宝某人防公司应承担70%的比例是错误的。《人防工程施工协议》符合厦门市人防办的政策。理由是：1. 厦门市人防办认为人防设备企业“只要备案时提交符合要求的真实材料并经得起现场考核的，就具备了可继续经营和准入条件”。实际上，宝某人防公司承包的多处人防工程均通过厦门市人防办验收，说明宝某人防公司与某建某局厦门公司签订《人防工程施工协议》符合该政策。同时，基于此，宝某人防公司完全有理由相信讼争工程可以通过人防办验收，说明宝某人防公司与某建某局厦门公司签订《人防工程施工协议》完全是善意的，不具有任何主观恶意。2. 厦门市人防办要求“厂家在厦门要有代理公司，才能在本市经营”。宝某人防公司是绍兴金某人防设备有限公司在福建地区的代理商，而该公司具备人防生产、安装资格。说明宝某人防公司与某建某局厦门公司签订的《人防工程施工协议》符合厦门市人防办的该政策。综上，宝某人防公司作为厦门的经营主体，在厦门从事经营活动过程中当然应该遵守法律规定，但同时，也应该符合厦门市人防办的政策。否则，就丧失了进入人防工程市场的经营资格，企业也无法继续经营。况且，厦门市人防办作为主管人防工程的部门，宝某人防公司完全有理由相信厦门市人防办的政策是合法的。至于厦门市人防办的相关政策是否符合法律或上级部门的政策规定，其责任不应当由宝某人防公司来承担。二、关于因合同无效造成损失的认定及赔偿问题。原审将某建某局厦门公司另请他人重新安装人防防护设备的费用36000元作为某建某局厦门公司因合同无效造成的损失，并根据某建某局诉求赔偿该部分损失10500元，认定宝某人防公司应赔偿某建某局厦门公司损失10500元是错误的。某建某局厦门公司所主张的损失是自己造成的，与合同无效无关，也与宝某人防公司不具备人防防护设备安装资质无关，应自行承担责任。合同无效以及宝某人防公司不具备人防防护设备安装资质，都不必然导致工程不能通过验收或被拒绝验收。实际上，宝某人防公司同一时期承接的众多人防工程均验收合格，说明讼争工程完全有可能通过验收。三、工程未能取得验收的责任不在于宝某人防公司，而在于某建某局厦门公司，某建某局厦门公司应向宝某人防公司支付工程余款4500元。综上所述，原审对案件的部分事实认定不清，适用法律错误，应当依法予以改判。

法院观点

一审法院观点：承包人未取得建筑施工企业资质或者超越资质等级的，应当依法认定合同无效。本案中，宝某人防公司不具备人防防护设备安装施工的主体资质，其与某建某局厦门公司签订的《人防工程施工协议》，违反法律、行政法规的强制性规定，应认定合同无效。根据法律规定，合同无效，因该合同取得的财产，应当予以返还；不能返还或者没有必要返还的，应当折价补偿。有过错的一方应当赔偿对方因此所受到的损失，双方都有过错的，应当各自承担相应的责任。宝某人防公司作为承包人明知未取得相应的人防防护设备安装施工资质，仍与某建某局厦门公司签订建设工程分包合同，导致合同无效，主观上存在故意，应承担主要责任，即70%的责任；而某建某局厦门公司作为发包人疏于对承包人施工资质的审查义务，主观上存在过失，应承担次要责任，即30%的责任。鉴于宝某人防公司不具备人防防护设备安装施工资质，其施工的工程，不能验收使用，某建某局厦门公司应通知宝某人防公司对其安装的设备进行拆除。但某建某局厦门公司未能提供证据证明已通知宝某人防公司对其安装的设备进行拆除，而直接另请他人进行拆除、搬离，应承担举证不能的不利后果，所发生的费用由某建某局厦门公司承担。故某建某局厦门公司要求宝某人防公司返还某建某局厦门公司已付工程款25500元及另请他人拆除、搬离上述设备所发生的费用7700元的诉求，缺乏事实依据，不予支持。另外，某建某局厦门公司另请他人重新安装人防防护设备，造成某建某局厦门公司损失 36000 元，该损失应根据双方的过错程度，各自承担责任。某建某局厦门公司要求宝某人防公司赔偿其差额损失 10500 元的诉求，未超过宝某人防公司应承担部分，予以支持。基于合同无效，某建某局厦门公司也有过错，应承担其过错责任。某建某局厦门公司要求宝某人防公司赔偿因合同无效导致工程款无法按期结算的利息损失 10732 元的诉求，不予支持。根据双方约定，工程余款 4500 元经厦门市人防办竣工验收合格后应由某建某局厦门公司一周内支付。宝某人防公司施工的工程虽已完工，但未能取得厦门市人防办的验收，某建某局厦门公司依约无需支付该工程余款。故宝某人防公司要求某建某局厦门公司支付工程余款 4500 元及逾期付款利息的诉求，于法无据，不予支持。

二审法院观点：原审判决认定合同无效正确，双方当事人对此均没有异议。合同无效，因该合同取得的财产，应当予以返还；不能返还或者没有必要返还的，应当折价补偿。宝某人防公司已将工程施工完毕，厦门市民防办出具了《××华大酒店二期工程防空地下室验收整改意见》，宝某人防公司也进行了整改；某建某局厦门公司没有证据证明宝某人防公司的施工质量不合格，以及厦门市人民防空办公室要求将人防工程拆除。某建某局厦门公司拆除了该工程，故某建某局厦门公司应当支付相应的工程款。建设工程合同无效适用折价补偿的原则，现宝某人防公司所施工程已拆除，某建某局厦门公司没有证据证明其已将拆除的材料返还给宝某人防公司，故某建某局厦门公司已支付的工程款，应作为折价补偿，某建某局厦门公司请求返还已支付的工程款 25500 元，不予支持。合同无效，有过错的一方应当赔偿对方因此所受到的损失，双方都有过错的，应当各自承担相应的责任。某建某局厦门公司未审查宝某人防公司的施工资质，对选任承包人有过失，况且，双方签订的《人防工程施工协议》也约定，某建某局厦门公司负责参与人防相关部门的协调事宜。故导致宝某人防公司施工的人防工程被拆除，双方均有过错，应当各自承担相应的责任。故某建某局厦门公司主张另行请人施工的费用差额损失及工程款未按期结算的利息损失，应自行承担；宝某人防公司施工的人防工程最终未取得竣工验收报告，无权取得工程余款。原审判决双方各自承担相应的责任并无不当。综上，双方的上诉请求均不能成立，予以驳回。原审判决正确，予以维持。

关联案例

案件名称：彭爱某，铜川市印台区××楼×××沟煤矿与陕西龙某矿山工程建设有限公司建设工程施工合同纠纷案

审理法院：一审：陕西省铜川市中级人民法院（2018）陕02民初21号；二审：陕西省高级人民法院（2020）陕民终742号

裁判观点：案涉纠纷并非企业承包经营合同纠纷，而是建设工程施工合同纠纷，×××沟煤矿的《营业执照》载明经营范围为：煤矿的技术改造（属资源整合煤矿，技改期间不得生产、经营），彭爱某、龙某公司不具有法律、行政法规规定的煤矿开采经营资质。当事人虽获得当地政府主管部门审批手续，但没有法律规定的施工资质，×××沟煤矿以承包的方式将煤矿交由彭爱某进行开采经营，违反了法律、行政法规的规定，应属无效合同。

律师点评

本案是一起因施工资质认定问题导致分包合同无效的建设工程分包合同纠纷案件。由于建设工程施工质量及安全对社会公众的生命和财产安全有着直接重大的影响，因此国家对建筑业企业进入建设领域、开展施工有着严格的监督管理制度，只有具有建筑业企业资质的企业才能够从事土木、建筑、线路管道设备安装、装修等的新建、扩建和改建等活动。国务院建设主管部门负责全国建筑业企业资质的统一监督管理。当然，各地政府及政府部门在具体实施过程中也会针对各地情况出台相关政策，如本案中厦门市人防办就针对厦门市人防企业经营与准入设定了“只要备案时提交符合要求的真实材料并经得起现场考核”的标准。显然，此标准低于法律明文要求的“具备相关资质”。建设工程施工领域，类似情况时有发生，当发生纠纷后，法院如何认定当事人签订的此类分包合同的效力？因此类分包合同产生的损失又如何承担？本书将对此进行分析和探讨。

一、我国关于建筑业企业资质管理的相关规定

在建设施工领域，为保障施工质量和安全，我国现行法律对于企业进入建筑业有着十分严格的规定，即建筑业企业只有取得资质证书后，方可在其

资质许可的范围内从事建筑施工活动①。根据《资质规定》，建筑业企业资质分为施工总承包资质、专业承包资质和施工劳务资质三个序列：(1) 取得施工总承包资质的企业，可以承接施工总承包工程和专业工程。施工总承包企业可以对所承接的施工总承包工程内各专业工程全部自行施工，也可以将非主体结构的专业工程或劳务作业依法分包给具有相应资质的专业承包企业或劳务分包企业。(2) 取得专业承包资质的企业，可以承接施工总承包企业分包的专业工程和建设单位依法发包的专业工程。专业承包企业可以对所承接的专业工程全部自行施工，也可以将劳务作业依法分包给具有相应资质的劳务分包企业。(3) 取得施工劳务资质的企业，可以承接施工总承包企业或专业承包企业分包的劳务作业。

施工总承包资质、专业承包资质和施工劳务资质序列按照工程性质和技术特点分别划分为若干资质类别，各资质类别按照规定的条件划分为若干资质等级；而建筑业企业资质等级标准和各类别等级资质企业承担工程的具体范围，由国务院建设主管部门会同国务院有关部门制定。国务院建设主管部门负责全国建筑业企业资质的归口管理工作，国务院铁路、交通、水利、信息产业、民航等有关部门配合国务院建设主管部门实施相关资质类别建筑业企业资质的管理工作。省级人民政府建设主管部门负责本行政区域内建筑业企业资质的归口管理工作，省级人民政府交通、水利、信息产业等有关部门配合同级建设主管部门实施本行政区域内相关资质类别建筑业企业资质的管理工作。各级政府建设主管部门和其他有关部门应当按照我国现行法律法规的规定对建筑业企业资质进行管理，不应颁布与我国现行法律法规规定（特别是法律法规中的禁止性规定）相冲突的政策规定，否则即构成违法行政。

二、法院如何认定符合地方政策但不符合法律关于资质管理规定的分包合同的效力

通常而言，地方政策负责法律法规规定的具体落实工作，当然，地方政策对法律法规规定也具有拾遗补阙的作用。各地政府及政府部门在尊重法律原则和精神的前提下，可以通过地方政策来弥补法律的不足，以更好地发挥法律调整社会经济关系的功能作用。但是，各地政府及政府部门应当清楚地认识到，地方政策与法律之间并不是简单的平行关系或并列关系，而是一种

① 参见《建筑法》第13条、第26条等。

主从关系。在这种关系中，地方政策需要服从法律的价值取向和相关规定。然而，实践中，一些地方为了方便从事，用政策替代法律，或者用政策不断侵蚀法律的边界，这样做非常危险，不仅有违依法行政的基本要求，其最终结果还可能导致法律虚无主义，与宪法规定的依法治国基本国策背道而驰。如上文所述，对于建筑业企业资质的规定系法律强制性规定，各地只能按照其具体情况制定具体合适的政策辅之，而非取而代之。然而，事实上，一些地方为达到业绩考核指标而擅自干预建筑业市场，以出台地方政策的形式抬高或降低建筑业市场准入门槛，进而导致一些不具备法律规定资质要求的企业进入建筑业市场，签订建设工程施工合同并承接相应项目。司法实践中，法院在认定此类施工合同的效力时，应当根据《民法典》和《最高人民法院关于审理建设工程施工合同纠纷案件适用法律问题的解释（一）》的规定将其认定为无效，但承包人在建设工程竣工前取得相应资质等级的除外。以本案厦门市人防办的政策为例，其规定“只要备案时提交符合要求的真实材料并经得起现场考核的，就具备了可继续经营和准入的条件”，明显不符合法律规定的资质要求。而本案中宝某人防公司的经营范围仅为批发零售人防设备，根本不具备人防防护设备安装的资质，且在讼争工程施工期间仍未取得人防防护设备安装施工资质；其与某建某局厦门公司签订《人防工程施工协议》承接人防工程系“承包人未取得建筑施工企业资质”而签订建设工程施工合同。《民法典》第153条第1款规定“违反法律、行政法规的强制性规定”的民事法律行为无效，《最高人民法院关于审理建设工程施工合同纠纷案件适用法律问题的解释（一）》第1条规定建设工程施工合同具有“承包人未取得建筑业企业资质”情形的，应当根据《民法典》第153条第1款的规定认定无效。因此，本案中宝某人防公司与某建某局厦门公司签订的《人防工程施工协议》应当认定为无效，宝某人防公司以该《人防工程施工协议》符合地方政策（厦门市人防办的规定）为由提出的抗辩，明显与法律和司法解释的规定相冲突，不应予以支持。

三、合同认定无效后的损失承担问题

《民法典》第157条规定：“民事法律行为无效、被撤销或者确定不发生效力后，行为人因该行为取得的财产，应当予以返还；不能返还或者没有必要返还的，应当折价补偿。有过错的一方应当赔偿对方由此所受到的损失；各方都有过错的，应当各自承担相应的责任。法律另有规定的，依照其规定。”法律法规中关于建筑业企业施工资质的规定，不仅要求承包企业应当在其资质范围内承接工程项目，同时也要求发包方将工程项目发包给具备相应资质的承包企业，以确保建设工程的质量。承包企业是否具有相应的施工资质，发包方理应进行核查，即发包方具有核查承包企业是否具有相应资质的法定义务，但由于发包方仅凭书面审查往往并不能完全确保承包企业具有相应资质（如承包企业提供虚假的施工资质材料）。因此，一般情况下，承包企业故意隐瞒资质瑕疵签订建设工程施工合同，导致施工合同无效的，因承包企业主观上存在故意，应当承担主要责任；而如果发包方疏于履行核查承包企业是否具有相应施工资质的法定义务，则发包方主观上存在过失，也应当承担次要责任。本案中，宝某人防公司作为承包人明知其未取得相应的人防防护设备安装施工资质，但仍与某建某局厦门公司签订建设工程分包合同，导致合同无效，主观上存在故意，应承担主要责任，即70%的责任；而某建某局厦门公司作为发包人疏于履行对承包人施工资质的审查义务，主观上存在过失，应承担次要责任，即30%的责任。法院根据双方当事人的过错程度确定双方各自承担相应的责任，符合原《合同法》[①] 第58条的规定，法院所确定的双方承担责任的比例也是适当的。

综上所述，如果由于承包方不具有相应施工资质而导致施工合同被认定为无效的，发包方和承包方应当根据各自的过错程度承担相应的责任。因此，发包方和承包方在发/承包工程、签订施工合同时均应当严格遵守法律关于资质管理的规定。作为承包方，应当在各自资质等级范围内承接工程项目；作为发包方，在发包工程项目时，应当仔细核查承包方的资质情况，避免因疏于核查而导致签订的建设工程施工合同被认定为无效。

① 根据《民法典》，该法已于2021年1月1日起失效。

6.2 法院如何区分和认定劳务分包与工程分包①

——某某乐公司、攀某公司建设工程施工合同纠纷再审案②

关 键 词： 劳务分包　违法分包

问题提出： 合同明确约定项目禁止转包、违法分包的情况下，承包人将部分工作分包给劳务分包单位，是否构成违法分包？

裁判要旨： 劳务分包是施工总承包企业或专业承包企业将其承包工程的劳务作业发包给劳务分包企业的活动，是将建设工程中的劳务部分转由第三人完成，劳务分包是以提供劳务为目的的分包。案涉工程并非完全不可以分包，承包人只是不得将工程主体、关键性工作分包给第三人，经发包人同意，承包人也可将工程的其他部分或工作向第三人进行专业分包和劳务分包，并不构成违法分包。

案情简介

再审申请人（一审被告、二审上诉人）：某某乐公司

被申请人（一审原告、二审被上诉人）：攀某公司

2011 年 8 月，某某乐公司将其案涉工程 LM3 标段对外招标，后攀某公司中标。2011 年 9 月 1 日，某某乐公司向攀某公司发出《中标通知书》，确定攀某公司为案涉工程 LM3 标段中标人，实施案涉工程 LM3 标段沥青混凝土路面，长约 37 千米。同年 9 月 30 日，某某乐公司与攀某公司签订《合同协议书》，主要约定：（1）第 LM3 标段由 K60 +000 至 K96 +435. 771。长约 37 千米，公路等级为高速公路……沥青混凝土路面……工程内容包含沥青混凝土路面工程、收费广场水泥混凝土路面工程、中央分隔带排水工程、通信管道预埋等。……（4）预计合同总额价：295599423 元。……（6）承包人应按

---

① 撰稿人：林隐、何惠娟，上海市建纬律师事务所。

② 一审：四川省眉山市中级人民法院（2015）眉民初字第 195 号；二审：四川省高级人民法院（2016）川民终 469 号；再审法院：最高人民法院（2017）最高法民申 1182 号。

照监理人指示开工，工期为12个月。……关于分包：本项目严禁转包，不允许违法分包。2011年11月29日，案涉工程的监理人四川跃某公路工程监理有限公司（以下简称跃某公司）、某某乐高速公路JL7总监办（以下简称总监办）向攀某公司发出开工令，同意LM3合同段正式开工（工期从2011年11月29日起计算至2012年11月29日）。2012年4月15日，某某乐公司向攀某公司等发出某某乐发（2012）116号文件，该文件载明：部分已经基本成型的路基路床无法交验，路基路床交验工作极其滞后，至今没有交出合格的路基路床，导致后续路面单位无法进场施工……经研究，决定对TJ8标段K61+420－K62+900全长1.48千米路段的全幅路基路床交验，指令分包给攀某公司乐雅高速公路LM3标段进行施作。同年7月6日，某某乐公司向无锡市交通工程有限公司（以下简称无锡交通公司）发出某某乐发（2012）163号文件，该文件载明：由你司负责承建的……TJ8标段项目，2011年12月31日合同到期后尚剩余大量工程，目前已超过合同工期六个月，但整个项目……基本处于停工状态。后某某乐公司向攀某公司交付路基路床迟延。攀某公司在履行案涉过程合同中，其合同行为并不包括放炮的施工行为，也不涉及弃土场的租赁及其复垦。2012年7月2日至2013年6月30日，由于前期工程放炮震动引起的房屋赔付问题、弃土场租金及复垦赔偿以及施工队伍索要工程款等原因，在攀某公司进行案涉项目施工时出现阻工，由监理公司代表签字确认的攀某公司因阻工造成的直接水稳料报废5525吨，合计金额403712元；同时造成前场施工人员及设备等停工、窝工等。

2015年5月28日，攀某公司以某某乐公司为被告诉至四川省眉山市中级人民法院，提出诉讼请求：1. 赔偿工期延误、停工、窝工等经济损失和实际费用44327674元（其中阻工直接水稳料报废损失403712元、延期增加的人工费和机械设备费用34831384元、延期退还履约担保金产生的资金利息损失993931元、延期退还质保金产生的资金利息1142896元、超期临时工程用地费用1635924元、超期检测费875000元、延期增加的项目部工作人员超期工资费用损失4444827元）；2. 赔偿工期延误可得利益损失（合理利润）17243299元；3. 支付工程增加费用8335609元（其中计日工增加费用816045元、保温措施增加费用180000元、材料转运增加费用1932682元、绕运增加费用1668863元、结构层被破坏修复增加费用1532745元、换填增加费用2205274元）；4. 上述1～3项，合计69906582元。某某乐公司认为停窝工损失，而合同明确约定工程不得转包、违法分包，攀某公司将工程主要工作分包给劳务分包单位，属于违法分包，应当依法承担违法和违约责任。

各方观点

某某乐公司观点：本案攀某公司提供的证据已经充分证明案涉工程存在转包的违法行为，一审、二审判决并未对此进行核查和在判决书中进行评述。二审判决以某某乐公司代攀某公司向分包商付款的行为推定为对分包行为的认可的理由不能成立。攀某公司将施工范围内的全部工程分别肢解为第一冷拌站、第二冷拌站、沥青砼加工、热拌站、试验检测分包给分包商实施，除与某某乐公司共同采购沥青外，没有由攀某公司自行实施的工程内容，其行为明显属于违法转包行为。攀某公司为回避转包的违法事实，通过签订劳务分包合同的方式将本项目工程全部肢解，但实际上分包的内容包含了材料、机械设备和人工，并不符合劳务分包的性质。由于攀某公司的违法转包行为，导致项目管理混乱，工期严重滞后，一审、二审法院均未对这一违法且严重影响工期的行为进行审查。

攀某公司观点：某某乐公司对所谓“案涉工程存在转包的违法行为”未举示证据证明，攀某公司不予认可。攀某公司在案涉项目施工过程中不存在转包、违法分包的情形。

法院观点

关于是否存在违法分包的问题。作为合同文件的《国家高速路网成渝地区环线乐山至雅安段公路路面工程施工招标文件》中项目专用合同条款虽有约定，“关于分包：本项目严禁转包，不允许违法分包”。但同样作为合同文件的《公路工程标准施工招标文件》（2009 年版，上册）又约定了“4. 3 分包中 4. 3. 2 –4. 3. 4 项细化为：承包人不得将工程主体、关键性工作分包给第三人，经发包人同意，承包人可将工程的其他部分或工作分包给第三人。分包包括专业分包和劳务分包”。故应当认定，案涉工程并非完全不可以分包，承包人只是不得将工程主体、关键性工作分包给第三人，经发包人同意，承包人也可将工程的其他部分或工作向第三人进行专业分包和劳务分包。本案某某乐公司受托代攀某公司向分包商付款，表明某某乐公司知晓并实际同意攀某公司向第三人所作的部分分包。某某乐公司并未举证证明攀某公司的劳务分包属于不得分包的工程主体、关键性工作，故其关于攀某公司违法分包的主张不能成立。

关联案例

案件名称： 某铁某局集团有限公司、某铁某局集团有限公司××铁路 W6 标项目经理部建设工程施工合同纠纷案

审理法院： 二审：（2013）鄂民一终字第 00089 号；再审：最高人民法院（2017）最高法民申 965 号

裁判观点： 某铁某局与华夏某某公司签订的《劳务协作合同》《补充协议》《终止协议》《建设工程施工劳务分包合同》等，名为劳务合同，实为工程分包合同，由于某铁某局未经建设单位同意，将国家重点建设工程分包给华夏某某公司，违反法律禁止性规定，属无效合同。建设工程施工合同无效，但建设工程经竣工验收合格，承包人请求参照合同约定支付工程价款的，应予支持。此为合同无效情形下对结算工程款的有效处理，即合同无效后建设工程承包人与发包人对工程价款发生纠纷，一般仍可以按照合同约定进行结算。但此条规定并未禁止承包人选择对工程价款进行鉴定据实结算，人民法院可以根据具体案情，决定是否参照合同约定进行结算。本案中，合同无效的主要原因系某铁某局未经建设单位同意违法分包，而非华夏某某公司的原因，并且华夏某某公司按照合同约定工期提前完成了施工任务，工程质量合格，而合同履行时存在实际施工难度大，合同单价偏低，双方当事人对价格重新约定后又予以调整的情形，如果仅以最后合同约定的价格计算工程价款不能真实反映工程施工情况。故一审法院根据本案实际，同意对工程造价进行鉴定并据实结算，符合法律规定。

律师点评

本案是一起因工程延误继而引起责任承担纠纷的建设工程施工合同案件。本案中攀某公司作为某某乐公司发包道路工程的总承包人，在总承包合同中约定不得转包、违法分包，且合同约定承包人不得将工程主体、关键性工作分包给第三人，但总承包合同同时约定：经发包人同意，承包人可将工程的其他部分或工作分包给第三人。本案中某某乐公司主张攀某公司将施工范围内的全部工程分别肢解为第一冷拌站、第二冷拌站、沥青砼加工、热拌站、试验检测分包给分包商实施，除与某某乐公司共同采购沥青外，没有由攀某公司自行实施的工程内容，其行为明显属于违法转包行为，但未提供相关证据予以证明。而按照合同约定，本案的关键在于如何定性攀某公司对外劳务

分包的性质，是否构成法律规定的违法分包。经法院审理认为，案涉工程的工程主体、关键性工作不得分包，但某某乐公司并未举证证明攀某公司的劳务分包属于不得分包的工程主体、关键性工作，且某某乐公司向分包单位支付工程价款，表明其对攀某公司的分包行为知情并认可。故其关于攀某公司违法分包的主张不能成立。

一、劳务分包与工程转包、工程分包的定义

（一）劳务分包

“劳务分包”一词目前还没有法律或者法规对其作出明确的定义，对“劳务分包”的规定见于部门规章和地方性规定中。《房屋建筑和市政基础设施工程施工分包管理办法》第4条规定：“本办法所称施工分包，是指建筑业企业将其所承包的房屋建筑和市政基础设施工程中的专业工程或者劳务作业分包给其他建筑业企业完成的活动。”第5条规定：“房屋建筑和市政基础设施工程施工分包分为专业工程分包和劳务作业分包……本办法所称劳务作业分包，是指施工总承包企业或者专业承包企业（以下简称劳务作业发包人）将其承包工程中的劳务作业发包给劳务分包企业（以下简称劳务作业承包人）完成的活动……”即劳务作业分包与专业工程分包并列，均属于施工分包。《资质规定》第5条第1款规定：“建筑业企业资质分为施工总承包资质、专业承包资质、施工劳务资质三个序列。”根据目前劳务分包的实践并结合上述规定，劳务分包是指施工总承包企业、专业承包企业将所承包建设工程中的建筑劳务作业发包给具有劳务分包资质的建筑劳务企业完成的活动。其本质属性是：劳务分包企业即从事劳务作业的分包人必须具有相应的劳务分包资质；劳务分包所指向的对象是完成分包工程中的劳务作业部分而不是完成分包工程本身。劳务分包的内容或者标的为建设工程施工中的劳务作业部分，而不含建筑材料主材采购、工程质量及技术管理等。这一本质属性也是区别专业工程分包和劳务作业分包的根本界限。劳务分包有合法分包和违法分包之分。违法劳务分包的情形包括：1. 施工单位将其承包范围内的劳务作业分包给不具备相应劳务分包资质的单位或个人；2. 劳务分包单位将其承接的劳务作业再次分包；3. 劳务分包单位除计取劳务作业费用外，还计取主要材料款和大中型施工机械设备台班费用。

（二）工程转包

工程转包为我国法律法规所明确禁止，所有的工程转包均为违法无效。

《建筑法》第28条规定："禁止承包单位将其承包的全部建筑工程转包给他人，禁止承包单位将其承包的全部建筑工程肢解以后以分包的名义分别转包给他人。"《建设工程质量管理条例》第25条第3款规定："施工单位不得转包或者违法分包工程。"第78条第3款规定："本条例所称转包，是指承包单位承包建设工程后，不履行合同约定的责任和义务，将其承包的全部建设工程转给他人或者将其承包的全部建设工程肢解以后以分包的名义分别转给其他单位承包的行为。"根据上述法律法规中的规定，转包是指承包单位承包建设工程后，不履行合同约定的责任和义务，将其承包的全部建设工程转给第三人或者将其承包的全部工程肢解以后以分包的名义分别转给第三人承包的行为。

（三）工程分包

我国现行法律法规中允许合法的工程分包。《建筑法》第29条第1款规定："建筑工程总承包单位可以将承包工程中的部分工程发包给具有相应资质条件的分包单位；但是，除总承包合同中约定的分包外，必须经建设单位认可。施工总承包的，建筑工程主体结构的施工必须由总承包单位自行完成。"《民法典》第791条第2款、第3款规定："总承包人或者勘察、设计、施工承包人经发包人同意，可以将自己承包的部分工作交由第三人完成。第三人就其完成的工作成果与总承包人或者勘察、设计、施工承包人向发包人承担连带责任。承包人不得将其承包的全部建设工程转包给第三人或者将其承包的全部建设工程支解以后以分包的名义分别转包给第三人。禁止承包人将工程分包给不具备相应资质条件的单位。禁止分包单位将其承包的工程再分包。建设工程主体结构的施工必须由承包人自行完成。"根据上述法律法规中的规定，专业工程分包是工程承包人将建设工程施工中除主体结构施工外的其他专业工程发包给具有相应专业资质的施工企业施工的行为。工程分包有合法工程分包和违法工程分包之分。《建设工程质量管理条例》第78条第2款规定："本条例所称违法分包，是指下列行为：（一）总承包单位将建设工程分包给不具备相应资质条件的单位的；（二）建设工程总承包合同中未有约定，又未经建设单位认可，承包单位将其承包的部分建设工程交由其他单位完成的；（三）施工总承包单位将建设工程主体结构的施工分包给其他单位的；（四）分包单位将其承包的建设工程再分包的。"

二、劳务分包和工程转包、工程分包的区分与认定

根据上述对劳务分包定义及其自身法律特征的分析，劳务分包是在存在工程施工合同的前提下派生而来，劳务分包合同的内容指向的是工程中的施工劳务，只能针对工程用工进行，劳务分包人必须自行完成所承包的劳务。工程分包计取的是直接费、间接费、税金和利润，而劳务分包仅计取工程直接费中的人工费以及相应管理费，在支付劳务报酬时，以清工（按工日）形式结算支付，或以实物单价形式结算支付，劳务分包只能自带必要的小型机具，否则，就不是劳务分包而是工程分包。而转包是指承包单位承包建设工程后，不履行合同约定的责任和义务，将其承包的全部建设工程转给第三人或者将其承包的全部工程肢解以后以分包的名义分别转给第三人承包的行为。转包人在承包工程后，并不成立项目经理部，也不委派技术人员和管理人员对工程建设进行管理和技术指导，往往仅以收取总包管理费的方式，将全部工程转让给转承包人。而专业工程分包是建筑工程总承包单位经建设单位认可将承包工程中的部分工程发包给具有相应资质条件的分包单位的行为。它不仅包含一定的劳务内容，还包含完成专业工程所需的所有其他工作，如提供专业技术、管理、材料的采购等。在区分劳务分包和工程分包时，应当注意的是，劳务分包企业除了可负责工程中的劳务作业部分，还可负责建筑材料主材之外辅材的采购供应，劳务分包企业根据劳务分包合同约定负责建筑材料辅材的采购供应不影响劳务分包合同的性质和效力。但如果劳务分包企业还同时负责建筑材料主材的采购供应，则不再属于劳务分包，而应认定为工程分包。

由于劳务分包无需经过发包人或总承包人的同意，故在建筑市场中，存在不少以劳务分包名义行转包或者违法分包之实的现象，企图为工程转包或违法分包等违法行为披上合法的外衣。司法实践中，法院主要是通过仔细分析和研究双方签订的合同条款中的实质内容来区分彼此。

综上所述，劳务分包和工程转包、工程分包本身不应存在混淆，但是建设工程自身的复杂性决定了劳务分包和工程转包、工程分包之间有着千丝万缕的联系，很多时候往往不易予以区分，特别是在相关主体以劳务分包为名实施工程转包、违法分包之实时，这就需要我们在实践中对三者之间的各自特性进行归纳，以避免因未能有效区分造成法律适用上的混乱而导致相关案件裁判错误或失当。在劳务分包过程中，无论是施工企业还是劳务分包企业，

都应当严格按照现行有关劳务分包的法律法规规章的规定规范操作，注意规范和防范其中可能存在的风险，而不应以劳务分包为名实施工程转包、违法分包之实。

6.3 法院如何认定指定分包合同纠纷中发包人的责任①

——兆某公司、郦起某建设工程施工合同纠纷再审案②

关 键 词： 指定分包　发包人责任　合同相对性

问题提出： 发包人存在指定分包的情况下是否影响实际施工人的身份认定及发包人欠付工程价款的支付义务？

裁判要旨： 案涉工程已由发包人、总承包人等单位验收竣工，在发包人未提交证据证明案涉工程系由其他主体施工完成的情形下，认定郦起某系案涉工程的实际施工人并无不当。即便发包人提供了案涉工程所需钢材，保温工程由发包人指定分包，亦不足以否定郦起某的实际施工人身份，发包人购买材料、支付指定分包价款计入工程总价款的，应当在结算中予以扣除，但并不因此免除发包人对欠付工程价款的支付义务。

案情简介

再审申请人（一审被告、二审上诉人）：兆某公司

被申请人（一审原告、二审被上诉人）：郦起某

被申请人（一审被告、二审被上诉人）：某建集团

被申请人（一审第三人、二审被上诉人）：东某公司

2007年，兆某公司作为发包人，某建集团作为承包人，双方签订《××市建设工程施工合同》，约定由兆某公司将××路居住小区1~11#楼发包给某建集团施工。2006年4月28日，某建公司作为承包人，与东某公司作为分包

---

① 撰稿人：曹珊、林隐，上海市建纬律师事务所。

② 一审：山东省青岛市中级人民法院（2018）鲁02民初1138号；二审：山东省高级人民法院（2020）鲁民终436号；再审法院：最高人民法院（2020）最高法民申5459号。

人签订分包合同。2018 年 3 月 19 日，东某公司出具《关于××路居住小区项目工程的情况说明》一份。该情况说明载明，××路居住小区 1～11#是由兆某公司作为发包方，某建集团作为承包方，我方作为分包方予以承建的项目工程。该项目工程实际为大包项目，项目经理郇起某为该项目工程的实际施工人。基于青岛仲裁委（青仲裁字 2009 第 128－2 号）裁决书所确认的内容，兆某公司应支付该项目工程款、利息 30670000 元及相应违约金。后经××市中级人民法院强制执行，共得执行案款 6032608.8 元并交给某建集团。我公司从某建集团收到上述执行款后，上述执行款已全部支付给项目实际施工人郇起某。截至目前，兆某公司仍然拖欠项目工程款 24637391.2 元、仲裁费 70000 元、违约金 6134000、执行滞纳金 17400000 元等共计 48241391.2 元。郇起某是该项目工程的实际施工人，其个人出资对该工程项目进行垫资施工，因此有权获得该项目工程的上述全部收益（该全部收益包括但不限于上述裁决书所载明的收益）。

2018 年 6 月 20 日，东某公司作为甲方，郇起某作为乙方，双方签订了《工程结算协议书》。该协议载明：乙方实际施工××路居住小区 1～11#楼工程的结算工程款金额为 49205608.39 元。某建集团自兆某公司处取得的工程款，扣除管理费后转交给甲方，甲方扣除管理费及税费后向乙方转交已经取得的工程款。截至目前，兆某公司尚欠某建集团工程款 24637391.2 元。……剩余工程款支付安排：剩余工程款在某建集团转交给甲方后，甲方将在两个工作日内扣除约定的管理费及税费后全额转交给乙方，为便于剩余工程款的支付，如乙方直接向某建集团和兆某公司主张支付剩余工程款的，甲方同意将有关支付剩余工程款的权利转让给乙方并配合提供、出具所需的资料和文件。

2018 年 9 月 21 日和 2019 年 1 月 21 日，东某公司两次向某建集团出具《款项支付说明》，要求某建集团将拟支付的 700 万元、250 万元工程款及后续剩余工程款项直接支付至郇起某。2018 年 9 月 25 日至 26 日某建集团向郇起某账户汇入 250 万元；2019 年 1 月 25 日至 28 日，某建集团向郇起某账户汇入 700 万元。

郇起某多次讨要剩余工程款无果，向法院起诉请求判令某建集团支付工程价款及利息合计 25216685.39 元，兆某公司在欠付某建集团工程款范围内承担连带责任。

各方观点

邴起某观点：兆某公司为案涉项目发包人，某建集团为总承包人，总承包案涉工程后转交东某公司完成，而邴起某作为实际施工人，垫资建设了全部案涉工程，且经竣工验收合格并交付使用至今，依法享有全部工程收益。邴起某作为案涉工程的实际施工人，多次通过东某公司向某建集团请求，要求其支付欠付的工程款，某建集团均以兆某公司剩余工程款尚未执行完毕为由拒绝支付。兆某公司迟延支付工程款、某建集团怠于主张权利的行为，除给实际施工人邴起某带来经济损失外，亦导致邴起某无法按时、足额发放施工队农民工的工资。故邴起某要求某建集团支付欠付的工程价款及利息，要求兆某公司在欠付范围内承担连带责任。

某建集团观点：某建集团是与东某公司就案涉工程建立的劳务分包合同关系，而与邴起某无任何合同关系，根据工商登记信息显示，邴起某是东某公司的股东和董事，且邴起某受东某公司指派担任该公司案涉工程的项目经理，因此其起诉某建集团属于主体不适格。在案涉工程未施工完毕的情形下，某建集团就与兆某公司解除了施工总包合同，某建集团与东某公司也尚未完成案涉工程的结算，依法不具备付款条件，相应地，也就不能计算利息。就某建集团与兆某公司的总包合同纠纷而言，某建集团已申请仲裁，虽然青岛仲裁委员会已作出裁决，但兆某公司一直对该裁决书持有异议，2018 年 1 月向青岛中院申请撤销该裁决。2019 年 5 月 20 日，青岛中院作出（2019）鲁 02 民特 1 号民事裁定书驳回兆某公司的申请，现兆某公司又提起上诉。因此，仲裁裁决书至今未得到履行，东某公司的剩余工程款同样不具备支付条件。

兆某公司观点：某建集团与东某公司建立的是劳务分包合同关系。邴起某的工程量仅为提供劳务，仅能就工程取得劳务报酬。兆某公司提供了案涉工程所需钢材，保温工程由兆某公司指定分包，均与邴起某无关。邴起某并未取代其上家在施工作业中的地位，没有全面、独立地完成一定施工作业，并对该工程质量承担责任。对于邴起某主张的欠付工程款的数额，兆某公司存在异议，《青岛 × × 路居住小区工程结算鉴定报告》系对整个工程造价的确定，包括材料费、人工费、机械使用费、税金等。兆某公司有采购合同、发票、分包合同等证据证实鉴定报告中的钢材由兆某公司采购、保温工程由兆某公司指定分包，这部分价款均计入工程的总造价，但在确定应付施工人工程款时应予扣除。

东某公司观点：郦起某系实际施工人，对案涉工程进行施工，工程结算及工程款的支付不通过东某公司，由郦起某与某建集团直接进行。

法院观点

一审法院观点：首先，关于郦起某是不是案涉工程的实际施工人，其主张被告支付工程款及利息应否予以支持。承包人非法转包、违法分包建设工程或者没有资质的实际施工人借用有资质的建筑施工企业名义与他人签订建设工程施工合同的行为无效。因此，实际施工人主要是指没有法定建设工程承包权，但实际完成建设工程施工的建筑企业或自然人。本案中，兆某公司作为建设方，将案涉工程发包给某建集团施工，某建集团将工程整体发包给东某公司，东某公司又将工程全部转包给郦起某实际施工。郦起某无法定施工资质，但实际施工了案涉工程，东某公司、兆某公司亦认可郦起某是实际施工人。因此，郦起某依法应认定为案涉工程的实际施工人，其作为原告诉讼主体适格。某建集团抗辩郦起某非案涉工程的实际施工人，无事实和法律依据，不予采信。

其次，关于案涉工程欠付款的责任承担主体。根据业已查明的事实，兆某公司欠付某建集团、某建集团欠付东某公司、东某公司欠付郦起某的工程款数额均清楚明确，东某公司亦明确表示同意郦起某就案涉欠付工程款主张权利，东某公司不再重复主张，故郦起某作为实际施工人，起诉转包人和违法分包人，符合法律规定。某建集团应据此承担工程款给付义务，兆某公司作为发包人亦应在欠付工程款范围内承担责任。同时，2007 年郦起某施工案涉工程，2008 年案涉工程主体验收合格，2011 年 8 月 12 日 × × 市仲裁委员作出生效裁决确认兆某公司欠付某建集团工程款 3067 万元。自郦起某施工至今已长达十二年，但该案至今未执行终结，因工程款长期拖欠，致使郦起某作为实际施工人的权益严重受损。基于建设工程是建筑工人劳动物化的法理基础，为保护农民工等建筑工人的合法权益，郦起某起诉请求某建集团承担付款责任，符合我国审理建设工程案件的立法原意和价值取向。兆某公司作为发包人亦应在欠付工程款的范围内承担付款义务。关于欠付工程款的具体数额问题，某建集团与兆某公司就案涉工程欠付款问题于 2009 年申请仲裁，青岛仲裁委员会于 2011 年 8 月 12 日出具裁决书，该裁决书确认兆某公司欠付某建集团款项共计 3067 万元。该欠款数额属于已为仲裁机构的生效裁决所确认的事实，依法应作为本案的定案依据。兆某公司虽对该仲裁裁决不予认可，并请求对案涉工程进行鉴定，但该仲裁裁决已依法生效，兆某公司未提交相反证据足以推翻该仲裁裁决，不应采信。因此，法院认定兆某公司欠付某建集团 3067 万元。关于已付款情况，经审理查明，该裁决书生效后，邴起某已实际收到工程款 15532609.61 元。因此，欠付款项的数额应认定为 15137390.39 元（3067 万元 - 15532609.61 元）。关于利息问题，因青岛仲裁委员会出具的裁决书生效后，至本案诉讼前，邴起某仅收到工程款 6032609.61 元。因此，邴起某主张以本案诉讼前欠付工程款 24637390.39 元（3067 万元 - 6032609.61 元）为基数，请求被告以中国人民银行同期银行贷款利息为标准，支付自 2011 年 8 月 12 日至起诉之日即 2018 年 6 月 30 日的利息，符合法律规定，应予支持。

二审法院观点：首先，关于邴起某是否系案涉工程实际施工人的问题。根据一审法院查明的事实，兆某公司将案涉工程发包给某建集团，某建集团将案涉工程发包给东某公司，东某公司又将全部案涉工程交由邴起某实际施工。结合《主体结构验收记录》，案涉工程已由兆某公司、某建集团等验收竣工，在兆某公司未提交证据证明案涉工程系由其他主体施工完成的情形下，一审法院认定邴起某系案涉工程的实际施工人并无不当。

其次，关于案涉《裁决书》是否可以作为认定案涉工程款依据的问题。青岛仲裁委员会系根据兆某公司与某建集团自愿达成的《调解协议书》制作的裁决书，且该裁决书确认了兆某公司未向某建集团支付的总欠款数额合计 3067 万元。一审法院据此作为认定案涉工程款的依据亦无不当。兆某公司主张青岛仲裁委员会依据《青岛 × × 路居住小区结算鉴定报告》认定邴起某的工程款，且未对需扣减部分扣除的理由不能成立。虽然青岛仲裁委员会在仲裁过程中委托鉴定机构对案涉工程造价进行了鉴定，但并未将鉴定报告作为认定案涉工程款的依据，而是根据兆某公司与某建集团自愿达成的《调解协议书》确认了案涉工程的工程款。且《青岛 × × 路居住小区结算鉴定报告》亦对需扣减部分从案涉工程总造价中作了相应扣除，得出的案涉工程总造价为 49205608.39 元，高于案涉裁决书确认的工程款 3067 万元。

再审法院观点：关于原判决认定邴起某系实际施工人是否正确的问题。根据查明事实，兆某公司作为建设方，将案涉工程发包给某建集团施工，某建集团将工程整体发包给东某公司，而实际上由邴起某施工，施工范围基本一致。东某公司认可邴起某是实际施工人。原审过程中，某建集团直接向邴起某支付案涉工程款共计950万元，东某公司出具《款项支付说明》记载邴起某为该工程的实际施工人，其个人出资对该工程项目进行施工，故有权获得该项目工程的工程款。案涉工程已由兆某公司、某建集团等单位验收竣工，在兆某公司未提交证据证明案涉工程系由其他主体施工完成的情形下，原判决认定邴起某系案涉工程的实际施工人并无不当。即便兆某公司提供了案涉工程所需钢材，保温工程由兆某公司指定分包，亦不足以否定邴起某的实际施工人身份。兆某公司主张邴起某不是实际施工人，依据不足，法院不予采纳。

关于原判决依据仲裁裁决确定欠付工程款数额是否正确的问题。第一，虽然青岛仲裁委员会在仲裁过程中委托鉴定机构对案涉工程造价进行了鉴定，但并未将鉴定报告作为认定案涉工程款的依据，而是根据兆某公司与某建集团自愿达成的《调解协议书》确认了兆某公司欠付某建集团的工程款数额。兆某公司以《鉴定报告》造价金额过高以及应扣除相关费用，主张仲裁裁决书不能作为认定案件事实的依据，缺乏依据。第二，原判决并未判令兆某公司对工程款利息承担连带责任，原判决依据仲裁裁决确认某建集团欠付邴起某工程款数额，某建集团对原判决未提出异议，并已实际履行。根据原判决查明事实，仲裁裁决书认定兆某公司欠付某建集团3067万元，经法院执行，兆某公司仅支付约8532609.61元，还欠约2200万元，欠付工程款超过15137390.39元。因此，原判决判令兆某公司在欠付某建集团15137390.39元的范围内对邴起某承担连带责任，并无不当。

关联案例

案件名称：金义某、某泰公司建设工程施工合同纠纷案

审理法院：一审：湖南省高级人民法院（2017）湘民初45号；二审：最高人民法院（2019）最高法民终379号

裁判观点：某欣公司与某泰公司签订《协调会纪要》约定，某泰公司将部分工程指定分包给其他人，由此补贴某欣公司业务费40万元，分包单位进场前支付20万元，竣工验收后再支付20万元。该约定不违反法律法规的禁止性规定，且工程已竣工验收，该笔费用计入案涉工程造价，并无不当。

律师点评

一、对《最高人民法院关于审理建设工程施工合同纠纷案件适用法律问题的解释（一）》第43条的理解和解读

《最高人民法院关于审理建设工程施工合同纠纷案件适用法律问题的解释（一）》第43条共有两款："实际施工人以转包人、违法分包人为被告起诉的，人民法院应当依法受理。实际施工人以发包人为被告主张权利的，人民法院应当追加转包人或者违法分包人为本案第三人，在查明发包人欠付转包人或者违法分包人建设工程价款的数额后，判决发包人在欠付建设工程价款范围内对实际施工人承担责任。"第一款为程序性规定，第二款分别规定了程序和实体两部分内容。要分析本案是否可以适用《最高人民法院关于审理建设工程施工合同纠纷案件适用法律问题的解释（一）》第43条（即原《最高人民法院关于审理建设工程施工合同纠纷案件适用法律问题的解释》第26条）的规定，就需要对该条文进行详细的分析和解读。

（一）转包人、违法分包人、实际施工人的概念

《民法典》第791条第2款规定："……承包人不得将其承包的全部建设工程转包给第三人或者将其承包的全部建设工程支解以后以分包的名义分别转包给第三人。"《建设工程质量管理条例》第78条第3款规定："本条例所称转包，是指承包单位承包建设工程后，不履行合同约定的责任和义务，将其承包的全部建设工程转给他人或者将其承包的全部建设工程肢解以后以分包的名义分别转给其他单位承包的行为。"《房屋建筑和市政基础设施工程施工分包管理办法》第13条第1款规定："禁止将承包的工程进行转包。不履行合同约定，将其承包的全部工程发包给他人，或者将其承包的全部工程肢解后以分包的名义发包给他人的，属于转包行为。"根据上述规定，转包的表现形式主要有两种：一是将全部工程整体转给他人；二是将全部工程肢解后以分包的名义分别转给他人。转包行为是违法行为，转包合同一律无效。从民法的角度讲，转包属于第三人代替债务人履行债务的行为，在债务人和债权人之间没有明确约定的情况下，应属债务人的违约行为。

在建筑工程中，是允许合法分包的。所谓合法分包应该具备以下五个条件：(1) 经发包人同意；(2) 被分包的工程只能是承包人承包的"部分"工作；(3) 被分包的工程不能是承包人承包的主体工程；(4) 分包人具有相应

的资质；（5）只能分包一次，分包人不得再分包。而违法分包，根据《建设工程质量管理条例》第78条第2款的规定，是指下列行为：“（一）总承包单位将建设工程分包给不具备相应资质条件的单位的；（二）建设工程总承包合同中未有约定，又未经建设单位认可，承包单位将其承包的部分建设工程交由其他单位完成的：（三）施工总承包单位将建设工程主体结构的施工分包给其他单位的；（四）分包单位将其承包的建设工程再分包的。”

实际施工人这个概念，在我国现行法律法规中没有出现。《最高人民法院关于审理建设工程施工合同纠纷案件适用法律问题的解释（一）》中共有4条出现“实际施工人”这个概念（分别是第1条、第15条、第43条、第44条），从这几条规定来看，实际施工人是与总承包人、分包人并列的概念，是指转包人和违法分包人的承包人，即是指无效合同中的承包人，包括转承包人、违法分包合同的承包人、没有资质借用有资质的建设施工企业名义与他人签订建设工程施工合同的承包人。从司法解释全文进行分析，只有在出现无效合同的情况下，才会有实际施工人这个概念。因此，从条文本身文义解释进行分析，要想适用《最高人民法院关于审理建设工程施工合同纠纷案件适用法律问题的解释（一）》第43条，必须存在转包、违法分包或借用资质等情形而导致合同无效这个前提。

（二）对《最高人民法院关于审理建设工程施工合同纠纷案件适用法律问题的解释（一）》第43条第2款突破合同相对性的分析

根据《最高人民法院关于审理建设工程施工合同纠纷案件适用法律问题的解释（一）》第43条第2款的条文，实际施工人与发包人之间并不存在合同关系，但是实际施工人却可以以发包人为被告主张权利，即该款规定事实上赋予了实际施工人在合同无效的特殊情况下，突破合同相对性原则直接起诉发包人要求其支付工程款的权利。但是，应当指出的是，本款规定对合同相对性原则的突破是有限度的：首先，需要有转包、违法分包或借用资质等事实存在，这一点在上文中已经做过论述；其次，需要对实际施工人进行严格、准确的界定，并非所有施工主体都可以作为“实际施工人”依据《最高人民法院关于审理建设工程施工合同纠纷案件适用法律问题的解释（一）》第43条规定提起诉讼。

所谓合同相对性原则是指，合同主体间建立的合同关系仅在合同当事人之间产生法律效力，对合同当事人以外的第三人不具有约束力，除法律特别规定的情形外，当事人不得突破合同相对性原则向合同关系外的第三人主张权利。《民法典》第593条体现了这一原则，该条规定："当事人一方因第三人的原因造成违约的，应当依法向对方承担违约责任。当事人一方和第三人之间的纠纷，依照法律规定或者按照约定处理。"具体到《最高人民法院关于审理建设工程施工合同纠纷案件适用法律问题的解释（一）》第43条中，实际施工人与转包人/违法分包人之间存在转包、违法分包的无效合同关系，转包人/违法分包人与发包人之间存在合同关系，他们之间是合同相对方，发生纠纷后互为原被告向人民法院起诉不存在突破合同相对性的问题。而实际施工人与发包人之间并不存在直接的合同关系，如实际施工人直接以发包人为被告提起诉讼就存在突破合同相对性的问题。为解决《最高人民法院关于审理建设工程施工合同纠纷案件适用法律问题的解释（一）》第43条第2款突破合同相对性原则在司法实践中所产生的一系列问题，最高人民法院和各地高级人民法院均限制该款规定的适用范围。

（三）"欠付工程款的范围"如何界定

由于相关司法解释和司法文件没有对《最高人民法院关于审理建设工程施工合同纠纷案件适用法律问题的解释（一）》第43条第2款中所指的"欠付工程款的范围"作出进一步的明确规定，因而该款在具体适用过程中存在标准不统一的问题。明确"欠付工程款的范围"对正确适用《最高人民法院关于审理建设工程施工合同纠纷案件适用法律问题的解释（一）》第43条第2款具有极为重要的意义。

"欠付"不等于"未付"，"未付"意味着尚未支付，"欠付"则表明超过约定期限仍未支付。界定"欠付工程款的范围"，可以参照原建设部会同国务院有关部门研究制定的《建设领域拖欠工程款认定标准》[①] 中对"拖欠工程款"的认定标准。有下列情形之一的，可以认定为属于欠付工程款的范围：

（1）建设工程如果已经完成竣工结算，可以分两种情况认定欠付工程款的范围：一是原合同约定的支付工程款的期限届满，发包人未向承包人支付的工程款可以认定为欠付工程款的范围。如合同中没有对支付工程款的期限进行约定的，工程竣工结算之日起28天后视为支付工程款的期限。二是如果

---

① 参见《关于组织开展建设领域拖欠工程款情况调查判定还款计划的通知》，载中华人民共和国住房和城乡建设部网站，https：//www. mohurd. gov. cn/gongkai/fdzdgknr/tzgg/200403/20040316_158654. html，最后访问时间：2022年6月8日。

发包人与承包人之间签订了还款协议，发包人没有按照协议约定偿还工程款，该未偿还的工程款可以认定为欠付工程款的范围。

(2) 建设工程如果已经竣工验收，但尚未结算，合同约定的工程结算期限届满后，发包人未结算支付的工程款可以认定为欠付工程款的范围。如果合同没有对结算日期进行约定的，承包人向发包人递交竣工结算报告及完整的结算资料之日起56天后，视为工程结算期。

(3) 建设工程如果已经完工，但尚未办理竣工验收手续的，如果存在发包人未及时组织验收的情形（一般指承包人提供竣工报告及完整的竣工资料之日起42天内发包人无故不组织验收），并且建设工程已经投入使用，或者建设工程尚未投入使用，但经由质量检测部门验收合格的，当合同约定的付款日期届满后，发包人未支付的工程款可以认定为欠付工程款的范围。

(4) 如果属于在建工程，发包人未按合同约定向承包人支付工程进度款的，发包人未支付的工程进度款可以认定为欠付工程款的范围。

二、分包合同的效力决定分包人主张工程款的相对方

建设工程施工合同的效力认定是正确处理好建设工程施工合同纠纷案件的首要问题和关键问题。由于建设工程涉及的范围比较广泛，建设工程施工合同受到不同领域的多部法律、行政法规及其他规范性文件的调整。加之，建设工程施工合同主体较为复杂，合同内容涉及土地管理、规划审批、基本建设、投资监督等各个方面和环节，专业性、技术性强，因而在认定合同效力时经常会出现争议。

一般来讲，合同主体合格，当事人之间就合同的主要条款达成一致，合同内容不违反强制性规范，合同即告成立。《民法典》第502条规定："依法成立的合同，自成立时生效……"

《民法典》第144条、第146条、第153条、第154条对民事法律行为无效的情形作了具体规定，包括：(1) 无民事行为能力人实施的民事法律行为；(2) 行为人与相对人以虚假意思表示实施的民事法律行为；(3) 违反法律、行政法规的强制性规定的民事法律行为；(4) 违背公序良俗的民事法律行为；(5) 行为人与相对人恶意串通，损害他人合法权益的民事法律行为。属于这些情形之一的，民事法律行为无效。

以上是《民法典》对民事法律行为效力认定作出的一般性规定，合同作为民事法律行为的一种典型行为，应当依照上述规定。由于建设工程关乎民

生，其质量好坏，直接关系到人民群众的生命财产安全，因此，国家对建设工程施工合同有着更为严厉的管理和监督。《最高人民法院关于审理建设工程施工合同纠纷案件适用法律问题的解释（一）》第1条第1款就具体规定了建设工程施工合同无效的三种具体情形：（1）承包人未取得建筑施工企业资质或者超越资质等级的；（2）没有资质的实际施工人借用有资质的建筑施工企业名义的；（3）建设工程必须进行招标而未招标或者中标无效的。第2款规定："承包人因转包、违法分包建设工程与他人签订的建设工程施工合同，应当依据民法典第一百五十三条第一款及第七百九十一条第二款、第三款的规定，认定无效。"

三、分包人起诉时选择被告的建议

实际上，《最高人民法院关于审理建设工程施工合同纠纷案件适用法律问题的解释（一）》第43条确定了建设工程施工合同在不同效力情况下作为实际施工人的分包人的诉权问题。

1. 分包合同有效，承包人拖欠分包人工程款的，分包人应依据合同相对性原则以承包人为被告提起诉讼。

2. 如果承包人逃匿、下落不明或怠于行使其对发包人的到期债权，故意拖欠分包人工程款时，分包人可以依据《民法典》第535条关于代位权的规定，直接以发包人为被告提出诉讼，但仅限于在发包人欠付承包人工程款的范围内主张其债权。对此，我国《民法典》对代位权的行使条件作了明确规定：（1）债权人对债务人的债权合法；（2）债务人怠于行使其到期债权，对债权人造成损害；（3）债务人的债权已到期；（4）债务人的债权不是专属于债务人自身的债权。

3. 当出现下列情形之一导致分包合同无效时，分包人就可以依据《最高人民法院关于审理建设工程施工合同纠纷案件适用法律问题的解释（一）》第43条规定以转包人、违法分包人为被告起诉（第1款）或者直接以发包人为被告起诉（第2款）：一是《民法典》规定的民事法律行为无效情形；二是《最高人民法院关于审理建设工程施工合同纠纷案件适用法律问题的解释（一）》第1条等规定的合同无效情形。

总之，对于分包人来说，无论分包合同是否有效，其始终可以根据合同相对性原则以承包人为被告起诉；在分包合同无效的情况下，分包人还可以有多一种的选择，那就是依据《最高人民法院关于审理建设工程施工合同纠纷案件适用法律问题的解释（一）》第43条第2款规定以实际施工人的身份直接起诉发包人，要求其在欠付工程价款范围内向分包人承担责任。

本案中，兆某公司作为建设方，将案涉工程发包给某建集团施工，某建集团将工程整体转包给东某公司，而实际上是由邴起某施工，施工范围基本一致，因此本案是存在转包、挂靠等多种违法情形的建设工程施工合同纠纷案件。案件审理过程中，东某公司认可邴起某是实际施工人。原审过程中，某建集团直接向邴起某支付案涉工程款共计950万元，东某公司出具《款项支付说明》记载邴起某为该工程的实际施工人，其个人出资对该工程项目进行施工，故有权获得该项目工程的工程款。案涉工程已由兆某公司、某建集团等单位验收竣工，在兆某公司未提交证据证明案涉工程系由其他主体施工完成的情形下，应当认可邴起某的案涉工程实际施工人身份，邴起某可突破合同相对性向发包人主张欠付的工程价款。即便兆某公司提供了案涉工程所需钢材，保温工程由兆某公司指定分包，亦不足以否定邴起某的实际施工人身份，当然也不能免除发包人的付款义务，而仅是在确认具体欠付款项金额时需要进行扣除。

6.4 法院如何认定劳务分包合同中约定的“罚款”条款的性质和效力①

——福某公司与博某公司等劳务分包合同纠纷案②

关 键 词： 劳务分包合同　闹事罚款　条款效力

问题提出： 建设施工领域，工人“闹事”索要农民工工资的情况屡有发生，劳务发包人为避免发生该类情况，在劳务分包合同中约定了“闹事罚款”的条款，法院对于该条款的性质和效力如何认定？法院又如何平衡各方利益？

---

① 撰稿人：曹珊、林隐，上海市建纬律师事务所。

② 一审：上海市某区人民法院（2008）浦民一（民）初字第4647号；二审：上海市第一中级人民法院（2009）沪一中民二（民）初字第568号。

裁判要旨：劳务发包人与劳务承包人在施工合同中约定的“罚款”条款，并非一种行政处罚权，劳务承包人以双方系平等主体、劳务发包人无权对其罚款为由主张施工合同中的“罚款”条款无效的，不予支持，但如“罚款”条款存在其他无效情形的，应依法认定为无效。

案情简介

上诉人（原审被告）：福某公司

被上诉人（原审原告）：博某公司

被上诉人（原审被告）：李某

2006年7月25日，博某公司与福某公司签订劳务分包合同一份，约定由博某公司将某区甲路、乙路新里城A03地块标段14#、28#楼所有施工劳务作业发包给福某公司；计价方式为每平方米人民币201元。2006年8月27日，博某公司与福某公司又签订劳务分包合同一份，约定由博某公司将某区甲路、乙路新里城A03地块标段各单位工程所有施工劳务作业发包给福某公司；计价方式为每平方米223元；福某公司现场项目经理为李某。

2006年7月26日，博某公司与福某公司签订治安、消防、廉洁、承包责任书，称责任人为李某，单位从业人员200名，现在新里城项目工作，愿遵守治安管理规定，在任何情况下，不得有民工上访，如有发生，每次罚款5000元。

2006年8月16日，福某公司向博某公司出具授权委托书一份，明确将新里城14#、28#、30#楼工程的劳务分包合同履行的报量、请款、结算等事项全权委托李某处理。之后，福某公司完成了各项施工。2007年12月18日与2008年1月28日，李某代表福某公司与博某公司进行结算，确认上述工程（含地库）总造价为7885724元。至2008年1月，博某公司共支付李某7790100元。

2008年4月1日至17日，福某公司章某等农民工因新里城14#、28#、30#楼的瓦工劳务费结算纠纷多次至上海市安全质量监督总站、上海市某区人民政府、某区建设市场管理署等单位上访。2008年4月8日，福某公司出具委托书一份，委托朱某华全权处理新里城14#、28#、30#楼劳务结算相关事宜。当日，博某公司即支付朱某华23000元。另为解决该纠纷，由某区建设市场管理署、某区劳动监察部门、某镇人民政府、丙路派出所、上海市某建筑有限公司等共同监督，由博某公司于2008年4月17日代福某公司向章某等农民工发放人工费619905元。

后博某公司起诉要求福某公司、李某返还多付的工程款548000元，支付煽动、指使民工闹事的罚款50000元，支付工程返工及整改损失363397元，并承担诉讼费。

一审法院判决：一、福某公司于判决生效之日起十日内返还博某公司工程款547281元；二、驳回博某公司其余诉讼请求。

二审法院判决：驳回上诉，维持原判。

各方观点

博某公司观点：

一审：福某公司民工闹事，在有关部门协调下，博某公司代福某公司支付民工工资643000元。福某公司、李某应向博某公司返还多付的工程款，支付煽动、指使民工闹事的罚款，以及工程返工及整改损失363397元。

二审：尽管双方合同中约定，博某公司应向福某公司指定的账户支付工程款，但在合同履行过程中，双方变更了履行方式；李某持有福某公司的委托书，博某公司有理由相信李某的行为系代表福某公司的意思表示。博某公司于2008年4月17日代福某公司向章某等农民工发放人工费619905元，由多家单位参与协调，且福某公司的代理人朱某华亦在场，因此应当视为对福某公司的付款。朱某华向博某公司的借款23000元系预借工程款，而朱某华系福某公司处理农民工工资的代理人，博某公司与朱某华个人之间并不存在任何工程施工合同关系，因此该款项亦应当视为对福某公司的付款。故福某公司的上诉请求不能成立，请求驳回上诉，维持原判。

福某公司观点：一审：其未收到过博某公司支票付款，不存在多收工程款的事实。双方当事人之间是平等关系，博某公司无权对福某公司罚款。福某公司在施工完毕后撤场，没有未完工程，且博某公司从未提出过工程存在质量问题，故不应该由福某公司承担整改责任。

二审：博某公司从未向合同中指定的福某公司账户支付过款项，福某公司亦未授权李某收取工程款，李某所持有的福某公司的委托书是伪造的，故博某公司向李某支付的工程款，不能视为对福某公司的付款。博某公司向农民工发放人工费，不能证明是本案系争工地上的农民工；李某陈述其已与章某等农民工结清了工资，根本未欠付农民工工资。朱某华向博某公司的借款23000元，系其个人行为，博某公司应向朱某华个人主张权利，不能作为博某公司对福某公司的已付款项。故上诉请求撤销原审判决，改判驳回博某公司的原审诉讼请求。

李某观点：一审：对于本案系争工程款，其与博某公司已作了结算，博某公司没有多付工程款，因此其无权要求返还工程款。李某没有组织工人闹事，民工也没有闹事，故不同意承担罚款。结算单上注明工程完工，有些质量问题已经扣除了相应款项，故不同意支付返工、整改损失。其不同意承担连带责任。

二审：李某是福某公司的代理人，本案博某公司与福某公司争议的款项与李某无关，李某不应承担责任。

法院观点

一审法院观点：福某公司是具有劳务分包资质的施工企业，故其与博某公司签订的两份施工劳务分包合同均合法有效。本案的争议焦点在于以下几点：

1. 福某公司的工程款总额及该公司已收取的工程款金额。在其中一份合同中，明确约定了福某公司现场项目经理为李某，故李某在该工程中的行为是代表福某公司的职务行为。2006年8月16日，福某公司更是出具授权委托书明确将新里城14#、28#、30#楼工程的劳务分包合同履行的报量、请款、结算等事项全权委托李某。而李某到庭亦确认其直接收取的工程款为7790100元，工程总造价（含地库）为7885724元。故法院对上述金额均予以确认。另外，朱某华亦在2008年4月8日由福某公司书面授权全权处理新里城14#、28#、30#楼劳务结算相关事宜，其于当日收取的工程款当然代表福某公司。至于博某公司于2008年4月17日代福某公司向章某等农民工发放人工费619905元，由多家单位参与的会议纪要及某区建设市场管理署证明充分予以证明，法院予以采信。福某公司对李某收款的性质模棱两可，对朱某华的收款予以否认，对博某公司因福某公司对农民工上访而垫付人工费予以否认，恰恰反映其在公司经营活动中乃至本案诉讼过程中缺乏诚实信用，对其相关的种种抗辩意见，法院均不予采信。综上所述，法院认定系争工程造价7885724元，博某公司总共支付福某公司的款项为8433005元。博某公司付款超过工程造价，福某公司应当将多收的工程款返还给博某公司。

2. 李某的责任。李某作为合同确认的福某公司在系争工地的项目经理，其行为代表福某公司，故博某公司要求李某承担付款责任，无事实和法律依据，法院难以支持。

3. 罚款50000元以及工程返工及整改损失363397元应否由福某公司承担的问题。法院认为，上访是公民行使自己申诉权的一种方式，福某公司与博某公司将上访事宜与罚款相联系，变相限制公民上访的权利，该约定显属无效，故对于博某公司要求福某公司承担50000元罚款的诉讼请求，当予驳回。至于博某公司主张的整改损失，因其未曾就质量问题通知福某公司确认及整改，且其亦未向法院证明该损失确因福某公司施工所引起，故其该项诉讼请求无事实依据，法院予以驳回。

二审法院观点：上诉人福某公司与博某公司之间签订的两份施工劳务分包合同均系其真实意思表示，不违反相关法律规定，应为有效。

本案第一个争议焦点是，博某公司对李某的付款是否应当认定为博某公司对上诉人福某公司支付的工程款。法院认为，尽管双方当事人在合同中约定，博某公司应向上诉人指定的账户支付工程款，但李某系上诉人在本案系争工程中的负责人，其持有上诉人的委托书，并与博某公司进行工程款结算，因而博某公司有理由相信其在合同履行过程中的行为系代表上诉人的意思表示；而且在施工过程中及工程完工后，上诉人从未向博某公司主张过工程款，亦未向工人发放过工资，如果上诉人的抗辩主张成立，则上诉人的上述行为显然有违常理。因此，原审未采信上诉人的抗辩主张，将博某公司对李某的付款认定为对上诉人福某公司支付的工程款，并无不当。

本案第二个争议焦点是，博某公司向农民工发放的人工费是否应当认定为博某公司对上诉人福某公司支付的工程款。法院认为，博某公司于2008年4月17日代福某公司向章某等农民工发放人工费，由多家单位参与协调，且上诉人的代理人朱某华亦在场，因此应当认定为对上诉人的付款。上诉人提出的该项上诉主张，与事实不符，法院不予采信。

本案第三个争议焦点是，朱某华向博某公司的借款23000元是否应当认定为博某公司对上诉人福某公司支付的工程款。法院认为，朱某华向博某公司的借款用途明确记载为预借工程款，而朱某华系上诉人处理农民工工资的代理人，博某公司与朱某华个人之间并不存在任何工程施工合同关系，因此原审将该款项认定为博某公司对上诉人的付款，亦属正确。综上所述，上诉人的上诉请求，依据不足，法院不予采纳。

关联案例

案件名称：宋海某、宇某公司建设工程施工合同纠纷案

审理法院：一审：郑州市中级人民法院（2012）郑民四初字第343号；二审：河南省高级人民法院（2014）豫法民二终字第112号；再审：最高人民法院（2016）最高法民再383号

裁判观点：对于宇某公司主张应扣除宋海某逾期交工罚款200万元的问题。因本案所涉合同为无效合同，关于逾期竣工违约金的约定无效，如宇某公司因此有损失，其应提起反诉，但宇某公司在本案并未提起反诉，根据不诉不理的民事诉讼原则，原审对此未予审理，法院亦不予审理。

律师点评

本案是一起建设工程施工领域较为常见的劳务分包合同纠纷案件。在本案中，劳务发包方博某公司为避免发生工人聚众索要农民工工资的情况，而在合同中特别约定相应条款。实践中，民工聚众有时确实是因为承包方拖欠民工工资①，但更多时候承包方并未拖欠民工工资，而是以“民工讨薪”的形式企图向发包方多要工程款。因此，发包方未雨绸缪，在合同签订时便将“罚款”条款写在合同中，一定程度上能够防范和减少民工“聚众讨薪”事件，保障施工环境的稳定，维护发包方的合法权益。但是，“罚款”条款是否有效，在司法实践中则存在争议。本案一审法院即以“上访是公民行使自己申诉权的一种方式，福某公司与博某公司将上访事宜与罚款相联系，变相限制公民上访的权利，该约定显属无效”为由，驳回博某公司要求福某公司承

---

① 承包方拖欠民工工资有两种情形：一种是因发包方未按时足额向承包方支付工程款导致承包方客观上确实无法按时足额支付民工工资，而导致拖欠民工工资；另一种是发包方已按时足额向承包方支付了工程款，或发包方虽未按时足额向承包方支付工程款，但承包方客观上仍有能力支付民工工资，此时系承包方主观上不按规定按时足额支付民工工资，而导致拖欠民工工资。

担50000元民工闹事罚款的诉讼请求，因博某公司未对此提出上诉，二审法院遂将该问题作为案件争议焦点并作出认定。在发承包双方对施工合同中的“闹事罚款”条款效力产生争议时，法院如何认定该类条款的性质和效力？发包方如何更好地维护自身合法权益？下文将结合本案就此进行分析和点评：

一、法院如何认定劳务分包合同中的“罚款”条款的性质和效力

近些年，农民工工资问题始终属于社会热点问题。2010年2月5日，国务院办公厅颁布《关于切实解决企业拖欠农民工工资问题的紧急通知》，政府一直在介入并花大力气解决拖欠农民工工资的问题。即便如此，个别施工企业仍存在拖欠农民工工资的问题。随着农民工维权意识的逐步增强，采用上访告状甚至工地闹事等极端方式讨薪的现象屡见不鲜；更有甚者，施工企业为多要工程款而指使农民工闹事。出现民工闹事，不仅严重影响施工现场的正常秩序，同时也给发包方及业主造成不良的社会影响，严重的还会影响整个社会的和谐稳定。因此，为避免发生类似恶劣情况给项目工程及发包方/业主造成不良影响和损失，发包方/业主通常会在施工合同中设置相应“罚款”条款，以期维护施工现场的正常秩序及发包方/业主的合法权益。根据《行政处罚法》的规定，“罚款”属于一种行政处罚，应当由具有行政处罚权的行政机关在法定职权范围内实施[①]，即《行政处罚法》意义上的“罚款”应当由具有行政处罚权的行政机关向行政相对人作出，罚款处罚的双方当事人之间并非处于平等地位，而对作为处于平等地位的发包方和承包方来讲，任何一方均不能对另一方行使此项罚款行政处罚权。本案中劳务承包方福某公司即以“双方当事人之间是平等关系，博某公司无权对福某公司罚款”为由提出抗辩。

但需要注意的是，发包方和承包方在施工合同中所约定的“罚款”条款并非《行政处罚法》意义上的“罚款”，或者不应被理解为《行政处罚法》意义上的“罚款”。在司法实践中，法院通常将施工合同中所约定的“罚款”条款视同违约责任条款。如《北京市高级人民法院关于审理建设工程施工合同纠纷案件若干疑难问题的解答》第37条规定：“施工合同约定对承包人违约行为处以‘罚款’的条款的性质如何认定？建设工程施工合同约定承包人存在工期迟延、质量缺陷、转包或违法分包等违约行为，发包人可对承包人

---

① 参见《行政处罚法》第9条、第17条规定。

处以罚款的，该约定可以视为当事人在合同中约定的违约金条款，应依据《中华人民共和国合同法》第一百一十四条[①]的规定予以处理。”《江苏省高级人民法院关于审理建设工程施工合同纠纷案件若干问题的意见》第27条规定：“建设工程施工合同约定发包人可以因工期、质量、转包或违法分包等情形对承包人处以罚款的，该约定应当视为当事人在合同中约定的违约金条款，当事人要求按照《中华人民共和国合同法》第一百一十四条的规定予以调整的，人民法院应予支持。”

因此，发承包双方在施工合同中约定“罚款”条款时，法院应当根据双方在施工合同中约定“罚款”条款的真实意思，认定“罚款”条款为双方在施工合同中约定的违约金条款，而不应仅仅因为双方使用“罚款”一词，而将该“罚款”认定或理解为《行政处罚法》意义上的“罚款”，并据此将施工合同中的“罚款”条款认定为无效。本案中福某公司以“双方当事人之间是平等关系，博某公司无权对福某公司罚款”为由提出抗辩，但一审法院并未以此为由认定双方合同中的“罚款”条款无效，而是以其他理由认定双方合同中的“罚款”条款无效。在司法实践中，法院基本上是认定“罚款”条款的本质为违约而支持一方要求违约方向其支付“罚款”的主张，但“罚款”条款存在其他无效情形的除外。

本案中，博某公司和福某公司在签订劳务分包合同时，就在合同中设置了“闹事罚款”条款，其中明确约定：“在任何情况下，不得有民工上访，如有发生，每次罚款5000元。”一审法院认定：“上访是公民行使自己申诉权的一种方式，福某公司与博某公司将上访事宜与罚款相联系，变相限制公民上访的权利，该约定显属无效，故对于博某公司要求福某公司承担50000元罚款的诉讼请求，当予驳回。”因一审判决作出后，福某公司提出上诉，而博某公司并未提出上诉，双方合同中的“闹事罚款”条款是否有效并非二审的争议焦点，故二审法院并未再对双方合同中的“闹事罚款”条款是否有效作出认定。应当说，一审法院认定“闹事罚款”条款无效所采用的理由本身并不存在问题，因为不论农民工是采用上访还是工地“闹事”，只要没有违反法律规定，都是农民工主张权利的方式，任何人不得限制，但一审法院以此为由来认定劳务发包方与劳务承包方所签订的劳务分包合同中的“闹事罚款”条

① 对应《民法典》第585条，下同。

款无效，则值得进一步商榷。具体理由在于：

1. 根据合同相对性原则，本案劳务分包合同的双方当事人为博某公司与福某公司，福某公司所雇佣的民工并非该劳务分包合同的当事人，该劳务分包合同中的约定（包括“罚款”条款）对福某公司所雇佣的民工并不具有合同约束力。民工所享有的各种权利（包括上访权利）并不会因该劳务分包合同中的“罚款”条款而受到任何限制或变相限制。

2. 博某公司与福某公司在劳务分包合同中约定“罚款”条款的目的是约束福某公司的相关行为，避免因福某公司的相关行为（如福某公司收取工程款后不按规定向其雇佣的民工支付工资等）导致福某公司民工不满而给博某公司造成不利影响和损失，其目的并不在于限制或变相限制福某公司所雇佣的民工的权利。

3. 从两审法院认定的本案事实来看，福某公司从博某公司处收取工程款之后并未按时足额支付其民工的工资，最终导致民工聚众讨薪，而福某公司按时足额向其雇佣的民工支付工资属于其法定义务，即本案中出现民工聚众讨薪的责任在福某公司，福某公司应当按照合同约定向博某公司支付“罚款”（性质为违约金）。

4. 福某公司因第三人（民工）的原因造成其违约的，应当依法、依约向博某公司承担违约责任。《民法典》第523条规定：“当事人约定由第三人向债权人履行债务，第三人不履行债务或者履行债务不符合约定的，债务人应当向债权人承担违约责任。”第593条规定：“当事人一方因第三人的原因造成违约的，应当依法向对方承担违约责任。当事人一方和第三人之间的纠纷，依照法律规定或者按照约定处理。”本案博某公司和福某公司有关“在任何情况下，不得有民工上访，如有发生，每次罚款5000元”的约定，涉及第三人（民工），该“罚款”条款可视为博某公司与福某公司（作为合同当事人）在合同中约定由民工（作为第三人）向博某公司（作为债权人）履行债务（所履行的债务为“不作为义务”，即不上访），后民工（作为第三人）上访（即未履行合同中约定的不作为义务）导致福某公司违约，按照《民法典》的上述规定，福某公司应向博某公司承担违约责任。

综上，一审法院认定本案劳务分包合同中的“罚款”条款无效，值得商榷，但由于一审法院认定劳务分包合同中的“罚款”无效并驳回博某公司要求福某公司支付民工罚款50000元的诉讼请求后，博某公司并未对此提出上诉，故二审法院未再就劳务分包合同中的“罚款”条款是否有效作出认定。由于实践中发承包双方当事人在施工合同中约定“罚款”条款的情形屡见不鲜，最高人民法院应出台相应司法解释或司法文件，对施工合同中“条款”的性质和效力作出明确规定，以统一司法实践中对该问题的理解和认识。

二、发包方防范民工不当讨薪风险的措施

根据法律规定，承包方（包括分包方）下属的民工工资应当由承包方自行支付。然而实践中，承包方下属的民工经常以承包方拖欠其工资为由到工地直接向发包方（包括业主和总包方）索要工资或以上访为手段讨要工资。一旦发生民工讨薪事件，迫于压力，发包方往往不得不先行垫付民工工资，然后再向承包方进行追偿。本案中，福某公司民工讨薪，为解决该纠纷，在政府部门等多家单位共同监督和协调之下，博某公司代福某公司向其雇佣的民工发放了人工费619905元。出现民工聚众讨薪事件，不仅会严重影响施工现场的正常秩序，导致工期延误，还会在一定程度上影响总包方和业主的社会评价和声誉。农民工上访或通过其他不违法的手段讨要工资，是其行使自力救济的权利，总包方和业主不得限制其权利的行使。但是，发包方可以在与承包方签订施工合同时，在合同中明确约定承包方应当按规定按时足额向其雇佣的民工支付工资，如因承包方未按规定按时足额向其雇佣的民工支付工资而导致民工采用任何方式向发包方（包括总包方、业主）闹事讨薪或向政府部门上访的，属于承包方违约，承包方应向发包方承担违约责任，并明确约定承包方应承担的违约金的具体数额。发包方在施工合同中对此作出约定时，应当规范用语，尽量不要使用“罚款”等不适当的表达，以避免发生纠纷后对方当事人对“罚款”条款的效力提出异议，更好地维护发包方的合法权益。同时，发包方也应按照与承包方所签订的施工合同的约定按时足额向承包方支付工程款，避免出现因发包方未按时足额向承包方支付工程款而导致承包方无法向其雇佣的民工支付工资的情况。此外，在合同履行过程中出现承包方民工闹事事件时，发包方应及时依据合同约定追究承包方的违约责任，如发包方迫于压力而不得不先行垫付承包方的民工工资的，发包方应将所垫付的民工工资作为支付给承包方的工程款，如工程款已经超付的，发包方应及时要求承包方返还超付工程款。本案中，博某公司在代福某公司向其雇佣的民工发放人工费619905元后，即提起本案诉讼要求福某公司、李某返还多付的工程款548000元，两审法院经审理后均将博某公司代福某公司向其雇佣的民工发放的人工费619905元认定为博某公司对福某公司支付的工程款，有效地平衡了各方当事人的利益。

6.5 法院如何认定劳务发包人借用劳务承包人工人作业发生工伤后的赔偿责任主体[①]

——周拥某与某冶公司建设工程施工合同纠纷案[②]

关 键 词：劳务分包合同　借用　工伤　赔偿责任主体

问题提出：劳务发包人借用劳务承包人的工人，从事劳务分包合同外的工作，发生工伤时，是由劳务发包人承担工伤赔偿责任还是由劳务承包人承担工伤赔偿责任？

裁判要旨：在劳务发包人借用劳务承包人工人从事劳务分包合同外的工作时，劳务发包人与劳务承包人之间形成借用关系，劳务承包人与其工人之间形成劳动关系。劳务承包人的工人依劳务承包人指示从事劳务发包人指定工作，发生工伤时，由受伤工人的用人单位即劳务承包人承担工伤赔偿责任。

案情简介

上诉人（原审原告）：周拥某

上诉人（原审被告）：某冶公司

2014年2月24日，某冶公司作为承包人与发包人某丰公司签订了《协议书》，工程名称：大方财富中心及某丰奢香酒店（以下简称案涉工程），承包范围为“土建、装修、水电（消防）安装等施工图中全部施工内容及地下室土石方工程、围墙、道路、绿化、挡土墙等所有附属工程”，工程内容为“施工图纸所含全部工作内容、地下室土石方工程、围墙、道路、绿化、挡土墙及其他附属工程的劳务作业”，工期为2014年6月1日至2015年12月1日。

---

① 撰稿人：林隐、何惠娟，上海市建纬律师事务所。

② 一审：贵州省高级人民法院（2017）黔民初25号；二审：最高人民法院（2018）最高法民终587号。

合同亦对合同价款、违约责任等进行了约定。2014 年 6 月 18 日，周拥某作为承包人与某冶公司签订了《建设工程内部承包合同》，承包范围为“土建、装修、水电（消防）安装等施工图中全部施工内容及围墙、道路、绿化、挡土墙等所有附属工程的劳务作业”，工期为 2014 年 6 月 1 日至 2015 年 12 月 1 日，合同还对合同价款、违约责任等进行了明确约定。施工过程中某丰公司到某冶公司借走工人熊某，当日，在工作现场熊某意外受伤，后被送往医院救治，共产生相关费用 8 万余元。熊某的损伤经 ××市人力资源和社会保障局以 052120163 ××××号《认定工伤决定书》认定为工伤，经 ××市劳动能力鉴定委员会以 NoBJ20160602_ ×××号《鉴定结论通知书》鉴定为伤残十级，停工留薪期自受伤之日起 4 个月。

2017 年 3 月，周拥某与某冶公司就案涉工程的结算等产生纠纷，周拥某将某冶公司诉至法院，双方在审理过程中对熊某工伤赔偿的 8 万余元责任方产生争议。

各方观点

某冶公司观点： 某丰公司借用某冶公司员工熊某并支付报酬的行为，使某丰公司与熊某间形成临时的雇佣关系，用工单位某丰公司应当对熊某的人身损害承担赔偿责任。此外，某冶公司与周拥某之间存在《内部承包合同》，熊某实际为周拥某的项目人员，即使不由某丰公司承担赔偿责任，也是某冶公司代周拥某支付了其项目人员熊某的工作医疗补助金等 81850.31 元，应当从工程款中抵扣。

周拥某观点： 根据某冶公司的陈述和举证事实，并没有说明熊某是周拥某的施工人员或与周拥某有关系，周拥某与某冶公司的内部承包关系不能否定熊某为某冶公司员工，某冶公司应当承担赔偿责任，且某冶公司主张的该笔款项并无实际支付凭据，不能证明某冶公司是否确实支付了相关款项。

某丰公司观点： 某冶公司的工人是在某冶公司所承包的工地上发生事故，该事故已由 ××市人力资源和社会保障局鉴定为工伤，且 ××市劳动能力鉴定委员会鉴定为伤残十级。该等事实在《认定工伤决定书》《鉴定结论通知书》等中均有明确记载。某丰公司借用某冶公司员工的行为，并不改变某冶公司与熊某之间的劳动关系。

法院观点

一审法院观点：在劳务发包人借用劳务承包人工人从事劳务分包合同外的工作时，劳务发包人与劳务承包人之间形成借用关系，劳务承包人与其工人之间仍为劳动关系。劳务承包人的工人依劳务承包人指示从事劳务发包人指定的工作，发生工伤时，由受伤工人的用人单位即劳务承包人承担工伤赔偿责任。某冶公司未能证明熊某及周拥某与案涉工程款的关系，故不能推翻某冶公司与熊某之间的劳动合同关系，基于现有证据，某冶公司承担的赔偿责任与周拥某之间没有直接关系，法院依法不予认定。

二审法院观点：某冶公司虽然在二审中提交了结案通知书、进账单、转账支票存根作为新的证据，但不能证明熊某的工伤应由周拥某承担赔偿责任，也未提交证据证明系周拥某委托其向熊某代付款，故虽然某冶公司向熊某支付了工伤赔偿款，也不能计入对周拥某的已付款。

律师点评

本案是一起建设工程施工合同纠纷案，其中涉及因劳务发包人借用劳务承包人工人从事劳务分包合同外的作业发生工伤事故后，双方就赔偿责任承担问题产生争议而导致的纠纷。根据我国现行法律法规的规定，施工总承包企业和专业承包企业在承接工程之后可以将其中所涉及的劳务作业分包给具有相应资质的劳务分包企业，由劳务分包企业组织工人进场施工，对施工总承包企业和专业承包企业而言，在承接工程之后进行劳务分包，不仅可以弥补其自有施工人员不足的问题，还可以有效避免其用工风险。通常情况下，双方会在劳务分包合同中对劳务分包的范围、费用、双方的权利义务，包括安全生产方面的权利义务①及发生事故后的责任承担等事项作出约定，并依照劳务分包合同约定履行各自的相关义务。当然，有时劳务发包人也会临时借用劳务承包人的工人，从事劳务分包合同外的工作。此时被借用工人一旦发生工伤事故，劳务发包人和劳务承包人往往会对赔偿责任主体产生分歧，从而导致诉讼或仲裁。在此情况下，究竟是由劳务发包人承担工伤赔偿责任还

① 《建设工程安全生产管理条例》第24条第3款规定："总承包单位依法将建设工程分包给其他单位的，分包合同中应当明确各自的安全生产方面的权利、义务。总承包单位和分包单位对分包工程的安全生产承担连带责任。"

是由劳务承包人承担工伤赔偿责任？下文对相关法律问题进行分析和点评。

一、劳务发包人借用劳务承包人工人从事劳务分包合同外作业的性质

劳务发包人借用劳务承包人工人从事劳务分包合同约定的作业范围外的工作，根据双方有无达成借用协议区分为两种情况：第一种为双方达成借用协议（协议形式包括书面和口头），由劳务承包人选派或由劳务发包人挑选工人从事借用协议范围内的工作。因此前劳务发包人和劳务承包人已就劳务分包的范围和报酬事项等在劳务分包合同中作出约定，在劳务发包人其他工程地点需要劳动力的情况下，临时借用劳务承包人工人作业，双方之间形成一种新的劳务分包关系，在双方未有约定的情况下，不能当然地适用双方此前所订立的劳务分包合同。第二种为双方订立劳务分包合同后，劳务发包人未与劳务承包人达成借用协议，擅自指派劳务承包人工人从事劳务分包合同约定范围外的工作，因被指派工人与劳务承包人之间依旧是劳动关系，而被指派工人从事劳务分包合同约定范围外的工作，并非接受劳务承包人的指派，而是接受劳务发包人的指派，故被指派工人与劳务发包人之间形成雇佣关系。

因劳务承包人与其工人之间属于劳动关系，双方之间的相关事宜和纠纷需适用《劳动法》《劳动合同法》《社会保险法》《劳动合同法实施条例》《工伤保险条例》等劳动保护方面的法律法规。如劳务发包人与劳务承包人之间形成劳务分包关系，则双方之间的相关事宜和纠纷需适用《民法典》《建筑法》等规范民事合同方面的法律法规及双方所达成的劳务分包合同（或借用协议）中的约定。如劳务发包人与劳务承包人的工人之间形成雇佣关系，则双方之间的相关事宜和纠纷需适用规范雇佣关系方面的法律法规。

在此需要注意的是，劳务发包人和劳务承包人之间系平等的民事主体，法律对双方给予平等的保护，因此，双方之间的相关事宜和纠纷除了适用规范民事合同方面的法律法规之外，还要适用双方之间的民事合同中的相关约定，只要双方的合同约定不违反法律和行政法规中的效力性强制性规定，均为合法有效，均可作为处理双方之间的相关事宜和纠纷的依据。而工人与劳务发包人或劳务承包人之间则不属于平等的民事主体，工人需接受劳务发包人或劳务承包人的管理、指挥或监督，相对而言，工人处于弱势地位，因此，法律对工人给予特殊的保护。这种特殊保护体现在以下方面：

1. 法律法规对劳动者所享有的权利和用人单位所负有的义务作了有利于劳动者的规定，包括劳动者享有社会保险待遇（包括工伤保险待遇）的法定权利，而用人单位负有为劳动者缴纳社会保险（包括工伤保险）的法定义务等。如用人单位已依法为其职工缴纳工伤保险费，则职工因工作原因受到事故伤害或者患职业病，且经工伤认定的，职工依法享受工伤保险待遇；如用人单位未依法为其职工缴纳工伤保险费，则职工依法享受的工伤保险待遇由用人单位承担。《社会保险法》第41条规定："职工所在用人单位未依法缴纳工伤保险费，发生工伤事故的，由用人单位支付工伤保险待遇。用人单位不支付的，从工伤保险基金中先行支付。从工伤保险基金中先行支付的工伤保险待遇应当由用人单位偿还。用人单位不偿还的，社会保险经办机构可以依照本法第六十三条的规定追偿。"《工伤保险条例》第62条第2款规定："依照本条例规定应当参加工伤保险而未参加工伤保险的用人单位职工发生工伤的，由该用人单位按照本条例规定的工伤保险待遇项目和标准支付费用。"

2. 法律法规对提供劳务一方受伤后可以主张权利的对象作了有利于提供劳务一方的规定。《最高人民法院关于审理人身损害赔偿案件适用法律若干问题的解释》（法释〔2003〕20号）第11条第1款规定："雇员在从事雇佣活动中遭受人身损害，雇主应当承担赔偿责任。雇佣关系以外的第三人造成雇员人身损害的，赔偿权利人可以请求第三人承担赔偿责任，也可以请求雇主承担赔偿责任。雇主承担赔偿责任后，可以向第三人追偿。"第12条规定："依法应当参加工伤保险统筹的用人单位的劳动者，因工伤事故遭受人身损害，劳动者或者其近亲属向人民法院起诉请求用人单位承担民事赔偿责任的，告知其按《工伤保险条例》的规定处理。因用人单位以外的第三人侵权造成劳动者人身损害，赔偿权利人请求第三人承担民事赔偿责任的，人民法院应予支持。"但《最高人民法院关于审理人身损害赔偿案件适用法律若干问题的解释》（法释〔2020〕17号）删除了前述相关条款，转而由《民法典》第1192条吸收，规定："个人之间形成劳务关系，提供劳务一方因劳务造成他人损害的，由接受劳务一方承担侵权责任。接受劳务一方承担侵权责任后，可以向有故意或者重大过失的提供劳务一方追偿。提供劳务一方因劳务受到损害的，根据双方各自的过错承担相应的责任。提供劳务期间，因第三人的行为造成提供劳务一方损害的，提供劳务一方有权请求第三人承担侵权责任，也有权请求接受劳务一方给予补偿。接受劳务一方补偿后，可以向第三人追偿。"在提供劳务一方因接受劳务一方以外的第三人侵权造成人身损害时，赔偿权利人既可以选择向接受劳务一方主张权利，也可以选择请求第三人承担赔偿责任。但需注意的是，《民法典》对该条款的适用前提限缩为“个人直接形成劳务关系”，而不是普遍意义上的雇员—雇主关系。

二、借用期间劳务承包人工人发生工伤时的工伤赔偿责任承担问题

《工伤保险条例》第14条、第15条对应当认定为工伤和视同工伤的情形作出了具体明确的规定，同时该条例第43条第3款对职工借调期间受到工伤事故伤害的责任承担主体作了明确规定，即“职工被借调期间受到工伤事故伤害的，由原用人单位承担工伤保险责任，但原用人单位与借调单位可以约定补偿办法”。由此可见，职工被借调期间，如受到工伤事故伤害的，基于劳动合同关系依旧在原用人单位，由原用人单位承担工伤保险责任。但是如果借调单位在借调员工时与用人单位达成补偿办法的，借调单位应依照补偿办法的规定补偿原用人单位。

需要注意的是，劳务发包人应当将劳务作业发包给具有相应资质的劳务承包人，如果劳务发包人将劳务作业发包给不具有相应资质的劳务承包人，则劳务承包人的职工发生事故伤害的，劳务发包人将需与劳务承包人向受伤职工承担连带赔偿责任。《安全生产法》第103条第1款规定：“生产经营单位将生产经营项目、场所、设备发包或者出租给不具备安全生产条件或者相应资质的单位或者个人的，责令限期改正，没收违法所得；……导致发生生产安全事故给他人造成损害的，与承包方、承租方承担连带赔偿责任。”

综上所述，对于劳务发包人来讲，发包劳务作业时，首先应当严格选用具有劳务分包资质的单位签订劳务分包合同，以避免发生生产安全事故给他人造成损害后承担连带赔偿责任；其次，应当严格依照劳务分包合同的约定使用劳务承包人的工人，如遇劳务分包工程外另需劳务工人时，不能未经劳务承包人同意随意调用劳务承包人的工人，而是应当先行与劳务承包人达成借用协议，以避免因此被认定为雇主而承担雇主责任。对于劳务承包人来讲，首先应当严格按照国家法律法规的规定为其工人缴纳相应的社会保险（包括工伤保险），以避免发生工伤事故后因其未为工伤职工缴纳工伤保险而承担受伤职工的工伤保险待遇；其次，应当严格依照劳务分包合同约定的作业范围指派劳务工人作业，对于劳务发包人作出的超出劳务分包合同范围内的指示，应当及时与发包人进行确认，并对合同外的劳务范围、工资报酬、员工人数、工伤赔偿责任等重要内容与劳务发包人达成书面协议，以避免使自己承担本

不应有和不应承担的责任和风险。无论如何，劳务发包人和劳务承包人均应当及时签订书面协议，并在书面协议中明确约定双方的权利义务（包括安全生产方面的权利义务），以避免发生事故后双方对事故责任及费用承担等发生不必要的争议和纠纷。

第七章 施工合同的变更和解除

综述：合同的变更与解除常见法律问题分析

由于建设工程具有投资金额大、建设周期长、内容复杂、过程多变等特点，导致施工合同远比普通合同复杂得多，客观上存在变更或解除施工合同的可能性，另外建设工程相关方从签约到履约一直处于利益博弈过程中，为获取更大的利益，从主观上也存在变更或解除施工合同的可能性，因此实践中几乎所有的施工合同都会或大或小的发生合同变更，同时也发生了大量施工合同解除的现象，由于各方对施工合同的责任、权利的理解不同，往往造成工程陷入僵局甚至引发诉讼。本书通过对 2021 年 1 月 1 日实施的《民法典》关于合同变更与解除条款的理解，结合《最高人民法院关于审理建设工程施工合同纠纷案件适用法律问题的解释（一）》的规定，解释建设工程施工合同变更与合同解除的法律特点和法律后果，并归纳出些许规律阐释人民法院在审理建设工程施工合同纠纷案件的一些做法。

一、合同变更

合同变更指有效成立的合同在履行完毕之前发生的合同内容改变。合同变更分为广义的合同变更和狭义的合同变更。广义的合同变更，既包括合同主体变更，也包含合同内容的变更。狭义的合同变更，不包含合同主体的变更，仅指合同内容发生变化。合同的主体变更后，实际上是形成一个新的合同，变更前的合同和变更后的合同针对当事人而言没有太多的对比价值，而且合同的主体变更在性质上更加倾向于合同的转让，因此本书主要探讨狭义的合同变更。建设工程施工合同的变更，主要表现在工程内容、质量标准、计价方式、工期、付款金额及付款方式等方面的变更。

合同变更，依照变更方式的不同可以分为约定变更、协商变更和通过诉讼、仲裁方式变更，施工合同变更以约定变更和协商变更为主，另外随着各方维权意识的增强，对于难以协商一致的重大变更事项进行诉讼、仲裁的案件逐年增加。

关于通过约定方式变更，《民法典》第 544 条规定，当事人对合同变更的内容约定不明确的，推定为未变更。此为依据协商变更合同的法律渊源。

关于通过协商方式变更，《民法典》第 543 条规定，当事人协商一致，可以变更合同。根据第 502 条规定，法律、行政法规规定变更合同应当办理批准、登记等手续的，依照其规定。

关于通过诉讼仲裁方式变更，《民法典》第 147 条规定，基于重大误解实施的民事法律行为，行为人有权请求人民法院或者仲裁机构予以撤销。第 148 条规定，一方以欺诈手段，使对方在违背真实意思的情况下实施的民事法律行为，受欺诈方有权请求人民法院或者仲裁机构予以撤销。第 149 条规定，第三人实施欺诈行为，使一方在违背真实意思的情况下实施的民事法律行为，对方知道或者应当知道该欺诈行为的，受欺诈方有权请求人民法院或者仲裁机构予以撤销。第 150 条规定，一方或者第三人以胁迫手段，使对方在违背真实意思的情况下实施的民事法律行为，受胁迫方有权请求人民法院或者仲裁机构予以撤销。第 151 条规定，一方利用对方处于危困状态、缺乏判断能力等情形，致使民事法律行为成立时显失公平的，受损害方有权请求人民法院或者仲裁机构予以撤销。此为通过诉讼、仲裁方式变更合同内容。

从变更行为是否导致必然的变更后果来看，合同变更可以从三个方面加以讨论：

1. 合同变更应符合《招标投标法》的规定，禁止以合同变更为名行黑白合同之实。

《招标投标法》第 3 条第 1 款规定："在中华人民共和国境内进行下列工程建设项目包括项目的勘察、设计、施工、监理以及与工程建设有关的重要设备、材料等的采购，必须进行招标：（一）大型基础设施、公用事业等关系社会公共利益、公众安全的项目；（二）全部或者部分使用国有资金投资或者国家融资的项目；（三）使用国际组织或者外国政府投资贷款、援助资金的项目。"《招标投标法》第 46 条第 1 款规定："招标人和中标人应当自中标通知书发出之日起三十日内，按照招标文件和中标人的投标文件订立书面合同。招标人和中标人不得再行订立背离合同实质性内容的其他协议。"

部分发包人、承包人，为了规避政府部门对招投标行为和合同签订行为的管理，往往在签订一份符合招投标文件要求的合同并进行备案后，再以补充协议的方式签订另外一份合同，导致招投标流于形式，且容易发生纠纷。因此，《最高人民法院关于审理建设工程施工合同纠纷案件适用法律问题的解释（一）》第2条规定：“招标人和中标人另行签订的建设工程施工合同约定的工程范围、建设工期、工程质量、工程价款等实质性内容，与中标合同不一致，一方当事人请求按照中标合同确定权利义务的，人民法院应予支持。招标人和中标人在中标合同之外就明显高于市场价格购买承建房产、无偿建设住房配套设施、让利、向建设单位捐赠财物等另行签订合同，变相降低工程价款，一方当事人以该合同背离中标合同实质性内容为由请求确认无效的，人民法院应予支持。”

因此，施工合同的变更应当是在合同履行过程中应对特殊情况做出的变更，若是中标后，甚至中标前为了规避监管部门对招投标行为管理而做的补充协议则有可能被认定为无效。

2. 合同变更应当符合当事人意思表示一致的原则，一般而言单方面的变更要求或认可不足以导致变更的结果。

合同乃双方当事人意思表示一致的结果，非经当事人共同认可不应发生变更。但是建设工程施工一般工作内容复杂、工期长，在合同履行过程中发生变更几乎是难以避免的事情，这些变更往往是工程施工内容、方式的变更，进而引发合同价款的变更，例如施工中的增加工作量、设计变更、施工工艺变更等都能引发合同价款的变化，在行业中将这些价款的变化称为“工程签证”。

此外，我国建筑业从业门槛低，大量的农村剩余劳动力从事建筑施工行业，使得建筑市场“僧多粥少”，发包人往往利用这种竞争优势压低合同价款、缩短工程期限。与此相对应，承包人为了生存便催生出了另外一种应对策略，即“低价中标、高价索赔”。如此一来，在工程施工工程中便额外催生出更多的“签证”，对于承包人而言每一份签证都是一个合同价款变更的要约。甚至出现在发包人未明确同意对工程进行变更的情况下，承包人主动实施变更的状况，其目的就是利用施工过程中承包人的议价能力高于发包人的优势，通过变更打破原合同对承发包双方的约束，从而实现高价索赔。

所以，建设工程的价款争议往往主要集中在签证款上面。对于一个个体案件而言，签证价款争议又主要体现在两个方面：一个是对于变更的部分应不应该重新计价；二是如果重新计价应如何计价。《最高人民法院关于审理建设工程施工合同纠纷案件适用法律问题的解释（一）》对此做了解释。关于变更部分应不应该重新计价的问题，该解释第 20 条规定："当事人对工程量有争议的，按照施工过程中形成的签证等书面文件确认。承包人能够证明发包人同意其施工，但未能提供签证文件证明工程量发生的，可以按照当事人提供的其他证据确认实际发生的工程量。"根据该条款，承包人承担了全部的举证责任，即由承包人提供发包人同意或视为同意变更的资料乃是法院支持承包人变更工程量及价款诉求的前提条件。换言之，即使承包人确实在工程施工中进行了变更，但是若承包人不能提供发包人同意变更或视为同意变更的证据，则承包人的变更施工行为并不能改变合同价款。而且若承包人的擅自变更给发包人造成损失或质量问题的话，承包人还需承担相应责任。

关于工程变更的计价方式问题，该解释第 19 条规定："当事人对建设工程的计价标准或者计价方法有约定的，按照约定结算工程价款。因设计变更导致建设工程的工程量或者质量标准发生变化，当事人对该部分工程价款不能协商一致的，可以参照签订建设工程施工合同时当地建设行政主管部门发布的计价方法或者计价标准结算工程价款。建设工程施工合同有效，但建设工程经竣工验收不合格的，依照民法典第五百七十七条规定处理。"即对于变更部分的价款计算方式，合同有约定的按照约定，没有约定事后达成一致意见的也可以，如事后也没有达成一致意见，则可以按照定额等计价方式计算价款。

3. 合同变更必须明确、真实。

《民法典》第 544 条规定："当事人对合同变更的内容约定不明确的，推定为未变更。"合同内容变更不明确主要分为两种情况：一是变更约定本身不清楚，比如施工合同补充条款中约定建设工程质量达到"优秀"标准，但实际上目前对建设工程验收只有"合格"或者"不合格"，没有"优秀"标准，因此，虽然从补充协议的内容看双方当事人对工程质量是提了一个更高的要求，但是由于补充协议中质量标准的内容不清晰、无法理解、无法执行，因此在法律上只能推定"未变更"；二是用于变更的证据被涂改，导致变更的内容双方各执一词，变更内容不明确，最后被推定为"未变更"。

二、合同解除

合同解除，是指合同依法有效成立后，因一方或双方当事人的意思表示，终止合同权利义务关系的行为。根据《民法典》的规定，合同解除是合同权利义务终止的方式之一。

对于无效合同，《最高人民法院关于审理建设工程施工合同纠纷案件适用法律问题的解释（一）》第24条规定："当事人就同一建设工程订立的数份建设工程施工合同均无效，但建设工程质量合格，一方当事人请求参照实际履行的合同关于工程价款的约定折价补偿承包人的，人民法院应予支持。实际履行的合同难以确定，当事人请求参照最后签订的合同关于工程价款的约定折价补偿承包人的，人民法院应予支持。"因此，无效合同不适用关于合同解除的法律条文，应按照《最高人民法院关于审理建设工程施工合同纠纷案件适用法律问题的解释（一）》第24条的规定，直接承担无效合同之法律后果。所谓合同的解除应仅仅针对有效合同。

关于合同解除的种类，理论界有多种分类，例如协商解除、约定解除和法定解除，单方解除和合意解除等。《民法典》第562条、第563条分别对合同解除的方式作了规定。

《民法典》第562条规定："当事人协商一致，可以解除合同。当事人可以约定一方解除合同的事由。解除合同的事由发生时，解除权人可以解除合同。"该条款一般被认为是协商解除，或者是签订合同时合意达成合同解除条件的法律条文。根据该条第1款的规定，当事人可以通过协商，在当事人就合同解除达成一致的情况下合同解除。根据该条第2款的规定，当事人在合同履行过程中出现合同约定的解除事由，解除权人可以解除合同。

《民法典》第563条规定："有下列情形之一的，当事人可以解除合同：（一）因不可抗力致使不能实现合同目的；（二）在履行期限届满前，当事人一方明确表示或者以自己的行为表明不履行主要债务；（三）当事人一方迟延履行主要债务，经催告后在合理期限内仍未履行；（四）当事人一方迟延履行债务或者有其他违约行为致使不能实现合同目的；（五）法律规定的其他情形。以持续履行的债务为内容的不定期合同，当事人可以随时解除合同，但是应当在合理期限之前通知对方。"

第1项是指出现不可抗力，且当不可抗力足以导致不能履行合同，或者虽然能够履行但是该履行无法实现当事人订立合同目的的，法律允许当事人解除合同。不可抗力是一项免责条款，是指合同签订后，发生了合同当事人无法预见、无法避免、无法控制、无法克服的意外事件或自然灾害，以致合同当事人不能或不能完全履行合同。不可抗力可以是法律规定，也可以在合同中约定。为避免发生不可抗力时因各方理解不一导致纠纷，最好在合同中约定不可抗力的构成范围及责任承担。

第 2 项是预期违约导致合同解除。预期违约是指，在履行期限届满之前，当事人一方明确表示或者以自己的行为表明不履行主要债务。首先，预期违约不履行的是合同中的主要债务，而非次要债务。其次，预期违约侵犯的不是合同中现在的权益，而是未来的权益。当预期违约行为发生后，守约方有选择权，既可以选择提前解除合同，也可以选择当真实违约发生后的损害赔偿请求权。

第 3 项是当事人一方迟延履行主要债务，经催告后在合理期限内仍未履行。根据合同的性质和当事人的意思表示，当事人一方发生迟延履行，但该迟延履行的行为未达到致使合同目的落空的程度，在此情况下，原则上不允许当事人立即解除合同，而应由债权人向债务人发出履行催告，给予一定的合理的履行宽限期。债务人在该履行宽限期届满时仍未履行的，债权人有权解除合同。

第 4 项是当事人一方迟延履行债务或者有其他违约行为已经致使不能实现合同目的。对于确认发生的迟延履行已经导致合同目的不能实现的情形，守约方有权解除合同。其他违约行为致使合同目的不能实现时，也当然应如此。

虽然《民法典》对因一方当事人违约或不可抗力等原因导致合同解除有比较明确的规定，但是在司法实践中，合同解除问题一直是合同纠纷案件的审理重点和难点。除非情事严重的根本性违约，否则法院一般不会判决解除合同，因此守约方在行使解除权的时候，要等待足以导致合同目的无法实现等根本性违约事项出现时并做好充分的证据准备，再提起合同解除之诉较为有利。

司法中最容易产生争议的是法定解除中的违约解除。违约解除，顾名思义乃指因一方当事人在履约过程中出现根本性违约导致合同对方无法实现合同目的，守约方行使合同解除的权利，而造成的合同解除。《民法典》第 806 条进行了列举，“承包人将建设工程转包、违法分包的，发包人可以解除合同。发包人提供的主要建筑材料、建筑构配件和设备不符合强制性标准或者不履行协助义务，致使承包人无法施工，经催告后在合理期限内仍未履行相应义务的，承包人可以解除合同。合同解除后，已经完成的建设工程质量合格的，发包人应当按照约定支付相应的工程价款；已经完成的建设工程质量不合格的，参照本法第七百九十三条的规定处理”。

《民法典》仅是采用列举的方法指出施工合同解除的几种情形，从司法实践的具体情况看，导致合同解除的原因也是多种多样。笔者认为关于合同违约解除最主要是两种情形：一种情形是合同成立后一方当事人明确表示或用行为表示其将不履行合同主要义务，即预期违约；另一种情形是一方当事人迟延履行合同主要义务，经合理催告后仍不履行或者迟延履行足以导致守约方无法实现合同目的，同时迟延履行之外的其他违约行为导致类似后果的也同样适用。

三、合同解除的程序和法律后果

（一）合同解除的程序

《民法典》第565条规定：“当事人一方依法主张解除合同的，应当通知对方。合同自通知到达对方时解除；通知载明债务人在一定期限内不履行债务则合同自动解除，债务人在该期限内未履行债务的，合同自通知载明的期限届满时解除。对方对解除合同有异议的，任何一方当事人均可以请求人民法院或者仲裁机构确认解除行为的效力。当事人一方未通知对方，直接以提起诉讼或者申请仲裁的方式依法主张解除合同，人民法院或者仲裁机构确认该主张的，合同自起诉状副本或者仲裁申请书副本送达对方时解除。”

因此，关于建设工程施工合同单方解除的情况下，即使合同中约定的合同解除事由出现时，当事人行使合同解除权，也应当通知对方，合同解除的时间应当为对方收到守约方发出的解除合同通知之日。如果违约方不同意解除合同，认为守约方的合同解除不成立的，违约方应当通过诉讼或仲裁的方式达到推翻守约方解除合同行为的法律效力。

从司法实践来看，一般当事人行使合同解除权，其追求的不仅仅是合同解除的状态，最重要的是要通过合同解除实现价款支付、损失赔偿、返还财产等具体的、可量化的、有经济价值的法律后果，而且行使合同解除权的一方显然对前述法律后果的追求更加迫切，而且即使是按照法律规定行使了合同解除的权利，但前述的价款支付、损失赔偿、返还财产的请求依然要通过另外一个请求权诉讼去实现。因此我们看到的大都是守约方自行提起合同解除之诉或合同解除确认之诉，而非由违约方提起不同意合同解除之诉。

（二）合同解除的法律后果

《民法典》第566条规定：“合同解除后，尚未履行的，终止履行；已经履行的，根据履行情况和合同性质，当事人可以请求恢复原状或者采取其他补救措施，并有权请求赔偿损失。合同因违约解除的，解除权人可以请求违约方承担违约责任，但是当事人另有约定的除外。主合同解除后，担保人对债务人应当承担的民事责任仍应当承担担保责任，但是担保合同另有约定的除外。”

就建设工程施工合同纠纷而言，做两点理解：

1. 建设工程施工合同解除的法律后果视合同履行状态而确定。第一，如尚未进行施工，则显然是返还财产、赔偿损失。第二，如果建设工程已经施工完毕的，一般认为合同履行基本完毕，不存在合同解除的情形。第三，如果是施工过程中合同解除的，虽然理论上守约方有权利选择是否返回原状、赔偿损失，但是由于建设工程的过程是将材料设备、机械、人工物化成建筑的过程，且该过程无法逆转，因此对于已经完工的部分只能是计价付款，而不可能是财产返还，即已经施工且质量合格部分的合同价款按照合同约定计算，原合同内未施工的部分在合同解除后停止履行。无论哪种解除情形，合同解除后守约方依然可以依据合同追究对方违约责任，当事人的法定责任也依然存在，如承包人仍需按照法律规定履行保修责任、承担质量保证义务等，但原合同中约定的其他权利义务，如分期付款、保留保修金、保留质保金等权利义务内容将不再对当事人有约束力，价款应当即时结清。

2. 《民法典》第567条规定，合同的权利义务关系终止，不影响合同中结算和清理条款的效力。建设工程中的结算主要是指建设工程价款的计算与支付，清理条款一般指争议的解决方式，如约定诉讼、仲裁、管辖等。

四、情势变更

情势变更，是指合同成立后，因不可归责于双方当事人的原因发生情势变更，致合同之基础动摇或丧失，若继续维持合同原有效力显失公平，允许变更合同内容或者解除合同。

司法实践中确立情势变更这一原则来源于《最高人民法院关于适用〈中华人民共和国合同法〉若干问题的解释（二）》（已失效）第26条的规定，合同成立以后客观情况发生了当事人在订立合同时无法预见的、非不可抗力造成的不属于商业风险的重大变化，继续履行合同对于一方当事人明显不公平或者不能实现合同目的，当事人请求人民法院变更或者解除合同的，人民法院应当根据公平原则，并结合案件的实际情况确定是否变更或者解除。

《民法典》第533条规定："合同成立后，合同的基础条件发生了当事人在订立合同时无法预见的、不属于商业风险的重大变化，继续履行合同对于当事人一方明显不公平的，受不利影响的当事人可以与对方重新协商；在合理期限内协商不成的，当事人可以请求人民法院或者仲裁机构变更或者解除合同。人民法院或者仲裁机构应当结合案件的实际情况，根据公平原则变更或者解除合同。"

2009年7月最高人民法院又出台了《关于当前形势下审理民商事合同纠纷案件若干问题的指导意见》，意见要求各级人民法院在适用情势变更原则时要坚持公平、审慎的原则，要把握好"无法预见"的内涵，要区分情势变更和商业风险。对于人民法院适用情势变更原则变更和解除合同的，人民法院应按照最高人民法院《关于正确适用〈中华人民共和国合同法〉若干问题的解释（二）服务党和国家工作大局的通知》（法〔2009〕165号）的要求，严格履行适用情势变更的相关审核程序，即报请高级人民法院甚至最高人民法院进行核准。

综合以上可知，情势变更对合同的变更和解除虽有一定的法律依据，但是在司法适用时却受到严格限制。法院的出发点在于尽量维护合同的稳定性，尽量减少当事人意思之外因素对合同履行及双方权利义务的干扰。

从建设工程施工合同履行中的争议点来看，承包人主张通过情势变更要求变更的主要是合同约定的价格因素，如人工价格和一些主材价格。例如对于人工价格部分，承包人往往将一定比例范围内的价格上涨视为商业风险，而将超过一定比例的部分视为情势变更，要求根据情势变更原则对合同约定的固定单价进行调差。

司法实践中情势变更导致的价格变化程度不大的很难得到法院的支持。建议当事人尽量将导致价格变化程度较小的情势变更作为与对方当事人协商、谈判调整合同价格的依据，如导致价格变化超过一定程度的情势变更在协商不成功的情况下可通过司法途径寻求支持。

7.1 法院认定承包人转包导致发包人解除合同的标准①

——某钢公司与某隆一选建设工程施工合同纠纷再审案②

关 键 词： 建设工程施工合同 转包 法定解除 约定解除

问题提出： 法院对承包人转包导致发包人解除合同的标准是如何认定的？

裁判要旨： 承包单位承包建设工程后，不履行合同约定的责任和义务，将其承包的全部建设工程转给他人或者将其承包的全部建设工程肢解以后以分包的名义分别转给其他单位承包的行为就是转包行为，按照《民法典》第806条规定，承包人将建设工程转包、违法分包的，发包人可以解除合同。根据某隆一选提交的某钢公司与国某公司签订的《建设工程施工承包合同》、国某公司与陈某民签订的《企业内部工程承包合同》以及陈某民签字的《石头供销合同》《石方运输协议书》《施工合同》《承诺书》《现场签证单》等多份证据，可以认定陈某民系案涉工程的实际施工人，可以认定存在层层转包的违法行为。同时某隆一选和某钢公司签订的《工程承包合同》第十一条明确约定案涉工程不得分包和转包，某钢公司将工程整体转包构成违约，某隆一选同时有法定解除权和约定解除权，有权解除合同。发包人主张承包人承担转包违约责任的，法院可以酌情按转包合同约定的管理费金额支持发包人的主张。

案情简介

再审申请人（一审被告、反诉原告，二审上诉人）：某隆一选

被申请人（一审原告、反诉被告，二审被上诉人）：某钢公司

2012年4月11日，某隆一选为甲方、某钢公司为乙方，双方签订了《工

---

① 撰稿人：孙玉军、蔡诗怡，上海市建纬律师事务所。

② 一审：承德市中级人民法院（2013）承民初字第00182号；二审：河北省高级人民法院（2014）冀民一终字第392号；再审：最高人民法院（2015）民申字第1603号。

程承包合同》，约定："某钢公司为某隆一选修建小北沟尾矿库；工期为2012年4月至2012年8月；承包方式为包工包料；工程造价为：合同总价款705万元，如无超出图纸施工部分，此价格不变，如因监管部门要求、功能要求溢水塔施工中出现超出图纸范围的施工，经甲、乙、监理三方签字后，某隆一选按增加工程量支付价款；……涉及工程量，需甲、乙、监理三方签字认可才可以增减工程量……"

合同签订后，某钢公司于2012年5月开始施工，在工程未完工时，因安监局认为混合坝体存在安全隐患，故通知停工，要求按清水坝体（石坝）进行施工，某钢公司遂于2012年10月停工。某隆一选于停工一周后将清水坝设计图纸交给某钢公司，要求按新的设计图纸施工。因混合坝与清水坝造价差距较大，某钢公司要求重新修改合同后再施工，因某隆一选不对合同进行修改和变更，导致某钢公司一直未能进行施工。现某隆一选已付工程款200万元，其余工程款未付。

另查明，在案件审理期间，某隆一选提交某钢公司与国某公司签订的施工合同、国某公司与陈某民签订的企业内部工程承包合同复印件两份，该两份合同所指向的工程均是小北沟尾矿库，但未能提供原件。某钢公司及陈某民承认签订过该合同，但未履行，在全部施工过程中所签署的洽商文件均由某钢公司承德兴隆矿业项目部盖章，并由某钢公司派出的项目经理温某银签字，某隆一选亦未提供国某公司履行合同的证据。

因工程款结算问题双方发生争议，某钢公司诉至一审法院，请求判令被告支付工程欠款2000万元（以鉴定数额为准）及利息并承担本案全部诉讼费用。

某隆一选提出反诉，请求判令：1. 确认反诉被告违法转包，解除双方签订的《工程承包合同》；2. 反诉被告恢复小北沟尾矿库原状，退还已支付的工程款200万元，支付违约金274950元，赔偿损失549.5万元；3. 本案诉讼费用由反诉被告承担。

案件审理过程中，某钢公司提出鉴定申请，要求对已完工程造价进行鉴定，某隆一选亦同意进行鉴定，一审法院委托中介机构对已完工程造价进行了鉴定，并经几次对鉴定结论进行质证核实和修正，最终确定工程造价加主材调价共计13203401.92元。

另查明：双方签订的《工程承包合同》第十一条第一款约定："本工程不得转包和分包。否则甲方（某隆一选）有权终止合同，并扣除转包和分包项目的全部费用，乙方还要向甲方承担违约责任。”另，根据某钢公司与国某公司签订的《建设工程施工承包合同》第二条约定，某钢公司收取7%的管理费。

一审法院判决：一、解除某钢公司与某隆一选所签订的建设施工合同；二、某隆一选于判决生效后十日内给付某钢公司工程款 11203401.92 元及利息，利息按中国人民银行同期贷款利率计算自 2012 年 12 月 30 日起至工程款全部结清止；三、驳回某钢公司其他诉讼请求；四、驳回某隆一选的其他反诉请求。

二审法院判决：一、维持承德市中级人民法院（2013）承民初字第 00182 号民事判决第一项、第三项、第四项；二、撤销承德市中级人民法院（2013）承民初字第 00182 号民事判决第二项，改判为：某隆一选于本判决生效后十日内给付某钢公司工程欠款 9080722.28 元及利息（利息自 2013 年 7 月 4 日起按中国人民银行同类贷款利率计算至本判决确定的履行期限届满之日止）。

再审法院裁判：驳回某隆一选的再审申请。

各方观点

某隆一选观点：（一）二审判决认定事实错误，鉴定报告没有将反映工程量的施工图作为鉴定依据，由此作出的鉴定结论，不能作为本案定案的依据；

（二）案涉工程不能如期施工的原因，是某钢公司进行了层层转包，一、二审判决将合同不能履行的原因归责于某隆一选错误；

（三）某隆一选与某钢公司签订的建设工程合同，明确约定了转包和分包的违约责任，二审法院认定违约责任承担方式明显过重缺乏法律依据。

某钢公司观点：（一）二审判决适用法律正确，认定某钢公司与某隆一选关于违约责任的约定过重并无不当，工程不能施工的原因是坝体设计不合法，而某隆一选拒绝修改；

（二）案涉工程是一个隐蔽工程，在施工过程中按进度均进行了验收，由此作出的鉴定报告经过多次质证，原审作为定案证据并无不当。

法院观点

一审法院观点：（一）某隆一选与某钢公司所签建设施工合同合法有效，某钢公司在施工过程中，因某隆一选未按安监部门要求对尾矿坝进行设计，导致在安监部门检查中被迫停工，并要求将混合坝改为清水坝，使该工程不能继续施工，因此中途停工责任不应由某钢公司承担。停工后，某隆一选如需继续施工，就应及时对尾矿坝重新设计并根据重新设计的图纸实事求是地做出造价预算并与施工单位协商对合同进行修正。而某隆一选只重新设计了图纸，却拒不对合同进行修正，某钢公司如继续施工，原合同无法履行，新合同又没有签订，就会造成完工后无结算依据，进而造成不能结算工程款的结果。因此，某钢公司坚持修正合同后再继续施工的理由符合国家关于建设工程的规定，也符合建设工程的常规，应予支持，因此造成合同不能继续履行的责任在某隆一选一方。双方既然签订了施工合同，施工方又按合同进行了施工，因建设方的原因导致工程不能完工，建设方就应按照合同约定及法律规定对已完工程进行结算，并给付施工方已完工程的工程款，拒不给付就应当承担违约责任并向施工方赔偿损失。

（二）某隆一选主张某钢公司已将工程转包给国某公司和陈某民，除出示施工合同和内部承包合同外，没有其他证据证实。而某钢公司提交的施工合同、某钢公司给温某银、陈某民的授权委托书、温某银工资表、施工过程温某银及陈某民在工地负责、在施工中与某隆一选的洽商手续、某隆一选给某钢公司付款回单、与国某公司之间的租赁合同等证据已形成证据链条，可以认定工程系某钢公司施工，与国某公司系租赁施工机械关系。某钢公司与陈某民并未否认曾签过转包合同，但主张未实际履行。因此某隆一选认为某钢公司违法转包并因此提出由某钢公司承担返还工程款、恢复小北沟尾矿库原样、赔偿损失的请求不应得到支持。因本案双方争议的尾矿坝工程设计违反国家相关规定的要求，存在安全隐患被停工，致使该合同目的已不能实现，且在诉讼中，某隆一选已明确表示要求解除该合同，并拒绝对已完工程进行结算，因此，该合同应予解除。但对某钢公司已建设部分应按合同约定予以结算。鉴定机构依据合同、图纸及洽商变更手续对已完工程作出造价鉴定，经双方多次核实、质证、修正后，结论符合双方合同约定和施工事实，一审法院予以采信。

二审法院观点：（一）某隆一选与某钢公司签订的《工程承包合同》系双方真实意思表示，其内容不违反法律、行政法规的强制性规定，合法有效。根据某隆一选提交的某钢公司与国某公司签订的《建设工程施工承包合同》、国某公司与陈某民签订的《企业内部工程承包合同》以及陈某民签字的《石头供销合同》《石方运输协议书》《施工合同》《承诺书》《现场签证单》等多份证据，可以认定陈某民系案涉工程的实际施工人，案涉工程存在层层转包的事实。某钢公司虽主张陈某民系受公司委托协调当地关系的人员，但未能提供支付其劳动报酬的证据，且对外采购建筑材料、对外借款、对外分包部分劳务工程及工程洽商等文件均由陈某民签字等行为也与所谓“协调当地关系人员”的身份不符，故某钢公司的主张不能成立。但根据合同相对性原则，某钢公司依据《工程承包合同》起诉主张工程欠款符合法律规定，且实际施工人陈某民作为某钢公司的一审代理人参加了诉讼，未对某钢公司主张工程欠款提出异议，故工程转包事实不影响某钢公司主张工程欠款的权利。

（二）关于一审法院委托鉴定单位出具的鉴定结论能否作为定案依据。为确定已完工程造价，一审法院委托某伟工程造价咨询有限责任公司对工程合同内已完工程及洽商变更工程造价进行鉴定，鉴定委托程序合法，鉴定单位依法出庭接受质询，并针对双方提出的异议进行了书面答复，某隆一选提出重新委托鉴定的申请不符合《最高人民法院关于民事诉讼证据的若干规定》第 27 条规定的情形，一审法院未予准许并无不当。另针对某隆一选二审中对鉴定报告提出的异议，鉴定单位经复核出具书面答复意见，认为原鉴定结果正确。但对于 1288626. 77 元毛石主材价款，鉴定单位单独列出，是否计价由法院裁决。根据双方《工程承包合同》约定，未超出图纸范围施工合同约定总价不变，该毛石主材款不应再行计入工程价款，已完工程总造价应以鉴定单位最终答复的 11914755. 15 元为准，减去双方无争议的 200 万已付款，某隆一选欠付的工程款数额为 9914775. 15 元。同时，鉴于案涉工程为未完工程，双方诉前未进行结算，工程欠款利息应自某钢公司起诉之日即 2013 年 7 月 4 日起算。

（三）关于某隆一选一审反诉请求是否应予支持。因一审法院已判决解除双方签订的《工程承包合同》，法院亦依法确认了工程转包的事实，故某隆一选关于解除合同的反诉请求已得到支持。同时，因双方签订的《工程承包合同》第十一条明确约定案涉工程不得分包和转包，故某钢公司将工程整体转包构成违约，应承担违约责任。但双方合同约定的“扣除转包和分包项目的全部费用”违约责任方式明显过重，且某隆一选提出的恢复工程原状、退还 200 万元已付工程款的反诉请求于法无据，赔偿 549. 5 万元损失的反诉请求亦缺乏相应证据支持。根据某钢公司与国某公司转包合同中关于 7% 管理费的约定，法院酌情确定工程总造价的 7% 即 834032. 86 元作为违约赔偿的数额，与工程欠款相互抵销后，某隆一选应给付被上诉人某钢公司工程欠款 9080722. 28 元。

再审法院观点：本案再审审查争议的焦点问题是某伟工程造价咨询有限责任公司作出的鉴定结论能否作为认定案涉工程已完工部分造价的证据。本案中，为查明案涉工程已完工部分造价，某伟工程造价咨询有限责任公司接受一审法院委托，依据招标文件、投标文件、施工合同、投标综合报价清单、工程签证变更记录等，对已完工部分造价进行了鉴定。针对某隆一选的异议，某伟工程造价咨询有限责任公司出具了书面答复意见，并派人出庭接受了质证，这一委托鉴定程序应认定为合法。因案涉工程施工存在变量，超出了施工图范围，某伟工程造价咨询有限责任公司依据某隆一选签字确认的现场签证单进行鉴定，由此得出的鉴定结论可以作为认定案涉工程已完工部分的证据。某隆一选关于本案应以施工图作为鉴定依据进而要求重新鉴定的申请再审理由，缺乏事实依据，法院不予支持。至于某钢公司违法分包的问题，二审法院已经予以认定，法院予以认可。

关联案例

案件名称：某林公司与齐某医院建设工程施工合同纠纷上诉案

审理法院：一审：山东省济南市中级人民法院（2014）济民五初字第17号；二审：山东省高级人民法院（2016）鲁民终208号

裁判观点：1. 合同约定“本工程必须乙方施工，不得转包、分包，一经发现立即中止合同，所有损失由乙方负责”，也就是说，合同明确禁止以任何形式对工程进行分包。某林公司未经齐某医院同意，将工程分包给其他公司进行施工，从根本上违反了合同关于工程不得分包的约定。2. 合同约定：“当乙方的行为构成实质性违约或者预期违约、欺诈等行为时，甲方、监理方有权单方面解除合同。在这种情况下，本合同自甲方、监理方的书面解除合同通知到达乙方之日起生效。”根据前述分析，某林公司未经齐某医院同意将工程分包给其他公司进行施工的行为，构成根本违约。因此，齐某医院行使单方解除权符合合同约定，并无不当。

律师点评

本案属于一起较为典型的建设工程承包人在发包人不知情的情况下，将承包项目转包给他人而引起的民事诉讼。由转包产生的发包人如何行使合同解除权以及合同解除后的一系列问题，下文将一一进行阐述。

一、什么是转包，被告的行为是否构成转包

《建设工程质量管理条例》第78条将转包定义为承包单位承包建设工程后，不履行合同约定的责任和义务，将其承包的全部建设工程转给他人或者将其承包的全部建设工程肢解以后以分包的名义分别转给其他单位承包的行为。转包实质上是指承包人承包建设工程后，不履行承包合同约定的主要义务，并与他人约定由他人履行不少于承包合同约定的主要义务的行为。

对于转包行为，法律明确规定予以禁止。《建筑法》第28条规定："禁止承包单位将其承包的全部建筑工程转包给他人，禁止承包单位将其承包的全部建筑工程肢解以后以分包的名义分别转包给他人。"承包工程属于依照法律规定不得转让，即使债权人（发包人）同意，也不得转让。虽然法律禁止转包规定的出发点是基于发包人利益考虑，发包人与承包人签订承包合同是出于对承包人专业资质、合同履行能力的特殊信任，由于发包人对转包受让人的履行能力无法了解和掌握，承包人任意将承包的建设工程转包给第三人势必会造成发包人的利益受到损害。然而法律对转包的禁止性规定属于强制性规定，已由当事人之间的自由意思表示上升为法定意志。因此，即使发包人认可承包人的转包行为，此种转包由于违反了法律的强制性规定也是无效的。

构成转包必须具有以下两个要件：首先，转包人与转承包人必须是两个没有隶属关系的独立法人或其他组织或个人。如前文所述所谓转包是承包人将其承包的建设工程直接或变相转让给第三人，也就是说转承包人对于转包人来说必须是第三人而不能是转包人的分公司或内部机构。其次，承包人必须将全部或主要建设工程任务转给第三人。承包人必须是将其承包的全部或主要建设工程任务直接或变相转让给第三人才构成转包，而不是将其承包的全部建设工程任务中的分部分项工程或某一部分转让给第三人，承包人只是将其承包的全部建设工程任务中的分部分项或某一部分转让给第三人，应构成分包或非法分包而不是转包。

实践中转包行为主要包括以下几种：1. 承包单位承包建设工程后，不履行合同约定的责任和义务，将其承包的全部建设工程转让给他人的；2. 承包单位承包建设工程后，不履行合同约定的责任和义务，将其承包的全部建设工程肢解后以分包的名义分别转给其他单位的；3. 法律、法规、规章规定的其他转包建设工程行为。承包单位对其承包的建设工程未派出项目管理班子或其技术管理人员数量明显低于正常水平的，以转包行为论处。可见，转包

不管是将承包的全部建设工程转包，还是将承包的全部建设工程肢解以后以分包的名义分别转包都是无效的。

在本案中，某隆一选与某钢公司签订了《工程承包合同》，某钢公司又与国某公司签订了《建设工程施工承包合同》、国某公司又与陈某民签订了《企业内部工程承包合同》，全部工程最终系由陈某民实际施工。某钢公司虽主张陈某民系受公司委托协调当地关系的人员，但未能提供支付其劳动报酬的证据，且对外采购建筑材料、对外借款、对外分包部分劳务工程及工程洽商等文件均由陈某民签字等行为也与某钢公司所谓的“协调当地关系人员”的身份不符，由此可以认定陈某民系案涉工程的实际施工人，符合前述关于转包的两个要件，案涉工程存在层层转包的事实。

二、转包情况下，发包人是否有权解除合同

转包行为是为法律所禁止的，那么在承包人将工程转包出去之后，其是否退出原合同关系，由转承包人取得原合同中当事人的地位呢？

转包虽然在理论上可归属于为合同的转让范畴即权利与义务的概括转让，但是由于《建筑法》第28条及《建设工程质量管理条例》均禁止转包行为，即转包为我国法律法规所禁止，转包因违反法律、法规的强制性规定而无效。《最高人民法院关于审理建设工程施工合同纠纷案件适用法律问题的解释(一)》第1条规定：“……承包人因转包、违法分包建设工程与他人签订的建设工程施工合同，应当依据民法典第一百五十三条第一款及第七百九十一条第二款、第三款的规定，认定无效。”所以转包并不适用于《民法典》《建筑法》，转包行为均是无效的。

转包合同被认定无效后，发包人如何通过行使合同解除权的方式，保护自己的权利，这就成为司法过程中的一个重要问题。合同解除的情形包括法定解除和约定解除两种。由于承包人的转包行为，可能使发包人对承包人的劳动质量的期望落空，致使合同的目的不能实现，因此发包人可能不愿意继续将工程交由承包人完成，因而法律赋予了发包人对合同的解除权。根据《民法典》第806条规定：“承包人将建设工程转包、违法分包的，发包人可以解除合同……”

除了法律赋予发包人在承包人转包情形下解除合同的权利之外，当事人也可以约定解除合同的条件，依照某隆一选与某钢公司之间的《工程承包合同》第11条第1款“本工程不得转包和分包。否则甲方（某隆一选）有权终止合同，并扣除转包和分包项目的全部费用，乙方还要向甲方承担违约责任”的约定，解除合同的条件成就时，拥有解除权的一方可以解除合同。在该案中，某钢公司非法转包的行为已构成违约，符合合同约定及法律规定的解除条件，某隆一选有权利要求解除合同。

三、合同解除后，法律上如何厘清剩余权利义务

《民法典》第566条规定：“合同解除后，尚未履行的，终止履行；已经履行的，根据履行情况和合同性质，当事人可以请求恢复原状或者采取其他补救措施，并有权请求赔偿损失。合同因违约解除的，解除权人可以请求违约方承担违约责任，但是当事人另有约定的除外……”《最高人民法院关于审理建设工程施工合同纠纷案件适用法律问题的解释（一）》第24条规定：“当事人就同一建设工程订立的数份建设工程施工合同均无效，但建设工程质量合格，一方当事人请求参照实际履行的合同关于工程价款的约定折价补偿承包人的，人民法院应予支持。”

1. 合同解除的溯及力问题

《民法典》第566条规定：“合同解除后，尚未履行的，终止履行；已经履行的，根据履行情况和合同性质，当事人可以请求恢复原状或者采取其他补救措施，并有权请求赔偿损失。合同因违约解除的，解除权人可以请求违约方承担违约责任，但是当事人另有约定的除外……”该条规定将合同解除的效力分成两块：前者无溯及力，后者有溯及力，并相应地产生不同的财产处理后果。具体来说，有以下三种情形：

（1）合同尚未履行的，终止履行。尚未履行合同的状态与合同订立前的情形并无不同，因而解除合同只需单纯地终止合同的权利义务。但是，当事人是否有权要求赔偿损失，需做进一步分析，事实上合同尚未履行和合同尚未成立是不相同的，虽然合同没有实际履行，但很可能已经给对方造成了极大的损失，如履行迟延或提前违约造成的损失。《民法典》第500条规定：“当事人在订立合同过程中有下列情形之一，造成对方损失的，应当承担赔偿责任：……（二）故意隐瞒与订立合同有关的重要事实或者提供虚假情况；（三）有其他违背诚信原则的行为。”根据上述规定，由于违约合同解除的，当事人应有要求对方赔偿的权利。

（2）合同已履行的，要求恢复原状。恢复原状是指恢复到订立合同前的状态，是合同解除具有溯及力的标志和后果。这表明和多数国家的合同法一样，承认解除合同可产生溯及既往的效力。不论合同是全部履行还是部分履行，解除权人解除时，都有权要求恢复原状。从性质上讲，适用恢复原状的合同应该是非继续性的合同，即履行为一次性行为的合同，如货物买卖合同、赠与合同等。但是，有的合同尽管是一次性的合同，履行后有的可能恢复原状，也有的可能无法恢复原状。此时只能根据情况来确定是否可以恢复原状，如技术秘密转让合同，如果已经将技术秘密披露给对方，则不可能真正地恢复原状，需采用其他的补救措施。

(3) 合同已履行的，采取其他补救措施。这种情形的发生，可由三个原因引起：一是合同的性质决定了不可能恢复原状，解除权人只能采取其他的补救措施；二是合同的履行情况不适合恢复原状；三是当事人对清理问题协商而达成协议，既包括解除合同后达成协议，也包括《民法典》第567条的规定，即合同解除后，合同中的结算和清理条款继续有效。

解除继续性的合同是不适合恢复原状的，这类合同的特点是在一定时间内持续地履行，如租赁合同、雇用合同、保管合同、长期供应合同、技术服务合同等，受领一方所享用的标的物效益，可能是无法返还的，如设备租赁合同，承租人已经对设备加以使用，不可能返还出租时的设备。因此，对继续性合同，合同只是自解除时向将来消灭，即提前终止合同，履行方仍可以请求对方对已受领的利益支付价款，但履行对相对方没有异议的，发生恢复原状的后果。

根据履行的情况不适合恢复原状，也可能是从经济上讲恢复原状是不可行的，如建筑工程承包合同，如果承包人已经完成主体工程，但发包人仍以迟延为由解除了合同，此时，如果要求恢复原状，会造成资源的极大浪费，对双方都没有益处，在实践中亦是不可行的。

建设施工合同解除后，已经履行的参考有效合同的处理原则及方式进行处理，不发生恢复原状的后果，未履行的部分不再履行。

本案中，某钢公司与某隆一选的《工程承包合同》解除后，对已经完成的建设工程只要验收合格，某隆一选仍应当按照约定结算工程价款。为确定已完工程造价，一审法院委托某伟工程造价咨询有限责任公司对工程合同内已完工程及洽商变更工程造价进行了鉴定，鉴定委托程序合法，鉴定结果正确，以此认定已完工程价款并无不当。同时，鉴于案涉工程为未完工程，双方诉前未进行结算，工程欠款利息应自某钢公司起诉之日即2013年7月4日起算。

2. 已经完成的建设工程质量不合格的，参照《民法典》第793条关于合同无效，工程质量验收不合格的规定处理，“建设工程施工合同无效，但是建设工程经验收合格的，可以参照合同关于工程价款的约定折价补偿承包人。建设工程施工合同无效，且建设工程经验收不合格的，按照以下情形处理：（一）修复后的建设工程经验收合格的，发包人可以请求承包人承担修复费用；（二）修复后的建设工程经验收不合格的，承包人无权请求参照合同关于工程价款的约定折价补偿。发包人对因建设工程不合格造成的损失有过错的，应当承担相应的责任。”建设工程经竣工验收不合格，主要是建设工程质量不符合国家规定或者行业规定的标准，这里一般包括两种情况，一种情况是承包人的原因导致的建设工程质量不合格，但经过修复，可以使缺陷得到弥补，并通过工程竣工验收。这种情况下，发包方仍然可以接受建设工程，并在修复后继续利用建设工程。按照《民法典》关于无效合同的处理原则，应当对建设工程予以折价补偿，故而发包方可以要求减少工程价款或者由承建方承担修复费用。另一种情况是，承包人的原因导致的建设工程的质量缺陷无法通过修复予以弥补，不能通过竣工验收，建设工程丧失利用价值。对于没有利用价值的建设工程，只能重新进行建设，故而承包人没有请求支付工程款的权利。

3. 因一方违约导致合同解除的，违约方应当赔偿因此而给对方造成的经济损失。

由于合同解除是建立在合同有效的基础上作出的处理，因此因违约导致合同解除的，违约方应当承担合同约定的违约责任。本案中，因双方签订的《工程承包合同》第十一条明确约定案涉工程不得分包和转包，故某钢公司将工程整体转包构成违约，应承担违约责任。但双方合同约定的“扣除转包和分包项目的全部费用”违约责任方式明显过重，现在来看，根据《民法典》第585条第2款中“约定的违约金低于造成的损失的，人民法院或者仲裁机构可以根据当事人的请求予以增加；约定的违约金过分高于造成的损失的，人民法院或者仲裁机构可以根据当事人的请求予以适当减少”的规定，二审法院根据某钢公司与国某公司转包合同中关于7%管理费的约定，酌情确定工程总造价的7%即834032.86元作为违约赔偿的数额是较为合理的。

7.2 法院如何认定发包人依据约定解除合同[①]

——某建公司、某太阳公司建设工程施工合同纠纷再审案[②]

关 键 词： 建设工程施工合同　发包人　约定解除

问题提出： 法院对发包人依据约定解除合同是如何认定的？

裁判要旨： 《施工合同》及《补充协议》约定由某建公司负责办理施工许可证及用水用电手续，应认定某建公司负有办理上述手续的合同义务。依据某太阳公司与某建公司的协议约定，双方之间的《施工合同》及《补充协议》已于2011年12月5日达到解除条件。但解除条件的成就，只意味着某太阳公司由此享有解除权，并非合同的当然解除。其后，某太阳公司于2012年8月23日向某建公司发出书面通知，告知其解除双方的《施工合同》。某太阳公司的这一举动意味着其系于2012年8月23日行使了合同解除权。

案情简介

再审申请人（一审被告、二审上诉人）：某建公司

被申请人（一审原告、二审上诉人）：某太阳公司

2008年5月8日，原告某太阳公司（发包方）与被告某建公司（承包方）签订《建设工程施工合同》，约定由被告承包原告的软件大厦办公楼工程。合同第一部分为协议书，约定了工程地点为××开发区创业园，以及工程规模及结构特征、资金来源、工程承包范围等，并约定开工日期为自签发开工令之日起，合同工期总日历天数340天。合同价款为16234211.29元，其中安全防护、文明施工措施费用463580.23元。第三部分专用条款第18.5款约定：“因承包方原因造成工期延误，每天向发包方赔偿合同总价款0.8%的

---

① 撰稿人：孙玉军、蔡诗怡，上海市建纬律师事务所。

② 一审：山东省青岛市中级人民法院（2012）青民一初字第84号；二审：山东省高级人民法院（2014）鲁民一终字第497号；再审：最高人民法院（2016）最高法民申1280号。

违约金，最高不超过10%。”

2011年8月10日，双方签订了《补充协议》，协议第七条约定：“……乙方（被告）必须按照前期承诺，在本协议自签订之日起七个工作日内，负责协调解决施工用电问题，保障工程顺利建设完工，不得再以任何理由拖延施工延长工期；若乙方在本协议签订之日起七个工作日内，不能全面建设施工，每拖延一日，乙方自愿按每日5万元给予甲方经济损失赔偿，赔偿金额上不封顶；乙方必须按照施工进度计划顺利进行施工建设，若乙方不执行施工进度计划，超过二十个工作日，等同于乙方自动退出本工程，单方面终止合同，相关责任自负，乙方并承担由此给甲方造成的直接及间接经济损失，在二十日内将自家设施、人员全部撤出甲方施工场地，超过二十日限期，每拖延一日，乙方自愿按每日5万元给予甲方经济损失赔偿，赔偿金额上不封顶……”

协议签订后，被告对案涉工程一直未开始全面施工建设，亦未完成基础工程建设。原告于2012年8月23日向被告发出书面通知，内容为：“因为被告施工进度缓慢，工期已严重延误，并给原告造成巨额损失，因此通知被告解除双方的《施工合同》，并要求被告收到通知二十日内撤出施工场地解除施工合同，并保留追究被告违约责任的权利。”

某太阳公司诉称，合同及协议签订后，原告按月支付款项，但被告怠于施工，虽经原告多次催告，至今仍未完成工程基础施工，原告无奈于2012年8月23日书面通知被告解除施工合同。被告的违约行为给原告造成了严重的经济损失，请求：1. 判令被告支付工期延误违约金1600万元；2. 本案诉讼费用由被告负担。

另查明，某建公司已于2013年11月12日以某太阳公司为被告向原审法院提起诉讼，要求某太阳公司给付其工程款，原审法院已于当日受理，该案现正在审理过程中。

一审法院判决：一、被告某建公司于本判决生效之日起十日内将××太阳软件大厦办公楼工地及已完工工程腾让后交付原告某太阳公司；二、被告某建公司以16234211.29元为本金向原告某太阳公司支付利息。

二审法院判决：一、维持（2012）青民一初字第84号民事判决第二项及一审案件受理费和保全费的负担。二、撤销（2012）青民一初字第84号民事判决第一项。

再审法院判决：驳回某建公司的再审申请。

各方观点

某建公司观点：一、有新证据足以推翻原判决。1. 2010 年 8 月 11 日 × × 市开发区建设局青开建许不受〔3〕号《建设工程施工许可不予受理通知书》完全证明了再审申请人履行了委托办理义务，由于被申请人提供的资料不全，× × 市开发区建设局下发了《建设工程施工许可不予受理通知书》，其后被申请人也未补交所需材料，最终导致施工许可证没有办理。其责任不在再审申请人，导致施工工期拖延完全在被申请人。2. 被申请人不配合办理用电申请，导致工程断电，无法施工，责任理应由被申请人承担。依据双方签订的《补充协议》第七条的约定，再审申请人只是负责协调解决施工用电问题，但被申请人必须向电业局提供工程用电申请。再审申请人就此情况多次向被申请人反映，并于 2012 年 4 月 9 日书面函告被申请人，但被申请人迟迟不提供用电申请，最终导致工程断电，无法施工。3. 案涉工程于 2012 年 3 月 12 日设计变更，工期拖延的责任在被申请人。直到 2012 年 3 月 12 日，设计单位才将《设计变更通知单》设计出来。既然设计单位未及时设计施工方案，作为再审申请人就无法进行实际施工，被申请人对此是明知的，由此造成的施工工期拖延应当由被申请人承担。

二、原判决适用法律确有错误。根据法律规定及合同约定，办理施工许可证、接通水电均是被申请人应履行的合同义务，但一审判决却认定为再审申请人的义务，二审判决虽更正为被申请人的责任，但又结合合同约定进而认定被申请人负有一定的协助义务。法律规定，受托人按照委托人的指示办理委托事项，委托代理的后果应由委托人承担。一、二审判决有关民事责任的确定明显违背当事人约定或者法律规定。

三、原判决认定的基本事实缺乏证据证明。1. 再审申请人提供的证据《桩基工程竣工报告》表明，桩基工程于 2012 年 3 月 28 日已经完工，并于同年 4 月 14 日进行了竣工验收。一审判决认定桩基工程没有完工与事实不符，据此，因地质变化及被申请人设计变更原因造成的工期延误达 160 天（2011 年 11 月 4 日至 2012 年 4 月 14 日），工期应顺延 160 天由 2011 年 8 月 11 日至 2013 年 1 月 8 日共计 500 天。2. 《施工进度计划横道图》没有显示其适用于软件大厦工程，没有表明挖孔灌注桩的工程具体完工时间，不是认定事实的有效证据，一、二审法院主观推定，以此认定再审申请人未按《补充协议》约定的进度计划施工并承担相应违约责任是错误的。即便该份证据用于被申请人的工程，也是再审申请人内部管理工程计划进度的一部分，并不必然导致在该时间段完成，何况计划之中也有变化，应当依据客观事实进行认定。3. 原审判决认定《建设工程施工合同》及《补充协议》有效，但未查清工程建设审批手续，拖延工期是由于被申请人违约所致，被申请人设计变更（含设计缺陷）及迟迟不能办理案涉工程施工许可证和办理工程用电才是导致工期延误的根本原因。2010 年 9 月基坑支护方案未能通过专家评审，主要原因是人工挖孔的施工方法已被禁止。直到 2012 年 3 月 12 日，设计单位还在进行设计变更并出具《设计变更通知单》。其间，再审申请人克服困难于 2012 年 4 月 14 日完成桩基施工并验收合格。之后因无施工许可证，塔机无法安装，水电无法满足施工需要，加之被申请人没有办理质量监督、安全监督手续，施工无法进行。2012 年 10 月 30 日，××市××区建筑工程质量监督站下发了《建设工程停工通知单》责令暂停施工。

四、双方签订的《建设工程施工合同补充协议》因违反法律的强制性规定而无效，且因约定条款根本无法实际履行依法不应对再审申请人产生法律约束力。双方签订的《建设工程施工合同补充协议》对中标合同做了实质性变更，依据《招标投标法》及《最高人民法院关于审理建设工程施工合同纠纷案件适用法律问题的解释》[①] 的规定，超出中标合同约定的部分无效，其不应成为再审申请人承担违约责任的不利证据。此外，补充协议约定的施工所需水、电均应接至建筑用地红线 50 米范围内，相关手续的办理依法应当由被申请人完成，再审申请人无法独立完成也不可能完成。双方之所以签订补充协议，是在被申请人拒不履行付款、迟迟不能办理施工许可证、无法办理施工用电等合同主要义务导致工期延误，再审申请人为继续推动施工合同的履行所做的妥协和让步。事实上，根据相关法律规定，由再审申请人承担此项责任根本不可能完成，自始履行不能的合同不应由无过错的申请人承担。

五、被申请人迟迟不能办理案涉工程施工许可证和办理用电，严重影响再审申请人施工，是导致工期延误的主要原因之一。根据法律规定及合同约

① 该司法解释现已失效，下同。

定，办理施工许可证的义务均由也只能由被申请人履行。根据 2001 年 7 月 4 日修改的《建筑工程施工许可管理办法》及《山东省建筑工程施工许可证管理试行办法》《山东省建筑市场管理条例》等相关规定，施工许可证只能由建设单位即被申请人负责办理，建设单位作为申请单位并按照要求提供相应的材料，施工单位只是提供相应的施工资料，是协助作用；基于法律规定，所有的《建设工程施工合同》标准文本中的通用条款均约定施工许可证系发包人的义务。具体到本案中，通用条款第 7.3（6）也适用于本案，虽然在专用条款第三条第 7.4 约定：“发包人委托承包人办理的工作：通用条款 7.3 条第（6）项工作。”但“委托”办理不是“负责”办理，如果委托人不提供相应的委托条件，受托人就无法完成委托事项。被申请人并无证据证明其提供了相应的委托条件，因此，即便是完不成委托事务，后果也应当由被申请人承担。基于上述，一、二审法院断章取义地认定办理施工许可证和用电的义务应当为再审申请人承担，属于认定事实错误，违反法律规定和当事人约定。

六、被申请人单方解除合同的行为无效。单方解除权的有效行使应当以法律规定和双方合同约定为前提，否则即为无效。本案中，工期延误的主要责任应当由被申请人承担，作为过错方其没有单方解除合同的权利。被申请人以“施工进度缓慢、工期严重延误”为由于 2012 年 8 月 23 日书面通知再审申请人解除施工合同，违反了相关法律规定、双方之间的约定及案件事实，在再审申请人明确拒绝其解除合同要求时，其解除行为无效，双方之间的施工合同关系仍然依法存续。现依据《民事诉讼法》第 200 条第 1 项、第 2 项、第 6 项之规定申请再审。

法院观点

一审法院观点： 1. 关于原、被告双方签订的《建设工程施工合同》及《建设工程施工合同补充协议》是否合法有效。首先，原、被告双方签订的《建设工程施工合同》是双方当事人真实意思的表示，没有违反法律、行政法规的强制性规定的情形；其次，被告虽然主张《建设工程施工合同补充协议》无效，但其据以认定无效的《招标投标法》第 46 条及《最高人民法院关于审理建设工程施工合同纠纷案件适用法律问题的解释》第 21 条的规定，并非规范合同效力的效力性规定，而是管理性规定，且《建设工程施工合同补充协议》并未对《建设工程施工合同》的内容作出实质性变更。故《建设工程施工合同》及《建设工程施工合同补充协议》均未违反法律、行政法规的强制性规定，均属有效合同。

2. 关于《建设工程施工合同》及《建设工程施工合同补充协议》是否已经解除以及解除的时间。《施工进度计划横道图》显示，被告应于2011年11月5日前完成挖孔灌注桩的工程，但时至今日，该项工程仍未完成。根据《建设工程施工合同补充协议》第七条之规定，被告必须按照施工进度计划顺利进行施工建设，若被告不执行施工进度计划，超过二十个工作日，等同于被告自动退出本工程，单方面终止合同，相关责任自负，被告并承担由此给甲方造成的直接及间接经济损失，在二十日内将自家设施、人员全部撤出甲方施工场地。因此，依据上述协议，双方之间的《建设工程施工合同》及《建设工程施工合同补充协议》已于2011年12月5日达到解除条件。但解除条件的成就，只意味着原告由此享有解除权，并非合同的当然解除。其后，原告于2012年8月23日向被告发出书面通知，告知其解除双方的《施工合同》，并要求被告收到通知二十日内撤出施工场地，并保留追究被告违约责任的权利。原告的这一举动意味着其系于2012年8月23日行使合同的解除权，而《建设工程施工合同》及《建设工程施工合同补充协议》亦于当日解除。

3. 关于被告是否存在违约情形，违约金数额如何计算。被告没有按照双方合同的约定按期完成工程，其对此的抗辩理由为原告未取得案涉工程施工许可证以及未完成水电的接通所致。而依据双方所签订的合同，办理案涉工程施工许可证以及水电的接通均为被告的义务，故原审确认，被告的抗辩理由不成立，拖延工期是由被告违约所致，故被告应当承担拖延工期的违约责任。但基于双方约定的违约金明显过高，故原审酌情予以调减，调减为被告以合同约定的工程总造价为本金，以中国人民银行同期贷款利率的二倍向原告支付利息为宜。

二审法院观点：1. 关于补充协议的效力问题。双方签订建设工程施工合同后未进行备案，在合同履行过程中，因施工许可证及用水用电手续一直未办理等原因，案涉工程一直未能顺利施工，为推进合同履行，双方在平等协商的基础上达成了补充协议，对下一阶段的合同工期、施工计划、费用承担及违约责任等作了约定，属于当事人依法变更合同之行为，不应认定为变更中标合同的实质性内容，且补充协议不存在违反法律、行政法规强制性规定的情形，应当认定为有效合同。

2. 关于一审对违约责任及违约金的认定是否正确的问题。(1)关于违约责任的认定。根据2011年8月10日《补充协议》的约定，工程工期为490天(应于2012年7月完工)，某建公司应当在协议签订后七日内按照施工进度全面施工，并保证工程按期完工，此系某建公司的主要合同义务。根据某太阳公司提供的《工作联系单》及《施工进度计划横道图》等证据，可以认定某建公司在签订补充协议后，未按照施工进度全面施工，至今基础工程尚未施工完毕。某建公司理应对未按进度全面施工或顺延工期之正当事由承担举证责任，否则应承担违约责任，某建公司抗辩因某太阳公司未办理施工许可证及用水用电手续，导致工期顺延。法院认为，其一，根据施工合同专用条款第7.4条的约定，某太阳公司将办理施工许可证及临时用水用电事项委托给某建公司，2011年8月10日《补充协议》亦约定由某建公司负责办理施工用电，据此应当认定某建公司负有办理施工许可证及用水用电手续的合同义务。其二，根据《建筑法》第7条、第8条及《建设工程施工许可办法》的相关规定，建设单位(某太阳公司)负有办理施工许可证的法定义务，且办证中的部分材料需要建设单位出具和盖章，结合双方合同约定为“委托办理”，可以认定某太阳公司负有一定的协助义务，以便相关手续得以顺利办理，但某建公司未向法院提交有效证据证明某太阳公司拒不履行协助义务的事实，故应由某建公司承担相应后果，其关于工期顺延的抗辩事由不成立。综上，某建公司未按施工进度全面施工，导致工程未按期完工，已构成违约。(2)关于违约金的认定。《补充协议》第七条违约金条款约定：“……某建公司不得再以任何理由拖延延长工期，若某建公司在签约后7日内不能全面施工，按每日5万元赔偿损失；不执行施工进度，超过二十日的，合同终止，并于20日内撤出工地，每拖延一日赔偿5万元”。根据本案查明的事实，某建公司在签订补充协议后，既未按照进度计划全面施工，亦未按期撤离工地，均构成违约，某太阳公司依据违约金条款主张某建公司承担相应的违约责任，理由正当。但鉴于案涉工程系由某建公司垫资建设，某太阳公司并未实际投入，虽然某建公司的违约行为给某太阳公司造成了一定损失，但某太阳公司提交的证明实际损失的证据仅为《损失明细汇总表》，一审综合上述情况，认定双方约定的每天5万元的违约金明显过高，予以适当调减，判令以工程造价为本金，按两倍银行贷款利率赔偿利息损失，符合违约金的补偿性功能，较为公平合理，法院予以维持。

3. 关于一审是否超出某太阳公司诉讼请求审理问题。法院审理民事纠纷的范围应由当事人确定，对于超出诉讼主张的部分不予审理。某太阳公司一审诉讼请求有二：一是支付工期延误违约金1600万元；二是诉讼费由被告负担，其未主张腾让工地，系其对民事权利的正当处分，法院应尊重当事人的意思自治，一审判令某建公司腾让工地，超出某太阳公司的诉讼请求，法院予以纠正。

再审法院观点：根据一、二审判决查明及认定的事实，某建公司与某太阳公司于2008年5月8日签订《建设工程施工合同》，约定由某建公司承包建设某太阳公司的软件大厦办公楼工程。履行过程中，双方又于2011年8月10日签订《补充协议》。该《补充协议》经双方当事人协商订立，某建公司并未举证证明在订立协议时存在欺诈、胁迫等违背其真实意思表示的情形，一、二审判决认定该《补充协议》合法有效并无不当。从《补充协议》第七条的约定看，主要约定了再审申请人应当履行的义务，包括：在协议签订之日起七个工作日内协调解决施工用电问题，不得再以任何理由拖延施工延长工期；在协议签订之日起七个工作日内，不能全面建设施工，每拖延一日，再审申请人自愿按每日5万元给予被申请人经济损失赔偿，赔偿金额上不封顶；申请人必须按照施工进度计划顺利进行施工建设，若不执行施工进度计划，超过二十个工作日，等同于自动退出本工程，单方面终止合同，相关责任自负，并承担由此给被申请人造成的直接及间接经济损失以及在二十日内将自家设施、人员全部撤出施工场地，超过二十日限期，每拖延一日，自愿按每日5万元给予被申请人经济损失赔偿，赔偿金额上不封顶等。再审申请人并未举证证明在订立《补充协议》之前被申请人存在违约行为，也未举证证明被申请人存在违反《补充协议》约定的其应当履行的义务的行为，更未举证证明其在办理施工许可证、工程用水用电等手续过程中被申请人存在的不履行协助义务的情形。因此，一、二审判决依据《建设工程施工合同》《补充协议》及相关证据材料认定工期拖延系再审申请人违约所致且判令其承担相应的违约责任，有事实及法律依据。

再审申请人申请再审时提交了《建筑工程施工许可不予受理通知书》《设计变更通知单》及《工作联系函》，以证明工期拖延并非自身的责任。但该《建筑工程施工许可不予受理通知书》并无日期，不能证明系因被申请人拒绝提供材料而导致相关部门不同意办理施工许可；《设计变更通知单》上记载的设计变更系因为D轴交4轴人工挖孔桩下为煌班岩，根据勘察部门的意见而进行的变更，不能证明该变更不合理及对工程延期造成影响。再审申请人据此主张工程工期应顺延160天缺乏证据证明；《工作联系函》系再审申请人单方制作，反映了其单方的意思，没有证据佐证，也无证据证明被申请人认可了相关内容。故上述证据材料均不能推翻一、二审判决查明及认定的事实。再审申请人主张工程拖延系被申请人的原因所致依据并不充分。

此外，《补充协议》约定的工期为490天，应于2012年7月完工。由于再审申请人未能按照《补充协议》的约定施工，被申请人于2012年8月23日以"施工进度缓慢、工期严重延误"等为由向申请人发出了解除合同的书面通知。一、二审判决综合本案情况认定《建设工程施工合同》于该日解除符合法律规定。再审申请人主张被申请人单方解除合同无效没有法律依据。

关联案例1

案件名称：某工程有限责任公司与某置业有限公司建设工程施工合同纠纷案

审理法院：一审：湖南省株洲市中级人民法院（2013）株中法民四初字第22号；二审：湖南省高级人民法院（2014）湘高法民一终字第128号

裁判观点：当事人可以在合同中约定一方解除合同的条件。本案中，双方约定在签订合同后承包方不得拖欠农民工工资，发包方有权解除合同。承包方发生了拖欠农民工工资的行为，解除合同的条件成就，发包人可以解除合同。发包人的解除合同通知到达承包人时，合同解除。

关联案例2

案件名称：某建设集团有限公司与某核能设备有限公司建设工程施工合同纠纷案

审理法院：一审：靖江市人民法院（2014）泰靖民初字第1096号；二审：江苏省泰州市中级人民法院（2014）泰中民终字第00839号

裁判观点：当事人可以在合同中约定一方解除合同的条件。本案中，双方在前案的调解书中约定了解除合同的条件——承包人未能在某日前将全部工程的验收报告提交给发包人。承包人没有按时提交全部完整的验收报告，发包人有权解除合同。

关联案例3

案件名称： 湖南某房地产开发有限责任公司、湖南某建筑工程有限公司建设工程施工合同纠纷案

审理法院： 一审：湖南省湘西土家族苗族自治州中级人民法院（2016）湘31民初14号；二审：湖南省高级人民法院（2018）湘民终92号；再审：最高人民法院（2019）最高民申2007号

裁判观点： 从双方实际履行情况看，双方就案涉未完工程已进行了统计和协商，双方于2012年12月30日达成《屹某龙城南、西座马某堆未完成的工程量统计》，发包人屹某公司分别于2013年6月18日、6月20日、7月8日向承包人马某堆公司发出《工作联系函》《关于贵公司后续未完工程及后续相关工作安排的函》《工作回函》，马某堆公司于2013年6月26日向屹某公司发出《"关于贵公司后续未完工程及后续相关工作安排的函"的回函》，未完工程由屹某公司委托吉首市万溶江建筑安装公司进行的施工的情况考虑，可认定案涉合同在2013年7月8日前事实上已经解除。

律师点评

本案属于一起关于发包人约定解除权的建设工程施工合同纠纷。发包人在发包工程时处于优势地位，但随着合同履行，承包人进场施工后，发包人的优势地位就会逐渐减弱。因而，发包人在与承包人订立施工合同时，往往会约定一些条款，使其在承包人违约的情况下，拥有单方面解除合同的权利。笔者将围绕发包人在依据合同约定行使解除权时涉及的法律问题进行分析和论述：

一、法律关于约定解除合同的规定

合同解除权就是合同当事人依照合同约定或法律规定享有的解除合同的权利，它的行使直接导致合同权利义务消灭的法律后果。根据合同自愿原则，当事人在法律规定范围内享有自愿解除合同的权利。关于当事人依据约定解除合同的两种情况《民法典》第562条规定如下：

1. 当事人协商一致，可以解除合同。即协商解除。协商解除是指合同生效后，未履行或未完全履行之前，当事人以解除合同为目的，经协商一致，订立一个解除原来合同的协议。协商解除是双方的法律行为，应当遵循合同订立的程序，即双方当事人应当对解除合同意思表示一致，协议未达成之前，原合同仍然有效。如果协商解除违反了法律规定的合同有效成立的条件，比

如，损害了国家利益和社会公共利益，解除合同的协议不能发生法律效力，原有的合同仍要履行。

2. 当事人可以约定一方解除合同的事由，解除合同的事由发生时，解除权人可以解除合同，即约定解除权。约定解除权是指当事人在合同中约定，合同履行过程中出现某种情况，当事人一方或者双方有解除合同的权利。解除权可以在订立合同时约定，也可以在履行合同的过程中约定，可以约定一方享有解除合同的权利，也可以约定双方享有解除合同的权利，当解除合同的条件出现时，享有解除权的当事人可以行使解除权解除合同，而不必再与对方当事人协商。解除权的约定也是一种合同，行使约定的解除权应当以该合同为基础。

协商解除和约定解除权，虽然都是基于当事人双方的合意，但二者有区别，表现在：(1) 协商解除是当事人双方根据已经发生的情况，达成解除原合同的协议；而约定解除权是约定将来发生某种情况时，一方或双方享有解除权。(2) 协商解除不是约定解除权，而是解除现存的合同关系，并对解除合同后的责任分担、损失分配达成共识；而约定解除权本身不导致合同的解除，只有在约定的解除条件成就时，通过行使解除权方可使合同归于消灭。(3) 协商解除主要是对双方当事人的权利义务关系重新安排、调整和分配；而约定解除权主要是对当事人提供补救，使其有可能通过行使解除权来维护自己的权益。

在该案件中，某太阳公司与某建公司的合同解除权是源自双方在建设工程施工合同中的约定，因此属于《民法典》第562条第2款："当事人可以约定一方解除合同的事由。解除合同的事由发生时，解除权人可以解除合同。"

二、如何认定解除权产生的条件

法定解除权是指由法律直接加以规定，当一定事由发生时，一方当事人享有解除合同的权利。根据《民法典》第563条的规定，单方当事人行使合同法定解除权的情形有下列五种：

1. 因不可抗力不能实现合同目的的。不可抗力是指不能预见、不能避免、不能克服的客观现象。不可抗力事件的发生，只有其致使合同目的完全不能实现时，任何一方当事人才享有合同解除权。

2. 因拒绝履行主要债务的。这是指在履行期限届满之前，当事人一方明确表示或者以自己的行为表明不履行主要债务。对于这种情况，另一方可不进行催告，径直行使解除权。

3. 因迟延履行主要债务经催告未在合理期限内履行的。即债务人无正当理由迟延履行主要债务，经催告后在合理的期限内仍未履行的。履行期限在合同中非属特别重要时，即使债务人在履行期限届满后履行，也不致使合同目的落空。在此情况下，原则上不允许当事人立即解除合同，而应当由债权人向债务人发出履行通告，给予一定的履行宽限期。债务人在该履行期限届满时仍未履行的，债权人有权解除合同。

4. 因迟延履行或有其他违约情形不能实现合同目的的。致使合同目的无法实现的违约形态有多种，包括迟延履行、不完全履行，以及履行地点不符合合同约定等。在此情况下，债权人可不经催告而直接解除合同。

5. 法律规定的其他解除情形。这是一个概括性的规定，当以上情形都没有出现，而法律规定其他情形出现时合同也应该解除时，合同即可解除。这实际为将来法律的发展留足了空间，同时也防止法律出现漏洞。

约定解除权是指通过当事人约定于一定事由发生时，一方或双方享有解除合同的权利。约定解除权的产生是基于双方当事人的约定，而不是单方所能决定的。这种约定可以在订立合同时在合同中约定，也可以在订立合同后另行约定。

本案中，某太阳公司与某建公司在2011年8月10日签订的《补充协议》中约定如某建公司不执行施工进度计划，超过二十个工作日，等同于自动退出本工程，单方面终止合同，应承担由此给某太阳公司造成的直接及间接经济损失。此属于某太阳公司与某建公司约定的合同条款。

然而，协议签订后，对案涉工程某建公司一直未开始全面施工建设，亦未完成基础工程建设。根据《施工进度计划横道图》显示，某建公司应于2011年11月5日前完成挖孔灌注桩的工程，但时至一审法院审理时，该项工程仍未完成。综上，某建公司的行为明显违反了双方合同约定的条款。

通过对照合同约定与实际情况，某建公司的违约行为符合双方共同关于某太阳公司有权单方面解除合同的约定，某太阳公司行使解除权的条件已成就。

三、行使解除权的程序

《民法典》第565条规定：“当事人一方依法主张解除合同的，应当通知对方。合同自通知到达对方时解除；通知载明债务人在一定期限内不履行债务则合同自动解除，债务人在该期限内未履行债务的，合同自通知载明的期限届满时解除。对方对解除合同有异议的，任何一方当事人均可以请求人民法院或者仲裁机构确认解除行为的效力。当事人一方未通知对方，直接以提起诉讼或者申请仲裁的方式依法主张解除合同，人民法院或者仲裁机构确认该主张的，合同自起诉状副本或者仲裁申请书副本送达对方时解除。”

无论约定解除还是法定解除的情形，依据上述条款行使合同解除权都应当遵守下列程序规定：

1. 必须具备法定或约定解除合同的条件。具备以下条件，不必经对方当事人同意，只需向对方作出解除合同的意思表示，就可以解除合同：(1) 当事人约定的解除合同的条件成就；(2) 因不可抗力不能实现合同目的的；(3) 在履行期限届满之前，另一方当事人明确表示或者以其行为表明不履行主要义务的；(4) 另一方当事人迟延履行主要债务，经催告后在合理期限内仍未履行的；(5) 另一方当事人迟延履行债务或者有其他违约行为致使不能实现合同目的的；(6) 法律规定的其他解除情形。不具备上述条件，一方当事人不能解除合同。

2. 行使解除权应当通知对方当事人。当事人一方行使解除合同的权利，引起合同权利义务的终止，为了防止一方当事人因不知道对方已行使合同解除权而仍履行的行为，从而遭受损害，本条规定，当事人根据约定解除权和法定解除权主张解除合同的，应当通知对方。合同自通知到达对方时解除。对方当事人接到解除合同的通知后，认为不符合约定的或者法律规定的解除合同的条件，不同意解除合同的，可以请求人民法院或者仲裁机构确认能否解除合同。

3. 法律、行政法规规定解除合同应当办理批准、登记手续的，未办理有关手续，合同不能终止。

对于通知的形式，《民法典》中未作特殊要求，因此它可以包括书面、口头或其他形式，如国际上惯用的声明、请求或特定情况下的传真、电子邮件等。但为了避免产生争议，最好采取书面形式。对于法律规定或当事人约定采取书面形式的合同，在合同解除时，也应采取书面通知的形式。不管采取哪种方式，只要通知送达对方即可发生合同解除的法律效力。

在认定通知送达时间时，只要通知的发送方有证据证明自己已将通知发出，而接收方没有相反的证据证明自己未收到该通知，则法院可以根据通知发送的方式推定通知送达的时间。本案中，某太阳公司于2012年8月23日向被告发出书面通知，告知其解除双方的《施工合同》，并要求被告收到通知二十日内撤出施工场地，并保留追究被告违约责任的权利。原审法院认为，原告的这一举动意味着其系于2012年8月23日行使合同的解除权，而《建设工程施工合同》及《建设工程施工合同补充协议》亦于当日解除。笔者对此持有异议，根据《民法典》第565条第1款中“当事人一方依法主张解除合同的，应当通知对方。合同自通知到达对方时解除”的规定，显然，本案中，除非原告采取的是当面送达的方式，否则应在某建公司收到该书面通知时，双方的施工合同及补充协议解除。

*7.3 法院如何认定承包人依法解除合同后关于工程款利息、保修金和建设工程价款优先受偿权*①

*——胜某公司、华某公司建设工程施工合同纠纷再审案*②

关 键 词： 承包人　合同解除　责任认定

问题提出： 现行法律和司法解释对于利息、保修金和工程价款优先受偿权等的规定，基本是从按照正常履行合同的角度考虑的，但是在承包人依法行使合同解除权解除合同后如何处理这些问题？

裁判要旨： 合同解除不影响合同中结算和清理条款的效力。合同约定的保修金不属于结算和清理条款，不是发包人的法定权利，因此合同解除后，发包人保留保修金缺少法律依据。但发包人可以依法要求承包人在法定的保修期内承担保修义务。合同解除后，欠付的工程款的利息计算的起始时间，如果合同有约定，则从合同约定的应付工程款之日起计算；如果未约定或约定不明，则推定下列事件为应付工程款时间：建设工程已实际交付的，为交付之日；建设工程没有交付的，为提交竣工结算文件之日；建设工程未交付，工程价款也未结算的，为当事人起诉之日。

---

① 撰稿人：孙玉军，上海市建纬律师事务所。

② 一审：四川省成都市中级人民法院（2015）成民初字第1980号；二审：四川省高级人民法院（2018）川民终818号；再审：最高人民法院（2020）最高法民再12号。

案情简介

再审申请人（一审被告、二审被上诉人）：胜某公司

被申请人（一审原告、二审上诉人）：华某公司

2014年1月22日，胜某公司与华某公司签订《“胜×·×园”工程施工合同》，约定胜某公司将案涉工程发包给华某公司承建，工程承包范围为：包括土建等全部工程（土方由发包人指定分包，承包人收取3%管理费，由发包人指定分包的其他工程，承包人收取1.5%管理费）。合同价款约定：暂定金额110000000元。工程进度款支付：每月25日承包人向发包人提交已完工程进度报表。地下室正负零为第一次付款节点（周期），主体十层为第二次付款节点（周期），主体二十层为第三次付款节点（周期），主体封顶为第四次付款节点（周期）。装饰工程每两个月的25日为一个付款节点（周期）。付款比例：按付款节点支付已完工程量的80%；装饰工程按已完成验收合格工程款的80%支付。胜某公司如不能按照支付工程款，胜某公司每月支付未付合同价款同期银行基准贷款利率的1.5倍利息给华某公司作为违约金。违约解除合同：胜某公司与华某公司约定的违约条件满60天后任何一方仍不纠正其违约行为并致使合同目的不能实现的，双方均有权解除合同并且结算完已完成工程量，责任方赔偿非责任方损失。

2014年5月21日，胜某公司与华某公司又签订了一份与原合同基本一致的《工程施工合同》，并于2014年6月4日在建设行政主管部门办理了备案手续。

2014年3月初，华某公司进场施工，2014年11月3日，胜某公司向华某公司出具《开工令》。2015年2月2日，案涉工程所在地建设行政主管部门要求华某公司停工，至今该工程一直处于停工状态。

双方一致确认已付工程款金额为2016700元。

华某公司向一审法院起诉请求：

1. 判令解除华某公司与胜某公司签订的《工程施工合同》及其补充协议；2. 判令胜某公司立即返还华某公司履约保证金500万元，并从2014年2月25日起按照银行同期贷款利率计算利息至实际返还完毕之日止；3. 判令胜某公司立即支付华某公司工程价款（包括临时设施一）20399388.10元，并按银行同期基准贷款利率的1.5倍计息至实际付清为止；4. 判令胜某公司赔

偿华某公司停工、窝工损失2988512元，并从起诉之日起按银行同期贷款基准利率计算利息至实际支付完毕之日；5. 判令胜某公司赔偿华某公司其他经济损失7741435.967元（其中包括材料损失、中途解除合同增加的费用损失。此金额为暂定金额，最终以人民法院查证认定金额为准），并从起诉之日起按银行同期基准贷款利率计息至实际支付完毕之日止；6. 判令华某公司对胜某公司赔偿预期可得合理工程利润8960061.19元；7. 判令华某公司对“胜×·×园”在建工程项目（包括所修建的房屋）依法处置所得价款享有优先受偿权；8. 本案全部诉讼费用由胜某公司负担。

一审法院判决：

一、华某公司与胜某公司于2014年5月21日签订的《工程施工合同》于2015年7月23日解除；二、胜某公司于本判决生效之日起十五日内支付华某公司工程款22297972元及利息（利息以22297972元为基数，按中国人民银行发布的同期同类贷款基准利率的1.5倍计息，从起诉之日计至本判决确定给付之日止；若未按本判决确定的给付之日给付本金，上述利息计算至款项付清之日止）；三、胜某公司于本判决生效之日起十五日内返还华某公司履约保证金5000000元及利息（利息以5000000元为基数，按中国人民银行发布的同期同类贷款基准利率计息，从合同解除之日起计至本判决确定给付之日止；若未按本判决确定的给付之日给付本金，上述利息计算至款项付清之日止）；四、胜某公司于本判决生效之日起十五日内向华某公司支付停工窝工损失2276244元及利息（利息以2276244元为基数，按中国人民银行发布的同期同类贷款基准利率计息，从起诉之日起计至本判决确定给付之日止；若未按本判决确定的给付之日给付本金，上述利息计算至款项付清之日止）；五、华某公司在工程款22297972元范围内就案涉工程享有优先受偿权；六、驳回华某公司的其他诉讼请求。如未按本判决指定的期间履行给付金钱义务的，应当依照《民事诉讼法》第253条之规定，加倍支付迟延履行期间的债务利息。

二审法院判决：驳回上诉，维持原判。

最高人民法院再审判决：胜某公司的再审请求部分成立，具体判决如下：

一、撤销四川省高级人民法院（2018）川民终818号民事判决；二、维持四川省成都市中级人民法院（2015）成民初字第1980号民事判决第一项、第三项、第四项；三、撤销四川省成都市中级人民法院（2015）成民初字第

1980号民事判决第二项、第五项、第六项；四、胜某公司于本判决生效之日起十五日内支付华某公司工程款11721062元及利息（利息以11721062元为基数，按中国人民银行发布的同期同类贷款基准利率的1.5倍计息，从起诉之日计至2019年8月19日；自2019年8月20日起款项付清之日止，按照同期全国银行间同业拆借中心公布的贷款市场报价利率的1.5倍计算）；五、华某公司就案涉工程在工程款11721062元范围内享有优先受偿权；六、驳回华某公司的其他诉讼请求。如未按本判决指定的期间履行给付金钱义务的，应当依照《民事诉讼法》第253条之规定，加倍支付迟延履行期间的债务利息。

各方观点

胜某公司观点：本案符合《民事诉讼法》第200条第1款第1项、第2项、第4项、第6项、第9项、第11项之规定，应撤销原审判决。主要理由为：

一、原审判令胜某公司向华某公司支付10576910元工程款缺乏证据证明，且超出华某公司诉讼请求。（一）案涉10576910元工程款与华某公司无关。1. 该10576910元工程款是指土方、护壁、地基处理等的工程款，系胜某公司直接发包且与其他单位签订工程施工合同并基本履约完毕，不是胜某公司指定分包。2. 案涉10576910元所涉工程并非华某公司实际施工，而是由案外人施工完成且胜某公司已支付大部分工程款，胜某公司不应向华某公司支付。（二）华某公司从未在诉讼请求中主张胜某公司应向其支付前述工程款10576910元，仅主张3%的管理费，原审裁判超出华某公司诉讼请求，剥夺胜某公司辩论权。一审中因华某公司没有主张前述工程款10576910元且没有提交相关证据，胜某公司亦未提交相关证据并进行任何辩论。二审中，胜某公司提交了相关证据，二审法院因胜某公司没有上诉权不予审理。

二、本案没有达到合同约定“地下室正负零”付款节点，华某公司无权要求支付工程款。（一）“华某公司承建的主楼部分（A－F轴）未正式动工，裙楼部分（F－W轴）负一层至地上二层主体基本浇筑完毕”是本案建设工程施工的事实，而（A－F轴）与（F－W轴）即A－W轴负一层是完全相通的一个整体，是整个地下室全部工程，（A－F轴）未正式动工，且本案地下室工程预算为3300余万元，而华某公司所完成的工程价款仅13514718元，表明案涉工程也未达到地下室正负零的第一次付款节点。（二）胜某公司并未违约，案涉建设工程施工合同不应被解除。

再审被申请人华某公司观点：关于施工受阻的原因。华某公司进场后，因胜某公司直接发包的地基工程严重滞后，影响了华某公司施工总体部署，造成施工现场人员和机械闲置、窝工。施工过程中，又因胜某公司变更工程设计且迟延提供合格的设计图纸、胜某公司直接分包单位施工质量和进度滞后等原因，且胜某公司一直拒绝对经济技术签证等资料进行确认，导致华某公司的施工计划一再变更、受阻。

关于进度款迟延支付。首先，2014 年 12 月底，华某公司按照双方约定完成了商业楼地下室结构工程施工，并按约定向胜某公司上报了地下室结构工业产值，案涉工程已经达到地下室正负零以上的付款时间节点，胜某公司应当按照合同约定向华某公司支付工程进度款，但胜某公司拒不支付。其次，案涉工程施工进度没有达到“地下室正负零”的 A－F 轴部分是由于胜某公司没有完成前期工作，没有交付施工场地，且不符合施工条件，导致华某公司无法进场施工。最后，胜某公司拒绝支付工程款，拒绝确认已完工工程量、拒绝确认经济技术签证资料、法定代表人失联、办公室停止办公等一系列拒绝履行施工合同主要义务和刻意回避华某公司的行为，已经表明胜某公司不会继续履行合同的主要义务，华某公司的合同目的不能实现。综上，案涉工程已经达到合同约定的“地下室正负零”的付款节点，胜某公司拒绝付款的行为已经构成根本违约，属于合同第 16.1.1 条约定的情形，应当解除合同，并判令胜某公司支付工程款，承担违约责任。

法院观点

一审法院观点：（一）关于《“胜×·×园”工程施工合同》及其补充协议是否应当解除的问题

从两份合同的内容来看，工程承包范围、工程价款、计价方式、工程期限、工程质量标准等内容并无实质性变化，工程价款也仅在由发包人指定分包的工程是否下浮这一问题上存在差异。加之备案合同的签订时间在后。因此，法院认为应当以备案合同作为双方结算工程价款的根据。故虽然华某公司提出的诉讼请求为解除《“胜×·×园”工程施工合同》及其补充协议，基于前述认定，故应确认华某公司提出的解除合同请求应针对备案合同。

认定备案合同是否应当被解除的关键在于胜某公司是否按照备案合同专

用条款第10.1.1条付款节点的约定履行了付款义务。也就是说，第一次付款节点时，胜某公司应支付的工程款为10576910元×80%，即8461528元，而经双方确认的胜某公司已付工程款金额仅为2016700元。故胜某公司未按合同约定支付相应款项。因此，华某公司据此主张解除合同的理由成立，法院予以支持。

（二）关于胜某公司是否应当返还华某公司缴纳的履约保证金500万元并计息的问题

根据《合同补充协议书》的约定，华某公司应于2014年2月20日前向胜某公司提供履约保证金伍百万元，履约担保的期限为主体施工封顶验收合格时，胜某公司无息退还。如前所述，由于双方签订的备案合同因胜某公司的违约行为导致解除，故胜某公司应当向华某公司返还履约保证金，并从合同被确认解除之日起开始计息，按照中国人民银行发布的同期同类贷款利率计算利息至本判决确定给付之日止。

（三）胜某公司欠付工程款的具体数额及利息

根据某扬公司出具的《鉴定意见书》，华某公司实际完成的实体工程造价为13514718元（不含发包人指定分包），发包人指定分包工程金额为10576910元。对该鉴定意见，华某公司及胜某公司均提出异议，对双方提出的异议，法院评述如下：

关于胜某公司提出的鉴定没有依据双方当事人的合同约定的异议。法院也认定应以备案合同作为双方结算工程价款的根据，故鉴定机构依据法院出具的委托书，按照备案合同第4条的内容对案涉工程进行司法鉴定，并无不当。

关于华某公司对工程总造价部分以及争议事项提出的异议。首先，针对华某公司提出的关于是否下浮5%的异议，备案合同第4条明确约定："具体造价根据施工图纸、竣工图纸、设计变更资料及签证资料，依据2009《四川省建设工程工程量清单计价定额》以及相关配套文件计算工程量和费用后下浮5%，其中安全文明施工费和税金不下浮"，该约定并未区分适用情形。因此，鉴定机构依据合同约定，根据案涉工程的实际情况作出的鉴定意见客观真实，应予采纳，华某公司提出的不应下浮5%的异议不能成立。

综上，法院认为某扬公司作出的《鉴定意见书》应当作为认定本案事实的证据。因此，法院确认案涉工程的工程造价为24314672元（13514718元+

10576910 元＋223044 元)。至于利息，华某公司提出按银行同期基准贷款利率的 1.5 倍支付利息计至款项付清之日止的主张，符合备案合同专用条款第 16.2 条的约定，法院予以支持。扣除胜某公司的已付款金额 2016700 元，胜某公司尚欠华某公司工程款 22297972 元未支付。故胜某公司还应向华某公司支付工程欠款 22297972 元及利息，利息以 22297972 元为基数，按中国人民银行发布的同期同类贷款基准利率的 1.5 倍计息，计至款项付清之日止。

（四）胜某公司是否应当向华某公司赔偿停工、窝工损失以及其他经济损失

备案合同因胜某公司未按约定支付工程价款，导致备案合同被解除。案涉工程也系因胜某公司未按约定支付工程价款而停工、窝工，故由此给华某公司造成的损失，应由胜某公司承担赔偿责任。故依据某扬公司出具《鉴定意见书》，胜某公司应向华某公司赔偿停工窝工损失共计 2276244 元。

（五）胜某公司是否应当向华某公司赔偿可得利润损失

华某公司提出胜某公司应向其赔偿可得利润损失，既无合同约定，也无法律规定，没有事实和法律依据，法院不予支持。

（六）华某公司对工程价款是否享有优先受偿权

关于华某公司主张的优先受偿权。根据前述已查明的事实，案涉工程已于 2015 年 2 月 2 日全面停工，现案涉工程处于停工状态。但由于停工系胜某公司无力支付工程款所造成，即本案系非因华某公司的原因导致建设工程未能在约定期间内竣工，故华某公司享有的优先受偿权不受影响。华某公司于 2015 年 5 月 27 日提起诉讼主张行使优先权，符合法律规定，法院予以支持。基于之前法院已认定华某公司享有工程款为 22297972 元，故华某公司享有优先受偿权的建筑工程价款为 22297972 元。

二审法院观点：（一）关于胜某公司尚欠工程款的数额以及利息的起算时间问题

备案合同第 4 条约定“具体造价根据施工图纸、竣工图纸、设计变更资料及签证资料，依据 2009《四川省建设工程工程量清单计价定额》以及相关配套文件计算工程量和费用后下浮 5%，其中安全文明施工费和税金不下浮”。一审判决根据该约定和鉴定意见认定下浮 5% 并无不当。华某公司于 2015 年 7 月起诉，一审判决根据本案的实际情形，确定胜某公司支付尚欠工程款的利息从起诉之日计算。

（二）关于胜某公司应支付的停工、窝工损失费的金额以及退还保证金的利息起算时间问题

一审法院根据华某公司的申请对其停工、窝工损失委托某扬公司进行了鉴定，并且依据鉴定意见和胜某公司应承担的责任，判令胜某公司支付2276244元。对于2015年3月30日之后是否产生损失费用，一审法院未审理。华某公司上诉主张2015年3月30日后还会继续发生人工费、周转材料费等损失，要求胜某公司承担，不属本案审理的范围。根据《合同补充协议书》约定，华某公司应于2014年2月20日前向胜某公司提供履约保证金伍百万元，履约担保的期限为主体施工封顶验收合格时，胜某公司无息退还。据此约定，履约担保期限内保证金不计利息。一审判决根据上述约定判令从合同被确认解除之日起开始计息，并无不当。

再审法院观点：（一）关于案涉工程是否达到合同约定的“地下室正负零”标准的问题

现胜某公司与华某公司对合同约定的“地下室正负零为第一次付款节点（周期）”的理解发生分歧。由于胜某公司直接发包的施工单位未完成前期施工，未向华某公司移交主楼工作面，致使华某公司一直无法对主楼部分（A－F轴）进行施工。因此，按照合同的实际履行情况及诚实信用原则，主楼部分（A－F轴）与裙楼部分（F－W轴）以分别各自结算为宜。华某公司已完成裙楼部分（F－W轴）负一层至地上二层主体基本浇筑，已达到合同约定的“地下室正负零”标准。故胜某公司主张案涉工程尚未达到合同约定的“地下室正负零”标准理由不能成立，不予支持。此外，案涉工程是否达到合同约定的“地下室正负零”标准系当事人对合同条款理解的争议，无需补充或者重新鉴定。

（二）关于案涉《建设施工合同》是否应解除的问题

首先，根据某扬公司出具的《鉴定意见书》，华某公司实际完成的实体工程造价为13514718元（不含发包人指定分包）。而胜某公司已支付的工程款金额仅为2016700元，余款至今尚未支付。故胜某公司未按合同约定支付相应工程款，迟延履行主要债务，符合合同法定解除的条件。其次，因胜某公司直接发包的施工单位未按时完成前期施工，未向华某公司移交主楼工作面，致使华某公司无法进行主楼（A－F轴）地下室部分的施工工作。根据上述法律及司法解释规定，华某公司亦有权请求解除案涉建设施工合同。最后，案

涉建设施工合同亦明确约定，胜某公司未按合同约定支付合同价款或者胜某公司以其行为表明不履行合同主要义务的，华某公司有权解除合同。胜某公司至今都未按照合同约定支付工程价款，华某公司据此主张解除案涉合同符合合同约定。综上，原审判决解除案涉建设施工合同并无不当，应予维持。

（三）关于胜某公司是否应向华某公司支付案涉10576910元工程款（其中是否应扣除204526.14元管理费）的问题

关于案涉10576910元工程款所对应的工程，胜某公司主张该工程是由其直接发包给案外人完成，与华某公司无关。华某公司庭审中表示认可，故胜某公司不应向华某公司支付案涉10576910元工程款。同时，案涉建设施工合同仅约定发包人指定分包时，承包人可以收取一定比例的管理费。而上述工程是由胜某公司直接发包给相关施工方，而非胜某公司指定分包，华某公司亦未提供证据证明其对相关施工方进行了监管或服务。故华某公司要求胜某公司支付204526.14元管理费的主张不符合合同约定，不予支持。原审认定案涉争议项目部分金额223044元，因胜某公司再审申请中未提出异议，法院予以确认。综上，案涉工程的工程造价为13737762元（13514718元+223044元）。扣除胜某公司的已付款2016700元，胜某公司尚欠华某公司工程款11721062元未支付。原审判决认定部分事实错误，予以纠正。

关联案例1

案件名称：湖南省某建设工程有限公司与湖南某制药有限公司建设工程施工合同纠纷案

审理法院：一审：湖南省永州市冷水滩区人民法院（2013）永冷民初字第1209号；二审：湖南省永州市中级人民法院（2014）永中法民二终字第201号

裁判观点：因发包人原因导致工程无法验收，承包人起诉要求支付工程款，根据工程造价鉴定来确定应付工程款数额。承包人要求发包人支付工程款利息，根据《最高人民法院关于审理建设工程施工合同纠纷案件适用法律问题的解释》第18条第3项的规定：以承包人起诉之日起计息。

关联案例 2

案件名称：某建工集团有限公司与抚顺市某房地产开发有限公司建设工程施工合同纠纷案

审理法院：二审：辽宁省高级人民法院（2016）辽民终 494 号；再审：最高人民法院（2016）最高法民申 3556 号

裁判观点：承包人享有工程款优先受偿权是《合同法》第 286 条①赋予的法定权利。《最高人民法院关于建设工程价款优先受偿权问题的批复》第 4 条"建设工程承包人行使优先权的期限为六个月（备注：最新司法解释已经将优先受偿权行使期限修改为 18 个月），自建设工程竣工之日或者建设工程合同约定的竣工之日起计算"是优先受偿权行使期限的规定，该优先受偿权的行使并非以工程完工并经竣工验收为先决条件。在合同解除的情形下，承包人对未完工程享有优先受偿的权利。本案《建设工程施工合同》及其《补充协议》系因发包人某房地产开发有限公司的违约行为而导致解除，但某建工集团有限公司对案涉工程所付出的劳动以及建筑材料等已物化于案涉工程当中，并且施工的工程主体部分已经验收合格，某建工集团有限公司的此项主张亦未超出 6 个月的行使期限，因而，原判决认定某建工集团有限公司在其施工的主体工程范围内享有优先受偿权并无不当。

律师点评

一、合同解除后是否应当留保修金

（一）发包人留有承包人部分工程款作为保修金，为约定权利，而非法定权利

《建设工程质量管理条例》第 40 条第 1 款规定："在正常使用条件下，建设工程的最低保修期限为：（一）基础设施工程、房屋建筑的地基基础工程和主体结构工程，为设计文件规定的该工程的合理使用年限；（二）屋面防水工程、有防水要求的卫生间、房间和外墙面的防渗漏，为 5 年；（三）供热与供冷系统，为 2 个采暖期、供冷期；（四）电气管线、给排水管道、设备安装和装修工程，为 2 年。"

《建设工程质量管理条例》第 41 条规定："建设工程在保修范围和保修期限内发生质量问题的，施工单位应当履行保修义务，并对造成的损失承担赔

① 对应《民法典》第 807 条。

偿责任。”

但是关于发包人留有承包人的部分工程价款作为保修金，并无法律法规规定。因此留保修金，只是约定权利，而非法定权利。当合同被解除后，发包人再留承包人保修金就缺少法律依据了。

（二）关于保修金支付时间的约定，在法律上应当为合同价款的支付时间，而非“结算条款”

《民法典》第567条规定：“合同的权利义务关系终止，不影响合同中结算和清理条款的效力。”一般认为，《民法典》第567条的结算是指财务结算，并非工程结算。财务结算是指，企事业单位之间因商品交易、劳务供应或资金调拨等原因所发生的货币收、付业务的清算。结算分为现金结算和转账结算，此外还包括结算币种等约定。

建设工程中的结算条款指工程价款的计算与支付。如，2004年财政部、建设部联合颁布的《建设工程价款结算暂行办法》第3条规定，本办法所称建设工程价款结算（以下简称“工程价款结算”），是指对建设工程的发承包合同价款进行约定和依据合同约定进行工程预付款、工程进度款、工程竣工价款结算的活动。

（三）合同解除后，承包人对其已施工工程依然有保修责任

如上文所述，《建设工程质量管理条例》第40条、第41条的规定，承包人应当对其施工工程按照法律规定承担保修责任。换言之，该责任为法定责任，不管施工合同中是否约定保修条款，也不管施工合同是否被解除，抑或发包人是否留有保修金，均不影响承包人保修责任之承担。

二、承包人解除合同后如何起算工程款利息

利息，为应付工程款之法定孳息，故欠款利息的支付时间有约定的从约定，没有约定的从应付工程款之日起计算。

关于合同解除后工程款的支付时间，法律未有明确规定。《民法典》第566条规定：“合同解除后，尚未履行的，终止履行；已经履行的，根据履行情况和合同性质，当事人可以请求恢复原状或者采取其他补救措施，并有权请求赔偿损失……”根据建设工程的性质，对于已经施工部分，除验收不合格且无法修复之外，不存在恢复原状之可能，因此合同解除后发包人应当就承包人垫资施工的部分价款予以支付，但是在支付时间上，《民法典》没有明确规定。

《最高人民法院关于审理建设工程施工合同纠纷案件适用法律问题的解释(一)》第27条规定利息从应付工程价款之日计付。关于应付工程款日期没有约定，或约定不明的，该司法解释推定下列事件为应付工程款时间：

1. 建设工程已实际交付的，为交付之日。此规定参照买卖合同而制定。《民法典》第628条规定："买受人应当按照约定的时间支付价款。对支付时间没有约定或者约定不明确，依据本法第五百一十条的规定仍不能确定的，买受人应当在收到标的物或者提取标的物单证的同时支付。"从另外一个角度看，建设工程交付后，对建设工程的实际控制已经由承包人转变为发包人，发包人可以按照法律规定对建设工程进行使用、租赁或进行其他经营性活动，即发包人已经获得效益，就应该支付承包人工程款。

2. 建设工程没有交付的，为提交竣工结算文件之日。该条款主要是考虑建设工程实际情况而制定的，根据建设工程的行业惯例，建设工程经竣工验收后，承包人提交竣工结算书。律师认为，建设工程施工合同在本质上仍属于提供劳务性质的合同，而不属于以交付标的物为目的的合同。换言之，当承包人建设工程已经竣工验收合格，就应当认定承包人已经完成合同主要义务，在合同没有对付款时间进行特别约定的情况下，可以推定当事人递交竣工结算文件之日为应付款日。

3. 建设工程未交付，工程价款也未结算的，为当事人起诉之日。建设工程价款未结算，建设工程也未交付的，大多为工程未完工或者完工后未经验收的情形。这种情况下，合同约定的工程价款结算条件尚未成就，无法确定应付工程价款之日，于是法院就规定了一个拟制的应付款时间，以起诉时间作为开始计息的时间。

尽管从表面上司法解释对合同应付款时间做了相对细致的描述，但是笔者认为在合同解除情况下，将起诉日定为应付工程款日，相较将合同解除日定为应付工程款日而言，并不十分合理。故笔者建议承包人在通知发包人解除合同后，应尽快进入诉讼程序，否则，拖延诉讼期间的利息有可能得不到支持。

三、关于建设工程价款优先受偿权

建设工程价款优先受偿权源于民法典，《民法典》第807条规定："发包人未按照约定支付价款的，承包人可以催告发包人在合理期限内支付价款。发包人逾期不支付的，除根据建设工程的性质不宜折价、拍卖外，承包人可以与发包人协议将该工程折价，也可以请求人民法院将该工程依法拍卖。建设工程的价款就该工程折价或者拍卖的价款优先受偿。”关于此，笔者谈三点看法：

（一）建设工程价款优先受偿权优于抵押权等担保物权，也优于其他普通债权

《最高人民法院关于审理建设工程施工合同纠纷案件适用法律问题的解释（一）》第36条规定：“承包人根据民法典第八百零七条规定享有的建设工程价款优先受偿权优于抵押权和其他债权。”所以，建设工程价款优先受偿权是承包人保障其垫资价款得到偿付的一项非常重要的权利。

（二）建设工程价款优先受偿权需在法定期间内行使

《最高人民法院关于审理建设工程施工合同纠纷案件适用法律问题的解释（一）》第41条规定，建设工程承包人行使优先权的期限为18个月，自发包人应当给付建设工程价款之日起算。超过此期间的，优先权将得不到法律支持。

（三）建设工程价款优先受偿权的范围

根据《最高人民法院关于审理建设工程施工合同纠纷案件适用法律问题的解释（一）》，建设工程价款优先受偿权的范围为建设工程的工程价款，包括承包人应当支付的工作人员报酬、材料款和用于建设工程的垫资款等。承包人建设工程价款优先受偿的范围依照国务院有关行政主管部门关于建设工程价款范围的规定确定。

承包人就逾期支付建设工程价款的利息、违约金、损害赔偿金等，不属于建设工程价款优先受偿权的受偿范围。

另外从拍卖、折价的范围来看，承包人享有优先权的部分仅仅是承包人施工的部分，不属于承包人施工的部分以及建设工程所属的土地使用权，承包人不享有优先权。

7.4 当事人一方解除的施工合同依法应当认定为无效的，法院如何处理[①]

——某京厂与贝某公司建设工程施工合同纠纷再审案[②]

关 键 词： 建设工程施工合同　合同解除　合同无效

问题提出： 承包人在起诉前以发包人违约为由书面通知发包人解除施工合同，但法院经审理后发现施工合同依法应当认定为无效的，如何处理？

裁判要旨： 虽然承包人在起诉前书面通知发包人解除案涉施工合同，但由于案涉工程属于必须进行招标的工程，双方未履行正式的招、投标手续，故双方所签订的施工合同应确认无效。案涉施工合同应当依法认定为无效，并根据《合同法》第 58 条[③]"合同无效或者被撤销后，因该合同取得的财产，应当予以返还；不能返还或者没有必要返还的，应当折价补偿。有过错的一方应当赔偿对方因此所受到的损失，双方都有过错的，应当各自承担相应的责任"的规定，处理合同无效后的相关事宜。

案情简介

上诉人（原审被告）：某京厂

被上诉人（原审原告）：贝某公司

2006 年 4 月 10 日，某京厂（发包人）与湖北某建（承包人）签订《建设工程施工合同》，该合同约定工程名称：某京厂污染扰民搬迁改造项目；工程内容：某京厂污染扰民搬迁改造项目焊装车间、涂装车间、冲压车间及附属设施工程；承包范围：某京厂污染扰民搬迁改造项目二期工程全部的土建、钢结构和安装工程及附属设施工程；合同价款：约 6000 万元整。

---

① 撰稿人：曹珊，上海市建纬律师事务所。

② 一审：北京市第一中级人民法院（2009）一中民再初字第 10783 号；二审：北京市高级人民法院（2011）高民再终字第 8 号。

③ 对应《民法典》第 157 条。

2006 年 5 月 19 日，某京厂（甲方）与贝某公司（乙方）签订了《工程承揽合同》，该合同约定的工程名称：某京厂污染扰民搬迁改造项目；工程内容：某京厂污染扰民搬迁改造项目焊装车间、涂装车间、冲压车间及其后续工程；承包范围：钢结构及围护工程；合同价款：按乙方报价乘以竣工工程量确定。在合同签订后 2 个工作日内，乙方将工程保证金共计 300 万元以支票形式划至甲方指定账户，工程保证金共计 300 万元人民币亦具有定金性质，乙方不履行或者擅自解除本合同，无权要求返还，甲方不履行或者擅自解除本合同，则应双倍返还。主钢构运到施工现场经验收合格后，甲方 7 日内支付乙方进场材料总造价 50% 的工程款；钢结构安装完工后支付已完工程量 75% 的工程进度款，竣工验收合格后支付已完工程量 80% 的工程款。甲方不按时付工程款，乙方在约定预付时间 10 天内向甲方发出要求付款的通知，甲方收到通知后仍不能按要求支付，甲方从应付之日起按应付款的每日 2‰向乙方计付利息，并承担违约责任。甲方违约责任：甲方不按时支付工程款（进度款），乙方在约定支付时间 10 天后向甲方发出要求付款的通知，甲方收到乙方通知后仍不能按要求付款，经乙方同意并签订协议，甲方可延期支付工程款（进度款）；若甲方未与乙方达成延期支付工程款（进度款）协议的，从第 11 日起按应付款的每日 2‰向乙方计付利息，并承担违约责任。

2006 年 7 月 26 日，某京厂作为见证方（甲方）、湖北某建作为委托方（乙方）、贝某公司作为承包方（丙方），三方签订《工程分包合同书》。该合同约定的工程名称仍为某京厂污染扰民搬迁项目冲压、焊压、焊装、涂装车间钢结构；承包范围：见冲压车间、焊装车间、涂装车间钢结构施工合同；工程造价及结算：工程造价见合同，待工程完工后，按实际发生工程量结算。甲方按工程总价的 3% 作为工程管理费支付乙方，待甲方支付完工程款后支付，同时由丙方向乙方支付资料配合费，金额由三方商定。甲方的工作：负责协调乙丙方的工作，除乙方 3% 的管理费外，根据合同代乙方付款于丙方。

在《工程承揽合同》签订后，贝某公司于 2006 年 5 月 23 日向某京厂交付定金 300 万元，并于 2006 年 7 月 25 日进场，2006 年 8 月 5 日进行主体结构安装，2006 年 9 月 25 日安装完毕，2006 年 10 月 10 日主结构验收完毕。2007 年 5 月 24 日，贝某公司致函某京厂要求其给付工程款，某京厂未予支付。同时，贝某公司向其原材料供货商要求退货遭拒。2007 年 6 月 15 日、9 月 7 日，贝某公司两次致函某京厂解除《工程承揽合同》并要求其支付工程款，某京厂未予答复。贝某公司于2007年7月2日向原审法院提起诉讼，2007年8月16日提交变更诉讼请求书，某京厂在2007年10月10日收到该变更诉讼请求书。

原审法院于2007年11月16日、2008年2月15日两次开庭审理，某京厂均未到庭参加诉讼。原审法院经审理后作出（2007）一中民初字第8461号民事判决，某京厂不服，向北京市高级人民法院申请再审。北京市高级人民法院于2009年3月20日作出（2008）高民申字第03755号民事裁定，指令原审法院再审本案。

本案再审过程中，法院依法委托恒某公司作为鉴定机构，对案涉工程进行了工程造价鉴定，鉴定结论为：焊装车间已完钢结构（含安装）3385190元；已验收现场未见部分（含安装）566172元；标准配件（加工成型未安装）153183元；屋面墙面外板（加工成型）109543元；标准屋面墙面板（未加工原材料）4050440元。五项合计8264528元。某京厂认为恒某公司出具的鉴定报告存在重大瑕疵和不足，未对鉴定人的鉴定资质予以说明，不符合法定形式要求，该鉴定报告不能作为定案依据，需要重新进行鉴定。贝某公司对恒某公司出具的鉴定报告无异议。

二审法院另查明，贝某公司与某京厂签订的《工程承揽合同》未履行正式招、投标手续。

一审法院判决：（一）撤销北京市第一中级人民法院（2007）一中民初字第8461号民事判决；（二）某京厂返还贝某公司定金600万元；（三）某京厂给付贝某公司工程价款3385190元，并按日2‰的利率支付其中2708152元的利息，从2006年10月21日起至付清之日止；（四）某京厂赔偿贝某公司原材料损失4879338元，并按银行同期贷款利率支付利息，从2007年6月15日起至实际给付之日止；（五）驳回贝某公司的其他诉讼请求。上述给付内容均于本判决生效后10日内履行。

二审法院判决：（一）维持再审一审判决第一项、第五项；（二）撤销再审一审判决第二项、第三项、第四项；（三）某京厂返还贝某公司定金300万元，并按中国人民银行同期定期存款利率支付利息，从2006年5月23日起至付清之日止；（四）某京厂给付贝某公司工程价款3385190元；（五）某京厂赔偿贝某公司原材料损失4879338元，贝某公司收到前述款项后，将有关原材料给付某京厂。

各方观点

某京厂观点：（一）再审判决对合同效力的认定错误，案涉《工程承揽合同》应属于无效合同。湖北某建的总承包合同没有经过招标投标程序，贝某公司的承揽合同也没有履行招标投标程序，对此，各方都是清楚的。依据《最高人民法院关于审理建设工程施工合同纠纷案件适用法律问题的解释》[①]第1条之规定，由于本案建设工程属于必须进行招标而未履行招标程序，应当认定案涉合同为无效合同。（二）再审判决认为除湖北某建收取3%的管理费外，《工程分包合同书》不涉及《工程承揽合同》的任何实体权利和义务是错误的。（三）关于诉讼主体以及程序问题。再审遗漏了必须参加诉讼的当事人湖北某建。（四）关于原审一审审理的诉讼请求问题。再审判决所称贝某公司"并不存在举证期限届满后增加、变更诉讼请求的情况"是与事实不符的。（五）关于判决问题。因案涉合同是无效合同，故不存在双倍返还定金的问题；第三项判决给付贝某公司的价款并无不当，但按2‰支付利息没有法律依据；第四项判决某京厂赔偿贝某公司原材料损失，却漏判贝某公司将该材料给付某京厂。请求撤销再审一审判决，发回重审。

贝某公司观点：同意再审一审判决。本案《工程承揽合同》为有效合同。某京厂和贝某公司签署的《工程承揽合同》是双方真实意思表示，双方对此无异议。《工程承揽合同》的签署不违反法律和行政法规的强制性规定，依照《北京市工程建设项目招标范围和规模的标准规定》第3~7条的规定，双方所签《工程承揽合同》项目不在必须招标的范围内。《工程承揽合同》没有被《工程分包合同书》变更、取代、废止，是有效的合同。贝某公司依据《工程承揽合同》的约定，进场施工并完成了焊装车间的主体钢结构安装并经过验收，贝某公司和某京厂是《工程承揽合同》的签订人，又是合同的履行人，某京厂也接受了贝某公司施工的过程。依据《最高人民法院关于审理建设工程施工合同纠纷案件适用法律问题的解释》第12条规定，某京厂应承担相关责任。关于诉讼主体，《工程承揽合同》的签订人是贝某公司和某京厂，这两家公司又是实际履行人，案外人湖北某建除收取某京厂3%的管理费外，

① 根据《最高人民法院关于废止部分司法解释及相关规范性文件的决定》，该司法解释现已失效，下同。

不涉及本案工程承揽合同的任何实体权利和义务。因此，某京厂与贝某公司是适格的诉讼主体。关于司法鉴定，双方均参加北京市高级人民法院摇号，产生了鉴定单位，在整个鉴定过程中，双方均参加了配合鉴定单位到厂的过程，鉴定单位出具的鉴定报告并无问题。关于原一审审理中的诉讼请求不存在问题。贝某公司及某京厂签订的《工程承揽合同》约定了付款及违约的计算方法，贝某公司依据合同的约定提出了诉讼请求。依据原一审 2007 年 11 月 16 日及 2008 年 2 月 15 日两次庭审笔录所载陈述诉讼请求内容及原一审卷宗中贝某公司民事起诉状中的诉讼请求等，可以证明贝某公司的诉讼请求从起诉、庭审、原一审及本案一审审理中均是一致的。另法院对原材料没有漏判，因为某京厂在执行判决的给付义务后，才能取得原材料，否则贝某公司将申请对原材料依法强制拍卖。

法院观点

再审一审法院观点：从法院再审查明的事实可知，某京厂与案外人湖北某建签订了《建设工程施工合同》，约定由湖北某建承包某京厂污染扰民搬迁改造项目二期全部的土建、钢结构和安装工程及附属设施工程，并约定了总承包价和工期。《建设工程施工合同》签订之后，某京厂与贝某公司另行签订了案涉的《工程承揽合同》，约定由贝某公司分包湖北某建承包工程中的钢结构及围护工程，并详细约定了某京厂和贝某公司之间的各项具体权利、义务及违约责任等条款。湖北某建将其承包工程中的钢结构及围护工程交给贝某公司分包后，仅收取某京厂 3% 的管理费和材料配合费，在某京厂作为见证方的情况下，湖北某建与贝某公司签订了《工程分包合同书》。由此可见，案外人湖北某建与本案被申请人贝某公司是总包和分包的关系，与本案申请再审人某京厂是承包和发包的关系。案外人湖北某建将其承包工程中的钢结构及围护工程交给贝某公司承包后，除收取 3% 的管理费外，不涉及案涉的《工程承揽合同》的任何实体权利和义务。《工程分包合同书》不存在任何变更、取代和废止案涉的《工程承揽合同》的条款。案涉的《工程承揽合同》是某京厂与贝某公司双方的真实意思表示，且不违反法律、行政法规的强制性规定；也未被《工程分包合同书》变更、取代和废止，应为有效合同。贝某公司依照案涉的《工程承揽合同》之约定进场施工，完成了焊装车间的主体钢结构安装并经过验收。贝某公司既是案涉的《工程承揽合同》的签订人，又是案涉的《工程承揽合同》的实际履约人，对于因履行案涉的《工程承揽合同》产生的纠纷，贝某公司完全有权主张权利并提起民事诉讼，故贝某公司是本案适格的诉讼主体。

因案涉的《工程承揽合同》为有效的合同，双方均应依约履行，由于贝某公司按合同约定完成焊装车间的主体钢结构安装并且经验收合格了，故对已经履行的部分，某京厂理应支付相应的工程款。依据鉴定结论，某京厂应当支付给贝某公司焊装车间已完工钢结构工程款3385190元。且案涉的《工程承揽合同》约定了“竣工验收合格后支付已完工程量80%的工程款。甲方（某京厂）从应付之日起按应付款的每日2‰向乙方（贝某公司）计付利息，并承担违约责任”。故某京厂还应按日2‰的利率支付工程款3385190元中的80%的利息，从2006年10月21日起至付清之日止。同时，案涉的《工程承揽合同》还约定了“工程保证金共计300万元人民币亦具有定金性质，乙方不履行或者擅自解除本合同，无权要求返还，甲方不履行或者擅自解除本合同，则应双倍返还”。某京厂作为合同一方，在贝某公司依约已经完成焊装车间的主体钢结构安装并经过验收后，经贝某公司多次催要工程款并示明其不支付工程款的不利后果的情况下，至今仍未依照合同约定支付工程款，从而导致合同无法继续履行。故某京厂应承担案涉的《工程承揽合同》无法继续履行的违约责任，即某京厂应承担返还贝某公司定金600万元的责任。而且，贝某公司为履行案涉的《工程承揽合同》所购买的原材料和利用原材料加工制作的产品，是履行案涉的《工程承揽合同》所做的必要准备，故贝某公司购买及加工制作原材料所投入的资金，亦应由某京厂承担。依据鉴定结论，某京厂应当给付贝某公司原材料损失的价值为4879338元。因此，对于贝某公司提出的“某京厂应双倍返还定金”及“某京厂应支付其已完工工程价款及赔偿其原材料损失”等主张，法院再审一并予以支持。

由于贝某公司得知某京厂违约后，已经通知解除了其与某京厂签订的案涉的《工程承揽合同》，其仅凭提交的一张工作联系单，用以证明其停工、窝工损失及预期利益损失，证据不足。又由于贝某公司主张的可得利益损失系案涉的《工程承揽合同》未履行部分工程款的利润，因案涉的《工程承揽合同》已经解除，贝某公司亦因某京厂的违约行为获得了某京厂双倍返还的定金及按合同约定支付工程款的利息。因此，对于贝某公司提出的“某京厂应赔偿其停工、窝工损失及预期利益损失”及“某京厂应赔偿其可得利益损失”

等主张，法院不予支持。

由于恒某公司是由北京市高级人民法院依法在有鉴定资质的鉴定机构中通过摇号，并经本案双方当事人确认为本案的鉴定机构，且其接受鉴定委托后，依法开展鉴定工作，出具的鉴定报告符合法律规定。故鉴定报告合法有效，应予采信。另根据《最高人民法院关于民事诉讼证据的若干规定》[①] 第34条第3款“当事人增加、变更诉讼请求或者提起反诉的，应当在举证期限届满前提出”之规定，由于贝某公司2007年7月2日提起诉讼，2007年8月16日就提交了变更诉讼请求书，某京厂在2007年10月10日收到该变更诉讼请求书，原审于2007年11月16日及2008年2月15日两次庭审时贝某公司所列之诉讼请求实为对其变更后的诉讼请求进行分拆细化后的不同表述，诉讼请求项及总金额与其2007年8月16日提交的变更诉讼请求书一致，并不存在举证期限届满后增加、变更诉讼请求的情况。故贝某公司原审变更诉讼请求的行为符合法律规定。因此，对于某京厂提出的“鉴定报告不能作为定案依据，需要重新进行鉴定”及“贝某公司原审变更诉讼请求不合法”等主张，法院不予支持。而对于某京厂提出的“原审程序违法”的问题，现已通过再审程序予以纠正。

再审二审法院观点：违反法律、行政法规的强制性规定的合同无效。某京厂因需拆迁，与案外人湖北某建签订《建设工程施工合同》，约定由湖北某建承包某京厂污染扰民搬迁改造项目二期全部的土建、钢结构和安装工程及附属设施工程。《建设工程施工合同》签订之后，某京厂与贝某公司另行签订了案涉的《工程承揽合同》，约定由贝某公司分包湖北某建承包工程中的钢结构及围护工程。因该案涉工程属于必须进行招标的工程，但双方未履行正式的招、投标手续，故某京厂与贝某公司签订的《工程承揽合同》应确认无效。对于合同无效双方均负有责任，某京厂作为发包方应承担主要责任。原判认定案涉的《工程承揽合同》为有效合同有误，上诉人所提该上诉理由法院予以采纳。《合同法》第58条[②]规定：“合同无效或者被撤销后，因该合同取得的财产，应当予以返还；不能返还或者没有必要返还的，应当折价补偿。有过错的一方应当赔偿对方因此所受到的损失，双方都有过错的，应当各自承

① 该司法解释现已修改。

② 对应《民法典》第157条。

担相应的责任。”鉴于案涉合同属于无效合同，故某京厂不应双倍返还贝某公司所付定金，原判判决某京厂双倍返还定金有误，该院予以纠正。由于贝某公司按合同约定已完成焊装车间的主体钢结构安装并且经验收合格，故对已经履行的部分，某京厂理应支付相应的工程款。依据鉴定结论，某京厂应当支付给贝某公司焊装车间已完工钢结构工程款3385190元。鉴于贝某公司对案涉合同的无效亦应承担部分责任，故对于原判判决某京厂按日2‰的利率支付工程款3385190元中的80%的利息的部分，法院予以撤销。另贝某公司为履行案涉的《工程承揽合同》所购买的原材料和利用原材料加工制作的产品，是履行案涉的《工程承揽合同》所做的必要准备，对于贝某公司购买及加工制作原材料所投入的资金，应由某京厂承担。原判依据鉴定结论，判决某京厂给付贝某公司原材料损失4879338元并无不当，但某京厂不需给付贝某公司该材料款的利息，且原材料未确定归属，法院一并予以调整。至于某京厂所提及的本案遗漏必须参加诉讼的当事人以及原审一审中审理的诉讼请求缺乏依据，法院不予采纳。

关联案例1

案件名称：某热电有限责任公司诉某建筑工程有限责任公司等建设工程施工合同纠纷案

审理法院：一审：黑龙江省哈尔滨市中级人民法院（2013）哈民二民初字第123号；二审：黑龙江省高级人民法院（2014）黑民终字第72号

裁判观点：本案中，案涉热网铺设工程属市政公用工程，建设部《资质规定》第11条规定“下列建筑业企业资质，由企业工商注册所在地设区的市人民政府住房城乡建设主管部门许可：……（四）燃气燃烧器具安装、维修企业资质”，而国某公司、森某公司均未取得该建设施工资质，而且，案涉工程亦未经过招投标程序。故国某公司、森某公司签订承包合同的行为违反了法律禁止性规定：依据《最高人民法院关于审理建设工程施工合同纠纷案件适用法律问题的解释（一）》第1条规定：该《施工合同》和《补充协议》依法归于无效。二审判决还同时确认双方签订的《修建房屋的人工协议书》为无效合同，对被上诉人起诉请求的资金利息、违约金损失不予支持。

关联案例 2

案件名称：怡某公司与某星公司等建设工程施工合同纠纷上诉案

审理法院：一审：江苏省淮安市中级人民法院（2013）淮中民初字第 0218 号；二审：江苏省高级人民法院（2014）苏民终字第 0256 号

裁判观点：怡某公司从某行指挥部处承包案涉工程所签订的 3 份协议因怡某公司无施工资质而无效，怡某公司将案涉工程转包给某星公司所签订的合同亦无效。某星公司主张怡某公司应按照协议约定从工程竣工之日即 2011 年 5 月 18 日开始每日按照工程总价款的 1% 承担违约金，原审法院认为，某星公司与怡某公司所签管道安装协议系无效协议，该协议中约定的违约责任条款归于无效，如因怡某公司的违约行为造成某星公司损失，双方可根据过错程度进行赔偿。二审法院也认为，关于上诉人主张扣减工期违约金的主张。怡某公司与某星公司之间关于相应的工期违约责任的条款因合同无效而无效。且园区管委会也未追究怡某公司的延期赔偿责任，怡某公司并无实际损失，故不予支持。

律师点评

本案中最主要的争议焦点为案涉施工合同是否属于无效合同，本案两审法院在案涉施工合同效力问题的认定上截然相反：一审法院认为案涉施工合同合法有效，二审法院则认为案涉施工合同无效。案涉施工合同是否有效将直接决定本案适用何种法律规则：如案涉施工合同属于有效合同，则贝某公司在起诉前书面通知某京厂解除案涉施工合同的行为将产生依法解除案涉施工合同的法律效力，则本案应当根据《合同法》第 97 条（备注：已被《民法典》第 566 条所替代）中所规定的合同解除后的处理规则来进行处理，本案一审法院即持此种观点，并基本上支持了贝某公司所提出的各项诉讼请求；如案涉施工合同属于无效合同，则无效合同自始无效，不存在依法解除的问题，贝某公司在起诉前书面通知某京厂解除案涉施工合同的行为不能产生解除案涉施工合同的法律效力，则本案应当根据《合同法》第 58 条（备注：已被《民法典》第 793 条所替代）中所规定的合同无效后的处理规则来进行处理，本案二审法院即持此种观点，贝某公司所提出并被一审法院所支持的部分重要诉讼请求（包括双倍返还定金、按日 2‰的利率支付尚欠工程价款的 80% 的利息、按银行同期贷款利率支付原材料损失的利息）未获二审法院支持。从中可以看出案涉施工合同是否有效对双方当事人的权利义务具有极其重要的影响。下文对本案中所涉及的施工合同解除与施工合同效力的相关法律问题进行分析和点评。

一、施工合同解除与施工合同效力的关系

合同效力是指法律赋予依法成立的合同所产生的约束力，合同的效力可分为四类：有效合同，无效合同，效力待定合同，可变更、可撤销合同。其中后两类效力状态需要最终转化为有效或无效，即合同的效力实际上可以分为两种：有效、无效。法律在合同效力方面评价当事人各方的合意，是规定合同的有效要件作为评价标准。对符合有效要件的合同，按当事人的合意赋予其法律效果，对不符合有效要件的合同，则区分情况，分别按无效、效力待定、可撤销处理。《民法典》第143条规定："具备下列条件的民事法律行为有效：（一）行为人具有相应的民事行为能力；（二）意思表示真实；（三）不违反法律、行政法规的强制性规定，不违背公序良俗。"合同属于民事法律行为之一种，所谓合同有效就是指合同符合法律所规定的生效要件，合同无效就是指合同因欠缺一定生效要件而致合同当然不发生效力。

无效合同是违反《民法典》关于合同有效法律行为的一种表现形式，其行为本身就是无效的，因而，所订立的合同从订立的时候起，就是无效合同，不但不受法律保护，而且有时还需要根据其造成的法律后果，给予相应的处理。如《民法典》第155条规定："无效的或者被撤销的民事法律行为自始没有法律约束力。"

合同解除是指在合同有效成立后，没有履行或没有履行完毕之前，当事人双方通过协议或者一方行使解除权的方式，使合同关系提前消灭。合同解除的对象应当是有效合同，其目的是为了解除或终止有效合同对合同当事人的约束力，而无效合同由于其"自始没有法律约束力"，自其签订之时起就对合同当事人不具有法律约束力，不存在再依法解除或终止无效合同对合同当事人的约束力的问题，因此，无效合同不存在解除的问题，合同解除的对象不能是无效合同。

虽然合同无效与合同解除都会使合同对当事人不具有拘束力，但合同无效与合同解除为两个不同的法律概念，两者存在明显的区别，不能混为一谈。合同无效和合同解除存在以下主要区别：1. 从发生原因上看，合同无效是指合同根本不符合法律规定的合同有效的条件，合同关系不应该成立；而合同解除是指消灭已经有效成立的合同。2. 从效力上来讲，无效合同是绝对无效、

当然无效、自始无效；而合同解除则应分情况来看，在协议解除情况下，有无溯及力原则上应取决于当事人的约定，无约定时由法院或仲裁机关根据具体情况确定。因客观原因造成合同不能履行而解除合同，原则上无溯及力。3. 对于无效合同，特别是故意违反法律和社会公共道德的合同，应该当然无效，即使当事人不主张无效，有关国家机关也应主动干预；而合同的解除主要适用合同自由原则，即使符合法律规定的解除条件，当事人不行使解除权，国家也不必且也不应干涉。4. 无效合同的确认权归法院和仲裁机关，认定和宣告合同无效是国家行为；而合同解除权则往往由双方当事人自己决定。5. 在法律后果上，合同因当事人故意违法而导致无效的，还可能要追缴当事人获得的非法财产；而合同解除则不存在追缴财产问题。

综上，合同无效与合同解除为两个不同的法律概念，合同无效是指合同在签订时根本就不符合法律规定的合同有效要件，合同关系本来就不应该成立，所以法律明确规定无效合同“自始没有法律约束力”，无效合同是在签订合同的时候起就无效，而不是在当事人主张且法院或仲裁机关确认时才开始无效。而合同解除，则是指合同在签订时、签订后是有效的，合同关系已经合法成立之后，因出现了法定、约定或协议解除的情形后，合同才因解除而致合同的权利义务终止。《民法典》第557条规定：“有下列情形之一的，债权债务终止：……合同解除的，该合同的权利义务关系终止。”其中关于合同权利义务终止的情形中有“合同解除”而无“合同无效”，原因就在于无效合同对合同当事人“自始没有法律约束力”，不存在无效合同的权利义务终止的问题。因此，合同解除的对象应为有效合同，无效合同不存在解除的问题，即便当事人“解除”了无效合同，亦不产生合同解除的法律效果。

二、关于本案施工合同的效力问题

法院在审理合同类纠纷案件时，必须确认讼争合同的效力问题，并在判决书中对合同效力进行分析并作出相应的认定。这是因为无效合同违反了法律行政法规的强制性规定或社会公共利益，由此决定了国家要对无效合同予以主动干预。这种干预主要表现在：当合同纠纷诉至法院后，法院不待当事人请求确认合同无效，便可以主动审查合同是否具有无效的因素，如果发现合同属于无效范畴，便应主动地确认合同无效。确认合同无效是法院的职权，即便各方当事人均未主张合同无效，法院也应直接依据相关法律的规定：依职权认定讼争合同的效力。本案一审过程中，双方均未对施工合同的效力提出异议或主张施工合同无效，一审法院仍然在判决书中对施工合同的效力问题进行分析并对其是否有效作出明确认定。

关于本案施工合同的效力问题，二审法院在查明贝某公司与某京厂签订的《工程承揽合同》未履行正式招、投标手续后，认定案涉工程属于必须进行招标的工程，但双方未履行正式的招、投标手续，故某京厂与贝某公司签订的《工程承揽合同》应确认无效。二审法院认定合同无效所依据的实体法律条文为《合同法》第52条第5项（备注：已被《民法典》第153条替代）："有下列情形之一的，合同无效：……（五）违反法律、行政法规的强制性规定。"《最高人民法院关于审理建设工程施工合同纠纷案件适用法律问题的解释（一）》第1条第1款规定："建设工程施工合同具有下列情形之一的，应当依据民法典第一百五十三条第一款的规定，认定无效：……（三）建设工程必须进行招标而未招标或者中标无效的。"本案中，因双方签订施工合同未履行正式招、投标手续，如果案涉工程属于必须进行招标的工程，则双方所签订的施工合同应确认无效当无疑义，但从逻辑推理角度讲，二审法院还应分析和论述案涉工程是否属于必须进行招标的工程，但二审法院并未在判决书中对此进行分析和论述，而是直接认定案涉工程属于必须进行招标的工程，这不得不说是二审判决书中的缺憾之处，特别是在贝某公司已明确提出"《工程承揽合同》的签署不违反法律和行政法规的强制性规定，依照《北京市工程建设项目招标范围和规模的标准规定》第3~7条的规定，双方所签《工程承揽合同》项目不在必须招标的范围内。"的情况下，二审法院应当在判决书中明确其认定"案涉工程属于必须进行招标的工程"的依据和理由。

三、施工合同解除与施工合同无效的法律后果

在施工合同解除情形之下：首先，施工合同依法有效，施工合同中的各项条款（包括定金条款、违约责任条款等）对合同当事人均具有约束力，在施工合同因一方当事人违约而解除的情况下，守约方可依据施工合同约定追究违约方的相应责任（包括违约责任）；其次，除双方协议解除合同之外，根据《民法典》第565条的规定，当事人一方行使约定合同解除权或法定合同解除权主张解除合同的，应当通知对方，合同自通知到达对方时解除；最后，在施工合同解除之后，应当适用《民法典》第566条之规定解决合同解除后的相关事宜，《民法典》第566条规定："合同解除后，尚未履行的，终止履行；已经履行的，根据履行情况和合同性质，当事人可以请求恢复原状或者采取其他补救措施，并有权请求赔偿损失。合同因违约解除的，解除权人可以请求违约方承担违约责任，但是当事人另有约定的除外……”

在施工合同无效情形之下，首先，施工合同被认定为无效，则除法律明确规定仍然有效的条款（如《民法典》第507条规定：“合同不生效、无效、被撤销或者终止的，不影响合同中有关解决争议方法的条款的效力。”）外，其他条款（包括定金条款、违约责任条款等）均无效，对当事人自始不具有约束力，当事人不得依据施工合同约定追究对方当事人的相应责任（包括违约责任）；其次，根据《民法典》第155条的规定：无效的或者被撤销的民事法律行为自始没有法律约束力；最后，在施工合同被认定为无效之后，应当适用《民法典》第793条之规定解决合同无效后的相关事宜，《民法典》第793条规定：“建设工程施工合同无效，但是建设工程经验收合格的，可以参照合同关于工程价款的约定折价补偿承包人。建设工程施工合同无效，且建设工程经验收不合格的，按照以下情形处理：（一）修复后的建设工程经验收合格的，发包人可以请求承包人承担修复费用；（二）修复后的建设工程经验收不合格的，承包人无权请求参照合同关于工程价款的约定折价补偿。发包人对因建设工程不合格造成的损失有过错的，应当承担相应的责任。”

综上，合同解除和合同无效将产生不同的法律后果，并会对当事人的权利义务产生重要的影响。本案中，因一审法院认定案涉施工合同有效，则施工合同中的相关条款（包括定金条款、违约责任条款等）均对双方当事人具有约束力，一审法院基于贝某公司在起诉前已书面通知某京厂解除施工合同，认定双方之间的施工合同已经解除，并根据施工合同中的相关条款约定支持了贝某公司所提出的各项诉讼请求，特别是根据施工合同中的定金条款判令某京厂向贝某公司双倍返还定金，根据施工合同中的违约责任条款判令某京厂按日千分之二的利率向贝某公司支付尚欠工程价款的80%的利息。因二审法院认定案涉施工合同无效，则施工合同中的相关条款（包括定金条款、违约责任条款等）均对双方当事人不具有约束力，贝某公司在起诉前书面通知某京厂解除施工合同的行为并不产生依法解除施工合同的效力，因施工合同中的定金条款、违约责任条款对双方当事人不具有约束力，贝某公司要求某京厂双倍返还定金、按日千分之二的利率向贝某公司支付尚欠工程价款的

80%的利息就缺乏合同依据，贝某公司的相应诉讼请求未被二审法院所支持。

本案中两审法院对施工合同效力的不同认定及不同裁判结果，提醒施工合同的双方当事人应当准确分析和认定施工合同的效力，只有这样才能避免因对施工合同效力认定不准确而导致本案中解除无效施工合同情形的出现，也才能根据施工合同的效力不同在诉讼中提出有针对性的诉讼请求或者抗辩，做到有的放矢。

7.5 法院能否以双方当事人在会议纪要中达成退场意向且一直停工的，视为施工合同已解除①

——某浩公司、弘某公司建设工程施工合同纠纷再审案②

关 键 词： 建设工程施工合同　退场协议　合同解除　协议解除

问题提出： 双方当事人在会议纪要中均表示同意退场，后停工至今但未签署正式的退场协议，新的施工单位已经接手在原建筑上继续施工的，在双方之后的诉讼案件中，法院能否以此会议纪要认定施工合同已经解除？

裁判要旨： 双方当事人在会议纪要中仅就退场形成初步意向，并约定具体内容在退场协议中予以明确，但双方当事人此后没有签订退场协议，没有就退场时间、退场后工程款的给付、违约责任等达成一致意见，且施工方停工后仍指派部分员工留守施工现场的，即使有新的施工单位入场，也不视为原承包方实际退场，故不能根据《会议纪要》推断双方达成解除合同的合意。合同当事人主张《施工合同》于会议纪要签署日解除缺乏事实依据，不予支持。

---

① 撰稿人：曹珊，上海市建纬律师事务所。

② 一审：云南省高级人民法院（2016）云民初94号；二审：最高人民法院（2019）最高法民终272号；再审：最高人民法院（2020）最高法民申4310号。

在同意施工方退场的前提下，发包人应当采取措施减少损失，且办理施工许可证本为发包方义务，因无法取得施工许可证致工程停滞的责任应由其自行承担。在此情形下，发包人接受工程，并安排让人进场，视为对工程质量无异议，故对工程质量、修复或拆除费、未完工程造价进行鉴定不应得到支持。

案情简介

再审申请人（一审被告、反诉原告，二审上诉人）：某浩公司

再审申请人（一审原告、反诉被告，二审上诉人）：弘某公司

2015 年 6 月 12 日，某浩公司（发包人）与弘某公司（承包人）签订《施工合同》。第三部分“专用条款”主要内容：第 26.3 条约定工程款支付时间为地下室、裙楼结构验收合格且地上所有幢号平均结构施工至七层楼面板混凝土浇筑时开始付款。如因银行按揭款项未能及时到达发包人账户，发包人延期支付工程进度款超出一个月后（延迟支付一个月内不计利息），发包人以应付而未付款项为基数，按月利率 2% 支付承包人利息。第 33 条约定（2）本项目结算价按双方所签订的《施工合同》约定的标准计算，工程最终结算总价下浮 2%（不含签证及变更量）。第 35.2 条约定承包人如不能按约定的进场期限进场施工或总工期延误超出一个月（总工期延误一个月内不追究违约责任）后，若每延误一天，按人民币 2000 元/天的标准向发包人支付工期违约金（处罚总额上限为 10 万元人民币），本违约金累计计算，在履约保证金或支付当期进度款时直接扣减。工程施工至结构 ±0 时七个工作日内，退还 200 万元履约保证金。履约保证金无息退还承包人，如发包人未按约定退还履约保证金，发包人向承包人承担同期银行贷款利息四倍的利息；超过 20 日的承包人有权解除本合同，同时由此造成的损失由发包人承担。

合同签订后，弘某公司于 2015 年 6 月 15 日向某浩公司支付履约保证金 200 万元。2015 年 6 月 21 日，弘某公司进场施工。

2016 年 8 月 5 日的《会议纪要》载明：由于弘某公司资金链断裂，无法正常进行施工，经过双方慎重考虑，弘某公司 × × 某浩尚城项目部提出退场要求。

2016年8月8日的《会议纪要》载明：一、弘某公司与某浩公司的合同约定，建设单位付款节点时间为地下室、裙楼结构验收合格且地上所有幢号平均结构施工至七层楼面板混凝土浇筑完成时开始第一次付款，现施工进度尚未达到第一次付款节点。但由于弘某公司资金链断裂，无力继续垫资履行合同，从2016年7月5日至7月15日期间，施工班组人员较少，工地进入大部分停工状态，7月16日起至今工地已全面停工，现由于无资金继续履行合同，弘某公司要求退场，经过双方协商，某浩公司同意弘某公司退场。二、会后双方对合同期间已完成的工程形象进度进行现场确认。三、双方认可完成的工程形象进度之日起三日内，新的施工队伍可以进场施工。四、关于已完成工程量的工程价款结算事宜和支付办法，以及履约过程中双方的各自违约责任等事项，双方另进行协商解决。

另查明：2016年1月4日，××市住建局发出《关于做好全市建设工程春节前停工节后复工期间安全生产工作的通知》，要求全市报监在建工程从2016年1月20日起一律按停工处理，并要求各建设单位、监理单位、施工单位认真组织开展复工前安全隐患排查整改，所有项目复工前必须经监理单位组织验收合格并经同意方可开工。合同履行过程中，案涉工程于2016年1月20日停工，2016年4月26日由双方当事人共同申请，经监理单位同意后复工；2016年7月16日再次停工后，弘某公司施工人员退出工地。之后，双方当事人及监理单位于2016年8月12日签署了《某浩尚城项目2016年7月16日已完成工程形象进度》和《2016年8月8日至8月10日工程形象进度复核各栋号、裙楼区域质量问题》。

双方当事人因工程结算及退场协议签订事项不能达成一致意见而发生争议。

一审法院判决：一、解除弘某公司与某浩公司2015年6月12日签订的《施工合同》；二、由某浩公司于本判决生效之日起十日内向弘某公司支付工程款23981714.46元及利息（以23981714.46元为基数，按中国人民银行同期同类贷款利率，自2016年11月8日起计算至款项付清之日止）；三、弘某公司对其施工的案涉工程部分折价或者拍卖的价款在23981714.46元的范围内享有优先受偿权；四、由弘某公司于本判决生效之日起十日内向某浩公司支付违约金8000000元；五、驳回弘某公司的其他诉讼请求；六、驳回某浩公司的其他反诉请求。

二审法院判决：弘某公司和某浩公司的上诉请求均部分成立，具体判决如下：一、维持某省高级人民法院（2016）云民初94号民事判决第一项；二、撤销某省高级人民法院（2016）云民初94号民事判决第二项、第三项、第四项、第五项、第六项；三、某浩公司于本判决生效之日起十日内向弘某公司支付工程款23521714.46元及利息（以23521714.46元为基数，按中国人民银行同期同类贷款利率，自2016年11月8日起计算至款项付清之日止）；四、弘某公司对其施工的案涉工程部分折价或者拍卖的价款在23521714.46元的范围内享有优先受偿权；五、驳回某浩公司的其他诉讼请求；六、驳回弘某公司的其他诉讼请求。

再审法院裁判：

一、驳回某浩公司的再审申请；二、驳回弘某公司的再审申请。

各方观点

某浩公司观点：两审法院认定弘某公司施工的工程不存在质量问题，缺乏证据证明且适用法律错误。某浩公司提交了会议纪要、罚款单和《2016年8月8日至8月10日工程形象进度复核各栋号、裙楼区域质量问题》，反映出弘某公司的工程有多处质量问题。弘某公司未提供过任何证明其工程质量合格的证据。某浩公司向一审法院提出了关于质量的鉴定申请，《最高人民法院关于审理建设工程施工合同纠纷案件适用法律问题的解释》第13条“建设工程未经竣工验收，发包人擅自使用后，又以使用部分质量不符合约定为由主张权利的，不予支持”的规定，不适用于本案。某浩公司委托新的施工单位进场是双方同意的，新的施工单位进场后的施工是在弘某公司施工楼层之上继续加盖，存在质量问题的部分并非已经“使用”的部分。

两审法院不支持某浩公司提出的司法鉴定请求，程序存在错误。某浩公司向一审法院提交《司法鉴定申请书》，提出了五项鉴定申请，但是法院只支持了第一项实际工程量及工程造价进行鉴定，对其余四项即工程质量、修复或拆除费用、未完工程造价和弘某公司造成的经济损失鉴定申请不予支持，程序错误。上述鉴定是审理案件需要的主要证据，某浩公司申请，法院却不予同意，直接影响了对本案的公平审理。

两审法院判决某浩公司应当自本案起诉之日起向弘某公司支付利息，适用法律错误。弘某公司起诉之日，合同并未解除，则依据合同约定，该日并不是某浩公司应当支付工程款之日。根据双方于2016年8月8日形成的会议纪要记载，付款时间有待双方协商确定，在双方最终未确定付款时间时，依据双方签订的《施工合同》专用条款第44条，也应该是合同解除后支付，故判决确定的付款时间才是应付工程款之日，即本案是有付款时间约定的。而两审法院适用《最高人民法院关于审理建设工程施工合同纠纷案件适用法律问题的解释》第18条的规定，以当事人起诉之日为应付款时间，是适用法律错误。

弘某公司观点：根据签订合同时应适用的《工程建设项目招标范围和规模范围规定》，本案工程无论施工面积还是工程造价，均已达到必须招投标范围，但工程却未招投标，属无效合同。

案涉工程未竣工，在弘某公司退场后，某浩公司又将工程承包给第三人，无法确认工程质量问题是否为弘某公司责任，且意味着某浩公司已经接受了案涉工程，原审判决扣除质量保证金错误。

《施工合同》无效，且某浩公司有多处违约，不应判决弘某公司承担200万元违约金。

法院观点

一审法院观点：（一）关于合同解除的问题。一审法院认为，双方签订的《施工合同》经过招投标，且不违反法律、行政法规的强制性规定，为有效合同。根据2016年8月5日、8月8日、9月7日《会议纪要》的内容，双方经协商，某浩公司同意弘某公司退场，自2016年7月16日起，工地已全面停工，施工人员已退场，但退场后，双方未能就已完工程款结算、支付等后续事项签订协议，也未就合同解除达成一致意见，故双方《施工合同》尚未解除。现因双方当事人均同意解除《施工合同》，故一审法院判决解除双方签订的《施工合同》。

（二）关于工程款及利息的问题。弘某公司称其向某浩公司报送了结算资料，某浩公司不认可弘某公司报送了结算资料，而弘某公司也不能提交书面证据予以证明，故一审法院对弘某公司的该陈述不予采信，双方也不能就结算达成一致意见，因此一审法院根据某浩公司申请，依法委托某某信公司对弘某公司已完工程造价进行鉴定。后根据双方当事人的书面质证意见，某某信公司于2018年11月22日作出《工程造价鉴定意见书补正》，将弘某公司在某浩尚城项目中已完工程总造价补正为29340996.22元，并明确该鉴定价已经按《施工合同》约定下浮了2%，下浮前的总价为29939792.06元。

关于利息。一审法院认为，2016年8月8日的《会议纪要》明确了弘某公司施工进度未达到第一次付款节点，2016年9月7日的《会议纪要》又明确了地下室、裙楼结构验收工作未完成，现弘某公司不能举证证明地下室、裙楼结构通过了验收，也不能证明其向某浩公司报送过工程进度款报表或结算书，故《施工合同》约定的支付工程款的节点尚未达到。因工程款的金额是在一审诉讼中通过鉴定的方式予以确定的，故一审法院确定某浩公司自本案起诉之日起向弘某公司支付工程款的利息。关于利息计算的标准，因《施工合同》约定的付款节点未达到，某浩公司不存在延期支付工程款的情形，故对弘某公司要求按照《施工合同》约定的月利率2%支付延期付款利息的请求不予支持，根据《最高人民法院关于审理建设工程施工合同纠纷案件适用法律问题的解释》第17条"当事人对欠付工程价款利息计付标准有约定的，按照约定处理；没有约定的，按照中国人民银行发布的同期同类贷款利率计息"的规定，利息按中国人民银行同期同类贷款利率计算。

（三）关于弘某公司主张的停工损失的问题。关于第一次停工的原因，弘某公司是在××市住建局要求全市报监在建工程春节期间自2016年1月20日起停工的通知发出后，才于2016年1月20日开始停工的，这是弘某公司第一次停工的真正原因；但2016年春节过后，双方并未及时申请复工，根据弘某公司提交的录音资料及文字整理可以证实，双方在复工前一直在就工程款支付时间、更换劳务公司、后期融资等事项进行协商，至2016年4月26日，双方当事人和监理单位才共同向××市住建局申请复工，故双方当事人对第一次停工后未及时复工均有责任。关于第二次停工，弘某公司在多份会议纪要中确认是由于其资金链断裂，无力继续垫资施工所致。综上，由于弘某公司对两次停工都有责任，故对其要求某浩公司承担停工损失的主张不予支持。

（四）关于弘某公司是否享有建设工程优先受偿权及范围的问题。本案中，弘某公司在工程未竣工时即提出退场要求，工程自2016年7月16日起全面停工，施工人员也退出了工地。自工程全面停工之日起至2016年11月8日弘某公司向一审法院起诉主张优先受偿权止，未超过六个月的期限，故弘某公司就其施工的某浩尚城项目工程享有优先受偿权。关于优先受偿权的范围，根据上述法律和司法解释的规定，应限于建设工程的价款，弘某公司主张包括工程款利息及停工损失的请求不予支持。

（五）关于工程质量的有关问题。关于工程质量违约金及损失。一审法院认为，首先，某浩公司针对该主张提交的证据主要是会议纪要、罚款单和《2016 年 8 月 8 日至 8 月 10 日工程形象进度复核各栋号、裙楼区域质量问题》，该份证据能够证明至弘某公司退场时，弘某公司施工的状况，但不能证明弘某公司施工的工程质量不合格。其次，弘某公司施工人员退场后，某浩公司又请其他施工单位在弘某公司已完工程的基础上继续进行了施工，工程状况已经发生了改变。根据《最高人民法院关于审理建设工程施工合同纠纷案件适用法律问题的解释》第 13 条“建设工程未经竣工验收，发包人擅自使用后，又以使用部分质量不符合约定为由主张权利的，不予支持；但是承包人应当在建设工程的合理使用寿命内对地基基础工程和主体结构质量承担民事责任”的规定，对某浩公司提出的工程质量鉴定申请不予准许，对其质量违约金和损失的支付请求不予支持。

（六）关于某浩公司反诉主张的工期延误、逾期交付违约金及损失的问题。一审法院认为，2015 年 6 月 12 日的《会议纪要》上，代表弘某公司签字的陆文某和郭兆某有弘某公司的授权，授权范围包括就《施工合同》的具体实体权利、义务进行协商，并有权与某浩公司达成会议纪要或补充协议，故该《会议纪要》对弘某公司具有约束力。根据该《会议纪要》中“某浩公司与弘某公司对《施工合同》相关条款的内容进行补充、变更”的内容，能够证明《会议纪要》的签订在《施工合同》之后，故《会议纪要》的内容与《施工合同》不一致或相冲突的地方，应以《会议纪要》的内容为准。

二审法院观点：（一）关于《施工合同》何时解除的问题。

双方当事人在上述会议纪要中仅就退场形成初步意向，并约定具体内容在退场协议中予以明确，但双方当事人此后没有签订退场协议，没有就退场时间、退场后工程款的给付、违约责任等达成一致意见，且弘某公司于 2016 年 7 月 16 日停工后，仍指派部分员工留守施工现场，并未实际退场，故不能推断某浩公司和弘某公司在 2018 年 8 月 5 日《会议纪要》中达成解除合同的合意。

（二）关于某浩公司应向弘某公司支付工程价款的金额问题。

1. 关于工程款是否应下浮 2% 的问题。双方签订《会议纪要》再次约定工程最终结算总价下浮 2%（含签证及变更量）。故双方当事人应当按照合同约定，在工程总造价基础上下浮 2% 计算工程款。

2. 关于是否应扣除质量保证金的问题。

合同约定，工程质量保修期应在工程实际竣工之日起算，而非弘某公司承建的部分工程交付之后起算，而弘某公司未举示证据证明案涉工程的竣工时间，也未举证证明其具备了要求某浩公司退还质量保证金的其他条件，故弘某公司主张其对案涉工程的质量保证期间已经届满无事实依据，法院不予支持。一审法院在应付工程款中扣减该质量保证金正确，予以支持。

（三）关于弘某公司是否应向某浩公司支付违约金的问题。

1. 关于弘某公司是否应向某浩公司支付未完成垫资义务违约金的问题。

某浩公司和弘某公司在 2016 年 8 月 8 日《会议纪要》中确认弘某公司的施工进度未达到第一次付款节点，在 2016 年 9 月 7 日《会议纪要》再次确认案涉工程地下室、裙楼结构验收工作未完成。此后弘某公司未在对案涉工程施工，也未举示证据证明某浩公司对案涉工程地下室、裙楼结构完成了验收工作。故弘某公司未能完成垫资施工至第一次付款节点的义务，理应承担违约责任。

关于弘某公司上诉要求调低该违约金的主张，法院认为，首先，弘某公司已经超额完成对 1 号至 4 号楼的施工，并已经施工至地上所有幢号平均结构 8 层，履行了绝大部分的垫资义务，违约程度轻微。其次，某浩公司在庭审中陈述弘某公司未完成垫资义务，对其造成巨大损失，但某浩公司并未举示证据予以证明。且除裙楼部分工程外，弘某公司在整体上已经完成施工至地上所有幢号平均结构 7 层的义务，不足以给某浩公司带来巨大的损失。考虑商事主体的营利性，结合公平原则和诚实信用原则，根据《合同法》第 114 条第 2 款[①]："约定的违约金低于造成的损失的，当事人可以请求人民法院或者仲裁机构予以增加；约定的违约金过分高于造成的损失的，当事人可以请求人民法院或者仲裁机构予以适当减少"的规定，法院对弘某公司未能垫资施工至第一次付款节点而停工的违约金调整为 200 万元。

2. 关于弘某公司是否应向某浩公司支付延误工期违约金的问题。

2015 年 6 月 12 日《会议纪要》第 7 条约定，如弘某公司不能按约定的总工期竣工，总工期延误超出一个月后，按每延误一天 2000 元的标准支付违约金。该条约定的是总工期延误的违约责任，而不是中途停工的违约责任。本

---

① 对应《民法典》第 585 条第 2 款，下同。

案中，弘某公司在施工过程中两次停工，但弘某公司未完成全部工程施工即退场，属于中途停工的情形，不应当适用该条约定。某浩公司也未举示证据证明其因弘某公司中途停工而受到的损失程度，故某浩公司要求弘某公司按上述约定支付延误总工期违约金于法无据，法院不予支持。

（四）关于某浩公司是否应向弘某公司支付停工损失费的问题。

根据查明事实，案涉工程施工过程中，弘某公司发生两次停工，分别为2016年1月20日至同年4月26日和2016年7月16日停工至退场。关于第一次停工，××市住建局发出要求全市报监在建工程春节期间停工的通知后，弘某公司按照通知要求于2016年1月20日开始停工。2016年春节过后，弘某公司应立即申请复工。弘某公司举示的证据不足以证明某浩公司存在故意拖延复工时间的行为，且弘某公司也没有举示证据证明其履行了及时申请复工的义务。因此，弘某公司对未及时复工导致的停工负有一定的责任。关于第二次停工，弘某公司在2016年8月5日、2016年8月8日《会议纪要》中均确认是由于其资金链断裂，无力继续垫资施工所致。因此，弘某公司对第二次停工负有责任。

（五）关于某浩公司应向弘某公司支付的利息如何计算的问题。

某浩公司上诉主张案涉工程存在质量问题，但其举示的会议纪要、罚款单形成于施工过程中，既有提出质量问题的意见，也有整改后验收的意见，不足以证明弘某公司施工的工程存在质量问题；且在弘某公司退场后，新的施工单位进场施工，其在弘某公司已完工工程上继续施工，某浩公司未举证证明新施工单位对前期工程因质量进行了整改或弥补。故某浩公司的现有证据不足以证明案涉工程存在质量问题，其申请对案涉工程质量进行司法鉴定，一审法院不予准许并无不当。对于案涉工程的质量瑕疵问题，某浩公司可以根据《工程质量保证书》约定，另行依法处理。

因《施工合同》约定的支付工程进度款的条件没有成就，《施工合同》对解除合同后，双方当事人对工程款的支付时间也没有约定，故根据《最高人民法院关于审理建设工程施工合同纠纷案件适用法律问题的解释》第18条规定，应确定工程款的支付之日为起诉之日即2016年11月8日，利息亦从该日起计算。另弘某公司要求按照《施工合同》专用条款第26.4条约定的月利率2%的标准支付延期付款利息，但该条约定的是某浩公司逾期支付工程进度款的利息计算标准，且逾期期间为一个月后六个月内，对逾期超过六个月的不适用该方式计算利息，故该条约定不适用某浩公司逾期支付工程总价款的情形。根据《最高人民法院关于审理建设工程施工合同纠纷案件适用法律问题的解释》第17条“当事人对欠付工程价款利息计付标准有约定的，按照约定处理；没有约定的，按照中国人民银行发布的同期同类贷款利率计息”的规定，利息应按中国人民银行同期同类贷款利率计算。

（六）关于弘某公司对其承建工程折价或者拍卖所得价款享有优先受偿权的范围问题。

本案中，弘某公司于2016年11月8日向一审法院起诉时一并主张优先受偿权，未超过六个月的期限，故弘某公司对其施工的某浩尚城项目工程折价或者拍卖的价款享有优先受偿权。关于优先受偿权的范围，应限于建设工程的价款，不包括工程款利息。

对于弘某公司在一审中抗辩如某浩公司向其支付的200万元被认定为工程款，则某浩公司应向其退还200万元履约保证金的问题。法院认为，弘某公司已举证证明某浩公司向其退还履约保证金的条件已经成就。故某浩公司应向弘某公司退还履约保证金200万元。鉴于某浩公司应向弘某公司支付工程款、退还履约保证金，弘某公司也应向某浩公司支付未完成垫资义务的违约金，故某浩公司和弘某公司的互负债务可以进行抵销。因弘某公司应向某浩公司支付的未完成垫资义务违约金与某浩公司应向弘某公司退还履约保证金债务的金额相等，故法院将该两笔债务相互抵销。某浩公司和弘某公司互不向对方支付上述两笔款项。

再审法院观点：关于弘某公司是否应支付延误总工期违约金的问题。

2015年6月12日《会议纪要》第7条约定，如弘某公司不能按约定的总工期竣工，总工期延误超出一个月后，按每延误一天2000元的标准支付违约金。该条约定的是总工期延误的违约责任，而不是中途停工的违约责任。本案中，弘某公司在施工过程中两次停工，但弘某公司未完成全部工程施工即退场，属于中途停工的情形，不应当适用该条约定。某浩公司仅凭已完工程比例推测认为弘某公司将延误总工期，并要求其承担延期违约金，缺乏事实和合同依据。至于弘某公司两次中途停工的责任，原判认为弘某公司均负有一定责任，并判令弘某公司未能垫资施工至第一次付款节点而停工的违约金为200万元，驳回弘某公司要求某浩公司承担停工损失的主张。

（一）原审认定《施工合同》为有效合同并不存在适用法律确有错误情

形。《施工合同》为双方真实意思表示，且不违反法律、行政法规的强制性规定。2000年颁布的《必须招标的工程项目规定》已经被本案一审期间颁行的《必须招标的工程项目规定》所修改，新的规定并不要求本案项目必须进行招投标。弘某公司在一审中第一项诉讼请求即为判令解除《施工合同》，其前提即为合同为有效合同。一审将《施工合同》认定为有效后，双方在上诉中均未再就该问题予以主张，故原审未对合同效力问题进行专门审理，不违反法律规定。

（二）原审不支持某浩公司要求弘某公司支付延误总工期违约金的请求，并不缺乏证据证明，也不违反法律规定。原审并未对弘某公司是否存在全部工程逾期作出明确认定，而是认为某浩公司要求弘某公司支付延期工期违约金没有合同依据。2015年6月12日《会议纪要》第7条约定，如弘某公司不能按约定的总工期竣工，总工期延误超出一个月后，按每延误一天2000元的标准支付违约金。该条约定的是总工期延误的违约责任，而不是中途停工的违约责任。本案中，弘某公司在施工过程中两次停工，但弘某公司未完成全部工程施工即退场，属于中途停工的情形，不应当适用该条约定。某浩公司仅凭已完工程比例推测认为弘某公司将延误总工期，并要求其承担延期违约金，缺乏事实和合同依据。至于弘某公司两次中途停工的责任，原判认为弘某公司均负有一定责任，并判令弘某公司未能垫资施工至第一次付款节点而停工的违约金为200万元，驳回弘某公司要求某浩公司承担停工损失的主张。

（三）原审对工程质量、修复或拆除费用、未完工程造价和弘某公司造成的经济损失不予鉴定并不违反法律规定。2016年8月8日的《会议纪要》明确"甲方同意乙方退场""双方认可已完成的工程形象进度起3日内，新的施工队伍就可以进场施工"，某浩公司在一审庭审中也承认有他人进场施工。在同意弘某公司退场的前提下，某浩公司应当采取措施减少损失，且办理施工许可证本为发包方某浩公司义务，因无法取得施工许可证致工程停滞的责任应由其自行承担。在此情形下，某浩公司接受工程，并安排让人进场，视为对工程质量无异议，故对工程质量、修复或拆除费、未完工程造价进行鉴定已无必要。另外，如前所述，原审已对两次停工的违约责任作出认定，并判令弘某公司承担违约金200万元，故某浩公司再要求弘某公司赔偿其造成的经济损失缺乏依据。

（四）原审确定的工程款利息起算日和对违约金的调整并未适用法律错误。本案双方于2016年8月8日形成的《会议纪要》明确，弘某公司退场，已完工程价款结算事宜和支付办法，双方另进行协商解决，即没有约定付款时间，故原审依据上述司法解释确定利息自起诉日起算。关于违约金的调整，原审考虑到弘某公司已经超额完成对 1 号至 4 号楼的施工，并已经施工至地上所有幢号平均结构 8 层，履行了绝大部分的垫资义务，违约程度轻微。某浩公司主张弘某公司未完成垫资义务，对其造成巨大损失的事实未能提供充分证据，原审依据合同法第 114 条第 2 款进行调整并无明显不当。

（五）弘某公司的申请再审理由亦不能成立。如上所述，双方签订的《施工合同》为双方当事人真实意思表示，且不违反法律、行政法规的强制性规定，为有效合同。《施工合同》专用条款约定：本合同价款采用定额计价、按实结算方式确定。总承包人承诺工程最终结算总价在按约定标准计算的基础上下浮 2%。当日，双方签订《会议纪要》再次约定工程最终结算总价下浮 2%（含签证及变更量），故原审判决工程价款下浮 2% 有合同依据。

《施工合同》明确约定：某浩公司应于工程竣工后支付工程价款的 97%，预留 3% 作工程质量保修金。某浩公司接受工程或安排他人进场与保修金的退还无关，即使弘某公司完成全部工程，通过质量验收，也应依约将保修金预留。综观本案，弘某公司对于两次停工责任更大，原审对双方进行了责任划分，并判决弘某公司承担 200 万元违约金并不缺乏事实和法律依据。

关联案例

案件名称：某如公司、某图公司计算机软件开发合同纠纷案

审理法院：一审：上海知识产权法院（2019）沪知民初 53 号；二审：最高人民法院（2020）最高法知民终 222 号

裁判观点：法院认为，合同当事人行使约定解除权，向对方当事人发出解除通知的，如果行使解除权所依据的事实不符合双方关于解除条件的约定，即使对方当事人没有按照合同法第 96 条[①]规定，请求人民法院或仲裁机构确认解除行为的效力，通知解除的行为也不能发生解除合同的效力。本案中，由于某如公司行使 ××× 合同约定解除权的条件不成就，故其于 2018 年 10 月 20 日向某图公司发送的解约函不发生解除合同的法律效力。

① 对应《民法典》第 565 条。

律师点评

本案中最主要的争议焦点为系争施工合同是否已经解除。可以看出，系争施工合同是否已经解除，将直接决定哪方当事人的诉讼请求得到支持。下文对本案中所涉及的施工合同解除的相关法律问题进行分析和点评。

一、解除施工合同的方式和情形

合同解除，是指合同有效成立后，在一定条件下通过当事人的单方行为或者双方合意终止合同效力或者溯及地消灭合同关系的行为。合同解除是合同之债终止的事由之一，《民法典》第557条规定："有下列情形之一的，债权债务终止：……合同解除……"根据《民法典》的规定，合同解除有以下三种方式：

1. 协议解除。

《民法典》第562条第1款规定："当事人协商一致，可以解除合同。"私法自治和意思自由为民法典的基本原则，只要合同各方当事人就解除合同协商一致，除法律、行政法规规定解除合同应当办理批准、登记等手续等法定情形之外，即可产生解除合同的法律效果，法律应当尊重各方当事人的意思表示。此种合同解除方式为各方合意解除，它不以解除权的存在为必要，解除行为也不是解除权的行使，无需考虑各方协议解除合同是否符合约定解除或法定解除的条件。

2. 约定解除。

《民法典》第562条第2款规定："当事人可以约定一方解除合同的事由。解除合同的事由发生时，解除权人可以解除合同。"该种合同解除方式亦体现了私法自治和意思自由原则，当事人可以在合同中预先约定一方解除合同的条件，一旦合同中所约定的解除合同的条件成就，解除权人即可解除合同。此种合同解除方式为单方解除，行使合同约定解除权需要具备合同依据。

3. 法定解除。

《民法典》第563条规定："有下列情形之一的，当事人可以解除合同：（一）因不可抗力致使不能实现合同目的；（二）在履行期限届满前，当事人一方明确表示或者以自己的行为表明不履行主要债务；（三）当事人一方迟延履行主要债务，经催告后在合理期限内仍未履行；（四）当事人一方迟延履行债务或者有其他违约行为致使不能实现合同目的；（五）法律规定的其他情形。以持续履行的债务为内容的不定期合同，当事人可以随时解除合同，但是应当在合理期限之前通知对方。”在符合解除合同的法定条件时，解除权人可以依法解除合同。此种合同解除方式为单方解除，行使合同法定解除权需要具备法律依据。

《民法典》第806条规定：“承包人将建设工程转包、违法分包的，发包人可以解除合同。发包人提供的主要建筑材料、建筑构配件和设备不符合强制性标准或者不履行协助义务，致使承包人无法施工，经催告后在合理期限内仍未履行相应义务的，承包人可以解除合同。”

需要注意的是，除《民法典》第563条规定的合同解除法定情形之外，《民法典》第580条实际上也是对合同解除事由的特殊规定[①]，该条规定：“当事人一方不履行非金钱债务或者履行非金钱债务不符合约定的，对方可以请求履行，但是有下列情形之一的除外：（一）法律上或者事实上不能履行；（二）债务的标的不适于强制履行或者履行费用过高；（三）债权人在合理期限内未请求履行。有前款规定的除外情形之一，致使不能实现合同目的的，人民法院或者仲裁机构可以根据当事人的请求终止合同权利义务关系，但是不影响违约责任的承担。”在出现该条所规定的不得要求继续履行的情形时，应当允许守约方，甚至是违约方依据《民法典》第563条规定要求解除合同。在《最高人民法院公报》2006年第6期刊载的“新某公司诉冯玉某商铺买卖合同纠纷案”中，法院支持了违约方要求解除合同的诉讼请求。

二、系争施工合同是否已经双方协议解除

《民法典》第562条第1款在规定“当事人协商一致，可以解除合同”后，并未对当事人协商解除合同的方式和条件等作出具体、明确的规定，这是本案双方当事人对系争施工合同是否已经双方协议解除产生根本分歧的重要原因。通常情况下，合同当事人协议解除合同的，会签订书面的解除原合同的协议或文件，在其中确认双方协议解除原合同的一致意思表示，此种情形下，各方当事人在合同是否已经双方协议解除的问题上基本不会产生争议和分歧。

而本案的特殊之处在于，双方当事人在会议纪要中仅就退场形成初步意

---

① 参见刘德权主编：《最高人民法院司法观点集成》（总论 债权 物权），人民法院出版社2009年版，第150页。

向，且施工方停工后仍指派部分员工留守施工现场，之后有新的施工单位入场，但双方当事人此后没有签订退场协议，没有就退场时间、退场后工程款的给付、违约责任等达成一致意见，致使双方当事人在本案中对系争施工合同是否已经双方协议解除产生争议和分歧。

关于双方协议解除合同的方式和条件，应当根据协议解除合同的法律属性进行认定。理论观点认为，所谓协议解除合同是指合同当事人协商一致解除原合同关系，其实质是在原合同当事人之间重新成立了一个合同，该合同的主要内容为废弃双方原合同关系，使双方基于原合同发生的债权债务归于消灭。因此，在判断和认定双方是否已经协议解除原合同时，应当具体分析和判断双方之间是否成立了解除原合同的新合同，该新合同是否已生效：如双方已经成立了解除原合同的新合同且该新合同已生效，则原合同已经双方协议解除；如双方并未成立解除原合同的新合同，或者虽然成立了解除原合同的新合同，但该新合同并未生效（如双方在该新合同中约定了附生效条件、生效期限等），则原合同并未经双方协议解除。

据此进行分析，双方当事人在会议纪要中仅就退场形成初步意向，此后没有签订退场协议，没有就退场时间、退场后工程款的给付、违约责任等达成一致意见，且施工方停工后仍指派部分员工留守施工现场的，应当认定为系争施工合同未协议解除。

综上，两审及再审法院以双方当事人未形成退场协议及解除合同协议，在会议纪要中也未对退场时间、退场后工程款的给付、违约责任等达成一致意见，不认为会议纪要签订日为解除合同日，确认系争施工合同于起诉之日解除，审理和判决合同解除后的相关事宜，是正确的。

该案例提醒施工合同的发包人和承包人，应当准确把握和理解施工合同解除的方式、情形和条件，在具备合同解除权的情况下，应当书面正式作出是否行使合同解除权解除合同的决策，而一旦发包人或承包人作出相应决策，轻易不要改变，即便需要改变已经作出的决策，也应当进行充分的评估和分析，避免因轻易改变决策而使自己从主动、有利局面变为被动、不利局面。

7.6 当事人一方作为证据提交的变更双方原先约定的补充协议不具有真实性，法院如何处理[①]

——荣某公司与李某、地某公司建设工程施工合同纠纷案[②]

关 键 词： 建设工程施工合同　补充协议　合同变更　举证不能

问题提出： 当事人一方在诉讼中作为证据提交的变更双方原先约定的补充协议不具有真实性，法院如何处理？

裁判要旨： 对于原件笔迹真伪及形成时间无法鉴定的后果，一审判决认定由申请鉴定人承担不当，因为李某二年后才提交原件，荣某公司对真实性表示怀疑具有合理性，对此李某应当进一步补强证据以证明原件的真实性，即对《工程补充协议》原件真实性承担证明责任。因通过司法鉴定无法对原件的真实性进行确认，李某补强证据的责任未完成，故法院对其提交的《工程补充协议》原件的真实性不予确认。《工程补充协议》不能作为确认案涉工程造价的依据，双方应当参照《建设工程施工合同》《施工合同》及签证单等施工资料结算工程款。

案情简介

上诉人（原审原告）：荣某公司

被上诉人（原审被告）：李某

2010年8月19日，荣某公司（甲方）与地某公司（乙方）签订《建设工程施工合同》，合同落款发包人处由荣某公司盖章，并由张某在委托代表人处签名。同日，双方签订《工程质量保修书》，对荣某公司的厂房、冷库、办公楼及辅助用房工程的工程质量保修责任进行约定。

荣某公司（甲方）与地某公司（乙方）于2011年6月3日签订的《工程

① 撰稿人：曹珊，上海市建纬律师事务所。

② 一审：江苏省连云港市中级人民法院（2014）连民初字第00165号；二审：江苏省高级人民法院（2018）苏民终1535号。

补充协议》，约定：乙方为了按时保质完成甲方的接待中心、办公楼、宿舍楼、生产车间及冷库等工程项目施工，根据双方所签订的施工合同有关条款规定及甲方实际生产的需要。经甲乙双方协商达成如下变更内容：（一）甲方的生产车间及冷库施工要求原来是按照凌某设计公司提交的施工图纸进行施工（以下简称白图），现变更为按照某建设计公司设计的施工图纸进行施工（以下简称蓝图）。（二）生产车间及冷库的工程结算根据国家有关文件规定、套用现行定额按实进行计取工程费。（三）本协议一式两份，双方各执一份，经双方代表签字盖章后生效。甲方处有荣某公司印章，张某在委托代理人处签名，乙方处有地某公司印章，李某在委托代理人处签名。

2011 年 9 月 9 日，荣某公司（甲方）与李某（乙方）签订《施工合同》。合同甲方处由荣某公司盖章，张某在代表人处签字，李某在乙方处签名。李某和地某公司均确认李某签订该合同的行为系职务行为，李某系地某公司的员工，是荣某公司工程施工项目的负责人、项目经理。

2011 年 9 月 20 日，荣某公司签章日期为 2011 年 11 月 30 日的工程现场签证单，载明：厂房原凌某设计院设计图纸取消，改为中建设计院图纸，后来按照甲方意见，中建设计院图纸又进一步修改，增加土建工程，工程费用按照相关定额、规范计算。结算按 2009 年定额决算。

工程于 2012 年 3 月 10 日竣工验收。案涉工程已经于 2012 年 1 月 19 日办理了不动产权属登记证书。李某提交土建结算书及收条，收条载明：今收到地某公司土建结算书一本。特此证明。2013 年 5 月 28 日。由荣某公司加盖中英文章及李玉某签名（李某称李玉某系李荣某的堂弟），证明土建的结算总价为 22509215.1 元；消防、水电结算书，由张某于 2012 年 5 月 31 日签收并加盖荣某公司工程部印章，证明消防、水电的结算总价为 2083861.03 元（水电结算书其中荣某公司已注明收到）。车间隔墙吊顶项目工程决算书，由张某于 2012 年 5 月 31 日签收并加盖荣某公司工程部印章，证明隔墙吊顶结算总价为 1619165.08 元。三份结算总价编制人处均加盖有江苏宏某工程项目管理咨询有限公司季念某的注册造价工程师印章。

2013 年 8 月 15 日，胡成某（甲方、收购方）与李荣某（乙方、被收购方）签订《收购协议》，约定：甲方收购荣某公司 100% 股权，甲方按荣某公司账册中固定资产发票金额作为收购金额计算依据，由于固定资产建筑工程还没有审计结果，待工程决算结束并经甲方确认后，再按实际结算。某农业银行贷款1600万元由甲方偿还，冲减固定资产金额，因8月甲方已接管荣某公司，故8月的银行利息由甲方支付，并对应付账款、存货、应收货款等进行了约定。

2014年6月21日，地某公司（甲方）与李某（乙方）签订《债权转让协议书》。2014年8月19日，地某公司向荣某公司邮寄债权转让通知书。2014年8月20日，门卫签收。荣某公司不认可收到该债权转让通知书。

一审法院判决：一、荣某公司于判决生效后十日内给付李某工程款10572326.96元及利息（分别以9943157.15元为基数按中国人民银行公布的同期同类贷款基准利率从2013年6月26日起计算至付款之日止，以629169.81元为基数按中国人民银行公布的同期同类贷款基准利率从2014年3月24日起计算至付款之日止）；二、荣某公司于判决生效后十日内返还李某工程保证金70万元及利息（以70万元为基数按中国人民银行公布的同期同类贷款基准利率从2014年12月10日起计算至付款之日止）。

二审法院判决：一、撤销江苏省连云港市中级人民法院（2014）连民初字第00165号民事判决第二项；二、变更江苏省连云港市中级人民法院（2014）连民初字第00165号民事判决第一项为：荣某公司于本判决生效后十日内给付李某工程款1361013.06元及利息（其中315303.14元自2013年3月24日起，472954.71元自2014年3月24日起，按中国人民银行同期同类贷款基准利率计算至实际付款之日止）；三、驳回李某的其他诉讼请求。

各方观点

荣某公司观点：1. 李某提交的落款时间为2011年6月3日《工程补充协议》系虚假伪造的，一审判决认定为真实并以此为据鉴定工程价款21572326.96元错误。接待中心、办公楼、宿舍楼、冷库均是按凌某设计公司图纸施工，并非一审判决认定的按某建设计公司图纸施工，上述工程仅厂房结构作了调整，2011年11月30日签证单上仅反映厂房土建增加部分按定额计算。某建设计公司的厂房、冷库图纸，双方于2011年8月2日交接，不可能有所谓2011年6月3日《工程补充协议》。且冷库工程在2011年5月就完工了，地某公司孙兆某也承认低温冷库是按凌某设计公司图纸施工。厂房、冷库结构不同，不是一个建筑整体，可以分开计价，鉴定人也是分开鉴定造价。凌某设计公司图纸在当地无法备案，某建设计公司图纸只是为了备案使用。李某在一审期间于2015年5月15日提交落款时间为2011年6月3日《工程补充协议》复印件，荣某公司要求其提交原件，李某直到二年后即2017年3月1日才提交。在荣某公司已向公安报案，且东海县公安局的鉴定意见通知书已明确，荣某公司的公章印文与送检样本不一致的前提下，一审法院仅以荣某公司曾使用多枚印章为由否定荣某公司关于该协议为虚假、伪造的意见，认定事实明显错误。东海县公安局已刑事立案并鉴定《工程补充协议》上的荣某公司印章是虚假、伪造的，李荣某2016年8月10日出具的《情况说明》也证明该协议是虚假、伪造的，该证据证明荣某公司从未与地某公司洽谈过《工程补充协议》，也从未授权张某签订该协议，李荣某作为公司实际控制人不可能同意签订该补充协议多付700万元工程款。《工程补充协议》上的印章与其他两份施工合同上的印章不一致，两份施工合同上的印章在银行和工商部门多次使用备案，李某、地某公司没有提交《工程补充协议》上的印章在其他地方使用过的证据。2. 一审判决认定荣某公司已付李某工程款1100万元错误。荣某公司现任董事长胡成某是在案涉工程结束后于2013年8月从前股东李荣某收购而来的，并不持有全部付款证据材料。李某在一审中已自认荣某公司已付1490万元，但后来一审法院却同意李某反悔，明显违反了"禁止反言"规则。

李某观点：关于案涉《工程补充协议》的真伪。一审时荣某公司已就该协议的签名等问题申请鉴定，但最终并没有确认该协议是不真实的。该协议并非独立存在，一审法院结合本案相关其他材料进行了综合认定，确认该协议"三性"合法正确。荣某公司上诉仅就相关工程进度表、图纸自认为存在的问题进行主观的分析、推理，意在否认《工程补充协议》的真实性，依法不应得到支持。

法院观点

一审法院观点：李某提交了三份工程结算报告及收条，证明荣某公司收到了工程结算资料，荣某公司对于其公章的真实性予以认可，但对结算书中的工程造价不予认可，申请对工程造价进行鉴定。李某提交的结算材料及收条仅证明荣某公司收到了结算材料，不能证明双方已对工程款结算达成一致意见，故对荣某公司的工程造价鉴定申请予以准许。案涉工程造价鉴定过程中，因荣某公司对《工程补充协议》的真实性有异议以及县公安局对荣某公司被诈骗案正在进行侦查，一审法院决定由鉴定机构出具两个鉴定意见。现因《工程补充协议》经过鉴定，无法达到荣某公司的证明目的，一审法院对《工程补充协议》的真实性依法予以采信。同时，李某提交的时间为2011年9月20日，荣某公司签章日期为2011年11月30日的工程现场签证单载明：厂房原凌某设计院设计图纸取消，改为中建设计院图纸，后来按照甲方意见，中建设计院图纸又进一步修改，增加土建工程，工程费用按照相关定额、规范计算。结算按2009年定额决算。该份签证单亦能够证明案涉厂房进行了设计变更，应按2009年定额结算。因此，依据《最高人民法院关于审理建设工程施工合同纠纷案件适用法律问题的解释》（已废止）第16条[①]规定："当事人对建设工程的计价标准或者计价方法有约定的，按照约定结算工程价款。因设计变更导致建设工程的工程量或者质量标准发生变化，当事人对该部分工程价款不能协商一致的，可以参照签订建设工程施工合同时当地建设行政主管部门发布的计价方法或者计价标准结算工程价款……"因案涉的厂房从基础到结构整体进行了设计变更，工程量和质量标准均发生了变化，无法按照原合同约定结算工程价款，原合同丧失了应当适用的基础，失去了结算工程价款的标准，而在荣某公司与地某公司签订的《建设工程施工合同》第47.1条约定了中低温冷库及厂房按946元/平方米的固定单价，即将厂房、冷库作为一个结算单位约定了一个固定单价，在厂房出现设计变更的情况下，原合同约定的固定单价亦不再适用于冷库。对此，李某提交的《工程补充协议》、2011年9月20日签证单能够证明地某公司与荣某公司对厂房及冷库的结算已经达成协议按照2009年定额结算。因此，对李某请求冷库、厂房按照定额结算的主张予以支持，对鉴定意见第1项予以采信。对于荣某公司于2018年10月12日最后一次庭审中提交的县公安局鉴定意见通知书，认为《工程补充协议》复印件上印文与荣某公司送检样本印文不是出自同一印章的印迹，因荣某公司的印章没有备案，且其曾经使用过多枚印章，故对荣某公司提出的印章是否真实及形成时间的鉴定申请均不予准许。现东海县公安局

---

① 对应《最高人民法院关于审理建设工程施工合同纠纷案件适用法律问题的解释（一）》第19条，修订为："当事人对建设工程的计价标准或者计价方法有约定的，按照约定结算工程价款。因设计变更导致建设工程的工程量或者质量标准发生变化，当事人对该部分工程价款不能协商一致的，可以参照签订建设工程施工合同时当地建设行政主管部门发布的计价方法或者计价标准结算工程价款。建设工程施工合同有效，但建设工程经竣工验收不合格的，依照民法典第五百七十七条规定处理。"

鉴定通知书的鉴定检材仍然是未经备案的印章，不能达到荣某公司的证明目的。故对荣某公司主张《工程补充协议》是虚假、伪造的意见，依法不予采纳。

二审法院观点：《工程补充协议》能否作为认定案涉工程总造价的依据，是正确处理本案纠纷的关键。对此，法院作如下认定：

首先，对《工程补充协议》原件真实性的证明责任，应当由李某承担。《最高人民法院关于民事诉讼证据的若干规定》第10条①规定："当事人向人民法院提供证据，应当提供原件或者原物。如需自己保存证据原件、原物或者提供的原件、原物确有困难的，可以提供经人民法院核对无异的复制件或者复制品。"根据一审证据交换笔录记载，李某在2015年3月17日、4月22日前二次证据交换时均未提及《工程补充协议》，直到2015年5月15日庭审时才提交一份《工程补充协议》复印件。荣某公司当庭要求核对原件，但李某未能提交《工程补充协议》原件。工程造价鉴定期间，在荣某公司多次提出复印件不能作为鉴定资料的情况下，李某仍未能提交原件。根据一审2017年3月1日听证笔录记载，李某此时才提交《工程补充协议》原件，距其提交复印件已达二年之久，并且仅以"李某自己找到的"为由对延迟原因作出说明。经质证，荣某公司对《工程补充协议》原件的真实性不予确认，并申请对原件上的签名及印章的真伪及形成时间进行鉴定。经鉴定，东某鉴定中心认为，经与送检的2010年、2011年自然样本比对，两者笔迹特征既有符合点也有差异点，虽经鉴定人多次检验，仍无法得出明确的鉴定意见；与送检样本字迹、印文的物质种类等条件均存在差异，使用该中心现有化学方法不能对形成时间进一步检验。对于原件笔迹真伪及形成时间无法鉴定的后果，一审判决认定由申请鉴定人荣某公司承担不当，因为李某二年后才提交原件，荣某公司对真实性表示怀疑具有合理性，对此李某应当进一步补强证据以证明原件的真实性，即对《工程补充协议》原件真实性承担证明责任。因通过司法鉴定无法对原件的真实性进行确认，李某补强证据的责任未完成，故法院对其提交的《工程补充协议》原件的真实性不予确认。

其次，《工程补充协议》变更厂房及冷库的结算标准，缺乏事实依据。该协议第一条说明了变更厂房及冷库结算标准的原因，即因为施工图纸由凌某

① 对应现行《最高人民法院关于民事诉讼证据的若干规定》第11条。

设计公司变更为某建设计公司。虽然双方就施工图纸变化原因各执一词，但施工图纸发生变化，并不必然导致需要变更结算标准，因为如果工程量变化不大，按建筑行业规范双方可以签证单的形式确认增加的工程造价。因此，如果厂房及冷库的结算标准，由固定单价变更为套用现行定额按实结算，应当具备厂房及冷库工程量发生重大变化，且不变更结算标准将造成一方重大亏损的客观事实。但根据一审 2018 年 9 月 4 日庭审笔录记载，鉴定人孙某称“鉴定依据的是某建设计公司图纸，后来凌某设计公司图纸拿来与某建设计公司图纸对比，除了厂房有变动外，其他的都是一样”。而另一位鉴定人刘某 2 表示“图纸除了厂房不一样外，其他的都一样”。可见，施工图纸虽然发生过变化，但经鉴定人比对，仅厂房工程量发生变动，其他部分均无变化。而对于厂房的变动，双方于 2011 年 11 月 30 日以工程现场签证单的形式予以确认，根据该签证单记载，双方在就厂房原图纸取消改为新图纸并经甲方进一步修改后，一致确认“增加土建工程，工程费用按照相关定额、规范计算。结算按 2009 年定额决算”。由此可见，厂房及冷库的工程量并未发生重大变化，双方通过《工程补充协议》变更结算标准，缺乏事实依据。

最后，张某对《工程补充协议》的陈述存在矛盾，不足采信。张某系荣某公司派驻案涉工程的工程师和负责人，案涉工程中的二份合同及施工资料均由其代表荣某公司进行确认。《工程补充协议》落款处由张某与李某代表双方签字盖章，如该协议属实，张某与李某应当清楚协商及形成过程。公安机关立案侦查期间，警官仅对张某进行了重点讯问，没有询问过李某。根据张某的多次陈述，其虽称《工程补充协议》由其拟定并盖章，但又否认协议内容，认为厂房及冷库不是全部套用现行定额按实结算，而是仅就新增工程量，且新增工程量也就 100 万元左右。张某既承认《工程补充协议》形式，又否认内容的矛盾陈述，不应作为认定本案事实的依据。

综上，李某提交的《工程补充协议》不能作为确认案涉工程造价的依据，双方应当参照《建设工程施工合同》《施工合同》及签证单等施工资料结算工程款，对瑞某公司出具的工程总造价 16365157.06 元，法院予以确认。

律师点评

本案中最主要的争议焦点为 2011 年 6 月 3 日签订的《工程补充协议》是否真实有效，能否作为确认案涉工程造价的依据。下文对本案中所涉及的相关法律问题进行分析和点评。

一、关于案涉工程造价如何确定的问题

关于案涉工程造价，《建设工程施工合同》约定案涉工程采用固定单价合同，合同造价为1338万元，其中中低温冷库及厂房为946元/平方米、办公楼724元/平方米、宿舍楼769元/平方米、接待中心696元/平方米；厂区道路、停车场附属工程《施工合同》约定，按固定总价60万元结算。诉讼中，李某提交一份《工程补充协议》，主张厂房及冷库应按该协议约定标准结算。因荣某公司对《工程补充协议》真实性提出异议，且县公安局对荣某公司被诈骗案正在侦查中，故一审法院决定由瑞某公司按是否采纳《工程补充协议》出具二套鉴定意见。瑞某公司经鉴定确认，采纳《工程补充协议》的工程总造价为21572326.96元，不采纳的为16365157.06元，两者相差5207169.9元。之所以产生巨额差异，是因为《工程补充协议》将《建设工程施工合同》约定的厂房及冷库按固定单价946元/平方米结算，变更为“根据国家有关文件规定、套用现行定额按实进行计取工程费”。因此，《工程补充协议》能否作为认定案涉工程总造价的依据，是正确处理本案纠纷的关键。一审法院根据当事人的申请对案涉工程造价进行司法鉴定，并根据鉴定结论认定案涉工程造价，是正确的，有利于实现案结事了，减少当事人的讼累。

二、关于双方当事人是否已经确定案涉工程造价的问题

该问题主要取决《工程补充协议》能否作为认定案涉工程总造价的依据。根据《民法典》第543条规定：“当事人协商一致，可以变更合同。”《工程补充协议》协议第一条说明了变更厂房及冷库结算标准的原因，即因为施工图纸由凌某设计公司变更为某建设计公司。虽然双方就施工图纸变化原因各执一词，但施工图纸发生变化，并不必然导致需要变更结算标准，因为如果工程量变化不大，按建筑行业规范双方可以签证单的形式确认增加的工程造价。因此，如果厂房及冷库的结算标准，由固定单价变更为套用现行定额按实结算，应当具备厂房及冷库工程量发生重大变化，且不变更结算标准将造成一方重大亏损的客观事实。但是，从案件的事实情况来看，虽然双方通过《工程补充协议》变更结算标准，但是却缺乏厂房及冷库的工程量发生重大变化的事实情况，在此情形下，无法认定依据《工程补充协议》变更了工程造价。

三、关于李某所举证据是否具有真实性的问题

证据应当具有三性：真实性、关联性、合法性。只有具有三性的证据才

能作为定案的根据，而不具有三性的证据不能作为定案的根据。其中证据的真实性是其最本质的特征。关于证据的真实性，《民事诉讼法》规定："证据必须查证属实，才能作为认定事实的根据。"《最高人民法院关于民事诉讼证据的若干规定》第85条第1款规定："人民法院应当以证据能够证明的案件事实为根据依法作出裁判。"即人民法院应当以经"查证属实"（具有真实性）的证据能够证明的案件事实为依据依法作出裁判。由此可见，是否具有真实性对证据而言具有极其重要的作用。《最高人民法院关于民事诉讼证据的若干规定》第87条："审判人员对单一证据可以从下列方面进行审核认定：（一）证据是否为原件、原物，复制件、复制品与原件、原物是否相符；（二）证据与本案事实是否相关；（三）证据的形式、来源是否符合法律规定；（四）证据的内容是否真实；（五）证人或者提供证据的人与当事人有无利害关系。"其中第1项、第4项即属于对证据真实性的审核认定。

本案中，对《工程补充协议》原件真实性的证明责任，应当由李某承担。按照案件审理时《最高人民法院关于民事诉讼证据的若干规定》第10条规定①："当事人向人民法院提供证据，应当提供原件或者原物。如需自己保存证据原件、原物或者提供原件、原物确有困难的，可以提供经人民法院核对无异的复制件或者复制品。"根据一审证据交换笔录记载，李某在2015年3月17日、4月22日前二次证据交换时均未提及《工程补充协议》，直到2015年5月15日庭审时才提交一份《工程补充协议》复印件。荣某公司当庭要求核对原件，但李某未能提交《工程补充协议》原件。工程造价鉴定期间，在荣某公司多次提出复印件不能作为鉴定资料的情况下，李某仍未能提交原件。根据一审2017年3月1日听证笔录记载，李某此时才提交《工程补充协议》原件，距其提交复印件已达二年之久，并且仅以"李某自己找到的"为由对延迟原因作出说明。经质证，荣某公司对《工程补充协议》原件的真实性不予确认，并申请对原件上的签名及印章的真伪及形成时间进行鉴定。经鉴定，东某鉴定中心认为，经与送检的2010年、2011年自然样本比对，两者笔迹特征既有符合点也有差异点，虽经鉴定人多次检验，仍无法得出明确的鉴定意见；与送检样本字迹、印文的物质种类等条件均存在差异，使用该中心现有

① 根据《最高人民法院关于修改〈关于民事诉讼证据的若干规定〉的决定》，该司法解释现已修改。

化学方法不能对形成时间进一步检验。对于原件笔迹真伪及形成时间无法鉴定的后果，一审判决认定由申请鉴定人荣某公司承担不当，因为李某二年后才提交原件，荣某公司对真实性表示怀疑具有合理性，对此李某应当进一步补强证据以证明原件的真实性，即对《工程补充协议》原件真实性承担证明责任。因通过司法鉴定无法对原件的真实性进行确认，李某补强证据的责任未完成，故法院对其提交的《工程补充协议》原件的真实性不予确认。

二审法院在审查认定《工程补充协议》时，并未简单地依据司法鉴定结论认定《工程补充协议》不具有真实性，而是综合案件事实证据举证过程的基础上，认定《工程补充协议》不具有真实性。二审法院还结合公安机关立案侦查期间，对张某的重点讯问。根据张某的多次陈述，其虽称《工程补充协议》由其拟定并盖章，但又否认协议内容，认为厂房及冷库不是全部套用现行定额按实结算，而是仅就新增工程量，且新增工程量也就100万元左右。张某既承认《工程补充协议》形式，又否认内容的矛盾陈述，不应作为认定本案事实的依据。应当说，二审法院对《工程补充协议》作为证据的三性的认定方式和处理结果是相当妥当、准确的。

本案中施工单位所提交的重要证据材料被法院认定为不具有真实性、合法性，提醒施工合同的双方当事人应当按照对诉讼证据三性的要求来签订相关协议、制作相关材料，特别是在双方当事人变更施工合同约定或双方原先约定时，避免因相关协议或材料不符合诉讼证据三性的要求，导致法院不予采纳、采信而遭受不必要的损失。

第八章　实际施工人的权利保护

综述：司法实务中对实际施工人权益的保护与限制①

《最高人民法院关于审理建设工程施工合同纠纷案件适用法律问题的解释（一）》（以下简称《最高院施工合同司法解释（一）》）规定实际施工人特殊保护制度，目的在于解决农民工工资被拖欠的问题，但碍于法律关系的错位与现实利益的冲突，该制度实施后并未达到预期效果。关于借用资质、转包、违法分包及实际施工人的认定，司法机关的操作标准异于建设行政主管部门。目前各地法院的审判实务中的分歧主要集中在无效合同如何折价补偿、约定管理费如何处理、发包人向谁付款方为有效、实际施工人的优先受偿权应否支持、实际施工人对外商事行为的效力如何等方面，因裁判尺度的不统一往往导致裁判结果的不确定。笔者认为，在传统民事法律、民事诉讼法律的语言体系与价值排序中，关于实际施工人的概念与制度需要通过重新解释以找得对其妥当的定位，对于相关当事人责任归属的判断应符合建筑工程市场秩序的规范要求。

前言：作为概念与作为制度的"实际施工人"

"实际施工人"并非传统民事法律、民事诉讼法律中的概念。在现行的法律、行政法规中没有关于"实际施工人"的任何规定。换言之，"实际施工人"并非法律认可的主体类别之一，法律既未赋予其有别于其他主体的实体权利与义务，亦未在诉讼程序上特别设计一种有别于其他主体的救济方式与保护途径。

"实际施工人"概念体现在《最高院施工合同司法解释（一）》中的以下规定：

第1条　建设工程施工合同具有下列情形之一的，应当依据民法典第一百五十三条第一款的规定，认定无效：

① 撰稿人：曲笑飞，上海建纬（杭州）律师事务所。

（一）承包人未取得建筑业企业资质或者超越资质等级的；

（二）没有资质的实际施工人借用有资质的建筑施工企业名义的；

（三）建设工程必须进行招标而未招标或者中标无效的。

承包人因转包、违法分包建设工程与他人签订的建设工程施工合同，应当依据民法典第一百五十三条第一款及第七百九十一条第二款、第三款的规定，认定无效。

第15条 因建设工程质量发生争议的，发包人可以以总承包人、分包人和实际施工人为共同被告提起诉讼。

第43条 实际施工人以转包人、违法分包人为被告起诉的，人民法院应当依法受理。

实际施工人以发包人为被告主张权利的，人民法院应当追加转包人或者违法分包人为本案第三人，在查明发包人欠付转包人或者违法分包人建设工程价款的数额后，判决发包人在欠付建设工程价款范围内对实际施工人承担责任。

第44条 实际施工人依据民法典第五百三十五条规定，以转包人或者违法分包人怠于向发包人行使到期债权或者与该债权有关的从权利，影响其到期债权实现，提起代位权诉讼的，人民法院应予支持。

显然，“实际施工人”是《最高院施工合同司法解释（一）》为区别《民法典》中的“施工人”而创设的一个概念。《民法典》中“施工人”概括了建设工程施工合同的所有合法施工主体，包括总承包人、承包人、专业工程分包人、劳务作业分包人。而《最高院施工合同司法解释（一）》上述规定中所指的“实际施工人”，则为在施工合同无效情况下实际参加建设工程施工的施工合同主体，包括转包、违法分包、借用资质与他人签订建设工程合同的承包人三种类型。

《最高院施工合同司法解释（一）》规定“实际施工人”的初衷在于保护农民工的利益，然而，在我们所考察的涉及“实际施工人”的典型案例中，被认定为“实际施工人”的自然人竟无一例外均系工程建设的出资人或组织、管理者即俗称的“包工头”或工地上的“老板”，在这些拿起法律武器维护自身权益的诉讼主体中，很难见到农民工的身影。在工程价款的构成中，农民工工资仅为直接费的一项，即便包括社会保障费用在内其所占比重也不大；在法律关系上，实际参与施工作业的农民工与实际施工人之间还存在一层雇佣关系或劳务关系。因此，实际施工人对发包人行使诉权实现的利益并不因此直接由农民工享有，农民工讨要工资往往仍需另外通过劳动仲裁、诉讼程序甚至某些极端途径方可解决，农民工的合法权益无法直接适用该规定获得特殊的保护。现实生活中，相对于规范的施工企业来说，作为自然人的“实际施工人”在取得工程款后更容易因利益驱动或诚信缺失拒不支付农民工工资，目前来自“包工头”的拖欠已成为农民工工资拖欠的最主要原因。[①] 可见，《最高院施工合同司法解释（一）》规定的“实际施工人”的概念及相应的制度设计尚不能落实成为农民工合法权益的有效保护机制，《最高院施工合同司法解释（一）》所赋予“实际施工人”对发包人的直接诉权与农民工工资的实现之间，无论在法律关系层面还是在实现程序层面上，均存在难以逾越的客观障碍。

如果说作为概念的“实际施工人”只是为《最高院施工合同司法解释（一）》的政治正确或道义关怀提供了一个注脚的话，那么，作为制度的“实际施工人”则不仅改变了建设工程施工合同纠纷诉讼中的基本结构与价值取向，甚至还影响了建设领域的市场秩序及从业者的生态模式。在传统的民事法律与民事诉讼法律的语言体系与价值序列中，“实际施工人”这个概念与制度都显得有些突兀和生硬。当然，理论上的不和谐不能也不应该成为我们贸然拒绝新事物的充分理由，或许，每一个将来被证明具有旺盛生命力的制度设计在其面世伊始均会面临水土不服的窘境。本章的意义主要在于，通过仔细研读与“实际施工人”相关的真实案例，探知司法实务中这个概念究竟是如何被理解、这个制度是如何被适用的，以期为将来的制度完善提供切实有效的建议。

一、法院如何认定“借用资质”

借用资质是一种明确的违法行为，[②]《最高院施工合同司法解释（一）》第 1 条即明确规定，“没有资质的实际施工人借用有资质的建筑施工企业名义”签订的建设工程施工合同无效，而这也正是产生“实际施工人”的主要

---

① 张勇：《实际施工人诉权保护的法律误区——兼析法释〔2004〕14 号司法解释第 26 条》，载 2006 年《规划·规范·规则——第六届中国律师论坛优秀论文集》。

② 《建筑法》第 26 条规定：“承包建筑工程的单位应当持有依法取得的资质证书，并在其资质等级许可的业务范围内承揽工程。禁止建筑施工企业超越本企业资质等级许可的业务范围或者以任何形式用其他建筑施工企业的名义承揽工程。禁止建筑施工企业以任何形式允许其他单位或者个人使用本企业的资质证书、营业执照，以本企业的名义承揽工程。”

情形之一。在我们所考察的典型案例中，涉及“借用资质”的所占比例最高。“借用资质”与“挂靠”是一对比较近似的概念，通常建设行政主管部门对此并不严格区分。在建设部1999年3月4号印发的《关于1999年整顿和规范建设市场的意见》中提出过关于认定“挂靠”的具体标准,[①] 之后各地建设行政主管部门也陆续发布过类似的规定。[②]

在住建部印发的《建筑工程施工发包与承包违法行为认定查处管理办法》（建市规〔2019〕1号）中系将“挂靠”和“借用资质”作为同义语使用，该办法第9条规定：“本办法所称挂靠，是指单位或个人以其他有资质的施工单位的名义承揽工程的行为。前款所称承揽工程，包括参与投标、订立合同、办理有关施工手续、从事施工等活动。”第10条规定：“存在下列情形之一的，属于挂靠：（一）没有资质的单位或个人借用其他施工单位的资质承揽工程的；（二）有资质的施工单位相互借用资质承揽工程的，包括资质等级低的借用资质等级高的，资质等级高的借用资质等级低的，相同资质等级相互借用的；（三）本办法第八条第一款第（三）至（九）项规定的情形，有证据证明属于挂靠的。”

但在司法机关看来，建筑行业中的挂靠经营行为并不都是当然无效。长期以来，怎样界定非法的“借用资质”与合法的“内部承包”是司法实践中

---

① 《关于1999年整顿和规范建设市场的意见》：“根据《建筑法》第二十六条的规定，凡是转让、出借资质证书或者以其他方式允许他人以本单位名义承接工程任务的，均属挂靠承接工程任务，包括无资质证书的单位、个人或低资质的单位，通过各种途径和方式，利用有资质的或更高级资质的单位的名义承接工程任务。其判定条件是：（一）有无资产的产权（包括所有权、使用权、处分权、受益权等）连系，即其资产是否以股份等方式划转现单位，并经公证；（二）有无统一的财务管理，不能以承包等名义搞变相的独立核算；（三）有无严格、规范的人事任免和调动、聘用手续。凡不具备上述条件之一的，定为挂靠行为。”

② 例如，2001年9月25日发布的《深圳市制止建设工程转包、违法分包及挂靠规定》第6条规定：“下列行为属挂靠行为：（一）通过出租、出借资质证书或者收取管理费等方式允许他人以本单位名义承接工程的；（二）无资质证书的单位、个人或低资质等级的单位通过各种途径或方式，利用有资质证书或高资质等级单位的名义承接工程的。”第7条又规定：“具备下列情形之一的，以挂靠行为论处：（一）合同约定的施工单位与现场实际施工方之间无产权关系；（二）合同约定的施工单位与现场实际施工方之间无统一的财务管理；（三）合同约定的施工单位与施工现场的项目经理及主要工程管理人员之间无合法的人事调动、任免、聘用以及社会保险关系；（四）合同约定的施工单位与施工现场的工人之间无合法的建筑劳动用工和社会保险关系。”2004年修订的《江苏省建筑市场管理条例》第13条第2款规定：“两个以上承包人有下列情形之一的，一方不得使用他方的名义或者资质证书承包工程业务：（一）相互间无资产产权联系，即没有以股份等方式划转资产的；（二）无统一的财务管理，各自实行或者变相实行独立核算的；（三）无符合规定要求的人事任免、调动和聘用手续的；（四）法律、法规规定的其他情形。”

的一个争议热点。建设工程实践中，承包人多是采用项目经理部形式对建设项目进行经营管理，而项目经理部则通常实行内部承包经营负责制。[①] 作为建筑施工企业的一种经营管理模式，据说“施工企业内部承包制将施工单位与内部承包人有效结合起来，充分调动了内部承包人的积极性，最大限度发挥了企业的效能”,[②] 因此，规范的内部承包行为应区别于转包、违法分包或挂靠，其本身是合法的，应属于企业自主决策的范围。但究竟是借用资质还是内部承包，由于有着相似的“外观”，在认定标准上存在模糊之处，司法实践中的做法也不统一，许多地方法院对此曾做出有益的尝试。通常，法院会本着既要承认建筑公司的经营管理模式，也要防止当事人规避法律，以内部承包之名行“借用资质”之实的原则来进行甄别。

在我们考察范围内涉及“借用资质”的案例中，我们发现了一个有意思的现象：在这些由实际施工人提起诉讼的大多数案件审理过程中，实际施工人均毫无保留地主动披露其“缺乏必要施工资质”或“借用资质”的违法事实，并积极地向法庭提供内部承包合同、考核责任书等书面材料作为证据。同时，作为名义承包人的挂靠单位也“坦诚”地认可挂靠的违法事实或否认实际施工人的劳动人事关系，在双方的默契配合下，即使发包人一再坚持主张其合同相对方应系名义承包人，或指称实际施工人实系挂靠单位的项目经理，最终均无济于事。在这些案件中，法院关于“借用资质”的认定总有比较充分的事实依据，在判决书的说理部分中只是提出“经审理查明，实际施工人缺乏必要施工资质”即可，并不存在任何引起争议的可能性，二审中也往往将“是否应认定为借用资质”排斥在争议焦点之外。但在挂靠单位起诉发包人的案件中，发包人尝试以“存在实际施工人”“工程并非由挂靠单位负

---

① 参见《建设工程项目管理规范》(GB/T 50326－2017) 第4.5.1条规定：“项目管理目标责任书应在项目实施之前，由组织法定代表人或其授权人与项目管理机构负责人协商制定。”第4.5.4条规定：“项目管理目标责任书宜包括下列内容：1. 项目管理实施目标；2. 组织和项目管理机构职责、权限和利益划分；3. 项目现场质量、安全、环保、文明、职业健康和社会责任目标；4. 项目设计、采购、施工、试运行管理的内容和要求；5. 项目所需资源的获取和核算办法；6. 法定代表人向项目管理机构负责人委托的相关事项；7. 项目管理机构负责人和项目管理机构应承担的风险；8. 项目应急事项和突发事件处理的原则和方法；9. 项目管理效果和目标实现的评价原则、内容和方法；10. 项目实施过程中相关责任和问题的认定和处理原则；11. 项目完成后对项目管理机构负责人的奖惩依据、标准和办法；12. 项目管理机构负责人解职和项目管理机构解体的条件及办法；13. 缺陷责任期、质量保修期及之后对项目管理机构负责人的相关要求。”

② 王建东、杨国锋：《施工企业内部承包制的演进与出路》，载《法治研究》2012年第8期。

责实施”作为抗辩理由，但均告失败。[①] 上述现象或许可以说明：一方面，司法实践中关于借用资质的认定与其说是法律适用或事实认定问题，不如说是举证责任或举证能力问题，在实际施工人、总包（挂靠）单位与发包人的举证能力严重不对称的情况下，法院是否最终认定借用资质通常取决于实际施工人或总包（挂靠）单位的主观意愿；另一方面，《最高院施工合同司法解释（一）》赋予实际施工人的特殊诉权往往能够为其带来超越正常情况的“溢出”利益，从而导致在民事诉讼中不惜主动承认违法事实的实际施工人趋之若鹜。换言之，不法行为人在民事诉讼中得以通过其违法事实最终获益，这无论如何也是一种有悖于正义的结果，《最高院施工合同司法解释（一）》涉及“借用资质”民事诉讼的结构合理性及价值取向值得反思。

二、法院如何认定“转包”与“违法分包”

工程转包是违反法律强制性规定的行为，[②]《最高院施工合同司法解释（一）》第1条即明确规定“承包人转包”的行为无效。行政法规对转包有着明确的定义，[③] 住建部《建筑工程施工发包与承包违法行为认定查处管理办法》（建市规〔2019〕1号）第7条规定：“本办法所称转包，是指承包单位承包工程后，不履行合同约定的责任和义务，将其承包的全部工程或者将其承包的全部工程肢解后以分包的名义分别转给其他单位或个人施工的行为。”第8条规定：“存在下列情形之一的，应当认定为转包，但有证据证明属于挂靠或者其他违法行为的除外：（一）承包单位将其承包的全部工程转给其他单位（包括母公司承接建筑工程后将所承接工程交由具有独立法人资格的子公司施工的情形）或个人施工的；（二）承包单位将其承包的全部工程肢解以后，以分包的名义分别转给其他单位或个人施工的；（三）施工总承包单位或专业承包单位未派驻项目负责人、技术负责人、质量管理负责人、安全管理负责人等主要管理人员，或派驻的项目负责人、技术负责人、质量管理负责

① 参见河南省高级人民法院民事判决书（2012）豫法民一终字第28号、浙江省高级人民法院民事判决书（2009）浙民终字第45号。

② 《民法典》第791条第2款规定：“……承包人不得将其承包的全部建设工程转包给第三人或者将其承包的全部建设工程支解以后以分包的名义分别转包给第三人。”《建筑法》第28条规定：“禁止承包单位将其承包的全部建筑工程转包给他人，禁止承包单位将其承包的全部建筑工程肢解以后以分包的名义分别转包给他人。”

③ 国务院《建设工程质量管理条例》第78条第3款规定：“本条例所称转包，是指承包单位承包建设工程后，不履行合同约定的责任和义务，将其承包的全部建设工程转给他人或者将其承包的全部建设工程肢解以后以分包的名义分别转给其他单位承包的行为。”

人、安全管理负责人中一人及以上与施工单位没有订立劳动合同且没有建立劳动工资和社会养老保险关系，或派驻的项目负责人未对该工程的施工活动进行组织管理，又不能进行合理解释并提供相应证明的；（四）合同约定由承包单位、负责采购的主要建筑材料、构配件及工程设备或租赁的施工机械设备，由其他单位或个人采购、租赁，或施工单位不能提供有关采购、租赁合同及发票等证明，又不能进行合理解释并提供相应证明的；（五）专业作业承包人承包的范围是承包单位承包的全部工程，专业作业承包人计取的是除上缴给承包单位'管理费'之外的全部工程价款的；（六）承包单位通过采取合作、联营、个人承包等形式或名义，直接或变相将其承包的全部工程转给其他单位或个人施工的；（七）专业工程的发包单位不是该工程的施工总承包或专业承包单位的，但建设单位依约作为发包单位的除外；（八）专业作业的发包单位不是该工程承包单位的；（九）施工合同主体之间没有工程款收付关系，或者承包单位收到款项后又将款项转拨给其他单位和个人，又不能进行合理解释并提供材料证明的。两个以上的单位组成联合体承包工程，在联合体分工协议中约定或者在项目实际实施过程中，联合体一方不进行施工也未对施工活动进行组织管理的，并且向联合体其他方收取管理费或者其他类似费用的，视为联合体一方将承包的工程转包给联合体其他方。”根据建设行政主管部门的意见，承包单位在承接工程后，对该工程不派驻项目经理管理，不进行质量、安全、进度管理，不依照合同约定履行承包义务，无论将工程全部转包给他人，还是以分包的名义将工程肢解后分别转包给他人，也无论是否经发包人同意或认可，都应被认定为转包行为。[①] 通常，建设行政主管部门在认定非法转包行为时会综合文本资料、招标程序、施工现场、款项往来等多个方面的信息进行判断。相比建设行政主管部门的谨慎态度，司法机关在认定非法转包行为时大多无暇顾及文本以外的其他证据。在我们考察的与实际施工人相关的典型案例中，据以认定事实的主要依据是转包合同。[②] 另一个值得关注的是如何区分借用资质与转包的问题。[③]

与借用资质、转包不同，分包并非当然的违法行为，甚至，在建设领域

---

① 董国庆、朱光明：《治理挂靠、非法转（分）包的制裁性折价方案初探》，载《人民司法》2007 年第 21 期。

② 参见河南省高级人民法院民事判决书（2011）豫法民二终字第 108 号。

③ 参见安徽省高级人民法院民事判决书（2013）皖民四终字第 42 号。

大力推广施工总承包与工程总承包制度的政策背景下分包行为还是值得鼓励的。[①] 据此，合法分包是指从事工程总承包的单位将所承包的建设工程的一部分依法发包给具有相应资质的承包单位的行为，该总承包人并不退出承包关系，其与第三人就第三人完成的工作成果向发包人承担连带责任。在建设行政主管部门看来，专业工程分包与劳务作业分包均属于合法的分包，界定合法分包与违法分包需要依据具体详细的操作标准。[②] 住建部《建筑工程施工发包与承包违法行为认定查处管理办法》(建市规〔2019〕1号)中对违法分包的定义和具体情形作了更加具体、明确的规定，该办法第11条规定："本办法所称违法分包，是指承包单位承包工程后违反法律法规规定，把单位工程或分部分项工程分包给其他单位或个人施工的行为。"第12条规定："存在下列情形之一的，属于违法分包：(一)承包单位将其承包的工程分包给个人的；(二)施工总承包单位或专业承包单位将工程分包给不具备相应资质单位的；(三)施工总承包单位将施工总承包合同范围内工程主体结构的施工分包给其他单位的，钢结构工程除外；(四)专业分包单位将其承包的专业工程中非劳务作业部分再分包的；(五)专业作业承包人将其承包的劳务再分包的；(六)专业作业承包人除计取劳务作业费用外，还计取主要建筑材料款和大中型施工机械设备、主要周转材料费用的。"就前者而言，现行法律、法规对专业工程分包有着严格的规定，《施工企业资质等级标准》对每一种专业工程的资质等级作了明确的区分，并规定专业工程施工企业不得超出该资质许可的范围承揽工程。就后者来说，法律、法规对劳务作业的分包规定得又十分宽

---

① 《民法典》第791条第2款即规定："总承包人或者勘察、设计、施工承包人经发包人同意，可以将自己承包的部分工作交由第三人完成。第三人就其完成的工作成果与总承包人或者勘察、设计、施工承包人向发包人承担连带责任……"同条第3款中又有限制性规定，即"禁止承包人将工程分包给不具备相应资质条件的单位。禁止分包单位将其承包的工程再分包。建设工程主体结构的施工必须由承包人自行完成"。在《建筑法》第29条中也有类似规定："建筑工程总承包单位可以将承包工程中的部分工程发包给具有相应资质条件的分包单位；但是，除总承包合同中约定的分包外，必须经建设单位认可。施工总承包的，建筑工程主体结构的施工必须由总承包单位自行完成……禁止总承包单位将工程分包给不具备相应资质条件的单位。禁止分包单位将其承包的工程再分包。"

② 关于违法分包的界定，根据国务院《建设工程质量管理条例》第78条规定及《房屋建筑和市政基础设施工程施工分包管理办法》第14条规定，其主要表现形式包括：(1)工程发包人将专业工程或者劳务作业分包给不具备相应资质条件的分包工程承包单位；(2)施工总承包合同中未有约定，又未经建设单位认可，工程发包人将承包工程中的部分专业工程分包给他人；(3)工程分包人再次实施分包；(4)工程承包人没有将其承包的工程进行分包，但在施工现场所设项目管理机构的项目负责人、技术负责人、项目核算负责人、质量管理人员、安全管理人员不是工程承包人本单位人员的，视同再次分包。

松，这就在很大程度上导致许多工程施工承包企业都把建设工程肢解，然后以劳务作业的名义或者把专业工程以劳务作业的名义进行分包。正确地甄别合法劳务分包需要明白工程施工和劳务作业的异同，如果分包工程发包人与分包工程的承包人签订劳务作业分包合同但内容约定分包工程承包人包工、包料、包技术、包质量、包安全、包工期，那就是名为劳务分包而实为非法分包。另外，专业工程的分包须经总承包人的同意或认可，而劳务分包则无须经总承包人的同意或认可。在我们考察的与实际施工人相关的典型案例中，经过对判决书的初步研读，我们惊奇地发现，司法机关认定违法分包的尺度与建设行政主管部门不尽相同。首先，分包人有无资质是法院主要的判断标准，这与建设部《房屋建筑和市政基础设施工程施工分包管理办法》的规定是相符合的。[①] 但在其他类似案件中，一些明确属于“承包人将其承包的全部建筑工程肢解以后以分包的名义分别转包给他人”的行为，却被法院认定为违法分包。[②]

三、法院如何认定谁是实际施工人

逻辑上，实际施工人的出现应以借用资质、非法转包或违法分包等导致施工合同无效的各种情形为前提，但却并非这些无效情形的自然结果。在民事诉讼中，法院在认定建设工程施工合同纠纷案件中存在借用资质、非法转包或违法分包等行为之后，谁才是真正的实际施工人？从而，谁有权向总包（挂靠）单位或发包人提出工程款偿付请求？仍是一个需要认真对待的问题。特别是在涉及层层转（分）包或者承包人与实际施工人可能存在恶意串通虚假诉讼的案件中，对于实际施工人身份的实质审查的必要性即凸显出来，司法实践中的做法大致可区分为以下两种不同情况：

一种情况是，在因层层转（分）包可能存在多个实际施工人的情况下，法院倾向于将实际施工人视为一种积极事实，由主张权利的一方承担实际施工人的证明责任。另一种情况是，在因承包人与实际施工人可能存在恶意串通虚假诉讼的情况下，法院则倾向于将总包（挂靠）单位未实际施工作为一

---

① 参见安徽省高级人民法院民事判决书（2010）皖民四终字第64号，福建省高级人民法院民事判决书（2010）闽民终字第268号。

② 参见宁夏回族自治区高级人民法院民事判决书（2010）宁民终字第70号，广西壮族自治区高级人民法院民事判决书（2010）桂民一终字第69号，福建省高级人民法院民事判决书（2010）闽民终字第268号。

种消极事实，由主张不存在实际施工人的一方承担证明责任，“某建公司与贾武某、某立公司建设工程施工合同纠纷案”即为一例。[①]

四、无效合同如何折价补偿

《民法典》第 793 条第 1 款规定：“建设工程施工合同无效，但是建设工程经验收合格的，可以参照合同关于工程价款的约定折价补偿承包人。”关于建设工程施工合同无效后的工程款的折价补偿，通常认为，实际施工人与转包人或分包人之间订立合同、约定了工程价款结算标准的，参照该标准进行折价补偿；实际施工人与转包人或分包人之间没有订立合同、没有约定工程价款结算标准的，参照转包人或分包人与发包人约定的标准折价补偿。

如果严格地按照工程价款折价补偿的话对哪一方更有利？会不会导致出现某一方不当获利而另一方不当受损的局面呢？来自司法机关的一种意见认为，由于我国目前建筑市场尚属于卖方市场，发包人在签订合同时往往把工程价款压得很低，工程发、承包双方当事人在合同中约定的工程价款往往低于工程成本。工程一旦经过层层转（分）包，则工程价款就必然层层相应降低，最后的承包人约定取得的价款低于工程成本的情形在所难免。就总包（挂靠）单位而言，其将本应由自己完成的工程任务转交给实际施工人完成，自己坐收渔利、转嫁风险，合同被确认无效则仅需支付本应支付的工程款，即便承担部分违约金也无关痛痒，故其不仅没有损失反而得益。这种情况下，如果按照无效合同中的约定价款折价补偿，则对发包方或总包（挂靠）单位来说就成了一种变相的盈利，承包人请求参照合同约定支付工程价款的，法院应予支持，但是如果承包人有证据证明合同约定的价款低于工程成本的，人民法院也应予支持。[②] 反对者则提出，实际施工人与其相对的合同主体约定的合同价款，与发包人（业主）发包时与其相对方议定的工程价款之间经常存在很大的价差，若严格依照无效合同折价补偿的话该部分价差则为实际施工人获得，从而导致当事人的利益失衡，且不利于法律的严肃性。[③] 现实的情况往往更加复杂，如果实际施工人与总包（挂靠）单位串通，就合同和结算情

---

① 参见河南省高级人民法院民事判决书（2011）豫法民一终字第 55 号。

② 董国庆、朱光明：《治理挂靠、非法转（分）包的制裁性折价方案初探》，载《人民司法》2007 年第 21 期。

③ 张勇：《实际施工人诉权保护的法律误区——兼析法释（2004）14 号司法解释第 26 条》，载 2006 年《规划·规范·规则——第六届中国律师论坛优秀论文集》。

况造假，恶意提起以发包人或总承包人为被告的诉讼，企图达到获取超额工程款的非法目的。这种情况下，由于发包人与实际施工人之间并不存在书面合同关系，它对实际施工人一无所知，对工程实际费用的结算和支付情况更是无法查证，导致发包人无法抗辩，则诉讼结果极有可能损害发包人利益。①

首先，总包（挂靠）单位资质等级较高而实际施工人的资质等级较低甚至无资质的，是否仍应按约定等级折价补偿？对此问题司法机关普遍持否定态度。其次，无效合同中约定的违约金条款是否有效？一种意见认为，实际施工人可向发包人主张的工程价款主要由实际拖欠的工程款及其逾期利息、施工进程中发包人签证确认的价款、由于发包人的责任导致实际施工人的停工、窝工损失三部分组成。但也有不同意见质疑"既然实际施工人的施工合同因违法而无效，那么，怎么还会存在违约金呢？"② 另外，在工程款以外如果实际施工人确有其他支出或损失的，可否向发包人或总包（挂靠）单位求偿呢？司法机关对此问题意见不一，③ 但不同案件的判决结果似乎都有刻意寻找平衡的迹象。最后，实际施工人可否主张迟延支付工程款的利息？有法院认为，由于利息具有本金法定孳息的性质，总包方应当承担未付工程款部分相应利息的支付义务，发包人对此亦应承担责任。④

五、约定的管理费如何处理

在借用资质或转包的情况下，实际施工人与总包（挂靠）单位之间通常均会约定上缴或扣除某个固定比例或数额的管理费，在违法分包情况下双方约定管理费的现象亦不罕见。建设工程实践中，管理费的名目繁多，如技术咨询费、投标服务费、前期服务费、合作费用、上缴利润等。关于管理费的处理，《最高人民法院关于审理建设工程施工合同纠纷案件适用法律问题的解释》（2004，已失效）第4条的规定比较模糊，其规定"人民法院可以根据民法通则第一百三十四条规定，收缴当事人已经取得的非法所得"。当然，管理

① 贾长亮、张健：《突破合同相对性对实际施工人的保护弊大于利》，载《佳木斯教育学院学报》2013年第10期。

② 参见宁夏回族自治区高级人民法院民事判决书（2010）宁民终字第73号，另参见张勇：《实际施工人诉权保护的法律误区——兼析法释（2004）14号司法解释第26条》，载2006年《规划·规范·规则——第六届中国律师论坛优秀论文集》。

③ 参见广东省高级人民法院民事判决书（2009）粤高法民一终字第198号，河南省高级人民法院民事判决书（2011）豫法民二终字第108号。

④ 参见河南省高级人民法院民事判决书（2011）豫法民二终字第108号。

费属于当事人非法所得的组成部分，而非法所得并不限于管理费，二者的内涵及外延均有差异，一些地方高院的司法指导意见中比较明确。[①] 但《民法典》的施行废止了民法通则第 134 条规定，《最高院施工合同司法解释(一)》也删除了收缴违法所得的规定，因此借用资质、转包或违法分包情形下，实际施工人约定缴纳的管理费，不存在由法院予以没收、收缴的情形或规范依据。

在不考虑由法院予以没收的情形下，总结各地法院的处理方式，一种是认为双方关于管理费的约定无效，实际施工人无须支付；[②] 另一种是认为总包（挂靠）单位提供了一定的管理或技术服务，约定管理费仍应由实际施工人支付。[③] 此外，还有一种调整管理费比例的处理方式也值得关注。[④]

六、发包人的工程款应向谁支付

在实际施工人与总包（挂靠）单位均有权要求支付工程款的情况下，发包人工程款的支付存在极大风险，《最高院施工合同司法解释（一）》中对该问题并无明确规定。[⑤] 然而，在建设工程实施过程中，是否存在借用资质、转包或违法分包的情形无法确定，参与施工的各方当事人的真实角色亦尚未明了。发包人若向总包（挂靠）单位付款，则实际施工人以资金不足为由拖延工期甚至擅自停工；发包人若向实际施工人付款，则总包（挂靠）单位则以实际施工人无权收款为由要求发包人重复支付；发包人若应总包（挂靠）单位或实际施工人的要求直接向其指定的第三人支付材料、人工或租赁费用，

---

① 《江苏省高级人民法院关于审理建设工程施工合同纠纷案件若干问题的意见》则比较明确，其中第 28 条规定："承包人转包、违法分包建设工程所获得的利润以及实际施工人支付的管理费，人民法院可以收缴。"

② 参见福建省高级人民法院民事判决书（2010）闽民终字第 268 号，河南省高级人民法院民事判决书（2010）豫法民二终字第 114 号。

③ 参见安徽省高级人民法院民事判决书（2012）皖民四终字第 113 号，广西壮族自治区高级人民法院民事判决书（2010）桂民一终字第 69 号，河南省高级人民法院民事判决书（2011）豫法民一终字第 16 号。

④ 参见河南省高级人民法院民事判决书（2011）豫法民一终字第 55 号。

⑤ 根据《最高人民法院关于审理建设工程施工合同纠纷案件适用法律问题的解释（一）》第 43 条的规定，实际施工人可以直接起诉发包人，请求发包人在拖欠工程款的范围内承担清偿工程款的责任，并追加承包人、转包人或者违法分包人为共同被告或者第三人。此种保护实际施工人的规定在实践中不应过于泛化。如实际施工人未向发包人主张权利，被挂靠的施工企业基于合同关系向发包人请求支付工程款，发包人以施工企业不是实际施工人为由提出抗辩并拒绝支付工程款的，人民法院不必然追加实际施工人为第三人，但应将诉讼情况通知实际施工人；发包人要求扣除其向实际施工人的已付款，经审查确已支付且付款正当的，可以支持。

则面临日后被认定为付款无效的风险。

七、实际施工人的优先受偿权应否支持

在建设工程施工合同无效的情况下，承包人或实际施工人能否依据《民法典》第807条之规定享有建设工程价款的优先受偿权？对此《民法典》中并没有明确，[①] 也没有相关司法解释对该问题进一步解释说明，导致司法实践中对该问题产生了以下不同理解：

第一种意见认为，依据《民法典》第807条规定，只要是发包人逾期未支付价款且该工程性质非不宜折价、拍卖的情形，承包人即对该工程价款享有优先受偿权，可见法律并未规定优先受偿权的实现需以合同有效为前提。同时根据《最高院施工合同司法解释（一）》第41条有关优先权行使期限的规定，权利人只有在自发包人应当给付建设工程价款之日起18个月内未行使优先权的情况下，才丧失优先权，亦可以推导出合同无效不应是导致优先受偿权丧失的原因。因此在合同无效的情况下，承包人的价款优先受偿权主张应得到支持。[②]

第二种意见认为，在建设工程合同无效的情况下，承包人虽然可以向发包人主张工程价款，但合同被认定无效实际上是法律作出的一种否定性评价，为规范市场秩序，承包方不应再享有工程价款优先受偿权。

第三种意见认为，建设工程施工合同无效，并不必然导致优先受偿权的丧失，还应进一步查明该工程是否经竣工验收合格。如果工程经竣工验收合格的，承包人主张工程价款优先受偿权，可予支持；如果工程未竣工或者竣工验收不合格，承包人主张工程价款优先受偿权的请求应不予支持。

八、实际施工人对外商事行为的效力如何

在施工挂靠、转包、违法分包等不规范经营行为的背景下，一些挂靠建筑单位的项目经理等实际施工人以单位名义对外从事买卖、租赁、借贷等行为，经常引发债务纠纷。所涉债务应由建筑单位还是实际施工人承担责任，抑或双方承担连带责任，法律没有明确规定，由此引发交易相对人、实际施工人

---

① 《民法典》第807条规定："发包人未按照约定支付价款的，承包人可以催告发包人在合理期限内支付价款。发包人逾期不支付的，除根据建设工程的性质不宜折价、拍卖外，承包人可以与发包人协议将该工程折价，也可以请求人民法院将该工程依法拍卖。建设工程的价款就该工程折价或者拍卖的价款优先受偿。"

② 翁生荣、钱蓉、吴奕：《合同无效时，承包人或实际施工人是否能取得工程价款优先受偿权》，载《人民司法》2012年第18期。

与总包（挂靠）单位之间的纠纷。这类案件的处理一般会涉及三方当事人：交易相对人、实际施工人和总包（挂靠）单位；涉及两个法律关系：实际施工人与总包（挂靠）单位之间的内部关系、交易相对人与实际施工人之间的外部关系，其中前者是基础关系，后者是请求权关系。归结到最终的责任承担，需要从区分行为人行为性质、判别合同相对人、识别权利表象及判断相对人是否具有相信的理由这四个方面依序考察《民法典》第172条规定的表见代理四要件，即：1. 行为人无代理权；2. 行为人以本人名义为民事法律行为；3. 行为人的行为客观上形成具有代理权的表象；4. 相对人主观上善意无过失。

司法实践中，各地法院对实际施工人对外从事商业行为引发纠纷案件的审判思路都存在差异，① 总结司法实践经验，操作层面可大致分为以下四个步骤：第一步，根据行为人与总包（挂靠）单位之间存在的职员、代理人或挂靠等的不同关系，来区别行为性质是职务代理、委托代理抑或无权代理；第二步，在第一步区分挂靠等关系中实际施工人行为性质系无权代理的情况下，依实际施工人对外从事商事行为是以自己名义还是以建筑单位名义的不同，根据合同相对性原理，确定是否适用表见代理的规定；第三步，在第一步、第二步清楚界定实际施工人以总包（挂靠）单位名义从事行为的基础上，通过识别权利表象，以考察客观上形成具有代理权的表象要件；第四步，通过考察相对人是否具有相信实际施工人有代理权的正当理由，来判断其是否善意无过失。

近年来，与建设工程相关买卖、租赁、借贷等商事纠纷呈井喷之势，其中涉及实际施工人对外商事行为效力的案件数量极多。实践中不能适用表见代理的情形可归纳如下：②

1. 总包（挂靠）单位授权明确，相对人明知实际施工人越权代理。相对人明知实际施工人无权代理仍与之从事商事行为，无论从客观上形成具有代理权的表象还是善意无过失要件考察，均不构成表见代理。

2. 合同的订立、履行明显损害总包（挂靠）单位利益。虽然表见代理制度优先保护债权人利益，但对明显损害总包（挂靠）单位利益的情形，相对人基于善意无过失的要求显然也应当有所预见和考虑，并尽量予以避免。

3. 实际施工人以自己作为交易主体与相对人订立、履行合同后，未经总

---

① 周吉高：《法院对实际施工人对外商事行为责任认定的一般性思路》，载《建筑》2012年第2期。

② 周凯：《表见代理制度的司法适用》，载《人民司法》2011年第7期。

包（挂靠）单位授权又以该单位名义出具债权凭证。所谓善意无过失必须是相对人与无权代理人从事交易时有理由相信，如果在交易时没有理由相信，而是以后才有理由相信，不能认为相对人在主观上是善意的。实际施工人自己作为交易主体与他人订立、履行合同后，在出具债权凭证时又以总包（挂靠）单位名义出具，非经追认对总包（挂靠）单位不发生效力。

4. 大额借贷资金以现金方式交付于实际施工人，且无证据证明资金的交付、使用与本项目工程有关。这一情形主要考虑到标的物用途的强化标准的应用，相对人主张大额借贷资金现金交付等情形下是否可以直接排除表见代理的适用在实践中有很大争议，可以结合适用标的物用途的目的标准。

5. 实际施工人订立合同未加盖总包（挂靠）单位公司或项目部相关印章，即以公司、项目部或工地的名义订立合同，交易相对人无证据证明实际施工人出示过任命书、授权委托书或其具有其他相信实际施工人有代理权的理由和依据。对没有任何凭据表明实际施工人具有权利外观，交易相对人即同意实际施工人以总包（挂靠）单位名义与之订立履行合同的，交易相对人显然未尽合理注意义务，可直接排除表见代理的适用。

6. 运用经验法则，通过对合同缔结和出具债权凭证时间、以谁的名义出具、标的物的种类性质及交付使用等情况的综合分析判断，实际施工人或其与交易相对人的行为明显与常理不符。对于明显不符合常理的，不应当认定为交易相对人有理由相信行为人有代理权。比如有些案件买卖原材料发生于施工结束之后，则明显有违常情，无权代理人的行为也足以引起交易相对人的合理怀疑，可直接排除表见代理的适用。

九、因实际施工人造成的工期或质量损失可否要求其赔偿

在存在借用资质、转包、违法分包的工程施工中，往往会因实际施工人资金、技术、人员、设备方面的不足，严重影响工程的工期与质量。对于工期及质量损失的赔偿问题，《民法典》中已有明确规定,[①] 但在借用资质、转包、违法分包等情形下的实际施工人造成工期拖延或质量缺陷的，发包人是否可直接向实际施工人主张损失赔偿呢？对此，《最高院施工合同司法解释(一)》第15条有明确规定：“因建设工程质量发生争议的，发包人可以以总承

① 《民法典》第801条规定：“因施工人的原因致使建设工程质量不符合约定的，发包人有权请求施工人在合理期限内无偿修理或者返工、改建。经过修理或者返工、改建后，造成逾期交付的，施工人应当承担违约责任。”

包人、分包人和实际施工人为共同被告提起诉讼。”在不少地方高级人民法院的司法指导文件中，更加详细具体肯定了发包人向实际施工人索赔的直接诉权。

但司法实践中发包人起诉实际发包人的权利往往难以保障，有一种观点将归因于《最高院施工合同司法解释（一）》中实际施工人求偿权错误定位，认为“在实际施工人对发包人行使诉权的诉讼中，因发包人与实际施工人无合同关系，依合同的相对性，不能对实际施工人提出对转包人、违法分包人的履行抗辩权、违约或债的抵销的反诉。法律尚无规定，被告可以对与其处于共同诉讼地位的其他被告或依附被告的第三人提起反诉的权利。因此，发包人在此类诉讼中其反诉权及实体抗辩权将被剥夺”。[①] 但本书认为，个别司法机关之所以忽略发包人提出的工期及质量索赔请求，其主要原因与其说是源自理论上的错误认识或制度设计上的错误定位，不如说是在案件审判中追求各方当事人利益平衡的必要代价。在这种情况下，即便在《最高院施工合同司法解释（一）》中将实际施工人的权益保护问题纳入代位权诉讼的体系结构中，是否就真的可以保证案件审理结果更加接近公平呢？

结语：司法规则与市场秩序的接轨

一个常态的社会，利益的存在是多元而非单一的，建设工程施工合同纠纷即是社会利益多元化的一个缩影，集中体现了发包人、总包（挂靠）单位和实际施工人因责任承担问题产生的利益分歧。法院主要的任务是权衡当事人的利益，并通过对个别案件的判决或对一般原则的阐释，使当事人的利益得到协调。[②] 本章通过对涉及实际施工人的典型案例的考察发现，客观上，《最高院施工合同司法解释（一）》的实施对“借用资质”行为提供了一种“正向”的激励作用，导致制度实施的效果与其他明令禁止此类违法行为的工程法律所秉承的价值取向背道而驰，虽然我们不能强求《最高院施工合同司法解释（一）》能够取代其他工程法律起到规范建筑市场秩序的作用，但司法绝非简单的定分止争，其过程和结果总是伴随着规则的找寻、确立和宣示，能动地规制着经济社会的发展。[③] 司法机关审理建设工程施工合同纠纷案件的

---

① 张勇：《实际施工人诉权保护的法律误区——兼析法释（2004）14号司法解释第26条》，载2006年《规划·规范·规则——第六届中国律师论坛优秀论文集》。

② 周凯：《表见代理制度的司法适用》，载《人民司法》2011年第7期。

③ ［德］罗伯特·霍恩等：《德国民商法导论》，楚健译，中国大百科全书出版社1996年版，第65—66页。

价值导向应与规范市场秩序的需要一致，每个涉及实际施工人的建设工程施工合同纠纷案件的审判都蕴含着对建筑市场经营管理秩序的引导和规范。在目前的工程法律制度框架中，资质管理的目标是维护建筑市场的正常秩序，市场的优胜劣汰是最有效的资源配置方式，解决建筑业企业资质挂靠并非仅属于建设行政主管部门的职责，司法机关的价值导向亦左右着政策的成败。[①]因此，司法机关在责任归属的认定上应做出有利于社会制度规范功能发挥的安排。如果在案件裁判中片面地追求各方当事人皆大欢喜的结局，从而对借用资质、转包、违法分包等严重破坏建设领域市场秩序行为采取包容的态度，无异于饮鸩止渴。

《最高院施工合同司法解释（一）》中关于实际施工人的制度设计，笔者认为可能只是一种过渡，随着时间的推移和司法诉讼经验的积累，借助于来自实务界和学术界的持续关注与不懈求解，笼罩在实际施工人身上的层层迷雾可期逐渐散去，经由立法的完善与解释的融贯这两条路径，最终可以实现与传统民法、诉讼法及其他工程法律制度之间的接轨。

8.1 法院如何认定实际施工人[②]

——金某贸易公司、何某华建设工程合同纠纷再审案[③]

关 键 词： 借用资质　转包　违法分包　实际施工人

问题提出： 对于《最高人民法院关于审理建设工程施工合同纠纷案件适用法律问题的解释（一）》中规定的“实际施工人”，司法实践中法院如何认定？

---

① 随着我国市场经济体制的完善，解决建筑企业资质挂靠问题，应该在近中期逐步弱化、远期取消建筑业企业资质管理制度，逐渐强化以个人为中心的执业资格制——由个人执业资格制度取代企业资质管理制度将是解决资质挂靠的根本途径。参见台双良、邱宇博：《我国建筑业企业资质挂靠问题研究》，载《建筑经济》2011 年第 11 期。

② 撰稿人：吕辉木，上海建纬（杭州）律师事务所。

③ 一审：广东省肇庆市中级人民法院（2005）肇中法民初字第 65 号；二审：广东省高级人民法院（2010）粤高法审监民再字第 43 号；再审：最高人民法院（2017）最高法民再 185 号。

关联问题：法院如何区分内部承包与借用资质？法院如何区分转包与借用资质？

裁判要旨：何某华系天某广场土建工程的实际施工人。首先，景某建筑公司与何某华签订《承建协议书》，约定由何某华以景某建筑公司第一施工队的名义承接天某广场的土建工程，虽然《承建协议书》因系违法转包签订而无效，但这并不影响何某华实际施工人的地位。其次，何某华提交的证据1《结算书》、证据2《协议书》及证人苏某的证言均能证明何某华系天某广场土建工程的实际施工人。再次，金某贸易公司未能提供相反证据证明何某华并非天某广场土建工程的实际施工人。最后，景某建筑公司亦认可何某华的实际施工人地位，景某建筑公司与何某华签订了《债权转让协议》将案涉工程的债权转让给何某华。综上，金某贸易公司关于何某华不是天某广场土建工程实际施工人的申诉理由依据不足，法院不予支持。

案情简介

申诉人（一审被告、二审被上诉人、再审申请人）：金某贸易公司

被申诉人（一审原告、二审上诉人、再审被申请人）：何某华

被申诉人（一审被告、二审被上诉人）：景某建筑公司

2000年5月30日，景某开发公司与金某贸易公司签订《合作开发合同》，约定天某广场A区（6/D轴以南）4341.29平方米，占红线总面积58.068%，由景某开发公司负责。天某广场B区（6/D轴以北）3134.91平方米，占红线总面积41.932%，由金某贸易公司负责。金某贸易公司包干补偿前期费约3200万元给景某开发公司后（景某开发公司完成拆迁及三通一平），独立核算、自负盈亏、收益自享、风险自担、依法纳税，所有土建工程应以景某建筑公司名义进行承建。

2000年6月22日，景某开发公司与广州市建筑机械施工公司签订《建筑工程施工合同》，由广州市建筑机械施工公司负责天某广场桩基础工程（包方桩制作、运输装卸、施压机械人工费、接桩复压）施工。2001年1月24日完

工（未含挖桩头、横樑、承台等工程），双方签订《工程结算书》，确认天某广场桩基础工程款的结算总款为4812946.71元并执行完毕。

2000年7月18日，某湖房地产公司、景某开发公司、景某建筑公司签订《协议书》，约定由景某开发公司负责天某广场建设经营权，清退某兴装饰公司离场，由景某建筑公司进场继续施工。在此之前签订的所有协议，由景某开发公司、景某建筑公司承接权利义务全面履行。工程结算按工程直接费下浮8%后（已施工桩基础结算按1999年12月25日签订的《建筑工程施工承包合同》规定进行结算），再按建筑三类收费计算作为工程最终总造价。金某贸易公司法定代表人李旭某在该协议上签名。

2000年7月25日，景某建筑公司与何某华签订《承建协议书》，由何某华以景某建筑公司第一施工队的名义承接天某广场所有室内、室外散水坡周边范围内土建工程（含排水管及化粪池等）；工程时间从进场即日算15个月完成，如因景某建筑公司或发包方原因造成未能验收，不属何某华施工责任，不影响验收；工程造价结算及支付时间按景某建筑公司与发包方签订的合同约定进行，如发包方未能依合同支付工程款造成延误及损失，何某华有权按三级工程定额全额结算并由景某建筑公司赔偿何某华损失；景某建筑公司提供的机械设备只给何某华在该工地使用，不得挪去别处。该协议书还约定了其他安全事项及守则。

上述协议签订后，天某广场土建工程由何某华代替某兴装饰公司带资1500万元并以景某建筑公司第一施工队名义进行施工。2003年12月19日，天宁南路改造工程指挥部召集景某开发公司、金某贸易公司召开天某广场交楼协调会。同年12月24日，天宁南路改造工程指挥部发出《关于天某广场交付使用工作方案的答复》。约2004年年初，天某广场A区、B区住宅楼已交付景某开发公司及金某贸易公司使用并开始出售，商铺亦开始使用。

2004年1月27日，由于发包方的原因未能按工程进度款给付何某华，景某开发公司与何某华签订《商品房购销合同》四份，将A区首层A7、A8、A10之一，A20、A33、A45、A4、A19、A22、A55、A63、A70、A27、A29、A62、A46、A47、A49、A50、A51、A53商铺以5834955元抵偿工程款给何某华。但至今尚未办理房产证。

2005年6月7日，何某华向广东省肇庆市中级人民法院提出诉讼，要求景某开发公司、金某贸易公司支付拖欠工程款及违约金，要求景某开发公司办理抵偿工程款商铺权属领证手续。

各方观点

金某贸易公司观点：何某华系景某建筑公司的副总经理兼监事，根据《公司法》的规定，其不可能是实际施工人。何某华和景某建筑公司、景某开发公司无资金往来凭证，其明显不是实际施工人。

何某华观点：天某广场 A 区和 B 区所有的工程都是由何某华负责施工，何某华是挂靠在景某建筑公司名下的实际施工人，金某贸易公司对挂靠关系知情，金某贸易公司和景某开发公司之间的《合作开发合同》约定天某广场工程必须挂靠在景某建筑公司名下施工。

法院观点

二审法院观点：关于何某华诉讼主体资格问题。本案天某广场工程原由景某建筑公司与某湖房地产公司签订《建筑工程施工承包合同》，后景某开发公司取代某湖房地产公司对天某广场项目进行开发，景某开发公司与某湖房地产公司、景某建筑公司三方签订《协议书》，清退原实际施工人某兴装饰公司，由景某建筑公司继续施工。上述二份合同，金某贸易公司的法定代表人均有签名，金某贸易公司对景某建筑公司作为工程承建方没有异议。而景某建筑公司确认该工程实际由何某华施工完成，景某建筑公司并将追收工程款的权利转给何某华，因此，何某华的实际施工人的身份应当予以确认。金某贸易公司以从未见过何某华以及何某华不具备建筑工程承揽资质，否定何某华的实际施工人身份缺乏依据。

再审法院观点：法院认为，何某华系天某广场土建工程的实际施工人。首先，景某建筑公司与何某华签订《承建协议书》，约定由何某华以景某建筑公司第一施工队的名义承接天某广场的土建工程，虽然《承建协议书》因系违法转包签订而无效，但这并不影响何某华实际施工人的地位。其次，何某华提交的证据 1《结算书》、证据 2《协议书》及证人苏某的证言均能证明何某华系天某广场土建工程的实际施工人。再次，金某贸易公司未能提供相反证据证明何某华并非天某广场土建工程的实际施工人。最后，景某建筑公司亦认可何某华的实际施工人地位，景某建筑公司与何某华签订了《债权转让协议》将案涉工程的债权转让给何某华。综上，金某贸易公司关于何某华不是天某广场土建工程实际施工人的申诉理由依据不足，法院不予支持。

关联案例1

案件名称：华某公司、××建设工程施工合同纠纷再审审查与审判监督案

审理法院：一审：（2015）潍民一初字第76号；二审：（2008）鲁民终619号；再审：最高人民法院（2019）最高法民申126号

裁判观点：根据《最高人民法院关于审理建设工程施工合同纠纷案件适用法律问题的解释》第1条第2项①的规定，没有资质的实际施工人借用有资质的建筑施工企业名义进行施工，建设工程施工合同应认定为无效。“实际施工人”是指违法的专业工程分包或劳务作业分包合同的承包人、转承包人、借用资质的施工人或挂靠施工人；如果建设工程经数次转包的，实际施工人应当是最终实际投入资金、材料和劳力进行工程施工的法人、非法人企业、个人合伙、包工头等民事主体。本案中，××与华某公司虽未签订书面的挂靠协议或借用资质协议，且华某公司主张其三分公司参与了施工管理，但未否认××对案涉工程实际投入了资金、材料和劳力。因××不具备建设工程施工资质，即使存在华某公司主张的几方以合伙、合作等方式进行施工的情形，也属于华某公司变相允许没有资质的人员以本企业的名义承揽工程进行施工的情形，此种情形仍应认定为建设工程施工合同中违法分包的挂靠关系。

关联案例2

案件名称：姚某广、某建公司建设工程施工合同纠纷再审案

审理法院：一审：（2017）桂10民初43号；二审：（2018）桂民终214号；再审最高人民法院（2020）最高法民再176号

裁判观点：判断建设工程的实际施工人应视其是否签订转包、挂靠或者其他形式的合同承接工程施工，是否对施工工程的人工、机器设备、材料等投入相应物化成本，并最终承担该成本等综合因素确定。在工程劳务方面，1707号判决查明，姚某广以某建公司的名义与张东某签订了《建筑施工劳务分包合同》，将案涉工程的部分劳务分包给张东某，并与张东某作为劳务队签订了结算单。在工程材料方面，姚某广向供货商中意混凝土公司支付混凝土款250760元，该款项在某建第九分公司与中意混凝土公司签订的《债务处理协议》中予以确认；姚某广向供货商筑巢物资公司支付100万元，该款项在某建公司、某建第九分公司与筑巢物资公司签订的《调

① 已失效，可参考《最高人民法院关于审理建设工程施工合同纠纷案件适用法律问题的解释（一）》（法释〔2020〕25号）第1条第1款第2项的规定。

解协议》中予以确认。一、二审期间，姚某广提供了案涉工程施工质量全部验收材料的原件以及案涉项目工程施工过程中所产生的工程联系单、签证单、工程预算表、水电费支付凭证，施工过程中需要的砂石、水泥砖、试验费用支付凭证，机械台班费用支付凭证等材料的原件，而某建公司、某建第九分公司称因发生农民工打砸抢事件，相关资料被抢夺，但其未提供证据证明。另外，姚某广的委托诉讼代理人、姚某广之子姚某能清楚地说明项目栋数、各栋楼房施工的具体进度、项目所涉及的相对方主体情况及相关资料内容，而某建公司、某建第九分公司对工程施工情况表述模糊。以上可为姚某广为案涉工程的实际施工人提供佐证。

关联案例 3

案件名称：某建公司、某世纪公司建设工程施工合同纠纷二审案

审理法院：一审：河南省高级人民法院（2014）豫法民一初字第 8 号；二审：最高人民法院（2020）最高法民终 1269 号

裁判观点：某建公司虽然与某世纪公司签订《建设工程施工合同》及《补充协议》，实际是将其施工资质出借给黄某荣用于案涉工程的施工，某建公司并无签订、履行合同的真实意思表示；黄某荣借用某建公司的资质承揽案涉工程，是案涉工程的实际施工人。

关联案例 4

案件名称：宏某公司、齐某成建设工程施工合同纠纷再审审查与审判监督案

审理法院：一审：　（2018）甘 02 民初 32 号；二审：甘肃省高级人民法院（2019）甘民终 216 号；再审：最高人民法院（2019）最高法民申 4949 号

裁判观点：法院根据原审查明的事实，宏某公司对《工程开工报告》和《焊接质量外观检查记录》中工程名称均为“某安公司嘉峪关宏某公司制管机电设备安装工程”及上面均有齐某成与宏某公司代表的签字并无异议，对齐某成提交的案涉工程中签证《设备开箱检查记录》《设备找正、找平记录》《设备管道防腐、涂漆》及《总表》均有齐某成与宏某公司代表的签字也并无异议。而宏某公司提交的宏某公司、汇丰公司、海特公司之间合同材料及凭证证据仅为补签的案涉工程施工合同及决算资料，无具体的施工资料。齐某成先后提交了其与一安公司签订的《挂靠协议书》复印件及原件，宏某公司并未提交确实充分的直接证据推翻原审判决对该协议书真实性的认定。故原审判决依据 2008 年 4 月一安公司与宏某公司签订的《工程开工报告》、齐某成与一安公司之间的《挂靠协议书》、齐某成提交的案涉工程施工过程中

的有齐某成与宏某公司代表签字的多份基础签证资料，认定齐某成为案涉工程的实际施工人，有事实及合同依据，并无不当。故宏某公司关于齐某成并非案涉工程实际施工人的再审请求，法院不予支持。

律师点评

现行法律、行政法规中并无关于“实际施工人”的规定。“实际施工人”的概念和制度来源于《最高人民法院关于审理建设工程施工合同纠纷案件适用法律问题的解释》（法释〔2004〕14号，已失效）。根据该解释第4条、第25条、第26条的规定，“实际施工人”是指在施工合同无效情况下实际履行工程施工义务的主体，即转包合同、违法分包合同和借用资质挂靠承包合同项下的承包方。实践中，实际施工人可能是法人、非法人团体、个人合伙、自然人等。

法院创设“实际施工人”的立法目的主要在于解决由农民工组成的实际施工人在与其有合同关系的相对人，因下落不明、破产、资信状况恶化等原因导致其缺乏支付能力，实际施工人又投诉无门的情况下，为其以实际施工人身份主张工程价款提供特殊的救济途径，即准许实际施工人突破合同相对性，提起以发包人、施工总承包人为被告的诉讼。虽然说，根据司法解释，很多实际施工人的权利都得到了保障，但是，结合司法实务中各地、各级人民法院的判决来看，各地、各法院对于实际施工人的条文确实存在理解上的偏差和适用上的差异。鉴于以上，本书将在下文中着重探讨几个审判实践中较易混淆的问题，以便于明确“实际施工人”的认定界限。

一、法院如何区分内部承包与借用资质

内部承包是建筑企业的一种内部经营方式，通常是被法律所允许的，内部承包并不会导致发包人与承包人之间的施工合同无效，产生有关工程款的纠纷时，依旧可以合同中约定的结算条款、违约条款等计算。而借用资质是被法律所明确禁止的，借用资质不仅仅导致挂靠企业与实际施工人之间的合同（通常名为内部承包合同实为挂靠协议）无效，还会导致发包方与承包方之间的施工合同无效，在产生工程款纠纷时，只能参照施工合同进行结算，即使有违约等行为亦不能依据合同约定要求其承担责任。最高院在一些裁判案例中曾经对内部承包的概念作了概述：建筑企业的内部承包关系是指建设工程施工合同中的建筑企业的下属分支机构或职工承包全部或部分工程施工，建筑企业对其下属分支机构或职工的工程施工过程及质量等进行监督管理，对外承担施工合同的权利义务，是建筑企业的一种内部经营方式。[①]

但是在实践中内部承包与“借用资质”有着高度相似的外观，导致工程实践中借内部承包之名，行借用资质之实，以规避法律制裁的现象频频发生。那么法院是如何区分合法的内部承包与非法的借用资质呢？对此，根据各地高级人民法院纷纷出台指导意见或解答，可以归纳合法的内部承包为，从主体隶属上来说，内部承包的施工人往往是承包方的分支机构或在册员工，案件中的参考因素一般为是否领取公司的工资、福利等，是否享有公司缴纳的五险一金。其次则是从实际履行上来说，内部承包仍由承包人对外承担责任，对内则要对财务、技术、质量、安全等进行必要的管理。是否参与工程施工过程及是否构成质量等监督管理关系是区分内部承包与借用资质的重中之重。

法院审判实践中，也大多基于此来区分内部承包与“借用资质”。如中某公司、朱某军建设工程施工合同纠纷再审案中，最高人民法院认为从工程施工过程及质量等监督管理关系看，庭审中，中某公司认为对案涉工程进行了施工管理，但认可其并无证据证明参与工程施工管理，本案中也并未有体现中某公司对朱某军所承包施工的工程过程及质量进行监督管理的其他证据，不符合内部承包的基本特征。从实际履行行为看，案涉工程履行期内，中某公司向乌兰县国土资源局出具的《工作联系函》中认可案涉工程一直由挂靠在中某公司的朱某军与乌兰县国土资源局实际联系并承包本项目；乌兰县国土资源局认可朱某军负责案涉工程施工事宜，包括工程的招投标、合同的签订、工程的施工以及工程的结算，并向其多次主张工程款，中某公司从未向其主张过工程款，可判断本案实际存在违反《建筑法》第26条第2款规定的情形。

二、法院如何区分非法转包与借用资质

转包是指承包人承接工程后将工程全部转包或肢解分包后转包给第三方。借用资质，是指承包人出借资质后将工程全部转包给挂靠人施工。这两种情况下，其实都存在一定的转包行为，根据《最高院施工合同司法解释（一）》

---

① 四川中某建设工程有限公司、朱某军建设工程施工合同纠纷再审民事判决书，最高人民法院（2019）最高法民再329号。

第1条："建设工程施工合同具有下列情形之一的，应当依据民法典第一百五十三条第一款的规定，认定无效：（一）承包人未取得建筑业企业资质或者超越资质等级的；（二）没有资质的实际施工人借用有资质的建筑施工企业名义的；（三）建设工程必须进行招标而未招标或者中标无效的。承包人因转包、违法分包建设工程与他人签订的建设工程施工合同，应当依据民法典第一百五十三条第一款及第七百九十一条第二款、第三款的规定，认定无效。"无论是非法转包还是借用资质，都会产生合同无效的法律后果，那么是否就没有必要再去区分是转包还是借用资质呢？

其实不然，需要特别注意的是，在个案审理中，严格区分转包与借用资质，对于发包人而言意义重大。因为根据《最高院施工合同司法解释（一）》规定，承包人转包的，转包人与实际施工人之间签订的转包合同（多以施工合同或分包合同为名）无效，而发包人与承包人之间的施工合同仍然有效；但是承包人出借资质给实际施工人挂靠承包的，不仅被挂靠企业与实际施工人之间的合同（多以内部承包合同为名）无效，而且将导致发包人与承包人之间的施工合同也归于无效。若发包人与承包人之间的施工合同无效，则发包人往往难以依据合同中有关工期、质量等违约责任条款追究承包人的责任，因此确实有必要去区分转包与借用资质。那么法院审判实践中，对此如何区分呢？

浙江省高级人民法院在申某公司与旭某建设有限公司建设工程施工合同纠纷上诉案①中支持了一审法院的观点："根据双方当事人陈述，本案工程承包事宜原由申某公司联系，后因申某公司系外地施工企业，到长兴进行施工资质不够等原因，无法直接参与案涉项目的招投标，故以旭某公司名义参与招投标，并以旭某公司名义中标，而后旭某公司与发包人签订合同。旭某公司与申某公司为履行上述建设工程施工合同，先行签订内部承包协议，故旭某与申某公司之间法律关系的实质应为申某公司借用旭某公司的资质参与招投标并进行建筑施工，该行为违反了《建筑法》第26条的强制性规定，双方间的内部承包协议应属无效合同。申某公司主张其与旭某公司间的法律关系为合同转包关系，与查明事实不符，不予采信。"可见，法院是以实际施工人参与工程的时间节点来区分转包与借用资质的，转包往往是承包人自行承接

---

① 参见浙江省高级人民法院（2013）浙民终字第34号民事判决书。

工程后再行转包给实际施工人，而借用资质往往是施工合同签订前实际施工人已介入。

8.2 法院如何调处中标合同无效情形下的工程款结算纠纷[①]

——傅某潮、某世界公司建设工程施工合同纠纷二审案[②]

关 键 词： 中标合同无效　实际施工人结算　招标投标法

问题提出： 中标合同无效，实际施工人主张工程款的范围和对象如何确定？

关联问题： 工程款的支付是否适用债务的抵销？发包人如何在欠付工程款范围内承担向实际施工人支付工程款的责任？

裁判要旨：《最高人民法院关于审理建设工程施工合同纠纷案件适用法律问题的解释》第2条、第26条第2款规定[③]，建设工程施工合同无效，但建设工程经竣工验收合格，承包人请求参照合同约定支付工程价款的，应予支持；实际施工人以发包人为被告主张权利的，人民法院可以追加转包人或者违法分包人为本案当事人。发包人只在欠付工程价款范围内对实际施工人承担责任。本案中，某世界公司作为发包人，应在欠付某通公司的工程价款范围内向实际施工人承担付款责任。

案情简介

上诉人（原审原告）：傅某潮

上诉人（原审被告）：某世界公司

被上诉人（原审被告）：某通公司

---

① 撰稿人：杨澍，上海建纬（杭州）律师事务所。

② 一审：绍兴市中级人民法院（2014）浙绍民初字第15号；二审：浙江省高级人民法院（2017）浙民终118号。

③ 已失效，但可参考《最高人民法院关于审理建设工程施工合同纠纷案件适用法律问题的解释（一）》

2011年11月10日，某世界公司就××中国机电城3#楼发出招标公告。11月25日，某世界公司向某通公司发出中标通知书，确定某通公司为××中国机电城3#楼的中标人。2011年11月，某世界公司与某通公司就××中国机电城3#楼工程签订建设工程施工合同一份，约定合同价款为165359753元（措施费及检验试验费按审定后的参考标底二项费用金额计取，其中两项费用173.4742万元），合同还对工程概况、承包范围、工期、质量标准等进行了约定。该合同于2011年11月25日在××市建筑业管理局备案。

2012年1月18日，某世界公司（发包方）与某通公司（承包方）签订建设工程施工合同一份，约定某世界公司将坐落在××市的××中国机电城工程发包给某通公司承建，合同第一部分协议书载明：工程内容：包括商业、商务楼53451.1平方米、交易区132457平方米、精品交易区9042.2平方米、综合楼6523.5平方米、仓储31976.2平方米、辅助140平方米、地下室49850平方米。案涉工程包括一期工程（3#楼）、二期工程（1#、2#、4#、5#、6#、8#、9#、开关站的桩基及地下室工程）、场外工程。

2012年1月，××中国机电城一期工程桩基工程先行施工。3月21日，××市建筑工程质量监督总站镜湖新区分站向某通公司发出停工通知，告知其承建的××中国机电城建设项目未办理施工许可手续即进行土方开挖施工，应立即停止施工。

2012年5月28日，某通公司（甲方）与傅某潮（乙方）签订建设工程项目管理协议，协议约定某通公司将××中国机电城工程交给傅某潮承包施工，合同造价暂定480000000元，合同开竣工日期：暂定36个月（具体以甲方与建设单位签署的大合同为准），工程取费标准及下浮按甲方与建设方合同条款计取，乙方须按约向甲方缴纳税金及附加、管理费及统筹基金，个人所得税及其他费用，合计为工程造价的5.8%（简称总管理费），除此之外，乙方还应承担办理保险、施工许可费用及项目配套费和业主押金。工程款的支付原则上按大合同约定的付款条件及实际收款情况办理，且应先提取总管理费用。施工中遇建设单位不能按约支付工程款时，应由乙方自行解决垫资。工程质量、安全、环保、文明施工、工期奖罚按大合同要求全部由乙方享有及承担。本工程质量目标为合格。合同还对其他事项进行了约定。

2012年10月8日，某世界公司、监理公司通知某通公司，由于除3#楼外其余幢号尚未进行手续办理（招投标、施工许可等），其余单体一律停止施工。

2013 年 4 月 17 日，某世界公司就 ×× 中国机电城二期及场外工程发出招标公告。5 月 20 日，某通公司、傅某潮向某世界公司出具承诺书，承诺二期工程投标报价只用于业主招标报价和合同备案，不作为结算依据，实际结算按总包合同为准。5 月 21 日，某通公司被确定为二期及场外工程的中标人。5 月 26 日，某世界公司与某通公司就 ×× 中国机电城二期及场外工程签订建设工程施工合同。

2013 年 9 月 12 日，某世界公司（甲方）与某通公司（乙方）签订补充协议一份，约定：3#楼工程必须于 2013 年 12 月 10 日前全部完成，质量合格、资料完整，还对工程进度款支付等事项进行了约定。

2014 年 5 月 23 日，某世界公司组织五方主体对 3#楼工程进行验收，五方主体一致同意 3#工程竣工质量等级为合格。2014 年 5 月 28 日，2#、4#、5#、6#、8#、9#楼工程主体分部工程经五方主体验收合格。

2014 年 9 月 28 日，1#楼主体分部工程的质量经五方主体验收合格。

2015 年 6 月 4 日，4#、5#、6#、8#、9#楼、开关站工程经五方主体验收合格。

案涉工程 1#楼、2#楼装饰工程未全部完工，未到竣工验收阶段。场外水池和排水道路虽未经竣工验收，但某世界公司已经实际使用。

2015 年 7 月 3 日，鉴于某世界公司在法院提出要求解除与某通公司签订的建设工程施工合同，某通公司同意解除该建设工程施工合同，合同解除后的相关法律责任由人民法院进行评判，傅某潮对此无异议。

各方观点

某世界公司观点：根据建设工程案件司法解释第 26 条[①]之规定，某世界公司对实际施工人的责任只限于在欠付工程价款范围内承担责任。某世界公司与傅某潮之间不存在合同关系，不存在向傅某潮承担违约责任的合同基础，傅某潮缺乏向某世界公司索赔损失的请求权基础。

关于 5.8% 管理费的答辩意见。傅某潮与某通公司之间的《建设工程项目

① 已失效，但仍可参考《最高人民法院关于审理建设工程施工合同纠纷案件适用法律问题的解释（一）》第 43 条，下同。

管理协议》约定，工程造价的5.8%作为总管理费应扣除。故傅某潮作为个人，无权主张某通公司享有的5.8%总管理费。本案傅某潮以实际施工人个人名义起诉主张工程款项，根据《浙江省建设工程施工取费定额》建设工程造价费用组成的规定，傅某潮主张的工程款项，只能计取直接费，不能计取间接费和税金。傅某潮作为个人无施工资质，不产生间接费，也未缴纳税金，无权享有间接费和税金，其主张的工程价款中包含的间接费和税金共计36687939元均应全部予以扣除。

关于利息的答辩意见。利息不属于工程价款，某世界公司作为发包人无需对傅某潮承担责任。建设工程案件司法解释第26条第2款规定，实际施工人以发包人为被告主张权利的，发包人只在欠付工程价款范围内对实际施工人承担责任。

傅某潮观点：某世界公司无权主张扣除间接费和税金。按照《浙江省建设工程施工取费定额》的规定，间接费和税金是工程造价的固定组成部分，跟施工人是否有资质没有关系，跟是否实际产生这些费用也没有关系，施工人管理成本的高低跟发包人应当支付的工程款之间毫无关系。况且，某世界公司对答辩人因为无施工资质，所以不产生间接费不缴纳税金的说法也相当不负责任。答辩人按照工程款的5.8%向某通公司上缴的管理费其实已经包括了间接费和税金。某世界公司认为傅某潮只能主张工程款中的直接费没有法律依据。

某世界公司应当支付欠付工程款之利息。建设工程案件司法解释第17条①规定，当事人对欠付工程价款利息计付标准有约定的，按照约定处理，没有约定的，按照中国人民银行发布的同期同类贷款利率计息。因此某世界公司支付欠付工程款的利息是基于法律的规定。从法理上来讲，利息属于法定孳息，按照一般交易原则，利息由债权人取得。如果允许某世界公司不支付利息，等于是承认了某世界公司从它的违法行为中获利，且拖欠工程款时间越长，其获利越多，这与民事法律原则相悖。建设工程案件司法解释第26条②关于发包人只在欠付工程价款范围内对实际施工人承担责任的规定，只是

① 已失效，但仍可参考《最高人民法院关于审理建设工程施工合同纠纷案件适用法律问题的解释（一）》第26条。

② 已失效，但仍可参考《最高人民法院关于审理建设工程施工合同纠纷案件适用法律问题的解释（一）》第43条。

为了区别发包人和转包人或者分包人对实际施工人所承担的责任，并非减轻发包人应承担的责任。

法院观点

一审法院观点：关于傅某潮就其完成的工程可主张的工程造价金额如何确定的问题。首先，关于计价依据问题。虽某世界公司与某通公司签订的三份建设工程施工合同、某通公司和傅某潮签订的建设工程项目管理协议均属无效，但案涉工程并非法律规定的必须进行招投标的工程建设项目，各方均同意按照实际履行的2012年1月18日的施工合同为计价依据，并无不当，该院确定该施工合同为工程价款计价依据。

其次，某通公司欠付傅某潮的工程价款。根据某通公司与傅某潮签订的建设工程项目管理协议约定，工程取费标准及下浮按某通公司与某世界公司合同条款计取，傅某潮须按约向某通公司交纳税金及附加、管理费及统筹基金，个人所得税及其他费用，合计为工程造价的5.8%（简称总管理费），工程款的支付原则上按某通公司与某世界公司签订的合同约定的付款条件及实际收款情况办理，且应先提取总管理费用，故某通公司应向傅某潮支付的工程价款为：某世界公司应支付某通公司的工程价款，再扣除5.8%的总管理费。

最后，某世界公司对傅某潮应承担的责任问题。根据法律规定，发包人应在欠付工程价款范围内对实际施工人承担责任。现某通公司应支付傅某潮43537760元工程价款及相应利息，未超过某世界公司欠付某通公司的工程价款及利息，某世界公司应对傅某潮可得的上述工程价款及利息承担付款责任。

二审法院观点：实际施工人以发包人为被告主张权利的，人民法院可以追加转包人或者违法分包人为本案当事人。发包人只在欠付工程价款范围内对实际施工人承担责任。本案中，傅某潮作为实际施工人，有权向发包人某世界公司主张权利，某世界公司应在欠付某通公司的工程价款范围内对傅某潮承担付款责任。某世界公司以合同相对性原则主张实际施工人不能直接起诉发包人，该上诉理由不能成立。

建设工程施工合同无效，但建设工程经竣工验收合格，承包人请求参照合同约定支付工程价款的，应予支持；实际施工人以发包人为被告主张权利的，人民法院可以追加转包人或者违法分包人为本案当事人。发包人只在欠付工程价款范围内对实际施工人承担责任。本案中，某世界公司作为发包人，应在欠付某通公司的工程价款范围内向实际施工人承担付款责任。至于傅某潮本案中有权主张的工程款金额，应以某通公司欠付其工程款的金额为限。某世界公司和某通公司签订的三份建设工程施工合同均无效，应以双方真实意思表示且实际履行的 2012 年 1 月 18 日建设工程施工合同作为结算依据。

虽然傅某潮与某通公司签订的建设工程项目管理协议无效，但傅某潮有权请求参照该管理协议的约定支付工程价款。根据管理协议约定，工程取费表准下浮按某通公司与某世界公司合同条款计取，傅某潮须按约向某通公司交纳税金及附加、管理费及统筹基金，个人所得税及其他费用，合计为工程造价的 5.8%（简称总管理费），傅某潮负责工程的维修及保修工程，依《建筑法》和大合同的规定保修内容和期限对工程质量自行承担责任。因此，某通公司与傅某潮之间的工程款结算，原则上按某通公司与某世界公司签订的合同约定的付款条件和实际收款情况办理，且应先提取总管理费用 5.8%，同时傅某潮应按施工合同约定承担工程质量责任。某世界公司主张傅某潮的工程款中应扣除间接费和税金，于法无据，法院不予采信。傅某潮上诉认为应付工程款中不应扣除总管理费 5.8%，该主张与合同关于工程款计价方法和标准的约定不符，且一审中傅某潮明确某通公司支付的工程款应扣除 5.8% 管理费，故傅某潮的该上诉理由亦不能成立。

关联案例 1

案件名称： 王某贞、江某鹏与房某公司建设工程施工合同纠纷二审案

审理法院： 一审：黑龙江省高级人民法院（2015）黑民初字第 12 号；二审：最高人民法院（2020）最高法民终 79 号

裁判观点： 因案涉工程规费、税费已实际发生并由江某鹏缴纳，一审法院已判决江某鹏缴纳的规费、税费在江某鹏应向王某贞支付的工程价款中扣除，故实际施工人王某贞已实际负担案涉工程的规费、税费，规费、税费应计入工程造价。房某公司关于王某贞在工程结算中无权要求房某公司给付规费、税费的上诉理由，不能成立。

关联案例2

案件名称：刘某南、某海公司建设工程施工合同纠纷再审审查与审判监督案

审理法院：一审：云南省高级人民法院（2020）云民终561号；二审：最高人民法院（2020）最高法民申4808号

裁判观点：建设工程施工合同无效，但建设工程经竣工验收合格，承包人请求参照合同约定支付工程价款的，应予支持。本案中，虽然某海公司与刘某南签订的《内部承包合同》无效，但案涉工程经竣工验收合格，刘某南有权请求参照合同约定请求支付工程价款。据原审查明，某海公司与刘某南签订的《内部承包合同》约定，工程竣工结算经双方审定后的工程总造价扣除税费后下浮10%为结算总价，所有分包配合费由发包方一次性支付给承包方。

律师点评

已经失效的《最高人民法院关于审理建设工程施工合同纠纷案件适用法律问题的解释》（法释〔2004〕14号）第21条规定："当事人就同一建设工程另行订立的建设工程施工合同与经过备案的中标合同实质性内容不一致的，应当以备案的中标合同作为结算工程价款的根据。"然而备案的中标合同往往由于招投标过程中承发包双方串标行为等原因而无效，中标人又常常将该无效合同的权利义务通过非法转包再次转让，最终实际施工人主张案涉工程结算权利时常常由于多份无效合同关系而陷入迷茫。

但是在最新的《最高人民法院关于审理建设工程施工合同纠纷案件适用法律问题的解释（一）》中，最高人民法院通过三条法律条文对于原先就"黑白合同"不清楚的问题重新作了规定。其中第22条规定："当事人签订的建设工程施工合同与招标文件、投标文件、中标通知书载明的工程范围、建设工期、工程质量、工程价款不一致，一方当事人请求将招标文件、投标文件、中标通知书作为结算工程价款的依据的，人民法院应予支持。"第23条规定："发包人将依法不属于必须招标的建设工程进行招标后，与承包人另行订立的建设工程施工合同背离中标合同的实质性内容，当事人请求以中标合同作为结算建设工程价款依据的，人民法院应予支持，但发包人与承包人因客观情况发生了在招标投标时难以预见的变化而另行订立建设工程施工合同的除外。"第24条规定："当事人就同一建设工程订立的数份建设工程施工合

同均无效，但建设工程质量合格，一方当事人请求参照实际履行的合同关于工程价款的约定折价补偿承包人的，人民法院应予支持。实际履行的合同难以确定，当事人请求参照最后签订的合同关于工程价款的约定折价补偿承包人的，人民法院应予支持。”基本三行可以说是全方位地为建设工程无效合同下的工程结算提供了全面、细致的指引，即便是实际施工人在遇到这些问题时，也可从容不迫的根据实际情况选择适用。

一、中标合同无效的情形

《最高院施工合同司法解释（一）》第1条至第4条规定了建设工程施工合同认定无效的六种情形：（一）承包人未取得建筑施工企业资质或者超越资质等级的（承包人在建设工程竣工前取得相应资质等级的，可按无效处理）；（二）没有资质的实际施工人借用有资质的建筑施工企业名义的；（三）建设工程必须进行招标而未招标或者中标无效的；（四）承包单位将工程进行转包或者违法分包的；（五）招标人和中标人在中标合同之外就明显高于市场价格购买承建房产、无偿建设住房配套设施、让利、向建设单位捐赠财物等另行签订合同，变相降低工程价款，一方当事人以该合同背离中标合同实质性内容请求确认无效的；（六）发包人未取得建设工程规划许可证等规划审批手续（发包人在“起诉前”取得建设工程规划许可证等规划审批手续的除外；发包人能够办理审批手续而未办理，并以未办理审批手续为由主张建设工程施工合同无效的除外）。

我国《招标投标法》规定了必须招标的情形及六种法定的中标无效情形：

1. 招标代理机构违反本法规定，泄露应当保密的与招标投标活动有关的情况和资料的，或者与招标人、投标人串通损害国家利益、社会公共利益或者他人合法权益的，影响中标结果的，中标无效；

2. 依法必须进行招标的项目的招标人向他人透露已获取招标文件的潜在投标人的名称、数量或者可能影响公平竞争的有关招标投标的其他情况的，或者泄露标底的，影响中标结果的，中标无效；

3. 投标人相互串通投标或者与招标人串通投标的，投标人以向招标人或者评标委员会成员行贿的手段谋取中标的，中标无效；

4. 投标人以他人名义投标或者以其他方式弄虚作假，骗取中标的，中标无效；

5. 依法必须进行招标的项目，招标人违反本法规定，与投标人就投标价格、投标方案等实质性内容进行谈判的，影响中标结果的，中标无效；

6. 招标人在评标委员会依法推荐的中标候选人以外确定中标人的，依法必须进行招标的项目在所有投标被评标委员会否决后自行确定中标人的，中标无效。

值得注意的是，一直以来，对于非必须招标项目采用招标程序后的建设工程施工合同效力，理论和实践均有争议。但是从近期的法院尤其是最高人民法院司法裁判观点和司法解释来看，对于非必须招标工程采用招标程序后建设工程施工合同的效力持否定态度。比如在最高人民法院（2019）最高法民申4527号判决中，最高人民法院就认为：《招标投标法》第2条规定，在中华人民共和国境内进行招标投标活动，适用本法。该条规定并未区分依法必须招标的工程项目和非必须招标的工程项目的招标投标活动，因此，凡是在中华人民共和国领域内发生的招标投标活动均应符合《招标投标法》的规定。《招标投标法》第46条第1款规定："招标人和中标人应当自中标通知书发出之日起三十日内，按照招标文件和中标人的投标文件订立书面合同。招标人和中标人不得再行订立背离合同实质性内容的其他协议。"本案中，二审法院查明，案涉工程存在先施工后履行招投标程序的情形。双方在履行招投标程序之前签订案涉两份《建设工程施工合同》，违反了《招标投标法》的相关规定，原审法院据此认定案涉两份《建设工程施工合同》无效，并无不当。

二、工程款的支付义务能否适用抵销

抵销，是合同权利义务终止的原因之一，是指彼此互负债务的民事主体，依双方合意或一方意思表示，使双方对彼此各自的债权债务关系部分或全部消灭的行为。抵销分为合意抵销与法定抵销，《民法典》第569条规定："当事人互负债务，标的物种类、品质不相同的，经协商一致，也可以抵销"，此为"合意抵销"；《民法典》第568条规定："当事人互负债务，该债务的标的物种类、品质相同的，任何一方可以将自己的债务与对方的到期债务抵销；但是，根据债务性质、按照当事人约定或者依照法律规定不得抵销的除外。当事人主张抵销的，应当通知对方。通知自到达对方时生效。抵销不得附条件或者附期限"，此为"法定抵销"。

法定抵销的条件下，所衍生的权利为抵销权。抵销权是指满足法定抵销的条件时，依一方当事人单方意思表示就能够发生抵销法律效果的权利。抵销权的本质为形成权，行使抵销权人的债权称为“主动债权”，被动接受抵销权行使效果的债权称为“被动债权”。当满足法定抵销条件时，主动债权人一旦行使抵销权，无需经被动债权人的同意，自动发生主动债权与被动债权在主动债权人行使抵销权的意思表示范围内归于消灭的法律效果。在建工领域，如果想要适用抵销，需要满足以下几点条件：

第一，需两个民事主体彼此互相享有有效的债权、负担有效的债务。第二，双方互负债务的种类相同。在实践中，债务的给付包括四种类型：一为金钱的支付，如转账、支付现金等；二为物的交付，如某种实体物的转移占有等；三为实施某种行为，如提供法律服务、提供演出服务、提供招投标代理服务等；四为不实施某种行为，如停止侵权、排除妨害等。能够发生法定抵销的债务，必须是种类相同的债务，且一般为金钱债务。在该要件下，只要双方互负的债务均为金钱债务即满足，不再做进一步的严格要求，如要求两个金钱债务的发生原因一致、金额一致、履行方式一致、履行地点一致等。第三，行使抵销权的主动债权必须已届清偿期。主动债权的履行期限必须已届至，若主动债权人以未到达履行期限的债权行使抵销权的，则剥夺了被动债权人的期限利益，除非被动债权人明确表示同意抛弃其期限利益；但是，法律允许在被动债权为届清偿期的情形下，主动债权人行使抵销权，因为这是主动债权人放弃其期限利益的表现，在不伤害他人权益的情况下，法院不禁止民事主体放弃自己的权益。

三、按照司法解释，发包人如何在欠付工程款范围内承担向实际施工人支付工程款的责任

《最高院施工合同司法解释（一）》第43条规定，发包人只在欠付工程价款范围内对实际施工人承担责任。那么发包人在欠付工程款范围内的责任承担具体到司法实践又有哪些观点和内容呢，以下提炼几个司法观点供参考：

1. 实际施工人有选择权，可只起诉发包人要求发包人在欠付工程价款范围内承担责任，人民法院不必然追加转包人或违法分包人作为第三人参加诉讼。

最高人民法院在（2015）民申字第3367号裁定中认为，关于本案是否应当追加某建建筑公司作为本案当事人参加诉讼的问题。首先，本案徐某伟系以实际施工人的身份提起建设工程施工合同诉讼，而非债权转让合同纠纷；其次，依据前述的《最高人民法院关于审理建设工程施工合同纠纷案件适用

法律问题的解释》第26条①之规定，徐某伟有权仅起诉发包人城建开发公司；再次，即便在实际施工人提起的建设施工合同纠纷中，在事实清楚、法律关系明确的前提下，人民法院也不必然追加转包人或违法分包人作为第三人参加诉讼；最后，是否构成参加诉讼的第三人应当依据《民事诉讼法》第56条第1款、第2款之规定予以确定。即，应当确定某建建筑公司是否为本案有独立请求权的第三人，或者为与本案结果具有法律上利害关系的无独立请求权的第三人。依据现有证据，某建建筑公司首先并非是有独立请求权的第三人，且其已经把对于城建开发公司的工程债权全部转让给了徐某伟，故本案实际施工人徐某伟与城建开发公司有关工程款纠纷之结果也与其不具有法律上的利害关系，某建建筑公司亦非本案的无独立请求权的第三人。因此，一、二审法院未将某建建筑公司追加为本案第三人不属于适用法律错误，城建开发公司的此项主张不能成立。

2. 转包方、违法分包方同样应在欠付工程价款的范围内对实际施工人承担责任。

最高人民法院在再审（2015）民申字第3268号判决中认为，中某某建公司、广某商丘分公司是否应当承担支付工程款的连带责任。2011年10月1日，北某新材料公司与中某某建公司签订建设工程施工合同，合同约定由中某某建公司承建案涉土建、装饰与安装工程。2012年1月10日，中某某建公司与广某商丘分公司签订工程分包合同，合同约定将案涉工程的土建及安装部分分包给广某商丘分公司。此后，广某商丘分公司又将其分包的工程项目肢解转包于某市政公司、宏某公司、某通公司施工。因此，中某某建公司系本案工程的总承包方，也是分包方，广某商丘分公司为转包方，某市政公司、宏某公司、某通公司为施工单位。根据《解释》第26条规定，实际施工人可以向发包方、转包方、违法分包方主张工程款，发包人只在欠付工程价款的范围内对实际施工人承担责任，该规定并未明确转包方、违法分包方应当对实际施工人承担连带清偿责任，根据公平原则，转包方、违法分包方亦应在欠付工程价款的范围内对实际施工人承担责任。在中某某建公司已经足额垫付工程款的情况下，无需再承担支付工程款的责任。

3. 因发包人尚未结算，虽不能证明发包人不欠承包人工程款，但人民

---

① 对应《最高人民法院关于审理建设工程施工合同纠纷案件适用法律问题的解释（一）》第43条。

法院可以判决发包人在欠付工程款范围内对实际施工人承担支付工程款的责任。

最高人民法院在（2014）民申字第1132号判决中认为，民某公司作为本案工程的发包人和业主，在一审中提交了其向利某公司支付工程款的凭据和单方所作的工程结算，主张其已超付工程款；而利某公司根据民某公司支付工程款的凭据和单方所作的工程结算，主张民某公司还欠付工程款。根据《最高人民法院关于民事诉讼证据的若干规定》第2条的[①]规定："当事人对自己提出的诉讼请求所依据的事实或者反驳对方诉讼请求所依据的事实有责任提供证据加以证明。没有证据或者证据不足以证明当事人的事实主张的，由负有举证责任的当事人承担不利后果。"尽管民某公司提供了其支付工程款的证据，但因其和利某公司并未就案涉工程进行最终结算，故不能证明其不欠付利某公司工程款。

8.3 法院如何处理无效合同中所约定的管理费[②]

——葛向某、海某公司建设工程分包合同纠纷上诉案[③]

关 键 词： 违法分包　管理费　非法收入　不法原因给付

问题提出： 在建设工程施工合同被认定为无效的情况下，法院如何处理实际施工人与被挂靠单位之间约定的管理费？

裁判要旨： 企业内部承包协议书因违反法律的强制性规定而无效，合同中有关管理费的约定亦无效，依据无效合同主张管理费不符合法律规定，但一方在工程施工中进行了管理的，可以酌定支付实际劳务成本。

---

① 根据《最高人民法院关于修改〈关于民事诉讼证据的若干规定〉的决定》，该司法解释现已修改。

② 撰稿人：徐琼，上海建纬（杭州）律师事务所。

③ 一审：江西省高级人民法院（2018）赣民初21号；二审：最高人民法院（2020）最高法民终1165号。

案情简介

上诉人（原审原告）：葛向某

上诉人（原审被告）：海某公司

原审第三人：瑞某公司

2012年6月，瑞某公司作为招标人，××市建设监理有限公司为招标代理机构，就江西省瑞昌市大唐新区建设三项工程进行公开招标，海某公司中标。其后，瑞某公司向海某公司发出中标通知书，明确由海某公司中标承建上述大唐新区三项工程。

2012年7月28日，瑞某公司作为发包人、海某公司作为承包人，双方签订《施工合同》。《施工合同》第一部分《协议书》约定，1. 工程概况：工程名称：2012年度瑞某市大唐新区三项工程（安置房建设工程、市政道路建设工程和三个活动中心工程）；工程地点：瑞某市大唐新区；资金来源：瑞某市财政拨款。2. 工程承包范围：（1）安置房建设工程：土建安装及小区配套工程；（2）市政道路建设工程：道路、排水管道、电力电讯、桥梁、绿化、路灯等工程施工；（3）三个活动中心工程：青少年、妇女儿童、老年文化活动中心土建安装工程及相关配套工程（以下简称三个活动中心）。3. 合同工期：三个活动中心2013年10月底前竣工；合同工期总日历天数：三个活动中心365日历天。《施工合同》第二部分《通用条款》第3条第14.2款约定：因承包人原因不能按照《协议书》约定的竣工日期竣工或发包人同意顺延的工期竣工的，承包人承担违约责任。第6条第26.4款约定：发包人不按合同约定支付工程款（进度款），双方又未达成延期付款协议，导致施工无法进行，承包人可停止施工，由发包人承担违约责任。第9条第33.3款约定：发包人收到竣工结算报告及结算资料后28天内无正当理由不支付工程竣工结算价款，从第29天起按承包人同期向银行贷款利率支付拖欠工程价款的利息，并承担违约责任。《施工合同》第三部分《专用条款》就各项细则进行了约定。其中，第6条合同价款与支付的第23.2款约定：本合同价款采用固定价格合同，合同控制价为三个活动中心建设下浮3%；该条第26款工程款（进度款）支付约定：三个活动中心按7∶3付款，即工程竣工验收后付至工程发包价70%（其中基础工程完工后付20%，主体工程完工后付20%，竣工验收后20%，办理工程结算后付10%）；工程竣工验收合格后第二年内除留5%作创优风险金外，其余全部付清。创优风险金和创优奖励在取得省优工程证书或批文后30个工作日内一次付清，未取得省优工程的，5%风险金不予支付。第9条竣工验收与结算约定：发包人收到承包人递交的竣工结算报告及结算资料后7天内进行核实，核实后提交审核机构进行工程结算审核，并在28天内审核完毕；审核时间超过28天视为认可承包人提交的竣工结算报告上的结算金额；该条第32.1款承包人提供竣工图的约定：本工程竣工后，承包人在工程竣工验收合格后7天内发包人提交完整竣工图纸和技术资料；该条第32.2款中间交工工程的范围和竣工时间约定：承包人在完成竣工验收前自检、资料整理等各项准备工作后以书面报告形式通知发包人组织工程竣工验收(按不同开工顺序可以分别组织单位工程验收)，发包人在收到竣工验收书面报告后7天内组织各相关单位进行单位工程竣工验收。逾期不组织验收或发包人未经验收即投入使用，均视为本单位工程已符合合格标准并通过验收，竣工验收节点工程款按合同约定比例进行支付。第10条违约、索赔和争议约定：按《通用条款》第26.4款约定发包人违约应承担的违约责任：应支付工程决算总价每天万分之二的违约金，延误工期顺延；按《通用条款》第14.2款约定承包人违约应承担的违约责任：每延迟一天，按单位工程决算总价的万分之二进行处罚。

2012年11月26日，海某公司大唐新区项目部作为甲方，葛向某作为乙方，双方签订《经营责任书》。双方约定：海某公司委派葛向某作为三个活动中心项目的经营负责人对工程实施经营承包；结构类型及层数为框架，地下一层、地上五层；建筑面积为31726.37平方米；合同造价约1亿元（最终以审定决算为准)。《经营责任书》第4条第1款约定：乙方（葛向某）自愿承担并有能力履行甲方与业主单位（瑞某公司）所签订的合同条款及承诺的全部内容、招标文件、投标文件、投标报价、答疑纪要及工程变更等各项内容义务及责任，并确保工程项目的质量和安全符合强制性标准的规定，并承担与本工程项目有关联的全部责任；该条第2款约定：经营负责人（乙方）应上交公司利润为工程总造价的5.1%（3.6%+1.5%)，建筑营业税费及有关部门行业规费由甲方代扣代交，其他相关费用由乙方自行承担并交纳；该条第5款还约定：工程质量乙方必须保证达到该项目合同要求的质量等级及甲方制订的创优目标，若该项目工程质量达不到合同要求及创优目标，所有建设单位的罚款及责任由乙方承担。《经营责任书》第5条第2款约定：乙方每月按实上报工程进度，甲方在确认乙方的工程计量结果后，其工程进度款的支付应根据材料实际购买发票数量及实际人工费并按业主支付甲方的进度款的比例支付给乙方。第6条第11款约定：工程竣工交付使用后，如发现有拖欠民工工资款、拖欠材料款，概由乙方承担所发生的经济责任和法律责任。本工程项目在经营过程中若发生以甲方为被告的经济诉讼案件，乙方除承担所有经济费用外，甲方罚乙方每次诉讼案件总额的5%～10%；该条第16款约定：甲方预收工程项目总造价3%的保修金，保修期为1年，期满结算后退回乙方。

海某公司大唐新区项目部与葛向某订立《经营责任书》后，葛向某组织施工班组进场施工。2015年8月30日，案涉工程竣工。11月18日，案涉工程通过竣工验收备案。11月24日，海某公司大唐新区项目部正式向瑞某公司和实际使用人瑞某市大唐新区管委会移交案涉工程。

2015年6月9日，海某公司大唐新区项目部致函瑞某公司，对工期延长的原因予以说明，并请求瑞某公司根据实际情况，考虑总包施工单位延期的客观原因，不向总包施工单位提出工期延误赔偿。瑞某公司于同日签署“上述情况属实”，并加盖公司印章。

2015年12月2日，海某公司向瑞某市大唐新区管委会、瑞某公司出具授权委托书，委托海某公司金华分公司处理施工总包合同中的一切行为，包括施工现场管理、工程结算、收款行为等，并指定本项目的所有工程款汇入海某公司金华分公司在某江银行瑞某支行的账户。

2016年7月7日，海某公司大唐新区项目部致函葛向某，因三个活动中心项目竣工交付给业主已近一年，但项目部至今未收到本项目正式结算报告，因此要求葛向某在2016年7月20日之前将三个活动中心项目正式结算报告送达海某公司大唐新区项目部，逾期不送达则由葛向某承担本工程结算延迟的全部责任。葛向某于2016年7月15日在通知接收人一栏中签字确认。2016年7月，海某公司金华分公司出具收条一份并加盖印章，收条载明：葛向某上报三项工程“三个中心”结算书一本；王某；2016年7月。

2017年9月17日，立某公司出具《情况说明》。其内容为：本公司2013年7月开始支付给葛向某的1214万元是代海某公司支付给葛向某在瑞某市大唐新区三个活动中心项目中的工程款。

另查明，2015年3月11日，浙江某天建设集团有限公司变更为海某公司。葛向某曾就其与立某公司的民间借贷纠纷向浙江省东阳市人民法院提起诉讼，后因未交诉讼费，浙江省东阳市人民法院于2016年1月21日裁定按撤诉处理。

各方观点

葛向某观点：原审判决认定葛向某须向海某公司支付管理费，违反法律规定。（一）挂靠合同无效，海某公司无权主张利润。原审判决依据《经营责任书》的约定认定葛向某需向海某公司上缴利润错误。（二）即便海某公司可以取得管理费，因海某公司金华分公司叶某总经理多次向葛向某承诺管理费按照2.5%收取，原审判决按照5.1%计算管理费错误。

海某公司观点：不同意上诉人葛向某的观点，管理费条款实质上是楼某与葛向某双方对工程价款结算方式的约定，与合同是否有效无关。

法院观点

一审法院观点：（一）关于案涉工程相关合同效力的问题。瑞某公司与海某公司签订的《施工合同》系双方真实意思表示，不违反法律强制规定，应属合法有效合同。葛向某与海某公司大唐新区项目部于2012年11月26日签订了《经营责任书》，因海某公司大唐新区项目部系海某公司设立的临时部门，不具备法人资格，不能对外独立承担民事责任，且海某公司对海某公司大唐新区项目部与葛向某签订的《经营责任书》予以认可，故《经营责任书》中的权利义务应由海某公司承担。《经营责任书》约定内容表明，海某公司将其承包的三个活动中心约31726.37平方米的框架、地下一层地上五层以包工包料的方式交由葛向某施工（总造价约1亿元，最后以结算为准），实为分包合同。因葛向某并不具备相应的施工资质，根据《建筑法》第29条第3款关于“禁止总承包单位将工程分包给不具备相应资质条件的单位”之规定，葛向某与海某公司大唐新区项目部之间的《经营责任书》，违反法律、行政法规的强制性规定，应属无效合同。案涉工程于2015年11月18日通过竣工验收备案，并于同年11月24日正式向工程使用方瑞某市大唐新区管委会移交案涉工程，建设工程施工合同无效，但建设工程经竣工验收合格，承包人请求参照合同约定支付工程价款的，应予支持，本案可参照葛向某与海某公司大唐新区项目部之间签订的《经营责任书》及海某公司与瑞某公司签订的

《施工合同》约定计算诉争工程价款。

（二）关于葛向某应上交海某公司利润的问题。根据《经营责任书》第4条第2款的约定，经营负责人应上交公司利润为工程总造价的5.1%（3.6%+1.5%）。据此，葛向某应向海某公司缴纳的利润（管理费）金额为117435748.5元×5.1%≈5989223.17元。

二审法院观点：（一）关于葛向某能否向海某公司主张案涉工程款的问题。首先，本案原审中，葛向某和海某公司均提交了2012年11月26日葛向某与海某公司大唐新区项目部签订的《经营责任书》，葛向某提交证据的目的是证明双方之间形成工程分包关系，海某公司提交证据的证明目的是证明双方之间形成内部承包关系。上述事实表明，海某公司、葛向某均认可双方之间形成合同关系，海某公司二审中主张其与葛向某之间未形成合同关系，与其在原审中的陈述不符。其次，原审中，葛向某、海某公司分别提交的同一份《葛向某支取工程款明细》，以及海某公司提交的银行转款凭证，证明就案涉工程的应付工程款，均由海某公司金华分公司向葛向某支付，而海某公司金华分公司系受海某公司委托全权处理瑞某公司与海某公司签订的《施工合同》项下包括施工现场管理、工程结算、收款行为等事务的主体。最后，案涉工程竣工后，海某公司大唐新区项目部要求葛向某提交工程款结算报告，后葛向某向海某公司金华分公司提交了案涉工程的结算书，表明案涉工程的结算亦在海某公司金华分公司与葛向某之间进行。据此，原审判决认定海某公司与葛向某之间形成建设工程分包合同关系，葛向某可以向海某公司主张本案工程款，有事实依据，并无不当。海某公司提交的2012年9月15日的《经营责任书》及证人证言即便真实，基于本案中葛向某与海某公司已经形成的建设工程分包合同关系，亦不足以证明葛向某不能向海某公司主张本案工程款。

（二）关于葛向某应否向海某公司支付按工程总造价5.1%计算的利润（管理费）问题。葛向某与海某公司签订的《经营责任书》因违反法律的强制性规定而无效，合同中有关利润的约定亦无效。海某公司依据无效合同主张葛向某应向其支付利润不符合法律规定，原审判决认定葛向某应按《经营责任书》的约定向海某公司支付利润不当，法院予以纠正。鉴于案涉工程施工过程中，海某公司金华分公司向葛向某支付了工程进度款并代扣代缴了工程税金，工程竣工后，亦办理了工程资料的交接等，法院酌定葛向某向海某公司支付300万元实际劳务成本。

关联案例 1

案件名称：王保某、江俊某、某油田房地产开发有限责任公司与某太建设集团股份有限公司等建设工程施工合同纠纷案

审理法院：一审：黑龙江省高级人民法院（2015）黑民初字第12号；二审：最高人民法院（2020）最高法民终79号

裁判观点：主张管理费一方如果能够证明对案涉工程履行了管理义务，尽管内部承包合同无效，法院也可以酌情判令支付部分管理费。最高人民法院认为，关于江俊某应否收取管理费及管理费比例问题，江俊某提供证据证明其为案涉工程的施工建设雇用管理人员、组织会议、上下协调、购买保险，江俊某对案涉工程履行了管理义务，一审法院判决王保某向其支付一定的管理费，并无不当。因江俊某并不具有建筑工程施工和管理的资质，一审法院认为内部承包合同中约定江俊某收取工程造价7%的管理费标准过高，酌定将管理费率降低至2%，并无不当，法院予以维持。

关联案例 2

案件名称：基某公司与兵某公司等建设工程施工合同纠纷案

审理法院：一审：新疆维吾尔自治区高级人民法院（2017）新民初72号；二审：最高人民法院（2020）最高法民终860号

裁判观点：虽然分包合同无效，但分包人在工程施工过程中配合与发包方、材料供应商、劳务单位等各方进行资金、施工资料的调配和结算，并安排工作人员参与案涉工程现场管理，分包人可以要求参照原约定支付管理费。最高人民法院认为，根据兵某公司与基某公司签订的《分包合同》的约定，基某公司需按照工程价款的一定比例向兵某公司支付管理费，其中小高层按照比例为2%，多层比例为3%。虽然《分包合同》无效，但兵某公司在基某公司施工过程中配合其与发包方、材料供应商、劳务单位等各方进行资金、施工资料的调配和结算，并安排工作人员参与案涉工程现场管理，其要求基某公司参照原约定支付管理费，一审判决予以支持，并无不当。

律师点评

在借用资质或非法转包的情况下，实际施工人与总包（挂靠）单位之间通常均会约定上缴或扣除某个固定比例或数额的管理费，在违法分包情况下

双方约定管理费的现象亦不罕见。建设工程实践中，管理费的名目繁多，如技术咨询费、投标服务费、前期服务费、合作费用、上缴利润等。

一、施工企业管理费不等于非法收入

按照《经济大辞典》[①] 中的定义，所谓非法收入，是指单位或个人利用不正当的手段违反国家的法律和政策规定而取得的财物，如用非法倒卖物资、买空卖空、转包渔利、居间牟利、弄虚作假、骗钱牟利、坐地分赃等手段攫取的非法收入。根据《民法典》第179条的规定："承担民事责任的方式主要有：（一）停止侵害；（二）排除妨碍；（三）消除危险；（四）返还财产；（五）恢复原状；（六）修理、重作、更换；（七）继续履行；（八）赔偿损失；（九）支付违约金；（十）消除影响、恢复名誉；（十一）赔礼道歉。法律规定惩罚性赔偿的，依照其规定。本条规定的承担民事责任的方式，可以单独适用，也可以合并适用。"已经失效的《民法通则》第134条曾规定："……人民法院审理民事案件，除适用上述规定外，还可以予以训诫、责令具结悔过、收缴进行非法活动的财物和非法所得，并可以依照法律规定处以罚款、拘留。"但在司法实践中鲜见收缴非法所得的案例，且在《民法典》时代已不再适用。

在建设工程领域，"管理费"通常包括两层含义：其一为造价层面的"企业管理费"，根据《工程量清单计价规范》（GB50500－2013）的规定，企业管理费是分部分项工程费和措施项目费的组成部分，结合住房和城乡建设部、财政部联合印发的《建筑安装工程费用项目组成》（建标〔2013〕44号）的定义，企业管理费是指建筑安装企业组织施工生产和经营管理所需的费用，主要包括管理人员工资，办公费，差旅交通费，固定资产使用费，工具用具使用费，劳动保险和职工福利费，劳动保护费，检验试验费，工会经费，职工教育经费，财产保险费，财务费，税金、技术转让费、技术开发费、投标费、业务招待费、绿化费、广告费、公证费、法律顾问费、审计费、咨询费、保险费等。其二为实践层面的"隐性管理费"，主要出现在挂靠、转包、违法分包等情形的施工合同中，承包人通过出借资质、转包、违反分包等行为获取"隐性管理费"，挂靠人、违法分包人、转包人通过支付"隐性管理费"的方式获得施工机会，并通过控制成本、变更索赔等方式获得施工利润。这

---

① 于光远：《经济大辞典》，上海辞书出版社1990年版。

也就导致了承包人与挂靠人、违法分包人、转包人“长期共存”，挂靠、转包、违法分包行为屡禁不止。

二、合同无效时管理费的处理原则

根据司法实践的观点，管理费属于合同当事人关于合同价款的约定。当合同因违反法律的效力性强制性规定而无效时，管理费的约定也相应无效。依据无效合同主张管理费不符合法律规定，但一方在工程施工中进行了管理的，可以酌定支付实际劳务成本。此处支付的劳务成本，不属于当事人基于合同达成的合意而支付的价款，而是承包人为工程实际投入了管理成本，而构成发包人的不当得利，故发包人应当返还。如徐步某与重庆某建建设集团有限公司等建设工程施工合同纠纷案①中，最高人民法院认为，2008 年 9 月 5 日，重庆一建青海分公司与徐步某签订《内包合同》第六条管理费收取与支付约定，“乙方（徐步某）同意按合同结算造价的 2% 支付甲方（重庆一建青海分公司）管理费”，说明双方当事人对于管理费的计取均是认可的。根据法律关于“合同无效或者被撤销后，因该合同取得的财产，应当予以返还；不能返还或者没有必要返还的，应当折价补偿。有过错的一方应当赔偿对方因此所受到的损失，双方都有过错的，应当各自承担相应的责任”的规定，如果合同无效或者解除后，一方当事人已经完成的工作成果无法返还的，另一方当事人则需承担补偿或者赔偿责任。经审查，重庆某建公司作为承包人，在案涉工程施工过程中提供了相应资质，并且代徐步某履行了骆立某等七案生效判决确定的给付义务 9544300 元，重庆一建青海分公司则具体负责协助徐步某从豪都华庭公司收取部分工程款和保证金等相关费用。前述事实可以说明，重庆某建公司、重庆一建青海分公司按照《内包合同》的约定实际履行了管理职责，所付出的劳动成果已经物化到案涉建设工程施工合同的履行之中，故徐步某应当承担相应补偿义务。

但需注意的是，如果双方约定的管理费实际是借用资质所支付的对价的，一方请求支付管理费则缺乏法律依据。如东某公司与黄建某等建设工程施工合同纠纷案②中，最高人民法院认为，黄建某与东某公司之间系借用资质关系，但建设工程领域借用资质的行为违反了法律的强制性规定。双方约定的

① 最高人民法院（2020）最高法民终 242 号。
② 最高人民法院（2020）最高法民终 576 号。

管理费实际是黄建某借用资质所支付的对价。东某公司请求黄建某按照案涉工程价款的1.2%支付管理费缺乏法律依据，法院不予支持。

8.4 法院如何认定发包人的付款对象和付款效力①

——尹某、袁小某建设工程施工合同纠纷上诉案②

关 键 词： 实际施工人　合同相对性　付款有效性

问题提出： 实际施工人直接向发包人主张工程款的依据何在？发包人应向谁支付工程款？法院如何认定发包人付款的有效性？

裁判要旨： 根据合同相对性原理，发包人的工程款应向其合同相对方，即承包人支付。原则上应当以不突破合同相对性为法律适用的基本规则；突破合同相对性的特别规定，旨在保护农民工的合法权益。在合同相对性原则下，实际施工人向其合同相对方主张权利即可，无须突破合同相对性，只有在转包人和分包人没有向实际施工人支付工程款，也没有能力支付，而发包人还有其他工程款没有支付完的情况下才可适用，发包人在未支付工程款的范围内，可以向实际施工人支付工程款。

案情简介

上诉人（一审原告）：尹某

上诉人（一审原告）：袁小某

被上诉人（一审被告）：某田公司

被上诉人（一审被告）：某源公司

被上诉人（一审被告）：团某山煤矿

2011年3月，青海煤炭地质勘查院受青海省国土资源厅委托，对青海省鱼卡煤田整装勘查子项目进行审查，并向中国煤炭地质总局青海煤炭地质局

---

① 撰稿人：徐丹，上海建纬（杭州）律师事务所。

② 一审：青海省高级人民法院（2016）青民初50号；二审：最高人民法院（2017）最高法民终144号。

报送了《青海省鱼卡煤田西部云雾山北坡煤炭详查设计》；同年5月，该局作出《关于青海省鱼卡煤田西部云雾山北坡煤炭详查设计的批复》，同意某源公司实施核定的主要实物工作量的勘查及探槽工程的施工。5月9日，青海省国土资源厅下发《关于青海省大柴旦镇鱼卡煤田整装勘查探矿权配置给青海省能源发展（集团）有限公司的通知》，同意在矿业权转让及价款处置完成前，某源公司可先开展地质勘查工作。2012年3月9日，团某山煤矿与某田公司签订《鱼卡槽探合同》，约定将鱼卡整装勘查云雾山区块2标段土石方（含工程煤）剥离工程发包给某田公司。3月19日，某田公司组建经理部，任命先益某为项目经理。戴某、聂某为项目部工作人员。3月27日，项目部与尹某、袁小某签订《土石方剥离工程协议》，甲方由戴某、聂某签字，乙方由尹某、袁小某签字，该协议加盖某田公司云雾山2标段露天剥离工程项目经理部的印章。合同签订的同时，尹某、袁小某作为工程实际施工人即时组织工人及机械设备进场施工。

2012年5月27日，因某源公司存在以探代采、无槽探设计的违法行为，青海省海西蒙古族藏族自治州大柴旦镇公安、安监部门作出《强制措施决定书》，责令：1. 某源公司立即撤出工作人员及机械设备；2. 抓紧办理槽探专项设计审查及备案手续。

2012年11月14日，某源公司向某田公司下发《施工通知》："我公司定于2012年11月20日进行槽探整装勘探工程临时处理各区段存在的安全隐患，施工过程中严格履行合同约定的相关条款，确保槽探整装勘探工程临时处理各区段存在的安全隐患工作顺利进行。在此次槽探整装勘探工程临时处理各区段存在的安全隐患中发生的工程煤质问题，你公司必须严格按照合同中的煤质管理条例要求对原煤进行筛选，确保煤质达标。"同日，某田公司向先益某发出《施工通知》，除转发某源公司文件的主要内容外，还要求："1. 认真组织，合理安排，加强协调；2. 切实加强施工安全和管理；3. 要求专人负责、严格按照业主方合同要求，严把工程煤的质量关，加大对原煤筛选的力度，保证工程煤质达标。若所交原煤出现质量问题，所造成一切经济损失自行承担。"

经尹某、袁小某与某田公司代表核对确认形成日工程量及工程价款：

《某田公司云雾山项目部二队四月份工程量统计明细表》（含《签证单》）统计，从2012年3月26日至4月26日，某田公司应付工程款为11694001.5元。项目部工作人员韩维某、戴某在施工单位现场代表处签字。

《某田公司云雾山项目部二队五月份工程量统计明细表》（含《签证单》）统计，从4月27日至5月26日，某田公司应付工程款为9459336.14元。项目部工作人员韩维某、戴某在施工单位现场代表处签字。

《某田公司云雾山项目部二队六月份工程量统计明细表》（含《签证单》）统计从5月27日至7月3日，某田公司应付工程款为7108794.1元。项目部工作人员戴某在施工单位现场代表处签字。

在施工过程中，某田公司向尹某、袁小某支付工程款6020000元、垫付油款2900000元，合计给付工程款8920000元。

2012年5月24日，戴某、袁小某作为甲方，与乙方聂某签订《合作协议》，约定："经甲乙双方共同协商，某田公司云雾山矿业工程原承包合同变更如下协议：一、由戴某、聂某承包云雾山矿业工程。聂某退股。二、现变更为（聂某、戴某的股份退出）由戴某、袁小某管理。三、聂某退股后按云雾山区块工程煤中每吨4元计算收取，但聂某承担区块工程用的活动板房，供暖系统、洒水车、发电机的费用（后产生费用不承担）。四、付款方式：每次计量后按煤的吨位提取。"

经质证，某田公司认可某源公司、团某山煤矿已向其付清工程款。

各方观点

尹某、袁小某观点：（一）一审判决认定事实不清，适用法律错误，保护了被上诉人的非法利益，损害了上诉人的合法利益。1. 一审法院已查明团某山煤矿存在违法发包工程的事实，却免除了违法发包人的民事责任，违背了合同法的相关规定。2. 某源公司、团某山煤矿从违法行为中获得巨额经济利益，也是合同无效导致尹某、袁小某承受巨大损失的最终受益者，应当承担欠付工程款的连带支付责任。某源公司已经承认从尹某、袁小某土石方剥离工程的煤炭销售中收入3558万元，同时，在当地政府主管部门强令停工后，尹某、袁小某已开采的数万吨煤和已剥离土石方的露天煤矿被团某山煤矿无偿占有，并在此后的几年中由某源公司、团某山煤矿陆续销售，某源公司、团某山煤矿获得了巨额经济利益。3. 某源公司、团某山煤矿销售煤款3558万元，除支付给某田公司1700万元外再没有与某田公司办理结算支付，在一审阶段某源公司、团某山煤矿于2016年6月1日还向某田公司支付100万元，某源公司、团某山煤矿与某田公司之间并未办理结算，尹某、袁小某要求某源公司、团某山煤矿对某田公司欠付尹某、袁小某的工程款及利息履行连带支付义务，于法有据。（二）一审判决判令某田公司赔偿尹某、袁小某停工损失1602632.5元是错误的，应改判某源公司、团某山煤矿、某田公司共同赔偿尹某、袁小某停工损失3679265元。1. 一审法院已经查明2012年7月4日至7月30日停工28天损失3205265元，该损失责任完全在某源公司、团某山煤矿、某田公司，故其应对损失完全承担责任。2. 二次进场后的停工损失有某源公司、团某山煤矿和某田公司的书面通知在案佐证，一审法院对二次进场后的停工损失认定为尹某、袁小某有意扩大的损失没有事实依据。即使对机械设备停工损失不予支持，也应对二次进场停工期间管理人员、留守人员的工资报酬474000元损失予以赔偿。故某源公司、团某山煤矿和某田公司对其过错行为造成的3679265元停工损失共同承担赔偿责任。

某田公司观点：（一）戴某、聂某代表某田公司海西州鱼卡整装勘查云雾山区块2标段土石方剥离工程项目部（以下简称项目部）与尹某、袁小某签订的《土石方剥离工程协议》是虚假违法的，项目部公章未经项目部经理先益某允许，是偷盖的，先益某也未在该协议上签字确认，且该协议也未实际履行。（二）尹某、袁小某明知自己没有施工资质，应当知道某源公司因未取得探矿权证、采矿权证，违法发包、以采代探已被相关政府部门责令停工，复工具有不确定性，故尹某、袁小某有过错，应当承担过错责任。请求驳回尹某、袁小某的上诉请求。

某源公司、团某山煤矿观点：（一）尹某、袁小某要求某源公司、团某山煤矿对工程款承担连带责任于法无据。发包人对实际施工人承担责任的前提是发包人存在欠付工程价款的行为。本案中，某源公司、团某山煤矿不存在欠付某田公司工程价款的事实。尹某、袁小某要求某源公司、团某山煤矿在欠付工程款范围内承担连带责任于法无据。（二）尹某、袁小某要求某源公司、团某山煤矿对损失承担共同赔偿责任于法无据。1. 尹某、袁小某主张的损失属于非法利益。尹某、袁小某未取得建筑施工企业资质，其与某田公司签订的合同依法无效。无效合同自始不具备法律效力，不具有履行性。尹某、袁小某主张的损失属于非法利益，应当根据合同法关于合同无效的处理情形由当事人自行承担责任。2. 某源公司、团某山煤矿与尹某、袁小某不具有合同关系，某源公司、团某山煤矿与某田公司之间的合同效力情况与尹某、袁小某的损失无关。（三）尹某、袁小某主张损失事实不清、证据不足。1. 尹某、袁小某具有重大过错。尹某、袁小某作为自然人，不具有土石方工程的施工资质。无论某源公司、团某山煤矿与某田公司之间签订的合同效力如何，尹某、袁小某与戴某签订的承包合同均属无效。尹某、袁小某具有重大过错，依法应当承担合同无效后的相应责任。2. 尹某、袁小某关于损失的证据不足。从尹某、袁小某提交的损失证据可见，其所提交的证明损失的证据材料均是白条，不具备证据的客观性。综上，请求驳回尹某、袁小某的上诉请求。

法院观点

一审法院观点：一、关于案涉合同效力问题。2012 年 3 月 9 日，团某山煤矿与某田公司签订《鱼卡槽探合同》，约定将鱼卡整装勘查云雾山区块 2 标段土石方（含工程煤）剥离工程发包给某田公司，其约定的内容为“工程煤价款为含税综合总承包单价为 136 元/吨……乙方在槽探施工中产生的工程煤为唯一结算工程款的结算依据”“乙方必须保证在 2012 年年底前向甲方提供 50 万吨工程煤”“乙方未完成当月计划的 95% 视为违约，并按如下比例扣减履约保证金……”可见，上述合同名为槽探合同，实为原煤开采合同。而 2011 年 5 月中国煤炭地质总局青海煤炭地质局作出的《关于青海省鱼卡煤田西部云雾山北坡煤炭详查设计的批复》、青海省国土资源厅下发的通知中，只同意某源公司“实施核定的主要实物工作量的勘查”“先开展地质工作”。中华人民共和国地质矿产部《地质勘查坑探规程》中，探槽工程属于观察地质现象和取岩、矿样的一种地标工程，其深度一般不超过 3 米。团某山煤矿在未取得案涉地标的矿产资源探矿权证、采矿权证的情况下，以槽探名义与某田公司签订《鱼卡槽探合同》，大规模开采原煤。2012 年 5 月 27 日，因某源公司存在以探代采、无槽探设计的违法行为，青海省海西蒙古族藏族自治州大柴旦镇有关部门作出《强制措施决定书》，责令某源公司立即撤出工作人员及机械设备，并抓紧办理槽探专项设计审查及备案手续。从团某山煤矿、某田公司的一系列行为看，双方在签订《鱼卡槽探合同》时，明知某源公司无探矿权证、采矿权证，以探代采，无证开采，违反了《矿产资源法》关于勘查、开采矿产资源必须经相关政府部门批准取得探矿权证、采矿权证后方可探矿、开采的禁止性规定。因此，《鱼卡槽探合同》应认定为无效合同，基于该合同项下的某田公司与尹某、袁小某签订的《土石方剥离工程协议》亦违反法律、法规强制性规定，该协议亦无效。

二、某源公司、团某山煤矿是否承担连带付款责任的问题。关于实际施工人权利保护的问题，有严格的适用限定条件，即是在转包人和分包人没有向实际施工人支付工程款，也没有能力支付，而发包人还有其他工程款没有支付完的情况下才可适用，发包人在未支付工程款的范围内，可以向实际施工人支付工程款。即尹某、袁小某原则上应向某田公司主张工程款，其突破合同相对性原则行使诉权时，应提供证据证明发包人某源公司、团某山煤矿可能欠付工程款，其合同相对方有破产等严重影响实际施工人权利实现的情形。但本案中，尹某、袁小某并未提供此方面的证据，且某田公司认可某源公司、团某山煤矿已向其付清工程款，故尹某、袁小某请求由某源公司、团某山煤矿在欠付工程款的范围内承担连带责任的理由不成立，应不予支持。

二审法院观点：由于团某山煤矿与某田公司在签订《鱼卡槽探合同》时，明知某源公司无探矿权证、采矿权证，存在以探代采，无证开采的行为，违反了《矿产资源法》关于勘查、开采矿产资源必须经相关政府部门批准取得探矿权证、采矿权证后方可探矿、开采的禁止性规定，一审法院认定《鱼卡槽探合同》为无效合同，并无不当。基于该合同项下的某田公司与尹某、袁小某签订的《土石方剥离工程协议》亦因违反法律、法规的强制性规定而无效。合同无效或者被撤销后，因该合同取得的财产，应当予以返还；不能返还或者没有必要返还的，应当折价补偿。有过错的一方应当赔偿对方因此所受到的损失，双方都有过错的，应当各自承担相应的责任。一审法院判决某田公司支付尹某、袁小某工程款19176827.7元及相应利息损失，具有事实和法律依据，并无不当。关于尹某、袁小某上诉请求某源公司、团某山煤矿对上述欠款承担连带付款责任应否予以支持的问题。实际施工人以发包人为被告主张权利的，人民法院可以追加转包人或者违法分包人为本案当事人。发包人只在欠付工程价款范围内对实际施工人承担责任。司法实践中，适用上述规定有严格的限定条件，只有在转包人和分包人没有向实际施工人支付工程款，也没有能力支付，而发包人尚存在拖欠转包人和分包人工程款没有支付的情况下才可适用，发包人在未支付工程款的范围内，向实际施工人承担支付工程款的责任。本案中，尹某、袁小某原则上应向转包方某田公司主张工程款，其突破合同相对性原则行使诉权时，应提供证据证明发包人某源公司、团某山煤矿可能欠付某田公司工程款，以及合同相对方某田公司有破产等严重影响实际施工人权利实现的情形。但尹某、袁小某在一、二审中均未提供充分的证据予以证明，且某田公司认可某源公司、团某山煤矿已向其付清案涉工程款，故尹某、袁小某上诉请求某源公司、团某山煤矿在欠付工程款的范围内承担连带责任，缺乏事实和法律依据，不能成立，法院不予支持。

关联案例1

案件名称：甘肃某建、机械某院有限公司建设工程施工合同纠纷上诉案

审理法院：一审：甘肃省高级人民法院（2015）甘民一初字第18号；二审：最高人民法院（2017）最高法民终612号

裁判观点：本案中，案涉四份《建设工程施工合同》是甘肃某建与机械某院有限公司所签订，星某机床公司并非案涉合同当事人，其与甘肃某建之间并没有合同权利义务关系，根据合同相对性原则，其没有直接对甘肃某建付款的合同义务。实际施工人系在非法转包或违法分包导致合同无效情形下的劳务分包人，是保障农民工利益而设置的制度。本案中，甘肃某建与机械某院有限公司合同合法有效，且其是具有施工资质的建筑企业，并不符合《最高人民法院关于审理建设工程施工合同纠纷案件适用法律问题的解释》（已失效）第26条规定的实际施工人的条件，甘肃某建突破合同相对性主张星某机床公司承担责任的诉讼请求于法无据，不予支持。

关联案例2

案件名称：某达路桥公司与李术某、核工业某公司建设工程合同纠纷再审案

审理法院：一审：岳阳市中级人民法院（2014）岳中民一初字第31－1号；二审：湖南省高级人民法院（2014）湘高法立民终字第130号；再审：最高人民法院（2015）民申字第120号

裁判观点：实际施工人以转包人、违法分包人为被告起诉的，人民法院应当依法受理。实际施工人以发包人为被告主张权利的，人民法院可以追加转包人或者违法分包人为本案当事人。发包人只在欠付工程价款范围内对实际施工人承担责任。因此，实际施工人在一定条件下可以突破合同相对性原则向发包人主张权利。但实际施工人起诉索要工程款的，首先应当向其合同相对方主张权利，这是实际施工人主张权利的主渠道，而不应直接向发包人（业主）主张权利。考虑到建设行政主管部门监管制度的健全及建筑市场发生的客观变化，同时为防止实际施工人对发包人诉权的滥用及虚假诉讼的发生，实际施工人原则上不应向与其没有合同关系的转包人、分包人、总承包人、发包人提起诉讼。对实际施工人向与其没有合同关系的转包人、分包人、总承包人、发包人提起诉讼的，要严格依照法律、司法解释的规定进行审查；不能随意扩大解释实际施工人突破合同相对性的适用范围，并且要严格依

据相关司法解释规定明确发包人只在欠付工程款范围内对实际施工人承担责任。因此，具体到本案中，某达路桥公司向核工业某公司突破合同相对性原则行使诉权，应证明其实际施工人地位，并提供起诉证据证明发包人可能欠付工程款，或者其合同相对方有破产、下落不明、法人主体资格灭失等严重影响实际施工人权利实现的情形。从双方签订的《设备租赁合同》来看，并不必然可以认定某达路桥公司的实际施工人地位。同时，《民事诉讼法》第119条规定起诉必须符合下列条件：（一）原告是与本案有直接利害关系的公民、法人和其他组织……（四）属于人民法院受理民事诉讼的范围和受诉人民法院管辖。由于某达路桥公司与核工业某公司并无直接的合同关系，因此，原审法院裁定驳回某达路桥公司对核工业某公司提起的诉讼，并无不妥。

关联案例3

案件名称：吕佐某、某城公司建设工程施工合同纠纷再审案

审理法院：二审：甘肃省高级人民法院（2019）甘民终439号；再审：最高人民法院（2019）最高法民申5048号

裁判观点：关于某城公司是否应当向吕佐某承担支付工程款的问题。1. 案涉工程的发包方为某宁水管所，承包方为某城公司，某城公司将工程转包给唐玉某，唐玉某又将工程转包给吕佐某。吕佐某与唐玉某签订施工合同，并实际收取唐玉某工程款，吕佐某与唐玉某为合同相对方。原审判决依据合同相对性，认定吕佐某向某城公司主张支付工程价款无事实和合同依据，并无不当。2. 吕佐某主张某城公司以其实际的授权和默认行为突破合同相对性，依据不足，不能推翻原审判决依据合同相对性对案涉工程款支付责任主体的认定。3. 吕佐某只能向合同相对方唐玉某主张权利。实际施工人以发包人为被告主张权利的，人民法院应当追加转包人或者违法分包人为本案第三人，在查明发包人欠付转包人或者违法分包人建设工程价款的数额后，判决发包人在欠付建设工程价款范围内对实际施工人承担责任，据此认定发包方某宁水管所在欠付工程款范围内承担责任，有事实和法律依据。故吕佐某关于某城公司应当向吕佐某支付工程款的再审申请主张，不符合《民事诉讼法》第200条第2项、第6项之规定，法院不予采信。

律师点评

根据《最高人民法院关于审理建设工程施工合同纠纷案件适用法律问题的解释（一）》第43条的规定，实际施工人可以请求与其直接建立合同关系的转包人、违法分包人支付工程款，亦可请求未与其直接建立合同关系的发

包人支付工程款。而在实践中，就发包人支付工程款的情形而言，既存在向转包人、违法分包人付款的情形，也存在直接向实际施工人付款的甚至还存在向上述主体以外的第三人付款的情形；因此，如何确定实际施工人请求付款的主体十分重要。此外，根据《最高人民法院关于审理建设工程施工合同纠纷案件适用法律问题的解释（一）》第43条的规定，发包人只在欠付工程价款范围内对实际施工人承担责任，因此如何确定发包人欠付工程款的范围，也是值得予以重要讨论的问题。

一、合同相对性原则及其突破

王泽鉴先生撰文指出："债权人得向债务人请求给付，债务人给付义务及债权人之权利，乃同一法律上给付关系之两面。此种仅特定债权人得向特定义务人请求给付之法律关系，学说上称之为债权之相对性（Relativität des Forderungsrechts）。"[①] 债权的相对性，作为一项规则最早起源于罗马法。在罗马法中，债被称为"法锁"，指当事人之间羁束的状态。而在英美法中，虽然不存在债的概念和体系，但与大陆法"债的相对性"对应，则有privity of contract，privity一词很难翻译，但显然不同于"相对性"relativity，译作"合同私密关系"也只能是近乎其义。其基本含义是：一个人如果不是当事人，他就不能获得契约权利，也不能被强加契约义务[②]。可见，无论大陆法系还是英美法系，对此都有相似的原则。我国《民法典》第119条规定："依法成立的合同，对当事人具有法律约束力。"第593条规定："当事人一方因第三人的原因造成违约的，应当依法向对方承担违约责任。当事人一方和第三人之间的纠纷，依照法律规定或者按照约定处理。"也是该原则在制度层面的体现。而在学理上一般使用"合同相对性原则"的概念，则似乎是两大法系用语的混搭。

合同相对性原则是一项历史悠久的制度，但随着商品经济发展，生产的社会性日益提高，社会利益主体的连带关系日益增强，交易的开放程度越来越高。传统契约理论极端个人主义的思想和封闭的履行规则显得不合时宜，于是现代合同法的立法价值取向由个人本位向社会本位发展。在制度设计上，大陆法系和英美法系都对合同相对性原则突破情形作出了相关规定，具体而

① 《王泽鉴法学全集》（第四卷），中国政法大学出版社2003年9月版，第115—116页。

② 参见管来智：《现代英美契约法上的"契约私密关系原则"初论——以案史为线索的一个探讨》，华东政法大学2004年硕士学位论文。

言表现在：合同的代位权和撤销权、第三人侵害债权、涉他契约、附保护第三人利益的契约、租赁权的物权化等方面①。上述《最高人民法院关于审理建设工程施工合同纠纷案件适用法律问题的解释（一）》第43条从保护实际施工人利益出发，赋予实际施工人直接向与其没有合同关系的发包人主张欠付工程款的权利，正属于特殊规定。虽然司法解释的起草者在制定该条款存有一定社会利益考量，但该条规定使发包人除了对其合同相对人负有义务，还对合同以外的人负有义务，实际上加重了发包人的责任，不免有被实际施工人滥用而损害发包人正当权益的危险，因此原《最高人民法院关于审理建设工程施工合同纠纷案件适用法律问题的解释》实施后，最高人民法院法官在公开讲话中数次要求严格把握对该规定的适用，多处地方法院的指导意见对该规定的适用也做出了限制，如《北京市高级人民法院关于审理建设工程施工合同纠纷案件若干疑难问题的解答》（京高法发〔2012〕245号）第18条规定："《解释》中的'实际施工人'是指无效建设工程施工合同的承包人，即违法的专业工程分包和劳务作业分包合同的承包人、转承包人、借用资质的施工人（挂靠施工人）；建设工程经数次转包的，实际施工人应当是最终实际投入资金、材料和劳力进行工程施工的法人、非法人企业、个人合伙、包工头等民事主体。法院应当严格实际施工人的认定标准，不得随意扩大《解释》第二十六条第二款的适用范围。对于不属于前述范围的当事人依据该规定以发包人为被告主张欠付工程款的，应当不予受理，已经受理的，应当裁定驳回起诉。"

二、"欠付"的类别与付款有效性

《最高人民法院关于审理建设工程施工合同纠纷案件适用法律问题的解释（一）》第43条第2款在文字表述上，对于发包人在欠付工程款范围内对实际施工人承担责任，只是针对实际施工人起诉发包人、追加转包人或者违法分包人为当事人而言，并不涉及借用资质的情形。而《北京市高级人民法院关于审理建设工程施工合同纠纷案件若干疑难问题的解答》则不同，第19条规定："……实际施工人以发包人为被告要求支付工程款的，应当追加违法分包人或转包人作为共同被告参加诉讼，发包人在其欠付违法分包人或转包人工

---

① 参见马超、邵和平：《论合同相对性原则突破的原因、内涵与价值》，载《河北法学》2013年第7期。

程款范围内承担连带责任……”第20条规定：“不具有资质的实际施工人（挂靠施工人）挂靠有资质的建筑施工企业（被挂靠人），并以该企业的名义签订建设工程施工合同，被挂靠人怠于主张工程款债权的，挂靠施工人可以以自己名义起诉要求发包人支付工程款，法院原则上应当追加被挂靠人为诉讼当事人，发包人在欠付工程款范围内承担给付责任……”

《北京市高级人民法院关于审理建设工程施工合同纠纷案件若干疑难问题的解答》将转包、违法分包归为一类，而将借用资质归为另一类，体现出二者在合同有效性上的区别。《最高人民法院关于审理建设工程施工合同纠纷案件适用法律问题的解释（一）》第1条规定：“建设工程施工合同具有下列情形之一的，应当依据民法典第一百五十三条第一款的规定，认定无效：（一）承包人未取得建筑业企业资质或者超越资质等级的；（二）没有资质的实际施工人借用有资质的建筑施工企业名义的；（三）建设工程必须进行招标而未招标或者中标无效的。承包人因转包、违法分包建设工程与他人签订的建设工程施工合同，应当依据民法典第一百五十三条第一款及第七百九十一条第二款、第三款的规定，认定无效。”也就是说，在非法转包或违法分包的情况下，实际施工人与转包人签订的转包合同，或与违法分包人签订的分包合同无效，但转包人或违法分包人与发包人签订的合同仍然有效。而在借用资质的情况下，不仅实际施工人与被挂靠人之间的合同无效，而且被挂靠人与发包人之间的合同也归于无效。

在合同有效的情况下，支付工程款是发包人的合同义务，欠付对象是承包人，在违法分包、转包的情况下，根据《北京市高级人民法院关于审理建设工程施工合同纠纷案件若干疑难问题的解答》第19条[①]的规定，发包人的付款对象仍是违法分包人、转包人，而非实际施工人，这也就意味着，一方面，虽然转包人、违法分包人并未实际施工，但发包人仍有向其支付工程款的合同义务；另一方面，发包人基于合同义务向转包人或违法分包人支付全部或部分工程款，在法律上是有效的支付行为，即使实际施工人根据《最高

① 《北京市高级人民法院关于审理建设工程施工合同纠纷案件若干疑难问题的解答》第19条：“违法分包合同、转包合同的实际施工人主张欠付工程款的，诉讼主体如何确定？发包人的责任如何承担？实际施工人以违法分包人、转包人为被告要求支付工程款的，法院不得依职权追加发包人为共同被告；实际施工人以发包人为被告要求支付工程款的，应当追加违法分包人或转包人作为共同被告参加诉讼，发包人在其欠付违法分包人或转包人工程款范围内承担连带责任。发包人以其未欠付工程款为由提出抗辩的，应当对此承担举证责任。”

人民法院关于审理建设工程施工合同纠纷案件适用法律问题的解释（一）》第43条突破合同的相对性，直接要求发包人付款，对该已有效支付的实际施工人亦不能主张。将实际施工人请求工程款的范围限定在发包人依据合同欠付转包人、违法分包人的部分，是在突破合同相对性后对实际施工人最为重要的制约。

在借用资质的情况下，因为实际施工人与被挂靠人之间的合同，以及被挂靠人与发包人之间的合同均归于无效，在实际施工人、被挂靠人和发包人之间均不存在合同关系。严格来说，没有合法有效的合同，也就没有合同相对性可言，更谈不上突破，除非将合同相对性原则扩大解释适用至无效合同导致的缔约过失责任等情形。《最高人民法院关于审理建设工程施工合同纠纷案件适用法律问题的解释（一）》的制定者即认为，无效合同仍然存在合同相对性，并且在无效合同的情况下，合同相对应该弱化，即更应被突破[①]。在借用资质的情况下，如果说发包人仍有付款义务，存在《最高人民法院关于审理建设工程施工合同纠纷案件适用法律问题的解释（一）》第43条所言的"欠付"，其依据并非合同，而是《最高人民法院关于审理建设工程施工合同纠纷案件适用法律问题的解释（一）》第24条的直接规定："当事人就同一建设工程订立的数份建设工程施工合同均无效，但建设工程质量合格，一方当事人请求参照实际履行的合同关于工程价款的约定折价补偿承包人的，人民法院应予支持。"虽然在学理上可以对上述两种"欠付"及其请求权基础作出区分，虽然《最高人民法院关于审理建设工程施工合同纠纷案件适用法律问题的解释（一）》第43条并未明文涉及借用资质的情形，虽然并不是所有的省市地方法院都有《北京市高级人民法院关于审理建设工程施工合同纠纷案件若干疑难问题的解答》第20条那样明确的规范，但在司法实践中，作为挂靠人的实际施工人直接向发包人请求工程款的权利，以及该权利以发包人欠付范围为限，即被挂靠人付款的有效性，得到了普遍的认可。

付款有效性的问题，同样存在于发包人向实际施工人付款的情形中。既然根据合同约定或者《最高人民法院关于审理建设工程施工合同纠纷案件适用法律问题的解释（一）》第24条的规定，转包人、违法分包人或被挂靠人

---

① 参见最高人民法院民一庭编著：《最高人民法院建设工程施工合同纠纷司法解释的理解与适用》，人民法院出版社2004年版，第227—230页。

有要求发包人向其支付工程款的权利，那么发包人已直接向实际施工人付款是否足以抗辩该请求权，即其向实际施工人的付款是否有效?《最高人民法院关于审理建设工程施工合同纠纷案件适用法律问题的解释（一）》对此并未作出规定，而部分省市地方法院则有相关的指导意见。2008 年《江苏省高级人民法院关于审理建设工程施工合同纠纷案件若干问题的意见》第 14 条规定："承包人根据建设工程施工合同要求发包人支付工程款，发包人要求对已经向实际施工人支付的部分进行抵扣的，人民法院应予支持，但承包人有证据证明发包人与实际施工人恶意串通的除外。"

三、付款义务人的举证责任

发包人如以已支付全部或部分工程款为由，对抗实际施工人的请求，则对于是否欠付与欠付范围，举证责任应如何分配?《最高人民法院关于审理建设工程施工合同纠纷案件适用法律问题的解释（一）》对此未有明确规定，但根据《民事诉讼法》第 64 条第 1 款的规定："当事人对自己提出的主张，有责任提供证据。"实际施工人往往根据合同约定的价款，或鉴定意见确定的工程造价向发包人主张工程款，此时发包人如主张已向承包人支付完工程款，则应对该等事实负举证责任。2008 年《江苏省高级人民法院关于审理建设工程施工合同纠纷案件若干问题的意见》第 23 条第 3 款即规定："实际施工人要求发包人给付工程款，发包人以实际施工人要求给付的工程款高于其欠付的工程款进行抗辩的，应当由发包人承担举证责任。"

在发包人与实际施工人的关系中，发包人是付款义务人，对于有效付款应承担举证责任。而转包人、违法分包人及被挂靠人对于实际施工人而言，也是付款义务人，在发生争议的情况下，同样需要对有效付款承担举证责任。如果付款义务人未向实际施工人直接付款，而是付给第三人，则需要证明其付款或该第三人收款得到了实际施工人的委托，否则法院将不认可其付款的有效性。

8.5 法院如何处理实际施工人主张的优先受偿权[①]

——某农商行达州分行与王某、颜某铝业公司、国某公司建设工程价款优先受偿权纠纷案[②]

关 键 词： 实际施工人　合同无效　优先受偿权

问题提出： 无施工资质的个人与发包人签订施工合同并进行施工，诉讼中以实际施工人身份请求对该工程行使优先受偿权的，法院如何适用法律？

关联问题： 建设工程施工合同无效，优先受偿权的权利主体包括哪些？优先受偿权如何行使？优先受偿权是否可以放弃？

裁判要旨： 享有工程价款优先受偿权的人须与发包人存在直接的施工合同关系。合同效力不影响工程价款优先受偿权的行使。无施工资质的个人是实际施工人而非承包人，依然享有建设工程价款优先受偿权主体资格。

案情简介

上诉人（原审第三人）：某农商行达州分行

被上诉人（原审原告）：王某

被上诉人（原审被告）：颜某铝业公司

被上诉人（原审被告）：国某公司

2013 年 6 月 1 日，一审原告王某与一审被告颜某铝业公司签订《建设工程施工合同》，被告颜某铝业公司将××县××工业园区年产 10 万吨铝型材一体化产业项目附属工程“厂区内所有雨水管网及污水管网开挖及安装工程”承包给原告王某修建。2013 年 5 月 28 日原告王某组织人员进场施工，2014 年

---

① 撰稿人：凌伟，上海建纬（杭州）律师事务所。

② 一审：四川省宣汉县人民法院（2018）川 1722 民初 3329 号；二审：四川省达州市中级人民法院（2019）川 17 民终 1716 号。

4月10日该工程结束，被告颜某铝业公司接收并投入使用。2014年8月22日，原告王某向被告颜某铝业公司致函，载明“颜某铝业公司：我施工的该公司厂区内的雨水管网、污水管网开挖及安装工程已完工，你司于2014年4月10日接收并投入使用，为办理结算，目前仅支付少量工程款，欠我大部分工程款一直未支付；我现正式致函你司要求尽快支付剩余工程款，要求对我施工的工程行使工程价款优先权。此呈。王某2014年8月22日”。8月28日，一审被告颜某铝业公司向原告回函，载明“王某：你提出要求支付你工程款，对施工工程行使工程款优先权。我司未能及时支付你的工程款，十分歉意，我司尽快办理结算将筹集资金，半年内支付拖欠你的工程款，对你的工程款的优先权我司表示认可。此复颜某铝业公司二〇一四年八月二十八日”。9月10日，一审原告王某与一审被告颜某铝业公司进行结算，双方签订决算书，一审原告工程价款570万元，一审被告颜某铝业公司已支付162万元。2015年11月12日，通过对账算账，扣除甲供材料款，一审被告颜某铝业公司下差一审原告王某工程款3925680元。2015年11月18日，一审原告王某向法院起诉要求被告颜锋公司支付工程款及利息，一审法院作出（2015）宣汉民初字第2543号民事判决：一审被告颜某铝业公司给付原告王某工程价款3925680元及利息。该民事判决已发生法律效力。

2014年4月24日，一审被告颜某铝业公司（甲方）与一审第三人某农商行达州分行（乙方）签订了《最高额授信合同》《固定资产借款合同》，主要约定：颜某铝业公司向农商行达州分行借款2亿元，借款用途为固定资产投资。之后，一审第三人某农商行达州分行根据一审被告颜某铝业公司的申请，分三次发放贷款共计17800万元。同日，一审第三人某农商行达州分行作为抵押权人与抵押人颜某铝业公司签订了《最高额抵押合同》，房产管理部门出具了《在建工程抵押登记证明》。记载：颜某铝业公司位于四川省××县××工业园区“年产10万吨铝型材一体化产业”项目，建筑面积196969.09平方米，系在建工程，于2014年5月23日办理了抵押鉴证登记，抵押期限为自2014年4月24日起至2019年4月23日止。一审被告颜某铝业公司未按约定归还贷款利息，一审第三人某农商行达州分行向四川省高级人民法院起诉，四川省高级人民法院于2016年2月25日作出（2015）川民初字第91号判决：一、被告颜某铝业公司应于本判决生效后十日内，向原告某农商行达州分行偿还借款本金17800万元及利息、复利、罚息；二、原告某农商行达州分行在本判决第一项规定的债权范围内，有权对被告颜某铝业公司位于四川省××市××县××工业园区的国有土地使用权［国有土地使用权证号为宜国用（2013）第011××、第011××、第011××、第011××、第011××号、第011××号］，以及工业园区“年产10万吨铝型材一体化产业”项目196969.09平方米的在建工程，以折价或拍卖、变卖后的价款，行使优先受偿权。

同时查明，2014年4月24日，一审被告国某公司向一审第三人某农商行达州分行出具书面承诺，载明：颜某铝业公司工业园区的“年产10万吨铝型材一体化产业”项目，由国某公司承建，鉴于颜某铝业公司向贵行申请综合授信25000万元，抵押物为该项目的土地及在建工程，国某公司自愿放弃对上述项目工程价款的优先受偿权。同日，被告颜某铝业公司出具书面承诺，载明：颜某铝业公司为了向某农商行达州分行申请贷款25000万元，保障支付颜某铝业公司“年产10万吨铝型材一体化产业”项目的工程款，受某农商银行（达州分行）委托，要求第一、二、三、四、五、六标段施工人放弃项目工程款的全部优先受偿权。颜某铝业公司承诺上述标段的工程款项仍按原合同条例，付款方式不变，否则各标段施工人收回全部优先受偿权。

王某向一审法院提出的诉讼请求：确认一审原告对一审被告颜某铝业公司欠付的工程款3925680元享有工程款优先受偿权。

一审法院做出（2018）川1722民初3329号民事判决：一审原告王某对一审被告颜某铝业公司应给付的工程价款3925680元，以其修建的一审被告颜某铝业公司工业园区雨水管网及污水管网工程折价或拍卖、变卖后的价款，行使优于一审第三人某农商行达州分行享有的抵押权的优先受偿权。

二审法院做出（2019）川17民终1716号民事判决：驳回上诉，维持原判。

各方观点

某农商行达州分行观点：（一）王某系实际施工人而非承包人，根据法律规定和相关判例，王某不是享有建设工程价款优先受偿权的适格主体。（二）王某所施工工程竣工验收并无监理、勘察、设计工程质量监管机构参与，王某和颜某铝业公司无权对工程进行竣工验收，一审法院认定案涉工程质量合格与客观事实不符，也缺乏法律依据。（三）王某所施工工程仅是颜某铝业×

×工业园项目的一小部分工程，不宜单独折价拍卖，一审判决无视工程不宜折价拍卖的客观事实，判决其享有工程优先受偿权错误。（四）一审判决认定王某主张工程优先受偿权未超过6个月期限错误，国某公司作为总承包单位，其放弃优先受偿权的效力应及于王某等实际施工人。

王某观点：王某作为与业主方直接建立施工关系的承包人，是合法的承包人，而非实际施工人，可以成为建设工程价款优先受偿权的行使主体。上诉人提出工程质量验收必须经质量监督机构参与的观点不能成立，王某所施工工程质量合格，依法可以享有优先受偿权。王某所施工工程不是政府工程或公益工程，不属于优先受偿权的排除范围。本案颜某铝业公司应付工程价款的时间为工程移交之日，王某在6个月内以发函的方式向颜某铝业公司主张工程价款优先受偿权依法应得到支持。国某公司放弃工程价款优先受偿权对王某不具有法律效力。

国某公司观点：国某公司与颜某铝业公司签订的《建设工程施工合同》是在颜某铝业公司已将案涉工程分别发包给所有实际施工人并施工到一定阶段后应政府压力补签的，国某公司与颜某铝业公司没有建立实质性的建设工程施工合同关系。《建筑工程施工内部分包合同》和《承诺书》中国某公司的印章和签名均是伪造的，国某公司与实际施工人没有建立分包合同关系，也未放弃建设工程价款优先受偿权。

法院观点

一审法院观点：（一）原告王某是否享有工程价款优先受偿权

法院认为，原告王某享有工程价款优先受偿权，理由阐述如下：首先，依照《最高人民法院关于审理建设工程施工合同纠纷案件适用法律问题的解释（二）》（法释〔2018〕20号）（已失效）第17条“与发包人订立建设工程施工合同的承包人，根据合同法第二百八十六条规定请求其承建工程的价款就工程折价或者拍卖的价款优先受偿的，人民法院应予支持”规定[①]，享有工程价款优先受偿权的人须与发包人存在直接的施工合同关系。就本案而言，根据庭审查明的事实和证据显示，原告王某作为自然人虽无施工资质，但其

① 对应《最高人民法院关于审理建设工程施工合同纠纷案件适用法律问题的解释（一）》（法释〔2020〕25号）第35条。

与被告颜某铝业公司于2013年6月签订工程施工合同，后由原告王某投入资金、组织施工，并与被告颜某铝业公司直接进行结算，故应当认为原告王某是本案诉争所涉工程与被告颜某铝业公司具有直接施工合同关系的承包人。

其次，依照《最高人民法院关于审理建设工程施工合同纠纷案件适用法律问题的解释（二）》（法释〔2018〕20号）（已失效）第19条“建设工程质量合格，承包人请求其承建工程的价款就工程折价或者拍卖的价款优先受偿的，人民法院应予支持”规定[①]，工程价款优先受偿权的享有并非以施工合同有效为条件，而是以建设工程质量是否合格为条件。虽原告王某作为自然人所签订的工程施工合同无效，但其所承建工程被告颜某铝业公司已于2014年4月接收并投入使用，足以表明被告颜某铝业公司自愿承担质量责任，应当认为原告王某所施工工程质量合格。另，依照《最高人民法院关于审理建设工程施工合同纠纷案件适用法律问题的解释（二）》（法释〔2018〕20号）（已失效）第22条“承包人行使建设工程价款优先受偿权的期限为六个月，自发包人应当给付建设工程价款之日起算”规定[②]，原告王某于2014年4月交付所承建工程，于2014年8月发函向被告颜某铝业公司主张工程价款优先受偿权。同时，原告与被告颜某铝业公司于2015年11月通过对账确定下差工程款金额，后原告于2016年4月起诉至法院主张工程价款优先受偿权，未超过工程价款优先受偿权行使期限6个月。综上，法院认为原告王某享有工程价款优先受偿权。

（二）关于被告国某公司承诺放弃工程价款优先受偿权的效力问题

根据庭审查明的事实和证据显示，案涉工程系由原告王某与被告颜某铝业公司签订的工程施工合同，并由原告王某实际投入资金、组织施工、进行结算等，被告国某公司虽与被告颜某铝业公司签订了《建设工程施工合同》，但第三人某农商行达州分行未提交被告国某公司就案涉工程实际投入资金、进行施工的相应证据，原告王某与被告颜某铝业公司亦具有直接的施工合同关系，故法院认为被告国某公司出具放弃工程价款优先受偿权的承诺对原告王某不具有法律约束力。

---

① 对应《最高人民法院关于审理建设工程施工合同纠纷案件适用法律问题的解释（一）》（法释〔2020〕25号）第38条。

② 对应《最高人民法院关于审理建设工程施工合同纠纷案件适用法律问题的解释（一）》（法释〔2020〕25号）第41条。

（三）关于如何确定建设工程价款优先受偿权的范围问题

依照《最高人民法院关于建设工程价款优先受偿权问题的批复》（已失效）第1条“人民法院在审理房地产纠纷案件和办理执行案件中，应当依照《中华人民共和国合同法》第二百八十六条的规定，认定建筑工程的承包人的优先受偿权优于抵押权和其他债权”规定[①]，原告王某享有的工程价款优先受偿权优于第三人某农商行达州分行所享有的抵押权。同时依照《最高人民法院关于审理建设工程施工合同纠纷案件适用法律问题的解释（二）》（法释〔2018〕20号）（已失效）第21条“承包人建设工程价款优先受偿的范围依照国务院有关行政主管部门关于建设工程价款范围的规定确定。承包人就逾期支付建设工程价款的利息、违约金、损害赔偿金等主张优先受偿的，人民法院不予支持”规定[②]，工程价款优先受偿的范围包括全部工程价款。现被告颜某铝业公司下差原告王某工程款3925680元，故原告王某有权对被告颜某铝业公司下差的工程价款3925680元，以其修建被告颜某铝业公司工业园区雨水管网及污水管网工程折价或拍卖、变卖后的价款，行使优于第三人某农商行达州分行享有的抵押权的优先受偿权。

二审法院观点：法院认为，被上诉人王某与被上诉人颜某铝业公司签订了《建设工程施工合同》，王某投入资金、组织施工，并与颜某铝业公司直接进行结算，故一审认定王某是本案诉争所涉工程与颜某铝业公司具有直接施工合同关系的承包人正确。虽然王某作为自然人无施工资质，其与颜某铝业公司签订的《建设工程施工合同》属无效合同，但合同效力不影响工程价款优先受偿权的行使。一审根据《最高人民法院关于审理建设工程施工合同纠纷案件适用法律问题的解释（二）》（法释〔2018〕20号）（已失效）第17条“与发包人订立建设工程施工合同的承包人，根据合同法第二百八十六条规定请求其承建工程的价款就工程折价或者拍卖的价款优先受偿的，人民法院应予支持”的规定[③]，认定王某享有工程价款优先受偿权正确。某农商行达州分行上诉称王某是实际施工人而非承包人，不享有建设工程价款优先受偿

---

① 对应《最高人民法院关于审理建设工程施工合同纠纷案件适用法律问题的解释（一）》（法释〔2020〕25号）第36条。

② 对应《最高人民法院关于审理建设工程施工合同纠纷案件适用法律问题的解释（一）》（法释〔2020〕25号）第40条。

③ 对应《最高人民法院关于审理建设工程施工合同纠纷案件适用法律问题的解释（一）》（法释〔2020〕25号）第35条。

权主体资格的理由不能成立，法院不予支持。案涉工程系由王某与被告颜某铝业公司签订的工程施工合同，并由王某实际投入资金、组织施工、进行结算等，国某公司虽与颜某铝业公司签订了《建设工程施工合同》，上诉人某农商行达州分行未提交被告国某公司就案涉工程实际投入资金、进行施工的相应证据，王某与颜某铝业公司亦具有直接的施工合同关系，故国某公司出具放弃工程价款优先受偿权的承诺对王某不具有法律约束力。

王某所承建工程已于2014年4月移交给颜某铝业公司，且双方进行了工程结算，表明颜某铝业公司自愿承担质量责任，故一审认定王某所施工工程质量合格并无不当。某农商行达州分行上诉称王某所施工工程质量不合格，但未提供充分的证据证明，其理由不能成立。故一审根据《最高人民法院关于审理建设工程施工合同纠纷案件适用法律问题的解释（二)》（法释〔2018〕20号）（已失效）第19条“建设工程质量合格，承包人请求其承建工程的价款就工程折价或者拍卖的价款优先受偿的，人民法院应予支持”的规定[①]，对王某请求工程价款优先受偿权予以支持正确。王某于2014年4月交付所承建工程，于2014年8月发函向颜某铝业公司主张工程价款优先受偿权，符合《最高人民法院关于审理建设工程施工合同纠纷案件适用法律问题的解释（二)》（法释〔2018〕20号）（已失效）第22条“承包人行使建设工程价款优先受偿权的期限为六个月，自发包人应当给付建设工程价款之日起算”的规定[②]。某农商行达州分行上诉称王某主张工程价款优先受偿权超过6个月期限的理由不能成立，法院不予支持。

---

① 对应《最高人民法院关于审理建设工程施工合同纠纷案件适用法律问题的解释（一)》（法释〔2020〕25号）第38条。

② 对应《最高人民法院关于审理建设工程施工合同纠纷案件适用法律问题的解释（一)》（法释〔2020〕25号）第41条。

关联案例 1

案件名称：某集团安徽公司与东方某某公司、某御房地产公司建设工程价款优先受偿权纠纷案

审理法院：一审：江苏省南京市中级人民法院（2019）苏01民初第2140号

裁判观点：中标合同因违反《招标投标法》无效，但实际施工人已提供了初步证据证明已完工工程质量合格，发包人在此前支付工程款及本案审理期间并未对已完工工程质量问题提出异议，原告主张的欠付工程款范围内对其承建的案涉工程拍卖的价款优先受偿于法有据，法院予以支持。

关联案例 2

案件名称：某隆建筑工程有限公司与某房地产开发有限公司等建设工程施工合同纠纷案

审理法院：一审：河北省唐山市中级人民法院（2010）唐民初字第361号；二审：河北省高级人民法院（2012）冀民一终字第22号

裁判观点：内部承包的实际施工人以总包名义对外签订合同，以总包名义形成负债，故工程款应向总包支付，总承包人与内部承包人纠纷应另案解决，实际施工人不具有优先受偿权，实际施工人的权利保护，可以在执行过程中统筹考虑。

关联案例 3

案件名称：程某某与钧某房地产公司建设工程价款优先受偿权纠纷案

审理法院：一审：重庆市江津区人民法院（2019）渝0116民初9075号；二审：重庆市第五中级人民法院（2020）渝05民终5767号

裁判观点：享有优先受偿权的权利主体必须是与发包人存在直接施工合同关系的承包人，其权利是法定的，专属于承包人，不能随工程价款一并转让。虽然承包人与第三人协议将工程价款及优先受偿权一并转让给了第三人，但由于工程价款优先受偿权不能转让，故第三人只能取得向发包人收取工程价款的权利，不能取得工程价款的优先受偿权。

律师点评

从《合同法》（已失效）第286条到《民法典》第807条，规定了承包

人对其承建的建设工程享有优先受偿权，目的在于解决拖欠工程款问题，对于保障承包人工程款债权的实现，解决拖欠工程款问题，保障劳务工人的报酬和社会秩序的稳定具有积极意义。可以说，承包人优先受偿权是建筑市场的"及时雨"。虽然《民法典》和《最高人民法院关于审理建设工程施工合同纠纷案件适用法律问题的解释（一）》（法释〔2020〕25号）等规范性法律文件的相继出台，对建设工程优先权的相关规定做了进一步明确和细化，但是，无论在理论还是实践中，建设工程优先权的理解和适用都存在诸多争议，我们需要进行更深入的研究。

一、优先受偿权的行使是否应当以合同有效为前提

优先受偿权的行使是否应当以施工合同有效为前提，换言之，在施工合同无效的情况下，承包人能否行使优先受偿权？要回答这一问题，首先需要对优先受偿权的性质予以界定，对优先受偿权性质界定不同，则该问题的答案也便不同。

有学者认为优先受偿权的性质为法定抵押权①，也有观点认为优先受偿权的性质为留置权，尽管两种观点有差别，但该两种观点都将优先受偿权归为担保物权，而基于担保物权的从属性，主合同无效，则担保权利便不能成立，也即，施工合同无效，承包人无权行使优先受偿权。

另有观点认为，优先受偿权的性质为优先权，是由法律直接规定的特种债权的债权人享有优先受偿的权利，优先权是法定的，不需要登记就可以对抗第三人。基于此种认识，优先受偿权的行使不以合同有效为前提，也即，施工合同无效，承包人亦有权行使优先受偿权。

我们认为，《民法典》第793条第1款规定："建设工程施工合同无效，但是建设工程经验收合格的，可以参照合同关于工程价款的约定折价补偿承包人。"根据该条，承包人在施工合同无效的情形下可以享有工程价款的请求权，虽然民法典及相关司法解释未明确合同效力对优先受偿权的影响，但从体系角度解释，既然认可合同无效仍然有权要求工程款，就应当保证该请求权能够实现，而建设工程优先受偿权正是保障这一请求权实现的有效手段，如果不能赋予承包人优先受偿权，《民法典》第793条第1款的适用就达不到

① 梁慧星：《合同法第二百八十六条的权利性质及其适用》，载《山西大学学报（哲学社会科学版）》2011年第3期。

既定效果。因此，为了真正发挥《民法典》第793条第1款的立法价值，优先受偿权的适用应参照该条款，合同无效时，如果工程经竣工验收合格，优先受偿权仍应得到支持；如工程未验收合格的，承包人不具有工程款的请求权，自然也不能享有优先受偿权。

二、如何确定优先受偿权的权利主体

建设工程施工合同的效力，并不影响相关权利人主张优先受偿权，那么如何界定建设工程价款优先受偿权的权利主体和行使主体？

《民法典》第807条确定的优先受偿权权利主体为建设工程合同的承包人，《民法典》第788条规定建设工程合同包括工程勘察、设计、施工合同。通论认为优先受偿权仅限于进行工程建设施工的主体，即已将人力物力物化成建筑产品的这类主体，并不限于总承包人，但勘察人或者设计人就勘察费或者设计费不能主张优先受偿权。如安徽省高级人民法院①、广东省高级人民法院等。另外，相关法律实践和理论都认可装饰装修工程属于建设工程施工合同。《最高人民法院关于审理建设工程施工合同纠纷案件适用法律问题的解释（一）》（法释〔2020〕25号）第37条明确规定，装饰装修工程具备折价或者拍卖条件，装饰装修工程的承包人请求工程价款就该装饰装修工程折价或者拍卖的价款优先受偿的，人民法院应予支持。

1. 建设工程施工合同有效情形下分包人是否享有优先受偿权

部分实践认为，承包人与发包人在订立总包合同，总承包人又进行合法分包的，该情况下优先受偿权的成立，是基于合同之债产生的请求权。根据合同相对性原理，只有总承包人有权行使优先受偿权，与发包人不存在建设工程合同关系的任何一方当事人，均无法享有基于合同之债而形成的优先受偿权，所以分包人不能主张该优先权。但是为了保护专业工程分包人的权益，部分法院规定在总包欠付分包人工程款，且怠于向发包方主张优先受偿权的情况下，分包人可以在欠付的工程款范围内直接向发包人主张优先受偿权，

---

① 《安徽省高级人民法院关于审理建设工程施工合同纠纷案件适用法律问题的指导意见》"16. 装饰装修工程承包人主张工程款优先受偿权，可予支持；工程勘察人或设计人就工程勘察或设计费主张优先受偿权，不予支持。"

起诉的依据为《民法典》第535条[①]规定的“代位权”[②]。

2. 实际施工人能否行使优先受偿权

北京市高级人民法院明确了“实际施工人”的概念，系指无效建设工程施工合同的承包人，即违法的专业工程承包和劳务作业分包合同的承包人、转承包人、借用资质的施工人（挂靠施工人）；建设工程经数次转包的，实际施工人应当是最终实际投入资金、材料和劳力进行工程施工的法人、非法人企业、个人合伙、包工头等民事主体。根据前文的论述，施工合同无效的，承包人亦有权行使优先受偿权，也就是说，实际施工人亦是优先受偿权的权利主体，但根据《民法典》第793条规定，实际施工人只有在所完工程质量合格的情况下才能主张优先权。

3. 工程款债权转让后的权利主体

对于工程款债权转让的情形，转让人对建设工程的工程款优先受偿权是否一起转让的问题，江苏省高级人民法院[③]认为优先受偿权为法定抵押权，是工程款的担保物权，从属于工程款，如工程款的债权转让，则优先受偿权随之转让。

优先受偿权从性质上讲是优先权，而该优先权的产生是基于特定主体已投入资源进行实际施工而产生的给付请求权，专属于实际施工的主体，具有类人身属性；而且优先受偿权是由法律直接规定的权利，不需要做任何的登记备案，如果认可具有可以转让的属性，那么如何平衡其他权利人的利益又是一个重大问题。有鉴于此，应当认为该优先权不得转让。

三、房屋买受人的期待权是否影响优先受偿权的行使

参照《最高人民法院关于建设工程价款优先受偿权问题的批复》（已失效），其中明确了建设工程优先受偿权优先于该建筑工程的抵押权和其他债

---

① 《民法典》第535条规定，因债务人怠于行使其债权或者与该债权有关的从权利，影响债权人的到期债权实现的，债权人可以向人民法院请求以自己的名义代位行使债务人对相对人的权利，但是该权利专属于债务人自身的除外。代位权的行使范围以债权人的到期债权为限。债权人行使代位权的必要费用，由债务人负担。相对人对债务人的抗辩，可以向债权人主张。

② 《安徽省高级人民法院关于审理建设工程施工合同纠纷案件适用法律问题的指导意见》：“18. 分包人或实际施工人完成了合同约定的施工义务且工程质量合格的，在总包人或非法转包人怠于主张工程价款优先受偿权时，就其承建的工程在发包人欠付的工程款范围内主张工程价款优先受偿权，可予支持。”

③ 《江苏省高级人民法院关于审理建设工程施工合同纠纷案件若干问题的意见》第20条：“承包人将建设工程价款债权转让的，建设工程价款的优先受偿权随之转让。”

权，但不得对抗已经交付了全部或者大部分购房款的消费者[①]。但何谓消费者，以及如何判定消费者是否支付了大部分购房款，上述批复并未予以规定。

实践中，商品房建设工程竣工比商品房预售晚许多，开发商利用购房消费者的权利优先于施工人的优先受偿权的规定，在竣工之前，将收回的预售款挪作他用，甚至谋取不法利益，并转嫁工程抵偿的风险责任，一系列法律障碍的设置，导致承包人优先受偿权难以得到实现。

四、优先受偿权的行使方式

优先受偿权作为承包人取得工程款的重要保障，如何行使至为重要，然而，现行法律规范对优先受偿权的行使方式并未作出明确的规定，实践中，如下问题是优先受偿权行使中的主要争议问题：

1. 行使优先受偿权之前，是否应当催告发包人？

根据《民法典》第807条规定，发包人未按照约定支付价款的，承包人可以催告发包人在合理期限内支付价款。根据字面意思的理解，承包人在行使优先受偿权之前，可以催告付款，使用“可以”字样，则催告对于承包人来讲是权利而非义务，催告发包人并不是必需的，更不是行使优先受偿权的前置程序。各地的司法实践也支持该观点，并未将催告作为行使优先受偿权的前置程序。

2. 是否可以直接申请法院拍卖？

《民法典》第807条规定：“……除根据建设工程的性质不宜折价、拍卖外，承包人可以与发包人协议将该工程折价，也可以请求人民法院将该工程依法拍卖。建设工程的价款就该工程折价或者拍卖的价款优先受偿”根据该规定，优先受偿权的行使方式有两种，一种是协议折价，另一种是依法拍卖。在发包人欠付工程款的情况下，让承包人与发包人协议折价并不具有可操作性，而拍卖作为执行的手段，应当根据相应的法律文书做出。如直接申请法院拍卖，申请人的权利暂未查明，且该建设工程是否有其他权利人尚未确定，极容易因第三人或者是发包人的异议而终止，所以直接申请法院拍卖也不可行。

---

① 《最高人民法院关于审理建设工程施工合同纠纷案件适用法律问题的解释（一）》（法释〔2020〕25号）只规定了建设工程优先受偿权优先于该建筑工程的抵押权和其他债权。未涉及房屋买受人的期待权与建设工程优先受偿权的优先性比较。

3. 行使优先受偿权是否有期限？

根据《最高人民法院关于审理建设工程施工合同纠纷案件适用法律问题的解释（一）》（法释〔2020〕25号）第41条规定，承包人应当在合理期限内行使建设工程价款优先受偿权，但最长不得超过十八个月，自发包人应当给付建设工程价款之日起算。

该批复明确了行使优先权的期限为十八个月，并确定了起算时间。最新的司法解释改变了之前的规定，将优先权的适用期限大幅增加，但起算时间依然为“自发包人应当给付建设工程价款之日起算”。

五、优先受偿权是否可以约定放弃

优先权作为一项民事权利，优先权的产生完全是基于法律的直接规定，当事人既不得事先约定优先权的发生，通常也不得约定排除优先权的适用。双方约定放弃该权利，往往是发包人利用优势地位迫使承包人承诺排除优先受偿权，违反了诚实信用原则，同时排除优先受偿权的适用，将使建设工程款的支付没有了保障，并进一步导致施工人员的工资没有着落，使《民法典》第807条的目的落空。

虽然优先受偿权直接由法律规定而来，不是合同当事人约定的权利，但对承包人而言，优先受偿权只是一项民事权利，对于由其享有的民事权利而言，拥有绝对的处分权利。无论基于什么样的原因，如放弃该权利系承包人真实意思表示，遵循意思自治原则，法律应当尊重当事人的选择。

在合同无效的情况下，双方约定放弃优先受偿权，或者承包人单方面的放弃优先受偿权的承诺作为合同的一部分，当然无效，则承包人作为实际施工人，可以主张优先受偿权，前文已分析过，暂不赘述。

如总包合同有效，并约定了放弃优先受偿权，而后违法分包，或者非法转包，就出现总承包人无权主张优先受偿权，而分包人或者转包人可以在总包欠付工程款的范围内向发包人主张优先受偿权。这种倒挂现象，在现行的法律框架下是允许的，也符合《民法典》第807条的立法目的。

8.6 法院如何认定建设工程优先受偿权的约定放弃[①]

——某兴公司与万某公司建设工程价款优先受偿权纠纷案[②]

关 键 词： 优先受偿权　约定放弃　效力　范围　工人利益

问题提出： 承包人将其享有的建设工程优先受偿权以书面的形式放弃是否有效？

关联问题： 在承包人放弃建设工程优先受偿权有效的情况下，其放弃的效力是否及于所有的债权人？部分放弃优先受偿权的如何处理？

裁判要旨： 虽然承包人协议书中放弃了工程价款优先受偿权，但该放弃行为致使其未能足额支付农民工工资，未能保障农民工的生存利益，则该放弃承诺不能认定有效，承包人仍然享有建设工程价款优先受偿权。

案情简介

原告：某兴公司

被告：万某公司

第三人：某农商银行

第三人：某润达公司

2015 年 5 月 19 日，原、被告签订了两份《建设工程施工合同》，约定，原告对被告开发的位于新疆××市砖混多层住宅楼及地下车库和 11#、12#、13#住宅楼及 14#综合楼等建设工程进行施工。2017 年 4 月 14 日，原、被告又签订了一份《建设工程补充协议》，就上述两份《建设工程施工合同》中相关事项作了补充约定，两份《建设工程施工合同》的施工工期均为 2016 年 5 月 6 日至 2017 年 11 月 30 日。

2016 年 12 月 12 日，被告向某农商银行借款 1350 万元，以××市某荷里

① 撰稿人：凌伟，上海建纬（杭州）律师事务所。

② 一审：新疆生产建设兵团第（农）七师中级人民法院（2020）兵 07 民初 1 号。

46栋至58栋的在建工程进行抵押，并办理抵押权登记。

2016年12月27日，某农商银行（甲方）、某润达公司（乙方）、万某公司（丙方）、某和公司（丁方）、某兴公司（戊方）五方签订了一份协议书，内容为：丙方在××市某荷里开发建设的某荷里小区“××花园”项目的商品房，因丙方以该项目土地使用权抵押向甲方借款，同时以该项目土地使用权轮候向乙方提供反担保抵押。现因丙方无力偿还甲方的贷款以及乙方的代偿款1087万元，致使该项目土地使用权无法解除，进而无法办理商品房预售手续。为使该项目达到预售条件以及顺利竣工销售，以上各方共同约定，甲方、乙方首先共同解除该项目土地使用权的抵押，丙方将取得预售许可证的在建工程抵押给甲方后，甲方为丙方办理1350万元借新还旧贷款，并在该项目实际承建人赵某提供甲方认可的担保条件下，以赵某名义发放650万元新增贷款。经甲、乙、丙、丁、戊五方充分协商，签订本协议供五方执行。……第四条第（三）款约定：商品房销售款20%资金用于销售商品房应交纳的各项税费（如商品房销售税金、劳保统筹、城市配套费、农民工保证金、销售佣金等，详见附件）；70%款项用于偿还丙方及赵某在甲方处的贷款本息（其中：50%用于归还丙方贷款本息，另外50%用于归还赵某名下贷款本息）；10%款项用于偿还乙方的代偿款，直到贷款本息及代偿款还清为止。第七条第（二）款约定：经各方确认，因履行本协议或其他协议而在丙方、戊方之间产生的债权债务关系由双方自行解决，与其他各方无关，不影响甲方的抵押权及乙方代偿款的受偿权，戊方同意放弃对该在建工程抵押物主张任何形式的优先权（如有）。第（三）款约定：丙方偿还甲方贷款本息及乙方的代偿款后，销售款必须用于支付戊方的工程款，甲方继续监管丙方在甲方开设的销售结算账户，确保戊方收回95%的工程款、商品房销售税金、劳保统筹、城市配套费、农民工保证金、销售佣金结清后，本协议自行终止。

2017年10月20日，某农商银行（甲方）、某润达公司（乙方）、万某公司（丙方）、某和公司（丁方）、某兴公司（戊方）五方又签订了一份补充协议书，内容为：甲、乙、丙、丁、戊五方于2016年12月27日签订的《协议书》涉及的××市某荷里开发建设的某荷里小区“××花园”项目商品房被××市人民法院查封，影响到未建项目工程不能按期开工和商品房如期销售，为保障项目工程竣工验收和销售，以维护各方权益，经甲、乙、丙、丁、戊五方充分协商，签订本补充协议供各方执行。一、已抵押给甲方的房屋（详见房屋他项权证及抵押清单）销售款按原协议第四条分配比例执行。二、未办理抵押登记的房屋及地下车位（详见预售房屋清单）销售款15%资金用于销售商品房应交纳的各项税费；40%款项用于偿还丙方及赵某在甲方处的贷款本息（其中：50%用于归还丙方贷款本息，另外50%用于归还赵某名下贷款本息）；20%款项用于支付戊方（实际承建人赵某）工程款；10%款项用于偿还乙方的代偿款；15%款项划转至××市人民法院，用于支付丙方案件执行款。三、如丙方偿还完甲方贷款本息（包括实际承建人赵某个人贷款）后，甲方所占的销售款份额60%分摊给戊方（实际承建人赵某）用于支付戊方的工程款，剩余40%份额按本协议第二条其他各方占比分摊。四、上述各方如其中一方先受偿完毕，其所占份额按照其他各方所占比例分摊，以此类推。五、甲方收清丙方及赵某（实际承建人）全部贷款本息后，继续监管丙方在甲方开设的销售结算账户，确保乙方代偿款结清、戊方（实际承建人赵某）收回95%的工程款及商品房销售税金、劳保统筹、城市配套费、农民工保证金、销售佣金结清后，以及丙方在××市人民法院现有案件实际可执行款到位后，本协议自行终止或各方协议终止。

2017年11月23日，何某等9个劳务队217人就涉诉工程拖欠劳务费4573600元向新疆生产建设兵团第七师劳动保障监察支队投诉。新疆生产建设兵团第七师劳动保障监察支队鉴于某兴公司与万某公司通过诉讼程序解决纠纷，不再继续受理此案，并于2018年9月16日结案。

某兴公司当庭认可一审法院于2019年8月5日作出的（2018）兵07民初8号民事判决书中确定的优先受偿权数额39311100.1元（价格鉴定意见53265368.85元－回复已调整造价31875.68元－回复已调整造价663093.59元－回复已调整造价2158288.48元－已售商品房6790619元－已付工程款4310392元），并同意上述所列项目的扣减。

某兴公司向法院提出诉讼请求：判决确认其就被告拖欠其工程款46608682元的××市某荷里××花园项目1#、2#、3#、4#砖混多层住宅楼，11#、12#、13#、14#框架楼及地下车库建设工程享有优先受偿权。

涉诉法院判决：原告某兴公司就被告万某公司开发的位于××市39311100.1元工程价款范围内享有优先受偿权。

各方观点

万某公司观点：1. 原告诉讼的工程款数额只是按照合同约定的价格估算出来的，原告实际完成的工程量并没有那么多。

2. 原告起诉前为了解决资金问题与被告及第三人等五方达成协议，协议第七条第（二）款约定原告放弃优先受偿权。现原告主张优先受偿权，与五方协议相冲突。

3. 五方协议和补充协议已经保障了原告的权利，被告以房屋抵押等方式向原告支付了800多万元工程款，其中以原告名义贷款，用被告房屋抵押的400多万元已用于支付工人工资；2017～2018年的售房款按五方协议履行优先偿还了原告的贷款140万元左右。另外，被告还用商铺抵地基土方工程款，用住宅楼抵原告对外欠的砂石料款。请求驳回原告的诉讼请求。

某农商银行观点：1. 2016年12月12日被告向某农商银行借款1350万元，以××市某荷里46栋至58栋在建工程进行抵押，并办理了抵押权登记。

2. 2016年12月27日，五方签订协议书，协议书第七条第（二）款明确约定原告同意放弃对该在建工程抵押物主张任何形式的优先权，所以原告对已经办理抵押登记的抵押物没有权利主张优先权。

3. 关于案涉工程，原告没有履行完毕合同义务，案涉工程没有完工，更没有竣工验收，所以原告主张优先权没有事实及法律依据。除××市某荷里46栋至58栋的在建工程进行抵押外，万某公司提供××市某荷里51、52、54、55、57、58栋土地使用权进行抵押，赵某向某农商银行借款650万元，借款用于支付工人工资，还款方式是以工程款以及售房款偿还贷款。

4. 原告主张工程价款优先受偿权的诉求不当，本案属于未完工程，原告主张工程价款优先受偿权的前提是案涉工程合同解除或者终止，现在原告要求继续履行合同，又主张工程价款优先受偿权，没有法律依据，且诉求矛盾，请求驳回原告的诉讼请求。

某润达公司观点：某润达公司不同意原告提出的优先受偿权诉请。原告主张优先权没有事实及法律依据，且诉求不当。请求驳回原告的诉讼请求。

法院观点

法院观点：法院认为本案的争议焦点是：一、某兴公司对其已施工完毕的工程量价款是否享有优先受偿权；二、若某兴公司享有优先受偿权，工程价款数额是多少。

一、某兴公司对其已施工完毕的工程量价款是否享有优先受偿权

关于争议焦点一，某兴公司与万某公司签订的《建设工程施工合同》系双方真实意思表示，合法有效，双方均应依约履行义务。合同签订后，某兴公司按照合同约定进行了施工，万某公司并未支付相应的工程款，虽然双方约定案涉工程资金由承包人某兴公司自筹，但案涉工程被万某公司抵押担保贷款，且万某公司无力偿还贷款，案涉工程曾被多家法院查封，该事实足以造成某兴公司不安。建设工程优先权制度的设计是从保护承包人的利益，最终保障农民工等劳动者的生存利益。《最高人民法院关于审理建设工程施工合同纠纷案件适用法律问题的解释（二）》（法释〔2018〕20 号）（已失效）第 23 条规定："发包人与承包人约定放弃或者限制建设工程价款优先受偿权，损害建筑工人利益，发包人根据该约定主张承包人不享有建设工程价款优先受偿权的，人民法院不予支持。"① 结合本案查明的事实，虽然某兴公司在 2016 年 12 月 27 日五方签订的协议书中放弃了工程价款优先受偿权，但该放弃行为致使其未能足额支付农民工工资，未能保障农民工的生存利益，从而引发 217 名农民工向新疆生产建设兵团第七师劳动保障监察支队投诉，该放弃承诺不能认定有效。虽然案涉工程未完工，但万某公司对某兴公司已完工的工程质量并未提出异议，且建设工程价款优先受偿权的基础权利源于工程款债权，综合以上因素，某兴公司享有建设工程价款优先受偿权。

二、若某兴公司享有优先受偿权，工程价款数额是多少

关于争议焦点二，法院根据某兴公司的申请，委托《兵团法院对外委托鉴定人名册》中的鉴定机构新疆某天价格评估有限公司对案涉已完工的工程量及工程造价进行了鉴定，鉴定意见作出后，万某公司提出异议，鉴定机构也给予了回复，法院在庭前会议中组织三方当事人对工程施工图纸等鉴定材料进行了充分的质证，而且鉴定人员亦出庭接受了法庭质询。根据《最高人民法院关于民事诉讼证据的若干规定》第 27 条第 2 款"对有缺陷的鉴定结论，可以通过补充鉴定、重新质证或者补充质证等方法解决的，不予重新鉴

---

① 对应《最高人民法院关于审理建设工程施工合同纠纷案件适用法律问题的解释（一）》（法释〔2020〕25 号）第 42 条。

定”的规定[①]，新疆某天价格评估有限公司出具的鉴定意见合法有效，可以作为某兴公司已完工工程量及工程造价的依据。《最高人民法院关于建设工程价款优先受偿权问题的批复》（已失效）第2条规定：“消费者交付购买商品房的全部或者大部分款项后，承包人就该商品房享有的工程价款优先受偿权不得对抗买受人。”因万某公司以房抵债的房屋并未完工交付，其以房抵债的行为是债务变更而非债务更新，系双方当事人另行增加的一种清偿债务的履行方式，而非原金钱给付债务的消灭，且牛玉某、陆某、赵某亦不是上述法律规定的消费者，不能对抗承包人就该商品房享有的工程价款优先受偿权，故本案中万某公司以房抵债的商品房不适用上述法律规定。该批复第3条规定：“建筑工程价款包括承包人为建设工程应当支付的工作人员报酬、材料款等实际支出的费用，不包括承包人因发包人违约所造成的损失。”由此，某兴公司应享有的优先受偿权数额为48300653.1元（价格鉴定意见53265368.85元－回复已调整造价31875.68元－回复已调整造价663093.59元－回复已调整造价2158288.48元－已售商品房2111458元）。但因某兴公司当庭表示认可优先受偿权的数额是39311100.1元，系当事人对自己权利的处分，不违反法律规定，法院予以支持。故某兴公司就其施工的案涉工程应付工程款享有优先受偿权数额为39311100.1元。关于某兴公司预付的鉴定费356000元，系其因诉讼产生的损失，应由原被告按照胜诉比例承担，故万某公司应支付某兴公司鉴定费300260.62元。

《最高人民法院关于建设工程价款优先受偿权问题的批复》（已失效）第1条规定：“人民法院在审理房地产纠纷案件和办理执行案件中，应当依照《中华人民共和国合同法》第二百八十六条的规定，认定建筑工程的承包人的优先受偿权优于抵押权和其他债权。”[②] 故本案某兴公司对建设工程价款所享有的优先受偿权优于第三人的抵押权。

---

① 根据《最高人民法院关于修改〈关于民事诉讼证据的若干规定〉的决定》，该司法解释现已修改。

② 对应《最高人民法院关于审理建设工程施工合同纠纷案件适用法律问题的解释（一）》（法释〔2020〕25号）。

关联案例 1

案件名称：重庆市某建筑工程公司与重庆某某房地产开发有限公司建设工程施工合同纠纷案

审理法院：一审：重庆市铜梁县人民法院（2011）铜法民再初字第 00004 号；二审：重庆市第一中级人民法院（2011）渝一中法民终字第 06643 号

裁判观点：承包方在发包方与银行的贷款活动中，作出了放弃工程价款优先受偿权的意思表示，促使双方贷款完成，该放弃优先受偿权的意思表示应当具有法律效力。工程价款优先受偿权属于当事人享有的民事权利，法律设立该项权利的目的在于优先保障民工工资等合法权益的实现，但是该类权益的保障也可以通过当事人的其他措施予以实现，而承包方已明确表示放弃该优先受偿权并促使相关的贷款完成，对作出该项承诺的相应法律后果承包人应予承担，至于依法保障民工工资等权益是另一法律问题，并不影响放弃优先受偿权承诺的效力。

关联案例 2

案件名称：某农商行达州分行与王某、颜某铝业公司、国某公司建设工程价款优先受偿权纠纷案

审理法院：一审：四川省宣汉县人民法院（2018）川 1722 民初 3329 号；二审：四川省达州市中级人民法院（2019）川 17 民终 1716 号

裁判观点：承包人虽与发包人签订了《建设工程施工合同》，但该承包人未就案涉工程实际投入资金、进行施工，实际施工人与发包人亦具有直接的施工合同关系，故承包人出具放弃工程价款优先受偿权的承诺对实际施工人不具有法律约束力。

律师点评

建筑行业发展至今，逐步成为资本和劳动力密集型行业，资金一直是建设方优先考虑的问题。实践中，一般建设方会要求承包人部分垫资，或者向银行抵押贷款，《民法典》第 807 条规定的建设工程优先受偿权保障了承包人请求工程价款的权利。

建设工程优先受偿权源于法定而无需登记，不具有公示性，所以工程其他权利人很难知晓建设工程优先受偿权的状况，根据《最高人民法院关于审理建设工程施工合同纠纷案件适用法律问题的解释（一）》（法释〔2020〕25

号）的规定，建设工程优先受偿权受偿次序上优于抵押权和其他债权，不论该抵押权是否成立在先。建设工程优先受偿权的性质理论界多有争议，该优先权是否可以放弃与优先权的性质有关，越来越多的人支持该权利为优先权，且为特别优先权。

一、承包人放弃建设工程优先受偿权的效力

建设工程优先受偿权是否可以放弃，理论界较少论及，实务界对此问题的处理方式也不一致，主要有两种相反观点：第一种观点认为，建设工程价款优先受偿权可以放弃有违建设工程优先受偿权条款“劳动报酬绝对优先、保证承包人回笼资金”的立法目的；虽然双方的地位形式上是平等的，但由于经济地位的差异，事实上构成一方对另一方的强制，合同的内容并不能体现真正的平等。[①] 从社会防范的角度来看，如果这种权利不能放弃，那么对于抵押贷款人乃至建筑物受让人来说，完全可以采取预先防范措施保护其权利；而承认可以预先放弃工程价款优先受偿权，表面看来是尊重当事人的意思自治，但是实质上对于参与工程建设的工人等债权人来说，则往往无法得知这种权利是否已经被放弃而无法采取防范措施[②]。

第二种观点认为，建设工程价款优先受偿权首先是工程价款债权，基于对当事人意思自治的保护可以放弃。主张优先受偿权不能放弃的观点认为建筑施工企业的放弃行为直接影响到工人工资的发放、材料商货款的回笼等。笔者认为该理由不能成立。上述款项的支付，受到劳动法、劳动合同法、合同法等法律保护，自有其救济途径，将其完全归于优先受偿权的实现，过分夸大了该权利的效应，也弱化了其他法律对民事权利的救济[③]。

笔者支持第二种观点，建设工程优先受偿权为优先权，优先权是指在某个特殊债权关系中债权人依照法律的规定而对债务人的财产所享有的优先于一般债权人受偿的权利。就债务人不特定的总财产上所享有的优先受偿的权利称为一般优先权；而对债务人的特定财产上所享有的优先权称为特别优先权[④]。优先权是法律规定赋予某些特种债权或者其他权利的一种特殊效力，保

---

① 何红锋、张璐：《工程款优先受偿权放弃的效力》，载《施工企业管理》2005年第7期。

② 仲伟珩：《民事审判指导与参考（总第43集）》，法律出版社，第104页。

③ 王勇：《承包人可以放弃建设工程价款优先受偿权》，载中国法院网：http://www.chinacourt.org/article/detail/2014/07/id/1352477.shtml，最后访问时间：2014年9月17日。

④ 王利明：《物权法研究》，法律出版社2003年版，第479页。

障该权利能够较之普通债权而优先实现。优先权并非单独存在的一类权利，而仅是对某些权利的法律效力的加强，其性质仍未完全脱离其所强化的权利本身。回归到建设工程优先受偿权，其为保障承包人工程款优先于其他债权得到执行，从属于工程款债权，属于当事人可以自行商议的范围，可以约定放弃。

二、承包人放弃建设工程优先受偿权的范围

建设工程施工合同中，随着人工以及物料价格的上涨，涉及的金额越来越大，容易导致发包人资金不足以支撑后续建设。为了工程的顺利建设，发包人会采取多种方式进行融资盘活项目，部分发包人甚至选择转让项目解套，这个时候承包人的建设工程优先受偿权是他们必须绕过的障碍，实践中会要求承包人向债权人签署放弃建设工程优先受偿权的书面文件。同时债权人特别是银行为保障债权的实现，会要求对在建工程设定抵押权。

债权人要求承包人放弃建设工程优先受偿权，目的在于充分保障其债权的实现，而承包人并不必然反对放弃建设工程优先受偿权，只是担心放弃建设工程优先受偿权后工程价款债权的实现。如果承包人仍然拥有建设工程优先受偿权的，法定的受偿顺位优先于债权人的债权和抵押权，严重干扰债权人实现其债权；如果承包人放弃了建设工程优先受偿权，承包人的工程价款债权得不到保障，直接影响到在建工程的施工及竣工。为兼顾各方利益，通行的做法是承包人部分放弃建设工程优先受偿权。

部分放弃建设工程优先受偿权，既可以约定放弃的金额，也可以约定放弃针对具体建筑的优先受偿权。本案中名为约定放弃具体金额，实为放弃特定建筑物的优先受偿权。第一种情况下，由于承包人放弃的金额具体确定，法院较容易处理；第二种情况下，则应当根据实际情况计算特定建筑的工程造价、已付工程款等信息，最终得出承包人放弃优先受偿权保障的工程款金额。

承包人放弃部分建设工程优先受偿权的情况下，仍然保留其他部分的优先权利，债权人的要求并不对承包人权利造成实际的侵害，且由于新的资金进入保障了工程建设，反而有利于承包人工程款债权得到实现，符合立法本意。实务中，多地高级人民法院认为承包人的建设工程优先受偿权只及于其所承建的建筑物，不及于土地使用权。而在建工程的抵押，遵循房地一体的

模式同时设立抵押权[①]，债权人是银行并设立抵押权的情况下，根据建设部、中国人民银行、中国银监会联合下发的《关于规范与银行信贷业务相关的房地产抵押估价管理有关问题的通知》规定，"房地产抵押价值由抵押当事人协商议定，或者由房地产估价机构进行评估"且"房地产管理部门不得要求抵押当事人委托评估房地产抵押价值"。由于在建工程抵押尚有许多不确定因素，所以银行在核定抵押物价值与实际可贷款额度的折率时应从紧把关，一般在建工程抵押折率应控制在60%以内，承包人和银行的债权都能较好地实现。

承包人还可以与发包方、债权人约定放弃优先受偿权的条件。发包方或者债权人满足约定条件的情况下，承包人的债权已经得到了实现或者部分实现，所以放弃相应部分的建设工程优先受偿权对承包人没有损失或者损失不大。

三、承包人放弃建设工程优先受偿权的顺位问题

参照最高人民法院《关于建设工程价款优先受偿权问题的批复》（已失效），该文件规定了优先受偿权的优先的顺位，发包方就建设工程拍卖偿还债务的顺序为：交付购买商品房的全部或者大部分款项消费者、建设工程优先受偿权、抵押权、普通债权。交付购买商品房的大部分款项的认定标准，一般为支付了50%以上的购房款，且消费者应符合《消费者权益保护法》中对"消费者"的定义。

承包人可以约定放弃优先受偿权，当然也可以约定放弃优先受偿权的顺位。承包人放弃的方式，可以分为绝对放弃和相对放弃。

（一）绝对放弃是指承包人放弃优先受偿权的顺位不针对特定的对象，而是不带条件地使工程款债权成为普通债权的行为，向所有在后的权利人放弃其顺位；承包人转变成最后顺位的普通债权人。该种情况一般为发包人和承包人在《建设工程施工合同》或者《补充协议》中约定承包人建设工程优先受偿权是否放弃，放弃的范围等，既可以事先放弃，也可以事后放弃。承包人绝对放弃优先受偿权，将工程款债权降级为普通债权，严重威胁承包人工程款债权的实现，除非发包人或者第三方已经支付了大部分的工程款或者另行提供担保，否则工程款债权有重大落空可能。

---

① 《城市房地产抵押管理办法（2021修订）》第11条："以在建工程已完工部分抵押的，其土地使用权随之抵押。"

（二）相对放弃是指承包人放弃优先受偿权的顺位仅针对某一后顺位的特定对象而放弃其在先顺位，此种情况下后顺位债权清偿的顺位提前，相对放弃不得损害承包方与特定对象之外其他债权人的利益，所以该种情况下两个顺位的权利更换应当经过中间顺位的权利人同意，否则对外不发生效力，对内则无意义。实践中，相对放弃针对的特定对象为抵押权人，抵押权为仅次于建设工程优先受偿权的次级顺位，对抵押权人承诺放弃建设工程优先受偿权，抵押权人的债权得到了保证，又不会影响到其他债权人的利益。

建设工程发包人直接分包的工程，分包人拥有建设工程优先受偿权，可以和承包人的优先受偿权分别处理。如果建设工程存在多个抵押权，承包人仅针对某一债权人相对放弃了建设工程优先受偿权，且该抵押权受偿次序上落后于其他抵押权，具体情况具体分析。根据《民法典》第414条，同一财产向两个以上债权人抵押的，拍卖、变卖抵押财产所得的价款依照下列规定清偿：（一）抵押权已经登记的，按照登记的时间先后确定清偿顺序；（二）抵押权已经登记的先于未登记的受偿；（三）抵押权未登记的，按照债权比例清偿。其他可以登记的担保物权，清偿顺序参照适用前款规定。即建设工程上存在多个已登记抵押权的，应按抵押权设定的先后次序受偿，先登记的抵押权人有较后登记的抵押权人优先受偿的权利，当然抵押权的顺位并不是一成不变的，法律规定抵押权可以让与、变更和抛弃等。抵押权顺位制度的本质就是抵押权人依照顺序所能获得分配的受偿金额，如果承包人针对后顺位的抵押权人做出了放弃建设工程优先受偿权的意思表示，那么后次序抵押权人转变成优先于其他次序的抵押权人。按照《民法典》的规定，在财产不足以清偿全部债权的情况下，后次序的抵押权人的债权不一定能得到实现，但是由于承包人针对其放弃了建设工程优先受偿权，其抵押权反而得到了充分保障。一般情况下，后次序抵押权人设定的利息较高，违约金也高，若使其次序优先，会损害到其他抵押权人的利益，所以承包人放弃的部分应当以发包人未支付工程款并且不高于该抵押权人所拥有的债权为限度，且视为承包人与该债权人更换顺位，这样后于建设工程优先受偿的抵押权及其他债权的，无论怎么样，必须先实现建设工程优先受偿权，所以就未支付部分放弃建设工程优先受偿权，不损害各方利益，同时承包人替代了债权人的顺位，受偿次序在先设定抵押权之后而在普通债权之前，也未损害其他方利益。如承包人部分放弃建设工程优先受偿权之后仍有剩余工程款的，应当认为该部分仍旧可以按照法律规定的顺位主张优先受偿权。

四、承包人放弃建设工程优先受偿权的限制

建设工程优先受偿权作为一种权利内容，可以根据权利人的意思自治放弃。但是建设工程优先受偿权本身具有特殊性。承包人对其承建的建设工程享有优先受偿权，目的在于解决拖欠工程款问题，对于保障承包人工程款债权的实现，解决拖欠工程款问题，保障劳务工人的报酬和社会秩序的稳定具有积极意义。所以建设工程优先有偿权和一般的私权利不同，其不仅保护承包人的个人利益，更需要保护广大建设工人的公共利益，所以法律对该权利的放弃必须设置一定的条件。《最高人民法院关于审理建设工程施工合同纠纷案件适用法律问题的解释（一）》（法释〔2020〕25号）第42条规定，发包人与承包人约定放弃或者限制建设工程价款优先受偿权，损害建筑工人利益，发包人根据该约定主张承包人不享有建设工程价款优先受偿权的，人民法院不予支持。法律限制承包人放弃建设工程优先受偿权原因在于，《民事诉讼法》《劳动法》及《保障农民工工资支付条例》等相关法律规定，法律应当优先保护工人工资和其他劳动报酬。若允许施工企业随意放弃优先受偿权，则有可能承包人与发包人之间进行串通损害建筑工人的利益，就有悖于法律保护劳动者利益的宗旨。

五、建议

建筑行业中，发包人占着绝对的市场优势，如果承包人收到发包人要求承包人放弃建设工程优先受偿权的，应当区别对待。

（一）发包人资信良好，按照《建设工程施工合同》约定及时支付工程款，目前只是由于资金周转不畅出现资金短缺的，为了满足发包人的融资要求而放弃建设优先受偿权的，则承包人可以部分放弃优先受偿权，进一步可以约定附工程款支付条件的放弃，或者发包人与承包人以及债权人签订三方协议，约定发包人的融资款只能用于支付承包人的工程款，或者要求发包人及第三方提供担保，保证承包人工程款的实现。

（二）发包人资信不良，完全依靠承包人垫资进行工程项目建设，或者未支付大部分工程款的，这个时候承包人如果放弃建设工程优先受偿权的，则其工程款债权的实现存在巨大的风险，建议不能放弃建设工程优先受偿权，只有这样才能保证承包人最起码的权利，无论发包人外面存在多少债权，包括抵押权等担保物权，也不会影响承包人工程款优先权的行使。

如果发包人采取威胁等手段胁迫承包人做出放弃的书面承诺，承包人应当做好证据的收集，包括招标文件、投标文件，开发商要求放弃的函件、施工单位不同意的书面答复，施工过程中产生的会议纪要等文件，在适当的时候或者发包人产生财务危机之时，向法院申请行使撤销权。

需要注意的是，从现有的材料不能表明法院都支持承包人建设工程优先受偿权的约定放弃，所以债权人，特别是银行，在发放贷款的时候需严格把控风险，避免不确定性带来损失。

8.7 实际施工人因履行无效施工合同所遭受的损失如何赔偿[①]

——华某公司与陈兆某建设工程施工合同纠纷申诉案[②]

关 键 词： 实际施工人　无效合同　缔约过失责任　违约责任　诚实信用

问题提出： 在建设工程施工合同被认定为无效的情况下，对于实际施工人因履行该无效合同所遭受的经济损失，是否可以直接适用无效合同中的违约条款来处理？实际施工人可以要求发包人赔偿的范围如何确定？发包人所承担的是哪种类型的法律责任？

裁判要旨： 本案因转包导致合同无效，虽然实际施工人是从转包人处获得案涉工程，工程材料也约定由转包方负责提供，但是转包方系通过与建设单位签订施工合同将案涉工程承包而来的，工程材料按照约定也应当由建设单位负担。考虑到案涉工程规划变更、施工时材料供应不足以及迟延通知实际施工人撤离施工场地的根本原因均由建设单位造成，依据《合同法》第283条、第284条[③]之规定，有权要求转包人及发包人承担实际停窝工损失的赔偿责任。

---

① 撰稿人：曲笑飞，上海建纬（杭州）律师事务所。

② 一审：吉林市中级人民法院（2011）吉中民再初字第2号；二审：吉林省高级人民法院（2012）吉民一终字第82号；再审：吉林省高级人民法院（2014）吉民申字第256号；申诉：最高人民法院（2015）民抗字第36号。

③ 对应《民法典》第803条、第804条。

案情简介

抗诉机关：中华人民共和国最高人民检察院

申诉人（一审被告、二审上诉人）：华某公司

被申诉人（一审原告、二审上诉人）：陈兆某

二审被上诉人（一审被告）：某兴公司

二审被上诉人（一审被告）：高某

1994年10月，昌某公司作为甲方，某兴公司作为乙方，就位于吉林市××中学院内的3号楼项目签订建设工程施工合同，约定：由乙方承建3号楼，材料由甲方提供；工期为1994年10月10日至1995年10月31日，合同价款约170万元，工程预付款按照工程进度到2层、4层、6层拨付；工程质量为优质，工程竣工验收合格10日内全部工程款一次付清。1994年12月8日，未经昌某公司同意，某兴公司职员高某代表某兴公司与吉林市城某建筑安装工程公司（以下简称城某公司）四处的施工代表陈兆某就3号楼又签订了一份建设工程施工协议，约定：3号楼由城某公司四处施工，工期为1994年12月5日至1995年10月30日，工程造价以决算为准；某兴公司负责供料，验收合格10日内付清工程款，按2%上交管理费，一方违约承担另一方全部经济损失，并按照贷款利息支付违约金等。之后陈兆某组织施工人员进入工地开始施工。

1995年4月吉林市规划处因3号楼工程移位通知陈兆某停止施工，同年4月18日昌某公司书面通知某兴公司和陈兆某全面停工。1995年6月8日吉林市教育基建办公室向吉林市规划处提出申请报告，将3号楼工程移位挡光问题与昌某公司协商后的意见报吉林市规划处并请求批准复工，同年6月9日吉林市规划处批复同意3号楼复工，陈兆某接到复工通知后继续施工。1995年6月至10月施工期间陈兆某多次以红砖供应不足造成停工待料为由向昌某公司递交停工报告。1995年10月23日工程施工到三层平口进入冬期停工。此后，昌某公司要求陈兆某对已完工程进行结算，陈兆某曾向昌某公司提出结算数额为96万余元，昌某公司上报吉林市建设工程预算处审查。1996年5月29日，吉林市建设工程预算处审定的工程造价为777682元，陈兆某对此有异议。1997年3月24日，昌某公司以工程严重逾期且质量达不到合同标准为由通知某兴公司撤离工地，同年4月9日陈兆某和昌某公司对工程现场进

行了盘点，6 月中旬陈兆某撤离工地。

1997 年 9 月、10 月间陈兆某与昌某公司对账后，双方共同确认昌某公司已付款项共计 702809.46 元，原审庭审中经对账，陈兆某又认可华某公司还支付了 2450.54 元。华某公司则承认空心板剩余 108 块，由华某公司使用，价值 11392.96 元。以上相抵后，华某公司已付款共计 693867.04 元。2001 年 12 月 24 日，华某公司替某兴公司缴纳了税款 72 万元。根据陈兆某申请，吉林市中级人民法院 1997 年委托吉林市中级人民法院技术鉴定处对 3 号楼项目案涉工程造价进行鉴定，1997 年 11 月 12 日作出的（1997）第 82 号《司法技术鉴定书》的鉴定意见是工程造价为 1069598 元，停工损失为 338393 元。华某公司对此鉴定有异议，根据华某公司申请，吉林市中级人民法院 2008 年委托长春市金某建元工程咨询公司对工程造价重新鉴定，（2009）工鉴字第 7 号《工程造价鉴定书》的鉴定意见是工程造价为 1009665 元，该鉴定书同时说明，停工损失不属于此次工程造价鉴定范围。

另查明，城某公司原隶属于吉林市乡镇企业管理局，后因改制归属于吉林市中小企业发展局，2002 年成立留守处，2002 年 12 月被吉林市工商局吊销营业执照，2005 年被吉林市中小企业发展局报市企改办批准撤销。吉林市中小企业发展局于 2007 年 11 月 29 日出具说明："……陈兆某原是城某公司四处职工，经公司同意对外承包工程，公司收取 2% 管理费，公司代扣代缴有关税费……工程建设资金由陈兆某个人负责，收益归个人，由施工引起的民事纠纷及有关债权债务由陈兆某个人负责。结合此情况，经研究同意本案诉讼主体变更为陈兆某。"某兴公司于 2004 年 2 月被吉林市工商局吊销营业执照。昌某公司 2000 年进行改制后成立了华某公司，承继了昌某公司的债权债务。

2002 年，城某公司留守处作为原告，以某兴公司、华某公司、高某为被告，向吉林省吉林市中级人民法院提起诉讼，请求判令三被告支付拖欠原告的工程款及停工损失合计 1053013.55 元，并支付违约金及利息。

吉林省吉林市中级人民法院于 2003 年 6 月 10 日作出（2002）吉民初字第 102 号民事判决：一、某兴公司于判决生效后十日内给付城某公司留守处工程款 714620.55 元（1200087.8 元减已付 485467.25 元）及利息（利率按中国人民银行同期流动资金贷款利率分段计算，从 1997 年 11 月 12 日计至付清之日止）；二、驳回城某公司留守处对华某公司、高某的诉讼请求；三、驳回城某公司留守处的其他诉讼请求。

吉林省高级人民法院于2004年5月5日作出（2003）吉民一终字第254号民事判决：驳回上诉，维持原判。

后，吉林省高级人民法院2007年7月2日裁定对本案进行再审，并于2007年7月12日作出（2007）吉民再字第00034号民事裁定，将本案发回吉林省吉林市中级人民法院重审。

吉林省吉林市中级人民法院重审后于2010年4月15日作出（2007）吉中民再初字第4号民事判决：一、某兴公司于判决生效后10日内给付陈兆某工程款183855.54元及利息（利息给付时间从1997年11月12日至给付之日止，利率按中国人民银行同期贷款利率计算）；二、华某公司对第一项给付内容承担连带责任；三、驳回陈兆某其他诉讼请求。

后，吉林省高级人民法院于2011年1月26日作出（2010）吉民一终字第125号民事裁定，再次将本案发回吉林省吉林市中级人民法院重审。

吉林省吉林市中级人民法院于2011年10月28日作出（2011）吉中民再初字第2号民事判决：一、某兴公司给付陈兆某工程款315797.96元、停工损失338393元，共计654190.96元，于判决生效后十日内付清；二、华某公司对判决第一项承担连带给付责任；三、高某在本案中不承担责任；四、驳回陈兆某其他诉讼请求。一审案件受理费10210元，二审案件受理费14110元，鉴定费10000元，其他诉讼费770元，共计35090元，由某兴公司负担，华某公司对此承担连带责任。

后，吉林省高级人民法院于2013年6月28日作出（2012）吉民一终字第82号民事判决：一、维持吉林省吉林市中级人民法院（2011）吉中民再初字第2号民事判决第三项；二、撤销吉林省吉林市中级人民法院（2011）吉中民再初字第2号民事判决第四项；三、变更吉林省吉林市中级人民法院（2011）吉中民再初字第2号民事判决第一项为：某兴公司给付陈兆某工程款315797.96元及利息（利息给付时间从1997年11月12日至给付之日止，利率按中国人民银行同期贷款利率计算）、停工损失338393元及利息（利息给付时间从1997年11月12日至给付之日止，利率按中国人民银行同期贷款利率计算），于判决生效后十五日内付清；四、变更吉林省吉林市中级人民法院（2011）吉中民再初字第2号民事判决第二项为：华某公司对某兴公司给付陈兆某停工损失338393元及利息（利息给付时间从1997年11月12日至给付之日止，利率按中国人民银行同期贷款利率计算）承担连带责任；五、驳回陈兆某的其他诉讼请求；六、驳回华某公司的其他上诉请求。一审案件受理费10210元，二审案件受理费14110元，鉴定费10000元，其他诉讼费770元，共计35090元，由某兴公司负担，华某公司对其中11276.4元承担连带责任。

华某公司不服，向检察机关申诉。最高人民检察院抗诉认为，吉林省高级人民法院（2012）吉民一终字第82号民事判决适用法律确有错误，根据《民事诉讼法》第200条第1款第6项的规定，向最高人民法院提出抗诉。

最高人民法院作出终审判决，维持吉林省高级人民法院（2012）吉民一终字第82号民事判决。

各方观点

最高人民检察院观点：华某公司将案涉工程发包给某兴公司，某兴公司职工高某又将该工程转包给城某公司（以陈兆某为施工代表），华某公司与陈兆某之间并不存在合同关系。依据《最高人民法院关于审理建设工程施工合同纠纷案件适用法律问题的解释》[①] 第26条的规定，华某公司只在欠付工程价款范围内对实际施工人陈兆某承担责任。本案中华某公司并不欠付某兴公司工程款。而依据《最高人民法院关于审理建设工程施工合同纠纷案件适用法律问题的解释》第1条的规定，没有资质的实际施工人陈兆某借用有资质的城某公司名义与某兴公司订立的建设工程施工协议无效，陈兆某无权依据无效合同主张停工损失。在华某公司并不欠付工程款，且陈兆某与某兴公司合同无效的前提下，原判决判令华某公司对某兴公司给付陈兆某停工损失338393元及利息承担连带责任，适用法律确有错误。

华某公司观点：华某公司同意抗诉机关提出的抗诉理由，同时申诉认为，原审判决认定的陈兆某338393元损失在客观上是不存在的，而且（1997）第82号《司法技术鉴定书》是鉴定机构在未通知华某公司到场的情况下做出的鉴定意见。即使陈兆某338393元的损失存在，也完全是由于陈兆某和某兴公司的过错造成的，停工65天并没有得到华某公司认可，供料不足也与华某公司无关，而是陈兆某对材料倒运不及时和不正常向施工人员支付工资造成的。因此，原判决判令华某公司对该损失本息承担赔偿责任缺乏证据证明，适用

---

① 该司法解释现已失效，下同。

法律错误，应予纠正。

陈兆某观点：首先，案涉工程的实际施工人是城某公司，陈兆某只是城某公司职工，代表城某公司与某兴公司签订建设工程施工协议；城某公司具有相应的施工资质，不可能向陈兆某出借资质。2007 年后诉讼主体由城某公司变更为陈兆某是因为城某公司留守处已被撤销，而且案涉工程由陈兆某个人投入。因此，原判决认定陈兆某借用资质签订建设工程施工协议，进而认定合同无效是错误的。其次，即使该建设工程施工协议无效，也并不等同于陈兆某无权要求华某公司依法赔偿损失。根据《合同法》第 58 条[①]的规定，工期延误或停工损失仍应该由有过错方进行赔偿，在认定案涉合同无效的情况下判令华某公司因其过错承担赔偿责任，也不存在适用法律错误的问题。最后，原判决认定华某公司替某兴公司缴纳税款 72 万元，故华某公司不欠某兴公司工程款是错误的。华某公司当年资金短缺，根本没钱缴税，不可能拿出 70 多万元替某兴公司缴税。而且，原判决判令华某公司对陈兆某停工损失 338393 元及利息承担连带责任，并非因为华某公司是否欠某兴公司工程款，而是因为华某公司对于 3 号楼设计变更和不能及时供料等过错造成了陈兆某的停工损失，即使华某公司不欠工程款，也应当为其过错承担民事赔偿责任，原判决判令华某公司承担责任是正确的，而且应当判令华某公司对某兴公司应给付陈兆某的工程款及利息承担连带责任。

法院观点

法院观点：法院认为，陈兆某确系以城某公司名义与某兴公司就 3 号楼工程签订了建设工程施工协议，但其在案涉工程施工过程中自行组织施工人员、自筹建设资金、自享工程收益、个人负担债权债务。原判决认定陈兆某系实际施工人，借用城某公司施工资质签订合同，证据确实、充分；依照《最高人民法院关于审理建设工程施工合同纠纷案件适用法律问题的解释》第 1 条[②]“建设工程施工合同具有下列情形之一的，应当根据合同法第五十二条第（五）项的规定，认定无效：……（二）没有资质的实际施工人借用有资质的建筑施工企业名义的……”的规定，原审判决认定没有施工资质的陈兆

① 对应《民法典》第 157 条。

② 对应《最高人民法院关于审理建设工程施工合同纠纷案件适用法律问题的解释（一）》（法释〔2020〕25 号）第 1 条。

某借用具有施工资质的城某公司名义与某兴公司订立的建设工程施工协议无效，适用法律正确。

在本案中，依据1997年11月12日作出的（1997）第82号《司法技术鉴定书》，当时陈兆某的停工损失数额即为338393元。华某公司虽然主张陈兆某并无实际的停工损失，该鉴定意见因根据陈兆某单方提供材料作出而不应采信，即使存在损失也是由于陈兆某自身原因所致，但是并未提供充分的证据，故其主张不能成立，法院不予支持。陈兆某的停工损失是由于案涉工程延期造成的，原因包括规划变更、施工时材料供应不足以及直到1997年才通知施工人撤离施工场地，上述原因并非陈兆某过错所致。即使陈兆某与某兴公司就案涉工程签订的建设工程施工协议属于无效合同，但依据《合同法》第58条①“合同无效或者被撤销后，因该合同取得的财产，应当予以返还；不能返还或者没有必要返还的，应当折价补偿。有过错的一方应当赔偿对方因此所受到的损失，双方都有过错的，应当各自承担相应的责任”的规定，陈兆某仍然有权要求某兴公司对其损失承担赔偿责任。

虽然案涉的3号楼项目工程是陈兆某由某兴公司处分包而来，工程材料也约定由某兴公司负责提供，但是某兴公司系通过与华某公司签订建设工程施工合同将3号楼项目工程承包而来的，工程材料按照约定也应当由华某公司负担。原判决考虑到案涉工程规划变更、施工时材料供应不足以及直到1997年才通知施工人撤离施工场地的根本原因均由发包人华某公司造成，依照《合同法》第283条②“发包人未按照约定的时间和要求提供原材料、设备、场地、资金、技术资料的，承包人可以顺延工程日期，并有权要求赔偿停工、窝工等损失”和第284条③“因发包人的原因致使工程中途停建、缓建的，发包人应当采取措施弥补或者减少损失，赔偿承包人因此造成的停工、窝工、倒运、机械设备调迁、材料和构件积压等损失和实际费用”的规定，再结合本案中某兴公司早已被吊销营业执照且一直没有向陈兆某进行过赔偿，也未向华某公司要求赔偿等实际情况，直接判令华某公司与某兴公司对陈兆某338393元损失及利息承担赔偿责任，并不存在抗诉书中提出的适用法律错误问题。

---

① 对应《民法典》第157条。
② 对应《民法典》第803条。
③ 对应《民法典》第804条。

关联案例1

案件名称：杭州建某公司、某川公司建设工程施工合同纠纷案

审理法院：一审：安徽省高级人民法院（2018）皖民初9号；二审：最高人民法院（2019）最高法民终523号

裁判观点：案涉建设工程施工合同无效，当事人不应再主张违约责任，但仍然有权请求相对人承担赔偿损失的责任。因确实存在逾期竣工的事实，且违约金有填补损失的功能，从减少当事人诉累、有效解决纠纷的角度，在当事人未提交有效证据证明参照合同约定违约金标准计算逾期竣工损失明显不当的情况下，法院可参照该标准认定承包人逾期竣工造成的损失。

关联案例2

案件名称：潘振某、李福某建设工程施工合同纠纷案

审理法院：一审：山东省荣成市人民法院（2018）鲁1082民初2922号；二审：山东省威海市中级人民法院（2019）鲁10民终2946号

裁判观点：案涉施工合同无效，但关于窝工、停工损失费用，转包方将工程分包给不具有施工资质的个人进行施工，且对于施工进展等事项亦未作有效记录，负有一定过错。依据优势证据原则来看，应当认定实际施工人主张的窝工、停工事实存在具有高度可能性，对其实际损失应予支持。

律师点评

在借用资质、转包、违法分包等情形下，因实际施工人在资金、技术、人员、设备方面的先天不足，相对于正常的、规范的施工来说，施工过程中出现工期、质量等纠纷的可能性大幅度增加。当前司法实践中，凡涉及实际施工人的建设工程施工合同纠纷案件通常都会包含一方向另一方提出工期、质量方面索赔或反索赔的诉讼请求。虽然《民法典》第793条提示了一个“无效合同有效化”的解决思路，但其适用范围仅限于工程价款的折价补偿，无效施工合同中可以据以“参照”的只是与工程款计算有关的条款，并不能扩及至违约责任条款。另外，《最高人民法院关于审理建设工程施工合同纠纷案件适用法律问题的解释（一）》（以下简称《最高人民法院施工合同司法解释（一）》）第15条规定：“因建设工程质量发生争议的，发包人可以以总承

包人、分包人和实际施工人为共同被告提起诉讼。”我们认为，该条规定仅赋予了质量纠纷情况下发包人对实际施工人的直接诉权，既未涵盖其他类型赔偿纠纷的情况，亦无法将该直接诉权推及至实际施工人向发包人主张赔偿的场合，故该规定远不能解决现实生活中形形色色的赔偿问题。事实上，无论在理论还是在实务中，对于建设工程施工合同被确认无效后，发包方与第三方签订合同导致的违约责任损失能否作为建设工程施工合同无效的过错赔偿范围争议很大。

一、施工合同无效的情况下，依照无效的施工合同追究过错方的违约责任缺乏必要的依据

违约是工程建设中的常客。在建设工程施工过程中，承包、发包双方因履行施工合同遭受经济损失的事例比比皆是，一项工程从头到尾没有发生任何类型的违约事由倒是比较罕见的。而施工中的违约现象并非难以处理，通常，在承包、发包双方签订的建设工程施工合同中，已经对于各种各样的违约情形预先约定了相应的补救或处罚措施，若双方对合同条款的理解存在争议的，司法机关可以依职权对争议合同条款进行合理的解释，从而寻找到妥当的解决依据。即便是在双方签订的施工合同不完整、不规范的情况下，司法机关可直接援引《民法典》中的相关规定来处理。对于因质量问题引起的违约，《民法典》第801条规定：“因施工人的原因致使建设工程质量不符合约定的，发包人有权请求施工人在合理期限内无偿修理或者返工、改建。经过修理或者返工、改建后，造成逾期交付的，施工人应当承担违约责任。”对于因工期问题引起的违约，《民法典》第803条规定：“发包人未按照约定的时间和要求提供原材料、设备、场地、资金、技术资料的，承包人可以顺延工程日期，并有权请求赔偿停工、窝工等损失。”第804条规定：“因发包人的原因致使工程中途停建、缓建的，发包人应当采取措施弥补或者减少损失，赔偿承包人因此造成的停工、窝工、倒运、机械设备调迁、材料和构件积压等损失和实际费用。”

然而，《民法典》中的所指“施工人”仅限于合法的施工主体，存在一份有效的施工合同理所当然也是依照《民法典》的上述规定追究过错方违约责任的前提。虽然此次《民法典》将施工合同无效后的折价补偿规定从司法解释层面上升到了法律规定层面，但《民法典》作为民事行为法，具有规范和指引的作用，一般情况下仍系以有效合同作为直接规制的对象。此外，相对性原则是合同法律关系的一项基础性原则，合同不能将其本身产生的权利赋予除合同当事人之外的其他人，也不能将其本身产生的债务施加于除当事人之外的其他人。在建设工程合同法律关系中，实际施工人与发包人之间并不存在直接的合同权利义务关系，根据合同相对性原则，发包人并不能依据合同关系而对实际施工人提出工期或质量索赔。当然，实际施工人向发包人主张赔偿损失也不能以违约作为其请求权基础。

二、寻找无效合同过错赔偿责任的请求权基础：缔约过失责任抑或侵权责任

司法实务中有观点认为，实际施工人在施工中与发包人产生的质量纠纷属于缔约过失责任或是侵权责任的范畴[①]。

首先，我们来考虑适用缔约过失责任的法律规定来解决此类问题的可行性。现行法关于缔约过失责任的规定，主要见于《民法典》第500条。该条规定："当事人在订立合同过程中有下列情形之一，造成对方损失的，应当承担赔偿责任：（一）假借订立合同，恶意进行磋商；（二）故意隐瞒与订立合同有关的重要事实或者提供虚假情况；（三）有其他违背诚信原则的行为。"通常认为，缔约过失责任有两个要件：一是给对方造成损失的过失行为产生的时间点是在合同缔结过程中；二是缔约过失责任产生于缔约双方之间，一方因自己的过失给对方造成损失的，向对方承担损害赔偿责任。然而，实际施工人往往并非与发包人直接签订合同的缔约方，因履行无效施工合同所遭受的损失也并非发生在合同缔结阶段，此类损失与建设工程施工合同无效之间缺少法律上的因果关系。另外，即便从目的性扩张解释角度来看，缔约过失责任保护的是信赖利益的损失，即无过错合同一方当事人因合同不成立等原因遭受的实际损失，该损失范围应该仅针对订立合同本身[②]，比如为订立合同对市场的前期考察费用、订立合同的支出等，难以将履行利益覆盖在内。因此，将缔约过失责任作为无效施工合同一方当事人向对方主张过错赔偿的请求权基础，显然面临着绕不过去的解释困难。

其次，这一法律关系是否符合侵权行为的构成要件呢？针对《最高人民

---

① 黄松有：《依法保护当事人权益促进建筑市场健康发展》，载《人民法院报》2004年10月27日第3版。

② 全国人大法工委研究室编著：《中华人民共和国合同法释义》，人民法院出版社1999年版，第63页。

法院施工合同司法解释（一）》第15条规定的情形，有观点主张：第一，总承包人、分包人与实际施工人实施了违法分包、转包建设工程的违法行为；第二，总承包人、分包人对签订转包和违法分包合同的违法行为在主观上存在过错，实际施工人明知违法而与总承包人、分包人订立合同，在主观上也一样负有过错；第三，法律禁止违法分包、转包的目的正在于保障建设工程质量，违法分包人、总承包人，特别是将工程违法分包、转承包给不具有相应资质施工单位的分包人、总承包人，对工程可能出现的质量问题同样负有过错，该可能产生的质量问题在其预料范围之内；第四，总承包人、分包人与实际施工人的违法分包、转包行为与给发包人造成损失的工程质量问题存在法律上的因果关系[①]。据此认为，《最高人民法院施工合同司法解释（一）》第15条确立的总承包人、分包人与实际施工人的连带责任是一种共同侵权责任，总承包人、分包人与实际施工人具备共同过错，因其损害发包人利益的侵权行为对发包人所承担的侵权责任。不过，如果将侵权作为无效合同过错赔偿的请求权基础的话，该侵权行为所侵犯的客体是否属于《民法典》侵权责任编第1165条所规定“民事权益”呢？按照该条的规定，《民法典》侵权责任编所保护的“民事权益”包括生命权、健康权、姓名权、名誉权、荣誉权、肖像权、隐私权、婚姻自主权、监护权、所有权、用益物权、担保物权、著作权、专利权、商标专用权、发现权、股权、继承权等人身、财产权益。显然，因履行无效施工合同所遭受的损失并不在其中。即便从学说上来看，侵权行为通常包括下述三种：(1) 侵害生命权、健康权和身体权的侵权行为；(2) 侵害财产权益的侵权行为，包括侵害物权、债权、知识产权的侵权行为；(3) 侵害其他人身权益的侵权行为，包括侵害姓名权（名称权）、肖像权、名誉权、隐私权、荣誉权以及身份权等的侵权行为[②]。我们也难以将履行无效合同所遭受的损失归结为上述任何一种类型。可见，适用《民法典》中的侵权责任编来解决履行无效施工合同后的过错赔偿问题，同样也缺乏必要的法律依据。

三、诚实信用原则——对《民法典》第157条的理解适用

实际上，单从解释角度来看，《民法典》第157条规定的过错赔偿责任，

---

① 尤馨岩：《建设工程施工合同无效的认定及其法律后果分析》，西南财经大学2012年硕士学位论文。

② 魏振瀛：《民法》（第四版），高等教育出版社2010年版，第645—648页。

并不仅限于“民事法律行为的订立过程中”，民事法律行为无效并不完全排除合同相关内容对当事人的拘束力，特别是在民事法律行为仅违反法律、行政法规有关程序性规定而当事人意思表示真实且不损害国家、集体和他人利益之情形。民事法律行为尽管嗣后被确认为无效，在合同无效责任规定并不明确的情况下，仍然可以适用诚实信用原则确定当事人的过错程度及赔偿范围①。最高人民法院民一庭倾向性意见即持此观点，在《民事审判指导与参考》公布的指导性案例“某兰公司与某华公司建设工程施工合同纠纷案”中明确指出：“建设工程施工合同被确认无效后，发包方与第三人签订的《房屋买卖合同》因逾期交房发生的违约损失，如果承包人在签订合同时或履行合同中已经知道或应当知道该损失发生，且该损失与承包人的过错有因果关系，可以纳入无效合同过错责任赔偿范围。根据承包方订立合同、履行合同中的过错责任程度及违反诚实信用原则的程度，依据合同法第 58 条②规定判令其承担相应的责任。”③

我们认为，从衡平当事人利益角度也应将符合一定条件的发包人与实际施工人的违约责任损失纳入合同无效过错责任赔偿范围，即根据具体案情，根据无效合同当事人订立合同的过错、履行符合真实意思表示的合同过程中诚实信用原则违反程度、无效合同当事人的过错与损失之间的因果关系等角度进行综合分析。

首先，衡量导致无效合同的原因和过错。根据过错程度承担相应的责任，双方对订立无效合同都有过错的，应当各自承担相应的责任，即应根据各方主观恶意和违背诚实信用原则的程度来分清各自责任大小，按照各自的责任，分担损失。在借用资质、非法转包、违法分包等情形下，借用资质方、违法分包方、非法转包方的过错是明确的，当然，相对于不知情的发包人来说实际施工人的过错也更大些。

其次，建设工程施工合同无效是否导致合同完全不能参照适用？或者对当事人毫无拘束力？司法实践中有观点认为，对于无效合同的参照适用问题

---

① 最高人民法院民一庭：《民事审判指导与参考》2013 年第 1 期，人民法院出版社，第 146—151 页。

② 对应《民法典》第 157 条。

③ 最高人民法院民一庭：《〈建设工程施工合同〉被确认无效后的过错赔偿责任》，载《民事审判指导与参考》2013 年第 1 期，人民法院出版社。

不宜一概而论，在区分无效合同过错中，合同中的有关条款仍可作为当事人是否违反诚实信用原则的参照。如果施工过程中，实际施工人确实存在现场作业面劳力投入不足，窝工返工、工程被整改甚至曾经多次违规作业被暂停施工等情况，当然可以确认其对于损害后果的发生存在一定程度的过错。

值得注意的是，近来理论界关于缔约过失责任的赔偿范围出现了反思的趋向，甚至有观点认为将缔约过失责任限于直接损失（主要是指因缔约而支出的费用）的做法可能是错误的①。在合同无效情况下，发包方难以向承包方主张合同违约责任，在合同被确认无效且承包方在履行合同过程中的确存在过错情况之下，不将该损失纳入合同无效过错赔偿范围，无疑与“有损失有救济”的原则相悖。因此，从鼓励交易原则、维护诚实信用原则出发，缔约过失责任的适用情形可以适当扩张，赔偿范围不应仅限于缔约发生的费用，甚至可以将部分履行无效合同所遭受的损失涵盖在内。

---

① 崔建远、吴光荣：《中国法语境下的合同效力：理论与实践》，载《法律适用》2012 年第 7 期。

第九章 建设工程（造价、质量、工期）鉴定

综述：施工合同纠纷案件常见司法鉴定程序及司法处理原则①

本书所指的建设工程司法鉴定，是指各级人民法院就审理案件中与建设工程相关的专门性问题委托专业司法鉴定机构，由鉴定机构指派的鉴定人员运用建筑行业专业理论和技术进行审核、评估、计算，并做出判断结论的活动。其主要内容包括：建设工程质量缺陷鉴定、质量缺陷整改方案及费用鉴定、工程造价结算鉴定、工期鉴定等。近年来，建设领域的合同纠纷呈现逐年上升趋势，案件数量增多，案涉金额巨大。由于建设工程合同情况复杂，一旦涉讼，双方当事人往往在工程质量、造价和工期问题上意见分歧严重、矛盾尖锐。有关建设工程施工合同纠纷中的工程质量、造价、工期等具体问题很多是专业的技术问题，办案法官本身并不一定熟悉，因此往往会委托专业机构进行鉴定。建设工程司法鉴定意见是一项重要证据，法院一般要据此定案，因此建设工程司法鉴定意见必须符合客观性、公正性、科学性，必须经得起事实和法律的检验。

我国《民事诉讼法》第76条规定："当事人可以就查明事实的专门性问题向人民法院申请鉴定。当事人申请鉴定的，由双方当事人协商确定具备资格的鉴定人；协商不成的，由人民法院指定。当事人未申请鉴定，人民法院对专门性问题认为需要鉴定的，应当委托具备资格的鉴定人进行鉴定。"最高人民法院于2001年11月16日印发了《人民法院司法鉴定工作暂行规定》的通知（法发〔2001〕23号）第2条明确："本规定所称司法鉴定，是指在诉讼过程中，为查明案件事实，人民法院依据职权，或者应当事人及其他诉讼参与人的申请，指派或委托具有专门知识人，对专门性问题进行检验、鉴别和评定的活动。"全国人大常委会印发的《全国人民代表大会常务委员会关于司法鉴定管理问题的决定》第1条规定："司法鉴定是指在诉讼活动中鉴定人

① 撰稿人：朱树英，上海市建纬律师事务所。

运用科学技术或者专门知识对诉讼涉及的专门性问题进行鉴别和判断并提供鉴定意见的活动。”对于建设工程施工合同纠纷涉及中的工程质量、造价、工期等具体问题的争议所进行的鉴定，均属于司法鉴定范畴，应适用关于司法鉴定的法律法规，主要包括《民事诉讼法》《最高人民法院关于适用〈中华人民共和国民事诉讼法〉的解释》《最高人民法院关于民事诉讼证据的若干规定》《最高人民法院关于审理建设工程施工合同纠纷案件适用法律问题的解释（一）》《司法鉴定程序通则》等内的相关法条。

同时，为规范建设工程司法鉴定在实践中存在的操作问题，中国建设工程造价管理协会作为建设工程造价司法鉴定的行业主管，制定了行业标准《建设工程造价鉴定规程》并从2012年12月1日施行，这是目前国内首个有关建设工程案件司法鉴定的行业标准；司法部司法鉴定管理局为规范建设工程司法鉴定的程序，提高建设工程司法鉴定质量，制定了《建设工程司法鉴定程序规范》[①] 并从2014年3月17日施行；为规范工程造价鉴定事宜，住房和城乡建设部制定了《建设工程造价鉴定规范》并从2018年3月1日施行。

一、关于建设工程施工合同纠纷中司法鉴定程序的有关法律规定

鉴定意见是我国《民事诉讼法》规定的八种民事诉讼证据中的一种，于2013年1月1日施行的《民事诉讼法》把“鉴定结论”修订为“鉴定意见”，反映了立法为预防司法鉴定左右案件的处理，预防“以鉴代审”的指导思想。鉴定意见系产生于诉讼过程中，故为保证鉴定意见的客观性，我国法律对司法鉴定程序作了相应的规定。

（一）建设工程施工合同纠纷中司法鉴定程序的启动

根据《民事诉讼法》第76条的规定：“当事人可以就查明事实的专门性问题向人民法院申请鉴定。当事人申请鉴定的，由双方当事人协商确定具备资格的鉴定人；协商不成的，由人民法院指定。当事人未申请鉴定，人民法院对专门性问题认为需要鉴定的，应当委托具备资格的鉴定人进行鉴定。”2019年修订的《最高人民法院关于民事诉讼证据的若干规定》中规定了当事人申请鉴定的权利，其中，第31条规定：“当事人申请鉴定，应当在人民法院指定期间内提出，并预交鉴定费用。逾期不提出申请或者不预交鉴定费用的，视为放弃申请。对需要鉴定的待证事实负有举证责任的当事人，在人民

① 根据《司法部办公厅关于颁布和废止部分司法鉴定技术规范的通知》，该规范现已废止。

法院指定期间内无正当理由不提出鉴定申请或者不预交鉴定费用，或者拒不提供相关材料，致使待证事实无法查明的，应当承担举证不能的法律后果。”第41条规定：“对于一方当事人就专门性问题自行委托有关机构或者人员出具的意见，另一方当事人有证据或者理由足以反驳并申请鉴定的，人民法院应予准许。”《民事诉讼法》《最高人民法院关于民事诉讼证据的若干规定》明确规定了当事人申请鉴定的权利，但最终司法鉴定的启动权仍然掌握在人民法院的手中，人民法院应当对司法鉴定必要性进行审查。人民法院经审查认为有必要通过司法鉴定方式明确与专业相关的事实的，由人民法院启动司法鉴定程序并对外委托鉴定。

（二）司法鉴定事项和鉴定范围的确定

在诉讼中对于鉴定的事项和范围，原则上应当由当事人提出申请。2021年1月1日施行的《最高人民法院关于审理建设工程施工合同纠纷案件适用法律问题的解释（一）》第31条明确规定：“当事人对部分案件事实有争议的，仅对有争议的事实进行鉴定，但争议事实范围不能确定，或者双方当事人请求对全部事实鉴定的除外。”当事人因提出的诉讼请求存在专门性的问题，才有理由提起司法鉴定，因此，对要求鉴定的内容应围绕案件的争议而确定。

（三）司法鉴定机构及鉴定人员的选择

《最高人民法院关于民事诉讼证据的若干规定》第32条第1款规定：“人民法院准许鉴定申请的，应当组织双方当事人协商确定具备相应资格的鉴定人。当事人协商不成的，由人民法院指定。”

首先，何谓有鉴定资格的鉴定机构、鉴定人员？《全国人民代表大会常务委员会关于司法鉴定管理问题的决定》第2条第1款规定：“国家对从事下列司法鉴定业务的鉴定人和鉴定机构实行登记管理制度：（一）法医类鉴定；（二）物证类鉴定；（三）声像资料鉴定；（四）根据诉讼需要由国务院司法行政部门商最高人民法院、最高人民检察院确定的其他应当对鉴定人和鉴定机构实行登记管理的鉴定事项。”根据此条规定，人民法院在对外委托司法鉴定的实践中，通常会建立一个三类外的司法鉴定机构名册，不仅会从司法行政部门登记入册的司法鉴定机构中进行选择，也会选择一些专业的建筑工程质量检测机构进入名册。也就是说实际上有两类机构在从事建筑工程质量司法鉴定工作，一类是司法行政部门颁发司法鉴定许可证的机构；一类是虽未取得司法鉴定许可证，但在人民法院登记入册的专业建筑工程质量检测机构。而不论哪类机构，根据《全国人民代表大会常务委员会关于司法鉴定管理问题的决定》第5条的规定，法人或者其他组织申请从事司法鉴定业务的，应当具备下列条件：（一）有明确的业务范围；（二）有在业务范围内进行司法鉴定所必需的仪器和设备；（三）有在业务范围内进行司法鉴定所必需的依法通过计量认证或者实验室认可的检测实验室；（四）每项司法鉴定业务有三名以上鉴定人。同时《计量法》第22条规定："为社会提供公证数据的产品质量检验机构，必须经省级以上人民政府计量行政部门对其计量检定、测试的能力和可靠性考核合格。"因此，一个建筑工程质量司法鉴定机构至少要通过省级技术监督局的计量认证才可以从事司法鉴定。

在建设工程合同案件中，司法鉴定最常见的是由承包人提出的工程造价争议的鉴定，在司法实践中还经常出现相对人即发包人提出的工程质量和工期争议的鉴定。工程合同的质量和造价、工期应由不同资质的鉴定单位完成，其中质量异议的鉴定机构，还分为（1）鉴定工程质量缺陷和造成缺陷原因的鉴定；（2）工程加固和缺陷整改方案及费用的鉴定，这两种不同的鉴定应由具有相应资质的鉴定机构完成。各地法院对建设工程的质量和造价、工期的司法鉴定机构都确定有单位名录，一旦法院或仲裁机构同意进行鉴定，具体的司法鉴定机构由双方当事人协商确定；协商不成的，会采取抽签或者摇号的随机抽选方式确定。

（四）法院依法对鉴定意见进行的审查

鉴定意见是具有专门知识的人提供的一种科学的判断，具有较强的证明力和可信性，但同时，由于受到送检材料、技术能力、设备条件、主客观条件方面的限制，其科学性、准确性可能受到影响，甚至可能存在虚假性。因此，法院依法将对鉴定意见进行审查，《最高人民法院关于民事诉讼证据的若干规定》第36条对法院审查的内容作出了明确的规定："人民法院对鉴定人出具的鉴定书，应当审查是否具有下列内容：（一）委托法院的名称；（二）委托鉴定的内容、要求；（三）鉴定材料；（四）鉴定所依据的原理、方法；（五）对鉴定过程的说明；（六）鉴定意见；（七）承诺书。鉴定书应当由鉴定人签名或者盖章，并附鉴定人的相应资格证明。委托机构鉴定的，鉴定书应当由鉴定机构盖章，并由从事鉴定的人员签名。"即法院对鉴定意见的审查包括形式审查和实质审查，具体包括：

(1) 审查鉴定人是否合法。根据《民事诉讼法》的规定，对专门问题的鉴定，凡是要求由法定鉴定机构进行的，鉴定必须由相应的法定鉴定机构进行。其他专业鉴定部门无权鉴定；只有在法定鉴定机构不存在或该机构因客观原因无法解决有关专门性问题时，才能由法院委托其他机构或人员进行鉴定。

(2) 应审查鉴定意见所依据的送鉴材料是否充分、真实。送鉴材料是鉴定的前提和对象，也是鉴定意见形成的基础。如果送鉴材料不充分，则难以作出鉴定意见，或只能得出不准确的鉴定意见。如果送鉴材料不真实，则只能得到错误的鉴定意见。

(3) 应审查鉴定人是否具有解决专门性问题所具备的知识、技能和经验。具体可以从鉴定人所从事的专业教育，从事鉴定的年限、专长、经历以及专业技术职称和科研成果等方面来考察。

(4) 应审查鉴定意见的论据是否科学、充分，推论是否合理，论据与结论之间是否存在矛盾。鉴定意见是以一定的科学成果为依据的，这就要求我们注意审查目前的科技领域是否创造了鉴定意见所依据的科技成果，这种科技成果的稳定性和实用性如何，以及依据现有的论据能否必然推导出现在的结论，防止将自相矛盾的鉴定意见作为诉讼证据使用。由于鉴定意见涉及不同领域的专门知识和技能，法官仅就其本身进行审查，难度较大，因此需要与案件的其他证据结合起来，进行对照分析和比较，作出正确判断。某些案件中，人民法院应当审查修复方案的合理性和科学性，对不合理也不科学因而无法适用的修复方案，人民法院可以直接判决对已完工程拆除重建。

(5) 应审查鉴定意见是否客观。造价司法鉴定的客观性原则要求鉴定人只是对案件的客观事实进行分析评判，其只是受托对案件的专门性问题做出技术层面的分析，对自己难以确定的事项应根据案情提出供司法机关或仲裁庭裁判的参考意见，而无权对案件事实、当事人的是非以及法律定性直接作出判断，否则就是以鉴代审，程序违法。

(6) 应审查鉴定意见中是否有对鉴定人鉴定资格的证明以及鉴定人员及鉴定机构签名盖章。《民事诉讼法》规定："鉴定人有权了解进行鉴定所需要的案件材料，必要时可以询问当事人、证人。鉴定人应当提出书面鉴定意见，在鉴定书上签名或者盖章。"

(五) 司法鉴定意见的采信与当事人的抗辩

法院委托的对专门问题实施的司法鉴定，由独立的第三方所做出，鉴定意见作为定案的主要证据，法院一般都会采信。但因为鉴定意见亦是证据的一种，法院要采信的鉴定意见还应当经过法庭的庭审质证。《最高人民法院关于民事诉讼证据的若干规定》第37条第3款规定：“对于当事人的异议，人民法院应当要求鉴定人作出解释、说明或者补充。人民法院认为有必要的，可以要求鉴定人对当事人未提出异议的内容进行解释、说明或者补充。”第38条第1款还规定：“当事人在收到鉴定人的书面答复后仍有异议的，人民法院应当根据《诉讼费用交纳办法》第十一条的规定，通知有异议的当事人预交鉴定人出庭费用，并通知鉴定人出庭。有异议的当事人不预交鉴定人出庭费用的，视为放弃异议。”鉴定人未按照《最高人民法院关于民事诉讼证据的若干规定》第37条、第38条的规定对异议进行解释说明或出庭的，当事人可以在质证时提出抗辩和意见。

前述法院或仲裁机构不予采信鉴定意见的法律依据及事由，可参照《民事诉讼法》第69条的规定：“经过法定程序公证证明的法律事实和文书，人民法院应当作为认定事实的根据，但有相反证据足以推翻公证证明的除外。”

（六）司法鉴定的补充鉴定与重新鉴定

诉讼中，由于司法鉴定的法定条件和程序以及鉴定意见在案件定案处理中的重要地位，法律规定：对鉴定意见本身存在问题的，在鉴定机构出具鉴定意见后，若当事人对法院委托的鉴定机构作出的鉴定意见有异议，可申请重新鉴定；若当事人对法院委托的鉴定机构作出的鉴定意见认为有缺陷，可申请补充鉴定。所谓重新鉴定是指对原鉴定意见的可靠性产生疑问时，将原案材料再另行委托其他鉴定人进行的鉴定。重新鉴定的鉴定人，可以不受原鉴定内容和材料的限制，根据委托单位的要求和提供的材料进行鉴定。重新鉴定时若所得出的结论与原鉴定意见不一致，应当对原鉴定意见进行论证并说明不一致原因。所谓补充鉴定是指法院或当事人对鉴定意见进行分析研究后，认为所作意见不够完备、不够明确或提出了新的问题，或发现与案件有关的新证据，可以决定或申请将已鉴定或新发现的证据，仍交给原委托的鉴定人进行检验，鉴定人对新问题的解答或所作的修正补充就是补充鉴定。

《最高人民法院关于民事诉讼证据的若干规定》第40条规定了适用司法鉴定的补充鉴定与重新鉴定的理由和依据：“当事人申请重新鉴定，存在下列情形之一的，人民法院应当准许：（一）鉴定人不具备相应资格的；（二）鉴定程序严重违法的；（三）鉴定意见明显依据不足的；（四）鉴定意见不能作为证据使用的其他情形。存在前款第一项至第三项情形的，鉴定人已经收取的鉴定费用应当退还。拒不退还的，依照本规定第八十一条第二款的规定处理。对鉴定意见的瑕疵，可以通过补正、补充鉴定或者补充质证、重新质证等方法解决的，人民法院不予准许重新鉴定的申请。重新鉴定的，原鉴定意见不得作为认定案件事实的根据。”

二、《建设工程造价鉴定规程》为国内首个有关建设工程案件司法鉴定的行业标准，为司法鉴定确立了四项基本原则

针对司法实践中有关建设工程造价司法鉴定缺乏相关法律规定以及造价司法鉴定应遵循的基本原则，在实践中鉴定人员的鉴定操作不规范，鉴定期限旷日持久，并由此造成当事人与鉴定人的矛盾比较突出等情况，中国建设工程造价管理协会为规范工程咨询企业开展工程造价司法鉴定活动，提高鉴定程序管理质量和业务成果质量，经过近三年的努力制定出台行业标准《建设工程造价鉴定规程》（以下简称“鉴定规程”），规定了建设工程造价司法鉴定应遵循四项基本原则，其主要内容是：

1. 合法性原则。是指建设工程造价鉴定活动必须严格遵守国家法律、法规、规章的规定，是评判鉴定过程与鉴定意见是否具备证据效力的前提。主要表现为鉴定主体、鉴定资料、鉴定程序、鉴定范围、方法与标准、鉴定意见书合法。

2. 独立性原则。是指鉴定活动必须独立、中立进行，以保障鉴定意见的客观性、科学性、公正性，是基于科学技术自身的特殊性和鉴定意见的证据要求而必须遵守的。主要包括鉴定机构组织独立、鉴定人员工作独立、鉴定机构之间独立、鉴定操作技术独立、依法接受监督独立五个方面。

3. 公正性原则。是指鉴定意见的公信度和公正性要求，是诉讼所追求的目的客观性的必然要求。包括立场公正、行为公正、程序公正、方法公正、鉴定意见实体公正。

4. 客观性原则。是指鉴定人员以科学技术或者专门知识对提交鉴定的专门性问题进行鉴别和判断，鉴定人员的主观意见要以客观性和科学性为前提，以保证鉴定意见的公正性。要求保证鉴定资料的真实性和全面性，客观掌握鉴别和判断的合理尺度。

我国《民法典》第788条规定：“建设工程合同是承包人进行工程建设，发包人支付价款的合同。建设工程合同包括工程勘察、设计、施工合同。”根据此条规定，应当引起我们重视的是：承发包双方的建设工程合同的实质性内容是工程的质量和工期、造价，发包人支付价款的前提和对价，是承包人进行的工程建设必须确保工程质量和工期，因此，工程造价鉴定离不开工程质量和工期的鉴定。在司法实践中，当事人对工程质量争议进行鉴定，一般分两阶段完成，第一阶段是鉴定工程质量缺陷以及造成缺陷的原因和责任，这应由质量鉴定单位完成；第二阶段则应进行加固或整改费用的鉴定，这应由具有相应资质的造价鉴定单位完成。而有关工程工期争议的鉴定涉及行业的工期定额，应由工程造价鉴定机构进行。从建设工程合同当事人的权利义务关系分析，建设工程合同发包人支付造价的对价是承包人确保工程的质量和工期，发包人支付工程造价与承包人确保质量和工期的权利义务相一致，因此，本鉴定规程规定的建设工程造价司法鉴定的四项原则性规定，同样适用于对工程质量和工期的司法鉴定。

三、司法实践中常见的施工合同纠纷司法鉴定争议及司法处理原则

本章所选取的案例均涉及司法实践中常见的施工合同司法鉴定争议及司法处理原则，涉及了造价鉴定、质量鉴定和工期鉴定这三类司法实践中常见的主要鉴定类型。结合本章所选案例的研究和分析，可以更好地理解和掌握司法实践中建设工程施工合同纠纷中法院对司法鉴定的司法处理原则。

（一）工程造价鉴定中，在合同约定的固定价范围内法院原则上依法不予鉴定，应结合司法解释有关设计变更的规定融会贯通

由于建设工程经过招投标，当事人往往约定了合同的固定价格，在司法实践中经常碰到的是对固定价合同的鉴定与否问题。《最高人民法院关于审理建设工程施工合同纠纷案件适用法律问题的解释（一）》第28条规定："当事人约定按照固定价结算工程价款，一方当事人请求对建设工程造价进行鉴定的，人民法院不予支持。"过去在司法解释作出明确规定以前，实践中不少当事人已经在合同中约定了固定价格结算，但认为合同约定的工程价款与工程量不符，主张委托中介机构进行鉴定、评估或审价，另一方当事人则主张按合同约定确定工程价款，不同意鉴定、评估或审价。司法实践中对于处理这种情况有多种做法。有的审判人员根据当事人在合同中的约定直接确定工程价款；有的审判人员抛开合同约定，对工程量和价款全部进行鉴定；有的审判人员只对承包范围之外变更的部分进行鉴定。做法很多，极不统一。2004年出台的《最高人民法院关于审理建设工程施工合同纠纷案件适用法律问题

的解释》（已失效）施行以后，“固定价不予鉴定”已是确定工程造价的一个重要规定。

在理解这一项鉴定中的重要规定时，需先明确固定价格合同的含义，根据1999版《建设工程施工合同（示范文本）》通用条款第23条第2款第1项：“固定价格合同。双方在专用条款内约定合同价款包含的风险范围和风险费的计算方法。在约定的风险范围内的合同价款不再调整。风险范围以外的合同价款的调整方式，应当在专用条款内约定。”2017版《建设工程施工合同（示范文本）》通用条款第12条第12.1款第2项：“总价合同是指合同当事人约定以施工图、已标价工程量清单或预算书及有关条件进行合同价格计算、调整和确认的建设工程施工合同，在约定的范围内合同总价不作调整。合同当事人应在专用合同条款中约定总价包含的风险范围和风险费用的计算方法，并约定风险范围以外的合同价格的调整方法……”在固定价合同下，如果在合同履行过程中，没有发生合同变更等情况导致工程量变化，就应该按照合同约定的包干总价格结算。如果一方提出工程造价鉴定，法院依法不应予以支持。但原合同承包范围之外、设计变更、签证、索赔等情况导致工程量变化的，均可能需要通过鉴定来确定工程价款。如发生当事人约定风险范围之外的设计变更，根据《最高人民法院关于审理建设工程施工合同纠纷案件适用法律问题的解释（一）》第19条第2款规定：“因设计变更导致建设工程的工程量或者质量标准发生变化，当事人对该部分工程价款不能协商一致的，可以参照签订建设工程施工合同时当地建设行政主管部门发布的计价方法或者计价标准结算工程价款。”

除此之外，如果发生重大变动导致当事人利益失衡，法院还会适用公平原则来调整。固定价合同还可能会因市场环境和生产要素等影响，产生一定的风险。因此，建议当事人选择固定价确定合同价款时，要对市场环境、价格变化、成本核算等作全面考虑，公平确定合同价格，同时对承包范围、风险范围等作明确约定，以减少风险和纠纷。

（二）工程造价鉴定的计价标准

工程造价的计价标准主要有三种：定额计价标准、工程量清单计价标准和市场价。定额计价标准是依据政府统一发布的预算定额、单位估价表确定人工费、材料费、机械费，再以当地造价部门发布的市场信息对材料价格补差，然后按统一发布的收费标准计算各种费用，最后形成工程造价。这种计价模式的价格都是指令性价格，不能真实反映投标企业的实际消耗量、单价和费用发生的真实情况。工程量清单计价采用的是市场计价模式，由企业自主定价，实行市场调节的“量价分离”的计价模式，由投标企业根据自身的特点及综合实力自主填报单价。采用的价格完全由市场决定，能够结合施工企业的实际情况，与市场经济相适应。市场价，是经销商出货的合理价格，一般是企业购买产品的最直接最真实的价格。

司法鉴定应当采用哪个标准来确定工程造价呢？对于这个问题需要分不同情况来说明：

1. 当事人对计价标准或方法有约定的情况。

《民法典》第7条规定：“民事主体从事民事活动，应当遵循诚信原则，秉持诚实，恪守承诺。”第465条规定：“依法成立的合同，受法律保护。依法成立的合同，仅对当事人具有法律约束力，但是法律另有规定的除外。”《建筑法》第18条第1款规定：“建筑工程造价应当按照国家有关规定，由发包单位与承包单位在合同中约定……”《最高人民法院关于审理建设工程施工合同纠纷案件适用法律问题的解释（一）》第19条第1款规定：“当事人对建设工程的计价标准或者计价方法有约定的，按照约定结算工程价款。”那么，以上法律规定很明确，对于工程价款的结算，当事人有约定就按照约定结算。

2. 当事人在合同中对计价方法和标准没有约定或约定不明的情况。

《民法典》第511条第1款第2项规定，当事人就合同价款或者报酬约定不明确，依照《民法典》第510条的规定仍不能确定的，按照订立合同时履行地的市场价格履行；依法应当执行政府定价或者政府指导价的，依照规定履行。《最高人民法院关于审理建设工程施工合同纠纷案件适用法律问题的解释（一）》第19条第2款规定：“因设计变更导致建设工程的工程量或者质量标准发生变化，当事人对该部分工程价款不能协商一致的，可以参照签订建设工程施工合同时当地建设行政主管部门发布的计价方法或者计价标准结算工程价款。”依据上述法律规定，在当事人没有约定或者约定不明时，计价方法有三种，一是执行政府定价或指导价；二是按照订立合同时履行地的市场价格履行；三是参照签订建设工程施工合同时当地建设行政主管部门发布的计价方法或者计价标准结算工程价款，一般包括定额和市场信息价。这里需要注意的是市场价格和市场信息价是不同的，市场信息价，是建设部门发布对某一产品价格市场行情分析得出的平均价位，一般作为定额价的调整和补充；而市场价格是经销商出货的合理价格，一般是企业购买产品的最直接最真实的价格。采用第一种计价方式的前提是法律规定或当事人约定执行政府定价或指导价，没有法律规定或当事人约定的，不适用。采用第二种计价方式，需要当事人提交有关市场价格的证据，比如购买材料的合同、发票等。实践中经常采用的是第三种计价方式，即定额价标准。

（三）合同无效时的造价鉴定的依据

建设工程造价鉴定经常碰到的问题是合同效力本身存在问题，在合同无效的前提下应如何结算工程价款？这曾经是人民法院审判实践中的难点问题。在法律适用上也经历了一些变化。在《最高人民法院关于审理建设工程施工合同纠纷案件适用法律问题的解释》（已失效）出台前，各地法院一般依照合同无效或者被撤销后不能返还或者没有必要返还的适用折价补偿的原则进行裁判。但是对于折价补偿的标准和范围各地法院有不同的认定。一种观点认为，实际施工人只能取得其实际支出的工程成本的折价费用，而不能取得利润，否则实际施工人可以因无效合同获益，无效合同与有效合同的结果没有任何区别，法律的严肃性将会荡然无存，等于变相地鼓励纵容违法承揽工程这一现象。因此，实际施工人不应以无效合同获得工程的利润。另一种观点认为，工程质量是建设工程的生命线，建筑物的质量标准应当高于建设工程施工合同的效力。建设工程的价款，不应当因为合同有效无效而作区分，而应当看合同系争工程是否验收合格，只要验收合格，就应当按照有效合同支付工程款。正是因为法院认识的不同，导致类似的案件裁判结果相去甚远。

1. 司法解释为合同无效前提下的工程价款鉴定提供了法律依据。即不论合同是否有效，已完工程质量合格与否与支付工程价款直接挂钩处理的原则，为造价司法鉴定设定了前提。

针对上述问题，最高人民法院在起草司法解释时，将此问题予以统一和明确。司法解释确定的原则是按工程质量是否合格作为前提进行处理。《最高人民法院关于审理建设工程施工合同纠纷案件适用法律问题的解释》（已失效）第 2 条“合同无效质量合格的处理原则”规定：“建设工程施工合同无效，但建设工程经竣工验收合格，承包人请求参照合同约定支付工程价款的，应予支持。”第 3 条“合同无效质量不合格的处理原则”规定：“建设工程施工合同无效，且建设工程经竣工验收不合格的，按照以下情形分别处理：（一）修复后的建设工程经竣工验收合格，发包人请求承包人承担修复费用的，应予支持；（二）修复后的建设工程经竣工验收不合格，承包人请求支付工程价款的，不予支持。因建设工程不合格造成的损失，发包人有过错的，也应承担相应的民事责任。”《最高人民法院关于审理建设工程施工合同纠纷案件适用法律问题的解释》（已失效）确定的工程质量至高原则无疑是符合立法本意的，确定以工程质量是否合格作为结算工程价款的前提，对工程造价司法鉴定确立了基本原则。司法解释确立的无效合同的结算原则经多年司法实践检验，是行之有效的，因此《民法典》在编纂时直接将《最高人民法院关于审理建设工程施工合同纠纷案件适用法律问题的解释》（已失效）第2条和第3条的规定上升到法律层面合并为第793条。但应当注意的是，《民法典》第793条对司法解释的规定进行了调整，根据《民法典》的规定，合同无效但经验收合格的，发包人应按照合同约定的工程价款折价补偿承包人，而非直接按照合同约定支付工程款。《民法典》第157条规定：“民事法律行为无效、被撤销或者确定不发生效力后，行为人因该行为取得的财产，应当予以返还；不能返还或者没有必要返还的，应当折价补偿。有过错的一方应当赔偿对方由此所受到的损失；各方都有过错的，应当各自承担相应的责任。法律另有规定的，依照其规定。”建设工程合同也属于民事法律行为，无效后的处理原则应当与《民法典》对于无效法律行为的处理原则保持一致。

还需要注意：上述规定虽然是对合同无效情形所作的处理规定，但也适用于对有效合同的处理。合同有效，一方违约导致合同被解除，造价司法鉴定通常针对在建的已完部分工程的价款结算处理，已完工程价款鉴定必须在工程质量合格的前提下进行，《民法典》第806条第3款规定：“合同解除后，已经完成的建设工程质量合格的，发包人应当按照约定支付相应的工程价款；已经完成的建设工程质量不合格的，参照本法第七百九十三条的规定处理。”合同有效，工程已施工完成，已竣工工程价款的司法鉴定，同样必须在工程质量合格的前提下进行。《最高人民法院关于审理建设工程施工合同纠纷案件适用法律问题的解释（一）》第19条第3款规定：“建设工程施工合同有效，但建设工程经竣工验收不合格的，依照民法典第五百七十七条规定处理。”因此，《民法典》和司法解释共同明确了不论合同是否有效，工程价款的结算必须与已完工程质量是否合格直接挂钩处理。

2. 建设工程施工合同无效但工程验收合格的，折价补偿时应考虑利润、税金。

2004年发布的《最高人民法院关于审理建设工程施工合同纠纷案件适用法律问题的解释》（已失效）中第2条明确了施工合同无效但竣工验收合格的，承包人有权参照合同的约定要求支付工程价款。经过多年的实践，《民法典》吸纳了原司法解释第2条的规定，并且明确了施工合同无效但竣工验收合格的，发包人可以参照合同约定折价补偿承包人。《民法典》第157条规定："民事法律行为无效、被撤销或者确定不发生效力后，行为人因该行为取得的财产，应当予以返还；不能返还或者没有必要返还的，应当折价补偿。有过错的一方应当赔偿对方由此所受到的损失；各方都有过错的，应当各自承担相应的责任。法律另有规定的，依照其规定。"民事法律行为无效的法律后果之一是不能返还原物的可以折价补偿，建设工程一旦完工从原则上来说不应当再适用返还原物的规则，否则会造成更大的资源浪费。因此，《民法典》第793条第1款规定："建设工程施工合同无效，但是建设工程经验收合格的，可以参照合同关于工程价款的约定折价补偿承包人。"

根据《建筑安装工程费用项目组成》（建标〔2013〕44号）规定，建筑安装工程费用项目按费用构成要素组成划分为人工费、材料费、施工机具使用费、企业管理费、利润、规费和税金。可以理解为人工费、材料费、施工机具使用费、企业管理费和规费、税金共同构成工程实际成本。工程合同的利润是指承包人完成所承包工程依法可获得的盈利。在过去司法实践中常见的一个争议问题是施工合同无效但经竣工验收合格的，折价补偿时是否应当计取工程利润。由于各个法院对于这一问题存在不同的理解，导致实践中出现了同案不同判的情形。有的观点认为利润应当是指当事人的合法收益，如果施工合同无效的，这部分合法收益承包人不应当计取。

但最高人民法院在"张某、曹某与王某某、某城公司、某安公司建设工程施工合同纠纷案"①中，法院认为合同无效但经竣工验收合格，间接费和利润作为合同约定的工程价款的组成部分，可以由实际施工人取得。

（四）工程质量鉴定中如何认定责任承担问题

1. 保修期内的工程发生质量争议案件中，通过工程质量鉴定认定责任承担问题。

---

① 一审：宁夏回族自治区石嘴山市中级人民法院（2015）石民初字第97号；二审：宁夏回族自治区高级人民法院（2018）宁民终46号；再审：最高人民法院（2019）最高法民申1128号。

鉴于保修期内质量缺陷的复杂性，在诉讼中启动质量鉴定成为划分各方责任的主要方法。在保修期内质量缺陷鉴定中，由于工程已经竣工验收，承包人会以验收合格为由对发包人提出的质量问题进行抗辩。发包人提出初步证据证明质量缺陷时，如果承包人反驳的，发包人就要提出质量缺陷鉴定申请。因此，司法实践中，质量缺陷鉴定的申请一般都是由发包人提出。

需注意的是，不同于造价鉴定的申请，质量鉴定一般鉴定的目的是证明自己的主张或免除自己责任，给法院裁判提供依据。因此，鉴定结论必须完整明确。当事人在提出质量缺陷鉴定申请时，不能只是简单类似“要求鉴定单位对某工程质量问题进行鉴定”的一句话，而要将申请的事项和要求写明确。鉴定请求不明确不具体，可能导致鉴定意见含混不清，从而影响法官裁判。所以，当事人在提出质量缺陷鉴定时，一般要包含以下内容：（1）是否存在质量缺陷；（2）质量缺陷的程度，是否达到设计要求、是否影响使用功能、是否存在结构安全；（3）质量缺陷的成因；（4）质量缺陷存在的范围、分布情况；（5）质量缺陷能否修复、修复方案；（6）修复费用的鉴定。

质量鉴定的目的是确认保修期内承包人的保修义务和缺陷责任承担主体。在建设工程合同中，承包人的主要义务就是完成合同约定的施工任务，向发包人交付合格的工程，工程质量担保义务在承包人。一般而言，建设单位与施工单位签订的施工合同会就保修期内施工单位的保修责任以及质量缺陷责任划分进行专门的约定。同时，双方还会签署《建筑工程质量保修书》，具体约定质量保修期内保修的实施。《建设工程质量管理条例》第39条第1款规定：“建设工程实行质量保修制度。”第41条规定：“建设工程在保修范围和保修期限内发生质量问题的，施工单位应当履行保修义务，并对造成的损失承担赔偿责任。”根据以上规定，建设工程在保修期内无论质量缺陷的原因为何，施工单位都有义务就缺陷部分进行维修。

但对于修复费用的承担主体，则要根据质量缺陷的成因来界定。相应的法律依据、合同依据有：《最高人民法院关于审理建设工程施工合同纠纷案件适用法律问题的解释（一）》第13条规定：“发包人具有下列情形之一，造成建设工程质量缺陷，应当承担过错责任：（一）提供的设计有缺陷；（二）提供或者指定购买的建筑材料、建筑构配件、设备不符合强制性标准；（三）直接指定分包人分包专业工程。承包人有过错的，也应当承担相应的过错责任。”2017版《建设工程施工合同（示范文本）》第15.4.2修复费用的约定：“保修期内，修复的费用按照以下约定处理：（1）保修期内，因承包人原因造成工程的缺陷、损坏，承包人应负责修复，并承担修复的费用以及因工程的缺陷、损坏造成的人身伤害和财产损失；（2）保修期内，因发包人使用不当造成工程的缺陷、损坏，可以委托承包人修复，但发包人应承担修复的费用，并支付承包人合理利润；（3）因其他原因造成工程的缺陷、损坏，可以委托承包人修复，发包人应承担修复的费用，并支付承包人合理的利润，因工程的缺陷、损坏造成的人身伤害和财产损失由责任方承担。”

如果通过鉴定无法确定质量缺陷原因时，既不能认定为承包人的原因，也不能认定为发包人的原因，对此问题，司法实践中观点不一。有些法院依据公平原则来分配责任，而有些法院则认为，履行施工义务，并向发包人交付合格的工程，是承包人的法定义务。承包人是质量担保义务的主体，一旦当事人因工程质量问题发生诉讼，发包人提供证据证明存在质量缺陷，承包人否认的，必须提供相应的反驳证据证明该质量问题系由其他原因所造成，否则一般应由承包人承担相应的违约责任。

2. 在建工程发生质量争议案件中，可以通过工程质量缺陷鉴定认定责任承担问题。

建设工程施工过程中，因工程质量产生争议，要借助于质量鉴定来确定问题是否存在以及问题产生的原因，质量鉴定的内容通常会包括是否存在质量问题、质量问题的原因、质量修复方案及修复费用等方面。

建设工程出现质量问题，其原因是多方面的。包括设计原因、施工原因、使用不当，也包括物理原因、生物原因和意外灾害。从工程质量案件当事人的过错责任来看，与保修期内的质量问题基本一致，有的案件只有一方责任人；有的则属于当事人负有混合过错责任，要按过错大小来分担。就混合过错来看，有的是建设单位和施工单位有混合过错，有的是施工单位和设计单位有混合过错。

本章丽某公司、马某某建设工程施工合同纠纷案中，鉴定意见书并未认为应当对挡土墙全部进行拆除，存在可加固处理部分，只是对已破坏部分进行拆除。在（2016）云鼎鉴司字第883号司法鉴定意见书已经对重建部分和加固部分的费用进行计算，故一审判决认定部分重建、部分加固并无不当。丽某公司将工程发包给不具有施工资质的马某某，存在过错，也应当承担相应的民事责任。

此外，在施工过程中的工程质量缺陷鉴定中，还会碰到当事人提出在建工程因质量缺陷影响工期的问题。实践中，当承包人提起工程造价鉴定申请后，发包人往往会提出工程质量缺陷或工期延误的鉴定申请；由于工程完工后的质量缺陷已与工期没有直接关系，因此，工程质量和工期之间关系的争议往往是发生在在建工程中。对此，《最高人民法院关于审理建设工程施工合同纠纷案件适用法律问题的解释（一）》第11条“质量争议期间工期的处理”规定：“建设工程竣工前，当事人对工程质量发生争议，工程质量经鉴定合格的，鉴定期间为顺延工期期间。”

3. 按司法解释规定工程质量是否合格应与已完工程价款直接挂钩处理，工程质量成为造价的对价，因此工程质量鉴定与造价鉴定也须直接挂钩处理。

如前所述，司法解释对工程质量和造价设定的互相关系是，工程价款的结算必须与已完工程质量是否合格直接挂钩处理。司法实践中，因工程质量合格与否形成争议；或者当一方提出价款请求时另一方提出质量缺陷的反请求，于是造价和质量都成为司法鉴定的对象。两者的互相关系是，当质量缺陷及责任人有鉴定结论后，对缺陷的整改或加固费用的鉴定，应由具有相应造价鉴定资质的鉴定人另行鉴定。建设工程质量鉴定除了司法鉴定一般要求外，还具有鉴定人资质条件和检测手段等方面的特殊要求。

（五）工程工期鉴定中常见问题的处理原则

建设工程工期争议是当前司法实践中一类新的重大争议，其实质是当事人对工程造价请求的对抗和抵销。工程合同经过招投标，合同中约定的工期违约金一般比例都较高或者每天违约金的绝对数较大，当承包人提起工程欠款请求后，发包人也往往以工期违约金提出反请求，有的案件按合同约定的工期违约金计算甚至会超过拖欠的工程款本金。于是，当事人提出工期延误期限和工期损失的司法鉴定申请就成为许多案件中的新情况和新问题。

工期争议可以通过司法鉴定方式解决。工期鉴定事项主要涉及工期能否顺延、顺延日期以及工期延误造成损失的鉴定。当事人提出工期鉴定，须提供设计变更联系单，发包人或监理单位的确认签证，施工单位的停工、窝工等方面依约工期应当顺延的相应证据，当鉴定人按合同约定难以确定工期增减时，可按政府主管部门制定的工期定额标准进行鉴定。例如，上海市于2011年12月重新制定了《上海市建设工程工期定额（2017）》，地方的工期定额为司法实践中的工期鉴定提供了政府指导的行业标准。对没有地方工期定额标准的，鉴定人也可按合同约定的建筑面积与合同工期的比值套算出增减工程量所涉工期顺延或延误的期限。

1. 约定工期短于鉴定的定额工期，法院如何认定工期?

《建设工程质量管理条例》第10条规定："建设工程发包单位，不得迫使承包方以低于成本的价格竞标，不得任意压缩合理工期。建设单位不得明示或者暗示设计单位或者施工单位违反工程建设强制性标准，降低建设工程质量。"

工期，是指在合同中约定的承包人完成工程所需的期限。工期包括约定工期（计划工期）、实际工期和定额工期。约定工期是当事人在合同中约定的计划完成工程的期限；实际工期是承包人实际完成工程的期限；定额工期是指在一定的生产技术和自然条件下，完成某个单位（或群体）工程平均需用的标准天数。合理工期是指在正常建设条件下，采取科学合理的施工工艺和管理方法，以现行的建设行政主管部门颁布的工期定额为基础，结合项目建设的具体情况而确定的使投资方、各参加单位均获得满意的经济效益的工期。合理工期要以定额工期为基础确定，但不一定与定额工期完全一致，可依施工条件等作适当调整，这是因为定额工期反映的是社会平均水平，是经选取的各类典型工程经分析整理后综合取得的数据，由于技术的进步，完成一个既定项目所需的时间会缩短，工期会提前。

判断工期是否合理的标准，目前法律法规没有明确规定。《北京住房和城乡建设委员会于关于贯彻执行2009年〈北京市建设工程工期定额〉和2009年〈北京市房屋修缮工程工期定额〉有关问题的通知》[①]曾给出参考，该通知中明确压缩的工期天数超过定额工期的30%即可视为发包人任意压缩合理工期。然而2019年发布的《北京市住房和城乡建设委员会关于执行2018年〈北京市建设工程工期定额〉和2018年〈北京市房屋修缮工程工期定额〉的通知》中删除了30%的标准，而是规定发包人压缩工期幅度超过10%（不含）的，应组织专家对相关技术措施进行合规性和可行性论证，并承担相应的质量安全责任。实践中法院一般不会认定压缩工期条款导致合同无效，而是会尊重当事人的约定。原因在于《建设工程质量管理条例》虽然规定不得

① 该文件现已失效。

压缩合理工期，但并未规定压缩合理工期合同无效。从此条规定效力上看，应属于管理性规定，而非效力性规定。

因此，本章“金某公司与某局公司建设工程合同纠纷”上诉案件中鉴定定额工期为1182天，约定工期是580天，压缩工期天数超过定额工期的30%。法院认为，本案工程的承发包双方当事人均是其所从事领域的专业企业，对工程建设所需要的天数应有较为准确的预判断能力，且双方当事人经过多次协商洽谈后签订了本案合同，在合同不存在无效或被撤销的情形下，应尊重双方合同约定，确认本案工期为580天。相似的还有，本章某投公司、昆某公司建设工程合同纠纷案尽管合同约定工期远少于合理工期，但法院认为建设工程系系统性工程，工期长短不仅取决于工程规模，同时与建筑企业自身的资金、施工能力、管理能力密切相关，不能简单地以工程规模来核定合理工期。昆某公司作为具有特级资质的建筑企业，在对相关的人力、物力的进行测算后，提交投标函并作出352天的工期承诺系其真实意思表示。

2. 工期延误因果关系及工期能否顺延的问题。

工期延误，通俗讲就是工期超过合同约定的期限。工期顺延，是指由于发包人的原因或者其他非承包人的原因造成的工期延误，承包人可以按合同约定或者法律规定相应顺延的工期。

工期延误的原因，可能是由发包人引起的，也可能是由于承包人引起的，还可能是第三人或者不可抗力原因造成的。如果是承包人原因造成的工期延误，工期不能顺延；如果是发包人原因造成的或者非因承包人原因造成的工期延误，工期可以顺延。

发包人引起工期延误的常见情形主要有：未依约提供图纸、未依约提供开工条件、基准资料错误、开工延迟、甲供料、分包迟延、付款迟延等。承包人引起工期延误的主要情形：工程质量不合格返工导致的工期延误和施工管理不善等原因造成的工期延误。其他原因导致的工期延误的情形：鉴定所导致的工期延误；工程量增加、设计变更所导致的工期延误；不可抗力、意外事件所导致的工期延误。

一般来讲开工延迟、甲供料、分包迟延、付款迟延、设计变更等只是可能引起工期延误的因素或事项，未必一定会造成工期延误的后果。实践中认定工期延误还要看这些事项与工期延误是否具有因果关系，是否客观造成了停工、工期延长等后果。对于设计变更或工程量增加，应查明是否增加了关键线路上关键工作的工程量，增加的，顺延工期，未增加的，工期不顺延。

对于工期延误、工期顺延的因果关系及损失问题是一个比较复杂的专业问题，法院一般会委托专业的鉴定机构进行鉴定。法院对工期的鉴定，均包含了因果关系的鉴定。而对于因果关系的认定，法院一方面依赖于专业技术知识和法律规定，另一方面要根据当事人提供的证明工期延误的相关证据综合认定。如果脱离了证据，仅从延误事项本身出具结论，法院会参照其他证据综合认定。本章“金某公司与某局公司建设工程合同纠纷案”中，鉴定单位对于延迟开工、天气原因、甲供料、分包迟延、迟延付款、设计变更都认定为是发包人原因导致工期延误，认为应当顺延工期。法院则根据当事人举证情况分别认定：对于延迟开工不认定为发包人的原因；对于天气原因，认为不属于不可抗力；认为设计变更也未必都会引起工期延误。最终，法院只认定甲供料、分包迟延、迟延付款构成工期延误，应当顺延工期。相似的还有，本章“机某公司与某福公司建设合同纠纷案”中，法院认为：雨雪等天气原因会对施工造成一定影响，但一般的雨雪天气应是当事人签订合同时都应预见的情况，如果确实影响工期，施工人应当依据合同约定提出延期申请，由发包人确认，机某公司并未提交其就此提出延期并经某福公司同意的证据；施工过程中，机某公司从未提出技术交底迟延影响工期，也未就此申请工期顺延。由此可见，法院对于工期的认定，不完全依赖于鉴定机构的意见，还会结合当事人的举证情况综合认定。所以，工期鉴定不完全是专业问题，更多是法律问题、证据问题。当事人应注意留存引起工期延误的证据，以便开展工期索赔。

3. 法院在当事人没有证据证明工期延误的损失实际发生的情形下，如工程延期竣工是客观事实，且能够明确责任方，可根据公平原则委托鉴定单位对损失进行审定。

《民事诉讼法》第 64 条第 1 款规定：“当事人对自己提出的主张，有责任提供证据。”诉讼的当事人应对自己的主张提供证据加以证明。工期纠纷中，如工程延期竣工是客观事实，且能够明确责任方，停工损失也客观存在，但当事人并无直接证据证明其具体损失，法院如何处理，也是常见的问题。

实践中，根据公平原则，法院也可以委托专业审价单位，以结算审价技术指标为依据，结合系争工程延误工期的实际情况，审定受损方因工期延误造成的各项停工损失。公平原则是指当事人之间在设定民事权利和义务、承担民事责任等方面应当公平、合情合理，要求除了体现在合同上的负担和风险的合理分配，还要求根据公平原则确定违约责任。《民法典》第 577 条规定："当事人一方不履行合同义务或者履行合同义务不符合约定的，应当承担继续履行、采取补救措施或者赔偿损失等违约责任。"第 584 条规定："当事人一方不履行合同义务或者履行合同义务不符合约定，造成对方损失的，损失赔偿额应当相当于因违约所造成的损失，包括合同履行后可以获得的利益；但是，不得超过违约一方订立合同时预见到或者应当预见到的因违约可能造成的损失。"

法院在民事诉讼中，依据公平原则，考虑双方当事人的利益关系，试图作出合情合理的判决，使判决具有正当性。因此，如工程延期竣工是客观事实，且能够明确责任方，停工损失也客观存在，法院可以同意承包人的鉴定申请，委托专业审价单位以结算审价技术指标为依据，结合系争工程延误工期的实际情况，审定受损方因工期延误造成的各项停工损失，作为确定工期延误损失的依据。

但同时，法院在使用公平原则发挥自由裁量权维护当事人合法权益的积极作用时，还需符合合法原则、审慎原则，即要严格依据法律规定，遵循法定程序和正确裁判方法。因此，法院在当事人没有证据证明工期延误的实际损失的情形下，仍同意委托鉴定单位作司法鉴定，并采信鉴定单位的审定结果，是有前提的。根据《民法典》第 577 条和第 584 条所规定的赔偿损失责任的构成要件有四：一是有违约行为，二是有损失后果，三是违约行为与财产等损失之间有因果关系，四是违约人有过错，或者虽无过错，但法律规定应当赔偿。故，如当事人无法提供证据直接证明工期延误的损失已经实际发生，则必须提供违约方致使工期延误会带来损失的间接证据证明存在工期延误损失。因此，承包人在申请工期延误损失鉴定时，应当同时申请对工期延误的原因、工期延误的天数进行鉴定。鉴定单位作出鉴定意见后，将由法院明确工期延误的责任主体。经法院认定确实存在工期延误的情形且责任方为发包人时，可以认定承包人就此产生的停工损失也客观存在。在此情形下，由鉴定单位结合系争工程延误工期的实际情况，审定当事人因工期延误造成的各项损失，法院一般会予以确认。

本章"建某集团与丽某公司建设工程施工合同纠纷案"中，对于第二阶段窝工损失问题。一、二审法院则均认为：虽然在鉴定过程中双方均未再提供证据证明实际上的窝工损失，但客观上存在窝工现象，亦产生了一定的窝工损失，鉴于导致无法按实核定窝工损失丽某公司存在一定的责任，故一审法院以鉴定结论作为参考依据确定建某集团的窝工损失并无不当。

4. 当事人一般可主张的工期延误损失种类。

（1）承包人的主要工期延误损失：

一般情况下，在发包人原因、发包人风险和工程变更的情形下承包人均可要求相应的赔偿。其中，发包人原因主要指发包人违约或可归责于发包人的原因，《民法典》第803条对此作了规定："发包人未按照约定的时间和要求提供原材料、设备、场地、资金、技术资料的，承包人可以顺延工程日期，并有权请求赔偿停工、窝工等损失。"发包人风险指非发包人原因造成的合同约定应由发包人承担因此造成工期拖延的费用的风险，主要有不利地下条件、分包拖延。

承包人的工期延误损失一般包括停工、窝工产生的费用，依据《民法典》第804条的规定："因发包人的原因致使工程中途停建、缓建的，发包人应当采取措施弥补或者减少损失，赔偿承包人因此造成的停工、窝工、倒运、机械设备调迁、材料和构件积压等损失和实际费用。"主要包括人工误工、材料涨价、临时设施及机械设备的租赁造成的损失以及工程延期期间的管理费用。同时，如承包人垫资施工，还可以要求贷款利息；如承包人进行了分包并因此产生的对分包人的违约赔偿；如保险费用由承包人承担，则延长保险期限所产生的保险费用等。

（2）发包人的主要工期延误损失：

因承发包人一般会在合同中约定承包人工期延误承担的违约责任，如延期一天承担多少违约金，发包人工期索赔的争议一般集中在工期延误天数。但有时承包人会根据《民法典》第585条提出违约金约定过高或者发包人提出违约金不足以赔偿损失，并提出对发包人的工期延误损失进行鉴定。在此情况下，发包人的损失可能包括：贷款利息、盈利损失、增加的监理费、土地出让金、按合同约定由发包人提供的材料的价格上涨损失、按合同约定由发包人提供的施工设备、临时设施在延误期间的租赁费、管理费、如保险费用由发包人承担，则延长保险期限所产生的保险费用等。

综上所述，一般施工合同纠纷案件中，双方当事人在工程质量、造价和工期问题上意见分歧严重，大多数情况下法院会启动司法鉴定程序。而一旦鉴定单位出具了鉴定意见，当事人没有足以反驳的相反证据和理由的，法院都会确定鉴定意见的证明力并将其作为定案依据。故，有关人员应当提高对司法鉴定程序的关注，了解建设工程司法鉴定程序性规定的相关法律法规以及法院对造价、质量和工期鉴定方面有关问题在实践中的处理原则。

9.1 法院如何认定工程造价鉴定计价标准①

——某兰公司与林某公司、某行庄河支行建设工程施工合同纠纷一案②

关 键 词：工程造价　司法鉴定　鉴定依据　计价标准

问题提出：建设工程造价鉴定中，一方主张定额计价，另一方主张清单价或者市场价，法院如何确定计价标准？

裁判要旨：合同中约定"人工及材料价格按施工同期网刊价的平均值执行"属于对价款约定不明的情形。在约定不明的情形下，对于人工费调整标准的确定，应当着重考虑公平性与合理性。

案情简介

上诉人（一审原告）：某兰公司

被上诉人（一审被告）：林某公司

被上诉人（一审第三人）：某行庄河支行

2012 年 3 月 13 日和 3 月 15 日，某兰公司与林某公司分别签订两份《建设工程施工合同》。合同约定，某兰公司为林某公司建设河东休闲购物中心与农副产品批发中心工程。工程地点在辽宁省××街道河东村，工程内容为"施工图及招标文件范围"，工程承包范围为土建、给排水、采暖、电器、消防、装饰工程（具体详见施工图纸）。合同工期为 2012 年 3 月 16 日开工，2013 年 10 月 7 日竣工；工程质量标准为合格；合同价款分别为 51399519 元和 60428799 元。双方在合同的通用条款和专用条款部分，还对合同履行的具

① 撰稿人：朱树英、屠宇辰，上海市建纬律师事务所。

② 一审：辽宁省高级人民法院（2014）辽民一初字第 00031 号；二审：最高人民法院（2018）最高法民终 99 号。

体事项进行了详细的约定。

《建设工程施工合同》签订后，某兰公司与林某公司签订《补充协议》。该协议载明“甲、乙双方于2012年3月15日签订了《建设工程施工合同》(已备案，备案文号详见备案合同)。对于上述合同的未尽事宜，双方经过友好协商，达成补充协议”。该协议所载工程名称与《建设工程施工合同》载明的名称一致。工程承包范围为土建、装饰、安装等工程，详见施工图纸（具体以发包人2012年3月10日下发的“项目工程施工计算范围”为准)。合同工期为：开工日期2012年3月27日正式入场，全部工程竣工日期为2013年9月30日。合同价款为约294639744元，竣工后按施工图加预算，按实结算。计价方式为：工程量清单计价，计价依据为GB50500—2008《建设工程工程量清单计价规范》《2008辽宁省建设工程计价依据》及相应取费标准，人工费材料价格按施工同期网刊价的平均值执行。如发包人外委工程，则总承包服务费按外委造价的4%计取。工程价款的支付方式为：施工图纸加签证，按实结算。合同签订后，某兰公司进场，并于2012年4月10日开工。

案涉工程至起诉前，除内墙砌砖、内墙抹灰、外墙保温、外墙贴砖工程未完工外，其他均基本完成。本案审理中，某兰公司提出申请，请求对案涉工程造价进行鉴定。一审法院依法委托某华造价咨询公司对某兰公司已完工的案涉工程造价进行鉴定，鉴定结论为233735370元。其中人工费是参照人工综合指数的平均值进行调整而得出。如果人工费按网刊中每季度建筑市场人工工资参考价格的平均值调整，与以上鉴定结论的差值为51158571元（正差)。上述鉴定结论经双方申请复议，2016年5月17日，鉴定单位又出具《复议报告》，复议鉴定结论为236822847元，其中无争议项目的复议结论为234057684元，有争议项目的复议结论为2765162元，门窗工程的工程价款为17764621元。本复议鉴定结论中的人工费是参照人工综合指数的平均值进行调整而得出，如果人工费按网刊中每季度建筑市场人工工资参考价格的平均值调整，与以上复议鉴定结论的差值为52050654元（正差)。(按投标文件即清单报价）计算出的鉴定项目清单投标总价款为254740770元，其中，门窗工程的价款为5293924元。

最高人民法院对原审查明的事实予以确认，另查明：某华造价咨询公司具有工程造价咨询企业甲级资质证书。2016年1月20日，某华造价咨询公司出具的《鉴定书》(上册)“五、鉴定说明”载明：“原被告签订的《建设工程施工合同补充协议》第四条计价方式的约定即人工及材料价格按施工同期网刊价的平均值执行，我司经慎重考虑，认为该条约定存在一定的歧义。……第二，在施工同期网刊价中，人工费的调整有综合指数调整和每季度建筑市场人工工资的参考价格调整两种方式，依据这两种方法均可以计算出人工费及总造价。在协议约定中，没有明确按哪种方法调整人工费。”因某兰公司和林某公司对某华造价咨询公司出具的鉴定意见均有异议，该公司于2016年9月23日出庭接受双方质询表述，“同期就是约定不明，因为同期有综合和市场两种”。

还查明，经上网查询辽宁省建设工程造价管理总站官方网站，2011年9月28日，辽宁省住房和城乡建设厅、辽宁省财政厅联合下发辽住建〔2011〕380号《关于建设工程人工费实行动态管理的通知》，要求对2008年《辽宁省建设工程计价定额》中的人工费实行动态管理，人工费指数由省建设工程造价管理机构按季度在《辽宁工程造价信息》网上向社会发布。辽宁省建设工程造价管理总站依据该通知，自2012年开始每季度发布建设工程人工费指数。

一审判决：一、解除某兰公司与林某公司签订的建设河东休闲购物中心与农副产品批发中心两份《建设工程施工合同》及《补充协议》；二、林某公司于判决生效日起十日内给付某兰公司工程结算价款245052486.42元；三、林某公司于判决生效日起十日内按照中国人民银行同期贷款基准利率给付某兰公司迟延付款利息；四、驳回某兰公司的其他诉讼请求。

二审判决：驳回上诉，维持原判。

各方观点

某兰公司观点：一审判决认定案涉施工合同对人工费调整标准约定不明，并据此减半确定人工费，没有事实和法律依据。1.《建设工程施工合同补充协议》第四条约定人工材料价格按施工同期网刊价的平均值执行，是因按08定额的人工综合指数的网刊价无法施工，合同价款294639744元也是按市场价格的网刊价平均值计算得出。因此，《补充协议》第四条对人工费约定明确，是按市场价格的网刊价的平均值执行。2. 人工综合指数网刊价属于定额价的一部分。从最高人民法院刊发的公告案例看，鉴定机构分别按照定额价和市场价作出鉴定结论的，在确定工程价款时，其裁判宗旨一般以市场价确定工程价款。因为以定额为基础确定工程造价大多未能反映企业的施工、技术和管理水平，定额标准往往跟不上市场价格的变化，而建设行政主管部门发布的市场价格信息，更贴近市场价格，更接近建筑工程的实际造价成本，且符合合同法有关规定，对双方当事人更公平。

林某公司观点：《补充协议》仅约定“人工及材料价格按施工同期网刊价的平均值执行”，没有明确是按照人工综合指数的网刊价还是市场价格的网刊价。人工综合指数的网刊价并非定额价，与某兰公司所述的定额价格不是同一概念。一审庭审中，鉴定机构表示通常以人工费综合指数作为调整依据，其与市场价格的区别只是一低一高而已，不存在某兰公司所述的以定额为基础确定工程造价，跟不上市场价格变化的情形。鉴定机构表示平常使用综合指数价格，是专业和权威意见，法院不能依职权调整，应按照综合定额计算。某兰公司要求增加判令林某公司支付工程结算款缺乏事实和法律依据。

法院观点

一审法院观点：关于人工费调整标准的确定问题。鉴定单位在参照人工综合指数的平均值对人工费调整后，同时又给出了按照网刊市场价格调整与参照人工综合指数的平均值调整的差额 52050654 元。某兰公司主张应当按照网刊市场价格调整，林某公司持反对意见。从合同约定上看，《补充协议》第四条约定“人工及材料价格按施工同期网刊价的平均值执行”。该条款文意表明的是“同期网刊价”，而并没有约定是人工综合指数的网刊价还是市场价格的网刊价，属约定不明情形。从法律规定上看，《合同法》（已失效）第 62 条第 2 项规定：“价款或者报酬不明确的，按照订立合同时履行地的市场价格履行；依法应当执行政府定价或者政府指导价的，按照规定履行。”[①] 就本案而言，结合本案实际，在约定不明的情形下，对于人工费调整标准的确定，应当着重考虑公平性与合理性。人工综合指数的形成，是工程造价行业管理机构经过对建筑施工市场劳动力价格上涨指数的调研之后而得出的某一时段人工费综合提高比率。而人工费市场价格，主要反映的是劳动力市场某一时段内具体用工的实际价格，其特点是个例性和动态性，其更适用于非组织的零星用工形式。鉴于该两种形态的特点，结合本案具体事实，本案既应注重有组织施工人工费综合提高比率的一般性，又要考虑具体用工的实际价格的动态性和个例性，在二者结合的基础上，公平合理地确定人工费调整标准。据

---

① 对应《民法典》第 511 条第 2 项。

此，认定鉴定结论的人工费差值 52050654 元折半予以调整更为公平，调整后的人工费差值为 26025327 元，应当计入工程总造价中。

二审法院观点：关于人工费调整标准应如何确定的问题。首先，双方对人工费调整标准是否约定明确的问题。林某公司与某兰公司签订的《补充协议》第四条约定："本工程的计价方式为工程量清单计价。计价依据为 GB50500—2008《建设工程工程量清单计价规范》《2008 辽宁省建设工程计价依据》及相应取费标准；人工及材料价格按施工同期网刊价的平均值执行。"而根据某华造价咨询公司"鉴定说明"，《补充协议》约定的"施工同期网刊价"存在歧义，在施工同期网刊价中，人工费的调整有综合指数调整和每季度建筑市场人工工资的参考价格调整两种方式，协议没有明确按哪种方法调整人工费。某华造价咨询公司在出庭接受双方质询时也明确表示"同期就是约定不明，因为同期有综合和市场两种"，某兰公司亦自认网刊价存在综合网刊价与市场网刊价之分。因此，原审判决认定《补充协议》对"施工同期网刊价"是指人工综合指数网刊价还是市场价格网刊价约定不明，并无不当。某兰公司上诉主张"施工同期网刊价"指市场价格网刊价，缺乏充分的事实依据，法院不予支持。

其次，关于人工费应如何调整的问题。原审法院委托某华造价咨询公司对某兰公司已完工程造价进行鉴定，经双方申请复议，于 2016 年 5 月 17 日出具的《复议报告》载明工程总造价 236822847 元，并载明人工费是参照人工综合指数的平均值进行调整而得出，如果人工费按网刊每季度建筑市场人工工资参考价格的平均值调整，与以上复议鉴定结论的差值为 52050654 元（正差）。当事人对合同价款约定不明且无法达成补充协议时，按照订立合同时履行地的市场价格履行，应当执行政府定价或政府指导价的，按照相关规定执行。原审依据上述规定，并基于人工综合指数和人工费市场价格的不同特点，且本案工程量巨大，施工周期较长，综合考虑有组织施工的人工费综合提高比率的一般性及具体用工的实际价格的动态性和个例性，按照《复议报告》人工费市场价差值 52050654 元，酌定折半调整计入工程总造价，符合本案客观情况，兼顾了合同法规定和公平原则，并无不妥，法院予以维持。某兰公司上诉主张应当按照 52050654 元全额计入工程总造价，缺乏充分的事实和法律依据，法院不予支持。

关联案例1

案件名称：某大公司与某工公司建设工程施工合同纠纷案

审理法院：一审：青海省高级人民法院（2017）青民初106号；二审：最高人民法院（2020）最高法民终1122号

裁判观点：关于案涉工程造价如何确定取费标准问题。根据《最高人民法院关于审理建设工程施工合同纠纷案件适用法律问题的解释（二）》（已失效）第11条第1款"当事人就同一建设工程订立的数份建设工程施工合同均无效，但建设工程质量合格，一方当事人请求参照实际履行的合同结算建设工程价款的，人民法院应予支持"① 的规定，本案双方当事人实际履行的合同是5200万元的《建设工程施工合同》。当事人对建设工程的计价标准或计价方法有约定的，应当从约定。5200万元的《建设工程施工合同》约定的取费标准是"按现行指导价二类取费不下浮"。故对案涉工程已完工造价按二类取费不下浮取费，予以确认。

关联案例2

案件名称：某海园公司与中医院建设工程施工合同纠纷案

审理法院：一审：黑龙江省高级人民法院（2014）黑民初第12号；二审：（2016）最高法民终799号；重审：（2017）黑民初23号；二审：（2019）最高法民终165号

裁判观点：关于材料费标准问题。根据《装饰工程施工合同》第10条第5款的约定，造价信息有的，执行造价信息价格，对于造价信息没有的，市场价格变化大的，所有的饰面材料必须经发包人认质认价后才能采购，否则，发包人有权对此材料不予结算。案涉装饰工程存在部分材料未经中医院认质认价的情形。鉴于该部分材料已经实际使用且物化于案涉工程中、案涉工程已交付中医院使用，而某海园公司的报价与鉴定机构在广材网上询价的材料价格基本一致、能够基本反映合同履行地的材料市场价格，一审法院采信鉴定机构按照"造价信息有的按照造价信息价格，造价信息没有的按照认质认价，无认质认价的按照市场询价的原则"、根据某海园公司报价作为确定相关材料价格依据而形成的鉴定意见，符合本案的实际情况，并无不当。且中医院亦未提供证明有关材料费过高的证据，其关于材料费过高的主张，不能成立，法院不予支持。

---

① 现已失效，对应《最高人民法院关于审理建设工程施工合同纠纷案件适用法律问题的解释（一）》第24条第1款。

关联案例3

案件名称：鸿某某兰公司与江某公司建设工程施工合同纠纷案

审理法院：一审：黑龙江省高级人民法院（2017）黑民初190号；二审：最高人民法院（2019）最高法民终1962号

裁判观点：案涉工程的工程价款结算依据。鸿某某兰公司主张，《黑龙江省建设工程施工合同》为双方实际履行的合同，应按照该合同约定的清单计价计算案涉工程的工程价款，对于清单外的项目，应当适用合同补缺规则的规定计算；江某公司则主张，《黑龙江省建设工程施工合同》仅为办理开工手续而签订，双方实际履行的是《工程施工协议书》，故应按照该协议的约定计算案涉工程的工程价款。最高人民法院认为因案涉《黑龙江省建设工程施工合同》和《工程施工协议书》均属无效，故双方当事人实际履行的合同即为案涉工程的工程价款结算依据。所谓工程量清单计价，即固定单价，按照《黑龙江省建设工程施工合同》通用条款第10.1项规定，是指双方在合同中约定综合单价包含的风险范围和风险费用的计算方法，在约定的风险范围内综合单价不再调整，风险范围以外的综合单价调整方法，应当在合同专用条款中约定的计价方法。据此，工程价款的结算仅依据清单计价并不完整，需要辅之以履行中存在的风险、实际施工情况的变化等，确定与之相关的系列计价方法、标准内容等才能计算工程价款。一方面，案涉工程的招标文件中并无工程量清单，江某公司的投标文件虽附有部分清单，但并不完整，一审法院在此情况下释明鸿某某兰公司提交附有完整清单的招标文件，该公司明确表示无法提供。另一方面，《黑龙江省建设工程施工合同》专用条款部分并未约定风险范围以外的综合单价调整方法，也未约定合同外工程的计价依据，双方当事人对此亦无法达成一致意见。因此，参照《黑龙江省建设工程施工合同》的约定，无法计算案涉工程的工程价款。案涉《工程施工协议书》约定工程造价采用“一口价形式”，虽无具体的平方米造价数额，但该协议明确约定了材料价格的确定方式、费率、人工费、总承包服务费、措施费、规费等，并非简单的定额结算，关于结算标准、方法已经形成比较完整的体系，符合行业通行的约定形式，参照该协议的约定，能够计算案涉工程的工程价款。同时，该协议第十四条约定：“本协议与经有关部门鉴证的《建设工程施工合同》具有同等法律效力，双方要共同履行。两者之间相抵触时以本协议条款为准。”据此，江某公司的主张更具客观合理性，案涉《工程施工协议书》应为双方当事人的真实意思表示，为双方当事人实际履行的合同，案涉工程应参照该协议的约定结算工程价款。

律师点评

在审理建设工程施工合同纠纷中，如何确定工程造价时的计价标准是经常产生争议的问题。本案例中涉及合同约定不明的情形下，鉴定机构如何在鉴定时确定计价标准，人民法院对于鉴定机构的鉴定结果如何采信的法律问题，具有较为典型的意义。

一、工程造价计价标准有哪些

1. 当事人对计价标准或方法有约定的情况。

《民法典》第7条规定："民事主体从事民事活动，应当遵循诚信原则，秉持诚实，恪守承诺。"《民法典》第119条规定："依法成立的合同，对当事人具有法律约束力。"《民法典》第136条第2款规定："行为人非依法律规定或者未经对方同意，不得擅自变更或者解除民事法律行为。"《建筑法》第18条第1款规定："建筑工程造价应当按照国家有关规定，由发包单位与承包单位在合同中约定。……"《最高人民法院关于审理建设工程施工合同纠纷案件适用法律问题的解释（一）》第19条第1款规定："当事人对建设工程的计价标准或者计价方法有约定的，按照约定结算工程价款。"那么，以上法律规定很明确，对于工程价款的结算，当事人有约定就按照约定结算。在关联案例3中，当事人在实际履行合同中对于计价标准和计算方法有明确约定，鉴定机构按照约定作出鉴定结论。另一方当事人主张清单外项目应当适用合同补缺规则的规定计算工程价款，法院未支持。

在这里需要注意的问题是，按照2013年《建设工程工程量清单计价规范》（GB 50500－2013）清单计价规范的规定，全部使用国有资金投资或者以国有资金投资为主的建筑工程，应当采用工程量清单计价。而2013年《建设工程工程量清单计价规范》（GB 50500－2013）清单计价规范属于国家强制性标准。那么，如果国有资金投资的建设工程中，当事人约定了使用定额标准，此种约定是否有效？鉴定单位应当适用何种标准确定工程造价？笔者认为，计价规范是建设部颁发的部门规章，属于强制性标准，但不属于法律、行政法规，亦没有法律、行政法规直接规定违反此规定即无效。所以，当事人在合同中约定定额标准结算工程造价，不会对合同效力产生影响。本案中，当事人在合同中对计价标准没有明确约定，鉴定单位采用定额标准进行计价，法院并没有因为案涉工程项目属于政府投资项目而否定鉴定报告的效力。

2. 当事人在合同中对计价方法和标准没有约定或约定不明的情况。

《民法典》第511条第2项规定，价款或者报酬不明确的，按照订立合同时履行地的市场价格履行；依法应当执行政府定价或者政府指导价的，依照规定履行。《最高人民法院关于审理建设工程施工合同纠纷案件适用法律问题的解释（一）》第19条第2款规定："因设计变更导致建设工程的工程量或者质量标准发生变化，当事人对该部分工程价款不能协商一致的，可以参照签订建设工程施工合同时当地建设行政主管部门发布的计价方法或者计价标准结算工程价款。"结合本案例，尽管双方当事人在《补充协议》中约定"人工及材料价格按施工同期网刊价的平均值执行"，但由于在施工同期网刊价中，人工费的调整有综合指数调整和每季度建筑市场人工工资的参考价格调整两种方式，双方并未明确约定执行的是综合网刊价还是市场网刊价，因此属于对价款约定不明的情形。那么，鉴定单位在确定工程造价时应当以何种标准计算呢？

依据上述法律规定，在当事人没有约定或者约定不明时，计价方法有三种，一是执行政府定价或指导价；二是按照订立合同时履行地的市场价格履行；三是参照签订建设工程施工合同时当地建设行政主管部门发布的计价方法或者计价标准结算工程价款。一般包括定额和市场信息价。这里需要注意的是市场价格和市场信息价是不同的，市场信息价，是建设部门发布对某一产品价格市场行情分析得出的平均价位，一般作为定额价的调整和补充；而市场价格是经销商出货的合理价格，一般是企业购买产品的最直接最真实的价格。采用第一种计价方式的前提是法律规定或当事人约定执行政府定价或指导价，没有法律规定或当事人约定的，不适用。采用第二种方式，需要当事人提交有关市场价格的证据，比如购买材料的合同、发票等。实践中经常采用的是第三种方式，即定额价标准。本案没有法律规定，必须适用政府定价或指导价，当事人在合同中也没有明确约定，所以，不适用第一种方式。本案中约定的人工及材料价格按施工同期网刊价的平均值执行，网刊价包括综合指数调整和每季度建筑市场人工工资的参考价格调整两种方式。人工综合指数的形成，是工程造价行业管理机构经过对建筑施工市场劳动力价格上涨指数的调研之后而得出的某一时段人工费综合提高比率。而人工费市场价格，主要反映的是劳动力市场某一时段内具体用工的实际价格，其特点是个例性和动态性，其更适用于非组织的零星用工形式。网刊人工费市场价格与人工费市场价并不是同一概念，网刊人工费市场价应当属于市场信息价，因此某兰公司认为网刊人工费市场价格即为原《合同法》第62条第2项中规定的市场价格，缺乏依据。本案中辽宁省高级人民法院综合案涉项目的实际情况，兼顾公平原则，取了两种取费标准的中间值计入工程造价中。

二、鉴定机构不得“以鉴代审”

一般来说，发承包双方应当按照合同约定的计价方式进行工程价款的结算，但是实践中往往由于发承包双方在合同中约定不明或双方理解上存在争议而在工程价款结算时产生纠纷。此外，若建设工程施工合同存在合同无效、黑白合同、合同变更等可能存在多份施工合同的情形下，应当首先对合同效力问题、工程价款结算的合同依据等法律问题作出判断后再计算工程造价。建设工程造价是一个专业性较强的问题，通常法官缺乏工程造价方面的专业知识，因此法官在审理工程案件时比较依赖于造价咨询单位对工程价款作出的鉴定意见。在实务中法院可能在进入实体审理前即委托鉴定机构开展工程造价鉴定，对于法律适用问题造价鉴定机构可能仅凭自身对工程造价专业的认知进行判断，由此得出的工程造价鉴定意见构成“以鉴代审”，可能损害当事人的合法权利。

对于无效合同、黑白合同的认定及处理、合同约定的理解等问题，应当由人民法院依照法律法规司法解释等的规定首先进行明确，在委托鉴定机构进行工程造价鉴定时向鉴定机构明示工程价款的结算原则，人民法院未作说明的，鉴定机构应当要求人民法院予以明确。若案件中所涉法律问题存在的争议将直接影响到工程造价水平的，人民法院可以要求鉴定机构分别按照不同的情形对工程造价进行鉴定。在本案中由于双方当事人约定存在歧义属于约定不明的情形，因此鉴定机构向人民法院进行说明，并分别按照两种计价方式对人工费进行鉴定交由人民法院经审查后确定本案应采用的计价方式。

当事人在对鉴定报告质证时也应当对鉴定依据充分审查，对鉴定意见提出有效的质证。《建设工程造价鉴定规范》第5条鉴定第5.2款鉴定步骤中第5.2.5项规定：“鉴定机构在出具正式鉴定意见书之前，应提请委托人向各方当事人发出鉴定意见书征求意见稿和征求意见函（格式参见本规范附录M），征求意见函应明确当事人的答复期限及其不答复行为将承担的法律后果，即视为对鉴定意见书无意见。”在鉴定中，通常鉴定机构在出具正式鉴定意见之前会向各方当事人提供征求意见稿，当事人应当对征求意见稿进行审查，若发现鉴定机构存在擅自对法律适用问题作出认定的情形应当及时提出质证意见。

9.2 法院如何处理固定价合同下的工程造价鉴定[①]

——某顺公司与润某公司建设工程施工合同纠纷上诉案[②]

关 键 词： 固定价合同　工程造价　鉴定

问题提出： 固定价合同的定性以及涉及工程造价鉴定的法院处理？

关联问题： 固定价合同外工程价款如何确定？

裁判要旨： 因建设工程涉及种类的不同，当事人约定的结算方式不同，会导致不同的法律后果。如当事人约定按照固定价结算工程价款，根据《最高人民法院关于审理建设工程施工合同纠纷案件适用法律问题的解释》（已失效）第22条[③]的规定，如当事人一方提出对工程造价的鉴定申请，不管基于什么理由，法院都不应予以支持。本案中某顺公司与润某公司尽管订立了多份合同，但双方当事人实际履行的是固定价格合同，故二审法院并未以一审中鉴定机构作出的鉴定意见作为认定本案工程造价的依据。

案情简介

上诉人（原审被告、反诉原告）：某顺公司

被上诉人（原审原告、反诉被告）：润某公司

被上诉人（原审第三人）：徐某杰

2010年8月16日，润某公司与某顺公司签订《建设工程施工合同》一份，约定某顺公司将其开发的××天成住宅小区7号楼扩建及5号楼、6号楼、7号楼B区未完成工程的土建、安装工程发包给润某公司，资金来源是自筹。合同第二条承包范围约定：以设计图文件为准，包括土方、土建、水

---

① 撰稿人：林桂英，上海市建纬律师事务所。

② 一审：江苏省宿迁市中级人民法院（2015）宿中民初字第00094号；二审：江苏省高级人民法院（2017）苏民终2207号。

③ 现已失效，对应《最高人民法院关于审理建设工程施工合同纠纷案件适用法律问题的解释（一）》第28条。

电安装、消防通风等工程（不含7号楼加固部分和降水措施费用等）。第三条约定开工日期2010年8月18日，竣工日期2011年8月19日，合同工期总日历天数365天。第四条约定工程质量标准合格。第五条约定合同价款为6450万元。合同第六条约定：……双方有关工程的洽商、变更等书面协议或文件视为本合同的组成部分。第八条“工程变更”约定：因工程变更等原因引起的工程量增减，按实结算，具体执行江苏省2004年清单定额及现实取费标准，人工、材料价格调整具体见省建设厅有关文件。

2010年8月18日，双方签订《建设工程施工合同补充协议》一份，协议第十条价款结算约定：1. 本工程建筑面积约为62854平方米（包括7号楼B区已建部分工程），双方协商约定工程价款6450万元，包括土方、土建、水电安装、消防通风及电梯井开凿加固等施工图所有内容，其中7号楼B区未完工部分造价含在总造价6450万元内，不再另行计算，5号楼、6号楼地下工程沿河边部分因防水需要增建防洪桩墙的，施工方案由双方商定，价格另计。土方需要外运的，以3元/立方价格另计。2. 本工程因甲方（某顺公司，下同）和设计变更等原因引起工程量发生增减变化的，增减工程量在0.8%以内的，工程价款不作增减调整。超出0.8%（不含）的部分工程量按《江苏省建筑与装饰工程计价表》（04定额）计算的直接费部分进行调整，其他费用项目不作调整。3. 工程主要建筑材料价格依据上海西本网2010年4月15日发布的价格信息确定，钢筋合同预算价为4390元/吨。在合同施工期内涨幅在10%以内的不作调整。工程价款中的3250万元，由建成待售的商品房抵冲……地方政府部门规定缴纳的各项规费，以有关部门规定或出具的发票主体由双方各自负担……第三人徐某杰以委托代理人身份在该协议的“乙方”处签字。

同日，双方又签订一份《建设工程施工合同补充协议》一份，约定：超市主体完工时间为113天，合同签订时乙方向甲方交工程保证金400万元。协议第十条“工程价款结算”约定：本工程建筑面积约为56854平方米，双方协商暂约定工程价款为8395万元，包括土方、土建、水电安装、消防通风及电梯井开凿加固等施工图所有内容，具体金额以决算报告为准。土方需要外运的，以12元/立方价格另计。协议第十三条约定：本协议其余条款按双方签订的《建设工程施工合同》执行。第十四条约定：本协议作为《建设工程施工合同》的补充条款，与《建设工程施工合同》具有同等法律效力。该协议其余条款约定与前一份补充协议内容一致。该协议也由徐某杰以委托代理人名义在乙方处签字。

上述两份补充协议均注明“2010年6月19日所签补充协议作废”。

2013年5月8日，双方再次签订《建设工程施工合同》一份，第五条“合同价款”约定为6450万元，同时注明“以审计为准”。第23.2条约定：本合同价款采用“暂《固定价格合同》以审计为准”。该合同约定工期总日历天数420天，对开工日期、竣工日期未作出约定。

2014年2月27日，某顺公司（甲方）与润某公司（乙方）签订协议书一份，约定：……为使工程迅速完工，……自愿达成如下协议：一、乙方全部完成上述工程，甲方在6450万元工程款外，再支付500万元工程款给乙方，其中200万元用于为徐某杰支付法院……执行款，300万元用于支付未完工工程建设。

一审判决：一、某顺公司支付润某公司工程款7175000元；二、某顺公司支付徐某杰工程款13480826.41元；三、润某公司向某顺公司交付案涉工程的全部竣工验收资料，并协助某顺公司办理备案登记手续；四、驳回某顺公司的其他反诉请求。

二审判决：一、维持江苏省宿迁市中级人民法院（2015）宿中民初字第00094号民事判决第三项，即润某公司于本判决生效之日起十日内向某顺公司交付案涉工程的全部竣工验收资料，并协助某顺公司办理备案登记手续；二、维持江苏省宿迁市中级人民法院（2015）宿中民初字第00094号民事判决第四项，即驳回某顺公司的其他反诉请求；三、撤销江苏省宿迁市中级人民法院（2015）宿中民初字第00094号民事判决第一项、第二项；四、驳回润某公司的诉讼请求；五、驳回徐某杰的诉讼请求。

各方观点

某顺公司观点：第一，案涉建设工程施工合同的总价款为双方约定的固定价6450万元。某园公司出具的鉴定意见不能作为本案的定案依据。首先，本案约定的工程价款为固定价6450万元。一审法院通过鉴定确定工程价款违反法律规定。第二，2013年5月8日备案合同，即使不认定为固定总价，根据投标书也应当认定为固定单价合同，再结合工程量计算总价。鉴定机构以投标单价不合理而不按上述方法鉴定属越权。鉴定机构越权作出的鉴定意见不应被采信。第三，如不认定案涉合同为固定总价，案涉工程价款应有下浮率，鉴定时应遵守江苏省住房和城乡建设厅苏建价〔2010〕494号文件和沭阳县人民政府沭政发〔2007〕5号、沭政发〔2011〕22号文件。第四，土方工程款1368448.61元及栏杆工程中的95万元由案外人施工，应从润某公司应得工程款中扣除。

润某公司观点：关于案涉工程是否为固定价合同问题。本案不是固定价合同，本案工程价款有6450万元、8395万元、6950万元等数个价格，某顺公司自己陈述已支付7000多万元工程款。某顺公司并未将合同当做固定价合同。数份合同中有一份约定工程价款以决算报告为准，一份约定工程价款以审计为准。本案不是固定价合同，故需要对工程价款进行鉴定。本案的鉴定程序合法，鉴定意见应予采信。

法院观点

一审法院观点：关于案涉工程价款如何确定的问题。根据查明的事实，针对案涉的工程，某顺公司与润某公司签订了四份合同，即：2010年8月16日合同、2010年8月18日补充协议1、同日签订的约定造价为8395万元且约定“具体金额以决算报告为准”的补充协议2、2013年5月8日签订的约定造价为6450万元且约定工程造价“以审计为准”合同。上述四份合同中，2013年5月8日合同系为补办案涉工程建设许可证及商品房预售许可证手续而补签的招投标备案合同，违反了法律的强制性规定。且签订该合同时，案涉工程早已开工建设，故该份合同显然不是双方实际履行的合同，不具有法律效力，故不应以该合同的约定作为认定案涉工程造价的依据。其他三份合同，均系双方当事人真实意思表示，且无法律规定的无效情形，均应认定为有效合同。其中2010年8月16日合同签订时间早于2010年8月18日的两份补充协议，2010年8月18日的两份补充协议则对2010年8月16日合同中的相关权利义务进一步进行了约定，故上述三份合同均应认定为双方实际履行的合同。因该三份合同对工程造价的约定并不一致，且在工程实际施工过程中，工程量发生了变更，双方对此未作出其他约定。此时，如以2010年8月18日约定固定价6450万元的补充协议确定案涉工程的价款，与实际情况不符，且有失公平。故润某公司主张双方对工程造价约定不明，进行审计的意见应当得到采信。本案应当以某园公司的鉴定报告作为认定案涉工程造价的依据。根据前文所述，案涉工程造价中，润某公司应得款项应当为：无争议部分86857187.7元+有争议部分中的第1~4项2293774.08元+第7~8项1602755.63元（未扣减某顺公司代付的50000元及应支付赵某山的300000元）=90753717.41元。2014年2月27日协议中约定“甲方（某顺公司）在6450万元工程款外，再支付500万元工程款给乙方（润某公司）”，此仅是润某公司与某顺公司对后续工程款付款节点的约定，并非对案涉工程总造价的确认。如前文所述，6450万元的工程造价与某园公司审计的造价相去甚远，明显对润某公司不公平，故不能以此作为认定案涉工程总造价的依据。

二审法院观点：本案中，虽然就同一工程订立的数份合同均无效，但案涉工程已交付使用，应视为建设工程质量合格，故双方可以参照实际履行的合同结算工程价款。关于实际履行的合同，从本案数份合同所载明的工程价款结算依据看，2010年8月16日合同和2010年8月18日补充协议1均约定为固定价6450万元，而2010年8月18日补充协议2约定为暂定价8395万元（具体金额以决算报告为准），2013年5月8日备案合同约定为暂固定价（以审计为准）。庭审中，润某公司、徐某杰主张上述合同存在混合履行的情形；某顺公司则主张实际履行的就是2010年8月16日合同和2010年8月18日补充协议1，而非2010年8月18日补充协议2和2013年5月8日备案合同。对此，法院认为，2014年2月27日协议系双方就案涉工程签订的最后一份协议，从该协议载明的内容看，签订该协议前工程已停工，双方经协商后约定由润某公司全部完成剩余工程，某顺公司在6450万元工程款外，再支付500万元工程款；某顺公司支付50万元启动资金后恢复正常施工，然后再按施工节点支付剩余450万元。由此可见，双方在案涉工程即将完工时仍确认工程价款为6450万元，某顺公司同意增加500万元系为了顺利完成收尾工程，并非系为了支付工程进度款。因此，根据2014年2月27日协议载明的内容，足以证明双方实际履行的是2010年8月16日合同和2010年8月18日补充协议1。一审法院仅以双方在该协议中就增加的500万元工程款分施工节点支付，即认定该协议为工程进度款协议不当，违反了该协议第一条双方明确约定的订约目的，对此法院予以纠正。双方实际履行的合同为固定价格合同，一审法院以某园公司鉴定的工程造价作为双方结算工程款的依据，不符合法律规定，法院对某园公司出具的工程造价鉴定意见不予采信。本案工程价款应以固定价6450万元加上某顺公司同意增加的500万元即6950万元为依据。因此，某顺公司该项上诉请求及理由成立，法院予以支持。

关联案例 1

案件名称：某某洋集团公司与市公路局、市政府建设工程施工合同纠纷案

审理法院：一审：湖北省高级人民法院（2018）鄂民初94号；二审：最高人民法院（2020）最高法民终769号

裁判观点：关于某某洋集团公司施工完成的工程造价数额如何确定的问题。本案中，某某洋集团公司与市公路局关于案涉工程造价的争议集中在案涉工程土石方工程的计价规则。某某洋集团公司上诉主张，土石方工程的计价应按照《框架协议书》《招标文件》《投标文件》《BT模式投资建设合同》约定的定额及取费标准确定。《中竞发咨询报告》将各标段石方爆破工程量分别按挖方量的50%、25%、30%、30%、40%计算，与《框架协议书》《投标文件》《建设合同》约定的计价规则相悖，与案涉工程各标段的《岩土工程勘测报告》《施工图设计》载明的石方比例95%、80%、80%、80%、90%不符。《中竞发咨询报告》降低定额标准，不能作为结算依据。市公路局认为，双方已经明确约定对土石方工程项目采取财政评审价中的综合单价（固定单价）计价，应当以土石方综合单价（固定单价）结合工程量清单结算工程价款。法院认为，一审法院认定案涉土石方工程应采用工程量清单模式下的综合单价（固定单价）作为计价依据并无不当。《招标文件》13.2.1条款约定："土石方工程内容包括挖方、填方、平整、1km内运输，按市财政评审单价执行（变更、增、减的工程量据签证×评审单价）。"13.2.2条款约定："除土石方工程以外的其他项目的计量计价，执行相关定额取费标准。"某某洋集团公司在标注日期为2012年11月13日的《投标函》中明确表示：愿意按照招标文件要求，以BT建设投资的方式承担案涉项目的投资、建设和移交工作，并承担全部风险。某某洋集团公司中标后，市公路局与某某洋集团公司签订的《BT模式投资建设合同》中"5.4计量与计价的编制依据及规则"第（2）条单独就土石方工程进行约定："土石方工程按地勘报告和定额标准1公里以内运输确定评审价格，按实际发生的工程量据实结算；1公里以外运输工程量以签证为准，单价按定额标准单独计算。"根据前述事实，一审法院认定案涉土石方工程应采用工程量清单模式下的综合单价（固定单价）作为计价依据符合双方当事人的约定。此外，《关于环库路（东环一级路）工程五个标段建设项目预算评审情况的通知》《BT模式投资建设合同》均明确各标段的预算价格，与案涉土石方工程应采用工程量清单模式下的综合单价（固定单价）作为计价依据相互印证。故某某洋集团公司关于土石方工程的计价应按照《框架协议书》《招标文件》《投标文件》《BT模式投资建设合同》约定的定额及取费标准确定的上诉理由不能成立。本案双方当事人约定按照固定价结算工程价款，故一审法院对某某洋集团公司的鉴定申请不予准许并无不当。

关联案例 2

案件名称：某崇基公司、某某志洋公司建设工程施工合同纠纷案

审理法院：一审：北京市顺义区人民法院（2020）京0113民初4980号；二审：北京市第三中级人民法院（2021）京03民终6013号

裁判观点：某崇基公司上诉主张一审法院未准予某崇基公司对某某志洋公司未作部分进行鉴定的申请，认定事实错误，对此法院认为，当事人约定按照固定价结算工程价款，一方当事人请求对建设工程造价进行鉴定的，不予支持。双方签订的《北区会所采暖锅炉设备间供货安装工程合同》《北区会所采暖锅炉设备间供货安装工程合同补充协议》明确约定涉诉工程为固定总价合同，且案涉工程经过某崇基公司验收确认合格，并已过保修期。一审法院对某崇基公司提出的鉴定申请未予准许，并无不当。某崇基公司的上述主张缺乏事实及法律依据，法院不予采纳。

关联案例 3

案件名称：某龙公司与某局公司、铁路公司建设工程施工合同纠纷案

审理法院：一审：西藏自治区高级人民法院（2018）藏民初5号；二审：最高人民法院（2019）最高法民终274号

裁判观点：铁路公司与某局公司于2014年（月份空白）签订《建设工程施工合同》，约定铁路公司将该公司拉萨地区保障性住房一期工程发包给某局公司，总建筑面积约87277.16平方米，合同价为272272577.6元，工期为2014年6月1日至2016年5月31日。2014年6月5日，某局公司作为发包人与某龙公司签订《建设工程施工合同》，将上述中标工程的部分内容转包给某龙公司。该合同第五条，合同价款：128636288.8元；合同价格形式：固定总价。该条还约定，合同总价包含人工费、材料费、机械费及承包方管理费、利润、税金等与合同施工相关的所有费用。某局公司在二审中向法院申请对其主张在某龙公司工程款中扣减的未施工工程款、材料款、质量保修费用的工程造价进行司法鉴定。法院认为，某局公司一审中并未提出鉴定申请，且其申请事项属于与某龙公司之间《建设工程施工合同》承包范围内的价款，当事人约定按照固定价结算工程价款，一方当事人请求对建设工程造价进行鉴定的，不予支持，法院对其司法鉴定申请不予支持。

律师点评

本案是一起固定价合同下工程造价鉴定的典型案例。合同约定了固定价承包，一方当事人主张按合同约定确定工程价款，另一方当事人主张工程量

发生变更，要求按照鉴定价确定工程价款，法院该如何认定固定价，并如何通过鉴定来确认工程价款，这是实践中常遇到的问题。笔者结合案例对上述问题进行分析和点评。

一、如何确定合同约定的计价方式是否属于固定价

要解决这个问题，首先明确什么是工程造价和确定方式。建设工程造价就是工程的建造价格，即为建成一项工程，预计或实际在土地市场、设备市场、技术劳务市场，以及承包市场等交易活动中所形成的建筑安装工程的价格和建设工程总价格。①

对于工程造价的确定方式，建设部和财政部的部门规章有明确规定。中华人民共和国住房和城乡建设部《建筑工程施工发包与承包计价管理办法》第13条规定："发承包双方在确定合同价时，应当考虑市场环境和生产要素价格变化对合同价款的影响。实行工程量清单计价的建筑工程，鼓励发承包双方采用单价方式确定合同价款。建设规模较小、技术难度较低、工期较短的建筑工程，发承包双方可以采用总价方式确定合同价款。紧急抢险、救灾以及施工技术特别复杂的建筑工程，发承包双方可以采用成本加酬金方式确定合同价款。"《建设工程价款结算暂行办法》第8条规定："发、承包人在签订合同时对于工程价款的约定，可选用下列一种约定方式：（一）固定总价。合同工期较短且工程合同总价较低的工程，可以采用固定总价合同方式。（二）固定单价。双方在合同中约定综合单价包含的风险范围和风险费用的计算方法，在约定的风险范围内综合单价不再调整。风险范围以外的综合单价调整方法，应当在合同中约定。（三）可调价格。可调价格包括可调综合单价和措施费等，双方应在合同中约定综合单价和措施费的调整方法，调整因素包括：1. 法律、行政法规和国家有关政策变化影响合同价款；2. 工程造价管理机构的价格调整；3. 经批准的设计变更；4. 发包人更改经审定批准的施工组织设计（修正错误除外）造成费用增加；5. 双方约定的其他因素。"

可见，建设工程造价确定方式主要有四种：固定总价、固定单价、可调价格、成本加酬金。以当事人约定为主，国家宏观调控。实践中，当事人对于工程价款的约定主要采用以下两种方式：一是约定固定价，所谓"固定价"，又称"闭口价""包死价""一口价"，而"包死价"又分为两种：一

---

① 许焕兴：《工程造价》，东北财经大学出版社2015年版，第16页。

种是价与量作为一个整体“包死”，就是所谓的“固定总价”。另一种仅仅是价格“包死”，这就是所谓的“固定单价”①，即对于合同中约定范围的工程量确定固定价格，在约定的风险范围内合同价款不作调整，若发生工程量增减情况时，仅对增加或减少的部分作相应调整或按实结算。二是约定工程价款按实结算或通过审计确定，俗称“开口价”，即对于合同中约定范围的工程量不约定固定价格，或仅约定暂定价，最终须通过审计确定工程造价。对于固定价，必须是当事人在合同中有具体明确的约定，如果约定固定价格、不变价格、一口价或不作调整等内容的，应认定为固定价；若约定“暂定”或按实结算等内容，则应认定为开口价。由于承包人对清单所列工程量是否完全、准确，主要需通过施工图和相关规范进行核算，当工程项目只有初步设计，没有明确施工图时，清单所列工程量往往会因漏项、计算错误而与实际工程量出现较大差距，从而导致合同双方在工程价款结算时发生争议，故以工程量清单进行报价更适宜于固定单价的工程合同。

在本案中，当事人对固定价则有明确约定。合同约定某顺公司将其开发的××天成住宅小区7号楼扩建及5号楼、6号楼、7号楼B区未完成工程的土建、安装工程发包给润某公司，资金自筹。合同约定价款为6450万元，因工程变更等原因引起的工程量增减，按实结算。可见，双方当事人在合同中对合同的承包范围和工程价款均予以固定，所以，法院认定固定总价合同是正确的。

二、固定价不予鉴定的具体运用

2004年出台的《最高人民法院关于审理建设工程施工合同纠纷案件适用法律问题的解释》（已失效）第22条规定：“当事人约定按照固定价结算工程价款，一方当事人请求对建设工程造价进行鉴定的，不予支持。”②

“固定价不予鉴定”已是确定工程造价的一个重要规定，这一规定的产生有一定的司法背景。在2004年司法解释出台前，实践中不少当事人已经在合同中约定了固定价格结算，但认为合同约定的工程价款与工程量不符，一方当事人主张委托中介机构进行鉴定、评估或审价，另一方当事人则主张按合同约定确定工程价款，不同意鉴定、评估或审价。司法实践中对于处理这种

① 张正勤：《建设工程造价相关法律条款解读》，中国建筑工业出版社2009年版，第50页。

② 对应《最高人民法院关于审理建设工程施工合同纠纷案件适用法律问题的解释（一）》第28条。

情况有多种做法。有的审判人员根据当事人在合同中的约定直接确定工程价款；有的审判人员抛开合同约定，对工程量和价全部进行鉴定；有的审判人员只对承包范围之外变更的部分进行鉴定。做法很多，极不统一。本条规定就是为了统一认识，明确界线而作的规定。

但因法律只是作原则性规定，实践中情况复杂，适用中仍有很多问题存在。要正确适用本条规定，还需要全面深入理解其含义和适用条件：

1. 约定在先是适用固定价不予鉴定的前提。

《民法典》第7条规定："民事主体从事民事活动，应当遵循诚信原则，秉持诚实，恪守承诺。"第465条规定："依法成立的合同，受法律保护。依法成立的合同，仅对当事人具有法律约束力，但是法律另有规定的除外。"《建筑法》第18条第1款规定："建筑工程造价应当按照国家有关规定，由发包单位与承包单位在合同中约定。……"固定价不予鉴定的实质是诚实信用的原则和合同严守原则的体现，也是法律对当事人意思自治原则的尊重。所以，当事人在合同中约定固定价的，一方主张鉴定法院不予以支持。关联案例2中，双方当事人明确约定了案涉合同是固定总价合同，一、二审法院据此均未准许当事人提出的造价鉴定申请。所以，当事人事先在合同中约定固定价，是法院依据法律规定裁判的前提条件。

2. 明确承包范围是固定价不予鉴定的基础。

固定价不予鉴定是建立在工程合同承包范围和内容固定的基础之上的，即在合同中约定的承包范围之内的总价或单价不变。一般是以经审查后的施工图和工程量清单为准，对于约定范围之内的价格不作调整，而对于约定范围之外的，应按照当事人的约定处理，当事人没有约定，又无法确定的，则需要鉴定。

3. 约定风险范围是公平确定双方利益的保障。

当事人双方在合同中约定固定价的同时，明确合同的风险范围，在风险范围之内的价和量的变动不调整，同时约定在风险范围之外的调整幅度和计算标准。由于物资材料涨跌受市场供需影响而不以当事人意志为转移，签约双方无法预测合同履行过程中的市场变化。如果不约定风险范围，可能出现当事人利益失衡的情况。因此，双方一般会按行业惯例，在合同中约定固定价款包含的风险范围，包括物资价格和工程量的增减。如果对风险范围没有约定，出现利益的重大失衡，法院一般会适用公平原则来调整当事人之间的利益。

4. 固定价合同下的设计变更导致工程量增减及工程的签证、索赔，仍需要鉴定。

尽管合同约定固定价，但如果发生施工合同约定范围之外的工程变更或者发生签证、索赔等事项，超出合同约定的幅度或者在固定单价情况下的工程量无法计算，都可能通过鉴定来确定工程价款。这里需要注意两点：

(1) 风险范围之内的工程量变更，价格不作调整，不需要鉴定。

固定价合同双方当事人一般都会约定风险范围，在风险范围之内的变更不作调整。只有在风险范围之外发生工程变更导致工程量增减，才按照当事人的约定处理或者进行鉴定。

(2) 对于已经包含在承包范围之内的签证项目，不予鉴定。

实践中，尽管当事人约定了固定价，也可能形成很多签证，但并非所有的签证都需要鉴定。是否需要鉴定，要看签证项目是否包含在承包范围之内。如果签证上的工程项目，包含在承包范围之内，则不应另行鉴定计取工程量。工程范围应当是经审图公司审定的图纸及合同所附工程量清单，上述范围之外的工程应当以当事人双方工程签证单或双方协议为准。经审图公司审定的图纸或合同所附工程量清单中已有体现的签证项目，应包含于双方约定的闭口价的工程量内，此类签证项目不予鉴定。

综上，固定价不予鉴定是一定条件下的“固定”和“不鉴定”。在承包范围之外、设计变更、签证、索赔等情况均可能需要通过鉴定来确定工程价款。如果发生重大变动导致当事人利益失衡，法院还会适用公平原则来调整。固定价合同还可能会因市场环境和生产要素等影响，产生一定的风险。因此，建议当事人选择固定价确定合同价款时，要对市场环境、价格变化、成本核算等作全面考虑，公平确定合同价格，同时对承包范围、风险范围等作明确约定，以减少风险和纠纷。

9.3 对于施工合同无效时造价鉴定中的间接费和利润是否应当计取[1]

——张某、曹某与王某某、某城公司、某安公司建设工程施工合同纠纷案[2]

关 键 词： 合同无效　利润

问题提出： 由于违反了相关法律规定导致施工合同无效时，法院委托工程造价鉴定中的间接费和利润是否应当计取？

关联问题： 合同无效时，工程造价如何确定？

裁判要旨： 当事人主张案涉工程有两套施工图，认为鉴定意见所依据的工程量清单与实际施工图纸不符的，应当充分举证证明，否则只能由承担举证责任的一方当事人承担举证不利的后果。合同无效但经竣工验收合格，实际施工人获得的折价工程款就应当是完整的工程造价，包括间接费和利润。

案情简介

再审申请人（一审被告、二审被上诉人）：某城公司

被申请人（一审原告、二审上诉人）：张某

被申请人（一审原告、二审上诉人）：曹某

被申请人（一审原告、二审上诉人）：王某某

一审被告、二审被上诉人：某安公司

2012 年 5 月 18 日，某安公司对其开发建设的“众安·府佑水香”南区 S-G、S-J 组团别墅项目工程施工Ⅰ标段（二期）和“众安·府佑水香”南区 S-G、S-J 组团别墅项目工程施工Ⅱ标段（三期）同时进行了公开招标。2012 年 5 月 22 日，某安公司作为发包单位，某城公司作为承包单位，就“众安·府佑水乡”南区 S-G、S-J 组团别墅项目施工Ⅰ标段（SG14~19、27~

① 撰稿人：朱树英、杨杰，上海市建纬律师事务所。

② 一审：宁夏回族自治区石嘴山市中级人民法院（2015）石民初第 97 号；二审：宁夏回族自治区高级人民法院（2018）宁民终 46 号；再审审查：最高人民法院（2019）最高法民申 1128 号。

32#楼；SJ11～19#楼）和“众安·府佑水香”南区S－G、S－J组团别墅项目施工Ⅱ标段（SG20～26、33～40#楼；SJ20～34#楼）签订两份《建设工程施工合同》，合同约定Ⅰ标段工程价款为29309562元，Ⅱ标段工程价款为43560706.99元，除工程价款以外，两份《建设工程施工合同》的内容完全一致。合同约定工期为：开工日期2012年5月24日，竣工日期2012年11月24日，工期为180日历天（以中标通知书开竣工日期为准）。合同专用条款4.5.1约定承包人项目经理为王某某，第15.4条约定因变更引起的价格调整按照本款约定处理：15.4.1变更按照《建设工程量清单计价规范》（GB50500－2008）、《宁夏回族自治区建设工程工程量清单计价相关规定》、确认的取费类别以及2008年宁夏回族自治区《建设工程计价定额》《安装工程计价定额》《装饰装修工程计价定额》和费用定额。材料价格执行《宁夏工程造价》2012年第1期中石嘴山发布价，《宁夏工程造价》石嘴山发布价中没有的价格，经发包人确认后执行；作为合同附件的《工程质量保修书》中约定：质量保修期从工程实际竣工之日算起。分单项竣工验收的工程，按单项工程分包计算质量保修期；工程质量保修金为施工合同价款的3%，本工程双方约定承包人向发包人支付工程质量保修金金额为879286.86元，在质量保修期满后7天内，将剩余保修金和利息返还。

2012年5月30日，某城公司作为甲方，王某某作为项目承包方（乙方）签订《建设工程施工承包协议》，由某城公司将“众安·府佑水香南区S－G、S－J组团别墅工程别墅1－2标段图纸中全部内容”承包给王某某，协议约定工程造价为“Ⅰ标段29309562元，Ⅱ标段43560706元，合计72870268元”，建筑面积为26253.26平方米，结构层数为3，开竣工日期为2012年5月25日至2012年11月25日。协议同时约定“乙方应向甲方按时如数上缴承包该工程总造价的5%提成（含税金）合计3643513元（以工程决算造价为准）”“乙方承包的工程债权债务盈利或亏损由乙方负责”。2012年7月3日，王某某作为甲方、张某作为乙方、曹某作为担保方签订《协议书》，由王某某将“众安．府佑水香工程别墅二期、三期标段”工程承包给张某，协议约定承包方式为“包工包料，土建及水暖电安装，图纸中包含的所有施工内容”，建筑规模为“51栋，约2.5万平方米”，工程结构为框剪，工程造价为“建设单位竣工决算后的85%，除甲供材料外”。

2015年8月18日，某安公司在《××日报》刊登通知，通知某城公司府佑水香S-G、S-J组团施工一、二标段于2014年7月24日进入工程结算阶段，经建设单位、监理单位、第三方中介机构共同审定最终结算值为50696146.97元。截至2017年4月，某安公司共计向某城公司付款55973244.74元。2012年4月16日至2014年12月27日，王某某共向张某支付工程款45242803.42元（其中现金24993501.08元，顶房12211495.8元，甲供材、商砼8037806.54元）。

经一审法院委托，永信公司对案涉工程的工程造价出具宁永信司鉴字〔2017〕第001号《司法鉴定意见书》，在意见书中列明鉴定结论：无争议项目结算造价为54299838.68元（其中：甲供材3202028.33元，包含波形彩瓦、陶瓷地砖、文化石、墙面砖、开关、插座、配电箱、端子箱；商品混凝土6265391.36元；劳保基金1581548.70元）；有争议项目结算造价为3567302.32元（其中：劳保基金103902.01元）。

一审法院判决：一、王某某于判决生效后十五日内支付张某、曹某工程款5526466元、逾期付款利息1090555.96元（截至2017年11月20日），合计6617021.96元；2017年11月21日至判决确定的履行之日的逾期付款利息以5526466元为本数按中国人民银行发布的同期同类贷款利率计算；二、王某某于判决生效后十五日内返还张某、曹某招标保证金270000元、农民工保证金500000元；三、驳回张某、曹某的其他诉讼请求。案件受理费221912元，由张某、曹某负担176405元，由王某某负担45507元；鉴定费200000元，王某某负担。

二审法院判决：一、维持宁夏回族自治区石嘴山市中级人民法院（2015）石民初字第97号民事判决第二项、第三项即王某某于判决生效后十五日内返还张某、曹某招标保证金270000元、农民工保证金500000元，驳回张某、曹某的其他诉讼请求。二、撤销宁夏回族自治区石嘴山市中级人民法院（2015）石民初字第97号民事判决第一项，即“王某某于判决生效后十五日内支付张某、曹某工程款5526466元、逾期付款利息1090555.96元（截至2017年11月20日），合计6617021.96元；2017年11月21日至判决确定的履行之日的逾期付款利息以5526466元为本数按中国人民银行发布的同期同类贷款利率计算。三、王某某、某城公司于本判决生效后十五日内支付张某、曹某工程款10624813.82元，并以10624813.82元为基数按中国人民银行发布的同期同类贷款利率计算，支付自2014年10月20日至本判决确定的给付之日止的利息。某安公司在欠付某城公司工程款范围内对张某、曹某承担支付责任。四、某城公司于本判决生效后十五日内向劳保基金主管部门申请拨付劳保基金款后，并及时向张某、曹某支付劳保基金款。

各方观点

某城公司观点：一、二审判决将间接费、利润、劳动保险基金（劳保统筹费）计入工程造价，适用法律错误。首先，张某、曹某虽为案涉工程的实际施工人，但其未取得建筑施工企业相应资质，不可能产生企业管理费用，也不可能产生社会保险费、住房公积金等规费，故间接费不应计入已完工程造价。其次，工程造价中的利润应属承包人完成工程依法可获得的盈利，指当事人的合法收益，如合同无效，该部分的合法权益也不能计取，应予以收缴。最后，建筑工程劳动保险基金拨付主体必须是持有建筑施工企业资质证书和营业执照，企业管理制度和财务制度健全的建筑企业。本案中，某城公司虽将案涉工程承包给王某某，但某城公司对案涉工程的建设工程招投标活动、工程资金收取、支付，以及施工中工程报验、工程资料制作、收集和移交等派专人负责并执行，且实际支付了企业职工劳动保险等费用，应属劳动保险基金的合法领取和享有主体，而张某、曹某显然不具备享有劳动保险基金拨付的主体资格。二审判决将应拨付给某城公司的劳动保险基金列入张某、曹某的已完工程造价，并要求某城公司领取后向该二人支付实属错误。

张某、曹某观点：施工合同无效，实际施工人可以根据合同约定请求工程价款。企业管理费等间接费用是双方在合同中明确约定的，张某、曹某在组织施工过程中必然产生管理、办公等费用。同样利润也是参照合同约定计算的，若发包方不支付利润，则利润为发包人获得，有违诚实信用原则。就某城公司所称应收缴的违法所得，应当是指合同中约定的张某、曹某向王某某以及王某某向某城公司支付的管理费，某城公司、王某某收取管理费，却未进行任何管理工作，应当予以收缴。

法院观点

一审法院观点：案涉工程系住宅工程，属于《招标投标法》第 3 条所规定的必须进行招投标的工程建设项目，而某安公司在尚未确定招标人的情形下即与某城公司签订《建设工程施工合同》，属于《招标投标法》第 55 条所规定的中标无效，故相应的建设工程施工合同为无效合同。张某、曹某有权请求参照《建设工程施工合同》关于工程价款的约定支付工程价款。依照建设部《建筑工程施工发包与承包计价管理办法》第 5 条[①]规定："施工图预算、招标标底和投标报价由成本（直接费、间接费）、利润和税金构成……"也即工程造价由直接费、间接费、利润和税金四部分组成。工程合同的利润是指承包人完成所承包工程依法可获得的盈利，显然指当事人的合法收益；因合同无效，故利润也不能计取。依照建设部、财政部印发的《建筑安装工程费用项目组成》，直接费是指施工过程中耗费的构成工程实体和有助于工程形成的各项费用。间接费包括施工企业为组织施工生产经营活动所发生的管理费用和筹集资金而发生的各项费用及其他间接费用，因张某、曹某为无资质的个人，相关间接费没有发生，故间接费应当予以扣除。关于劳保基金的问题，因张某、曹某为无资质的个人，其不享有应由建筑企业享有的劳保基金，故劳保基金应当予以扣除。关于税金的问题。某安公司在向某城公司支付工程款时已代扣代缴 45899343 元工程款的相应税金，某城公司也以其名义开具了建筑业统一发票，且某安公司已将其代扣代缴的税金 652321.01 元计入其已支付工程款中，故此部分工程款的税金应当计入张某、曹某的工程款金额中。综上，案涉工程的工程总价款应为直接费、税金之和。某安公司关于工程总价款中应当扣除间接费、劳保基金、利润的抗辩意见，依法予以支持。

二审法院观点：关于案涉工程造价问题。虽然某安公司与某城公司签订的《建设工程施工合同》、某城公司与王某某签订《建设工程施工承包协议》、王某某与张某、曹某签订的《工程协议书》均属无效合同，但案涉工程已交付某安公司使用且对工程质量未提出异议，张某、曹某作为案涉工程的实际施工人有权请求参照合同约定支付工程价款。关于间接费、利润和劳保基金应否从工程价款中扣除的问题。因间接费、利润和劳保基金均属工程造价的组成部分，不因合同效力和施工人是否具有施工资质而取舍。一审将间接费、利润和劳保基金从工程造价中扣除不当，应予纠正。张某、曹某主张间接费、利润和劳保基金应当计入工程造价中的上诉理由成立，法院予以支持。案涉工程劳保基金已由某安公司向劳保基金管理部门缴纳，应由某城公

① 该文件已失效。

司向劳保基金主管部门申请拨付后，及时向张某、曹某支付劳保基金款。

再审审查法院观点：关于间接费、利润、劳动保险基金应否计入案涉工程价款的问题。某安公司与某城公司签订的《建设工程施工合同》以及某城公司与王某某签订的《建设工程施工承包协议》、王某某与张某、曹某签订的《协议书》因违反法律、行政法规强制性规定而无效，各方当事人对此无异议。因案涉工程已交付某安公司使用且当事人对工程质量未提出异议，建设工程施工合同无效，但建设工程经竣工验收合格，承包人可以请求参照合同约定支付工程价款的[①]，张某、曹某作为案涉工程的实际施工人有权请求参照合同约定支付工程价款。间接费、利润作为合同约定的工程价款的一部分，计入工程价款并无不当。劳动保险基金系由建设单位按照工程造价的一定比例向劳动保险基金统筹管理部门代缴，在工程结算时将该部分费用在工程价款中予以扣除。因此，劳动保险基金亦属于工程价款的组成部分，二审判决将其计入工程价款并判决由某城公司向劳动保险基金管理部门申请拨付后支付给张某、曹某并无不妥。某城公司在承包案涉工程后将工程整体转包，并未实际实施工程，其认为案涉工程劳动保险基金应当由其享有的主张不能成立。

关联案例1

案件名称：某元公司与某居园公司建设工程施工合同纠纷一案

审理法院：一审：山东省高级人民法院（2015）鲁民一初字第12号；二审：最高人民法院（2017）最高法民终360号

裁判观点：规费和利润应否由某居园公司与某元公司分享。在某居园公司与某元公司之间，案涉工程的价值为工程造价，包括规费和利润。案涉工程项目由某居园公司占有，某居园公司应按照工程造价补偿某元公司。私法救济目的是使双方的利益恢复均衡，如果自折价补偿款中扣减部分规费和利润，则某居园公司既享有工程项目的价值，又未支付足额对价，获得额外利益，不符合无效合同的处理原则。故某居园公司主张在工程造价中扣除50%的利润和规费，缺乏依据。

---

① 现已失效，对应《民法典》第793条。

关联案例 2

案件名称：李某某与某源公司、八某公司西宁分公司建设工程施工合同纠纷案

审理法院：一审：青海省高级人民法院（2017）青民初 2 号；二审：最高人民法院（2020）最高法民终 898 号

裁判观点：关于利润和管理费。某源公司上诉认为，李某某作为实际施工人，无权获取利润，且案涉工程不应计取管理费。法院认为，李某某系案涉工程实际施工人，其施工行为已物化为建筑工程，案涉工程经竣工验收合格，一审判决参照《建设工程施工合同》约定确认案涉工程造价并无不当，某源公司该上诉理由无合同和法律依据，法院不予支持。

律师点评

一、施工合同无效，对工程造价是否有影响？实际施工人的间接费和利润是否应当计取

在合同无效的情况下如何确定工程价值，是人民法院审判实践中的难点问题。在法律适用上也经历了一些变化。在《最高人民法院关于审理建设工程施工合同纠纷案件适用法律问题的解释》（已失效）出台前，各地法院一般依照《合同法》（已失效）第 58 条“合同无效或者被撤销后，因该合同取得的财产，应当予以返还；不能返还或者没有必要返还的，应当折价补偿。有过错的一方应当赔偿对方因此所受到的损失，双方都有过错的，应当各自承担相应的责任”的规定，适用折价补偿原则来确定工程价款。但是对于折价补偿的标准和范围各地法院有不同的认定。一种观点认为，实际施工人只能取得其实际支出的工程成本的折价费用，而不能取得利润，否则实际施工人可以因无效合同获益，无效合同与有效合同的结果没有任何区别，法律的严肃性将会荡然无存，等于变相地鼓励纵容违法承揽工程这一现象。因此，实际施工人不应以无效合同获得工程的利润。本案中的一审、二审法院均持有此观点。另一种观点认为，工程质量是建设工程的生命线，建筑物的质量标准应当高于建设工程施工合同的效力。建设工程的价款，不应当因为合同有效无效而作区分，而应当看合同系争工程是否验收合格，只要验收合格，就应当按照有效合同支付工程款。北京市高级人民法院在其发布的《北京市高级人民法院关于审理建设工程施工合同纠纷案件若干疑难问题的解答》第 17

条规定："建设工程施工合同无效，但工程经竣工验收合格，当事人任何一方依据《解释》第二条的规定要求参照合同约定支付工程折价补偿款的，应予支持。承包人要求发包人按中国人民银行同期贷款利率支付欠付工程款利息的，应予支持。发包人以合同无效为由要求扣除工程折价补偿款中所含利润的，不予支持。"正是因为法院间认识的不同，导致类似的案件裁判结果相去甚远。

但是在《中华人民共和国民法典合同编理解与适用（三）》① 一书中，基于当前行业管理的现实难点，提出："如果合同无效，承包人只能主张合同约定中的直接费和间接费，不能主张利润及税金，也不合理。建设工程的价值是建设工程的整体价值，也即建设工程的完整造价。如果合同无效，承包人只能主张合同约定价款中的直接费和间接费，则承包人融入建筑工程产品当中的利润及税金就被发包人获得。发包人依据无效合同取得了承包人应当得到的利润，这与无效合同的处理原则不符，其利益向一方当事人倾斜，不能很好地平衡当事人之间的利益关系，容易导致矛盾激化……"目前的主流观点接受了施工合同无效后折价补偿的范围包括了直接费、间接费、税金和利润，但这并不代表价款数额和构成的约定都应当得到法院的支持。

二、建设工程施工合同无效，是否还可以按照当事人约定的计价标准和方法结算工程价款

（一）当事人在合同中对计价方法和标准有约定的

《建筑法》第18条规定："建筑工程造价应当按照国家有关规定，由发包单位与承包单位在合同中约定。公开招标发包的，其造价的约定，须遵守招标投标法律的规定。发包单位应当按照合同的约定，及时拨付工程款。"

《最高人民法院关于审理建设工程施工合同纠纷案件适用法律问题的解释（一）》第19条规定："当事人对建设工程的计价标准或者计价方法有约定的，按照约定结算工程价款。因设计变更导致建设工程的工程量或者质量标准发生变化，当事人对该部分工程价款不能协商一致的，可以参照签订建设工程施工合同时当地建设行政主管部门发布的计价方法或者计价标准结算工程价

---

① 最高人民法院民法典贯彻实施工作领导小组主编：《中华人民共和国民法典合同编理解与适用（三）》，人民法院出版社第1版。

款……”[①] 可见，工程造价领域遵循了“有约定从约定，无约定从法定”的民法原则，体现了民法的意思自治原则。所以，当事人只要在合同中有约定的，法院会尊重当事人的约定，不会另行委托鉴定机构进行造价鉴定。

上述原则适用于有效合同，同时也适用于无效合同。原因在于实际在我国的建筑市场上，发包人在签订合同时，往往将价格压得很低，低于当年适用的定额标准。如果无效就抛开当事人的约定，而是按照定额或者市场价格信息作为计价标准计算工程款，往往需要鉴定。一是增加了诉讼成本，二是由于定额价往往高于当事人约定的价格，所以，会导致无效合同比有效合同获得的工程价款还要高，对当事人会产生错误的引导。

（二）“参照合同关于工程价款的约定折价补偿”也不能照搬合同约定支付条件进行支付，支付条件条款在合同无效时同样归于无效

值得注意的是，施工合同中约定的工程价款支付除了数额之外还包括价款的支付时间和支付方式。若发包人未按照合同约定的支付期限支付工程价款的，则可能会产生逾期付款利息问题。那么，施工合同无效后付款条件和期限条款是否也一并无效？

最高人民法院在“何某某、邓某某建设工程施工合同纠纷案件中”［案号：（2019）最高法民终1852号］中裁判：“双方签订的《建筑工程施工合同》属于无效合同，因此，案涉合同关于同步结算支付的条款也无效。《最高人民法院关于审理建设工程施工合同纠纷案件适用法律问题的解释》（已失效）第二条规定的‘请求参照合同约定支付工程价款’中的‘合同约定’主要指工程款计价方法、计价标准等与工程价款数额有关的约定，关于工程价款支付条件的约定不属于可以参照适用的合同约定。”这个裁判观点说明，最高人民法院认为施工合同无效的情形下，工程款支付条件条款也一并无效，因此发包人即使未按照合同约定支付工程款的也无需从合同约定的应付时间开始起算欠付工程款的利息。《最高人民法院关于审理建设工程施工合同纠纷案件适用法律问题的解释（一）》第27条规定：“利息从应付工程价款之日开始计付。当事人对付款时间没有约定或者约定不明的，下列时间视为应付款时间：（一）建设工程已实际交付的，为交付之日；（二）建设工程没有交付

---

① 对应2004年《最高人民法院关于审理建设工程施工合同纠纷案件适用法律问题的解释》（已失效）第16条。

的，为提交竣工结算文件之日；（三）建设工程未交付，工程价款也未结算的，为当事人起诉之日。”

9.4 法院采取何种方法对未完工程的造价进行鉴定①

——某江公司与宝某公司建设工程施工合同纠纷案②

关 键 词：未完工程　固定总价　鉴定方法

问题提出：如何对未完工程的造价进行鉴定？

裁判要旨：法院认为，由于双方签订的建设工程合同约定了固定价（总包价），而案涉的建设工程尚未完工，故应先计算出已完工工程占合同约定施工范围的比例，再以建设工程施工合同约定的固定价为基础，按照上述比例计算即为本案合同内已完成工程量的造价。

案情简介

上诉人（一审原告、反诉被告）：某江公司

上诉人（一审被告、反诉原告）：宝某公司

2011 年 5 月 11 日，宝某公司与某江公司签订《××·宝晟花园建设工程施工合同》，第五条约定合同价款为合同总价包干 60018000 元（按建筑面积 31823 平方米计算）。

2013 年 1 月 28 日，某江公司向宝某公司送达要求终止《××·宝晟花园建设工程施工合同（三期工程项目）的函》，要求终止合同。庭审中，双方一致同意《××·宝晟花园建设工程施工合同（三期工程项目）的函》于 2013 年 1 月 28 日解除。

由于双方对已完成工程量的造价意见不一，双方当事人一致委托法院对已完成工程量的造价进行鉴定，经公开摇珠，选定华某公司作为鉴定机构，

---

① 撰稿人：张雷，上海市建纬律师事务所。

② 一审：广东省河源市中级人民法院（2013）河中法民一初字第 6 号；二审：广东省高级人民法院（2015）粤高法民终字第 11 号。

鉴定结果为：合同范围内已完成工程量鉴定造价 61238371.72 元（造价未计浮动比率），合同范围外已完成工程量（即设计变更及签证）鉴定造价 1949814.16 元。

各方观点

某江公司观点：根据华某 JD－HY－201401《工程造价鉴定意见书》，一审判决对已完成工程量 63188185.88 元下浮 15%没有依据。

该鉴定意见书第四项“鉴定说明”证实“……由于现有图纸不能确定是否为《施工合同》总包价计算所用图纸，且合同价没有详细计算分析数据……”另，主合同里专用条款表明在 5 月 10 日内提供图纸，但宝某公司则不断在 5 月 10 日后多次提供图纸及图纸设计变更，造成工程量、工程成本不断增加，再者原合同约定建筑面积为 31823 平方米，而实际施工完成的建筑面积算是 33814 平方米，已远超工程约定的工程量，加上工程款付款不及时，我司已无能力再垫资，只能终止合同，对方也同意。根据主合同第 97 页第 83 点也有特别说明终止合同后怎样结算工程款问题。再加上双方于 2013 年 4 月 23 日《庭前调解笔录》的进一步确定，法官也在场。还有前期 3000 万元垫资也体现出成本增加。根据以上事实，鉴定意见书未以合同包干价确定合同计价原则理据充分，一审判决以已完成工程量的鉴定价格下浮 15%没有依据，也不合理，应该上浮。

宝某公司观点：某江公司主张《工程造价鉴定意见书》造价结果上浮，没有事实和法律依据。

（一）《总包合同》约定的结算方式为合同总价包干，包干总价为 60018000 元。根据《总包合同》第一部分《协议书》第五条关于合同价款的约定：“合同总价包干人民币 60018000 元”，《总包合同》第三部分专用条款第 2.2 条规定《协议书》解释顺序最优先，效力最高，故《总包合同》的结算方式应为总价包干。其次，根据《总包合同》专用条款第 66.2 条、第 70.4 条关于合同价款调整的约定：“合同价款的调整应由发、承包双方签订补充协议。”根据《总包合同》专用条款第 71.2 条关于工程量的偏差事件的约定：“工程量有偏差的，价款不予调整”，宝某公司未与某江公司就合同价款的调整达成任何补充协议，故《总包合同》总包价款是不能调整的。

（二）造价鉴定单位华某公司按定额计价对已完成工程量造价的造价鉴定

结果 63188185.88 元是错误的，某江公司主张对已完工程量造价鉴定价格进行上浮亦没有事实和法律依据，一审法院以此鉴定结果作为下浮 15% 也没有依据，即不应以 53709957.998 元作为结算的依据。《总包合同》第一部分协议书第五条约定合同为总价包干合同，总包干价为 60018000 元。造价鉴定单位华某公司以定额计价方式对宝晟三期已完工程量造价进行鉴定，对已完工程量造价的鉴定结果为 63188185.88 元，而根据《广东省高级人民法院关于审理建设工程施工合同纠纷案件若干问题的指导意见》[①] 第 5 条："建设工程施工合同约定工程款实行固定价，如建设工程尚未完工，当事人对已完工工程造价产生争议的，可将争议部分的工程造价委托鉴定，但应以建设工程施工合同约定的固定价为基础，根据已完工工程占合同约定施工范围的比例计算工程款。当事人一方主张以定额标准作为造价鉴定依据的，不予支持"，因此，造价鉴定单位华某公司已明显违反了上述规定，一审法院在一个错误的鉴定结论 63188185.88 元基础上下浮 15%，得出宝晟三期已完工程量造价 53709957.998 元肯定是错误的，不得作为双方结算的依据。

（三）一审法院不予认定宝某公司提交的《工程结算书》中宝晟三期已完工程量造价 47120935.8 元是错误的，该《工程结算书》应作为双方结算的依据。宝某公司根据《总包合同》确定的造价咨询单位迅捷公司对合同工程的造价进行评估，分别出具了已完工程量造价《工程结算书》47120935.8 元及未完成工程量造价《工程结算书》13293499.11 元。宝某公司提交的工程结算书是符合实际情况的，宝晟三期已完工程量造价 47120935.8 元应作为双方结算的依据，一审法院采纳华某公司的鉴定报告是错误的。

法院观点

一审法院观点：关于宝某公司仍需支付多少工程款给某江公司的问题。

《广东省高级人民法院关于审理建设工程施工合同纠纷案件若干问题的指导意见》第 5 条规定，建设工程施工合同约定工程价款实行固定价，如建设工程尚未完工，当事人对已完工工程产生争议的，可将争议部分的工程造价委托鉴定，但应以建设工程施工合同约定的固定价为基础，根据已完工工程占合同约定施工范围的比例计算工程款。当事人一方主张以定额标准作为造

① 该文件现已失效，下同。

价鉴定依据的，不予支持。

本案工程已完成工程部分的造价经华某公司鉴定，结论为：合同范围内已完成工程量鉴定造价 61238371.72 元（造价未计浮动比率），合同范围外已完成工程量（即设计变更及签证）鉴定造价 1949814.16 元，合计总的已完成工程量造价是 63188185.88 元。

因合同范围内已完成的工程量鉴定造价 61238371.72 元是未计浮动比率，且《总包合同》第一部分《协议书》第五条约定：合同总价包干人民币 60018000 元，本案的已完成工程量造价不应脱离合同总包价而定，故本案的已完成的工程量造价应在鉴定造价 63188185.88 元基础上下浮。根据双方庭审时陈述及各自的结算资料，某江公司主张其已完成工程量造价为 53811228.43 元，增加工程量造价是 332492.32 元，合计 54143720.75 元。宝某公司主张是 47120935.8 元，也就是说鉴定价格下浮后应该在 47120935.8 元至 54143720.75 元之间（包括两个本数）比较合理。

因鉴定造价是按定额标准计算，又未计算下浮比率，考虑到本案工程施工的实际情况及建筑行业的交易习惯，一审法院酌定已完成工程量的鉴定造价酌情下浮 15%，即已完成工程量的造价为 53709957.998 元（63188185.88 元×85%）。

二审法院观点：在法院二审调查中，就二审对已完工工程占合同约定施工范围的比例进行评估的问题，某江公司表示其认为一审委托的鉴定部门所作出的鉴定结论是正确的，二审没有必要再进行新评估，该司不同意也不会配合二审的评估，请求按照一审鉴定的结果进行判决。宝某公司则表示其不认可一审鉴定的结果，要求重新对总工程量的造价以及已完工工程量的造价进行鉴定。

关于一审判决对已完成工程量的鉴定造价下浮 15% 是否恰当的问题经查，根据案涉的鉴定结果，本案已完成工程量的造价为 63188185.88 元。其中，合同范围内已完成工程量鉴定造价为 61238371.72 元，合同范围外已完成工程量鉴定造价为 1949814.16 元。

（一）关于合同范围外已完成工程量的鉴定造价是否应下浮 15% 的问题。案涉建设工程合同虽然约定了工程总价包干价，但是该固定价格是针对合同内的工程量而言，而对合同外的工程量不应当一律按照合同约定的价格计付。在当事人对此不能协议一致的情况下，应当据实结算，故一审法院对合同范围外已完成工程量的造价下浮 15% 计算不当，法院予以纠正。鉴定单位以定额标准计算合同范围外已完成工程量鉴定造价为 1949814.16 元，根据《最高人民法院关于审理建设工程施工合同纠纷案件适用法律问题的解释》（已失效）第 16 条第 2 款“因设计变更导致建设工程的工程量或者质量标准发生变化，当事人对该部分工程价款不能协商一致的，可以参照签订建设工程施工合同时当地建设行政主管部门发布的计价方法或者计价标准结算工程价款”[①]的规定，某江公司请求该合同外增加工程量不应下浮 15% 的理据充分，法院予以支持。

（二）关于合同范围内已完成工程量的鉴定造价是否应下浮 15% 的问题。法院认为，由于双方签订的建设工程合同约定了固定价（总包价），而案涉的建设工程尚未完工，故应先计算出已完工工程占合同约定施工范围的比例，再以建设工程施工合同约定的固定价为基础，按照上述比例计算即为本案合同内已完成工程量的造价。然而，一审法院仅委托华某公司按照定额标准鉴定了已完成工程量的造价，而没有对上述的比例问题进行鉴定。二审期间，某江公司明确表示其认可一审鉴定的结果，如果二审要对上述的比例问题进行鉴定，该司不同意也不会配合。宝某公司则表示其不认可一审鉴定的结果，要求重新对总工程量的造价以及已完工工程量的造价进行鉴定，故该司同意鉴定的项目并非法院需查明的事实。以上情况表明，双方当事人对二审期间是否鉴定上述比例存在较大的分歧，由于当事人的不配合，法院无法通过再鉴定查明上述的比例问题。一审判决根据本案工程施工的实际情况及建筑行业的交易习惯，酌定已完成工程量的鉴定造价酌情下浮 15%，在没有证据足以证明该比例明显不当的情况下，法院综合全案，对此不予调整。即，合同范围内已完成工程量的造价应为 52052616 元（61238371.72 元 × 85%）。综上，某江公司已完成工程量的造价应为 54002430.2 元（1949814.16 元 + 52052616 元）。

关于宝某公司提交的《工程结算书》是否可以作为本案工程结算依据的问题。经查，本案在一审审理期间，一审法院根据双方当事人的一致意见，经公开摇珠，依法委托华某公司对案涉工程的造价进行鉴定。在鉴定过程中，

① 现已失效，对应《最高人民法院关于审理建设工程施工合同纠纷案件适用法律问题的解释（一）》第 19 条第 2 款。

一审法院组织双方当事人对提交给鉴定机构的送鉴资料进行了证据交换和质证，在鉴定报告形成后，一审法院也组织双方当事人对鉴定结果进行了质证，故一审法院委托华某公司对案涉工程进行鉴定，程序合法恰当。宝某公司在同意法院委托评估机构对案涉工程进行鉴定后，单方又委托其他评估机构进行鉴定，理据不足，法院不予以采纳。

关联案例1

案件名称：董某友、某宫针织厂建设工程施工合同纠纷案

审理法院：一审：济南市历城区人民法院（2010）历城民商初字第773号；二审：济南市中级人民法院（2011）济民五终字第558号民事判决书；再审：山东省高院（2015）鲁民提字第446号

裁判观点：虽然发包人与实际施工人签订了建设工程施工合同，但实际施工人无建筑施工资质，发包人未办理建设宿舍楼的相关审批手续，双方签订的建设工程施工合同为无效合同。法院认为，虽然发包人与实际施工人双方在合同补充条款中约定工程承包价为640元/平方米，一次性包死，由承包方支付工程中的施工管理费、建筑税金、手续费等，但导致工程中途停工、合同目的未能实现的主要原因系发包人未办理建筑施工手续，故此，一审法院依据补充条款的约定及鉴定报告，判决发包人承担该项费用并无不当。故发包人关于措施费、企业管理费、利润、规费、税金等费用应予以扣减之主张，证据不足，法院不予支持。发包人与实际施工人签订的建设工程施工合同中虽然约定施工管理费、税金等费用由实际施工人承担，但这一约定的前提是工程已经完工，并且按照固定价进行结算。而本案中，工程并未完工，无法按照固定价条款结算工程款，发包人主张工程措施费、规费等费用共134807.47元应由实际施工人自行承担，没有合同依据，法院不予支持。

关联案例2

案件名称：某升公司与隆某公司建设工程施工合同纠纷一案

审理法院：一审：青海省高级人民法院（2012）青民一初字第5号；二审：最高人民法院（2014）民一终字第69号

裁判观点：通过鉴定方式确定工程价款，司法实践中大致有三种方法：一是以合同约定总价与全部工程预算总价的比值作为下浮比例，再以该比例乘以已完工程预算价格进行计价；二是已完施工工期与全部应完施工工期的比值作为计价系数，再以该系数乘以合同约定总价进行计价；三是依据政府部门发布的定额进行计价。

律师点评

（一）未完工程造价鉴定常用方法有定额比例法、工期比例法和定额据实结算法

本案呈现了典型的未完工程造价鉴定的思路。未完工程的造价鉴定方法，关联案例2中，最高人民法院总结了三种常见的方法，分别是：1. 定额比例法；2. 工期比例法；3. 定额据实结算法。其中，司法实践中以定额比例法应用最为广泛。采取定额比例法，应当分五步计算造价：第一步按照合同约定的计价方法计算出双方约定的合同总价，也就是双方合同记载的价格；第二步按照当地定额标准计算出合同总价；第三步用第一步和第二步的两个价格做比，得出合同价与定额价的下浮比例，这一比例也可以理解为承包人报价的优惠率；第四步用当地定额标准计算出已完工程的定额价；第五步用第四步得到的已完工程的定额价乘第三步确定的下浮比例，就得到了对应在合同价计价原则下的已完工程的合同价。该定额比例法是通过迂回到定额计价这一系统中，使已完工程的造价和整个工程的造价具有可比性，反过来求已完工程按合同计价方法应该得到的价格的一种科学方法。

不过，定额比例法的适用也有一定的条件。如在关联案例2中，最高人民法院就明确说明“审理此类案件，除应当综合考虑案件实际履行情况外，还特别应当注重双方当事人的过错和司法判决的价值取向等因素，以此确定已完工程的价款”。最高人民法院在作出上述判决的时候，充分考虑了价值判断和利益平衡两方面的内容。所谓价值判断，是指在司法裁判活动中，根据一定的价值取向判断争议所涉及的法律利益，实现法律所追求的公平正义。所谓利益衡量，也称利益考量、利益平衡，实际上是当各方当事人利益冲突时，法官对社会公共利益、当事人的利益等各种利益进行考量、以寻求各方利益的妥当平衡，实现社会公平正义。关联案例2正是慎重区分了双方当事人的过错，并通过准确的计算，确定了各种方法之于各方当事人的利益偏离，达到了较好的利益平衡效果。

（二）未完工程的造价鉴定应当考虑合同约定的计价方法能否适用

在关联案例1中，发承包当事人约定的计价方法是640元/平方米，一次性包死。对于未完工程，平方米固定单价法显然不能用于未完工程的造价鉴定。因为平方米固定单价一定是工程全部完工的单价。例如，承包人所报单价对应的施工范围包括土建和装修两部分，合同总价为建筑面积与单价之乘积。那么当土建已经完成而装修尚未进行的情况下，根据土建面积就已经可以计算出工程的全部造价，也就是承包人签订合同时希望获得的全部造价。但此时装修部分尚未施工，显然仍然以合同约定的单价法计算总造价不符合实际情况。因此关联案例1中法院判定“工程并未完工，无法按照固定价条款结算工程款”，且“发包人与实际施工人签订的建设工程施工合同中虽然约定施工管理费、税金等费用由实际施工人承担，但这一约定的前提是工程已经完工，并且按照固定价进行结算。而本案中，工程并未完工，无法按照固定价条款结算工程款，发包人主张工程措施费、规费等费用共134807.47元应由实际施工人自行承担，没有合同依据，法院不予支持”。

而在本案中，合同约定的是总价包干60018000元。这与关联案例1中约定的固定单价又有不同。本案的固定总价可以直接作为工程造价司法鉴定的依据。也即二审法院认为“由于双方签订的建设工程合同约定了固定价（总包价），而案涉的建设工程尚未完工，故应先计算出已完工工程占合同约定施工范围的比例，再以建设工程施工合同约定的固定价为基础，按照上述比例计算即为本案合同内已完成工程量的造价”。本案的固定总价60018000元可以作为定额比例法计算下浮比例的一个重要因素。

只是在本案处理过程中，一审法院并未要求鉴定机构按照定额比例法计算合同造价和定额造价的下浮比例。虽然此举有所不当，但二审法院所使用的鉴定方法却确定了固定总价可以用来确定下浮比例这一规则。

（三）未完工程的造价鉴定也应当区分合同范围内工程和合同范围外工程两部分

将已完工程的造价鉴定内容区分为合同内和合同外的意义，在于这两部分应当适用不同的计价方法。《最高人民法院关于审理建设工程施工合同纠纷案件适用法律问题的解释（一）》第19条第1款、第2款规定：“当事人对建设工程的计价标准或者计价方法有约定的，按照约定结算工程价款。因设计变更导致建设工程的工程量或者质量标准发生变化，当事人对该部分工程价款不能协商一致的，可以参照签订建设工程施工合同时当地建设行政主管部门发布的计价方法或者计价标准结算工程价款。”本案合同内约定的是固定总价，合同外的计价方法没有约定，对于固定总价之外的工程则不应当再适用该条文的规定进行造价鉴定。

因此，本案的工程造价鉴定结果为合同范围内已完成工程量鉴定造价61238371.72元（造价未计浮动比率），合同范围外已完成工程量（即设计变更及签证）鉴定造价1949814.16元。

对于合同固定总价范围外的造价1949814.16元，二审法院认为“案涉建设工程合同虽然约定了工程总价包干价，但是该固定价格是针对合同内的工程量而言，而对合同外的工程量不应当一律按照合同约定的价格计付。在当事人对此不能协议一致的情况下，应当据实结算，故一审法院对合同范围外已完成工程量的造价下浮15%计算不当，法院予以纠正”。明确了一条重要的鉴定规则，即合同外的未完工程在双方当事人无法达成一致意见时，应当据实结算。这也符合上述施工合同司法解释第19条的规定。

9.5 法院如何认定国家审计与工程造价司法鉴定的关系①

——某奇公司与县政府建设工程施工合同纠纷案②

关 键 词： 财政审计　造价鉴定

问题提出： 法院应当以财政审计结论还是工程造价司法鉴定结论为工程价款结算的定案依据？

裁判要旨： 虽然国家审计机关的审计结论并非确定当事人之间工程价款结算的当然依据，但若当事人约定以审计作为结算依据的，系当事人之间平等协商一致的结果，双方应予恪守。上级审计机关有权依法监督下级审计机关的审计行为，若下级审计机关作出的审计决定违反国家有关规定的，上级审计机关可以责成下级审计机关予以变更或者撤销，也可以直接作出变更或者撤销的决定，撤销后由原审计机关重新作出审计决定，或由上级审计机关直接作出审计决定。上级审计机关直接作出审计决定的，并不违反双方当事人对于结算原则的约定。

---

① 撰稿人：张雷，上海市建纬律师事务所。

② 一审：贵州省高级人民法院（2016）黔民初238号；二审：最高人民法院（2017）最高法民终912号。

案情简介

上诉人（原审原告）：某奇公司

上诉人（原审被告）：县政府

原审第三人：县交通局

2012年5月23日，县政府与某奇公司签订《框架协议》，约定某奇公司出资建设G321朱家寨至驮煤河段改造工程项目，长16.1公里、宽12米，道路总投资约1.8亿元；合作方式：某奇公司出资总承包施工，投资采取BT方式建设（含征地拆迁费、工程建设直接费），县政府负责图纸设计和监理；工程价格计算：工程竣工后，由某奇公司编制工程决算报县政府，县政府委托具有法定审核资质的机构进行工程造价决算审核，经双方共同确认后作为工程总投资的依据；工程价款的偿还：工程竣工后，根据审计出具的审计决算为最终造价，在完善竣工资料及相关建设程序后，工程款分贰次付清，并由县政府支付某奇公司建设期间的资金占用利息（按同期银行利率上浮20%），回报率为5%，第一年支付工程造价的40%，第二年支付60%；工程建设管理：县政府负责工程的征地、拆迁、杆线迁移、土源、临时用地、用电等工作，费用由某奇公司承担，计入工程总投资。

2013年8月10日，某奇公司通过招投标与交通局签订国道321朱家寨至驮煤河公路工程项目《工程承包合同》，工程造价为133917208元，最终造价以审计部门的审计决算为准。工程价款结算方式按与政府签订的协议执行。

2013年8月20日，县政府与某奇公司签订《框架协议补充协议》，约定：按《框架协议》工程总投资为1.8亿元，包含建设期利息960万元及预备费515万元，工程实际投资为1.6525亿元，根据现有情况初步预计建安费增加7000万元，征地、拆迁费用增加1亿元，某奇公司按《框架协议》完成1.6525亿元投资后，超出投资部分，县政府按月计量、支付。9月30日前县政府返还某奇公司2500万元征地拆迁款。县政府在本项目完工后1年内按4个季度平均支付给某奇公司本项目70%工程款，第2年上半年支付本项目工程款的25%，第二年年末支付剩余的5%工程款。

2014年12月25日交通局组织对案涉工程竣工验收，验收结论为合格。

2015年12月7日审计局根据某典公司上报的《国道321线朱家寨至驮煤河公路改造工程审核报告》作出《审计报告》，确认案涉工程的结算造价为

204286011 元。同时审计局在《审计报告》中指出：项目初步概算投资超过原批准概算 10% 及以上未重新审批。该项目经贵州省交通运输厅批准的《关于国道 321 线朱家寨至驮煤河公路改造工程初步设计的批复》批复总金额为 18652.63 万元，其中建筑安装工程费为 12985.82 万元，本次审计审定建筑安装工程费为 20428.60 万元，建筑安装工程费比批复增加 7442.78 万元，超概算比率为 57.31%。增加投资部分，交通局未报项目原概算审批单位批准调整概算。建议交通局对项目超概部分完成的建安工程投资 7442.78 万元报项目原概算审批单位批准同意后再办理项目竣工结算，如项目原概算审批单位对超概部分不予调概，该部分资金不应给予结算。

2016 年 1 月 26 日县交通局向县政府请示，请县政府协调县政府金融工作办公室核实计息内容，并研究是否支付资金占用利息及回报率。县政府金融工作办公室在该请示上签署“经核实资金占用利息为 33405209.03 元，资金回报为 9703585.52 元”。

2016 年 7 月 14 日市审计局向审计局发出《市审计局关于“国道 321 线朱家寨至驮煤河公路改造工程竣工结算审计”核查情况的通知》，市审计局认为审计局出具的《审计报告》结果存在重大失实，撤销该局出具的《审计报告》，并派出专项审计调查组对该项目进行专项审计调查。同日，审计局向交通局发出《收回“国道 321 线朱家寨至驮煤河公路改造工程竣工结算审计报告”予以作废的函》，收回审计局作出的《审计报告》，该报告不再作为建设单位办理工程结算价款的依据，并要求交通局在接到该函之日起暂停支付该工程结算价款，最终以市审计局核查结果为准。该通知发出后，双方产生争议，某奇公司于 2016 年 8 月 3 日诉至法院。

2016 年 11 月 11 日，市审计局作出《专项审计调查报告》，审定国道 321 线朱家寨至驮煤河公路改造工程建安投资为 151054264.12 元。针对市审计局作出的《专项审计调查报告》和某典公司作出的《国道 321 线朱家寨至驮煤河公路改造工程审核报告》，一审法院特通知市审计局和某典公司到庭对所作报告进行说明。市审计局针对专项审计调查报告说明：2016 年 7 月 28 日下达专项审计调查通知，8 月 3 日起审计组对案涉工程进行专项审计调查，8 月 8 日书面通知建设单位、设计单位、监理单位及施工单位配合审计，8 月 9 日交通局书面回复，书面通知已转设计单位、监理单位，但施工单位人已走完，8 月 10 日市审计局以申通快递方式通知某奇公司法定代表人，法定代表人拒收，快递于2016年8月17日退回。审计组于10月18日出具专项审计调查报告征求意见稿，11月11日出具专项审计调查报告审报〔2016〕55号。某典公司向一审法院说明：依据双方签字认同的送审资料进入审计活动。审计过程中充分尊重双方当事人的意见并签字确认得出的结果，体现了当事人的意思自治。县审计局认同了我公司作出的审核报告，并出具《审计报告》。送审资料中有县交通局的报送函和某奇公司的承诺书，双方对送审资料的真实、完整、合法无异议。且我公司没有鉴别资料真伪的能力和权利。

鉴于县审计局出具的《审计报告》和市审计局出具的《专项审计调查报告》结论差异较大，一审法院依法向某奇公司释明申请司法鉴定，某奇公司坚持认为应当以县审计局出具的《审计报告》作为工程款的支付依据，不同意申请鉴定。

最高人民法院经审查对一审法院查明事实予以确认。

一审判决：一、县政府于判决生效之日起10日内支付某奇公司工程款9954264.12元及利息（利息起算时间从2017年1月24日起按中国人民银行同期贷款利率的1.2倍予以计算至付清之日止）；二、县政府于判决生效之日起10日内支付某奇公司2017年1月24日前资金占用利息26761425.8元；三、县政府在判决生效之日起10日内支付某奇公司投资回报7552713.2元；四、驳回某奇公司的其余诉讼请求。

二审判决：一、维持（2016）黔民初238号民事判决第二项、第三项；二、撤销（2016）黔民初238号民事判决第四项；三、变更（2016）黔民初238号民事判决第一项为：县人民政府于本判决生效之日起10日内支付某奇公司工程款2954264.12元，并于本判决生效之日起10日内支付某奇公司工程款9954264.12元的利息（按照中国人民银行同期同类贷款利率的1.2倍计算，其中，700万元自2017年1月24日计算至2017年11月6日，2954264.12元自2017年1月24日计算至该款项付清之日止）；四、驳回某奇公司的其他诉讼请求。

各方观点

某奇公司观点：县政府与某奇公司签订的《框架协议》《框架协议补充协议》，以及交通局与某奇公司签订的《工程承包合同》系当事人真实意思表示，合法有效。某奇公司依法履行了垫付投资款及拆迁补偿款、施工并交付使用等义务，案涉现场签证资料得到了相关各方的认可，案涉工程的工程量已经得到确认。本案的结算依据应是县审计局出具的《审计报告》或者双方签字盖章的结算书，一审法院以市审计局出具的《专项审计调查报告》作为结算依据违反了合同的约定，也与法律规定不符。以审计结果作为竣工结算依据限制了平等民事主体的民事权利。最高人民法院的相关判例和全国人民代表大会法律工作委员会的相关复函均表明了这一观点。根据《框架协议》第四条，关于工程价格计算，工程竣工后，由某奇公司编制工程决算报县政府，县政府委托具有法定审核资质的机构进行工程造价决算审核，经双方共同确认后作为工程总投资的依据；关于工程价款的偿还，在工程竣工后，根据审计出具的审计决算为最终造价，在完善竣工资料及相关建设程序后，工程款分二次付清。本案工程竣工验收后，某奇公司依约编制并报送了工程决算资料，县政府委托某典公司进行了决算审核，双方对某典公司的审核结果签字表示认同。最后县政府以此报送县审计部门，审计部门确认后送达给了某奇公司，案涉工程合同和框架协议中关于审计的约定已履行终结。《审计法实施条例》第43条适用的前提是下级审计机关的审计决定违反了国家有关规定，上级审计机关对下级审计机关审计业务的监督属于纵向的行政监督，显然不是横向的对民事主体之间工程结算结果的监督，而且市审计局的结论没有经过施工方的认可。

县政府观点：县审计局出具的《审计报告》和市审计局出具的《专项审计调查报告》均是案涉工程项目竣工结算审计结论，一审以后者作为结算依据，符合合同约定和法律规定。案涉《框架协议》第五条明确约定“工程竣工后，根据审计出具的审计决算为最终造价”，案涉《工程承包合同》第四条约定“最终造价以审计部门的审计决算为准”。市审计局撤销县审计局的《审计报告》后，市审计局多次以不同方式邀请某奇公司参加案涉项目的审计均未果。在其余参建单位的参与下，经赴施工现场抽查、对工程竣工结算进行复查，发现设计单位、建设单位、监理单位、施工单位提供虚假变更资料，某典公司未对变更资料的真实性进行审核，部分项目未按施工图纸施工，道路里程与实测里程不符。案涉项目的工程款属于财政收支范畴，县审计局出具《审计报告》、市审计局撤销其《审计报告》并出具《专项审计调查报告》于法有据，《专项审计调查报告》的准确性和有效性只能通过行政诉讼程序来否定。在《专项审计调查报告》被否定之前，既然双方明确约定最终造价以审计结算为准，其即应被作为本案判决的依据。

法院观点

一审法院观点：案涉工程明确约定了以审计决算为结算依据，案涉工程系政府投资的项目，应当受到国家的审计监督，工程业主的财务收支须受此审计监督的约束。县审计局依照《审计法》第22条①“审计机关对政府投资和以政府投资为主的建设项目的预算执行情况和决算，进行审计监督”之规定，对案涉工程项目进行竣工结算审计，并委托某典公司进行审核，某典公司所出具的《审核报告》，是基于县审计局的委托而产生的，是作为县审计局出具《审核报告》的参考资料之一，而非本案当事人委托，不能作为案涉工程的结算依据。县审计局的审计，是基于《审计法》等法律法规的规定而进行的审计监督活动，是依法行使职权的行为。之后市审计局根据《审计法实施条例》第43条“上级审计机关应当对下级审计机关的审计业务依法进行监督。下级审计机关作出的审计决定违反国家有关规定的，上级审计机关可以责成下级审计机关予以变更或者撤销，也可以直接作出变更或者撤销的决定；审计决定被撤销后需要重新作出审计决定的，上级审计机关可以责成下级审计机关在规定的期限内重新作出审计决定，也可以直接作出审计决定”之规定，认为县审计局出具的《审计报告》存在重大失实被其依法撤销。嗣后，市审计局派出审计调查组根据《工程承包合同》，以及县交通局和某奇公司就G321边坡防护工程签订的《补充协议》（以下简称《工程承包补充协议》）约定的工程内容，深入施工现场，抽查了路基换填、路基结构层、边坡、路面及相关附属设施等工程，利用GPS、现场实测等手段对案涉工程竣工结算进行复查，经调查审定案涉工程建安投资为151054264.12元，某典公司多审定投资53231746.88元。市审计局对案涉工程竣工决算审计是依法行使国家审计监督权的行为，不存在重复审计，其作出的审计决定具有一定的强制性。虽然审计是国家对建设单位的一种行政监督，其本身并不影响民事主体之间的合同效力，但是本案双方当事人“以审计决算为最终造价”的约定，实际上是将有审计权限的审计机关对业主单位的审计结果作为双方结算的最终依据。因县审计局出具的《审计报告》已被撤销，故应当以市审计局出具的

① 对应现行《审计法》第23条。

《专项审计调查报告》作为案涉工程的结算依据。

二审法院观点：根据一审法院及法院查明的事实，某奇公司与县政府签订《框架协议》时，于第五条明确约定“工程竣工后，根据审计出具的审计决算为最终造价”。某奇公司与县交通局签订的《工程承包合同》中，关于工程价款结算，于第五条第二款明确约定“工程价款结算支付方式按与政府签订的协议执行”；其后的《工程承包补充协议》中，亦手书注明造价以审计为准。虽然国家审计机关的审计结论并非确定当事人之间工程价款结算的当然依据，但上述约定系当事人之间平等协商一致的结果，对当事人就确定案涉工程款结算依据的约定，双方应予恪守，法院亦予以尊重。

某奇公司实际上是对一审法院市审计局出具的《专项审计调查报告》不服，认为市审计局的强行介入有违平等民事主体之间平等自愿的原则，以市审计局的《专项审计调查报告》作为结算依据明显违反了合同约定。法院认为，《框架协议》《工程承包合同》及《工程承包补充协议》仅约定了以审计方式作为确定案涉工程价款的依据，并未明确限定应仅以某一具体审计部门的审计结论为最终依据。而且《审计法实施条例》第43条第1款赋予了上级审计机关对下级审计机关的审计业务依法进行监督的权力，第2款进一步规定下级审计机关作出的审计决定违反国家有关规定的，上级审计机关可以责成下级审计机关予以变更或者撤销，也可以直接作出变更或者撤销的决定；审计决定被撤销后需要重新作出审计决定的，上级审计机关可以责成下级审计机关在规定的期限内重新作出审计决定，也可以直接作出审计决定。本案中县审计局出具《审计报告》后，其上级审计机关即市审计局以《审计报告》结果存在重大失实为由，撤销了《审计报告》，后又作出《专项审计调查报告》。因县审计局的《审计报告》已被撤销，以该《审计报告》作为确定案涉工程价款的依据已无事实基础。在此情况下，一审法院以市审计局的审计结论作为确定案涉工程价款的依据，并无不当。某奇公司还主张市审计局实地勘测过程及审计报告的作出过程其未参加、不知情，且市审计局存在测量方法不正确、计算依据不充分导致结论不真实的情况。一审法院查明，市审计局决定进行专项审计后，已将相关书面通知通过申通快递通知某奇公司法定代表人但被拒收，专项审计过程中审计调查组进入施工现场，对案涉工程的相关项目进行了抽查，利用GPS、现场实测等手段对案涉工程竣工结算进行了复查。某奇公司并未提供足以推翻上述事实认定的证据，其该上诉理由不能成立。

关联案例1

案件名称：奇某公司与中心医院建设工程合同纠纷案

审理法院：一审：四川省绵阳市中级人民法院（2014）绵民初字第271号；二审：四川省高级人民法院（2016）川民终895号；再审：最高人民法院（2018）最高法民再185号

裁判观点：《建设工程施工合同》为双方当事人真实意思表示，不违反法律、行政法规的强制性规定，合法有效，对双方当事人均具有法律约束力。案涉工程已于2011年9月13日通过竣工验收，并交付中心医院使用，中心医院应当支付相应的工程价款。根据《审计法》的规定，审计机关的审计行为是对政府预算执行情况、决算和其他财政收支情况的审计监督。相关审计部门对发包人资金使用情况的审计与承包人和发包人之间对工程款的结算属不同法律关系，不能当然地以项目支出需要审计为由，否认承包人主张工程价款的合法权益。只有在合同明确约定以审计结论作为结算依据的情况下，才能将是否经过审计作为当事人工程款的结算条件。根据法院再审查明的事实，双方在《建设工程施工合同》中并未约定工程结算以审计局审计结果为准，在其后的往来函件中，奇某公司亦只是催促尽快支付工程款，其中两份函件中提及的系恒申达公司结算审计，而非审计局的审计。在2014年1月8日的最后一份函件中，奇某公司虽认可“待审计局复审后多退少补”，但并未认可以审计局的审计结论作为工程款结算及支付条件。二审判决以结算条件没有成就为由，对奇某公司支付工程价款的诉讼请求不予支持，适用法律错误，法院予以纠正。

关联案例2

案件名称：城建公司与渤海船院建设工程施工合同纠纷案

审理法院：一审：辽宁省葫芦岛市中级人民法院（2017）辽14民初22号；二审：辽宁省高级人民法院（2017）辽民终929号；再审审查：最高人民法院（2018）最高法民申1965号

裁判观点：关于审计结论能否作为结算工程款的依据问题。《审计法》第19条①规定：“审计机关对国家的事业组织和使用财政资金的其他事业组织的财务收支，进行审计监督。”本案中，渤海船院主张审计程序属于合同明确约定的最终决算和除了质保金以外的付款前提条件，审定金额应当作为工程款最终付款数额的依据。但是，

① 对应现行《审计法》第21条。

案涉《建设工程施工合同》17.5.1（4）载明："发包人审核竣工验收报告及竣工结算书等结算资料的时间为60日，承包人在接到发包人提出对竣工结算书的核对意见后14天内，应予签字确认；若承包人在接到发包人提出对竣工结算书的核对意见后14天内，不签字予以确认也未提出异议的，视为承包人对发包人提出的核对意见已经认可，竣工等算办理完毕。"17.5.1（5）载明："发包人保留依据政府相关部门的要求，由政府相关部门或其委托的有资质的中介机构对本工程结算进行审核的权利。如进行审核，承包人应无条件予以配合。"据此，渤海船院和城建公司在《建设工程施工合同》中的竣工结算条款约定了工程款结算的条件、程序及相应的时间结点，双方应当以此作为结算工程款的依据。审计机关对工程建设单位的审计是一种依职权所实施的行政行为，双方当事人并未约定以审计结论作为工程款的结算依据。2015年7月26日，渤海船院委托的公信公司出具了三份《工程结算审核报告》，案涉工程造价合计102019068.05元，渤海船院、城建公司、监理单位、审核单位均签字确认。渤海船院对《工程结算审核报告》的真实性及载明的工程造价均无异议。根据以上事实和法律规定，二审法院认定在渤海船院与城建公司已对结算方式进行明确约定且在事实上已结算完毕的情况下，对渤海船院以审计结论作为结算依据的主张不予支持，该认定并无不当，法院予以维持。

律师点评

通过本案可以引申出来如下三个问题，一是财政审计结论能否当然的成为发承包双方当事人的工程价款结算依据？二是如果当事人约定以财政审计结论为工程价款的结算依据，该约定是否有效？三是财政审计结论在诉讼中作为证据使用的法律效力如何？

（一）国家审计结论不能当然成为发承包双方结算的依据

根据判决时有效的《审计法》第2条规定："国家实行审计监督制度。国务院和县级以上地方人民政府设立审计机关。国务院各部门和地方各级人民政府及其各部门的财政收支，国有的金融机构和企业事业组织的财务收支，以及其他依照本法规定应当接受审计的财政收支、财务收支，依照本法规定接受审计监督。审计机关对前款所列财政收支或者财务收支的真实、合法和效益，依法进行审计监督。"

本案工程项目是政府投资的项目，应当依法接受审计监督，但是政府投资的项目并不当然以国家审计结论作为发承包双方结算的依据。审计是国家对建设单位的一种行政监督，审计本身并不影响民事主体之间的合同效力，只有民事主体通过一致的意思表示认可将审计机关的审计结果作为双方结算的最终依据时，发承包双方的结算才能以国家审计结论为准。如果施工合同并未约定以审计结论作为发承包双方的结算依据，则发包人不得以工程尚未通过国家审计为由拒绝按照合同约定的条件向承包人支付工程价款，也不应当以国家审计的结果作为最终确定工程结算价款的依据。

（二）发承包双方关于以财政评审结论为结算依据的约定合法有效

从原则上来说，建设合同中明确约定以财政投资的审核结论作为结算依据的，审核结论应当作为结算的依据。若双方当事人明确约定了以财政评审结论为结算依据，则该约定合法有效。人民法院处理此类型案件的工程价款争议时，不应当对已经由财政评审结论所确定的工程造价，再启动司法鉴定。既然以财政评审结论为结算依据的约定是有效的，那么发承包双方在工程合同的拟定过程中就应当注意，要充分保障自身在财政评审过程中的参与权、辩论权以及申诉权。当然，在一般的财政评审活动中，无法律明确规定当事人拥有上述权利。则此时，发承包双方（尤其是承包人）更应当在合同中充分约定类似工程造价司法鉴定中的诸多权利，充分参与、充分辩论和有效申诉。如此，可在一定程度上避免财政评审结论的错误和终局性而给自身带来不可挽回的损失。

（三）国家审计和财政评审报告作为证据使用应当满足民事诉讼证据的一般要求

审计局所做的审计结论不是当时有效的《民事诉讼法》第63条规定关于证据种类的规定中的“鉴定意见”，其仅能作为普通书证使用。既然是证据，就应当符合当时有效的《民事诉讼法》第63条“证据必须查证属实，才能作为认定事实的根据”。若审计结论用作证据的，应当查实其是否为原件、制作主体是否适格、审计结论的内容是否属实等。即使双方当事人约定以审计结论作为结算依据，在发承包双方产生争议时也不能认定审计结论的内容是绝对正确的，如有必要也可以通过司法鉴定确定工程造价。

9.6 法院如何认定工程造价司法鉴定的鉴定依据①

——某达公司与某信公司、某元公司建设工程施工合同纠纷一案②

关 键 词： 鉴定依据　定额解释　信息价　签证价格

问题提出： 工程造价鉴定机构进行工程造价时，鉴定依据包括哪些？

裁判要旨： 承包人未举证证实短支剪力墙应按《山东省建筑工程计价依据》套用轻型框剪墙子目4－2－35、模板套用壁式柱子目10－4－154，所以鉴定单位未按照上述文件计算，按照山东省建筑工程计价文件算，并无不当。作为鉴定依据的签证、工作联系单系案涉工程施工过程中，双方关于工程量、价格形成的一致意见，由施工方代表及某元公司代表签字确认，对双方具有约束力，故一审法院采用《鉴定意见书》中结论1，即材料价格钢筋、砼按签证价格计算，其余材料依据施工合同约定的信息价。

案情简介

上诉人（原审原告）：某达公司

被上诉人（原审被告）：某信公司、某元公司

2011年11月10日，某元公司与某信公司经招投标签订《建设工程施工合同》，约定：某元公司将某县学府××1#、2#、3#、5#、6#住宅楼及地下停车库工程发包给某信公司，承包范围包括土建、水电暖，开工日期为2011年11月11日，合同工期447天，合同金额38477365.49元。合同加盖某元公司和某信公司公章。

案涉工程属“先定后招”，即先确定了施工方，后进行的招投标程序。在进行招投标程序之前，某元公司、某信公司签订《某县学府××项目建筑工

① 撰稿人：张雷，上海市建纬律师事务所。

② 一审：山东省菏泽市中级人民法院（2014）菏民三初字第68号；二审：山东省高级人民法院（2016）鲁民终1507号。

程承包合同》，约定：承包内容为1#、2#、3#、5#、6#楼约计54000平方米，自2011年6月10日开工，2012年8月30日竣工，依据2003年《山东省建筑工程消耗量定额》、2006年《山东省建筑工程价目表》、结合单县定额站材料价格表进行调整，Ⅰ类工程按Ⅱ类工程结算编制工程预（结）算，经审核后，作为工程预付款和竣工结算的依据，每个定额工日按44元人民币。合同加盖某元公司、某信公司公章，并分别由董某美、周某代表各自公司签字。某元公司、某信公司均认可案涉《某县学府××项目建设工程承包合同》为实际履行的合同。

2014年1月8日，三方当事人签订《协议》，载明：截至2014年元月8日，某元公司将案涉项目的工程款经某信公司全部拨付给某达公司，共计49986603元，某元公司、某信公司借款给某达公司4331000元，两项共计54302603元，约占工程总造价（约6400万元，最终以决算为准）的85%。经协商，再拨付320万元工程款经某信公司给某达公司（约工程总造价的90%）。另外，某元公司直接借款给某达公司180万元，共计500万元给某达公司。

某达公司提交的加盖某信公司的《学府××结算汇总表》及《施工图预（结）算书》显示案涉工程总造价为85583431.1元，某元公司不予认可。

三方当事人均认可某达公司为案涉工程实际施工人。某达公司称周某是某信公司工作人员，后认可周某为某达公司工作人员，但否认朱某友为其工作人员，其并未与某信公司签订转包合同，且否认借用某信公司的资质进行施工。某达公司、某信公司均认可某信公司收取某达公司案涉工程管理费86万元。

某达公司于2014年7月8日出具《授权委托书》，载明：因与某信公司、某元公司建设工程施工合同纠纷，委托某达公司为诉讼权利人，作为原告提起诉讼，由此产生的权利义务由某达公司承担。

案件审理中，某元公司申请对案涉某县学府××项目1#、2#、3#、5#、6#楼土建工程（包括车库）以及除甩项之外的水电工程价款进行鉴定。一审法院委托鉴定单位进行工程造价鉴定。2015年12月30日，鉴定单位作出菏广鉴字（2015）004号（1#、2#楼及地下车库）和菏广鉴字（2015）005号（3#、5#、6#楼）《鉴定意见书》。

菏广鉴字（2015）004号《鉴定意见书》的鉴定结论1为：材料价格钢

筋、砼按签证价格计算，其余材料依据施工合同约定的信息价，工程总造价为36657619.18元；鉴定结论2为：所有材料价格根据施工合同约定的信息价，工程总造价为36801226.15元。

菏广鉴字（2015）005号《鉴定意见书》鉴定结论1为：材料价格钢筋、砼按签证价格计算，其余材料依据施工合同约定的信息价，工程总造价为20089567.83元；鉴定结论2为：所有材料价格根据施工合同约定的信息价，工程总造价为20561015.55元。

各方观点

某达公司观点：某达公司对两份《鉴定意见书》的质证意见如下：1. 关于钢材价格的认定问题。应以某达公司提交的《工作联系单》认定钢材价格，不应以鉴定单位依据的《工作联系单》定价。2. 短支剪力墙应按《山东省建筑工程计价依据》套用轻型框剪墙子目4－2－35、模板套用壁式柱子目10－4－154。

造价鉴定机构观点：针对某达公司提出的异议，鉴定单位答复意见如下：（一）关于钢材价格的认定问题。鉴定单位已作出两份结论，由双方协商或法院认定，鉴定单位依据的都是法院转交的材料，材料中有两个标准，所以作出了两份结论。某达公司主张的2011年7月28日的《工作联系单》，法院并未向鉴定单位提交。（二）菏泽市以及山东省定额站都未下文短支剪力墙应按《山东省建筑工程计价依据》套用轻型框剪墙子目4－2－35、模板套用壁式柱子目10－4－154问题，所以鉴定单位未按照上述文件计算，鉴定单位是按照现有的山东省建筑工程计价文件计算的。

某信公司和某元公司观点：经质证，某信公司与某元公司认为两份《鉴定意见书》均应按照结论1即材料价格钢筋、砼按签证价格计算，其余材料依据施工合同约定的信息价。鉴定单位答复意见为：两份结论，如何采信由法院认定。

法院观点

一审法院观点：第一，关于工程造价鉴定的合同依据。一审法院认为，依据《招标投标法》第43条、第55条规定，在确定中标人之前，招标人不得与投标人就投标价格、投标方案等实质性内容进行谈判。《最高人民法院关于审理建设工程施工合同纠纷案件适用法律问题的解释》（已失效）第 1 条第 3 项规定："建设工程施工合同具有下列情形之一的，应当根据合同法第五十二条第五项的规定，认定无效：……（三）建设工程必须进行招标而未招标或者中标无效的[①]。"案涉工程为住宅工程，属应当招标投标的工程，某信公司与某元公司在依法履行招标投标程序之前，实质上已经私下确定建设工程的承包人，嗣后办理了招标投标手续，违反了《招标投标法》的效力性强制性规定，属于法律规定的中标无效情形。故案涉《某县学府××项目建筑工程承包合同》《建设工程施工合同》为无效合同。

《最高人民法院关于审理建设工程施工合同纠纷案件适用法律问题的解释》（已失效）第 2 条规定："建设工程施工合同无效，但建设工程经竣工验收合格，承包人请求参照合同约定支付工程价款的，应予支持。"[②] 案涉《某县学府××项目建筑工程承包合同》《建设工程施工合同》虽为无效合同，但某达公司以某信公司的名义对案涉工程进行了实际施工，且双方当事人均认可实际履行的为《某县学府××项目建筑工程承包合同》，双方认可某元公司已向某达公司支付工程款 57502603 元，且案涉工程已经交付使用，故某元公司应参照合同约定支付某达公司已完成工程量的价款。案涉工程联系单、签证单中施工方加盖的均为某信公司项目部印章，对某达公司称其以自己名义进行施工的主张，一审法院不予采信。

经鉴定，某达公司施工工程造价共计 56747187.01 元，某元公司已支付其工程款 57502603 元，故某达公司再行要求某元公司支付其工程款的主张，一审法院依法不予支持。关于案涉工程造价，某达公司主张应将其提交的《竣工结算书》作为结算依据。一审法院认为，某达公司以某信公司的名义对案涉工程进行实际施工，结算也只能以某信公司的名义进行结算并向某元公司主张工程款，故某达公司依据《竣工结算书》要求某信公司支付工程款缺乏事实和法律依据。

第二，关于工程造价鉴定的签证依据。一审法院认为，关于钢材价格的

① 对应《最高人民法院关于审理建设工程施工合同纠纷案件适用法律问题的解释（一）》第 1 条第 1 款第 3 项规定："建设工程施工合同具有下列情形之一的，应当根据民法典第一百五十三条第一款的规定，认定无效：……（三）建设工程必须进行招标而未招标或者中标无效的。"

② 对应《民法典》第 793 条第 1 款："建设工程施工合同无效，但是建设工程经验收合格的，可以参照合同关于工程价款的约定折价补偿承包人。"

认定问题。案涉工程有两份关于钢材定价的《工作联系单》，即2011年7月28日《工作联系单》和2012年11月11日《工作联系单》，两份联系单分别有周某和朱某友代表施工方签字，某达公司认可周某为其工作人员，但否认朱某友为其工作人员。虽然某达公司提交的某信公司《聘书》显示聘请朱某友为某信公司生产经理，但某信公司并未实际参与施工，案涉工程施工过程中的多项工作联系单、签证单均系朱某友代表施工方签字，且某达公司否认周某为其工作人员后又认可周某为其工作人员，其在一审法院2015年2月3日《调查笔录》中认可朱某友签字的工程量签证、不认可有关钢材价格的签字，难以自圆其说，故应认定2012年11月11日《工作联系单》系朱某友代表某达公司签订，对某达公司有约束力。在双方签订两份关于钢材价格《工作联系单》的情况下，应以后签订的即2012年11月11日的《工作联系单》作为结算依据。作为鉴定依据的签证、工作联系单系案涉工程施工过程中，双方关于工程量、价格形成的一致意见，由施工方代表及某元公司代表签字确认，对双方具有约束力，故一审法院采用《鉴定意见书》中结论1，即材料价格钢筋、砼按签证价格计算，其余材料依据施工合同约定的信息价。

第三，关于工程造价鉴定的定额文件依据。某达公司未举证证实短支剪力墙应按《山东省建筑工程计价依据》套用轻型框剪墙子目4－2－35、模板套用壁式柱子目10－4－154，所以鉴定单位未按照上述文件计算，按照山东省建筑工程计价文件计算，并无不当。

二审法院观点：第一，关于一审法院将2012年11月11日《工作联系单》作为案涉钢材价格鉴定依据是否正确的问题。根据一审查明的事实，本案中有两份《工作联系单》对案涉钢材结算的价格予以确认，一份为2011年7月28日签订，某信公司的周某在施工单位处签字；另一份为2012年11月11日签订，某信公司的朱某友在施工单位处签字。从某达公司向一审法院提交的《聘书》看，朱某友虽系某信公司的生产经理，但因在施工过程中形成的文件、工程签证等资料均系朱某有代表某达公司与某元公司签订，在某达公司对有朱某友签字的大量工程签证、联系单均表示认可的情况下，其仅对朱某友签字的2012年11月11日《工作联系单》不予认可不符合常理。结合上述事实，一审判决将签订时间在后的2012年11月11日《工作联系单》作为认定案涉钢材价格结算的依据并无不当。某达公司关于应将2011年7月28

日的《工作联系单》作为认定案涉钢材价格结算依据的主张缺乏事实依据，亦与常理不符，法院不予支持。

第二，关于某达公司主张案涉工程短支剪力墙的造价问题。法院认为，针对某达公司在一审中对《鉴定意见书》提出的该项异议，鉴定单位已作出合理解释，即鉴定单位系依据现有的山东省建筑工程计价文件计算案涉工程造价，而山东省及菏泽市定额站均未针对短支剪力墙应按照《山东省建筑工程计价依据》套用轻型框剪墙子目 4－2－35、模板套用壁式柱子目 10－4－154 下发相关文件。在某达公司未能提供充分、有效证据推翻该鉴定意见的情况下，法院对其该项主张不予支持。

关联案例 1

案件名称：地质公司与某博公司建设工程分包合同纠纷一案

审理法院：一审：安徽省合肥市中级人民法院（2014）合民一初字第 00052 号；二审：安徽省高级人民法院（2016）皖民终 364 号；再审：最高人民法院（2017）最高法民申 1437 号

裁判观点：经查，双方关于竣工结算方式约定为：工程量按实决算，按《安徽省 2000 年建筑综合估价表》和《铜陵市场材料信息》及相关费用定额。在该条款中并没有明确约定排除《2003 年安徽省建设工程补充定额估价表》作为计算案涉工程价款的依据。且从该约定中“及相关费用定额”的具有兜底性质的概括性用语的表述来看，双方约定《安徽省 2000 年建筑综合估价表》仅是明确列举，而不是限缩范围以排除其他依据之适用。且在案件审理过程中，承包人向安徽省建设工程造价总站请示，办理 2010 年以后建筑工程决算中，使用 2000 年《全国统一建筑工程基础定额安徽省估价综合表》有关子目，《2003 年安徽省建设工程补充定额估价表》中也明列相同子目。根据省建设厅建定〔2003〕341 号文件规定，在套用子目时应如何执行，请求指示。安徽省建设工程造价总站回复：（1）《2003 年安徽省建设工程补充定额估价表》与现行的《安徽省 2000 年建筑综合估价表》等一并使用；（2）凡涉及对现行定额估价表所进行修正的部分，一律以补充定额估价表为准。综上，分包人认为《2003 年安徽省建设工程补充定额估价表》不能作为工程价款结算依据的主张不能成立。故本案工程造价执行《2003 年安徽省建设工程补充定额估价表》计算。

关联案例 2

案件名称：某建与日某公司建设工程施工合同纠纷一案

审理法院：一审：西安市中级人民法院（2013）西民四初字第00234号；二审：陕西省高级人民法院（2016）陕民终47号

裁判观点：一审法院观点：据定额办公室作出的答复，先某会计师事务所经鉴定评估认为如按1993年颁发的232号文件规定超高费、架子费中人工费应增加为1198189.42元，如2004消耗定额标准超高费、架子费中人工费应增加为1532911.91元。鉴定单位对此专业问题仍给出两种结果，请法院选择认定。为公平起见，法院酌定以1198189.42元和1532911.91元的中间值1365550元为准。

二审法院观点：关于超高费、架子费中的人工费问题，原审法院组织双方当事人及鉴定单位向陕西省建设委员会定额办公室进行咨询，鉴定单位向双方当事人作出的异议回复明确定额办的意见是：1. 定额对超高费和架子费均按面积综合计取费用，该费用均属项目直接费，是项目实际的成本费用，合同约定的调差范围应包含此部分工程内容，合同中约定人工费调整适合此部分工程内容，原则上允许调整。2. 关于计算基数问题可参考1993年颁发的232号文中规定的人工费占20%的比例执行或参考2004消耗定额相应的人工费计算基数计取。据此咨询意见，鉴定单位意见为如按1993年颁发的232号文件规定超高费、架子费中人工费应增加为1198189.42元，按2004消耗定额标准超高费、架子费中人工费应增加为1532911.91元。经查，双方施工合同约定具体工程总造价及安全文明施工措施费按《陕建发（2007）232号文件调整标准》执行，工程项目结算执行1999年《陕西省建筑工程综合概预算定额》，以最终结算为准。上述定额对超高费、架子费中的人工费虽未明确规定调差问题，但该两项费用是对施工方施工操作难度的增加而给予施工方人工费用的补偿。鉴定单位根据相关定额主管部门的咨询意见，鉴定确定案涉工程超高费、架子费中的人工费可以作为定案依据。因双方施工合同约定工程造价的计算采用99定额，而93定额至99定额属于定额计价体系，具有一定的连续性，2004陕西省建筑工程消耗量定额属于清单计价体系，两者计价方式不同。故案涉超高费、架子费中的人工费应当根据鉴定单位第一种鉴定意见确定，即超高费、架子费中人工费应增加1198189.42元，案涉工程总造价应为140576976.82元。原判将鉴定单位作出的两种意见取平均值予以计算缺乏法律依据，法院应予纠正。

关联案例3

案件名称：八某公司、某香汇公司建设工程施工合同纠纷一案

审理法院：一审：浙江省诸暨市人民法院（2019）浙0681民初3727号；二审：浙江省××市中级人民法院（2020）浙06民终2551号

裁判观点：一审、二审法院观点：对于三份工程造价咨询报告书，该院认证意见如下：一、某某天阳工程造价咨询有限公司具有合法的鉴定资格，对本案作出的鉴定意见符合客观性、科学性，鉴定程序合法，该院对三份工程造价咨询报告书确认为有效证据，故对被告提出的第一项异议不予采纳。二、本案中，原、被告签订的《施工承包合同》第4.2.2条明确约定：定额套用：《浙江省建设工程计价规则》（2010版）、《浙江省建筑工程预算定额》（2010版投标）、《浙江省安装工程预算定额》（2010版投标）模板进行组价，且在鉴定机构完成初稿并由原、被告核对过程中，原、被告均未提出有关组价方式的相关异议，现被告要求对工程以招标模板进行组价于法无据。故该院认为鉴定机构以投标模板进行组价并无不妥，对被告提出的第二项异议不予采纳。

律师点评

本案充分展现了建设工程造价鉴定的依据。一般而言，建设工程造价司法鉴定的鉴定依据应当分为三个层次逐级展开：一是对合同文本的识别；二是诉讼证据的采信；三是国家计价规范性文件的执行。

（一）合同是工程造价司法鉴定的首要依据

《建设工程造价鉴定规范》（GB/T51262－2017）第5.1.2条规定："鉴定人应根据合同约定的计价原则和方法进行鉴定。如因证据所限，无法采用合同约定的计价原则和方法的，应按照与合同约定相近的原则，选择施工图算或工程量清单计价方法或概算、估算的方法进行鉴定。"以上条文明确了合同在造价鉴定中的法律地位。

因此，工程造价司法鉴定应当首先识别和确定鉴定所依据的合同文本。

在某些情况下，当事人双方可能签订多份合同。如发承包双方当事人可能会在合同履行过程中，因为一方违约或者不可归咎于任何一方的原因对合同计价条款进行变更，那么根据《民法典》第543条"当事人协商一致，可以变更合同"，造价鉴定机构应当将变更后的合同作为鉴定依据。

在某些情况下，当事人可能签订虚假的合同文本。例如某些地区要求施

工合同向建设行政主管部门（非招投标管理部门）办理备案手续，而建设行政主管部门推行使用的合同文本又不能满足当事人的实际需求。因此双方当事人可能就会签订一份用于备案的虚假合同，再签订一份有效且实际履行的合同。那么此时，造价鉴定机构就应当对这两份合同作用、效力作出判断，并依据有效且实际履行的合同进行鉴定。

在某些情况下，当事人也可能因为规避招投标法的强制性规定而签订多份合同。例如本案中的发承包双方实际是采取了“先定后招”的违法发包模式，那么因为违反《最高人民法院关于审理建设工程施工合同纠纷案件适用法律问题的解释（一）》第1条第1款第3项规定的“建设工程施工合同具有下列情形之一的，应当依据民法典第一百五十三条第一款的规定，认定无效：……（三）建设工程必须进行招标而未招标或者中标无效的”而无效。本案发承包双方签订的两份施工合同均应当认定为无效合同。此时，则应当将双方当事人实际履行的合同作为结算工程价款的依据。

当然，作为造价鉴定的首要依据，合同文本与合同效力的问题纷繁复杂，以上仅仅列举了三种常见情形，在司法实践中应当对此加以充分的判断和分析。而且，更为重要的是，要对合同的计价约定条款加以详细辨别。合同计价条款的约定，往往是工程造价鉴定的根本，是牵一发而动全身的条款，不得不慎重判断。

如有的施工合同既约定了工程量按实结算的计价条款，又约定了固定总价的计价原则；有的施工合同既约定了总价包干，又无相对应的全部施工图纸和施工范围；有的施工合同既约定了合同价款按照定额结算，又未说明具体适用的定额文件名称。凡此种种，数见不鲜。这些存在冲突的约定，给造价鉴定带来了诸多的困难，这就需要造价鉴定机构对此仔细辨别，或在无法独立处理类似问题时，将其交由法院处理。

（二）诉讼证据是工程造价司法鉴定的重要依据

本案的第二个主要争议焦点，是钢材价格的认定问题。一方面某达公司主张按照2011年7月28日的《工作联系单》作为认定案涉钢材价格的结算依据；另一方面是某元公司认可的2012年11月11日的《工作联系单》记载的价格。对于应该以哪一份证据作为造价鉴定的依据，鉴定机构不能也不应当作出独立的判断。

《建设工程司法鉴定程序规范》第7.1.3规定：“由司法机关委托的工程

造价鉴定，鉴定资料的真实性和有效性应由司法机关进行质证认定。”《建设工程造价鉴定规程》第6.3.6条也规定“如果当事人对纠纷项目合同、工程量清单、洽商、变更、索赔、工程报价单或结算书等相关文件有效性的约定有分歧，其有效性应请鉴定委托人决定；……”因此，对于本案钢材价格的认定问题，其本质是诉讼证据的采信问题。鉴定机构不应当对此作出判断，而应当将该问题交由法院判断。正因如此，本案审理法院通过对两份证据的分析，认定前后两份《工程联系单》均是某达公司的工作人员所做的签证，对某达公司具有法律约束力。同时，按照签订时间的先后顺序，应当以2012年11月11日签订的《工作联系单》作为确定钢材的价格依据。

（三）国家计价规范性文件是工程造价司法鉴定的执行依据

《建设工程司法鉴定程序规范》第5.12条规定“司法鉴定人进行鉴定，根据有关规定及实际情况，应依据以下相关标准或技术文件：a）国家标准；b）司法行政主管部门、司法鉴定行业组织，建设工程相关行业主管部门、建设工程相关行业组织制定的行业标准；c）省级主管部门制订的相应的地方标准；d）经过标准化行政主管部门备案的企业标准；e）建设工程相关领域被认可的技术成果；f）相关各方当事人协商一致的标准或技术方法；g）不具备前款规定的标准或技术方法的，可采用司法鉴定机构自行制定的有关技术方法，并通过计量认证，形成书面文件，经当事各方一致同意后实施”。

本案双方当事人约定的计价条款是“依据2003年《山东省建筑工程消耗量定额》、2006年《山东省建筑工程价目表》、结合单县定额站材料价格表进行调整，Ⅰ类工程按Ⅱ类工程结算编制工程预（结）算，经审核后，作为工程预付款和竣工结算的依据，每个定额工日按44元人民币”。该种约定就是以定额这种国家计价的规定性文件作为结算依据。

在工程造价司法鉴定过程中，可能需要对计价的规定性文件作出不同的解释。《建设工程造价鉴定规程》第5.5.1条规定如果当事人“因对国家计价规定性文件有不同理解而产生的分歧，分歧各方应共同提请相应有权机关解释。鉴定委托人要求鉴定受托人作出鉴别和判断的，鉴定受托人可依据建设科学技术和工程造价、经济专门知识进行鉴别和判断并提出鉴定意见”。

本案中，某达公司主张，“短支剪力墙应按《山东省建筑工程计价依据》套用轻型框剪墙子目4－2－35、模板套用壁式柱子目10－4－154”。实际也就是关于某一定额子目套用哪一条定额的争议。某达公司当然主张“短支剪力墙”这一分项工程应当套用某一个可以得到更高造价结论的定额子目。其依据的文件是《山东省工程建设标准定额站定额解释》。不过，需要注意的是，该《山东省工程建设标准定额站定额解释》不在合同约定的定额文件范围内。

而鉴定机构则认为，菏泽市以及山东省定额站都未下文短支剪力墙应按《山东省建筑工程计价依据》套用轻型框剪墙子目 4－2－35、模板套用壁式柱子目 10－4－154 问题，所以鉴定单位未按照上述定额解释文件计算，而是按照现有的山东省建筑工程计价文件计算的。

实际上，本案短支剪力墙套用哪一个定额，应当以合同约定为准。定额一般由定额站发布，定额文件应当由发布机关明确其适用范围和法律地位，当事人约定适用某一定额时，也意味着适用关于该定额的全部文件。如果是定额的补充文件，则其和定额具有同等的法律地位，应当适用。但本案文件为“定额解释”，又有不同。凡不是定额制定部门颁布的，而是其他单位对定额文件的解释，均不能称为“定额文件”，不能用以计价，更不能具体应用到案件的裁判中。

关于国家计价的规定性文件的适用，在关联案例 1 中，经过省级工程造价总站的回复，《补充定额估价表》可以作为代替原定额文件执行的结算依据。在关联案例 2 中，法院通过对两个计价文件的性质分析，认定了 93 定额至 99 定额属于定额计价体系，具有一定的连续性，2004 陕西省建筑工程消耗量定额属于清单计价体系，两者计价方式不同。故应当适用具有一定连续性的计价规定。在关联案例 3 中，法院认可了鉴定机构按照合同约定以《浙江省建设工程计价规则》（2010 版）、《浙江省建筑工程预算定额》（2010 版投标）、《浙江省安装工程预算定额》（2010 版投标）模板进行组价。

9.7 法院如何认定施工过程中的工程质量缺陷责任[①]

——丽某公司、马某某建设工程施工合同纠纷案[②]

关 键 词： 质量缺陷　质量鉴定　过错责任

问题提出： 通过工程质量缺陷鉴定明确责任主体和修复方案，如何认定各方当事人的责任？

裁判要旨： 鉴定意见书并未认为应当对挡土墙全部进行拆除，存在可加固处理部分，只是对已破坏部分进行拆除。在（2016）云鼎鉴司字第 883 号司法鉴定意见书已经对重建部分和加固部分的费用进行计算，故一审判决认定部分重建、部分加固并无不当。丽某公司将工程发包给不具有施工资质的马某某，存在过错，也应当承担相应的民事责任。

案情简介

上诉人（原审原告）：丽某公司

被上诉人（原审被告）：马某某

2014 年 8 月 24 日，丽某公司与马某某签订了《挡土墙施工合同》，由马某某承建“××华庭”项目的挡土墙工程。合同分别对承包方式、工程单价、付款方式、施工时间、设备材料、工程质量、验收及违约责任进行了约定。合同签订后，马某某将工程交由温某某进行施工。

2015 年 4 月 3 日，丽某公司支付了工程款 2776000.00 元给马某某。

2015 年 8 月中旬，挡土墙发生垮塌并砸坏了民房。2015 年 8 月 26 日，丽某公司委托了云南某科建筑工程质量司法鉴定所作出了〔2015〕司检字第 10 号《香格里拉市××路北侧××华庭住宅小区挡土墙工程质量司法鉴定报告》，检验结果及建议为：挡土墙施工质量较差，不满足设计与规范要求。建

① 撰稿人：张雷、林桂英，上海市建纬律师事务所。

② 一审：云南省香格里拉市人民法院（2015）香民初字第 455 号；二审：云南省迪庆藏族自治州中级人民法院（2016）云 34 民终 170 号。

议尽快对已破坏的挡土墙进行拆除，并请具有相关资质的设计和施工单位参照国家相关规范对挡土墙进行重新勘察、设计和施工或者局部加固处理。丽某公司支付了该项鉴定的鉴定费40000.00元。2016年7月6日，一审法院委托云南鼎某司法鉴定中心作出了（2016）云鼎鉴司字第883号《司法鉴定意见书》，鉴定意见为：倒塌挡土墙的重建费为520050.00元，未倒塌挡土墙加固费为119016.00元，丽某公司预交了该项鉴定的鉴定费25000.00元。

各方观点

丽某公司观点：（一）丽某公司要求马某某返还全部工程款2776000.00元的理由如下：

1. 关于如何适用两次司法鉴定的问题。关于工程质量的鉴定，其结论为：此工程系施工不满足设计及相关建筑规范的要求，工程质量较差，不满足设计与规范要求。可以得知整个工程都不合格，并不是只有坍塌部分的工程不合格。

2. 关于倒塌部分费用及剩余还未倒塌部分的加固费用的鉴定问题，丽某公司也认可倒塌部分的重建费用为520050.00元，其余部分的加固费用为119016.00元，但是剩余部分挡土墙的工程质量同样是严重不合格的。虽然鉴定了加固费用，但是完全不能保证在加固后不再坍塌。因为根据工程质量的鉴定来看，整个工程的砂浆强度极低。排水设计不合理，西侧翼墙墙面已经存在多处裂缝，需要将整个工程拆除重建。因此，其费用也会远不止丽某公司请求的2776000.00元。

3. 自从原有的部分挡土墙倒塌后，还砸坏了临近的房屋造成较大的财产损失，丽某公司不得已还支付了几十万元的赔偿，后市政府为了保障人身和财产安全，也多次要求丽某公司将挡土墙全部拆除重建。因此，一审法院认为剩余部分还具有利用价值，只需要加固的认定，也不是从专家的角度得出的结论。

4. 双方签订的《挡土墙施工合同》第二条第二款约定：马某某在工程完工后应通知丽某公司在7日内验收，验收不合格的，丽某公司有权拒付工程款。因此，如果此工程质量严重不合格，丽某公司是有权要求马某某返还全部工程款的。

（二）关于相关法律规定的适用的问题

按照《最高人民法院关于审理建设工程施工合同纠纷案件适用法律问题

的解释》(已失效)第2条和第3条的规定[①]处理原则可以得知:对于建设工程施工合同已经履行完毕,建设工程经竣工验收不合格的,发包方不支付承包方工程款,对此损失由承包方自行承担。同时按照双方的过错及过错大小对其他损失承担相应的赔偿责任。而合同约定也是“工程验收不合格的,丽某公司有权拒付工程款”,即马某某应该返还工程款2776000.00元。虽然法庭也对挡土墙坍塌部分毛石挡土墙的造价进行了鉴定(造价为:520050.00元),对未坍塌挡土墙毛石混凝土扶壁柱加固部分鉴定的费用为119016.00元,但是,丽某公司认为首先工程质量不合格,就不需支付工程款,对于马某某来讲获得2776000.00元的工程款就属于不当得利,对此产生的相应损失应由马某某自行承担的法律规定是明确的,就算丽某公司有一定用人过错,至少也应该支持丽某公司的大部分诉讼请求。

综上,丽某公司认为由于马某某的原因造成此挡土墙工程质量严重不合格,给丽某公司造成了巨大的经济损失,也给社会留下了一处巨大的安全隐患,丽某公司为了尽快按照市政府的要求拆除重建,希望二审法院在查明事实的基础上,支持丽某公司的诉讼请求。

马某某观点:(一)该工程为包工包料,坍塌部分的石头是可以重复利用的,该部分石头已被丽某公司拿走,鉴定费用只应当包含人工费,不应包含材料费,且该工程的实际施工人为温某某。

(二)坍塌的原因有很多,主要是丽某公司没有对土地进行夯实,没有设计排水沟以及当年香格里拉暴雨的原因。

(三)挡土墙就在马某某家背后,马某某也提出应当对土地进行夯实,但被丽某公司董事长拒绝。还有马某某提出挡土墙高度过高,很危险,但丽某公司认为涉及图纸来自上海,不存在问题。

(四)施工是按照丽某公司的要求进行施工的,对方监理也一直在场,并没有提出任何异议,也进行了竣工验收并支付了工程款。

---

① 对应《民法典》第793条:“建设工程施工合同无效,但是建设工程经验收合格的,可以参照合同关于工程价款的约定折价补偿承包人。建设工程施工合同无效,且建设工程经验收不合格的,按照以下情形处理:(一)修复后的建设工程经验收合格的,发包人可以请求承包人承担修复费用;(二)修复后的建设工程经验收不合格的,承包人无权请求参照合同关于工程价款的约定折价补偿。发包人对因建设工程不合格造成的损失有过错的,应当承担相应的责任。”

法院观点

一审法院观点：丽某公司与马某某共同认可双方签订的《挡土墙施工合同》无效，经审查马某某并不具有建筑施工资质，其与丽某公司签订的《挡土墙施工合同》违反了法律、行政法规强制性规定，故一审法院确认双方签订的《挡土墙施工合同》无效。

马某某在合同签订后将工程交由温某某进行施工，但工程价款丽某公司支付给了马某某，马某某实际收取了全部工程款，现因合同无效，丽某公司要求马某某返还工程款提出诉讼，马某某属本案适格被告，对马某某提出的其并非适格被告的答辩意见，一审法院不予采信。

本案双方争议的焦点是马某某是否应返还丽某公司工程款2776000.00元。

首先，挡土墙工程施工完毕后，双方均未组织验收，双方未提交相关验收的证据。

其次，挡土墙工程完工后发生了垮塌，经鉴定该项工程质量不合格，需进行重建及加固。马某某提出围墙垮塌是因为丽某公司不对回填土进行夯实、不建排水沟及连日暴雨造成的，但未提交证据证明回填土夯实和建排水沟系丽某公司的义务，也无证据证明上述原因导致工程质量不合格，其应承担举证不能的责任。

最后，丽某公司作为发包人，其对承包人的施工资质有审核义务，现工程质量不合格，丽某公司也有过错，其应承担相应的责任。

根据《合同法》（已失效）第58条规定："合同无效或者被撤销后，因该合同取得的财产，应当予以返还；不能返还或者没有必要返还的，应当折价补偿。有过错的一方应当赔偿对方因此所受到的损失，双方均有过错的，应当各自承担相应的责任。[①]"《最高人民法院关于审理建设工程施工合同纠纷案件适用法律问题的解释》（已失效）第3条规定："建设工程施工合同无效，且建设工程经竣工验收不合格的，按照以下情形分别处理：（一）修复后的建设工程经竣工验收合格，发包人请求承包人承担修复费用的，应予支持；（二）修复后的建设工程经竣工验收不合格，承包人请求支付工程价款的，不予支持。

---

① 对应《民法典》第157条。

因建设工程不合格造成的损失，发包人有过错的，也应承担相应的民事责任。[①]”本案的挡土墙工程虽未经验收，但根据鉴定，工程质量不合格，马某某亦不同意进行修复，其应当返还预收的全部工程款，鉴于丽某公司对此也有过错，且建造的挡土墙有一定的利用价值，结合倒塌挡土墙的重建费用和未倒塌挡土墙的加固费用，一审法院酌情认定马某某返还给丽某公司工程款 639066.00 元。

丽某公司已支付两项鉴定的鉴定费共计 65000.00 元，因双方均有过错，一审法院认定双方应各承担一半，马某某应支付给丽某公司鉴定费 32500.00 元。丽某公司要求马某某承担公证送达费的诉讼请求，无法律依据，一审法院不予支持。

依据《合同法》（已失效）第 52 条第 1 款第 5 项[②]、第 58 条[③]，《最高人民法院关于审理建设工程施工合同纠纷案件适用法律问题的解释》（已失效）[④] 第 3 条之规定，判决：一、丽某公司与马某某于 2014 年 8 月 24 日签订的《挡土墙施工合同》无效；二、马某某返还给丽某公司工程款 639066.00 元；三、马某某支付给丽某公司鉴定费 32500.00 元；四、驳回丽某公司的其余诉讼请求。案件受理费 29333.00 元，由丽某公司负担 18817.00 元，由马某某负担 10516.00 元。

二审法院观点：本案的争议焦点是马某某是否应当返还给丽某公司挡土墙工程款 2776000.00 元。本案定案依据为云南某建科建筑工程质量司法鉴定所出具的〔2015〕司检字第 10 号司法鉴定报告及云南鼎某司法鉴定中心（2016）云鼎鉴司字第 883 号司法鉴定意见书，在〔2015〕司检字第 10 号司法鉴定报告中指出：“建议尽快对已破坏的挡土墙进行拆除，并请具有相关资质的设计和施工单位参照国家相关规范对挡土墙进行重新勘察、设计和施工或者局部加固处理。”由此可看出该份鉴定意见书并未认为应当对挡土墙全部进行拆除，存在可加固处理部分，只是对已破坏部分进行拆除。在（2016）云鼎鉴司字第 883 号司法鉴定意见书已经对重建部分和加固部分的费用进行计算，故一审判决认定部分重建、部分加固并无不当。

根据《最高人民法院关于审理建设工程施工合同纠纷案件适用法律问题的

---

① 对应《民法典》第 793 条。

② 对应《民法典》第 153 条第 1 款。

③ 对应《民法典》第 157 条。

④ 对应《民法典》第 793 条。

解释》（已失效）第3条“建设工程施工合同无效，且建设工程竣工验收不合格的，按照以下情形分别处理：（一）修复后的建设工程经竣工验收合格，发包人请求承包人承担修复费用的，应予支持；……因建设工程不合格造成的损失，发包人有过错的，也应承担相应的民事责任①”的规定，一审法院根据上述两份鉴定报告，确认工程质量不合格，判令马某某返还丽某公司639066.00元，该笔款项可作为修复费用，由丽某公司对该挡土墙工程进行重建、修复。丽某公司将工程发包给不具有施工资质的马某某，存在过错，也应当承担相应的民事责任。一审法院酌情认定马某某返还丽某公司639066.00元工程款亦无不当。

关联案例1

案件名称：辽宁某麟生物科技开发有限公司与辽宁某安建设有限公司建设工程施工合同纠纷案

审理法院：一审：辽宁省抚顺市中级人民法院（2014）抚中民一初字第00026号；二审：辽宁省高级人民法院（2016）辽民终649号；再审：最高人民法院（2018）最高法民申1109号

裁判观点：发包人虽在一审中申请对案涉工程综合楼及总控车间进行质量鉴定，但在选定鉴定机构后，发包人拒绝缴纳鉴定费用，由此导致的不利后果发包人应自行承担。另外，发包人在一审时拒不缴纳鉴定费导致鉴定机构退鉴，又于一审庭审结束后提交其他机构所作《鉴定报告》，该《鉴定报告》系其单方委托，已超过举证期限，承包人不予质证，一审法院不予采信并无不当。

关联案例2

案件名称：秦某与摩某公司、某柱公司建设工程施工合同纠纷一案

审理法院：一审：贵州省修文县人民法院（2019）黔0123民初53号；二审：贵州省贵阳市中级人民法院（2020）黔01民终1151号

裁判观点：从本案现有证据来看，虽然摩某公司针对案涉挡土墙工程确实委托相关公司设计出具了两套设计方案，但MU30设计方案系其最终确定并交付、指令秦某据以施工的方案具有更明显的证据优势。因此，一审法院委托的贵州省建筑科学研究检测中心司法鉴定所根据该设计方案及相关工程质量技术规范，并经现场踏勘、取样后

---

① 对应《民法典》第793条。

作出的《司法鉴定意见书》可以作为认定本案工程质量的有效依据。虽然上诉人秦某对该鉴定中的现场取样程序、取样方法等提出质疑，但因其所提异议与鉴定报告记载的取样过程并不一致，且其亦未能提交足以证明鉴定取样方法、取样标准违反相关鉴定规范的证据材料，故其所提质疑并不能推翻该鉴定结论的证明效力。据此，上诉人秦某施工的本案工程确实存在部分不符合设计要求及相关工程质量验收规范的问题。但从本案查明的相关事实来看，上诉人秦某与上诉人摩某公司对于案涉工程出现前述质量问题均存在过错并具有原因力。对于秦某而言，虽然摩某公司于2016年3月28日与其签订《挡土墙修建说明》，但其并未完全按照设计方案确定的标准进行施工，经鉴定其所作工程多处不满足设计要求，其对此存在明显的过错。并且，作为实际施工人，其理应知晓并遵循建筑施工基本的质量规范要求，但其对于摩某公司存在的部分施工指示不明、不当的行为未尽到谨慎、合理的注意和防止义务，亦存在放任的过错。对于摩某公司而言，其在本案中存在较为明显的选任过失，同时其在设计方案提供、部分施工指标确定、指令方面亦存在过错。据此，一审法院依照《最高人民法院关于审理建设工程施工合同纠纷案件适用法律问题的解释》（已失效）第11条："因承包人的过错造成建设工程质量不符合约定，承包人拒绝修理、返工或者改建，发包人请求减少支付工程价款的，应予支持。①"以及第12条："发包人具有下列情形之一，造成建设工程质量缺陷，应当承担过错责任：（一）提供的设计有缺陷；（二）提供或者指定购买的建筑材料、建筑构配件、设备不符合强制性标准；（三）直接指定分包人分包专业工程。承包人有过错的，也应当承担相应的过错责任②"之规定，酌情确定摩某公司仍需支付30%工程价款的做法属于其依法行使自由裁量权的合理范围，法院对此不持异议。

律师点评

本案是一起建设工程施工过程中典型的质量缺陷鉴定案件。丽某公司将工程发包给实际施工人马某某，后因工程质量缺陷，挡土墙倒塌并且砸坏了邻近的房屋，双方为此发生争议。人民法院委托质量鉴定机构作出鉴定意见，明确说明已经破坏的挡土墙应当全部拆除，剩余挡土墙可以做加固处理。最后酌定判决实际施工人返还发包人丽某公司639066.00元。该案既涉及工程质量缺陷造成的后果是拆除还是加固修复的问题，也涉及发承包双方的过错

① 对应《最高人民法院关于审理建设工程施工合同纠纷案件适用法律问题的解释（一）》第12条。

② 对应《最高人民法院关于审理建设工程施工合同纠纷案件适用法律问题的解释（一）》第13条。

问题。为此，本节将对鉴定程序的启动、鉴定报告的证据效力审查，对质量问题成因和责任的确定等相关问题加以讨论。

一、法院如何通过鉴定来确定质量问题？如何对鉴定结论的证据效力予以审查确认

建设工程施工过程中，因工程质量产生争议，非常普遍。因工程质量问题的专业性，所以，要借助于质量鉴定来确定问题是否存在以及问题产生的原因。质量鉴定的内容通常会包括是否存在质量问题、质量问题的原因、质量修复方案及修复费用等方面。质量问题成因及修复方案与修复费用的鉴定涉及不同专业领域，因此，需要不同的鉴定资质，所以，通常需要不同的鉴定机构来完成。在这类案件诉讼中，一般法院要启动两次或三次鉴定：质量问题鉴定、修复方案鉴定、修复费用鉴定。

我国三大诉讼法均规定，证据必须查证属实，才能作为认定事实的依据。鉴定意见属于证据的一种，需要结合全案其他证据作出分析判断，认定案情不能单独依靠技术鉴定。但是，由于作为一种科学证据，鉴定意见是由各领域的专家对专门性的问题作出的分析、鉴别和判断。这种对专门问题的证明力是其他证据不能替代的。因此，鉴定意见被称为“证据之王”，鉴定人被称为“科学的法官”。基于此，有些法官对鉴定意见不作实质性审查判断，直接作为证据采信。有些律师和当事人，也因专业知识的匮乏和对权威的盲从，对鉴定意见缺乏有效的质证。但鉴定意见和其他任何证据一样，存在许多虚假的可能，很多因素包括鉴定人的能力、水平、责任心、职业道德、受外界的干扰、鉴定的程序等，均可能影响鉴定意见的真实性。所以，鉴定意见必须经过充分质证后，才能作为证据使用。

根据《最高人民法院关于民事诉讼证据的若干规定（2019修订）》第36条之规定，审判人员对于鉴定人出具的鉴定书，应当审查是否具有下列内容：（一）委托法院的名称；（二）委托鉴定的内容、要求；（三）鉴定材料；（四）鉴定所依据的原理、方法；（五）对鉴定过程的说明；（六）鉴定意见；（七）承诺书。鉴定书应当由鉴定人签名或者盖章，并附鉴定人的相应资格证明。委托机构鉴定的，鉴定书应当由鉴定机构盖章，并由从事鉴定的人员签名。本条是法院对司法鉴定意见进行审查的法律依据。法院对鉴定意见的审查包括形式审查和实质审查。

由于鉴定意见的专业性和科学性，对于鉴定结论的实质审查往往需要借

助于其他鉴定或者专家证人，所以，审查难度较大。而形式审查，相对比较容易，所以也是法院审查的重点。建设工程质量鉴定形式审查重点在于鉴定机构和鉴定人的资质。建设工程质量鉴定涉及多个专业，包括房屋建筑的整体质量和使用年限鉴定、各类危房建筑等级鉴定、建筑材料质量鉴定、建筑地基基础、主体结构、屋面防水和其他土建工程质量鉴定、建筑电气管线、上下水管及设备的安装工程以及供热、供冷系统工程等项目集合和单元质量鉴定、建筑附属设施和与其配套的线路、管道、设备的安装质量鉴定、建筑工程室内环境质量鉴定、建筑物抗震装置质量鉴定、建筑门窗、幕墙工程质量鉴定、建筑钢结构工程质量鉴定、建筑工程质量事故鉴定（包括事故原因、事故等级的鉴定）以及其他与建筑工程质量相关的专门性问题的鉴定。

《全国人民代表大会常务委员会关于司法鉴定管理问题的决定》第2条第1款规定："国家对从事下列司法鉴定业务的鉴定人和鉴定机构实行登记管理制度：（一）法医类鉴定；（二）物证类鉴定；（三）声像资料鉴定；（四）根据诉讼需要由国务院司法行政部门商最高人民法院、最高人民检察院确定的其他应当对鉴定人和鉴定机构实行登记管理的鉴定事项。"根据此条规定，人民法院在对外委托司法鉴定的实践中，通常会建立一个三类外的司法鉴定机构名册，不仅会从司法行政部门登记入册的司法鉴定机构中进行选择，也会选择一些专业的建筑工程质量检测机构进入名册。也就是说实际上有两类机构在从事建筑工程质量司法鉴定工作，一类是司法行政部门颁发司法鉴定许可证的机构；一类是虽未取得司法鉴定许可证，但在人民法院登记入册的专业建筑工程质量检测机构。根据《全国人民代表大会常务委员会关于司法鉴定管理问题的决定》第5条的规定："法人或其他组织申请司法鉴定业务的，应当具备下列条件：（一）有明确业务范围；（二）有在业务范围内进行司法鉴定所必需的仪器和设备；（三）有在业务范围内所必需的依法通过计量认证或者实验室认可的检测实验室；（四）每项司法鉴定业务有3名以上司法鉴定人。"同时根据《计量法》第22条规定："为社会提供公证数据的产品质量检验机构，必须经省级以上人民政府计量行政部门对其计量检定、测试的能力和可靠性考核合格。"《检验检测机构资质认定管理办法》第3条规定："检验检测机构从事下列活动，应当取得资质认定：（一）为司法机关作出的裁决出具具有证明作用的数据、结果的；……（三）为仲裁机构作出的仲裁决定出具具有证明作用的数据、结果的；……"因此，不论是哪类建筑工程质量司法鉴定机构，至少要通过省级技术监督局的计量认证才可以从事司法鉴定。

本案质量鉴定的主要争议是，挡土墙应当全部拆除还是部分加固。鉴定机构给出的鉴定结论是“挡土墙施工质量较差，不满足设计与规范要求。建议尽快对已破坏的挡土墙进行拆除，并请具有相关资质的设计和施工单位参照国家相关规范对挡土墙进行重新勘察、设计和施工或者局部加固处理”。实践中，很难认为挡土墙质量存在部分已经坍塌而另一部分质量合格的状况，这与常识并不相符合，丽某公司认为整个工程的质量都不合格，应当全部拆除重建；而法院最后则认定，该鉴定报告并未认为挡土墙需要全部拆除，还存在可加固处理的部分。当然，这和丽某公司提出的质量鉴定申请事项存在很大关系。如果丽某公司提出的请求是“请求对系争工程的整体质量是否合格”，则很有可能鉴定机构会给出截然不同的鉴定结论，从而支持丽某公司的相关诉求。因此，在申请鉴定时，业主一方需慎重考虑质量鉴定的请求事项。本案的第二个鉴定是在第一个质量鉴定的基础上，作出的已经倒塌的挡土墙的费用鉴定和未倒塌挡土墙的加固费用鉴定。法院最终没有支持业主要求返还全部已经支付的工程款的诉请，而是判决实际施工人马某某返还了已经倒塌部分的费用和加固费用的总和。

关联案例1中，由于发包人在申请鉴定后未及时缴纳鉴定费，且其庭后提交的鉴定报告系发包人单方委托所作，并已超过举证期限，因此，最高人民法院认定，一审法院未予采纳该鉴定报告并无不当，也并未剥夺发包人鉴定权利。

二、法院如何根据鉴定意见对建设单位、设计单位、监理单位、施工单位各方的责任进行划分和认定

《最高人民法院关于审理建设工程施工合同纠纷案件适用法律问题的解释（一）》第13条第1款规定：“发包人具有下列情形之一，造成建设工程质量缺陷，应当承担过错责任：（一）提供的设计有缺陷；（二）提供或者指定购买的建筑材料、建筑构配件、设备不符合强制性标准；（三）直接指定分包人分包专业工程。”

建设工程出现质量问题，其原因是多方面的。包括设计原因、施工原因、使用不当，也包括物理原因、生物原因和意外灾害。从工程质量案件当事人的过错责任来看，有的案件只有一方责任人；有的则属于当事人负有混合过错责任，要按过错大小来分担。就混合过错来看，有的是建设单位和施工单

位有混合过错，有的是施工单位和设计单位有混合过错。法院如何根据鉴定结论划分责任呢？

本案工程质量经鉴定不合格，而对于质量不合格的原因，本案的发承包双方均有过错。《建筑法》第13条规定："从事建筑活动的建筑施工企业……取得相应等级的资质证书后，方可在其资质等级许可的范围内从事建筑活动。"也即法律禁止个人承揽工程业务。本案丽某公司明知实际施工人马某某是自然人，不是建筑施工企业，不具有相应的资质证书，不得承揽工程，却将工程发包给其施工。因此丽某公司具有一定的过错。人民法院根据《民法典》第793条"……因建设工程不合格造成的损失，发包人有过错的，也应承担相应的民事责任"的规定，判决发包人承担相应的责任。最后酌定实际施工人马某某返还了倒塌部分的工程款和加固部分的费用。

关联案例2是典型的因施工方原因造成质量问题的案件。该案中的鉴定结论为："原告实施的挡土墙工程不符合工程质量验收标准，而其实施的分层碾压工程中压实度（压实系数）大于90%的仅有6.67%。"法院认为秦某作为实际施工人，理应知晓并遵循建筑施工基本的质量规范要求，但其对于摩某公司存在的部分施工指示不明、不当的行为未尽到谨慎、合理的注意和防止义务，亦存在放任的过错。而对于摩某公司而言，其在本案中存在较为明显的选任过失，同时其在设计方案提供、部分施工指标确定、指令方面亦存在过错。法院依照《最高人民法院关于审理建设工程施工合同纠纷案件适用法律问题的解释（一）》的第12条和第13条要求发包人和承包人分别承担相应的过错责任。

关联案例2中涉及的另一个重要问题是，质量鉴定的结论是工程质量不合格，但当事人在合同中约定的质量标准就是不合格的或者低于国家标准的情况，法院如何划分责任？通常情况下，施工方质量不合格，责任应由施工方来承担。根据法律规定，施工方对于不合格工程无权主张工程款。但是，对于合同签订当时，双方自愿约定低于国家标准的质量标准，且不损害国家、集体和第三人利益的，这种约定是有效的，建设单位不得以工程质量不合格为由拒付工程款，对于质量不合格的责任，也应由双方共同承担。

9.8 法院如何采纳专业鉴定机构出具的修复加固方案①

——嘉某门窗公司与某世隆公司建设工程施工合同纠纷一案②

关 键 词： 工程质量鉴定　不合格　修复加固　折价赔偿

问题提出： 当工程质量鉴定为不合格，由专业的鉴定机构作出了一份修复加固方案，法院是否应采纳该方案？

裁判要旨： 因双方对鉴定单位出具的以修复方案为依据的修复费用的鉴定结论均不认可。导致修复费用无法确定，另考虑案涉工程交付使用至鉴定时已近两年，某世隆公司亦认可己方对部分工程存在自行维修行为，故法院将结合鉴定意见，综合考虑上述因素对于修复费用进行酌情认定，不采纳修复加固方案。

案情简介

上诉人（原审被告、反诉原告）：某世隆公司

上诉人（原审原告、反诉被告）：嘉某门窗公司

某世隆公司（发包方）与嘉某门窗公司（承包方）签订《××山庄翻改建项目一期施工合同》（未注明日期），约定：一、工程概况：××山庄翻改建项目一期；二、开工日期：2014年8月30日（具体以现场具备进场施工条件及发包人的开工令为准），竣工日期2014年11月30日（暂定）……七、工期延误：因为嘉某门窗公司原因造成工期延误，则由嘉某门窗公司承担延期交工的一切责任，每延期交工一日，向某世隆公司支付合同总价千分之五的延期交工违约金；八、工程质量及验收标准：本合同承包范围内的施工项目必须达到国家规定的质量验收合格标准；执行《GB/T8478－2008》国家验收规范；十二、嘉某门窗公司责任：5. 严格按国家现行标准、施工规范和施工图施工的要求施工，确保工程质量，如嘉某门窗公司达不到国家装修标准，

---

① 撰稿人：朱树英、杜怡，上海市建纬律师事务所。

② 一审：北京市门头沟区人民法院（2019）京0109民初188号；二审：北京市第一中级人民法院（2021）京01民终2106号。

严重不符合图纸要求，达不到国家规范要求，造成严重的损失后果，则某世隆公司有权要求嘉某门窗公司无偿进行返工；十五、工程维修：本工程质保期为两年，两年内因嘉某门窗公司原因造成的质量问题由嘉某门窗公司免费维修；综合报价表：门窗工程投标总价3675642元；点式玻璃雨棚、轻钢结构雨棚、格栅、玻璃栏板投标总价2230000元。合同还约定了其他事项，后双方签订《补充协议》（未注明日期）。后嘉某门窗公司进行了施工。2015年9月28日，案涉工程移交建设单位北京某图科工贸集团，进入保修期。

根据双方约定，双方应于2016年4月20日结算，但某世隆公司故意推脱，经嘉某门窗公司将《结算书》多次送达某世隆公司，某世隆公司均未答复。嘉某门窗公司于2016年7月25日分别向某世隆公司及监理单位邮寄了《结算书》，二单位于2016年7月26日收到后至今亦未答复。之后某世隆公司未按约定支付工程款，尚欠工程款共计1393643.53元及质保金未支付，故嘉某门窗公司诉至法院。

审理中，某世隆公司申请对案涉工程进行工程质量及成因鉴定，一审法院依法委托某建筑工程研究院建设工程质量司法鉴定中心（以下简称建研院司鉴中心）进行了鉴定。2017年7月10日，建研院司鉴中心出具〔2017〕建鉴字第41号《司法鉴定意见书》，结论为：6.1门窗系统：（1）该工程门窗水密性能不符合原被告双方图纸的设计要求。（2）该工程门窗节点施工做法既不符合原被告双方图纸的设计要求，也不符合国家相关标准规范的规定。（3）该工程门窗框部分副框存在锈蚀现象，部分窗框下存在塞填木楔垫块的情况。（4）除样板间外，该工程所有窗户排水孔均未设置孔盖。（5）综合分析，造成门窗框部位渗漏水的原因为施工中门窗框与副框之间缝隙存在未嵌填缝材料现象，或填嵌的填缝材料不饱满，门窗框边缝隙大，雨水沿缝隙流进或渗透室内；部分窗框下塞填木楔垫块、无密封胶密封或密封胶开裂破损的情况，形成渗水通道，造成渗漏水。6.2雨篷系统：（1）所有南侧开敞阳台雨篷玻璃面板与钢架之间均铺垫木块，部分雨篷与外墙结合连接部位无密封处理，不符合原被告双方图纸的设计要求。（2）南侧开敞阳台雨篷排水坡度不正确，玻璃面板均存在积水现象，檐口位置有返水现象；雨篷局部密封胶开裂、脱落，淋水试验有渗漏现象。（3）南侧开敞阳台雨篷部分玻璃面板存在破碎现象。6.3玻璃栏板系统……6.4钢结构格栅系统（1）钢结构格栅存在色差。（2）钢结构格栅系统均存在一定程度锈蚀现象，不符合相关标准规范规定。（3）钢结构格栅的安装，不符合原被告双方图纸设计要求。后一审法院向建研院司鉴中心发函询问现场门窗副框锈蚀等情况的产生原因等问题，2017年7月31日，建研院司鉴中心出具《鉴定说明函》。之后2017年10月16日，鉴定人出庭，鉴定人针对嘉某门窗公司的各项异议当庭陈述。

在审理过程中，某世隆公司申请就案涉工程的修复方案及修复工程造价进行鉴定。法院依法委托中某投鉴定所对案涉工程进行了修复方案的鉴定、委托博某公司对案涉工程进行了修复工程造价的鉴定。中某投鉴定所依据法院的委托，依据2017年7月10日，建研院司鉴中心出具〔2017〕建鉴字第41号《司法鉴定意见书》的鉴定意见进行了现场勘查，于2019年10月12日出具了××ETC司法鉴定所〔2019〕SF检字第030号《修复方案鉴定意见书》。修复方案为：（1）门窗系统：修复方案A：将门窗洞口周边一定范围内的外墙装饰面层剔除至保温层（拆除范围距离门框洞口边缘20～30厘米），填充副框和墙体的缝隙、副框与主框之间的缝隙，打密封胶，按照原建筑竣工图的具体要求恢复建筑装饰面层；修复方案B：不需要剔除墙体装饰面层，将原有密封胶剔除，将填充材料清理后按要求填充主框和副框之间的缝隙。缝隙填充的施工要求同修复方案A。（2）雨篷系统：修复方法：第一种连接方式与设计图不一致，但经分析这种连接方式也可满足目前正常使用功能的要求，可不进行整改处理。第二种连接方式存在雨水渗透无法外排造成钢管腐蚀的问题，应进行处理。处理方案为：格栅底部间隔之间增加铝盖板，铝盖板四周打密封胶，保证雨水无法渗漏进入。其中铝盖板表面处理应满足原建筑竣工图设计说明（一）第10.1.8条的要求。总修复费用价格确定金额为：1244603.57元。

一审判决：一、某世隆公司于本判决生效之日起七日内支付嘉某门窗公司工程款金额共计1105852.49元，并以其中工程款312448.96元为基数，按照中国人民银行发布的同期同类贷款利率支付嘉某门窗公司自2015年8月20日起至实际付清之日止的利息，同时以其中工程款793403.53元为基数，按照中国人民银行发布的同期同类贷款利率支付嘉某门窗公司自2015年9月28日起至实际付清之日止的利息；二、驳回嘉某门窗公司的其他诉讼请求；三、驳回某世隆公司反诉请求。

二审判决：一、撤销北京市门头沟区人民法院（2019）京0109民初188号民事判决第二项、第三项；二、变更北京市门头沟区人民法院（2019）京

0109 民初 188 号民事判决第一项为：某世隆公司于本判决生效之日起七日内支付嘉某门窗公司工程款金额共计 1105852. 49 元；三、嘉某门窗公司于本判决生效之日起七日内支付某世隆公司工程修复费用（扣除质保金）606754. 66 元。

各方观点

某世隆公司观点：修复方案的鉴定报告的修复方案过于简单，而导致很多细节没有表述出来，影响了造价。对于修复造价的鉴定报告不完全认可。

嘉某门窗公司观点：嘉某门窗公司对上述两份鉴定意见书的结论均不认可。对于修复方案的鉴定报告的质证意见认为：（一）鉴定意见书所依据的证据未经质证。（二）案涉施工质量是否存在问题与嘉某门窗公司的施工无关，关于门窗节点，观点同前，案涉工程已交付某世隆公司使用一年，即使存在质量问题，也不能排除保管不善，人为破坏的可能。（三）嘉某门窗公司依法不承担任何责任。（四）鉴定意见的效力小于三方验收时的质检单位的效力。对于修复费用的鉴定报告的质证意见是：（一）修复造价鉴定报告依据错误。（二）案涉工程质量是否存在问题与嘉某门窗公司施工无关。（三）嘉某门窗公司依法不承担任何责任。（四）鉴定意见的效力小于三方验收时的质检单位的效力。

法院观点

一审法院观点：对某世隆公司所提返修费用共计 5858219. 44 元的反诉请求，因双方对鉴定单位出具的以修复方案为依据的修复费用的鉴定结论均不认可。导致修复费用无法确定，故对某世隆公司的该项反诉请求，证据不足，法院不予支持。

某世隆公司在对案涉工程进行工程质量鉴定前，委托其他单位对工程项目进行过维修，故，出现在建研院司鉴中心出具〔2017〕建鉴字第 41 号《司法鉴定意见书》中的工程质量问题是否完全归责于嘉某门窗公司，本案不予评判。且某世隆公司委托其他单位对案涉工程项目进行过维修的行为应视为对工程交付后的使用行为。故，建研院司鉴中心出具〔2017〕建鉴字第 41 号《司法鉴定意见书》、中某投鉴定所 × × ETC 司法鉴定所〔2019〕SF 检字第 030 号《修复方案鉴定意见书》、博某公司作出的京诚博产司价鉴字〔2019〕

014 号《修复工程造价司法鉴定报告》不足以支撑某世隆公司的反诉请求。

二审法院观点：建设工程已经竣工验收合格，但发包人已实际使用，工程存在的质量问题一般应属于工程质量保修的范围，发包人以此为由要求拒付或减付工程款的，对其质量抗辩不予支持，发包人反诉或另行起诉要求承包人承担保修责任或者赔偿修复费用等实际损失的，按建设工程保修的相关规定处理。

嘉某门窗公司主张案涉工程已经竣工验收合格并实际交付使用，故不存在质量问题，即便存在亦与其无关。但竣工验收证明不能与客观存在的质量问题形成有效对抗，施工人不能仅以工程竣工验收合格为由拒绝修复，且根据双方在二审中的陈述，嘉某门窗公司亦认可案涉工程的竣工验收手续存在瑕疵。在此情形之下，依据案涉工程质量鉴定意见，一审法院已经明确认定嘉某门窗公司施工行为存在质量问题，但对于某世隆公司修复费用的主张全部驳回显然是错误的。但法院考虑案涉工程交付使用至鉴定时已近两年，某世隆公司亦认可己方对部分工程存在自行维修行为，故法院将结合鉴定意见，综合考虑上述因素对于修复费用进行酌情认定。在嘉某门窗公司承担相应修复费用后，应视为其已经履行了保修责任，故某世隆公司亦应当支付剩余质保金，考虑到双方均未对一审判决第一项提起上诉，为一次性解决双方争议，法院将质保金在修复费用中予以直接扣除。

关联案例 1

案件名称：某矿公司与某长江公司建设工程施工合同纠纷案

审理法院：一审：淮安经济技术开发区人民法院（2017）苏 0891 民初 2595 号；二审：江苏省淮安市中级人民法院（2019）苏 08 民终 226 号

裁判观点：关于案涉工程渗漏水质量问题，在保修期内即已发生，保修期届满后仍未处理好，作为施工单位应继续履行其维修义务。但鉴于鉴定机构作出的修复方案相当于拆除重做，其拆除和重做费用数额巨大，且某长江国际家居广场已有较多业主经营多年，如按鉴定机构作出的修复方案进行拆除重做，还将造成其他不可估量的损失，由此势必导致双方利益严重失衡。而针对渗漏水质量问题，除了拆除重做以外，某长江公司尚有其他救济途径，综合本案实际情况，法院对某长江公司的诉讼请求难以支持。某长江公司就案涉渗漏水质量问题可另行向某矿公司主张承担其他责任。考虑到本案中某矿公司本应承担维修责任，仅是从利益衡量角度出发，由某矿公司承担其他责任方式更为妥当，故本案的诉讼费用及鉴定费用仍应由某矿公司承担。

关联案例 2

案件名称： 姜加某与某谊公司建设工程施工合同纠纷案

审理法院： 一审：江苏省阜宁县人民法院（2017）苏 0923 民初 440 号；二审：江苏省××市中级人民法院（2018）苏 09 民终 1750 号

裁判观点： 一审法院认为，结合东某建设工程安全鉴定有限公司作出的工程质量及修复方案司法鉴定报告以及书面答复姜加某质询的司法鉴定工作联系函，可以确认案涉综合楼、生产厂房、配电房均存在屋面渗漏水、墙面粉刷层脱落、墙裂缝等质量问题，不符合设计要求，影响房屋的正常使用与观感，其主要原因是姜加某未按建筑规范和设计图纸施工。在建设工程施工合同法律关系中，保证工程的施工质量、承担保修义务是承包人的主要合同义务，承包人应对建设工程的质量负责，发包人亦有权对因承包人的原因致使建设工程存在质量问题要求承包人承担责任。

二审法院认为，经一审法院委托东某建设工程安全鉴定有限公司对案涉工程质量问题及修复方案进行了鉴定，江苏某正工程造价咨询有限公司根据修复方案，经鉴定，认为修复费用为 1307966.57 元。其中大面积涂料重新装修刷新的费用 135033.66 元经双方协商由某谊公司承担。对于剩余的 1172932.91 元，法院酌情确定由姜加某承担 70% 的修复费用，即 821053.04 元，理由如下：第一，因某谊公司拖延竣工验收，案涉工程于 2014 年 12 月 30 日视为竣工验收合格。姜加某应在质量保修期内对工程质量承担保修责任。现经查明，姜加某 2015 年 4 月 1 日、2016 年 4 月 7 日两次提起的诉讼过程中，某谊公司均以工程存在质量问题提起反诉，应认定为某谊公司已经就质量问题在质保期内提出了异议。在本案诉讼过程中，某谊公司亦就工程质量问题提起反诉。姜加某认为某谊公司使用已经达 6 年之久，超出质保期限，不应承担保修责任的理由不能成立。第二，本案一审质量鉴定现场勘查时间是 2017 年 3 月，除防水工程外，已经超过了质量保修期间，故现场勘查情况与质保期内的情况并不完全一致。某谊公司在 2015 年即提出工程有质量问题，因姜加某并不具备建设工程施工资质，故姜加某并不能承担修复义务，某谊公司在此情况下应及时进行维修，就修复的费用可以要求姜加某承担。而某谊公司未及时进行修复，存在放任损失扩大的行为。第三，因某谊公司在工程交付使用后未及时组织竣工验收，视为案涉工程已经通过竣工验收。工程竣工验收后，对于承包人未按设计图纸施工的部分，发包人无权要求承包人按照设计图纸重新施工，仅能要求按实结算工程价款，以及在工程发生质量问题后要求承包人承担质量保修责任。东某建设工程安全鉴定有限公司所作出的修复方案存在部分明显不当之处。比如，综合楼的屋面防水虽存在未按图纸设计要求施工的情形，但目前尚未出现漏水等质量问题，鉴定机构要求全部拆除并按照设计图纸的要求重新施工，该维修方案存在过度维修的情形；又如，综合楼的铝合金窗户，虽未达到规范要求的厚度，但是目前并未产生损坏等质量问题，姜加某亦自认扣减厚度未达标的工程价款 11533.6 元，鉴定机构要求全部拆除并按规范要求进行更换，该维修方案亦属不当。

关联案例3

案件名称：水电公司、建某公司建设工程施工合同纠纷案

审理法院：一审：四川省凉山彝族自治州中级人民法院（2014）川凉中民初字第235号；二审：四川省高级人民法院（2017）川民终77号

裁判观点：一审法院委托某建设工程质量事故鉴定中心对建某分公司承包施工的××电站工程质量进行了工程质量鉴定，该中心于2015年12月21日出具鉴定报告，鉴定意见为：1. 引水洞测量检测结论。（1）引水洞开挖轴线多处不同程度偏离设计轴线，最大偏差达21.91米；（2）大部分隧洞开挖底板高程与设计高程相差不大，普遍在0.1～0.35米范围内，但局部地段相差较大。2. 引水洞断面检测结论。隧道设计总长10123.58米，断面检测实测长度合计6471.189米，合计布置检测断面311个，实测开挖总面积1613.7424平方米，实测超挖总面积246.7723平方米，实测欠挖总面积188.3327平方米，实测开挖总方量33303.643立方米，实测超挖总方量5198.379立方米，实测欠挖总方量3856.52立方米。（隧道设计总长10123.58米，断面检测实测长度合计6471.189米，合计布置检测断面311个，实测开挖总面积1613.7424平方米，实测超挖总面积253.3318平方米，实测欠挖总面积200.5720平方米，实测开挖总方量33302.6430立方米，实测超挖总方量5403.5160立方米，实测欠挖总方量3918.3100立方米）3. 2#洞下游280米及7#洞全长135米洞前池鉴定结论。2#洞下游280米由于围岩非常破碎，未采取及时有效的初期支护，该段洞室发生持续不断的围岩变形，并导致拱部上方围岩松动、掉落，局部地段发生坍塌；7#洞全长135米洞前池段左边墙衬砌厚度在43.7～67.4厘米，右边墙衬砌厚度在40.8～62.7厘米，局部不满足设计要求，钢筋平均间距约为283毫米/根。4. 混凝土强度检测结论。厂区行车梁混凝土强度满足设计C25的要求，球阀沉底板、左侧上下游护坡、护坦、泄洪冲沙闸底板、沉沙池底板、溢流坝左侧坝岸混凝土抗压强度均不满足设计要求。由于该鉴定意见反映出施工质量未满足设计要求，从而证明案涉工程存在施工质量问题，故一审法院对该鉴定意见予以确认。

在此基础上，一审法院委托四川某能工程咨询有限公司对电站工程施工质量问题制定了整改方案，并委托中某房地产评估造价集团有限公司对××电站因施工质量不合格而导致工程整改所需费用进行了造价鉴定。四川某能工程咨询有限公司于2016年2月出具《××电站工程施工质量整改方案》，其中对隧洞超挖欠挖的修复，根据是否采用《××－技施－02－02》压力前池结构图（2/4）分别制定了两种方案：对超挖部分建议采用C20混凝土回填；对欠挖部分建议将现有临时支护拆除并开挖至原设计断面后重新进行支护和衬砌；对球阀层底板、左侧上下游护坡、护坦、泄洪冲沙闸底板、沉沙池底板、溢流坝左侧坝岸建议拆除重建。此外，在对2#洞下游280米和7#洞全段135米出现质量问题的原因及存在安全隐患等情况进行综合分析的基础上，提出报废改建的意见。该修复方案具有科学性和合理性，应予采信。

律师点评

本案是质量缺陷工程通过鉴定确定修复加固方案而修复加固方案不被法院最后采纳的案例。嘉某门窗公司诉某世隆公司，要求支付尚欠的工程款共计1393643.53元以及未支付的质保金。法院依法委托建研院司鉴中心进行了鉴定。鉴定结论为：该工程存在门窗水密性能不符合原被告双方图纸的设计要求、门窗节点施工做法既不符合原被告双方图纸的设计要求，也不符合国家相关标准规范的规定；门窗框部分副框存在锈蚀现象；钢结构格栅系统均存在一定程度锈蚀现象，不符合相关标准规范规定等众多质量问题。之后法院依法委托中某投鉴定所对案涉工程进行了修复方案的鉴定、委托博某公司对案涉工程进行了修复工程造价的鉴定。中某投鉴定所于2019年10月12日出具了××ETC司法鉴定所〔2019〕SF检字第030号《修复方案鉴定意见书》。修复方案为：（1）门窗系统：将门窗洞口周边一定范围内的外墙装饰面层剔除至保温层，填充副框和墙体的缝隙、副框与主框之间的缝隙，打密封胶，按照原建筑竣工图的具体要求恢复建筑装饰面层；或不需要剔除墙体装饰面层，将原有密封胶剔除，将填充材料清理后按要求填充主框和副框之间的缝隙。缝隙填充的施工要求同修复方案A。（2）雨篷系统：格栅底部间隔之间增加铝盖板，铝盖板四周打密封胶，保证雨水无法渗漏进入。总修复费用价格确定金额为：1244603.57元。

双方当事人对修复方案和修复方案鉴定书均有异议，最后，法院考虑案涉工程交付使用至鉴定时已近两年，某世隆公司亦认可己方对部分工程存在自行维修行为，故结合鉴定意见，综合考虑上述因素对于修复费用进行酌情认定。在嘉某门窗公司承担相应修复费用后，应视为其已经履行了保修责任，故维修方案不予采纳。

而在关联案例1中，鉴于鉴定机构作出的修复方案相当于拆除重做，其拆除和重做费用数额巨大，且某长江公司已有较多业主经营多年，如按鉴定机构作出的修复方案进行拆除重做，还将造成其他不可估量的损失，由此势必导致双方利益严重失衡，故对该院出具的维修方案不予采纳。

由此可见建设工程质量纠纷案件中，修复、加固方案是否合理，经常是当事人争议的焦点问题，因其专业性强，也是司法实践中的难点。法院对于修复加固方案的审查一般会重点考虑方案本身的科学性、经济上的合理性、操作上的可行性等因素。

一、法院对鉴定部门出具的修复加固方案审查哪些要素

1. 修复整改方案是否符合缺陷整改的性质。

缺陷整改是《民法典》上的合同履行瑕疵的一种补救行为，因此缺陷整改应当是对已完工程的辅助性的、部分的修补。

本案中，中某投鉴定所的修复方案为：（1）门窗系统：修复方案A：将门窗洞口周边一定范围内的外墙装饰面层剔除至保温层（拆除范围距离门框洞口边缘20～30厘米），填充副框和墙体的缝隙、副框与主框之间的缝隙，打密封胶，按照原建筑竣工图的具体要求恢复建筑装饰面层；修复方案B：将原有密封胶剔除，将填充材料清理后按要求填充主框和副框之间的缝隙。缝隙填充的施工要求同修复方案A。（2）雨篷系统：格栅底部间隔之间增加铝盖板，铝盖板四周打密封胶，保证雨水无法渗漏进入。修复方案一方面不够详细，另一方面也需要进行一些拆除、剔除墙体装饰面层行为。另外考虑案涉工程交付使用至鉴定时已近两年，修复方案的必要性和辅助性也大打折扣。

而在关联案例1中，修复方案的非辅助性更为明显，某长江公司已有较多业主经营多年，现在鉴定机构作出的修复方案相当于要将某长江国际家居广场拆除重做，其拆除和重做费用数额巨大，势必导致双方利益严重失衡。

2. 修复加固方案是否符合质量缺陷整改的目的。

质量缺陷整改是为了使工程质量达到合同约定的要求，但是，合同的约定不能违反国家强制性的安全规程和技术规范。可见，质量缺陷整改的目标有两个：一个是国家强制性标准；一个是合同约定。因此，若违反了国家强制性标准，即使满足合同约定也不能进行缺陷整改。只有在符合国家强制性标准、保证工程安全性能的情况下，才应考虑实现合同约定。即工程的质量缺陷整改不能以违反国家有关建筑工程质量和安全的强制性标准来教条地满足合同约定。

若实践中存在的质量缺陷问题并不涉及建筑物的安全性问题，属于可改可不改的非原则性问题，若采用鉴定机构给出的修改方案可能会面临比质量缺陷更为严重的安全隐患问题，那么修复加固方案可以说是完全背离了质量缺陷整改的目的。

3. 修复加固方案是否具有必要性、科学性和可行性。

必要性、科学性和可行性是修复加固方案应具有的基本属性，也是法院及当事人的最基本的要求。不具备必要性、科学性和可行性的修复加固方案就没有任何价值。本案中的修复加固方案不具有必要性，案涉工程交付使用至鉴定时已近两年，某世隆公司亦认可己方对部分工程存在自行维修行为，与其履行鉴定机构的修复方案，不如由嘉某门窗公司承担相应修复费用，视为其已经履行了保修责任。而关联案例2中的东某建设工程安全鉴定有限公司所作出的修复方案存在部分明显不当之处。比如，综合楼的屋面防水虽存在未按图纸设计要求施工的情形，但目前尚未出现漏水等质量问题，鉴定机构要求全部拆除并按照设计图纸的要求重新施工，该维修方案存在过度维修的情形；又如，综合楼的铝合金窗户，虽未达到规范要求的厚度，但是目前并未产生损坏等质量问题，姜加某亦自认扣减厚度未达标的工程价款11533.6元，鉴定机构要求全部拆除并按规范要求进行更换，显然并不必要也不科学。

与本章主案例、关联案例1和关联案例2恰恰相反的，则是关联案例3，四川某能工程咨询有限公司于2016年2月出具《××电站工程施工质量整改方案》，其中对隧洞超挖欠挖的修复，根据是否采用《××－技施－02－02》压力前池结构图（2/4）分别制定了两种方案：对超挖部分建议采用C20混凝土回填；对欠挖部分建议将现有临时支护拆除并开挖至原设计断面后重新进行支护和衬砌；对球阀层底板、左侧上下游护坡、护坦、泄洪冲沙闸底板、沉沙池底板、溢流坝左侧坝岸建议拆除重建。此外，在对2#洞下游280米和7#洞全段135米出现质量问题的原因及存在安全隐患等情况进行综合分析的基础上，提出报废改建的意见。该修复方案具有科学性和合理性，应予采信。

二、法院判决不采纳修复加固方案合情、合理并且合法

根据我国《民法典》第577条的规定："当事人一方不履行合同义务或者履行合同义务不符合约定的，应当承担继续履行、采取补救措施或者赔偿损失等违约责任。"和《民法典》第578条的规定："当事人一方明确表示或者以自己的行为表明不履行合同义务的，对方可以在履行期限届满前请求其承担违约责任。"和《民法典》第579条的规定："当事人一方未支付价款、报酬、租金、利息，或者不履行其他金钱债务的，对方可以请求其支付。"以及《民法典》第583条的规定："当事人一方不履行合同义务或者履行合同义务不符合约定的，在履行义务或者采取补救措施后，对方还有其他损失的，应当赔偿损失。"质量缺陷即属于"履行合同义务不符合约定"的情形，责任方应采取补救措施或者在无法补救或补救成本太高时赔偿损失。修复加固方案只是众多补救措施方式中的一种，其作为鉴定结论而言，本质是证据。根据《民事诉讼法（2017修订）》第64条的规定，证据必须查证属实，才能作为认定事实的根据，这就决定了鉴定结论并不必然是法律事实。因此，即使受法院委托的鉴定机构作出的鉴定结论也必须是经过原、被告质证，经法庭查证属实才能被法院采纳。

法院的判决中没有认定修复加固方案正是对《民事诉讼法》和《最高人民法院关于民事诉讼证据的若干规定》的正确理解和执行。根据上述相关规定，鉴定结论仅仅是证据形式的一种，并不享有当然的或者优先的证明力，其证明力的有无及大小必须经过法院的审查认定，只有经过法院认定后的鉴定结论才能作为有效证据和判案依据。在关联案例1和关联案例2的情形下，法院的裁定与判决，无论在案件的审判过程中，或是案件的执行过程中，对于不合理及无可行性的修复方案是完全可以不作为判案及执行的依据的。也就是说，法院对其委托的司法鉴定结论可以采信也可以不采信。

9.9 法院如何通过鉴定认定保修期内工程质量缺陷及责任承担①

——某建公司、防腐公司和某兴地产公司建设工程分包合同纠纷案②

关 键 词： 质量鉴定　保修期　质量缺陷　责任承担

问题提出： 法院如何通过鉴定确认保修期内质量缺陷以及责任承担？

裁判要旨： 在竣工验收后的工程保修期内，建设单位若主张工程质量缺陷的责任由施工单位承担，对此应承担举证责任。法院通过质量鉴定来最终认定工程质量缺陷是否存在以及各方的责任。

案情简介

上诉人（原审原告）：某建公司

① 撰稿人：朱树英、顾婧，上海市建纬律师事务所。

② 一审：北京市西城区人民法院（2018）京0102民初18848号；二审：北京市第二中级人民法院（2020）京02民终5197号。

上诉人（原审被告）：防腐公司

原审第三人：某兴地产公司

2005 年 9 月 18 日，建某集团与某兴地产公司签订《建设工程施工合同》（以下简称施工合同），约定由建某集团承建某兴地产公司发包的北京市××二期危改小区公建 A－6 号楼工程，工程内容：商业建筑，建筑面积为 22061.63 平方米，地上六层，地下三层，开工日期为 2005 年 9 月 25 日，竣工日期为 2006 年 8 月 15 日。2007 年 5 月 10 日，建某集团和某兴地产公司签订《××时尚名店室内装饰装修工程施工总承包合同》（以下简称装修合同），约定承包范围：设计图纸范围以内的装修工程。

建某集团承包上述工程后，将施工合同中的防水工程分包给了某建公司，某建公司称其与建某集团未签订书面合同。某建公司为劳务公司，没有防水工程的施工资质。2006 年 3 月 10 日，许安某及鲁某某代表某建公司（发包方，甲方），张国某代表防腐公司（承包方，乙方）签订《防水工程施工合同协议条款》，约定：甲方将 A－6 号楼工程中的地下室、生活水池及泵房、卫生间及屋面防水工程转包给乙方施工，施工期限为 2006 年 6 月 10 日至 2006 年 12 月 31 日，合同价款约 30 万元；本工程在防水质量方面，免费保修三年，屋面防水免费保修五年，同时每年的 3～4 月进行质量跟踪服务，发生的费用由防腐公司自理，某建公司支持配合本工程预留合同总价款 10% 作为保修金，待保修期满后 30 日内支付给防腐公司。

2010 年 12 月 14 日，某兴地产公司向法院提起诉讼，要求建某集团赔偿因工程质量造成的损失及延误工期的违约金、材料差价款等。该案审理中，法院委托北京市建筑工程研究院建设工程质量司法鉴定中心对某兴商厦地下一、二、三层南侧主体墙以及某兴商厦（万某珠宝城）地下一层、地上二层至六层卫生间质量进行司法鉴定并出具修复方案，北京市建筑工程研究院建设工程同质量司法鉴定中心于 2013 年 7 月 9 日出具《司法鉴定意见书》，记载：1. 该工程地下一层④轴东侧墙面高度 500 毫米内有渗水痕迹，墙面潮湿；地下二层 A×④轴东侧墙体有渗水现象，排水槽内有 30 毫米深积水；地下三层 A×④～⑥区域南侧墙体下部隔墙有潮湿发霉痕迹。根据地下一层至地下三层平面图中标示，南侧外墙 A×④～⑤处为通向 A7 地块停车场通道，而现场勘验该出口已封闭成外墙。分析造成渗漏主要原因是通道口防水密封存在缺陷，同时与室外污水井积水也可能有一定关系。2. 该工程地下一层至地下三层南侧主体墙均有不同程度渗漏情况，不符合《地下室工程防水技术规范》（GB50108－2001）第3.2.1条中“防水等级为一级，等级标准为不允许渗水，结构表面无湿渍”的规定。3. 现场对地上二层至六层卫生间地面进行闭水试验，五层卫生间顶板管根部位、四层男卫生间顶板管根部位、四层女卫生间顶板管根部位、三层卫生间顶板管根部位、二层女卫生间顶板管根部位、一层顶板管根部位存在渗水现象；五层卫生间顶板局部存在渗漏水现象；三层男卫生间未封堵排水管处、三层女卫生间未封堵排水管处、二层女卫生间未封堵排水管处存在渗漏水现象。4. 该工程地上二层至六层卫生间根管处、管道未封闭处及地面局部存在渗漏现象，不符合中华人民共和国国家标准《建筑地面工程施工质量验收规范》（GB50209－2002）第4.9.8条“有防水要求的建筑地面工程的立管、套管、地漏处严禁渗漏、地漏处严禁渗漏积水”、第4.10.10条“防水隔离层严禁渗漏、坡向正确、排水通畅”的相关规定。鉴定意见为：某兴商厦即北京市××二期危改小区公建A－6号楼的地下一层至地下三层南侧主体墙均有不同程度的渗漏情况，不符合中华人民共和国国家标准《地下室工程防水技术规范》（GB50108－2001）第3.2.1条中“防水等级为一级，等级标准为不允许渗水，结构表面无湿渍”的规定，该地下室外墙防水存在缺陷；该工程地上二层至六层卫生间管根处、管道未封闭处及地面局部存在渗漏水现象，不符合中华人民共和国国家标准《建筑地面工程施工质量验收规范》（GB50209－2002）第4.9.8条“有防水要求的建筑地面工程的立管、套管、地漏处严禁渗漏、地漏处严禁渗漏积水”、第4.10.10条“防水隔离层严禁渗漏、坡向正确、排水通畅”的相关规定。

2014年6月23日，北京市西城区人民法院作出（2011）西民初字第00212号判决书（已生效），判决建某集团赔偿某兴地产公司工程质量损失费425150.77元，建某集团承担案件受理费7677元、工程质量鉴定费100000元及修复造价鉴定费48000元。建某集团赔偿上述欠款及利息损失40000元后，要求原告承担上述损失，原告已经于2015年4月20日赔偿建某集团全部损失620827.77元。

现某建公司以防腐公司承包施工的防水工程存在施工质量给其造成损失为由，诉至法院。防腐公司主张案涉工程的施工合同和装修合同均为建某集团承包，该公司承包施工合同中的防水工程后，又进行了二次装修。由于双方当事人均表示对建某集团进行二次装修的范围不了解，为查明此事实，防腐公司申请追加某兴地产公司和建某集团作为第三人参加诉讼，某兴地产公司和建某集团参加诉讼后，均表示无法提供施工合同及装修合同的相关资料。

审理中，某建公司申请对工程质量鉴定意见书中涉及的漏水问题形成原因进行鉴定。经过双方当事人协商确定，法院委托国家建筑工程质量监督检验中心司法鉴定所进行上述鉴定工作，但因某兴商厦在案涉施工工程和装修工程完工后，已经进行过多次升级改造，某兴商厦的现状已经不是案涉工程完工后的状态，某建公司申请鉴定的项目已不具备鉴定条件，鉴定机构因此退回了该次鉴定。

一审法院判决：一、自判决生效之日起十日内，防腐公司赔偿某建公司工程质量损失149675元、案件受理费损失2703元、质量鉴定费损失35205元及修复造价鉴定费损失16898元。二、驳回某建公司其他诉讼请求。

二审法院判决：一、撤销北京市西城区人民法院（2018）京0102民初18848号民事判决；二、本判决生效之日起十日内，防腐公司赔偿某建公司工程质量损失99618元、案件受理费损失1786元、质量鉴定费损失23000元及修复造价鉴定费损失1104元；三、驳回某建公司其他诉讼请求。

各方观点

某建公司观点：（一）主张双方合同约定地下室外墙需要做防水，该笔录中提到的图纸不是本案争议的位置，同时，工程质量鉴定意见书中提到通道口防水密闭存在缺陷，防腐公司理应对此承担责任；（二）通道口封堵的防水属于防腐公司的施工范围内，竣工图与竣工实际情况不一定相符，而且，依据合同作出的修复方案造价鉴定中对地下通道口处防水做了造价，可反推通道口防水在合同范围内。

防腐公司观点：（一）主张案涉工程的施工合同和装修合同均为建某集团承包，该公司承包施工合同中的防水工程后，建某集团又进行了二次装修，而在某兴地产公司与建某集团的诉讼中，双方因工程防水质量问题产生纠纷后，鉴定机构对防水质量问题虽进行了鉴定，但未鉴定工程质量问题的形成原因。建某集团在该公司防水验收合格后进行二次装修，可能会对其施工的防水工程造成破坏，因此，对于漏水质量问题该公司不应承担责任。（二）封堵系建某集团施工，并称：《司法鉴定意见书》中写明“根据建筑竣工图中地下一层至地下三层平面图中标示，南侧外墙A×④~⑤处为通向A7地块停车场通道，而现场勘验该出口已封闭成外墙”，而工程竣工图反映了竣工状态，根据鉴定意见描述可知，竣工时南侧外墙 A×④～⑤处为通道，因此封堵通道系工程竣工后实施，与其无关。

法院观点

一审法院观点：关于赔偿损失的范围及责任承担问题，根据本案查明的事实可知，建某集团自某兴地产公司先后承包了 A－6 号楼的土建施工工程和室内装修工程，在防腐公司完成防水施工后，建某集团对 A－6 号楼进行了室内装修，而对于二次装修的范围，各方当事人均表示无法确定，某建公司提交的装修合同对此部分内容未进行明确约定，在此情况下，建某集团二次装修的明确范围无法查清。但根据某建公司提交的技术交底记录、《司法鉴定意见书》和防腐公司提交的（2011）西民初字第 00212 号案件 2014 年 1 月 24 日的开庭笔录节选，及某兴地产公司关于地下连廊通道口封堵的有关陈述意见可以确认，建某集团在卫生间地面铺砖和地下连廊通道口封堵时实施的施工内容与工程质量鉴定意见书中确定的漏水部位存在关联。该关联表现为：（一）工程质量鉴定意见书中涉及的卫生间漏水部位为“五层卫生间顶板管根部位、四层男卫生间顶板管根部位、四层女卫生间顶板管根部位、三层卫生间顶板管根部位、二层女卫生间顶板管根部位、一层顶板管根部位存在渗水现象；五层卫生间顶板局部存在渗漏水现象；三层男卫生间未封堵排水管处、三层女卫生间未封堵排水管处、二层女卫生间未封堵排水管处存在渗漏水现象”，与技术交底记录注意事项中提示的“厕、浴间地面穿楼板的上、下水等各种管道做完后，洞口应堵塞密实，并加有套管，验收合格后再作防水层，管口部位与防水层结合要严密”高度相关，因此，卫生间的漏水问题应与建某集团的地砖铺施工之间存在明显关联。我们同时也注意到，质量鉴定意见书中也提及了“五层卫生间顶板局部存在渗漏水现象”，因此，防腐公司对于五层卫生间顶板局部存在漏水的质量问题应当承担相应责任。（二）《司法鉴定意见书》中涉及地下室漏水位置及成因分析：“1. 该工程地下一层④轴东侧墙面高度 500 毫米内有渗水痕迹，墙面潮湿；地下二层 A×④轴东侧墙体有渗水现象，地下三层 A×④～⑥区域南侧墙体下部隔墙有潮湿发霉痕迹。根据地下一层至地下三层平面图中标示，南侧外墙 A×④～⑤处为通向 A7 地块停车场通道，而现场勘验该出口已封闭成外墙。分析造成渗漏主要原因是通道口防水密封存在缺陷，同时与室外污水井积水也可能有一定关系。2. 该工程地下一层至地下三层南侧主体墙均有不同程度渗漏情况。”根据上述鉴定意见可以认定地下一层至地下三层南侧主体墙渗漏的主要原因应为防腐公司防水施工缺陷所致，但建某集团对通道口防水密封的施工缺陷和室外污水井的积水也对该墙体的渗漏存在影响。综上所述，法院认为，对于地上二层至六层卫生间的渗漏修复损失应由防腐公司承担 10% 的责任；对于地下一至三层南侧主体墙的渗漏修复损失由防腐公司承担 70% 的责任。

某建公司在不具备防水施工资质的情况下从建某集团处承包防水工程，之后又将该防水工程转包给防腐公司。某建公司对于案涉防水施工合同的无效应承担主要责任。由于该工程存在多次分包与转包，防腐公司未能及时获知防水工程质量存在问题，丧失了采取补救措施的机会。对于因工程质量有缺陷而产生的扩大损失，某建公司存在过错。在防腐公司未能获知工程质量存在问题，也未能采取补救措施的情况下，某建公司对建某集团赔偿损失的要求未进行抗辩，该损失全部由防腐公司承担有失公平。因此，对于法院认定的属于防腐公司工程质量问题造成的损失由防腐公司承担责任，对于后期扩大的损失，某建公司存在过错，法院根据双方合同履行情况、当事人的过错程度综合考量，酌情确定由防腐公司承担 70% 的责任，某建公司承担 30% 的责任。

二审法院观点：（一）防腐公司应当分担地上二层至六层卫生间修复费用。此部分损失的负担理由和责任比例，法院认可一审法院的认定。

（二）防腐公司应分担地下一至三层南侧主体墙修复费用。根据双方二审补充的意见，均为对现有证据的分析，但均无法提供充分证据佐证己方观点。《司法鉴定意见书》也只是说明了主要原因，未完全排除存在防水工程质量问题。在现有证据状态下，为避免当事人诉累，法院酌定某建公司应承担质量损失的 70% 责任。一审法院酌定责任比例有误，法院纠正。

（三）某建公司无需分担合同无效损失。建设工程施工合同无效，一方当事人请求对方赔偿损失的，应当就对方过错、损失大小、过错与损失之间的因果关系承担举证责任。损失大小无法确定，一方当事人请求参照合同约定的质量标准、建设工期、工程价款支付时间等内容确定损失大小的，人民法院可以结合双方过错程度、过错与损失之间的因果关系等因素作出裁判。其所指损失应指因合同无效给当事人造成的损失，即损失必须与合同无效有直接因果关系。而本案工程质量问题系施工造成，与合同无效并无因果关系，因此漏水质量问题损失，不应因合同无效而再进行分担。防腐公司赔偿的数额应按照前述认定比例分担，案件受理费、质量鉴定费、修复造价鉴定费也应相应分担。

关联案例1

案件名称：华某公司、昆某公司建设工程施工合同纠纷案①

审理法院：一审：新疆维吾尔自治区高级人民法院生产建设兵团分院（2016）兵民初5号民事判决；二审：最高人民法院（2021）最高法民终304号

裁判观点：法院认为案涉部分工程存在质量问题，未达到合同约定标准及要求，双方当事人的来往函件亦证实工程存在质量缺陷。华某公司主张冲渣池立柱不均匀沉降、地坪下沉、墙体抹灰层开裂、屋面防水保护层开裂等部分工程质量问题非其施工行为导致，系昆某公司变更原施工设计、强行要求冬季施工和赶工期等原因造成，但未能提交证据予以证明，故法院不予采信。经鉴定人鉴定并核算，华某公司施工的工程地基基础工程和主体结构以及屋面防水存在工程质量问题，需要维修的费用为4943211.28元，华某公司应当承担。

关联案例2

案件名称：秦某与摩某公司、新某公司建设工程施工合同纠纷一案

审理法院：一审：贵州省修文县人民法院（2019）黔0123民初53号；二审：贵州省贵阳市中级人民法院（2020）黔01民终1151号

裁判观点：从本案现有证据来看，虽然摩某公司针对案涉挡土墙工程确实委托相关公司设计出具了两套设计方案，但MU30设计方案系其最终确定并交付、指令秦某据以施工的方案具有更明显的证据优势。因此，一审法院委托的贵州省建筑科学研究检测中心司法鉴定所根据该设计方案及相关工程质量技术规范，并经现场踏勘、取样后作出的《司法鉴定意见书》可以作为认定本案工程质量的有效依据。虽然上诉人秦某对该鉴定中的现场取样程序、取样方法等提出质疑，但因其所提异议与鉴定报告记载的取样过程并不一致，且其亦未能提交足以证明鉴定取样方法、取样标准违反相关鉴定规范的证据材料，故其所提质疑并不能推翻该鉴定结论的证明效力。据此，上诉人秦某施工的本案工程确实存在部分不符合设计要求及相关工程质量验收规范的问题。但从本案查明的相关事实来看，上诉人秦某与上诉人摩某公司对于

① 载中国裁判文书网，https：//wenshu.court.gov.cn/website/wenshu/181107ANFZ0BXSK4/index.html? docId=98100a8957534a9f8b84adf900cbba5d，最后访问时间：2022年3月18日。

案涉工程出现前述质量问题均存在过错并具有原因力。对于秦某而言，虽然摩某公司于2016年3月28日与其签订《挡土墙修建说明》，但其并未完全按照设计方案确定的标准进行施工，经鉴定其所作工程多处不满足设计要求，其对此存在明显的过错。并且，作为实际施工人，其理应知晓并遵循建筑施工基本的质量规范要求，但其对于摩某公司存在的部分施工指示不明、不当的行为未尽到谨慎、合理的注意和防止义务，亦存在放任的过错。对于摩某公司而言，其在本案中存在较为明显的选任过失，同时其在设计方案提供、部分施工指标确定、指令方面亦存在过错。据此，一审法院依照《最高人民法院关于审理建设工程施工合同纠纷案件适用法律问题的解释》（已失效）第11条："因承包人的过错造成建设工程质量不符合约定，承包人拒绝修理、返工或者改建，发包人请求减少支付工程价款的，应予支持。①"以及第12条："发包人具有下列情形之一，造成建设工程质量缺陷，应当承担过错责任：（一）提供的设计有缺陷；（二）提供或者指定购买的建筑材料、建筑构配件、设备不符合强制性标准；（三）直接指定分包人分包专业工程。承包人有过错的，也应当承担相应的过错责任②"之规定，酌情确定摩某公司仍需支付30%工程价款的做法属于其依法行使自由裁量权的合理范围，法院对此不持异议。

律师点评

本案属于一起就保修期内的工程质量进行鉴定的诉讼案件。建设工程保修期内出现的质量缺陷具有一定的复杂性，此时建设单位、施工单位、监理单位、设计单位等各方已对工程质量进行了竣工验收，工程也已经交由建设单位接收使用，故在保修期内出现的质量缺陷的成因可能会涉及多个方面。在诉讼过程中，建设单位与施工单位往往会就质量缺陷的责任产生争议，法院在审理这类案件时会通过质量鉴定来区分各方应当承担的责任。本书从以下几方面对本案的法律问题进行分析和点评：

一、对保修期内质量缺陷鉴定的程序要求

（一）鉴定申请的主体

鉴于保修期内质量缺陷的复杂性，在诉讼中启动质量鉴定成为划分各方责任的主要方法。《民事诉讼法》第76条规定："当事人可以就查明事实的专门性问题向人民法院申请鉴定。当事人申请鉴定的，由双方当事人协商确定具备资格的鉴定人；协商不成的，由人民法院指定。当事人未申请鉴定，人

① 对应《最高人民法院关于审理建设工程施工合同纠纷案件适用法律问题的解释（一）》第12条。
② 对应《最高人民法院关于审理建设工程施工合同纠纷案件适用法律问题的解释（一）》第13条。

民法院对专门性问题认为需要鉴定的，应当委托具备资格的鉴定人进行鉴定。”《最高人民法院关于民事诉讼证据的若干规定》（2019 年修订）第 31 条规定：“当事人申请鉴定，应当在人民法院指定期间内提出，并预交鉴定费用。逾期不提出申请或者不预交鉴定费用的，视为放弃申请。对需要鉴定的待证事实负有举证责任的当事人，在人民法院指定期间内无正当理由不提出鉴定申请或者不预交鉴定费用，或者拒不提供相关材料，致使待证事实无法查明的，应当承担举证不能的法律后果。”

工程质量问题是工程领域专门性问题，法官需要借助于司法鉴定来确认是否存在质量问题及责任的承担。所以，司法鉴定是工程质量案件的关键环节。那么，由谁申请呢？在保修期内质量缺陷鉴定中，由于工程已经竣工验收，承包人会以验收合格为由对发包人提出的质量问题进行抗辩。发包人提出初步证据证明质量缺陷时，如果承包人反驳的，发包人就要提出质量缺陷鉴定申请。因此，司法实践中，质量缺陷鉴定的申请一般都是由发包人提出。在本案中，由某建公司申请对工程质量鉴定意见书中涉及的漏水问题形成原因进行鉴定，而一审法院明确在作出判决前，当事人未能提供证据或者证据不足以证明其事实主张的，由负有举证证明责任的当事人承担不利的后果。法院对举证责任的分配符合“谁主张谁举证”的举证规则，是正确的。

（二）鉴定申请的内容

鉴定的目的是证明自己的主张或免除自己责任，给法院裁判提供依据。因此，鉴定结论必须完整明确。但鉴定机构是根据委托人的要求出具鉴定报告的，鉴定不能超越申请的要求和范围。当事人在提出质量缺陷鉴定申请时，不能只是简单类似“要求鉴定单位对某工程质量问题进行鉴定”的一句话，而要将申请的事项和要求写明确。鉴定请求不明确不具体，可能导致鉴定意见含混不清，从而影响法官裁判。所以，当事人在提出质量缺陷鉴定时，一般要包含以下内容：1. 是否存在质量缺陷；2. 质量缺陷的程度，是否达到设计要求、是否影响使用功能、是否存在结构安全；3. 质量缺陷的成因；4. 质量缺陷存在的范围、分布情况；5. 质量缺陷能否修复、修复方案；6. 修复费用的鉴定。

本案中，发包人申请法院委托鉴定机构对双方争议的案涉工程质量问题进行鉴定，申请的内容包括：对某兴商厦地下一、二、三层南侧主体墙以及某兴商厦地下一层、地上二层至六层卫生间、洗手间防水工程质量进行司法鉴定，并出具修复方案。

鉴定机构接受委托后，出具的鉴定结论为：1. 该工程地下一层④轴东侧墙面高度500毫米内有渗水痕迹，墙面潮湿；地下二层A×④轴东侧墙体有渗水现象，排水槽内有30毫米深积水；地下三层A×④～⑥区域南侧墙体下部隔墙有潮湿发霉痕迹。根据地下一层至地下三层平面图中标示，南侧外墙A×④～⑤处为通向A7地块停车场通道，而现场勘验该出口已封闭成外墙。分析造成渗漏主要原因是通道口防水密封存在缺陷，同时与室外污水井积水也可能有一定关系。2. 该工程地下一层至地下三层南侧主体墙均有不同程度渗漏情况，不符合《地下室工程防水技术规范》（GB50108－2001）第3.2.1条中“防水等级为一级，等级标准为不允许渗水，结构表面无湿渍”的规定。3. 现场对地上二层至六层卫生间地面进行闭水试验，五层卫生间顶板管根部位、四层男卫生间顶板管根部位、四层女卫生间顶板管根部位、三层卫生间顶板管根部位、二层女卫生间顶板管根部位、一层顶板管根部位存在渗水现象；五层卫生间顶板局部存在渗漏水现象；三层男卫生间未封堵排水管处、三层女卫生间未封堵排水管处、二层女卫生间未封堵排水管处存在渗漏水现象。4. 该工程地上二层至六层卫生间根管处、管道未封闭处及地面局部存在渗漏现象，不符合中华人民共和国国家标准《建筑地面工程施工质量验收规范》（GB50209－2002）第4.9.8条“有防水要求的建筑地面工程的立管、套管、地漏处严禁渗漏，、地漏处严禁渗漏水”、第4.10.10条“防水隔离层严禁渗漏、坡向正确、排水通畅”的相关规定。

鉴定意见为：某兴商厦即北京市××二期危改小区公建A－6号楼的地下一层至地下三层南侧主体墙均有不同程度的渗漏情况，不符合中华人民共和国国家标准《地下室工程防水技术规范》（GB50108－2001）第3.2.1条中“防水等级为一级，等级标准为不允许渗水，结构表面无湿渍”的规定，该地下室外墙防水存在缺陷；该工程地上二层至六层卫生间管根处、管道未封闭处及地面局部存在渗漏水现象，不符合中华人民共和国国家标准《建筑地面工程施工质量验收规范》（GB50209－2002）第4.9.8条“有防水要求的建筑地面工程的立管、套管、地漏处严禁渗漏，、地漏处严禁渗漏积水”、第4.10.10条“防水隔离层严禁渗漏、坡向正确、排水通畅”的相关规定。

关联案例1中法院委托鉴定机构对双方争议的案涉工程质量问题进行鉴定，申请的内容包括：（1）门窗变形爆裂；（2）下水管爆裂堵塞；（3）上下楼梯以及房前、房内走廊栏杆的不锈钢生锈；（4）房间渗水；（5）卷闸门坏烂、不符合图纸设计要求（0.4毫米厚度擅自变更为0.3毫米）；（6）自来水管爆裂。对以上项目的质量问题及成因（排除新的公司的不正当使用）进行检查、鉴定，并提出（属于保修期内的工程）处理意见。

鉴定报告结论：1. 部分木门门扇表面的水曲柳面板局部存在开裂、翘起、脱离及破损等情况。其产生的主要原因是该部分木门门扇局部未烘干，含水率偏高，在材料发生胀缩、变形时导致门扇出现开裂、翘起及脱离。其次是使用者日常生活中的脚踢、敲打及撬门等原因，致使木门局部出现开裂、脱离及破损的情况，故使用不当也是其中原因之一。2. 部分污管存在爆裂、排水管和排污管的管道接口处及检查口存在渗漏水以及部分室外排水管曾出现堵塞的情况，其主要原因是施工不符合设计图纸及国家有关施工质量验收规范的要求。另外使用者将带有剩菜饭等垃圾的废水排入排水管亦对排水管堵塞有一定影响。3. 部分房间卫生间沉箱底混凝土板与排污管结合处以及部分伸缩缝存在渗漏水，主要原因是施工时对该部分节点的防水未处理好。4. 局部梯间屋面的混凝土板存在裂缝渗水情况，目前裂缝尚不影响构件的承载能力，但对构件的耐久性和使用性有一定的影响，应对其进行修复处理。5. 现场检查时，部分卷闸门存在开关不灵活、局部变形和破损的情况，一个原因是部分卷闸门的安装质量问题，另一个原因是构件生锈。经查阅设计图纸未发现图纸有对卷闸门材料厚度为0.4毫米的要求，从新的公司提供的《工程报价》中的工业员工生活村（二栋）“分部分项工程量清单”的第48项的项目内容有注明“镀锌卷闸门0.4厚制作安装”。6. 室内外给水管接口处局部存在渗漏水，其主要原因是施工过程中给水管的接口不密封造成的。

通过上述鉴定申请和鉴定结论能够看出：当事人申请鉴定的内容不是笼统地要求鉴定系统是否存在质量问题，而是将问题具体到各个单项，表述得很具体很明确，鉴定意见也相应的比较具体。但是，鉴定申请没有要求鉴定质量缺陷的成因，鉴定结论中对于质量缺陷的原因没有表述或表述不清。这样的结果使当事人对鉴定结论发生重大争议，互相推卸责任，法院无法裁判。因此，法院要求鉴定单位对质量缺陷成因进行答复，鉴定单位在答复中对质量缺陷的原因予以明确，才使鉴定结论变得完整和明确。可见，鉴定申请是否具体明确，会对办案效率有重大影响，也关系到案件成败得失，务必十分重视。

(三) 鉴定人的资质

《最高人民法院关于民事诉讼证据的若干规定》第40条第1款规定:“当事人申请重新鉴定,存在下列情形之一的,人民法院应当准许:(一)鉴定人不具备相应资格的;(二)鉴定程序严重违法的;(三)鉴定意见明显依据不足的;(四)鉴定意见不能作为证据使用的其他情形。”可见,鉴定人的资质问题不仅影响到鉴定意见的质量,也关系到鉴定意见的法律效力。同时,这也是当事人反驳鉴定意见的重要理由。所以,对于鉴定人的选择要十分慎重。目前我国对于工程质量鉴定没有统一的鉴定机构,一般法院会委托三类机构进行鉴定:一类是工程质量监督机构,如深圳市信息工程质量监督检验总站、汕头市工程质量监督站等;一类是工程质量检测部门;还有就是社会上的质量鉴定中介机构,如本案中的北京市建筑工程研究院建设工程同质量司法鉴定中心。在质量鉴定中,质量缺陷鉴定和修复方案鉴定与修复费用鉴定需要不同的资质,因此,一般需要分别委托不同的鉴定单位鉴定。

二、建设工程保修期内的保修义务和缺陷责任承担

(一) 保修期内承包人的保修义务和缺陷责任承担主体

在建设工程合同中,承包人的主要义务就是完成合同约定的施工任务,向发包人交付合格的工程,工程质量担保义务在于承包人。一般而言,建设单位与施工单位签订的施工合同会就保修期内施工单位的保修责任以及质量缺陷责任划分进行专门的约定。同时,双方还会签署《建筑工程质量保修书》,具体约定质量保修期内保修的实施。《建设工程质量管理条例》(2019年修订)第39条第1款规定:“建设工程实行质量保修制度。”第41条规定:“建设工程在保修范围和保修期限内发生质量问题的,施工单位应当履行保修义务,并对造成的损失承担赔偿责任。”可见,建设工程在保修期内无论质量缺陷的原因为何,施工单位都有义务就缺陷部分进行维修。

但对于修复费用的承担责任,则要根据质量缺陷的成因来界定。《最高人民法院关于审理建设工程施工合同纠纷案件适用法律问题的解释(一)》第13条规定:“发包人具有下列情形之一,造成建设工程质量缺陷,应当承担过错责任:(一)提供的设计有缺陷;(二)提供或者指定购买的建筑材料、建筑构配件、设备不符合强制性标准;(三)直接指定分包人分包专业工程。承包人有过错的,也应当承担相应的过错责任。”

2017版《建设工程施工合同(示范文本)》第15.4.2修复费用的约定,

保修期内，修复的费用按照以下约定处理：

1. 保修期内，因承包人原因造成工程的缺陷、损坏，承包人应负责修复，并承担修复的费用以及因工程的缺陷、损坏造成的人身伤害和财产损失。

2. 保修期内，因发包人使用不当造成工程的缺陷、损坏，可以委托承包人修复，但发包人应承担修复的费用，并支付承包人合理利润。

3. 因其他原因造成工程的缺陷、损坏，可以委托承包人修复，发包人应承担修复的费用，并支付承包人合理的利润，因工程的缺陷、损坏造成的人身伤害和财产损失由责任方承担。

本案中，法院根据鉴定机构的鉴定结论、鉴定机构对当事人异议的答复及相关证据，区别施工原因、使用原因和其他原因造成的质量缺陷来界定责任承担的主体，符合法律的规定。一审法院认定责任承担分配为：防腐公司承担70%的责任，某建公司承担30%的责任。主要是由于该工程存在多次分包与转包，防腐公司未能及时获知防水工程质量存在问题，丧失了采取补救措施的机会。对于因工程质量有缺陷而产生的扩大损失，某建公司存在过错。在防腐公司未能获知工程质量存在问题，也未能采取补救措施的情况下，某建公司对建某集团赔偿损失的要求未进行抗辩，该损失全部由防腐公司承担有失公平。因此，对于法院认定的属于防腐公司工程质量问题造成的损失由防腐公司承担责任，对于后期扩大的损失，某建公司存在过错，法院根据双方合同履行情况、当事人的过错程度综合考量，酌情确定由防腐公司承担70%的责任，某建公司承担30%的责任。

二审法院则认为：防腐公司应当分担地上二层至六层卫生间修复费用。此部分损失的负担理由和责任比例，法院认可一审法院的认定。另防腐公司应分担地下一层至三层南侧主体墙修复费用。根据双方二审补充的意见，均为对现有证据的分析，但均无法提供充分证据佐证己方观点。《鉴定意见书》也只是说明了主要原因，未完全排除存在防水工程质量问题。在现有证据状态下，为避免当事人诉累，法院酌定某建公司应承担质量损失的70%责任。一审法院酌定责任比例有误，予以纠正。

而在关联案例2中，鉴定结论为：“原告实施的挡土墙工程不符合工程质量验收标准，而其实施的分层碾压工程中压实度（压实系数）大于90%的仅有6.67%。”法院认为秦某作为实际施工人，理应知晓并遵循建筑施工基本的质量规范要求，但其对于摩某公司存在的部分施工指示不明、不当的行为未尽到谨慎、合理的注意和防止义务，亦存在放任的过错。而对于摩某公司而言，其在本案中存在较为明显的选任过失，同时其在设计方案提供、部分施工指标确定、指令方面亦存在过错。法院依照《最高人民法院关于审理建设工程施工合同纠纷案件适用法律问题的解释（一）》的第12条和第13条要求发包人和承包人分别承担相应的过错责任。

（二）鉴定单位无法鉴定质量缺陷的成因时的责任承担

另一个重要法律问题是，如果通过鉴定无法确定质量缺陷原因时，既不能认定为承包人的原因，也不能认定为发包人的原因，在此种情况下如何确定责任承担主体呢？对此问题，司法实践中观点不一。有些法院依据公平原则来分配责任。

而有些法院则认为，履行施工义务，并向发包人交付合格的工程，是承包人的法定义务。承包人是质量担保义务的主体，一旦当事人因工程质量问题发生诉讼，发包人提供证据证明存在质量缺陷，承包人否认的，必须提供相应的反驳证据证明该质量问题系由其他原因所造成，否则一般应由承包人承担相应的违约责任。

以上是当事人对质量缺陷责任承担没有约定的情况。需要特别说明的是当事人有约定的，只要约定不违反法律的规定，法院会按照当事人的约定确定责任承担。例如，当事人在补充条款中约定，“施工单位仅对施工单位施工质量原因引起的质量问题承担保修责任”，这里施工方将承担质量缺陷责任的原因仅限定在由于施工原因引起的质量缺陷，这就排除了发包方的原因、勘察、设计、监理及第三方原因等各种施工原因之外的一切可能引起质量缺陷的因素。如果没有这样的约定，在原因不明的情况下，承包方很可能承担全部责任。

而在鉴定申请中，发包方也可以通过排除法来缩小责任的承担。对于发包人而言，不仅应当提出缺陷鉴定，还要提出质量问题成因不是发包人使用不当造成的，即排除使用不当的原因。这样鉴定单位成因鉴定重点落在排除使用不当上，这对发包人是很有利的。

综上所述，工程保修期内的质量缺陷鉴定涉及的法律问题和专业问题都较复杂，建议当事人充分理解法律规定，在合同条款设计和鉴定申请中掌握一定的技巧，全方位保护自己的合法权益。

9.10 法院对工期鉴定如何认定①

——金某公司与某局公司建设工程施工合同纠纷案②

关 键 词： 合同工期　定额工期　工期延误　工期顺延

问题提出： 合同约定工期短于鉴定定额工期，工期约定的效力如何认定？

关联问题： 导致工期顺延的事由有哪些，法院如何认定？

裁判要旨： 当事人明确约定工期的，法院认定工期约定有效，不认定工期鉴定得出的定额工期。

案情简介

再审申请人（原审被告、反诉原告、二审上诉人）：某局公司

被申请人（原审原告、反诉被告、二审上诉人）：金某公司

作为建设方金某公司对位于南宁市的××·凤凰城小区二期工程（其中主体工程为12#、14#、15#、16#、17#五栋）项目未经公开招投标，而直接与某局公司进行议标，并于2009年10月10日，金某公司与某局公司签订《建设工程施工合同》[合同编号：（2009）443]，约定：（甲方）金某公司将其位于南宁市××区××西区的××·凤凰城小区二期工程（其中主体工程为12#、14#、15#、16#、17#五栋）发包给（乙方）某局公司承建。合同工期约定：开工日期暂定2009年11月15日，以甲方工地代表，总监理工程师签发的开工指令为实际开工之日，竣工日期暂定为2011年6月17日，合同总工期不超过580日历天。合同价款约定：工程总价款暂定140633025.50元，工程结算按甲方、乙方及监理单位确认的施工竣工图（含签证、变更）计量，按本合同专用条款第二十三条约定计算的工程价下浮13%（除养老保险费、规费、文明施工费、安全施工费、环境保护费、税金

① 撰稿人：朱树英、刘霖，上海市建纬律师事务所。

② 一审：南宁市中级人民法院（2014）南市民一初字第2号；二审：广西壮族自治区高级人民法院（2016）桂民终272号；再审：最高人民法院（2018）最高法民再163号。

不下浮外)，作为本工程最终结算价。铝合金门窗工程由乙方总包，甲方指定分包单位，给予乙方该部分造价的5%配合费（不包含分包单位施工的水电费)。质保金约定：工程质量保修金在工程竣工验收合格之日起满二年后，乙方可书面向甲方提出申请，返还预留质量保修金余额的50%；满三年可再申请再返保修金余额30%；满四年申请返还保修金余额的10%；满五年可返还剩余保修金额的全部。甲方接到乙方返还保修金的书面申请后，于14个工作日内会同乙方按合同约定的内容进行核实，如无异议，甲方应当在核实后14个工作日内将该返还的保修金返还给乙方，工程质量保修金不计利息等内容。

2009年11月18日，经金某公司、某局公司、城建咨询三方审批同意，金某公司签发开工令，并由某局公司进场施工。后经勘察单位、设计单位、施工单位、监理单位、建设单位五方查验，分别于2012年1月13日对12#、17#进行竣工验收；于2012年1月17日对15#、16#进行竣工验收；于2012年3月2日对14#进行竣工验收；于2012年3月31日对地下室进行竣工验收，整体工程竣工验收备案日期为2012年9月12日。工程竣工后，某局公司向金某公司提交了竣工结算报告及结算资料。2013年3月11日，金某公司出具《××凤凰城二期工程造价结算审核结果函》，审定工程造价为147904385.92元（不含铁艺栏杆、铝合金门窗、入户门、防火门分项工程造价)，加上铁艺栏杆工程造价1373019.69元，铝合金门窗造价7850383.32元，总计金额为157127788.93元。在庭审中，双方确认某局公司所完成工程量的工程总价款为157127788.93元。双方对金某公司已经支付的工程款为多少的问题存在争议。金某公司认为其已经支付133792056.19元，某局公司仅认可收到工程款133492359.1元。其中某局公司不予认可金某公司已支付工程款包括：2011年6月8日，分包商未按时完成铝合金第二批次窗框安装进度自愿支付违约金5000元；2013年5月7日，电梯前室瓷砖出现小瑕疵罚款10000元；2012年1月17日，某局公司项目经理刘小某签字未确认的7995元；2012年6月21日，某局公司铁艺栏杆质保金41190.59元；2012年7月6日，某局公司铝合金质保金235511.50元，上述款项共计299697.09元。

2014年4月28日，某局公司向一审法院提交《司法鉴定申请书》，申请：1. 依照《全国统一建筑安装工程工期定额》等规定对本案工程所需的定额工期进行鉴定；2. 对本案工程应顺延的工期天数进行鉴定。2014年10月23日，一审法院出具（2014）南市司鉴字第37号《评估委托书》，委托北京永某工程咨询对某局公司申请事项进行鉴定。2015年4月7日，北京永某工程咨询公司出具《工期鉴定意见书》，鉴定意见为："1. 合理工期为1182天，实际施工工期为790天；2. 合理顺延确认工期为48.5天，无法确认的顺延工期事项已在'鉴定过程'中说明。"

2014年5月9日，金某公司称位于南宁市××号××·凤凰城二期16号1单元、2单元二层以上公共空间墙面抛光砖空鼓、开裂甚至掉落，于是自行委托广西壮族自治区南宁市某博公证处对位于南宁市××号××·凤凰城二期16号的公共空间墙面办理保全证据公证。该公证处于2014年6月11日出具《公证书》。

一审法院判决：一、驳回金某公司所有的诉讼请求；二、金某公司支付某局公司工程款22677663.1元；三、金某公司支付某局公司工程款的利息（计算方法：以本金22677663.1元计，从2013年3月11日起至判决确定的履行期限最后一日止，按中国人民银行发布的同期同类贷款利率计息）。本诉案件受理费217779元，由金某公司负担；反诉案件受理费83170元，由金某公司负担77000元，某局公司负担6170元；鉴定费85391元，由金某公司负担。

二审法院判决：一、撤销南宁市中级人民法院（2014）南市民一初字第2号民事判决；二、某局公司支付金某公司违约金23647732.23元；三、金某公司支付某局公司尚欠的工程款18906596.16元及利息（利息以本金18906596.16元为基数，从2013年3月11日起至还清之日止，按中国人民银行发布的同期同类贷款利率计算）；四、金某公司返还某局公司质保金3771066.94元及利息（利息以本金3771066.94元为基数，从2014年3月3日起至还清之日止，按中国人民银行发布的同期同类贷款利率计算）；五、驳回金某公司的其他诉讼请求。

再审法院判决：一、维持广西壮族自治区高级人民法院（2016）桂民终272号民事判决第一项、第三项、第四项；二、撤销广西壮族自治区高级人民法院（2016）桂民终272号民事判决第二项、第五项；三、某局公司于本判决生效之日起十五日内支付金某公司违约金13002324.53元；四、驳回金某公司的其他诉讼请求。

各方观点

鉴定单位观点：2015年4月7日，北京永某工程咨询股份有限公司广西分公司出具《工期鉴定意见书》鉴定意见为:"1. 合理工期为1182天,实际施工工期为790天;2. 合理顺延确认工期为48.5天,无法确认的顺延工期事项已在'鉴定过程'中说明。"

金某公司观点:一审法院对工期问题认定错误。一审法院同意某局公司对涉及工程的合理工期进行鉴定,并以该鉴定结论认定涉及工程约定的工期低于合理工期,应予以调整,是根本认定错误。(一)合同工期580天是某局公司在充分考虑其施工管理水平之后提出并经双方协商最终达成的合意,是双方的真实意思表示,不存在金某公司强迫其任意压缩合理工期的情形。某局公司在其投标文件《××·凤凰城二期工程施工招标施工组织设计文件》中对540日历天内完成工程项目建设制订了详细施工计划。某局公司在企业简历中还展示了三天一层楼的"深圳速度"、九天四个结构层的"新深圳速度"的施工业绩。因此,580日历天的工期约定完全是某局公司自愿的正常施工周期。且没有违反国家法律强制性规定,对双方具有法律约束力。某局公司所主张的定额工期只是指导性文件,并不属于国家强制性标准,不具有约束本案双方约定合同工期的效能,某局公司在工程结束后才提出的以工程规模、工期定额等为由否定合同工期显然是没有法律依据的。(二)双方在工程造价结算过程中依据合同的约定,在某局公司提交相应签证和统计表的基础上,对某局公司可以获得的实际工期(即合同约定的工期+签证工期)进行了最终审核确认。某局公司提出的种种顺延工期的理由,既与合同约定的工程签证事实不符,也与最终确认的实际合同工期不符,其主张工期顺延不能成立。

某局公司观点:《建设工程施工合同》中的工期条款违反行政法规"不得任意压缩合理工期"的强制性规定,应属无效。《建设工程质量管理条例》第10条第1款规定:"建设工程发包单位,不得迫使承包方以低于成本的价格竞标,不得任意压缩合理工期。"最高人民法院《第八次全国法院民事商事审判工作会议(民事部分)纪要》中也明确规定,"当事人违反工程建设强制性标准,任意压缩合理工期、降低工程质量标准的约定,应认定无效"。根据鉴定机构出具的《××·凤凰城小区二期〈建设工程施工合同〉纠纷工期鉴定意见书》(以下简称《工期鉴定意见书》)记载,案涉工程定额工期为1390天,合理工期为1182天,而本案合同约定的工期为580天,违反了行政法规的强制性规定,故"总工期不超过580日历天"的约定无效。

关于应予顺延的工期问题。除《工期鉴定意见书》确认应顺延的工期外，依照合同金某公司还应对因发包人造成室内顶棚腻子工程、铁艺栏杆（含栏杆防雷装置）工程的工期延长给予某局公司顺延工期。

法院观点

一审法院观点：关于合同约定的工期是否明显低于合理工期问题。合理工期是指在正常建设条件下，采取科学合理的施工工艺和管理方法，以现行的建设行政主管部门颁发的工期定额为基础，结合项目建设的具体情况，而确定的使投资方、各参加单位均获得满意的经济效益的工期。定额工期是指在一定的生产技术和自然条件下，完成某个单位（或者群体）工程平均所需的定额天数。合理工期是国家及各地建筑行政主管部门根据建筑市场实际情况制定的，符合建筑业健康发展的要求。如果不尊重工期，会进一步加深建筑行业的恶性竞争。因此，对于合同约定工期严重低于合理工期的，应予以调整。该院委托北京永某工程咨询股份有限公司对双方签订施工合同约定的工程项目的合理工期进行鉴定，结论为合理工期为1182天，实际施工工期为790天。该鉴定结论程序合法，依据充分，该院予以采纳。金某公司对该鉴定结论有异议，但未提供足够的相反证据予以推翻，该院对其异议不予采纳。双方签订施工合同约定工期为580日历天，而合理工期为1182天，显然，合同约定的工期严重低于合理工期，应适当予以调整。现专业鉴定机构已鉴定出某局公司实际施工工期为790天，参照合理工期调整，某局公司实际施工工期790天还在合理工期的限度内，并未构成逾期竣工。

二审法院观点：法院认为，本案工程的承发包双方当事人均是其所从事领域的专业企业，对工程建设所需要的天数应有较为准确的预判断能力，且双方当事人经过多次协商洽谈后签订了本案合同，在合同不存在无效或被撤销的情形下，应尊重双方合同约定，确认本案工期为580天。一审法院以本案合同无效为由，摒弃双方合同约定，对工程所需要的工期进行鉴定，并认定合理工期1182天，违反了合同“约定优先”原则，违背当事人约定，明显不当，法院予以纠正。

虽一审法院通过鉴定认定工期欠妥，但对于某局公司应获得的工期顺延天数问题，二审经征求双方意见，均同意在鉴定意见书的基础上进行认定。根据北京永某工程咨询股份有限公司广西分公司出具《××·凤凰城小区二期〈建设工程施工合同〉纠纷工期鉴定意见书》鉴定意见：合理顺延确认工期为48.5天，无法确认的顺延工期事项已在“鉴定过程”中说明。对鉴定意见书已经确认的合理顺延天数48.5天，法院予以确认。金某公司对一审认定某局公司可以顺延的48.5天中的7天持异议，但没有提供充足的证据证明其主张，法院不予采纳。

对于《××·凤凰城小区二期〈建设工程施工合同〉纠纷工期鉴定意见书》中无法确认的两个顺延工期事项即室内顶棚腻子工程、铁艺栏杆工程是否应认定为某局公司的工期顺延问题。2011年5月13日某局公司提交工期签证申请延期90天，工程师签署“情况属实，请业主核定”，但未得到金某公司的确认。由于某局公司未能提供经金某公司及监理人关于工期顺延的签证单，某局公司提供的证据亦不足以证明可以顺延工期，因此，某局公司主张室内顶棚腻子工程顺延217天、铁艺栏杆工程顺延268天，依据不足，法院不予支持。

综上，合同约定竣工日期为2011年6月17日，实际竣工日期为2012年1月17日，逾期214天，扣除合理顺延工期48.5天，某局公司实际逾期165.5天，应承担违约责任。

再审法院观点：一方面，定额工期通常依据施工规范、典型工程设计、施工企业的平均水平等多方面因素制定，虽具有合理性，但在实际技术专长、管理水平和施工经验存在差异的情况下，并不能完全准确反映不同施工企业在不同工程项目的合理工期。另一方面，本案中，某局公司作为大型专业施工企业，基于对自身施工能力及市场等因素的综合考量，经与金某公司平等协商，在《建设工程施工合同》中约定580日历天的工期条款，系对自身权利的处分，亦为其真实意思表示，在无其他相反证据证明的情况下，不能当然推定金某公司迫使其压缩合理工期。某局公司的该项再审主张亦缺乏事实依据，不能成立，法院不予支持。

关联案例 1

案件名称：某投公司、昆某公司建设工程施工合同纠纷案

审理法院：一审：台州市中级人民法院（2014）浙台民初字第5号；二审：浙江省高级人民法院（2016）浙民终940号

裁判观点：昆某公司上诉提出合同约定工期远少于合理工期，对此法院认为，建设工程系系统性工程，工期长短不仅取决于工程规模，同时与建筑企业自身的资金、施工能力、管理能力密切相关，不能简单地以工程规模来核定合理工期。本案某投公司发布的招标文件中确定的工期为360天，昆某公司作为具有特级资质的建筑企业，在对相关的人力、物力进行测算后，提交投标函并作出352天的工期承诺系其真实意思表示。其现推翻其在投标函中的承诺，显然违背诚信原则，对此不予采纳。

关于工期顺延及因此引起的损失认定。某投公司上诉提出因昆某公司在图纸会审时未能发现1#2#综合楼门窗部分问题，因此，1#2#综合楼设计变更引起的延期责任应由昆某公司承担。法院认为，某投公司作为建设单位，负有提供详细适当图纸给施工方的义务，因某投公司提供的图纸存在瑕疵，导致的工期延误责任应由其自行承担。某投公司就此提出的上诉理由不能成立。因塑钢门窗审计变更引起的顺延时间系经一审法院依法委托鉴定机构作出认定，亦无不当。对塑钢门窗设计变更引起的延期损失，应由某投公司承担。原判已按照延期63天认定损失278327元并无不当。至于台风影响延误工期造成的损失，由于台风系不可抗力，不可归责于任何一方当事人，故原判采信鉴定意见，判令某投公司赔偿因局部砖砌临时房顶掀掉，钢筋班仓库扎丝损失1万元，并无不当。昆某公司就此提出的上诉理由不能成立。至于昆某公司上诉提出的因高温、限水、限电等产生的其他损失，均无事实和法律依据，不予支持。

关联案例 2

案件名称：机某公司、某福公司建设工程施工合同纠纷案

审理法院：一审：江苏省泰州市中级人民法院（2011）泰中民初字第0011号；二审：江苏省高级人民法院（2012）苏民终字第0057号；再审：最高人民法院（2013）民申字第742号

裁判观点：对于合同一中特大雪灾天气、停电时间、甲供材迟延问题，合同二中开工迟延、静压桩换成锤击桩等问题，二审法院认为对施工构成一定影响，工期可以相应顺延，对于一般雨雪天气及其他情形不构成工期顺延的正当理由，工期迟延的主要责任应由机某公司承担。机某公司主张，合同一工期内天气原因影响70天、

发包人技术交底迟延、后期与合同二同时施工均影响施工进度，工程迟延责任不在机某公司。合同二中，机某公司是依据某福公司要求停工并撤场，将工期迟延计算至第三方竣工时并由机某公司承担该期间责任不合情理。法院认为，雨雪等天气原因会对施工造成一定影响，但一般的雨雪天气是当事人签订合同时都应预见的情况，如果确实影响工期，施工人应当依据合同约定提出延期申请，由发包人确认，机某公司并未提交其就此提出延期并经某福公司同意的证据；施工过程中，机某公司从未提出技术交底迟延影响工期，也未就此申请工期顺延；至于机某公司同时施工合同一、合同二项下工程的问题，因两份合同都是机某公司自愿签订，合同二签订时就存在两份合同同时履行的事实，如何协调施工人员、器械等，是机某公司的责任，不是工期迟延的理由。二审法院认定上述因素不构成机某公司工期迟延的理由并无不妥。

关联案例3

案件名称：沈某某与兴某置业公司、中城建等建设工程施工合同纠纷案

审理法院：一审：安徽省蚌埠市中级人民法院（2014）蚌民一初字第00087号；二审：安徽省高级人民法院（2015）皖民四终字第00620号

裁判观点：关于逾期竣工违约责任的问题。由于案涉工程从2011年4月1日实际开工至2013年7月4日竣工验收的期间为826天，比合同约定工期550天超出276天。兴某置业公司反诉认为，逾期竣工系承包人延误工期造成，并要求沈某某等承担违约责任。原审法院认为，根据鉴定单位对应付进度款的四个节点工程造价的鉴定，可以认定兴某置业公司没有完全按照约定向承包人支付工程进度款，且自第一个付款节点2011年10月6日至2013年7月4日竣工期间，每个付款节点均存在没有足额付款的情形，因欠付款周期长且数额持续高达数百万元，沈某某以此为由抗辩影响其工程施工进度的理由符合常理，应予采信。同时，依据2012年3月5日会议纪要记载，在案涉工程施工过程中，除沈某某作为承包方施工外，先后有31项工程项目分包人进驻现场施工。由于这些分包施工项目既有相对独立性，又有大量需要承包人与分包人衔接配合的工作内容，现有证据无法确定超过合同约定工期276天的责任系由承包人原因所致，鉴定单位因资料不全亦无法进行鉴定。而兴某置业公司提供的承包人未按计划完成施工任务的证据，也仅表明承包人存在阶段性施工不及时的情形，以此确定案涉工程工期延误276天责任在于承包人的依据不足。此外，案涉工程部分项目还发生了设计变更等直接影响施工工程量的事实，客观上亦不能排除因此对工期产生的影响。因此，原审法院综合考虑以上延期支付进度款、建设单位另行指定分包项目以及工程变更三个因素，对兴某置业公司反诉要求沈某某等共同赔偿工程逾期竣工损失的请求不予支持。

关联案例4

案件名称：政某公司与弘某公司建设工程施工合同纠纷案

审理法院：一审：天津市第二中级人民法院（2014）二中民四初字第116号；二审：天津市高级人民法院（2015）津高民一终字第0113号

裁判观点：法院认为，双方签订的备案合同约定涉诉工程的开工日期为2009年9月15日，竣工日期为2011年5月31日。弘某公司主张双方实际履行的是备案合同，政某公司也按照备案合同主张弘某公司逾期竣工的事实和责任。涉诉工程于2012年1月16日竣工验收合格，客观上晚于备案合同约定的工程竣工时间。政某公司主张涉诉工程逾期竣工的原因在于弘某公司施工管理混乱、施工人员素质较低。弘某公司对此不予认可，其主张逾期竣工的原因共有四项，均应归责于政某公司：一是涉诉工程存在设计变更；二是基坑支护工程施工逾期；三是对于应由政某公司指定的建筑材料，政某公司迟延指定品牌，或指定的材料违法降低等级，增加弘某公司沟通和等待时间，导致施工逾期；四是政某公司未依约支付工程款。结合双方一、二审期间提交的证据和质证意见，导致工期逾期的原因是多方面的，其中既有弘某公司施工组织不力、人员安排不到位的因素，也有工程存在政某公司的设计变更和指定建筑材料品牌规格时间迟延等因素。此外，2012年1月，涉诉工程竣工验收合格。截至该月，政某公司仅向弘某公司支付工程款76292699.6元，尚不足依约应向弘某公司支付工程款的68%，此情节亦对工期逾期产生相应影响。综上，导致工期逾期的原因有多方面，不能完全归责于弘某公司，相关因素对工期产生的影响程度亦难以准确确定，且政某公司在二审期间又明确表示不申请对工期的专业问题进行司法鉴定。故，政某公司主张涉诉工程逾期竣工的原因完全在弘某公司，要求弘某公司承担由此产生的违约责任，依据不足，法院难以支持。

律师点评

本案是关于工期鉴定的典型案例，涉及定额工期、工期延误期限、工期延误原因、工期顺延等实践中常见问题的认定和处理。建设工程工期争议是当前司法实践中一类新的重大争议，在建设工程施工合同纠纷案件中，当承包方诉请支付工程价款时，发包人常以承包人逾期竣工提出抗辩或反诉，而要求承包方承担相应的赔偿责任，拒付或者减付工程款。而当发包人要求承包人承担逾期竣工责任时，承包人常以工期延误是由发包人原因导致作为抗辩，并要求顺延工期、补偿费用。但是由于工期延误的期限、工期延误的因果关系、工期能否顺延等问题，往往涉及工程定额、造价等专业问题，非常复杂。法院一般会借助于司法鉴定来认定和裁判。工期鉴定事项主要涉及定额工期鉴定、工期延误期限鉴定以及工期延误损失的鉴定。本书结合本案就实践中常见工期鉴定的有关问题加以分析和点评：

一、约定工期短于鉴定的定额工期，法院如何认定工期

《建设工程质量管理条例》（2019 年修订）第 10 条规定："建设工程发包单位，不得迫使承包方以低于成本的价格竞标，不得任意压缩合理工期。建设单位不得明示或者暗示设计单位或者施工单位违反工程建设强制性标准，降低建设工程质量。"第 56 条规定："违反本条例规定，建设单位有下列行为之一的，责令改正，处 20 万元以上 50 万元以下的罚款：（一）迫使承包方以低于成本的价格竞标的；（二）任意压缩合理工期的……"

工期，是指在合同中约定的承包人完成工程所需的期限。工期包括约定工期（计划工期）、实际工期和定额工期。约定工期是当事人在合同中约定的计划完成工程的期限；实际工期是承包人实际完成工程的期限；定额工期是指在一定的生产技术和自然条件下，完成某个单位（或群体）工程平均需用的标准天数。合理工期是指在正常建设条件下，采取科学合理的施工工艺和管理方法，以现行的建设行政主管部门颁布的工期定额为基础，结合项目建设的具体情况，而确定的使投资方，各参加单位均获得满意的经济效益的工期。合理工期要以定额工期为基础确定，但不一定与定额工期完全一致，可依施工条件等作适当调整，这是因为定额工期反映的是社会平均水平，是经选取的各类典型工程经分析整理后综合取得的数据，由于技术的进步，完成一个既定项目所需的时间会缩短，工期会提前。

判断工期是否合理的标准，目前法律法规没有明确规定。

按照北京市、浙江省等地关于工期定额的规定，一般认为压缩工期天数超过定额工期的 30% 的，就属于《建设工程质量管理条例》（2019 年修订）第 10 条规定的发包人任意压缩合理工期的情形。那么，对于约定工期少于鉴定的定额工期，能否依据上述法律规定，认定约定工期无效，而认定鉴定的定额工期呢？法院一般不会认定无效，而是会尊重当事人的约定。原因在于《建设工程质量管理条例》（2019 年修订）虽然规定不得压缩合理工期，但是并未规定压缩合理工期合同就无效。从此条规定效力上看，应属于管理性规定，而非效力性规定。

因此，本案中鉴定合理工期为 1182 天，约定工期是 580 天，压缩工期天数超过定额工期的30%。但二审法院认为，本案工程的承发包双方当事人均是其所从事领域的专业企业，对工程建设所需要的天数应有较为准确的预判断能力，且双方当事人经过多次协商洽谈后签订了本案合同，在合同不存在无效或被撤销的情形下，应尊重双方合同约定，确认本案工期为580天。一审法院以本案合同无效为由，摒弃双方合同约定，对工程所需要的工期进行鉴定，并认定合理工期1182天，违反了合同“约定优先”原则，违背当事人约定，明显不当，二审法院予以纠正。在关联案例1中尽管合同约定工期远远少于合理工期，但法院认为建设工程系系统性工程，工期长短不仅取决于工程规模，同时与建筑企业自身的资金、施工能力、管理能力密切相关，不能简单地以工程规模来核定合理工期。昆某公司作为具有特级资质的建筑企业，在对相关的人力、物力进行测算后，提交投标函并作出352天的工期承诺系其真实意思表示。其现推翻其在投标函中的承诺，显然违背诚信原则。而在关联案例2中，法院认为机某公司同时施工合同一、合同二项下工程的问题，因两份合同都是机某公司自愿签订，合同二签订时就存在两份合同同时履行的事实，如何协调施工人员、器械等，是机某公司的责任，不是工期迟延的理由。

二、工期延误因果关系及工期能否顺延的问题

工期延误，通俗讲就是工期超过合同约定的期限。工期顺延，是指由于发包人的原因或者其他非承包人的原因造成的工期延误，承包人可以按合同约定或者法律规定相应顺延延误的工期。因此，工期延误是工期顺延的必要条件之一。①

工期延误的原因，可能是由发包人引起的，也可能是由于承包人引起的，还可能是第三人或者不可抗力原因造成的。如果是承包人原因造成的工期延误不能顺延，如果是发包人原因造成的或者非因承包人原因造成的工期延误，工期可以顺延。

发包人引起工期延误的常见情形主要有：未依约提供图纸、未依约提供开工条件、基准资料错误、开工延迟、甲供料②、分包迟延、付款迟延等。承包人引起工期延误的主要情形：工程质量不合格返工导致的工期延误和施工

① 李刚、李娜：《建设工程全程法律风险控制》，法律出版社2011年版，第271页。
② 甲供料，又称“甲供材料”，是指根据合同约定由建设单位提供的材料。

管理不善等原因造成的工期延误。其他原因导致的工期延误的情形：鉴定所导致的工期延误、工程量增加、设计变更所导致的工期延误、不可抗力、意外事件所导致的工期延误。

一般来讲开工延迟、甲供料、分包迟延、付款迟延、设计变更等只是可能引起工期延误的因素或事项，但未必一定会造成工期延误的后果。实践中认定工期延误还要看，这些事项与工期延误是否具有因果关系，是否客观造成了停工、工期延长等后果。对于设计变更或工程量增加，应查明是否增加了关键线路上关键工作的工程量，增加的，顺延工期，未增加的，工期不顺延。

对于工期延误、工期顺延的因果关系及损失问题是一个比较复杂的专业问题，法院一般会委托专业的鉴定机构进行鉴定。本案及关联案例中对于当事人对工期的鉴定，均包含了因果关系的鉴定。而鉴定机构对于因果关系的认定，一方面依赖于专业技术知识和法律规定，另一方面要根据当事人提供的证明工期延误的相关证据综合认定。如果脱离了证据，仅从延误事项本身去鉴定并出具结论，法院一般不会认定。关联案例1中法院认为：关于工期顺延及因此引起的损失认定，某投公司作为建设单位，负有提供详细适当图纸给施工方的义务，因某投公司提供的图纸存在瑕疵，导致的工期延误责任应由其自行承担。至于台风影响延误工期造成的损失，由于台风系不可抗力，不可归责于任何一方当事人，故原判采信鉴定意见，判令某投公司赔偿因局部砖砌临时房顶掀掉，钢筋班仓库扎丝损失1万元，并无不当。昆某公司就此提出的上诉理由不能成立。至于昆某公司上诉提出的因高温、限水、限电等产生的其他损失，均无事实和法律依据，不予支持。关联案例2中法院认为：雨雪等天气原因会对施工造成一定影响，但一般的雨雪天气是当事人签订合同时都应预见的情况，如果确实影响工期，施工人应当依据合同约定提出延期申请，由发包人确认，机某公司并未提交其就此提出延期并经某福公司同意的证据；施工过程中，机某公司从未提出技术交底迟延影响工期，也未就此申请工期顺延。关联案例3中，在案涉工程施工过程中，除承包方施工外，先后有31项工程项目分包人进驻现场施工。由于这些分包施工项目既有相对独立性，又有大量需要承包人与分包人衔接配合的工作内容，现有证据无法确定超过合同约定工期276天的责任系由承包人原因所致，鉴定单位因资料不全亦无法进行鉴定。而兴某置业公司提供的承包人未按计划完成施工任务的证据，也仅表明承包人存在阶段性施工不及时的情形，以此确定案涉工程工期延误276天责任在于承包人的依据不足。此外，案涉工程部分项目还发生了设计变更等直接影响施工工程量的事实，客观上亦不能排除因此对工期产生的影响。因此，原审法院综合考虑以上延期支付进度款、建设单位另行指定分包项目以及工程变更三个因素，对兴某置业公司反诉要求沈某某等共同赔偿工程逾期竣工损失的请求不予支持。

由此可见，法院对于工期的认定，不完全依赖于鉴定机构的意见，还会结合当事人的举证情况综合认定。所以，工期鉴定不完全是专业问题，更多的是法律问题、证据问题。当事人应注意留存引起工期延误的证据，以便开展工期索赔。

9.11 法院如何处理建设工程合同纠纷中工期延误损失的鉴定①

——建某集团与丽某公司建设工程施工合同纠纷案②

关 键 词： 工期延误损失　鉴定

问题提出： 承包人没有证据证明工期延误的损失，是否可以通过申请鉴定程序确定损失，法院对工期延误损失的鉴定如何认定？

关联问题： 工期延误损失的类别有哪些？

裁判要旨： 如工程延期竣工是客观事实，且能够明确责任方，就此产生的停工损失也客观存在。根据公平原则，法院可以委托专业审价单位，以结算审价技术指标为依据，结合系争工程延误工期的实际情况，审定受损方因工期延误造成的各项停工损失。

案情简介

上诉人（原审原告、反诉被告）：建某集团

① 撰稿人：朱树英、王馨苡，上海市建纬律师事务所。

② 一审：上海市第一中级人民法院（2011）沪一中民二（民）初字第4号；二审：上海市高级人民法院（2012）沪高民一（民）终字第28号。

上诉人（原审被告、反诉原告）：丽某公司

2007年5月，丽某公司就其名下的丽某大酒店工程发布施工招标文件。2007年8月31日，丽某公司向建某集团发出了中标通知。2007年12月1日，建某集团（承包人）与丽某公司（发包人）签订《上海市建设工程施工合同》（该合同中所署日期为桩基基础工程的合同日期2007年2月1日），约定由建某集团承建丽某大酒店工程（包括主楼及裙楼），承包范围为本工程设计图纸范围内的建筑和安装工程（电梯工程除外），合同价款为人民币5444.6万元（币种下同）。在合同附件二“投标标书情况汇总表”中明确：丽某大酒店，总造价5444.7346万元，施工日历天340天，钢材、水泥、混凝土按2007年4月造价信息中准价执行，其余材料按市场价，一次性验收合格。

2007年12月1日，建某集团与丽某公司又签订《丽某大酒店施工补充协议》，约定：暂定2007年12月10日（桩基及围护工程施工工期除外，具体开工日期为具备基础垫层施工条件，且以发包人发出书面开工通知的时间为准）。暂定2008年11月13日，总施工日为340日历天数，以具备取得竣工验收备案证明为条件。合同价款为5444.6万元，不含专业分包工程及总包管理费的价款；当发包人资金暂时遇到困难，不能按原合同专用条款第26.1款约定的时间支付，承包人予以充分理解，自行解决资金困难，并承诺工程不停顿施工，同时给予发包人一定限度的付款宽限期，但必须满足以下要求：第1次、第2次付款不设宽限期，以后历次付款，发包人行使宽限权的次数连续不得超过2次，累计不得超过4次，每次宽限期为45天，在该宽限期内免除利息。在约定的付款期或宽限期外付款，发包人承担应付金额商业银行同期贷款利息。当国家宏观政策发生变化，导致发包人融资发生困难无法按约付款时，双方应及时沟通协商，共同筹措资金。如承包人应提供贷款帮助，发包人承担相应的财务费用。发包人违反上款约定的，应向承包人支付违约金。如造成承包人经济损失的，应赔偿承包人的全部经济损失（直接和间接损失）。之后，双方又签订了《关于履行丽某大酒店工程施工合同的备忘录》。

2007年12月14日，丽某公司向建某集团发出开工通知，定于2007年12月18日开工。就工期问题，建某集团在2008年3月21日向丽某公司提交了《工作联系单》，要求工期顺延68天。丽某公司在2008年9月10日的《建设工程业务联系单》中对工期顺延问题予以回复如下：考虑工期可顺延11天。

从2008年5月29日至2009年8月10日，建某集团共计11次向丽某公司报送工程量产值并申请进度款，其中除合同内的土建、安装部分及开办费外，还包括材料调差及变更签证部分。另外，建某集团曾向丽某公司提交6份《工程施工现场签证单》，提出停工损失索赔。针对建某集团申报的工程量产值，丽某公司前10次予以了审核认定，批复确认工程量产值为51400708元，第11次未予批复。丽某公司认为，材料价格除钢材、水泥、砼给予调整外，其余按合同价执行不予调差；增加的变更签证部分因投资监理建议协商后再作处理，故对变更签证部分未予批复。针对停工损失索赔，丽某公司前3次的批复意见为不予同意，后3次未予批复。

丽某公司于2008年1月31日向建某集团发出《关于要求丽某大酒店工程承包人代表范志某迅即进驻施工现场管理的函》，指出项目经理范志某自开工以来迟迟不到位，要求其亲临现场工作。2008年11月，丽某公司两次向建某集团发出律师函，指出建某集团项目经理未到位，施工工期严重延误造成丽某公司较大经济损失；并指出建某集团未经业主同意撤走施工队伍停止施工，要求尽快恢复正常施工。

2009年7月7日，建某集团向监理公司出具《情况说明》，称因业主资金问题其无法保证正常施工，现针对资金等问题正进行协商，协商过程中暂停施工，待双方达成解决协议后再恢复施工。从2009年8月底起，整个工程施工完全停止，工程进度为：地下室结构完成，地上部分完成板楼（裙楼）六层、塔楼九层，安装完成预埋。建某集团的停工理由是丽某公司未按时支付工程进度款。2010年11月19日，丽某公司向建某集团发出退场通知，认为工程逾期已26个月，整个工程处于停工状态，由于建某集团的违约造成合同目的无法实现，要求建某集团在收函后5日内自动退场。建某集团不认可丽某公司发出的退场通知，其于2011年1月25日向丽某公司发出《通知书》，告知由于丽某公司长期拖欠巨额工程款，未按照合同办理签证并支付相应价款，导致工程长期处于停工状态，造成其重大经济损失，故正式通知丽某公司：1. 合同解除；2. 安排人员办理工程移交手续；3. 支付全部工程欠款和损失赔偿款等相关费用，并于2011年1月26日提起诉讼。

审理中，法院委托上海某建设工程造价咨询监理有限公司（以下简称鉴定单位）针对双方申请出具了相关鉴定意见。

一审法院判决：一、建某集团与丽某公司之间签订的三份合同于2011年1月25日解除；二、丽某公司应于判决生效后十日内支付建某集团工程款人民币 26918292 元；三、丽某公司应于判决生效后十日内支付建某集团停、窝工损失赔偿费人民币 2646014 元；……八、反诉被告建某集团应于判决生效后十日内赔偿反诉原告丽某大酒店有限公司延期竣工的经济损失人民币 438016 元。

二审法院判决：驳回丽某大酒店有限公司的上诉，维持原判。一审案件诉讼费按照一审判决执行。二审案件诉讼费共计人民币 62087.5 元，建某集团对 15176 元减半承担 7588 元；丽某大酒店有限公司承担 46911.5 元。

各方观点

鉴定机构观点：窝工损失：（一）2007 年 10 月 2 日至 2007 年 11 月 10 日停工损失。鉴定单位意见为，2007 年 10 月 2 日现场开始挖土，仅施工半天即被责令停工整改。双方确认窝工人工按 45000 元计算。鉴定单位认为，由于停工整改造成施工顺延，产生管理人员及其他工作人员窝工现象，由于施工监理、投资监理未对施工方上报的数量进行核定，双方存在较大争议，现已无法核定人员数量，暂按建某集团上报数量计算。机械停置费及钢管扣件租赁费不应计算，临时设施费已在开办费中包干，设施折旧费不应计算。计算数额为 197880 元。（二）2008 年 7 月 1 日至 2009 年 8 月 31 日窝工损失。鉴定单位认为，由于双方在该费用计算上均未提供相应的充分证据，只能根据工程常规情况推算该费用，按照合同价计算为 6191214 元，按照政府文件补差计算为 10323056.5 元。（三）2009 年 9 月 1 日至 2010 年 12 月 1 日停工损失。鉴定单位认为，2009 年 9 月起工程处于停工状态，除少量人员外施工方基本撤离，故暂按常规工程留守人员情况考虑。塔吊于 2009 年 10 月拆除，停滞费为 53500 元，加上管理人员工资及通信费、其他工作人员工资，共计 280000 元；钢管、扣件租赁费为 154089 元。

针对双方提出的停窝工损失的异议，鉴定单位出具了补充说明认为，建某集团申请鉴定的窝工损失分为三个阶段，第一阶段及第三阶段主体工程处于停工状态，无工程实物量产生，故申请的窝工损失实为停工损失，无法按照定额标准计算，故仅对施工方上报的合理部分进行确认。而第二阶段主体工程并未停工，只是按照计划工期应在 87 天内完成的工程任务实际施工了 337 天，存在比较严重的工效降低，而工效降低多支出的费用即为窝工损失。针对第二阶段的窝工损失，由于工程实物量未在规定工期内完成，产生窝工，双方均未对窝工损失达成一致意见，故根据《上海市建筑和装饰工程预算定额工程量计算规则（2000）》计算出实际完成的工程实物量所需人工、钢管扣件材料及垂直运输机械，并按照双方合同约定的人工单价、钢管扣件材料单价及垂直运输机械单价计算出该阶段窝工损失费为6191214元。如对此计算方法有异议，可向建设主管权威部门咨询。根据双方希望达成调解的意愿，鉴定单位提出在原定额标准计算的基础上按照70%计算，而双方最终未能达成一致意见。关于按照定额标准计算的窝工损失与实际发生的窝工损失的差异，由于双方均未提供有效的依据，故鉴定单位无法确定，按照一般常规考虑，建议按照70%进行协调。如何取舍，由法院裁决。

丽某公司观点：一审判决对停窝工损失的责任认定存在错误。涉及第二阶段窝工损失，依据合同约定，窝工损失索赔应按照索赔程序提出，并应提供有效证据，建某集团不能提供证据，应承担不利后果。根据法律规定，窝工损失赔偿应采用据实原则，即以实际损失为据进行主张或赔偿，然而一审法院依据鉴定单位的推算结论作出判决违反法律原则；涉及第三阶段的停工损失，首先，建某集团依据补充协议约定，其无权停工，停工产生的损失应由其自行承担。其次，建某集团也未能按照合同约定的索赔程序提出主张，一审判决丽某公司承担责任与法律和合同相悖。

同时一审判决存在两处矛盾，一是对建某集团的停窝工损失，认定丽某公司支付工程款不足，应承担50%的责任和损失金额，但在认定延期完工时，却将全部责任归于丽某公司；二是对地下室工程延期32天认为系建某集团原因所致，由此产生的H型钢租赁费损失由建某集团承担，但又否认建某集团工程延误。显然一审判决认定的事实自相矛盾。

建某集团观点：（一）一审法院对于工期延误的责任认定是清晰的，即地下室工期延误由其承担责任，施工过程中的停窝工损失系由于丽某公司原因引起，应由丽某公司承担责任。（二）由于丽某公司存在拖欠工程款的现象，即使在建某集团垫资50%的情况下仍然拖欠，同时建某集团通过书面和会议的方式已经向丽某公司说明无法继续施工的意见，因此建某集团全面享有停工权。（三）停窝工的责任，系丽某公司一方原因，但由于该责任造成的损失，一审判决双方各承担50%是正确的。（四）工程停工的责任在于丽某公司，丽某公司没有解除合同的权利，在双方履行施工合同期间，其无权要求建某集团退场，合同解除后，亦不能按照合同约定主张逾期退场费。（五）项目经理缺勤违约金一审法院判决是准确的。综上，不同意丽某公司的上诉请求。

法院观点

一审法院观点：停、窝工损失认定及责任承担。（一）第一阶段从2007年10月2日至2007年11月10日。此期间系正式开工令发出之前，建某集团根据丽某公司通知进场，因开工手续不全，仅施工半天即被质监站责令停工。由于建某集团系根据丽某公司要求施工，之后被质监站责令停工整改，故由此产生的管理人员及其他工作人员窝工的损失应由丽某公司承担。双方当时确认了窝工人工费为45000元，现鉴定单位以施工监理、投资监理未对施工方上报的数量进行核定，已无法核定人员数量为由，而按建某集团上报的数量计算窝工人工费为197880元缺乏依据，难以采信，应认定双方确认的窝工人工费45000元。（二）第二阶段从2008年7月1日至2009年8月31日。此期间由于丽某公司支付工程进度款存在迟延，特别是第一期进度款拖欠金额较大、时间较长，以及变更签证部分未审批，一定程度上导致建某集团工效降低。但是，建某集团在施工补充协议中承诺过给予付款宽限期，并在业主资金困难时帮助融资，则因业主付款不足导致的工效降低之窝工损失亦不能全部由业主方承担，酌情确定责任比例为双方各半。关于窝工损失费的具体数额，鉴定单位根据工程常规情况推算该费用为6191214元，之后又按70%折算认定为4333850元。对此原审法院认为，原则上窝工损失应以实际发生为依据，现鉴定单位推算的数额与实际窝工损失确有一定差异，但鉴于窝工情形客观存在，在无其他相应依据的情况下，可作为参考依据，按照责任比例确定丽某公司应赔偿建某集团2166925元。（三）第三阶段从2009年9月1日至2010年12月1日，此期间处于停工状态，建某集团除少量人员留守外，施工人员与机械基本撤离。鉴定单位认定此期间停工损失为，塔吊停滞费加上管理人员、其他工作人员工资费等28万元、钢管扣件租赁费154089元，共计434089元，此损失数额可予认定。鉴于造成停工的主要责任在于丽某公司，故该部分停工损失由丽某公司承担。（四）对于建某集团主张赔偿的延长期间管理费3664635元、设施折旧费395520元，鉴定单位认为前者无依据，后者根据目前资料无法计算，故均不予支持。综上所述，丽某公司应承担的停窝工损失为45000元+2166925元+434089元=2646014元。

二审法院观点：关于第二阶段窝工损失问题。根据原审法院查明的合同履行中的相关事实可以看出，丽某公司对建某集团提出的停工损失索赔申请未能按照合同约定的时间和要求给予明确的回复意见，按照约定应视为丽某公司对建某集团提出的赔偿予以认可。虽然在鉴定过程中双方均未再提供证据证明实际上的窝工损失，但客观上存在窝工现象，亦产生了一定的窝工损失，鉴于导致无法按实核定窝工损失丽某公司存在一定的责任，故一审法院以鉴定结论作为参考依据确定建某集团的窝工损失并无不当。第三阶段的停工损失问题。建某集团在补充协议第6.1款中承诺对丽某公司不能按原合同约定时间支付工程款，予以充分理解，不停顿施工，但同时双方亦约定了迟延支付工程款的一定宽限期，且必须满足若干条件等，鉴此正如一审法院认定的，从该条款的文意不能得出建某集团放弃停工权的意思表示。丽某公司认为建某集团无权停工的意见缺乏合同依据。鉴于该阶段已经停止施工，所以建某集团未能按照合同约定的索赔程序主张损失赔偿，但该阶段的停工系丽某公司原因所致，建某集团产生损失是客观的，一审法院根据鉴定结论对实际产生的损失依法确认由丽某公司予以赔偿于法有据。

建某集团是否应当承担延期竣工违约金问题。正如一审法院认定的，自开工至停工时，扣除丽某公司批复同意顺延的工期，仍超过了合同约定的竣工日，系争工程延期竣工已是客观事实。但是由于施工期间丽某公司迟延支付工程进度款，由此造成工期延误、逾期竣工的后果应由丽某公司自行承担。因此一审法院对丽某公司主张建某集团承担约定违约金不予支持并无不妥，法院予以维持。关于建某集团主张的停窝工损失，一方面是基于丽某公司未能足额支付工程款而致，丽某公司应承担由此造成的损失；但另一方面，双方签订的补充协议书中明确约定，建某集团对丽某公司不能按照合同约定时间支付工程款时予以充分理解，并给予一定限度的付款宽限期，因此建某集团对迟延支付工程款造成的停窝工损失其也应自行承担部分责任。据此一审法院认定停窝工损失由双方各半承担符合责任相当原则，该认定与建某集团是否承担延期竣工违约金的认定之间并无冲突，对丽某公司的上诉意见法院难以支持。

关联案例1

案件名称：郭某某、某泰公司建设工程施工合同纠纷案

审理法院：一审：湖南省岳阳市岳阳楼区人民法院（2019）湘0602民初3541号；二审：湖南省岳阳市中级人民法院（2020）湘06民终2535号

裁判观点：一审法院观点：关于窝工损失，窝工的事实以及责任已经生效文书确认，郭某某的窝工损失经委托鉴定，鉴定机构根据不同的施工计划出具了两个结论，第一个结论为1150869.57元，第二个结论为722316.84元，因本案在鉴定过程中双方均未提供实际施工日志，鉴定机构主要是参考备案资料里面的施工方案确定的，而实际上备案资料的施工计划与实际施工计划并不完全一致，所得出的结论均是理论性损失，按照公平原则，参照两个结论之间的中间值予以认定，即936593.2元，郭某某自行承担50%的责任，某泰公司还应承担468296.6元。

二审法院观点：某泰公司虽然对一审法院委托的鉴定机构作出的鉴定结论提出异议，但未能提供相应的证据证明存在上述情形。故一审法院采信湘公造司基字〔2017〕第1025号鉴定报告，并酌情认定窝工损失，并无不当。某泰公司称一审判决未准许其重新鉴定申请系程序违法的理由，缺乏事实依据，法院不予支持。关于某泰公司是否应支付窝工损失的利息问题。某建公司与某泰公司并无就工期延误的损失应当计算逾期利息的约定，(2008）岳中民一终字第155号生效判决书已认定某泰公司与某建公司对延误工期均有过错，且该项损失在一审中经法院委托鉴定才确认，故一审判决未支持郭某某主张的窝工损失利息并无不当。郭某某的该项上诉理由不能成立。

关联案例2

案件名称：某盛源公司与某工程局公司建设工程施工合同纠纷案

审理法院：一审：黑龙江省高级人民法院（2014）黑民初字第5号；二审：最高人民法院（2017）最高法民终730号

裁判观点：关于某盛源公司停工损失应否支持的问题。此次二审中，某盛源公司提交了黑龙江容某会计师事务所有限公司制作的黑容大（2017）会鉴字第029号司法鉴定意见书，因该鉴定意见书系某盛源公司单方委托鉴定机构制作，且某工程局公司不予认可，法院不作为鉴定意见证据予以采信。经审理查明，2013年7月，某工程局公司与某盛源公司发生纠纷后，某工程局公司将大部分施工人员撤离施工现场，仅留少部分人员对施工现场进行“占置”。在此期间，某盛源公司一直无法进入施工现场进行施工。经一审法院多次组织协调，且某盛源公司支付1000万元撤场费的情况下，某工程局公司才于2016年2月1日将案涉施工现场交还给某盛源公司。

某工程局公司“占置”施工现场长达两年半之久，超出合同约定一年施工期的两倍多。因长时间停工，导致某盛源公司终止部分供货合同并向供货方支付违约金，因无法按时交房对购房小业主构成迟延交房违约并已实际支付部分购房业主违约金和利息。同时，因案涉工程建设项目为房地产开发项目，需投入大量资金滚动开发，某盛源公司因工程长期停工从而可能增大融资成本及减损开发资金运营效益。在工程停工既成事实的情况下，双方当事人应尽量友好协商解决纠纷，某工程局公司长时间“占置”施工现场，没有合法依据，明显存在过错，同时导致某盛源公司的损失不断扩大。在此种情况下，某工程局公司理应赔偿某盛源公司由其“占置”行为导致的停工损失；但考虑到某盛源公司确实存在开发建设手续不全，某盛源公司对案涉《施工协议书》及《建设工程施工合同》无效应承担主要缔约过错责任，且按照双方签订的《施工协议书》约定“按施工形象进度每月拨付一次工程进度款，工程进度截止到每月的 25 日为准，工程竣工验收合格后 30 日内支付工程总造价 85%”，在某工程局公司已完成工程总造价 326777669. 10 元的情况下，某盛源公司仅支付工程款 179948789. 87 元，仅达到工程总造价的 55%，确实存在拖欠一定比例的工程进度款的情形。综上，一审判决某盛源公司的停工损失由其自行承担，并无明显不当，法院予以维持。

关于某工程局公司的窝工损失应否支持的问题。某工程局公司上诉主张其在一审中已提供大量证据证明窝工损失的存在，一审法院未予认定，明显不当。法院认为，某盛源公司之所以将案涉工程交由某工程局公司施工，主要基于某工程局公司是具有特级施工资质的大型建筑企业，某工程局公司将案涉工程转包给低施工资质等级的建筑施工企业施工，是导致案涉工程质量存在严重缺陷的主要原因。原理上讲，发包人拖欠施工总承包人工程进度款，应当优先考虑通过沟通、协调及违约、索赔、洽商变更合同相关约定等法定、约定途径予以救济，而非通过停（怠）工行为抗辩。如拖欠工程进度款数额较大、比例较高、时间较长，对施工人财务安排产生不良影响，可能与施工总承包人窝工损失间存在一定的因果关系。如上，某盛源公司对案涉施工合同无效承担主要的缔约过错责任，某工程局公司也应承担次要责任。因讼争建设项目已被某工程局公司转包给实际施工人施工，缺乏证明窝工损失名目的证据，所示证据不足以证实窝工损失的具体内容。在因双方纠纷导致工程停工既成事实的情形下，对可能发生窝工损失某工程局公司应当有预期，应当采取相应措施减少损失。事实上，停工后，某工程局公司随即将大部分施工人员撤离施工现场，仅由少部分留守人员“占置”施工现场，已经较大限度地减少损失的发生。综合考虑上述情况，某工程局公司主张某盛源公司赔偿窝工损失的诉讼请求，一审法院不予支持，并无明显不当。

律师点评

一、承包人可以就工期延误的损失提起司法鉴定的申请

建设工程施工合同纠纷案件中工期延误索赔纠纷非常常见，承发包双方往往就工期延误的原因和责任以及由延误导致的损失赔偿等问题发生争议。工期延误索赔主要包括承包人的索赔和发包人的索赔，承包人通常主张发包人工期顺延且发包人支付工期顺延给承包人增加的费用；发包人通常主张承包人承担工期延误的违约责任。因承发包人一般会在合同中约定承包人工期延误承担的违约责任，如延期一天承担多少违约金，发包人工期索赔的争议一般集中在工期延误天数。相比之下，承包人的工期索赔的争议则集中在工期延误天数和工期延误的损失，因此认定时更为复杂更具专业性。

根据《民事诉讼法》的规定，为解决工期延误责任承担问题，当事人可以向法院提出申请由相应专业的鉴定单位对工期问题进行鉴定并出具鉴定意见，该鉴定意见将作为确定工期延误损失的证据对法院的认定产生重大影响。在当前的工期延误损失鉴定实践中，此类工期延误损失鉴定的内容主要包括以下几个方面：工期延误的原因、某事件是否造成工期延误、工期延误的天数、工期延误的损失。

对当事人鉴定申请有程序性要求，《最高人民法院关于民事诉讼证据的若干规定》第 31 条规定："当事人申请鉴定，应当在人民法院指定期间内提出，并预交鉴定费用。逾期不提出申请或者不预交鉴定费用的，视为放弃申请。对需要鉴定的待证事实负有举证责任的当事人，在人民法院指定期间内无正当理由不提出鉴定申请或者不预交鉴定费用，或者拒不提供相关材料，致使待证事实无法查明的，应当承担举证不能的法律后果。"即，当事人应在举证期限内提出工期损失鉴定的申请并提供相应的证据。然而，从举证责任角度讲，如发包人进行工期索赔只需提交竣工验收的相关材料就可以证明实际竣工日期晚于约定竣工日期的证据即可达到举证要求，并要求承包人按合同的违约条款承担违约责任。而承包人进行工期索赔则一般以发包人未按约履行义务、工程存在变更、工程量增加、发包人风险等因素造成工期延误作为索赔的事实理由，需提供有关的证据材料如设计变更联系单、签证，停工、窝工等方面工期延误的证据，还需要提交因工期延误受到相应损失的证据。实践中，经常会遇到当事人申请了司法鉴定，却无法就因工期延误所受到的实

际损失提供相应证据的情况。本案中，在鉴定过程中双方均未再提供证据证明实际上的窝工损失。

二、法院在当事人没有证据证明工期延误的损失实际发生的情形下，如工程延期竣工是客观事实，且能够明确责任方，可根据公平原则委托鉴定单位对损失进行审定

《民事诉讼法》规定："当事人对自己提出的主张，有责任提供证据。"《最高人民法院关于民事诉讼证据的若干规定》（2019 修订）第 1 条规定："原告向人民法院起诉或者被告提出反诉，应当提供符合起诉条件的相应的证据。"诉讼的当事人应对自己的主张提供证据加以证明。

本案中，法院认定第二阶段窝工损失时，认为丽某公司对建某集团提出的赔偿予以认可，因此虽然在鉴定过程中双方均未再提供证据证明实际上的窝工损失，但客观上存在窝工现象，亦产生了一定的窝工损失，故以鉴定结论作为参考依据确定建某集团的窝工损失。关联案例 1 郭某某、某泰公司建设工程施工合同纠纷案中，法院认定窝工的事实以及责任已经被鉴定机构以生效文书确认，郭某某的窝工损失经委托鉴定，鉴定机构根据不同的施工计划出具了两个结论，因此虽然在鉴定过程中双方均未提供实际施工日志证明实际上的窝工损失，但客观上存在窝工现象，亦产生了一定的窝工损失，故以鉴定结论作为参考依据确定郭某某的窝工损失。

从以上案例中可见，如工程延期竣工是客观事实，且能够明确责任方，另一方就此产生的停工损失也客观存在。根据公平原则，法院也可以委托专业审价单位，以结算审价技术指标为依据，结合系争工程延误工期的实际情况，审定受损方因工期延误造成的各项停工损失。

公平原则是指当事人之间在设定民事权利和义务、承担民事责任等方面应当公平、合情合理。《民法典》第 5 条规定："民事主体从事民事活动，应当遵循自愿原则，按照自己的意思设立、变更、终止民事法律关系。"第 6 条规定："民事主体从事民事活动，应当遵循公平原则，合理确定各方的权利和义务。"第 7 条规定："民事主体从事民事活动，应当遵循诚信原则，秉持诚实，恪守承诺"是民事基本法中关于公平原则的明文规定。公平原则作为民法典的基本原则，其意义和作用是：公平原则是社会公德的体现，符合商业道德的要求。将公平原则作为合同当事人的行为准则，有利于保护当事人的合法权益，维护和平衡当事人之间的利益。

公平原则的要求除了体现在合同上的负担和风险的合理分配，还要求根据公平原则确定违约责任。《民法典》第583条规定：“当事人一方不履行合同义务或者履行合同义务不符合约定的，在履行义务或者采取补救措施后，对方还有其他损失的，应当赔偿损失。”第584条规定：“当事人一方不履行合同义务或者履行合同义务不符合约定，造成对方损失的，损失赔偿额应当相当于因违约所造成的损失，包括合同履行后可以获得的利益；但是，不得超过违约一方订立合同时预见到或者应当预见到的因违约可能造成的损失。”违约方应赔偿另一方因此所受到的损失。

公平原则，除了是民事活动的基本原则，也是民事司法工作的基本原则。公平正义的观念由近代民法追求形式公正、一般公正转而兼顾个案公正、个别公正，逐渐显示其向保护受害者，为他们提供尽可能多的救济的价值取向。法院在民事诉讼中，依据公平原则，考虑双方当事人的利益关系，试图作出合情合理的判决，使判决具有正当性。

因此，如工程延期竣工是客观事实，且能够明确责任方，停工损失也客观存在，法院可以同意承包人的鉴定申请，委托专业审价单位以结算审价技术指标为依据，结合系争工程延误工期的实际情况，审定受损方因工期延误造成的各项停工损失，作为确定工期延误损失的依据。

三、法院在承包人没有证据证明工期延误的损失实际发生的情形下，仍采信鉴定单位的审定结果的前提是存在工程延误的客观事实，且能够明确责任方

法院在使用公平原则发挥自由裁量权维护当事人合法权益的积极作用时，还需符合合法原则、审慎原则，即要严格依据法律规定，遵循法定程序和正确裁判方法，符合法律、法规和司法解释的精神以及基本法理的要求，还需要严把案件事实关、程序关和法律适用关，在充分理解法律精神、依法认定案件事实的基础上，审慎衡量、仔细求证。因此，法院在当事人没有证据证明工期延误的损失实际的情形下，仍同意委托鉴定单位作司法鉴定，并采信鉴定单位的审定结果，是有前提的。

根据《民法典》所规定的赔偿损失责任的构成要件有四：一是有违约行为，当事人不履行合同或者不适当履行合同。二是有损失后果，违约行为给另一方当事人造成了财产等损失。三是违约行为与财产等损失之间有因果关系，违约行为是财产等损失的原因，财产等损失是违约后果。四是违约人有过错，或者虽无过错，但法律规定应当赔偿。故，如当事人无法提供证据直接证明工期延误的损失已经实际发生，则必须提供违约方致使工期延误会带来损失的间接证据证明存在工期延误损失，即从本案和关联案例1中可见，需确认存在工程延误的客观事实，且能够明确责任方。在此前提下，可以确认存在赔偿损失责任。而在关联案例2中，因讼争建设项目已被某工程局公司转包给实际施工人施工，缺乏证明窝工损失名目的证据，所示证据不足以证实窝工损失的具体内容。在因双方纠纷导致工程停工既成事实的情形下，对可能发生窝工损失某工程局公司应当有预期，并采取相应措施减少损失。事实上，停工后，某工程局公司随即将大部分施工人员撤离施工现场，仅由少部分留守人员“占置”施工现场，已经较大限度地减少损失的发生。综合考虑上述情况，法院不予支持赔偿窝工损失的诉讼请求。

因此，承包人在申请工期延误损失鉴定时，应当同时申请对工期延误的原因、工期延误的天数进行鉴定：

1. 工期延误的原因。由鉴定单位根据专业工程技术知识判断施工过程中发生了哪些影响事件导致工期延误。

2. 工期延误的天数。即工期影响事件分别造成工期延误的具体天数。鉴定意见中不仅应当载明影响事件导致工期延误的具体天数，而且应当明确所采用的工期延误分析方法。

鉴定单位作出鉴定意见后，将由法院明确工期延误的责任主体。经法院认定确实存在工期延误的情形且系责任方为发包人时，可以认定承包人就此产生的停工损失也客观存在。在此情形下，由鉴定单位结合系争工程延误工期的实际情况，审定当事人因工期延误造成的各项损失，法院一般会予以确认。

四、当事人一般可主张的工期延误损失种类

1. 承包人的主要工期延误损失：

一般情况下，在发包人原因、发包人风险和工程变更的情形下承包人均可要求相应的赔偿。其中，发包人原因主要指发包人违约或可归责于发包人的原因，《民法典》第803条对此作了规定：“发包人未按照约定的时间和要求提供原材料、设备、场地、资金、技术资料的，承包人可以顺延工程日期，并有权请求赔偿停工、窝工等损失。”发包人风险指非发包人原因造成的合同约定应由发包人承担因此造成工期拖延的费用的风险，主要有不利地下条件、分包拖延。

承包人的工期延误损失一般包括停工、窝工产生的费用，依据《民法典》

第 804 条“因发包人的原因致使工程中途停建、缓建的，发包人应当采取措施弥补或者减少损失，赔偿承包人因此造成的停工、窝工、倒运、机械设备调迁、材料和构件积压等损失和实际费用”的规定，主要包括人工误工、材料涨价、临时设施及机械设备的租赁造成的损失以及工程延期期间的管理费用。同时，如承包人垫资施工，还可以要求贷款利息；如承包人进行了分包并因此产生的对分包人的违约赔偿；如保险费用由承包人承担，则延长保险期限所产生的保险费用等。

2. 发包人的主要工期延误损失：

因承发包人一般会在合同中约定承包人工期延误承担的违约责任，如延期一天承担多少违约金，发包人工期索赔的争议一般集中在工期延误天数上。但有时承包人会根据《民法典》第 585 条提出违约金约定过高或者发包人提出违约金不足以赔偿损失，并提出对发包人的工期延误损失进行鉴定。在此情况下，发包人的损失可能包括：贷款利息、盈利损失、增加的监理费、土地出让金、按合同约定由发包人提供的材料的价格上涨损失、按合同约定由发包人提供的施工设备以及临时设施在延误期间的租赁费、管理费。如保险费用由发包人承担，则延长保险期限所产生的保险费用等。

第十章　施工合同其他类型纠纷

综述：施工合同其他类型纠纷①

除前面章节所述的施工合同主体纠纷、施工合同效力纠纷、施工合同工程价款纠纷、施工合同工程质量纠纷、施工合同工程工期纠纷等类型的施工合同纠纷外，还有一些较为典型和常见的施工合同纠纷不便归类，但在建设工程案件的司法审判实践中同样具有十分重要的意义。为此，本章选取了其中五种在实践中较为突出的纠纷予以阐述，该五种施工合同纠纷分别是垫资纠纷、内部承包纠纷、建设工程价款优先受偿权纠纷、建设工程施工合同管辖纠纷、施工合同诉讼时效纠纷。以下对司法审判实践中审理上述五种纠纷案件的主要观点予以概述。

一、垫资纠纷

垫资施工是建设工程领域中的一种常见现象。在建设工程案件中，因垫资而产生的争议也是较为常见的，其争议主要集中在两个方面，分别是垫资条款的效力以及垫资利息的计算。

（一）关于垫资条款的效力问题

垫资施工多是建设单位利用优势地位“延迟”支付工程款产生，导致在建设工程商业活动中出现很多弊端，比如拖欠建筑工人工资、拖欠劳务款和材料款等。针对垫资施工的现象，现行的法律和政策仅对政府投资的项目中的垫资施工作了禁止性规定，未对非政府投资项目的垫资施工作出禁止性规定。

2006 年 1 月 4 日，建设部（已撤销）、国家发展和改革委员会、财政部、中国人民银行联合发布了《关于严禁政府投资项目使用带资承包方式进行建设的通知》，其中第 1 条规定：“政府投资项目一律不得以建筑业企业带资承

① 撰稿人：徐文斌、张黎明，上海建纬（北京）律师事务所；王昕昕，上海市建纬律师事务所。

包的方式进行建设，不得将建筑业企业带资承包作为招投标条件；严禁将此类内容写入工程承包合同及补充条款，同时要对政府投资项目实行告知性合同备案制度……”第3条规定：“对于使用带资承包方式建设的政府投资项目，一经发现，有关部门要按照有关法律法规对该建设单位进行查处并依法进行行政处罚；建设等部门应停止办理其报建手续，对该项目不予竣工验收备案；发展改革等有关部门对该单位新建项目给予制约；对于在工程建设过程中抽逃资金的，财政部门要立即停止该项目的资金拨付……”

2019年4月14日国务院发布了《政府投资条例》，其中第22条规定：“政府投资项目所需资金应当按照国家有关规定确保落实到位。政府投资项目不得由施工单位垫资建设。”第34条规定，对要求施工单位垫资建设的政府投资项目单位暂停、停止拨付资金或者收回已拨付的资金，要求暂停或者停止建设活动，对负有责任的领导人员和直接责任人员依法给予处分。

2019年12月30日国务院发布了《保障农民工工资支付条例》，其中第23条规定：“建设单位应当有满足施工所需要的资金安排。没有满足施工所需要的资金安排的，工程建设项目不得开工建设；依法需要办理施工许可证的，相关行业工程建设主管部门不予颁发施工许可证。政府投资项目所需资金，应当按照国家有关规定落实到位，不得由施工单位垫资建设。”

2020年7月5日国务院发布了《保障中小企业款项支付条例》，其中第7条规定：“机关、事业单位使用财政资金从中小企业采购货物、工程、服务，应当严格按照批准的预算执行，不得无预算、超预算开展采购。政府投资项目所需资金应当按照国家有关规定确保落实到位，不得由施工单位垫资建设。”

2019年11月8日最高人民法院发布的《全国法院民商事审判工作会议纪要》（法〔2019〕254号）（以以下简称《九民纪要》）第30条规定，人民法院在审理合同纠纷案件时，要依据《民法总则》第153条第1款和合同法司法解释（二）第14条[①]的规定慎重判断“强制性规定”的性质，特别是要在考量强制性规定所保护的法益类型、违法行为的法律后果以及交易安全保护等因素的基础上认定其性质，并在裁判文书中充分说明理由。下列强制性规定，应当认定为“效力性强制性规定”：强制性规定涉及金融安全、市场秩

① 对应《民法典》第153条。

序、国家宏观政策等公序良俗的；交易标的禁止买卖的，如禁止人体器官、毒品、枪支等买卖；违反特许经营规定的，如场外配资合同；交易方式严重违法的，如违反招投标等竞争性缔约方式订立的合同；交易场所违法的，如在批准的交易场所之外进行期货交易。关于经营范围、交易时间、交易数量等行政管理性质的强制性规定，一般应当认定为“管理性强制性规定”。

2021 年 1 月 1 日实施的《民法典》第 153 条规定“违反法律、行政法规的强制性规定的民事法律行为无效。但是，该强制性规定不导致该民事法律行为无效的除外。违背公序良俗的民事法律行为无效。”从《民法典》和《九民纪要》的规定来看，合同条款在违反法律、行政法规效力性强制性规定的情况下，才会导致合同条款无效。判断行政法规规定是否为效力性强制性规定，需要结合是否涉及金融安全、市场秩序、公序良俗、交易标的、市场竞争等内容进行判断。

上述《政府投资条例》《保障农民工工资支付条例》《保障中小企业款项支付条例》中规定，政府投资项目不得由施工单位垫资建设。笔者认为该规定出台的目的不仅仅是为行政管理，还为解决垫资施工产生的不良后果，规范建筑市场秩序，控制超预算资金投资，解决拖欠工程款和农民工工资问题，是国家对固定资产投资的宏观调控的措施。笔者认为关于政府投资项目不得由施工单位垫资建设的规定应当属于效力性强制性规定，因此，在政府投资项目中的垫资施工合同条款应认定为无效合同条款。

目前国家的法律、行政法规未对非政府投资项目垫资施工作出禁止性规定，非政府投资项目合同中的垫资施工条款应当属于合同双方意思自治的范畴，不违反效力性强制性规定。因此，非政府投资项目发承包双方关于垫资施工的约定应是合法有效的。

（二）关于垫资利息的计算问题

政府投资项目中垫资合同条款无效，则垫资款利息约定亦无效，垫资利息不应得到支持。

非政府投资项目中垫资合同条款合法有效，则垫资款的利息亦应得到支持。就垫资利息的计算问题，《最高人民法院关于审理建设工程施工合同纠纷案件适用法律问题的解释（一）》（以下简称《最高院施工合同司法解释（一）》）第 25 条作出了明确的规定：“当事人对垫资和垫资利息有约定，承包人请求按照约定返还垫资及其利息的，人民法院应予支持，但是约定的利息计算标准高于垫资时的同类贷款利率或者同期贷款市场报价利率的部分除外。当事人对垫资没有约定的，按照工程欠款处理。当事人对垫资利息没有约定，承包人请求支付利息的，人民法院不予支持。”

根据上述规定，对于非政府投资项目的垫资利息，如果发承包双方有约定的，应当按照约定执行，但是对于约定的利息高于垫资时的同类贷款利率或者同期贷款市场报价利率的部分，法院不予支持，如果发承包双方未对垫资利息作出约定，则法院不应支持当事人要求支付垫资利息的请求。

二、内部承包纠纷

一般而言，内部承包是指企业作为发包方与其内部的生产职能部门、分支机构、职工之间为实现一定的经济目的，而就特定工程项目的经营管理权所达成的约定。内部承包是企业生产经营的一种方式，有助于优化企业管理结构，提高员工的积极性，进而推动企业的经营效益。内部承包模式并不违反法律的相关规定，在建筑企业中，内部承包的经营模式亦大量存在。但是，由于我国法律对从事建筑施工的企业有相应的资质要求，一些企业或个人为规避法律的规定以内部承包名义进行转包、挂靠施工，也因此产生了许多合同纠纷。为此，司法审判实践中，必须准确界定建筑企业的内部承包行为的内涵，并将内部承包与转包、挂靠行为相区分。

（一）建筑企业内部承包行为的认定

《北京市高级人民法院关于审理建设工程施工合同纠纷案件若干疑难问题的解答》（京高法发〔2012〕245号）规定：“建设工程施工合同的承包人将其承包的全部或部分工程交由其下属的分支机构或在册的项目经理等企业职工个人承包施工，承包人对工程施工过程及质量进行管理，对外承担施工合同权利义务的，属于企业内部承包行为；发包人以内部承包人缺乏施工资质为由主张施工合同无效的，不予支持。”

严格把握建筑企业的内部承包行为的认定标准，才能避免建筑企业通过名义上的内部承包等方式变相允许他人以本企业的名义承揽工程，或变相地将己方承包的工程转包他人。

（二）内部承包合同的可诉性

建筑企业内部承包行为是以内部承包合同为基础的。而如前文所述，内部承包是企业内部的一种经营方式，那么就会面临一个重要的问题，即企业与其内部承包合同项下的承包人在履行内部承包合同的过程中发生争议时，是否可通过诉讼解决？也就是说，内部承包合同是否具有可诉性？

对于内部承包合同的可诉性问题，法律及最高人民法院司法解释并没有明确规定。有观点认为，企业内部承包是企业实行内部劳动管理、考核的一种方式，内部承包合同争议应属劳动争议。也有观点认为，内部承包合同的主体具有隶属性，而非平等主体之间的财产或人身关系，内部承包合同纠纷不属于人民法院民事诉讼受理范围。还有观点认为，内部承包合同一般涉及个人参与企业经营方面的权利义务、责任风险承担及利益归属，应系平等主体之间的民事法律关系。我们认为，内部承包经营是一种生产经营的激励机制，合理使用好内部承包经营有利于提高企业员工的生产经营积极性、责任性，促进企业生产经营水平的提升，如果将内部承包合同纠纷一概拒之诉讼之外，不利于促进内部承包经营制度的健康发展，也不利于双方的权利得到救济。但是，在处理内部承包合同纠纷时，应当贯彻权利与义务相一致以及充分保护劳动者的原则，总体而言，对应由承包人享有的权益应予以充分保护，对企业要求承包人承担的义务明显不当、责任过重的应予否定或调整。

根据江苏省高级人民法院的上述理解，内部承包合同具有可诉性，本书亦赞同江苏省高级人民法院的观点，内部承包合同的承包人是企业的分支机构或职工，在地位上难以与企业平等，如承包人根据内部承包合同应当享有的权利不能得以实现时，又不能诉诸法院解决，则承包人的正当权利将难以得到保障，因此有必要赋予相对人通过司法途径维护自身合法权益的诉讼权利。

除以上问题外，内部承包纠纷还涉及转包、挂靠的认定问题，内部承包与转包、挂靠的区分问题，及非法所得的认定与收缴问题等，对于这些问题，内部承包纠纷一节将予详述。

三、建设工程价款优先受偿权纠纷

建设工程价款优先受偿权是施工合同承包人的一项重要权利，《民法典》第807条明确规定了建设工程价款优先受偿权，《最高院施工合同司法解释（一）》第35条至第42条也对建设工程价款优先受偿权作了具体规定。同时，建设工程价款优先受偿权的以下问题是应当厘清的：

（一）建设工程价款优先受偿权的性质

第一种观点认为，承包人的优先受偿权为留置权。但是，依照民法原理和现行法律规定，留置权对象仅限于动产，故该种观点与民法理论不符，是不正确的；第二种观点认为，承包人优先受偿权的性质是优先权，这种优先权可称为建筑优先权，如同船舶优先权、航空器优先权一样；第三种观点认为，承包人的优先受偿权为一种法定抵押权。法定抵押权是指当事人依据法律的规定而直接取得抵押权。王利明教授亦指出："我国《民法典》所规定的法定抵押权实际上是承揽人的法定抵押权，它主要是指因为在建筑工程竣工以后，发包人未按照约定支付价款，承包人对建筑工程可享有法定抵押权，即其工程价款可以通过折价、拍卖等方式而获得的价款优先受偿。"第三种观点由于是立法者意图的体现，因此，该种观点在司法实践中被广泛接受。

尽管前述三种观点各有不同，但是三种观点均意在通过明确承包人的优先受偿权的性质来说明这种权利的效力，即与其他权利相比较时，其效力如何。《最高院施工合同司法解释（一）》第 36 条规定："承包人根据民法典第八百零七条规定享有的建设工程价款优先受偿权优于抵押权和其他债权。"司法解释并没有具体指出承包人享有的这种优先受偿权是否为法定抵押权或其他权利，因为确定权利性质并非司法解释的任务，但肯定了承包人的这种优先受偿权优于抵押权和其他债权，从而明确了以上三种观点所追求的共同答案。

（二）建设工程价款优先受偿权的行使主体及期限

尽管勘察、设计合同亦属于建设工程合同，且《民法典》第 807 条规定在第 18 章"建设工程合同"一章之下，从体系解释的角度，勘察人、设计人亦应享有建设工程价款优先受偿权。但《最高院施工合同司法解释（一）》第 35 条规定："与发包人订立建设工程施工合同的承包人，依据民法典第八百零七条的规定请求其承建工程的价款就工程折价或者拍卖的价款优先受偿的，人民法院应予支持。"可见，仅建设工程施工合同的施工承包人享有建设工程价款优先受偿权，勘察人、设计人并不享有该项权利。

就建设工程价款优先受偿权的行使期限，《民法典》并未对此作出规定，《最高院施工合同司法解释（一）》对此问题予以了明确，第 41 条规定："承包人应当在合理期限内行使建设工程价款优先受偿权，但最长不得超过十八个月，自发包人应当给付建设工程价款之日起算。"一般认为，该条规定的十八个月期间为不变期间，不适用中止、中断或者延长的规定，如承包人未在上述期间内主张优先受偿权的，则意味着该项权利的丧失。

（三）建设工程价款优先受偿权的行使范围

对建设工程价款优先受偿权的行使范围，《民法典》亦未作出规定，但

《最高院施工合同司法解释（一）》对此问题予以了明确，第40条规定："承包人建设工程价款优先受偿的范围依照国务院有关行政主管部门关于建设工程价款范围的规定确定。承包人就逾期支付建设工程价款的利息、违约金、损害赔偿金等主张优先受偿的，人民法院不予支持。"根据该条规定，建设工程价款优先受偿权的担保范围不包括发包人违约给承包人造成的损失（包括利息、违约金、损害赔偿金等）。

司法实践中，对于垫资款是否属于优先受偿权的担保范围亦存在争议。但在司法裁判中，一般认为，对此问题应分两种情形分析，如果垫资款用在了施工中，如支付了工人工资、购买材料款等，则此时垫资款的性质符合建设工程价款的标准，应当归入优先受偿权的担保范围；但如果垫资款未用在施工中，而是发承包人之间进行的资金拆借，则该等垫资并不符合建设工程价款的标准，不应归入优先受偿权的担保范围。

四、建设工程施工合同管辖纠纷

建设工程施工合同纠纷的管辖包括地域管辖和级别管辖，级别管辖较易确定，仅需根据最高人民法院于2015年4月30日发布的《最高人民法院关于调整高级人民法院和中级人民法院管辖第一审民商事案件标准的通知》（法发〔2015〕7号）进行确定。

地域管辖是容易产生争议的地方，在《最高人民法院关于适用〈中华人民共和国民事诉讼法〉的解释》（以下简称《民诉法解释》）颁布之前，司法实践中一直存在建设工程施工合同纠纷是否适用不动产专属管辖之争。一种观点认为，建设工程施工合同纠纷为不动产纠纷，根据《民事诉讼法》的规定，该类争议只能在不动产所在地管辖；另一种观点则认为，建设工程施工合同纠纷为合同纠纷，根据《民事诉讼法》的规定，该类纠纷应由被告住所地或者合同履行地人民法院管辖，且对于合同纠纷，合同当事人还可以约定管辖，约定由被告住所地、合同履行地、合同签订地、原告住所地、标的物所在地等与争议有实际联系的地点的人民法院管辖。《民诉法解释》第28条第2款规定："农村土地承包经营合同纠纷、房屋租赁合同纠纷、建设工程施工合同纠纷、政策性房屋买卖合同纠纷，按照不动产纠纷确定管辖。"因此，在《民诉法解释》公布后，明确了建设工程施工合同纠纷应当由不动产所在地人民法院专属管辖。

五、施工合同诉讼时效纠纷

诉讼时效制度是民事法律体系中的一项重要制度，对诉讼当事人的权益具有十分重要的影响，对于施工合同纠纷来说更是如此，在建设工程施工中工程款支付一般采用分期支付的方式且支付周期通常较长，而迟延支付工程款又是施工合同履行中较为常见的情形。因此，债权人需要特别关注诉讼时效问题，避免超期主张权利，产生不必要的损失。在诉讼时效纠纷案件中，最为常见、争议最大的问题是如何认定诉讼时效的起算和中断，这两个问题也是认定当事人的主张是否超过诉讼时效期间的关键性问题。

《民法典》第188条规定向人民法院请求保护民事权利的诉讼时效期间为三年，诉讼时效期间自权利人知道或应当知道权利被损害和义务人时起算。对于工程款债权而言，债权人的权利是基于施工合同产生，通常需要借助合同来判断当事人是否知道或应当知道其权利被侵害。对于付款时间约定明确的施工合同来说，债务人一旦不按照施工合同的相关约定履行付款义务，债权人可以及时知晓，即可作为诉讼时效的起算点。在施工合同对工程款支付期限约定不明确的情形下，则需要按照主客观结合的标准，采用一定的客观起算方式弥补主观标准的不确定性。对此，《最高院施工合同司法解释（一）》第27条规定："利息从应付工程价款之日开始计付。当事人对付款时间没有约定或者约定不明的，下列时间视为应付款时间：（一）建设工程已实际交付的，为交付之日；（二）建设工程没有交付的，为提交竣工结算文件之日；（三）建设工程未交付，工程价款也未结算的，为当事人起诉之日。"在司法审判实践中，该条也成为法院在工程款支付约定不明确的情形下确定诉讼时效期间起算点的相应依据。但对于该问题，有些法院持不同的观点，其认为由于工程款支付时间约定不明确，债权人获得支付的权利尚未形成，不存在超过诉讼时效的问题，对于具体诉讼时效起算点应依据《最高人民法院关于审理民事案件适用诉讼时效制度若干问题的规定》（以下简称《诉讼时效若干规定》）第4条予以确定，即"未约定履行期限的合同，依照民法典第五百一十条、第五百一十一条的规定，可以确定履行期限的，诉讼时效期间从履行期限届满之日起计算；不能确定履行期限的，诉讼时效期间从债权人要求债务人履行义务的宽限期届满之日起计算，但债务人在债权人第一次向其主张权利之时明确表示不履行义务的，诉讼时效期间从债务人明确表示不履行义务之日起计算"。

诉讼时效中断是诉讼时效进行中推翻诉讼时效适用基础的一种法律制度，我国《民法典》第195条规定："有下列情形之一的，诉讼时效中断，从中断、有关程序终结时起，诉讼时效期间重新计算：（一）权利人向义务人提出履行请求；（二）义务人同意履行义务；（三）权利人提起诉讼或者申请仲裁；（四）与提起诉讼或者申请仲裁具有同等效力的其他情形。"其在适用的时间要求上以在诉讼时效期间内为限。只要是在诉讼时效期间内出现了法定的中断事由，其任何阶段均可能发生诉讼时效中断。诉讼时效中断的法律后果是使已经经过的诉讼时效期间归于无效，新的诉讼时效期间重新起算。诉讼时效中断中最关键的问题是如何有效地对中断事由进行举证。《诉讼时效若干规定》第8条至第17条对诉讼时效中断的法定事由、中断点以及重新起算点的认定等内容作出详细的规定。虽然引起诉讼时效中断的事由很多，但如何认定当事人提出的要求符合诉讼时效中断的事由以及当事人应如何举证，是司法实践中经常遇到的难题，法院的认定标准一般会基于以下两个原则：一是主张权利的意思表示要向特定的相对人发出，二是主张权利的意思表示要传达到该特定的相对人。因此，债权人在向债务人主张相关权利时亦要基于上述原则及时取得和保留相关证据，以保障自己的合法权益。

下文将结合法院的相关典型案例对上述五种施工合同纠纷分别展开论述，归纳每种类型纠纷下的具体争议焦点，总结和明确司法实践中审理该类建设工程案件的主流观点。

10.1 法院如何认定垫资约定效力、垫资利率①

——国某公司与某县民政局建设工程合同纠纷再审民事判决书②

关 键 词： 政府投资项目　垫资约定效力　垫资利率

问题提出： 垫资施工是建筑市场中的普遍现象，司法机关如何认定垫资施工的效力？

① 撰稿人：黄栋，上海建纬（北京）律师事务所；王昕昕，上海建纬律师事务所。

② 一审：仁寿县人民法院，（2017）川1421民初2619号；二审：眉山市中级人民法院，（2018）川14民终521号；再审：眉山市中级人民法院，（2019）川14再18号。

关联问题： 垫资施工的法律法规规定以及法律对垫资利息的保护尺度？

裁判要旨：《政府投资条例》第22条第2款规定，政府投资项目不得由施工单位垫资建设。垫资施工违反了行政法规的禁止性规定，垫资施工的约定应当无效，对合同当事人不具有拘束力。垫资利息应当由当事人在一审、二审中主张，当事人在再审程序增加利息诉讼请求的，不符合法律规定，不予支持。

案情简介

再审申请人（一审原告、二审上诉人）：国某公司

被申请人（一审被告、二审上诉人）：某县民政局

2011年4月1日，双方签订了《眉山市救灾物资储备仓库某分库建设工程承包合同》。合同签订后，国某公司即进场施工。因山体滑坡等原因，于2011年4月18日起停工至2012年8月8日复工。在后续施工中，按照仓库建设的要求，调整了设计变更，新增了地砖、吊顶、消防水箱等。2013年3月28日，工程完工并通过竣工验收，随即交付某县民政局使用。2015年12月，国某公司将工程结算报告报给某县民政局，某县民政局进行了初核并要求国某公司整改，2016年5月12日，双方在眉山市救灾物资储备仓库某分库《竣工结算书》上盖章，《竣工结算书》上显示合同期内工程价款为1774940元、增加工程价款749345元、2011年10月3日前的投入及停工损失价款434187元。2016年6月，某县民政局将结算资料交县财政投资评审中心评审，评审中心一直未完成评审，国某公司提起诉讼主张工程价款。

一审法院判决：双方签订的《建设工程承包合同》系双方真实意思表示，不违反法律规定，合同有效。《建设工程承包合同》在结算价款的支付中约定：工程竣工结算报某县审计局并且承包人将竣工资料移交给发包人后付至核定金额的85%，审计完成后并且承包人办下完成竣工资料归档后付至结算金额的95%，余5%作为质保金，待质保期满后无息退还。最终审计结果以某县审计局审计结果为准。一审法院认为该条仅约定将审计局审计情况作为付款条件，并没约定工程结算价款以政府审计部门审计结果作为结算依据，故对国某公司主张按照双方签章确认的结算价结算工程价款的请求予以支持，

结算价款不应以审计机关的审计结果作为依据。合同约定审计完成后支付工程款的10%，现审计未完成，双方约定的付款条件尚未成就，因此对于国某公司要求支付此部分款项的请求不予支持。

二审法院判决：一审认定事实清楚，适用法律正确，判决处理适当。依据《民事诉讼法》第174条、第170条第1款第1项规定，判决：驳回上诉，维持原判。

再审法院判决：一、撤销四川省眉山市中级人民法院（2018）川14民终521号民事判决；二、撤销四川省仁寿县人民法院（2017）川1421民初2619号民事判决；三、某县民政局在本判决生效后三十日内支付国某公司工程欠款254285元及损失219857.34元，共计474142.34元；四、驳回四川省国某建筑工程有限公司的其他诉讼请求。

各方观点

国某公司观点：（一）原审判决以付款条件尚未成就而未支持国某公司请求支付10%的工程款有误。本案中，虽双方签订的《建设工程承包合同》中约定在审计后支付10%的工程款，但因案涉的新增工程在施工前没有进行财评，而没有进行财评的责任在某县民政局，现审计局以案涉新增工程没有进行财评为由拒绝审计，致使支付10%的工程款的条件永远不能成就，而原审法院在明知不能审计的情况下，却仍判决以审计为支付条件明显错误。另，本案中双方并未约定以审计结果作为结算依据，在工程完工后双方已对案涉工程价款进行了签章确认。（二）原审判决对停工损失认定不当。2011年11月3日前的损失，因经双方多次核实，对该损失金额进行了调整结算并盖章确认，故对该部分损失应当全额支持。2011年11月3日至2012年8月8日期间的停工损失部分应当由某县民政局承担。同时，人工费上涨调差款18.38万元应属工程款的组成部分，应当计算在原工程和增量工程之中。

某县民政局观点：第一，关于合同约定10%的工程款支付，双方签订的建设承包合同明确约定，待审计后付至95%，扣除85%的进度款，还有10%的工程款，双方约定的付款条件尚不具备，审计既是付款的条件也是付款的依据，故应由某县审计局审计后支付。第二，关于停工损失，答辩人在申请人提交的竣工结算书上明确说明了最终以某县审计局审计结果为准，目前对损失尚未审计，答辩人也不存在对竣工结算书上数据的认可，也不是对各项损失的认可。申请人的主张，缺乏相应的事实依据、法律依据。

法院观点

一审法院观点：双方签订的《建设工程承包合同》系双方真实意思表示，不违反法律规定，予以确认。双方均应按合同约定履行义务。

关于是否应以审计机关的审计结果作为结算依据的问题。某县民政局辩称《竣工结算书》上盖章是为了提交县财政投资评审中心评审，工程价款应以审计结果作为结算依据。《建设工程承包合同》仅在结算价款的支付中约定：工程竣工结算报某县审计局并且承包人将竣工资料移交给发包人后付至核定金额的85%，审计完成后并且承包人办下完成竣工资料归档后付至结算金额的95%，余5%作为质保金，待质保期满后无息退还。最终审计结果以某县审计局审计结果为准。一审法院认为该条仅约定将审计局审计情况作为付款条件，并没约定工程结算价款以政府审计部门审计结果作为结算依据，故对国某公司主张按照双方签章确认的结算价结算工程价款的请求予以支持。

关于国某公司请求某县民政局支付剩余价款的请求是否应得到支持的问题。按照双方对付款方式的约定，某县民政局于工程竣工结算报某县审计局并且承包人将竣工资料移交给发包人后付至核定金额的85%，审计完成后并且承包人办理完成竣工资料归档后付至结算金额的95%，余5%作为质保金，待质保期满后无息退还。现质保期已满，某县民政局即应按双方签章确认的金额1774940元+749345元即2524285元付工程款的85%，退质保金5%，即某县民政局应支付国某公司2271856.50元，某县民政局已支付2270000元，尚欠1856.50元应予支付，对另10%的工程款，双方约定的付款条件尚未成就，因此对于国某公司要求支付此部分款项的请求不予支持。

二审法院观点：关于是否应以审计机关的审计结果作为案涉双方的结算依据。案涉双方签订的《建设工程承包合同》第一部分协议书第5条合同价款，以及第三部分专用合同条款第2.6.1条合同价款的确定、第2.6.2条双方约定合同价款的其他调整因素部分，均没有约定以最终审计结果作为结算依据。双方仅在第2.6.4条工程款（进度款）支付项下第1款双方约定的工程款（进度款）支付的方式和时间、第17.3条工程进度付款中有“……工程竣工结算报仁寿县审计局并且承包人将竣工资料移交给发包人后付至85%，承包人办理完成竣工资料归档并通过审计后，付至审计后工程总价的95%……”

约定，以及第 17.5.4 条结算价款的支付中约定："工程竣工结算报某县审计局并且承包人将竣工资料移交给发包人后付至核定金额的 85%，审计完成后并且承包人办下完成竣工资料归档后付至结算金额的 95%，余 5% 作为质保金，待质保期满后无息退还。最终审计结果以某县审计局审计结果为准。"案涉双方并没有约定工程结算价款以政府审计部门审计结果作为结算依据，只是将审计局审计情况作为付款条件，一审认定以双方签章确认的结算价作为结算工程价款依据并无不当。因此仁寿县民政局关于"一审法院将国某公司报送的《竣工结算书》直接作为结算付款依据，将仁寿县审计局应出具的审计结果只作为付款条件进行认定，属认定事实错误"的上诉理由不成立。

再审法院观点：本案双方对支付最后 10% 工程款附加的所谓"条件""通过审计后"并非民法意义上的条件，而是民法意义上的期限，因为民事法律行为所附的条件应当是将来不确定能否发生的事实，如果所附是将来确定能够发生的事实则是附期限，即本案所附"通过审计后"支付最后 10% 工程款实则为附期限的民事法律行为，至于最终因案涉新增工程未依规进行财评导致无法审计也不能改变"通过审计后"是期限而非条件的性质。

至于审计金额是否是支付的依据，在最高人民法院在对河南省高级人民法院 2001 民一他字第 2 号"关于建设工程承包合同案件中双方当事人已确认的工程决算价款与审计部门审计的工程决算价款不一致时如何适用法律问题的请示"电话答复意见中，明确了"只有在合同明确约定以审计结论作为结算依据或者合同约定不明确、合同约定无效的情况下，才能将审计结论作为判决的依据"。本案中双方在合同中约定"通过审计后，付至审计后工程总价的 95%"、"审计完成后并且承包人办下完成竣工资料归档后付至结算金额的 95%"，后者已明确是付至双方结算金额的 95%，并非审计金额的 95%，而前者"审计后工程总价"并未明确是审计的工程总价，故审计金额也非支付的依据。

至于支付最后 10% 工程款所附期限"通过审计后"为何一直未到，系因被申请人未按相关文件规定对案涉新增工程进行前期财评导致，再审申请人并无过错，被申请人认为案涉工程还能够审计，但在工程竣工交付后长达七年的时间内未提交审计，也未在诉讼中向法院提交案涉工程还可提交审计的证据，故在案涉工程审计已经不可能的情形下，被申请人应当在合理期限内支付该 10% 的工程款。目前案涉工程验收交付已满七年，竣工结算已满四年，已超过合理期限，再审申请人请求支付应予支持。

此外，如果要求必须通过审计后才能支付工程款也违反了现行法规的规定。2019 年 7 月 1 日实行的行政法规《政府投资条例》第 22 条第 2 款规定：政府投资项目不得由施工单位垫资建设。尽管本案因时间原因不适用该规定，但也显示出按现行行政法规的规定，本案所涉工程系政府投资项目，双方约定通过审计后付其余所欠的 10% 工程款实质是让申请人垫资修建，违反了现行行政法规的禁止性规定，该约定应当无效，对申请人不具有拘束力。故判决在不能审计的情形下支付再审申请人最后 10% 工程款也符合现行法规规定。

国某公司能否对某县民政局欠付的工程款、停工损失主张利息的问题。经查，国某公司一审中并未就该利息提起诉讼请求，而是在上诉中增加的该请求，其增加诉讼请求不符合法律规定，未在一审辩论结束前提出，对其该再审请求不予支持。

关联案例 1

案件名称：某盛达公司与中石油分公司建筑工程施工合同纠纷案

审理法院：一审：甘肃省瓜州县人民法院（2020）甘 0922 民初 74 号；二审：甘肃省酒泉市中级人民法院（2020）甘 09 民终 1147 号

裁判观点：关于垫资合同条款效力的问题。中石油分公司与某盛达公司签订的《建设工程施工合同》，系双方真实意思表示，各自应当按照约定全面履行义务。某盛达公司辩称其所承建的工程属政府投资项目，双方关于垫资建设的约定违反行政法规的强制性规定，某盛达公司不构成违约。经审查认为，《政府投资条例》中关于政府投资项目不得由施工单位垫资建设的规定，系强制性规定中的管理性规定，而且双方已经开始按照合同约定履行了部分义务，根据诚实信用原则，及维护市场秩序的要求，不应认定合同无效。

关联案例 2

案件名称：胜某公司与某和公司建设工程施工合同纠纷案

审理法院：一审：湖北省武汉市东西湖区人民法院（2019）鄂 0112 民初 701 号；二审：湖北省武汉市中级人民法院（2020）鄂 01 民终 9989 号

裁判观点：2015 年 3 月 16 日，胜某公司、某和公司签订《建设工程施工合同》一份，其中第 4 条规定工程价款的支付：本工程不支付备料款，承包人先垫资施工到第十五层结构平面后，从第十六层结构平面起开始支付进度款。

法院认为：双方签订的《凯旋名居项目建安工程总承包框架协议》《建安工程施工总承包补充合同》《建设工程施工合同》《关于凯旋名居项目建设工程施工合同的补充协议》《工作联系函》及《建设工程施工补充协议》，均系当事人的真实意思表示，且内容未违反法律法规禁止性规定，合法有效。

关联案例3

案件名称： 比某公司与中某公司建设工程施工合同纠纷案

审理法院： 一审：浙江省舟山市定海区人民法院（2019）浙0902民初4124号；二审：浙江省舟山市中级人民法院（2020）浙09民终287号

裁判观点： 中某公司与比某公司、某浪公司签订《高智产业园区项目工程建设工程施工合同补充合同1》，对付款期限及违约责任进行调整，约定中某公司垫资施工至主体外立面装饰完成后2个月内，并约定垫资利率；某浪公司为比某公司履行合同条款提供连带担保责任。

法院认为，中某公司与比某公司签订的施工合同及补充合同，内容均不违反法律、行政法规的强制性规定，应为合法有效。现比某公司未按约履行合同义务，应承担相应的违约责任，故对中某公司的第1、2、3项诉讼请求，予以支持。中某公司要求对垫资利息6484483元再计算利息，不符合最高人民法院关于建设工程施工合同垫资利息的规定，不予支持。

律师点评

一、非政府投资项目施工合同中的垫资施工约定条款是合法有效的

对于垫资施工问题，国家行业主管部门曾经作出过多次规定，其中影响最为广泛和直接的是建设部（住房和城乡建设部）、财政部、国家计委（国家发改委）在1996年6月4日颁布实施的《关于严格禁止在工程建设中带资承包的通知》（已废止），该通知明确了相关行政部门对垫资施工不予认可的态度。1999年之前有法院根据上述《通知》判决施工合同中垫资施工约定无效的案例。但是，现在上述《通知》已经废止，并且《民法典》颁布实施后，也进一步明确，合同条款违反法律、行政法规强制性规定的，才导致合同无效，行政规章中禁止性规定不会导致合同条款无效。目前，国家的法律、行政法规中并没有关于禁止非政府投资项目垫资施工的规定，因此，法院在审理相关案件时，不应以当事人约定了带资承包条款，而认定合同条款无效。

该态度也进一步明确在《最高院施工合同司法解释（一）》第25条第1款“当事人对垫资和垫资利息有约定，承包人请求按照约定返还垫资及其利息的，人民法院应予支持，但是约定的利息计算标准高于垫资时的同类贷款利率或者同期贷款市场报价利率的部分除外”中。

尽管垫资施工合同条款合法有效，在建设工程施工合同拟定的过程中也应考虑垫资对工程实施的影响。比如，建筑工程开工前，建设单位（发包人）应当按照国家有关规定向工程所在地县级以上人民政府建设行政主管部门申请领取施工许可证。而根据《建筑法》第8条第1款第5项规定，建设单位申请领取施工许可证的必备条件之一是“有满足施工需要的资金安排、施工图纸及技术资料”，因此，如果发包人与承包人在建设工程施工合同中直接约定垫资条款，则很有可能因为“无满足施工需要的资金安排”而无法获得施工许可证。

二、政府投资项目施工合同中的垫资施工约定条款应是无效的

以往政府投资项目因为垫资施工产生较多纠纷，对政府投资管理产生不利影响，一定程度上扰乱市场秩序，也因此产生诸如超概算资金投资，拖欠工程款和拖欠农民工工资等诸多问题。近年来国家出台多项行政法规进一步规范政府投资项目的垫资施工现象，2019年7月1日实施《政府投资条例》，其中第22条规定“政府投资项目所需资金应当按照国家有关规定确保落实到位。政府投资项目不得由施工单位垫资建设”。2020年5月1日实施《保障农民工工资支付条例》，其中第23条规定“建设单位应当有满足施工所需要的资金安排。没有满足施工所需要的资金安排的，工程建设项目不得开工建设；依法需要办理施工许可证的，相关行业工程建设主管部门不予颁发施工许可证。政府投资项目所需资金，应当按照国家有关规定落实到位，不得由施工单位垫资建设”。2020年9月1日实施《保障中小企业款项支付条例》，其中第7条规定“机关、事业单位使用财政资金从中小企业采购货物、工程、服务，应当严格按照批准的预算执行，不得无预算、超预算开展采购。政府投资项目所需资金应当按照国家有关规定确保落实到位，不得由施工单位垫资建设”。以上三部行政法规均规定禁止政府投资项目垫资建设，可见在政府投资项目禁止垫资施工方面要求之严，力度之大。笔者认为关于政府投资项目不得由施工单位垫资建设的规定应当属于效力性强制性规定，根据《民法典》第153条规定“违反法律、行政法规的强制性规定的民事法律行为无效……”在政府投资项目中的垫资施工合同条款应认定为无效合同条款。

还需注意的是，政府投资项目中出现垫资施工的合同条款不仅可能导致合同条款无效，作为建设单位还会受到行政处罚和处分。[①]

三、垫资利率应按垫资时同类同期贷款市场报价利率认定

如前所述，非政府投资项目施工合同中垫资条款是合法有效的，但是垫资利率如何认定仍然存在争议。

非政府投资项目施工合同垫资利率的约定尽管是有效的，但并不是可以任由双方当事人进行约定。有人认为施工合同垫资利率可以按照《最高人民法院关于审理民间借贷案件适用法律若干问题的规定》（2020年修正）中第25条对民间借款利息的规定，即“出借人请求借款人按照合同约定利率支付利息的，人民法院应予支持，但是双方约定的利率超过合同成立时一年期贷款市场报价利率四倍的除外。前款所称‘一年期贷款市场报价利率’，是指中国人民银行授权全国银行间同业拆借中心自2019年8月20日起每月发布的一年期贷款市场报价利率”进行处理。尽管垫资施工类似于借贷，但是不能按照民间借贷利率来认定，施工垫资与民间借贷的最大区别在于，建设工程法律法规要求项目业主在开工之前具备满足项目施工需要的资金安排，因此垫资不仅是当事人之间的民间融资行为，更是违背建设工程行政管理要求的行为，因此不能按照民间借贷利率来认定垫资利率。

《最高院施工合同司法解释（一）》第25条明确规定双方当事人的垫资利息约定尽管有效，但是“约定的利息计算标准高于垫资时的同类贷款利率或者同期贷款市场报价利率的部分除外”。

四、当事人对垫资利息没有约定的，承包人请求支付垫资利息的不予支持

垫资利息与工程款利息不同，工程款利息为法定孳息，垫资利息更体现合意性，《最高院施工合同司法解释（一）》中对垫资利息及工程款利息分别作了不同规定，该解释第25条第3款规定“当事人对垫资利息没有约定，承包人请求支付利息的，人民法院不予支持”。而第26条则规定“当事人对欠付工程价款利息计付标准有约定的，按照约定处理。没有约定的，按照同期同类贷款利率或者同期贷款市场报价利率计息”。即一般工程款利息属于工程

---

① 《政府投资条例》第34条“项目单位有下列情形之一的，责令改正，根据具体情况，暂停、停止拨付资金或者收回已拨付的资金，暂停或者停止建设活动，对负有责任的领导人员和直接责任人员依法给予处分：……（五）要求施工单位对政府投资项目垫资建设；……”

款的法定孳息，即便当事人双方未对其进行约定，工程款债权人也可根据法律规定取得工程款利息，而垫资利息不属于法定孳息，在双方无约定的情况下，垫资人无法基于法律规定直接获取垫资款利息。

五、垫资利息请求的诉讼时效

我国《民法典》第188条规定“向人民法院请求保护民事权利的诉讼时效期间为三年。法律另有规定的，依照其规定。诉讼时效期间自权利人知道或者应当知道权利受到损害以及义务人之日起计算。法律另有规定的，依照其规定。但是，自权利受到损害之日起超过二十年的，人民法院不予保护，有特殊情况的，人民法院可以根据权利人的申请决定延长”。垫资利息的法律性质属于承包人所垫工程款产生的利息，其诉讼时效与作为本金的垫付工程款息息相关。除合同对垫资利息的支付方式及时间另有约定外，如果垫资本金的金额尚不确定或者尚未届清偿期，利息主张主体当然也就无法知道其利息权利被侵害，当然也就无法起算诉讼时效，垫资利息的诉讼时效起算时间应与垫付工程款的诉讼时效起算时间相一致。

10.2 内部承包模式及合同效力在司法实践中的认定①

——王某敏与李某安、某团公司合同纠纷二审民事判决案②

关 键 词：内部承包　合同有效　并非劳动争议　延期付款应支付利息

问题提出：内部承包，作为建筑施工企业的一种经营管理模式，既不是非法转包，也不是挂靠，因此其本身是合法的，属企业自主决策的范围。依法成立的内部承包合同仅对合同当事人有效，合同双方应当按照合同履行义务。

关联问题：内部承包合同争议是否为劳动争议？法院是否应当受理判决？

---

① 撰稿人：黄栋、周涛，上海建纬（北京）律师事务所。

② 一审：新疆维吾尔自治区石河子市人民法院（2019）兵0603民初67号；二审：新疆生产建设兵团第六师中级人民法院（2020）兵06民终206号。

裁判要旨： 内部承包作为建筑施工企业的一种经营管理模式，本身是合法的，属于企业自主决策的范围。承包人承接工程后，将其承包的全部或部分工程交由其下属的分支机构或在册的项目经理等企业职工个人承包施工，设立项目管理机构，由承包人负责财务、工程质量、技术、安全等的监督、管理、指导，对外承担施工合同权利义务的，属于企业内部承包行为。内部承包经营是一种生产经营的激励机制，企业许可承包人在企业资质范围内组织人、财、物，完成一定项目施工，向企业缴纳一定管理费，实行内部独立核算，自负盈亏。因此，在处理内部承包合同纠纷时，应当贯彻权利与义务相一致以及充分保护劳动者的原则。

案情简介

上诉人（原审原告）：王某敏

被上诉人（原审被告）：某团公司

被上诉人（原审被告）：李某安（某团公司分公司经理）

1996 年 6 月 1 日，王某敏与某团公司签订《劳动合同书》，约定合同期限为 1996 年 6 月 1 日至合同终止条件出现，工作内容为以岗位责任书为准。2011 年，案涉工程施工时，王某敏作为某团公司承揽案涉工程的一个班组长在现场参与施工，自 2011 年 7 月至 2012 年 1 月期间，王某敏一直在履行班组长的义务。石河子市某信建筑劳务有限公司为某团公司的下属公司，2011 年 9 月 30 日，王某敏以“王某敏芳草湖项目部”名义向石河子市某信建筑劳务有限公司交纳管理费 3000 元，并承担芳草湖项目的工程建设，项目竣工后因为工程款支付问题发生争议。

2016 年 7 月 11 日，王某敏向法院提起诉讼。诉讼请求：1. 某团公司、李某安支付劳务承包费 437676 元；2. 某团公司、李某安支付劳务费利息 197993.68 元；3. 本案的案件受理费用及邮寄送达费用由某团公司、李某安承担。

诉讼过程中，王某敏提供的某团公司电子版债权债务明细表反映 2012 年年末应向王某敏支付的款项余额为464605.5元；法院多次要求某团公司提供与王某敏之间的账目或年度应付款总账及明细，以便核实王某敏所提交账目的真实性，某团公司以各种理由未予提供。

各方观点

王某敏观点：在诉讼过程中，某团公司多次提供已向上诉人支付由上诉人签收的劳务费749092元的证据，证据中由某团公司财务负责人郭某签发，项目经理李某安签章的转账支票，标明是向上诉人个人支付的劳务费。以上所有证据充分证明上诉人在案涉工程施工过程中是劳务承包人，与某团公司形成了事实劳务合同关系。上诉人向某团公司要求支付案涉工程拖欠的剩余劳务费，应该得到法律的支持和保护。在案涉工程施工过程中，某团公司没有向王某敏发过工资，而是支付了749092元的劳务承包费。案涉工程完工后与王某敏进行了结算，开具了结算依据，工程在2011年年底交付使用后，2012年1月，某团公司还在继续向王某敏支付劳务承包费。以上事实充分说明上诉人王某敏在案涉工程施工期间是以劳务承包人身份进行的施工，而不是以案涉工程的一个班组长的身份参与施工。

某团公司观点：上诉人与某团公司之间在1996年6月1日签订了劳动合同，双方存在劳动关系，不存在劳务合同关系。上诉人在2011年公司改制前系公司员工，是公司安排上诉人为案涉工程劳务班组长，上诉人负责管理工地部分劳务工程。李某安在案涉工地的行为属于某团公司的职务行为，上诉人要求某团公司支付劳务费及利息没有事实和法律依据，请依法驳回上诉人的上诉请求。

法院观点

一审法院观点：王某敏也未提交其与某团公司对于案涉工程劳务部分签订有建设工程分包合同等证据，故对王某敏主张与某团公司存在建设工程分包合同关系的意见，不予采信。某团公司辩称双方并非劳务关系而是劳动合同关系，并提交了双方签订的《劳动合同书》予以证实，王某敏对于《劳动合同书》没有异议，但王某敏认为某团公司仅是保留了王某敏的员工身份，并未按月支付工资。王某敏作为某团公司的员工，在案涉工程施工过程中以该工地上班组长的身份参与施工并领取报酬，属履行职务行为，双方如因支付劳动报酬产生纠纷依法应先申请劳动仲裁，在本案中依法不予处理。

二审法院观点：建设工程施工合同是承包人进行工程建设，发包人支付价款的合同。承包人进行工程建设的过程，就是承包人将劳务及建筑材料物化到建设工程的过程。承包人承接工程后，将其承包的全部或部分工程交由其下属的分支机构或在册的项目经理等企业职工个人承包施工，设立项目管理机构，由承包人负责财务、工程质量、技术、安全等的监督、管理、指导，对外承担施工合同权利义务的，属于企业内部承包行为。内部承包经营是一种生产经营的激励机制，企业许可承包人在企业资质范围内组织人、财、物，完成一定项目施工，向企业缴纳一定管理费，实行内部独立核算，自负盈亏。因此，在处理内部承包合同纠纷时，应当贯彻权利与义务相一致以及充分保护劳动者的原则。本案中，被上诉人某团公司承揽案涉工程后，设立了项目部，委派与其有劳动合同关系的上诉人王某敏作为班组长组织人力、从企业借支人工工资70万余元并发放、完成指定的工程，由企业负责财务、工程质量、技术、安全等工作，由王某敏向某团公司的下属企业交纳管理费，某团公司在其总分类明细账中对应付王某敏的劳务费挂账于应付账款，基于王某敏与某团公司之间存在的劳动合同关系，结合上述事实，王某敏以班组长身份进行的施工，实质是与某团公司形成的“内部承包”关系。对被上诉人某团公司以与上诉人王某敏之间存在劳动合同关系，不存在内部承包关系的意见，法院不予采纳。对王某敏主张与某团公司之间存在建设工程劳务分包合同关系的意见，法院予以采信。

关联案例 1

案件名称：杨某贵、汪某明等与鸿某公司等建设工程施工合同纠纷案

审理法院：一审：安徽省六安市金安区人民法院（2019）皖1502民初1344号

裁判观点：被告鸿某公司与两原告签订《项目负责人聘用合同》，双方对此合同真实性均无异议，故两原告属于被告鸿某公司员工，双方存在劳动关系。被告鸿某公司与两原告签订的《建设工程施工内部承包协议》是双方真实意思表示，合同约定了被告鸿某公司在技术、人力等方面给予承包方支持，被告鸿某公司实际上也参与了现场管理，同时两原告领取的工程款项也是由鸿某公司统一发放，故本案中两原告并非单纯地借用被告鸿某公司的资质进行实际施工，而是公司将自己承建的工程进行内部承包，不违反法律规定，法院认定两原告与被告鸿某公司签订的《建设工程施工内部承包协议》有效。

关联案例2

案件名称：原告李某军诉被告某安建筑工程有限公司建设工程施工内部承包合同纠纷案

审理法院：一审：湖北省武汉市蔡甸区人民法院（2015）鄂蔡甸民一初字第00135号；二审：湖北省武汉市中级人民法院（2015）鄂武汉中民终字第01816号

裁判观点：原、被告根据内部承包合同的实际履行状况进行结算，形成了结算单，双方对涉讼建设项目的工程造价、已付工程款、工程款提留等进行了结算确认，该结算单是双方真实意思的表示，不违反法律规定，法院予以采信，对结算双方具有法律约束力。

内部承包协议约定"业主支付工程款由公司财务人员负责办理手续，资金到账后按本协议扣除税务金提留后，可一次性拨付给乙方"。《民法典》第158条规定："民事法律行为可以附条件，但是根据其性质不得附条件的除外。附生效条件的民事法律行为，自条件成就时生效。附解除条件的民事法律行为，自条件成就时失效。"据此，在建设单位相关工程资金至今未到账的情况下，双方约定向原告拨付工程款所附的条件尚未成就，故对原告的该项诉讼请求不予支持。原告待时机成熟后可要求被告及时结清余下工程款，或当事人另行依法主张权利。

关于返还履约保证金问题，因双方无书面约定，应参照建设企业内部承包的业内行规及双方交易习惯予以处理，原告作为被告某安建筑公司相关承建工程的承包经营人，在该公司尚未向建设方收回履约保证金的情况下，直接向某安建筑公司主张履约保证金40万元，缺乏事实及法律依据，法院不予支持。

关联案例3

案件名称：化某公司、李某民建设工程施工合同纠纷案

审理法院：一审：四川省崇州市人民法院（2019）川0184民初3503号；二审：四川省成都市中级人民法院（2020）川01民终4586号

裁判观点：关于李某民与化某公司之间的关系，李某民主张双方是转包关系，化某公司主张双方是内部承包关系，一审认定双方是借用资质关系。法院认为，1. 本案中，虽然李某民在化某公司与发包人崇州市司法局之间的《建设工程施工合同》上签字，但根据证人刘某的证言和《情况说明》，李某民并未参与《建设工程施工合同》的招投标，其是在化某公司中标后，因化某公司无力实施该工程才交由李某民承建，并安排李某民在合同上作为化某公司的代理人签字，化某公司和崇州市司法局对刘某关于李某民未参加合同招投标和协商过程的证言未提出异议，故可以认定李

某民与化某公司之间并非借用资质关系，一审关于双方之间系借用资质关系的认定不当，法院予以纠正。2. 关于双方是否为内部承包关系的问题，虽然化某公司出示的证据显示李某民与化某公司之间签订有劳动合同并确实存在社会养老保险关系，刘某亦在作证时陈述化某公司"安排李某民做这个事"，但首先，李某民出示的收据却证明社保中企业缴纳的款项实际全部系由李某民个人承担，其仅是借用化某公司的名义在缴纳社保，化某公司并未实际为李某民缴纳社保。化某公司提交的其与李某民之间的《劳动合同》中有关劳动报酬部分均为空白，双方在合同中对这一劳动关系的重要内容未作约定，化某公司系在收取的工程款扣除相应管理费后支付给李某民，明显不具有劳动关系的特征，综上，化某公司与李某民之间不具有真实的劳动关系和社会保险关系。其次，虽然刘某陈述化某公司"安排李某民做这个事"，但是其同时也明确陈述了"总公司决定将该工程转包给李某民"，并表示不清楚李某民在2013年之后是否还是化某公司的职工，鉴于刘某并非专业的法律工作人员，不能当然认定其表述的"安排"即是指化某公司系基于劳动关系的指示，综合证人前后证言的表述，法院认为不能仅以证人的个别用词来推翻其作出的整体意思表示。综上，法院认为，内部承包关系的重要条件之一在于双方具有真实的劳动关系和社会保险关系，李某民与化某公司之间并不符合内部承包的特征，双方之间的法律关系更宜认定为转包，李某民为案涉工程的实际施工人。

律师点评

建筑企业内部承包模式是我国建筑市场的一个特色，因起源于浙江，也被称为"浙江模式"，此种模式符合我国建筑市场劳动力密集型的特点，也是促进建筑市场繁荣的一个重要措施，但在法律层面，因立法的滞后性及不完善性，建筑企业内部承包模式下的内部承包合同的法律性质及法律效力存在较多争议。又因各地对内部承包模式的实际操作过程不一致，建筑市场上也出现了形形色色的以内部承包为名掩盖挂靠、转包之实的非法行为，偏离了内部承包的初衷。针对前述现状，各地法院近年来陆续发布相关指导意见明确了内部承包模式的合法性，对这类问题的司法裁判进行规范。下文就结合司法实务中的案例，通过对内部承包、挂靠和转包的表现形式及认定条件进行研究，来分析三者之间的不同，用以明确合法与非法的界限。

一、内部承包模式的法律评价

（一）内部承包模式的渊源

在现行的法律中，对企业内部承包问题，一直没有系统性的规定，但是对于此种形式的经营模式并不被我国法律所禁止。1987年发布的《关于改革国营施工企业经营机制的若干规定》第2条明确规定："施工企业内部可以根据承包工程的不同情况，按照所有权与经营权适当分离的原则，实行多层次、多形式的内部承包经营责任制……不论采取哪种承包方式，都必须签订承包合同，明确规定双方的责权利关系。"可以说这就是内部承包模式的渊源①。

（二）内部承包模式的法律评价及认定标准

近年来，随着建设施工合同纠纷中涉及内部承包的相关案件数量的增多，各地法院陆续发布了多个指导意见以明确内部承包模式的合法性。例如，《北京市高级人民法院关于审理建设工程施工合同纠纷案件若干疑难问题的解答》（京高法发〔2012〕245号）第5条规定："建设工程施工合同的承包人将其承包的全部或部分工程交由其下属的分支机构或者在册的项目经理等企业职工个人承包施工，承包人对工程施工过程及质量进行管理，对外承担施工合同权利义务的，属于企业内部承包行为；发包人以内部承包人缺乏施工资质为由主张施工合同无效的，不予支持。"首先，内部承包作为企业的经营行为，建筑企业将工程项目具体交由其内部的部门或人员来完成，由建筑企业对其进行一定管理的模式的合法性在司法实务中得到了认可，相关主体基于此种经营模式所签订的内部承包合同在无其他违反法律法规强制性规定的情况下应被认定为合法有效的合同。其次，各地法院在审判过程中，依据前述指导意见来判断案涉施工行为是否为内部承包时，一般会从以下几个方面来作出判断：

1. 建筑企业与承包人之间有无产权联系。在合法的内部承包关系中，用于建筑工程项目的资产通常为建筑企业所有，因为承包仅仅是承包了建筑企业中的一个或几个项目而已，无须另行购置大量资产；但如果用于建筑工程项目的资金全部或主要部分为承包人所有或提供的，这存在被认定为转包、挂靠的可能性。

2. 建筑企业与承包人及工程主要管理人员有无人事调动、任免、聘用以及社会保险关系。在正常的内部承包关系中，承包人及工程主要管理人员应为建筑企业的内部员工，与建筑企业建立起劳动关系。前文关联案例3中的法院认为李某民出示的收据却证明社保中企业缴纳的款项实际全部系由李某

---

① 周旦平：《"浙江模式"内部承包合同模式下的转包和挂靠》，载《建设工程法律操作实务》2012年12月。

民个人承担，其仅是借用化某公司的名义在缴纳社保，化某公司并未实际为李某民缴纳社保，认定李某民并非建设企业的职工，法院以化某公司采用内部承包的形式将案涉工程进行了转包为由判决该内部承包合同无效。由此可见该条评判标准的重要性。

3. 承包人使用建筑施工企业的建筑资质、商标及企业名称等是履行职责行为，在建筑施工企业的管理和监督下进行项目施工，承包人根据承包合同约定向建筑施工企业交纳承包合同保证金，承包人接受施工企业在资金、安全、进度、质量等方面的管理。

4. 承包人与建筑企业之间有无统一的财务管理。如果是合法的内部承包，承包人与建筑企业之间通常会建立统一的财务管理体系，因为这是企业内部财务制度和账目登记的统一性、完整性所需要的。[①]

以上四点内容为内部承包行为的基本判断标准，在实践中，建筑市场的施工活动情况复杂，法院对案涉施工活动性质的判断除采用前述标准外还需要结合案件的具体情况来仔细判断。

二、以内部承包之名行转包之实

（一）以内部承包之名行转包之实的判断标准

《建设工程质量管理条例》第78条第3款规定："本条例所称转包，是指承包单位承包建设工程后，不履行合同约定的责任和义务，将其承包的全部建设工程转给他人或者将其承包的全部建设工程肢解以后以分包的名义分别转给其他单位承包的行为。"根据该条文对转包的定义及上文中对内部承包认定条件的分析可知，判断两者的关键在于，承包单位是否将其承包的全部建设工程或部分工程转给本单位的分支机构或在册员工。如果是，则可以认定为内部承包行为。如果承包单位是将相关工程转给与其无任何隶属关系，既不是其分公司也不是其内部机构职工的完全独立于承包单位的其他人，则可认定该行为是转包。而判断该分支机构或职工是否与承包单位真实存在管理关系，可以从两者之间有无产权关系，有无统一财务管理，有无合法的人事调动、任免、聘用及社会保险关系，承包单位是否承担质量、技术、责任等方面来判断，如有，则可能被认定为内部承包行为；如没有，则可能被认定

① 周旦平：《"浙江模式"内部承包合同模式下的转包和挂靠》，载《建设工程法律操作实务》2012年12月。

为是借内部承包之名行转包之实的非法行为。

（二）转包的法律后果

《最高院施工合同司法解释（一）》第1条规定："……承包人因转包、违法分包建设工程与他人签订的建设工程施工合同，应当依据民法典第一百五十三条第一款及第七百九十一条第二款、第三款的规定，认定无效。"转包的法律后果具体包括两方面：一是承包人转包与他人签订的建设工程施工合同会因违反《建筑法》的强制性规定而无效；二是承包人将工程转包的，应当向发包人承担违约责任。

三、以内部承包之名行"挂靠"之实

（一）以内部承包之名行"挂靠"之实的判断标准

最为隐蔽难以分辨的就是以内部承包之名行挂靠之实的行为。"内部承包"形式的挂靠，挂靠的一方通常是自然人，被挂靠的一方就是以其名义与建设单位签订工程承包合同的施工企业。所谓的"内部承包"，系由被挂靠的施工企业任命或聘任挂靠的自然人为其职员，并委以职务，然后由该个人与企业再签订"内部承包合同"，由"承包者"承担该项目的人、财、物、施工、安全管理职责，由发包者负责处理"对外事务"，并在此基础上收取"内部承包管理费"。

结合上文中内部承包行为的认定标准及上述条文中关于挂靠行为的定义可知，两者最大的区别就在于：一、挂靠人是否以承包单位的名义参与招投标、与发包人签订建筑施工合同；二、承包单位是否将其承包的全部或部分工程交由其下属的分支机构或者在册的项目经理等企业职工个人承包施工。判断该分支机构或在册职工是否与承包单位存在管理关系，可以从两者之间有无产权关系，有无统一财务管理，有无合法的人事调动、任免、聘用及社会保险关系，承包单位是否承担质量、技术、责任等方面来判断。若有，则可能被认定为内部承包行为；若没有，则可能被认定为是借内部承包之名行挂靠之实的非法行为。

（二）挂靠的法律后果

根据《最高院施工合同司法解释（一）》第1条第1款第2项"建设工程施工合同具有下列情形之一的，应当依据民法典第一百五十三条第一款的规定，认定无效：……（二）没有资质的实际施工人借用有资质的建筑施工企业名义的"，挂靠的法律后果具体包括两方面：一是不具有资质的实际施工人借用有资质的建筑施工企业名义，即“挂靠”的，与他人签订的建设工程施工合同会因违反《建筑法》的强制性规定而无效；二是出借资质的施工企业将受到行政处罚，包括责令改正，没收违法所得、罚款，降低资质等级，吊销资质证书等。

10.3 法院如何认定建设工程价款优先受偿权的行使期间及行使范围[①]

——某利公司与华某公司建设工程施工合同纠纷案[②]

关 键 词： 建设工程价款优先受偿权 合同无效 行使期间 行使范围

问题提出： 承包人请求法院确认对所施工的工程享有优先受偿权的，如何确定优先受偿权的起算时间，如何确定优先受偿权的行使期间以及建设工程价款优先受偿权担保的范围？

关联问题： 建设工程价款优先受偿权的性质？优先受偿权应支付的范围？施工合同无效的，承包人是否可主张优先受偿权？

裁判要旨： 建设工程承包人行使优先权的期限的起算时间自应付款时间起算。建设工程价款优先受偿权的范围限于建设工程价款，包括成本（直接成本、间接成本）、利润（酬金）、税金构成，不包括承包人因发包人违约所造成的损失。建设工程施工合同无效并不意味着债权消灭，建设工程施工合同的效力亦不影响承包人行使优先受偿权。工程价款优先受偿权优先于抵押权和其他债权，但不得对抗已全部或者大部分支付了购房款的房屋买受人。

案情简介

上诉人（原审原告）：某利公司

① 撰稿人：徐文斌，上海建纬（北京）律师事务所；王昕昕，上海市建纬律师事务所。

② 一审：河南省高级人民法院（2018）豫民初66号；二审：最高人民法院（2020）最高法民终774号。

上诉人（原审被告）：华某公司

2016年12月23日，华某公司（甲方）与某利公司（乙方）签订《施工总承包框架协议》，约定：双方议定按（2008）《河南省建设工程工程量清单综合单价》计算的税前总造价下浮5%进行工程结算。工程范围：包括××华城一期工程项目包括1#~3#、5#~13#楼共计12栋楼，其中1#、2#、3#、5#楼主体工程开工日期为5月1日。

施工期间，因某利公司在商丘市大气污染防治停工期间擅自施工等原因，被环保主管部门罚款20000元；某利公司提供签证联系单及照片，称其按照整个项目要求组织施工作业，因此遭受的二期扬尘治理费用损失966240元。

由于××华城二期工程施工需要招标，招标代理机构河南省某通招标有限公司于2018年5月10日向某利公司发出投标邀请书，告知某利公司投标报名时间为2018年5月18日至2018年5月24日，要求某利公司于2018年5月18日前确认是否参加投标。某利公司接到投标邀请书后，于2018年5月18日向华某公司提出招投标异议书，认为邀请书所列项目实为某利公司已承包范围内之项目，敦促华某公司尽快停止本项目的任何招投标活动，并继续履行《施工总承包框架协议》，停止就该项目与第三方的合作，将“××华城”剩余工程项目交由某利公司施工。某利公司未报名投标××华城二期工程。2018年5月28日，华某公司和招标代理公司向某建筑公司发出中标通知书，确认该公司为××华城二期工程项目施工的中标人，中标金额160000709.4元。某利公司遂于2018年6月12日对一期工程全面停止施工。

某利公司向一审法院起诉请求：1. 判令解除《施工总承包框架协议》；2. 判令被告（华某公司）支付工程款3772万元及利息（自起诉之日起至判决书指定付款履行期满之日止）；3. 判令被告（华某公司）赔偿人员误工、机械闲置损失7433748元；4. 判令被告（华某公司）赔偿借款利息2536000元；5. 判令被告（华某公司）向原告赔偿可得利益损失人民币7700万元；以上合计：124689748元；6. 请求确认原告对承建工程折价或者拍卖的价款在124689748元内享有建设工程价款优先受偿权；7. 判令被告（华某公司）承担本案的诉讼费用。

各方观点

某利公司观点：案涉工程系某利公司包工包料建设施工，因华某公司的违约导致该案涉工程无法继续施工。根据《民法典》第807条、《最高院施工合同司法解释（一）》第35条的规定，某利公司对该案涉工程享有优先受偿权。

华某公司观点：某利公司擅自停工在先并且案涉《施工总承包框架协议》为无效合同，其无权要求对××华城一期工程项目1#~3#、5#~13#楼折价或拍卖价款享有优先受偿权。（一）建筑工程款优先受偿作为担保物权的一种形式，是为了保障承包人约定债权的实现设置的担保物权，施工合同无效后，承包人约定债权亦不存在，对约定债权担保的优先受偿权亦不应当继续存在。（二）建筑工程款优先受偿的立法目的是保护劳动者的利益，而本案上诉人已将案涉工程的工人工资支付完毕，不存在侵犯劳动者的利益的问题，并且被上诉人擅自停工在先，其不应享有优先受偿权。

法院观点

一审法院观点：关于某利公司诉请优先受偿权是否应予支持的问题。虽然双方签订的协议无效，某利公司也未对工程施工完毕，但某利公司是与发包人华某公司订立建设工程施工协议的承包人，华某公司接受某利公司施工的未完工程且未提出质量异议，某利公司有权根据《民法典》第807条规定请求其承建工程的价款就工程折价或拍卖的价款优先受偿，但地下车库包含人防工程、门卫室属于物业用房，均不属可折价或拍卖的范围，依照《最高院施工合同司法解释（一）》规定，某利公司享有的工程价款优先受偿权也不得对抗已全部或者大部分支付了购房款的房屋买受人。

二审法院观点：关于某利公司应否在欠付工程价款范围内对××华城一期工程项目1#~3#、5#~13#楼折价或拍卖价款享有优先受偿权的问题。建设工程价款由成本（直接成本、间接成本）、利润（酬金）、税金构成。根据《民法典》第807条规定，承包人就发包人欠付的工程价款对该工程折价或者拍卖的价款享有优先受偿权。本案中，发包人华某公司尚欠付承包人某利公司5457425.23元的工程款，某利公司在欠付的5457425.23元工程价款范围内对××华城一期工程项目1#~3#、5#~13#楼折价或拍卖价款享有优先受偿权符合法律规定。此外，建设工程施工合同无效并不意味着债权消灭，建设工程施工合同的效力亦不影响承包人行使优先受偿权。

关联案例 1

案件名称：某荣公司与某管委会建设工程施工合同纠纷案

审理法院：一审：江西省高级人民法院（2019）赣民初 28 号；二审：最高人民法院（2020）最高法民终 115 号

裁判观点：关于某荣公司对案涉工程是否享有建设工程价款优先受偿权的问题。《民法典》第 807 条规定："发包人未按照约定支付价款的，承包人可以催告发包人在合理期限内支付价款。发包人逾期不支付的，除根据建设工程的性质不宜折价、拍卖外，承包人可以与发包人协议将该工程折价，也可以请求人民法院将该工程依法拍卖。建设工程的价款就该工程折价或者拍卖的价款优先受偿。"从该条文表述分析，规定承包人就未付工程款对所承建工程享有建设工程价款优先受偿权，系为保护承包人对工程价款的实际受偿；规定没有要求承包人优先受偿工程款以工程完工并经竣工验收为先决条件。因此，在合同解除的情形下，承包人也对未完工程享有优先受偿的权利。本案中双方签订的《总承包合同》诉讼前实际已终止，某管委会尚欠某荣公司工程款未支付，故某荣公司诉请对未完工程享有建设工程价款优先受偿权的主张，有法律依据，应予支持。

关联案例 2

案件名称：某唐公司与中铁某局建设工程施工合同纠纷案

审理法院：一审：贵州省高级人民法院（2017）黔民初 80 号；二审：最高人民法院（2020）最高法民终 245 号

裁判观点：关于行使建设工程价款优先受偿权的起算时间问题。根据《最高院施工合同司法解释（一）》第 41 条"承包人应当在合理期限内行使建设工程价款优先受偿权，但最长不得超过十八个月，自发包人应当给付建设工程价款之日起算"的规定，中铁某局享有建设工程价款优先受偿权的起算时间点为"应付款之日"。本案中，某唐公司及中铁某局因工程款数额问题发生纠纷，导致工程款至今未进行结算。案件审理过程中，一审法院根据当事人申请对工程价款进行了鉴定，某唐公司及中铁某局应付款仍需经人民法院司法裁判确认，中铁某局通过诉讼方式主张建设工程价款优先受偿权未超过法定期限。

关于建设工程价款优先受偿权的范围。根据《最高院施工合同司法解释（一）》第 40 条"承包人建设工程价款优先受偿的范围依照国务院有关行政主管部门关于建设工程价款范围的规定确定。承包人就逾期支付建设工程价款的利息、违约金、损害赔偿金等主张优先受偿的，人民法院不予支持"的规定，中铁某局享有建设工程价款优先受偿权的范围为本案确认的工程欠付款项，不含一审法院认定的利息、违约金。所以，中铁某局集团有限公司仅在49930841.11元范围内对其施工工程享有建设工程价款优先受偿权。

关联案例3

案件名称：某村委会与中建某局建设工程施工合同纠纷案

审理法院：一审：吉林省高级人民法院（2017）吉民初9号；二审：最高人民法院（2020）最高法民终367号

裁判观点：关于工程价款优先受偿权的问题。中建某局作为承包人对案涉工程享有建设工程价款优先受偿权。中建某局于2017年3月提起本案诉讼，并且是在诉讼过程中双方当事人确认了应付工程价款的数额，案涉建设工程施工合同也是在本案中被确认为无效，依照《最高院施工合同司法解释（一）》第41条的规定，中建某局主张建设工程价款优先受偿权未超期限，对其该项主张予以支持。案涉工程中有部分房屋已经出售、回迁给“村民”，且已交付使用，故中建某局对该部分房屋不享有建设工程价款优先受偿权。

案涉工程的土地权利、开发建设手续等皆办理在某村委会名下，而且某村委会对某合公司与中建某局签订建设工程施工合同，中建某局承建案涉工程为明知，某村委会也是案涉工程的受益人，故某村委会应配合中建某局，确保中建某局能够实际享有建设工程价款优先受偿权。某村委会不能以土地权利、开发建设手续在其名下为由排除对案涉工程的拍卖、折价等。

关联案例4

案件名称：中某公司与瑞某公司、某省高速建设工程施工合同纠纷案

审理法院：一审：安徽省高级人民法院（2011）皖民四初字第8号；二审：最高人民法院（2014）民一终字第56号

裁判观点：根据《最高院施工合同司法解释（一）》第40条“承包人建设工程价款优先受偿的范围依照国务院有关行政主管部门关于建设工程价款范围的规定确定。承包人就逾期支付建设工程价款的利息、违约金、损害赔偿金等主张优先受偿的，人民法院不予支持”的规定，能够行使建设工程价款优先受偿权的权利范围不包括因发包人违约导致的损失。而从前述中某公司在本案中被支持的诉请款项来看，包括因瑞某公司违约给其造成的停窝工损失和材料价差损失两项，均不属于建设工程

价款优先受偿权的权利行使范围，故一审法院未予支持中某公司主张对案涉工程项目享有优先受偿权的请求，并无不当。中某公司主张对案涉工程项目享有优先受偿权的该项上诉请求，无事实及法律依据，应予驳回。

律师点评

为保护建筑施工企业的利益，及时清理大量拖欠的工程款，《民法典》第807条规定了建设工程价款优先受偿权："发包人未按照约定支付价款的，承包人可以催告发包人在合理期限内支付价款。发包人逾期不支付的，除根据建设工程的性质不宜折价、拍卖外，承包人可以与发包人协议将该工程折价，也可以请求人民法院将该工程依法拍卖。建设工程的价款就该工程折价或者拍卖的价款优先受偿。"由于该条规定比较原则，在司法实践中，建设工程价款优先受偿权的适用也出现了较多争议问题。为此，本书结合建设工程价款优先受偿权的相关司法解释、学术观点以及司法观点，对优先受偿权的争议问题予以阐述。

一、建设工程价款优先受偿权的性质

《民法典》第807条并未对建设工程价款优先受偿权的性质予以界定，《最高院施工合同司法解释（一）》第36条仅规定："承包人根据民法典第八百零七条规定享有的建设工程价款优先受偿权优于抵押权和其他债权。"亦未对建设工程价款优先受偿权的性质予以界定。理论界对建设工程价款优先受偿权的性质有不同的认识，主要的观点有留置权说、优先权说及法定抵押权说。

本书认为，鉴于将建设工程价款优先受偿权界定为法定抵押权符合立法者的意图，因此，对于建设工程价款优先受偿权的性质，应当采法定抵押权说。

二、建设工程价款优先受偿权的行使主体

《最高院施工合同司法解释（一）》第35条规定"与发包人订立建设工程施工合同的承包人，依据民法典第八百零七条的规定请求其承建工程的价款就工程折价或者拍卖的价款优先受偿的，人民法院应予支持"。因此，建设工程价款优先受偿权的权利主体和行使主体，仅指建设工程施工合同的承包人，不应包括建设工程勘察、设计合同的承包人。除勘察人、设计人不是建设工程优先受偿权的行使主体外，一般认为，建设工程的分包人、转包人亦

不能主张优先受偿权。因为，分包人、转包人与建设工程的发包人之间并不存在合同关系，故基于合同的相对性，分包人、转包人无权向发包人主张行使优先受偿权。《深圳市中级人民法院关于建设工程合同若干问题的指导意见》第32条对此问题有明确规定："建设单位直接发包的基础工程，享有工程价款优先受偿权。建设单位直接发包的消防工程、玻璃幕墙工程、装修装饰工程，在该工程增加价值的范围内享有工程价款优先受偿权。总承包人分包的专业工程，专业工程分包人不享有工程价款优先权。"但如因总承包人怠于行使优先权损害分包人利益，分包人可依照《民法典》第535条的规定提起代位权诉讼向发包人主张权利。

三、建设工程价款优先受偿权的行使期限

《民法典》第807条未对建设工程价款优先受偿权的行使期限作出规定，《最高院施工合同司法解释（一）》对此问题作了明确，第41条规定："承包人应当在合理期限内行使建设工程价款优先受偿权，但最长不得超过十八个月，自发包人应当给付建设工程价款之日起算。"该规定明确了优先受偿权的行使期限最长为十八个月，该期限的起算时点为应给付工程款之日。应付款的日期应当以合同约定为准，当付款时间没有约定或者约定不明的，《最高院施工合同司法解释（一）》也作出了明确规定，第27条规定"……当事人对付款时间没有约定或者约定不明的，下列时间视为应付款时间：（一）建设工程已实际交付的，为交付之日；（二）建设工程没有交付的，为提交竣工结算文件之日；（三）建设工程未交付，工程价款也未结算的，为当事人起诉之日"。

四、施工合同无效承包人是否享有建设工程价款优先受偿权

在施工合同无效的情形之下，承包人是否享有建设工程价款优先受偿权呢？对此问题，司法实践存在两种不同观点：一种观点认为施工合同无效，承包人仍享有优先受偿权，理由为优先受偿权是法律赋予建设工程承包人的权利，不因合同的无效而导致权利的丧失。另一种观点认为施工合同无效则承包人丧失工程款优先受偿权，理由在于，建设工程价款优先受偿权的性质为法定抵押权，而抵押权的有效成立，依赖于主合同或主债权的有效成立，主合同无效，则从合同便无效。基于此规则，如果建设工程施工合同无效，则建设工程价款优先受偿权则欠缺了赖以产生的合法基础，故在施工合同无效的情况下，承包人便不享有建设工程价款优先受偿权。

关于该问题，综观各省高级人民法院对该问题的规定可以发现，各地高级人民法院对此的规定也不统一，有待通过司法实践进一步统一裁判观点，目前，安徽省高级人民法院、浙江省高级人民法院对该问题持肯定态度，广东省高级人民法院、江苏省高级人民法院持否定态度。对该问题最高人民法院在部分判例中态度是支持的，前述的“某利公司与华某公司建设工程施工合同纠纷案”中最高人民法院认为建设工程合同无效不意味着债权消灭，建设工程施工合同效力不影响承包人行使优先受偿权。

五、建设工程价款优先受偿权的行使范围

对建设工程价款优先受偿权的具体范围明确规定在《最高院施工合同司法解释（一）》中，其第40条规定“承包人建设工程价款优先受偿的范围依照国务院有关行政主管部门关于建设工程价款范围的规定确定。承包人就逾期支付建设工程价款的利息、违约金、损害赔偿金等主张优先受偿的，人民法院不予支持。”从上述规定可以看出，优先受偿权的行使范围仅限于工程价款，《建设工程施工发包与承包价格管理暂行规定》（建标〔1999〕1号）第5条规定，工程价格由成本（直接成本、间接成本）、利润（酬金）和税金构成……可见，承包人建设工程价款优先受偿的范围包括直接成本、间接成本、利润和税金，不包括利息、违约金、损害赔偿金等。

关于建设工程价款优先受偿权的行使范围，如下问题需要重点阐述：

（一）装饰装修工程款属于建设工程价款优先受偿权行使范围

《最高院施工合同司法解释（一）》第37条规定：“装饰装修工程具备折价或者拍卖条件，装饰装修工程的承包人请求工程价款就该装饰装修工程折价或者拍卖的价款优先受偿的，人民法院应予支持。”根据该规定，装饰装修工程属于优先受偿权的行使范围。但有两点问题需特别注意：其一，如果装饰装修工程不具备折价或者拍卖条件，承包人不能行使优先受偿权；其二，装饰装修工程优先受偿权的行使范围仅限于建筑物因装修增加的价值部分，而并不能及于整个建筑工程的价值。

（二）垫资款是否属于建设工程价款优先受偿权应支付的范围

有观点认为，垫资款不应纳入建设工程价款优先受偿权应支付的范围，理由是：由于带资的有期限性、需返还性，因此带资实为企业间融资，在法律上应为借贷的债权，与工程价款无关。因此，承包方优先受偿的工程价款不应包括垫资款。也有观点认为，垫资款应纳入优先受偿权行使范围，核心

理由在于：（1）垫资是建筑行业的惯例，若将这种垫资排除在优先受偿权范围之外，则优先受偿权的范围将缩小到劳务部分，这显然与民法典保护整个建筑业健康发展的目的不符。（2）非国有投资项目的垫资并不具有违法性。

对垫资款是否属于优先受偿权应支付的范围，司法裁判中，一般掌握的判断标准是垫资款是否属于承包人对建设工程的实际支出，如果承包人垫资款物化为了建设工程的实体，则该垫资款应属于优先受偿权应支付的范围；而如果承发包双方以垫资为名，行资金拆借之实的，则该垫资款与发包人负担的其他普通债务性质相同，该垫资款不应在建设工程价款优先受偿的范围。

六、关于放弃建设工程价款优先受偿权的效力问题

关于放弃建设工程优先受偿权的效力问题，现在学术界存在两种观点，一是有效说，二是无效说。有效说认为建设工程价款作为民事财产权，可依据权利主体的真实意思予以处分，是最基本的意思自治原则的体现。当事人在以协议形式明确表示放弃优先受偿权后，应当受其限制，遵循诚信原则。承包人放弃权利后又主张放弃无效，违背了交易过程中的禁反言原则，因此应当从民法的诚实信用原则出发，承认放弃优先受偿权的有效性。无效说认为，民法典有关建设工程优先受偿权的规定属于法律的强制性规定，不能通过私人的协议予以排除，该权利的立法目的是维护劳动者的权益，协议放弃与立法目的有悖，也侵犯了劳动者的生存权和取得报酬的权利。允许协议放弃建设工程价款的优先受偿权属于以形式正义排除实质正义，忽视了建筑业发包人市场的实际状况，使得处于弱势地位的承包人和劳动者的权利进一步受到限制。如果建设工程价款优先受偿权可以预先协议排除，那么立法者希望通过增加承包人权利的方式纠正建设工程合同中不平等主体地位的努力又恢复到了调整前的状态。《最高院施工合同司法解释（一）》第42条规定“发包人与承包人约定放弃或者限制建设工程价款优先受偿权，损害建筑工人利益，发包人根据该约定主张承包人不享有建设工程价款优先受偿权的，人民法院不予支持。”因此，在判断建设工程优先受偿权放弃的效力问题应当区分对待，如果没有损害到建筑工人利益的，应当肯定建设工程价款优先受偿权放弃的合法有效性；如果存在明显侵害建筑工人利益的，应当认定建设工程价款优先受偿权放弃无效。

10.4 法院如何认定建设工程施工合同纠纷的管辖地①

——某冶公司与华某公司建设工程施工合同纠纷二审民事裁定书②

关 键 词： 建设工程施工合同质量纠纷管辖　不动产纠纷　级别管辖

问题提出： 如何确定建设工程施工合同纠纷管辖法院？施工合同质量纠纷是否适用《最高人民法院关于适用〈中华人民共和国民事诉讼法〉的解释》第28条关于不动产纠纷专属管辖的规定？

关联问题： 原告重复计算诉讼标的额是否影响法院确定级别管辖？

裁判要旨： 根据《最高人民法院关于适用〈中华人民共和国民事诉讼法〉的解释》第28条第2款、第3款规定建设工程施工合同纠纷按照不动产纠纷确定管辖，不动产已登记的，以不动产登记簿记载的所在地为不动产所在地；不动产未登记的，以不动产实际所在地为不动产所在地。在确定建设工程施工合同纠纷案件的级别管辖时还应当结合《最高人民法院关于调整部分高级人民法院和中级人民法院管辖第一审民商事案件标准的通知》之规定。是否属于重复起诉尚需人民法院的进一步审查，其导致的法律后果也是人民法院对该起诉是否应当受理及支持的问题，不影响人民法院按照当事人诉讼请求的标的额确定级别管辖。

案情简介

上诉人（原审被告）：某冶公司

被上诉人（原审原告）：华某公司

上诉人某冶公司因与被上诉人华某公司建设工程施工合同纠纷一案，不服贵州省高级人民法院（2019）黔民初20号之二民事裁定，向法院提起上

---

① 撰稿人：徐文斌，上海建纬（北京）律师事务所。王昕昕，上海市建纬律师事务所。

② 一审：贵州省高级人民法院（2019）黔民初20号之二；二审：最高人民法院（2020）最高法民辖终15号。

诉。请求二审法院撤销贵州省高级人民法院（2019）黔民初20号之二民事裁定，将本案移送至贵州省贵阳市中级人民法院审理。

各方观点

某冶公司观点：华某公司为了规避级别管辖，另案中已提出的诉请在本案中重复提出，重复诉请金额143261329元。本案实际诉讼标的共2300万元，根据《最高人民法院关于调整部分高级人民法院和中级人民法院管辖第一审民商事案件标准的通知》（法发〔2018〕13号）之规定，贵州省高级人民法院对本案不具有管辖权。根据建设工程专属管辖原则，故应将本案移送贵州省贵阳市中级人民法院审理。

华某公司二审未作答辩。

法院观点

二审法院观点：本案系建设工程施工合同纠纷，工程地点位于贵州省贵阳市清镇市物流园区内。华某公司要求某冶公司赔偿因其履行建设工程施工合同不当而造成的损失，起诉标的额在1.6亿元以上，立案时间为2019年4月2日。应适用《最高人民法院关于调整部分高级人民法院和中级人民法院管辖第一审民商事案件标准的通知》（法发〔2018〕13号）第2条之规定，故本案应由合同履行地贵州省高级人民法院审理。

一审中，某冶公司以本案非建设工程施工合同为由请求将本案移送上海市第二中级人民法院审理，被人民法院裁定驳回了管辖权异议申请。而后，某冶公司又以新的事实和理由对管辖权提起上诉，请求二审法院将该案移送至贵州省贵阳市中级人民法院审理，某冶公司的上诉请求超出了一审中的异议范围，其提起管辖异议具有一定的随意性，不能成立。

某冶公司主张，华某公司的诉讼请求属于重复提出。法院认为，是否属于重复起诉尚需人民法院的进一步审查，其导致的法律后果也是人民法院对该起诉是否应当受理及支持的问题，不影响人民法院按照当事人诉讼请求的标的额确定级别管辖。并且，如果华某公司的该项诉讼请求得不到人民法院支持，其不仅要承担相应的不利后果，还要承担因败诉而产生的诉讼费用。某冶公司以此为由提出管辖异议，不但超出了一审管辖异议的范围，且明显不能成立，属于不当行使法律赋予当事人的上诉权，应当受到否定性评价。

关联案例1

案件名称：黄某民与樊某超建设工程施工合同纠纷案

审理法院：最高人民法院（2020）最高法民辖73号

裁判观点：最高人民法院观点：本案争议的焦点问题是房山法院对本案是否有管辖权。本案中，原被告签订合同书，对工程名称、地点，工程内容及造价、工程结算等进行约定，符合建设工程施工合同特征，并且从原告主张的事实、理由及诉求来看，本案系因施工质量问题而发生的纠纷，可能涉及质量鉴定等事项，由建筑物所在地法院管辖，有利于案件审理与执行。因此，本案案由宜认定为建设工程施工合同纠纷，按照不动产纠纷确定管辖。案涉工程即不动产所在地位于北京市房山区，房山法院对本案有管辖权。本案由北京市房山区人民法院审理。

关联案例2

案件名称：曾某龙与柏某公司、某冶公司建设工程施工合同纠纷案

审理法院：最高人民法院（2020）最高法民辖8号

裁判观点：最高人民法院认为，判断一审法院是否对民事案件享有管辖权，应当以受理当事人起诉之时为准，其后若确定管辖权的因素发生变化，受诉法院亦不得将案件移送给因确定管辖权因素发生变化而拥有管辖权的法院。本案原告曾某龙因柏某公司等被告拖欠其工程款起诉至湖南省衡阳县人民法院，湖南省衡阳县人民法院于2013年10月9日立案受理该案。按照当时有关级别管辖的规定，结合该案诉讼标的额，该案一审应由中级人民法院管辖。故在被告对湖南省衡阳县人民法院管辖裁定提出上诉后，衡阳市中级人民法院依据《民事诉讼法》第23条“因合同纠纷提起的诉讼，由被告住所地或者合同履行地人民法院管辖”之规定，认定被告柏某公司住所地在湖南省衡阳市辖区，确定本案由衡阳市中级人民法院一审管辖是正确的。

在湖南省高级人民法院以一审判决事实不清、适用法律不当为由将该案发回重审后，衡阳市中级人民法院依据2015年2月4日生效的《最高人民法院关于适用〈中华人民共和国民事诉讼法〉的解释》第28条第2款规定，认定本案系建设工程施工合同纠纷按不动产纠纷确定管辖，裁定将本案移送某省会泽县人民法院管辖，违反了民事案件管辖恒定原则，适用法律错误，处理不当，应予以纠正。本案由衡阳市中级人民法院审理。

关联案例 3

案件名称：天某公司与汉某公司装饰装修合同纠纷案

审理法院：最高人民法院（2020）最高法民辖 93 号

裁判观点：本案请示争议的焦点问题是案涉纠纷是否应按照不动产纠纷确定管辖。《最高人民法院关于适用〈中华人民共和国民事诉讼法〉的解释》第 28 条规定，农村土地承包经营合同纠纷、房屋租赁合同纠纷、建设工程施工合同纠纷、政策性房屋买卖合同纠纷，按照不动产纠纷确定管辖。本条规定的建设工程施工合同纠纷，不限于民事案件案由规定的建设工程合同纠纷项下的第四级案由“建设工程施工合同纠纷”，还应当包括该项下的建设工程价款优先受偿权纠纷、建设工程分包合同纠纷、建设工程监理合同纠纷，装饰装修合同纠纷等其他与建设工程施工相关的纠纷。本案案由为装饰装修合同纠纷，应按照不动产纠纷确定管辖，属专属管辖情形，由不动产所在地法院管辖。案涉合同中的协议管辖条款因违反专属管辖规定而无效，上海市嘉定区人民法院对本案无管辖权。案涉工程位于安徽省芜湖市镜湖区，安徽省芜湖市镜湖区人民法院对本案有管辖权。本案由安徽省芜湖市镜湖区人民法院审理。

关联案例 4

案件名称：力某公司与邵某合同纠纷民事裁定书案

审理法院：最高人民法院（2020）最高法民辖 12 号

裁判观点：最高人民法院认为，本案争议焦点为是否属于建设工程施工合同纠纷，是否适用专属管辖的规定。从力某公司起诉情况看，力某公司与邵某之间不属于内部承包或者非法转包、分包关系，而应当属于挂靠关系。挂靠是指挂靠者通过借用被挂靠者的资质证书、营业执照、银行账户等资质，以被挂靠企业名义对外开展业务，挂靠者一般自负盈亏，被挂靠者收取固定管理费或者挂靠费。与挂靠相比，内部承包一方主体通常为发包单位的人员，与发包单位有合法的人事、劳动合同关系。在经营上，挂靠以挂靠者自己投入财产为主，而内部承包以使用发包企业财产为主，发包企业通常还提供工程所需的必要技术，进行必要的安全、质量管理。另，非法转包、分包与挂靠虽然都是将项目工程整体或者部分转交他人，但非法转包、分包往往是承包方在承包案涉工程后，再将工程整体转包或者一部分内容分包，而挂靠通常是实际施工人事先与承包人进行约定后再承包工程，一般而言，非法转包、分包实际施工人可能有相应施工资质，但挂靠人基本都没有施工资质。本案中，根据力某公司在江苏省镇江市丹徒区人民法院开庭时所述，邵某收到招标通知后，找到力某公司要求挂靠在其名下，由邵某作为项目实际负责人组织施工。双方当事人并未签订转包、分包合同，邵某也未提供其与力某公司存在劳动合同关系的证据，不能证明双方具有转包、分包或者内部承包关系。力某公司在江苏省镇江市丹徒区人民法院开庭笔录中，表明邵某是挂靠在力某公司，力某公司收取管理费，邵某施工项目由其自负盈亏、自享利润，工程发生的一切事故及债务由其承担。在与本案相关的力某公司与施工工人劳动争议一案中，安徽省淮北市中级人民法院作出的（2018）皖06民终154号生效判决，也对邵某挂靠力某公司并以力某公司名义承接案涉工程劳务的事实予以认定。据此，力某公司与邵某之间更符合挂靠特征。综上，本案属于挂靠人与被挂靠人之间在挂靠过程中履行挂靠协议所发生的争议，并非发包人与承包人、转包人或分包人之间发生的建设工程施工合同纠纷，不适用有关专属管辖的规定，应当按照被告住所地和合同履行地的法定管辖原则确定管辖法院。本案被告住所地位于江苏省镇江市丹徒区，江苏省镇江市丹徒区人民法院对案件有管辖权，其将案件移送安徽省淮北市杜集区人民法院不当。需要指出的是，安徽省淮北市杜集区人民法院在收到江苏省镇江市丹徒区人民法院移送案件后，认为不属于法院管辖的，应当报请上级人民法院指定管辖，其自行移送不妥。依照《民事诉讼法》第36条、第154条的规定，裁定如下：本案由江苏省镇江市丹徒区人民法院审理。

律师点评

法院管辖分为级别管辖与地域管辖，《民事诉讼法》及相关司法解释对级别管辖的规定相对简单，且在司法实践中，当事人就级别管辖发生争议的情形相对较少；相比之下，地域管辖的制度则较为复杂。《民事诉讼法》规定的地域管辖制度包括一般地域管辖、特殊地域管辖、专属管辖、协议管辖、共同管辖、选择管辖和合并管辖，在《最高人民法院关于适用〈中华人民共和国民事诉讼法〉的解释》（以下简称《民诉法解释》）颁布前当事人就建设工程施工合同的地域管辖争议较大，随着民事诉讼法解释的出台，建设工程施工合同纠纷的地域管辖问题之争终于尘埃落定。而在实践中，当事人因为地域管辖问题发生争议的情形也相对较多。在建设工程施工合同中，地域管辖的确定亦是双方当事人在管辖问题上最容易出现争议的问题，故笔者结合前述案例，就建设工程施工纠纷的地域管辖相关问题作一阐述：

一、建设工程施工合同纠纷适用不动产专属管辖

在《民诉法解释》颁布之前，司法实务界对建设工程施工合同纠纷的性质存有分歧：一种观点认为，建设工程施工合同属于承揽合同，适用一般地

域管辖原则，由被告住所地或者合同履行地人民法院管辖。若将建设工程合同纠纷列为专属管辖会滋生地方保护，不利于解决拖欠工程款问题，尤其涉及政府工程，可能导致施工企业不敢到政府所在地起诉。并且，《民法典》第808条规定："本章没有规定的，适用承揽合同的有关规定。"另一种观点认为，建设工程施工合同纠纷案件属于因不动产纠纷提起的诉讼，应当适用不动产专属管辖规定。理由是：建设工程施工合同纠纷案件是因不动产发生的纠纷，虽然具有承揽的特征，但加工承揽的标的物是建设工程，属于不动产。在《民法典》第3编，建设工程合同与承揽合同是分别规定在独立的第17章和第18章中，建设工程合同包括施工合同、勘察合同、设计合同三种，均属为建设不动产而订立的合同，因此发生的纠纷应属不动产纠纷，应当适用专属管辖规定。《民诉法解释》第28条规定："民事诉讼法第三十三条第一项规定的不动产纠纷是指因不动产的权利确认、分割、相邻关系等引起的物权纠纷。农村土地承包经营合同纠纷、房屋租赁合同纠纷、建设工程施工合同纠纷、政策性房屋买卖合同纠纷，按照不动产纠纷确定管辖。不动产已登记的，以不动产登记簿记载的所在地为不动产所在地；不动产未登记的，以不动产实际所在地为不动产所在地。"因此，在《民诉法解释》颁布实施之后，建设工程施工合同纠纷应按照不动产专属管辖确定管辖法院，不再适用合同履行地或被告住所地的管辖规定，并且当双方约定的管辖法院违反不动产专属管辖规定时属无效约定。

二、建设工程分包合同纠纷管辖问题

关于建设工程分包合同纠纷的管辖是否适用《民诉法解释》第28条第2款之规定的问题，司法实践中存在两种观点：一种观点认为：《民诉法解释》第28条第2款中规定的"建设工程施工合同纠纷"不应作狭义理解，应理解为建设工程施工相关纠纷，包括建设工程分包合同纠纷，而不仅限于《民事案件案由规定》的建设工程合同纠纷项下的第三个案由"建设工程施工合同纠纷"，故根据《民事诉讼法》第33条第1款第1项和《民诉法解释》第28条第2款的规定，建设工程分包合同纠纷应由不动产所在地人民法院专属管辖。另一种观点认为：根据《民事案件案由规定》，建设工程施工合同纠纷与建设工程分包合同纠纷是并列的两类建设工程合同纠纷，建设工程施工合同纠纷并不包括建设工程分包合同纠纷，因此建设工程分包合同纠纷不能按建设工程施工合同纠纷处理，不适用专属管辖。同时，由于《民诉法解释》第

28 条在一定程度上限制了合同当事人自由确定争议解决管辖法院的权利，与合同自由原则相悖，因此，其中“建设工程施工合同纠纷”应作狭义解释，不宜及于建设工程分包合同纠纷。

笔者认为，建设工程分包合同属于建设工程施工合同的一种，在《民诉法解释》第 28 条第 2 款中规定建设工程施工合同纠纷应按照不动产专属管辖处理之后，建设工程分包合同纠纷也应按照不动产专属管辖处理。《民事案件案由规定》的作用和效力是用于法院确定所审理案件的案由，其并不具有或产生使建设工程分包合同与建设工程施工合同属于并列的两类合同的法律效力。笔者通过检索相关案例发现大部分法院仍然是将建设工程分包合同纠纷按照专属管辖确定管辖法院的，将建设工程分包合同纠纷界定为不动产专属管辖纠纷是各地法院的主流观点。北京市高级人民法院《关于民事诉讼管辖若干问题的规定（试行)》第 9 条中规定：适用不动产专属管辖的建设工程施工合同纠纷包括最高人民法院《民事案件案由规定》第三级案由“建设工程合同纠纷”项下与建设工程施工相关的七个第四级案由：(一）建设工程施工合同纠纷；(二）建设工程价款优先受偿权纠纷；(三）建设工程分包合同纠纷；(四）建设工程监理合同纠纷；(五）装饰装修合同纠纷；(六）铁路修建合同纠纷；(七）农村建房施工合同纠纷。

三、建设工程勘察、设计合同纠纷管辖问题

《民法典》第 788 条第 2 款规定：建设工程合同包括工程勘察、设计、施工合同。所以，建设工程勘察、设计合同也是建设工程合同中的一种，属于广义上的承揽合同。如上所述，建设工程勘察、设计合同纠纷与建设工程施工合同纠纷同属于并列案由，但是与建设工程分包合同纠纷不同的是勘察、设计内容与工程施工性质并不一致，因此在法律、司法解释对该类合同纠纷无专属管辖之特别规定的情况下该类合同纠纷应当继续适用承揽合同纠纷的管辖规则。

根据《民事诉讼法》规定：因合同纠纷提起的诉讼，由被告住所地或者合同履行地人民法院管辖。故因建设工程勘察、设计合同所产生的纠纷，被告住所地和合同履行地人民法院均有管辖权。当然，合同当事人也可根据《民事诉讼法》第 34 条之规定书面协议选择被告住所地、合同履行地、合同签订地、原告住所地、标的物所在地等与争议有实际联系的地点作为管辖法院，但不得违反本法对级别管辖和专属管辖的规定。

在实践中对于被告住所地法院的管辖权争议较小，争议最多的是在合同履行地的确定上。《民诉法解释》第18条第1、2款规定：合同约定履行地点的，以约定的履行地点为合同履行地。合同对履行地点没有约定或者约定不明确，争议标的为给付货币的，接收货币一方所在地为合同履行地；交付不动产的，不动产所在地为合同履行地；其他标的，履行义务的一方所在地为合同履行地。因此，在合同对合同履行地无约定的情况下，合同履行地通常是指合同义务清偿地点。在我国的司法实践中一直采用特征履行说的规则来确定管辖。特征履行说认为：在双务合同中，当事人双方各须向对方履行义务，其中一方的义务通常是交付物品、提供劳务等，而另一方的义务则通常是支付金钱。通常认为，在这两种履行中，交付物品、提供劳务等的非金钱履行为特征履行，因为它们体现了该合同的特征。

建设工程勘察合同，是指工程勘察人接受发包人的委托，根据建设工程的要求，查明、分析、评价建设场地的地质、地理环境特征和岩土工程条件，编制建设工程勘察文件，由发包人支付价款的合同。根据其定义，工程勘察一般包括地质、地理环境特征和岩土工程条件的实地勘察与勘察报告的制作与分析，而通常情况下上述工作可能在两个或两个以上的地方完成，因此完成上述工作内容的地点均可视为合同履行地。

建设工程设计合同是指设计人接受发包人的委托，根据经有关政府部门批准的项目规划和设计等建设工程的要求，对建设工程所需的技术、经济、资源、环境等条件进行综合分析、论证，编制工程设计文件，发包人支付价款的合同。工程设计包括工程图纸制作、图纸交底、图纸设计变更等，而该行为通常是在设计单位经营场所完成，因此在建设工程设计合同未约定合同履行地的情况下，一般以设计单位经营所在地为合同履行地。

10.5 法院如何认定工程款及违约金等款项请求权的诉讼时效起算与中断[①]

——科技园公司与省外建公司建设工程合同纠纷案[②]

关 键 词：工期违约金　诉讼时效　起算　中断

问题提出：施工合同纠纷当中，当事人一方主张工期违约金请求权已过诉讼时效的，法院如何认定诉讼时效的起算与中断？

关联问题：工期违约金债权的诉讼时效如何起算，如何认定中断？

裁判要旨：施工合同约定的工程竣工时间均为2002年，案涉工程未在约定期限内完工时工期延误的事实即已确定，科技园公司此时应知道其权利受到损害，诉讼时效自此开始计算。

案情简介

再审申请人（一审原告、二审上诉人）：科技园公司

被申请人（一审被告、二审被上诉人）：省外建公司

2001年8月5日，科技园公司与省外建公司签订施工合同一份，约定由省外建公司承建××科技园曲阜技术创新中心（孵化器）工程。合同约定的开工日期为2001年8月5日，除内装修及外墙装饰2002年4月20日完成外，其余所有工程2002年2月16日完成。合同专用条款第35.2条约定，工程每拖延一天竣工罚壹万元人民币。2001年12月28日，科技园公司与省外建公司签订施工合同一份，约定由省外建公司承建科技园公司发包的××科技园曲阜技术创新中心1－12轴工程。合同约定的开工日期为2001年12月28日，竣工日期为与土建同步，不得拖延，每拖延一天罚款贰仟元人民币。2002年6月8日，科技园公司与省外建公司签订施工合同一份，约定由省外建公司承

---

① 撰稿人：张黎明，上海建纬（北京）律师事务所；王昕昕，上海市建纬律师事务所。

② 一审：山东省济宁市中级人民法院（2019）鲁08民初75号；二审：山东省高级人民法院（2019）鲁民终2199号；再审：最高人民法院（2020）最高法民申3752号。

建科技园公司发包的××科技园曲阜技术创新中心（地下展厅）工程。合同约定的开工日期为2002年6月8日，竣工日期为2002年9月20日，工程每拖延一天竣工罚壹万元人民币。

2004年6月17日，科技园公司以案涉工程存在质量问题为由，将包括本案被告在内的设计单位、建筑单位、监理单位等4家公司诉至法院，要求各公司承担修复费用。曲阜市人民法院于2014年6月16日出具（2004）曲民初字第1660号民事判决书，判决各公司分别承担相应的修复费用。各公司不服，上诉至济宁市中级人民法院，济宁市中级人民法院于2015年5月8日出具（2014）济民终字第2639号民事判决书，判决驳回上诉，维持原判。山东省高级人民法院于2017年12月25日出具（2017）鲁民再325号民事判决书，维持了济宁市中级人民法院的民事判决。

2006年，省外建公司诉至曲阜市人民法院，要求法院判令科技园公司支付下欠的工程款。曲阜市人民法院于2007年4月26日出具（2006）曲民初字第1671号民事判决书，判决解除双方签订的三份建筑施工合同，并判令科技园公司向省外建公司支付下欠的工程款670余万元，该判决书现已生效。

2018年，科技园公司再次向曲阜市人民法院提起诉讼，要求法院判令包括省外建公司在内的设计、建筑、监理公司承担就案涉工程其投入资金的投资损失。曲阜市人民法院出具（2018）鲁0881民初1931号民事判决书，驳回了科技园公司的诉讼请求。2018年12月17日，济宁市中院出具（2018）鲁08民终5663号民事判决，维持了一审判决。

2019年科技园公司提出本案诉讼请求：一、请求判令被告支付原告工期逾期违约金3000万元，利息自起诉之日起按照人民银行贷款利率计算至实际清偿完毕之日止；二、诉讼费用由被告承担。

各方观点

科技园公司观点：在（2004）曲民初字第1660号案审理过程中，科技园公司主张对其他损失保留诉讼权利另行起诉，并在山东省曲阜市人民法院（2015）曲商初字第801号案中主张违约金损失等，证明科技园公司此前曾就案涉工程逾期竣工违约责任向省外建公司主张过权利。原判决适用法律确有错误，案涉施工合同的解除时间与本案主张违约金的诉讼时效无关。（一）科技园公司在（2004）曲民初字第1660号案中经再审认定案涉工程存在质量问题后才能确认省外建公司应承担违约责任，诉讼时效应自 2017 年再审判决书生效之日起算。（二）科技园公司在（2004）曲民初字 1660 号案中主张保留诉讼权利是行使诉讼权利的一种方式，产生诉讼时效中断的效力。科技园公司在（2015）曲商初字第 801 号案中已主张违约金，后因该案发回重审，科技园公司就违约金问题另行诉讼才产生本案。（三）原判决未依照《最高人民法院关于适用〈中华人民共和国民事诉讼法〉的解释》第 93 条第 1 款第 5 项、《民事诉讼法》第 64 条规定认定已生效判决确认的事实，对科技园公司提交的证据未予以审查，违反法律规定。综上，科技园公司依据《民事诉讼法》第 200 条第 1 款第 2 项、第 6 项之规定申请再审。

省外建公司观点：曲阜市人民法院于 2007 年 5 月 30 日作出的（2006）曲民初字第 1671 号民事判决书，依法判决解除双方签订的三份施工合同，上述判决生效后，上诉人依据施工合同主张逾期竣工违约金的主张就缺乏了合同依据。如依据合同约定，在工程没有按时竣工的情况下，其就知道或应当知道其权利受到了侵害，则从合同约定的竣工日期开始起诉也超过了诉讼时效，其权利不应得到支持。至于上诉人主张其质量问题的诉讼，并不影响其主张工期的索赔，其提出的中止时效的抗辩理由不成立。况且，合同依法解除后，法院判决答辩人支付修复费用后，就不应再继续履行合同，更不存在逾期竣工违约金的问题。根据上诉人所主张三份施工合同计算竣工迟延违约金的截止时间至 2006 年 6 月 1 日或 2005 年 10 月 16 日，至今业已达 13 年，上诉人知道或应当知道其权利受到侵害算起，已超过了诉讼时效。

法院观点

一审法院观点：曲阜法院（2006）曲民初字第 1671 号民事判决现已生效，该判决书已解除了原、被告双方签订的三份建筑施工合同，原、被告于 2007 年 4 月 26 日和 27 日分别收到该判决书。《民法典》第 188 条“向人民法院请求保护民事权利的诉讼时效期间为三年。法律另有规定的，依照其规定。诉讼时效期间自权利人知道或者应当知道权利受到损害以及义务人之日起计算。法律另有规定的，依照其规定。但是，自权利受到损害之日起超过二十年的，人民法院不予保护，有特殊情况的，人民法院可以根据权利人的申请决定延长”。根据该条规定，原告在案涉工程所涉的三份施工合同已被法院解除 12 余年后再次起诉，要求被告依照合同约定承担逾期责任，显然已经超过诉讼时效，依法应予以驳回。

二审法院观点：诉讼时效制度是我国民事诉讼法规定的重要法律制度，具有强制性。法律设立诉讼时效制度的目的，在于督促权利人及时行使权利，保护交易安全，维持社会秩序的稳定，进而维护社会公共利益。基于诉讼时效的效力，权利人未在法定期间内行使权利，即丧失请求人民法院依法保护其权利的胜诉权。本案一审中省外建公司已就超过诉讼时效问题提出了抗辩，而科技园公司是在案涉工程所涉施工合同已经被人民法院生效裁判确定解除后十余年后，于2019年4月10日依据同一合同关系，向一审法起诉要求省外建公司依照合同约定承担工程逾期竣工责任，要求支付违约金3000万元。经审查，科技园公司主张存在逾期的三项工程，合同约定的竣工时间分别为2002年9月20日、2002年2月16日、2002年2月16日。经查案涉工程已交付使用多年，合同约定的工程竣工时间距离科技园公司本次提起诉讼的时间，已超过16年。科技园公司没有提交证据证明，此前曾就承担工程逾期竣工违约责任向省外建公司主张过权利。因此科技园公司的起诉已远远超过法定的诉讼时效，一审法院据此驳回诉讼请求正确。

再审法院观点：本案再审审查的争议焦点是原判决认定科技园公司提起本案诉讼超过诉讼时效是否正确。经原审查明，科技园公司与省外建公司签订的三份施工合同约定的工程竣工时间均为2002年，案涉工程未在约定期限内完工时工期延误的事实即已确定，科技园公司此时应知道其权利受到损害，诉讼时效自此开始计算。科技园公司主张需以另案裁判文书确认案涉工程存在质量问题为主张违约责任的依据，并以另案裁判文书的生效时间作为诉讼时效的起算时间，不具法律依据。科技园公司主张其在（2004）曲民初字第1660号案中保留了对其他损失进行诉讼的权利，但其后并未在法定期间内以工程逾期为由向省外建公司主张权利。科技园公司主张其在（2015）曲商初字第801号案中主张了违约金，但此时亦超过了法定诉讼时效。科技园公司并未提交充分有效的证据证明存在诉讼时效中断的法定事由，原判决认定科技园公司的起诉已超过法定的诉讼时效，并无不当。

关联案例1

案件名称：建某公司、亚某公司建设工程施工合同纠纷案

审理法院：一审：河南省商丘市中级人民法院（2019）豫14民初95号；二审：河南省高级人民法院（2019）豫民终1532号；再审：最高人民法院（2020）最高法民申2523号

裁判观点：本案焦点是亚某公司主张案涉工程款的诉讼请求是否超过诉讼时效。亚某公司承揽的案涉工程已于2013年9月30日竣工并实际投入使用，建某公司亦认可尚欠亚某公司案涉工程款804000元未支付。案涉工程实际投入使用后，建某公司一直未与亚某公司就案涉工程款进行结算，亚某公司也曾致函和派员催要案涉款项，原审法院认定亚某公司主张案涉工程价款的诉讼请求未超过诉讼时效，并无不当。另外，原审法院从案涉工程竣工日2013年9月30日开始计算所欠工程款的利息亦无不当。

关联案例2

案件名称：某冶公司、三某公司建设工程施工合同纠纷案

审理法院：一审：青海省西宁市中级人民法院（2019）青01民初242号；二审：青海省高级人民法院（2020）青民终106号；再审：最高人民法院（2020）最高法民申6334号

裁判观点：本案中，三某公司与某冶公司因对案涉工程3#、4#楼主体结构的质量存在争议，分别委托鉴定机构进行检测，虽然检测结果不一致，但从2011年4月21日由案涉工程建设单位、施工单位、监理单位及勘察、设计单位等共同就案涉工程质量进行评定形成的会议纪要可知，案涉工程3#、4#楼整体质量合格，但存在局部砼强度不达标的质量缺陷。因双方就应否再次复检以及加固等问题未达成一致意见，三某公司通过招投标程序与案外人青海恒新建筑工程有限公司达成案涉工程3#、4#楼负1~2层主体结构加固工程合同，对缺陷部分进行了加固、维修，三某公司支出加固费用1915000元。原审法院据此判决由某冶公司承担加固费用及维修期间的工期延误损失228094.89元，有事实依据。因双方未能就案涉工程结算达成一致意见，三某公司于某冶公司起诉其支付工程款后，提起诉讼要求某冶公司支付工程加固费用及工期延误损失，原审判决认定三某公司的请求未超过诉讼时效并无不当。

关联案例3

案件名称： 长某公司与丁某福建设工程施工合同纠纷案

审理法院： 一审：新疆维吾尔自治区高级人民法院伊犁哈萨克自治州分院（2018）新40民初41号；二审：新疆维吾尔自治区高级人民法院（2019）新民终244号；再审：最高人民法院（2020）最高法民申1959号

裁判观点： 2007年4月1日丁某福与长某公司签订的《长城大厦施工工程结算协议》中并未明确工程款支付期限，案涉合同中也无明确的工程款支付期限，债权人丁某福可以随时主张。2013年丁某福以金某公司的名义起诉长某公司主张案涉工程款，金某公司于2014年12月17日撤回起诉，后丁某福于2015年提起本案诉讼，丁某福在积极主张权利，因此原判决认为本案未超过诉讼时效，并无不当。

关联案例4

案件名称： 中铁某局与和某公司建设工程施工合同纠纷案

审理法院： 一审：新疆维吾尔自治区高级人民法院（2017）新民初77号；二审：最高人民法院（2020）最高法民终348号

裁判观点： 关于和某公司的反诉是否超过诉讼时效的问题。本案双方当事人虽于2016年1月1日竣工验收，但双方并未进行最终结算，故中铁某局主张和某公司的诉讼时效应自竣工日期起计算的理由不能成立。另，即使自竣工日期起计算诉讼时效，《最高人民法院关于适用〈中华人民共和国民法总则〉诉讼时效制度若干问题的解释》① 第2条规定："民法总则施行之日，诉讼时效期间尚未满民法通则规定的二年或者一年，当事人主张适用民法总则关于三年诉讼时效期间规定的，人民法院应予支持"。而《民法总则》自2017年10月1日起实施，如自2016年1月1日起计算诉讼时效，截至2017年10月1日，和某公司的诉讼时效期间并未超过，其可适用民法总则关于三年诉讼时效期间的规定。故中铁某局依据《最高人民法院关于适用〈中华人民共和国民法总则〉诉讼时效制度若干问题的解释》第3条关于"民法总则施行前，民法通则规定的二年或者一年诉讼时效期间已经届满的，当事人主张适用民法总则关于三年诉讼时效期间规定的，人民法院不予支持"的规定，主张和某公司的诉讼时效期间已过，亦属适用法律错误，不能成立。

---

① 根据《最高人民法院关于废止部分司法解释及相关规范性文件的决定》，该司法解释现已失效。

关联案例 5

案件名称：建某公司、某大学建设工程施工合同纠纷案

审理法院：一审：哈尔滨市中级人民法院（2018）黑01民初677号；二审：黑龙江省高级人民法院（2019）黑民终341号；再审：最高人民法院（2020）最高法民申242号

裁判观点：关于主张给付工程款的诉讼时效是否经过的问题。建某集团与某大学因工程款给付纠纷提起仲裁时，即应当知晓自己权利受到侵害。在以审计金额作为结算标准的情况下，法院撤销该仲裁裁决后，建某集团即应按照审计金额计算并主张给付案涉工程款，其诉讼时效自2009年撤销仲裁裁决的裁定生效之日起重新计算。对于建某集团主张诉讼时效中断的主张，建某集团原审及申请再审期间仅提交证人证言的单一证据，对方予以否认，故该证据不足以证明自2009年仲裁裁决被撤销至2018年发出索款函期间，其向某大学主张了债权而导致诉讼时效中断。建某集团于2018年1月17日向某大学发出的索款函，亦不能证明是双方就债权重新确认的一致意思表示。故建某集团主张诉讼时效中断及双方重新确认了债权，缺乏事实依据，法院不予支持。

律师点评

时效是指一定事实状态持续一定期间而产生一定法律后果的制度①，其中“时”为时间的经过，属于一种事实状态，而“效”为基于法律规定而产生的法律效力，属于一种法律后果。诉讼时效制度则是指民事权利受到侵害的权利人在法定的时效期间内不行使权利，在时效期间届满后即丧失通过请求法院依照诉讼程序强制义务人履行义务之权利的制度。

诉讼时效制度作为民事法律体系中的一项重要制度，其主要是基于督促权利人及时行使权利以及维护既定的法律秩序稳定这两方面考虑而设立的。在司法审判实践中，该制度有利于案件证据的收集及纠纷的及时解决，避免因时过境迁，债务人举证困难，造成案件裁判结果与实际事实不符。为了体现该制度的法定性及强制性，《民法典》第197条规定：“诉讼时效的期间、计算方法以及中止、中断的事由由法律规定，当事人约定无效。当事人对诉讼时效利益的预先放弃无效。”由于该制度对当事人的意思自治构成了一定的

① 郑玉波：《民法总则》，中国政法大学出版社2003年版，第488页。

限制，如果过于强调诉讼时效的法定性及强制性会导致双方当事人的权利义务失衡，所以，为了平衡诉讼时效制度的法定强制性和意思自治原则，一方面，《最高人民法院关于审理民事案件适用诉讼时效制度若干问题的规定》（以下简称《诉讼时效规定》）第2条规定："当事人未提出诉讼时效抗辩，人民法院不应对诉讼时效问题进行释明。"根据该条的规定，法院对于诉讼时效问题不得进行释明，当事人于诉讼中是否主张诉讼时效已过的抗辩全凭其意思自治。另一方面，虽然法律对权利人的权利行使进行了限制，并且在一定程度上牺牲了"欠债还钱"这类在人们心目中根深蒂固的道德准则，但是诉讼时效制度通过诸如诉讼时效中断、中止等制度设计为这种"牺牲"划定了底线。①

在建设工程领域，由于施工活动的复杂性和专业性，施工合同的履行期限通常较长，工程款的结算与支付贯穿于整个合同履行期且十分容易出现争议，当事人可能会因为各种原因没有及时向对方主张相应价款，或者曾提起主张但未形成有证明力的证据，或者因对诉讼时效起算点存在理解偏差而导致超期主张，从而导致工程款诉讼时效争议。在我国建设工程争议总量中，有关诉讼时效的争议占比并不是很大，但诉讼时效通常涉及专业的法律理论及民事诉讼证据适用问题，而且法院一旦适用诉讼时效相关规定认定当事人的主张已经超过诉讼时效期间，会给当事人造成严重的经济损失。因此结合法院相关典型案例对工程款诉讼时效争议进行分析，有助于发承包双方当事人及相关专业人员了解有关案件的司法裁判观点和态度，及时、规范地行使应有权利，防范和避免法律风险。

在诉讼时效制度中，时效期间、时效起算、时效中断和时效终止是其中最为核心和关键的部分，但在工程款诉讼时效争议中，关于时效中止的争议较少，双方当事人的分歧集中于时效的起算和中断这两个问题上，故下文在论述诉讼时效期间这一基本概念的基础上，重点分析法院在工程款诉讼时效的起算和中断问题上的司法裁判观点和态度，对于诉讼时效中止则不再论述。

一、诉讼时效期间

建设工程施工合同依法成立后，对双方当事人均具有法律约束力，双方

---

① 霍海红：《论我国诉讼时效效力的私人自治转向——实体与程序双重视角的观察》，载《现代法学》2008年第1期。

当事人均应严格和全面履行合同约定的义务，其中有关工程款的结算与支付条款是双方当事人尤其是承包人最为关注的内容。工程款债权受法律保护，在债务人不履行或不完全履行其支付工程款的义务时，债权人可通过法院依照诉讼程序强制债务人履行义务，但法律对于债权人请求人民法院保护其债权是有时间限制的，这个时间限制就是诉讼时效期间，其是指权利人行使请求权，获取人民法院保护其民事权利的法定期间。超过法律规定的诉讼时效期间，对方当事人以此为由进行抗辩的，债权将不再受法院的保护，也将丧失胜诉权。

诉讼时效期间按其适用范围和时效期间的长短，可分为普通诉讼时效期间和特殊诉讼时效期间。《民法典》第 188 条规定："向人民法院请求保护民事权利的诉讼时效期间为三年。法律另有规定的，依照其规定。诉讼时效期间自权利人知道或者应当知道权利受到损害以及义务人之日起计算。法律另有规定的，依照其规定。但是，自权利受到损害之日起超过二十年的，人民法院不予保护，有特殊情况的，人民法院可以根据权利人的申请决定延长。"这是我国民事法律对普通诉讼时效的规定，在我国现行法律上还有一些关于特殊诉讼时效期间的规定，如国际货物买卖合同和技术进出口合同纠纷适用 4 年的短期诉讼时效；人寿保险合同被保险人和受益人请求支付保险金的，适用 5 年诉讼时效期间。凡是法律没有规定特殊诉讼时效的，都应适用普通诉讼时效的规定。工程款债权作为一般债权，通常情况下，其应当适用 3 年的普通诉讼时效期间。

另外，我国法律还就最长诉讼时效进行了规定，《民法典》第 188 条规定，从权利被侵害之日起超过二十年的，人民法院不予保护。最长诉讼时效与其他诉讼时效相比，有以下两个显著的区别应当予以注意：第一，最长诉讼时效的期间是从权利被侵害时开始计算的，而其他诉讼时效的期间是从权利人知道或者应当知道权利被侵害时开始计算；第二，最长诉讼时效不适用诉讼时效的中断、中止等规定，而其他诉讼时效适用有关时效中断、中止的规定。

二、诉讼时效的起算

诉讼时效的起算，又称诉讼时效的开始，是指民事法律规定的关于保障权利人通过诉讼实现请求权利的有效期限的起算点，关系到诉讼时效期间是否届满，权利人的民事权利能否享有人民法院或仲裁机构依法定程序予以保护的资格。[①]

《民法典》第188条规定："……诉讼时效期间自权利人知道或者应当知道权利受到损害以及义务人之日起计算。法律另有规定的，依照其规定。但是，自权利受到损害之日起超过二十年的，人民法院不予保护，有特殊情况的，人民法院可以根据权利人的申请决定延长。"根据本条可知，工程款诉讼时效的起算应当满足以下四个要件：工程款债权请求权已经成立；请求权的行使不存在法律上的障碍；权利人知道或应当知道请求权的存在且受到侵害；权利人知道或应当知道义务人。

对于工程款债权而言，债权人的权利是基于施工合同而取得的，当债务人不按合同约定履行义务时，债权人不能获得预期权利即知道其权利被侵害，所以在一般情况下，因工程款债权债务而产生的纠纷可以推断在施工合同约定的义务期限届满时债权人应当知道其权利被侵害。但在司法实务中，由于民事案件千差万别、错综复杂，具体到各个案件，法官对于权利人是否知道其权利遭受损害很难查清楚，义务人对此也难以举证。这就需要按照主客观结合的标准，采用一定的客观起算方式弥补主观标准的不确定性。[②] 具体到工程款诉讼时效争议中，以下较为典型的争议情形应予以特别关注：

1. 施工合同对于工程款支付期限未进行约定或约定不明确。

施工合同本身存在疏漏，对于工程款支付期限未进行约定或约定不明确，双方对此也未达成补充协议，这是工程款诉讼时效争议中经常遇到的情况。对此，《最高院施工合同司法解释（一）》第27条规定："利息从应付工程价款之日开始计付。当事人对付款时间没有约定或者约定不明的，下列时间视为应付款时间：（一）建设工程已实际交付的，为交付之日；（二）建设工程没有交付的，为提交竣工结算文件之日；（三）建设工程未交付，工程价款也未结算的，为当事人起诉之日。"该条对当事人双方对付款时间未约定或约定不明的情况下如何确定应付款时间进行了明确，即以建设工程是否实际交付和是否进行结算为标准确定了三种不同情形下的应付款时间，相应诉讼时效的起算也应当根据上述时间予以确定。因此，权利人应当特别注意上述情形下，诉讼时效的起算点，及时主张相关权利，避免超过诉讼时效后丧失相关权利。

---

① 汤黎明：《诉讼时效期间的起算问题的实务与理论探析》，载《法治论丛》第19卷第2期。

② 王利明：《民法学》，法律出版社2008年版，第152页。

需要指出的是，在司法审判实务中，有些法院认为对于施工合同中未约定竣工结算程序和具体支付期限的，由于债权人获得支付的权利尚未形成，不存在超过诉讼时效的问题。[①] 对于具体诉讼时效起算点应依据《诉讼时效规定》第4条予以确定，即“未约定履行期限的合同，依照民法典第五百一十条、第五百一十一条的规定，可以确定履行期限的，诉讼时效期间从履行期限届满之日起计算；不能确定履行期限的，诉讼时效期间从债权人要求债务人履行义务的宽限期届满之日起计算，但债务人在债权人第一次向其主张权利之时明确表示不履行义务的，诉讼时效期间从债务人明确表示不履行义务之日起计算”。

2. 建设工程因暂停施工或其他原因处于“未竣工、未验收、未结算”的状态。

《最高院施工合同司法解释（一）》第27条规定：“利息从应付工程价款之日开始计付。当事人对付款时间没有约定或者约定不明的，下列时间视为应付款时间：……（三）建设工程未交付，工程价款也未结算的，为当事人起诉之日。”如果承包人施工部分工程量后停工，工程尚未完工，不具备使用条件，建设工程实际未交付使用，整个工程处于未竣工、未验收、未结算状态，双方直至起诉前都未提出解除合同的要求，也未约定已完工程进度款的付款时间。依照《最高院施工合同司法解释（一）》第27条第1款第3项之规定，承包人起诉日期视为发包人应付工程款的起始时间，承包人关于工程款债权的诉讼时效期间应从起诉日期开始计算。

3. 当事人既约定工程款支付期限同时也约定债权人可通过“以楼抵债”的形式实现债权情形。

在建设工程实务中，我们有时可以看到，双方当事人对工程款的最后支付期限作出了约定，同时还约定，若未能按期支付工程款则通过签订预售合约的方式将本项目部分楼宇抵债。在此种情况下，基于上述双方关于工程款支付方式的约定内容，债权人在债务人未按约定的时间偿付工程款的情形下，尚可期待通过合同中约定的以楼抵债而实现债权。举例来说，如用于抵债的部分房屋直到合同约定的付款截止日后的五年后才取得商品房预售许可证，也就是说直到该日这部分房屋才符合预售的条件，那么，即使债权人未在付

---

① 云南省高级人民法院（2008）云高民一终字第134号民事判决书即持此种观点。

款截止日后的三年内主张工程款，但其也并未超过法律规定的诉讼时效，其主张以楼抵债的诉讼时效应自房屋符合预售条件时开始计算。

三、诉讼时效的中断

一般意义上，诉讼时效的中断，是指诉讼时效进行中，因发生了一定的法定事由，推翻了诉讼时效存在的基础，因此使已经过的时效期间归于无效，待引起中断的事由消除后，诉讼时效期间重新起算。[①]

诉讼时效中断制度赋予了权利人对诉讼时效期间的进程加以影响的权利，使诉讼时效制度的价值和功能得到充分合理的发挥。通过设定具体的机制，对诉讼时效期间的经过予以合理地限制，即使诉讼时效制度在适用的过程中体现其积极作用，又使其消极的一面得到限制。我国台湾地区学者将这种对诉讼时效的合理限制称为诉讼时效的障碍。史尚宽认为："消灭时效之障碍云者，时效开始进行后，因一定事实之发生或存在，使其时效中断或停止之谓也；消灭时效之中断与消灭时效之停止，合称之为消灭时效之障碍。"[②]

诉讼时效中断是诉讼时效障碍中的一项重要法律制度，由于其在使用效果上使已经进行的诉讼时效期间归于无效，进而重新起算诉讼时效。因此，它是诉讼时效障碍中最有利于权利人的一种制度，也最受权利人的重视和青睐。由于诉讼时效中断制度对我国目前存在的诉讼时效期间普遍较短的问题有很大的弥补作用，既可以避免放任权利人怠于行使权利，又可以有效地防止义务人违反诚实信用原则利用诉讼时效制度逃避债务。

我国《民法典》第195条对诉讼时效中断制度作出了规定："有下列情形之一的，诉讼时效中断，从中断、有关程序终结时起，诉讼时效期间重新计算：(一）权利人向义务人提出履行请求；（二）义务人同意履行义务；（三）权利人提起诉讼或者申请仲裁；(四）与提起诉讼或者申请仲裁具有同等效力的其他情形。"《诉讼时效规定》第8条至第17条对诉讼时效中断的法定事由、中断点以及重新起算点的认定等内容作出了详细的规定。根据上述规定，能够引起诉讼时效中断的事由可以归纳为三种，即请求、起诉和同意履行义务。

根据我国民事诉讼中"谁主张、谁举证"的规则，发包人或承包人主张某项诉讼请求超过时效期间或未超过时效期间，应承担相应的举证义务。对

---

① 冯恺：《诉讼时效制度研究》，山东人民出版社2007年版，第175页。

② 史尚宽：《民法总论》，中国政法大学出版社2000年版，第648页。

于工程款债权而言，通常情况下，由发包人举证证明承包人的主张已超过时效期间，该举证义务相对而言较为容易，在此种情况下，承包人则承担了较重的举证责任，其必须进行充分的举证，证明诉讼时效存在中断的情形，否则应承担举证不能的法律后果，从而导致合法的债权因超过诉讼时效得不到法院的支持。

四、超过诉讼时效期间后债务人对债权债务确认的法律后果

1. 诉讼时效期间届满的效力。

根据《民法典》及相关司法解释对诉讼时效制度的规定并结合法院判例可以看出，诉讼时效期间届满后，当事人一方获得了诉讼时效抗辩权，另一方相应丧失的是胜诉权 。依据《民法典》第 192 条的规定，超过诉讼时效期间，当事人自愿履行的，不得请求返还。也就是说，诉讼时效期间届满后，义务人自愿履行的，权利人仍有权受领。债务人履行义务后，不得以不知诉讼时效届满为理由要求返还，这是因为权利人的民事实体权利并不因时效届满而消灭。

2. 诉讼时效期间届满后债务人在债权人的催款通知上签章的效力。

《诉讼时效规定》第 19 条规定“诉讼时效期间届满，当事人一方向对方当事人作出同意履行义务的意思表示或者自愿履行义务后，又以诉讼时效期间届满为由进行抗辩的，人民法院不予支持。当事人双方就原债务达成新的协议，债权人主张义务人放弃诉讼时效抗辩权的，人民法院应予支持。超过诉讼时效期间，贷款人向借款人发出催收到期贷款通知单，债务人在通知单上签字或者盖章，能够认定借款人同意履行诉讼时效期间已经届满的义务的，对于贷款人关于借款人放弃诉讼时效抗辩权的主张，人民法院应予支持”。根据这一规定，借款合同的借款人应当按照约定归还借款本息，没有履行此项义务本身就违背了诚实原则；虽然诉讼时效期间届满，但债务人在贷款人的催款通知书中签章，表明了债务人对原债务的重新确认，如果不承担这种确认所带来的法律后果也是违背诚信原则的行为。另外，根据民事活动中当事人意思自治原则，借款人在催收贷款通知单上的签章行为是其真实的意思表示，债权人的催收通知明确表明了再次催收拖欠工程款的意思，债务人在催收通知上签字确认，应当视为诉讼时效期间届满后债权人与债务人对原债务的重新确认。

第十一章　与建设工程有关的其他纠纷

综述：建设工程其他法律问题的司法处理①

在工程建设的过程中，可能产生的纠纷类型各异，涉及的法律关系和法律问题纷繁复杂。除本书前十章的分类中所涉及的纠纷案件外，在建设工程司法实践中，因中标结果无效、中标后拒绝签约，或者与勘察、设计相关的质量、期限、变更问题以及政府行政机关的不当行政行为而产生的纠纷也时有发生。在这些案件中，相关法律关系复杂，法律法规规定有待完善，学术界也存在众多不同观点，因此给法院审理此类案件带来一定的难度。从本章所收录案件的审理法院在相应案件的判决中可以看出，对于此类案件的审理，法院通常会根据法律的基本原则，结合案件的具体情况，综合各种因素，作出合法、合理的判决，其司法处理原则值得总结。本章把有关建设工程纠纷的其他法律问题或不宜归入本书前十章的案例进行汇总，并选取招投标、设计及行政诉讼三个方面的几个案例进行研读、分析，现将上述三个方面的案例及相关司法理念总结如下：

一、建设工程招标投标过程中的争议性问题

（一）法院对于中标无效情形的认定

1. 认定中标结果无效应以达到影响中标结果程度为准。

招标投标作为国际上普遍运用的一种工程、货物、服务的买卖方式，其特点在于买方（招标人）通过事先公开采购要求，吸引众多的卖方（投标人）平等参与竞争，按照规定程序并组织技术、经济和法律等方面专家对众多的投标人进行综合评审，从中择优选定中标人。通过招标投标程序选择工程承包人及货物、服务的供应商有利于买方节约成本，保证工程质量，实现资源优化配置。根据《招标投标法》的规定，对达到相关标准和规模的工程项目在进行施工发包，或设计、勘察、监理等服务以及相关设备、材料采购

---

① 撰稿人：余国鹏、蓝新宏，上海市建纬（深圳）律师事务所。

时，应当通过招标方式确定承包人或供应商。但在实践中，经常发生招标泄露标底、串标、虚假招标等违背《招标投标法》公正、公平、公开、诚实信用基本原则的情况。我国现行法律法规对上述情况规定的惩处方式有：行政处罚、民事赔偿、刑事责任等，同时在一定情况下上述违法行为将会导致中标无效。关于在何种情况下，法院将会以招标过程中存在违法行为认定中标结果无效，是处理此类案件的重点。本章选用的某龙公司、针灸医院建设工程施工合同纠纷一案（简称“某龙诉针灸医院建设案”），是因虚假招标引起中标无效的案件，审理该案件的一审、二审、再审法院根据相关规定并结合案件的具体情况判定涉讼项目的中标无效。

我国《招标投标法》规定了六种中标无效的情形：（1）招标代理机构违反本法规定，泄露应当保密的与招标投标活动有关的情况和资料的，或者与招标人、投标人串通损害国家利益、社会公共利益或者他人合法权益的行为影响中标结果的（第 50 条）；（2）依法必须进行招标的项目的招标人向他人透露已获取招标文件的潜在投标人的名称、数量或者可能影响公平竞争的有关招标投标的其他情况的，或者泄露标底的行为影响中标结果的（第 52 条）；（3）投标人相互串通投标或者与招标人串通投标的，投标人以向招标人或者评标委员会成员行贿的手段谋取中标的（第 53 条）；（4）投标人以他人名义投标或者以其他方式弄虚作假，骗取中标的（第 54 条）；（5）依法必须进行招标的项目，招标人违反本法规定，与投标人就投标价格、投标方案等实质性内容进行谈判的行为影响中标结果的（第 55 条）；（6）招标人在评标委员会依法推荐的中标候选人以外确定中标人的，依法必须进行招标的项目在所有投标被评标委员会否决后自行确定中标人的（第 57 条）。

从上述六种可以认定中标结果无效的情形来看，除了第 3 种串通投标、第 4 种弄虚作假骗取中标、第 6 种在评标委员会推荐中标候选人外确定中标人、依法必须进行招标的项目在所有投标被评标委员会否决后自行确定中标人的情况可直接判定中标无效外，其余情况均需要达到足以“影响中标结果”的程度。关于何谓“影响中标结果”，法律没有规定，一般属于法官的自由裁量范围，在法院判决文书中不会明示，实践中也因个案的具体情况而有所区别。但通常认为如果有证据证明违法违规行为影响了招标程序公平、公开的进行，损害了其他投标人及潜在投标人的平等竞争的权利，使招标投标程序沦为形式的，可以认定其影响了最终的中标结果。

此外，虽然《招标投标法》上规定可以认定中标无效的情况有六种，但并没有限定只有上述六种情况才能认定中标无效。如违反《招标投标法》的行为造成的中标结果明显不公平的，也不能认定中标有效。例如，评标委员会实质上脱离了招标程序中规定的评标标准确定的中标结果就不能认定有效；对潜在投标人歧视待遇影响投标结果的，也不能认定中标有效；违反了开标评标程序可能影响中标结果的也不能认定中标有效。总之，对于违反公开、公平、公正原则的行为可能导致中标结果不公正的，法院都有权进行审查，必要时可以认定中标结果无效或宣布整个招标投标活动无效。

2. 中标无效后应根据具体情况处理。

首先，对于尚未签订合同的情况，《招标投标法》第64条规定："依法必须进行招标的项目违反本法规定，中标无效的，应当依照本法规定的中标条件从其余投标人中重新确定中标人或者依照本法重新进行招标。"根据该条款的规定，对于依法必须招标的项目，如中标通知书发出后，签订书面合同文件之前，中标结果便受到投诉或引起诉讼，且中标结果被认定无效的，招标人应在其他中标候选人中重新确定中标人，或者依法重新招标。对于不属于依法必须招标的项目，由于其原本就无需经过强制招标，当被认定中标无效后，招标人有权自行决定是否重新招标或者另行委托。

其次，对于已经签订合同文本的情况，中标无效的合同也应属无效合同。当法院确认中标结果无效后，法院需要进一步解决涉讼工程合同的效力应当如何认定。对于依法必须招标的项目，根据《最高人民法院关于审理建设工程施工合同纠纷案件适用法律问题的解释（一）》（以下简称《最高院施工合同司法解释（一）》）第1条第1款"建设工程施工合同具有下列情形之一的，应当依据民法典第一百五十三条第一款的规定，认定无效：……（三）建设工程必须进行招标而未招标或者中标无效的"的规定，中标无效将导致建设工程施工合同无效。可以看出，此处将合同无效限定为依法必须招标的项目建设施工合同。

（二）法院对于中标后拒绝签约应承担的法律责任性质的认定

按照《招标投标法》的规定，招标人应首先发出招标公告（或投标邀请）及招标文件，吸引潜在投标人的投标，后投标人向招标人递交投标文件，招标人在对投标文件进行甄选后确定一个中标人并发出中标通知，招标人与中标人应在法律规定的时限内签订书面合同。那么，在中标通知书发出后，如招标人想要改变中标结果或中标人拒绝签约的应如何承担法律责任呢？在本章选用的华某公司、开发区建投公司招投标纠纷上诉案中，二审法院认为投标人发出的投标文件和招标人发出的中标通知书显然均已符合书面形式的要求，招投标双方当事人未签订书面合同并不影响双方之间成立建设工程施工合同的法律关系，任何一方拒绝履行都应承担违约责任，这则判决体现了法院在此类问题上的观点倾向和处理原则，可供同类案件参考。

1. 中标通知书具有承诺的法律效力。

要确定中标后拒绝签约应承担的责任性质，首先应明确中标通知书的法律效力。招标投标程序作为订立合同的特殊形式，根据《民法典》的相关规定，也需要招标人和投标人做出要约和承诺的意思表示。目前司法界的主流观点认为：招标公告及招标文件是招标人向特定或不特定的多数人发布的要约邀请；投标文件是投标人向招标人发出的要约，其内容一般为对招标文件的响应，承诺在一定期限内有效且一旦中标即受到投标文件约束；中标通知书由招标人在投标有效期内向投标人发出，表明其完全接受投标文件的内容，因此其性质是招标人的承诺。其次，关于承诺的生效时间，根据《民法典》第 484 条“以通知方式作出的承诺，生效的时间适用本法第一百三十七条的规定。承诺不需要通知的，根据交易习惯或者要约的要求作出承诺的行为时生效”及《招标投标法》第 45 条第 2 款“中标通知书发出后，招标人改变中标结果的，或者中标人放弃中标项目的，应当依法承担法律责任”的规定可知，对于招投标这种特殊的合同订立方式，中标通知书作为对投标文件的承诺自发出之时即生效。

2. 中标通知书发出即应视为合同已经成立。

关于中标通知书发出后合同成立时间的问题，在学理及实务上一直有着不同的观点。其分歧主要在于建设工程合同的成立应当以承诺生效时间为准还是应当以书面合同文件的签署时间为准。从现行法律的规定来看，虽然《民法典》第 490 条规定：“当事人采用合同书形式订立合同的，自当事人均签名、盖章或者按指印时合同成立。在签名、盖章或者按指印之前，当事人一方已经履行主要义务，对方接受时，该合同成立。法律、行政法规规定或者当事人约定合同应当采用书面形式订立，当事人未采用书面形式但是一方已经履行主要义务，对方接受时，该合同成立。”第 789 条规定：“建设工程合同应当采用书面形式。”但由于“书面形式”不限于“合同书形式”，招标过程中所形成的招标文件、投标文件和中标通知书均属于书面形式。故，以建设工程合同应以书面形式订立为由主张“双方当事人签字或者盖章”时合同成立的观点难以成立。从司法实践的情况来看，法院在案件审理中的观点也更加倾向于认定发承包人之间的合同自中标通知书发出后已成立，这是由于招标文件中通常已包含了合同条款的主要内容，且《招标投标法》禁止招标人和中标人在中标后对招标文件进行实质性的变更，招标人确定中标人后，即表明双方已经就合同的主要条款达成了合意，应认为此时合同已经成立。

3. 中标通知书发出后改变中标结果或拒绝签约的应承担违约责任。

《招标投标法》第45条第2款肯定了在中标通知书发出后，招标人改变中标结果的，或者中标人放弃中标项目的，应当依法承担法律责任，但是该条款并未对“法律责任”的性质进行明确。如果认为中标通知书发出即导致合同的成立，那么对于中标通知书发出后招标人或中标人应对其改变中标结果或拒绝签约的悔标行为承担违约责任。

二、法院对于勘察设计案件的处理原则

作为工程建设的重要环节，勘察设计将会对建设工程的投资效益和质量安全、社会效益、环境效益等造成重大的影响。然而，在法律领域中，相比于施工纠纷而言，勘察设计的案件数量是相对较少的，这也导致在这一领域，无论是法律理论界还是实务界研究都不多。《民法典》第800条规定：“勘察、设计的质量不符合要求或者未按照期限提交勘察、设计文件拖延工期，造成发包人损失的，勘察人、设计人应当继续完善勘察、设计，减收或者免收勘察、设计费并赔偿损失。”然而，实践中，对于勘察设计质量责任的承担、赔偿的范围、司法鉴定结论的影响、合作开发单位对勘察设计合同的责任等问题均可能会产生争议。

（一）建设单位的过错可作为勘察设计单位免除其勘察设计质量责任的事由

实务中，建设单位的过错可构成勘察设计单位的免责事由。从法条依据上，《民法典》第592条第1款规定：“当事人都违反合同的，应当各自承担相应的责任。”从理论依据上，建设单位过错构成免责事由是基于履行障碍风险由造成障碍者承担的思想，即建设单位的过错是致使勘察设计单位履行合同不符合约定的原因之一，故建设单位自食其果当属必然。但需要注意的是，虽然建设单位的过错是免除勘察设计单位质量责任的理由，但由于勘察设计单位是一个专业的机构，其应尽的注意义务是非常高的。如下文某城建勘察研究院一案中，虽然建设单位未提交勘察所需的基础资料，但由于勘察设计单位未尽到其作为专业机构应尽的审慎义务，在未明确勘察场地具体界址的情形下就作出勘察报告，虽因建设单位的过错可免除其部分的责任，但还是需要承担相应的责任。

总而言之，建设单位的过错是勘察设计单位免除其勘察设计质量责任的事由之一，但勘察设计单位作为专业的机构，需要尽到其作为专业机构应尽的审慎义务，否则，仍需承担相应的责任。

（二）勘察设计单位承担勘察设计质量责任时的赔偿范围

《民法典》第800条规定："勘察、设计的质量不符合要求或者未按照期限提交勘察、设计文件拖延工期，造成发包人损失的，勘察人、设计人应当继续完善勘察、设计，减收或者免收勘察、设计费并赔偿损失。"根据该规定，勘察设计质量存在问题时，勘察设计单位可能会通过继续履行、减免勘察设计费或赔偿损失的方式承担违约责任。就勘察设计费用是否应当返还的问题，法院在审判的过程中，主要考虑：1. 勘察设计单位实际提交的勘察设计成果对于建设单位而言是否具有价值，相对于适当履行的勘察设计成果而言是否存在价值上的降低；2. 该等实际履行价值的降低是否已通过要求继续履行的方式或赔偿损失的方式来予以弥补。另外，在勘察设计合同中，可能会存在约定勘察设计单位承担赔偿责任时最高不超过一定金额的赔偿限额条款。对于该条款的效力及其适用，目前并没有足够的相关案例表明已经形成了统一的观点。但在已知的勘察设计案例中，已有法院判决"限额不足以弥补建设单位的损失，故不适用该赔偿限额条款"，至于不适用的理由，判决中却没有具体明示。笔者在下文中从免责条款无效、违约金过低、格式条款等角度进行了分析，以供学界参考。笔者倾向于认为，在勘察设计单位存在故意或重大过失时，基于公平原则的考虑，可以将赔偿限额条款认定为免责条款，从而认定该赔偿限额条款无效。另外，需要提及的是，在运输合同领域，现阶段也有案例表明在运输单位存在重大过失的情况下，法院最终判决以《民法典》第506条的规定认定类似的免责条款无效。

（三）勘察设计案件中的鉴定需要以法院认定的证据为依据

鉴定意见作为民事诉讼中的八种法定证据类型之一，在工程案件中使用尤其频繁。以勘察设计案件为例，从勘察设计是否存在质量问题到勘察设计质量问题应当赔偿的损失等均可能需依赖于鉴定结论。在实践中，关于鉴定，经常会出现“以鉴代审”的问题，即法院并未对当事人双方提交的证据进行真实性、关联性、合法性审查，而是直接要求鉴定机构根据未经审查的证据进行鉴定，从而得出判决意见，并且，这一问题在过去的工程诉讼案件中尤为常见。针对这一问题，目前法院若认定鉴定依据的认识、判断与案件的情况相悖，则在案件判决的过程中不会（也不应当）采用该鉴定意见。

在确定违约方应向守约方赔偿的损失时，法院也通常会根据鉴定的意见进行判决。一方面，当事人可能无法证明其损失大小，需要通过鉴定的方式确定其损失；另一方面，鉴定也可以从一定程度上衡量守约方有没有履行防止损失扩大义务，或者衡量守约方提出的损失是否合理。目前，对于勘察设计质量责任造成的损失，法院倾向于以鉴定的意见为主要依据从而作出判决结果。

三、法院对于工程建设过程中行政诉讼的处理原则

在我国，由于建设工程通常涉及重大的资金投入和广泛的社会公共利益，故在工程建设的每个阶段都离不开行政主管部门的监督和管理，如项目的立项审批，设计、施工单位的资质许可，质监站对竣工验收过程的监督，及验收通过后的备案程序等。而行政主管部门在行使监督管理职权时也必然会做出一些影响工程建设的行政行为，如做出行政行为的部门违反了相关法律法规、损害了行政相对人的合法权益，则相对人有权通过相应途径获得权利救济，包括行政机关内部救济途径以及就违法的行政行为向法院提起行政诉讼。本章选取的某阳建设公司诉某县住建局招投标投诉行政处理决定案，即为一起对在工程建设招投标过程中的违法行为进行投诉处理，但由于某县住建局仅对“EPC 中标业绩”可否计算业绩分问题作出处理，对其他请求未予评定所引起的行政诉讼案件。法院在处理该案件时，根据法律法规的规定及应遵守的行政程序，确认了某县住建局行政行为的违法性，但考虑到撤销该行政行为将会对公共利益造成更大的损害，故未判决撤销该违法行政行为，而是要求由做出行政行为的部门采取补救措施并对相对人进行补偿。

从法院的判决中可以看出，在处理工程建设过程中的行政诉讼及其他涉及社会公共利益的案件时，法院不仅需要考虑行政行为的合法性问题，更要考虑如何处理才能最大限度地在受到违法行政行为影响的行政相对人的合法利益与不特定多数人的公共利益之间取得平衡。

（一）可诉行政行为应当是行政机关作出的行政行为

面对民事主体与行政机关之间的行政纠纷时，法院首先需要考察的即是该纠纷产生于怎样的行政行为，该行为是否具备可诉性？相对人能否通过诉讼进行权利救济，取决于该行政机关的行为是否属于行政诉讼受案范围。

根据《行政诉讼法》的规定，除了《行政诉讼法》明文规定以及行政行为的性质不能提起行政诉讼而确定不予受理的，均属于人民法院行政诉讼的受理范围。在某阳建设公司诉某县住建局招投标投诉行政处理决定案中，某县住建局未考虑到某阳建设公司的合法权益，未完全履行职责、认定事实不清，损害了某阳建设公司的利益，可以认定某县住建局的行为具备前述行政行为的特征，具有可诉性。

（二）法院以审查行政行为的合法性为原则

行政机关作为民事行为的监督、检查和管理机关，其行使行政权力必须要有法律依据，并且严格按照法律规定进行。对于被诉行政行为合法性的审查，法院通常考察四个方面：第一，行为主体合法，即审查行政行为的作出机关是否符合法定的职权要求。如果超越职权，则构成违法的行政行为。第二，行为内容合法，即审查行政行为是否正确适用法律、法规。如果适用了错误的法律或者效力有瑕疵的法律都属于违法的行政行为。第三，形式合法，即审查行政机关是否按照法律规定的形式做出行政行为，如行政许可、备案、登记等，未按特定形式要求做出，或适用形式错误的行政行为都属于违法的行政行为。第四，程序合法，即审查行政行为是否遵循了法定程序。如果行政行为违反了法定程序如缺少必要的听证等，就属于违法的行政行为。

从本章所选的某阳建设公司诉某县住建局招投标投诉行政处理决定案及相关关联案例中可以看出，法院在审理行政诉讼案件时，也是从上述四个方面逐一审查涉讼的行政行为是否合法。值得注意的是，只有上述四个方面全部通过合法性审查，才能认定涉讼行政行为合法，任何一个方面的违法均将导致被诉行政行为违法。

与行政行为的合法性相对应的是行政行为的合理性，即行为的适当性，是指行政机关在合法的前提下做出某一行政行为是否合理恰当的问题，属于行政机关自由裁量的范围，但很多时候，合法但不恰当的行政行为也会损害相对人的合法权益。根据《行政诉讼法》第 70 条的规定，对于明显不当的行政行为，即合法性无异议但合理性严重欠缺的行政行为，人民法院可以判决撤销或者部分撤销，并可以判决被告重新作出行政行为。因此，法院在坚持以合法性审查为原则的前提下，也会同时审查被诉行政行为是否具备了适度的合理性。

（三）对涉及国家利益、公共利益的违法行政行为不宜直接撤销

《行政诉讼法》第 70 条规定："行政行为有下列情形之一的，人民法院判决撤销或者部分撤销，并可以判决被告重新作出行政行为：（一）主要证据不足的；（二）适用法律、法规错误的；（三）违反法定程序的；（四）超越职权的；（五）滥用职权的；（六）明显不当的。"可见，对于经法院审查违法的行政行为，法院可判决撤销或者部分撤销并要求被告重新作出行政行为。同时，根据《行政诉讼法》第 74 条的规定，如经审查被诉行政行为违法，依法应当撤销，但撤销会给国家利益、社会公共利益造成重大损害的，人民法院应当作出确认被诉行政行为违法的判决，但不撤销行政行为，并可以依据第 76 条规定责令被告采取相应的补救措施；给原告造成损失的，依法判决被告承担赔偿责任。上述被称为行政诉讼的"情况判决"，体现了法院对于违法行政行为给相对人权益造成的损害，与撤销违法行政行为可能造成的公共利益的损害之间的利益权衡。很显然，从立法者的角度出发，行政相对人的个人利益，在面对公共利益时，需要做出一定的让步。但同时，由于《行政诉讼法》并未对公共利益的含义和范围予以明确，为避免损害相对人的权益法院在作出情况判决时需要尤为谨慎，实践中一般仍由司法工作人员结合对社会效果的预测及自身的经验进行判断。

笔者认为，上述这种利益衡量在与建设工程相关的行政诉讼案件中尤为明显。由于建设工程需要巨大的时间、资金投入，如撤销某一项与建设工程相关的违法行政行为，可能导致工程的停建、缓建、拆除、重建等情况，并会对社会利益、公众利益造成重要影响。在某阳建设公司诉某县住建局招投标投诉行政处理决定案中，涉讼的棚户区（城中村）改造返迁安置房建设项目系民生工程，当事人于 2019 年 10 月 11 日签订的合同，中标单位为施工建设已进行相应工作，撤销涉诉处理决定将影响工程建设，会给社会公共利益造成重大影响。故法院确认被告某县住建局 2019 年 4 月 17 日对原告作出的某县住建投诉决字〔2019〕03 号投诉处理决定违法，但并未予以撤销。

关于如何进行补救以及如何弥补受到违法具体行政行为损害的相对人，《行政诉讼法》并未给出明确的规定，但在涉及公共利益的行政诉讼中，一般相对人即便胜诉也仅能获得相对合理的经济补偿。

11.1 法院如何认定虚假招标导致中标结果无效的情形[①]

——某龙公司、针灸医院建设工程施工合同纠纷案[②]

关 键 词：虚假招标　招标投标　中标无效　工程施工合同　合同无效

问题提出：建设单位与承包单位在招标前谈判协商并签署建设工程施工合同，进行虚假招标并影响中标结果的，司法机关如何处理此类合同纠纷？

关联问题：虚假招标影响中标结果导致中标无效的，承发包双方之间签署的建设工程施工合同效力如何？法院如何来确定双方有关的权利和责任？

裁判要旨：依法必须进行招标的项目，招标人与投标人在招标前，就案涉工程如投标价格、投标方案等实质性内容进行谈判的，并最终进行了协议约定，影响中标结果的，中标无效，承发包双方之间签署的建设工程施工合同无效，因该合同取得的财产，应当予以返还；不能返还或者没有必要返还的，应当折价补偿。有过错的一方应当赔偿对方因此所受到的损失，双方都有过错的，应当各自承担相应的责任。

案情简介

再审申请人（原审原告、二审上诉人）：某龙公司。

再审申请人（原审被告、二审上诉人）：针灸医院。

2013年5月30日，针灸医院为甲方，某龙公司为乙方签订《合作框架协议》，约定针灸医院理疗后勤办公楼和职工公寓住宅楼工程相关事项，甲方将上述两项工程以正式招投标的方式（议标的方式）承包给乙方。2013年6月

---

① 撰稿人：王敬、蓝新宏、彭丹，上海市建纬（深圳）律师事务所。

② 一审：陕西省榆林市中级人民法院（2014）榆中民三初字第00193号；二审：陕西省高级人民法院（2017）陕民终919号；再审：最高人民法院（2018）最高法民再414号。

28日，某龙公司出具收据向针灸医院法定代表人张德某借款135万元，张德某于当日通过银行转账支付了135万元；同日，某龙公司通过银行转账分别给榆林天某建筑工程有限公司、榆林华某建筑工程有限公司转款45万元，两公司于当日分别转账支付给榆林博某项目咨询有限公司45万元，同日某龙公司也向榆林博某项目咨询有限公司转账支付45万元，作为该三公司为针灸医院理疗办公楼工程的投标保证金。2013年7月1日，榆林博某项目咨询有限公司分别给上述三公司出具了收据。2013年7月10日，榆林博某项目咨询有限公司向某龙公司转账支付了135万元。2013年7月12日，某龙公司通过银行转账支付给张德某135万元。2013年6月30日，上述三公司分别作出投标文件，就针灸医院理疗办公楼工程的建设投标，其中某龙公司投标总价为22702671.36元，榆林天某建筑工程有限公司投标总价为22726728.42元，榆林华某建筑工程有限公司投标总价为22790329.23元。2013年7月3日，某工业区管委会产业局向某龙公司发出《某工业区工程建设项目施工招标中标通知书》，确定某龙公司为中标单位，中标建设规模18812.81平方米，中标价为22702671.36元，同日由针灸医院为发包人、某龙公司为承包人签订《施工合同》，并经某工业区管委会产业投资管理局备案。合同载明工程名称：针灸医院理疗办公楼；工程地点：榆林市经济开发区；结构形式：框架结构；层数：10层；建筑面积：18812.81平方米；资金来源：自筹；合同工期：总天数510天；开工日期：2013年7月8日；竣工日期：2014年12月8日；工程质量：合格；合同价款：合同总价22702671.36元。合同建设行政管理部门备案意见栏签注有“同意，2013.7.3.李亚某”的内容，并加盖有某工业区管委会招标投保备案专用章。合同签订后，某龙公司组织施工。2014年5月，工程主体封顶后，双方就履行《合作框架协议》还是履行《施工合同》产生争议，某龙公司再未施工，并要求针灸医院按《施工合同》向某龙公司支付工程进度款。经某龙公司申请，一审法院就案涉已封顶工程造价、某龙公司的停窝工损失等委托陕西万某金剑工程管理咨询有限公司（以下简称万隆咨询公司）进行鉴定。该公司于2015年10月29日作出陕万某金剑鉴字〔2015〕067号《工程造价鉴定意见书》，鉴定意见为：1. 已完成建安工程造价：已完成含税工程造价16051325.20元。其中养老保险金额524225.85元，扣除养老保险含税已完工程造价15527099.35元；2. 工程变更签证（未签字确认）含税工程造价155084.42元，其中养老保险金额4193.82元，扣除养老保险含税已完工程造价150890.60元；3.停窝工后不可辞退的管理人员工资、各种周转材料租赁费、机械租赁费和总部管理费用。具体内容如下：停窝工损失平均每月金额150170.17元（包括不可辞退管理人员工资57300元、各种周转材料租赁费用64719.21元、机械租赁费21000元、总部管理费用7150.96元）。一审判决后双方当事人均不服判决，均提起上诉。

二审法院查明事实与一审查明事实一致，并补充因针灸医院对鉴定意见提出的异议遂组织双方当事人与鉴定单位万隆咨询公司到庭进行质证的内容以及针灸医院明确表示，不再主张继续履行合同，不再要求将案件发回重审，双方算账了结债权债务关系。案涉项目处于停工状态等内容。二审判决后双方当事人均不服判决，均提起再审申请。

再审查明的事实与一审、二审法院查明的事实一致。

一审判决：一、某龙公司与针灸医院签订的《合作框架协议》《施工合同》无效；二、针灸医院于本判决生效之日起十日内向某龙公司支付工程款及工程变更签证款11344486.73元；三、驳回某龙公司的其他诉讼请求。鉴定费10万元，由某龙公司负担3万元，针灸医院负担7万元。案件受理费131800元，由某龙公司负担39540元，针灸医院负担92260元。

二审判决：一、维持一审判决第一项；二、撤销一审判决第二项、第三项；三、针灸医院于本判决生效之日起十日内向某龙公司支付工程款11459220.60元；四、驳回某龙公司的其余诉讼请求。如果未按本判决指定的期限履行给付金钱义务，应当依照《民事诉讼法》第253条之规定，加倍支付迟延履行期间的债务利息。一审鉴定费100000元，由某龙公司负担20000元，针灸医院负担80000元。一审案件受理费131800元，由某龙公司负担26360元，针灸医院负担105440元。二审案件受理费89867元，由某龙公司负担35947元，针灸医院负担53920元。

再审判决：一、撤销陕西省高级人民法院（2017）陕民终919号民事判决、陕西省榆林市中级人民法院（2014）榆中民三初字第00193号民事判决；二、确认针灸医院与某龙公司签订的《针灸医院工程项目合作框架协议》《陕西省建设工程施工合同》无效；三、针灸医院于本判决生效之日起十日内向某龙公司支付工程款14346991.998元；四、驳回某龙公司的其他诉讼请求。如未按本判决指定的期间履行给付金钱义务，应当依照《民事诉讼法》第253条之规定，加倍支付迟延履行期间的债务利息。一审案件受理费131800

元，由某龙公司负担32950元，针灸医院负担98850元；鉴定费100000元，由某龙公司负担75000元，针灸医院负担25000元。二审案件受理费161326元，由某龙公司负担40331元，针灸医院负担120995元。

各方观点

某龙公司观点：双方签订的《施工合同》和《合作框架协议》因针灸医院违反法律禁止性规定无效，某龙公司无过错，针灸医院应参照《施工合同》约定以现金给付工程款。

针灸医院观点：首先，《合作框架协议》属于联建协议性质，是双方真实意思表示，不具备无效情形，不违反法律强制性规定，且双方在合作框架协议中明确约定以房抵顶工程款的条款，具有相对独立性的，应认定为有效，双方应当按照《合作框架协议》履行，针灸医院不应支付工程款。其次，如果《合作框架协议》《施工合同》无效，那无效系某龙公司造成，其无任何过错，不应当承担责任。《合作框架协议》的签订、招投标过程某龙公司全程参与并主导，应当承担全部过错责任。《合作框架协议》签订后，某龙公司进场施工，为了办理施工手续，某龙公司串通其他公司进行围标、串标。针灸医院对建筑工程及招投标领域知识匮乏，加之当时无付款能力，不得不依照某龙公司提出的方案实施。最后，支付工程价款的前提是工程竣工验收合格。某龙公司仅进行主体框架施工，且存在工程质量问题，本案不具备支付工程价款的前提条件，二审判决未适用该规定，不属于适用法律错误。

法院观点

一审法院观点：对于合作框架协议和备案合同的效力问题。《招标投标法》第3条第1款第1项规定："在中华人民共和国境内进行下列工程建设项目包括项目的勘察、设计、施工、监理以及与工程建设有关的重要设备、材料等的采购，必须进行招标：（一）大型基础设施、公用事业等关系社会公共利益、公众安全的项目。"本案案涉工程属公用事业等关系社会公共利益的项目，适用上述法律规定，必须进行招标。双方当事人签订的合作框架协议，约定了双方就针灸医院理疗办公楼工程的工程项目名称、建筑施工要求、工程资金的负担、工程款的结算和支付方式等进行了约定，同时约定了针灸医院将本案案涉工程和针灸医院商住楼工程以正式招投标的方式（议标的方式）

承包给某龙公司。而且，某龙公司于案涉工程招标前，已开始进行案涉工程的施工。之后，在招投标前，原告某龙公司等三家参与投标公司向负责招投标公司交纳投标保证金当日，被告法定代表人向某龙公司借款135万元，某龙公司于当日向另两家参与投标的公司分别转款45万元，该三家投标公司均于当日各向负责招标事宜的公司交纳了投标保证金45万元；在某龙公司中标后，原、被告于2013年7月3日签订了备案合同；负责招投标的公司于2013年7月10日将三家投标公司交纳的投标保证金135万元转账退还给某龙公司，某龙公司于2013年7月12日将该135万元偿还于被告法定代表人张德某。由此可见，原、被告双方在案涉工程招标前，已就案涉工程的实质性内容进行了协议约定，因违反法律、行政法规的强制性规定而无效。双方对此均有过错，理当承担相应的过错责任。因双方签订的合作框架协议和备案合同均无效，原告某龙公司给被告针灸医院所完成已主体封顶的案涉工程，被告未向原告支付工程款，原告某龙公司投资修建造成相应的经济损失，经鉴定已完成建安工程含税工程造价为16051325.20元，工程变更签证（未签字确认）含税工程造价为155084.42元，计16206409.62元，应依据双方过错责任由针灸医院承担70%的责任偿付给某龙公司11344486.73元，剩余30%款项由某龙公司自负。

二审法院观点：本案所涉工程项目属于关系社会公共利益、公众安全的公用事业项目，根据法律规定，工程建设必须依法进行招标。本案中，某龙公司与针灸医院在2013年5月30日签订《合作框架协议》，之后某龙公司开始实际施工，同年7月3日某龙公司取得理疗办公楼建设中标通知书，双方于当日再行签订《施工合同》并进行备案。双方的行为违反了《招标投标法》第43条“在确定中标人前，招标人不得与投标人就投标价格、投标方案等实质性内容进行谈判”，第55条“依法必须进行招标的项目，招标人违反本法规定，与投标人就投标价格、投标方案等实质性内容进行谈判的，给予警告，对单位直接负责的主管人员和其他直接责任人员依法给予处分，前款所列行为影响中标结果的，中标无效”的规定。依据相关法律规定，双方2013年5月30日签订的《合作框架协议》因未履行招标手续而无效，同年7月3日签订的《施工合同》因中标无效而导致合同无效。一审认定正确，二审予以维持。在《合作框架协议》《施工合同》均无效的情况下，应尊重双方当事人的真实意思表示，参照双方当事人达成合意并实际履行的合同结算工程价款。从本案事实看，自工程开始施工至停工整个过程中，针灸医院未支付工程款，某龙公司也无证据证明其要求支付工程款，该实际履行行为与《合作框架协议》未约定在施工过程中支付工程款相符合，与《施工合同》约定针灸医院支付材料备料款和进度款不相符合，《施工合同》仅就理疗办公楼施工进行了约定，《合作框架协议》对理疗办公楼和职工公寓住宅楼的合作开发进行了约定，而某龙公司与陕西某岐建筑劳务有限公司签订承包合同涉及理疗办公楼和职工公寓住宅楼的劳务施工。以上事实表明，履行《合作框架协议》是某龙公司与针灸医院的真实意愿，《施工合同》签订的目的仅是备案管理，并未实际履行，故应参照《合作框架协议》确定工程价款，并作为认定双方当事人法律责任的依据。对于《合作框架协议》无效，某龙公司与针灸医院均有过错。在协议履行过程中，某龙公司违背诚实信用原则，停止施工致使项目烂尾，给双方造成的直接损失，相较于对协议履行的预期而言后果是严重的。在此情况下，为尽快解决当事人之间的纠纷，减少双方当事人的损失，从本案实际出发，综合考量致使《合作框架协议》无效、项目停工的责任，以及造成的损失后果，酌情认定由针灸医院承担80%的责任支付某龙公司工程款，剩余20%的责任由某龙公司自负。

再审法院观点：关于原判决在对针灸医院应否支付工程款、应当如何支付工程款的认定上适用法律是否确有错误的问题。案涉工程属于公用事业等关系社会公共利益的项目，未依据《招标投标法》第3条第1款第1项的规定进行招标，违反法律、行政法规的强制性规定，某龙公司与针灸医院签订的《合作框架协议》应当无效，合同无效或者被撤销后，因该合同取得的财产，应当予以返还；不能返还或者没有必要返还的，应当折价补偿。有过错的一方应当赔偿对方因此所受到的损失，双方都有过错的，应当各自承担相应的责任。某龙公司在履行上述协议过程中与针灸医院发生争议，擅自停工，导致合同约定的工程未能竣工验收。由于某龙公司施工中投入的材料、劳务已经物化到已完成的工程中，针灸医院无法返还，应当向某龙公司折价补偿。针灸医院虽然主张某龙公司施工的工程存在质量问题，但未提出反诉。针灸医院未证明某龙公司施工的工程尚需要修复费用，亦未证明某龙公司擅自停工给针灸医院造成了损失。原判决在未认定针灸医院存在损失的情况下直接参照《合作框架协议》确定的工程价款认定双方当事人的责任，酌情由针灸医院承担80%的责任支付某龙公司工程款，剩余20%的责任由某龙公司自负，不符合法律规定，属于适用法律错误，某龙公司该项再审主张成立，法院予以采纳。针灸医院以某龙公司施工的主体工程未竣工验收合格为由主张其不应当支付工程款，有违公平原则，法院不予采纳。针灸医院应当以折价补偿的方式全额承担工程款，其主张的工程质量纠纷应当另循途径解决。

关联案例 1

案件名称：二附医院与福某公司建设工程施工合同纠纷案

审理法院：一审：新疆维吾尔自治区巴音郭楞蒙古自治州中级人民法院（2011）巴民一初字第36号；二审：新疆维吾尔自治区高级人民法院（2013）新民一终字第110号

裁判观点：二附医院与福某公司就案涉工程订立了一份建设工程施工合同，即记载了两个不同日期的施工合同。福某公司称2003年10月20日是合同签订的日期，出现2003年10月16日的日期是因上诉人法定代表人工作繁忙，提前签字。而中标通知书是2003年10月18日发出的，说明招投标过程中，在确定中标人之前，二附医院就与福某公司达成了由福某公司承揽工程的意向，并对合同的具体条款进行了协商。我国《招标投标法》第32条规定，投标人不得与招标人串通投标，损害国家利益、社会公共利益或者他人的合法权益。第43条规定，在确定中标人前，招标人不得与投标人就投标价格、投标方案等实质性内容进行谈判。第53条规定投标人与招标人串通投标的，中标无效。因此，中标通知书不具有法律效力。

关联案例 2

案件名称：日某公司与君某公司建设工程施工合同纠纷案

审理法院：一审：山东省日照市中级人民法院（2012）日民一初字第23号；二审：山东省高级人民法院（2013）鲁民一终字第50号；再审：最高人民法院（2013）民申字第572号

裁判观点：讼争工程属于必须进行招标的工程。本案中作为投标人的日某公司在讼争工程正式招标之前和招标人君某公司就投标价格等实质性内容进行谈判，并签订了标前合同，违反了《招标投标法》第55条之规定，日某公司的中标应认定无效。依据相关法律规定，中标无效的，备案的中标合同亦应认定无效。

关联案例3

案件名称：江苏省金某建工集团有限公司等与沛县某之源商贸有限公司等建设工程施工合同纠纷上诉案

审理法院：一审：江苏省高级人民法院（2014）苏民初字第27号；二审：最高人民法院（2016）最高法民终687号

裁判观点：根据《招标投标法》第3条的规定，全部或者部分使用国有资金投资或者国家融资的项目属于必需招标项目。国家发展计划委员会制定的《工程建设项目招标范围和标准规定》（已失效）进一步明确了使用国有资金投资项目的范围及必须进行招标的规模标准。

案涉工程建设使用的是国有资金，且项目总投资额超过1亿元，属于必需招标工程。本案当事人虽然形式上履行了招投标程序，但案涉工程招投标时，某之源公司尚未成立；根据《招标投标法》第24条规定，依法必须进行招标的项目，自招标文件开始发出之日起至投标人提交投标文件截止之日止，最短不得少于二十日，案涉工程于2007年6月11日发布第一次招标公告，于2007年6月26日发布第二次招标公告，在十余天内进行了两次招投标，违反了《招标投标法》法定最低不得少于二十日的规定；根据《招标投标法》第32条的规定，投标人不得与招标人串通投标，损害国家利益、社会公共利益或者他人的合法权益，案涉工程在招投标过程中，金某建工集团于2007年6月25日即进场施工，故当事人存在明标暗定的串标行为，违反了法律强制性规定。综合上述事实，当事人针对案涉工程订立的合同依法应认定为无效。

律师点评

《招标投标法》规定了工程建设项目招标投标制度，对符合《必须招标的工程项目规定》的工程项目的施工、设计、勘察、监理等进行发包，应当通过招标方式确定承包人。但在工程发承包过程中，由于建设单位和承包单位主客观方面的多种因素，可能会出现违法规避招标或者虚假招标并将工程项目直接发包给特定单位的情形。法律对招投标过程中的此类违法行为持否定态度。《招标投标法》第32条第2款规定："投标人不得与招标人串通投标，损害国家利益、社会公共利益或者他人的合法权益。"第43条规定："在确定中标人前，招标人不得与投标人就投标价格、投标方案等实质性内容进行谈判。"虚假招标中，通常存在招标人与投标人在招投标过程中相互串通并就合同实质性内容进行谈判的情形，其程序不符合规定且与法律要求进行招标投标的目的相左，故通常使得整个招标过程在法律上被否定，引起中标无效的结果，并进而导致对当事人签署的相关合同有效性产生争议。

一、虚假招标

虚假招标不是在法律上明确界定的概念。从招标人角度而言，虚假招标指招标人明招暗定，在内定好承包单位并与其事前串通商量好的情况下，安排其他投标人陪标，象征性地完成招标流程，而最终实现将工程发包给该特定承包单位的目的。同时，虚假招标不同于虚假投标，后者主要是投标人在招投标过程中弄虚作假，向招标人隐瞒相关事实，骗取中标的行为，且虚假投标中往往只是投标人具有主观过错，但在虚假招标中，招标人和中标人对于中标结果无效均具有过错。引发虚假招标行为的原因有多种，既可能与相关单位及人员的法律意识淡薄、行政干预地方保护有关，同时也与我国相关法制建设不健全、监督管理力度不大以及执法力度不够等因素不可分割。① 在一些依法必须进行招投标确定承包人的国有资金投资建设项目中，建设单位并不愿意公然违背法律规定而不进行招标，但项目本身可能已经开工或已经与特定承包单位签订了合同，为了应付监管部门，便选择在形式上进行一次招标流程。

虚假招标的本质就是招标人明招暗定。典型的虚假招标行为是招标人与最终中标人在招标前就投标价格、投标方案等合同实质性内容进行谈判、磋商。在本案中，法院借助以下事实来判定招标存在明招暗定情形，构成虚假招标：第一，双方当事人在招标前签订的合作框架协议，约定了针灸医院理疗办公楼工程的工程项目名称、建筑施工要求、工程资金的负担、工程款的结算和支付方式等，同时约定了针灸医院将本案案涉工程和针灸医院商住楼工程以正式招投标的方式（议标的方式）承包给某龙公司。而且，某龙公司于案涉工程招标前，已开始进行案涉工程的施工。在关联案例 1 中，法院同样基于施工合同签署日期早于中标通知书发出日期，认定当事人在招标前已经就投标价格、投标方案等合同实质性内容进行谈判，构成虚假招标。第二，在招投标前，原告某龙公司等三家参与投标公司向负责招投标公司交纳投标保证金当日，被告法定代表人向某龙公司借款 135 万元，某龙公司于当日向另两家参与投标的公司分别转款 45 万元，该三家投标公司均于当日向负责招

① 张黎：《论建设领域虚假招投标及对策研究》，载《科技信息》2011 年第 29 期。

标事宜的公司交纳了投标保证金45万元。第三，负责招投标的公司于2013年7月10日将三家投标公司交纳的投标保证金135万元转账退还给某龙公司，某龙公司于2013年7月12日将该135万元偿还于被告法定代表人张德某。由此可见，本案当事人双方在案涉工程招标前，已就案涉工程的实质性内容进行了协议约定，构成虚假招标。

二、虚假招标并影响中标结果导致中标无效

虚假招标行为可能导致中标结果无效。我国《招标投标法》规定了中标无效的情形：1. 招标代理机构违反本法规定，泄露应当保密的与招标投标活动有关的情况和资料的，或者与招标人、投标人串通损害国家利益、社会公共利益或者他人合法权益的行为影响中标结果的（第50条）；2. 依法必须进行招标的项目的招标人向他人透露已获取招标文件的潜在投标人的名称、数量或者可能影响公平竞争的有关招标投标的其他情况的，或者泄露标底的行为，行为影响中标结果的（第52条）；3. 投标人相互串通投标或者与招标人串通投标的，投标人以向招标人或者评标委员会成员行贿的手段谋取中标的（第53条）；4. 投标人以他人名义投标或者以其他方式弄虚作假，骗取中标的（第54条）；5. 依法必须进行招标的项目，招标人违反本法规定，与投标人就投标价格、投标方案等实质性内容进行谈判的行为影响中标结果的（第55条）；6. 招标人在评标委员会依法推荐的中标候选人以外确定中标人的，依法必须进行招标的项目在所有投标被评标委员会否决后自行确定中标人的（第57条）。招标人、投标人以及招标代理机构的不合法行为都可能成为导致中标结果无效的原因，而在虚假招标中可能就存在招标人和投标人串通，且招标代理机构予以配合的情况。总结法律规定中标无效的情形，既可能是招投标参与者的违法行为直接导致中标无效（前述3、4、6的情形），也可能是其违法行为影响了中标结果才导致中标无效（前述1、2、5的情形）。

典型的虚假招标可归为上述第5类的情况，即依法必须进行招标的项目，招标人与投标人在招标前就合同实质性内容进行协商谈判，根据《招标投标法》第55条的规定，单纯虚假招标的行为并不必然产生中标无效的后果，还要求该行为影响到了本次中标结果。法院如何认定虚假招标客观上影响了中标结果呢？在相关判决中并未明确指出认定虚假招标在客观上影响中标结果的相应标准和事由，法官主要根据对案件事实的把握而进行自由裁量，最终得出结论。招投标制度是进行社会资源分配的重要手段，通过招投标可以充分发挥市场竞争机制作用，不仅有利于控制工程投资，也有利于保证工程质量并减少工程领域腐败行为。① 虚假招标实行定向招标，排除了潜在投标人进行公平竞争的可能性，扰乱了建设工程承发包市场的竞争秩序，损害国家利益、社会公共利益或者他人的合法权益，故在一定程度上，可以认为其影响了最终中标结果。

三、虚假招标致中标无效的法律后果

典型的虚假招标中，依法必须进行招标的项目，招标人与特定承包单位通过协商谈判就工程项目的发承包签署了合同，然后又在形式上组织一次招投标，确定该承包单位为中标人，并再次与其按照招标文件的内容签署一份合同，但实际履行的合同往往是协商谈判的那份合同。因此，如果工程项目施工的发承包方存在虚假招标，通常就有两份约定内容不同但均由发包人和承包人签署的建设工程施工合同：一份为发包人与承包人在招标前经协商确定的合同及其相应的补充文件，另一份为发包人和承包人在中标通知发出后按照招标文件规定的内容签署的中标合同。

一旦日后发包人与承包人就建设工程施工的履行或价款结算等发生纠纷，就不得不面临这样的问题：依法必须进行招标的项目，因虚假招标导致中标无效的，发承包人双方先后签署的两份不同的合同其效力如何，两份合同都无效的情况下又如何确定双方有关的权利和责任？

首先，关于两份不同的建设工程施工合同的效力问题。《最高院施工合同司法解释（一）》第 1 条规定："建设工程施工合同具有下列情形之一的，应当依据民法典第一百五十三条第一款的规定，认定无效：……（三）建设工程必须进行招标而未招标或者中标无效的……"根据本条款，依法必须进行招标而未招标、中标无效都将导致建设工程施工合同无效。故在虚假招标致使中标无效的情形下，由于法律对于整个招标过程及其中标结果的否定，使得中标施工合同因缺乏存在的基础而无效。至于发包人和承包人在虚假招标前就同一建设工程项目签署的另一份施工合同，自然也是无效的。值得注意的是，在关联案例 1（2013）新民一终字第 110 号民事判决书中，法院认为中标无效，招标人向中标人发出的中标通知书也是无效的。从意思表示的角度而言，招标文件构成要约邀请，投标文件为要约的意思表示，如果中标通知

① 张虹：《浅谈工程招投标的意义及存在的问题》，载《中国新技术新产品》2011 年第 11 期。

书无效，则缺乏招标人承诺的意思表示，承发包人之间的合同关系甚至都无法成立，就更谈不上施工合同有效性的问题了。但大部分法院在其判决书中仅限于认定施工合同无效，并未进一步确认中标通知书的效力。

本案中，《招标投标法》第3条第1款第1项规定："在中华人民共和国境内进行下列工程建设项目包括项目的勘察、设计、施工、监理以及与工程建设有关的重要设备、材料等的采购，必须进行招标：（一）大型基础设施、公用事业等关系社会公共利益、公众安全的项目。"本案案涉工程属公用事业等关系社会公共利益的项目，适用上述法律规定，必须进行招标。针对必须进行招标的建设工程项目，发包人和承包单位在招标前协商一致达成的工程施工合同，也是无效合同。各级人民法院在审理具体案件时都采用上述观点，认为针对必须进行招标的建设工程项目，在虚假招标影响中标结果并导致中标无效的，发承包双方在招标前签署的建设工程施工合同和中标工程施工合同均为无效合同。

其次，关于先后签署的两份不同建设工程施工合同均无效，如何确定发承包人相应权利和责任的问题。本案中，各方当事人和各级法院对此问题存在很大争议，发包人针灸医院主张按照对其相对有利的《针灸医院工程项目合作框架协议》以房屋折抵工程款作为结算依据，而承包人某龙公司则请求以《陕西省建设工程施工合同》为依据来结算工程款以现金支付工程款，一审法院认为应依据双方过错责任由针灸医院承担70%的责任，由某龙公司承担自负30%的责任，二审法院认为应从本案实际出发，综合考量致使合作框架协议无效、项目停工的责任，以及造成的损失后果，并认定由针灸医院承担80%的责任支付某龙公司工程款，剩余20%的责任由某龙公司自负，再审法院认为针灸医院应当以折价补偿的方式全额承担工程款。因此，工程价款结算问题往往成为建设工程合同纠纷案件中当事人争议的焦点。

本案情况仍属于建设工程合同无效问题，应适用《民法典》确定的原则加以解决，根据《民法典》第793条第1款规定："建设工程施工合同无效，但是建设工程经验收合格的，可以参照合同关于工程价款的约定折价补偿承包人。"此规定脱胎于《合同法》（已失效）第58条规定，"合同无效或者被撤销后，因该合同取得的财产，应当予以返还；不能返还或者没有必要返还的，应当折价补偿。有过错的一方应当赔偿对方因此所受到的损失，双方都有过错的，应当各自承担相应的责任"，以及《最高人民法院关于审理建设工程施工合同纠纷案件适用法律问题的解释》（已失效）第2条：“建设工程施工合同无效，但建设工程经竣工验收合格，承包人请求参照合同约定支付工程价款的，应予支持。”此前大量无效施工合同直接适用上述条款解决纠纷，本案再审法院最高人民法院就认为由于某龙公司施工中投入的材料、劳务已经物化到已完成的工程中，针灸医院无法返还，应当向某龙公司折价补偿。针灸医院虽然主张某龙公司施工的工程存在质量问题，但未提出反诉。针灸医院未证明某龙公司施工的工程尚需要修复费用，亦未证明某龙公司擅自停工给针灸医院造成了损失。原判决在未认定针灸医院存在损失的情况下直接参照《合作框架协议》确定的工程价款认定双方当事人的责任，酌情由针灸医院承担80%的责任支付某龙公司工程款，剩余20%的责任由某龙公司自负，不符合“合同无效或者被撤销后，因该合同取得的财产，应当予以返还；不能返还或者没有必要返还的，应当折价补偿。有过错的一方应当赔偿对方因此所受到的损失，双方都有过错的，应当各自承担相应的责任”的规定，属于适用法律错误。针灸医院以某龙公司施工的主体工程未竣工验收合格为由主张其不应当支付工程款，有违公平原则，法院不予采纳。针灸医院应当以折价补偿的方式全额承担工程款，其主张的工程质量纠纷应当另循途径解决。

值得注意的是，此处所指“参照合同关于工程价款的约定”到底参照哪份合同也是实践中争议比较大的问题。一般情况下，对于存在虚假招标但工程竣工验收合格的建设工程，虽然有两份无效的工程施工合同，但司法实践中倾向以当事人实际履行且体现其真实意思的工程施工合同为依据。本案中法院也认为在合作框架协议与备案合同均无效的情况下，应尊重双方当事人的真实意思表示，参照双方当事人达成合意并实际履行的合同结算工程价款。从本案事实看，自工程开始施工至停工整个过程中，针灸医院没有支付过一次工程款，某龙公司也没有证据证明其要求过支付工程款，该实际履行行为与合作框架协议未约定在施工过程中支付工程款相符合，与备案约定针灸医院要支付材料备料款和进度款不相符合；备案合同仅就理疗办公楼施工进行了约定，合作框架协议对理疗办公楼和职工公寓住宅楼的合作开发进行了约定，而某龙公司与陕西某岐建筑劳务有限公司签订承包合同，合同内容涉及理疗办公楼和职工公寓住宅楼的劳务施工。以上事实表明履行合作框架协议是某龙公司与针灸医院的真实意愿，备案合同签订的目的仅是备案管理，并未实际履行，故应参照合作框架协议确定工程价款，并作为认定双方当事人本案法律责任的依据。如果无法确定实际履行合同时，一般可以根据争议合同之间的差价、结合工程质量、当事人过错、诚实信用原则等予以合理分配。

最后，《民法典》施行后，已经将原合同法中“应当折价补偿”的表述，修改为“可以参照合同关于工程价款的约定折价补偿承包人”，据此对折价补偿请求，合同约定仅起到参考作用，法院在具体案件审理过程中可以综合各方当事人的过错、裁判价值取向等因素作出是否“可以”支持折价补偿的裁判，这说明法院在具体案件审理中仍享有自由裁量权，即便是承发包协商签署的施工合同为实际履行的合同，也并不能认为合同关于工程价款的约定一定会得到法院的认可。因此，对于依法必须进行招标的建设工程，不管是建设单位还是施工单位，都不能理所当然地认为这实际上是确认了招标前签署的施工合同的效力，仍然需要对合同无效引发的风险加以重视。

11.2 法院如何认定中标通知书发出后一方拒绝按招标文件签订合同的责任①

——华某公司与开发区建投公司招投标纠纷案②

关 键 词： 招标投标　中标通知书　书面合同　合同成立　违约责任　缔约过失责任　责任范围

问题提出： 中标通知书发出后一方拒绝按招标文件签订合同的，依法应当承担何种责任？

关联问题： 中标通知书发出后，双方未签署书面合同的，合同是否已经成立？依法应承担责任一方所承担的责任性质及范围如何？

① 撰稿人：王敬、蓝新宏、彭丹，上海市建纬（深圳）律师事务所。

② 一审：江西省赣州市中级人民法院（2016）赣07民初262号；二审：江西省高级人民法院（2017）赣民终325号。

裁判要旨： 案涉投标文件的内容具有足以使得合同成立的主要条款，且投标文件表明投标人的主观目的是缔结合同，中标后将受投标文件的约束。同时，《招标投标法》第45条的规定，明确了中标通知书的法律效力和对双方当事人的法律约束力。当招标人向中标人发出中标通知书，表示招标人接受该投标人的要约并向其发出中标通知书的行为，应属承诺。中标通知书到达中标人时，招标人与中标人既有要求对方签订施工合同的权利，也有及时配合对方签订施工合同的义务。《招标投标法》第46条的规定进一步强化了中标通知书对双方的法律约束力，招投标双方应在中标通知书发出后30日内，依据招投标文件所确定的内容，签订书面合同。另外，书面形式是指合同书、信件和数据电文（包括电报、电传、传真、电子数据交换和电子邮件）等可以有形地表现所载内容的形式。投标人发出的投标文件（要约）和招标人发出的中标通知书（承诺）显然均已符合书面形式的要求，招投标双方当事人未签订书面合同并不影响双方之间成立建设工程施工合同的法律关系，任何一方拒绝履行都应承担违约责任。

案情简介

上诉人（原审原告）：华某公司

被上诉人（原审被告）：开发区建投公司

2013年6月开发区建投公司作为招标人，对某州开发区下排安居小区等安居公寓项目五标段杨梅四期东区项目建设工程进行公开招标。华某公司依法参与投标，并依约于2013年6月24日向开发区建投公司交纳了投标保证金3245000元（其中五标段投标保证金为152万元、六标段投标保证金为123万元、七标段投标保证金为18.5万元、八标段投标保证金为31万元）。2013年7月3日，开发区建投公司向华某公司发出某开中字〔2013〕第34号《中标通知书》，载明：由建设单位开发区建投公司招标的某州开发区下排安居小区等安居公寓项目五标段（杨梅四期东区项目），建设地点：某州开发区，预算造价76349711.03元，面积49875.22平方米，结构地下一层、地上十一层、十八层不等。于2013年6月28日开标后，经评标委员会评审，开发区建投公司研究决定并报招投标监督机构备案，现确定华某公司为中标人。(1) 中标价为：陆仟玖佰伍拾捌万伍仟肆佰零肆元玖角壹分（69585404.91 元）。(2) 中标工期自 2013 年 7 月开工，2014 年 12 月竣工，工期为 540 日历天。(3) 工程质量要求达到国家施工验收规范：合格标准…… (6) 中标工程承包范围：工程量清单及施工图纸所对应的相关专业工作内容。中标人收到中标通知书后，应在 2013 年 7 月 8 日前按照招标文件和中标人的投标文件规定提交履约保证金，并在中标人确定履约保证金到账后 3 天内与招标人签订施工合同……其后，华某公司依约向开发区建投公司交纳了 5220000 元履约保证金（其中 3245000 元投标保证金转为履约保证金，2013 年 7 月 8 日，华某公司另行交纳了 1975000 元履约保证金）、工程交易综合服务费 36000 元，并依照开发区建投公司的要求将相关工程技术人员（建造师、施工员、质检员、造价员、安全员、材料员）的证件押在某州开发区项目建设办公室。但此后开发区建投公司并未通知中标人华某公司签订书面的建设工程施工合同。直至 2015 年 7 月 14 日开发区建投公司向华某公司发出《告知函》，明确表示该公司公开招标的某州开发区下排安居小区等安居公寓项目五标段（杨梅四期东区项目），因规划调整，根据赣州经济技术开发区管委会的研究决定，该项目取消。因项目取消，招投标双方就损失赔偿问题多次协商，但均未果，华某公司遂诉至法院。

一审法院判决：一、开发区建投公司在本判决生效之日起十五日内按中国人民银行公布的同期同类贷款基准利率计算并支付华某公司保证金占用期间利息，计算方式为：以 3245000 元为基数从 2013 年 6 月 24 日起计算至 2013 年 7 月 8 日止，以 4698000 元为基数从 2013 年 7 月 8 日起计算至 2013 年 8 月 30 日止，以 522000 元为基数从 2013 年 7 月 8 日起计算至 2015 年 10 月 27 日止；二、开发区建投公司在本判决生效之日起十五日内支付华某公司损失（项目管理人员工资及交易综合服务费）共计 420000 元；三、驳回华某公司的其他诉讼请求。如果未按判决指定的期间履行给付金钱义务，应当依照《民事诉讼法》第 253 条之规定，则按中国人民银行公布的同期同类贷款基准利率加倍支付迟延履行期间的债务利息。

二审法院判决：一、维持（2016）赣 07 民初 262 号民事判决第一项、第二项；二、变更（2016）赣 07 民初 262 号民事判决第三项为：开发区建投公司于本判决生效之日起十五日内支付华某公司预期利益损失 101032.38 元；三、开发区建投公司于本判决生效之日起十五日内支付华某建设工程有限公司因项目取消造成的与第三方合同违约赔偿的损失350000元；四、驳回华某公司的其他诉讼请求。如果未按本判决指定的期间履行给付金钱义务，应当依照《民事诉讼法》第253条之规定，加倍支付迟延履行期间的债务利息。

各方观点

华某公司观点：华某公司经过招投标程序中标了案涉工程，开发区建投公司向华某公司发出了中标通知书，虽然未签订正式的书面《建设工程施工合同》，但是根据合同签订的法理，招标文书是一种要约邀请，华某公司的标书是一种要约，开发区建投公司的中标通知是一种承诺。在开发区建投公司向华某公司发出中标通知到达华某公司时该施工合同成立，开发区建投公司应当承担单方违约给华某公司造成的损失。

开发区建投公司观点：建设工程施工合同不同于一般的合同，其应是法律上有特殊形式和内容要求的合同。首先，建设工程合同应当采用书面形式。《招标投标法》第46条第1款也规定，招标人和中标人应当自中标通知书发出之日起三十日内，按照招标文件和中标人的投标文件订立书面合同。招标人和中标人不得再行订立背离合同实质性内容的其他协议。其次，按照实践常规，签订的建设工程施工合同还必须是行业制定的制式合同。最后，根据《房屋建筑和市政基础设施工程施工招标投标管理办法》规定，招标人和中标人应当自中标通知书发出之日起三十日内，按照招标文件和中标人的投标文件订立书面合同。招标人和中标人不得再行订立背离合同实质性内容的其他协议。由上述规定可见，建设工程施工合同并不能简单地按一般合同的订立要件及形式来判定，应当具备正式签订合同等相关手续。而本案所涉项目，华某公司与开发区建投公司并未订立书面正式的建设工程施工合同，也未进行备案，故不符合建设工程施工合同成立的特殊要求，不能认定双方签订合同成立并生效。既然本案中双方并未签订书面合同，华某公司作为长期从事建筑行业，应深知建设工程领域特点及操作模式的企业，在双方正式合同未签订的前提下，根本不存在也不可能有履行合同的行为，更谈不上履行合同产生的违约损失问题，应当按缔约过失承担直接经济损失的赔偿责任。

法院观点

一审法院观点：华某公司经过招投标程序中标了案涉工程，开发区建投公司向华某公司发出了中标通知书，虽然未签订正式的书面《建设工程施工合同》，但是根据合同签订的法理，招标文书是一种要约邀请，华某公司的标书是一种要约，开发区建投公司的中标通知是一种承诺。在开发区建投公司向华某公司发出中标通知到达华某公司时该施工合同成立。华某公司基于双方之间因中标而成立施工合同的一种信赖而投入资金进行前期准备工作，这些前期投入费用系华某公司的信赖利益损失，应当由开发区建投公司承担。

二审法院观点：案涉工程经开发区建投公司以公开招标的形式向相关施工单位进行招标，而华某公司依据招标文件向开发区建投公司发出《江西省房屋建筑和市政基础设施工程施工招标投标文件》，开发区建投公司依该文件向华某公司出具了中标通知书。招标人开发区建投公司的招标公告是要约邀请，投标人华某公司投标属于要约，开发区建投公司发出中标通知书实质上是招标人对其经评标委员会评审确定的中标人华某公司的承诺，是招标人同意中标人华某公司要约的意思表示，其法律性质是承诺行为，发生承诺的效力。该中标通知书到达华某公司时，双方之间的建设工程施工合同成立并生效。虽然之后双方没有签订书面的建设工程施工合同，但由于中标通知书中包含了建设工程施工合同的基本要素，故未签订书面合同并不影响双方之间成立建设工程施工合同关系。开发区建投公司认为没有签订书面合同，故双方之间的合同关系未成立的理由不能成立。具体理由如下：案涉投标文件的内容具有足以使得合同成立的主要条款，且投标文件表明投标人的主观目的是缔结合同，中标后将受投标文件的约束。同时，《招标投标法》第 45 条的规定，明确了中标通知书的法律效力和对双方当事人的法律约束力。当招标人向中标人发出中标通知书，表示招标人接受该投标人的要约并向其发出中标通知书的行为，应属承诺。中标通知书到达中标人时，招标人与中标人既有要求对方签订施工合同的权利，也有及时配合对方签订施工合同的义务。《招标投标法》第 46 条的规定进一步强化了中标通知书对双方的法律约束力，招投标双方应在中标通知书发出后三十日内，依据招投标文件所确定的内容，签订书面合同。另外，书面形式是指合同书、信件和数据电文（包括电报、电传、传真、电子数据交换和电子邮件）等可以有形地表现所载内容的形式。投标人发出的投标文件（要约）和招标人发出的中标通知书（承诺）显然均已符合书面形式的要求，招投标双方当事人未签订书面合同并不影响双方之间成立建设工程施工合同的法律关系，任何一方拒绝履行都应承担违约责任。

关联案例1

案件名称：广某公司与台某公司合同纠纷案

审理法院：一审：福建省高级人民法院（2012）闽民初字第23号；二审：最高人民法院（2014）民一终字第155号

裁判观点：广某公司在收到《中标通知书》后，《中标通知书》对台某公司、广某公司具有法律约束力，现台某公司与广某公司并未根据招投标文件所确定的内容就福机BT项目签订书面合同，因此，台某公司与广某公司仅建立了由招投标文件确立的权利义务关系。《招标文件》已经列明了招标文件的组成内容，广某公司主张《招标文件》第三章工程建设合同及回购协议系格式条款，没有事实依据；投标时广某公司在《投标文件》之《投标函》第2条中已明确表示接受并遵守招标文件所规定的各项条款，而在广某公司收到《中标通知书》后，双方之间的合同关系已经成立。作为《招标文件》的组成内容，工程建设合同及回购协议对广某公司与台某公司均具有法律约束力。现广某公司以没有在工程建设合同及回购协议盖章为由主张不受该内容的约束，与其《投标函》第2条中的意思表示不符，有违“依法成立的合同，对当事人具有法律约束力”的规定，故广某公司的该主张不予采纳。台某公司取消广某公司中标资格的行为构成违约，应由台某公司承担相应的违约责任。

关联案例2

案件名称：世某建设公司与百某公司建设工程施工合同纠纷案

审理法院：一审：江苏省无锡市滨湖区人民法院（2009）锡滨民一初字第0175号；二审：江苏省无锡市中级人民法院（2010）锡民终字第1269号；再审：江苏省高级人民法院（2013）苏民申字第604号

裁判观点：案涉工程经百某公司以邀请招标的形式向相关施工单位进行招标，而世某公司依据招标文件发出投标函，百某公司依该函向世某公司出具了中标通知书。世某公司发出投标函相当于要约，而百某公司发出的中标通知书相当于承诺，该中标通知书到达世某公司时，双方之间的建设工程施工合同成立并生效。虽然之后双方没有签订书面建设工程施工合同，但由于中标通知书中包含了建设工程施工合同的基本要素，故未签订书面合同并不影响双方之间成立建设工程施工合同关系。世某公司认为没有签订书面合同，故双方之间的合同关系未成立的理由不能成立。由于双方之间已成立建设工程施工合同关系，且世某公司实际已进场施工，双方之间的建设工程施工合同已实际履行。世某公司认为本案应适用缔约过失责任的理由亦不能成立。

关联案例3

案件名称：尚某公司与正某公司缔约过失责任纠纷案

审理法院：一审：河南省洛阳市洛龙区人民法院（2013）洛龙民初字第1209号；二审：河南省洛阳市中级人民法院（2013）洛民终字第2410号

裁判观点：本案属于在招投标过程中发生的纠纷，应当适用特别法《招标投标法》的相关规定，其中第46条："招标人和中标人应当自中标通知书发出之日起三十日内，按照招标文件和中标人的投标文件订立书面合同……"根据我国《合同法》（已失效）第32条①，当事人采用合同书形式订立合同的，自双方当事人签字或者盖章时合同成立。本案所涉及的《电梯采购及安装合同》依法属于建筑工程合同的范畴，依照《建筑法》等相关规定，应当采取签订书面合同的形式。鉴于上诉人尚某公司所提交的《电梯采购及安装合同》上被上诉人正某公司并未签字盖章，故该《电梯采购及安装合同》依法不成立，故正某公司亦不存在依照该合同承担违约责任问题。上诉人尚某公司称双方《电梯采购及安装合同》成立，正某公司应承担违约责任的上诉理由依据不足，法院不予采信。

关联案例4

案件名称：水利公司与城投公司缔约过失责任纠纷案

审理法院：一审：安徽省蚌埠市中级人民法院（2014）蚌民一初字第00065号；二审：安徽省高级人民法院（2014）皖民二终字第00659号

裁判观点：城投公司与水利公司之间存在招投标法律关系，城投公司发出招标公告的行为属要约邀请，水利公司的投标行为属要约，而城投公司向水利公司发出中标通知书属承诺。《招标投标法》第46条规定："招标人和中标人应当自中标通知书发出之日起三十日内，按照招标文件和中标人的投标文件订立书面合同。招标人和中标人不得再行订立背离合同实质性内容的其他协议……"《合同法》（已失效）第32条同时规定："当事人采用合同书形式订立合同的，自双方当事人签字或者盖章时合同成立。"由上述法律规定分析，水利公司收到中标通知书时，其与城投公司之间的合同尚未成立，城投公司拒绝签订承包合同，违背了诚实信用原则，应属于违反先合同义务而造成对方信赖利益损失的缔约过失责任。

---

① 对应《民法典》第490条，并且修改为"当事人采用合同书形式订立合同的，自当事人均签名、盖章或者按指印时合同成立。在签名、盖章或者按指印之前，当事人一方已经履行主要义务，对方接受时，该合同成立。法律、行政法规规定或者当事人约定合同应当采用书面形式订立，当事人未采用书面形式但是一方已经履行主要义务，对方接受时，该合同成立"。

律师点评

一、中标通知书的性质

建设工程招标投标程序从发布招标公告或发送投标邀请书开始，至发出中标通知书。《民法典》第471条规定："当事人订立合同，可以采取要约、承诺方式或者其他方式。"从《民法典》关于合同订立方式来看，以公开招标为例，其招标投标程序中具备要约邀请、要约及承诺三个相应阶段：招标人发出的招标公告构成要约邀请，《民法典》第473条第1款明确规定招标公告为要约邀请。投标人递交投标文件，是向特定的招标人发出的、内容具体明确的希望订立合同的意思表示，构成要约。招标人向中标人发出中标通知书，同意投标人投标书的内容并愿意受其约束，是承诺的意思表示。目前，理论界和实务界均认可中标通知书构成承诺的意思表示。

《招标投标法》相关条款对中标通知书进行了规定。第45条第2款规定："中标通知书对招标人和中标人具有法律效力。中标通知书发出后，招标人改变中标结果的，或者中标人放弃中标项目的，应当依法承担法律责任。"第46条第1款规定："招标人和中标人应当自中标通知书发出之日起三十日内，按照招标文件和中标人的投标文件订立书面合同。招标人和中标人不得再行订立背离合同实质性内容的其他协议。"根据上述条款，中标通知书自招标人发出即生效，且其法律效力主要表现在两个方面：一是招标人和中标人应当自中标通知书发出之日起三十日内，按照招标文件和中标人的投标文件订立书面合同；二是中标通知书发出后，招标人改变中标结果或者中标人放弃中标项目的，应当承担法律责任。

招标人在评标、定标后按招标文件规定向中标人发出中标通知书是招标投标程序不可或缺的环节，中标通知书体现了招标人承诺接受中标人的投标文件并由中标人作为合同一方当事人的意思表示，通过招标投标订立建设工程合同，与《民法典》上以要约和承诺方式订立合同的基本要求相符。综合上述内容，发出中标通知书属于招标投标程序的重要环节，应当适用《招标投标法》的相关规定，但从合同订立的角度讲，中标通知书亦构成承诺的意思表示，还应当受到《民法典》规定的约束。

二、关于合同是否成立的问题

《招标投标法》与《民法典》关于中标通知书性质的规定不存在分歧，

认定中标通知书是招标人对投标人投标文件进行承诺的意思表示，但对于中标通知书发出后所产生的法律效果，《招标投标法》却规定得相对模糊。该法第45条第2款规定："中标通知书对招标人和中标人具有法律效力。中标通知书发出后，招标人改变中标结果的，或者中标人放弃中标项目的，应当依法承担法律责任。"上述条款没有明确指出招标人与中标人不按要求签署书面合同的具体法律后果及该法律后果的属性，实践中又因同时对《招标投标法》和《民法典》的有关规定进行适用和理解，导致无法依据具体的法律规定对如下问题作出判断：发出中标通知书后，尚未签订书面合同的，招标人（发包人）和中标人（承包人）之间是否已经成立合同关系。

理论上对于中标通知书是否具有导致合同成立的法律效果存在不同认识。一种观点认为，《民法典》第483条规定承诺生效时合同成立，既然中标通知书构成《民法典》意义上的承诺，那么，中标通知书发出后即使尚未签署书面合同，也已经存在要约和承诺的意思表示，合同已经成立；另一种相反的观点则认为，《民法典》第789条规定建设工程合同应当采用书面形式，《招标投标法》也规定中标通知书发出后，招标人与中标人应当签订书面合同，中标通知书不能够代替书面的合同，因而，中标通知书发出后且签订书面合同前，合同关系尚未成立。

本案管辖法院在审理案件中所持观点是认定发包人和承包人之间的合同成立。一审法院认为华某公司经过招投标程序中标了案涉工程，开发区建投公司向华某公司发出了中标通知书，虽然未签订正式的书面《建设工程施工合同》，但是根据合同签订的法理，招标文书是一种要约邀请，华某公司的标书是一种要约，开发区建投公司的中标通知是一种承诺。在开发区建投公司向华某公司发出中标通知书到达华某公司时该施工合同成立；二审法院也认为招标人开发区建投公司的招标公告是要约邀请，投标人华某公司投标属于要约，开发区建投公司发出中标通知书实质上是招标人对其经评标委员会评审确定的中标人华某公司的承诺，是招标人同意中标人华某公司要约的意思表示，其法律性质是承诺行为，发生合同法（已失效）关于承诺的效力。该中标通知书到达华某公司时，双方之间的建设工程施工合同成立并生效。虽然之后双方没有签订书面的建设工程施工合同，但由于中标通知书中包含了建设工程施工合同的基本要素，故未签订书面合同并不影响双方之间成立建设工程施工合同关系。由此可知，本案的一审和二审管辖法院默认了在中标通知书发出后发承包人之间的合同已经成立并生效。在我们查阅到的其他类似案件的判决中，如关联案例1和关联案例2，各级法院主流的观点也是倾向于认定合同成立，且根据对双方均产生法律约束力的中标通知书的要求，任何一方还各自负有与对方签署书面合同的义务。按照《招标投标法》的规定，招标人和中标人按照招标文件和投标文件订立书面合同，而招标文件中载明了拟签订合同的主要条款；投标人编制投标文件并对招标文件提出的拟签订合同的主要条款作出响应，招标人确定投标人为中标人，即表明双方已经就合同的主要条款达成了合意，应认为此时合同已经成立。至于双方又签订书面合同，一方面是为了对招标、投标文件中有关合同内容的未尽部分加以补充、完善，另一方面也是为了对双方的合同权利与义务以书面合同形式加以体现和固定，以便实际履行。基于这种认识，在发出中标通知书后，即使双方没有签订书面合同，也应当认定合同关系已经成立。

但是，也有部分地区法院持与之相反的态度，认为在中标通知书发出后，双方没有签订书面合同，合同关系尚未成立。如关联案例3和关联案例4中，管辖法院认为，当事人采用合同书形式订立合同的，自双方当事人签字或者盖章时合同成立，因此，在没有签订书面合同的前提下，即使已经发出中标通知书，也不能当然认定招标人与中标人之间的合同关系成立。

三、拒签合同的法律责任分析

讨论招标人和中标人之间的合同是否成立，是为了进一步厘清在中标通知书发出后拒签合同一方应承担的法律责任及责任范围。在《民法典》框架之下，如果双方之间的合同已成立并生效的，一方的违约行为将引起违约责任；如果合同尚未成立的，虽然不存在承担违约责任的法律基础，但具有过错的一方可能需要依法承担缔约过失责任（《民法典》第500条）。《招标投标法》第45条第2款肯定了在中标通知书发出后，招标人改变中标结果的，或者中标人放弃中标项目的，应当依法承担法律责任，但是该条文并没有明确指出此时承担何种法律责任。因此，中标通知书发出后，一方不按照招标文件和中标人的投标文件签署书面合同的，如果认定合同已经成立，那么，拒签合同一方按照《招标投标法》第45条第2款承担的法律责任属于违约责任；反之，如果认定合同未成立，则拒签合同一方承担的法律责任应当是缔约过失责任。

当然，对于纠纷当事人而言，其可能关注的问题不是承担违约责任还是缔约过失责任，而是纠纷涉及的责任范围究竟有多大。我们上述讨论的诸多问题就决定了一方依法应承担的赔偿责任范围大小。一般而言，缔约过失责任的赔偿范围直接来自法律的规定，而违约责任的赔偿范围主要取决于双方在合同中的具体约定。根据我国《民法典》第500条规定，缔约过失行为"造成对方损失的，应当承担赔偿责任"，对此，我国主流见解认为，违反诚信缔约义务的损害赔偿之范围，大多为信赖利益损失。通常情况下，对于信赖利益的保护主要是指受损害一方信赖合同已经成立生效或将成立、生效而遭受的损失得到补偿，使得其能够恢复到合同未订立之前的状态，主要包括受损害一方在缔约过程中承担的费用。相反，如果按照违约责任进行赔偿，首先根据双方当事人在合同中的约定执行，如果合同没有直接约定的，按照法律规定，除了要向非违约方赔偿信赖利益损失外，其遭受的期待利益损失也应得到赔偿，从而使其达到如同合同按照双方的约定被履行的状态。当然，基于对合同双方当事人的利益公平保护，减少交易风险，鼓励交易行为，以提高效率等因素的考虑，法律也对违约责任的期待利益损失赔偿范围作出了适当限制，《民法典》第584条还确定了可预见性规则，即违约方承担的违约责任范围应在违约一方订立合同时预见或者应当预见到的因违反合同可能造成的损失范围内。

11.3 法院如何认定设计单位的设计变更成立及已履行①

——联某设计与万某公司建设工程设计合同纠纷案②

关 键 词： 设计变更　变更指令　证明标准

问题提出： 设计变更的过程中通常存在设计变更任务书、设计变更指令或者有关设计变更的会议纪要，在设计单位无法提交上述证据的情形下，法院是否不得认定设计变更成立并已经履行？设计单位证明设计变更成立及已履行，可以提交哪些相关的证据材料？

---

① 撰稿人：余国鹏、章德奎、蓝新宏，上海市建纬（深圳）律师事务所。

② 一审：四川省蒲江县人民法院（2016）川0131民初1267号；二审：四川省成都市中级人民法院（2017）川01民终8697号；再审：四川省高级人民法院（2018）川民申257号。

裁判要旨：若设计方案需要变更，变更设计的指令亦需到达设计公司，其更改的方案必然经双方磋商，从联某设计提供的证据来看，无法证明其变更了设计并交付变更设计成果。

案情简介

再审申请人（一审原告、反诉被告，二审上诉人）：联某设计

被申请人（一审被告、反诉原告，二审被上诉人）：万某公司

2015年4月20日，万某公司（甲方）与联某设计（乙方）签订《建设工程设计合同》，约定乙方负责甲方“蒲东新城”建设工程设计任务，负责完成方案设计、初步设计、初步设计概算编制、施工图设计及施工期现场技术等后期服务建筑设计任务，设计费总额暂定2550000元，设计固定单价17元/m^2，以实际报建建筑面积乘以单价为准作为最终设计费用，甲方同意支付乙方设计人员20000元补贴费用，并与设计费定金一同支付等，还对设计修改与变更进行了约定，一般设计变更包含由于设计工作本身的漏项、错误、碰项、缺项或其他原因而修改、补充原设计的技术资料；如果非因乙方的原因引起，甲方要求进行的工作量较大的修改及设计变更造成20%以上的修改工作量，为重大设计变更，应按实际成本支付补偿，如没有达到20%则免费修改。所有设计变更，应先征得甲方书面同意后进行，不同意的，不得擅自变更。应甲方要求进行的设计变更，应自接到甲方书面通知后予以变更。对于重大设计变更，设计工期由双方另行协商达成一致意见后，形成会议纪要，因乙方原因导致的设计变更，设计工期仍按本合同约定执行。甲方指定李某军为代表，与乙方联络，接收相关文件，传达甲方的意见，确认乙方的工作成果。

合同签订后，联某设计按合同约定履行了合同义务，提交方案设计成果，并通过了规划主管部门的验收。万某公司支付了设计费1167500元（含补贴费用20000元）。

2016年9月12日，万某公司向联某设计发出《合同解除协议书》，载明：“由于双方分歧较大，无法再继续履行，同意解除合同，我公司已按合同要求付清你公司进度款116.75万元。合同解除后双方均不得向对方提出任何权利

请求。”

2016 年 11 月 4 日，联某设计向万某公司出具律师函，载明：“合同签订后，联某设计积极按合同、贵司要求履行合同义务，提交方案设计成果，并通过了规划部门验收。但当联某设计向贵司提交一期施工图设计文件时，却被告知贵司对项目整体方案进行了有关变化，要求联某设计对项目重新设计，且未按约支付进度款。本着友好合作的态度，在贵司拖欠进度款的情形下，联某设计还是积极按贵司要求再次重新完成了方案设计并提交给了贵司，贵司也予以认可。由于贵司提出的设计变更等同于重新设计，产生工作量远超合同约定的 20% 免费修改工作量，在联某设计要求贵司支付方案设计变更补偿费时，贵司却以各种理由始终无法与联某设计达成一致意见，并非常突然地于 2016 年 9 月 12 日向联某设计发出《合同解除协议书》，单方要求解除设计合同，并明确表示拒绝支付任何款项。贵司的行为明显违反法律规定和双方合同约定，给联某设计造成重大经济损失。鉴于此，请贵司收到本律师函后五个工作日内向联某设计支付拖欠的进度款 94.9066 万元及增加的设计变更费 59.075 万元。”

一审法院判决：一、解除被告（反诉原告）万某公司与原告（反诉被告）联某设计于 2015 年 4 月 20 日签订的《建设工程设计合同》；二、驳回原告（反诉被告）联某设计的其他诉讼请求；三、驳回被告（反诉原告）万某公司的反诉请求。

二审法院判决：驳回上诉，维持原判。

再审法院判决：驳回联某设计的再审申请。

各方观点

联某设计观点：一审中，其认为合同签订后，其按合同约定履行了合同义务，提交方案设计成果，并通过了规划主管部门的验收。当其向万某公司提交一期施工图设计文件后，因万某公司股东发生变化，万某公司要求其对整体规划进行重新设计，且拒绝按合同约定支付工程进度款。在万某公司拖欠工程进度款的情形下，其再次重新完成了方案设计并提交给了万某公司。由于万某公司提出的设计变更等同于其重新设计，产生工作量远超合同约定的 20% 免费修改工作量，在其按合同约定要求万某公司支付设计补偿费 590750 元时，万某公司单方向其发出解约函件。万某公司的行为严重侵犯了其合法权益，给其造成重大经济损失，为此，请求法院支持其诉请。二审中，其认为：（一）U 盘中的设计图是证明其已经完成的工作量，完成的设计内容。而是否按应具备的程序、是否在双方达成合意的情况下完成的设计图，是依据双方合同约定的设计内容及双方履约过程（来往邮件）等证据来加以佐证。（二）在项目设计过程中，除其前往万某公司汇报工作外，QQ 邮件往来是双方履约过程中的重要方式。虽然双方在合同中明确了其代表为罗某、万某公司代表为李某军，但由于房地产开发项目的复杂性，方案设计和施工图设计牵涉多个部门和众多人员，因此双方在合同履约过程中并不局限于合同约定代表。且其方案设计人员与施工图人员都直接与万某公司工作人员联系，万某公司对其上述人员的履约行为也是予以认可的，如过规的方案设计。（三）2015 年 8 月方案设计完成后，双方就陆续进行施工图设计的准备工作，其也于 2016 年 4 月 5 日下午将施工图发送，万某公司一直不对施工图设计进行确认，也未提出任何异议，应视为施工图符合合同要求。（四）2016 年 1 月至 3 月的往来邮件充分证明其按万某公司要求重新进行了方案设计，且已将新的方案设计交付万某公司。

万某公司观点：一审中，其同意解除双方签订的《建设工程设计合同》，认为联某设计并未按合同约定的程序、方式交付设计成果，仅部分履行了设计义务，联某设计主张的设计费无事实和法律依据。其从未向联某设计发出更改设计的书面通知，至今也未收到联某设计的设计成果，也无从对其修改，故不应承担 590750 元设计更改费。二审中，其认为：（一）双方应当严格按照签订的《建设工程设计合同》约定的设计顺序、交付设计成果的载体等条款履行各自的义务，联某设计仅按照合同约定完成了方案设计，万某公司从未通知要求联某设计进行施工图设计，联某设计也未向万某公司交付初步设计及施工图设计图成果，万某公司不应当向其支付相应设计费用；（二）本案不存在设计变更，万某公司从未要求联某设计进行设计变更，联某设计也未向万某公司交付设计变更成果，万某公司不应当向其支付设计变更费用；联某设计提供的电子邮件的发送对象不是双方合同约定的指定文件接收人，对其发送的电子邮件等均不予认可；（三）联某设计提交的会议纪要等系复印件且无万某公司的任何签字盖章，不具有真实性、合法性和关联性，万某公司不予认可。

法院观点

一审法院观点：（一）关于联某设计与万某公司签订的《建设工程设计合同》是否解除的问题。

联某设计与万某公司签订的《建设工程设计合同》，系双方当事人真实意思表示，不违反我国法律和行政法规的强制性规定，合法有效，双方均应按照约定履行各自的义务。本案中，联某设计主张解除合同，万某公司表示同意，所以一审法院对联某设计要求解除合同的诉请予以支持。

（二）关于万某公司是否应当支付联某设计一期施工图设计费及滞纳金的问题。

万某公司认可联某设计完成并交付的部分设计成果，也按约定的时间支付了进度款，因联某设计提供的证据不能证明双方通过据实结算后万某公司尚应支付其进度款 949066 元，且支付设计费逾期，一审法院对联某设计主张的尚欠设计费及逾期支付的滞纳金不予支持。

（三）关于万某公司是否应当支付因方案设计变更而产生的设计费的问题。

联某设计以方案设计变更为由，要求万某公司支付设计补偿费 590750 元，因其提供的证据不符合合同约定的内容，也不能证明万某公司向其提出过方案设计变更并实际交付设计成果，该诉请缺乏事实和法律依据，不予支持。

二审法院观点：（一）关于万某公司是否应当支付联某设计一期施工图设计费及滞纳金的问题。

联某设计提交的“浦江孙经理”发送的电子邮件，并无其他证据予以印证系万某公司的工作人员发送，不足以证明万某公司书面通知联某设计开始施工图设计；即使法院确认万某公司书面通知联某设计进行施工图设计，联某设计提交的以证明交付施工图设计成果的电子邮件附件均已过期，也不足以证明其向万某公司交付了施工图设计成果。联某设计主张的施工图设计费系其自行计算，无事实和合同依据。因此，一审判决对联某设计关于施工图设计费及滞纳金的主张不予支持并无不当。

（二）关于万某公司是否应当支付因方案设计变更而产生的设计费的问题。

关于万某公司是否应当支付因方案设计变更而产生的设计费 590750 元的

问题。联某设计提供的证据不足以证明万某公司向其提出过方案设计变更，也不足以证明其实际交付方案设计变更成果。因此，一审判决对此不予支持并无不当。

再审法院观点：联某设计与万某公司于2015年4月20日签订的《建设工程设计合同》，系双方当事人的真实意思表示，不违反法律、行政法规的强制性规定，合法有效。双方均应按照合同约定履行义务。本案的争议焦点是联某设计是否完成了案涉工程的设计施工图、设计变更并交付给万某公司。其一，在《建设工程设计合同》第8条中，虽然约定万某公司指定李某军作为该公司代表，与联某设计联络，传达万某公司意见，接收相关文件等，但从双方提交的证据和查明情况来看，本案中万某公司除李某军外，确实存在其他人员如张某平、孙某昌、王某等参与了案涉工程相关工作的联络，法庭结合参与人员的客观联络情况进行了事实认定。经审查，一、二审并不存在只认李某军的联络身份而机械认定案件事实的情形。其二，联某设计在再审中提交的“新证据”，均不能达到联某设计的证明目的。联某设计再审中提交的部分“新证据”已在一、二审中提交。其中，电话录音的真实性无法核实；电子邮件截屏已经向原审法院提交，即使截屏真实，但仅从该截屏及内容来看，无法达到证明目的；“蒲东新城”项目2016年3月前重要工作节点计划安排的报告、万象公司工作快报单、关于“蒲东新城”项目户型调整结果报告，该三份资料均是万某公司内部传阅件，虽然其内容涉及设计方案调整等，但从其传递形式和具体内容来看，均不约束联某设计，无法凭此推定出联某设计完成设计变更的事实；而成都市建设工程勘察现场作业报告表及会议签到表与待证事实不具关联性。因此，联某设计提交的“新证据”不符合《民事诉讼法》关于“新证据”的规定。其三，按照合同约定，案涉工程有方案设计、初步设计、施工图设计三个阶段，提交设计成果要包含电子文档光盘两套、施工图设计图蓝图10份等，而联某设计提交的证据无法证明施工图纸已经完成并交付。且从庭审情况来看，联某设计在庭审中打开的施工图并非案涉工程图纸。若设计方案需要变更，变更设计的指令亦需到达设计公司，其更改的方案必然经双方磋商，从联某设计提供的证据来看，亦无法证明其进行了变更的设计并交付变更设计成果。因此，二审以联某设计提供的证据不足以证明其向万某公司交付了施工图设计成果及交付了方案设计变更成果，并无不当。

关联案例

案件名称：华某公司、欣某公司等建设工程施工合同纠纷案①

审理法院：一审：江苏省高级人民法院（2018）苏民初46号；二审：（2021）最高法民终1241号

裁判观点：最高人民法院认为，关于工期延误问题，华某公司提交的当地政府对施工工地环境管控通知书，可以证明2015年7月20日后当地政府要求停工共计19天；2015年12月22日技术核定单、2016年4月18日工程联系单，可以证明欣某公司设计变更取消精装修，增加钢梁下口保温岩棉封堵，导致工程量增加，影响工期；经欣某视讯公司签收的2016年3月25日、5月12日、8月8日，2017年3月22日工程联系单，可以证明因人防工程验收需要，欣某公司没有及时提供三套图纸，没有及时在验收资料上盖章，导致竣工验收迟延，影响工期。

律师点评

设计变更是指设计单位依据建设单位要求调整，或对原设计内容进行修改、完善、优化。在工程建设的过程中，设计变更常常发生。通常而言，设计变更会伴随着建设单位发出设计变更任务书、设计变更指令或者通过会议纪要的方式记载设计变更的原因、变更的范围等。然而，值得研究的是，设计单位如何证明存在且已经履行设计变更？证明材料是否必须提供设计变更任务书、设计变更指令或者相关的会议纪要？对于设计变更的成立及已履行，设计单位需要提交哪些证据方可予以证明？

《民事诉讼法》规定："当事人对自己提出的主张，有责任提供证据。"根据上述规定可知，在索要设计费用的案件中，对于设计变更的成立及已履行，设计单位应当提出证据予以证明，且须达到"高度盖然性"的证明标准，若设计变更成立或已履行的事实处于真伪不明的状态时，设计单位应承担不利的法律后果。律师认为，就设计变更的成立及已履行的证明事宜来看，设计单位若想形成完整的证据链、达到"高度盖然性"的标准，需要提交以下相关的证据材料：

1. 证明存在设计变更的证据材料。即建设单位要求或者设计单位与建设

---

① 载中国裁判文书网，https://wenshu.court.gov.cn/website/wenshu/181107ANFZ0BXSK4/index.html?docId=33a7e568f6a94b3da93fae4300ff2171，最后访问时间：2022年3月19日。

单位协商一致进行设计变更的证明资料。该类资料通常而言会是“设计变更任务书、设计变更指令或者有关设计变更的会议纪要等”，但也可能为关于设计变更的设计合同补充协议。笔者认为，设计单位提供关于设计变更的补充协议时，已足以认定存在设计变更的事实，理由如下：（1）建设单位签署关于设计变更的补充协议通常足以让中立的第三方相信存在建设单位要求进行设计变更的事实，且从证据法上讲，补充协议的证明力并不会低于设计变更任务书、设计变更指令或者有关设计变更的会议纪要等；（2）笔者认为，不必苛求设计单位必须提交“设计变更任务书、设计变更指令或者有关设计变更的会议纪要”，虽然设计变更的过程中通常确实会存在“设计变更任务书、设计变更指令或者有关设计变更的会议纪要”，但由于现实中各个设计单位实力悬殊（国内存在一定数量的小型设计单位），且常处于弱势的地位，再加之各工程建设过程中的工程管理的水平悬殊，故进行设计变更时没有“设计变更任务书、设计变更指令或者会议纪要”也不少见（正如许多情形下施工单位无法提交工程变更、工期顺延的资料一般），而关于设计变更的补充协议也确实能够证明设计变更的要求、变更条件等。另外，若没有可直接证明存在设计变更这一事实的资料，设计单位通常也可以其他方式间接地证明存在设计变更，如备案的图纸与设计合同要求的设计成果文件存在一定程度的差异、验收合格的建筑物与施工图设计文件存在一定程度的差异、施工单位或造价咨询单位等第三方提供的其他可证明发生过设计变更的资料等。在此情形下，法院可以综合考虑相关证据认定设计变更成立。

2. 证明设计单位已经按照建设单位的要求完成并提交了相关的设计变更成果文件的证据材料。该等资料通常表现为设计单位提交的成果文件（图纸）以及设计单位发送的电子邮件或设计单位邮寄的纸质图纸、建设单位收到成果文件后出具的回执等。当然，有时设计单位可能无法提交上述资料。律师认为，如果设计单位能够证明备案的图纸与设计合同要求的设计成果文件存在一定程度的差异，或者设计、建设的过程中已经贯彻了设计变更任务书、设计变更指令、会议纪要或者设计合同补充协议的要求，或者会议纪要、第三方提供的资料可证明设计单位已经完成设计变更时，亦可综合考虑相关证据认定设计单位已经完成并提交了设计成果文件。

回归到案例，笔者认为，首先案例中再审法院明确表达观点“若设计方案需要变更，变更设计的指令亦需到达设计公司，其更改的方案必然经双方磋商，从联某设计提供的证据来看，亦无法证明其进行了变更的设计并交付变更设计成果”。这说明设计单位在证明设计变更发生并履行这一事实上，能够举证证明建设单位曾向设计单位发出设计变更任务书、设计变更指令或者有关设计变更的会议纪要的材料的重要性。其次更改的方案经双方磋商的证据也同样对设计单位证明该事实有重大作用。关联案例 1 中，法院在判决中也是表明“设计变更形成的书面证据是确认设计变更成因，确定责任负担的重要基础事实，其上承载的有关设计变更的权源依据、形成原因、变更范围等事实状态直接影响设计费用的核算与承担比例的确定。在设计单位不能提供建设单位曾向设计单位发出的设计变更任务书、设计变更指令或者有关设计变更的会议纪要而只能提供设计合同补充协议和设计变更文件的情形下，应由设计单位承担举证不能的法律后果”。但这并不意味着如果没有设计变更任务书、设计变更指令或者会议纪要，就无法证明设计变更存在。笔者认为，在上述案例中，法院之所以判决设计变更不成立、设计单位承担败诉的不利后果，归根结底，应当是案例中各种因素综合作用的结果，实践中还是应当注意全方面收集和提供证明材料。

综上所述，笔者认为，在上述案例中，法院判决“在设计单位不能提供建设单位曾向设计单位发出的设计变更任务书、设计变更指令或者有关设计变更的会议纪要而只能提供设计合同补充协议和设计变更文件的情形下，应由设计单位承担举证不能的法律后果”等本质上是上述案例中诸多特殊因素共同作用的结果，笔者认为该结论应当不能推广适用于其他案件。“设计变更任务书、设计变更指令或者有关设计变更的会议纪要”并非设计单位证明设计变更事实存在及已履行的必要条件。当然，从另一角度来说，通常情况下，如果设计单位能够提供上述证明设计变更存在的证据材料、证明设计单位已经按照建设单位的要求完成并提交了相关的设计变更成果文件的情形下，就足以认定设计变更成立及已履行。

11.4 法院如何认定勘察设计单位在承担勘察设计质量责任时的赔偿范围①

——建某岩土公司、疾控中心建设工程勘察合同纠纷案②

关 键 词： 建设单位　勘察　质量责任　返还　双倍赔偿　适用

问题提出： 勘察设计存在质量问题时，勘察设计单位根据合同的约定及法律的相关规定应当承担赔偿责任。然而，勘察设计单位在进行赔偿时，赔偿的范围是什么？建设单位在何种情形下可要求勘察设计单位返还其已支付的勘察设计费用？双倍赔偿条款是否具有效力？是否可以适用？

裁判要旨：《建设工程勘察合同》约定的是由于勘察人提供的勘察成果资料质量不合格，勘察人应负责无偿给予补充完善使其达到质量合格，如因勘察质量造成重大经济损失或工程事故时，勘察人除应负法律责任和免收直接受损失部分的勘察费用外，并根据损失程度向发包人 2 倍支付赔偿金。本案中，疾病预防控制中心诉称的实际损失为 69795 元，而疾病预防控制中心与案外人福建某通公司签订《建设工程施工合同》约定的合同价为 13790807 元，由此可知本案不属于因勘察质量造成重大经济损失或工程事故的情况，不应适用免收直接受损失部分勘察费及 2 倍支付赔偿金的条款。

案情简介

上诉人（原审被告）：建某岩土公司

被上诉人（原审原告）：疾控中心

原审被告：建某岩土公司邵武分公司

---

① 撰稿人：余国鹏、章德奎、蓝新宏，上海市建纬（深圳）律师事务所。

② 一审：福建省建阳区人民法院（2019）闽 0703 民初 746 号；二审：福建省××市中级人民法院（2019）闽 07 民终 1113 号。

2017 年 10 月 23 日，疾控中心与被告建某岩土公司邵武分公司签订《建设工程勘察合同（一）》，疾控中心委托建某岩土公司邵武分公司承担疾病预防控制中心的岩土工程勘察任务，《建设工程勘察合同（一）》约定，1.4：工程勘察任务（内容）与技术要求为：1. 查明建筑物范围内岩土层的类别、结构、厚度、分布、坡度、工程特性，并提供各岩土层物理力学性质指标和设计所需各岩土层的岩土主要技术参数；2. 场地抗震设防烈度，场地稳定性评估；3. 建议地基基础类型方案及其他需说明的事项；4. 工程勘察结果满足施工图设计阶段的设计要求；5.2.2：由于勘察人提供的勘察成果资料质量不合格，勘察人应负责无偿给予补充完善使其达到质量合格，若勘察人无力补充完善，需另委托其他单位时，勘察人应承担全部勘察费用，或因勘察质量造成重大经济损失或工程事故时，勘察人除应负法律责任和免收直接受损失部分的勘察费用外，并根据损失程度向发包人支付赔偿金，赔偿金由发包人、勘察人商定为实际损失的 2 倍；第 8 条：本合同发生争议，发包人、勘察人应及时协商解决，也可由当地建设行政主管部门调解，协商或调解不成时，发包人、勘察人同意由当地仲裁委员会仲裁。发包人、勘察人未在本合同中约定仲裁机构，事后又未达成书面仲裁协议的，可向人民法院起诉。疾控中心已向建某岩土公司邵武分公司支付勘察费 40000 元。

2017 年 11 月，建某岩土公司邵武分公司向疾控中心提交加盖建某岩土公司公章的《××市××区疾病预防控制中心岩土工程勘察报告》。施工过程中，疾控中心发现现场地质结构情况与建某岩土公司邵武分公司 2017 年 11 月提交的《××市××区疾病预防控制中心岩土工程勘察报告》情况不符，建某岩土公司邵武分公司遂对××市××区疾控中心的岩土工程重新进行勘察，并于 2018 年 6 月向疾控中心提交更正后的加盖建某岩土公司公章的《××市××区疾病预防控制中心岩土工程勘察报告》。

2018 年 6 月 11 日，疾控中心与案外人某城建设计研究院有限公司签订《建设工程设计补充合同》，约定由某城建设计研究院有限公司根据疾控中心提供的××市××区疾控中心综合业务大楼新的勘察报告重新进行基础设计并通过审图所审查，疾控中心已向某城建设计研究院有限公司支付设计费 13500 元。

据此，疾控中心向一审法院提出诉讼请求：请求依法判令建某岩土公司及建某岩土公司邵武分公司退还勘察费 40000 元，并赔偿其各项经济损失 139590 元。

一审判决：一、建某岩土公司应于本判决生效之日起十日内赔偿疾控中心损失41595元。二、驳回疾控中心的其他诉讼请求。

二审判决：驳回上诉，维持原判。

各方观点

建某岩土公司观点：疾控中心要求退还勘察费40000元，并无事实和法律根据。邵武分公司确认勘察有部分误差后，本着认真负责的态度，同意立即进行野外勘察施工并于2018年6月7日向原告提交与现场地质状况完全吻合的第二份勘察报告。疾控中心接受第二份勘察报告，并依据第二份勘察报告，委托相关资质部门补充对项目基础施工设计、施工图会审、造价审核等等，现在疾控中心的项目基础施工已经完工，并经过相关资质部门的验收合格。邵武分公司已完全按照《勘察合同》第5.2.3条约定，负责无偿给予完善使其达到质量合格。答辩人进行二次补充勘察工作亦增加勘察费用40000元。因此，疾控中心诉请退还勘察费40000元，没有法律和合同依据。疾控中心诉请赔偿各项损失139590元与客观事实不符。疾控中心对建设工程的造价预算、预算审核、审查费均是建设工程必须支付的费用，与答辩人的勘察报告无关。疾控中心全部支付设计费是13500元，这并不是增加支付补充费用。该增加费用应由疾控中心自行承担。疾控中心诉称项目施工单位因勘探失误，给其停工和施工人员管理成本损失28200元，与客观事实不符。2018年5月28日，疾控中心建设项目的施工单位进场施工时，只有一台挖掘机在现场具体施工。在发现勘察报告与建设用地岩土地质条件不相吻合时就立即停工了。至2018年6月7日，邵武分公司提交第二份勘察报告给疾控中心时只有拖延十天的时间。2018年6月11日，疾控中心对建设工程项目基础补充设计完毕，也只有15天的误工损失。因此，疾控中心诉称施工单位停工2个月，9人施工人员的管理成本损失28200元，这与客观事实不附，况且疾控中心并没有实际支付该费用给施工单位。

疾控中心观点：《建设工程勘察合同》［岩土工程勘察、水文地质勘察（含凿井）工程测量、工程物探］第5.2.1条确定勘察人应按国家技术规范，标准，规程和发包人的任务委托书及技术要求进行工程勘察，按本合同规定时间提交质量合格勘察成果资料，并对其负责；第5.2.2条确定由于勘察人提供的成果资料质量不合格，若勘察人无力补充完整，需委托其他单位时，勘察人应承担全部勘察费用，或因勘察质量造成重大经济损失或工程事故时，勘察人除应负法律责任和免收直接受损失部分的勘察费用外，并根据损失承担向发包人支付赔偿金，赔偿金由发包人，勘察人商定为实际损失的2倍。承包人依勘察报告结论数据实施现场基础开挖时，发现施工现场地质结构与被告勘察报告的结论严重不符，现场基础开挖到1.5米以下左右时均为淤泥质土地。地段及厚度不均分布的软弱土层察报告提供的现场地质结构与施工现场实际状况差异较大，导致提供的地层分布与岩土特征等基本参数不完整，不准确，施工无法按期继续进行。就此疾控中心要求建某岩土公司邵武分公司重新勘察。建某岩土公司邵武分公司经过重新勘察，于2018年6月提供第2份编号FZKW－2017042《××市××区疾病预防控制中心岩土工程勘察报告》。建某岩土公司邵武分公司于2017年11月提供的第1份编号FZ-KW2017042勘察报告中对场地岩土层结构、主要岩土层物理力学指标，地，地基基础设计计算参数岩土渗透参数，结论与建议等关键性指标、参数、计算、评价等与施工现场地质条件不相吻合，存在勘测数值错误，导致发包人建设项目的基础和施工等方案不得不进行变更设计，原定的建设工期被迫延误等，客观上给发包人造成原可以避免的多项经济损失。建某岩土公司及建某岩土公司邵武分公司应当退还勘察费40000元，并适用2倍赔偿的约定赔偿发包人损失。

法院观点

一审法院观点：关于建某岩土公司和建某岩土邵武分公司是否应当退还疾控中心勘察费40000元，疾控中心具体的损失数额及是否适用2倍赔偿的约定。根据疾控中心与建某岩土邵武分公司签订的《建设工程勘察合同（一）》第5.2.2条约定可知，由于勘察人提供的勘察成果资料质量不合格，勘察人应负责无偿给予补充完善使其达到质量合格，如因勘察质量造成重大经济损失或工程事故时，勘察人除应负法律责任和免收直接受损失部分的勘察费用外，并根据损失程度向发包人2倍支付赔偿金。本案中，疾控中心诉称的实际损失为69795元，而疾控中心与案外人福建某通公司签订《建设工程施工合同》约定的合同价为13790807元，由此可知本案不属于因勘察质量造成重大经济损失或工程事故的情况，不应适用免收直接受损失部分勘察费及2倍支付赔偿金的条款。建某岩土邵武分公司发现2017年10月向疾控中心提交的《勘察报告》质量不合格后，已按合同约定无偿进行重新勘察，并于2018年6月向疾控中心提交质量合格的《勘察报告》，故对疾控中心要求退还勘察费40000元的诉讼请求，不予支持。

关联案例1

案件名称：城建勘察公司与某丰公司建设工程勘察合同纠纷案

审理法院：一审：上海市嘉定区人民法院（2008）嘉民三（民）初字第1067号；二审：上海市第二中级人民法院（2010）沪二中民二（民）终字第346号

裁判观点：一审法院观点：某丰公司、城建勘察公司签订的建设工程勘察合同系双方当事人真实意思的表示，不违反法律法规的强制性规定，应属合法有效。城建勘察公司作为专业的地质勘察公司，理应在明确勘察界址范围的情况下向某丰公司提交准确无误的地质勘察报告。从城建勘察公司出具的地质勘察报告和补充说明来看，城建勘察公司标注的明浜位置出现了差错，即南北向河流应标注在2号房，但城建勘察公司却将其标注在1号房。城建勘察公司称其在勘察报告中建议1、2号房采用桩基，但某丰公司在建造2号房时却采用自然地基，由此造成的扩大损失与城建勘察公司无涉。原审法院认为，城建勘察公司的义务是向某丰公司提交准确的勘察报告，对2号房是否采用桩基也只是建议的权利，故某丰公司根据城建勘察公司的第一份勘察报告对2号房采用自然地基并无不当。由于城建勘察公司出具的勘察报告出现了差错，某丰公司又依该份勘察报告对2号房是采用桩基还是自然地基进行了选择，导致某丰公司在选择2号房采用自然地基的情况下，又增加了地基砂垫层工程费用，造成了经济损失的扩大。因此，某丰公司要求城建勘察公司赔偿因增加2号房砂垫层工程量所造成的经济损失的诉请，合法有据，应予支持。2号房基础砂垫层工程费则以工程造价鉴定意见书的结论即462598元为准。城建勘察公司认为根据合同约定，因勘察错误而造成工程重大质量事故，城建勘察公司除免收勘察费外，并根据损失程度向某丰公司偿付赔偿金，赔偿金最多不超过全部勘察费用的意见，某丰公司认为该条款属格式合同条款，其目的是减轻城建勘察公司的责任，应属无效，城建勘察公司理应按法律规定向某丰公司赔偿实际的经济损失。原审法院认为，由于城建勘察公司的勘察报告出现差错，导致某丰公司经济损失的扩大，即使城建勘察公司以勘察费用作为赔偿金也难以弥补某丰公司的经济损失，故对其抗辩意见，法院不予采纳。鉴于某丰公司在委托城建勘察公司进行地质勘察时，对其用地范围的界址点不够清晰，未能向城建勘察公司提交房屋土地权属调查报告书，造成城建勘察公司在地质勘察时对界址点的认定出现偏差，故某丰公司也应承担一定的责任。关于某丰公司要求返还勘察费的诉请，因城建勘察公司已向某丰公司交付了勘察报告，完成了合同义务，尽管向某丰公司提交的勘察报告有差错，但某丰公司已通过赔偿损失来解决，故对某丰公司的该项诉请，原审法院不予支持。

二审法院观点：双方当事人应根据合同约定履行各自的义务。在签订建设工程勘察合同时，某丰公司应提供清晰明确的界址资料，或者双方一起到现场确定勘察场地，在场地明确的基础上进行勘察工作。本案中，双方当事人签订的勘察合同中未明确场地具体界址，双方当事人也未一起到现场确定勘察界址，由此导致勘察场地与实际场地出现偏差，进而导致损失的发生。城建勘察公司作为专业的勘察机构，理应在明确勘察范围的基础上作出正确的勘察报告，但从城建勘察公司出具的地质勘察报告和补充说明对照来看，勘察报告中出现了差错。由于城建勘察公司出具的勘察报告出现了差错，水务设计公司又根据城建勘察公司出具的勘察报告确定1号房采用桩基、2号房采用天然地基，某丰公司据此进行施工过程中发现2号房下存在暗浜，由此导致增加了地基砂垫层工程费用，城建勘察公司对某丰公司因增加2号房地基砂垫层工程导致的经济损失应承担相应责任。某丰公司在委托城建勘察公司进行地质勘察时，未提交房屋土地权属调查报告书，也未和城建勘察公司一起到现场确定具体勘察范围，对其用地范围的界址点也不够清晰，造成城建勘察公司在地质勘察时对界址点的认定出现偏差。某丰公司在收到城建勘察公司提交的勘察报告时，如果其清楚知道用地范围的界址点，应该能够发现该勘察报告中明浜和房屋的位置出现差错，从而要求城建勘察公司在明确界址的基础上重新进行勘察，但某丰公司由于疏忽没有发现勘察报告的错误，故某丰公司对于损失的造成也负有相应的责任。综上，城建勘察公司、某丰公司对损失的产生应各自承担过错责任。上诉人城建勘察公司上诉认为应该由某丰公司承担全部责任的理由依据不足，法院不予采信。原审法院对于造成损失的责任认定有失偏颇，法院依法予以纠正。

律师点评

勘察设计的质量问题相对而言在建筑行业内并不多见，因为勘察设计一旦出现质量问题，对于工程的影响通常都是较为严重的。然而，作为工程勘察设计法律领域内的重要问题之一，研究勘察设计质量责任的问题不可避免。在勘察设计出现质量问题后，若勘察设计单位需要对建设单位承担赔偿责任，勘察设计单位的赔偿范围应当如何确定？勘察设计费用是否应当返还给建设单位？在勘察设计合同中，建设单位与勘察设计单位有时会约定双倍赔偿或者赔偿限额条款，双倍赔偿或者赔偿限额条款的效力如何？赔偿的金额是否应当受到条款的约束？

一、勘察设计费用的返还

就勘察费用是否应当返还的问题，在案例中，双方约定了因勘察错误而造成工程重大质量事故时，勘察单位应当免收勘察费，法院认为本案不属于因勘察质量造成重大经济损失或工程事故的情况，不应适用免收直接受损失部分勘察费的条款。而关联案例1中法院认为勘察单位已经交付了勘察报告，完成了合同义务，故尽管勘察报告存在错误，也应通过赔偿损失来解决，同样不必向建设单位返还勘察费用。基于此，当勘察设计出现质量问题时，建设单位可否要求返还勘察设计费用？

《民法典》第800条规定："勘察、设计的质量不符合要求或者未按照期限提交勘察、设计文件拖延工期，造成发包人损失的，勘察人、设计人应当继续完善勘察、设计，减收或者免收勘察、设计费并赔偿损失。"根据上述规定可知，在勘察设计质量不符合要求时，减收或者免收勘察设计费用是勘察设计单位承担违约责任的方式之一。减收、免收勘察设计费这一承担违约责任的方式，理论上称为"减价责任"，是指当事人有一方履行合同义务不符合约定，根据受害方的选择，在接受不完全履行的基础上，依"按质论价"的评定而使价款或者报酬相应减少的违约责任，其旨在解决作为对待给付的履行价格问题。具体而言，在履行不符合合同约定的情形下，相较于符合约定的履行而言，实际履行对于债权人而言价值可能较低，故而债权人支付的对价亦应相应地降低。减价责任的成立基础不在于债务人是否有过错，而在于有偿合同的均衡关系因履行不符合约定而遭受破坏，或者说减价责任的基础在于公平原则。同时，将履行价值的降低作为一种损害来看待也是可以的，即该履行价值降低的部分，债权人既可以选择减少或者免收价款，也可以通过主张损害赔偿的方式得到弥补。例如，若勘察设计成果文件不符合要求，建设单位聘请第三方补充勘察或修改设计，在此情形下，建设单位可要求勘察设计单位赔偿其损失，并且，在勘察设计单位已经赔偿了建设单位向第三方支付的价款后，相应的勘察设计单位履行价值的降低已经通过赔偿建设单位损失的方式得到弥补。

回归到上述案例，虽然合同约定了勘察错误造成工程重大质量责任事故时，勘察单位应当免收勘察费，但由于工程损失并没有达到重大质量事故的标准，故依据约定返还勘察费的条件并不成就；此外，建某岩土邵武分公司发现2017年10月向疾控中心提交的《勘察报告》质量不合格后，已按合同约定无偿进行重新勘察，并于2018年6月向疾控中心提交质量合格的《勘察报告》，弥补了《勘察报告》价值上的降低，总而言之，律师认为，案例中法院判决不返还勘察费用的结论从法律规定及法律理论上而言均属得当。

综上所述，律师认为，在考虑要求返还勘察设计费这一诉讼请求的时候，作为法官或者当事人（及其代理人）需要考虑：1. 勘察设计单位实际提交的勘察设计成果相对于适当履行的勘察设计成果而言是否存在价值上的降低；2. 该实际履行价值的降低是否已通过要求继续履行的方式或赔偿损失的方式来予以弥补。

二、勘察设计合同中赔偿限额条款的效力

双倍赔偿条款，如案例中一般通常表述为“因勘察质量造成重大经济损失或工程事故时，勘察人根据损失承担向发包人支付赔偿金，为实际损失的2倍”。而赔偿限额条款，通常表述为“赔偿金额最高不超过……”指双方当事人在合同中约定的，为限定一方或者双方当事人在承担责任时赔偿的最高金额的条款。在民商事领域中，赔偿限额条款通常在一些当事人获益与风险不均衡的情形下出现，如快递单、保险单、运输合同等合同，赔偿限额条款的目的，旨在保证合同当事人收益与风险的平衡。就勘察设计合同而言，笔者认为，也存在风险与收益平衡的问题。正如笔者前文所述，勘察设计一旦出现质量问题，对于工程的影响通常是较为严重的，因此，勘察设计质量问题给建设单位造成的损失，也可能会远远地超过勘察设计单位因进行勘察设计工作而获得的勘察设计费用，故而，在勘察设计合同签订的过程中，相对强势一些的勘察设计单位通常会要求将勘察设计赔偿限额条款加入合同条款中，相对强势一些的建设单位就会要求将勘察设计双倍赔偿条款加入合同条款中。笔者认为，勘察设计合同中约定赔偿限额条款和双倍赔偿条款是在双方自愿的基础上，没有违反法律法规的强制性规定，故而，赔偿限额条款和双倍赔偿条款原则上应当是有效的，不能被随意认定为无效或者不予适用。

不过，在关联案例1中，法院却认为，以勘察费用作为赔偿金难以弥补建设单位的损失，故不支持勘察单位按照该约定主张“赔偿金最多不超过全部勘察费用”的意见。笔者认为，法院在判决中，说明“以勘察费用作为赔偿金难以弥补建设单位的损失，故不支持赔偿金最多不超过全部勘察费用”只是陈述其判决的结果，实际上法院并未说明其作出该等判决的依据、理由，同时也绕开了对赔偿限额条款的效力及其是否适用的探讨。如此，值得思考的是，在该关联案例1中，为何法院会绕开对赔偿限额条款的适用？赔偿限额条款的效力究竟是怎样的呢？现行的法律规定中，可以从哪些角度考虑以支持法院作出上述案例中的判决？律师认为，上述关联案例1中法院的判决，

可以从以下几个角度进行考虑：

1. 免责条款无效。《民法典》第506条规定："合同中的下列免责条款无效：（一）造成对方人身损害的；（二）因故意或者重大过失造成对方财产损失的。"免责条款，指合同中的双方当事人在合同中约定的，为免除或者限制一方或者双方当事人未来责任的条款。笔者个人倾向于认为，作为限制勘察设计单位在未来承担责任时赔偿的最高金额的条款，赔偿限额条款从性质上讲应当可以认定为免责条款。故而，在勘察设计单位存在故意或者重大过失的情况下，合同中约定的限制勘察设计单位责任的赔偿限额条款就应当认定为无效（这一结论在运输合同的相关案例中已有判决支持）。在关联案例1中，勘察设计单位在未明确勘察场地具体界址的情形下就作出勘察报告，可认定为存在重大过失。故笔者倾向于认为，可考虑以《民法典》第506条为由否决赔偿限额条款的效力，以此作为法院判决的依据。

2. 违约金过低。《民法典》第585条第1款规定："当事人可以约定一方违约时应当根据违约情况向对方支付一定数额的违约金，也可以约定因违约产生的损失赔偿额的计算方法。"作为限制勘察设计单位赔偿的最高金额的条款，笔者认为，赔偿限额条款也可考虑视为违约金条款的一部分。根据《民法典》第585条第2款中"约定的违约金低于造成的损失的，人民法院或者仲裁机构可以根据当事人的请求予以增加"的规定，案例中法院的判决也可能是考虑将该赔偿限额条款视为违约金条款，以相关规定为由，作出上述判决。并且，从上述关联案例1中法院判决的表述而言，笔者认为，该法院实际上以"违约金过低"为由作出上述判决的可能性较大。此外，根据《民法典》第585条第2款中"约定的违约金过分高于造成的损失的，人民法院或者仲裁机构可以根据当事人的请求予以适当减少"的规定，笔者认为，双倍赔偿条款也可考虑视为违约金条款的一部分，继而存在被法院以"违约金过分高于造成的损失"的规定进行调整。

3. 格式条款无效。在上述关联案例1中，建设单位提出赔偿限额条款属于格式合同条款，应当认定为无效。诚然，根据《民法典》第497条的规定："有下列情形之一的，该格式条款无效：（一）具有本法第一编第六章第三节和本法第五百零六条规定的无效情形；（二）提供格式条款一方不合理地免除或者减轻其责任、加重对方责任、限制对方主要权利；（三）提供格式条款一方排除对方主要权利。"然而，且不说将赔偿限额条款认定为免责条款的问题，笔者认为，将赔偿限额条款认定为格式条款就应当慎重。根据《民法典》的规定，格式条款是当事人为了重复使用而预先拟定，并在订立合同时未与对方协商的条款。笔者认为，现在的建设工程市场除少数的垄断领域外，大部分情形下均是属于买方（甲方）市场，即在建设工程合同的订立过程中，大部分的情况下建设单位的意见对合同条款的约定起着决定性的作用，故而，在实际情况中，勘察设计单位的赔偿限额条款通常并非格式条款，而是勘察设计单位力争的结果，认定该条款属于格式条款应当慎重。此外，根据招标投标法及其实施条例的相关规定，勘察设计作为与工程建设有关的服务，在工程为关系社会公共利益、公众安全的项目、使用国有资金投资或者国家融资的项目或使用国际组织或者外国政府贷款、援助资金的项目，且满足一定的金额要求时，均需要进行招标。而招标文件是由建设单位（招标人）制定的，故在此情况下认定赔偿限额条款为格式条款就更不可能。

上述从三个角度讨论赔偿限额条款的效力问题，仅仅是律师从还原法院判决理由的角度上提出的一些自身看法。事实上，由于现阶段这一领域的案件数量有限、讨论的资料有限，还没有出现较为一致的观点。故律师从自身考虑的角度出发，提出以上观点，供研究与实践参考。

11.5 法院如何认定涉讼行政机关行为具有可诉性及是否判决撤销违法行政行为①

——某阳建设公司诉某县住建局招投标投诉行政处理决定案②

关 键 词： 行政诉讼　受案范围　行政行为　可诉性　合法性　程序合法　可撤销　公共利益

问题提出： 相对人就行政机关有关行为向法院提起行政诉讼的，如何确认该被诉行为属于法院的受案范围？

① 撰稿人：王敬、蓝新宏、章德奎，上海市建纬（深圳）律师事务所。

② 一审：于都县人民法院（2019）赣0731行初144号；二审：赣州市中级人民法院（2020）赣07行终70号。

关联问题：行政诉讼的原告请求撤销违法行政行为，法院已确认被诉行政行为违法，但依法撤销该行政行为将严重损害公共利益的，应当如何处理？

裁判要旨：根据《行政诉讼法》第74条第1款第1项之规定，“行政行为有下列情形之一的，人民法院判决确认违法，但不撤销行政行为：（一）行政行为依法应当撤销，但撤销会给国家利益、社会公共利益造成重大损害的”，本案案涉棚户区（城中村）改造返迁安置房建设项目系民生工程，中标单位为施工建设已进行相应工作，撤销涉诉处理决定将影响工程建设，会给社会公共利益造成重大影响。

案情简介

上诉人（原告）：某阳建设公司

被上诉人（被告）：某县住建局

招标单位某县城投公司2018年11月就某县棚户区（城中村）改造（兴隆、西外、温坊、仙源、梅福片区）返迁安置房建设项目设计、采购、施工（EPC）总承包公示招标文件。2018年12月7日，某县城投公司作出该项目的补充及变更通知，2018年12月29日、2019年1月11日又分别作出变更通知及招标答疑，2019年1月25日再次作出变更通知，开标时间（投标截止时间）变更为2019年2月21日15时0分。2019年2月21日，某阳建设公司为参与该项目的投标，向某县城投公司投递了投标书；在商务标专用格式投标文件的施工企业业绩（房建类施工业绩）中，附有2018年11月14日政府购买棚改服务楞上村改造安置小区项目中标通知书（赣建洪招字〔2018〕第73号），2018年11月5日袁州区袁州新城震山片区棚户区改造一期项目（墈上小区）设计、采购、施工总承包（EPC）工程项目中标通知书（赣建袁招字〔2018〕第64号），2018年11月15日抚州市新区家园城市棚户区改造安置房建设项目勘察设计采购施工总承包（EPC）工程项目中标通知书（赣建抚招字〔2018〕第G038号）。2019年2月22日，评标委员会进行了评标。某阳建设公司对评标结果持异议，2019年2月27日向招标人某县城投公司提交关于对“某县棚户区改造返迁房建设项目设计采购施工（EPC）总承包（I）评标结果”的异议书，要求依照《江西省房屋建筑和市政基础设施工程施工招标投标监督管理实施办法》（赣建招〔2017〕1号）第70条的规定，在南昌公共资源交易中心另行抽取专家，对某阳建设公司递交的“EPC中标业绩”文件和该异议书，按该工程招标文件及相关管理规定和招标文件P22页中的“（2）施工企业业绩中的第1点”规定进行复评并出具评审意见，纠正2019年2月22日凌晨原评标委员会对原告递交的“EPC中标业绩”不计分的错误；2019年3月4日，某阳建设公司又向某县城投公司、某县建设工程招标投标办公室递交关于对“某县棚户区改造返迁房建设项目设计采购施工（EPC）总承包（I）评标结果异议书”的补充，要求与之前递交的异议书一并复议。2019年3月7日，某县住建局向某县城投公司作出转办函，要求对某阳建设公司的评标结果异议书予以回复。2019年3月13日，某县城投公司向某县住建局作出关于转办函的回复一；同日还向某阳建设公司作出异议答复函，认为该单位严格按照赣建招〔2017〕13号文件执行，在评标期间受理了原告公司的质疑内容，同时转至评标委员会，评标委员会复核确定后，作出了书面认定意见，开标现场作出了相应答复；公示期间接到某阳建设公司异议书，2019年3月6日又组织了原评标委员会对该异议进行复核，专家委员会出具了复核说明，维持原商务标评定结果。2019年3月18日，某阳建设公司向某县住建局投诉，2019年3月19日，该局受理了某阳建设公司关于对“某县棚户区改造返迁安置房建设项目设计、采购、施工（EPC）总承包（I）评标结果异议答复函”的投诉书。该投诉书陈述了投诉事项的基本事实，提出了四点相关请求，主张及恳请1. 专题向上级招标投标监督管理部门或工程建设管理部门请示“房屋建筑EPC工程总承包业绩中的施工承包方，可否将此业绩作为房屋建筑类施工业绩参与投标、资格申报等”，迅速解决招标投标技术政策上的争执；2. 按照赣建招〔2017〕13号文件第13条的规定，对某阳建设公司递交的“EPC中标业绩”文件和该投诉书，按该工程招标文件P22页中的“（2）施工企业业绩中的第1点”规定及该工程2018年12月29日招标答疑10点的答疑，进行复评并出具评审意见；3. 纠正2019年2月22日凌晨原评标委员会对某阳建设公司递交的“EPC中标业绩”不计分的错误和2019年3月13日“石城城投”《异议答复函》的错误决定。2019年4月17日，某县城投公司向某县住建局呈报关于某县棚户区返迁安置房建设项目设计、采购、施工（EPC）总承包（I）评标结果异议投诉事项情况报告，对某阳建设公司的相关投诉进行了说明。2019年4月17日，某县住建局作出案涉某县住建投诉决字〔2019〕03号《投诉处理决定书》，于同日送达。某阳建设公司遂诉至法院成讼。

另查明，2018年6月15日，某县人民政府办公室经该县政府同意，印发了《某县城建设用地范围内棚户区（城中村）改造项目土地和房屋征收补偿安置方案》（石府办字〔2018〕76号）。某县棚户区（城中村）改造（兴隆、西外、温坊、仙源、梅福片区）返迁安置房建设项目设计、采购、施工（EPC）总承包项目系某县人民政府2019年度六大攻坚战重点项目之一，该项目的中标单位正在设计方案。截至2019年7月，已签订棚户区改造房屋征收协议（选择产权置换）的棚改户涉530余户。曾有棚改户至当地信访部门反映要求尽快完成安置房建设。

一审法院判决：一、确认被告某县住房和城乡建设局2019年4月17日对原告某阳建设公司作出的某县住建投诉决字〔2019〕03号投诉处理决定违法；二、驳回原告某阳建设公司的其他诉讼请求。

二审法院判决：驳回上诉，维持原判。

各方观点

某阳建设公司观点：首先，某县住建局作出的《投诉处理决定书》对以下事实认定错误：（一）《投诉处理决定书》第三点“调查认定的基本事实”第1款第2项中关于“袁州EPC业绩”“中标总造价417686405.00元”的认定错误。（二）某阳建设公司投标中提交的“袁州EPC业绩”符合《招标文件》的评分标准和要求，应予计分，某县住建局对此认定错误。其次，某县住建局作出的《投诉处理决定书》适用法律错误。（一）本案不适用《江西省房屋建筑及市政基础设施工程招投标资格审查办法》（赣建招〔2017〕1号），具体理由如下：《江西省房屋建筑及市政基础设施工程招投标资格审查办法》第2条规定，“本省行政区域内，依法进行招标的施工项目，其资格审查活动适用本办法”，而案涉项目的异议和投诉属于商务标中的评分异议，而非资格审查的异议，且《招标文件》中关于业绩的打分属于商务标中的评分规则，而非资格审查规则，《江西省房屋建筑及市政基础设施工程招投标资格审查办法》对本案不适用。《江西省房屋建筑及市政基础设施工程招投标资格审查办法》第20条规定，“以下条件属于资格审查可选条件：（一）投标人5年内承担过类似工程业绩”，因此，“投标人5年内承担过类似工程业绩”属资格审查的可选条件，而非必备条件，在《招标文件》未明确规定业绩需竣工验收的情况下，在资格审查中也不得直接使用。本案系“商务标”的评分争议，而非“资格标”的评分争议。根据《招标文件》的规定，本案招标活动“投标文件由资格标、技术标、商务标三部分组成”，且资格标所要求提交的文件中未规定任何关于施工业绩的要求，说明施工业绩并非本次资格审查的内容；且招标程序为先开“资格标”，只有“资格标”审查合格的投标人，才能进入下一步的开启“技术标”和“商务标”的评审；某阳建设公司“资格标”评审已经合格通过，招标人无权再适用资格评审的相关法律规定来对某阳建设公司的“商务标”进行评分，某县住建局亦无权适用资格评审的相关法律规定来界定本案的投诉内容。（二）某县住建局称“本案适用《江西省房屋建筑及市政基础设施工程招投标资格审查办法》中关于业绩的四个条件”明显属于选择性执法。第一，在《招标文件》未明确要求所有投标人提供竣工验收报告等竣工证明材料的前提下，其他投标人是否都提供了竣工验收证明材料？某县住建局是否进行了审查？评标专家在评标时是在密闭的评标室通过网络查询，还是主观推断得知的业绩已竣工或者未竣工？第二，某县住建局应举证证明其就招标人在评标中对所有的投标人均公平地适用了该规定的要求。最后，撤销涉诉具体行政行为并不会对社会公共利益产生重大损害。（一）案涉项目系民生工程不能作为本案具体行政行为不予撤销的理由。既然案涉项目系民生工程，那该类项目的招投标行为更应当严格按照法律规定来规范进行。（二）撤销涉诉具体行政行为不会影响案涉项目进度。根据本案某县住建局提供的《某县2019年度六大攻坚战重点项目投资计划》显示，棚改工作还在进一步开展当中。中标单位进场施工前必须完成所有房屋的征收和拆迁工作。（三）撤销涉诉具体行政行为不会造成“重大损害”。案涉项目目前还远远不具备进场施工的条件，中标单位未进场施工。从案涉项目当前的征地拆迁和三通一平等当前工作先后步骤来看，案涉项目中标单位进场施工尚需等待征地拆迁和三通一平等工作的完成，撤销涉诉具体行政行为，并不会对案涉项目的征地拆迁和三通一平施工等当前工作产生任何影响。本案工程建设仅在进行方案设计之中，经某阳建设公司到项目坐落地现场察看发现，案涉项目的工程勘察尚未启动，即便项目中标单位进行了方案设计，但并没有形成任何实质性的阶段成果，撤销涉诉具体性质行为，并不会造成任何社会公共利益的“重大损害”。（四）撤销涉诉具体行政行为才是真正地贯彻依法治国，确保社会公共利益不受重大损害。

某县住建局观点：某阳建设公司投诉的焦点问题只有一个，即某阳建设公司投标文件中“EPC 中标业绩能否在房建类项中计算业绩分”。其他问题都是该焦点问题的补充。某县住建局受理投诉以后，在充分了解了投诉方和被投诉方的观点和依据后，根据调查结果对投诉的焦点问题进行了评定，认为某阳建设公司投标文件中中标业绩不可以在房建类项中计算业绩分，某阳建设公司的投诉缺少事实依据和法律依据。根据《工程建设项目招标投标活动投诉处理办法》和江西省住建厅《关于规范全省房屋建筑和市政基础设施工程招标投标活动异议与投诉处理实施意见》规定，作出了驳回投诉的处理决定，符合法律规定。某阳建设公司提供的“袁州区 EPC 项目”《中标通知书》无法证明该项目房建类施工业绩单项合同总投资达到招标文件要求的“≥4亿元”。某阳建设公司称某县住建局在商务标评标过程中适用《江西省房屋建筑及市政基础设施工程招投标资格审查办法》，属于适用法律错误。但是，综观江西省住建厅制定的规范性文件，仅《江西省房屋建筑和市政基础设施工程施工招投标资格审查办法》对施工业绩有明确的规定。在江西省《关于规范我省建设工程招标投标活动中企业资质和施工业绩等设置的通知》（赣建招标〔2013〕15 号）中明确，施工业绩执行《江西省房屋建筑和市政基础设施工程施工招投标资格审查办法》，因此，适用该办法对施工业绩的规定来界定业绩，符合行政决定的要求，不属于适用法律错误。最后，招标人和中标人已经签订了合同，上诉人的主张已无实际意义。

法院观点

一审法院观点：根据《行政诉讼法》第 6 条的规定，人民法院审理行政案件，对行政行为是否合法进行审查。本案中，某阳公司向某县住建局提交的异议书系请求明确“房屋建筑 EPC 工程总承包业绩中的施工承包方，可否将此业绩作为房屋建筑类施工业绩参与投标、资格申报等”，重新抽取专家进行复评并出具评审意见，纠正 2019 年 2 月 22 日凌晨原评标委员会对原告公司递交的“EPC 中标业绩”不计分的错误和某县城投公司 2019 年 3 月 13 日作出的《异议答复函》的错误决定；某县住建局仅对“EPC 中标业绩”可否计算业绩分问题作出处理，对其他请求未予评定，属未完全履行职责、认定事实不清，本应予以撤销；但考虑到案涉棚户区（城中村）改造返迁安置房建设项目系民生工程，中标单位为施工建设已进行相应工作，撤销涉诉处理决定将影响工程建设，会给社会公共利益造成重大损害并影响当地的社会稳定，故应确认违法。

二审法院观点：本案一审判决已对涉诉处理决定确认违法，本案争议的焦点是撤销涉诉处理决定是否会给社会公共利益造成重大影响。本案中，案涉棚户区（城中村）改造返迁安置房建设项目系民生工程，某县城市建设投资发展有限公司与承包方中国某冶集团有限公司、中某某建集团中南勘测设计研究院有限公司、某某博远工程技术集团有限公司于2019年10月11日签订的合同，中标单位为施工建设已进行相应工作，撤销涉诉处理决定将影响工程建设，会给社会公共利益造成重大影响。

关联案例1

案件名称：城某公司等诉某县政府撤销土地证案

审理法院：一审：原海南省海南中级人民法院（现更名为海南省第一中级人民法院）（2008）海南行初字第69号；二审：海南省高级人民法院（2008）琼行终字第159号；再审：最高人民法院（2012）行提字第26号

裁判观点：本案争议焦点主要有：一是被诉112号通知中收回土地使用权决定的合法性问题；二是被诉112号通知中行政补偿决定的合法性问题；三是150号撤证决定的合法性问题。关于150号撤证决定的合法性问题。县政府作出112号通知后，并未要求城东公司持有关证明文件到土地管理部门申请注销土地登记，而是以该公司持有的《国有土地使用证》未按规定载明土地用途，土地管理部门也未按规定全面审核并填写土地登记审批表，造成错误登记发证为由，作出150号撤证决定。当初未填写土地用途，并非城某公司的原因所致，本可以补正方式解决，县政府却以此为由撤销城某公司合法持有的《国有土地使用证》，属于滥用行政职权，依法应予撤销。但考虑到案涉土地已经收回并建成办公楼投入使用，撤销涉诉处理决定将影响社会公共利益，亦应依法确认该行政行为违法。

关联案例 2

案件名称：赣榆京某管道燃气公司诉连云港赣榆区政府（原赣榆县政府）撤销管道燃气特许经营权纠纷案①

审理法院：一审：连云港市中级人民法院（2013）连行初字第0002号；二审：江苏省高级人民法院（2014）苏行终字第00158号

裁判观点：《最高人民法院关于适用〈中华人民共和国行政诉讼法〉若干问题的解释》（已失效）第58条②规定，被诉具体行政行为违法，但撤销该具体行政行为将会给国家利益或者公共利益造成重大损失的，人民法院应当作出确认被诉具体行政行为违法的判决，并责令被诉行政机关采取相应的补救措施；造成损害的，依法判决承担赔偿责任。因本案所涉特许经营的产品为天然气，是涉及居民生活和企业生产的重要生活与生产资料，该能源作为清洁能源在环境治理等方面亦发挥重大作用，且随着本地区经济的迅速发展和群众生活需求的提高，对该能源的需求不断增长，该能源的供给问题直接关系到该地区经济发展、社会生活、环境保护等公共利益。本案中，某源公司目前向赣榆区的年供气量约6000万立方米，而目前京某公司向赣榆区的年供气量约300万立方米，因此，如果撤销原赣榆县政府授予紫源公司的被诉特许经营权，将会对赣榆区的经济发展、社会生活、环境保护等公共利益产生重大不利影响。据此，原审法院认定被诉特许经营权不宜撤销，并依法作出确认原赣榆县政府授予紫源公司的被诉特许经营权违法及原赣榆县政府应在判决生效后6个月内采取相应补救措施的判决并无不当。

关联案例 3

案件名称：某邦达公司与江苏省××质监局行政处罚上诉案

审理法院：一审：江苏省××市亭湖区人民法院（2012）亭行初字第0004号；二审：江苏省××市中级人民法院（2012）盐行终字第0043号

裁判观点：××质监局作为××市产品质量技术监督管理部门，具有对本辖区内生产、销售假冒伪劣商品行为进行行政处罚的职责。××质监局在施工现场抽样检查，抽样时有建设单位人员在场并签字确认，抽检样品上喷印有某邦达管桩字样

---

① 载中国裁判文书网：https://wenshu.court.gov.cn/website/wenshu/181107ANFZ0BXSK4/index.html?docId=23c9d2d38323476d97b77f2777659e2c，最后访问时间：2022年3月20日。

② 对应《行政诉讼法》第74条规定："行政行为有下列情形之一的，人民法院判决确认违法，但不撤销行政行为：（一）行政行为依法应当撤销，但撤销会给国家利益、社会公共利益造成重大损害的……"

及产品型号、生产日期等，故××质监局认定抽检样品确系上诉人某邦达公司生产并无不当。关于某邦达公司提出被上诉人××质监局委托检验的技术标准是GB 13476－1999，而处罚决定依据检测数据直接提出不符合GB 13476－2009标准缺乏依据的问题。GB 13476－2009《先张法预应力混凝土管桩》国家标准于2010年3月1日施行，已经替代了GB 13476－1999标准，故××质监局在2010年11月委托检验中适用GB 13476－1999标准确有不当之处，但某邦达公司在该批产品2010年11月出厂时所附合格证中均注明符合GB 13476－1999的规定，亦不符合相关要求。根据××质监局送检形成的技术数据，某邦达公司生产的该批管桩的"非加密区螺距"和"加密区螺距"均不符合GB 13476－1999标准，亦不符合GB 13476－2009标准，因此某邦达公司生产的该批管桩为不合格产品的客观事实存在，应予行政处罚。××质监局所作出的处罚决定认定的基本事实清楚，证据充分，程序合法，处罚适当，适用法律正确。

律师点评

在建设工程从前期项目立项开始至最后竣工验收移交的过程中，除了有建设单位、承包单位及各种中介咨询单位的参与之外，还存在相关国家行政主管部门的介入以依法履行其行政管理职责。因此，行政主管部门对于工程项目实施的相应行政行为也贯穿于工程立项、招标投标、施工建设、竣工验收等各个阶段，涉及工程土地规划、环保节能、招标投标、施工建设、质量安全、竣工验收等多方面。行政主管部门与建设单位、承包单位及参与本工程的其他主体存在管理与被管理的关系。一方面，项目建设单位、承包单位及其他主体作为行政行为的相对人，应当按照法律规定接受行政机关职权范围内的管理；另一方面，对于行政机关作出的不当行政行为，相对人需要通过相应途径获得权利救济。行政行为相对人的救济途径除了行政机关内部救济途径之外，还包括就违法的行政行为向法院提起诉讼。下面将结合前述案例就建设工程行政诉讼的相关问题展开讨论。

一、行政机关行为的可诉性问题

行政机关行为的可诉性是指行政机关所作出行为在实践中的可受司法审查性。相对人能否以诉讼作为权利救济的途径，取决于该行政机关的行为是否属于行政诉讼受案范围，即是否具备可诉性。

需要明确，并非一切由行政机关作为主体的行为都是行政行为。比如，行政机关采购办公用品签订合同的行为，就只是发生在平等主体之间的民事行为。行政行为通常应具备如下要素：其一，行为主体应为享有国家行政权力并能以自己的名义从事行政管理活动且独立承担相应法律后果的行政主体，包括行政机关或法律、行政法规授权的其他组织；其二，该行为应当是与行使行政管理职权有关的行为；其三，该行为应对相对人的权利、义务产生法律上的影响。行政机关进行采购，不是运用行政权力履行行政管理职责的行为，故不是行政行为。

在我国司法实践中，只有法律规定的行政行为才具有可诉性。《行政诉讼法》第2条、第12条、第13条规定了行政诉讼的受案范围。从法条规定可知，我国行政诉讼受案范围采取了概括式的肯定加排除式的列举规定方式，对于不可诉的行为进行了详细的列举，除了不可诉的行政行为以外，其他的行政行为法院原则上都可以受理。

解决行政机关相关行为的可诉性问题在实践中具有重大意义。法院在审理行政诉讼案件中通常需要首先审查被诉的行为是否具有可诉性，否则法院就无相应审理权限。针对建设工程领域的行政主管部门的某些行为，行政行为的相对人如果希望通过诉讼途径来对主管部门的行为提出异议并实现权利救济，需要考虑该行政机关的行为是否属于法院行政诉讼的受案范围，否则法院可能不予受理。而对于被告行政机关一方，被诉行为不具有可诉性则经常被作为诉讼过程中的重要抗辩事由。

二、被诉行政行为的合法性问题

确认被诉的行政机关行政行为是否合法是法院进一步作出判决的前提。根据《行政诉讼法》第70条的规定可知，法院对于被诉行政行为的审查以其合法性为原则，以合理性为例外。

理论研究认为行政机关行政行为的合法性主要表现在行为主体、行为内容、程序和形式四个方面符合法律规定：行为主体合法，就是要求行政机关在其法定权限范围内实施行政行为；行为内容合法，主要是要求行政机关实施的行政行为有明确、有效的法律依据和客观、真实的事实依据，且作出的行政行为符合立法本意；形式合法，要求行政机关的行为符合法律规定的形式要求，如行政许可行为就属于要式行政行为，在作出行政许可后需要颁发许可证，否则该许可行为就不符合法律对于形式的要求；程序合法，就是行政机关在作出行政行为时要按照法律规定的特定程序进行，违反程序法的行政行为也属于违法行政行为。[1] 行政机关实施的行政行为只有满足上述全部要件才构成合法的行

---

① 李艳：《行政行为的合法性与合理性》，载《行政与法》2005年第5期。

政行为，在任何一个方面存在瑕疵和缺陷都将使得该行政行为不合法。在审判实践中，各级法院无可避免地要对被诉行政行为的合法性进行审查。

首先，法院会审查行政机关是否满足主体合法的要求，判断被诉行政机关是否具有或超越实施被诉行政行为的职权。

其次，法院在审理中还会审查涉及行政机关作出行政行为的依据是否合法，这属于行为内容合法性问题。根据《行政诉讼法》第63条："人民法院审理行政案件，以法律和行政法规、地方性法规为依据。地方性法规适用于本行政区域内发生的行政案件。人民法院审理民族自治地方的行政案件，并以该民族自治地方的自治条例和单行条例为依据。人民法院审理行政案件，参照规章。"《最高人民法院关于适用〈中华人民共和国行政诉讼法〉的解释》第100条规定："人民法院审理行政案件，适用最高人民法院司法解释的，应当在裁判文书中援引。人民法院审理行政案件，可以在裁判文书中引用合法有效的规章及其他规范性文件。"《行政诉讼法》第64条规定："人民法院在审理行政案件中，经审查认为本法第五十三条规定的规范性文件不合法的，不作为认定行政行为合法的依据，并向制定机关提出处理建议。"实践中，除了法律、行政法规以及地方性法规，相关的国务院部委及地方的规章、规范性文件往往也是行政机关作出行政行为的依据，法院在审理中也不可能对案件涉及的地方规章、规范性文件置之不理。

最后，除了上述关于行政行为主体及行为依据合法性等实体方面的内容外，被诉行政机关行政行为的程序合法性也是法院审查的基本方面。行政机关作出行政行为除了在实体方面具备合法依据、满足法律要求外，遵循法定程序也尤为重要。

三、"情况判决"之于违法行政行为的适用

根据现行《行政诉讼法》的规定，法院审理行政诉讼案件时将根据案件具体情况从法律规定的多种裁判方式中选择其中一种予以适用。通常情况下，对于满足合法性要求的行政行为，法院将驳回原告的诉讼请求；对于因主要证据不足、适用法律法规错误、违反法定程序、超越职权及滥用职权等作出的违法行政行为，法院一般会判决撤销或部分撤销并要求行政机关重新作出新的行政行为。然而，法院在处理违法行政行为时，也并非一律都判决撤销，在具体案件中基于对特定情况的考量，法院仅确认该行政行为违法或无效，即采用确认判决的方式。《行政诉讼法》第74条、第75条规定了判决确认行政机关的行政行为违法或无效的

情形。

确认判决也包括了情况判决的情形。如果撤销违法的行政行为会给国家利益或者公共利益造成重大损失的，法院将选择采用确认判决的方式，同时要求行政机关采取相应补救措施，这种判决方式在理论上被称为情况判决。《行政诉讼法》第74条第1款规定，对于行政行为依法应当撤销，但撤销会给国家利益、社会公共利益造成重大损害的，或行政行为程序轻微违法，但对原告权利不产生实际影响的，法院应当作出确认被诉行政行为违法的判决。这是法院采用情况判决的直接法律依据。

人民法院依据前述规定作出情况判决时，可以基于对国家利益或社会公共利益的考虑而不判决撤销违法行政行为。本案法院正是考虑到案涉棚户区（城中村）改造返迁安置房建设项目系民生工程，某县城投公司与承包方于2019年10月11日签订的合同，中标单位为施工建设已进行相应工作，撤销涉诉处理决定将影响工程建设，会给社会公共利益造成重大影响，才最终判决确认行政行为违法，但不予撤销。通过对《行政诉讼法》第74条第1款有关规定具体分析可知，情况判决产生的目的在于实现个案中协调个体利益与公共利益关系之间的矛盾，其作为司法审判机关在个体利益和国家、社会利益发生冲突时解决所面临的司法困境而不得不采用的权宜之计：一方面，被诉行政行为确实存在违反法律法规的情况，损害了相对人的合法利益；另一方面，被诉的行政行为如果因违法而被撤销，又会给国家及社会利益造成严重损害。因此，《行政诉讼法》规定的情况判决并非毫无争议。理论研究中认为情况判决存在以下不足：第一，忽视了对个人利益的保护；第二，对于社会公共利益的含义和范围没有予以明确；第三，“相应补救措施”的规定过于抽象。由此可见，法院作出情况判决，看似为原告赢得了诉讼，但实际上确认行政行为违法并未实现原告的诉讼目的，侵犯其合法权益的行政行为仍然存在。

情况判决的有关规定早在2000年发布的《最高人民法院关于适用〈中华人民共和国行政诉讼法〉若干问题的解释》（已失效）第58条就已经存在，但该条款一个突出的问题是其没有对“公共利益”的具体含义予以明确界定，使得情况判决在适用时依赖于法官的自由裁量。修订后《行政诉讼法》及其司法解释仍然没有解决此问题。在此种情况之下，法官作为个体利益和社会利益之间利益权衡的主体，他们需要运用利益衡量方法去进行判决。虽然“公共利益”本身是一个难以依靠成文法律进行准确界定的概念，但值得注意的是，个体利益和公共利益的关系在现代社会中表现为具有一致性和冲突性两方面，个体利益至上或公共利益至上的绝对主义都是非理性的。公共利益至上的观念在我国存在更多的社会基础和文化积淀①，这就要求法官在利益衡量时，应当将利益最大化作为首要目标，不能一味地判决个体利益让位于国家利益、公共利益，否则就容易导致对《行政诉讼法》第74条第1款规定的曲解。利益衡量的最终结果应当尽可能最大限度地满足各种相关利益要求，在就冲突的利益主张给出的妥协方案中，应在确保优位利益的同时把让位利益的牺牲程度降低到最小②。

本案可谓法院依法作出情况判决的典型。两审法院在其裁判中均确认被诉行政行为违法，但认为作出撤销判决会给公共利益造成损害，故不宜撤销。至于具体如何对公共利益造成严重损害，法院也都在其判决中结合本案已认定的相关事实并从合同及城市经济发展和市民生活等多个角度进行了较为详尽的论述。此外，因为行政机关违法的行政行为在事实上已经损害了行政行为相对人的合法利益，虽然法院承认该行政行为可以继续存在，但行政机关还必须采取相应补救措施来弥补相对人因此而遭受的损害。

---

① 邓世豹、付晓君：《情况判决中个人利益的保护》，载《法治论坛》2007年第3期。

② 王夕瑞：《利益衡量在行政审判中的运用》，载《山东审判》2009年第1期。

图书在版编目（CIP）数据

法院审理建设工程案件观点集成／朱树英主编．—3 版．—北京：中国法制出版社，2022. 11
ISBN 978 -7 -5216 -3183 -8

Ⅰ．①法… Ⅱ．①朱… Ⅲ．①建筑工程 - 经济纠纷 - 审判 - 中国 Ⅳ．①D922. 297

中国版本图书馆 CIP 数据核字（2022）第 223541 号

策划编辑：王　熹　　责任编辑：王　熹　　封面设计：李　宁

法院审理建设工程案件观点集成

FAYUAN SHENLI JIANSHE GONGCHENG ANJIAN GUANDIAN JICHENG

主编/朱树英
经销/新华书店
印刷/三河市紫恒印装有限公司
开本/710 毫米×1000 毫米　16 开　　印张/ 61. 5　字数/ 938 千
版次/2022 年 11 月第 3 版　　2022 年 11 月第 1 次印刷

中国法制出版社出版
书号 ISBN 978 -7 -5216 -3183 -8　　定价：218. 00 元

北京市西城区西便门西里甲 16 号西便门办公区
邮政编码：100053　　传真：010 -63141600
网址：http：//www. zgfzs. com　　**编辑部电话：010 -63141833**
市场营销部电话：010 -63141612　　**印务部电话：010 -63141606**

（如有印装质量问题，请与本社印务部联系。）